BIBLIOTHEK DER PSYCHOANALYSE
HERAUSGEGEBEN VON HANS-JÜRGEN WIRTH

Alf Gerlach, Anne-Marie Schlösser
Anne Springer (Hg.)

Psychoanalyse
mit und ohne Couch

Haltung und Methode

Psychosozial-Verlag

Bibliografische Information Der Deutschen Bibliothek
Die Deutsche Bibliothek verzeichnet diese Publikation in der Deutschen
Nationalbibliografie; detaillierte bibliografische Daten sind im Internet
über <http://dnb.ddb.de> abrufbar.

© 2003 Psychosozial-Verlag
Goethestr. 29, D-35390 Gießen
www.psychosozial-verlag.de
Alle Rechte vorbehalten, insbesondere das Rechte der Verfielfältigung und
Verbreitung sowie der Übersetzung, Mikroverfilmumng, Einspeicherung und
Verarbeitung in elektronischen oder optischen Systemen, der öffentlichen
Wiedergabe durch Hörfunk-, Fernsehsendungen oder im Internet zur
Nutzung durch Dritte.
Umschlagabbildung: Peter von Tresckow:
»Psychoanalyse mit und ohne Couch«
Lektorat: Christiane Barth
Satz: Gabriele Hofmann, Rabenau
Printed in Germany
ISBN 3-89806-238-4

Inhalt

5

Psychoanalyse mit und ohne Couch – Haltung und Methode

Gedanken zur Einführung in den Tagungsband

Alf Gerlach, Anne-Marie Schlösser, Anne A. Springer

Haltung und Methode sind zwei grundlegende Begriffe, mit denen Psychoanalytiker ihre Tätigkeit zu kennzeichnen versuchen. Der psychoanalytische Dialog wird erst möglich über eine *Haltung* des Analytikers, zu der z. B. Abstinenz und gleichschwebende Aufmerksamkeit gehören. Sie gewährleistet, dass die spezifisch analytische *Methode* sich im Wechselspiel von freien Assoziationen und Deutungen entfalten kann. Haltung und Methode, die im Zentrum unserer Identität als Psychoanalytiker stehen und die den Kern der Ausbildungsanstrengungen an den Instituten der DGPT bilden, haben sich in unterschiedlichen *Anwendungen* zu bewähren. Bei all diesen Anwendungen bleiben die spezifische Haltung und Methode des Analytikers für seine innere Reflexion des Geschehens, das Verständnis der Psychodynamik seines Gegenübers wie der Übertragungs- und Gegenübertragungsbeziehung entscheidend. In dieser Haltung ist der Psychoanalytiker immer zugleich (Er-)Forscher eines unbekannten Neuen.

Diese Einstellung lässt sich beispielsweise an der Begegnung im psychoanalytischen Erstgespräch verdeutlichen: In jedem Erstgespräch mit einem Patienten versucht der Psychoanalytiker v. a. die spontane Beziehungsgestaltung zu erfassen und zu verstehen, die sich zwischen den beiden Partnern der Begegnung einstellt. Dafür stellt er sein Setting und seine Person zur Verfügung und wird unmittelbar in ein szenisches Geschehen verwickelt, in dem die spezifische Psychodynamik des Patienten seinen Ausdruck findet. Es werden dann zwar auch objektive Daten, wie aktuelle Lebensumstände, Kindheitsgeschichte, Entwicklung der Beschwerden wichtig, doch sie interessieren v. a. in ihrer Dimension des Erlebens durch den Patienten. Die Kreativität des Psychoanalytikers ist dann gefordert, um die Informationen aus diesen verschiedenen Zugangswegen in einer »Gestalt« zusammenzufassen, die auch noch seine eigenen affektiven Reaktionen auf den Patienten und das zwischenmenschliche Geschehen in dieser ersten Begegnung integriert.

Auch in allen anderen Anwendungsbereichen der psychoanalytischen Methode setzt sich der Psychoanalytiker ähnlichen Begegnungs- und Erlebensprozessen aus. Auch hier ist er darauf angewiesen, seine eigenen affektiven

Reaktionen auf sein Gegenüber wie auf die Situation unvoreingenommen zu registrieren, durchzuarbeiten und zu einem tieferen Verständnis zu nutzen. Erkenntnisleitend bleibt dabei die Untersuchung der Prozesse von Übertragung und Gegenübertragung und der spezifischen Widerstände, die als Reaktion auf die durch das Gegenüber erzeugte Angst auftreten, aber nun auch in einem kreativen Sinne für weitere Erkenntnisbildung zur Verfügung stehen.

Die heute wichtigste Anwendung der Psychoanalyse ist die *Krankenbehandlung*, welche die meisten Psychoanalytiker in verschiedenen Settings und Anwendungsformen ausüben. Die Arbeit im klassischen Setting – der Analytiker sitzend hinter der Couch, auf welcher der Patient liegt – ist nur eine dieser Anwendungsformen. Ist das primäre Ziel der Psychoanalyse Selbsterkenntnis – und dies kennzeichnet sowohl die Lehranalyse wie auch die Selbstanalyse, die uns ein Leben lang begleitet –, so treten in der Anwendung der analytischen Methode als Krankenbehandlung weitere Ziele, vor allem der Wunsch des Patienten nach Veränderung seiner Symptome, hinzu. In Deutschland ist diese Anwendung der analytischen Methode unter dem Namen »analytische Psychotherapie« und »tiefenpsychologisch fundierte Psychotherapie« seit 1967 in das System der gesetzlichen Krankenversicherung integriert. Seit damals konnten Ärzte und Psychologen mit einer spezifischen Weiterbildung zunächst begrenzte Formen der Psychotherapie, wenn es um die Auswirkungen aktueller, unbewusster Konflikte ging, seit 1976 auch die auf Strukturveränderung zielende analytische Psychotherapie bei geeigneten Patienten zu Lasten der gesetzlichen Krankenversicherung erbringen. Auch die von Ausbildungskandidaten durchgeführten Behandlungen unter Supervision wurden in dieses System integriert, das zugleich in den Psychotherapie-Richtlinien und -vereinbarungen hohe qualitative Anforderungen an die Weiterbildung normierte. Dadurch wurde die Krankenbehandlung im Bereich der Psychotherapie zu einem wichtigen Bestandteil im Gesundheitssystem, sowohl im ambulanten wie auch im stationären Bereich. Zur Zeit werden jährlich rund 150000 Anträge auf Psychotherapie in den analytisch begründeten Verfahren gestellt, wobei rund ein Drittel auf »analytische Psychotherapie« entfällt. Zahlreiche Menschen konnten und können also von dieser Krankenbehandlung profitieren, erleben, wie sich ihre Symptome verändern, oder erfahren, wie sie mit den Symptomen anders leben können, erweitern ihr Verständnis für sich selbst und ihre Mitmenschen, erleben ihre inneren Konflikte bewusster und verstehen besser ihre eigene Dynamik, die sie immer wieder in gleiche, schwierige Beziehungskonstellationen gebracht hat.

Allerdings ist diese Integration der Psychoanalyse in das System der Gesetzlichen Krankenversicherung in Deutschland nicht ohne Spannungen verlaufen. So wurde zu Beginn von psychoanalytischer Seite bezweifelt, ob eine Aufgabe der finanziellen Eigenbeteiligung des Patienten nicht seine Motivation für Veränderungen untergrabe. Dabei wurde vollkommen übersehen, dass auch in der Zeit davor mehr als die Hälfte der Psychotherapiepatienten nicht über eigene finanzielle Mittel verfügte, sondern vom Ehepartner oder von den Eltern abhängig war. Ebenso blieb ausgeblendet, dass die Versicherten »ihren« Anteil über ihre Krankenkassenbeiträge entrichten. Bis heute wird auch immer wieder das sogenannte Gutachterverfahren kritisiert und angegriffen, in dem die Patienten einen Antrag auf Kostenübernahme für die beabsichtigte Psychotherapie an ihre Krankenkasse richten und der behandelnde Psychotherapeut einen Bericht über die lebensgeschichtliche Entwicklung, den psychischen und somatischen Befund, die Psychodynamik des Patienten und über Behandlungsplan, Zielsetzung und Prognose der Therapie erstellt, der in anonymisierter Form an einen Gutachter gerichtet wird. Der Gutachter nimmt sodann dem Therapeuten und der Krankenkasse gegenüber Stellung, die sich in der Regel der Entscheidung anschließt. Dieses Verfahren wird oft mit irrationalen Übertragungsreaktionen vonseiten des Patienten wie des Therapeuten aufgeladen; viele Behandler sprechen z. B. immer noch von einem »Gutachten«, das sie zu erstellen hätten – in Wirklichkeit geht es um einen »Bericht« nach den oben aufgeführten Kriterien. Natürlich gibt es auch Konflikte sachlicher Art, wie um die notwendige Frequenz und Länge der beantragten Therapie, aber diese Konflikte lassen sich meistens zwischen den Beteiligten klären. Dennoch brachte diese Einbeziehung eines »institutionalisierten Dritten« für viele Psychoanalytiker eine Spannung mit sich, da sie hier aus dem dyadischen Raum der Behandlung heraustreten und sich mit ihrer Arbeit einem zunächst anonymen Dritten zeigen müssen.

Wenn wir heute vom *Beruf* des Psychoanalytikers sprechen, so meinen wir damit in der Regel diese Tätigkeit des Psychoanalytikers im Rahmen der ambulanten, gesetzlich geregelten Krankenversorgung. Unseres Erachtens stellt dies allerdings eine unzulässige Reduzierung, oft genug aus einer mangelnden Selbstreflexion des Analytikers herrührend, dar. Im Prozess seiner psychoanalytischen Sozialisation und Identitätsbildung lässt der Analytiker in der Regel seinen ersten Beruf als Arzt oder Psychologe hinter sich zurück. Er gewinnt allerdings einen Beruf, den er für sich selbst nur in der ständigen inneren Auseinandersetzung mit der analytischen Methode, in fortlaufender Selbstanalyse und in der wiederholten Diskussion in Gruppenbezügen mit anderen Psychoanalytikern festhalten kann. Der Psychoanalytiker ist mehr und etwas anderes als der Arzt mit Facharztweiterbildung und Zusatztitel »Psychoanalyse«, er ist auch mehr und etwas anderes als der durch das Psychotherapeutengesetz definierte »Psychologische Psychotherapeut«. Die Weiterbildungsordnung für Ärzte und die Regularien für die Ausbildung zum Psychologischen

Psychotherapeuten, die mit der staatlichen Approbation zu diesem Heilberuf endet, sind zwar heute wichtige Bestandteile der Aus- bzw. Weiterbildung an den psychoanalytischen Instituten. Aber sie sind zugleich eine Herausforderung an den kritischen Geist der Lehrenden, sie nicht nur als Inhaltsverzeichnisse des notwendigerweise zu vermittelnden Stoffes zu sehen, sondern sie auch kritisch zu werten und psychoanalytisch zu reflektieren. Wenn z. B. nach der Ausbildungs- und Prüfungsverordnung nach dem Psychotherapeuten-Gesetz jetzt in 200 Stunden »Grundlagen der wissenschaftlich anerkannten psychotherapeutischen Verfahren« vermittelt werden müssen, so wird sich der psychoanalytische Lehrer nicht auf die Stoffvermittlung beschränken, sondern zugleich anregen, die anderen, nicht-psychoanalytischen Verfahren unter dem Aspekt der Wirkung von Übertragung und Gegenübertragung in diesen Therapieprozessen zu untersuchen oder ihre Eingebundenheit in aktuelle Zeitströmungen (z. B. »objektiver, kürzer, schneller, effizienter«) unter kulturkritischem Aspekt zu betrachten. Er sollte allerdings nicht versäumen, diesen Blick auch auf die eigene Profession und Methode zu richten.

Freud formulierte in »Die Frage der Laienanalyse« (1926) die Forderung, dass die psychoanalytische Ausbildung auch Fächer zu umfassen habe,

> »die dem Arzt [und heute haben wir zu ergänzen: ›dem Psychologen‹] ferne liegen und mit denen er in seiner Tätigkeit nicht zusammenkommt: Kulturgeschichte, Mythologie, Religionspsychologie und Literaturwissenschaft. Ohne eine gute Orientierung auf diesen Gebieten steht der Analytiker einem großem Teil seines Materials verständnislos gegenüber.« (Freud 1926e, S. 281)

Das heißt für die klinische Praxis, dass er ohne diese »Bildung« (im Unterschied zur Ausbildung in einer therapeutischen Methode) blind bleiben wird für die Fülle der individuellen, idiosynkratischen Anspielungen im inneren Leben seiner Analysanden. Das heißt aber auch, dass der Beruf des Psychoanalytikers sich nie gänzlich in der Anwendung der psychoanalytischen Methode als Psychotherapie erschöpft, sondern immer eine weitergehende Fähigkeit des Analytikers herausfordert, seine spezifischen Erkenntnismöglichkeiten einzusetzen. Dies kann zum Beispiel die Untersuchung der psychoanalytischen Perspektiven ästhetischer Diskurse sein – die psychoanalytischen Aspekte künstlerischer Kreativität, die Beziehungen zwischen Psychoanalyse und Literatur, Psychoanalyse und Bildender Kunst, Psychoanalyse und Musik –, es kann aber auch um die Diskussion gesellschaftlicher Diskurse wie in der psychoanalytischen Religions- und Gesellschaftskritik gehen. Wer die Psychoanalyse als Wissenschaft vom Menschen, insbesondere vom menschlichen Irrationalen, zu seinem Beruf gemacht hat, wird in einer besonderen Weise darum bemüht sein, immer wieder grundsätzliche Erkenntnisse über den Menschen zu gewinnen. Diese Möglichkeit zum kreativen Denken ist, bei all der ansonsten geforderten und notwendigen Fähigkeit zu Gelassenheit, Einsamkeit und Abstinenz im beruflichen Leben eines Analytikers, ein besonderer Gewinn, der ein Stück weit zu entschädigen vermag.

Literatur

Freud, S. (1926e): Die Frage der Laienanalyse. GW XIV.

Selbst – Erfüllungen

Assoziationen zu einer Psychoanalyse der Lebenskunst

Michael B. Buchholz

Einführung

Was ein gutes Leben sei, darf man wohl als ein durchlaufendes Thema der jahr-tausendelangen Beschäftigung des Menschen mit sich selbst betrachten. Die Frage gehört zur »philosophia perennis«, sie ist eine Art zu fragen, die keine endgültigen Antworten erträgt. Jede Generation muss ihre Antworten selbst in Auseinandersetzung mit der Tradition bilden. In unserer Zeit entstand ein bestimmter Typ der Antwort, der positiv meint sagen zu können, was das sei: ein »gutes Leben«. Dazu gehören dann Erfolg, sexuelle Potenz, Reichtum, Frei-sein von schweren Erkrankungen, gesunde Kinder und ein ruhiges Alter. In den modernen Medien-Verblendungen wird uns gerne eine solche Scheinwelt verkauft.

Wer sich dagegen entrüstet, der übersieht freilich, dass auch unser aufge-klärtes Denken von einem solchen Antworttypus nicht frei ist. Wir diskutieren die Behandlung seelischer Krankheiten im Wettbewerb mit anderen so, als ginge es um eine Maximierung von Störungsfreiheit. Aber man muss hier nur an diejenigen Menschen denken, die wir als depressiv bezeichnen. Sie empfin-den auf eine uns herausfordernde Weise die Aufforderung, sich um Störungs-freiheit zu bemühen als seichte Oberflächlichkeit und keine ärztliche Kurier-freiheit kann dann helfen; die Einstellung auf das Ziel der Schadensbeseitigung ist falsch. Der Depressive – wie unsere anderen Patienten auch – braucht es, dass seine Depression nicht als Irrtum, sondern als Wahrheit verstanden und vernommen wird. Dringt aber in unsere Behandlungspraxis der Zwang zur Störungsbeseitigung vor, lassen wir zu, dass der positivierende Optimismus des »Schneller – besser – glücklicher« auch unsere Behandlungsführung bestimmt, würden wir die Psychoanalyse um genau jenes bringen, das sie uns gebracht hat. Dieses will ich hier als Lebenskunstlehre der Psychoanalyse anzusprechen versuchen und bin mir dabei völlig bewusst, dass ich damit nur einen aktuellen Anfang machen kann, der selbst wiederum an Traditionen anknüpfen könnte. Viktor von Weizsäcker bemerkte dies, als er 1955 notierte: »Mir scheint, es sei eigentlich asiatische Weisheit, die auch in ihm (Freud) zu uns kam, um hier bald aufzuleuchten, bald als uneuropäisch wieder ausgestoßen zu werden« (zit. nach Stein 1997, S. 89). Und einen anderen Traditionsstrang hat Freud selbst zu knüpfen begonnen, als er am 25. November des Jahres 1928 seinen Brief an Pfister mit einer berühmten Formulierung beendete:

>»Ich weiß nicht, ob Sie das geheime Band zwischen der ›Laienanalyse‹ und der ›Illusion‹ erraten haben. In der ersten will ich die Analyse vor den Ärzten, in der anderen vor den Priestern schützen. Ich möchte sie einem Stand übergeben, der noch nicht existiert, einem Stand von *welt*lichen Seelsorgern, die Ärzte nicht zu sein brauchen und Priester nicht sein dürfen.« (Freud 1963, S. 13)

Hier bezieht Freud genauso wenig *gegen* Ärzte wie *für* Psychologen Stellung; es geht um weltliche Seelsorge. Das ist in der europäischen Tradition nur als Paradoxon zu denken.

Erinnerungen

Wir sind vielmehr aufgefordert, das, was die aktuelle Diskussion um Effizienz und Effektivität von vornherein ausstößt, wenigstens zu erinnern, das, was Freud hier »weltliche Seelsorge« nennt. Es enthält mehr von dem, was Psychoanalyse mit und ohne Couch ausmacht, als in dieser Diskussion überhaupt in den Blick gerät. Die Frage, ob Psychoanalyse auf drei oder vier Stunden basiert, ob sie nur im Liegen korrekt ist oder vielleicht ja auch im Sitzen oder Stehen und Gehen oder in weiteren Stellungen ausgeübt werden kann, diskutiert das Problem, wie jeder weiß, von vornherein unter einer falschen Perspektive.(1)

Diese Perspektive hat freilich, wie ich den Arbeiten der Wissenschaftshistorikerin Lorraine Daston (2001) entnehme, eine Geschichte (2). Es ist die Geschichte des wissenschaftlichen Kleinarbeitens. Der Ingenieur Charles Babbage schlägt 1835 der wissenschaftlichen Gemeinde vor, man könne wissenschaftliche Tätigkeit in immer kleinere Einheiten zerlegen und sie von einfachen Leuten ausführen lassen. Als Beispiel führt er an, wie der französische Mathematiker Gaspard Riche de Prony Logarithmen-Tafeln von Leuten aufstellen und errechnen ließ, die nur gerade addieren und subtrahieren konnten; den Vorteil sieht Babbage damals schon darin, dass eine solche Arbeit nur minimales Wissen fordere und daher »immer zu günstigem Preis erworben« werden könne (zit. nach Daston 2001, S. 146). Es entstand mit diesen Praktiken das »Ideal des austauschbaren Beobachters« (Daston), dessen Folge ein »Verlust an wertvollen Informationen« war, wie z. B., ob der Beobachter gerade erkältet war, während er durchs Teleskop schauend die Sterne beobachtete. Astronomen schon zu Keplers und Newtons Zeiten fiel auf, dass sie beim Blick durchs Fernrohr keine genau einheitlichen Messungen fanden. Die Erklärung wurde in dem gefunden, was den Namen »persönliche Gleichung« erhielt. Zwar war die persönliche Gleichung auf naturwissenschaftlichem Terrain entdeckt, wurde aber schnell als persönliche Irritation mehr und mehr der Psychologie der Person übergeben, die sich mit irritierenden Abweichungen aus individuellen Unterschieden zu befassen hatte. Die Idee, mit der Tilgung individueller Unterschiede zur Wahrheit voranschreiten zu können, schafft das Ideal einer a-perspektivischen Objektivität. Sie setzt dann die Kommunizierbarkeit höher an als etwa Geschicklichkeit von Ärzten oder Experimentatoren. Daston (2001, S. 130) schreibt: »Im Extremfall kann die aperspektivische Objektivität sogar ein tieferes oder genaueres Wissen den Ansprüchen der Mitteilbarkeit opfern.« Modern formuliert: In hoher interrater-Reliabilität kann sich auch eine Einigung aufs Mittelmaß verbergen. Unsere heutige verunsichernde Erfahrung, dass manche Standardisierungs-Maßnahmen der Qualitätssicherung zwar zu vereinheitlichender Nivellierung professionellen Könnens führen, aber nicht unbedingt zu einer Etablierung hoher Qualitätsstandards (vgl. Speck 1999), hat also ihre historischen Vorläufer. In der Psychoanalyse brauchen wir »persönliche Gleichungen«. Was damals Irritation und Fehlerquelle gewesen sein mag, ist hier und heute Voraussetzung einer individualisiert operierenden Profession.

Psychoanalyse: Lebensform mit Wissenschaft »zur Seite«

Martin Bartels (1979) hatte die Folgerungen aus philosophischer Sicht schon gezogen, als er schrieb, dass der »Rückgang auf die lebenspraktische Ursprungssituation« erforderlich sei, um den Wert psychoanalytischen Könnens zu ermessen (Bartels 1979). Das, was bei Wittgenstein »Lebensform« hieß, ist hier angesprochen; sie ist immer mehr als wissenschaftliche Aussagen fassen können. Deshalb schließe ich mich den Worten des Heidelberger Psychoanalytikers Herbert Stein (1979, S. 57) an, der schrieb:

> »Die hier vorgetragene Vorstellung ist die, daß Psychoanalyse sozusagen Wissenschaft ›hat‹, zur Seite hat. Psychoanalyse ›ist‹ nicht Wissenschaft, insofern sie zwar Wissenschaft umschließt, dieser jeden möglichen Raum gibt, aber in ihrer Praxis (als Lebenspraxis) und wo philosophische Selbstbesinnung zu ihr gehört, die sich mehr oder weniger selbst eng umgrenzende Wissenschaft überschreitet.«

Als Lebensform mit Wissenschaft »zur Seite« ist Psychoanalyse dann nicht weniger, sondern mehr als Wissenschaft – so jedenfalls sieht es Stein. Dieser Auffassung steht gegenüber die Tradition der aperspektivischen Objektivität, wenn wir darüber streiten, ob sie mit drei oder nur mit vier Stunden stattfindet. Das aber muss unserer Profession ebenso äußerlich bleiben wie ihre Zerlegung in immer kleinere Theoriefragmente. Es ist unvorstellbar und wir sind weit davon entfernt, für jede Behandlungssituation mit jedem nur denkbaren Patiententyp eine Theorie der »richtigen« Behandlung zu etablieren und das wäre auch nicht wünschenswert, weil unsere Patienten uns zu Recht vorwerfen würden, sie »nach Lehrbuch« zu behandeln. Freilich, ohne Lehrbuch-Wissen geht es nicht. Doch das, was »nicht Lehrbuch« ist, kann nicht als Nebenwirkung des Psychotherapiemedikaments abgetan werden. Psychoanalyse lebt wie jede andere Psychotherapie von ihren Nebenwirkungen, vom zwanglosen Zwang zu verhandeln, vom Aushalten des Noch-nicht-Lösbaren, vom richtigen Wort, das einem zufällt, von ihren umwerfend komischen Momenten, von unerwarteten emotionalen wie kognitiven Resonanzen. Und sie lebt von dem Wissen, dass das, was »die Methode« ist, vielleicht auch bei einem anderen zu haben wäre, aber das allein wäre es ja nicht wert. Zu Risiken und Nebenwirkungen fragt man besser den Therapeuten als das Lehrbuch.

Eben hierfür brauchen wir nicht nur Behandlungstechnik, sondern eine Lebenslehre, eine »weltlich seelsorgende« Lehre der Lebenskunst, zu der hier aufgefordert werden soll. So wenig wie das, was ein »gutes Leben« ist, kann auch die Lehre davon vorab definiert werden, weil ein solcher Versuch normativ würde und vorschreiben müsste, wo er doch – wie die gute analytische Deutung auch – nur anregen kann. Wir brauchen keine Norm und keine Standards psychischer Gesundheit. Carlo Strenger (1997b) hatte schon angesichts der modernen Lebensvielfalt darauf hingewiesen, dass das auch gar nicht möglich ist. Aber manchmal können wir Menschen trotz Krankheiten helfen, ein gutes Leben zu führen. Eine Lehre der Lebenskunst sagt eher etwas über das »Wie« als über das »Was«; sie betont nicht Inhalt oder Details eines »guten Lebens«, sondern die Art und Weise des Vollzugs, ihr Medium ist eher poetische Animation als medizinische Intervention, sie spricht an, nicht aus.

Psychoanalytische Souveränität

Ich will das zuerst unter der großen Überschrift der Souveränität zu skizzieren versuchen, dabei freilich weitere Differenzierungen vornehmen. Diejenige Form der Arbeitsteilung, wonach der Patient das Material liefere und alles, was der Analytiker sagt, »Deutung« hieß, produzierte etwas, das als »klassische Analyse« bezeichnet werden konnte und dem Ideal des austauschbaren Beobachters und der aperspektivischen Objektivität verpflichtet war. Das teilten wir mit dem Rest der Welt über lange Zeit als Wissenschaft. Freud hatte dieses asketische, ja fast schon anorektisch klingende Ideal z. B. so formuliert: »Die Wissenschaft ist eben die vollkommenste Lossagung vom Lustprinzip, die unserer psychischen Arbeit möglich ist« (Freud 1910h, S. 67). Doch seltsamerweise geht es vielen, wenn sie Freud lesen, durchaus auch anders. Wir lesen Freud nicht nur als Wissenschaftler, sondern entnehmen seinen Texten mehr, ohne die Wissenschaft an unserer »Seite« zu ignorieren. Auf eine geheimnisvolle Weise klingt aus seinen Schriften und Briefen etwas Stärkendes hervor, das auch den heutigen Leser anspricht, selbst wenn wir inhaltliche Vorbehalte gegen seine

Auffassung der Weiblichkeit, der Adoleszenz, der Behandlungspraxis oder vielerlei anderes zu Recht vorbringen. Ich will ein paar Beispiele vorführen und beginne mit einem sehr prägnanten Beispiel, das ich einer schönen Arbeit von Günter Gödde (2003) (3) über Freuds Tochter Mathilde entnehme. Mathilde korrespondiert als junges Mädchen mit Eugen Pachmayr, der ihr schließlich mitteilt, dass er eine Freundin, Regine Steinhaus, habe. Feinfühlig stellt Günter Gödde fest, es müsse eine Bedeutung haben, dass Mathilde in dieser Zeit (April 1908) einen Trostbrief ihres Vaters wegen eigenen Liebeskummers erhalten habe. Freud schreibt an Mathilde:

> »Du knüpfst wahrscheinlich an den gegenwärtigen unzureichenden Anlaß eine alte Sorge, von der ich einmal mit Dir sprechen wollte. Ich ahnte längst, daß Du bei all Deiner sonstigen Vernünftigkeit Dich kränkst, nicht schön genug zu sein und darum keinem Mann zu gefallen. Ich habe lächelnd zugeschaut, weil Du mir erstens schön genug schienst, und weil ich zweitens weiß, daß in Wirklichkeit längst nicht mehr die Formenschönheit über das Schicksal des Mädchens entscheidet, sondern der Eindruck ihrer Persönlichkeit. (...) Deine Erinnerung wird Dir bestätigen, daß Du Dir noch in jedem Kreis von Menschen Respekt und Einfluß erobert hast. Somit war ich über Deine Zukunft, soweit sie von Dir abhängt, beruhigt, und Du kannst es auch sein. (...) Es täte mir schrecklich leid, wenn Du Dich mit Deiner Verzagtheit auf einen anderen Weg begeben würdest, aber es ist hoffentlich nur ein flüchtiger Anfall in einer Situation, zu welcher vielerlei zusammengetroffen ist.« (zit. nach Gödde 2003)

Freud tröstet Mathilde hier in einer Weise, die an Zeilen aus den »Studien über Hysterie« (1895) erinnert. Dort hält er als »Leistung der Assoziation« fest, dass man Kränkungen unter »Erwägungen der eigenen Würde« begegnen könne – und er ist es, der diese Selbst-Würdigung bei Mathilde in Gang setzt. Jedes Wort dieser brieflichen väterlich-therapeutischen Operation zur Behandlung von Mathildes Liebeskummer stimmt. Freud hat nicht »beobachtet«, was eine objektivierend-wissenschaftliche Ausdrucksweise wäre, er hat vielmehr »lächelnd zugeschaut« und mit dieser Formulierung vermeidet er die neue Kränkung, die »Beobachtet-Werden« für seine Tochter bedeutet hätte. Er stellt fest, dass er beruhigt sein könne und fügt dann an: »Du kannst es auch sein« und das geschieht in einer Weise, die Mathilde ihre Sorgen nicht ausredet, sondern ihr anbietet, an seiner größeren Gelassenheit teilzuhaben. Mit ästhetischem Feingefühl reguliert Freud den angeschlagenen Narzissmus seiner Tochter und deswegen spricht uns dieser Brief heute noch an. Man meint zu spüren, wie Freud seine Tochter aus der Kränkung auf ein höheres psychisches Funktionsniveau emporzieht – nicht Formenschönheit entscheidet, sondern der Eindruck der Persönlichkeit. Daraus spricht Wärme und tiefe Verbundenheit, die wir bei Freud nicht nur im familiären Dunstkreis finden. Sein Ideal ist nicht Autonomie der individuellen Person, sondern Souveränität (Böhme 1990), die ihre Abhängigkeiten anerkennen und annehmen kann. Zwei dieser Abhängigkeiten sind hier angesprochen: die von den Tatsächlichkeiten des eigenen Körpers und die von der Zukunft. Das Ideal der Autonomie setzt die Person als verfügend an, über Ressourcen und Zeit, über Objekte und andere Menschen. Souveränität bescheidet sich mit der Anerkennung von Abhängigkeiten, v. a. der, dass die eigene Souveränität es immer braucht, dass die anderen sie gewähren.

Eben dies finden wir auch in anderen Brieftexten. Am 06.03.1910 schreibt Freud an Pfister:

> »Leben ohne Arbeit kann ich mir nicht recht behaglich vorstellen, Phantasieren und Arbeiten fällt für mich zusammen, ich amüsiere mich bei nichts anderem. Das wäre eine Anweisung auf das Glück, wenn nicht der entsetzliche Gedanke, daß die Produktivität ganz von einer empfindlichen Disposition abhängt, im Wege stünde. Was fängt man an einem Tag oder in einer Zeit an, in der die Gedanken versagen oder die Worte sich nicht einstellen wollen? Man wird ein Zittern in vor dieser Möglichkeit nicht los. Darum habe ich bei aller Ergebung in das Schicksal, die einem ehrlichen Menschen geziemt, doch eine ganz heimliche Bitte: nur kein Siechtum, keine Lähmung der Leistungsfähigkeit durch körperliches Elend.« (Freud 1963, S. 32).

Auch hier finden wir die Anerkennung der Abhängigkeit. Angewiesen auf Produktivität, die Arbeiten und Phantasieren auf eine glückliche Weise verbindet, könnte es sein, dass die Abhängigkeiten von körperlichem Verfall zu groß werden, aber auch die, wenn Worte sich nicht einstellen, wenn Kreativität versagt. Nicht Autonomie ist hier Ideal der Lebenskunst, sondern Anerkennung von Abhängigkeiten und Nutzung der Quellen der Kreativität. Anerkennung der »facts of life« hatte Money-Kirle (1956) schon gefordert; das Konzept der »depressiven Position« formuliert in unserer Behandlungstechnik dieses Ziel. Anerkennung von solchen Abhängigkeiten zu tragen und zu ertragen, ist schon immer implizites Ziel psychoanalytischer Lebenskunstlehre gewesen; und man könnte noch hinzufügen, dass bislang wohl unformuliert ist das andere Ziel, nämlich jene Situationen davon unterscheiden zu lernen, wo gegen erzwungene und aufgenötigte Abhängigkeiten die eigene Souveränität ins Spiel gebracht werden kann. Souveränität ist somit zweiseitig zu denken, als Kampf gegen *und* Ertragen von Abhängigkeiten, die voneinander zu unterscheiden sind.

Freud selbst führt uns vor, wie er sich von manchem löst und verwendet dabei ein Wort, Emanzipation, das in der jüngeren Geschichte nicht nur der Psychoanalyse eine beachtliche Rolle gespielt hatte. In seiner Schrift »Das Unbewußte« fordert er (Freud 1913), wir müssen »lernen, uns von der Bedeutung des Symptoms ›Bewußtheit‹ zu emanzipieren« (Freud 1915e, S. 291) (4). Im zeitlichen Nahfeld dieser Schrift schreibt er am 09. November 1915 selbstkritisch an Lou Andreas-Salomé, die zwölf metapsychologischen Schriften dieser Zeit »leiden unter einem Mangel an froher Stimmung« (Freud 1966, S. 39). Es ist Krieg und er hat die Söhne an der Front. Das Phantasieren will nicht so recht gelingen, darf man aus dem nächsten Briefabsatz vermuten. Aber v. a. ist es wohl die niederschmetternde Einsicht, dass wissenschaftliche Vernunft die Katastrophe nicht verhindert, sondern umgekehrt ermöglicht hat. Der optimistische Triumph des sich autonom setzenden Bewusstseins ist gefallen. Freud muss andere Kräfte anerkennen, in deren Licht das Bewusstsein als »Symptom« erscheint. Das ist eine nietzscheanisch radikale Umwertung der Werte, die Lebenstatsachen anzuerkennen sich nötigt. Wenn Montaigne uns im ersten seiner philosophischen Essays gelehrt hat, Philosophieren heiße sterben lernen, dann ist es das, was Freud hier versucht: den Tod als Lebenstatsache anzuerkennen, als eine – wenn nicht *die* – Realität, der gegenüber nur die Haltung der Souveränität möglich ist. Die Stärke der Souveränität liegt in der Anerkennung dieser Abhängigkeit im Besonderen. Das ist zugleich ein tragischer Aspekt einer psychoanalytischen Lebenskunstlehre, der sich andere anfügen lassen. Ich schließe einen schöpferischen und einen solidarischen Aspekt an und das zeigt sogleich, Freud ist nicht deprimiert, sondern realistisch.

Psychoanalytische Kreation

Dass Freud Goethe verehrte, ja sogar glaubte, dieser habe ihn zum Medizin-Studium mit seinem Aufsatz »Über die Natur« (5) verleitet, wissen wir. Deshalb erlaube ich mir, eine Sentenz Goethes zur Selbsterkenntnis hierher zu setzen, die Freud gekannt, jedenfalls angesprochen haben könnte. Goethe schreibt:

> »Der Mensch kennt nur sich selbst, insofern er die Welt kennt, die er nur in sich und sich nur in ihr gewahr wird. Jeder neue Gegenstand, wohl beschaut, schließt ein neues Organ in uns auf.« (Goethe 1998, S. 412) (6)

Hier wird eine Verbindung zwischen Mensch und Welt anvisiert, die wir heute als romantisch abtun mögen, aber auch das ist eine von Freuds Traditionen (7). Schon Heine spottete: »Die Natur wollte wissen, wie sie aussieht und sie erschuf sich Goethe« (Heine1970, S. 149). Goethe aber meinte mehr als die Metapher vom menschlichen Bewusstsein als bloßem Spiegel (8). Die Pointe liegt in der Formulierung »wohl beschaut«. Ihm geht es durchaus um eine Aufwertung der stummen Intuition, die in der Tradition gerade dem Kommunizierbaren, dem Diskurs entgegengesetzt war. Bei Schelling wird dies als »jenes geheime Band, das unseren Geist mit der Natur verknüpft« angesprochen. Diese Verbindung wird erfasst durch das, was Schelling »intellektuale Anschauung« nannte, ein Kunstwort, in dem sich »transzendental« und »intellektuell« verbinden. Hölderlin übernimmt diesen Begriff von Schelling und verbindet ihn mit Sinnlichkeit und Schönheit, in der er einen »Vor-Schein« (Bloch) von außerhalb her erkennt. Natur ist dann nicht das, was dem Selbst unerreichbar gegenübersteht, sondern bezeichnet in transzendentaler Einstellung die Einheit beider. Wir könnten sagen, mit »intellektualer Anschauung« wird eine philosophische Einstellung methodisch beschrieben, die dem ganzheitlich-mimetischen Charakter kindlicher Wahrnehmungsweisen nahe kommt. Dem eignet ein hohes kreatives Potenzial, das Winnicott immer unterstrichen hatte (9) und die Bibel weiß schon, dass es darauf ankommt, zu *werden* wie die Kinder, wenn man das Himmelreich des Schönen und Kreativen, der Schöpfung und des Schöpferischen erreichen will. Freud macht 1905 auf den schöpferischen Aspekt der psychoanalytischen Arbeit aufmerksam und beschreibt die Psychoanalyse nun im Unterschied zur Hypnose mit Worten, die sich genau in diese Tradition einfügen:

> »In Wahrheit besteht zwischen der suggestiven Technik und der analytischen der größtmögliche Gegensatz, jener Gegensatz, den der große Leonardo da Vinci für die Künste in die Formeln *per via die porre* und *per via di levare* gefaßt hat. Die Malerei, sagt Leonardo, arbeitet *per via di porre;* sie setzt nämlich Farbenhäufchen hin, wo sie früher nicht waren, auf die nichtfarbige Leinwand; die Skulptur dagegen geht *per via di levare* vor, sie nimmt nämlich vom Stein so viel weg, als die Oberfläche der in ihm enthaltenen Statue noch bedeckt. Ganz ähnlich, meine Herren, sucht die Suggestivtechnik *per via di porre* zu wirken, sie kümmert sich nicht um Herkunft, Kraft und Bedeutung der Krankheitssymptome, sondern legt etwas auf, die Suggestion nämlich, wovon sie erwartet, daß es stark genug sein wird, die pathogene Idee an der Äußerung zu hindern. Die analytische Therapie dagegen will nicht auflegen, nichts Neues einführen, sondern wegnehmen, herausschaffen, und zu diesem Zwecke bekümmert sie sich um die Genese der krankhaften Symptome und den psychischen Zusammenhang der pathogenen Idee, deren Wegschaffung ihr Ziel ist.« (Freud 1905a [1904], S. 17)

Diese Textstelle erinnert an eine Bemerkung, die Michelangelo zugeschrieben wurde. Der Meister wurde gefragt, wie er es nur schaffe, aus dem rohen Stein die wunderbare Figur des Löwen entstehen zu lassen. Er soll geantwortet haben, das sei ganz einfach, er haue einfach alles weg, was nicht nach Löwe aussehe. Genau daran muss sich natürlich die Kritik festmachen. Wenn wir die Psychoanalyse so verstünden, meinte schon einmal Winnicott, müsste man sich nicht wundern, wenn Patienten sich dagegen wehren, nach therapeutischem Vor- oder Ebenbild zurecht gehauen zu werden. Das ist vielleicht einer der problematischen Aspekte der real existierenden Psychoanalyse, dass man an Lehranalysanden manchmal zu erkennen meint, in welchem lehranalytischen Atelier sie geformt wurden. Freud hat aber etwas anderes im Sinn. Schon im Jahre 1486 hält der Renaissancephilosoph Pico della Mirandola eine Rede über »Die Würde des

Menschen« und beschreibt den Menschen darin als »plastes et fictor«, als Bildhauer seiner selbst (zit. nach Barolini 1984). Das artikuliert damals den neuen Stolz der Künstler, die sich dem Schöpfer gleichzusetzen wagen. Die Schöpfung aber erscheint als geistiger Akt, der Bildhauer muss den Löwen sehen, bevor er da ist. Die Einstellung, die ihm das ermöglicht, könnte man nun als »intellektuale Anschauung« fassen, sie sieht das Selbst des Anderen so, dass es hervortreten und beleuchtet werden kann und sie kann das, weil dieses Selbst nicht nur als das des Anderen aufgefasst wird, sondern weil darin das »Tua res agitur« sich vollzieht; im Selbst des Anderen das Eigene erkennen. Eine solche Vorstellung ist uns, die wir seit Jahren mit den Befunden der »baby-watcher« vertraut gemacht werden, nicht mehr so fremd. Jede Mutter, so beschrieb es schon Kohut, so bestätigen es die Forschungsergebnisse, sieht in ihrem Baby immer mehr als da ist; ihre Wahrnehmung enthält eine idealisierende Komponente und sie bringt das Selbst ihres Säuglings so »in die Existenz«, wie Winnicott formulierte. Es ist diese idealisierende Komponente, die immer schon etwas mehr »sieht« als da ist, die es mit Wärme und Empathie »sieht«, die verhindert, dass mütterliche Bildhauer Bild und Kind schwer verhauen. Unspezifische Äußerungen des Kindes werden behandelt, als ob sie schon artikulierbaren Sinn hätten und dabei dem Kind Mitteilungswille, Intentionalität und eine Handlungsgestalt unterstellt; kurz, das Selbst des Kindes existiert zunächst im Raum zwischen mütterlichem Vorentwurf und kindlicher Potenzialität (vgl. Winnicott 1958). Von Shotter & Newson (1982) stammt für das, was Freud mit dem Bildhauergleichnis sagen möchte, die Metapher der »Sinn-Infusion«. Es ist Sinn, mit dem Mütter das reflektorische Gezappel ihrer Säuglinge ausstatten und in einem tiefen Sinn »sehen«, was Kinder brauchen und wollen. Fonagy (1993, 1996) hat uns in mehreren Arbeiten gezeigt, dass die mütterliche Fähigkeit, das Kind zu »halten« von der anderen Fähigkeit, es sich als ein Zentrum eigener Initiative vorstellen zu können, unterschieden werden muss. Diese letztere Fähigkeit, das Selbst des Kindes zu »sehen«, obwohl es ja in einem anderen Sinn noch gar nicht da ist, bestimmt das, was Fonagy den »ghost in the nursery« nennt. Schon Nietzsche schreibt in der Genealogie der Moral: »Jeder Geist hat seinen Klang, liebt seinen Klang« (Nietzsche 1977). Die Analogie zur therapeutischen Situation liegt auf der Hand. Der Analytiker muss »sehen«, also intellektual anschauen, was das Selbst seines Patienten braucht.

Tatsächlich kommt die psychoanalytische Sinn-Infusion dem nahe, was Laplanche (1992) mit seiner »allgemeinen Verführungstheorie« formuliert hatte und was in einer älteren Tradition der Seelsorge der »Anruf« hieß: Das Selbst muss »angerufen« werden, es muss »angesprochen« werden, weil es nur so in die Existenz kommen kann – aber es trägt, worauf Laplanche mit Nachdruck und zu Recht hingewiesen hat, den Geburts-Stempel aus der interaktiv-kreati-

ven Sinn-Infusion untilgbar in sich. Deshalb kann die Psychoanalyse, so sieht
es Laplanche, keine Hermeneutik, keine Auslegung allein sein; sie muss mehr
sein, Sinn hinzufügen. Freud bereits hatte uns dazu aufgefordert, »den eigenen
theoretischen Behauptungen Glauben zu schenken« und »die Herstellung des
Zusammenhangs der Führung des Unbewussten nicht streitig zu machen«
(Freud 1911e, S. 354). Das Bewusstsein also als »Symptom« betrachten und sich
der Führung des Unbewussten überlassen – das meint freilich das genaue
Gegenteil von wildem Agieren. Gemeint ist eine Behandlungsführung, die in
ihrem Kern das Ziel hat, das unbewusste Selbst anzusprechen. Sie kann wissenschaftlich geprüft werden, ist aber selbst etwas anderes, eben eine professionelle Lehre der Lebenskunstführung. Ohne diesen Anruf bliebe das Selbst nur
potenzielle Struktur, die unrealisiert in Symptomen zur Darstellung drängt.
Das, in nicht-realisierter, bloßer Möglichkeitsform verharren zu müssen, ist die
eine Gefahr. Mit interaktiver Sinn-Infusion jedoch gerät es in die andere Gefahr,
von der Deutungsmacht des Anderen »verhauen« zu werden. Kann es aus
diesen beiden Polen des bloßen Potenzials und der fremden Übersteuerung
jedoch herauswachsen und herausgeführt werden, ist es Quelle dauernder Kreativität und der Selbst-Erfüllung – und der Analytiker kann den feinen Sinn für
die Balance zwischen diesen Polen vielleicht nur dann in der Behandlungsführung ermöglichen, wenn ihm dies in seiner Selbstklärung, durchaus auch außerhalb der Lehranalyse und durchaus im Anschluss auch an philosophische Traditionen, möglich geworden ist. Hier geht es dann nicht mehr um den Mythos
irgendeines Vorsprungs an »Besser-Wissenschaft«, den der Analytiker durch
seine Lehranalyse erreicht haben soll; es geht vielmehr darum, ob der Analytiker mit seinem Analysanden ein Klima schaffen kann, worin der Analysand die
Chance des Widerspruchs im Dienste der Selbst-Erfüllung hat.

Um zu verdeutlichen, dass hochrangige Autoren durchaus eine Vorstellung
von dem haben, was hier gemeint ist, zitiere ich Wittgenstein, dessen Gesamt-
werk der Psychoanalyse fern und der Verwissenschaftlichung der Philosophie
als Sprachanalyse nahe steht, der aber diesen Schritt über die Wissenschaft
hinaus wagt. In seinen »Vermischten Bemerkungen« von 1939 (S. 499) formulierte er sehr anspruchsvoll:

> »Man *kann* nicht die Wahrheit sagen, wenn man sich noch nicht selbst bezwun-
> gen hat. Man *kann* sie nicht sagen; – aber nicht, weil man noch nicht gescheit genug
> ist. Nur der kann sie sagen, der schon in ihr *ruht;* nicht der, der noch in der
> Unwahrheit ruht und nur einmal aus der Unwahrheit heraus nach ihr langt.«

Wittgenstein, den man ja als den großen rationalen Mystiker der Philosophie
auffassen muss, formuliert hier, dass es eine Wahrheit geben könne, die nicht
sagbar ist, also auch in Form einer Theorie nicht ausgesagt, deren Richtigkeit
oder Falschheit auch nicht im Wettstreit mit anderen Theorien wissenschaftlich

überprüft werden kann (10). Er meint etwas, was der Wissenschaft vorgelagert ist und das halten wir, sonderbarerweise, für sonderbar. Wittgenstein stellte einmal mit Bezug auf Dostojewskis Figur des Staretz Sosima fest: »Ja, solche Leute hat es wirklich gegeben, Menschen, die den anderen unmittelbar ins Herz blicken und ihnen Rat geben konnten« (zit. nach Rhees 1992, S. 156). Das muss einen weder ins Schwärmerische noch ins Kritische abgleiten lassen. Wir haben viele Darstellungen von Analytikern, die nach langen Jahren berichten, wie erstaunt sie darüber waren, was ihr Analytiker einst von ihnen wusste, ohne dass sie es ihm gesagt hatten. Wir haben auch Stimmen wie die der Biologin und Nobelpreisträgerin Barbara McClintock, die für die gute Ausbildung von Naturwissenschaftlern meditative Praxis fordert und wir haben sogar psychoanalytische Arbeitsgruppen (vgl. Lloyd Mayer 1996), die sich mit so sonderbaren Phänomenen wie der farbigen Aura eines Patienten und deren Wahrnehmung durch den Analytiker befassen. Und neuerdings finden sich auch einige wenige Stimmen unter den psychotherapeutischen Forschern (Najavits 2001, S. 133), die genau das gleiche sagen:

> »I believe that my experience is not all that different what most patients tell me: that a large number of therapists are mildly helpful, a few are downright negative, and occasionally one can find someone genuinely life changing.«

Diese Forscherin stellt fest, dass es eine noch nicht ganz geklärte Beziehung zwischen den Theorien gibt, die ein Therapeut sozusagen offiziell vertritt und jenen, denen er implizit anhängt. Letztere scheinen viel wichtiger zu sein. Die Wissenschaft beginnt hier vorsichtig, die Fragen der Lebensform und der Lebenskunst als relevant für die Behandlung, für die Persönlichkeit des Therapeuten und für die Passung zwischen beiden zum Thema zu machen. Eine solche Lebenslehre umfasst, sie umgreift die Person und ermöglicht ruhende Souveränität auch dem wissenschaftlichen Wettstreit gegenüber. Hier erhält Souveränität eine Dimension, die sie über die »depressive Position« hinaushebt. Sie bleibt abhängig von Wissenschaft und doch ihr gegenüber souverän. Eine wissenschaftliche Theorie kann dann personale Sensibilitäten verfeinern, aber letztlich ist eine Theorie, wie George Steiner (1999) für die »humanities« insgesamt würzig formuliert hat, nichts anderes als eine Intuition, die sozusagen die Geduld verloren hat. Wittgenstein sieht also eine souveräne Wahrheitsposition, wo der Gegensatz zwischen den Sagbarkeiten der theoretischen Ausformulierung und den Verschwiegenheiten der Intuition aufgehoben wäre und das berührt die Geheimnisse unserer Profession, die wir wie jede andere auch haben. Zu diesen Geheimnissen darf gewiss gezählt werden, dass wir nicht nur und nicht ausschließlich theoriegeleitet behandeln; in einem vom ehemaligen Vorsitzenden der Society for Psychotherapy Research herausgegebenen Buch mit dem schönen Titel *How Therapists Change* (Goldfried 2000) schreibt der

Psychoanalytiker Morris Eagle (2000), es komme für ihn ebenso darauf an, eine starke und wohlwollende affektive Präsenz in seinen Behandlungen aufrechtzuerhalten und vital in die Beziehung mit seinen Patienten involviert zu bleiben. Dies alles hänge von seiner Fähigkeit ab, sich als Person weiterzuentwickeln und deshalb Enthusiasmus, Interesse und den Glauben – jawohl, er sagt »faith«! – an die menschlichen Möglichkeiten aufrechtzuerhalten. Professionen also brauchen Konfessionen – und keineswegs nur Theorie.

Das zu sehen, könnte hilfreich beim Gedanken daran sein, dass allzu dogmatische Festlegungen der Behandlungsführung auf eine und nur eine Theorie auch schädliche Wirkungen haben könnte; und hier könnten wir uns noch einmal von Wittgenstein inspirieren lassen, wenn er schreibt:

> »Es ist für mich wichtig, beim Philosophieren immer eine Lage zu verändern, nicht zu lange auf einem Bein zu stehen, um nicht steif zu werden« (Wittgenstein 1984, S. 488).

Man muss also auch nicht zu sehr nur auf Wittgenstein stehen. Hier freilich meint Steifheit den Bezug zu einem Alter, das aus Unbeweglichkeit kommt. Das ist doch auch eine Lebenslehre: Die Psychoanalyse wird zwar älter, aber auch lockerer. Man braucht zwei Beine – zum Tanzen; eigentlich aber vier, denn »Tanz« ist die Metapher für Kooperation im Behandlungsprozess und für ihre Muster und Formen. Hier können wir nicht wissenschaftliche Metaphern von Hypothese und Beweis gebrauchen, hier kommt es auf etwas anderes an.

Psychoanalytische Kooperation

Wir müssen also unseren Patienten in der Interaktion eine Chance einräumen, gegen unsere Theorie Recht zu behalten, die sich ihrerseits überraschen können lassen muss. Nur so kann aus den Analysen etwas hervorgehen, was die Analyse als ideelles Gesamt-Selbst unserer Profession erfüllt. Wie dies durch die analytische Kooperation eingerichtet werden kann, dazu will ich die mir möglichen Hinweise geben und komme zu dem hier letzten Aspekt der anvisierten Lebenskunstlehre.

Wie berechtigt es war, Freud den Goethepreis zuzuerkennen, wie sehr Freud von Goethe beeinflusst war, wird schlaglichtartig deutlich, wenn ich jene Stelle über die Selbsterkenntnis, die ich weiter oben von Goethe zitiert habe, noch um einen Satz fortsetze. Goethe also meinte: »Jeder neue Gegenstand, wohl beschaut, schließt ein neues Organ in uns auf« und fährt dann fort:

> »Am allerfördersamsten aber sind unsere Nebenmenschen, welche den Vorteil haben, uns mit der Welt aus ihrem Standpunkt zu vergleichen und daher nähere Kenntnis von uns zu erlangen, als wir selbst gewinnen mögen.« (Goethe 1998, S. 412)

Das ist gewiss eine jener mentalen Lockerungsübungen aus dem Kontakt mit Nebenmenschen, die jung erhält, wenn man Standpunkte vergleicht und sogar sich mit der Welt vergleichen lässt. Der gleiche Geist klingt uns entgegen, wenn Freud in der »Psychopathologie des Alltagslebens« beinah gleichlautend feststellt:

> »Man kann in der Tat ganz allgemein behaupten, daß jedermann fortwährend psychische Analyse an seinem Nebenmenschen betreibt und diese infolgedessen besser kennenlernt als jeder einzelne sich selbst.« (Freud 1904, S. 26)

Was er am andern kennen lernt, sind nicht Charakterzüge, Eigenschaften oder Eigenheiten; vielmehr geht es Freud darum, dass der Blick des Anderen sozusagen durch die Abwehr hindurch geht. In »Totem und Tabu« (1912–13, S. 191) wiederholt er

> »daß jeder Mensch in seiner unbewußten Geistestätigkeit einen Apparat besitzt, der ihm gestattet, die Reaktionen anderer Menschen zu deuten, das heißt, die Entstellungen wieder rückgängig zu machen, welche der andere an dem Ausdruck seiner Gefühlsregungen vorgenommen hat.«

Das ist eine Beobachtung, die sozusagen quer zu allen sonstigen Theoriestücken steht, an der Freud jedoch immer festgehalten hat. Sie berührt den Freudschen Universalismus, der hier nicht nomothetische Aussagen über »alle Menschen« macht. Freud, der Jude, postuliert vielmehr eine Wahrnehmungsweise, in der die Menschen sich über alle Rassen- und Klassenunterschiede hinwegsetzen könnten. Das alles gehört zu den historischen Gestalten der Abwehr. Hier geht es um eine soziale Komponente im Kern des psychoanalytischen Geschehens. Der Soziologe Georg Simmel, ebenfalls Jude und Freuds Zeitgenosse in Berlin, hält in fast gleichlautenden Worten einen ähnlichen Universalismus fest (Simmel 1908, S. 267):

> »Aber in feineren und weniger eindeutigen Formen, in fragmentarischen Ansätzen und Unausgesprochenheiten ruht der ganze Verkehr der Menschen darauf, daß jeder vom anderen etwas mehr weiß, als dieser ihm willentlich offenbart, und vielfach solches, dessen Erkanntwerden durch den andren, wenn jener es wüßte, ihm unerwünscht wäre.«

Gewiss, wir verbergen viel und der soziale Verkehr beruht wesentlich auf dieser Kunst; es ist eine Leistung des kultivierten Umgangs miteinander, sich gegenseitig von eigenen Unmittelbarkeiten zu verschonen. Auch in der Analyse kann es nicht Ziel sein, Gefühle »rauszulassen«; wir analysieren eine solche Einstellung, wie sie manche Patienten mitbringen, vielmehr als Prozessphantasie der analen Expulsion. Aber wir ermutigen unsere Patienten dazu, ihre Phantasien und Vorstellungen über uns mitzuteilen so mutig wie es geht. Deshalb haben wir in den letzten Jahren immer mehr verstanden, dass es nicht nur der Analytiker ist, der das Gestammel und Gezappel seines Patienten mit Sinn ausstattet, sondern auch umgekehrt haben wir gelernt, »how the patient makes sense of the therapist« (Friedman 1988). Wir mussten uns von einem der erfahrensten Borderline-Therapeuten, Harold Searles (1958, 1987), sagen lassen, dass die Symptome solcher Patienten manchmal den Sinn haben, ihren Therapeuten von dessen verrücktem Wunsch, andere Menschen ändern zu wollen, zu befreien. Hierin nämlich haben solche Patienten und andere, die der Psychose nahe stehen, beträchtliche Erfahrung; sie sind erfolglose Spezialisten darin, einen anderen Menschen ändern zu wollen und sie wollen ihn ändern, damit er endlich den Glauben aufgibt, andere Menschen seien änderbar. Inständig hoffen sie, dass ihr Therapeut nicht ähnlich verrückt sei. Patrick Casement (1984) hat uns erneut aufgefordert, vom Patienten zu lernen; Treurniet (1995) hat uns gezeigt, dass Sinn-Infusion keineswegs nur in einer Richtung verläuft. Wir entwickeln uns auf eine Position zu, wo wir das autoritäre Modell, dass wir unseren Patienten eine höhere oder bessere Einsicht vermitteln, allmählich als ziemlich unvollständig zu erkennen gezwungen werden; auf nur diesem einen Bein zu stehen, hatte auch hochmütige Seiten. Einsicht wird ergänzt durch Kooperation und Gegenseitigkeit, Einsicht ist Nebenwirkung einer relationalen Psychoanalyse (vgl. Altmeyer 2000, Mitchell & Aron 1999). Zu Zeiten Freuds gingen Patienten zum Psychoanalytiker, um sich von seiner Autorität darüber belehren zu lassen, was seiner Auffassung nach in ihrem Unbewussten sich abspiele. Wer hingegen heute in einer solchen autoritätshörigen Weise seinem Therapeuten begegnete, würde alsbald wegen seiner submissiven Neigungen mit Deutungen konfrontiert. Die Schwierigkeit ist heute, dass Psychoanalyse bedeutet, mit Patienten umgehen zu können, für die es keineswegs selbstverständlich ist, Einsichten zu folgen. Sie wissen alsbald, welches Tun oder Unterlassen angebrachter wäre – aber sie fragen sich und ihren Therapeuten oft, warum sie sich eigentlich so verhalten sollten, warum sie Verzicht auf gewisse prägenitale oder narzisstische »Vergnügungen« leisten sollten? Das Einsichtsmodell setzte auf die Fähigkeit zum Verzicht und unterstellte eine allgemein geteilte Vorstellung von menschlicher Reifung, die anzustreben als sinnvoll betrachtet wurde. Eines von Freuds Lieblingszitaten war der Satz von Theodor Vischer, das Moralische verstehe sich von selbst. Das wird heute nicht mehr ohne weiteres von allen unterschrieben; heute gilt eher, der eigene Nutzen oder Vorteil verstehe sich von selbst.

Reziprozität und Gegenseitigkeit bleiben in einer psychoanalytischen Lebenslehre gerade unter dem Gesichtspunkt der Kooperation unverzichtbare Postulate. Größenphantasien und Verächtlichkeit sind jene Momente, die der interaktiven Gegenseitigkeit scharf opponierend entgegenstehen. Aber es genügt nicht, unsere Patienten in diesen Dingen zu erziehen, weil sie meist schon eine lange Serie von erfolglosen Erziehungsprozeduren, im Guten wie im

Bösen, hinter sich haben und weil Erziehung ihnen das nahe legen würde, was Winnicott das »falsche Selbst« genannt hatte. Glückliche kooperative Momente verlaufen hier nicht via Einsichtsvermittlung durch die eine und Folgsamkeit durch die andere Seite, sondern eher durch das, was Daniel Stern (1998) »Now moments« (11) nannte. Es sind Momente, in denen für einen kairotischen Augenblick die Abwehr auf beiden Seiten transparent und licht wird und der Patient sich, sein Selbst, auf eine neue Weise entdeckt. Hier enden meist die Beschreibungen dieses Geschehens. Ich würde gerne anfügen, es sind Momente der Transparenz, in denen der Patient sich entdeckt, weil der Analytiker im gleichen Augenblick sich entdeckt. Doch die Metapher vom »entdecken« ist auch fragwürdig, weil man statt von »Entdecken« auch vom »Selbst-Erfinden« sprechen könnte. Christopher Bollas (1995) sprach hier in einer sehr prägnanten Ausdrucksweise vom »cracking up«. Es springt etwas auf – zuerst beim Analytiker. Nach zehn oder 15, manchmal nach 20 Minuten in der Sitzung merkt man, jetzt ist der Patient, die Patientin »drin«. Es kommt zu einer unbewussten Kommunikation (12). Weil das wie ein Blitz ist, ein »coup de foudre« sogar sein kann, hatte Balint auch vom »flash« gesprochen; aber es ist ein Blitz, der nicht in Verliebtheit abgeleitet wird, sondern in kooperative Schöpfung. Thomas Ogden (1998, S. 1071) nennt das, was hier entsteht, das analytische Dritte,

> »das durch das unbewußte Zusammenspiel von Analytiker und Analysand geschaffen wird; zugleich werden Analytiker und Analysand qua Analytiker und Analysand im Akt der Erschaffung des analytischen Dritten erzeugt. (Es gibt keinen Analytiker, keinen Analysanden, keine Analyse außerhalb des Prozesses, durch den der analytische Dritte geschaffen wird.)«

Und an einer späteren Stelle (S. 1082) sagt er zur Verdeutlichung erneut:

> »es ist die Übertragung-Gegenübertragung und nicht einfach die Übertragung, die die Matrix bilden, in der in einer analytischen Situation psychische Bedeutungen geschaffen werden.«

Der Analytiker ist gerade nicht Analytiker, weil er in seinem Behandlungszimmer sitzt und auf Patienten wartet, sondern hier, in diesem Augenblick des unbewussten Zusammenspiels wird er geschaffen und mit ihm der Analysand. Freilich, das kann manchmal lange dauern; aber man könnte sagen, in welchem Setting auch immer: Ziel bleibt, dass aus eins und eins drei werden soll – Formel für die kooperative Schöpfung.

Gemeint ist das »Paradoxon vom geschaffenen Schöpfer« (Buchholz 1999). In einem solchen Augenblick merken die beiden Beteiligten, in welcher Weise sie selbst an dem, was sie für die interaktive Wirklichkeit (natürlich des Anderen) gehalten haben, aktiv herstellend beteiligt waren. Dies buchstäblich »umwerfende« Erlebnis wird zunächst nur in einem Bereich erfahren und das ist auch in einem einzelnen psychoanalytischen Beratungsgespräch möglich oder in einer Kurztherapie. Kann die Abwehr mehr und mehr aufgegeben werden, kann es sich wiederholen, dann kommt es zu einer Art Sinn-Explosion, die Dinge werden durchsichtig. Andere sprechen in ihren Kasuistiken vom Durchbruch, von einer Wende oder mit Balint von einem »Neubeginn«. Die Beteiligten werden gewahr, in welcher Weise sie Schöpfer ihrer kreativen wie destruktiven Potenziale sind. Damit endet das in einer »Kur« behandelbare Leiden. Manche sprechen von der Selbst-Findung, die dann nicht mehr von der Selbst*er*findung (13) unterschieden zu werden braucht; reichlich machen wir von Geburtsmetaphoriken dann Gebrauch. Wahrheit ist hier nicht »gefunden«, denn diese Metaphorik unterstellt, dass Wahrheit, weil irgendwo schon »da« auch »gesucht« werden könnte. Sie ist vielmehr interaktiv *er*funden, sie ist immer idiosynkratisch, also individualisiert und intim an die Person gebunden, deshalb auch nicht übertragbar und nur mit großen Schwierigkeiten und Verletzungsrisiken formulierbar. Aber sie kann gelebt werden.

Um diese Momente zu ermöglichen – aktiv herstellen lassen sie sich wohl nicht –, brauchen wir eine Liebe zu den interaktiven Paradoxien, Liebe zu den Beziehungsmomenten, die uns verbinden, indem sie uns trennen; zum Respekt vor der Autonomie anderer Menschen, die wir bewahren, indem wir sie verletzen. Wir brauchen festen Halt in eigenen Normen und Wertigkeiten – um sie aufgeben und uns auch darin beeinflussbar zeigen zu können; wir haben die Genauigkeit des Wortes und schätzen doch die Unschärfe der Sprache, weil nur so Kooperation und Verständigung weitergehen. Wir haben spezifische Rollen und Aufgaben, können diese aber nur bewältigen, wenn wir das diffus tun. Wir arbeiten mit hochgradig persönlichen Themen, aber in einem ganz unpersönlichen Rahmen. Wir sind auf Verstehen geeicht und wissen doch, dass das Verstehen nur weiterkommt, wenn wir unser Nicht-Verstehen deklarieren. Das »persönliche« Moment der Interaktion darf nicht in eine »persönliche Beziehung« aufgelöst werden; andererseits können wir es nicht mit einem Aufrechnen von »Leistungen« begrenzen.

Der Anspruch, die Behandlung zu »*führen*«, muss mit dem Anspruch auf *Initiative und Eigenständigkeit* aufseiten des Patienten ins Gleichgewicht gebracht werden; die Selbständigkeit des Patienten darf sich nicht in Autarkie und Einsamkeit, die Verantwortlichkeit des Therapeuten nicht in bloß »technische« Uniformität der angewandten Mittel auflösen. Ohne den genau individualisierten Zuschnitt auf den einzelnen Patienten kann Psychoanalyse als Praxis weder mit noch ohne Couch realisiert werden. Das richtige Maß zwischen *Engagement und Indifferenz* in jeder Situation zu finden ist eine besondere professionelle Leistung, deren Ausbildung hoch veranschlagt werden muss. Die Extreme von *Kumpanei* einerseits oder *solitärer Abschlie-*

ßung andererseits müssen vermieden werden in einer Interaktion, deren Aufgabe zugleich die hochgradige *Intimisierung* der persönlichen Begegnung und deren *Reflexion* innerhalb dieser Beziehung darstellt.

Psychoanalyse mit und ohne Couch – das bedeutet, die besondere Interaktionsgemeinschaft, von deren Dimensionen eben einige beschrieben wurden, in verschiedenen Kontexten bei unterschiedlichen Zielen zu realisieren. Psychoanalytiker begegnen ihren Patienten in Kliniken und in der privaten Praxis, bei langjährigen Behandlungen und bei einmaligen Krisengesprächen – und immer ist die besondere professionelle Leistung zu erbringen. Hier zählt die Person so viel wie die Methode. Der New Yorker Psychoanalytiker Arnold Rothstein (1995) macht das Problem auf eine erfrischende Weise klar. Es gehe darum, »how to create psychoanalytic patients«. Er stellt dar, dass er manche Patienten lange Zeit mit einer Stunde pro Woche im Sitzen behandelt, aber er verwahrt sich dagegen, das nicht als Psychoanalyse zu sehen. Alles komme darauf an, das zu tun, was aus unseren Patienten brauchbare Mitarbeiter werden lässt und das schließt in seiner Sicht ein, alles zu tun, was uns zu brauchbaren Therapeuten werden lässt. Mich überzeugt diese lebenspraktische und klinisch so hilfreiche Vorstellung, dass wir kooperativ das erzeugen, was Psychoanalyse genannt wird. Es kann dann mit und ohne Couch stattfinden, in Kinder- oder Gruppentherapien, bei familientherapeutischen Sitzungen oder beim Team-Coaching. Die Frage, wie das Ganze dann gegenüber Kostenträgern genannt und begründet wird, ist eine völlig andere Frage, die den Geist der psychoanalytischen Lebenskunst nicht berührt. Ihn wahren wir in allen Settings. Aber wir können gut begründet die lebenspraktische Forderung erheben, dass gerade besonders schwer gestörte Patienten die best ausgebildedsten Therapeuten brauchen – und das ist eine Kritik an unserem sog. Versorgungssystem.

Schlussbemerkung

Ich habe nun einige Paradoxien und Dimensionen einer psychoanalytischen Lebenskunstlehre entfaltet – ohne jeden Anspruch auf irgendeine Vollständigkeit. Ich habe die Souveränität, das Schöpferische und die solidarische Kooperation herausgestellt. Kern psychoanalytischer Lebenskunst könnte dann vielleicht sein, Souveränität nicht zu gewinnen, indem man wie es eine immer noch weit verbreitete Lehre des NS-Staatsrechtslehrers Carl Schmitt (1927) vorschlägt, Freund und Feind unterscheidet und über den Ausnahmezustand verfügt. Psychoanalytiker wissen, wie mühsam Souveränität über die Ausnahmezustände des eigenen Selbst zu erlangen ist, dass man sie sich am besten aneignet, indem man sich von allfälligen Verrücktheiten, eigenen wie anderen, anstecken und ergreifen lässt. Doch dem Ergriffensein folgt das Begreifen.

Souverän wäre dann, wer im Wahnsinn täglicher normaler Ausnahmezustände selbst nicht mitspielt, sondern verrückt genug bleibt, um nicht normal tun zu müssen. Das könnte helfen, Souveränität zu erhalten. Wie hatte es Jean Paul vor mehr als 200 Jahren einmal gesagt: »Um einen Narren zu verstehen, muss man manchmal selbst einer sein.«

Anmerkung

1 Lear (2002) spricht neuerdings sogar vom »Jumping from the Couch«.

2 Wittgenstein (1984, S. 502) schreibt im hier gemeinten Sinne: »Dasjenige, wogegen ich mich wehre, ist der Begriff einer idealen Exaktheit, der uns sozusagen a priori gegeben wäre. Zu verschiedenen Zeiten sind unsere Ideale der Exaktheit verschieden; und keines ist das höchste.«

3 Bislang unveröffentlicht

4 Freud könnte hier an Dostojewski (»Aufzeichnungen aus einem Kellerloch«) gedacht haben: »Ich schwöre Ihnen, meine Herrschaften, Übermaß an Bewusstsein ist eine Krankheit, eine echte schwere Krankheit.«

5 Tatsächlich aber stammt dieser Aufsatz von Tobler.

6 J. W. v. Goethe, Naturlehre und Wissenschaftstheorie. Jubiläumsausgabe der Wiss. Buchgesell. Darmstadt, Bd VI, S. 412

7 Überzeugend dazu Düe (1988), v.a. aber Gödde (1999)

8 Kritisch genug dazu Rorty (1981)

9 Stein und Stein (1984) zeigen mit großer Kenntnis die philosophische Vorgeschichte von Winnicotts Kreativitätsbegriff und rücken Kreativität überhaupt ins Zentrum der Psychoanalyse.

10 Über den »Tractatus« schreibt Wittgenstein an Ludwig von Ficker: »Ich wollte einmal in das Vorwort den Satz geben (...), mein Werk bestehe aus zwei Teilen: aus dem der hier vorliegt, und aus alledem, was ich nicht geschrieben habe. Und gerade dieser zweite Teil ist der Wichtige. Es wird nämlich das Ethische durch mein Buch gleichsam von Innen her begrenzt (...)« (zit. nach Monk 1993). Als Grund für das Schweigen nennt Wittgenstein, daß es Sätze über das Ethische nicht geben könne, nur Sätze der Naturwissenschaft könnten formuliert werden, ohne einzelne Terme bedeutungsleer zu lassen.

11 Die »Process of Change Study Group« spricht vom »moment of meeting« (vgl. Stern et al. 1998).

12 Bollas (1995) gebraucht diesen Begriff in einer ähnlichen Weise wie ich auch; ich habe an Transkript-Materialien gezeigt, wie das Phänomen sich manifestiert (vgl. Buchholz 1995)

13 Nietzsche war dem nahe: »Es ist MYTHOLOGIE zu glauben, daß wir unser eigentliches Selbst finden werden, nachdem wir dies und jenes gelassen oder vergessen haben. So dröseln wir uns auf bis ins Unendliche zurück: sondern uns

selber machen, aus allen Elementen eine Form gestalten – ist die Aufgabe! Immer die eines Bildhauers! Eines produktiven Menschen!« (KSA 9, 361)

Literatur

Altmeyer, M. (2000): Narzißmus, Intersubjektivität und Anerkennung. In: Psyche 54, S. 143–171.

Barolini, T. (1984): Dante's poets. Princeton, N. J. (Princeton Univ. Press).

Bartels, M. (1979): Ist der Traum eine Wunscherfüllung? In: Psyche 33, S. 97.

Böhme, G. (1990): Sinn und Gegensinn – über die Dekonstruktion von Geschichten. In: Psyche 44, S. 577–592.

Bollas, C. (1995): Cracking Up – The Work of Unconscious Experience. New York (Hill & Wang).

Buchholz, M. B. (1995): Psychotherapeutische Interaktion. Qualitative Studien zu Konversation und Metapher, Geste und Plan. Opladen (Westdeutscher Verlag).

Buchholz, M. B. (1999): Psychotherapie als Profession. Gießen (Psychosozial).

Casement, P. (1984): The Reflective Potential of the Patient as Mirror to the Therapist. In: Raney, J. (Hg.) (1984): Listening and Interpreting. The Challenge of the Work of Robert Langs. New York, London (Jason Aronson).

Daston, L. (2001): Wunder, Beweise und Tatsachen. Zur Geschichte der Rationalität. Frankfurt (Fischer).

Düe, M. (1988): Freudsche Psychoanalyse im Widerstreit von Romantik und Aufklärung. In: Luzifer-Amor 1(1), S. 32–48.

Eagle, M. N. (2000): Reflections of a Psychoanalytic Therapist. In: Goldfried, M. R. (Hg.) (2000): How Therapists Change. Personal and Professional Reflections. Washington (American Psychological Association).

Fonagy, P.; Steele, M.; Moran, G.; Steele, H. & Higgitt, A. (1993): Measuring the Ghost in the Nursery: An Empirical Study of the Relation between Parents' Mental Representations of Childhood Experiences and Their Infants' Security of Attachment. In: J. Amer. Psychoanal. Assn. 41, S. 957–989.

Fonagy, P.; Leigh, T.; Steele, M.; Steele, H.; Kennedy, R.; Mattoon, G.; Target, M. & Gerber, A. (1996): The relation of attachment status, psychiatric classification and response to psychotherapy. In: Journal of Consulting and Clinical Psychology 64, S. 22–31.

Freud, S. (1901b): Zur Psychopathologie des Alltagslebens.

Freud, S. (1905a [1904]): Über Psychotherapie. GW V.

Freud, S. (1910h): Über einen besonderen Typus der Objektwahl beim Manne. GW VIII.

Freud, S. (1911e): Die Handhabung der Traumdeutung in der Psychoanalyse. GW VIII.

Freud, S. (1912–13): Totem und Tabu. GW IX.

Freud, S. (1915e): Das Unbewusste. GW X.

Freud, S. (1963a): Sigmund Freud/Oskar Pfister. Briefe 1909–1939. Hg. von H. C. Abraham & E. L. Freud Frankfurt a. M.

Freud, S. (1966a [1912–36]): Sigmund Freud/Lou Andreas-Salomé. Briefwechsel. Hg. von E. Pfeiffer. Frankfurt a. M.

Freud, S. & Breuer, J. (1895d): Studien über Hysterie. Frankfurt a. M. 1970 (Fischer TB).

Friedman, L. (1988): The Anatomy of Psychotherapy. Hillsdale, NJ (Lawrence Earlbaum).

Goethe, J. W. v. (1998): Naturlehre und Wissenschaftstheorie. Jubiläumsausg. Bd. 6. Darmstadt (Wissenschaftliche Buchgesellschaft).

Goldfried, M. R. (2000): Consensus in Psychotherapy Research and Practice: Where Have All the Findings Gone? In: Psychotherapy Research 10(1), S. 1–16.

Goldfried, M. R. (Hg.) (2000): How Therapists Change: Personal and Professional Reflections. Washington (American Psychological Association).

Gödde, G. (1999): Traditionslinien des Unbewußten. Schopenhauer – Nietzsche – Freud. Tübingen (Edition Diskord).

Gödde, G. (2003): Mathilde Freud. Gießen (Psychosozial).

Heine, H. (1970): Zur Geschichte der Religion und Philosophie in Deutschland. Leipzig (Reclam).

Laplanche, J. (1992): Deutung zwischen Determinismus und Hermeneutik. Eine neue Fragestellung. In: Psyche 46, S. 467–498.

Lear, J. (2002): Jumping from the Couch. In: Int. J. Psychoanal. 83, S. 583.

Lloyd Mayer, E. (1996): Changes in science and changing ideas about knowledge and authority in psychoanalysis. In: Psychoanalytic Quarterly LXV, S. 158–200.

Mitchell, S. A. & Aron, L. (1999): Relational Psychoanalysis – The Emergence of a Tradition. Hillsdale, NJ (The Analytic Press).

Money-Kirle, R. (1956): Normal Countertransference and some of its deviations. In: Int. J. Psa. 37, S. 360–366.

Monk, R. (1993): Wittgenstein. Das Handwerk des Genies. 3. Aufl. Stuttgart (Klett-Cotta).

Najavits, L. M. (2001): Helping ä Difficultä Patients. In: Psychotherapy Research 11, 131–152.

Nietzsche, F. (1977): Zur Genealogie der Moral. 3. Abhandlung. Bd. 2. München (Hanser).

Ogden, T. H. (1998): Zur Analyse von Lebendigem und Totem in Übertragung und Gegenübertragung. In: Psyche 52, S. 1067–1092.

Rhees, R. (1992): Ludwig Wittgenstein: Porträts und Gespräche. Hg. von R. Rhees. Frankfurt (Suhrkamp).

Rorty, R. (1981): Der Spiegel der Natur. Frankfurt (Suhrkamp).

Rothstein, A. (1995): Psychoanalytic Technique and The Creation of Analytic Patients. Madison, Ct. (International Universities Press).

Schmitt, C. (1927): Der Begriff des Politischen. München, Leipzig (Duncker & Humblot).

Searles, H. F. (1958): Die Empfänglichkeit des Schizophrenen für unbewußte Prozesse im Psychotherapeuten. In: Psyche 12, S. 321–343.

Searles, H. F. (1987): My Work With Borderline Patients. London (Jason Aronson).

Shotter, J. & Newson, J. (1982): An ecological approach to cognitive development: implicate orders, joint actions and intentionality. In: Butterworth, J. & Light, P. (Hg.) (1982): Social Cognition: Studies of the Development of Understanding. Brighton (The Harvester Press).

Simmel, G. (1908): Soziologie. 5. Aufl. München, Leipzig 1960 (Duncker & Humblot).

Speck, O. (1999): Die Ökonomisierung sozialer Qualität. Zur Qualitätsdiskussion in Behindertenhilfe und Sozialer Arbeit. München, Basel (Ernst Reinhardt).

Stein, H. (1979): Psychoanalytische Selbstpsychologie und die Philosophie des Selbst. Meisenheim am Glan (Anton Hain).

Stein, H. (1997): Freud spirituell. Das Kreuz (mit) der Psychoanalyse. Leinfelden-Echterdingen (Bonz).

Stein, H. & Stein, A. (1984): Kreativität. München (Berchmans).

Steiner, G. (1999): Errata – Bilanz eines Lebens. München (Hanser).

Stern, D. N.; Sander, L. W.; Nahum, J. P.; Harrison, A. M.; Lyons-Ruth, K.; Morgan, A. C.; Bruschweiler-Stern, N. & Tronick, E. Z. (1998): Non-Interpretive Mechanisms in Psychoanalytic Therapy. In: Int. J. Psycho-Anal. 79, S. 903–921.

Strenger, C. (1997a): Further Remarks on the Classic and the Romantic Visions in Psychoanalysis: Klein, Winnicott, and Ethics. In: Psychoanalysis and Contemporary Thought 20, S. 207–243.

Strenger, C. (1997b): Psychoanalysis as Art and Discipline of the Self: A Late Modern Perspective. In: Psychoanalysis and Contemporary Thought 20, S. 69–110.

Strenger, C. (1997c): Hedgehogs, Foxes, and Critical Pluralism: The Clinician's Yearning for Unified Conceptions. In: Psychoanalysis and Contemporary Thought 20, S. 111–145.

Treurniet, N. (1995): Was ist Psychoanalyse heute? In: Psyche 49, S. 111–140.

Winnicott, D. W. (1958): Über die Fähigkeit, allein zu sein. In: Psyche 12, S. 344–352.

Wittgenstein, L. (1984): Über Gewißheit. Werkausgabe Bd. 8. Frankfurt (Suhrkamp).

Die Position des Analytikers

Ralf Zwiebel

In folgendem Beitrag möchte ich einige Überlegungen zum Konzept der analytisch-therapeutischen Position (ATP) als einer begrifflichen Beschreibung der Professionalität des Analytikers, die sein Wissen, seine Kompetenz und seine Haltung umfasst, näher ausführen und diskutieren (1). Mein Ausgangspunkt in diesen Überlegungen ist die innere, die subjektive Situation des Analytikers, der seine alltägliche, klinische Praxis, in der er vielleicht zwischen sechs und acht, manchmal sogar mehr Analysanden und Patienten am Tage sieht, »genügend gut« auszuführen versucht. Die Fokussierung auf die innere Situation des Analytikers bedeutet nicht, dass ich nicht auch mit vielen anderen Analytikern der Meinung bin, dass es in der analytischen Arbeit primär um ein Verstehen und um die Bearbeitung der psychischen Realität, der unbewussten Wirklichkeit (vgl. Müller-Pozzi 1991) des Analysanden geht oder, wie es Thomä beschreibt, um die Aufgabe, das Verhalten des Patienten zu begreifen und ihm zu ermöglichen, aus Teufelskreisen herauszufinden (vgl. Thomä 1999). Es gibt jedoch trotz der zunehmenden Beachtung beziehungsanalytischer und interpersonell-intersubjektivistischer Ansätze (vgl. Bauriedl 1994, Kernberg 2002) eine Tendenz, die innere Situation des Analytikers zu vernachlässigen, obwohl diese eine unverzichtbare Rolle für einen förderlichen analytisch-therapeutischen Prozess spielt. Winnicotts bekannte Formulierung, dass er es als seine Hauptaufgabe als Analytiker ansehe, »wach, lebendig und gesund« zu bleiben, kann man als einen Hinweis für die Bedeutung der emotionalen Verfassung des Analytikers und für bestimmte Schwierigkeiten in der Realisierung seiner alltäglichen Arbeit ansehen (vgl. Winnicott 1986). Etwas dramatisiert und stark metaphorisch formuliert könnte man auch sagen, dass seine wichtigste Aufgabe darin zu sehen ist, als Analytiker in der Begegnung mit seinen Patienten zu »überleben«. Einige noch immer zu wenig beachtete klinische Phänomene belegen meiner Ansicht nach, dass diese Formulierung des »Überlebens« keineswegs als übertrieben anzusehen ist: In den sogenannten typischen Gegenübertragungsträumen findet sich recht häufig im manifesten Trauminhalt dieser Überlebenskampf, in der Regel ausgelöst durch eine kritische Behandlungssituation (vgl. Zwiebel 1977, 1984, 2002c, 2002d). Die nicht seltene hypnotische Müdigkeitsreaktion, die üblicherweise als spezifische Gegenübertragungsreaktion bei bestimmten Patienten verstanden wird, kann sich generalisieren und einen überwiegend abwesenden Analytiker hervorbringen (vgl. Zwiebel 1992). Als besonders gravierend müssen sexuelle und nicht-sexuelle Grenzverletzungen angesehen werden, die wahrscheinlich sehr viel häufiger vorkommen, als dies unsere offizielle, publizierte Version der Psychoanalyse nahe legt (vgl. u. a. Gabbard & Lester 1996). Für diese Gefährdung im »Überlebenskampf« des Analytikers in der real existierenden, d. h. also täglich praktizierten Psychoanalyse sprechen auch manche, oft nur in informellen Gesprächen geäußerten Unzufriedenheiten, Zweifel an der Kompetenz, Gefühle des Ungenügens, Erschöpfung, Mutlosigkeit, Mangel an Freude im Beruf (vgl. Heisterkamp 1999) und nicht zuletzt auch symptomatische Reaktionen. Es ist jedenfalls meine persönliche Erfahrung, dass eine wesentliche Anstrengung, Belastung aber auch Herausforderung der analytischen Tätigkeit gerade darin besteht, ein Gefühl von Lebendigem und Totem in der Übertragungs-Gegenübertragungsdynamik, wie sie Ogden für seine Arbeit als zentral beschrieben hat (vgl. Ogden 1998) oder wie ich sie als »lebendigen, analytischen Kontakt« (2) bezeichnet habe (Zwiebel 1999, S. 1067) – in dieser letzten Formulierung ist das Überleben als Ausdruck lebendiger Anwesenheit erfasst –, herzustellen und aufrechtzuerhalten und mit den unvermeidlichen Störungen so umzugehen, dass diese zentrale Komponente unserer Arbeit grundsätzlich bewahrt bleibt. Diese Problematik der analytischen Tätigkeit wird etwas transparenter, wenn man sich klar macht, dass sich der Analytiker mit seinen Analysanden in einem bipersonalen Feld befindet, das durch eine spezifische Mischung aus Struktur und Unstrukturiertheit bzw. Begrenztheit und Grenzenlosigkeit gekennzeichnet ist. Von daher liegt es nahe, bei der Frage nach der lebendigen Professionalität des Analytikers nach seinem spezifischen Ort, seinem Standort in diesem bipersonalen Beziehungsfeld zu fragen (3). Dieser Ort lässt sich meiner Ansicht nach angemessen in dem Begriff der »ATP« fassen, in dem die beiden zentralen Anliegen des Analytikers begrifflich zusammengefasst sind: nämlich das Verstehen der unbewussten Wirklichkeit des Analysanden und das damit eng verknüpfte Ziel einer heilsamen Leidensminderung.

Wir gehen in der Regel davon aus, dass die zentrale psychische Aktivität des Analytikers in der Stunde in dem Ermöglichen einer spezifischen analytischen Beziehung besteht, in der das Zuhören mit gleichschwebender Aufmerksamkeit und seine Interventionen die wesentlichen Elemente darstellen. Diese psychische Aktivität könnte man als den zentralen Kern der ATP verstehen, der aber nur realisiert werden kann, wenn einige wesentliche Voraussetzungen gegeben sind. In der Abb. 1 ist diese Beziehung zwischen dem Kern – hier als teilnehmende Beobachtung zusammengefasst – und den Voraussetzungen der ATP graphisch dargestellt. Folgende Voraussetzungen lassen sich knapp skizziert systematischer beschreiben:

1. Als erste Voraussetzung ist die theoretische Orientierung zu nennen: Hierunter ist das theoretische Wissen des Analytikers zu verstehen, das auf den

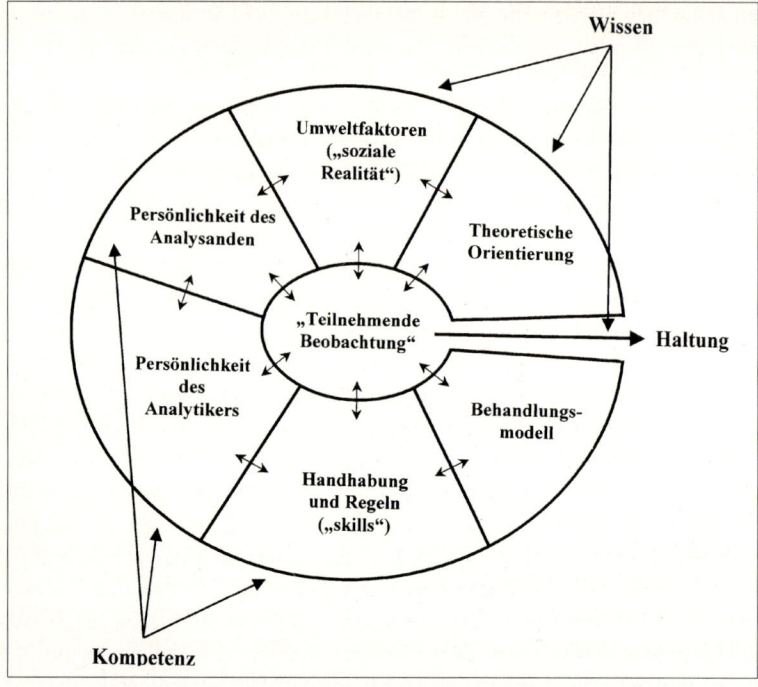

Abb. 1: Die analytisch-therapeutische Position des Analytikers

psychoanalytischen Theorien und Modellen beruht und das sich auf die Entwicklung, die Persönlichkeitstheorie, die klinische Theorie etc. bezieht. Dieses Wissen basiert auf einigen Grundannahmen, wie etwa der multiplen Determiniertheit aller psychischer Prozesse, der Bedeutung des Unbewussten (vgl. Brenner 1976) und des unbewussten, verinnerlichten Konfliktes (vgl. Müller-Pozzi 1992). Darüber hinaus ist festzustellen, dass das Zuhören des zeitgenössischen Psychoanalytikers aus verschiedenen theoretischen Perspektiven beschreibbar ist, wie dies kürzlich A. Ferro in seiner Arbeit über das bi-personale Feld vorgeschlagen hat (vgl. Ferro 1999) (4). In diesen theoretischen Bereich gehören auch Fragen nach dem wissenschaftlichen Status der Psychoanalyse, bewusste und unbewusste Überzeugungen und Annahmen über das Welt- und Menschenbild des Analytikers und die Auseinandersetzungen mit anderen wissenschaftlichen Richtungen wie etwa der Entwicklungspsychologie, der Säuglingsforschung oder der modernen Neurobiologie. Allein diese wenigen Hinweise zeigen die erheblichen theoretischen Anforderungen an den einzelnen Analytiker, die allerdings nicht nur als Belastungen gesehen werden dürfen: Die neurobiologischen Beiträge zur Traumforschung wie sie etwa G. Leuschner und M. Solms beschrieben haben (vgl. Solms 1997, Leuschner 2002) oder die neurobiologische »Wiederentdeckung« des Unbewussten, etwa die große Bedeutung des unbewussten »Ichs«, stellen ja eine wesentliche Bestätigung der Grundannahmen der Psychoanalyse dar (vgl. Roth 2001). Für den einzelnen Analytiker scheint mir die Entwicklung einer Toleranz für die Kluft zwischen dem möglichen und dem tatsächlichen eigenen Wissen besonders erwähnenswert.

2. Eine zweite, wesentliche Voraussetzung für die Entwicklung und Entstehung des zentralen Kerns der ATP sind die behandlungstheoretischen Überlegungen und Annahmen, die im günstigen Fall in enger, logisch-konsistenter Verbindung mit der theoretischen Orientierung stehen. Hier geht es um die Struktur der analytischen Situation mit den entsprechenden Konzepten und Modellen, wie ein analytisch-therapeutischer Prozess gefördert werden kann: In diesen Bereich gehören die Vorstellungen der freien Assoziation als Grundregel für den Patienten, der asymmetrischen Beziehung, der wohlwollenden technischen Neutralität des Analytikers, mit dem Ziel, einen emotionalen, regressiven Prozess zu fördern, in dem die pathogenen, verinnerlichten Konflikte des Patienten lebendig bearbeitet und verändert werden können. Das von Malan beschriebene Einsichtsdreieck ist beispielsweise eine zentrale behandlungstechnische Orientierung beim Zuhören und Verstehen des assoziativen Prozesses des Patienten: Hier kommt es darauf an, die zentralen, unbewussten und verinnerlichten Konflikte des Patienten sowohl in Bezug auf die Vergangenheit, die aktuelle Lebenssituation und die Übertragungsbeziehung des Patienten zu verstehen und miteinander in Verbindung zu setzen (vgl. Malan 1979). F. Busch betont in seinen Ich-psychologischen Arbeiten die große Bedeutung des assoziativen Prozesses für den psychoanalytischen Ansatz, in dem sich die unbewussten Konflikte des Patienten realisieren, äußert sich aber gleichzeitig kritisch über die oft ungenügende Beachtung und Arbeit vieler Analytiker mit diesem assoziativen Prozess (Busch 1999) (5). Die logisch-konsistente Verknüpfung zwischen der theoretischen und behandlungstechnischen Voraussetzung ist für die Überlegungen zur Position des Analytikers nach meiner Auffassung mindestens ebenso wichtig wie die Frage nach der absoluten Wahrheit der jeweiligen theoretischen Perspektive. Ist man wirklich von der Bedeutung und Macht unbewusster, konflikthafter psychischer Prozesse überzeugt, folgt daraus ein bestimmtes Behandlungsmodell, wie etwa die Arbeit mit der freien Assoziation und deren konsequente Förderung auf der Seite des Patienten und der Haltung der gleichschwebenden Aufmerksamkeit aufseiten des Analytikers, mit dem Ziel, dem Patienten einen größeren Zugang zu seiner unbewussten Wirklichkeit zu ermöglichen.

3. Unter den »skills« sind die Fähigkeiten des Analytikers zu verstehen, die er benötigt, um sein theoretisch fundiertes Behandlungsmodell praktisch-konkret zu verwirklichen. Dazu sind die Gestaltung der realen Behandlung, die Handhabung des Rahmens, sein Takt und Mitgefühl in der Formulierung der Interventionen etc. zu zählen. Von besonderer Relevanz sind die selbstanalytischen oder selbstreflexiven Fähigkeiten des Analytikers, die sich als Folge einer »genügend guten« eigenen Analyse entwickeln. Diese selbstanalytische Kapazität besteht darin, die Abkömmlinge der eigenen unbewussten Erfahrungen und Reaktionen wahrzunehmen, darüber nachzudenken und in angemessener Form zu kommunizieren. In jüngster Zeit gibt es Versuche, diese selbstanalytischen Funktionen genauer zu beschreiben, etwa in dem Modell des »Inneren Analytikers« (Zwiebel 2001a) oder in dem Begriff der selbst-reflexiven Funktion von Fonagy & Target, die dafür eine empirische Skalierung an Interviewmaterial entwickelt haben (vgl. Fonagy et al. 1996). Es wird noch zu zeigen sein, dass diese selbstanalytische Funktion einen für die professionelle Position des Analytikers zentrale Fähigkeit zum Perspektivenwechsel einschließt, die man als Ausdruck einer komplexen und hoch-entwickelten Ich-Fähigkeit auffassen kann. In diesen Bereich gehört wohl auch das kürzlich von Stern und seiner Arbeitsgruppe beschriebene implizite Beziehungswissen, eine basale, nicht symbolisch repräsentierte Fähigkeit, intersubjektive, förderliche und regulative »Momente der Begegnung« herzustellen (Stern et al. 2002).

4. Diese kurze Beschreibung der »skills« des Analytikers einschließlich der selbstanalytischen Fähigkeiten berührt bereits die Verbindung zur nächsten Voraussetzung der ATP, nämlich der Persönlichkeit des Analytikers. Stichwortartig sind hier zu nennen: Charakter, dominante Persönlichkeitszüge, persistierende innere Konflikte, Lebensalter, reale Lebenssituation, Berufserfahrung und vor allem die eigene Ausbildungs- und Berufsentwicklung als Analytiker. Gerade der letzte Punkt scheint mir von großer Bedeutung zu sein: Die didaktischen und therapeutischen Bereiche der Lehranalyse und der gesamten Ausbildung haben im optimalen Verlauf die Folge, dass der Analytiker Vertrauen und Überzeugung in die analytische Methode gewonnen hat und sich mit ihr weitgehend identifiziert hat. Im ungünstigen Fall entwickelt sich eine latente oder gar offene Feindseligkeit der analytischen Methode gegenüber mit teilweise gravierenden Folgen für seine Patienten, ihn selbst und die analytische Gemeinschaft. Entscheidend scheint hier zu sein, ob er selbst eine ausreichend gute analytische Erfahrung gemacht hat und dabei seine eigenen Konflikte, einschließlich der Berufsmotivation, besser verstehen lernen konnte, ja, ob er sich mit seinem Lebensschicksal begreifend ausgesöhnt hat. Auf diesen Punkt werde ich später noch einmal kurz zu sprechen kommen (vgl. Zwiebel 2002b).

5. Es mag erstaunen, dass ich die Person des Analysanden auch unter die

Voraussetzungen der ATP zähle. Dies weist aber auf die interaktiv-interpersonelle Komponente der ATP hin und beschreibt vor allem, dass wir ohne die Kooperation, die zumindest unbewusste Hilfe des Patienten und einem gewissen Maß an Motivation und Leidensdruck in der Regel nur sehr begrenzt in der Lage sind, dem Patienten gegenüber eine professionelle Position einzunehmen. Damit ist auch aber die Tatsache angesprochen, dass bestimmte Persönlichkeitszüge und Symptome des Patienten den Analytiker unterschiedlich emotional berühren und reflektiert damit auch die Erfahrung, die in dem Begriff der »subjektiven Indikation« zusammengefasst worden ist. Dieser Punkt tangiert auch die veränderte Struktur unserer heutigen Patienten. Mit Besorgnis betrachte ich die Entwicklung, dass heute Patienten von Ausbildungskandidaten behandelt werden, die selbst von erfahrenen Analytikern nicht immer in Behandlung genommen werden würden. Die veränderte Struktur der heutigen Patienten hat Roudinesco in ihrem Buch Wozu Psychoanalyse? recht treffend charakterisiert (vgl. Roudinesco 2001) (6). Sehr knapp zusammengefasst begegnet hier der Analytiker entweder einem »abwesenden Patienten« oder einem, der die Analyse wie eine Ware behandelt und den Analytiker als Medikament oder als Ablagestelle für sein Leiden benutzt.

6. Damit ist auch die Verknüpfung zur letzten Voraussetzung gegeben, die in dem graphischen Schema »soziale Realität« als Ausdruck des kulturell-sozialen Umfeldes genannt wird. Stichworte sind hier die eben beschriebene Veränderung der Persönlichkeitsstrukturen des modernen Menschen, die immer wieder aufflammende In-Frage-Stellung der Psychoanalyse überhaupt, beispielsweise in Form des in USA massiven »Freud-Bashings«, Diskussionen um die Wissenschaftlichkeit der Psychoanalyse, Auswirkungen der Veränderungen im Gesundheitswesen, die Einführung des Psychotherapeuten-Gesetzes, die Entwicklung der Honorare, die Entstehung von an der Medizin orientierten Qualitätskontrollen etc. Hier entstehen dann Fragen nach der Zukunft der Psychoanalyse, nach ihrem generellen Überleben, die auch einen unvermeidlichen Einfluss auf die innere Verfassung jedes einzelnen Psychoanalytikers haben.

Alle diese nur knapp skizzierten Voraussetzungen tragen auf komplexe Weise zur spezifischen Haltung des Analytikers in der analytischen Situation bei, die ich als den Kern der ATP bezeichnen möchte (s. Abb 2). Dabei handelt es sich um die aktuelle, präsentische psychische Aktivität von Moment zu Moment in der analytischen Beziehung, die einen bestimmten Erlebens-, Denk- und Handlungsmodus des Analytikers als zentrale Haltung zum Ausdruck bringt. Diese psychische Aktivität lässt sich als ein oszillierendes Spannungsfeld zwischen grundlegenden Bipolaritäten beschreiben, die vor allem in den Bezeichnungen der gleichschwebenden Aufmerksamkeit oder dem Begriff der

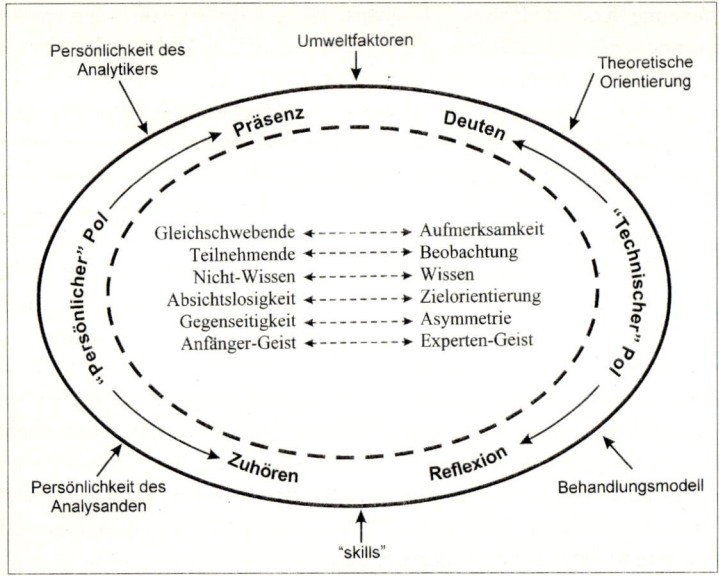

Persönlichkeit des
Analytikers

Umweltfaktoren

Theoretische
Orientierung

Präsenz   Deuten

"Persönlicher" Pol

"Technischer" Pol

Gleichschwebende ⟵- - - - - -⟶ Aufmerksamkeit
Teilnehmende ⟵- - - - - -⟶ Beobachtung
Nicht-Wissen ⟵- - - - - -⟶ Wissen
Absichtslosigkeit ⟵- - - - - -⟶ Zielorientierung
Gegenseitigkeit ⟵- - - - - -⟶ Asymmetrie
Anfänger-Geist ⟵- - - - - -⟶ Experten-Geist

Zuhören   Reflexion

Persönlichkeit des
Analysanden

Behandlungsmodell

"skills"

Abb. 2: Kern der analytisch-therapeutischen Situation

»teilnehmenden Beobachtung« zum Ausdruck kommen. Gerade dieser Begriff – Thomä zitiert in seiner schon erwähnten Arbeit Hoffmann, der vom Analytiker als »participant-constructivist« gesprochen hat (Hoffmann nach Thomä 1999) – scheint mir besonders klar dieses bipolare Spannungsfeld zu umschreiben: Teilnahme am Erleben des Analysanden als Ausdruck einer unbewussten, empathischen Identifizierung als der eine Pol, beobachtende und bedenkende Distanzierung und Abstandnehmen von diesem Erleben als der andere Pol. Die besondere und einzigartige Struktur der analytischen Situation ermöglicht dem Analytiker das Wahrnehmen der eigenen, unbewussten empathischen Identifizierung als Ausdruck des »teilnehmenden Pols«: Es wird nämlich der assoziative Prozess aufseiten des Analytikers deutlich, der sich in seinen eigenen Einfällen, Gefühlen, Phantasien, Erinnerungen und Gedanken manifestiert. Diese erweisen sich als Ergebnis einer unbewussten Resonanz, die in unterschiedlichen Formulierungen als unbewusste Kommunikation, als Ausdruck von projektiver Identifizierung und als primäre oder telepathische Kommunikation beschrieben worden ist. (vgl. Malan 1979). Aber auch in dem Begriff der gleichschwebenden Aufmerksamkeit ist diese bipolare Struktur angesprochen, nämlich die Polarität zwischen träumender, nicht-fokussierter Achtsamkeit (»reverie«) und fokussierter und konzentrierter Aufmerksamkeit. Als weitere Bipolaritäten, die jeweils eine etwas andere psychische Aktivität akzentuieren, sind folgende in verschiedenen Kontexten beschrieben worden: Nicht-Wissen bzw. Nicht-Verstehen vs. Wissen und Verstehen; Absichtslosigkeit vs. Zielorientierung und Erwartung; Gegenseitigkeit vs. Asymmetrie und Anfänger-Geist vs. Experten-Geist, über die ich noch einige kurze Anmerkungen machen möchte.

Die *Polarität von Wissen und Nicht-Wissen* erscheint von besonderer Bedeutung, weil sie der Vorstellung von kompetenter Professionalität am ehesten entgegensteht. Verschiedene psychoanalytische Autoren haben sich mit dieser Problematik detailliert auseinander gesetzt, vor allem natürlich Bion in seinem berühmten Diktum »no memory, no desire, no understanding« (Bion 1967) oder kürzlich G. Schneider in seiner Beschreibung einer atopischen Haltung, in der eine spezielle Anerkennung des Wissens in seinem fragmentarischen Charakter und damit das Inne-Werden des Nicht-Wissens, bzw. der Dialektik von Wissen und Nicht-Wissen, beschrieben wird (vgl. Schneider 2002). Danach gehört die Position des Wissens und die Position des Nicht-Wissens konstitutiv zur analytischen Situation, weil sich Analysand *und* Analytiker ihrer eigenen psychischen Realität immer wieder aufs Neue verschließen. Was in der Analyse begriffen werden kann, ist danach immer nur partiell und momentan wahr, kann in der Regel nicht festgehalten werden und muss immer wieder relativiert und in einem unabschließbaren Prozess überarbeitet werden. Der von Keats stammende Begriff der »negativ capability« beschreibt besonders prägnant die notwendige Fähigkeit des Menschen, Nicht-Wissen, Unklarheit und Ungewissheit auszuhalten, eine Fähigkeit, die dem Analytiker besonders viel abverlangt, weil sie in erheblichem Gegensatz zu den Erwartungen des Patienten oder auch seinen eigenen Erwartungen und Idealen stehen kann.

Als eine ähnlich bedeutsame Polarität lässt sich die zwischen *Absichtslosigkeit und Zielorientierung*, bzw. zwischen Tendenzlosigkeit und therapeutischen Zielen beschreiben. Die Arbeiten von Sandler und Dreher sowie die ersten Ergebnisse der DPV-Katamnese-Studie (vgl. Leuzinger-Bohleber et al. 2001, Sandler & Dreher 1996) zeigen, dass alle klinischen Psychoanalytiker trotz des analytischen Ideals der Tendenzlosigkeit mehr oder weniger explizite Behandlungsziele haben, etwa in Bezug auf die Verminderung der Symptome und Beschwerden der Patienten, Veränderungen in Bezug auf die Lebensgestaltung, der Persönlichkeitsstruktur oder der Realisierung der Behandlungsmethode (vgl. Westenberger-Breuer 2002). Ähnlich wie bei der Beschreibung der teilnehmenden Beobachtung lässt sich jedoch auch hier ein bipolares, oszillierendes Spannungsfeld beschreiben, das sich in seiner Widersprüchlichkeit nicht auflösen lässt. Das Begehren des Analytikers nach Wissen, Verstehen, Verstandenwerden, nach Kontakt in einer Beziehung und der Wunsch nach Leidensminderung ist zwar konstitutiv für die Entstehung eines fruchtbaren, analytischen Prozesses; gleichzeitig kann dieses Begehren, wie uns Freud mit dem Verweis auf den »furor sanandi« (Freud 1913) oder Bion in der schon erwähnten Formulierung von »no memory, no desire« mahnt, ein mächtiges Hindernis werden, die psychische Realität des Analysanden authentisch zu verstehen, kann man diese eben nur zulassen, aber nicht bewusst herbeiführen, manipulieren oder kontrollieren. Daher lässt sich diese Bipolarität ebenfalls nur in ihrer Widersprüchlichkeit oder als Dilemma formulieren, etwa als Begehren des Nicht-Begehrens oder wie es im Taoismus in einem anderen Kontext als Handeln des Nicht-Handelns bezeichnet worden ist. Das Erkennen der eigenen therapeutischen Wünsche, der Wunsch, ein besonders guter Analytiker zu sein oder nach einem »lebendigen analytischen Kontakt« mit dem Patienten und seiner Implikationen für die analytische Beziehung ermöglicht eine des-identifizierende und damit negierende Abstandnahme, wodurch das Begehren zwar erlebbar und beobachtbar bleibt, aber nicht mehr unbewusst inszeniert oder agiert werden muss.

Als eine weitere, grundlegende Bipolarität ist die von *Asymmetrie und Gegenseitigkeit* beschrieben worden. A. Hoffer hat diese in einer viel zu wenig beachteten Arbeit sehr klar, auch als Gegensatz zwischen der Position Freuds und Ferenczis, herausgearbeitet. Hoffer fasst seine Überlegungen folgendermaßen prägnant zusammen:

>»Meine These lautet, daß Symmetrie und Gegenseitigkeit [als Polarität zur Asymmetrie] eine natürliche, sogar universelle Anziehungskraft ausüben, in der einzigartigen Intimität der analytischen Beziehung ebenso wie in allen anderen Beziehungen auch. Der Analytiker, der sich über die daraus resultierende Spannung im klaren ist, kann der Versuchung besser widerstehen, die analytische Beziehung in eine gewöhnliche zu verwandeln. Unwissentlich kann der Analytiker jene notwendige und normale Spannung in der analytischen Beziehung auf zwei konträre Weisen lösen: 1. indem er die Asymmetrie steigert und sich in die Haltung des intellektuellen Abstands flüchtet oder 2. indem er die Asymmetrie abschafft und die Beziehung in eine gegenseitige und gewöhnliche verwandelt. Ich bin der Ansicht, der Analytiker sollte sich wie einer verhalten, der auf einem Fahrrad für zwei Personen fährt, sich zuerst nach einer Seite neigend und dann zur anderen, um die notwendige Spannung zu erhalten, damit sich der therapeutische Prozeß weiter vorwärts bewegen kann. Wenn der Analytiker sich des therapeutischen Werts dieser Spannung bewußt ist, kann dieses Wissen ihm helfen, sie zuerst auszuhalten, dann darauf zu achten und sie schließlich in seinen selbstanalytischen Reflexionen mit einzubeziehen – besonders wenn die Spannung plötzlich verschwindet. Die Abwesenheit der jetzt zu erwartenden Spannung dient als Signal dafür, daß der Analytiker sich zu weit in die eine oder andere Richtung geneigt hat. Meine Schlußfolgerung mag für Analytiker entmutigend klingen, denn sie lautet: Bleib gespannt!..« (Hoffer 1993, S. 1038).

Hier ist also die Beziehungspolarität von Asymmetrie und Gegenseitigkeit sehr klar, auch mit ihren drohenden Entgleisungen, beschrieben, wie sie sich seit den frühen Tagen der Psychoanalyse auch als Dilemma zwischen Versagung und Befriedigung oder auch als Dilemma zwischen einer mehr mütterlichen oder väterlichen Behandlungstechnik beschrieben wurde (vgl. u. a. Cremerius 1979).

Schließlich seien hier noch wenige Bemerkungen über die *Polarität von Anfänger und Experten-Geist* angefügt. Der Begriff des »Anfänger-Geistes« stammt aus dem Zen-Buddhismus und beschreibt eine spezifische, meditative Haltung des Gewahrseins, in dem man sich vor allem des Gegenwärtigen als Neuem, Einzigartigem, aber auch Unbekanntem gewahr wird (vgl. Suzuki 1970, Zwiebel 2001b). Im Grunde ist es die Betonung der lebendigen Wirklichkeit des Jetzt und Gegenwärtigen als dem Ort, an dem der Mensch existiert; diese Tatsache ist verdeckt durch den Experten-Geist, der die Erfahrung nach dem Muster bekannter und vertrauter Wahrnehmungen, Erinnerungen und Konzeptualisierungen bzw. auch unbewussten Schematisierungen abtastet und strukturiert. Auch hier lässt sich eine grundlegende, spannungsvolle Bipolarität formulieren, die zwei grundlegende Tendenzen des menschlichen Geistes ausdrückt. Für den Analytiker bedeutet dies immer wieder, sich dem unmittelbaren Jetzt als intersubjektiver Erfahrung, die Patienten und Analytiker von Moment zu Moment erschaffen, zu öffnen und gleichzeitig der unvermeidlichen Gegenbewegung gewahr zu bleiben, mit Hilfe vertrauter und bekannter Konzepte und Modelle, diesen auch immer ängstigendem Augenblick des Jetzt auszuweichen. Stern und seine Mitarbeiter haben in ihrem entwicklungspsychologischen Kontext mit den Beschreibungen der Gegenwartsmomente, des plötzlichen Moments (»now moment«) und des »Moments der Begegnung« wohl etwas Ähnliches formuliert (Stern et al. 2002).

Diese genannten Bipolaritäten lassen sich nicht völlig voneinander abgrenzen, da sie sich teilweise überschneiden und bestimmte Aktzente der psychischen Aktivität des Analytikers herausgreifen. Zentral ist allerdings der Charakter des oszillierenden Spannungsfeldes, das durch die erwähnten Pole aufgespannt wird. Das Zulassen dieses oszillierenden Spannungsfeldes in seiner Beweglichkeit und Veränderbarkeit macht nach meiner Überzeugung einen Aspekt der Lebendigkeit der ATP aus, was dadurch möglich wird, dass die in ihr enthaltenden Widersprüche, Dilemmata und Gegensätze nicht aufgelöst werden, sondern die durch die Widersprüche bedingte Spannung toleriert wird. Verallgemeinert man die beschriebenen Bipolaritäten könnte man von einem »Persönlichen« und von einem »Technischen« Pol sprechen, die beide in einem spannungsvollen Gegensatz stehen, der aber gerade kennzeichnend für die spezifische professionelle Haltung des Analytikers ist. Zum »persönlichen« Pol gehören dann Teilnahme, »reverie«, Absichtslosigkeit, Gegenseitigkeit und

Anfänger-Geist, zum »technischen« Pol Beobachtung, fokussierte Aufmerksamkeit, Zielorientierung, Asymmetrie und Experten-Geist. Diesem Spannungsfeld von »Persönlichem« und »Technischem« liegt eine Dynamik von Eigenem, Anderem und Geteiltem zugrunde, das ich an einem kurzen Fallbeispiel verdeutlichen möchte.

Während ich zu Beginn der Stunde den Einfällen und Erzählungen meines Patienten lausche, merke ich mehr und mehr, wie schwer es ist, diesen zu folgen und ein erstes Verständnis für die aktuelle Situation zu entwickeln. Ich spüre, wie ich mit meinen Gedanken abschweife und mich an einen eigenen Traum aus der letzten Nacht erinnere: In diesem Traum war ich in eine große Wohnung gegangen und schließlich in einen Raum mit einem Konzertflügel gelangt, auf dem ich auch gleich zu spielen begann. Mir fallen einige der Assoziationen dazu ein und der damit verbundenen Gedanken an einen größeren Spielraum, aber auch an die damit verknüpften konflikthaften Gefühle. Während ich den Gedanken an den größeren Spielraum nachhänge und dies auf die Situation mit meinem Patienten und seinen Einfällen zu übertragen versuche, höre ich meinen Kollegen die Praxis-Räume betreten und mir schießt durch den Kopf, wir könnten vielleicht später einen gemeinsamen Spaziergang machen; ich wollte ihn längst einmal fragen, ob er mich für zu narzisstisch hält, weil ich doch öfters in unseren Gesprächen das Gefühl habe, ich spräche nur von mir selbst. In dem Moment beginnt mein Patienten zu schweigen und er scheint sichtlich berührt, weil er meine innere Abwesenheit gespürt hat, wie er auch auf Nachfrage bestätigt. Nun fallen ihm einige Beispiele mit dem Vater ein, den er als außerordentlich selbstbezogen erlebt habe.

Dieses äußerst knappe klinische Beispiel lässt sich in dem hier dargestellten Kontext folgendermaßen verstehen: Aus einer anfänglich eher »technischen« Position gleite ich langsam in eine »persönliche« Position oder vielmehr in eine »private« Position hinein. Die Erinnerung an den eigenen Traum mit den konflikthaften Assoziationen ist ja Ausdruck der eigenen, privaten Subjektivität. Indem ich dies auf die analytische Situation mit dem Patienten beziehe (was bedeutet der Einfall mit dem Spielraum hier und jetzt?), bewege ich mich wieder in Richtung »technischer« Pol, was aber durch die Wahrnehmung des eintretenden Kollegen modifiziert wird; hier kommt wiederum ein »privates« Element hinzu, das in dem Gedanken an die eigene Selbstbezogenheit gipfelt. In dem Moment beginnt der Patient zu schweigen, weil er meine partielle Abwesenheit gespürt hat. Seine nachfolgenden Einfälle lassen mich plötzlich verstehen, dass ich in meinen Gedanken und in meiner Selbstbeschäftigung unbewusst einer Bewegung gefolgt bin, die der Patient jetzt bewusst ausdrückt, nämlich seine Wahrnehmung des Vaters als einer selbstbezogenen Person. Mit dieser Erkenntnis bewege ich mich wieder in Richtung »technischem« Pol, der etwa in der

Überlegung einer unbewussten Übertragung-Gegenübertragungsdynamik als »enactment« und unbewusster Rollenübernahme (vgl. Gabbard & Lester 1996, Sandler 1976) deutlich wird, die gleichsam inszeniert wurde und aufgrund der anfänglichen Assoziationen des Patienten für mich nicht erkennbar oder verstehbar war. »Der Patient behandelt mich wie seinen als narzisstisch erlebten Vater« bzw. »Der Patient fühlt sich von mir wie von einem selbstbezogenen Vater behandelt« sind Überlegungen zur unbewussten Beziehungsdynamik, in der sich Privates, Persönliches und Technisches aus einem anfänglichen Kontinuum heraus differenzieren und das schließlich in einer Deutung auch formuliert werden kann (7). Das Private des Analytikers fließt also unvermeidlich in sein Erleben und Denken in der analytischen Situation mit seinem Patienten ein; dies wandelt sich zum »Persönlichen« als einer Reaktion auf die spezifische, intersubjektive Situation mit seinem Patienten; eine wesentliche Aufgabe besteht vor allem in der Abgrenzung zwischen diesem »Privaten« und dem »Persönlichen«; seine Deutungen formulieren dann als Ausdruck des »Technischen« sein Verständnis der psychischen Realität seines Analysanden bzw. der Beziehungsdynamik, in denen aber der »persönliche Pol« durchaus spürbar und erlebbar für beide Partner der analytischen Situation bleiben kann, ohne dass der Analytiker damit sein »Privates« enthüllen muss.

Diese beschriebene, dialektisch zu nennende, bipolare Spannung zwischen dem »Persönlichen« und dem »Technischem« scheint mir zentral für die eingangs erwähnte Aufgabe des Analytikers, eine lebendige, professionelle Position herzustellen und aufrechtzuerhalten und damit als Analytiker zu »überleben«. Dies impliziert eine der psychoanalytischen Haltung immanente einzigartige Form der Selbst- und Fremdwahrnehmung, in der durch die freie Assoziation des Patienten und die gleichschwebende Aufmerksamkeit des Analytikers ein Prozess der unbewussten Kommunikation ermöglicht wird, in dem die konkrete Subjektivität beider Partner der analytischen Dyade etwas völlig Neues schafft, das Th. Ogden beispielsweise als das »analytische Dritte« bezeichnet hat (Ogden 1998) (8). Dieses »analytische Dritte« entwickelt sich, wenn eine Berührung zwischen der unbewussten Subjektivität des Analysanden und der unbewussten Subjektivität des Analytikers zugelassen wird. Als Ausdruck eines »lebendigen, analytischen Kontaktes« gewinnt das Erleben eine dreidimensionale Tiefe, in der Eigenes, Fremdes und Geteiltes (oder Vergangenes, Gegenwärtiges und Zukünftiges) in der Beziehung oder »Privates«, »Persönliches« und »Technisches« in der Person des Analytikers miteinander in Austausch treten können. J. L. Borges hat etwas Ähnliches für die Rezeption eines Gedichtes wundervoll beschrieben:

> »(...) der Geschmack des Apfels liege weder im Apfel selbst – der Apfel kann sich selbst nicht schmecken – noch im Mund des Essenden. Zwischen beiden ist ein

Kontakt nötig. Das gleiche geschieht mit einem Buch......Was ist schon ein Buch an sich? Ein Buch ist ein physisches Objekt in einer Welt physischer Objekte. Es ist eine Serie toter Symbole. Und dann kommt der richtige Leser vorbei und die Wörter – oder besser die Dichtung hinter den Wörtern, denn die Wörter selbst sind bloße Symbole – werden lebendig und wir haben die Auferstehung des Wortes.« (Borges 2002)

Diese Auferstehung der unbewussten Wirklichkeit des Patienten ist daran geknüpft, dass der »richtige Analytiker« vorbeikommt, wodurch die Wörter bzw. die Bedeutung hinter den Wörtern lebendig werden können. Dies geschieht durch das Zulassen des selbstanalytischen oder selbstreflexiven Prozesses aufseiten des Analytikers, in dem er sein eigenes Erleben im Zusammen-Sein mit seinem Patienten reflektiert und seine daraus folgenden Gedanken mitteilt, also sein Erleben dem Patienten zur Verfügung stellt und damit das Nicht-Belebte aufseiten des Patienten potenziell lebendig werden kann. Auf die große Bedeutung dieser Triangulierung oder der Entwicklung einer »dritten Position« des Analytikers kann ich im Rahmen dieses Beitrags nicht detaillierter eingehen (9).

Diese hier skizzierten Überlegungen über die professionelle Position des Analytikers finden eine Entsprechung in professionstheoretischen Überlegungen, wie sie von Oevermann, Buchholz und Pollak in jüngerer Zeit entwickelt wurden (vgl. Buchholz 1999; Pollak 1999). In Oevermanns Strukturlogik professionellen Handelns, das in seinem zentralen Moment durch eine widersprüchliche Kombination von Spezifität und Diffusität gekennzeichnet ist, ist die professionelle Beziehung zwischen Klient und Professionellem (etwa beim Arzt, beim Anwalt, beim Lehrer, aber auch beim Analytiker) einerseits durch ein formalisiertes Rollenverhalten (der spezifische Aspekt der Professionalität) und andererseits durch ein eher diffuses, am Modell der Eltern-Kind-Beziehung orientiertes, persönliches Beziehungsmuster charakterisiert (vgl. Pollak 1999) (10). Dieser Widerspruch zwischen Spezifität und Diffusität wird durch einen professionellen Habitus aufrechterhalten, der durch Ausbildung und Berufserfahrung erworben und erhalten wird. Die Gefahren der Auflösung werden ganz ähnlich wie bei Hoffer als Polarisierungen in technokratisches Verwalten und private Intimität beschrieben. Nach Pollak ergibt sich die paradoxe Verbindung von Spezifitäts- und Diffusitätsmerkmalen für den Analytiker aus der Notwendigkeit, ein individuelles, hermeneutisches Fallverständnis und eine universelle, wissenschaftliche Regelanwendung zu vereinen, was dem »persönlichen« und »technischem« Pol entspricht (vgl. Pollak 1999). Diese hier nur knapp skizzierten Überlegungen stellen eine Generalisierung der zuvor beschriebenen Elemente der ATP des Analytikers dar und zeigen zum einen, dass es sich bei unserem Beruf nicht um einen »unmöglichen«, wie dies Freud formuliert hat

(Freud 1933), sondern wohl wegen der Konzentration auf die unbewusste Wirklichkeit des Analysanden um einen »ungewöhnlichen« Beruf handelt, und zum anderen, dass der Begriff der Position auch als ein Brückenkonzept verstanden werden kann, das einen differenzierenden Vergleich und auch Dialog mit anderen Berufen oder Psychotherapie-Richtungen ermöglicht (vgl. Zwiebel 2002c).

Bevor ich am Beispiel einiger klinischer Bezüge die hier vorgelegten Überlegungen überprüfen möchte, noch einige kurze Bemerkungen zur Bezeichnung der »Position«. In der Regel wird dieser Begriff eher informell verwendet, löst aber auch möglicherweise martialische Assoziationen aus, etwa die Position als Bollwerk, Bastion oder gar Verschanzung. Ganz im Gegenteil dazu verstehe ich jedoch die Position als Ausdruck einer dynamischen, intersubjektiven Bewegung in einem bi-personalen Beziehungsfeld, was man im Kern auch als einen »Ort der Ortlosigkeit« beschreiben kann, wie dies auch G. Schneider in seinem Begriff der »Atopie« angedeutet hat (Schneider 2002). Seine Beschreibung einer unbestimmten Negation, einer Bewegung der Abstandnahme von vereinnahmender Identifizierung gilt nicht nur für die Beziehungsebene, sondern auch für den Umgang mit dem theoretischen Wissen oder der Behandlungstechnik. Damit ist auch eine Art Heimatlosigkeit verbunden, wie sie in der Formulierung des »Ortes der Ortlosigkeit« zum Ausdruck kommt, die uns immer wieder wegen der damit verbundenen Gefühle von Einsamkeit, Angst oder gar Verzweiflung in Versuchung führt, uns an Institutionen, Schulen, Theorien und Überzeugungen zu klammern, damit aber die notwendige, offene und ungebundene Balance im professionellen Handeln – etwa auch bezogen auf eine Toleranz gegenüber dem gegenwärtigen psychoanalytischen Pluralismus – zu gefährden. In der Literatur gibt es meines Wissens nach nur die Beschreibung einer Gegenübertragungs-Position von Faimberg, die aus einem vergleichbaren Kontext entwickelt wurde (vgl. Faimberg 1992). Auch ihr geht es um die psychische Aktivität des Analytikers während der Sitzung, die sich darauf konzentriert, dem Patienten zuzuhören, darauf zu achten, was er sagt und was er nicht sagt; daraus ergibt sich auch die unvermeidliche Asymmetrie, die sie als eine wesentliche Begründung für den Begriff der »Position« sieht. Ihre Verwendung des Begriffs »Gegenübertragungs-Position« rechtfertigt sie mit der zentralen Funktion des Analytikers, der sein Zuhören auf die Übertragung des Patienten fokussiert. Besonders erwähnenswert erscheint mir auch, dass Faimberg besonderes Gewicht auf die Fähigkeit des Analytikers legt, sich aktiv in die Gegenübertragungsposition des Nicht-Wissens zu begeben, um sich so gleichsam von dem Unbekannten überraschen zu lassen. Hierbei ist ihr insbesondere das Zulassen von Angst vor dem Nicht-Wissen wichtig (vgl. Faimberg 1992). Gegenüber dem Begriff der Position ließe sich allerdings einwenden, dass dieser in den Bezeichnungen der autistisch-contagiösen, paranoid-schizoiden und depressiven Position bereits »besetzt« ist. Wenn man die jeweils spezifischen Kontexte berücksichtigt – hier die Beschreibung eines Modus der universalen, subjektiven Erfahrung, dort die Beschreibung eines Modus der subjektiven, spezifisch-professionellen Erfahrung – so lassen sich auch die Verbindungen und Bezüge klarer herausarbeiten: Die Toleranz für die Widersprüche des Kerns der ATP, die Vermeidung von Polarisierungen und Abspaltungen, der Verzicht auf omnipotente Kontrolle mit der Erkenntnis eigener Grenzen, die Fähigkeit zu multiplen Verbindungen und entsprechender Integration verschiedener Aspekte und vor allem die Fähigkeit des Analytikers, eine Beziehung zu seinem Patienten als ganzer Person herzustellen und die Fähigkeit zur Symbolisierung und zum Perspektivenwechsel kann man als Ausdruck der depressiven Position beschreiben, bzw. als Offenheit, zwischen den verschiedenen Positionen zu oszillieren.

Abschließend möchte ich das skizzierte Konzept der ATP an einigen wichtigen klinischen Fragen kurz überprüfen, wohl wissend, dass dies nur ein kleiner Ausschnitt sein kann:

1. Die eingangs erwähnte Müdigkeitsreaktion des Analytikers wird üblicherweise als Gegenübertragungsreaktion oder auch Gegenübertragungssymptom betrachtet. Man kann davon ausgehen, dass die spezifische Struktur der analytischen Situation (das spezifische Setting mit ihrem asymmetrischen Aspekt und der Zurück-Haltung des Analytikers) Müdigkeitsreaktionen erleichtert. Häufen sie sich generell oder bei einzelnen Patienten, werden sie als symptomatische Reaktion erlebt und vom Analytiker nicht selten dem Patienten mit seiner Problematik oder seinem Verhalten zugeschrieben. Typisch ist etwa die Auffassung, dass die Müdigkeit eine Reaktion auf einen untergründig aggressiven Patienten sei. Dies sind jedoch überaus eindimensionale Erklärungsmuster, die meiner Ansicht nach keineswegs der klinischen Realität entsprechen. Bei positioneller Betrachtung ist dagegen erst einmal davon auszugehen, dass bei längeren, symptomatischen Müdigkeitsreaktionen von einem Verlust der ATP zu sprechen ist. Betrachtet man dann gleichsam mikropsychologisch die Entstehungsweise dieses Verlustes, dann lässt sich fast immer ein mehrdimensionales Verstehen erarbeiten. So kann man z. B. die geschilderten Voraussetzungen für die ATP betrachten und ihren Beitrag zur Entstehung der Müdigkeitsreaktion analysieren: den Beitrag des Patienten mit seinem spezifischen Widerstand und seiner Übertragung, den Beitrag des Analytikers mit seiner vielleicht momentan oder passager begrenzten Fähigkeit zum »containment«, einem ungeklärten theoretischen Verständnis oder einer nicht erkannten Rahmenproblematik. Betrachtet man den Kern der ATP genauer, dann finden sich oft Entgleisungen in der beschriebenen spannungsvollen Balance zwischen den einzelnen Bi-Pola-

ritäten und daraus folgenden Polarisierungen, die der Müdigkeitsreaktion
vorausgehen, wie etwa eine plötzlich spürbare Intoleranz gegenüber dem Erleben von Nicht-Verstehen bei einem Patienten, der einen starken Widerstand
gegen den assoziativen Prozess hat oder eine zu starke Fokussierung auf therapeutische Absichten bei einem Patienten, der den Analytiker mit einem unerträglichen, quälenden Leiden konfrontiert und ihn zum therapeutischen
Handeln zu zwingen versucht oder eine Versagung des Wunsches nach einem
»lebendigen, analytischen Kontakt« bei einem Patienten mit einem starken
Übertragungs- oder Charakterwiderstand. In jedem Fall kann man also postulieren, dass der symptomatischen Müdigkeitsreaktion ein Verlust der optimalen Balance zwischen »persönlichem« und »technischem« Pol vorausgeht;
betrachtet man diese Reaktion jedoch als gemeinsame Kreation, als »analytisches Drittes« (was jedoch nur gerechtfertigt ist, falls andere Faktoren ausgeschlossen sind), wie dies Ogden beschrieben hat, dann eröffnet sich wieder die
»dritte Position« für den Analytiker, nämlich auch diese Erfahrung der Abwesenheit einem reflektierenden und selbstreflektierenden Prozess zu unterziehen
(vgl. Zwiebel 1992).

2. Betrachtet man den Deutungsprozess, bzw. die Deutungen des Analytikers
aus dieser positionellen Sicht, ergibt sich eine wichtige Unterscheidung
zwischen dem Inhalt der Deutungen und ihrer Qualität. Sehr viele Patienten
leiden unter der Einseitigkeit oder der Ungleichheit der analytischen Situation,
die sie oft auch aus inneren Gründen als unmenschlich erleben. Allerdings ist
zu berücksichtigen, inwieweit der Analytiker mit seiner Handhabung der Situation oder der Art seiner Deutungen zu diesem Gefühl und Erleben beiträgt.
Nach meiner Erfahrung ist es bei fast allen Patienten wichtig und auch möglich,
die bipolare Qualität der Haltung des Analytikers zu vermitteln, z. B. können
die Deutungen aus einer Position des Wissens formuliert werden, die die Asymmetrie der analytischen Situation schmerzhaft vergrößern, aber auch aus dem
Spannungsfeld von Wissen und Nicht-Wissen heraus. Der Analytiker drückt
dann aus, was er verstanden hat, aber deutet auch auf das hin, was er noch nicht
verstanden hat. Die Deutung kann aus einer Position der Asymmetrie formuliert werden, aber auch aus einer Position der Asymmetrie und Gegenseitigkeit,
aus der die intersubjektive Kreation des Geschehens auch als einer geteilten
Gemeinsamkeit formuliert wird. Falls man tatsächlich als ein zentrales Ziel der
analytischen Behandlung die Entwicklung der selbstanalytischen Kapazität des
Analysanden ansieht, muss man sich auch fragen, wie diese sich im Prozess
entwickeln kann, wenn der Analytiker nur aus einer Position der Beobachtung
spricht und nicht dem Patienten vermitteln kann, wie er aufgrund seiner unbewussten Teilnahme am Prozess zu seinem Denken und zu seinen Einsichten
kommt (11). Es erscheint daher für die Qualität der Deutungen entscheidend,

dass für den Patienten, falls er dies überhaupt wahrnehmen kann, das Spannungsfeld des »Persönlichen« und »Technischen« erlebbar wird. Hier wird die in letzter Zeit viel diskutierte Frage nach der Selbstenthüllung aufgeworfen, die wahrscheinlich selbst wieder von einer polarisierenden Diskussion bedroht ist (vgl. Schmidt-Hellerau 2002, Renik 1999). Hilfreich könnte hierbei die schon formulierte Differenzierung zwischen dem »Privaten« und dem »Persönlichen« sein und das sich daraus ergebende Verständnis der »dritten Position« des Analytikers: Wie gesagt fließt sein »Privates« unvermeidlich in sein Erleben und Denken in der analytischen Situation mit seinem Patienten ein; die Deutungen formulieren als Ausdruck des »Technischen« sein Verständnis der psychischen Realität seines Analysanden, in denen aber der »persönliche Pol« durchaus spürbar und erlebbar für beide Partner der analytischen Situation bleiben kann, ohne dass der Analytiker sein »Privates« dem Patienten enthüllen muss. Ein solches Verständnis erschwert die Entwicklung einer phobischen Position aufseiten des Analytikers, die aus Angst vor zu großer Intimität in eine rigide, über-abstinente Haltung führen kann. Meiner Meinung nach beschreiben Stern und seine Mitarbeiter in der schon erwähnten Arbeit etwas ähnliches, in dem sie bei erfolgreichen analytischen Behandlung zwei wesentliche Momente ausgemacht haben, nämlich die Deutung und spezifische Momente der Begegnung, in denen eine persönliche, authentische Verbindung zum Therapeuten erlebt wird (vgl. Stern et al. 2002).

3. Betrachtet man die Probleme der Ausbildung des Analytikers aus der hier diskutierten positionellen Sicht, so stellt sich die Frage, wie man auf optimale Weise die Funktionen und Haltungen beim Kandidaten entwickelt und fördert, die als Voraussetzungen der ATP formuliert worden sind. In einer anderen Arbeit habe ich dazu einige Überlegungen zur therapeutischen und didaktischen Funktion der Lehranalyse vorgelegt (vgl. Zwiebel 2002b). Dabei habe ich postuliert, dass es keinen kategorialen Unterschied zwischen therapeutischer Analyse und Lehranalyse gibt oder geben sollte und versucht, die enge Verschränkung zwischen didaktischen und therapeutischen Aspekten der Lehranalyse zu beschreiben. Hier kann ich nur einen besonders wichtigen Punkt herausgreifen, der den therapeutischen Aspekt berührt: Man kann davon ausgehen, dass ein relativ großer Anteil der Kandidaten und Analytiker traumatisierte oder gar früh-traumatisierte Menschen sind und dass ihre Berufsmotivation gerade darin eine wichtige Quelle hat. Die sich aus dem Trauma ergebende Konfliktdynamik erfordert eine gründliche analytische Durcharbeitung, weil sich ansonsten die mit der ATP verbundenen Funktionen und Haltungen bzw. ihrer inneren Repräsentanz zu stark mit dieser Konfliktdynamik aufladen und damit den Verlust der professionellen Position einleiten (12). Meiner Ansicht nach spielt hierbei die therapeutische Regression eine zentrale Rolle. Nur wenn

der Kandidat wirklich in seiner eigenen analytischen Erfahrung die therapeutische Macht des assoziativen Prozesses erfährt, was immer mit einer regressiven Bewegung verknüpft ist, und gleichzeitig die Position seines Analytikers in seiner »persönlichen« und »technischen« Spannung erlebt und sich damit identifiziert, kann er sich in seiner späteren Arbeit mit den eigenen Patienten der oszillierenden Balance nähern, in der man die Dialektik von »Persönlichem« und »Technischem« auch als ein Wechselspiel von Progression und Regression verstehen kann. Bleiben die Konflikte aus der traumatischen Situation weitgehend unbearbeitet, resultiert wahrscheinlich eine basale Angst vor einer eigenen Re-Traumatisierung, die typischerweise mit einer starken Regressionsabwehr einhergeht. Charakteristisch dafür scheint mir zu sein, wenn es dem Analytiker nicht gelingt, die beschriebene oszillierende Spannung zwischen den einzelnen Bi-Polaritäten aufrechtzuerhalten, sondern er immer wieder dazu neigt, den einen Pol zugunsten des anderen abzuspalten, sodass dann tatsächlich die Gefahr droht, dass sich die Position in eine Bastion oder ein Bollwerk verwandelt bzw. die Position überhaupt preisgegeben wird, was in den sexuellen und nicht-sexuellen Grenzüberschreitungen tatsächlich geschieht.

4. Schließlich gestattet die hier vorgeschlagene Betrachtungsweise auch eine sehr wichtige, praktisch relevante Differenzierung zur Abgrenzung von Psychoanalyse als hoch-frequentem Standardverfahren und analytischer Psychotherapie bzw. tiefenpsychologisch fundierter Psychotherapie. Aus positioneller Sicht könnte man postulieren, dass es bei aller Differenz keinen kategorialen Unterschied zwischen den verschiedenen analytischen bzw. analytisch orientierten Verfahren gibt. Aus der Sicht der professionellen Position ist auch hier die Dynamik zwischen dem »persönlichen« und dem »technischen« Pol zentral, die Differenzierungen zwischen den Verfahren liegen in der unterschiedlichen Gewichtung der oszillierenden Balance der beschriebenen Bipolaritäten. So arbeitet man in niederfrequenten Behandlungen mit einer anderen Gewichtung der einzelnen Pole (s. Abb. 3). Nach meiner eigenen klinischen Erfahrung verändert sich die bipolare Dynamik in niederfrequenten Settings in Richtung einer stärkeren Gewichtung der Pole Wissen, Gegenseitigkeit, Zielorientierung, Teilnahme und Experten-Geist. Dies ergibt sich aus der veränderten Behandlungsstruktur, der Problematik der Patienten und des modifizierten Behandlungsmodells. Das Grundmodell der ATP bleibt davon aber unberührt. Als zentral gilt auch hier die beschriebene Dynamik von »Persönlichem« und »Technischem«, die ich als Kern der analytischen Professionalität beschrieben habe. Eine solche Überlegung empfinde ich als sehr entlastend, führt sie doch aus der oft quälenden und unproduktiven Diskussion heraus, was analytisch oder unanalytisch ist, ob man noch als Analytiker arbeitet, wenn man überwiegend in einem modifizierten Setting arbeitet. Wir kommen dann zu dem

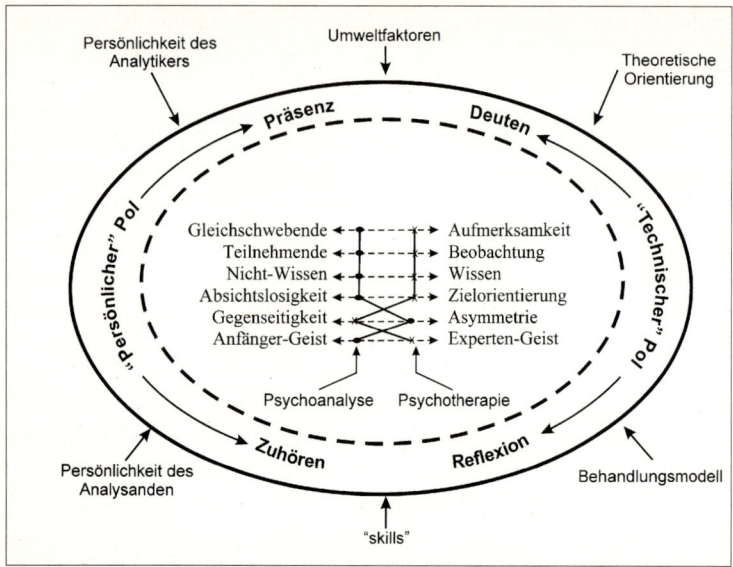

Abb. 3: Kern der analytisch-therapeutischen Position in Psychoanalyse und Psychotherapie

Schluss, dass die Unterscheidung von analytisch und unanalytisch nicht sehr produktiv ist, wohl aber die Unterscheidung von professionellem und nicht-professionellem Handeln dadurch bedeutsamer wird. Die analytische Professionalität lässt sich in dem von mir beschriebenen Modell der ATP ziemlich klar sowohl in der Abstraktheit als auch in der Individualität jedes einzelnen Analytikers fassen und ist dann nicht mehr auf ein spezifisches Setting festgeschrieben. Um in diesem Sinne hier zu schließen, bin ich mir bewusst, dass meine heutigen Ausführungen eine Betonung der eigenen, individuellen Sicht unserer analytischen Professionalität darstellten und damit natürlich des kollegialen Austausches bedürfen.

Anmerkungen

1   Im Folgenden spreche ich vom Analytiker in der männlichen Form.

2   Ich verstehe unter einem »lebendigen, analytischen Kontakt« einen spezifischen Moment der Berührung in der analytischen Beziehung, der als Ausdruck einer spontanen, kreativen und neuen emotional-kognitiven Erfahrung von Patient und Analytiker verstanden werden kann, die sich sowohl auf das Selbst, den Anderen und eine Einsicht oder neue Erkenntnis (etwa auch im Sinne einer Mini-Theorie) bezieht.

3   In der schon erwähnten, sehr fundierten Arbeit von Thomä über Theorie und
     Praxis der Übertragung und Gegenübertragung wird ebenfalls mehrfach die
     Bedeutung des »Standortes« des Analytikers formuliert, vor allem mit der
     Formulierung eines »extraterritorialen Haltepunktes« (vgl. u. a. Thomä 1999).

4   Ferro formuliert drei wesentliche Perspektiven, die er als die Freudsche
     Perspektive (in der der Analytiker mit einem Archäologen vergleichbar ist, dem
     es um das Aufdecken vergangener historischer Ereignisse geht), die Kleinsche
     Perspektive (in der sich das Zuhören auf die intrapsychische, unbewusste
     Phantasie des Analysanden richtet) und die Bionsche Perspektive (in der die
     mentalen Funktionen des Analytikers selbst, vor allem auch seine
     Dysfunktionen, in den Mittelpunkt gerückt werden) bezeichnet. Aber es ist
     natürlich zu fragen, ob nicht auch noch andere Perspektiven von Winnicott,
     Kohut, Lacan oder den intersubjektivistisch-interpersonellen Schulen zu
     berücksichtigen sind (vgl. u. a. Ogden 1994, Kernberg 2002).

5   Busch schreibt (vorläufige Übersetzung vom Verf.): »Es erstaunt mich, dass wir
     zwar die Bedeutung der Methode der freien Assoziation für den analytischen
     Prozess betonen, wir aber letztlich wenig Gebrauch von diesem Prozess
     machen. Statt den assoziativen Prozess als Ganzen zu nutzen , benutzen ihn
     Analytiker, um nach Zeichen zu suchen. Das Ergebnis davon ist, dass viele
     Patienten ihre Analyse beenden, ohne dessen gewahr zu sein und immer noch
     nicht in der Lage sind, die Methode der freien Assoziation als eine Basis für
     einen fortdauernden selbstanalytischen Prozess zu nutzen.« (Busch 1999)

6   Sie schreibt: »Was die Patienten der neunziger Jahre angeht, so weisen sie kaum
     eine Ähnlichkeit mit denen aus früheren Zeiten auf. Ganz allgemein entspre-
     chen sie genau der depressiven Gesellschaft, in der sie leben. Sie sind stark
     geprägt von dem zeitgenössischen Nihilismus und weisen narzisstische oder
     depressive Störungen auf, leiden an Einsamkeit und unter Symptomen von
     Identitätsverlust. Oft haben sie weder die Energie noch den Wunsch, sich einer
     langen Analyse zu unterziehen, und so fällt es ihnen auch schwer, regelmäßig
     die Praxis des Psychoanalytikers aufzusuchen. Sie lassen ohne Bedenken
     Sitzungen ausfallen, und manchmal halten sie nicht mehr als eine oder zwei
     Sitzungen pro Woche aus. Da ihnen die finanziellen Mittel fehlen, neigen sie
     dazu, mit ihrer Analyse auszusetzen, sobald sie eine Besserung ihres Zustandes
     feststellen, auch wenn sie die Analyse bei einer Rückkehr der Symptome wieder
     aufnehmen. Der Widerstand, in eine Übertragungsbeziehung einzutreten,
     bedeutet, dass die Patienten nach dem Beispiel der Marktwirtschaft, welche die
     Subjekte als Waren behandelt, ihrerseits nun auch dazu tendieren, die
     Psychoanalyse wie ein Medikament und den Analytiker als Ablagestelle für ihre
     Leiden zu benützen.« (Roudinesco 2002)

7   In dieser speziellen Stunde bin ich nicht zu einer Deutung gekommen, weil die

Komplexität der Situation schwer entwirrbar blieb und ich wohl auch fürchtete, die Rolle des selbstbezogenen Vaters weiter zu agieren, neigte dieser doch dazu, das Verhalten seines Sohnes mit übertriebenen psychologischen Überlegungen zu kommentieren.

8 »Der intersubjektive analytische Dritte wird als ein drittes Subjekt aufgefaßt, das durch das unbewußte Zusammenspiel von Analytiker und Analysand geschaffen wird; zugleich werden Analytiker und Analysand qua Analytiker und Analysand im Akt der Erschaffung des analytischen Dritten erzeugt. (Es gibt keinen Analytiker, keinen Analysanden, keine Analyse außerhalb des Prozesses, durch den der analytische Dritte geschaffen wird.) Die neue Subjektivität (der analytische Dritte) steht im dialektischen Spannungsvehältnis zu den individuellen Subjektivitäten von Analytiker und Analysand. Der intersubjektive analytische Dritte wird nicht als eine statische Entität konzipiert; vielmehr wird er als eine sich entwickelnde Erfahrung verstanden, die kontinuierlich im Fluß ist, so wie sich die Intersubjektivität des analytischen Prozesses durch die Verstehensprozesse, die durch das analytische Paar hervorgebracht werden, verändert. Der analytische Dritte wird durch die individuellen Persönlichkeitssysteme von Analytiker und Analysand erfahren und ist folglich nicht jeweils dieselbe Erfahrung. Die Erschaffung des analytischen Dritten spiegelt die Asymmetrie der analytischen Situation wieder: im Kontext des analytischen Settings, das durch die Rollenverteilung von Analytiker und Analysand strukturiert ist, wird der analytische Dritte hervorgebracht. Die unbewußte Erfahrung des Analysanden hat in der analytischen Beziehung Vorrang; seine vergangene und aktuelle Erfahrung ist das, was Analytiker und Analysand zum hauptsächlichen (wenn auch nicht exklusiven) Gegenstand des analytischen Dialogs machen.« (Ogden 1998, S. 1071)

9 Ich verweise hier auf die Arbeiten von Thomä, der von der analytischen Dyade als »Triade minus 1« spricht (Thomä 1999), von Kernberg, der für eine »Drei-Personen-Psychologie« plädiert (Kernberg 1999), die Arbeit von K. von Klitzing, der insbesondere eine trianguläre Kompetenz formuliert hat (vgl. Klitzing, v. 2002) und die philosophischen Überlegungen von Cavell (vgl. Cavell 1997).

10 Die am Modell der persönlichen Eltern-Kind-Beziehung beschriebene Diffusität umfasst u. a.: keine zeitliche Limitierung der Beziehung, wechselseitige Unkündbarkeit der Beziehung, Nicht-Substituierbarkeit des Partners, unteilbarer Anspruch auf den Anderen, wechselseitige affektive Bindung, Vertrauensbildung und thematische Offenheit (vgl. Pollak 1999).

11 Ich vermute, dass Thomä etwas ähnliches meint, wenn er von der »Teilhabe des Patienten an seiner Gegenübertragung« spricht (Thomä 1999, S. 856).

12 Diese unbewusste Konfliktdynamik berührt u. a. die Thematiken von Männlichkeit/Weiblichkeit, von Fusion/ Getrenntheit und von Vollkommenheit/ Mangel.

Literatur

Bauriedl, Th. (1994): Auch ohne Couch. Stuttgart (Klett-Cotta).

Bion, W. R. (1967): Notes on Memory and Desire. In: The Psychoanalytic Forum 2, S. 272–273 & 279–280.

Borges, J. L. (2002): Das Handwerk des Dichters. München (Hanser).

Brenner, C. (1976): Grundzüge der Psychoanalyse. Frankfurt (Fischer).

Buchholz, M. B. (1999): Psychotherapie als Profession. Gießen (Psychosozial).

Busch, F. (1999): Rethinking clinical technique. Northvale, New Jersey, London (Jason Aronson Inc.).

Cavell, M. (1997): Freud und die analytische Philosophie des Geistes. Stuttgart (Klett-Cotta).

Cremerius, J. (1979): Gibt es zwei psychoanalytische Techniken? In: Psyche 7, S. 577–599.

Faimberg, H. (1992): The Countertransference Position and the Countertransference. In: Int. Journal Psycho-Anal. 73, S. 541–547.

Ferro, A. (1999): The Bi-Personal Field. London (Routledge).

Fonagy, P.; Stelle, M.; Target, M. & Schachter, A. (1996): Reflective-Self Functioning Manual for Application to Adult Attachment Interview. Unveröffentlichtes Manual. London, University College.

Fonagy, P. & Target, M. (2002): Neubewertung der Affektregulation vor dem Hintergrund von Winnicotts Konzept des »falschen Selbst«. Psyche 9/10, S. 839–862.

Freud, S. (1913): Bemerkungen über die Übertragungsliebe. GW X.

Freud, S. (1933): Die endliche und die unendliche Analayse. GW XIII.

Gabbard, O. G. & Lester, E. P. (1996): Boundaries and boundary violations in psychoanalysis. New York (Basic Books).

Heisterkamp, G. (1999): Zur Freude in der analytischen Psychotherapie. In: Psyche 12, S. 1247–1265.

Hoffer, A. (1993): Asymmetrie und Gegenseitigkeit in der analytischen Beziehung. Lektionen für heute aus der Beziehung zwischen Freud und Ferenczi. In: Psyche 11, S. 1027–1040.

Kernberg, O. (1999): Plädoyer für eine »Drei-Personen-Psychologie«. Kommentar zu Helmut Thomä. In: Psyche 9/10, S. 878–893.

Kernberg, O. (2002): Neuere Entwicklungen der Behandlungstechnik in den englischsprachigen psychoanalytischen Schulen. In: Forum Psychoanal. 18, S. 1–19.

Klitzing, K. v. (2002): Frühe Entwicklung im Längsschnitt. Von der Beziehungswelt der Eltern zur Vorstellungswelt des Kindes. In: Psyche 9/10, S. 863–887.

Leuschner, G. (2002): Über psychoanalytische Laborforschung und ihr Verhältnis in den Neurowissenschaften. In: Zwiebel, R. & Leuzinger-Bohleber, M. (Hg.) (2002): Träume, Spielräume I. Göttingen (Vandenhoeck & Ruprecht).

Leuzinger-Bohleber, M. et al. (2001): Langzeitwirkungen von Psychoanalysen und Psychotherapien: Eine multiperspektivische repräsentative Katamnesestudie. In: Psyche 3, S. 193–276.

Malan, D. H. (1979): Individual Psychotherapy und the Science of Psychodynamics. London-Boston (Butterworth).

Müller-Pozzi, H. (1991): Psychoanalytisches Denken. Eine Einführung. Bern (Hans Huber).

Ogden, Th. H. (1994): Subjects of Analysis. London (Karnac).

Ogden, Th. H. (1998): Zur Analyse von Lebendigem und Totem in Übertragung und Gegenübertragung. In: Psyche 11, S. 1067–1092.

Pollak, Th. (1999): Über die berufliche Identität des Psychoanalytikers. Versuch einer professionstheoretischen Perspektive. In: Psyche 12, S. 1266–1295.

Renik, O. (1999): Das Ideal des anonymen Analytikers und das Problem der Selbstenthüllung. In: Psyche 9/10, S. 929–957.

Roth, G. (2001): Fühlen, Denken, Handeln. Frankfurt a. M. (Suhrkamp).

Roudinesco, E. (2002): »Wozu Psychoanalyse?« Stuttgart (Klett-Cotta).

Sandler, J. (1976): Gegenübertragung und Bereitschaft zur Rollenübernahme. In: Psyche 4, S. 297–305.

Sandler, J. & Dreher, A. U. (1996): What do Psychoanalysts want? London, New York (Routledge).

Schmidt-Hellerau, C. (2002): Das Ich, der Analytiker und die analytische Beziehung. Überlegungen zur gegenwärtigen amerikanischen Psychoanalyse. In: Psyche 7, S. 657–686.

Schneider, G. (2002): Die Zukunft? Die notwendige Atopie der Psychoanalyse. Und vergessen wir nicht – Bartleby. Unveröffentlichtes Manuskript.

Solms, M. (1997): The Neuropsychology of Dreams. New Jersey (Lawrence Erlbaum Ass).

Stern, D. et. al. (2002): Nicht-deutende Mechanismen in der psychoanalytischen Therapie. Das »Etwas-Mehr« als Deutung. In: Psyche 9/10, S. 974–1006.

Suzuki, S. (1970): Zen mind, Beginners mind. New York (Weatherhill Inc.).

Thomä, H. (1999): Zur Theorie und Praxis von Übertragung und Gegenübertragung im psychoanalytischen Pluralismus. In: Psyche 9/10, S. 820–872.

Westenberger-Breuer, H. (2002): Ziele der Psychoanalyse. In Drews, S. (Hg.) (2002): Symptom-Konflikt-Struktur. DPV Tagungsband. Bad Homburg (Geber & Reusch), S. 297–308.

Winnicott, D. W. (1986): Holding and Interpretation. New York (Grove Press).

Zwiebel, R. (1977): Der Analytiker träumt von seinem Patienten – Gibt es typische Gegenübertragungsträume? In: Psyche 1, S. 43–59.

Zwiebel, R. (1984): Die Dynamik des Gegenübertragungstraumes. In: Psyche 3, S. 193–218.

Zwiebel, R. (1992): Der Schlaf des Analytikers. Stuttgart (Klett-Cotta).

Zwiebel, R. (1999): Höhenschwindel. Gedanken zum Standort des Psychoanalytikers. Antrittsvorlesung Universität Kassel.

Zwiebel, R. (2001a): Das Konzept des Inneren Analytikers. In: Forum Supervision 18, S. 65–82.

Zwiebel, R. (2001b): Zen und die Praxis der Psychoanalyse. Unveröffentlichter Vortrag in Berlin.

Zwiebel, R. (2002a): Die Puppe der Mutter. In Drews, S. (Hg.) (2002): Symptom-Konflikt-Struktur. DPV Tagungsband. Bad Homburg (Geber & Reusch), S. 213–227.

Zwiebel, R. (2002b): Therapeutische und didaktische Aspekte der Lehranalyse. DPV-Info, im Druck.

Zwiebel, R. (2002c): Die Träume des Analytikers. In: Zwiebel, R. & Leuzinger-Bohleber, M. (Hg.) (2000): Träume, Spielräume I. Aktuelle Traumforschung. Göttingen (Vandenhoeck & Ruprecht), S. 110–132.

Zwiebel, R. (2002d): Die Grenzen des Analytikers. Vortrag auf der DPV Tagung in Leipzig, Mai 2002.

Wo sind die Emotionen? Oder: Die Psychoanalyse als Proto-Postmoderne

Peter Loewenberg

Ein Tritt tausend Fäden regt,
Die Schifflein herüber, hinüber schießen,
Die Fäden ungesehen fließen,
Ein Schlag tausend Verbindungen schlägt:
(Goethe, Faust, I. Teil, 4. Szene.)

»Wir begnügen uns mit einer verhältnismäßig gesicherten Erforschung eines einzigen Hinweises und sehr bescheidenen Anspielungen auf mögliche größere Zusammenhänge. Wir betrachten es in der Psychoanalyse nicht als unser Ziel, ein Bild des Lebens zu weissagen« (Freud an Oskar Schmitz, 1921).

Freud gehörte zu den wichtigen Wegbereitern der Konzepte Ambiguität, Ironie, Zweideutigkeit, Nuancierung, Unbestimmtheit, Dekonstruktion und Perspektivismus, über die sich der postmoderne Zeitgeist der Kultur des 21. Jahrhunderts definiert. Mit »modern« meine ich der Rationalistischer Meisterdiskurs der Westlichen Kultur initiiert von Descartes, Newton und Kant, in der Aufklärung des 17. und 18. Jahrhunderts. Mit Postmoderne meine ich das Denken und die Ausdrucksweise, die sich in Reflexivität und Unsicherheit, Fragmentierung und Diskontinuität in narrativen Strukturen, in Ambiguität, Gleichzeitigkeit und der Hervorhebung der subjektiven Natur der Erfahrung üben. Freud wird im Allgemeinen als Modernist betrachtet, und man könnte aus seinen corpus einer wissenschaftlichen Positivisten des 19. Jahrhunderts konstruieren. Freuds Werk ist geprägt von Spannungen zwischen Moderne und Postmoderne. Eine Seite des vielschichtigen Reichtums in Freuds Denken ist die, dass er die Psychoanalyse als Naturwissenschaft verstanden wissen wollte. Die andere und in der Psychoanalyse von Anbeginn an existente Seite zeigt Freud als den Humanisten, der unbefangen mit Ambiguität und den klinischen Prozessen des Werdens, d. h. des Schaffens von etwas Neuem in einem Menschenleben, arbeitet.

Meine These ist die, dass zentrale inhärente Aspekte des psychoanalytischen Denkens und ihrer klinischen Methode – 1. die fragmentarische Natur der Realität, 2. die Freie Assoziation, 3. Gegenübertragung, 4. Geschlecht und Sexualität, 5. Ambiguität von Motivation und »Moralität«, 6. Kritik am binären Denken, 7. das Detail als Minimalnarration und als methodisches Prinzip,

8. Deckerinnerungen, 9. Fokussierung auf den erkenntnistheoretischen Wert von Widersprüchen und Spannungslosigkeiten, 10. Konstruktion und Rekonstruktion, 11. Überdeterminierung und multiple Ursachenzuschreibung, 12. die unendliche Analyse, – in ihrer Quintessenz postmodern sind und sich mit dem Sachverhalt vereinbaren lassen, dass eine fragmentierte Welt ohne transzendentalen Sinn akzeptiert und durch die Wahrnehmungen des Beobachters subjektiv betrachtet wird. Was die Frage nach dem Sinn des Daseins anbelangt, war Freud Darwinist:»Im Moment, da man nach Sinn und Wert des Lebens fragt, ist man krank, denn beides gibt es ja in objektiver Weise nicht.« Diese Aussage zeugt zwar von einer bestimmten Sicht auf die moderne Psychoanalyse, schließt aber selbstverständlich nicht alle ihre Trends und Entwicklungen in sich.

Im Folgenden werde ich Freuds Denken und die moderne Psychoanalyse miteinander verschmelzen und damit belegen, dass die Psychoanalyse die Vorläuferin der Postmoderne ist; denn im Gegensatz zur Moderne, die den Verlust einer kohärenten Welt und des Gefühls von einem kohärenten Selbst betrauert, akzeptieren sowohl die Struktur von Freuds Denken als auch die moderne Psychoanalyse das Konzept der Fragmentierung und Instabilität, der Vorläufigkeit und der Inkohärenz des Daseins. Die radikale Postmoderne ignoriert den Anspruch, auf faktischer Evidenz beruhen zu wollen; sie dekonstruiert alle Werte in den Natur- und Geisteswissenschaften, indem sie unter Berufung auf Nietzsche und Foucault das Postulat aufstellt, dass die Menschen die einzige Quelle der Sinngebung dadurch erschließen, dass sie Wissenssysteme errichten.

Freud war kein Anhänger der Extreme eines postmodernen Skeptizismus; er war überzeugt, dass es so etwas wie Wahrheit gibt. Doch er war ein Avantgardist der Postmoderne insofern, als er das Subjekt aus dem Zentrum herausnahm, indem er der Welt eine neue Logik der Determinierung und eine neue Gegenlogik des Unbewussten anbot. Während Hegel die Gegensätze zwischen Selbst und Objekt auflöste, vertiefte Freud auf entscheidende Weise und veränderte damit für immer unser Verständnis von der Logik des Innen und Außen, des Gesellschaftlichen und Psychischen, des Privaten und Öffentlichen, des Mentalen und Sozialen, indem er jedem menschlichen Urteil und Motiv die unbewusste Internalisierung und Projektion bzw. Introjektion zugrunde legte.

Die fragmentarische Natur der Realität

Dadurch, dass Freud demonstrierte, wie wir von oftmals entstellten Spuren der Erinnerung an Begegnungen zwischen unserem Körper und bestimmten signifikanten Personen, Ereignissen und Umständen geprägt werden, versetzte er uns in die Lage, mit einem offenen Blick die Ambiguitäten des Lebens zu untersuchen, die das hellenistisch-christliche Denken auszuschließen versuchte.

Freud führte uns von einer Ethik idealer Reinheit zu einer Ethik der Individuation, der Zufallsmöglichkeit und der einzigartigen Selbstdefinition – genau das
ist postmodernes Denken. Er half uns, toleranter zu werden – zu uns selbst, zu
anderen Menschen und gegenüber menschlichen Situationen – und im Erkennen von Möglichkeiten, Optionen und neuen kulturellen und sozialen Adaptationen mehr Kreativität zu entwickeln.

Binswanger spricht von der »Einsicht, daß kein Ganzes, und so auch nicht?
der ›ganze Mensch‹, auf dem Wege, d. h. mit den Methoden der Wissenschaft
›erfaßt‹ werden kann«. Wir suchen zwar kontinuierlich nach dem »ganzen«
Menschen im Sinne von Plato oder Binswanger, finden ihn aber immer nur
partiell. Doch wir und unsere Analysanden müssen Arrangements finden, um
– auf postmoderne Weise – mit der versuchsweisen Annäherung, der Verflüch-
tigung des Lebens, der Fragmentierung und mit partiellen Antworten zurecht-
zukommen.

Die Freie Assoziation

Freud hat als die psychoanalytische Grundregel bezeichnet, dass der Analysierte »ohne Kritik alles mitteilen solle, was einem in den Sinn kommt«. Das Ziel
der freien Assoziation ist der feste Beton der Kategorien die Rationalität aufzu-
lockern und zu lösen, um zu erlauben, dass Vorstellungen und Ahnungen vom
Vorbewussten und Unbewussten durchdringen können, um analytischen Spielraum zu erlauben und damit in der Analyse zu arbeiten. Laut Freud:

> »der Kranke häufig innehält, in Stockungen gerät und behauptet, er wisse nichts
> zu sagen, es falle ihm überhaupt nichts ein. Träfe dies zu und hätte der Kranke
> recht, so wäre unserer Verfahren wiederum als unzulänglich erwiesen. Allein eine
> feinere Beobachtung zeigt, daß ein solches Versagen der Einfälle eigentlich nie
> eintritt.«

In der Analyse werden die konventionellen Kantianischen Kategorien des
Denkens: Zeit, Raum und Kausalität, durchgebort, gründlich untersucht und
aufgelockert, um unbewusste Symbole und Ideen hervorzudringen zu lassen.

Gegenübertragung

Die Subjektivität des Geistes eines jeden Menschen und jeder persönlichen
Lebensgeschichte schließt die Möglichkeit einer »Naturwissenschaft«, die
objektive Wahrheiten entdeckt, von vornherein aus. Ludwig Binswanger weist
darauf hin:

> »Sobald ich den Mitmenschen verobjektiviere, ihn in der Subjektivität seines
> Subjektseins vergegenständliche, ist er nicht mehr Mitmensch; und sobald ich den

Organismus versubjektiviere oder ein Naturobjekt zu einem verantwortlichen Subjekt mache, ist er nicht mehr Organismus im Sinne der medizinischen Wissenschaft.«

Die Psychoanalyse erfordert ganz andere Techniken der Erforschung des Menschen als die Naturwissenschaften. Die psychoanalytische Interpretation ist eine Form des partikularen und individualisierten Verstehens, das dadurch entsteht, dass man dem Analysanden zuhört und mit ihm spricht. Sie ist eher ein Resultat des Erkennens und der Empathie als ein »objektives« Datum der Beobachtung. Als Psychoanalytiker hat man ein berechtigtes Misstrauen gegenüber autoritativ festgelegten Definitionen und singulär angelegten Schilderungen von Ereigniskurven.

Freud erinnert uns daran, dass die Analysearbeit »an zwei Personen vor sich geht«. Weil die Analysearbeit alle Ebenen des Daseins des Analytikers impliziert, sind selbstverständlich auch seine unbewussten Elemente involviert. Irwin Hoffman formuliert dies so:

»[W]as der Analytiker über seine Erfahrung und sein Verhalten sowie über die Erfahrung und das Verhalten seines Patienten zu verstehen scheint, ist immer fragwürdig, immer anfällig für die Unwägbarkeiten in der Abwehr des Analytikers und immer der Gefahr ausgesetzt, von einer anderen Sichtweise, die sich bildet, abgelöst zu werden.«

Die Psychoanalyse hat eine Weltsicht der wechselseitigen Beeinflussung und des konstruierten Sinns entstehen lassen. Heinrich Racker hat schon in 1968 darauf hingewiesen, wie die Wirklichkeit der Interaktion zwischen Analytiker und Analysand auf vielen Ebenen in der analytischen Situation beschaffen ist: Die erste Entstellung der Wahrheit im »Mythos der analytischen Situation« ist die, dass die Analyse eine Interaktion zwischen einem kranken und einem gesunden Menschen ist. In Wahrheit handelt es sich um eine Interaktion zwischen zwei Persönlichkeiten, deren Ich vom Es, dem Über-Ich und von der externen Welt unter Druck gesetzt wird; jede dieser beiden Persönlichkeiten hat ihre inneren und äußeren Abhängigkeiten, Ängste und pathologischen Abwehrmechanismen; jede dieser beiden Persönlichkeiten ist auch Kind mit internalisierten Eltern; und jede dieser ganzheitlichen Persönlichkeiten – die des Analysanden und die des Analytikers – reagiert auf alle Ereignisse der analytischen Situation. Durch das Erkennen von Übertragung, mit Hilfe von Introjektion, Idealisierung, Projektion, Integration, Verschmelzung und projektiver Identifikation strukturiert die Psychoanalyse eine Situation, die das Ineinanderfließen von Subjekt und Objekt, vom eigenen Selbst und dem anderen, in Gang setzt, entwickelt und pflegt, was Wilfred Bion als »pairing« bezeichnet.

Geschlecht und Sexualität

Freuds Subversion der Gewissheiten jüdisch-christlicher und viktorianischer Sexualmoral kommt besonders geschickt zum Ausdruck, wenn er eine menschlichere Sicht der Sexualität und ein toleranteres Kulturideal postuliert, indem er sowohl historisch als auch anthropologisch die Homosexualität relativiert. Mit Blick auf die Geschichte behauptet er: »Man muß Wert darauf legen, daß die Inversion eine häufige Erscheinung, fast eine mit wichtigen Funktionen betraute Institution bei den alten Völkern auf der Höhe ihrer Kultur war.« In einem höchst radikalen Meinungsumschwung bezüglich Kultur verteidigt Freud 1905 die Wende von einer ethnozentrischen biologischen Marginalisierung Homosexueller zu einem historischen und ethnographischen Relativismus: »In der Auffassung der Inversion sind die pathologischen Gesichtspunkte von anthropologischen abgelöst worden.«

Für Freud hat jeder Mensch ein bisexuelles Unbewusstes und Verhaltenspotenzial. Sein Verständnis ist höchst individualisiert und schließt einzigartige entwicklungsbezogene und kulturelle Notwendigkeiten ein. Er behauptet, dass die psychoanalytische Forschung erfährt: »daß alle Menschen der gleichgeschlechtlichen Objektwahl fähig sind und dieselbe auch im Unbewußten vollzogen haben. (...) Der Psychoanalyse erscheint vielmehr die Unabhängigkeit der Objektwahl vom Geschlecht des Objektes, die gleich freie Verfügung über männliche und weibliche Objekte, wie sie im Kindesalter, in primitiven Zuständen und frühhistorischen Zeiten zu beobachten ist, als das Ursprüngliche, aus dem sich durch Einschränkung nach der einen oder der anderen Seite der normale wie der Inversionstypus entwickeln.

Bemerkenswerterweise gibt Freud hier zu bedenken, dass die heterosexuelle Objektwahl genauso komplex und erklärungsbedürftig sei wie die homosexuelle Objektwahl und ignoriert auf hormonellen Vorgängen beruhende Erklärungen: »Im Sinne der Psychoanalyse ist also auch das ausschließliche sexuelle Interesse des Mannes für das Weib ein der Aufklärung bedürftiges Problem und keine Selbstverständlichkeit, der eine im Grunde chemische Anziehung zu unterlegen ist.«

Freud destabilisierte die naiven Kategorien des Innen und Außen, die Grenzen zwischen Gesellschaft und Psyche, zwischen Mentalem und Sozialem und setzte an ihre Stelle eine dynamische gegenseitige Durchdringung und Absorption. Wir integrieren unsere gesamte Kultur in unsere seelisch-geistige Welt, sexuellen und geschlechtsspezifischen Verhaltensweisen, Belohnungs- und Bestrafungssysteme, Selbstachtung und Werte. Ebenso produzieren wir unsere Außenwelt dadurch, dass wir die Erwartungen, Prämissen und internen Objekte der Welt, die wir in uns haben, projizieren. Die postmoderne Akzeptanz von Fragmentierung, Partialität, Spannungen und Widersprüchen, Instabilität und Multiplizität hat kulturell Radikale auf den Plan gerufen. Theoretikerinnen und

Theoretiker, z. B. auf dem Gebiet der Geschlechterforschung und des Feminismus, machen sich oft postmoderne Denkweisen zu Eigen, die die Zuschreibung einzelner Attribute für »Frauen« ablehnen und psychoanalytische Theorien und klinische Beispiele kritisieren, die auf Vertreter bestimmter gesellschaftlicher Schichten und auf historische und kulturelle loci begrenzt sind. Sie vertreten beharrlich die Ansicht, dass bipolare Antinomien nicht für das Geschlecht gelten könnten, und unterstreichen stattdessen die einzigartige Mischung unserer gesamten subjektiven Sensibilität.

Ambiguität von Motivation und »Moralität«

Die vielleicht größte konzeptuelle und klinische und für die Geistes- wie auch Sozialwissenschaften sinnstiftende Leistung der Psychoanalyse besteht darin, dass sie auf erkenntnistheoretische und ideologische Widerstände fokussiert, auf den Gegensatz von manifest und latent. Freud lehrte uns, wie komplex die Motive und das Verhalten des Menschen wirklich sind.

Unsere Kultur kennt den Trauerfall als ein Ereignis, das den Ausdruck positiver und sentimentaler Gefühle über den Verlust des Verstorbenen impliziert. Freud sezierte den Prozess des Trauerns, um zu zeigen, dass wir die Ambivalenz dem Toten gegenüber akzeptieren müssen und dass durch den Tod eines Menschen ein anderer Mensch zugleich von diesem Tod profitiert. Im Zusammenhang mit der Behandlung des »Rattenmannes« postulierte Freud, dass der Patient vom Tod seiner Kindheitsrivalin, seiner Schwester Katharina, profitiert habe. Freud scheute nicht davor zurück, einen Patienten darauf aufmerksam zu machen, dass dieser aus dem Tod eines noch lebenden Elternteils einen potenziellen Gewinn an Freiheit und Geld ziehen könnte: »Ist es Ihnen noch nie in den Sinn gekommen, daß Sie, wenn Ihre Mutter stürbe, von allen Konflikten befreit wären, weil sie dann heiraten könnten?«

Wir müssen uns damit zufrieden geben, dass der Mensch, wie Freud es formuliert, »auf kärgliche Nachrichten angewiesen bleibt von dem, was unbewußt in seinem Seelenleben vorgeht«. Freud nimmt seine persönliche, menschlich motivierte Notwendigkeit und die Metapher politischer Zensur zur Hilfe, um Repression und Traumentstellungen und Verwerfungen zu erklären. Er behauptet, dass diejenigen, die den Zensor an der Nase herumführen wollten, schlau sein müssten und dass dies auch für das Unbewusste gelte: Die Höflichkeit, die ich alle Tage übe, ist zum guten Teil eine solche Verstellung; wenn ich meine Träume für den Leser deute, bin ich zu solchen Entstellungen genötigt. Über den Zwang zu solcher Entstellung klagt auch der Dichter:
»Das Beste, was du wissen kannst,
Darfst du den Buben doch nicht sagen.«

Kritik am binären Denken

Sollten, wie Freud hoffte, neurochemische Erkenntnisse über Gehirnfunktion und Psychopharmakologie eines Tages eine präzise, schnelle und dauerhafte Befreiung von neurotischen Symptomen ermöglichen, wird der Zusammenhang, den er zwischen unserem Unbewussten und den realen Ambiguitäten unseres Alltagslebens herstellte, dennoch ein integraler Bestandteil unserer Kultur des 21. Jahrhunderts bleiben, weil sich die Neurose dem binären Denken entzieht und deshalb von persönlicher und kultureller Repression befreit. Binäres Denken ist elementar und lässt sich nicht weiter reduzieren als auf entweder-oder, ja-nein, gewinnen oder verlieren, für uns oder gegen uns; es ist primäres Prozessdenken – der primitive, nicht von der Vernunft geleitete, auf Wunscherfüllung gerichtete und angsterfüllte Gedanke an Träume und an das Unbewusste. Binäres Denken ist defensiv; es widersetzt sich der Komplexität und dem emotionalen Reichtum, der aus den Kämpfen mit der Ambivalenz hervorgeht. Freuds Denken war zwar oft binärer Natur (männlich-weiblich, Lebensinstinkt und Todestrieb, Realitätsprinzip und Lustprinzip), was ihn aber zu einem faszinierenden Denker und Autor macht, ist die Tatsache, dass er die anscheinend offenkundigen binären Gegensätze unseres Lebens und unserer Erfahrung aufhob und die Komplexität und das ambiguitätenreiche Potenzial der Gegensatzpaare Gut und Böse, Ordnung und Unordnung, Verbrechen und Schuld, Erfolg und Misserfolg, Liebe und Trauer, Liebenswürdigkeit und Egoismus demonstrierte. Freud gab uns eine Welt, in der das Gefühlsleben immer in einen geschichtlichen Kontext gestellt wird und zufällig, individuell und biographisch spezifisch ist. Doch wir sehen unsere Welt noch viel zu oft als eine nach einfachen Polaritäten funktionierende Welt und übersehen dabei die nuancierten Ambiguitäten, über die Freud uns beigebracht hat, dass sie Teil der komplexen multiplen Realitäten des menschlichen Lebens sind. Wir erleben politische Wahlen, in denen die schlichte binäre Opposition von Gut und Böse der Stoff des Medienrummels, der Wahlkampfrhetorik und der allgemein beliebten Idealisierung und Dämonisierung von Kandidaten ist. Unsere postfreudianische Vorstellung von Politik ist eine ironische, denn wir wissen, dass große »Befreier« wie Robespierre, Napoleon, Lenin und Mao Tse-tung auch große Tyrannen werden können.

Das Detail als Minimalnarration und als methodisches Prinzip

Die Postmoderne weist große Narrationen zurück und favorisiert »Minimalnarrationen« in dem Maße, wie die moderne psychoanalytische Ich-Psychologie auf Geschichten fokussiert, die eher geringfügige Symptome, Versprecher, Symbole, Praktiken, lokale Ereignisse erklären als weit reichende allgemeine oder umfassende theoretische Konzepte begründen. Psychoanalytisches Denken und klinische Praxis fokussieren von Natur aus auf das Detail als ein methodisches Prinzip, das oftmals eine Minimalnarration hervorbringt, die einen Sinn an und für sich hat und zugleich eine größere Narration entfaltet. Freuds Arbeit »Der Moses des Michelangelo« (1914) ist unter anderem eine Abhandlung über die Wichtigkeit des Details und die Rolle der Minimalnarration in der psychoanalytischen Technik. Freud, immer der Rhetoriker, schickt den negativen Vorschlag des gesunden Menschenverstands dem Argument voraus: An zwei Stellen der Mosesfigur finden sich nun Details, die bisher nicht beachtet, ja eigentlich noch nicht richtig beschrieben worden sind ... wie sonderbar ungeeignet erscheint als Mittel hiefür der Druck des einen Fingers? Und wer, der aus irgendeinem Grund seinen Bart auf die andere Seite gedrängt hat, würde dann darauf verfallen, durch den Druck eines Fingers die eine Barthälfte über der andern zu fixieren? Vielleicht aber bedeuten diese im Grunde geringfügigen Züge nichts, und wir zerbrechen uns den Kopf über Dinge, die dem Künstler gleichgültig waren? Setzen wir unter der Voraussetzung fort, daß auch diese Details eine Bedeutung haben. Es gibt natürlich auch große Narrationen in Freuds Werk wie z. B. die des Ödipuskomplexes und die der psychosexuellen Entwicklungsphasen. Doch gegenwärtig durchlebt die moderne Psychoanalyse eine Krise, die damit zu tun hat, dass diese großen Narrationen infrage gestellt werden und der unzweideutige Glaube an sie verloren gegangen ist. Als Psychoanalytiker weiß man um den Wert von »Modellen«, Idealtypen und Theorien. Ohne theoretische Konzepte lässt sich das, was man sieht, nicht einordnen. Ohne das »Gestaltkonzept« z. B. hätten wir lediglich eine detaillierte Deskription. Doch diese Schemata stellen in erster Linie eine Art Kurzschrift für die Kommunikation innerhalb der Profession dar und sollen per Referenz eine Reihe von Ideen integrieren – kommen aber an den Reichtum und die Struktur spezifischer und einzigartiger klinischer Beobachtungen nicht heran. Große Narrationen verschleiern oftmals die unbewussten Widersprüche und Instabilitäten, die dem Rationalismus, allen sozialen Organisationen und allen kulturellen Praktiken innewohnen. Solche Narrationen verbergen die Konstruiertheit rein rationaler Kategorien, indem sie suggerieren, dass sich alles hübsch in Fächer und Kästchen einpassen lässt. Vertreter der Postmoderne und klinische Psychoanalytiker wissen, dass die Dinge im Leben sich nicht fein säuberlich verstauen lassen und miteinander harmonieren. Die beiden Gruppen haben die Erkenntnis gemeinsam, dass jeder Versuch, »Ordnung« zu schaffen, im gleichen Maße »Unordnung« verursachen muss, weil die Dinge nicht in Übereinstimmung mit unseren Wünschen an ihren Platz gelangen – das Leben ist nicht darauf ausgelegt, unser Bedürfnis nach Ordnung und System zu befriedigen. Die Besonderheit der klinischen Arbeit und der tagtäglichen psychoanalytischen Sitzungsprozeduren bringt postmoderne »Minimalnarrationen« hervor, die situativ, vorläufig, zufällig und vorübergehend sind und keinen Anspruch auf Universalität, Wahrheit, Logik oder Stabilität erheben. Die Psychoanalyse ist sowohl klassisch als auch postmodern, weil sie uns dazu befähigt, reichhaltigere und plausiblere Narrationen von unserem Leben zu konstruieren – plausibler deshalb, weil ihre Minimalnarrationen alle Verhaltensweisen, Gedanken und Phantasien unseres Lebens beherbergen können, z. B. solche Geschichten, die nicht in die großen Narrationen des Ödipuskomplexes oder der psychosexuellen Entwicklungsphasen passen, und auch solche Geschichten, die als asoziale und sadistische, zügellose und selbsttrügerische, niederträchtige und selbstzerstörerische Verhaltensmuster zensiert werden, wie auch unsere fürsorglichen, selbstlosen und mutigen Handlungen, die sich nicht mit großen Narrationen in Einklang bringen lassen.

Deckerinnerungen

Freud behauptet, dass die Objekte, nach denen wir suchen, Stellvertreter seien, dass »das endgültige Objekt des Sexualtriebes nie mehr das ursprüngliche, sondern nur ein Surrogat dafür« sei, ein Ersatz für das früheste ursprüngliche Objekt des Säuglingsalters und der frühen Kindheit, das nicht realisierbar sei und niemals erreichbar sein werde. Ähnlich gibt es für den Vertreter der Postmoderne keine Originale, sondern nur Kopien. Von Anfang an ist der psychoanalytische Standpunkt hinsichtlich der Erinnerungsarbeit und ihrer Entstellungen und hinsichtlich der zentralen Rolle und Funktion von Phantasien in seinem Ansatz vielfältig, pluralistisch und offen. Das psychoanalytische Konzept der »Deckerinnerungen« beinhaltet sowohl den Aspekt, dass eine frühe Erinnerung als »Abschirmung« für ein späteres Ereignis fungieren kann als auch den Aspekt, dass ein frühes Ereignis durch eine spätere Erinnerung »abgeschirmt« werden kann. Deckerinnerungen können vergangene Ereignisse zudecken und an die Stelle vergangener Ereignisse treten oder sie können jüngere Traumata in die Vergangenheit verlagern. Jean Baudrillard, der das Konzept der »Abschirmung« als Instrument für eine heftige Kulturkritik benutzt, sieht unsere postmoderne Welt nicht mehr als eine reale Welt, sondern nur noch als eine Simulation des Realen, vergleichbar dem psychoanalytischen Verständnis von Deckerinnungen, bei denen die Repräsentationen der Dinge an die Stelle der Dinge treten, die repräsentiert werden: »gestützt auf die Vorstellung, auf Imitation und Vortäuschung, die harmonisch und optimistisch sind und auf die Wiederherstellung der idealen Institution abzielen«. Er bezeichnet die Nachbildungen der Dinge als »Simulacra«, die kein ursprüngliches Objekt mehr hätten oder nie eines gehabt hätten, und zählt dazu »die Generation von Modellen einer realen Welt ohne Ursprung oder Realität: eine hyperreale Welt«. Magic Mountain, Marine Land, Sea World, Disney World, Knott's Berry Farm, Legoland und Disneyland (»diese eingefrorene kindähnliche Welt (...) ein Raum zur Neubelebung des Imaginären als Entsorgungsparks«) sind Repräsentationen der »Auflösung aller Bezugsgrößen (...) geschützt vor (...) jeglicher Notwendigkeit der Unterscheidung zwischen dem Realen und dem Imaginären«. In Las Vegas stehen Hotels mit Namen wie Caesar's World, Bellagio, Venezia, Paris und New York. Solche Bezeichnungen sind Abschirmungen, hinter denen nur Phantasien stehen – Phantasieszenerien, die falsche Realitäten darstellen und in Ermangelung einer ursprünglichen Realität existieren –, und diese Entdeckun ist traumatisch. Mit einer Strategie, die mit der psychoanalytischen Theorie und der klinischen Methode in Bezug auf Deckerinnerungen vollkommen übereinstimmt, beschwört Baudrillard die freudianische Fetischismustheorie als eine Retrohypothese: »Dieses Trauma [der Verlust der Bezugsgrößen] ist vergleichbar der kindlichen Entdeckung des Unterschied zwischen den Geschlechtern, so schwer wiegend, so tief greifend, so irreversibel: Die Fetischisierung eines Objekts interveniert, um diese unerträgliche Entdeckung zu verbergen.«

Fokussierung auf den erkenntnistheoretischen Wert von Widersprüchen und Spannungslosigkeiten

Die Psychoanalyse ist insbesondere an dem Punkt die Vorläuferin der Postmoderne, an dem sie als Technik fungiert, mit der die Narration des Analysanden entmystifiziert wird, um seine inneren willkürlichen Hierarchien und Vorannahmen zu enthüllen. Dadurch, dass die Psychoanalyse Widersprüche und Spannungslosigkeiten in einer Narration – was die Schilderung unterdrückt, was sie nicht mitteilt – untersucht, hebt sie die Ungereimtheiten der Narration ins Bewusstsein. Mit Hilfe einer von Freud entwickelten Strategie, die aber heute von Vertretern der Postmoderne verwendet wird, demaskiert die Psychoanalyse nicht den »Irrtum«, sondern definiert in erster Linie die empfangene Geschichte dadurch um, dass sie die Gewissheiten und Gegensätzlichkeiten des primären Prozessdenkens aufhebt und hinterfragt. Die Psychoanalyse maßt sich nicht an, alle Widersprüche aufheben zu wollen, sondern legt vielmehr die Abwehrmechanismen offen, die im Spiel sind, wenn der Analysand und der Analytiker gemeinsam Daten und Wahrnehmungen verarbeiten und herauskristallisieren. Der Beitrag des Analytikers besteht oft darin, dass er in einer Narration oder Beschuldigung die Ausnahme zur Regel findet.

Konstruktion und Rekonstruktion

Als Pionier der Postmoderne ist Freud nirgendwo klarer als in seinem Standpunkt zur psychoanalytischen »Wahrheit« und ihrer Rekonstruktion. Die Aufgabe des Analytikers besteht darin, »das Vergessene aus den Anzeichen, die es hinterlassen (...) zu konstruieren«. Der Analytiker zieht, so Freud, »seine Schlüsse aus Erinnerungsbrocken, Assoziationen und aktiven Äußerungen des Analysierten«. Diese Arbeit kann ungenau und falsch sein, ohne dass der Analysand oder der psychoanalytische Prozess dadurch Schaden oder Nachteile erleiden: »[E]s bringt keinen Schaden, wenn wir uns einmal geirrt und dem Patienten eine unrichtige Konstruktion als die wahrscheinliche historische Wahrheit vorgetragen haben.« Die Richtigkeit einer Konstruktion wird dadurch bestätigt, dass sich die Symptome verschlimmern: »Ist die Konstruktion falsch, so ändert sich nichts beim Patienten; wenn sie aber richtig ist oder eine Annäherung an die Wahrheit bringt, so reagiert er auf sie mit einer unverkennbaren Verschlimmerung seiner Symptome und seines Allgemeinbefindens.« Freud räumt den Wortverdrehungen und Mehrdeutigkeiten in den Reaktionen des Analysanden auf die Konstruktion des Analytikers einen beachtlichen Spielraum ein: »Aber diese Reaktionen des Patienten sind zumeist vieldeutig und gestatten keine endgültige Entscheidung (...) Wir geben die einzelne Konstruktion für nichts anderes aus als für eine Vermutung, die auf Prüfung, Bestätigung oder Verwerfung wartet. Wir beanspruchen keine Autorität für sie (...)« Freud behauptet, dass Phantasie und psychische Realität von gleicher Wichtigkeit seien wie reale Ereignisse: »Wirkliche und phantasierte Begebenheiten erscheinen hier – und nicht nur hier, auch bei der Schöpfung wichtigerer psychischer Gebilde als der Träume – zunächst als gleichwertig.« Welch verblüffend postmoderne Position, die Freud in der ersten Hälfte des vergangenen Jahrhunderts einnimmt! Tatsächlich postuliert er, dass das Wichtigste für das Subjekt die gemeinsam erarbeitete Überzeugung sei und nicht die empirische Bestätigung: »eine sichere Überzeugung von der Wahrheit der Konstruktion, die therapeutisch dasselbe leistet wie eine wiedergewonnene Erinnerung«. Der Psychoanalytiker Wilfred Bion führt eine von ihm vorgenommene Interpretation an, die »für den Patienten weniger Realität zu haben schien, obwohl spätere Ereignisse die Richtigkeit [der Interpretation] bestätigten«. Die Psychoanalyse macht das pluralistische, multidimensionale und unbestimmte Wesen der Realität und eine neue Logik der unbewussten Determinierung zu einem Kardinalprinzip der Erkenntnis. »Wahrheit« wird akzeptiert als eine Wahrheit, die abhängt von der spezifischen vergangenen und gegenwärtigen zeitlichen, sozialen, politischen und emotionalen Lokalisierung des Subjekts, das nach Wahrheit – der zwingendsten und eindringlichsten Ad-hominem-Logik – strebt.

Überdeterminierung und multiple Ursachenzuschreibung

Die Psychoanalyse geht davon aus, dass genauso, wie jede konkrete Handlung mehrere Bedeutungen hat, alle psychischen Vorgänge wie Symptome, Träume und Verhaltensweisen multiple Determinanten aufweisen. Die Psychoanalyse offenbart, dass jeder Gedanke, jede Phantasie und jeder Traum sowohl von der bewusst wahrgenommenen Absicht als auch von vielen unbewussten Faktoren determiniert werden, die alle besonders signifikant sind, weil sie dem Subjekt wahrhaftig unbekannt sind. Wenn z. B. jemand unbewusst einen ungültigen Scheck auf ein überzogenes Bankkonto ausstellt, kann das seinen großen Wunsch nach Wohlstand befriedigen, passiv-aggressive Feindseligkeit und komplexe Übertragungsgefühle vermitteln, von Eventualitäten der Außenwelt zeugen und viele andere Bedeutungen haben. Freud veranschaulicht dies schon früh in der Analyse seines »Traumes von der botanischen Monographie«:

> »Botanisch‹ ist also ein wahrer Knotenpunkt, in welchem für den Traum zahlreiche Gedankengänge zusammentreffen, die, wie ich versichern kann, in jenem Gespräch mit Fug und Recht in Zusammenhang gebracht worden sind (...) also Knotenpunkte darstellen, in denen sehr viele der Traumgedanken zusammentreffen, weil sie mit Bezug auf die Traumdeutung vieldeutig sind.«

Das »Zusammentreffen« von Gedanken in einem »Knotenpunkt« weist auf die Ableitung aus der Sprache der Geometrie hin, wenn zwei sich schneidende Linien einen Punkt bestimmen; schneiden sich drei oder mehr Linien in einem Punkt, dann »überdeterminieren« sie diesen Punkt. Für den Psychoanalytiker weist der Begriff »Überdeterminierung« auf mehrere Ursachen hin, aber impliziert natürlich, dass diese nicht mehr als nötig sind. Im Gegensatz zur Mathematik, in der Psychoanalyse, ist mehr nicht überflüssig. Freud sagt in diesem Zusammenhang: »Einer weiteren Überdeterminierung sind – ähnlich wie beim Traum – keine Schranken gesetzt.« Robert Waelder äußert sich dahin gehend, dass jeder psychische Vorgang multiple Funktionen erfülle: »Es ist kein Versuch einer Problemlösung möglich, der nicht von der Art wäre, dass er nicht gleichzeitig auf die eine oder andere Weise den Versuch der Lösung anderer Probleme darstellt.«

Die unendliche Analyse

Freud war der Ansicht, dass eine Psychoanalyse nie zu Ende sei – kein Analysand jemals endgültig analysiert sei. Die Zahl der Interpretationen kann unendlich sein. Jede Analyse bietet mit einer einmaligen Konstellation von Optionen und Grenzen ihre eigenen Möglichkeiten der Exploration von Potenzialen, was ein Analysand einmal als »das Schließen von Lücken« bezeichnet hat. Das analytische Projekt ist eine Lebensaufgabe, die erst mit dem Tod ihren Abschluss findet. Wir haben Belege für Freuds fortwährende Selbstanalyse bis ins hohe Alter von 80 Jahren, z. B. in seinem Brief an Romain Rolland (»Eine Erinnerungsstörung auf der Akropolis«) aus dem Jahr 1936. Was Hans-Georg Gadamer mit »Horizont« bezeichnet – »Horizont ist der Gesichtskreis, der all das umfaßt und umschließt, was von einem Punkt aus sichtbar ist« –, verändert sich unablässig. »In Wahrheit ist der Horizont der Gegenwart in steter Bildung begriffen, sofern wir alle unsere Vorurteile ständig erproben müssen«, und deshalb ist die Analyse, der »Zirkel des Verstehens«, auch wenn sie eine Selbstanalyse ist, so lang wie das Leben selbst. »Ein Horizont ist ja keine starre Grenze, sondern etwas, das mitwandert und zum weiteren Vordringen einlädt.« Diese Verweigerung eines definitiv-endgültigen Abschließens, die Offenheit für eine neue Interpretation, macht das Wesen der Postmoderne aus. Die neue gemeinsame Hervorbringung der Psychoanalyse ist eine Narration ohne Anspruch auf Endgültigkeit oder Vollständigkeit, eine Narration also, die der Analysand in seinem ganzen Leben nicht abschließen kann. (»Zur Dynamik der Übertragung« [1912], Stud. Ergzbd, S. 167.) Freuds Denken ist in der Hinsicht höchst postmodern und befreiend, dass es den besten Zugang zur Irrationalität in unserem Leben und zum Chaos in unserer Welt bietet und die beste Antwort auf die älteste und doch akuteste politische Frage des 21. Jahrhunderts bereithält: Wie lässt sich die Ordnung, die keine Unterdrückung sein soll, in Einklang bringen mit der Freiheit, die kein Freibrief sein soll? Die Psychoanalyse ist radikal antiinstitutionell und befreiend, weil sie das universelle Bedürfnis untergräbt, Wissen zu beanspruchen und dieses mit dem Machtanspruch zu institutionalisieren. Die psychoanalytische postmoderne Aufgabe, sich mit binärem Denken auseinander zu setzen, dieses zu beurteilen und »einzusperren« sowie der Ironie, der Ambiguität und der Nuance Raum zu geben, ist beim Individuum auf das ganze Leben bezogen und bei der Kultur auf Dauer angelegt. Deshalb wird die Psychoanalyse im 21. und in den kommenden Jahrhunderten ein integraler Bestandteil unseres Leben und unserer Kultur bleiben.

Aus dem Amerikanischen übersetzt von Astrid Hildenbrand

Zeitlosigkeit und Langzeittherapie

Christoph Klotter

Übersicht

Zum einen veranschaulicht eine mögliche Therapiedauer von 300 Stunden in aller erwünschten Deutlichkeit, dass sich die Psychoanalyse dem in der Moderne üblichen effizienten Zeitmanagement entzieht (auch wenn die psychoanalytische Psychotherapieforschung dies – ohne Erfolg – zu widerlegen versucht). Die Psychoanalyse wäre damit das Andere in der Moderne. Sie wäre eine Agentur, die dem sinnlosen Beschleunigungsprozess in der Moderne etwas entgegenzusetzen beabsichtigte, eine Agentur, die danach strebte, das Vergangene mit dem Gegenwärtigen und dem Zukünftigen zu versöhnen.

Dieses Vorhaben findet zum anderen eine *natürliche* Grenze darin, dass wir als Mitglieder dieser Gesellschaft davon profitieren, dass Effizienz- und Effektivitätskriterien die Moderne regieren. Insofern – und das wäre die Hypothese – sind Psychoanalytiker letztlich dazu bereit, die Langzeittherapie aufzugeben. Wir Psychoanalytiker sind bereit, uns bezüglich einer zentralen Dimension des psychoanalytischen Therapieprozesses, der Dauer, selbst abzuschaffen.

Aber nicht nur dieser Umstand verbindet die Psychoanalyse inniglich mit dem Projekt der Moderne. Die Psychoanalyse hat dazu gedient, moderne Subjektivität auszudifferenzieren und auszuloten. Mittels Aufmerksamkeitsmanipulation hat sie mit dazu beigetragen, ein nützliches, den Anforderungen des 20. Jahrhunderts standhaltendes Subjekt herauszubilden. Insofern ist die Psychoanalyse keineswegs *nur* das Andere in der Moderne.

Wenngleich sie wiederum anteilig *auch* das Andere darstellt. Für Freud braucht die analytische Kur, will sie erfolgreich sein, will sie also ein Teil der Moderne sein, den Aspekt der Zeitlosigkeit, um sich mimetisch dem Unbewussten anschmiegen zu können. Freuds Nachfolger wie Bion, Winnicott und Ogden thematisieren auf unterschiedliche Weise die zentrale und förderliche Erfahrung der Zeitlosigkeit für den psychoanalytischen Prozess.

Bei Winnicott klingt die Phantasie der magischen Kontrolle von Zeit, deren beliebiger Dehnung oder Schrumpfung bereits an. Obwohl die Magie von der Kirche und in deren Folge von den neuzeitlichen Naturwissenschaften seit zwei Jahrtausenden erbittert bekämpft wurde und wird, lässt sich nicht übersehen, dass sich Psychotherapie insgesamt in die Tradition der Magie hineinstellen lässt. Dies betrifft die Psychoanalyse z. B. bezüglich imaginärer Funktionen wie der Übertragung oder eben auch einer Zeiterfahrung, wo eine Sekunde eine Unendlichkeit werden oder ein therapeutischer Prozess, der über viele Jahre andauert, im subjektiven Horizont enorm schrumpfen kann. Dies ist nur möglich, weil die Psychoanalyse einer der letzten Sachwalter des Imaginären darstellt. Magie ist die Wissenschaft vom Imaginären.

Indem die Psychoanalyse in der Anerkennung des Imaginären auf eine vormoderne Zeit verweist, nämlich auf die Renaissance, ist sie antimodern. Sie ist noch in einem anderen, bereits erwähnten Punkt antimodern: in ihrem Bestreben, die Zeit aufzuhalten und die Katastrophe des blinden Fortschritts aufzuschieben. Die Psychoanalyse ließe sich dementsprechend verstehen als Fortsetzung einer zentralen abendländischen Denkfigur: dem Katechontischen. Das katechontische Denken ist geboren aus der Verabschiedung bzw. Kompensierung des apokalyptischen Denkens, eines Denkens, das unablässig darauf wartet, »dass morgen die Welt untergeht«. Nur mit Hilfe der katechontischen Denkfigur gibt es die Idee »vom Gottesstaat« auf Erden (Augustinus 1977) und die Idee, dass die römisch-katholische Kirche das römische Reich fortsetzt, dass erstere letzteres *hält* und verlängert.

Es ist mir unklar, warum die Psychoanalyse ein Katechont geworden ist und was sie im Kern *halten* und *aufhalten* will. Dennoch ist unübersehbar, dass sowohl in der Behandlungstechnik wie z. B. des »containings« oder eben im erwähnten Bestreben, die Katastrophe des Fortschritts aufzuhalten, zentrale Aspekte des Katechontischen auftauchen. Schaut man sich die drei derzeit wichtigsten psychotherapeutischen Richtungen an, so lässt sich unschwer eine Arbeitsteilung erkennen. Die Verhaltenstherapie kreist um die Idee der instrumentellen Machbarkeit: »Sie haben ein Problem, wir lösen es.« Rogers Psychotherapie versucht die drei Kränkungen (die kopernikanische Wende, die Theorien Darwins und Freuds), die der Mensch in der Neuzeit erlitten hat, zu kompensieren: Psychotherapeut und Klient versichern sich gegenseitig, wie gut und einzigartig sie sind. Die Psychoanalyse hingegen ist (bzw. sollte sein) eine kulturkritische Mahnerin, die *halten*, *innehalten* und *aufhalten* muss.

Die Moderne, die Psychoanalyse und die Zeit

Für den Vortrag, der diesem Beitrag zugrunde lag, hatte ich 30 Minuten Zeit. Die Veranstalter dieser Tagung hatten mich schriftlich dazu angehalten, den Zeitrahmen von 30 Minuten nicht zu überschreiten.

Was die Zuhörerinnen und Zuhörer des Vortrags betraf: Wäre der Vortrag einigermaßen interessant gewesen, so hätten sie 30 Minuten ihres Lebens relativ sinnvoll verbracht. Wäre er es nicht gewesen, so hätten sie Zeit sinnlos vergeudet. Und die Zuhörerinnen und Zuhörer meines Vortrags hätten diejenigen beneidet, die in den Parallel-Vorträgen gesessen haben.

Was konnte ich dafür tun, dass die Zuhörerinnen und Zuhörer meines Vortrags in diesen 30 Minuten nicht den Eindruck bekämen, sinnlos Zeit verschwendet zu haben? Ich hätte ihnen von *Momo* von Michael Ende (1973) erzählen können; von der Hauptperson selbst, einem kleinen Mädchen, das sein Alter nicht kennt, es aber auf ca. 100 Jahre schätzt. Ich hätte ihnen erzählen können von den »grauen Herren« aus *Momo*, die die Zeit der Menschen klauen. Ich hätte also flugs ein modernes Märchen dazu nutzen können, um eindringlich darauf hinzuweisen, wie wichtig es ist, auf Zeit nicht sonderlich achten zu müssen, z. B. für das Gelingen von Psychotherapie.

Hätte ich mich ausschließlich auf das Wiedergeben eines Märchens beschränkt, um bei den Zuhörerinnen und Zuhörern meines Vortrags den nachhaltigen Eindruck zu erwecken, einen wahrhaft erbaulichen Vortrag gehört zu haben, so wäre ich eventuell Gefahr gelaufen, ihren Unwillen zu erregen: Erzählt der Vortragende nur das, was bereits alle wissen?

Um ihren Unwillen also nicht zu erregen, hätte ich die »Wahrheiten« Momos theoretischer formulieren müssen.

Im Versuch, einen erbaulichen Vortrag zu halten, hätte ich etwas erzählt von dem die Neuzeit prägenden Utilitarismus, dem Denken in Nützlichkeiten, was alles – vermeintlich – Unnütze ausgrenzt und als überflüssig erklärt. Im Sinne des Utilitarismus ist es demnach auch unnütz, Zeit zu verschwenden:

> »In Nürnberg schlugen im 16. Jahrhundert vier Turmuhren schon die Viertelstunden; zu viele Feiertage galten bereits als Unglück, und Sebastian Franck nannte zum ersten Mal die Zeit ein teures Gut, dessen wir karg sein sollen, damit wir niemals etwas Unnützes tun.« (Weis 1995, S. 41)

Im Bemühen, einen Vortrag zu präsentieren, der nachdenklich macht, hätte ich Hannah Arendt nicht unerwähnt lassen können, die dem neuzeilichen Aktivismus das kontemplative Leben gegenüberstellt. Letzteres habe in der Neuzeit das Primat an das aktive Leben verloren. Arendt zitiert hierzu Cato: »Niemals ist man tätiger, als wenn man dem äußeren Anschein nach nichts tut, niemals ist man weniger allein, als wenn man in der Einsamkeit mit sich allein ist« (Cato nach Arendt 1999, S. 414). Cato hätte mit dieser Position heute keine Chance.

Wenn ich bereits auf den neuzeitlichen Utilitarismus eingegangen wäre, wäre ich unausweichlich auch auf Taylor zu sprechen gekommen, dem großen Innovator der Arbeit im Industriezeitalter, dem Prediger des effektiven Umgangs mit der Zeit. Momo ist genau diejenige, die den Fängen von Taylor zu entkommen versucht, die, wenn sie nicht entkommen sollte, das Fordsche Fließband stilllegen würde. Zum Zwecke eines angemessenen Verständnisses der industriellen Produktion hätte ich allerdings darauf hingewiesen, dass dem Fließband, der »assembly-line«, historisch die »disassembly-line« vorausgegangen ist. Letztere diente zum massenhaften Schlachten und Zerlegen von

Tieren (vgl. Mellinger 2000). Der Produktion, dem Zusammenfügen, geht in der Moderne die Destruktion, das Zerlegen, voraus.

Wenn ich all das vorgetragen hätte, hätten mir vermutlich alle die Zuhörerinnen und Zuhörer meines Vortrags zugestimmt, dass die Zeit knapper geworden ist, dass wir in einem Geschwindigkeitsrausch leben und dass wir verlangsamen müssen.

Verlangsamen hieße auch, Psychotherapie zu verlangsamen, sie keinem Zeitdiktat zu unterstellen. An diesem Punkt hätten natürlich viele Zuhörerinnen und Zuhörer die Überzeugung innerlich formuliert, dass dies völliger Unsinn wäre, in Zeiten von Qualitätssicherung, Effektivitäts- und Effizienzüberprüfungen sowie Rationierung gesundheitsbezogener Dienstleistungen der Psychotherapie als Kassenleistung potenziell sehr große Zeiträume zuzugestehen.

Doch dieses Argument wäre nicht das Entscheidende gegen Psychotherapie ohne zeitliche Befristung gewesen. Entscheidend ist, dass wir als Mitglieder dieser Gesellschaft zwar zum einen Zeitmangel beklagen, dass wir zum anderen jedoch die utilitaristischen Kriterien dieser unserer Gesellschaft akzeptieren, weil sie uns nutzen. Ohne diese Kriterien gibt es keinen Wohlstand und keine ökonomische Ausbeutung anderer Nationen. Die Klagen über den Zeitmangel erscheinen demnach anteilig als Lippenbekenntnisse.

Das bedeutet, dass wir als Kinder unserer Zeit *letztlich* akzeptieren würden, wenn z. B. die Langzeittherapie aus dem Leistungskatalog der gesetzlichen Krankenversicherungen gestrichen werden würde. Schließlich würde sich aus der üblichen Evaluation von Psychotherapie nicht ergeben, dass selbst unter Vernachlässigung der Kosten-Nutzen-Relation die Langzeittherapie erfolgreicher sei als eine 50-stündige Psychotherapie (vgl. Sandell 2001, S. 474; Roudinesco 2002, S. 33).

Im eigenen, persönlichen Utilitarismus verfangen, und damit auch in der blinden und unterwürfigen Akzeptanz des Marktes, »vergessen« wir einiges von dem, was wir längst wissen:

Horkheimer & Adorno (1997, S. 20) weisen darauf hin, dass ein Strukturmoment der abendländischen Aufklärung darin besteht, sich selbst zu vernichten: »Nur solches Denken ist hart genug, die Mythen zu zerbrechen, das sich selbst Gewalt antut.« In der Logik dieser Aufklärung akzeptieren wir, dass die Psychoanalyse als vermeintlich historisch antiquiertes und nicht hinreichend effizientes Therapiemodell abgeschafft wird.

Mit der potenziellen Eliminierung der Langzeittherapie wird in unserer Kultur auch zum Teil der Zugang zum Unbewussten abgeschnitten. Roudinesco (2002) nimmt im Zusammenhang mit gesellschaftlichen Veränderungen wie der Globalisierung eine veränderte Persönlichkeit wahr:

»An die Stelle der von Freud vertretenen Auffassung eines mit einem Unbewußten ausgestatteten Subjekts, das sich seiner Freiheit zwar bewußt, aber doch von seiner Geschlechtlichkeit, von der Existenz des Todes und des Inzestverbots umgetrieben ist, trat die mehr psychologisch orientierte Vorstellung von einem depressiven Individuum, das auf der Flucht vor seinem Unbewußten ist und sich darum bemüht, jedes Anzeichen, das auf einen inneren Konflikt hindeuten könnte, zu unterdrücken.« (S. 19)

Was bedeutet es, wenn eine Kultur das Freudsche Subjekt gleichsam überwindet und keinen Wert mehr auf das Unbewusste selbst legt? Es bedeutet, dass das Fremde im Menschen eliminiert werden soll.

Die abendländische Aufklärung bringt etwas mit sich, was Lübbe (1995) als »Gegenwartsschrumpfung« bezeichnet hat. Fortschritt und »Innovationsverdichtung« führen nach Lübbe dazu, dass viele Aspekte unseres Lebens schnell veralten, die Vergangenheit uns fremd wird, aber auch die Zukunft, da nicht vorhersehbar, uns zunehmend unvertrauter wird. Langzeittherapie ermöglicht in Zeiten der Gegenwartsschrumpfung ein Anschauen des fremd gewordenen Vergangenen. Sie ermöglicht ein Herantasten an eine ungewisse Zukunft.

Wenn man sich die Mentalität und die Produktionsweise in der abendländischen Neuzeit und der Moderne anschaut, dann ist es eher erstaunlich, dass es die Psychoanalyse und die Langzeittherapie gibt als dass es sie nicht gibt. Auf den ersten Blick passen Therapien von 300 Stunden einfach nicht ins 20. oder 21. Jahrhundert – Jahrhunderte, in denen alle Zeichen auf schneller Machbarkeit stehen.

Die Langzeittherapie ist also in gewisser Weise ein Fremdkörper in der Moderne. Jedoch gehört es zur Moderne hinzu: »daß jedem Schritt auf dem Wege der Rationalisierung ein Schritt in die andere Richtung korrespondiert« und: »daß den Vorgängen zunehmender Rationalisierung, Objektivierung, Technisierung, kurzum der ›Entzauberung der Welt‹, gegenläufige Tendenzen gegenüberstehen« (Klinger 1995, S. 7). Die Psychoanalyse als Langzeittherapie birgt in sich ein Element der verzauberten Welt: die tendenzielle Zeitlosigkeit. Wenn es sich ein Patient traut, nach 160 Stunden Therapie depressiv zu werden und dies 100 Stunden bleibt, dann basiert dieser Prozess, der jedem »ordentlichen« Psychotherapieforscher die Röte des Empörtseins ins Gesicht steigen lässt, u. a. darauf, dass die Zeit da ist und nicht präzise bemessen werden muss.

Den Prozess der Moderne hat Max Weber als einen Prozess der Ausdifferenzierung beschrieben (vgl. Klinger 1995, S. 10ff.). Ausdifferenzierung meint, dass eine Gesellschaft nicht mehr einheitlich strukturiert ist, nicht mehr nach einem sie durchwaltenden Prinzip, sondern dass, wie dies Weber nennt, drei Wertsphären auseinander treten und sich autonom voneinander entwickeln: 1. kognitive Rationalität (Naturwissenschaften und Technik), 2. evaluative Rationalität (z. B. protestantische Ethik) und 3. die ästhetisch-expressive Rationalität. Die dritte der genannten Wertsphären besteht für Weber aus Kunst und Erotik. Diese Wertsphäre dient der Selbstverwirklichung (vgl. Klinger 1995, S. 10ff.). Ich bin geneigt, die Psychoanalyse der dritten Wertsphäre zuzuweisen. In dieser Perspektive würde die Psychoanalyse das Andere der Moderne repräsentieren und einen Fluchtpunkt aus dieser Gesellschaft darstellen. Alleine aufgrund ihrer zeitlichen Dauer.

Nach Kaempfer (1997, S. 130) entsteht in der Moderne eine Zeiterfahrung, die den »*Doppelblick*, den wir in die beiden Richtungen der Zeit normalerweise werfen – aus der einen *kommen* wir, in die andere *gehen* wir« nicht mehr zulässt. Damit ist die Tradition nicht mehr verknüpfbar mit Gegenwart und Zukunft, die Vergangenheit wird zertrümmert, die Zukunft wird zum zentralen Horizont. Kaempfer sagt hierzu:

> »Die neue ›Psychologie des Fortschritts‹, wie man sie nennen könnte, ist vor allem charakterisiert durch eine eigentümliche habituelle *Ungeduld*. Wer unter die *Fuchtel* dieser Ungeduld gerät, fühlt sich getrieben oder eigentümlich gezogen von einer Lokomotive, die er selbst gewissermaßen gar nicht zu Gesicht bekommt.« (Kaempfer 1997, S. 131)

Die Psychoanalyse ist das Gegenmodell zu dieser Zeiterfahrung in der Moderne.

Im eben Mitgeteilten war der Ausdifferenzierungsprozess der Moderne als ein solcher gedacht, in dem sich die Wertsphären *kompensieren*. In diesem Denkmodell wäre die Psychoanalyse etwa das Gegengift zur hektischen, unreflektierten Besinnungslosigkeit, zum Agieren als gesamtgesellschaftlichem Phänomen. Klinger (1995) verweist aber auch noch auf ein anderes Modell, das dem Kompensationsmodell entgegensteht: auf das Korrespondenzmodell, das die Kunst etwa nicht als das Andere zur Moderne begreift, sondern als Teil der Moderne. Gute Kunst wäre damit nicht Idylle, sondern Auseinandersetzung mit der Moderne. Die Psychoanalyse als Teil der dritten Wertsphäre wäre somit auch geprägt durch die Auseinandersetzung mit der aktuellen Welt, mit Rationalisierung und Technisierung. Gerade indem die Psychoanalyse das souveräne rationale Subjekt im Sinne Kants befragt und reflektiert, ist sie korrespondierender Teil der Moderne. Sie ist Teil der Moderne, indem sie Zeiträume klar definiert (50 min) und auf Erfolg hinarbeitet: Der Leidende soll nach Abschluss der Psychoanalyse ein arbeits- und liebesfähiges Mitglied der Gesellschaft sein. In dieser Hinsicht, wohlgemerkt nicht in jeder Hinsicht, wäre die Psychoanalyse die Vollstreckerin der Moderne. Die Psychoanalyse war und ist diesbezüglich lange Zeit das führende Unternehmen gewesen, das das moderne Individuum gleichsam erschaffen hat – als ein hochgradig aufmerksames Wesen, das den Veränderungen seiner Bewusstseinszustände aufmerksam folgt, das versucht, die verschiedenen Bewusstseinszustände füreinander zu übersetzen, das aber auch versucht, den Körper in Sprache zu bringen. Die zentralen psychoanalytischen Techniken wie gleichschwebende Aufmerksamkeit vonseiten des Therapeuten, die Aufforderung an den Patienten, sich dem Fluss der Assoziationen anheim zu stellen, um diesen im nächsten Augenblick zu veranlassen, zur Reflexion zurückzukehren, das Gewahrwerden von Übertragung und Gegenübertragung – all das sind Techniken der Aufmerksamkeitsmanipulation zum Zwecke der Ausdifferenzierung des psychischen Innenraums, zur Entfaltung moderner Subjektivität (vgl. Crary 2002).

Zeitlosigkeit – mit den Mitteln der Psychoanalyse gedacht

Bislang ging es um Zeit und Zeiterfahrung in der Moderne sowie um das Verhältnis zwischen der Moderne und der Psychoanalyse. Hierbei sollte ersichtlich geworden sein, dass dieses Verhältnis kein eindeutiges, sondern ein vielschichtiges und widersprüchliches ist.

Wenn der Titel eines Vortrags »Zeitlosigkeit und Langzeittherapie« heißt, dann scheint es durchaus ratsam zu sein, Zeit und Zeitlosigkeit nicht nur aus einer historischen Perspektive zu begreifen, vielmehr mit den Mitteln der Psychoanalyse selbst zu analysieren. Ich möchte nun einige Möglichkeiten vorstellen, wie man Zeitlosigkeit psychoanalytisch fassen kann.

In Freuds »Zur Psychopathologie des Alltagslebens« (1901b) steht der Satz in einer Fußnote: »Das Unbewußte ist überhaupt zeitlos« (S. 305). In »Aus der Geschichte einer infantilen Neurose« (1918b [1914]) weist Freud darauf hin, dass es nur in schwierigen, daher langen Analysen möglich sei, theoretisch Neues zu erfahren: »Für den Standpunkt des Arztes kann ich nur aussagen, daß er sich in solchem Falle ebenso ›zeitlos‹ verhalten muß wie das Unbewußte selbst, wenn er etwas erfahren und erzielen will« (S. 32). Aber Freud verschweigt nicht, dass er davon ausgeht, die nächsten vergleichbaren Fälle in wesentlich kürzerer Zeit zu behandeln: »und so die Zeitlosigkeit des Unbewußten fortschreitend zu überwinden, nachdem man sich ihr ein erstes mal unterworfen hat« (S. 33). Die Zeitlosigkeit des Unbewussten ist zu bekämpfen. Die Zeitlosigkeit erinnert zu sehr an Tod, Müßiggang und Wahnsinn. Auch Freud hat keine Zeit; er ist dem neuzeitlichen Utilitarismus verhaftet. Etwa in der gleichen Zeit wie Taylor wendet Freud vergleichbare Verfahren wie dieser an, um das therapeutische »Engagement« des Patienten zu erhöhen. Es wird Druck gemacht und quasi normativ festgelegt, in welcher Zeit was zu erledigen ist.

In »Die endliche und die unendliche Analyse« (1937c) reflektiert Freud kurz vor seinem Tod die Dauer der Psychoanalyse und fragt sich: Welcher Zeitpunkt ist der richtige zur Fristung der Therapiedauer? Das Finden des richtigen Zeitpunkts ist deshalb so bedeutsam: »Ein Mißgriff ist nicht mehr gut zu machen. Das Sprichwort, daß der Löwe nur einmal springt, muß recht behalten« (S. 62).

Bei den Nachfolgerinnen und Nachfolgern Freuds tauchen Konzepte oder Elemente von Konzepten auf, die die Zeitlosigkeit von Langzeittherapien eventuell beleuchten können.

Wenn Freud davon spricht, dass sich in bestimmten Therapieprozessen der »Arzt« zeitlos verhalten solle, dann scheint Bion diese Haltung des Analytikers als grundlegend zu begreifen. Sowohl die Mutter als auch der Analytiker soll die »Fähigkeit zu Träumereien« (Krejci 1997, S. 21) haben. Bion nennt dies »rêverie«. Der träumerische Psychoanalytiker begünstigt gewiss eine Stimmung, die das Vergessen der Zeit und das »Zutagetretenlassen« unbewussten Materials begünstigt.

Winnicott geht nicht davon aus, dass Psychoanalyse in kurzer Zeit effektiv sein kann: »Kurzfristige therapeutische Erfolge sind nicht zu erwarten« (Winnicott 1995, S. 136). Er geht aber auch davon aus: »Psychoanalyse ist keine Lebensweise« (S. 102). Folglich sollte sie endlich sein. Anders formuliert: Es geht gar nicht anders, meint Winnicott: »Was die Zeit betrifft, ist das Ende von Anfang an in Sicht« (Winnicott zit. nach Davis & Wallbridge 1995, S. 258). Dennoch gibt es im Sinne Winnicotts ein Element, das die Psychoanalyse quasi endlos werden lassen kann. Denn: »Der Säugling im Verschmelzungsstadium lebt in der Unendlichkeit, ohne Wissen um Vergangenheit und Zukunft« (Davis & Wallbridge 1995, S. 257). Dieser Säugling wird seinen Platz auf der Couch suchen und er wird versuchen, den analytischen Prozess zu beeinflussen, indem er ihm jede Form von linearer Zeitlichkeit zu nehmen versucht. Dies wird ihm gelingen.

> »Am Anfang bietet die Mutter mit ihrer fast vollkommen Anpassung dem Kind die Möglichkeit, die *Illusion* zu haben, daß die Brust Teil des Kindes selbst ist. Damit steht die Brust dann unter der magischen Kontrolle des Kindes. (...) Omnipotenz ist für den Säugling fast eine Erfahrungstatsache. Es ist letzten Endes Aufgabe der Mutter, das Kind allmählich zu desillusionieren; sie hat dabei jedoch keine Aussicht auf Erfolg, wenn sie nicht zuvor imstande gewesen ist, ihm ausreichend Gelegenheit zur Illusion zu geben.« (Winnicott 1995, S. 21)

Was für die Mutter gilt, wird auch *in bestimmten Fällen* für den Psychoanalytiker gelten: Er muss dem Patienten zunächst die Illusion vermitteln, dass der Psychoanalytiker ein Teil von ihm ist und dass der analytische Prozess seiner omnipotenzen Kontrolle untersteht. Die Zeit vermag dann je nach Belieben des Patienten zu schrumpfen oder sich zu dehnen.

Ogden (1995) fügt bekanntermaßen den Kleinianischen Positionen paranoid-schizoid und depressiv eine dritte hinzu: die autistisch-berührende. Hierzu Schmidt-Löw-Beer in einem Geleitwort zu dem Buch von Ogden: »Berührt wird man nicht nur durch Vorgänge im Raum, sondern auch in der Zeit: Man bekommt ein Gefühl für rhythmische Vorgänge, gehalten und gewiegt, gestillt werden, für Worte und Klänge« (1995, S. VIII). Die hier beschriebene Zeit ist aber keine lineare Zeit, eher eine getaktete kreisförmige: erst gestillt werden, dann ausruhen etc. Es drängt den Säugling zunächst nichts voran, vielmehr erfreut er sich an der regelmäßigen Wiederkehr des Gleichen. Die kreisläufige Zeit hält und birgt ihn. Ogden wird nicht müde zu betonen, dass die autistisch-berührende Position nicht durch die paranoid-schizoide überwunden, wie genau so wenig die paranoid-schizoide in der depressiven Position aufgehoben wird. Vielmehr sind und sollen sie alle auch synchron vorhanden sein. Das bedeutet, dass die autistisch-berührende Position nicht verschwindet, sondern als fundamentaler Teil des Patienten Eingang in die psychoanalytische Behandlung findet. Der Patient erwartet prinzipiell von der Psychoanalyse, in welcher Weise auch immer er in der autistisch-berührenden Position gestört ist, das »Gehaltensein« in einer kreisförmigen, getakteten Zeit. Die Analyse-Stunden selbst werden Elemente einer zeitlichen Ordnung, die sich endlos wiederholen sollen.

Magie, Zeit und Psychoanalyse

Ich komme zu einem weiteren Aspekt der Zeitlosigkeit: dem Zusammenhang zwischen Magie, Zeitlosigkeit und Psychoanalyse. Bei Culianu fand ich den wichtigen Hinweis, dass die Psychoanalyse als magische Praxis zu interpretieren ist, bzw. dass die Psychoanalyse magische Elemente enthält: »Drei Hypostasen ergeben sich: Magier, Arzt, Prophet. Sie sind unauflöslich miteinander verbunden und kaum scharf voneinander abzugrenzen. Der Psychoanalytiker gehört auch dazu« (Culianu 2001, S. 159). Bei einem Vergleich von Freud und Jung kommt Blomeyer zum Schluss: »Freud und Jung waren beide ›Propheten‹« (Blomeyer 1983, S. 21). Wenn für Culianu der Magier, der Arzt und der Prophet in gewisser Weise Synonyme sind, wenn für Blomeyer Freud ein Prophet ist und wenn Freud unzweifelhaft ein Arzt war, dann lässt sich schlussfolgern: Freud muss ein Magier gewesen sein.

Ich möchte klarstellen – und dies kann hier nur angerissen sein –, dass meines Erachtens Psychotherapie prinzipiell und nicht nur die Psychoanalyse magische Elemente enthält. Unschwer lässt sich die kognitive Umstrukturierung der kognitiven Verhaltenstherapie als magische Praxis interpretieren. Rogers Konzept des Psychotherapeuten redupliziert perfekt die Rolle des magischen Manipulators im Sinne Brunos (1999).

Es ist bekannt, dass Freud nicht viel von Magie hielt. In der Definition der Magie folgt er Tylor: »mistaking an ideal connection for a real one« (Taylor nach

Freud 1912–1913, S. 367), also ein fehlerhaftes Verwechseln einer ideellen Verbindung mit einer realen.

Was aber, wenn die Psychoanalyse mehr mit Magie zu tun hat als ihr lieb ist? So ist z. B. »mistaking an ideal connection for a real one« Grundlage von Übertragung. Die »reale« Beziehung zum Psychoanalytiker wird unbewusst verwechselt mit früheren Beziehungen.

Ist zudem nicht die Kommunikation zwischen einem Unbewussten und einem anderen Unbewussten eine sehr seltsame Sache? Wie gelingt es dem Patienten, dass der Psychoanalytiker in einer Therapiesitzung Kopfschmerzen bekommt, die sofort verschwinden, wenn der Patient den Raum verlassen hat oder dass er sich von einer Minute auf die andere völlig hilflos und verzweifelt fühlt? Natürlich gibt es dafür psychoanalytische Begriffe wie »projektive Identifizierung«. Die Beeinflussung des einen Unbewussten durch das andere ist dennoch schwer fassbar. Vielleicht vermag da die Magie weiterzuhelfen.

Culianu begreift die Magie als eine »Wissenschaft vom Imaginären« und die Höchstentwicklung der Magie bei Giordano Bruno als eine »Beherrschungsmethode des Einzelnen und der Massen, die auf einer vertieften Einsicht in die persönlichen und kollektiven erotischen Triebe gründet« (Culianu 2001, S. 20). Culianu begreift Eros und Magie als kaum unterscheidbare Kräfte. Bruno (1999) sagt hierzu: »Ich begreife die Liebe als eine universale aktive und passive Bannkraft, durch die alles vollendet, vereint, verknüpft und geordnet werden will« (S. 73). Wenn die psychoanalytische Kur vom Eros im Sinne einer positiven Übertragung bestimmt ist, dann ist sie im Sinne Culianus magischer Natur. Die Übertragungsliebe ist folglich eine notwendige Fessel (die Fessel der Fessel ist die Liebe, meint Bruno), die allerdings nur eine vorübergehende sein soll. Die Übertragungsliebe ist eine rein imaginäre, eine magische Funktion, zu der sich andere magische Taten hinzugesellen können: »denn zu den üblichen Wundertaten des Magiers gehören: Kommunikation über weite Entfernungen, blitzschnelle Fortbewegung, Reisen durch Zeit und Raum« (Culianu 2001, S. 20). Zeit und Raum als Ordnungsmuster spielen in der Psychoanalyse daher eine untergeordnete Rolle, weil sie die Welt des Imaginären beeinträchtigen. Die Psychoanalyse ist daher mit dem Schlaf verwandt: »Während des Schlafes, belehrt uns Cicero, löst sich die Seele ›von dem Umgang mit dem Leib‹, um durch die Zeit zu wandern und Vergangenes und Zukünftiges zu erfahren« (Culianu 2001, S. 170).

Wie lässt sich das mögliche magische Handeln des Psychoanalytikers psychoanalytisch ausdrücken? Es wäre möglich, an Laplanches (1988) »allgemeine Verführungstheorie« zu denken. Er geht von Folgendem aus:

>»Mit dem Ausdruck Urverführung bezeichnen wir also jene grundlegende und grundsätzliche Situation, in der der Erwachsene an das Kind sowohl verbale als

auch nicht-verbale Signifikanten heranträgt, oder sogar solche, die sich in seinem Verhalten anbieten – Signifikanten, die von unbewußten, sexuellen Bedeutungen durchsetzt sind.« (Laplanche 1988, S. 224)

Was die Erwachsenen gegenüber ihren Kindern tun – sie verführen –, das vermag auch der Psychoanalytiker bei seinen Patienten: Er konfrontiert sie, ob er will oder nicht will, mit seinem eigenen Unbewussten. Das Unbewusste des Psychoanalytikers schreibt sich in das Unbewusste des Patienten ein, wie der Finger der Mutter in die Haut des Kindes:

> »wie zart und ›unschuldig‹ der mütterliche Finger mit der feinen Vertiefung seitlich am Hals des Babys spielt und wie dabei dessen Gesichtchen sich aufhellt. Durch seine Liebkosung läßt der Finger in dem Grübchen einen Abdruck, ein Zeichen zurück, tut einen Abgrund von Lust auf und schreibt einen Buchstaben, eine Letter ein, der die unfaßbare Unmittelbarkeit der Erleuchtung festzuhalten scheint.« (Leclaire 1971, S. 65f.)

Es ist selbstredend gut vorstellbar, dass eine Einschreibung nicht so lieblich sein muss wie in dem Beispiel von Leclaire. Einschreibungen können auch toxisch sein. Festzuhalten ist, dass diese Einschreibungen unausweichlich sind.

Bruno wäre von den Behandlungstechnik der Psychoanalyse gewiss begeistert gewesen. Hätte sie doch sein Konzept der magischen Beeinflussung unvergleichlich verfeinert und ausdifferenziert.

Halten, die Zeit aufhalten – die katechontische Funktion der Psychoanalyse

Wenn Freud ein Prophet war, wie Blomeyer (1983) meint, dann ist es möglicherweise gestattet, weitere religiöse Motive in der Psychoanalyse zu eruieren, die den Zusammenhang von Zeitlosigkeit und Langzeittherapie klarer beleuchten können. (Zudem: Wer wie ich Freud *bezichtigt*, ein Magier zu sein, der hat sowieso nichts mehr zu verlieren und kann getrost weitere Unmöglichkeiten formulieren.) Eines dieser religiösen Motive könnte die katechontische Funktion sein; diese ist keine streng logische, eher eine dem assoziativen Denken nahe stehende.

Mit dem Katechontischen ist gemeint, etwas aufzuhalten. Der Katechont hält etwas auf. Die katechontische Funktion geht auf Paulus zurück. Er geht von Folgendem aus: Bevor Gott auf die Erde kommt und die Erde erlöst, wird das Böse kommen. Dieses ist bereits jetzt wirksam. Der Katechont hält es jedoch auf, auf dass es nicht vollständig dominiere: »nur soll der, welcher aufhält, so lange aufhalten, bis er hinweggeräumt ist. Alsdann wird der Boshaftige offenbart werden, welchen der Herr umbringen wird« (Paulus 2001, S. 7). Der Katechont hat zum einen eine positiv zu bewertende Position: Er hält das Böse auf.

Zum anderen ist er mit dem Bösen verstrickt und verwoben, da er die Ankunft des Herren hinausschiebt. Würde er nicht aufhalten, dann würde sich das Böse unmittelbar offenbaren und hernach das Gute die Macht übernehmen. Aber wann ist der richtige Zeitpunkt, der »kairos«, gekommen, das Aufhalten aufzugeben? Wenn der Katechont nicht mehr aufhält, dann wird er selbst laut Paulus »hinweggeräumt« – kein besonders angenehmes Schicksal. Ist es dann für den Katechonten nicht doch besser, weiter aufzuhalten?

Die Psychoanalyse ließe sich als ein Katechont begreifen. Sie versucht, die Zeit aufzuhalten, die Beschleunigung der Zeit in der Moderne zu stoppen. Sie ist eine Gegenkraft zum rasenden Fortschritt, der keinen anderen Sinn als den Fortschritt selbst hat, der die Brücke zur Vergangenheit längst in die Luft gesprengt hat. Aber indem die Psychoanalyse die Zeit aufhält, vereitelt sie den Kollaps des Fortschritts. Sie kollaboriert mit der Zeitbeschleunigung. Sie ist die Naturidylle inmitten rauchender Schornsteine, ein Refugium, ein Rückzugsort.

Das Katechontische ist eine historisch geronnene Denkfigur, die zahlreiche Bedeutungsperspektiven enthält. In der psychoanalytischen Kur lassen sich mit diesen Bedeutungsperspektiven einige Aspekte derselben gut beleuchten. Der Psychoanalytiker hält z. B. den Untergang des Patienten auf. Winnicott (1995) erblickt in der psychoanalytischen Behandlung von »borderline-Fällen« eben dieses: Sie seien letztlich nicht zu heilen, sie blieben im Kern psychotisch. Die Psychoanalyse garantiere während des Behandlungszeitraums die Aufrechterhaltung der psychoneurotischen Maske: »Der einzige Nachteil ist, daß die Analyse kein Ende hat« (Winnicott 1995, S. 102). Der Vorteil hierbei sei hingegen: »Der Patient ist älter geworden, und damit ist auch die Möglichkeit für tödliche Unfälle oder Krankheiten größer geworden, so daß ein akuter Selbstmord verhindert worden sein *kann*« (ebd.). Winnicott als Katechont verhindert also die Katastrophe. So wie die Psychoanalyse *als* Institution die Katastrophe eines entfesselten Fortschritts verhindern will.

Der Katechont hält aber nicht nur *auf*. Er hält auch schlicht (vgl. Freyer 2001). Er ist der »container«, die »holding function«. Er birgt den Patienten, um ihm Nachreifungsprozesse zu ermöglichen, um zu ermöglichen, dass Eros vorübergehend die Oberhand über den Todestrieb behält. Travner (2001) macht noch auf eine andere Bedeutung des Katecheins aufmerksam:

»Die Katéchousa [weibliche Form des Katechonten] mürbt und mürbt, fragt, zerredet, zermürbt, hält auf, bis das Thema – und vielleicht selbst das Anathema – in Trümmern ist, etwas Neues entsteht, völlig Unerwartetes auftaucht; sich Neues zeigt, vorher Unbemerktes, unsichtbar?, und das ›Alte‹ nun nicht mehr wesentlich, überholt erscheinen läßt. Dies ist eine besondere Variante des Zurückhaltens bis (...) das sich zuvor angestrebte (Ziel) auflöst, aufhebt (...).« (Travner 2001, S. 68)

Der quasi zeitlose Raum der Psychoanalyse ermöglicht genau diese Variante des

Zurückhaltens, des Insistierens. Themen werden nicht zügig abgehandelt, nicht erfolgreich abgeschlossen, vielmehr werden sie immer wieder beleuchtet, bis sich eine überraschende neue Perspektive ergibt. Deshalb ist es auch nicht möglich, am Beginn der Psychoanalyse die Therapieziele festzulegen.

Travner bringt zudem das Katechontische mit dem Unbewussten in Zusammenhang. Das Katechontische sei eine Kraft, die sich den bewussten Interessen entgegenstemme. Sie lege lahm. Das Katechontische als Hemmschuh »verlangsamt den Lauf des (Zeit-)Rades zu einer geordneten Bewegung, damit der Vorgang geregelt ablaufen kann« (Travner 2001, S. 70). Die Psychoanalyse wäre dementsprechend eine Agentur des Unbewussten, wenn dieses ein Hemmschuh des Bewusstseins wäre. Sie trägt zur Entschleunigung bei. Sie ordnet Biographien. Sie gibt allem seine Zeit und seine Ordnung.

Freud hat sich (s. o.) die Frage gestellt, wann der richtige Zeitpunkt zum Beenden einer Psychoanalyse gekommen sei. Und er gibt, um dies nochmals zu wiederholen, zu bedenken: »Ein Mißgriff ist nicht mehr gut zu machen. Das Sprichwort, daß der Löwe nur einmal springt, muß recht behalten.« Im katechontischen Denken stellt sich dieses Problem, wie gesagt, auch. Es geht hierbei um die Frage, wann der rechte Zeitpunkt (»kairos«) gekommen ist, das Böse nicht mehr aufzuhalten, es also zu enthüllen. Gibt der Katechont zu früh das Aufhalten auf, dann sind noch zu wenige Menschen gläubig und Gott kann nicht ankommen. Wird der »kairos« verfehlt, wird also zu spät mit dem Aufhalten aufgehört, dann ist Gott bereits vergessen (vgl. Travner 2001). Wird eine Psychoanalyse zu früh beendet, ist Heilung nicht gelungen. Strukturveränderungen konnten noch nicht erreicht werden. Wird sie zu spät beendet, ist mit dem gleichen zu rechnen. Der Patient hat sich für die Psychoanalyse als Lebensform entschieden und hat das »Leben« vergessen.

Der Psychoanalytiker wiederum wird sich vor dem Therapieende, sei dieses zum richtigen oder nicht richtigen Zeitpunkt, fürchten. Schließlich wird er im Sinne Paulus damit »hinweggeräumt«.

Literatur

Arendt, H. (1999): Vita activa oder vom tätigen Leben. München (Piper).

Augustinus, A. (1977): Vom Gottesstaat. Buch 1–10. München (dtv).

Blomeyer, R. (1983): Die Spiele der Analytiker – Freud, Jung und die Analyse. Olten, Freiburg (Walter).

Bruno, G. (1999). Die Magie. Peißenberg (Skorpion-Verlag).

Crary, J. (2002): Aufmerksamkeit – Wahrnehmung und moderne Kultur. Frankfurt a. M. (Suhrkamp).

Culianu, I. P. (2001): Eros und Magie in der Renaissance. Frankurt a. M. (Insel).

Davis, M. & Wallbridge, D. (1995): Eine Einführung in das Werk von D. W. Winnicott. Stuttgart (Klett-Cotta).

Ende, M. (1973): Momo. Stuttgart (Thienemann).

Freud, S. (1901b): Zur Psychopathologie des Alltagslebens. GW IV.

Freud, S. (1912–13). Totem und Tabu. GW IX. Studienausgabe.

Freud, S. (1918b [1914]): Aus der Geschichte einer infantilen Neurose. GW XII.

Freud, S. (1937c): Die endliche und die unendliche Analyse. GW XVI.

Freyer, H. (2001): Haltende Mächte. In: Tumult – Schriften zur Verkehrswissenschaft 25, S. 35–55.

Horkheimer, M. & Adorno, Th. W. (1997): Dialektik der Aufklärung. In: Adorno, Th. W. (1997): GW 3. Frankfurt a. M. (Suhrkamp), S. 9–191.

Kaempfer, W. (1997): Die zerbrochene Zeit. Zum Ausfall des Zeitgetriebes in der europäischen Moderne. In: Heidbrink, H. (Hg.) (1997): Entzauberte Zeit – Der melancholische Geist der Moderne. München (Hanser), S. 120–143.

Klinger, C. (1995): Flucht Trost Revolte – Die Moderne und ihre ästhetischen Gegenwelten. München (Hanser).

Krejci, E. (1997): Vorwort. In: Bion, W. R. (1997): Lernen durch Erfahrung. Frankfurt a. M. (Suhrkamp), S. 9–35.

Laplanche, J. (1988): Die allgemeine Verführungstheorie. Tübingen (edition discord).

Leclaire, S. (1971): Der psychoanalytische Prozeß – Ein Versuch über das Unbewußte und den Aufbau einer buchstäblichen Odnung. Olten, Freiburg (Walter).

Lübbe, H. (1995): Zivilisationsdynamik und Zeitumgangsmoral: Verkürzter Aufenthalt in der Gegenwart. In: Weis, K. (Hg.) (1995): Was ist Zeit? München (dtv), S. 53–80.

Mellinger, N. (2000): Fleisch – Ursprung und Wandel einer Lust. Frankfurt (Campus).

Ogden, Th. H. (1995): Frühe Formen des Erlebens. Wien, New York (Springer).

Paulus von Tarsus (2001): Das Aufhaltende, der Aufhaltende. In: Tumult – Schriften zur Verkehrswissenschaft 25, S. 7.

Roudinesco, E. (2002): Wozu Psychoanalyse? Stuttgart (Klett-Cotta).

Sandell, R. (2001): Jenseits der Spekulation – Empirische Unterschiede zwischen Psychoanalyse und psychodynamischer Psychotherapie. In: Bohleber, W. & Drews, S. (Hg.) (2001): Die Gegenwart der Psychoanalyse – die Psychoanalyse der Gegenwart. Stuttgart (Klett-Cotta), S. 473–490.

Schmidt-Löw-Beer, C. (1995): Geleitwort. In: Ogden, Th. H. (1995): Frühe Formen des Erlebens. Wien, New York (Springer), S. VII–X.

Travner, D. (2001): Verhaltungen – Katéchontische Gedanken zur Vorstellung des Aufhaltens, Verschiebens, Erhaltens und Verhinderns. In: Tumult – Schriften zur Verkehrswissenschaft 25, S. 67–72.

Weis, K. (1995): Zur Einführung: Was verdeutlicht das Fragen nach Zeit? In: Weis, K. (Hg.) (1995): Was ist Zeit? München (dtv), S. 9–22.

Winnicott, D. W. (1995): Vom Spiel zur Kreativität. Stuttgart (Klett-Cotta).

Psychoanalyse zwischen Emanzipation, Effizienz, Euro und Entfremdung

Eine Polemik gegen schleichende Dehumanisierungsprozesse in Vorstellungen von der zukünftigen psychotherapeutischen Versorgung

Thomas Auchter

Zunächst werden einige Grundpositionen einer psychoanalytischen Anthropologie skizziert. Im zweiten Schritt werden derzeit absehbare Tendenzen der zukünftigen psychotherapeutischen Versorgung umrissen. Im dritten Abschnitt wird daraus folgend die Unabdingbarkeit einer psychoanalytischen Fundierung psychotherapeutischen Handelns sowohl für den Heilungsprozess des Individuums als auch den Erhalt bzw. die Weiterentwicklung humaner, demokratischer Beziehungsformen herausgearbeitet.

Skizzierung anthropologischer Grundpositionen der Psychoanalyse

Die Psychoanalyse beansprucht immer schon, mehr als nur eine Form der Psychotherapie zu sein: »Die Psychoanalyse begann als eine Therapie, aber nicht als Therapie wollte ich sie Ihrem Interesse empfehlen, sondern wegen ihres *Wahrheitsgehalts*, wegen der Aufschlüsse, die sie uns gibt über das, was dem Menschen am nächsten geht, sein eigenes Wesen« (Freud 1933a, S. 169). In diesem Sinne charakterisiert Freud die Psychoanalyse als eine »Erziehung zur Wahrheit gegen sich selbst« (Freud 1916–17a, S. 451), als »Anerkennung der Realität« (Freud 1937c, S. 94) und zwar über einen »interaktiven Erkenntniszusammenhang« (Mertens 1995, S. 21) im Rahmen einer »haltenden« (Auchter 2000), korrigierenden und entwicklungsfördernden analytischen *Beziehung*. Da seelische Erkrankungen aus der Unterdrückung und Verdrängung von zu einem bestimmten Zeitpunkt nicht erträglicher und seelisch nicht zu verarbeitender Wirklichkeit/Wahrheit erwachsen, ist die *Wahrheitssuche* therapeutisch wirksam und heilsam.

Psychoanalyse ist für mich einerseits ein komplexes theoretisches Gebäude über die Entwicklung, Struktur und Dynamik der individuellen gesunden und kranken Persönlichkeit in ihren Beziehungen, andererseits eine bestimmte Einstellung und *Haltung*, mit der ich einem anderen Menschen und speziell einem Patienten in einem der verschiedenen Settings der psychoanalytischen Behandlung begegne.

Aus ihrer grundlegenden Annahme eines in allen menschlichen Verhältnissen wirksamen dynamischen *Unbewussten* entwickelt die Psychoanalyse das *emanzipatorische* Anliegen, zu mehr Selbst-Bewusstsein beizutragen. Ihr *aufklärerischer* Impetus bringt die Psychoanalyse in einen Konflikt mit all den individuellen und kollektiven Kräften, die an einem Aufrechterhalten von Selbsttäuschungen und Täuschungen interessiert sind. Insofern die Psychoanalyse dazu beiträgt, Illusionen zu zerstören (Freud 1910d, S. 111), »Ernüchterung« (Bell in Mertens 1997, S. 63) zu verbreiten, kann sie dieser kritische Stachel niemals beliebt machen (Mertens 1997, S. 9). Die Psychoanalyse weiß allerdings ebenso um die positive Bedeutung von Illusion (Freud 1927c, S. 376), »spielerischer Phantasie« (Winnicott 1971) und »hoffnungsvoller Erwartung« (Freud 1890a, S. 297) für den Lebens- und auch den Heilungsprozess. In der Dialektik zwischen Desillusionierung und Respekt vor Entwürfen in ein »Jenseits des Realitätsprinzips« (Rycroft 1974) versucht sie den Menschen zu dem höchsten realisierbaren Grad an lebendiger Wirklichkeit zu verhelfen. Dazu gehört grundlegend das Bewusstsein seiner Begrenzungen. »Nur der wirklich Wissende wird bescheiden, denn er weiß, wie beschränkt dieses Wissen ist« (Freud 1926a, S. 264).

> »Alles was in einer Psychotherapie gesprochen oder getan wird, sollte auf dem schlichten Faktum beruhen, daß der Therapeut sich menschlich verhält und nicht auf dem hohen Roß seiner Professionalität sitzt. Und daß er sich nichtsdestotrotz des einmalig *Geheimnisvollen* [*sacred*] jeder [therapeutischen] Begegnung bewußt bleibt.« (Winnicott 1965, S. 320) (1)

Alexander Mitscherlich ([1946]1983, S. 8 & 10) warnt ausdrücklich vor der »Distanzlosigkeit den großen Geheimnissen des Lebens gegenüber«. Er fordert Achtung vor der »*prinzipiellen Selbstverborgenheit*, in der wir Menschen leben«. Insofern besetzt die Psychoanalyse im Chor der Humanwissenschaften eine »exzentrische Position«, indem sie das »Prinzip des Nicht-Wissens« (Sies in Mertens 1997, S. 183) als fundamental betrachtet und neben dem Wert des Wissenserwerbs und der Bewusstwerdung systematisch den produktiven Wert des *Nicht-Wissens* betont (Schneider 2000, S. 2; Hardtmann in Mertens 1997, S. 97). »Die Psychoanalyse (...) symbolisiert durch ihre Existenz gleichsam die Existenz von nicht direkt Beobachtbarem, Irrationalem und Unheimlichem« (Leuzinger-Bohleber 1997, S. 74).

Die Definition der WHO lautet: »*Gesundheit* ist der Zustand *vollständigen* körperlichen, geistigen und sozialen Wohlbefindens und nicht nur das Freisein von Krankheit und Gebrechen«. Die Gesundheitsvorstellung der Psychoanalyse beruht dagegen nicht auf der Illusion eines vollkommen leidfreien Zustandes, sondern umfasst im Kontrast zum Zeitgeist der »Fun-Gesellschaft« immer auch eine »*Kultur des Leidens*«. Dabei unterscheidet sie zwischen unvermeidlichem und vermeidlichem Leiden. Sie hält am »*Recht auf Leiden*« (Winnicott 1951 zit. nach Davis 1990, S. 186) fest, macht sich zum »Anwalt des Leidens« (Nitzschke in Mertens 1997, S. 132), das Sinn und Bedeutung besitzt. »Solange der Mensch *leidet*, kann er es noch zu etwas bringen« schreibt Sigmund Freud an Lou Andreas-Salome am 17.02.1918 (1966, S. 83). Sowohl der »Leidensdruck« (Freud 1913c, S. 477) als auch der »Gesundungswille« (Freud 1890, S. 297) eines Patienten spielen in jedem therapeutischen Prozess eine grundlegende Rolle.

Indem die Psychoanalyse das Eingebundensein des Subjekts in familiäre, gesellschaftliche und kulturelle Verhältnisse schon immer mitreflektiert (vgl. Freud 1905, S. 176), unterdrückte und verdrängte Verbindungen aufzudecken versucht und sich bemüht, zerstörte Sinnzusammenhänge zu rekonstruieren, steht sie dem postmodernen Trend zur Fragmentierung, zur Beliebigkeit und zum »Verschwinden der Vergangenheit« (Dornes 1999) entgegen. Wir wissen aus langjähriger therapeutischer Erfahrung, dass Menschen mit seelischen Erkrankungen für ihre Veränderungen, Nachreifungen und Weiterentwicklungen ihre je eigene *Zeit benötigen* (vgl. Henseler & Wegener 1993). Diese stellen wir in den verschiedenen psychoanalytischen Settings, in denen wir arbeiten, zur Verfügung.

Die Psychoanalyse betrachtet den Menschen als ein komplexes System, voller Gegensätze, Widersprüche und Spannungen. Diese aufheben zu wollen, ist ein Akt der Unmenschlichkeit.

Dehumanisierungstendenzen
Dehumanisierungstendenzen in der gesellschaftlichen Entwicklung – Zur Dialektik der Zivilisierung

Der *Prozess der Zivilisation* (Elias 1969) ist in der *Dialektik der Aufklärung* (Adorno & Horkheimer 1947) zugleich ein Prozess der zunehmenden *Entfremdung* des Menschen von seiner Natur, seinem Körper, seinen Triebanteilen, seinen Affekten, hin zu einer abstrakten Größe, einer statistischen Zahl. Die systematische Degradierung des Individuums zu einer *Nummer* wird am augenfälligsten in den Konzentrationslagern der Nazis (vgl. Baumann 1992). André Greens ([1993] 2001) Begriff der »*Desobjektalisierung*« versucht meines Erachtens etwas Vergleichbares zu erfassen. Das 20. Jahrhundert hat auf der einen Seite auch durch naturwissenschaftliche und technische Entwicklungen riesige Schritte in Richtung einer Humanisierung der Lebensverhältnisse gebracht, gleichzeitig, zum Teil durch dieselben Entwicklungen, aber auch an ungeheure Abgründe der Inhumanität geführt.

Der Zivilisationsprozess mit seinem Kernbedürfnis nach kontrollierbarer Sicherheit zur Abwehr von Ohnmachts- und Hilflosigkeitsgefühlen manifestiert sich u. a. in wachsender Rationalisierung, expandierenden Verwaltungsapparaten (vgl. Bruns 1994, S. 137), zunehmender Bürokratisierung (vgl. Baumann 1992), einem »Verschwinden des Subjekts« (Bruns 2001b) und seiner Vergangenheit (vgl. Dornes 1999), einer »Korrosion des Charakters« (Sennett 1999, S. 33) und einer Ersetzung von persönlichen Beziehungen durch technische Verhältnisse. Alles dies sind Manifestationen des von Freud (1930a, S. 451) so genannten »Prothesengottes« Mensch, der seine Begrenzung, Unvollkommenheit und Unkontrollierbarkeit nicht auszuhalten vermag.

Der polnische Soziologe Zygmunt Baumann (1992, S. 166) stellt der Formulierung von Dan Diner (1988) vom »Zivilisationsbruch« die These entgegen, dass die Shoah Ausdruck einer auf die Spitze getriebenen Zivilisiertheit sei, »daß dieses entsetzlichste Unrecht in der Menschheitsgeschichte nicht durch eine Erosion der Ordnung möglich geworden ist, sondern im Gegenteil durch deren Übermacht und Totalität«. »Mit zunehmender Rationalisierung und technischer Perfektion steigt auch die Effizienz potentieller, sozial erzeugter Unmenschlichkeit« (Baumann 1992, S. 169; vgl. Sofsky 1993). Gemäß der *Dialektik der Aufklärung* (Adorno & Horkheimer 1947) pervertiert ein Übermaß jede Ordnung, Planung und Kontrolle zu einem inhumanen Terrorinstrument. Wir müssen Acht haben, dass Verwaltung nicht zu einer Vergewaltigung verkommt.

»Die Zunahme des neurotischen Unglücks im Prozeß der Zivilisation verlangte die Entwicklung einer konfliktlösenden und zumindest partiell befreienden Behandlungsmethode wie die Psychoanalyse« resümiert Bruns (1994, S. 138). Aus ihrem Unbehagen in dieser Kultur resultiert der ursprüngliche antagonistische, aufklärerische und emanzipatorische Charakter der Psychoanalyse. Die kritisch attackierte Gesellschaft sucht im Folgenden unermüdlich nach Möglichkeiten einer Domestizierung der Psychoanalyse (vgl. Bruns 1994, S. 141), die »am Schlaf der Welt gerührt hat« (Hebbel zit. nach Freud 1914d, S. 60). In den Kontext dieses gesellschaftlichen *Anpassungsdruck* möchte ich meine folgenden Überlegungen einordnen.

Dehumanisierende Entwicklungsprozesse in der modernen Medizin

Das Gesundheitssystem ist in Deutschland zu einem der größten Wirtschaftsfaktoren herangewachsen. Im Jahre 2001 wurden darin ca. 520 Milliarden DM umgesetzt, das sind etwa 10,5% des Bruttoinlandsprodukts und entspricht ungefähr dem Finanzvolumen der Automobilindustrie (vgl. Bruns 2001b, S. 22). Nur in den USA mit 13–14% und der Schweiz mit ebenfalls etwa 10,5% ist der Anteil im internationalen Vergleich höher oder ebenso groß. Dementsprechend dominieren den Gesundheitsdiskurs zunehmend ökonomische Denkweisen.

»Qualität wird nur noch innerhalb einer Kosten-Nutzen-Relation gesehen« (Piechotta 2000, S. 368). Das entspricht einer rein kapitalistisch (vgl. Fürstenau 2001, S. 31) orientierten Weltanschauung, die ausschließlich an einem materialistischen *Leistungsprinzip* orientiert ist. »Es zählt nur der Erfolg« meint Fürstenau (1992, S. 34), deshalb sollten wir Therapeuten nach seiner Auffassung viel stärker als bisher »Verantwortung für den Erfolg« (1992, S. 75) übernehmen. Zudem steht dahinter eine Größenphantasie medizinisch-technischer Machbarkeit. »Gesundheit wird als erzeugbares Produkt angesehen« (Piechotta 2000, S. 369). Hieraus ergeben sich dringend grundlegende Fragestellungen nach einer »*humanistischen* versus einer *ökonomisch-utilitaristischen* Orientierung des medizinischen Systems« (Bruns 2000, S. 29).

Noch grundsätzlicher muss in diesem Zusammenhang die Frage nach dem Wissenschaftsverständnis der modernen Medizin aufgeworfen werden. Seit den 80er Jahren ist es allenthalben in der Wissenschaft zu einer *positivistischen Wende*, präziser einer *Rück-Wende*, einer *Restauration* gekommen (vgl. Mertens 1997, S. 10). Auch in der Medizin ist die »vorübergehende psychosoziale Aufschließung von einer mikrobiologischen Wende« abgelöst worden (Bruns 2001b, S. 21). Wir beobachten einen »Trend zur Repositivierung«, zu »oberflächlicher, ausschließlich quantitativer Forschungsmethodik in den Human- und Sozialwissenschaften, [es] soll nun wieder nur gelten, was sich anfassen und zählen läßt« (Mertens 1997, S. 10).

Der Soziologe Claessens (1980) hat das Sinnlichkeitsdefizit (Adorno 1972) des modernen Menschen beschrieben, das es ihm unmöglich macht, zu etwas nicht Naheliegendem, Greifbarem, Konkretem ein emotionales und sinnliches Verhältnis zu gewinnen, z. B. zu größeren Massen, zu Unübersichtlichem, zu Fernliegendem, zum Abstrakten. Der Philosoph Günther Anders (1956) hat das als die »Antiquiertheit des Menschen« bezeichnet. In unserer »empiriegläubigen Zeit« (Mertens 1995, S. 8) zählt nur, was ich »mit eigenen Augen sehen kann«, was »jeder sehen kann«, was ich »mit Händen greifen kann«, was zum (be)greifen nahe ist – und wenn es statistische Zahlen sind!

Die breite *wissenschaftsgläubige* gesellschaftliche Akzeptanz bzw. Favorisierung positivistischer Wissenschaftsvorstellungen wird ein unbewusstes Motiv in der zunehmenden allgemeinen, globalen *Verunsicherung* haben. Sie resultiert aus einer, wie Leuzinger-Bohleber (in Mertens 1997, S. 74) formuliert, »verständlichen, aber irreführenden Sehnsucht nach Sicherheit, ›Objektivität‹ und wissenschaftlich politischer Kontrolle über zur Zeit Unkontrollierbares und nicht direkt Beobachtbares«. Kritisch muss jedoch eingewandt werden, dass »die Beschwörung von Operationalisierbarkeit, Empirie und Falsifikation nur *ein* [wissenschaftliches] Sprachspiel von mehreren möglichen darstellt«, so Mertens (1997, S. 12, 1995, S. 4f.).

Dehumanisierungstendenzen in der modernen Psychotherapie – Wertlose Psychotherapieforschung?

Medizinisches Handeln und Forschen, geschweige denn psychotherapeutisches Heilen und Forschen, ist ohne ein dahinterstehendes *Menschenbild* nicht vorstellbar. Die Frage ist allerdings, ob diese *Weltanschauung* mitreflektiert und bewusst gemacht wird. Wer Wissenschaftlichkeit für einen grundsätzlich ideologiefreien Raum erklärt, sorgt nur für ein unreflektiertes und *unbewusstes*, nicht mehr kontrollierbares Wirksamwerden seiner latenten Weltanschauung. Deshalb muss es sich auch das Wissenschaftsverständnis der heutigen überwiegend empirisch-behavioralen Psychotherapieforschung gefallen lassen, einer kritischen Durchleuchtung der Anwendungsadäquatheit ihrer Methoden (vgl. Mertens 1995, S. 13) unterzogen zu werden. Dabei ist zum Beispiel auch zu berücksichtigen, »daß berufspolitische Interessen und die Wahl eines bestimmten wissenschaftlichen Kriteriums eng mit einander verbunden sind« (Mertens 1997, S. 11).

Durch ein einseitiges naturwissenschaftlich-empirisches Wissenschaftsparadigma wird die gesamte *hermeneutische Potenz* der Psychotherapie, beispielsweise in ihrer *Beziehungskompetenz*, ihrer *Empathiefähigkeit*, ihren Angeboten zur *Sinnstiftung* eliminiert. Erst die Hermeneutik bereichert aber doch das Faktische um seine *Bedeutung* und generiert so die grundsätzlich immer *subjektive* Wirklichkeit.

Das in der experimentellen Psychologie vorherrschende »nomologische Forschungsparadigma« (Kaiser 1993, S. 349), das nomothetische Wissenschaftsverständnis, ist angesichts moderner neurobiologischer Erkenntnisse über die *intersubjektive* Generierung von Realität, und angesichts der Erkenntnistheorie des *Konstruktivismus* ein völlig antiquiertes. Ihr großes Vorbild, die Physik hat dieses naive Erkenntnistheorem längst zugunsten eines Paradigmas abgeschafft, in dem selbstverständlich ist, dass Beobachter, Beobachtungsmethode und Beobachtungsinstrument Einfluss auf das zu Beobachtende haben. Die sogenannten »modernen« psychotherapeutischen Wissenschaftler arbeiten mit völlig überholten, unzeitgemäßen wissenschaftlichen Erkenntnisinstrumenten. Das in der somatischen Medizin bevorzugte experimentelle Forschungsparadigma einer »Evidenz-basierten Medizin«, das aus der Arzneimittelforschung stammt (Trimborn 2000a, S. 1; Leuzinger-Bohleber et al. 2001, S. 198), wird unreflektiert und unmodifiziert auf die Psychotherapieerfolgsforschung übertragen. Aber experimentelle Vergleichsstudien zwischen verschiedenen Psychotherapieverfahren an leidenden Patienten verbieten sich als *Menschenversuche* aus ethischen Gründen (vgl. Leuzinger-Bohleber et al. 2001, S. 198).

Dialektik der Qualitätssicherung

Neben dem tief unbewussten Kontroll- und Sicherheitsbedürfnis ist eine starke Triebfeder der verstärkten Diskussion von Qualitätssicherungsmaßnahmen eine schlicht *ökonomische*. Die finanziellen Ressourcen der Kostenträger im Gesundheitswesen wachsen nicht und in der Folge kommt es zu einer Erhöhung der Bedeutung von Kosten-Nutzen-Rechnungen (vgl. Vauth & Stieglitz 2000, S. 121). Seit dem 01.01.1989 ist die Qualitätssicherung für das deutsche Gesundheitswesen und damit auch die Psychotherapie im Fünften Sozialgesetzbuch (§ 137ff.) gesetzlich vorgeschrieben. Im Folgenden möchte ich kurz die These begründen, dass die bisher geplanten Qualitätssicherungsmaßnahmen statt einer Qualitätsverbesserung eher zu ihrem Gegenteil, nämlich einer *Qualitätsminderung* führen werden.

Ganz banal wird zunächst der mit allen Qualitätssicherungsmaßnahmen verbundene, unvermeidlich erhöhte bürokratisch-technische Aufwand zu einer Verminderung der Zeit führen, die ein Therapeut für die direkte, persönliche Begegnung mit seinen Patienten zur Verfügung hat. Dabei liegen heute genügend Studien vor, welche die therapeutische *Beziehung* und ihre Qualität als einen der *wichtigsten kurativen Faktoren* hervorheben (vgl. Bohleber 2001, S. 11).

Darüber hinaus unterminieren die mit der Qualitätssicherung verbundenen ausufernden Datensammlungen über Patienten und Therapeuten und die fortschreitenden Datenverknüpfungsmöglichkeiten die *therapeutische Schweigepflicht* und das *informationelle Selbstbestimmungsrecht* der Patienten (vgl. Bruns 2000, S. 28) und der Therapeuten. Das stellt einen massiven Eingriff in die Therapiefreiheit dar. Die trotz mehrfacher Abmahnung weiter bestehende Praxis der KV Nordrhein, die Abrechnungsscheine nach EDV-mäßiger Bearbeitung den Krankenkassen zu überlassen, bedeutet einen ständigen wissentlichen Verstoß (im meinem Besitz befinden sich entsprechende Schreiben des Bundesbeauftragten und der Landesbeauftragen NRW für Datenschutz) gegen die Bestimmungen des Datenschutzgesetzes (siehe hierzu auch DGPT-Information 3/2002).

Bei der Qualitätssicherung erhebt sich auch die Frage nach der wissenschaftlichen Methodik, die zur Untersuchung und Überprüfung psychotherapeutischer und speziell psychoanalytischer Prozesse adäquat ist. Zunächst bleibt schlicht festzuhalten, »dass die weltanschaulichen, philosophischen und kulturellen Überzeugungen«, die hinter verschiedenen Psychotherapieverfahren stehen, »doch recht verschieden sind« (Mertens 1997, S. 21). Die rein positivistische, pragmatische Sichtweise ist übrigens auch eine Weltanschauung. Sie setzt zum Beispiel naiv und unreflektiert eine *fiktive Normalität* voraus und definiert von dort aus dann »*Störungen*«. Auf der Basis dieses »*Normalitätsparadigmas*« geht die »Tendenz der Psychotherapieforschung dahin, die Therapieziele als gegeben anzunehmen und lediglich herauszufinden, welches die besten Mittel sind, diese Ziele zu erreichen«, so Carlo Strenger schon 1991 (zit. nach Kaiser 1995, S. 362). Wolfgang Mertens (1995, S. 45) setzt dem entgegen: »Das Denken in Normalitätskriterien, die gesellschaftlich nicht mehr hinterfragt werden, das Verfolgen von Wirksamkeit in einer dekontextualisierten Wirklichkeit (...) kann nicht das Ziel psychoanalytischer Bemühungen sein.«

Das Interesse von Kostenträgern legt den Schwerpunkt der Qualitätssicherung einseitig auf die *kurzfristige Ergebnisqualität* (vgl. Piechotta 2000, S. 370f.). Die *Kurzfristigkeit* stellt allerdings *ökonomisch* eine *Kurzsichtigkeit* dar. Die Psychoanalytiker betonen demgegenüber die Bedeutsamkeit von *Strukturqualität* (Ausbildung, Weiterbildung, Theoriehintergrund) und *Prozessqualität*, die zu *langfristiger* – und damit ökonomischerer – *Ergebnisqualität* führen. »Bei analytischen Psychotherapien und den mit ihnen behandelten Krankheiten sind dabei [QS] zumindest fünf Dimensionen zu berücksichtigen: die Symptomatik, der intrapsychische Konflikt, die strukturelle Störung, der therapeutische Prozess und die Zeit. Es erscheint nur schwer vorstellbar, dass mit einem Qualitätssicherungs-Verfahren, das nur aus einer Dokumentation in Form von Erhebungsbögen besteht, diese Dimensionen adäquat erfasst und in ihren Veränderungen und Bedeutungen dargestellt werden können« (Bruns 2000, S. 27). Bruns (ebd.) weist auch auf die Gefahr der »Entstellung, Manipulation und Schönung der Ergebnisse« bei ausschließlichen Dokumentationsverfahren hin. Damit verwandelt sich die »Objektivität« dieser Verfahren ganz rasch in eine Pseudoobjektivität.

Die Überprüfung von Therapieeffekten durch »objektive«, statistisch verwertbare Erhebungsbögen, möglicherweise noch im »multiple-choice«-Verfahren, kann der Komplexität intrasubjektiver und intersubjektiver Therapieprozesse letztlich niemals gerecht werden. Auf welche Weise will ich statistisch wasserdicht Erfahrungen belegen, wie »Ich bin mir selbst näher gekommen«, »Ich fühle mich stimmiger mit mir«, »Ich fühle mich leidenschaftlicher und stehe deutlich zu mir«, »Ich wurde langsam aber sicher zu einem ›runden Ganzen‹, das nun von innen zusammenhält« (alles Aussagen meiner Patienten)? Die Studien der DGPT und DPV zeigen, wie sinnvoll und erfolgreich Effizienzforschung in der Psychotherapie betrieben werden kann.

Wie wenig die Krankenkassen an einer tatsächlichen Qualitätssicherung im Sinne einer Wirksamkeitsüberprüfung interessiert sind, zeigt sich in ihrer fortgesetzten Weigerung, die ihnen vorliegenden Daten von Psychotherapiepatienten daraufhin zu überprüfen, wie sich vor, während und nach der Psychotherapie 1. die Inanspruchnahme ärztlicher Leistungen und 2. der Medikamentenverbrauch verändert oder nicht verändert hat. Eine »objektivere« Wirksamkeitskontrolle von Psychotherapie ist nicht vorstellbar. Wenn diese von den

Kostenträgern nicht vorgenommen wird, erweisen sich alle ihre weiteren Qualitätssicherungsforderungen als Makulatur und öffnen allen Spekulationen über die dahinterstehenden Motive Tür und Tor.

Zum Problem der Störungsspezifität

Die für eine Spezifizierung unumgängliche Aufteilung von komplexen und umfassenden Krankheitseinheiten in immer kleinere Störungsanteile führt letztlich zu einer *Fragmentierung* von psychopathologischen, psychodynamischen und psychotherapeutischen Zusammenhängen. Der kranke Mensch, als *ganze* Person – zu der gerade auch all sein *Nicht-Ganzes* gehört – wird atomisiert, in Einzelteile aufgespalten. Damit droht die Störungsspezifizierung zu der Krankheit, nämlich zum Beispiel von Mindens (1988) *»Bruchstück-Mensch«* (oder Borderline-Störung, Multiple Persönlichkeit, Strukturpathologie u. ä.) zu werden, deren Therapie zu sein sie vorgibt (vgl. K. Krauss). Psychoanalytische Zielvorstellungen umfassen demgegenüber gerade eine Erhöhung von *Integration* und *Kohärenz* der Persönlichkeit.

Die für die qualitätsgesicherte und leitlinienorientierte Psychotherapie vorgesehene Verwendung des ICD-10 stellt eine Qualitätsverschlechterung dar, da die »ICD-10-Diagnostik im Bereich der Psychotherapie in hohem Maße *praxisfremd* und damit ungeeignet für die psychotherapeutische Praxis ist« (Hohage 2000, S. 30). Der rein deskriptiv-phänomenologisch definierte Störungsbegriff, wie er dem DMS und der ICD-10 zugrunde liegt, die ja ursprünglich nur zur *internationalen wissenschaftlichen Vergleichbarkeit* von *Forschungsergebnissen* entwickelt worden sind, *eliminiert* sowohl das kranke *Subjekt* als Träger einer Störung als auch die psychosoziale Entwicklungsgeschichte derselben (vgl. Bohleber 2001, S. 8f.). In der allgemeinen Einleitung zur ICD-10 (1993, S. 22) heißt es: »Der Begriff ›Störung‹ (disorder) wird in der gesamten Klassifikation verwendet, [und jetzt kommt es:] um den problematischen Gebrauch von Begriffen wie ›Krankheit‹ oder ›Erkrankung‹ zu vermeiden.« Als ob das Wort »*Störung*« weniger problematisch sei! Wer ist gestört, wer wird gestört und was wird gestört? Wer definiert von welchem Normbegriff her »Störung«? Verführt dieser Begriff nicht zur psychotechnischen Beseitigung von Störungen, ohne deren komplexer Motivierung und Sinnhaftigkeit nachgehen zu müssen? Müssen Störungen ausradiert werden, damit ein reibungsloses Funktionieren der (Leistungs-)Gesellschaft gewährleistet bleibt? Droht hier nicht im Endeffekt eine Gleichschaltung von Individuen, eine *De-Personalisierung*, indem *störende Unterschiede* ausgemerzt werden sollen? Zielt die Störungsbeseitigung nicht letztlich auf die Eliminierung des *Fremden*, der *Differenz* und im Tiefsten zur Auslöschung des *Unbewussten* und des *Individuums*? Steckt dahinter nicht vielleicht die unbewusste *Angst* vor »dem Fremden«, dem Andersartigen? Wir hassen das, was wir »wenig kennen und verstehen« schreibt Freud (1915b, S. 329).

Grundlegend für die Psychoanalyse ist dagegen, »daß der Mensch als *Subjekt* in der Krankheit sich verwirklicht« (Mitscherlich 1949/50, S. 392). Insofern behandeln Psychoanalytiker »Subjekte und nicht Krankheiten« (Becker & Nedelmann 1980, S. 115) mit dem Respekt vor der *unterscheidbaren Individualität* des Einzelnen und dem *»Sinn«* krankhafter Lösungsversuche.

Die berufspolitischen Konsequenzen einer störungsspezifischen Partikularisierung sind absehbar. Man beschreibt und definiert eine »neue« Störung. Man entwirft Leitlinien eines »neuen« störungsspezifischen Behandlungskonzepts. Man erhebt einen Alleinvertretungsanspruch für die Therapie dieser Störung. Man bietet eine Ausbildung dafür an. Eine »neue Psychotherapie« ist geboren. Entsprechend findet sich in Heft 10 (2002, S. 87) der Verbraucher-Zeitschrift *test* eine Kurzmeldung: »Neue Therapie (...) ›Borderline-Patienten‹. Mit einem speziellen psychotherapeutischen Verfahren bestehen deutlich höhere Chancen auf eine Besserung als bisher (...).«

Zum Problem einer leitlinienorientierten Psychotherapie

Leitlinien und Psychotherapiemanuale, wie sie ja auch von Psychoanalytikern angeboten werden (vgl. u. a. Luborsky 1995), stellen hilfreiche Instrumente für die Aus- und Weiterbildung dar. Denn sie bieten dem Anfänger sicher vermittelnde Orientierung. Beim Schreibenlernen hat das Kind am Anfang noch drei Linien in der Zeile zur Verfügung, später noch eine Linie und manche benötigen am Ende gar keine Linien mehr. In diesem Sinne könnte auch ich Leitlinien in der Psychotherapie akzeptieren. »Ein [grundlegendes] Gefühl von Sicherheit führt zur Selbstbeherrschung, wenn jedoch die Selbstbeherrschung Wirklichkeit geworden ist, dann wird das Aufdrängen von Sicherheit zu einer Beleidigung«, meinte Winnicott (1965, S. 33).

Wenn das Ziel einer Psychotherapie eine größere *Autonomie* des Patienten sein soll, dann muss auch der therapeutische Weg alle seine *unabhängigen* beziehungsweise *autonomiefördernden* Bewegungen unterstützen. Das kann bisweilen in der *Verweigerung* einer *führenden*, den Patienten abhängig haltenden, Rolle bestehen. Der psychoanalytische Begriff der *Tendenzlosigkeit* versucht diese unabhängigkeitsfördernde Haltung des Therapeuten zu fassen. Wie aber kann ein Therapeut die Eigenständigkeit seines Patienten unterstützen, wenn er seine therapeutische Selbständigkeit in das Korsett einer Manualsteuerung einzwängt?

Eine *dauerhaft* regelgesteuerte (manualgesteuerte) Psychotherapie uniformiert die persönliche, therapeutische *Beziehung* zwischen Patient und Therapeut in einen schematischen, *technokratischen* (Nitzschke in Mertens 1997, S.

131) *Zusammenhang.* Besteht dabei nicht die Gefahr, dass wir zu Harlowschen »Drahtmüttern« werden, zu therapeutischen Robotern, »sprechenden Attrappen« (Moser 1987), gesteuert von einem *Falschen therapeutischen Selbst*? Die in der heutigen Gesellschaft verbreitete »instrumentelle Einstellung zum Mitmenschen« und der »Mangel an Einfühlung« – eigentlich Kennzeichen einer »narzißtischen Persönlichkeitsstörung« (Mertens 1995, S. 41) – wird mit einer manualgesteuerten Psychotherapie zum Heilungsweg erklärt und per identifikationem zum Heilungsziel. Wir Psychoanalytiker meinen dagegen, dass jeder Psychotherapeut durch Ausbildung und Erfahrung doch immer mehr zu einem ganz *persönlichen, subjektiven therapeutischen Instrument* werden sollte. Wobei außer Frage steht, dass er sich lebenslang persönlich wie wissenschaftlich weiterentwickeln und -bilden muss. Nur ein zugleich *persönlich gefestigter* und *offen entwicklungsfähiger* Psychotherapeut ist auch in der Lage, sich in das oft verwirrende *Beziehungs-Oszillieren* zwischen Übertragungsbeziehung, Realbeziehung und deutender Distanz einzulassen und produktiv damit umzugehen.

Beispiel einer problematischen Zukunftsvorstellung von Psychotherapie
Ich möchte die Problematik an dem Buch *Ambulante Psychotherapie*, herausgegeben von Freyberger, Heuft & Ziegenhagen (2000) verdeutlichen. Es umfasst, bereichert durch einige ergänzende Beiträge, die Vorträge des »Petersberger Symposiums« von 1999, das von der Deutschen Krankenversicherung und dem Institut für Gesundheitsökonomie und Klinische Epidemiologie der Universität Köln veranstaltet wurde. Ein Schelm, wer angesichts dieser Veranstalter Arges denkt! Die Beiträge stammen ausschließlich von wissenschaftlich-universitären Autoren, beschwichtigend wird im Vorwort auf die Notwendigkeit »einiger Adaptationen an die Praxisbedingungen« (2000, S. III) ambulanter Psychotherapie hingewiesen. Kein ambulant praktizierender Therapeut kommt in dem Werk zu Wort. Dies ist mit ein Motiv, warum ich mich hier mit meinem Beitrag zu Wort melde. Angeregt dazu wurde ich durch eine Diskussion des Buches in unserem Aachener psychoanalytischen Qualitätszirkel.

Die Autoren betonen zwar im Vorwort, dass es ihnen grundsätzlich um eine Reduktion des »allwissend erscheinenden Therapeuten« ginge, die ganze in dem Buch vorgeschlagene Methodik zielt jedoch meines Erachtens – vielleicht unbewusst? – auf eine *Entmündigung* des Patienten. Im vorauseilenden Gehorsam leisten die Herausgeber eine unkritische Anpassung an gesellschaftliche oder institutionelle Forderungen: »Letztlich muss die Psychotherapie jedoch die gleichen Maßstäbe hinsichtlich Behandlungserfolg und effizienter Ressourcenallokation für sich akzeptieren, wie sie für den somatischen Versorgungsbereich gelten« (Vorwort, S. II). Muss sie tatsächlich? Schon der Begriff der »*Versorgung*« bedarf meines Erachtens für die Psychotherapie einer kritischen

Hinterfragung. Verführt er nicht möglicherweise Patienten zu einem Perseve-
rieren in einer Position der Passivität, Abhängigkeit und Unmündigkeit?
Müsste es dagegen nicht Aufgabe des Psychotherapeuten sein, den Patienten
hilfreich dabei zu begleiten, einen Weg aus der »selbstverschuldeten Unmündigkeit« (Immanuel Kant) zu finden?

Konsequent ist im ganzen Buch auch von »*Störung*« die Rede. Die empirische Forschung der Klinischen Psychologie und Psychotherapie untersuche
»jeweils die einzelnen Störungen« und entwickele »störungsspezifische Therapieverfahren« bzw. »störungsspezifische Behandlungspakete« (Schulte 2000, S.
23), die sich dann »*den allgemeinen, störungsübergreifenden Methoden regelmäßig als überlegen erweisen*« (ebd.). Diese Behauptung wird in keiner Weise
belegt. Ist die Folgerung daraus, dass es in Zukunft gar keine grundlegende, in
einer Persönlichkeitstheorie verankerte, Krankheitslehre, wie zum Beispiel die
von Wolfgang Loch (1999) mehr geben soll? Sollen stattdessen vom zukünftigen Psychotherapeuten 20–40 störungsspezifische unverbundene Behandlungstechniken erlernt werden? Konsequent werden dann »störungsspezifische
Abrechnungsziffern« bzw. »Pauschalabrechnungen« für spezifische Störungs-
bereiche (ebd., S. 39) gefordert.

Die Autoren vertreten nach eigenen Angaben ein »radikales Konzept der
Qualitätssicherung« (ebd.). Unbewiesen stellen sie die Behauptung auf, »dass
die Erfolgsbeurteilungen von [gewöhnlichen] Therapeuten unvalide sind, also
den tatsächlichen Therapieerfolg nicht vorhersagen, sondern dass die Therapeuten sich [sogar] dieses unvaliden Urteils auch noch sicher sind« (Schulte
2000, S. 36)! Ihre eigenen vorgesehenen Kontrollmaßnahmen erhalten wohl-
klingende Etiketten wie »Transparenz über das, was in der klinischen Praxis
geschieht und Ergebnisorientierung« (Kordy & Puschner 2000, S. 100). »Das
Ziel ist, möglichst *rational* die bestmöglichen Behandlungsergebnisse für die
Patientinnen zu erreichen« (Hahlweg 2000, S. 68f.). Das *Irrationale*, das *Unbewusste* hat in diesem Denkansatz offensichtlich keinen Platz mehr! Er setzt fast
ausschließlich auf das Kognitiv-Intellektuelle. Peter Kutter (1999, S. 96) hat
nachdrücklich darauf hingewiesen, dass neben Descartes' »cogito, ergo sum«
unbedingt ein »sentio, ergo sum« gestellt werden muss. Der *Glaube* an die
Rationalität wird als *Faktum* ausgegeben in der Illusion, damit alle *Irrationalität* aus der Welt schaffen zu können. Dieses *magische Denken* der *Wissenschaft*
schafft das Irrationale jedoch nur aus dem Bewusst-Sein, nicht aus dem Sein!

Hahlweg (2000, S. 67) verspricht sich von einer »Datenrückmeldung« an den
Patienten eine »therapiemotivierende Funktion«. An die Stelle eines therapeutischen *Freiraumes* für Nachreifung und Entwicklung wird eine *Zwangsjacke*
abfragbaren Fortschritts durch fortgesetzte »objektive« Wirksamkeitsnach-
weise gesetzt. Bei solchen Vorstellungen frage ich mich bisweilen, ob diese

Psychotherapie*theoretiker* sich zum Beispiel jemals einer wirklichen Begegnung mit einer durch sexuelle Gewalt oder andere Misshandlungen traumatisierten Patientin ausgesetzt haben? Für solche Patientinnen, die es oft nach einem ganz langen Wege zum ersten Mal in einer Psychotherapie gewagt haben, sich zu *öffnen* und einem anderen Menschen *anzuvertrauen*, bedeutet eine derartige vorgesehene Art von fragebogengestützter »*hochnotpeinlicher Befragung*«, möglicherweise alle drei Monate wiederholt, nichts anderes als eine *Retraumatisierung*. Weil sie erneut zum *Objekt* der neugierigen Begierde Dritter gemacht werden und wieder schamlos ihrer Selbstbestimmung beraubt werden.

Als »Feindbild« werden von den Autoren die Psychotherapieschulen ausgeguckt und als Heilmittel die Verlagerung der psychotherapeutischen Ausbildung an die stärker forschungsbezogene und angeblich »wissenschaftlichere« Universität gefordert (Schulte 2000, S. 26f.). Die Autoren des Werkes, wie gesagt alles Universitätsangehörige, argumentieren also schlicht und schamlos »*pro domo*« und unterstellen der Universität naiv, unwissentlich oder genauso schlimm wissentlich, Schulen- bzw. Ideologieunabhängigkeit.

Die Autoren scheuen sich auch nicht, mit geradezu lächerlichen Therapieschimären zu argumentieren: Therapeuten liefen leicht in Gefahr, »die Individuellen Therapieziele (ITZ) eher zu ›abstrakt‹ zu formulieren: Beispiel: ›*Der Patient soll eine Übertragungsneurose entwickeln*‹ (psychoanalytischer Psychotherapeut) (Heuft et al. 2000, S. 88). Ich hoffe nicht, dass Gereon Heuft, von dem diese Aussage stammt, in seiner psychoanalytischen Ausbildung das so gelernt hat. Leider können sich die Autoren bei solchen Zerrbildern von Psychoanalyse auf die Steilvorlage durch den Psychoanalytiker Peter Fürstenau in seinem Buch *Entwicklungsförderung durch Psychotherapie* (1992) berufen, ähnlich argumentiert er in seinem neuen Werk (Fürstenau 2001).

Außer in dem Gemeinschaftsartikel zur Basisdokumentation kommt in diesem Buch *keine* einzige *Frau* zu Wort. Vielleicht ist es lohnenswert, sich einmal tiefergehende Gedanken darum zu machen, warum es zumeist *Männer* sind, die solche *technokratischen Ideen* und *Instrumente in die Welt setzen*?

Konsequent weitergedacht führt dieser Weg dann zum Computer als »Therapeut der Zukunft« (DÄ 5/2002), der in amerikanischen Studien kognitiv-behavioraler Therapie auch schon eingesetzt wird. »Zwischen beiden Gruppen [Behandlung durch realen Therapeuten bzw. virtuellen Therapeuten] gab es kaum Unterschiede. ›Durch den Computereinsatz konnten wir vier Sitzungen und damit 133 $ je Patient einsparen, aber es wurden die gleichen Erfolge erzielt wie bei einer herkömmlichen Therapie‹« referiert das Deutsche Ärzteblatt 5/2002 kommentarlos diese Studie. Auch mit solchen »sachlichen« Informationen wird Berufspolitik gemacht. Im selben Heft der DÄ steht ein Bericht über »Online-Psychotherapie«: Fazit: »Die Patienten gehen in den Online-

Gruppen ebenso offen miteinander um wie in Face-to-face-Gruppen«. Schöne neue Welt der *virtuellen Psychotherapie*!

Der »flexible Patient«

Solche Psychotherapiemodelle setzen einen rationalen, ordentlich, mechanisch funktionierenden Patienten voraus. Er hat eine Störung in seinem System. Der Defekt wird vom Therapeuten leitlinienorientiert diagnostiziert. Dann wird ein störungsspezifisches Reparaturprogramm festgelegt. Das wird leitlinienorientiert durchgeführt. Die Störung ist beseitigt. Der Patient funktioniert wieder und kann gehen. Da der Mensch jedoch weder Maschine ist, noch nur rational, kann dieses Modell höchstens unter erheblicher Verbiegung von Realität funktionieren, es ist schlicht *nicht menschlich*.

In diesem virtuellen Szenario ist kein Ort vorgesehen für irgendeine *Ambivalenz* des Patienten, kein Platz für *Zweifel*, *Abwehr* und *Widerstand*, keine Raum für irgendeinen »*Sinn*« von Krankheit und Symptomatik. Dahinter steht ein ungeheuer verarmtes Menschenbild. Wo gibt es in einem positivistisch ausgerichteten Psychotherapiemodell einen Bereich für ein »schöpferisches *Nein*« in der Krankheit, für kreative Verweigerung, für Neugier und spielerisches Erproben, für eine Subversion von Gewissheiten, für produktive Un-Ordnung? Wo ist der Ort für »Querliegendes, Unbekanntes, Sperriges« (Leuzinger-Bohleber in Mertens 1997, S. 82), für *Innovationen*? Wo ist Raum für Leiden, Fehler, Irrtum, Verrücktes, Behinderungen und Begrenzungen? Wo ist die Möglichkeit im Rahmen der Therapie Abstand von Zwangstendenzen zu finden oder eine Über-Ich-Milderung zu erfahren? Das vorgesehene Setting ist meines Erachtens dagegen hervorragend geeignet zur Verfestigung von Zwangsstörungen, Worcolismus und anderen Formen von Abhängigkeitserkrankungen.

Was ist mit Patienten, deren unbewusstes Problem aufgrund destruktiver Abhängigkeits- und Gewalterfahrungen darin besteht, sich in selbstdestruktiver Weise ständig angepasst zu verhalten? Geraten sie nicht einen Teufelskreis? Stehen sie nicht in der Gefahr, um den Preis fortgesetzter Selbstentfremdung dem Therapeuten bzw. der Kasse den vordergründigen Eindruck eines Therapieerfolges vermitteln zu müssen (Tenschert-Friedhoff 2002, mdl. Mttlg.)?

Was kann bei dieser manipulativen, industriellen Psychotherapie anderes herauskommen als ein stromlinienförmiges, »funktionierendes Objekt«, ein »flexibler Mensch« mit korrodiertem Charakter (Sennett 1999), aber nicht ein selbstbestimmendes Subjekt, das mit Zivilcourage auch zu einem beherzten »Nein« fähig ist. Bei diesem Psychotherapieverfahren werden gleichzeitig Egoisten, narzisstische Charaktere produziert, die ausschließlich um sich selbst kreisen, und unterwürfige und angepasste Normopathen. Dagegen fördert Freuds

Therapieziel: der Freiheit, »hysterisches Elend in gemeines Unglück zu verwandeln« (Freud 1895d, S. 312) die *sozialen* und auch *sozialkritischen* Anteile des Menschen und damit seine *Demokratiefähigkeit*. Eine *dauerhafte* therapeutische und damit auch *ökonomische* Effizienz ist allein durch ein tiefgehende, strukturelle Veränderung, aber nicht eine oberflächliche Verhaltenskorrektur, gewährleistet.

Die Zukunft der Psychotherapie und die Zukunft der Psychoanalyse – oder: Ist die Psychoanalyse gerade durch ihre Antiquiertheit zeitgemäß?

Das Schibboleth der Psychoanalyse ist und bleibt sicher das Konzept des »Unbewussten« (Freud 1923b, S. 239), seine Aufgabe wäre ein Selbstverrat (vgl. Buchholz 1999, S. 212). Mit ihrem Festhalten an der fundamentalen Bedeutung von »Nicht-Wissen« (vgl. Schneider 2000) neben der leisen Stimme des Intellekts (vgl. Freud 1927c, S. 377) bzw. der Vernunft, stellt sich die Psychoanalyse unausweichlich gegen jeden positivistischen Wahn von Rationalität, Objektivität und All-Wissenheit. Insofern kollidiert die Psychoanalyse unvermeidlich mit einem »Zeitgeist, der auf das Planbare, Kontrollierbare, Meßbare und Machbare« (Ermann 1995, S. 291) setzt.

Die Psychoanalyse setzt einem verarmten, reduktionistischen und mechanistischen Menschenbild die Vorstellung einer komplexen, ganzheitlichen, aber immer begrenzten und unvollkommenen *Subjektivität* entgegen. Die Psychoanalyse steht quer zum Zeitgeist, indem sie das *Individuum* als *Subjekt* (vgl. Trimborn 2000a, S. 1) gegen alle Trends zur Entindividualisierung zu stärken versucht, seine *Beziehungs-* und *Bindungsfähigkeiten* gegen Beliebigkeiten und Bindungserosion (vgl. Auchter 2001) auszubauen versucht und die Bestrebungen zur *Sinnstiftung* (Loch 1986, S. 184) gegen alle Formen von Entsinnlichung unterstützt.

Gegenüber vorherrschenden Tendenzen zur kurzfristigen psychotechnischen Beseitigung von Störungen oder Defekten betont die Psychoanalyse die Notwendigkeit von äußerem und innerem *Raum* und *Zeit* für die Selbstauseinandersetzung, für das Verstehen und Neukonfigurieren zerrissener lebensgeschichtlicher Zusammenhänge, für die Analyse unbewusster Sinnzusammenhänge, für die Nachreifung konflikthaft oder traumatisch unterbrochener Entwicklungsprozesse. Dabei spielen Prozesse der kritischen Selbstreflexion, der Auseinandersetzung mit Angst, Schmerz, Trauer und Ambivalenz, der Akzeptanz unrealisierbarer Wünsche und Illusionen, der Toleranz für Unsicherheit, Krankheit und Leiden eine bedeutende Rolle. Die Psychoanalyse sieht die Möglichkeit dazu nur in einem längerfristigen, stabilen persönlichen, menschlichen *Begegnungs-* und *Beziehungsraum,* der nur in engen Grenzen durch Leitlinien und Manuale regulierbar und kontrollierbar ist.»Sozialtechnische Größenphantasien dürfen den inneren Raum nicht zerstören, den die Individuen nach wie vor benötigen, um lebensgeschichtliche Zusammenhänge und unbewußte Phantasien verstehen zu können« (Mertens 1997, S. 14).

»Psychoanalytische Erfolgsmaße konzentrieren sich gerade nicht auf die Beseitigung engumschriebener Störungen, sondern beziehen sich im beträchtlichem Umfang auf Selbstreflexion, auf ein Aufgeben und Abtrauern unrealistischer Phantasien und Erwartungen und zum Teil auch auf ein Nachholen eines konflikthaft unterbrochenen Entwicklungsprozesses. ›Auch zielt die Therapie nicht auf das schiere Wohlbefinden im psychischen, körperlichen und sozialen Bereich, sondern auf die Fähigkeit, Konflikte zu lösen oder sie auszuhalten, sich mit Leid und Trauer auseinander zusetzen und ein selbstkritisches Bild der eigenen Person zu entwickeln.‹« (Rudolf u. a. 1994, S. 38, zit. nach Mertens 1995, S. 16)

Carlo Strenger (1991) charakterisiert die »ethische Natur« der Psychoanalyse dadurch, dass sie »*Autonomie* und *Wahrhaftigkeit* des Patienten als oberste Werte ansieht« (zit. nach Kaiser 1995, S. 362). Selbstverständlich ohne der Versuchung eines Rückfalles in die idealisierende, romantische Illusion eines vollkommen autonomen Subjekts zu verfallen. Zu dessen Dekonstruktion hat die Psychoanalyse u. a. durch die Betonung des Unbewussten, des Hinweises darauf, dass das Ich nicht Herr im eigenen Haus ist (vgl. Freud 1917a, S. 11), selbst zur Genüge beigetragen. Die Psychoanalyse hat die Vorstellung einer reinen *Subjektivität* durch die von der *Inter-Subjektivität* erweitert. Nichtsdestotrotz überlässt sie es allerdings »dem Analysanden (...), für sich selbst zu bestimmen« (Leuzinger-Bohleber in Mertens 1997, S. 74). Peter Fürstenau (2001, S. 7) diffamiert in seinem neuen Buch die »radikale Selbsterforschung« oder »freie Persönlichkeitsentfaltung als ›religiöse Ideologie‹«. Tress (1992, S. 81) warnt schon in einer Rezension von Fürstenaus Thesen vor der Gefahr eines »funktionalistisch-mechanistischen Ausverkaufs der Subjektivität«.

Hinter der Anwendung eines nicht kritisch-reflektierten Störungsbegriffes steht die unbewusste Phantasie vom endgültig »perfekten« Menschen. Wenn das Individuum seiner Personalität und seiner Kontextualisierung in seiner Lebens- und Beziehungsgeschichte beraubt wird, wird es fungibel für eine totalitäre Gesellschaftsverfassung. Der Verlust einer personalen Identität führt zu einer Normierung und Uniformierung an dessen Ende konsequent das Klonen des perfekten Menschen steht. Diese Vorstellung ist latent faschistoid. Das Bedürfnis, Unterschiede einzuebnen, gehört ja nach Chasseguet-Smirgel (1988) zu den archaischsten Bedürfnissen. Und mit Recht weist sie darauf hin, dass die phantasierte Glückseligkeit totalitärer Utopien (vgl. Chasseguet-Smirgel 1988, S. 112ff.) genau auf dieser Unterschiedslosigkeit beruht.

»Psychoanalyse ist gegen Ende dieses Jahrhunderts aktueller denn je, weil sie nie müde wurde, die Komplexität alles Lebendigen gegen den jeweiligen Zeitgeist zu beschwören« (Mertens 1997, S. 13).

»Wenn man dem ganzen Menschen gerecht werden will, grundlegendes Wissen über individuelle Zusammenhänge des Erlebens, des Verhaltens, der Seele und des Körpers in Interaktion mit der Umwelt erwerben möchte, dann ist die Psychoanalyse immer noch die umfassendste, tiefgehendste und gründlichste wissenschaftliche Methode, das Seelenleben zu studieren und bis in das Zentrum zu verstehen.« (Sies in Mertens 1997, S. 181)

Solange ein Mensch lebendig ist, befindet er sich in einem Spannungsverhältnis zwischen seinen Wünschen und Sehnsüchten, darunter zähle ich auch seine Idealvorstellungen, und seine immer unvollkommenen und begrenzten Wirklichkeit. In ihrer Betonung von Nicht-Wissen, Verzicht und Begrenzung ist die Psychoanalyse ein Stachel gegen jede diese Ohnmachtserfahrung abwehrende Allwissenheits- und Allmachtsvorstellung von Psychotherapie. So »besitzt die Psychoanalyse neben anderen gesellschaftlichen Kräften eine Verantwortung, die Achtung für Individualität, Leiden und Unvollkommenheiten, wie sie sich in Behinderungen und chronischen Krankheiten zeigen, aufrechtzuerhalten und das Bewusstsein ihrer unlösbaren Verknüpfung mit der menschlichen Existenz zu bewahren« (Bruns 2001a, S. 750). Die Frage ist, ob heutzutage das Anstößige der Psychoanalyse noch im Bestehen auf der *Triebnatur* des Menschen beruht oder ob es heute um das Beharren auf der Individualität des Ich-Selbst geht, von welcher der Triebbereich ein zentraler Aspekt ist?

Bestehen auf der Individualität heißt auch Bestehen auf der Unterschiedlichkeit (Levinas, Chasseguet-Smirgel). »Denn die Lebendigkeit einer Beziehung lebt von der Differenz, und nicht von der Ähnlichkeit« (Hardtmann in Mertens 1997, S. 99).

Gerade dieses Einstehen für »alte«, anachronistische Werte (Individualität, Beziehung, Sinn), die ansonsten verlustig zu gehen drohen, macht die Psychoanalyse so zeitgemäß. Im Interesse unserer Patienten, im Interesse der Sache der Psychoanalyse und in unserem eigenen Interesse sollten wir den Anfängen einer »Psychotherapie ohne Menschlichkeit« entgegentreten. Wer, wenn nicht wir, und wann, wenn nicht jetzt?

Anmerkung

1   Alle Zitate von Winnicott entstammen der englischen Ausgabe und wurden vom Autor übersetzt.

Literatur

Adorno, Th. W. & Horkheimer, M. (1947): Dialektik der Aufklärung. Amsterdam (Querido).

Adorno, Th. W. (1972): Erziehung zur Mündigkeit. Frankfurt a. M. (Suhrkamp).

Anders, G. ([1956] 1987): Die Antiquiertheit des Menschen. München (Beck).

Auchter, T. (2000): Das Konzept des Haltens und seine Bedeutung für die allgemeine und die psychotherapeutische Entwicklung. In: Zeitschrift für Individualpsychologie 25, S. 88–99.

Auchter, T. (2001): Bindung und Bindungsverlust in der Postmoderne und ihre Auswirkungen auf den Beratungsalltag. In: Beratung aktuell 2, S. 136–151.

Baumann, Z. (1992): Dialektik der Ordnung. Die Moderne und der Holocaust. Hamburg (Europäische Verlagsanstalt).

Becker, H. & Nedelmann, C. (1980): Zwischen Begrenzung und Öffnung. Psychoanalyse als Beruf. In: Jappe, G. & Nedelmann, C. (Hg.) (1980): Zur Psychoanalyse der Objektbeziehungen. Stuttgart (Fromann-Holzboog), S. 113–138.

Bell, K. (1997): Ich hätte nicht gedacht, daß ich einen Beruf finden würde, der so zufriedenstellend ist. In: Mertens, W. (Hg.) (1997): Der Beruf des Psychoanalytikers. Stuttgart (Klett-Cotta), S. 51–70.

Bohleber, W. (2001): »Symptom – Konflikt -Struktur«. In: Drews, S. (Hg.) (2002): Symptom – Konflikt – Struktur. Tagungsband der DPV-Tagung 2001, S. 7–15.

Bruns, G. (1994): Zivilisierte Psychoanalyse? Soziologische Betrachtungen zu Selbstbehauptung und Anpassungsproblem. In: Z f. psychoanal. Theorie u. Praxis 9, S. 135–155.

Bruns, G. (2000): Das System der Qualitätssicherung in der Psychotherapie. In: DPV-Informationen 28, S. 26–29.

Bruns, G. (2001a): Rationalisierung und Rationierung – ein neues Denken in der Medizin und seine Bedeutung für die Psychoanalyse. In: Psyche 55, S. 738–751.

Bruns, G. (2001b): Psychoanalyse, moderne Medizin und das Verschwinden des Subjekts. In: Drews, S. (Hg.) (2002): Symptom – Konflikt – Struktur. Tagungsband der DPV-Tagung 2001, S. 17–38.

Buchholz, M. B. (1999): Die Psychoanalyse der Zukunft der Psychoanalyse. In: Forum der Psychoanalyse 15, S. 204–223.

Buchholz, M. B. (2000): Effizienz oder Qualität? Was in Zukunft gesichert werden soll. In: Form der Psychoanalyse 16, S. 59–80.

Chasseguet-Smirgel, J. (1988): Zwei Bäume im Garten. Zur psychischen Bedeutung der Vater- und Mutterbilder. München (Verlag Internationale Psychoanalyse).

Claessens, D. (1980): Das Konkrete und das Abstrakte. Soziologische Skizzen zur Anthropologie. Frankfurt a. M. (Suhrkamp).

Davis, M. (1990): Appendix: The Writing of D. W. Winnicott. In: Davis, M. & Wallbridge, D. (1990): Boundary and space. London (Karnac), S. 173–194.

Deutsches Ärzteblatt DÄ 5(2002).

DGTP-Information 3(2002).

Diner, D. (1988): Zivilisationsbruch. Denken nach Auschwitz. Frankfurt a. M. (Fischer).

Dornes, M. (1999): Das Verschwinden der Vergangenheit. In: Psyche 53, S. 530–571.

Drews, S. (Hg.) (2002): Symptom – Konflikt – Struktur. Tagungsband der DPV-Tagung 21. Bis 24.11.2001.

Duerr, H. P. (1978): Traumzeit – Über die Grenze zwischen Wildnis und Zivilisation. Frankfurt a. M. (Syndikat).

Elias, N. ([1969] 1978): Über den Prozeß der Zivilisation. Frankfurt a. M. (Suhrkamp).

Ermann, M. (1995): Psychoanalyse, der Zeitgeist und die Therapie der begrenzten Zeit. In: Forum der Psychoanalyse 11, S. 283–294.

Freud, S. (1940): GW I–XVII. London (Imago).

Freyberger, H. J.; Heuft, G. & Ziegenhagen, D. J. (Hg.) (2000): Ambulante Psychotherapie. Stuttgart, New York (Schattauer).

Fürstenau, P. (1992): Entwicklungsförderung durch Therapie. Grundlagen psychoanalytisch-systemischer Psychotherapie. München (Pfeiffer).

Fürstenau, P. (2001): Psychoanalytisch verstehen, systemisch denken, suggestiv intervenieren. Stuttgart (Pfeiffer).

Green, A. ([1993] 2001): Todestrieb, negativer Narzißmus, Desobjektalisierungsfunktion. In: Psyche 55, S. 868–877.

Hahlweg, K. (2000): Qualitätsmanagement in der ambulanten Psychotherapie. In: Freyberger, H. J.; Heuft, G. & Ziegenhagen, D. J. (Hg.) (2000): Ambulante Psychotherapie. Stuttgart, New York (Schattauer), S. 43–71.

Henseler. H. & Wegener, P. (Hg.) (1993): Psychoanalysen, die ihre Zeit brauchen. Opladen (Westdeutscher Verlag).

Heuft, G. et al. (2000): Basisdokumentation in der Psychotherapie. In: Freyberger, H. J.; Heuft, G. & Ziegenhagen, D. J. (Hg.) (2000): Ambulante Psychotherapie. Stuttgart, New York (Schattauer), S. 73–95.

Hohage, R. (2000): ICD-Diagnose und psychoanalytische Praxis. In: DPV-Informationen 28, S. 29–31.

Internationale Klassifikation psychischer Störungen (1993). ICD-10. Kapitel V (F). Bern (Huber).

Kaiser, E. (1993): Quantitative Psychotherapieforschung – modernes Paradigma oder Potemkinsches Dorf? In: Forum der Psychoanalyse 9, S. 348–366.

Kordy, H. & Puschner, B. (2000): Aktive ergebnisorientierte Qualitätssicherung. In: Freyberger, H. J.; Heuft, G. & Ziegenhagen, D. J. (Hg.) (2000): Ambulante Psychotherapie. Stuttgart, New York (Schattauer), S. 97–117.

Kutter, P. (1999): Affekt und Körper. Göttingen (Vandenhoeck & Ruprecht).

Leuzinger-Bohleber, M. (1997): Vernunft ist nur dann vernünftig, wenn sie sich im Dialog mit den unbewußten Kräften des Seelenlebens befindet. In: Mertens, W. (1997): Der Beruf des Psychoanalytikers. Stuttgart (Klett-Cotta), S. 71–90.

Leuzinger-Bohleber, M. et al. (2001): Langzeitwirkungen von Psychoanalysen und Psychotherapien. In: Psyche 55, S. 193–276.

Loch, W. (1986): Perspektiven der Psychoanalyse. Stuttgart (Hirzel).

Loch, W. (1999): Die Krankheitslehre der Psychoanalyse. Stuttgart, Leipzig (S. Hirzel).

Luborsky, L. (1995): Einführung in die analytische Psychotherapie. Göttingen (Vandenhoeck & Ruprecht).

Mans, E. J. (1998): Einige Schwierigkeiten von analytischer Psychotherapie und Qualitätssicherung. In: Forum der Psychoanalyse 14, S. 258–274.

Mertens, W. (1995): Psychoanalyse auf dem Prüfstand? Eine Erwiderung auf die Meta-Analyse von Klaus Grawe. Berlin, München (Quintessenz).

Mertens, W. (1997): Der Beruf des Psychoanalytikers. Stuttgart (Klett-Cotta).

Minden, G. v. (1988): Der Bruchstück-Mensch. Psychoanalyse des frühgestört-neurotischen Menschen der technokratischen Gesellschaft. München, Basel (Reinhardt).

Mitscherlich, A. ([1946] 1983): Einführung in die Psychoanalyse I. In: Gesammelte Schriften IX. Frankfurt (Suhrkamp).

Mitscherlich, A. (1949/50): Schlusswort. In: Psyche 3, S. 391–398.

Moser, T. (1987): Der Psychoanalytiker als sprechende Attrappe. Frankfurt (Suhrkamp).

Nitzschke, B. (1997): Wer nichts von der Psychoanalyse versteht, der versteht auch das 20. Jahrhundert nicht. In: Mertens, W. (1997): Der Beruf des Psychoanalytikers. Stuttgart (Klett-Cotta), S. 127–160.

Piechotta, B. (2000): Psychoanalyse im Elch-Test. In: Schlösser, A. M. & Höhfeld, K. (Hg.) (2000): Psychoanalyse als Beruf. Gießen (Psychosozial), S. 367–384.

Rycroft, Ch. (1974): Jenseits des Realitätsprinzips. In: Psyche 28, S. 340–352.

Schneider, G. (2000): Die exzentrische Funktion der Psychoanalyse in Wissenschaft, Therapie und Kultur. In: DPV-Informationen 28, S. 2–5.

Schulte, D. (2000): Optimierung der Entscheidungsprozesse von Psychotherapeuten. In: Freyberger, H. J.; Heuft, G. & Ziegenhagen, D. J. (Hg.) (2000): Ambulante Psychotherapie. Stuttgart, New York (Schattauer), S. 15–41.

Sennett, R. (1999): Der flexible Mensch. Die Kultur des neuen Kapitalismus. Berlin (Berlin Verlag).

Sies, C. (1997): Das Theorien- und Gedankengebäude der Psychoanalyse und ihr Menschenbild waren ihren Anfängen an revolutionär und befreiend. In: Mertens, W. (1997): Der Beruf des Psychoanalytikers. Stuttgart (Klett-Cotta), S. 177–188.

Sofsky, W. (1993): Die Ordnung des Terrors: Das Konzentrationslager. Frankfurt a. M. (Fischer).

Strenger, C. (1991): Between hermeneutics and science. An essay on the epistemology of psychoanalysis. Madison (Int. Univ. Press).

Tress, W. (1992): Kommentare zu Peter Fürstenau: »Progressionsorientierte psycho-analytisch-systemische Therapie«. In: Forum der Psychoanalyse, S. 77–81.

Trimborn, W. (2000a): Mitteilungen des Vorsitzenden. In: DPV-Informationen 28, S. 1–2.

Trimborn, W. (2000b): Evidenz-basierte Medizin in der Psychotherapie-Forschung – ein Paradigmenwechsel? In: DPV-Informationen 28, S. 23–26.

Vauth, R. & Stieglitz, R.-D. (2000): Monitoring-Systeme und Qualitätszirkel. In: Freyberger, H. J.; Heuft, G. & Ziegenhagen, D. J. (Hg.) (2000): Ambulante Psychotherapie. Stuttgart, New York (Schattauer), S. 119–143.

Winnicott, D. W. (1965): The Family and Individual Development. London (Tavistock Publ.). dt.: Familie und individuelle Entwicklung. Frankfurt (Fischer) (1984).

Winnicott, D. W. (1971): Playing and Reality. London (Tavistock Publ.). dt.: Vom Spiel der Kreativität. Stuttgart (Klett-Cotta) (1973).

Winnicott, D. W. (1989): Psychoanalytik Explorations. Hg. von Winnicott, D. W. et al. London (Karnac).

Fokalität und Afokalität in der (psychoanalytischen) tiefenpsychologisch fundierten Psychotherapie und Psychoanalyse

Gerhard Schneider

1. Einleitung und Überblick

Wenn es im Titel meiner Arbeit »*(psychoanalytische)* tiefenpsychologisch fundierte Psychotherapie« heißt, so scheint das vor dem Hintergrund der Psychotherapierichtlinien (zweite Fassung, 1991) redundant, denn dort wird mit »tiefenpsychologisch fundierte Psychotherapie« »ein Verfahren bezeichnet, das die Grundannahmen der Neurosenlehre der Psychoanalyse (...) und die Forschungsergebnisse der Psychoanalyse über intrapsychische und interpersonale Prozesse voraussetzt« und das »auf die Einleitung eines psychoanalytischen Prozesses ausgerichtet« ist, wobei sich die Unterschiede zur analytischen Psychotherapie durch die Begrenzung auf die Bearbeitung eines aktuellen neurotischen Konflikts, die Steuerung regressiver Tendenzen und die »zurckhaltend[e] Nutzung von Übertragungs- und Gegenübertragungsprozessen« ergeben (Faber & Haarstrick 1991, S. 46). Nun ist aber andererseits klar, dass das in der alltäglichen Praxis so nicht mehr stimmt, sondern »tiefenpsychologisch« ein Sammelbegriff für ganz Heterogenes geworden ist und dadurch die genuine Verbindung mit »psychoanalytisch« sich auflöst – im Programmheft des Kongresses wird von konkurrierenden, »anders konzeptualisierten ›psychodynamischen Psychotherapien‹« gesprochen. Vor diesem Hintergrund geht es mir im Nachfolgenden darum, »tiefenpsychologisch fundierte Psychotherapie« als »niederfrequente psychoanalytisch fundierte Psychotherapie« zu verstehen und, bei allen zweifellos bestehenden Unterschieden zur analytischen Psychotherapie und Psychoanalyse im engeren Sinne (z. B. Umgang mit der Regression), auf eine fundamentale Einheit in der *psychoanalytischen Haltung* in den unterschiedlichen Settings hinzuweisen – die der *Afokalität.*

Es gibt eine im psychoanalytischen Diskurs inzwischen des Öfteren zitierte provokante Mahnung Bions »NO memory, desire, understanding« (1970, S. 129), die Mahnung, der Psychoanalytiker (jedweden Geschlechts) möge als Grundeinstellung in der Psychoanalyse, wenn eine Stunde beginnt und sich entwickelt, *Verzicht* leisten auf sein Gedächtnis, also das, was er schon vom Patienten weiß oder zu wissen meint, auf seine Wünsche und Zielvorstellungen, bezogen auf den Patienten und die Behandlung, und auch auf sein Verstehen, also auf die durch seine psychoanalytischen Konzepte und Theorien gelenkte, kognitiv organisierte psychische Aktivität. Getragen wird dieser radikale Anspruch von der Sorge, dass aus der Angst vor einem noch ganz unbekannten Neuen vorschnell ein Halt im Bekannten gesucht und gefunden und damit das Entwicklungspotenzial des Patienten gehemmt wird. Anders formuliert, der Analytiker wird daran gemahnt, über jedes eigene Begehren, das immer auch den Wunsch nach der Sicherheit des Vertrauten einschließt, hinauszugelangen, um einen Raum zu ermöglichen, in dem Entwicklung gegen deren Hemmung möglich werden kann.

»Und sollest Dir kein festes Bild machen«, auch so könnte man Bions Position evozieren, die nach meiner Einschätzung eine zentrale *regulative Idee* der psychoanalytischen Grundhaltung ist. Ich möchte als Oberbegriff dafür den der »Afokalität« wählen und ihm den der »Fokalität« als Gegenpol gegenüberstellen. Unter »Afokalität« verstehe ich dementsprechend die unausgerichtet-zielunbestimmten Aspekte der analytischen Behandlungstechnik und Haltung; wesentliche Beispiele dafür sind die »gleichschwebende Aufmerksamkeit« (Freud), Neutralität im Sinne der Gleichabständigkeit von »Ich«, »Es« und »Über-Ich« (A. Freud), »Reverie«, die Haltung eines träumerischen Ahnungsvermögens (Bion), und die »Bereitschaft zur Rollen-Übernahme« (free-floating role responsiveness) (J. Sandler). Im Gegensatz dazu verstehe ich unter *Fokalität* die bestimmend-zielausgerichteten Aspekte der analytischen Technik und Haltung; als Beispiele hierfür seien genannt: das »Durcharbeiten« (Freud), die »Orientierung am emotionalen Dringlichkeitspunkt« (point of urgency) (Strachey), die »Orientierung an einem Fokus« (Balint u. a.) bzw. an »Minifoci« in der Langzeitanalyse (Thomae und Kächele).

Meine *erste These* ist, dass die beiden Pole Afokalität und Fokalität von der Sache her in einem Spannungsverhältnis stehen, dass dieses Spannungsverhältnis aber nicht notwendigerweise maligne oder destruktiv für einen der Pole sein muss. Die Gefahr einer solchen destruktiven Entgegensetzung besteht meines Erachtens darin, dass es auf dem Boden institutioneller und gesellschaftlicher Bedingungen zu Spaltungsprozessen und Verwerfungen kommen kann. Ich werde auf diese These, allerdings in verkürzter Form, im anschließenden *zweiten Teil* meiner Ausführungen eingehen. Man kann sich sodann fragen, in welchem Begründungsverhältnis in der Psychoanalyse Fokalität und Afokalität zueinander stehen. Der Titel meiner Arbeit lässt die Vermutung zu, dass ich Fokalität für das Primäre halte und von ihr, angedeutet durch das negierende alpha-privativum, die A-fokalität als logisch für sekundär im Sinne von *abgeleitet* und *nachfolgend* ansehe. Im Gegensatz dazu lautet meine *zweite These*, dass für die *psychoanalytische Haltung* die Afokalität im geltungslogischen Sinne den Grund bildet, d. h. *grundlegend* ist. Wenn ich von analytischer

Haltung spreche, dann meine ich damit eine Grundeinstellung, die als solche unabhängig von der speziellen Behandlungsfrequenz ist – ich sehe also die Afokalität auch als grundlegend für eine psychoanalytisch verstandene niederfrequente Behandlung und nicht nur für Analysen stricto sensu an. Vielleicht sollte ich, um das Fremde und Besondere daran hervorzuheben, das ja in Bions Forderung schon anklingt, mit einem Kunstwort des Beckett-Übersetzers Elmar Tophoven von »Losigkeit« sprechen. Dementsprechend könnte für Fokalität vielleicht *Bestimmen* oder *Kristallisieren* verwendet werden. Selbstverständlich ist diese Grund-Darauf-Folge keine solche der bewertend-entwertenden Höher- oder Niederrangigkeit. Dies ist, ebenfalls in aller Kürze, der wesentliche Inhalt des *dritten Teils* meiner Ausführungen. Mein Hauptanliegen ist es, die zweite These anhand zweier Behandlungsbeispiele zu verdeutlichen. Im ersten Fall geht es um die niederfrequente, einstündige Behandlung einer depressiven Patientin mit einer triangulären, ödipalen Struktur ihres inneren Raums (*vierter Teil*). Im zweiten Fall geht es um die hochfrequente, vierstündige Behandlung eines sozusagen nachklassischen narzisstisch-schizoiden Patienten ohne eine solche verlässlich internalisierte ödipal-trianguläre Struktur. Zugleich weist die Erfahrung mit diesem Patienten auf eine generelle Problematik hin, mit der wir in der analytischen Praxis in der Behandlung schwerer Störungen meines Erachtens zunehmend konfrontiert sind, nämlich einer basalen »Gefahr der Heilung« (Trimborn). Ich glaube nicht, dass der Weg der Analyse hier der sein kann, in Positionen des Machens unter dem Primat einer undialektisch verstandenen Fokalität auszuweichen, sondern dass es darum geht, einen eigenen inneren »Losigkeits«-Raum weiterzuentwickeln, in dem sich überhaupt eine potenziell entwicklungsöffnende Veränderung, die vom Patienten als Katastrophe befürchtet wird, ereignen kann (*fünfter Teil*). Davon ausgehend werde ich im abschließenden *sechsten Teil* noch einmal kurz auf Bion zurückkommen, dessen Konzeption der »Negative capability« die entsprechenden Anforderungen an den Analytiker formuliert.

2. Das Spannungsfeld von Fokalität und Afokalität

Zur ersten These: Was zunächst das Spannungsfeld zwischen Afokalität/Losigkeit und Fokalität/Bestimmen, Kristallisieren betrifft, so sind damit kontrastierende psychische Modalitäten angesprochen: Rezeptivität/Passivität/Lassen/Ungerichtetheit u. ä. auf der einen gegenüber Aktivität/Handeln/Auswählen/Vor-sich-Hinstellen u. ä. auf der anderen Seite, die als solche nicht zur gleichen Zeit eingenommen werden können. Dass sie in Form eines Kooperationsverhältnisses aufeinander bezogen sind, zeigt sich schon darin, dass in Freuds technischen Schriften sowohl »gleichschwebende Aufmerksamkeit« als auch »Durcharbeiten« als Beispiele für diese Positionen bedeutsam sind. Andererseits muss man sich klarmachen, dass die Entwicklung der psychoanalytischen Behandlungsmethode durch Freud gerade die Abwendung vom Direktiven hin zur Grundregel der *ungerichteten* freien Assoziation war, und dem entspricht analytikerseits die Grundregel der »gleichschwebenden Aufmerksamkeit« (Freud 1912e, S. 377). Dies hat eine wichtige Implikation: die der notwendigen Akzeptanz des Nicht-Wissens – für Freud genauer: des Nochnicht-Wissens –, denn »man darf nicht darauf vergessen, daß man ja doch meist Dinge zu hören bekommt, deren Bedeutung erst *nachträglich* erkannt wird« (ebda.; Hervorh. G. S.), und damit würde natürlich der Anspruch auf ein in eine bestimmte Richtung weisendes Wissen interferieren. Hinzuzunehmen ist, dass ein solches Wissen leicht den Charakter von *Erwartungen* annähme, die ihrerseits selektiv bei der Auswahl des vom Patienten aufgenommenen Materials wirken würde: »Folgt man bei der Auswahl seinen Erwartungen, so ist man in Gefahr, niemals etwas Anderes zu finden, als was man bereits weiß« (ebda.).

Die vorangehenden Bemerkungen zeigen, dass die in der Afokalität/Losigkeit mitenthaltene *Position des Nicht-Wissens* – die *Position des Wissens* gehört zum Pol Fokalität/Kristallisation – ein fundamentaler Bestandteil der Psychoanalyse und der analytischen Haltung ist. Die Position des Nicht-Wissens unterscheidet im Übrigen die Psychoanalyse von allen anderen Wissenschaften, in denen ja das Nicht-Wissen etwas Nichtseinsollendes ist, ein Stein des Anstoßes, es zu beseitigen – umgekehrt gehört zur Analyse qua Praxis genau umgekehrt die Anerkennung des Nicht-Wissens als notwendig und in sich wertvoll (Schneider 2000a). Erst in dem dadurch möglichen offenen Raum kann das Je-Eigene des Patienten als Anderes sich zeigen und damit auch ihm selbst zugänglich werden, ohne dass er sich dem Bild anzupassen hätte, das ihm durch den Analytiker vor-gestellt und verordnet würde.

Dieser Hintergrund macht zum einen verständlich, dass es recht lange gebraucht hat, bis das fokale Element der analytischen Haltung in gleichsam isolierter Form herausgearbeitet und verselbständigt wurde, zum anderen, dass von der Psychoanalyse her alle auf die Fokalität zentrierten analytischen Behandlungsformen leicht mehr oder weniger skeptisch auf ihre *Analytizität* hin befragt oder beäugt werden. Letzteres hat natürlich sein gutes Recht, weil wegen des Querstehens der Afokalität/Losigkeit zur gesellschaftlichen ökonomischen Alltags- und Gesamtrationalität wie überhaupt zur sekundärprozessualen Identitätslogik sie immer auch unter Druck steht oder in Zeiten wie den unseren bedroht ist, in denen finanzielle Ressourcen knapper werden und Machbarkeit, verbunden mit Effizienz, in ihrer betriebswirtschaftlichen Form zum Leitwert überhaupt wird. Nimmt man den gleichsam natürlichen, auch inneranalytischen Identitätswiderstand gegen die Losigkeit hinzu, so wird deutlich, dass das Spannungsfeld zwischen Losigkeit und Kristallisieren ein beträchtliches Virulenzpotenzial enthält, das sich in Form von Spaltungen zu entladen droht.

Dieses Potenzial zeigt sich in der Geschichte der Psychoanalyse in doppelter Weise. Zum einen wurden modifizierte Verfahren, so schon die mit direkt manipulativen, also in der Tat antianalytischen Mitteln operierende »psychoanalytic therapy« von Alexander und French (1946), als der (klassischen) Langzeitanalyse überlegen vorgestellt, oder es wurde etwa von Malan der Anspruch erhoben, mit einer Kurztherapie dasselbe erreichen zu können wie die Langzeitanalyse – warum sollte man diese dann überhaupt beibehalten? Zum anderen gab es die Reaktionen der sozusagen offiziellen Analyse, die ihrerseits einen vernichtenden Klang hatten. Ein solches Verdikt vermag dann seinerseits die Reflexion des Spannungsverhältnisses zu paralysieren (vgl. Klüwer 1995, S. 189ff.) und die Entwicklung modifizierter analytisch fundierter Therapieverfahren zu behindern, über deren prinzipielle sachliche Relevanz und Erfordernis im Sinne einer differenziellen Indikation es keinen Dissens zu geben bräuchte.

Psychoanalytisch gesehen halte ich es für zentral, dass solche Modifikationen hinsichtlich der in ihnen angelegten Umzentrierung von der Afokalität auf die Fokalität bzw. der Vermittlung beider reflektiert werden. Dass auch das jenseits von Spaltung und Verwerfung geht, zeigen Entwicklungen in der analytischen Fokaltherapie. Ich erwähne pars pro toto Rolf Klüwer (1995, 1998), dessen Überlegungen z. B. das Spannungsfeld »Fokus – gleichschwebende Aufmerksamkeit« einbeziehen und deutlich machen, dass das afokale Moment analytisch unabdingbar ist: »Die Abneigung mancher Analytiker gegen eine fokale Vorgehensweise könnte u.a. in der scheinbaren Unvereinbarkeit beider Konzepte begründet sein. Natürlich ist das fokale Vorgehen analytisch, aber es hängt davon ab, wie man einen Fokus gebraucht (...) Wenn der Behandler den Fokus mit der Vorstellung verbindet, jetzt wisse er ›es‹, dann wird die Behandlung wenig oder keinen Gewinn daraus ziehen. Der Fokus – unterstellt, der Fokus ist gut – nimmt in jeder Stunde eine neue Konkretion an. Diese gilt es in der Stunde erst zu finden (...) So betrachtet besteht kein Widerspruch zwischen einem Fokus und dem Konzept der gleichschwebenden Aufmerksamkeit. Für die Praxis in der klinischen Situation empfehle ich zudem, den Fokus nur im Hinterkopf zu behalten, um sich den Blick auf das zu suchende Neue der kommenden Stunde nicht zu verlegen« (Klüwer 1995, S. 189).

3. Die grundlegende Bedeutung der Afokalität

Zur zweiten These: Das im jetzigen Zusammenhang mir wichtigste Argument für die These, dass in der analytischen Haltung die Afokalität geltungslogisch den Vorrang vor der Fokalität habe, lässt sich als das der *Achtung der Individualität des Patienten* oder mit anderen Worten als das der Notwendigkeit der *Bewahrung des Nichtidentischen* bezeichnen. Ich erinnere dazu an Freuds Bemerkung, dass die Bedeutung des in der Analyse Gehörten »erst nachträglich erkannt wird« (1912e, S. 377), was sich auch als Ausdruck einer Position des (Noch-)Nicht-Wissens verstehen lässt. In einem anderen Zusammenhang, in seiner Arbeit »Konstruktionen in der Analyse«, zitiert Freud einen Satz von Nestroy: »*Im Laufe der Begebenheiten wird alles klar werden*« (1937d, S. 52), und das wirft noch einmal Licht auf die Notwendigkeit der Einnahme dieser Position: Als Analytiker sind wir Zuhörer und Teilnehmer in einer *Geschichte*, und eine Geschichte kennt man eben nicht *vor* ihrem Ende. Anders formuliert, als Analytikern ist uns die Bemühung aufgetragen, unseren jeweiligen Patienten *von Beginn an und in jeder Stunde wieder als Individuum zu sehen* und *nicht als Fall von*, d. h. nicht als jemanden, der für die Zwecke der Behandlung zureichend beschrieben werden könnte, indem man ihn, gegebenenfalls noch quantifiziert, unter einen endlichen Satz bekannter klinischer Kategorien subsumiert, die des Weiteren eine spezifisch handlungsleitende Qualität haben. Dagegen gilt es vielmehr, die Augen (wieder) zu verschließen und die Ohren zu öffnen, um des *Nichtidentischen* gewahr werden zu können – Lösungen liegen in seiner je eigenen lebensgeschichtlichen und aktuellen Verfasstheit, in ihr befindet sich das nicht-vorauswissbare Entwicklungspotenzial. Dementsprechend sind also Ausdrücke wie *einmalige Stunde, das jeweils Besondere* usw. nicht irgendwelche Pathosformeln, sondern Ausdruck der *methodologischen Grundorientierung der Psychoanalyse am Individuum*.

Meiner These der Vorrangigkeit der Losigkeit vor der Kristallisation liegt also das Primat des Nichtidentischen oder des Individuums vor der Kategorie oder dem Fall zugrunde. Eine unmittelbare Konsequenz daraus ist, das psychoanalytische Wissen, unsere Theorien, Konzepte usw. nicht nur unter dem Gesichtspunkt, was sie ermöglichen und leisten – und natürlich brauchen wir das psychoanalytische Wissen! – zu sehen, sondern sich auch seine potenzielle Abwehrfunktion zu vergegenwärtigen, die der »Armierung gegen das Unvertraute, Unbewusste, und zwar im Psychoanalytiker selbst wie auch im Anderen, dem er in der einmaligen psychoanalytischen Situation begegnet«, dient: »Als ›korrekte Deutung‹ werden diese dem Patienten dann als angeblich faktische ›Wahrheit über ihn‹ gleichsam übergestülpt. Der Patient wird so zum Patienten, auf den die Theorie ›angewendet wird‹, er wird zum ›angewandten Patienten‹ (...)« (Haesler 1995, S. 64) und damit in seiner Individualität verfehlt (vgl. Schneider 2000a).

Nebenbemerkung: Ich möchte diese Überlegungen mit zwei Bemerkungen abschließen. Zum einen beinhaltet natürlich die These kein Plädoyer für die

Bedeutungslosigkeit klinischen Wissens in seinen verschiedenen Aspekten, das wäre absurd, nur scheint mir das *spezifisch* Psychoanalytische der Rekurs auf die basale Notwendigkeit (auch) des Nicht-Wissens zu sein. Zum anderen kann man fragen, wie denn überhaupt dieser Position im analytischen Prozess ein Wissen entspringen könne. Eine entsprechende Konzeption hat Bion in Anlehnung daran entwickelt, wie der französische Mathematiker und Philosoph Henri Poincaré den »Erfindungsprozeß einer mathematischen Formulierung (beschreibt)« (Bion 1990, S. 125, vgl. S. 125ff.). Bion beschreibt hier die evolutive Emergenz einer besonderen, »ausgewählten Tatsache« (selected fact; S. 126) im analytischen Prozess, die ein umfängliches Material organisiert – mit den Worten seiner Übersetzerin Erika Krejci: »Das Modell ›kristallisiert‹ während der Erfahrung aus, die es erhellen sollen (...) Die Voraussetzung dafür ist entspannte Aufmerksamkeit. Aus den zunächst völlig zerstreut erscheinenden Elementen drängt sich dem mit träumerischer Gelöstheit zuhörenden Psychoanalytiker plötzlich ein Zusammenhang auf, ein Element, das den anderen, zuvor ungeordneten und sinnlos erscheinenden Elementen Kohärenz verleiht« (S. 29). – Es kann dann weiter gefragt werden, ob nicht der innere Raum des Analytikers, in dem das geschehen kann, der gleichsam also ein »Resonanzraum« (Schneider 2000b, S. 17f.) und Ausfällungsmedium für diese Kristallisation ist, als ein solcher gedacht werden muss, der mitkonstituiert ist durch dessen vorausliegendes analytisches Wissen, das in dieser Hinsicht dann eine gleichursprüngliche Bedeutung wie dessen offenes Nicht-Wissen hätte.

4. Afokalität in einer (psychoanalytischen) tiefenpsychologisch fundierten Psychotherapie

Wie ich eingangs formuliert habe, geht es mir darum, die klinische Bedeutsamkeit der Afokalität als grundlegender Teil der psychoanalytischen Haltung anhand zweier Beispiele zum einen aus einer niederfrequenten Behandlung, zum anderen aus einer hochfrequenten Analyse im engeren Sinne darzustellen. Zunächst möchte ich eine einstündige Behandlung über 50 Stunden vorstellen. Es handelt sich dabei um eine Patientin auf einem triangulären, ödipalen Strukturniveau, also auf dem Niveau einer klassischen neurotischen Analysepatientin, und sie hätte, wenn alles noch schlimmer und unstabiler gewesen wäre, durchaus auch eine Analyse machen können.

Die damals 39-jährige Frau A. wird wegen ausgeprägter depressiver Beschwerden, die sich in den letzten Jahren entwickelt haben, von ihrem Internisten überwiesen. Sie ist in den 80er Jahren mit ihrem Mann und ihrer eigenen Herkunftsfamilie aus einem Ostblockland umgesiedelt, bekam hier ihr erstes (und einziges) Kind, eine zur Zeit der Behandlungsaufnahme zwölfjährige

Tochter, und war in den ersten Jahren zudem mit dem sehr erfolgreichen Neuaufbau ihrer Existenz ausgefüllt. Nachdem das abgeschlossen war, begann schleichend die depressive Entwicklung, verbunden mit intensiven Heimwehgefühlen, wofür sie selbst überhaupt keine Erklärung hatte.

Im Erstgespräch ist eine spezifische Form von Defensivität auffällig: Obwohl sie der überweisende Internist gut darauf vorbereitet hat, worum es bei einer aufdeckenden Psychotherapie geht, und obwohl ihr bei ihrer emotionalen wie intellektuellen Differenziertheit und ihrer erkennbaren Fähigkeit zu einer kognitiv-emotionalen Selbstzuwendung ein solcher Zugang durchaus vorstellbar ist, drängt sie doch sehr auf eine Behandlung mit konkreten Hinweisen und Ratschlägen. Im Verlauf der Vorgespräche wird deutlich, dass männliche Autoritätspersonen, wie z. B. ihr früherer Chef, in deren Schutz und Anerkennung sie sich sicher fühlt und leistungsfähig ist, eine wichtige Rolle spielen. Dies ist fundiert in ihrer kindheitlichen Bindung an den Vater, den sie als »Patriarch. Er war fürsorglich, immer groß, stark und kräftig. Ich habe immer zu ihm hochgeguckt« beschreibt. Im teilweisen Gegensatz dazu charakterisiert sie ihren Ehemann als »sehr rücksichtsvoll und korrekt, ehrlich, liebevoll, aber irgendwie zurückhaltend. Er kann's alles nicht so zeigen, aber man kann sich auf ihn verlassen«. Dynamisch gesehen ist die Vaterbindung primär ödipal bestimmt, wie es in der Verschiebung auf den verheirateten, sechs Jahre älteren Bruder deutlich wird. Darüber hinaus gibt es eine wichtige präödipale Determinante, insofern die Beziehung zum Vater die zu einer idealisiert-fernen und zugleich entwertet-schwachen Mutter kompensiert. In Bezug auf das Letztere wird zudem eine wesentliche Abwehr deutlich: Die Bindung an den Vater schützt vor den Identitätsunsicherheiten, Schuld- und Schamgefühlen, die mit ihrer Verselbständigung und der Aktualisierung der Identifizierungskonflikte mit der Mutter verbunden sind.

Vor diesem Hintergrund verstehe ich das im Erstgespräch so auffällige Drängen nach einer protektiv-anleitenden Therapie als Aktualisierung des vaterbezogenen Bindungs-Schutz-Verführungswunsches. Als Übertragungshypothese bildet dies so etwas wie einen *latenten Fokus* im Sinne einer offen bleibenden »Präkonzeption« (vgl. Bion 1990, S. 148). Ich verwende bewusst diese vorsichtig-zurückhaltende Ausdrucksweise, um anzudeuten, dass ich mit dieser Idee nicht quasi wie mit einem Orientierungs-Suchscheinwerfer in die Stunden gegangen bin, sondern mich jeweils um eine unausgerichtete afokale Grundeinstellung bemüht habe. Ich möchte noch erwähnen, dass ich bei der Vorbereitung dieser Arbeit auf einen Text von Klüwer gestoßen bin, der analog im Rahmen der Fokaltherapie davon spricht, »daß eine Fokusformulierung einer Prä-Konzeption entspricht, die erst eine Realisierung annehmen muß, die dem Behandler zunächst noch nicht bekannt ist« (Klüwer 1998, S. 6).

Die Therapie wurde über insgesamt zweimal 25 Stunden, einstündig pro Woche im Sitzen durchgeführt. Wie bereits erwähnt, bin ich in die Stunden mit dem Versuch der Einnahme der afokalen analytischen Grundhaltung gleichschwebender Aufmerksamkeit hineingegangen. Im *ersten Behandlungsabschnitt* geht es in vielfältiger Weise zum einen um interpersonelle Konflikte, vor allem den Ehekonflikt und die regressive Anspruchshaltung der Patientin, die z. B. mit der vorpubertären Tochter um die Aufmerksamkeit ihres Mannes rivalisiert und depressiv ihre hilflose Bedürftigkeit demonstriert. Zum anderen werden ihre Heimwehgefühle thematisch, ihr Rückkehrwunsch in die idealisierte, scheinbar konfliktfreie Welt ihrer Heimat. Nachdem sie durch die Arbeit daran ein Stück Stabilität gewonnen und der äußere Leidensdruck sich reduziert hat, entsteht ein offener Raum, der Angst und den Wunsch nach Ratschlägen und Anleitungen aktualisiert, was sich in Fragen wie: »Und was soll ich jetzt machen? Wie geht es weiter?« äußert. Ich deute ihr das als ihren Wunsch, ich möge sie väterlich an die Hand nehmen und ihr den Weg zeigen. Sie reagiert sehr ablehnend und unwillig darauf, plötzlich fällt ihr aber, für sie selbst völlig überraschend, eine vergessene Szene aus ihrem dritten oder vierten Lebensjahr ein. Sie ist als kleines Kind wegen einer ansteckenden Erkrankung im Krankenhaus und schreit verzweifelt nach dem Vater, der sie da herausholen soll, was aber nicht geschieht – es ist eine Erinnerung, die ihr ihre Vatersehnsucht emotional näher bringt und ihr im Weiteren eine Reihe ihrer emotionalen Wünsche und Verhaltensweisen klarer werden lässt. In einem weiteren Stück Durcharbeitung geht es um die Frage, ob ich es für nötig hielte, die Therapie über die 25 Stunden hinaus fortzusetzen, was sie dann schließlich von sich aus bejaht.

Der *zweite Behandlungsabschnitt* über 25 Stunden verläuft zunächst insgesamt mit seinen natürlichen Aufs und Abs ganz erfreulich und die Patientin kann ihren Lebens- und Aktivitätsradius deutlich ausweiten und sich damit gut fühlen. Dann kommt es in der zweiten Hälfte nach einer familiären Konfliktsituation mit ihrer Schwägerin, in der die Patientin sich von ihrem Bruder, der sich auf die Seite seiner Frau stellt, allein gelassen fühlt, zu einem depressiven Einbruch, in dem zunächst alles dahin ist und überhaupt nichts mehr zu gehen scheint. Sehr deutlich spiegelt sich das in einer sehr depressiv getrübten Gegenübertragungsvorstellung meinerseits, dass mit dem Sprechen gegen die Biologie, also die körperlich fundierte Seite der Depression, doch nichts auszurichten sei.

Anders formuliert, ich war in einer konkordanten Gegenübertragung in der Ausweglosigkeit der Patientin gefangen und machtlos. Ich halte das für die weitere Entwicklung entscheidend, weil damit *auch in mir* die Frage psychisch real wurde, ob ich *selbst* einen Weg fände oder ob ich meinerseits die Hand und den Schutz eines mächtigen Objekts, den biologischen Psychiater mit seinen

Medikamenten suchen müsse. Dass die innere Situation der Patienten aber auch in mir innere Wirklichkeit werden konnte, beruht meines Erachtens auf meinem *afokalen Fokusverständnis*, aus dem heraus ich mich sozusagen durch den Fokus nicht wie durch einen omnipräsenten Wunschvater orientiert und sicher gehalten fühlte, sondern ihn verlieren konnte, sodass er erst aus der Nacht der Ungewissheit heraus sich wieder einstellen und sich wiederfinden lassen musste.

In der Tat kann ich dann den depressiven Einbruch über den familiären Enttäuschungsanlass hinaus in der Übertragung verstehen und ihn deutend mit dem Ende der Behandlung zusammenbringen. Wie gesagt, hatte ich in der Behandlung keine orientierenden Ratschläge gegeben, so konkret war ich nicht zu einem Vater-Repräsentanten geworden. Auf eine subtilere Weise war ich es jedoch *auch*, und zwar durch die in sich hilfreiche Funktion des Verstehens und der tragenden Seite des Settings selbst. Mit dem am Horizont auftauchenden Ende der Therapie drohte diese väterliche Figur also verlorenzugehen, und im Außen hatte sich in ihrem Erleben der den Vater repräsentierende Bruder abgewandt. Natürlich war mein Verstehen aber zugleich *auch* etwas ganz anderes als *nur* väterliche Geborgenheit Bietendes, insofern es zugleich Getrenntheit und Abstand vermittelte, was sich äußerlich in meiner Weigerung ausdrückte, ihr orientierende Ratschläge zu geben. Und dieses *neue Objekt* hatte die Patientin, wie die Entwicklung insgesamt zeigte, introjiziert, wobei die innere Verfügung darüber aber anscheinend noch auf meine Realpräsenz angewiesen und deswegen durch die bevorstehende Trennung von mir mit dem Ende der Behandlung bedroht war.

Anders formuliert, die bevorstehende Trennung wirft also die Frage auf, ob die Patientin das Neue wirklich verinnerlichen, d. h. sich zu Eigen machen kann. Dies wird dann nach *meinem* Wiederfinden des Objekts und seiner Artikulation in Form der angegebenen Deutung in der Weise zum Hauptthema des letzten Behandlungsabschnitts, dass die Patientin sich immer wieder damit beschäftigt, ob sie doch noch bleiben, d. h. mich um einen Verlängerungsantrag bitten soll, oder ob sie gehen kann und will. Sie entschließt sich dann von sich aus zu Letzterem und wir beenden die Behandlung mit der 50sten Stunde.

5. Afokalität in einer hochfrequenten Psychoanalyse

Mein zweites klinisches Beispiel zeigt die Notwendigkeit einer basalen afokalen Orientierung, zugleich aber auch die damit verbundenen besonderen Schwierigkeiten in der psychoanalytischen Behandlung eines narzisstisch-schizoid gestörten Patienten auf einem prätriangulären Strukturniveau. Herr B. gehört zu einer Gruppe von Patienten, für die, qualitativ anders als bei der normalen Ambivalenz gegenüber der Therapie, die Heilung selbst eine Gefahr darstellt – »Jede Veränderung ist schlecht!«, kommentiert dies ein solcher Patient (Schneider, in Vorb.). Die allgemeinste Bedingung dafür lässt sich dahin gehend beschreiben, dass therapeutische Veränderungen, bzw. schon die Ahnung davon, die Abwehrorganisation des Patienten und seine durch sie konstituierte und aufrechterhaltene pathologische (Not- oder Hilfs-)Identität in toto bedrohen, hinter oder außerhalb derer es keinen Halt gibt. Diese »Gefahr der Heilung« hat Trimborn (1995) in einer eindringlichen Falldarstellung gezeigt und in diesem Zusammenhang auch auf die scheinbar paradoxe Reaktion Adas, der weiblichen Hauptfigur des Films »Das Piano« von Jane Campion, hingewiesen, die sich bei ihrem Aufbruch in ein neues, freies Leben gegen Ende des Films in suizidaler Absicht über Bord stürzt und nur knapp gerettet wird. Ein krasses Beispiel dafür aus meiner eigenen Praxis war der schwere Selbstmordversuch einer Patientin, nachdem definitiv die Therapie verabredet worden war und sie den entsprechenden Antrag unterschrieben hatte: Für sie war dieser Schritt, so wurde später im Laufe der Zeit klar, ein Verlassen der Mutter, an die sie in unauflösbarer Weise über vielfältige pathologische Bindungen gekettet war, eine in Form eines inneren Objekts präsente Mutter, die die Patienten zurückforderte und umgekehrt auch mich zu vernichten trachtete.

Meines Erachtens muss in der Behandlung eines solchen Patienten ein *Knoten der Unmöglichkeit einer Veränderung* erreicht werden, wenn eine Veränderung denn überhaupt möglich werden können soll, was der Patient, indem er kommt und durch Jahre hindurch bleibt, bewusst wie unbewusst ja *auch* wünscht. Die grundlegende Bedrohtheit der afokalen Haltung in einer solchen Behandlung besteht darin, dass in der Gegenübertragung eine solche Reihe von Phantasien und emotionalen Zuständen aktiviert werden – Rettungs-, Größen- und komplementäre Kleinheitsphantasien, Angst, Verwirrung –, dass der eigene Druck, eine reparativ orientierte, begrenzte (Wieder-?)Herstellungsrolle einzunehmen, sehr groß ist. Das dient der Entlastung von Schuldgefühlen und Angst, die damit verbunden sind, sich in der Rolle eines De-struktturers der (pathologischen) Kernidentität des Patienten zu finden und sich mit seinen schrecklichen inneren Objekten projektiv identifiziert zu erleben.

Der Patient, um den es geht, kommt als Mittzwanziger zur Behandlung. Im Erstgespräch tritt er kaum aus seiner ausgesprochen defensiven Zurückgezogenheit heraus und macht mich ratlos, worum es gehe, bis er am Ende des Gesprächs in Tränen ausbricht: »Ich bin ziemlich am Ende. Vor zwei Tagen habe ich mit einem Strick dagestanden. Heute morgen war ich völlig tot und bin kaum aus dem Bett herausgekommen.« Das Ausmaß der Probleme, die sich nach und nach herausstellen, ist beträchtlich: immer wieder depressive Einbrüche verbunden mit Suizidgedanken und -impulsen; er gibt an, er komme sich wertlos vor, sein Leben sei sinnlos, »ein Pfusch«, er fühle sich »wie ein zusammengestücktes Seil« ohne inneren Zusammenhalt. Er leidet unter rezidivierenden funktionellen Herzbeschwerden, einer schizoiden Gefühllosigkeit und Kontaktproblemen, wenn eine Beziehung enger wird, ferner gibt es sexuelle Erlebensstörungen. Seine aktuelle Beziehung hat sado-masochistische Züge, das Studium liegt, auch aufgrund von Arbeitsstörungen, brach und eine konkrete Lebensperspektive hat der Patient nicht. In der Behandlung selbst erfahre ich später zudem von einem ausgeprägten Medikamentenabusus (Beruhigungsmittel).

Ich habe dem Patienten eine zunächst dreistündige (erstes Jahr), sodann vierstündige Behandlung angeboten. Die Episode, von der ich berichten möchte, stammt aus der zweiten Hälfte des vierten Analysejahrs. Zum Verlauf bis dahin nur so viel: Er hat überlebt – das gilt ganz real für mehrere hoch gefährliche Situationen, von denen er mir danach erzählte; die Analyse hat überlebt – trotz teils heftiger Attacken auf das Setting und seiner tiefen Zweifel, ob sie überhaupt einen Sinn mache; schließlich ist durch die hohe Frequenz ein Stück Kontinuitätsgefühl und psychisches Verstehen in ihm entstanden, Letzteres auch in mir ihm gegenüber. Gleichzeitig wurde der Zusammenhang auch immer wieder zerstückelt, und das Verstanden-werden war für ihn nicht nur fremd, sondern auch bedrohlich, z. B. berichtete er im Anschluss an eine Art psychologisches Experiment eines Bekannten mit ihm »schockiert«, dass jemand so in ihn »reingucken und alles wissen« könne, wozu ihm das Paar Hannibal Lecter und die Kommissarin aus »Das Schweigen der Lämmer« einfiel. Hannibal Lecter, das sei abschließend bemerkt, war eine Omnipotenzprojektion seinerseits, der in meiner inneren Wirklichkeit etwas ganz anderes entgegenstand: Ich fühlte mich sehr oft schämenswert dumm, vieles nicht verstehend, als Analytiker versagend. Dass dies einen zentralen Selbstanteil des Patienten spiegelt, wird bald deutlich – und umgekehrt, dass ich tatsächlich für ihn zu einem zerstörerischen Hannibal Lecter werden kann.

Nach den Sommerferien, einige Wochen vor meiner Niederlassung und dem damit verbundenen Ortswechsel, erzählt mir der Patient zum ersten Male, dass er mich im Urlaub vermisst habe. Wenig später muss ich wegen einer akuten Lumbalgie eine Stunde absagen und die nächste, zu der er nicht erscheint, verlegen. Er ist am darauffolgenden Tag total deprimiert und fragt nach einer Störung durch einen Anruf während der Stunde, ob überhaupt Raum für ihn sei. Offensichtlich hat er eine tiefe Angst, ich wolle ihn nicht mehr, und passend dazu hört er von einer Mitpatientin, ich wolle die Behandlung mit ihr nicht fortsetzen. Zwei Wochen vor meinem Umzug fällt seine mühsam, aber effektiv verteidigte Fassade – er sagte später einmal sehr zurecht: »Im Mich-Verstellen war ich immer ein Meister« –, und es bricht aus ihm heraus, er könne nicht mehr, müsse

zwanghaft onanieren und größere Mengen Valium einnehmen, um durchzuhalten. Schuldgefühle lassen ihn sich immer hoffnungsloser fühlen, verbunden
ist das mit Suizidimpulsen, und gleichzeitig kämpft auch etwas in ihm dagegen
an, einmal taucht eine Geburtsphantasie auf. Mir fällt in diesem Abgrund von
Hoffnungslosigkeit ganz unvorbereitet und mich selbst überraschend eine
Episode aus dem Leben des kleinen Elias Canetti ein, die ich ihm erzähle: Als
kleiner Junge sei der bei einem Spiel in einen Bottich kochenden Wassers
geschubst worden und habe lebensgefährliche Verbrühungen davongetragen.
Der Arzt habe nicht helfen können, aber der kleine Junge habe gewollt, dass der
Vater von einer Geschäftsreise zurückkomme, und er sei nach dessen Rückkehr
tatsächlich gegen alle Erwartungen genesen. Ich sage ihm, mein Gefühl sei, dass
hinter all der Verzweiflung in ihm versteckt auch so ein Wunsch sei, dass er doch
geheilt würde.

In der letzten Woche vor meinem Umzug wird seine Suizidalität manifest:
Er überlegt sich, wie er sich konkret mit Hilfe des Valiums umbringen kann.
Dazu erzählt er mir in der Stunde eine Geschichte von Stanislaw Lem (»Ananke«): In dieser Geschichte stürzt ein neues Raumschiff bei einer Marslandung
aus völlig unerfindlichen Gründen ab, nachdem der Computer, statt den
Landungsvorgang zu beenden, auf Gegenschub geschaltet hatte und so einen
»Havariestart« einleitete, der zum Absturz führte. Über eine Reihe von Schlussfolgerungen kommt der Pilot Pirx, Mitglied der Untersuchungskommission,
darauf, dass der Computer auf eine ganz versteckte Weise sicherheitsüberpro-
grammiert worden ist. Verantwortlich dafür ist ein ehemaliger Pilot, Cornelius,
den Pirx kennt und der wegen seiner Zwanghaftigkeit in den Bodendienst
versetzt wurde. Cornelius habe, so schließt Pirx, aus seiner Zwanghaftigkeit
heraus das Computerprogramm mit derart vielen Selbstkontrollverfahren
ausgestattet, dass schlussendlich beim Anflug auf den Mars keine Kapazität
mehr für die einfache Realitätswahrnehmung der Annäherung vorhanden war
und der Computer in seiner Not zu der irrwitzigen Konstruktion, den Mars als
einen sich nähernden Meteor aufzufassen, gegriffen habe, um überhaupt noch
handeln zu können, deswegen der »Havariestart«. Zum Schutz weiterer sich
dem Mars nähernder Raumschiffe übermittelt Pirx, um Cornelius als Schuldigen zu entlarven, diesem die Botschaft: »Du bist es!« – »Thou art the man!« aus
einer Geschichte von Poe –, wohl wissend, dass Cornelius sie versteht und die
Konsequenzen ziehen wird, sich umzubringen – das geschieht auch.

Ich interpretiere dem Patienten das Paar Pirx-Cornelius intrapsychisch, so
nämlich, dass ein Teil von ihm den anderen abgelehnten, schmutzig-zwanghaf-
ten Teil in den Tod treiben wolle. Der Patient weist mich aber zurück: »Sie sind
Pirx!«. Ich bedrohe ihn, Cornelius, also durch eine befürchtete Ablehnung, was
ich dann auch so interpretiere, aber anscheinend doch noch nicht richtig verste-

he, denn ich bin mir sozusagen in dieser Hinsicht keiner Schuld bewusst – in der Tat gibt es *für mich* keinen Zweifel, dass er weiter zu mir kommen kann. Ich verinnerliche mir also sein abgrundtiefes Misstrauen in die Verlässlichkeit seiner Objekte nicht, wie wenn ich sagen würde: »So bin *ich* doch nicht!« und nicht wahrhaben will oder kann, dass *für ihn* die Welt ganz anders aussieht und ich, *von ihm aus gesehen*, ihm durchaus berechtigten Anlass zum Misstrauen gegeben habe: Ich werde krank, gehe in seiner Stunde ans Telefon und führe die Behandlung einer Patientin nicht weiter, die ihm das als mein Nichtwollen dargestellt hatte, was er zwar einmal erwähnte, ohne aber je darauf zurückzukommen.

Suizidalität wie auch Medikamentenmissbrauch bleiben nach meinem Ortswechsel in die eigene Praxis bestehen. Eine weitere literarische Selbstmordfigur kommt hinzu: Martin Eden aus dem gleichnamigen Roman von Jack London. Martin ist ein Schriftsteller, der sich nur wegen seines Erfolges anerkannt fühlt. Auch die geplante Zivilisationsflucht auf eine Südseeinsel entlarvt sich ihm auf der Reise als Illusion; er ertränkt sich daraufhin im Meer. In diesen Stunden wird die Identifizierung des Patienten mit Jack London, der sich im übrigen ebenfalls umgebracht hat, deutlich, und ich sage ihm, dass es einen ganz realen inneren Kampf in ihm zwischen der Zuwendung zu mir, der für ihn das Leben verkörpere, und der alten Liebe zu Jack London gebe. Er wird ganz direkt: Ich sei ein reflektierter Mensch, warum ich denn leben würde, »geben Sie mir einen Grund an, warum ich das sollte!« Nachdem alle Übertragungsdeutungen nicht reichen, sage ich ihm schließlich, dass ich keinen intellektuellen Grund, der ihn überzeugen würde, nennen könnte; es sei eine Selbstverständlichkeit wie das Atmen, die ich mir nicht beweisen müsste. Das erreicht ihn spürbar und eröffnet die Möglichkeit zu neuen Gedanken. Er erzählt mir daraufhin, dass er eine tödliche Medikamentendosis im Mundstück einer Trompete, das er damit gefüllt hat, aufbewahrt. Ich kann ihm schließlich sagen, dass das ein Ersatz für die Mutterbrust sei, dass er nicht innerlich durch seine Mutter beruhigt worden sei und dass er im Tod eine solche Ruhe suche.

Zur krisenhaften Zuspitzung kommt es, als ich psychisch wirklich zu Pirx für ihn werde. Dies geschieht, nachdem eine gewisse Beruhigung eingetreten ist, verbunden mit wichtigen Entdeckungen, die auch in ihm bleiben, z. B. »Nähe ist teilbar«, d. h. er fühlt sich nicht mehr ausschließlich und auf Gedeih und Verderb von *einem* Objekt abhängig. In dieser Phase der abklingenden Suizidalität reagiere ich zustimmend aus meiner momentanen Erleichterung heraus auf Pläne von ihm, dass er in den nächsten Tagen konkret Verschiedenes unternehmen wolle, was es schon seit Wochen nicht mehr gegeben hat; ich reagiere sozusagen positiv aufmunternd, zwar nicht wörtlich, aber im Sinne von: »Ja, tun Sie das!«. Überdies kann ich ihm in der Dienstagssitzung für eine wegen einer

Verpflichtung seinerseits ausfallende Stunde am Donnerstag keinen Ersatztermin anbieten. Zur nächsten Sitzung am Freitag kommt er in einer schwer suizidalen Verfassung, er wolle nicht mehr leiden, ist ganz identifiziert damit und, anders als zuvor, emotional weit weg, es besteht kein direkter, fühlbarer Kontakt. Ich verstehe lange nicht, was los ist, und biete ihm an, angesichts seiner schlimmen Verfassung eine weitere Stunde anzuhängen, was er annimmt. Etwa zum Ende der ersten Stunde geht er zur Toilette, und erst während seiner Abwesenheit fällt mir der mögliche Zusammenhang mit der letzten Stunde am Dienstag vor drei Tagen ein, und ich frage nach, wie er meine aktive Bejahung seiner Pläne erlebt habe. Innerlich bin ich durch diese supportive Bemerkung zu Pirx geworden: Für ihn war das so, dass ich damit gesagt habe: »Zustand infaust!«, das habe ihm aber nichts ausgemacht. Ich sage ihm, er habe mein Abweichen von der Haltung, ihn zu verstehen, und ihn statt dessen aufzumuntern, so erlebt, dass ich ihm damit innerlich den Boden unter den Füßen weggezogen und ihn verlassen habe. Dieses Gefühl habe sich in ihm noch verstärkt, weil ich auch nicht um einen Ersatztermin für den Donnerstag gekämpft habe, er selbst könne das gegenwärtig nicht für sich tun und ich müsse das für ihn übernehmen. Würde ich das nicht tun, hieße es für ihn, ich gäbe ihn auf. Danach stellt sich wieder ein emotionaler Kontakt her. Schließlich kommt er auf Canetti, von dem hätte ich ja mal gesprochen. Dessen Autobiographie wolle er über das Wochenende, an dem er allein sei, lesen. Jetzt kommt es darauf an, ob die von mir empfohlene »Lebensnahrung« wirklich gut ist: Wenn Canetti nichts sei und er mit dem nicht zurechtkäme, dann habe er nichts mehr, »dann ist es wohl aus«.

Am Montag erzählt er dann, dass die Canetti-Wochenendlektüre ihn »tief beeindruckt und berührt« habe; er liest mir auch daraus vor und hat sich eigene Gedanken dazu gemacht, die er mir erzählt. Am Dienstag höre ich, Canetti sei »wie ein Sturmwind« durch ihn gefahren. Er habe über meine Lebens-Selbstverständlichkeit nachgedacht. Der Körper lebe aus sich, niemand wisse eigentlich, was das Lebendigsein genau sei, und das könnte doch auch für die Psyche möglich sein. Das psychische Gerüst müsse bei ihm befestigt werden, dann könnte es auch so werden, dass er zwar über Tod und Selbstmord nachdenken würde, aber aus einer Distanz, ohne dass das existenziell wie bisher mit Selbstmordimpulsen verbunden sein müsste. Die Donnerstagstunde ist sehr bewegend, als er mir ein von ihm geschriebenes »Abschiedsgedicht« an Jack London vorliest: Er verabschiedet sich von ihm, der so lange Begleiter und Freund war, und gleichzeitig bringt er seine Trauer über dieses Verlassen zum Ausdruck, er könne ihn »nicht einfach auf den Müll schmeißen«. In die Freitagsitzung bringt er die Tasche mit seiner Examensarbeit mit, »die soll nicht aus dem Wagen geklaut werden können«.

Ich breche an dieser Stelle ab. In der Tat spielte die Suizidalität im Sinne einer realen Gefährdung im weiteren Verlauf der Analyse keine Rolle mehr. Andererseits war die psychische Medikamentenabhängigkeit weiterhin zentral, und die Trennung von den Medikamenten als einer Ersatzmutter konnte der Patient erst nach einer weiteren wochenlangen schweren Krise leisten, und erst in diesem Zusammenhang sprach er noch einmal die Nicht-Weiterbehandlung der Mitpatientin an und dass das im Rahmen der großen Gesamtumstellung mit meinem Ortswechsel seine Urangst des Abgelehnt- und Verlassenwerdens aktiviert habe.

Dass es überhaupt zu der Veränderung der Suizidalität kam, deren intrapsychische Struktur durch das Pirx-Cornelius-Paar repräsentiert wird – Cornelius repräsentiert den abgelehnt-entwerteten Teil seiner Selbstrepräsentanz, Pirx das gnadenlos verfolgende (frühe) Über-Ich, das das Todesurteil ausspricht –, diese Veränderung liegt darin begründet, dass sich die intrapsychische Struktur in der Übertragung aktualisiert hat, und zwar, indem ich wider bewussten Wollens *wirklich* zum Repräsentanten von Pirx wurde und dadurch schlussendlich ermöglichte, dass er mich als *Nicht-Pirx*, als neues Objekt wahrnehmen und introjizieren konnte. Dass ich das überhaupt verstehen konnte, dass mir die Deutung des Geschehenen als selected fact in der fraglichen Stunde einfiel, dem liegt sicherlich unter vielem anderen mit zugrunde, dass ich das Pirx-Cornelius-Paar in mir selbst in modifizierter Form über lange Zeit erfahren hatte. Ich habe weiter oben von meiner schämenswerten Dummheit, vieles von dem Patienten nicht zu verstehen, verbunden mit meiner entsprechenden analytischen Selbstkritik gesprochen, und hier ist meines Erachtens die Position des Nicht-Wissens als *Metaebene* entscheidend: dass ich diese Figur in mir zwar mitbekam, sie aber, bezogen auf den Patienten, nicht verstehen konnte und dies so zu belassen hatte. Meiner Vermutung nach war das zwangsläufig so, weil der Patient das Erkanntwerden, das notwendig ist, zuvörderst fürchtete, weil er sein Erkanntwerden durch den Anderen entsprechend seinem eigenen Pirx-Cornelius-Modell *nicht* als ein prinzipiell *liebendes*, sondern als *vernichtendes* Wahrgenommenwerden-durch-den-Anderen erfuhr – percipi non est amari, sed deleri; Wahrgenommenwerden ist nicht Geliebt-, sondern Vernichtetwerden. Das nun ist aber eine paradoxe Situation für den Analytiker, insofern er im zentralen Bereich der potenziellen Veränderung zutiefst als feindlich und als Destrukteur gesehen wird und so die Veränderung zwangsläufig an der einen oder anderen Form der Zerstörung, des Todes, vorbei führt. Meines Erachtens gibt es psychoanalytisch nur die Möglichkeit, dafür bereit zu sein – und die Heimat dieser Bereitschaft ist die Offenheit und das Zulassen des total Ungewissen, des Unvorhergewussten und Unvorherwissbaren.

6. Schlussbemerkung

Ich möchte mit einer Bemerkung schließen, die eine Verbindung mit dem Anfang herstellt, Bions Hinweis auf die Tugend der »Negative capability«, vielleicht lässt sich das sinngemäß mit »Losigkeits-Vertrauen« übersetzen. Bion hat den Ausdruck von dem englischen Dichter John Keats übernommen, der ihn in einem Briefwechsel von 1817 insbesondere mit Blick auf Shakespeare verwendet hat: »That is when a man is capable in being in uncertainties, mysteries, doubts, without any irritable reaching after fact and reason« (Bion 1970, S. 127). Als Analytiker sind wir also zur Tugend aufgefordert, uns in Unsicherheiten, ungeklärten Geheimnissen und Zweifeln befinden zu können, ohne davon irritiert zum Faktischen und zur Vernunft zu greifen.

Literatur

Alexander, F. & French, T. (1946): Psychoanalytic Therapy. Principles and Applications. New York (Ronald Press).

Bion, W. (1970): Attention and Interpretation. London (Tavistock Publications).

Bion, W. (1990): Lernen durch Erfahrung. Übersetzt und eingeleitet von E. Krejci. Frankfurt a. M. (Suhrkamp).

Faber, F. R. & Haarstrick, R. (1991): Kommentar Psychotherapie-Richtlinien: Gutachterverfahren in der Psychotherapie; Psychosomatische Grundversorgung. Kommentar der Beihilfe-Vorschriften für Psychotherapeuten. Unter Mitwirkung von Dr. med. Dipl. Psych. D. Kallinke, Heidelberg. 2., neu bearbeitete Aufl. Neckarsulm (Jungjohann).

Freud, S. (1912e): Ratschläge für den Arzt bei der psychoanalytischen Behandlung. G.W. VIII.

Freud, S. (1937d): Konstruktionen in der Analyse. G.W. XVI.

Haesler, L. (1995): Der Widerstand gegen die Psychoanalyse von seiten des Psychoanalytikers. Zur wissenschaftlichen Position der psychoanalytischen Theorie und Methode. In: Kaiser, E. (Hg.): Psychoanalytisches Wissen. Beiträge zur Forschungsmethodik. Opladen (Westdeutscher Verlag), S. 60–71.

Klüwer, R. (1995): Studien zur Fokaltherapie. Frankfurt a. M. (Suhrkamp).

Klüwer, R. (1998): Fokus – Fokaltherapie – Fokalkonferenz. Vortrag auf der Tagung der Frankfurter Fokalkonferenz Juni 1998 (Manuskript).

Lem, S. (1980): Ananke. In: ders. Die Jagd. Neue Geschichten des Piloten Pirx. Frankfurt a. M. (Suhrkamp), S. 203–262.

Schneider, G. (2000a): Die exzentrische Funktion der Psychoanalyse in Wissenschaft, Therapie und Kultur. In: Psychoanalyse im Widerspruch 23, S. 17–21.

Schneider, G. (2000b): Psychoanalytisches Sehen. In: Psychoanalyse im Widerspruch 24, S. 15–27.

Schneider, G. (in Vorb.): Die narzisstische Gefahr der Heilung. Unveröffentlichtes Manuskript.

Trimborn, W. (1995): Die Gefahr der Heilung. Pathologische Identifizierungs- und Mentalisierungsprozesse als Grenzen therapeutischer Möglichkeiten. In: Schneider, G. & Seidler, G. (Hg.): Internalisierung und Strukturbildung. Theoretische Perspektiven und klinische Anwendungen in Psychoanalyse und Psychotherapie. Opladen (Westdeutscher Verlag), S. 181–203.

Gegenübertragung, Affekt und Kognition

Tiefenpsychologische und analytische
Deutungsprozesse in analytischer Haltung

Peter Wruck

Einleitung

Mein Beitrag über Gegenübertragungen, Affekte und Kognitionen schließt an den von Herrn Zwiebel und von Herrn Schneider an und führt sie m. E. weiter. Das betrifft also sowohl das Zwiebelsche Konzept von der Position des Analytikers, die es in einem Prozess zu bestimmen gelte, weil sie sich ändert, als auch das Schneidersche Konzept von der Fokalität und der Afokalität. Demnach ändert sich die Position (vgl. auch Heimann 1969) und der Psychoanalytiker muss die Afokalität aushalten. Ich meine aber weiterführend, dass dieses Aushalten ein Teil des theoretischen Konzeptes selbst sein müsste, damit Fokalität und Afokalität als Konzept nicht zu kognitionslastig werden.

Ich möchte nun ein Modell vorstellen, das diesen emotionalen Anteil also nicht nur am Rande, sozusagen als Bedingung von außerhalb des Prozesses, benennt. Dieser Beitrag stellt die Theorie vor. Wie sich diese in der praktischen Fallarbeit niederschlägt, habe ich an anderer Stelle (in einer zugehörigen Arbeitsgruppe) vorgestellt, weil es sich nicht auf kurze Fallvignetten reduzieren lässt, sondern einer ausführlicheren Fallbeschreibung und eines Stundenprotokolls bedarf.

Wenn die Gegenübertragung thematisiert wird, dann geht es nach Laplanche & Pontalis (1967, S. 164) um die »Gesamtheit der unbewußten Reaktionen des Analytikers auf die Person des Analysanden und ganz besonders um dessen Übertragungen«.

Mein Modell liefert keinen Beitrag zu den üblichen Diskussionen, was unter Gegenübertragung zu verstehen sei, wie sie einzuordnen sei, ob sie ein taugliches technisches Mittel sei oder nicht usw., dort knüpfe ich lediglich an. Mein Modell will den intrapsychischen Prozess deutlich machen, der m. E. stattfindet, wenn ein Psychoanalytiker versucht, sich über seine aktuelle Gegenübertragung klar zu werden. Ich gehe der Frage nach: Welche inneren, teils unbewussten und teils bewussten Schritte tun wir dabei? Was dabei herauskommt, ist ein emergentes Modell auf erweiterter systemischer Grundlage, in dem sich der Deutungsprozess vom Emotionalen zum Rationalen oder, von mir weitgehend synonym gemeint, vom Affektiven zum Kognitiven hierarchisch entwikkelt. Der begrenzte Zeitrahmen ermöglicht leider nicht eine an dieser Stelle angebrachte Diskussion der »Gedanken zum Erkenntnisprozeß des Psychoanalytikers« und seiner in dieser Arbeit 1969 von Paula Heimann beschriebenen drei Positionen. So beschränke ich mich auf das folgende Zitat, das den Prozess doppeldeutig beleuchtet:

> »Die Gegenübertragung aber beruht nicht auf mitgeführten Klischees oder Stereotypen, sondern ist ein Phänomen, das nur innerhalb der psychoanalytischen Situation, innerhalb der spezifischen, individuellen Beziehung zum Patienten entsteht. Sie (...) stellt daher ein Werkzeug für den Erkenntnisprozeß des Analytikers dar.« (Heimann 1969, S. 10)

Die Doppeldeutigkeit besteht darin, dass der Gedanke zwar auf einen (Entstehungs-)Prozess abzielt, jedoch selbst nicht prozessual angelegt ist, sodass alternativ (nicht sondern) ausgegrenzt wird, was hierarchisch integriert werden müsste.

Außerdem unterscheide ich wie üblich auch zwischen genetischen Deutungen und Übertragungsdeutungen. Im Zentrum der Aufmerksamkeit werden jetzt aber nur die Übertragungsdeutungen stehen, denn hier vor allem spielt die Gegenübertragung nach allgemeinem psychoanalytischen Konsens eine Rolle.

Nun noch ein Wort zu Praxis und Forschung. Soweit die psychoanalytische Praxis so aussieht, wie sie aus folgendem Zitat hervorgeht, stimme ich Thomä (1999, S. 854) gerne zu. Er schreibt nämlich:

> »Es war von vornherein ein Irrtum, in der Gegenübertragung als *solcher* ein wesentliches diagnostisches Hilfsmittel oder gar ein Forschungsinstrument zu sehen. Was der Analytiker mit seinem ›dritten Ohr‹ hört, bedarf vielfältiger Nachprüfungen, wie sie auch von Paula Heimann (1969) später gefordert wurden. Statt dessen wird in der inflationären Literatur die Gegenübertragung vom Hilfsmittel zum sicheren Kriterium für die Diagnose der unbewußten Phantasie des Patienten erhoben.«

Ist die Gegenübertragung somit als Instrument der Forschung diskreditiert? Ist sie in das einzuordnen, was Grünbaum (2000, S. 293) »Freuds dubiose Psychopathologisiererei des normalen Seelenlebens« genannt hat? Ist das Unbewusste des Analytikers in der Analyse vielleicht gar kein Instrument, nicht eines der gleichschwebenden Aufmerksamkeit und auch keines der Gegenübertragung? Brachte die 1979 von Epstein & Feiner geprägte Metapher von der »Doppelhelix der Gegenübertragung«, die deren gegensätzlich definierte Bedeutung als hinderlich oder förderlich für die Psychoanalyse symbolisieren sollte, nur »Konfusionen mit sich«, wie Nerenz (1997, S. 150) feststellte? Müssen wir Nerenz zustimmen, »daß sich hinter dem Begriff der Gegenübertragung ein erkenntnistheoretisches Dilemma verbirgt« (ebenda, S. 143)? Wie kommen wir dann mit dem Junktim von psychoanalytischer Forschung und Praxis zurecht, das Freud (1912) praktiziert und gerühmt, Loch (1974) geheuert und Grünbaum (2000) gefeuert hat? Thomäs Forderung nach den »vielfältigen Nachprüfungen« deutet als Ausweg den notwendigen Eintritt in einen Prozess an, den er möglicherweise so gar nicht gemeint hat, auf den mein Beitrag aber abzielt. Es geht also um den intrapsychischen Prozess, der im Psychoanalytiker abläuft, wenn er sich über seine aktuelle Gegenübertragung klar werden will.

Ein Werkzeug für das Ding an sich

Zunächst muss ich deshalb einwenden, dass zu einer »Gegenübertragung als *solcher*«, also dem Kantschen Ding an sich, jeder unmittelbare Zugang fehlt und sie deshalb grundsätzlich nicht unmittelbar als Forschungsinstrument nachzuprüfen ist. Der Irrtum, auf den Thomä hinweist, ist also nicht nur technischer Art. Er hat eine erkenntniskritische Dimension, die keinen Zweifel an der Absurdität jeglicher Versuchung lässt, in der »Gegenübertragung als *solcher*« überhaupt ein direkt verwendbares technisches Kriterium zu sehen. Nerenz versuchte deshalb über den Freudschen Begriff der »(Trieb-)Abkömmlinge« (Freud 1912, S. 382) eine Lösung zu finden. Andererseits haben wir von der »Gegenübertragung als *solcher*« durchaus affektiv und kognitiv verschiedene Vorstellungen, die wir als Forschungsinstrument, als psychisches Werkzeug, benutzen und dem zufolge auch nachprüfen können, soweit wir dies wollen. Sollte man diese psychischen Werkzeuge als Triebabkömmlinge bezeichnen? Immerhin sind Werkzeuge zwar ein mittelbarer Zugang, aber doch eben ein Zugang zum Ding an sich. Abkömmlinge hingegen sind sozusagen Kinder des Dings an sich. Wenn diese auch bewusstseinsfähig sind, so suggerieren sie m. E. doch eher die Vorstellung von einer Wiederholung des Dings an sich und weniger von einem Zugang, der immer ein Weg ist und ein Ziel verfolgt. Im Freudschen Text geht es um die möglichst unverzerrte Rekonstruktion des Unbewussten des Patienten und nicht um die der Gegenübertragung an sich.

Man könnte einwenden, dass eine Vorstellung gar kein Werkzeug, also auch kein Forschungsinstrument sei, sondern ein Produkt, eine Symbolisierung, ein Abbild oder ein Gegenentwurf. Das alles und vieles mehr kann eine Vorstellung vom Ding an sich sicherlich sein. Die Vorstellung wird eben nur nicht von der »Gegenübertragung als *solcher*« geboren. Sie kann zur Symbolisierung geraten und auch zum Abbild verflachen, trotzdem ist eine wie auch immer produzierte Vorstellung von einem Ding an sich und so auch von einer »Gegenübertragung als *solcher*« als ein Modell zu betrachten. Neben einigen spezifischen Bedeutungen ist ein Modell laut Duden, also auf einem Definitionsniveau, das breiten Konsens ermöglicht, nämlich eine »vereinfachte Darstellung der Funktion eines Gegenstands od. des Ablaufs eines Sachverhalts, die eine Untersuchung od. Erforschung erleichtert od. erst möglich macht«. Wenn wir diese allgemeine Definition teilen, dann ist das Modell aber ebenso wie der Knüppel eines Schimpansen, der die Öffnung einer Nuss erst möglich macht, ein Werkzeug. Allerdings muss man einräumen, dass weder der Knüppel noch die Vorstellung von seinem Gebrauch jeweils für sich eigenständige Werkzeuge sind. Sie sind es erst zusammen und sie sind nicht existent ohne das Gegenstück. Der Unterschied zwischen dem Knüppel und der »Gegenübertragung als *solcher*« ist allerdings folgender: Der Knüppel ist als Ding an sich ein Ast, der sich in der realen Außenwelt befindet. Die Gegenübertragung als solche befindet sich als Ding an sich hingegen in der unbewussten Psyche des Analytikers. Vom Ich des Analytikers aus betrachtet, sind sie aber beide Außenwelt, quasi äußere Außenwelt und innere Außenwelt, und zu beiden gehört gleichermaßen die produzierte Vorstellung, die das Ding an sich erst zum Werkzeug macht. Das ist eine Innenwelt-Außenwelt-Problematik (1), in der das Subjekt die unmittelbare Subjekt-Objekt-Relation zu einer Subjekt-Werkzeug-Objekt-Relation aktiv und vorsätzlich erweitert. In diesem Sinne ist das Werkzeug kein Objekt und es ist niemals ein Ding an sich, wie es jedes Objekt ist. Erst die Vorstellung erweitert den Ast zum Knüppel und macht ihn so zum Werkzeug bzw. zum Modell. Also, erst die Vorstellung erweitert die Gegenübertragung als *solche* zu einer Gegenübertragung als behandlungstechnisches Mittel bzw. als Forschungsinstrument.

Wir haben folglich mit beiden zu tun: mit den vermittelnden Vorstellungen von der »Gegenübertragung als *solcher*«, die Forschungsinstrument wie Modell sein können, und, darüber vermittelt, mit diesen selbst, die nicht Forschungsinstrument sondern Forschungsgegenstand sind. Benutzen und überprüfen können wir aber nur jene, die Vorstellungen also, denn unsere Vorstellungen kennen wir mehr oder weniger, das Ding an sich, den eigentlichen Forschungsgegenstand, vermuten wir lediglich. Wir können ihn aber trotzdem ausprobieren: den Ast als Knüppel an der Nuss und die vermutete Gegenübertragung als solche am Patienten. Dazu ist aber eine Vermutung über die Eignung des Fundes, also eine Vorstellung darüber, unverzichtbar. Das ist keine spezifische psychoanalytische Konstellation, sondern allgemeinwissenschaftlicher Hypothesen-Alltag. Das hat auch Freud schon gewusst.

Wenn wir also gelernt haben, die reale Gegenübertragung von der Gegenübertragung als behandlungstechnisches Mittel bzw. als Forschungsinstrument zu unterscheiden und erfahren genug sind, dies in realen Behandlungssituationen auch zu tun, so halten wir es, denke ich, dennoch alle für vernünftig, dass wir von unseren Vorstellungen, so weit wir sie für wahr halten, annehmen, dass sie dem Ding an sich weitgehend entsprechen. Dies ist unser Apriori, unser Vernunftssatz, auf dem jegliches Posteriori, jeglicher Erfahrungssatz, erst

Bedeutung bekommt. Wenn wir also unsere Gegenübertragung a posteriori nachprüfen wollen, dann haben wir nicht Evidenz und Validität einer real stattfindenden Gegenübertragung im Auge, sondern lediglich die Bedeutsamkeit und Gültigkeit unserer Vorstellung über das, von dem wir annehmen, dass es a priori die Realität darstellt. Wir überprüfen Hypothesen, indem wir sie in der Praxis, also in der Patientenbeziehung ausprobieren oder indem wir sie an Kriterien messen, die wir für gesetzmäßig halten. Diese beiden Seiten bilden ein Konfliktfeld, das kein Dilemma darstellt, sondern Prozesse ermöglicht und erzwingt.

Zur Metapsychologie der Gegenübertragung

Spielen wir jetzt diese Gedanken noch einmal metapsychologisch durch. Wir haben also beides, sowohl die Gegenübertragung an sich, ich nenne sie vorläufig unser emotional-kognitives inneres Handeln, das nach außen mehr oder weniger durchdringt, als auch unsere Vorstellung von diesem Gegenübertragungshandeln. Beide stimmen zu einem gewissen Grad miteinander überein und stehen dementsprechend auch im Konflikt miteinander. Im philosophischen Kontext ist dies eine dialektische Aussage, im systemischen eine hierarchische. Ich kann aber auch sagen: Beide sind miteinander identifiziert, was Konkreteres meint. Obwohl nun das emotional-kognitive Handeln, Wahrnehmen, Reagieren, also die Gegenübertragung an sich, zweifellos eine Leistung des Analytiker-Ichs ist, kann sie dennoch niemals ein behandlungstechnisches Instrument bzw. Forschungsinstrument sein. Sie ist hingegen, obwohl eindeutig eine Ich-Leistung, das Forschungsobjekt. So kommt es, dass die eine, die unbewusste Ich-Leistung, die Gegenübertragung an sich also, zum Objekt für eine andere Ich-Leistung wird, die wir Modellbildung oder intrapsychische Werkzeugherstellung nennen könnten, diese Ich-Leistung nennen wir gewöhnlich Vorstellungsfähigkeit oder Phantasieren, sie produziert eben unsere Vorstellung von unserer vermeintlichen Gegenübertragung.

Diese Art von Phantasieren ist keine unbewusste. Phantasieren mag vorbewusst sein, es ist aber prinzipiell bewusstseinsfähig (2). Es kann aber als Ich-Leistung, wie jede Leistung, unterbleiben oder unterdrückt werden. Das Ich kann zu unreif sein, um ein intrapsychisches Werkzeug zu produzieren, das sich selbst oder ein Teil von sich selbst zum Objekt macht. Das Ich kann aber, wie wir alle gut wissen, auch reif dafür sein und es dennoch nicht tun oder es kann es tun und anschließend oder später wieder verdrängen oder andersartig abwehren. Hier berühren wir psychoanalytisches Basiswissen.

Neben diesem bewusstseinsfähigen Phantasieren oder Phantasiehandeln, das in unserem Falle also eine bewusstseinsfähige Gegenübertragungsvorstel-

lung produziert, existiert aber auch noch die unbewusste Gegenübertragungsphantasie, die ich vorläufig als unser emotional-kognitives inneres Handeln, als
Gegenübertragungshandlung bezeichnet hatte. Genau genommen ist sie aber als
Ding an sich eine Triebrepräsentanz des Analytikers, die beides beinhaltet,
sowohl eine Vorstellung als auch eine Handlung. Wenn Vorstellung und Handlung aber unmittelbar und fest, also nicht variabel, miteinander verknüpft sind,
sind sie nicht bewusstseinsfähig. Sie sind beobachtungsfähig und können als
Beobachtung bzw. Selbstbeobachtung nachträglich bewusst werden. So eine
Vorstellung, die mit einer Handlung konstant verbunden ist, wird aber nicht
erinnert, sie wird agiert. Man kann also sagen, dass eine konstante Verbindung
zwischen Vorstellung und Handlung das Triebniveau charakterisiert. Deshalb
schlage ich vor, die Gegenübertragung als solche *Gegenübertragungsrepräsentanz* zu nennen.

Diese Gegenübertragungsrepräsentanz ist nun eine Triebrepräsentanz, wie
jede andere auch, von der Freud (1915, S. 254) sagte, sie sei »eine Vorstellung
oder Vorstellungsgruppe, welche vom Trieb her mit einem bestimmten Betrag
von psychischer Energie (Libido, Interesse) besetzt ist.«

Die Gegenübertragungsrepräsentanz enthält also beides noch ungetrennt.
In Freuds Sprache sind es die Vorstellung und die Besetzung. Nach meinem
Vorschlag sind es die Vorstellung und die Handlung. Ich setze nun das Freud-
zitat fort (S. 255):

> »Die klinische Beobachtung nötigt uns nun zu zerlegen, was wir bisher einheit-
> lich aufgefaßt hatten, denn sie zeigt uns, daß etwas anderes, was den Trieb reprä-
> sentiert, neben der Vorstellung in Betracht kommt, und daß dieses andere ein
> Verdrängungsschicksal erfährt, welches von dem der Vorstellung ganz verschie-
> den sein kann. Für dieses andere Element der psychischen Repräsentanz hat sich
> der Name A f f e k t b e t r a g eingebürgert; es entspricht dem Triebe, insofern es
> sich von der Vorstellung abgelöst hat und einen seiner Quantität gemäßen
> Ausdruck in Vorgängen findet, welche als Affekte der Empfindung bemerkbar
> werden. Wir werden von nun an, wenn wir einen Fall von Verdrängung beschrei-
> ben, gesondert verfolgen müssen, was durch die Verdrängung aus der Vorstellung
> und was aus der an ihr haftenden Triebenergie geworden ist.«

Wenn wir das in unserem Falle der Gegenübertragungsrepräsentanz beherzigen
wollen, dann stellen wir fest, dass wir in unserer Betrachtungsweise von dieser
Getrenntheit ausgegangen sind. Wir messen dieser Getrenntheit noch viel
konsequenter Bedeutung zu, als es Freud getan hat. Freud ist inkonsequent
geblieben. Deshalb stellen Laplanche & Pontalis auch fest (1967, S. 535): »Im
allgemeinen setzt Freud die Triebrepräsentanz mit der Vorstellungsrepräsentanz gleich; bei der Beschreibung der Verdrängungsphasen wird allein die
Vorstellungsrepräsentanz berücksichtigt.«

Diese Konfusion werden wir also versuchen aufzulösen, indem wir das, was Freud zunächst einheitlich aufgefasst hat und dann auf derselben Stufe, also auf demselben Strukturierungsniveau getrennt hat, nunmehr zeitlich nacheinander und strukturell hierarchisch übereinander stellen. Freud glaubte, seine ursprüngliche Vorstellung wegen der klinischen Beobachtungen korrigieren zu müssen und blieb damit stecken. Wir wollen nun, an derselben Stelle, nicht die Ungetrenntheit wiederherstellen, sondern sehen, wie aus ihr eine Getrenntheit auf höherer Stufe wird, die die ungetrennte niedrigere Stufe nicht aufhebt, sondern hierarchisch integriert.

Wir sind außerdem von einer anderen Seite als Freud herangegangen. Freuds Zugang war das Studium der Neurosen und deswegen hatte er auch den Fall der Verdrängung als eine neurotische intrapsychische Funktion untersucht und den Arzt in den »Ratschlägen« davor gewarnt. Unser Zugang aber ist die Gegenübertragung, in der die Verdrängung bzw. die Abwehr sich als einer von mehreren möglichen Fällen darstellt. Ich hatte es oben kurz umrissen.

Topographisch betrachtet haben wir also von zwei verschiedenen Leistungs- bzw. Handlungsniveaus des Ichs gesprochen. Zunächst von der bewusstseinsfähigen Produktion von Vorstellungen über die unbewusste Gegenübertragungsrepräsentanz. Hier ist die Handlung nicht mit der Vorstellung verknüpft, sondern die Vorstellung ist durchaus variables Ergebnis der Handlung. Sie ist ein psychisches Werkzeug, ein behandlungstechnisches Hilfsmittel oder eben ein Forschungsinstrument. Dann sprachen wir von der bewusstseinsunfähigen Gegenübertragungsrepräsentanz selbst, die wegen der konstanten Verbindung zwischen unbewusster Vorstellung, ob z. B. als Penis oder ob als gute oder böse Mutterbrust, und der Besetzung bzw. der zugehörigen Handlung, ob als Abwehr oder ob als Verschmelzungsphantasieren, prinzipiell bewusstseins*un*fähig ist.

Dieses zweite unbewusste Niveau ist, das Es springt förmlich ins Auge, natürlich das Ich-Es. Bleibt die Frage, wo die vom bewusstseinsfähigen Ich produzierten Vorstellungen bleiben. Es liegt nahe. Sie werden vom Ich summiert und integriert als bewusstseinsfähiges Über-Ich abgelegt, als Speichermedium, als Werkzeugkiste bzw. Modellbaukasten, der prinzipiell dem Ich zur Verfügung steht und auf diese Weise zum entscheidenden Kriterium dafür wird, was das Ich leisten kann. Wir wissen aber seit Freud, dass auch das Über-Ich im Es verwurzelt ist und haben keine Schwierigkeit, dies in unserem Modell zu sehen. Denn so, wie die Gegenübertragungsrepräsentanz mit ihrer Handlungs-, Besetzungs- oder Affektseite in die Ich-Handlungen, wie z. B. die Deutungen und die analytische Haltung, einfließt und diese gewissermaßen triebhaft mit unbewussten Vorstellungen infiziert, genauso ist die Gegenübertragungsrepräsentanz mit von der Partie, wenn im Über-Ich sich nach und nach

die innere Welt der Vorstellungen strukturiert, die wir von unserer Gegenübertragung haben, und zu einem die Behandlung fördernden oder behindern-
den Modell wird. Auch dieses Modell, das zweifellos ein kognitives Modell ist,
ist natürlich triebhaft mit unbewussten Handlungsimpulsen oder eben mit
Affekten infiziert. Was ich hier als infiziert wegen der einfließenden Ungetrenntheit bezeichne, ist aber nichts anderes als das, was wir unter Besetzung
verstehen.

Von der Repräsentanz über die Mystik zur Wahrheit

Im vorangehenden Text habe ich ein emergentes Modell auf erweiterter systemischer Grundlage vorgestellt, in dem sich der Deutungsprozess vom Affektiven zum Kognitiven hierarchisch entwickelt. Zudem war es mein Ziel, den
notwendigen Prozess der Nachprüfungen von Gegenübertragungen, ich präzi-
siere nun, von Gegenübertragungsvorstellungen einzuleiten, der der Thomä-
schen Forderung nach den »vielfältigen Nachprüfungen« entspricht. Im
Folgenden soll dies klarer herausgearbeitet werden.

Gegenstand der Deutung ist hier keine Übertragung eines Patienten,
sondern die Gegenübertragungsrepräsentanz gewesen, die in ihrer Mischung
von Affektbetrag und Triebvorstellung bzw. von Handlungs- und Vorstel-
lungsanteilen nur erraten und auch dann nur in metaphorischer Sprache
benannt werden kann. Das heißt, eine dunkle, unklare Empfindung, die die
Existenz einer Gegenübertragungsrepräsentanz signalisiert, die lediglich eine
Art Reizzustand ist, wird mit einer Phantasie beantwortet. Woher immer diese
Phantasie kommen und wessen Ausdruck sie auch sein mag; sie ist eine erste und
prompt wie ein Patellarsehnenreflex eintretende Phantasie. Und vor allem ist es
völlig gleichgültig, ob sich diese hoch wissenschaftlich, religiös oder primitiv
gebärdet. Dies alles ist nämlich kein Mangel, sondern der erste wichtige Schritt,
den ich deswegen in systemischer Sprache Reizprinzip nenne. Denn in diesem
ersten Schritt wird ein einfaches, vor allem aber ein bereitliegendes Modell von
der Gegenübertragungsrepräsentanz verwendet, das wir getrost als mystisch
bezeichnen können.

Dieses zunächst mystische Modell von der Gegenübertragungsrepräsentanz
wird durch etwas verantwortet. Wer, was ist zuständig für unsere mystischen
Produktionen im Wachen wie im Traum? Die Frage ist rhetorisch, denn seit der
Traumdeutung, spätestens aber seit der Einführung der zweiten Topik schreiben wir diese Verantwortung dem Es zu, was Freud am Ende seines Lebens
noch einmal auf den Punkt gebracht hat (1938, S. 152): »Mystik die dunkle
Selbstwahrnehmung des Reiches außerhalb des Ichs, des Es.« Anders formuliert: Das Ich steht im Dienste des Es und produziert Vorstellungen, die der

Affektlogik – diesen Begriff können wir besser als die nicht erweiterte System-
theorie von Ciompi (1982) übernehmen – die also der Affektlogik entsprechen.
In der Sprache von Green geht es hier um die »Geheime Verrücktheit« und
diese, »die affektive Logik läßt Koexistenz von Widersprüchen zu und trifft
keine Entscheidung; die andere, die intellektuelle Logik, funktioniert nach dem
Prinzip des ausgeschlossenen Dritten« (Green 2000, S. 73).

Wer ist in unserem Kontext der ausgeschlossene Dritte? Ich denke, es ist
offensichtlich, dass es eben diese Affektlogik des Es ist, diese mystische Gegenübertragungsphantasie über die Gegenübertragungsrepräsentanz, denn sie ist
aus Sicht der intellektuellen Logik unsere geheime Verrücktheit.

Leicht tritt an die Stelle der mystischen Gegenübertragungsphantasie, wie
wir wissen, die eigene Gegenübertragungstheorie und über die lässt sich dann
trefflich mit anderen intellektuell streiten. Das kennen wir als Intellektualisieren und es geschieht, meine ich, dann nicht nur verdeckt in analytischen Stunden mit Patienten, sondern führt folgerichtig und unverdeckt zu der »inflationären Literatur« von der Thomä im einleitenden Zitat gesprochen hat. Folgerichtig allerdings nur dann, wenn unser Wissen um die bereits von Freud
entdeckte Problematik bezüglich der Verneinung in uns selbst verdrängt
worden ist und deshalb eine Identifikation zwischen der erlebbaren und erlebten mystischen Gegenübertragungsphantasie einschließlich ihrer affektiven
Besetzungen, ihrer Infiziertheit, und der natürlich immer auch vorhandenen
Gegenübertragungstheorie verhindert wird.

Diese Identifikation ist ein Vergleichsprozess, in dem nach Detailüberein-
stimmungen zwischen Erleben und Wissen gesucht wird. Ich hatte sie schon als
zweiten Schritt des Prozesses gekennzeichnet. Auch sie gehorcht den Prinzipien
des Es. Sie ist das, was von Piaget im Rahmen der Intelligenzentwicklung einst
vorbegriffliches und anschauliches Denken als »egozentrische Repräsenta-
tionsaktivität« (Piaget 1975, S. 348ff.) genannt worden ist. Obwohl wir uns mit
dem Prozess vom Affektiven zum Kognitiven befassen, ist in diesem Moment
aber nicht die Intelligenzentwicklung, also die intelligente Strukturierung einer
wahren Gegenübertragungsvorstellung wichtig, sondern die Tatsache, dass die
vom Es regulierte (und nicht nur motivierte) psychische Tätigkeit dem Es *als
Instanz* unterliegt. Als solche wird das Es durch den Triebdualismus bestimmt
und konstituiert. So ist entscheidend, ob vom Es libidinös oder aggressiv dominierte Besetzungen ausgehen. Der Vergleichsprozess, die Identifikation, ist
nämlich das Resultat einer libidinösen Besetzung gleichermaßen von mystischer
Gegenübertragungsphantasie und vorhandener eigener Gegenübertragungstheorie. Sind diese oder eine von ihnen jedoch aggressiv besetzt, wird diese oder
jene oder es werden beide abgewiesen. Es findet die Verneinung statt, wie Freud
sie beschrieben hat (1925, S. 11): »Es ist so, als ob der Patient gesagt hätte: ›Mir

ist zwar die Mutter zu diesem Problem eingefallen, aber ich habe keine Lust, diesen Einfall gelten zu lassen.‹«

Auf unser Gegenübertragungsthema zugeschnitten lautet sie folgendermaßen: Es ist so, als ob der Psychoanalytiker gesagt hätte: »Mir ist zwar die mystische Phantasie zu diesem Patienten (eigentlich zu dieser mir direkt nicht zugänglichen Gegenübertragungsrepräsentanz) eingefallen, aber ich habe keine Lust, diesen Einfall als mystische Gegenübertragungsphantasie gelten zu lassen.«

Wir haben bis hierher zwei Schritte vollzogen, die beide vom Es reguliert werden und dementsprechend auch affektiv bestimmt sind. Besonders hervorheben will ich aber noch einmal, dass sowohl die mystische Phantasie als natürlich auch die eigene Theorie im Unterschied zur eigentlichen Triebrepräsentanz bewusstseinsfähig sind, denn sie sind bereits Vorstellungen, die von der Handlung getrennt sind, sonst wären sie Agieren. Allerdings ist der Grad und häufig auch die Art, also libidinös oder aggressiv, der Besetzung zwischen ihnen unterschiedlich.

Apriori und Posteriori in der Metapsychologie

Unbewusst ist außer der Gegenübertragungsrepräsentanz auch die Regulation, so nenne ich in systemischer Sprache den mystischen Arbeitsmodus des Es, der bei libidinöser Besetzung zur Identifikation und bei aggressiver Besetzung zur Abwehr führt. So gibt es offensichtlich eine bewusste mystische Vorstellung und eine unbewusste mystische Regulation. An dieser Stelle wird mancher sagen: »Stopp! Ist das jetzt nicht konfus?« Einerseits sage ich, dass die mystische Gegenübertragungsvorstellung bewusst wäre und sich so von der Gegenübertragungsrepräsentanz, die unbewusst ist, unterscheidet. Andererseits behaupte ich nun, dass der andere, der affektive Anteil an der Gegenübertragungsrepräsentanz, also der mystische Arbeitsmodus, die Regulation also, unbewusst wäre. Wie ist das zu klären? Die Antwort ist einfach.

Die Konfusion entsteht, wenn man auf mystischem Niveau, also im Grenzland zwischen unbewusster Repräsentanz und bewusster Vorstellung nicht konsequent zwischen mystischer Gegenübertragungsvorstellung, also Vorstellung einerseits, und andererseits mystischem Arbeitsmodus, also Besetzung, Affektbetrag, systemisch also Regulation, unterscheidet. Die Unterscheidung liegt jedoch nicht auf Repräsentanzniveau. Dort sahen wir, dass Vorstellung und Affekt – also Handlung – noch ungetrennt waren. Wir unterscheiden jetzt also in unserer Betrachtung etwas, was in der Gegenübertragungsrepräsentanz, soweit sie Teil des Es bzw. des Ich-Es ist, noch nicht getrennt ist. Zur Erinnerung: Die Vorstellung ist ein Modell, ein Werkzeug, das zum Kriterium für eine

Handlung wird, das den Ast zum Knüppel oder auch zum Spazierstock machen kann. Dieses Kriterium ist von uns, metapsychologisch vom Über-Ich, a priori zur Gegenübertragungsrepräsentanz hinzugefügt worden, sodass sich die Bedeutung verändert hat und die Vorstellung sich auf diese Weise von dem Handlungsanteil, der noch ursprünglich ist, also von der Regulation, »ablöst«. Diese »Ablösung« ist aber kein mechanischer, sondern ein systemischer Vorgang. So kommt zwischen die beiden Anteile der Gegenübertragungsrepräsentanz nunmehr Variabilität, indem sie nicht gespalten, sondern einmal in diesem und dann wieder in jenem systemischen Zusammenhang integriert werden. Diese Leistung, die infolge unterschiedlicher hierarchischer Einbindung aus einer starren Beziehung eine variable macht, haben wir topographisch dem Ich und dem Über-Ich zuzuordnen. Die noch mystische Gegenübertragungsvorstellung wird also ein a posteriori überprüfbares Modell von der Gegenübertragungsrepräsentanz, das zwar nach regulativem, mystischem Arbeitsmodus, zu dem das Es, wie übrigens alle Biologie fähig ist (vgl. Wruck 2002), konstruiert wurde, aber bereits mit seinem Vorstellungsanteil in das Über-Ich »hineinreicht« und in andere Vorstellungen integriert wird, während die zu dieser mystischen Gegenübertragungsvorstellung gehörige Handlung bzw. der Affektbetrag nicht abgespalten, wohl aber aufgehalten, zeitlich versetzt integriert wird, in das Ich »hineinragt« und vom Ich so oder anders, nach einer variablen Gegenübertragungsvorstellung schließlich ausgeführt oder verworfen wird. Man kann auch sagen, dass die basale Regulation durch das Es auf diese Weise vom Ich übersteuert wird.

Wir sind also an dem Punkt, wo das Es zum Gegenübertragungsagieren drängt, zur unmittelbaren Subjekt-Objekt-Beziehung hatten wir oben gesagt, während das Ich unter der veränderten Vorstellung im Über-Ich, also mittels eines Werkzeuges, die Handlung hemmt. So ist daraus die oben benannte Subjekt-Werkzeug-Objekt-Beziehung geworden. Dazu ist das Ich aber nur insoweit fähig, wie es die Wahl zwischen mehreren Gegenübertragungsvorstellungen hat. In einem Entscheidungsprozess wird so ein letztendlich gültiges Kriterium, das aus dem Über-Ich-Reservoire stammt und verfügbare Gegenübertragungstheorien ebenso wie die aktuelle Gegenübertragungsrepräsentanz systemisch einschließt, ausgewählt und steuert in Richtung weiterer Klärung der mystischen Gegenübertragungsphantasie. Auf diese Weise wird die Gegenübertragungsrepräsentanz ein Teil der Gegenübertragungsvorstellung und die hat deshalb zunächst mystischen, also handlungsnahen Charakter.

Wir haben somit im inneren Deutungsprozess der Gegenübertragung die metapsychologisch-systemische Vorstellung von einem Stufenmodell entwikkelt, in dem also im ersten Schritt triebhaft vom Es aus die Gegenübertragungsrepräsentanz zum Gegenübertragungsagieren drängt und bei überwiegend libidinöser Besetzung im zweiten Schritt Identifikationen zwischen Repräsentanzanteilen und entsprechenden Theorievorstellungen stattfinden, auf deren Basis im dritten Schritt das Ich nun steuernd in den Prozess eingreift bis die Klärung der Vorstellung soweit im Über-Ich vorangeschritten ist, dass sie ihrerseits das Ich beeinflussen kann und aus dem Drang zu agieren eine technische Handlung, eine Gegenübertragungsdeutung wird, die somit sowohl die Gegenübertragungsrepräsentanz, den ausgeschlossenen Dritten also, als auch das Gegenübertragungswissen und viele Variablen mehr einschließt.

Damit wäre im vierten Schritt der systemische Kreis geschlossen und die aktuell gültige Gegenübertragungsdeutung nicht nur fertig, sondern auch ein weiterhin verwendbarer individueller Baustein (integrierter Gedächtnisinhalt, Funktionelles System), der gegenüber dem vorhandenen Gegenübertragungswissen eine völlig neue Qualität hat. Sie kennen das damit verbundene Erleben aus Ihrer eigenen Praxis. Wir sollten aber trotz dieser uns verfügbaren neuen Qualität nicht vergessen, dass sie als verwendbarer individueller Baustein eben doch nur wieder eine mystische Phantasie im nächsten Fall, ja schon im nächsten veränderten Augenblick ist, die es immer wieder neu im beschriebenen Prozess zu entwickeln gilt.

Im Unterschied zu dem Identifikationsprinzip, dem *regulierenden* Einfluss des Es auf den Prozess, bezeichne ich übrigens diesen mit Hilfe des Über-Ich-*steuernden* Einflusses des Ichs auf diesen inneren Deutungsprozess, diesen dritten Schritt also, als Analyseprinzip. Es ist der das Biologische, das Triebhafte, das Mystische einschließende erweiterte kognitive Schritt, der sich von sonstigen Kognitionen unterscheidet, die davon abgehoben sind und uns als Zwang oder als Intellektualisieren sowohl in der Krankenbehandlung als auch im wissenschaftlichen Alltag gut bekannt sind. Den abschließenden, also auf das Ich rückwirkenden Schritt, der ja nunmehr eine Gegenübertragungserfahrung genannt werden kann, die an Stelle des Agierens Handlungsentwürfe, Fähigkeiten, Kompetenzen bereitstellt, diesen abschließenden Schritt nenne ich »Syntheseprinzip«. So vollzieht sich der Prozess unserer tausendfachen inneren Deutung unserer jeweils aktuellen Gegenübertragung, ebenso wie andere Deutungen auch, nach immer wiederkehrenden vier systemischen Prinzipien die ich

1. Reizprinzip,
2. Identifikationsprinzip,
3. Analyseprinzip und
4. Syntheseprinzip

genannt habe. Die vier Anfangsbuchstaben dieser Regulations- und Steuerungsprinzipien ergeben den Namen »RIAS« (Wruck 2002). »RIAS« ist also eine allgemeine systemische Entwicklungstheorie, mit deren Hilfe ich meine Analyse der Deutung des Gegenübertragungsprozesses vorgestellt habe.

Anmerkungen

1 Über die Dynamik dieser Innenwelt-Außenwelt-Problematik sowie deren klinische und sozialpsychologische Relevanz habe ich auf der DGPT-Tagung 1998 eine Fallstudie mit einleitenden Bemerkungen zur Ost-West-Problematik vorgetragen (vgl. Wruck 1999).

2 In einer früheren Veröffentlichung (vgl. Wruck 1981) hatte ich aufgrund unzureichender psychoanalytischer Kenntnisse zwischen Bewusstseinsfähigem (Vorbewusstem) und Bewusstem systemisch noch nicht ausreichend unterschieden, sodass die Bedeutung der Entstehung von Vorbewusstem trotz eines entsprechenden Freudzitates von mir unterschätzt worden war.

Literatur

Ciompi, L. (1982): Affektlogik. Stuttgart (Klett-Cotta).

Freud, S. (1912): Ratschläge für den Arzt bei der psychoanalytischen Behandlung. GW VIII, S. 375–387.

Freud, S. (1915): Die Verdrängung. GW X, S. 247–261.

Freud, S. (1925): Die Verneinung. GW XIV, S. 9–15.

Freud, S. (1938): Ergebnisse, Ideen, Probleme (London, Juni 1938). GW XVII, S. 149–152.

Green, A. (2000): Geheime Verrücktheit. Gießen (Psychosozial).

Grünbaum, A. (2000): Ein Jahrhundert Psychoanalyse. Ein kritischer Rückblick – ein kritischer Ausblick. In: Forum Psychoanal. 16, S. 285–296.

Heimann, P. (1969): Gedanken zum Erkenntnisprozess des Psychoanalytikers. In: Psyche 23, S. 2–24.

Laplanche, J. & Pontalis, J.-B. (1967): Das Vokabular der Psychoanalyse. 9. Aufl. Frankfurt a. M. 1989 (Suhrkamp).

Loch, W. (1974): Der Analytiker als Gesetzgeber und Lehrer. In: Psyche 28, S. 431–460.

Nehrenz, K. (1997): Bemerkungen zur Geschichte des Gegenübertragungsbegriffs. Versuch, die Problematik eines mehrdeutigen psychoanalytischen Schlüsselbegriffs zu aktualisieren. In: Psyche 51, S. 143–155.

Piaget, J. (1975): Nachahmung, Spiel und Traum. Gesammelte Werke 5, Stuttgart (Klett-Cotta).

Thomä, H. (1999): Zur Theorie und Praxis von Übertragung und Gegenübertragung. In: Psyche 9/10, S. 820–872.

Wruck, P. (1981): Bewußtes und Unbewußtes unter systemtheoretischem Aspekt. In: Katzenstein, A.; Späte, H. F. & Thom, A. (Hg.) (1983): Die historische Stellung und die gegenwärtige Funktion der von Sigmund Freud begründeten Psychoanalyse im Prozeß der Formierung einer wissenschaftlich fundierten Psychotherapie. Vorträge der Arbeitstagung anläßlich des 125. Geburtstages Sigmund Freuds. Bernburg (Bezirkskrankenhaus für Psychiatrie und Neurologie), S. 58–68.

Wruck, P. (1999): Drinnen hinter der Tür – getrennt vom Westen, also von der

Psychoanalyse? In: Schlösser, A.-M. & Höhfeld, K. (Hg.) (1999): Trennungen. Gießen (Psychosozial), S. 373–386.

Wruck, P. (2002): RIAS – eine neue systemische Entwicklungstheorie zur vergleichenden Psychotherapie und interdisziplinären Modellbildung. Noch unveröffentlichter Vortrag auf dem 3rd World Council for Psychotherapie in Wien am 17.07.2002.

Hat Psychoanalyse heute noch etwas zur Gesellschaft zu sagen?

Georg Richard Gfäller

Paul Parins Gedanken (vgl. Parin 1978) sollen fortgesetzt werden. Mit Hilfe des Psychotherapeutengesetzes ist es gelungen, nun auch den Psychologeninnen und Psychologen einen den Ärzten gleichberechtigten Zugang zur psychoanalytischen Praxis im Sinne der Psychotherapie zu ermöglichen. Es wurden zwei neue Heilberufe geschaffen, der des »psychologischen Psychotherapeuten« und der des »Kinder- und Jugendlichen-Psychotherapeuten«. Die Kehrseite dieses Gesetzes war und ist, dass nunmehr Psychoanalyse in der »Ausbildung« nur mehr als Krankenbehandlung fungiert. Nach Freud ist die Behandlung von Störungen nur eines der wesentlichen Merkmale der Psychoanalyse (vgl. Freud 1926f). Die Theorie (Metapsychologie) wird sich zwangsläufig ebenfalls auf den Bereich der Behandlung einengen, was sicherlich Vorteile wie bessere Kenntnis von Erkrankungen, genauere Diagnostik und Behandlungsmöglichkeiten hat. Psychoanalytisch befruchtete Kultur- und Gesellschaftstheorie wird in der jetzigen Ausbildung nur wenig Platz beanspruchen können. Die Anwendung der Psychoanalyse auf andere Bereiche außerhalb der Behandlung findet zwar immer noch statt; da dies nun zu einer Nebensache geworden ist, ist sie nicht mehr gelehrte weitere Grundlage. Die Einschränkung auf die Vorberufe Medizin und Psychologie macht es schon vom Vorwissen her schwer, gesellschaftliche Prozesse analysieren zu können.

Die Psychoanalyse hat oft davon profitiert, dass sie eine Wissenschaft war, die sich als eine interdisziplinäre verstehen konnte, nämlich in Zusammenarbeit und Austausch nicht nur mit den Nachbar- sondern auch mit scheinbar gänzlich fremden Wissenschaften. So hat die Psychoanalyse in vielen wissenschaftlichen Fächern große Wirkung gezeigt, zu nennen wären u. a. Soziologie, Pädagogik, Theologie, Sprach-, Literatur- und Theaterwissenschaft, Philosophie, Ökonomie, Politikwissenschaft, Anthropologie, Kriminologie, Ethnologie usw. Die Reduktion der Psychoanalyse auf die Vorberufe Medizin und Psychologie, auf Wissenschaften also, die wie kaum andere die Psychoanalyse meist ablehnten, dürfte für Psychoanalytiker letztlich kaum zu akzeptieren sein. Jetzt könnte man sagen, dass es noch genügend Psychoanalytiker/innen gibt, die aufgrund der Bedingungen von vor 1975 aus anderen Wissenschaften außerhalb von Medizin und Psychologie kamen, um das interdisziplinäre Gewicht der Psychoanalyse zu erhalten. Die neuen Bedingungen beschleunigen den Prozess des Verlusts der Interdisziplinarität. Kaum mehr finden sich in diesen anderen Wissenschaften Gesprächspartner oder gar Weiterbildungskandidaten. Letztlich wurde mit dem Psychotherapeutengesetz zementiert, dass die Psychoanalyse vollständig reduziert wird auf ihre Fähigkeit, gute Krankenbehandlungen zu liefern, was den Potenzialen der Psychoanalyse aber keineswegs gerecht wird.

Natürlich könnte man sagen, dass schon allein aufgrund der Möglichkeit der Krankenbehandlung Psychoanalytiker Aussagen auch über andere gesellschaftliche Bereiche außerhalb der Behandlung treffen könnten. Behandlung findet ja auch im jeweiligen, gesellschaftlich gegebenen Rahmen statt, der innerhalb der Behandlung mitreflektiert wird. Nun ist dieser gesellschaftliche Rahmen aber keiner, der noch ausreichend in den Ausbildungsgängen berücksichtigt und durch Psychoanalytiker, die gleichzeitig Fachwissenschaftler in Gesellschaftswissenschaften sind, gelehrt wird. Psychoanalytiker, Gruppenanalytiker und Soziologen aber wissen davon, dass ohne fundierte Reflexion der gesellschaftlichen Rahmenbedingungen der mögliche langfristige Erfolg der Therapien, sei es in der Einzel- oder Gruppen-Psychoanalyse, deutlich beeinträchtigt werden kann. Aber wie lange noch kann man als angehender analytischer Psychotherapeut oder Kinder- und Jugendlichentherapeut Gesellschaftsanalyse noch lernen, wenn es innerhalb der Psychoanalyse und Kinder- und Jugendlichenanalyse z. B. bald keine Soziologen, Politologen, Juristen, Ethnologen, Theologen, Nationalökonomen usw. mehr gibt?

Wie ist es um das gesellschaftliche Prestige der Psychoanalyse gestellt? Bis etwa in die 70er Jahre des letzten Jahrhunderts dürfte kaum eine Wissenschaft gänzlich ohne die Erwähnung und die Auseinandersetzung mit der Psychoanalyse ausgekommen sein, sodass zu hoffen ist, das bestätigt auch meine persönliche Erfahrung, dass die anderen Wissenschaften weiterhin wie auch immer kritisch und dennoch mit teilweise offenem Ohr psychoanalytischen Gedanken zuhören. Dies geschieht noch, obwohl in den Medien die Psychoanalyse häufig ziemlich verurteilt wird.

Psychoanalytisches Denken, das so verstanden werden kann, dass das Nichterkannte und Unbekannte jeglicher Prozesse oft viel mehr Dynamik entfacht als das, was man erkennt oder kennt und man zudem um die zugrunde liegenden Gesetzmäßigkeiten weiß, könnte weiterhin in vielen Wissenschaften große Wirkung erzeugen. Dazu ist es nicht nur notwendig, dass die jetzt noch lebenden, sich als interdisziplinär verstehenden Psychoanalytiker/innen Stellung nehmen zu gesellschaftlichen Ereignissen, sondern auch, dass die Psychoanalyse selbst wiederum die Möglichkeit schafft, geeignete Personen aus diesen anderen Wissenschaften wieder fort- und weiterzubilden. Der vollständigen Reduktion der Psychoanalyse auf nur eine der vielfältigen konkurrierenden Behandlungsmethoden wäre sonst kaum Einhalt zu gebieten.

Noch hat die Psychoanalyse zum Gespräch über Gesellschaft, Politik usw. viel beizutragen und umgekehrt aus diesen Gesprächen für die eigene Theorie und Anwendungsmöglichkeiten viel zu lernen.

Stellungnahmen zur Gesellschaft auf den Kongressen der DGPT

Im Abschnitt »Liebe im Schatten ihrer Zeit« (Kongressbericht *Psychoanalyse der Liebe*, Höhfeld & Schlösser 1997) sind fünf größere gesellschaftskritische Beiträge erschienen. Unter dem Kapitel »Heilende Liebe: Märchen, Religion, Tierliebe«, werden interdisziplinäre Überlegungen angestellt. Also hat schon hier die DGPT gezeigt, dass ihr der Bereich der Psychoanalyse, wo sie nicht nur zu immer verbesserten Behandlungstechniken, sondern auch zu allgemeinen Fragen gesellschaftlicher Entwicklung Stellung nimmt, Bedeutsames beitragen kann. Im nachfolgenden Kongressband *Psychoanalyse als Beruf* (Schlösser & Höhfeld 2000) wird dies fortgesetzt. Die wesentlichen Kapitel und Überschriften sind: »Psychoanalyse der Gegenwart«, »Versuche einer Standortbestimmung«, »Zur Geschichte der institutionalisierten Psychoanalyse«, »Die Praxis des Psychoanalytikers«, »Psychoanalyse im Versorgungssystem« und »Der Psychoanalytiker und die Öffentlichkeit«. Schon aus diesen Kapitelüberschriften ist zu erkennen, dass hier in großem Umfang die eigene gesellschaftliche Position untersucht wurde, gleichzeitig aber auch das gesellschaftliche Netzwerk mitberücksichtigt wird, was für viele Fragen und Anregungen Anlass gibt. Die Fülle der Beiträge zeigt, dass sich die Psychoanalyse in ihrer organisierten Form keineswegs in das Schneckenhaus reiner therapeutischer Anwendungen vertreiben lässt. Ich vermute, dass dies u. a. damit zusammenhängt, dass im Rahmen der Entwicklung und langsamen Umsetzung des Psychotherapeutengesetztes sehr viele Psychoanalytiker und Psychoanalytikerinnen gar nicht mehr umhin konnten, das gesellschaftliche Umfeld, in das sie hineinplaziert wurden, genau zu untersuchen, um nicht völlig in die Irre zu gehen. Der gesellschaftliche Druck war groß geworden. Ohne sich mit Politik, Gesundheitspolitik usw. ausführlich zu beschäftigen, wäre die Umsetzung des Gesetzes kaum möglich gewesen. In dieser Linie war es nur folgerichtig, dass unter dem Titel *Gewalt und Zivilisation* (Schlösser & Gerlach 2002) auf einer weiteren Jahrestagung in Magdeburg noch viel ausführlicher gesellschaftsrelevante Themen besprochen wurden. Es handelt sich dabei um ein aktuelles Thema, das von Gewalt und Terrorismus überschattet wurde, vor allem von dem grauenhaften Anschlag im September 2001 in den USA. Dieses Buch zeigt, dass die Psychoanalyse in das interdisziplinäre Gespräch einzutreten bereit ist und zu diesem Zweck auch Meinungen und Analysen verwandter Wissenschaften wie Soziologie, Theologie und Politik eingeholt hat. Schon diese Tagungsbände zeigen, dass es gar nicht möglich ist, sich analytische Psychotherapie oder Psychoanalyse, vermutlich auch jede andere Therapie ohne gesellschaftlichen Kontext im Sinne der gegenseitigen Beeinflussung vorzustellen. Auch die gegenwärtige Tagung (2002) in Lindau »Psychoanalyse mit und ohne Couch, Haltung und Methode« ist prinzipiell darauf abgestellt, die Psychoanalyse nicht zu isolieren, sondern sie im gesellschaftlichen Rahmen nicht nur als therapeutische Anwendung aufrechtzuerhalten. So ist es z. B. gelungen, ein interdisziplinäres Gespräch zwischen drei Fachwissenschaftlern (Soziologie, Psychoanalyse und Politikwissenschaft) in einer Arbeitsgruppe zur Frage der Möglichkeit psychoanalytischer Zeitdiagnose durchzuführen. Aber auch andere Themen dieses Bandes beleuchten diese Tendenz, sich nicht in gesellschaftliche Isolation zu begeben. In den nun anerkannten Wechselwirkungsprozessen zwischen Gesellschaft, Ökonomie, nationaler und internationaler Politik und konkreter psychoanalytischer Arbeit zeigt es sich gleichzeitig, dass auch die Theorie der Behandlungstechnik enorme Befruchtung erhält. Es ist zu hoffen, dass damit die Psychoanalyse und die von ihr und der Soziologie abgeleitete Gruppenanalyse wieder die gesellschaftliche Bedeutung gewinnt, die ihr zusteht.

Die Möglichkeit einer psychoanalytischen Zeitdiagnose

Was kann psychoanalytische Zeitdiagnose sein? Was unterscheidet sie von anderen Möglichkeiten einer Zeitdiagnose?

a) Das spezifisch Psychoanalytische könnte sein, dass die Zeitdiagnose selbst ein Prozess zwischen den Diagnostikern und der sie umgebenden Zeitgeschichte ist. Psychoanalyse kann nicht ein Einzelner für sich allein betreiben, sie ist zumindest ein Dialog zwischen zwei Personen. Unter Einbeziehung der von der Psychoanalyse ausgegangenen Gruppenanalyse wird der Prozess der Zeitdiagnose zu einem Gruppenprozess, in dem bewusste und unbewusste Faktoren analysiert werden. Ein weiteres psychoanalytisches Spezifikum ist, dass man am Anfang des Gesprächs nicht wissen kann, wohin das Gespräch führt, denn die Zeitdiagnose entsteht im Prozess auf verschiedenen Schichten und Ebenen.

b) Psychoanalytische Zeitdiagnose kann sich nicht mit der Beobachtung im Sinne der Trennung von beobachteten Objekten und beobachtenden Subjekten zufrieden geben. »Wahrnehmen und Bewegen sind Eins«, wie einmal Victor von Weizsäcker (1940) sagte. Die Psychoanalyse fordert also intensivste innere Beteiligung aller am Gespräch und der Zeit Beteiligten. Über die Analyse dieser Beteiligung, man kann hier auch von Gegenübertragungsanalyse sprechen, kann die Psychoanalyse und Gruppenanalyse mehr über die untergründigen

Strömungen und sogar deren Begründungen aussagen, als bei rein statischer und vom Objekt abgetrennter Beobachtung, die es wahrscheinlich ohnehin nicht gibt. Die Verwobenheit jedes einzelnen Beteiligten sowohl in den Prozess der Diagnostik der Zeit als auch in den Kontext der eigenen Lebenserfahrungen kann die Psychoanalyse und Gruppenanalyse aufdecken und daraus Schlussfolgerungen für die gegebene Zeit liefern.

c) Es ist notwendig, dass dazu ein interdisziplinäres Gespräch stattfindet; die Psychoanalyse kann, wie jede andere Wissenschaft, allein keine ausreichende Aussage machen, auch hier ist ihre Verwobenheit mit anderen Wissenschaften im Sinne eben dieses interdisziplinären Gesprächs gegeben und kann so genutzt werden. Die oben genannte Arbeitsgruppe über Ich- und Wir-Balance in der Nachkriegsgeschichte, Aspekte einer psychoanalytischen Zeitdiagnose, versucht gerade diesen Prozess in einem interdisziplinären Gespräch einzufangen und zu einer Begründung der Möglichkeit psychoanalytischer Zeitdiagnosen zu kommen. Das Nicht-Wissen über den Ausgang auf der Grundlage fundierter Reflexionen dürfte ein weiteres Spezifikum einer psychoanalytischen Zeitdiagnose sein.

Politik und Politikwissenschaft
Die Bundestagswahlen 2002

Wie in der letzten Zeit immer häufiger, waren die Bundestagswahl 2002 und ihre Vorbereitung intensivst von Medien begleitet. Zuerst sah es so aus, als habe die CDU/CSU nur wenig Möglichkeiten, diese Wahl zu gewinnen. Dies änderte sich im Frühjahr und Frühsommer des Jahres 2002 so, dass man mit der Abwahl der SPD/Grünen – Regierung rechnen konnte. Die Flutkatastrophen und die Gefahr eines weiteren Krieges gegen den Irak schienen nach den Analysten der Wahl zu bewirken, dass SPD und Grüne letztlich dann doch die Mehrheit, wenn auch nur eine kleine Mehrheit, erreichen konnten. In Bayern darf man davon ausgehen, dass viele, sonst SPD-Wähler, aber auch Wähler der Grünen, bei Enttäuschung über beide Spitzenkandidaten dann doch Stoiber wählten, um wenigstens einmal einen Bayern zum Kanzler zu machen. Dies war wie vor vielen Jahren bei der Bundestagswahl, bei der Strauss kandidierte, geschehen. Schröder hat in Bayern in der Bevölkerung wenig Anhänger, jedenfalls noch weniger als Stoiber. Die Flutkatastrophen zeigten zudem, dass die bisherige Umweltpolitik nicht ausreicht, um Naturkatastrophen besser zu begegnen. Hier dürfte von vielen in der Bevölkerung wirklich »grüne« Politik gefragt sein. Die CDU/CSU oder auch FDP haben die Umweltpolitik immer zu sehr hinter die kurzfristigen Interessen der großen Wirtschaft gestellt. Auch wenn man Stoiber bezüglich der innenpolitischen Krise der Massenarbeitslosigkeit vielleicht etwas mehr zutraute als Schröder, so schien dies doch nicht gereicht zu haben, um der CDU/CSU die größte Fraktion im Bundestag zu bescheren.

Ich vermute, dass man letztlich in die Irre geht, wenn man meint, die Wahlen seien wegen der allzu unterschiedlichen politischen Positionen und Haltungen so ausgefallen, wie sie sind. Tatsächlich wurden während der gesamten Wahlkämpfe nur wenige inhaltliche Aussagen gemacht. Das Heranziehen von aus dem Zusammenhang gerissenen Zahlen und ebenso aus dem Zusammenhang gerissenen jeweiligen Haltungen des Gegners dürfte bei der, der Politik insgesamt nicht mehr sehr viel vertrauenden Mehrheit der Bevölkerung als manipulative Taktik verstanden worden sein. Jeder weiß aus Familie und seiner Berufstätigkeit, dass immer vielfältigere Faktoren, die in ihrer Menge oft gar nicht mehr durchschaubar sind, die Verhaltensweisen der Familie, Firma, der Institution oder auch das eigene Verhalten bestimmen. Vereinfachende Aussagen führen zwar zu einem gewissen emotionalen Kick, erhellen aber die Gesamtlage nie. Die Fähigkeit des Staates, die individuellen Interessen und Notwendigkeiten jedes einzelnen Bürgers gerecht abzuwägen und zu unterstützen, wird nicht nur vielfach angezweifelt, sondern ist auch aus der Struktur des parlamentarischen Systems, wie wir es in Deutschland haben, kaum mehr ableitbar. Weil Gesetze nur allgemein richtig sein können, gibt es in der klassischen Gewaltenteilung neben der Legislative und der Exekutive, der Regierung, auch die Judikative, also die Gerichte, die den jeweiligen individuellen Gegebenheiten Rechnung tragen sollten. Vor Gericht sollten die allgemeinen Gesetze so interpretiert werden, dass sie tatsächlich den beteiligten Einzelnen gerecht werden. Dies aber ist praktisch nur selten durchführbar, der Platz für Ungerechtigkeiten bleibt in gewisser Systematik erhalten.

Je mehr Gesetze und Verordnungen da sind, die alles und jedes regeln, desto mehr schwindet die Fähigkeit der Bürger, sich in kommunikativen Prozessen untereinander und mit benachbarten gesellschaftlichen Gruppen ihr jeweiliges individuelles Recht auszuhandeln. Es dürfte immer noch die Diagnose von Norbert Elias (1989) gelten, dass sich die Deutschen wegen des mehrfachen Scheiterns der bürgerlichen Revolution gegen den Adel und seine Herrschaft ein gewisses obrigkeitsstaatliches Denken erhalten haben. Eine Gegenbewegung dazu ist die in letzter Zeit beobachtbare vermehrte Bürger-Selbst-Verantwortung und bürgerliches Engagement in vielfältigen Angelegenheiten. In diesen Gruppierungen findet man aber, soweit ich das beobachten konnte, kaum großes Interesse an weiterer staatlicher Einmischung und Regelung, weil man gerade diese als entmündigend und häufig ungerecht erlebte. Die oft erwähnte sog. Politikverdrossenheit dürfte damit etwas zu tun haben.

Wirkliche Alternativen sind in der Politik kaum zu erkennen, viele Politiker achten mehr auf ihre Medienwirksamkeit als auf ihre Programme.

Wer seine Medienwirksamkeit vernachlässigt, ist bald aus dem Bewusstsein der Bevölkerung verschwunden. Untergründig im Sinne dieses obrigkeitsstaatlichen Denkens wirkt aber immer noch die Hoffnung auf eine »gute Regierung«, die die unüberschaubaren Dinge so regelt, dass man darin seinen Platz finden könnte.

Im Berufskreis der Psychoanalytiker und Psychoanalytikerinnen habe ich oft die Frage gehört, wo man sich gesellschaftlich einmischen könne. Es waren ja nicht alle von der Berufspolitik absorbiert. Die Antwort kann nur sein, dass man sich entsprechend den gesellschaftlichen Gegebenheiten in gesellschaftliche Prozesse einmischen muss, ohne die Erwartung, dass man nur deswegen, weil man Psychoanalytiker ist, schon bedeutend mehr Gehör findet als andere Berufsgruppen, die oft besser organisiert sind. Als ich z. B. zum Gründungsvorsitzenden des Bayerischen Landesverbandes der DGPT gewählt wurde, wurden viele Stimmen laut, die sagten, der Vorstand dieses Verbands solle die richtige Politik für die Mitglieder machen, dafür würde man auch gerne mehr Geld bezahlen. Hier kommt obrigkeitsstaatliches Denken zum Ausdruck, wo man unter der fälschlichen Diagnose der eigenen Beschränktheit im politischen Handeln Leute wählt, die dann nicht nur dieses gesamte Handeln, sondern auch das eigene ersetzen sollten. Die »da oben« werden es schon machen und wenn nicht, wählt man eben neu. Bis auf die neu entstandenen Bürgerinitiativen und neuen Formen bürgerlichen Engagements dürfte, ähnlich wie in der Psychoanalyse, die Mehrheit der Bevölkerung auch aufgrund mangelnder Information und Desinteresse im Zusammenhang mit meist aus dem Zusammenhang gerissenen und dadurch falschen Informationen in einer gemischten hoffnungsvollresignativen Haltung mit viel emotionalem Potenzial verharren. Die Medien unterstützen dies, indem sie emotional wirkende Schlagabtausche ohne besondere Inhalte weit verbreiten; die inhaltliche Diskussion, die zum Mit- und Nachdenken anregen könnte, hält man als bedeutsame und damit gesendete Nachricht für nicht genügend wirksam (siehe das Problem der Einschaltquoten mit der damit verbundenen Werbung). So stumpfen beide Seiten ab, sowohl die Bevölkerung als auch die Politiker. Letztere sind gezwungen, um nicht im medialen Vergessen zu landen, möglichst einfache und von allen komplexen Zusammenhängen befreite Aussagen zu machen, die Bürger sind einerseits von diesen Aussagen enttäuscht, andererseits emotional angeregt, weil sie die Hoffnung widerspiegeln, es könne einfache Lösungen geben; faktisch weiß jeder, dass diese einfachen Lösungen wenig erhellen und letztlich dazu beitragen, dass man immer weniger von dem versteht, was diese höchst komplexen Zusammenhänge sein könnten. Die Medien haben diese Prozesse verstärkt und bestätigen sie. So ist es zu ungünstigen Wechselwirkungen zwischen den Institutionen der Politik, den Politikern, den Medien und den Wählern gekommen. Man kann eine stetige Zunahme der sog. Wechselwähler beobachten, die deswegen, weil die Parteien gegenüber den anderen kein wirklich alternatives Programm mit guten Begründungen anbieten, mal dem einen Gefühl und mal dem anderen Gefühl folgen. Demokratische Meinungsbildungsprozesse finden selten statt, in den Parteien wahrscheinlich noch seltener. Die Frage ist nur noch die der Macht, kaum mehr die der Inhalte. Da nun die Regierung aber wegen des Wahlverhaltens im September 2002 von einer geringen Mehrheit ausgehen musste, bestand die durch Fakten wahrscheinlich getrübte und geringe Hoffnung, dass Inhalte doch wieder etwas wichtiger würden. Die Prognose aufgrund früherer Erfahrungen z. B. bei Adenauer ist, dass anstatt des Sich-Zusammensetzens verantwortlicher Parlamentarier über die Parteigrenzen hinaus ein noch größeres Blockdenken der Regierungspartei gegenüber der Opposition stattfinden wird.

Zur Wahl hat keine Partei ein wirklich schlüssiges Konzept zur Bekämpfung der Arbeitslosigkeit vorgelegt, keine zu den Folgen der immer wieder beschworenen Globalisierung, keine ein Konzept zur Erreichung eines internationalen Friedens, keine ein Konzept bezüglich der Verhinderung weiterer Bevölkerungsexplosion, keine ein wirklich ausgereiftes Konzept bezüglich der ökologischen Gefahren, keine in einer finanzierbaren gerechten Gesundheitspolitik usw. Somit würde ich den Ausgang der Wahl verstehen als Ausdruck dafür, dass man einerseits zwar hofft, dass »die Regierung« es schon irgendwie macht, ohne dass man wirklich weiß, welche Kompetenzen vorhanden sind, und andererseits als Ausdruck dafür, dass die Politik sich so weit von den Bedürfnissen der einzelnen Menschen entfernt hat, dass man eher aus Stimmungsgründen als aus fachlicher und politischer Überzeugung heraus handelt.

Auch die Stammwähler der einzelnen Parteien können kaum mehr darüber Auskunft geben, was genau das Konzept »ihrer« Partei in den wesentlichen politischen Fragen ist, sie haben die Hoffnung, dass die von ihnen treu gewählte Partei in gewisser Weise besser mit der Macht umgeht als die nicht gewählte. Es bleibt aber bei der Hoffnung, Fakten kann man kaum erhalten. Das Wahlverhalten ist Ausdruck einer immer weiteren Trennung der Regierten von den Regierenden, der längst vielfach durchbrochenen Trennung zwischen den drei Fundamenten der Demokratie, Legislative, Judikative und Exekutive und Ausdruck dafür, dass man wohl weiß, dass die Bürokratie und die Gerichte längst eigenständige Wege, aus dem Zusammenhang gerissen von offizieller Exekutive und offizieller Legislative, gehen. Die Abgeordneten selbst haben mehrfach eine Reform des Bundestags (Parlamentsreform) angestrebt, um wieder mehr Eigenständigkeit gegenüber dem nicht dauernd nötigen Fraktionszwang zu erhalten und damit eher in die Lage zu kommen, den eigenen Stimmkreis mit den dortigen Bedürfnissen und Nöten vertreten zu können. Die drei Versuche dazu seit etwa 1970 können als gescheitert gelten (vgl. Hamm-Brücher 1990).

Internationale Politik, Diplomatie

Wahlanalysten vermuten, dass der Umschwung der Wähler wieder in Richtung Regierungsparteien hauptsächlich mit zwei Faktoren zusammenhängt, einmal dem Faktor der Naturkatastrophen, wo viele sahen, dass »grüne« Politik unbedingt gefordert sei, die andere Frage war die des Krieges, wo die eindeutige Stellungnahme des Bundeskanzlers gegen einen militärischen Angriff auf den Irak für viele Wähler ein Grund war, nun ihn und nicht Stoiber zu wählen. Dass dabei keinerlei Aussagen über tatsächliches strategisches oder auch taktisches Verhalten gegenüber dem internationalen Terrorismus erfolgten, scheint die Wähler/innen nicht irritiert zu haben. Keinen Krieg zu wollen gilt in Deutschland als ein hoher Wert. Sich auf diese Weise von den USA zu distanzieren erweckte in der Bevölkerung auch ein Gefühl von Sicherheit gegenüber terroristischen Anschlägen. Außerhalb offizieller Besprechungsrunden hören deutsche Diplomaten von Kennern islamistischer Kreise, auch solchen, die Saddam Hussein nahe stehen, immer wieder, dass man von Deutschland lernen könne, hier seien schließlich schon einmal sechs Millionen Juden umgebracht worden, wofür man Deutschland sehr bewundere. Auf der anderen Seite ist längst ein Missverhältnis zwischen der ökonomischen und der politischen Macht Deutschlands in Kontakt mit anderen Staaten entstanden. Dieses Missverhältnis schafft psychologischen Raum. Die ökonomische Situation schafft Druck auf die Bundsregierung, auch international mehr Verantwortung zu übernehmen. Dies ist teilweise schon geschehen. Da man gleichzeitig von Deutschland Selbstbeschränkung verlangt und innerhalb Deutschlands ein ambivalentes Gefühl bezüglich nationaler Stärke besteht, hilft psychoanalytische politische Psychologie bei der Frage, welche Position stimmig eingenommen werden kann. Die Beteiligung an NATO-Einsätzen zumindest im Rahmen von UNO-Friedenstruppen wird immer wahrscheinlicher. In der Außenpolitik kann Deutschland gelegentlich schon schlichtend bei Konflikten wirken. Die nächste für Deutschland noch ungelöste Problematik ist die Erarbeitung einer Position im Konflikt zwischen Israel und den Palästinensern, wo wegen der Vergangenheit höchste Sensibilität gefordert ist. Es ist so praktisch unmöglich, in Deutschland die Forderung aufzustellen, Israel möge sich an die UN-Resolutionen halten, so wie man dies z. B. vom Irak fordert. Warum? Deutschland würde damit Partei gegen Israel ergreifen, was wegen des Holocausts unmöglich ist. Internationale Politik hat auch nach Aussagen von Politikern viel mit Psychologie zu tun, die Diplomatie ohnehin. Das Nicht-Einmischen in innere Angelegenheiten, die Achtung der Grenzen und der anderen Gesellschaft und

Kultur, der Respekt vor anderen Ansichten und Interessen, um nötige Kommunikationsprozesse aufrechtzuerhalten, scheinbar unlösbare Konflikte auf ihre unbewussten Hintergründe zu hinterfragen, überall dürfte psychoanalytisches Wissen und die damit verbundene Haltung hilfreich sein. Dabei ist es nicht nur V. Volkan, der als Analytiker bei internationalen Konflikten beratend tätig ist, es sind auch andere, aber immer noch viel zu wenige.

Psychoanalytische Kulturtheorie

Hierzu gibt es eine lange Geschichte, beginnend mit Freud, und vielfältigste Veröffentlichungen über Jahrzehnte hinweg, in Deutschland auch in der *Psyche* oder dem *Forum der Psychoanalyse*, sodass in diesem Rahmen nur daran erinnert werden muss.

Krieg und Frieden

Der wesentliche Beitrag hier könnte die bescheidene grundsätzliche Einstellung Freuds zur Destruktion und ihre Beherrschung im Kulturprozess (vgl. Freud 1933b) sein. Konkret könnte man aber auch deutlich machen, dass bei einer genauen Analyse der Beschreibung von z. B. Bin Laden oder Saddam Hussein seitens der westlichen Medien eine Gestalt erscheint, die im Unbewussten derer, die von sich selbst behaupten würden, niemals solche Persönlichkeitszüge zu haben, eine eigene Repräsentanz hat, sodass man auf den projektiven Charakter dieser Beschreibungen hinweisen könnte, was nicht heißt, deswegen die Gefährlichkeit solcher Personen auf die Psyche der projizierenden Menschen zu reduzieren. Wenn man allerdings in der Lage wäre, die Projektion zu erkennen, dürfte man im Handeln zielsicherer werden. Krieg ist eine menschliche Tatsache, die Destruktion kann im Kulturprozess zumindest zur Zeit immer wieder durchbrechen. Eine Verminderung der faktischen Destruktion könnte dadurch geschehen, dass sich immer mehr Menschen aber auch Regierungen trauernd der in ihnen innewohnenden Destruktion stellen und sie so bewusst machen. Leider hat nicht nur die christliche Religion das Gesetz der Notwehr samt der Beurteilung des Motivs im Gegensatz zur Tat eingeführt. Dies ist tief verankert. Wenn man sich also im Recht wähnt oder »gute« Motive zu haben meint, kann der ohnehin innewohnenden Destruktion und Aggression beliebig großer Raum gegeben werden. Aufgabe der Psychoanalyse hier ist es, darauf hinzuweisen, dass oft unbewusst lange vor dem »guten« Recht oder ebensolchem Motiv die Destruktion schon lange triebhaft angestaut ist, um endlich faktisch zu werden. Dies sich einzugestehen dürfte selten leicht sein.

Religion, Theologie

Immer schon hat sich die Psychoanalyse mit Fragen der Religion auseinandergesetzt (vgl. Freud 1927c). Meine persönliche Auffassung der Frage des Glaubens ist, dass sich der Glaube, sobald er ein Objekt hat, sofort selbst aushöhlt, da dann anstelle des Glaubens die Objekte, an die man glaubt, verteidigt werden müssen. Da der Glaube aus psychoanalytischer Sicht immer mit tiefsten Ängsten vor Tod, Vernichtung und Unbeherrschbarkeit der inneren und äußeren Natur zu tun haben dürfte, explodiert dann in der »gut« gemeinten Verteidigung der Objekte und der Symbole des Glaubens das gesamte unbewusste Potenzial. Die Geschichte des »Antichristen« in der Christenheit, die Kreuzzüge usw. zeugen davon. Wieder könnte ein Beitrag der Psychoanalyse hier der Hinweis auf die immer lauernde Destruktion sein. Der andere Beitrag ist die Untersuchung der Frage, was Glauben ist. Psychoanalytisch könnte Glauben die Hoffnung sein, irgendwann einmal den Kräften des Unbewussten innerpsychisch und äußerlich den ebenso unbeherrschbaren Kräften der Natur nicht mehr ausgeliefert zu sein. Der Glaube könnte den Leerbereich zwischen Wünschen und Fakten füllen wollen.

Ökonomie

In der Nationalökonomie bestehen zumindest zwei explizite Fragen an die Psychologie bzw. an die Psychoanalyse: 1. Wodurch wird das Spar- und Anlageverhalten der Bevölkerung oder der kapitalkräftigen Kreise bestimmt? 2. Welche Wirkung hat die zunehmende Entfernung von der Golddeckung des zirkulierenden Geldes?

Zur ersten Frage: Paul Parin berichtete mir, dass er in einer Untersuchung bezüglich des Sparverhaltens im Vergleich der süddeutschen Bevölkerung und der nordschweizerischen festgestellt hatte, dass die Nordschweizer in Krisenzeiten ganz besonders sparen, um lange durchhalten zu können, die Süddeutschen hingegen besonders viel ausgeben, um zumindest ein wenig Genuss zu haben, bevor alles kaputt geht. Wahrscheinlich spielen bei den Deutschen die beiden großen Inflationen nach den jeweiligen Weltkriegen dabei eine nicht zu unterschätzende Rolle. In der Schweiz blieb die Währung zwar auch nicht ganz stabil, aber es gab diese eingreifenden Inflationen nicht. Zudem wurden beide Kriege verloren, sodass man durchaus davon ausgehen konnte, dass man in schlechten Zeiten Geld ausgeben müsse, da es schnell an Wert verlöre. Die Verdrängung der leidvollen Erfahrungen angesichts der Kriege und der Inflationen dadurch, dass diese Erfahrung aus dem öffentlichen Diskurs weitgehend ausgeschlossen sind, dürften hier weiterhin eine nicht zu unterschätzende Rolle spielen.

Zur Frage nach der Virtualisierung des Geldes ist wiederum von einem Verdrängungsprozess auszugehen. Viele haben das Gefühl, dass mit der Einführung von Scheckkarten und der Möglichkeit, elektronischen Zahlungsverkehr durchzuführen, die Golddeckung und damit die materielle Sicherheit des Geldes verschwunden sei. Tatsächlich ist dieser Prozess der immer geringeren Deckung des Geldes durch Gold oder andere Edelmetalle schon seit Mitte des 19. Jahrhunderts in vollem Gange. Man hatte zu dieser Zeit längst erkannt, dass die Umlaufgeschwindigkeit des Geldes zusammengerechnet werden müsse mit der notwendigen Deckung. Und Umlaufgeschwindigkeit registriert man als einzelner Bürger nicht. Zudem hängt der Geldwert nicht nur von wirtschaftlichen, sondern auch von psychologischen Einschätzungen ab. Im internationalen Vergleich, in dem die einzelne Währung an den Kapitalmärkten in ihrem Wert festgelegt wird, hat dieser mehr mit Einschätzungen über gegenwärtige und vermutete weitere Entwicklungen sowohl an den Märkten (Spekulation) wie über wirtschaftliche und politische Machtverhältnisse zu tun als mit Umlaufgeschwindigkeit oder gar irgendeiner Golddeckung. In vielen Bereichen kam es bei der Umstellung von DM auf Euro zu deutlichen Preissteigerungen, die schmerzlich bemerkt wurden, als viele Unternehmen versuchten, mit der Umstellung unerkannt den Preis zu erhöhen, dem aber die verminderte Umlaufgeschwindigkeit der inflationären Gefahr entgegenwirkte. Ist der Wert des Geldes nun tatsächlich von vielen psychologischen Faktoren abhängig? Die Ökonomie bestätigt dies. Fühlt sich die Psychoanalyse gefragt? Geld war seit langem virtuell, heute aber mit Scheckkarten, Kreditkarten, elektronischem »Online-Banking« dürfte bald jeder sinnliche Kontakt zum Wert außer über das Sichten der Kontoauszüge verschwunden sein.

Soziologie

Was bedeuten aus der Soziologie kommende Begriffe, die inzwischen schon allgemein benutzt werden, wie Professionalisierung, Individualisierung, Privatisierung, Modernisierung usw.? Günter Anders sprach vom Menschen als »Appendix der Maschine«, um auszudrücken, dass man heute »glücklicher« werden könne, wenn man sich damit abfinde, den gegebenen Bedingungen möglichst gut zu entsprechen (vgl. Anders 1956, 1980). Die Maschine ist die Gesellschaft, die Wirtschaft, die Massenmedien und nicht zuletzt der Produktionsapparat, wo immer mehr Dienstleistungen und im Verhältnis dazu immer weniger Produkte geschaffen werden. Zur Professionalisierung ist zu sagen, dass mit diesem Begriff ein gesellschaftlicher Prozess beschrieben wird, in dem innerhalb der einzelnen Berufe immer mehr die Sachzwänge und Notwendigkeiten im Vordergrund stehen und die menschliche Kommunikation in den

Hintergrund tritt. Außerhalb der einzelnen Berufe wird deutlich, dass alle Lebensbereiche inzwischen mit sog. professioneller Beratung abgedeckt sind, es gibt kaum mehr irgendeinen Bereich des Lebens, wo man sich nicht an irgend einer Stelle sog. professionelle Hilfe holen kann. Psychoanalyse kann dem eine alte Auffassung von Profession entgegenstellen, nämlich nicht nur schnelle Hilfe in Notlagen zu bringen, sondern die Selbsthilfekapazitäten des Einzelnen zu stärken, sodass die Profession der Psychoanalyse ein Gegengewicht setzen könnte gegen eine sich selbst immer wieder neue Kunden schaffende Professionalisierung. Individualisierung, Privatisierung versuchen zu beschreiben, dass es immer mehr individuelle Freiheiten und Gestaltungsmöglichkeiten gibt, mit den Kosten in der Arbeitswelt immer »freier« von festen Verträgen zu sein. Bürgerliches Engagement, jetzt auch seitens der Jugend, wird hier gesehen als Versuch, den Rückzug staatlicher Kontrolle und Fürsorge mit privatem Einsatz auszugleichen. Dass am besten jeder Arbeitslose ein selbstverantwortlicher Firmengründer würde, legt dieses Denken nahe. Tatsächlich sind hier viele wichtige Impulse für die Wirtschaft entstanden. Die meisten der Firmengründer, die am »neuen Markt« der Software- und Elektronik tätig wurden, sind längst pleite und produzieren wieder Arbeitslose. Eine psychoanalytische Fragestellung könnte lauten, wie sich die Spiegelung solcher gesellschaftlichen und kulturellen Bedingungen im Inneren des Menschen verändernd auswirkt und umgekehrt, wie viel Einfluss- und Gestaltungsmöglichkeiten mittels dieser Analyse neu entstehen könnten.

Musik, Theater, Film, Bildende Kunst

Seit Freud beschäftigt sich die Psychoanalyse mit diesen »Schöpfungen der Seele«. Psychoanalytische Fachzeitschriften und Bücher zeugen bis heute davon. Ich will hier nur erinnern und aus Platzgründen keine Beispiele nennen.

Physik

Ein ungelöstes Problem der Quantentheorie ist die Auflösung der klaren Trennung von Subjekt und Objekt durch Wechselwirkungen im gegebenen Raum (vgl. Görnitz 1999). Die moderne Physik wird einerseits in der Beschreibung der Natur immer genauer, andererseits musste sie dabei zentrale »logische« Regeln fallen lassen, z. B. die der Kausalität, der linearen Zeit. Die Zeit macht Kurven um große Massen, ändert sich mit der Geschwindigkeit des Messpunktes im Verhältnis zu einem anderen. An einem Ganzen beteiligte Teile können genauer beschrieben werden, wenn man die Wechselwirkung zwischen den einzelnen Teilen und auch zwischen Teilen und dem Ganzen untersucht, als wenn man die Teile im Zustand außerhalb der Wechselwirkung zu beschreiben versucht. Und die »Wirklichkeit« eines Beobachtungsobjekts hängt immer mit einer messbaren Einheit zusammen, die man aber gerade nicht beobachten kann. Bekannt wurde dieses Phänomen als die von Heisenberg gefundene »Unbestimmtheitsrelation« (vgl. Heisenberg 1992). Ein Teilchen hat sowohl einen Ort (Bahn) als auch Energie, beides zusammen ist grundsätzlich nicht messbar. Zudem hat der Beobachter im Sinne der entstehenden Wechselwirkung bei Beobachtung viel Einfluss auf das Geschehen. Man könnte Analoges behaupten im psychoanalytischen und gruppenanalytischen Prozess. Die von Freud geforderte gleichschwebende Aufmerksamkeit ermöglicht diesen, man könnte sagen, Prozess der Wechselwirkung, in besonderer Weise. Aber Analogien sind keine Beweise. Es ist spannend, dass es tatsächlich möglich ist, die aus der Physik gewonnene Philosophie und Sprache direkt zur Beschreibung, z. B. von Gruppenprozessen, zu verwenden. Ich habe das einige Male schon gemacht. Hier ist interdisziplinäres Gespräch und gegenseitiges Fachinteresse sehr gefragt. Sowohl die Mechanismen zwischen zwei Personen (Einzelanalyse) als auch die zwischen Gruppenmitgliedern finden in einem »Raum« statt (wie in der Physik), der Rahmenbedingungen setzt (das Setting, der tatsächliche Raum, die institutionellen Bedingungen), und sie können besser als Wechselwirkungen beschrieben werden denn als unabhängige Wirkfaktoren. Wie es umgesetzt werden soll, dass in der Quantentheorie Qualitäten und Quantitäten der beteiligten Dinge multipliziert werden, weil Addieren falsch ist, kann ich noch nicht sagen. Das wäre die Wechselwirkung. Vielleicht ist die noch sprachlose sinnliche Erfahrung zumindest zur jetzigen Zeit eine bessere Hilfe als komplizierte Wörter.

Die Profession der Psycho- und Gruppenanalyse

Die Psychoanalyse ist eine der wenigen Wissenschaften, die »eigentlich« individuelle, kollektive und gesellschaftliche Selbsthilfepotenziale wecken könnte, worauf man sich immer wieder beruft, vor allem durch führende Fachvertreter, aber tatsächlich ist nach meiner Einschätzung die Psychoanalyse weitgehend reduziert worden auf ihre therapeutische Tätigkeit und damit in Gefahr, als bloße Konkurrenztherapie neben anderen gesehen zu werden und so letztlich depotenziert zu werden, wenn sie sich wirklich auf Psychotherapie beschränken ließe. Diese gesellschaftliche Depotenzierung dürfte auf lange Sicht auch eine therapeutische nach sich ziehen, wenn nicht Engagement der Psychoanalyse für Fragen der Gesellschaft weiter vorhanden ist. Diktaturen haben häufig schnell das emanzipatorische Potenzial der Psychoanalyse erkannt und sie deshalb unterdrückt. Jeder und jede Psychoanalytiker/in ist gefordert, auch im

Sinne der Krankenbehandlung, sich gesellschaftlich in die gegebenen Prozesse einzumischen; viele Kolleginnen und Kollegen haben dies schon getan. Denn auch die konkrete Krankenbehandlung braucht den interdisziplinären Austausch.

Losgelöst aus dem interdisziplinären Polylog wegen der Einschränkung auf Krankenbehandlung dürfte es in der Psychoanalyse, wenn überhaupt, zu vermehrten platten und trivialen Aussagen über Gesellschaft, Politik, usw. kommen, die die Psychoanalyse weiter zu isolieren drohen. Engagierter Einsatz sowohl für die erneute Öffnung der Weiterbildung für andere als die bisher zugelassenen Berufsgruppen als auch für die nötige interdisziplinäre Zusammenarbeit ist gefordert. Versuche dazu werden schon gemacht.

Wenn ich mich hier nur auf einige wenige Beispiele beziehe, wo Psychoanalyse etwas zur Gesellschaft, Kultur und Wissenschaft sagt und sagen könnte, so geschieht dies nicht nur aus Platzgründen, sondern auch, weil schon mit diesen wenigen Beispielen angeregt werden soll, dass sich die Psychoanalyse und auch die Gruppenanalyse weiter und in vermehrter Weise einmischt und den Polylog vertieft. Auch ist dies ein Weg, dass Gesellschaft, Wissenschaft und Kultur samt Politik den notwendigen Beitrag der Psychoanalyse nicht vergessen. Auch als Psychoanalytiker ist man Staatsbürger und kann sich einmischen. Das Wissenspotenzial ist groß, damit auch die Verantwortung. Wissen und Verantwortung gehören zusammen. Die Zeit ist längst reif dafür.

Literatur

Anders, G. (1956): Die Antiquiertheit des Menschen. Bd. 1. München (Beck).
Anders, G. (1980): Die Antiquiertheit des Menschen. Bd. 2. München (Beck).
Brähler, E. & Wirth, H.-J. (Hg.) (2002): Soziales Handeln in der Konkurrenzgesellschaft. Psychosozial 88 (2).
Elias, N. (1989): Studien über die Deutschen. Machtkämpfe und Habitusentwicklung im 19. und 20. Jahrhundert. Hg. von M. Schröter. Frankfurt a. M. (Suhrkamp).
Freud, S. (1926f): Psycho-Analysis. GW XIV.
Freud, S. (1927c): Die Zukunft einer Illusion. GW XIV.
Freud, S. (1933b [1932]): Warum Krieg. GW XVI.
Görnitz, Th. (1999): Die Quanten sind anders. Die verborgene Einheit der Welt. Heidelberg, Berlin (Spektrum).
Hamm-Brücher, H. (1990): Der freie Volksvertreter – eine Legende? Erfahrungen mit parlamentarischer Macht und Ohnmacht. München (Piper).
Heisenberg, W. (1992): Deutsche und jüdische Physik. Hg. von H. Rechenberg. München (Piper).
Höhfeld, K. & Schlösser, A.-M. (Hg.) (1997): Psychoanalyse der Liebe. Gießen (Psychosozial).
Parin, P. (1978): Warum die Psychoanalytiker so ungern zu brennenden Zeitproblemen Stellung nehmen. Eine ethnologische Betrachtung. In: Psyche 32, S. 385–399.

Schlösser, A.-M. & Höhfeld, K. (Hg.) (2000): Psychoanalyse als Beruf. Gießen (Psychosozial).

Schlösser, A.-M. & Gerlach, A. (Hg.) (2002): Gewalt und Zivilisation. Gießen (Psychosozial).

Weizsäcker, V. v. (1940): Der Gestaltkreis. Theorie der Einheit von Wahrnehmen und Bewegen. Leipzig (Thieme). Gesammelte Schriften. Bd. 4. Frankfurt a. M. 1997 (Suhrkamp).

Das Zauberwort gemeinsam finden

Unbewusste Ängste und Setting

Eduard Bolch

Die Frage, was Psychoanalyse sei, gehört zu ihrem selbstreflexiven Anspruch und wird immer wieder neu diskutiert. Die Debatten spielen sich auf verschiedenen Ebenen ab. Man streitet über Fokal-, Kurz- und Langzeittherapie. Dabei geht es nicht nur um Fragen der Technik, sondern um prinzipielle Bestimmungen der Psychoanalyse. Welche Bedeutung hat die Körperhaltung, d. h. welche Rolle spielt es, ob ein Patient sitzt oder liegt? Man bezeichnet die Psychoanalyse als »de rite«, »orthodox«, »per se«, »klassisch« etc. – was sagen solche Attribuierungen über ihr Wesen? Hierher gehört auch die Frage der Sitzungsfrequenz: Bis zu welcher Dichte macht die Verwendung des Wortes »Psychoanalyse« noch einen Sinn? Und schließlich: Welche Bedeutung kommt bei all dem der Haltung des Psychoanalytikers zu? Wie lässt sich diese Haltung fassen? All diese Debatten werden mit einem Hang zur Dichotomisierung geführt. Ich denke dabei an »klassische Analyse« vs. »Anything-goes-Analyse«; Vierstündigkeit und Dreistündigkeit im internationalen Kontext (IPA und Frankreich) sowie im nationalen Kontext (DPV und DPG); sowie Sitzen und Liegen.

Aus Sicht der Patienten dagegen spielt diese Dichotomisierung eine untergeordnete Rolle. Die Patienten nämlich sehen ein wesentliches Element des analytischen Prozesses darin, dass ihr Analytiker sie zur Reflexion ermutigt. Das ist durch die Katamnesestudie von Leuzinger-Bohleber et al. belegt. Diese Studie belegt auch, dass kein »Entweder-oder« zählt, sondern dass spürbare und nachhaltige Linderung in verschiedenen Behandlungssettings erreicht werden konnte (vgl. Stuhr; Leuzinger-Bohleber & Beutel 2001, S. 199). Die Diskrepanz zwischen Forschungsergebnissen und den dichotomisch geführten Debatten waren für mich ein Grund, die erwähnten Topoi neu zu bedenken und zu gewichten. Schon 1985 plädierten Thomä & Kächele dafür, bei der analytischen Arbeit stärker »die interaktionelle Ausgestaltung in allen therapeutischen Situationen ins Auge zu fassen« (Thomä & Kächele 1985, S. 193).

Ich bin, im Zusammenhang dieser Fragen, auf einige Überlegungen Freuds gestoßen, die ich zunächst vorstellen möchte. Im Anschluss daran werde ich anhand zweier Fallvignetten die unbewussten interaktionellen Dimensionen darstellen, deren reflexive Bearbeitung zu einer Veränderung des ursprünglich gewählten Settings geführt hat. Mit den Schlussbemerkungen stelle ich Verbindungslinien zur historischen und zur aktuellen Debatte her.

Wesentliche Aspekte des Rahmens bei Freud

In seinem 1890 veröffentlichten Aufsatz »Psychische Behandlung (Seelenbe-handlung)« beschreibt Freud »das Wort« als »wesentliches Handwerkszeug« des Analytikers (Freud 1890a, S. 289). An dieser Überzeugung hält er lebens-lang fest. 1926, in »Die Frage der Laienanalyse«, findet sich folgende Definition der psychoanalytischen Behandlung: »Der Psychoanalytiker bestellt den Patienten zu einer bestimmten Stunde des Tages, läßt ihn reden, hört ihn an, spricht dann zu ihm und läßt ihn zuhören« (Freud 1926e, S. 213). Bei seinem fiktiven Zuhörer weckt Freud damit Skepsis: »Weiter nichts als das? Worte, Worte und wiederum Worte?« (a. a.O.). Trotz dieses Zweifels blieb Freud von der »Zauberkraft der Worte« überzeugt und mit der Frage beschäftigt, »wie die Wissenschaft es anstellt, dem Worte wenigstens einen Teil seiner früheren Zauberkraft wiederzugeben« (Freud 1890a, S. 289). Die Zauberkraft der Worte rührt daher, dass sie einerseits »unsagbar wohl tun«, andererseits »fürchterliche Verletzungen zufügen« können. Zum »wesentlichen Handwerkszeug« der Psychoanalyse gehören also jene Worte, mit deren Hilfe wir uns Klarheit über unsere Verfassung schaffen können, die uns behilflich werden können beim Austausch von Gefühlen und bei dem Versuch, wohltuenden Einfluss zu nehmen (vgl. Freud 1926e, S. 214).

Freud schreibt »uns« und macht seinen Lesern mit dem Pronomen in der ersten Person Plural klar, dass es sich hier um einen interaktiven, diskursiven Prozess handelt. Obwohl dieser Prozess von seiner Offenheit lebt, gibt es Regeln. Zum Beispiel die klare Aufforderung Freuds an den Psychoanalytiker, mit wissenschaftlichen Hilfsmitteln nach genau den Worten Ausschau zu halten, die wohl tun, und solche zu vermeiden, die verletzen können. Anfäng-lich war Freud der Meinung, diese Worte würden sich auf dem Hintergrund einer selbstverständlichen Mitmenschlichkeit von alleine einstellen. Im Laufe seiner Arbeiten musste er jedoch erkennen, dass sowohl Widerstände, Über-tragungs- Gegenübertragungsdynamik als auch die blinden Flecken beider Gesprächsteilnehmer ernsthafte Hindernisse für dieses »Worte-Finden« darstellen können. Dennoch oder gerade deswegen lassen sich strukturell verbindliche Merkmale solcher Worte anführen. Vor allem: Worte dürfen nicht zum Zweck eines Missbrauchs ausgesprochen werden. Die Abstinenzregel gilt eben nicht nur für Handlungen, sie gilt auch für Worte, die – nach Freud – ledig-lich Ausdruck dessen sind, was im Denken als Probehandlungen bereit liegt. Diese Worte müssen erraten, konstruiert und erschaffen werden.

Im Lauf der über 100-jährigen Geschichte der Wissenschaft Psychoanalyse sind zahlreiche Beiträge dazu geliefert worden, wie diese »Suche nach einer erträglichen Welt« (vgl. Haesler 1995) strukturiert werden kann. Wichtige

157

Elemente hat bereits Freud selbst eingeführt. An der oben genannten Stelle schreibt er, dass der Analytiker »zu« dem Patienten spricht, nicht »über« ihn. Damit ist ein von der Psychotherapieforschung vielfach bestätigtes wirksames »Zaubermittel« benannt: die Fähigkeit des Analytikers, mit seinem Patienten in einen Austausch zu treten.

In diesem Austausch helfen Worte zu beschreiben und zu fassen, warum und auf welche Weise der Patient versucht, sich in diesem Austausch zu schützen, wobei ihm sein Schutz hilft und wobei er ihn behindert. Dabei findet die analytische Arbeit stets an Aspekten der negativen Übertragung statt, während sich deren positive Aspekte von selbst verstehen – wenn sie denn nicht zum Widerstand gebraucht werden. Mit einem Verweis auf Rosenfeld und Waelder kann ich deutlicher machen, was ich mit »Struktur« der Suche meine. Nach Rosenfeld sollten sich alle analytischen Interventionen von der Vorstellung leiten lassen, dass sich der Patient in Not befindet (vgl. Rosenfeld 1990). Waelder hat herausgearbeitet, dass sich der Patient aus dieser Not heraus in defensiv-protektive Einengungen, Sackgassen, Symptombildungen verstricken kann. Daraus hat Waelder die »W«-Fragen gemacht: Wann macht der Patient was, warum, mit wem, wie tut er dies, und wie antworte ich als Analytiker in meinem inneren Raum darauf? (vgl. Waelder 1983). Mit diesen strukturierenden Fragen versucht die Psychoanalyse, die beschädigte Zauberkraft der Worte wiederherzustellen.

Mit dem Austausch von Worten in einem offenen Prozess soll nicht so sehr das Symptom, sondern die verletzte Seele behandelt werden. Sie soll in einem Akt der Selbsterkenntnis zu sich selbst finden. Die Dauer dieses Prozesses ist zeitlich nicht klar eingrenzbar. Obwohl den Worten, so Freud, jene »zauberhafte Kraft zur Linderung innewohne, (...) brauchen analytische Behandlungen Monate und selbst Jahre« (Freud 1890a, S. 214). In diesem Prozess, über den Weg der Selbsterkenntnis, stellen sich Linderung und Erleichterung wie selbstverständlich ein. Vielleicht, so Freud, bemerkt der Patient

> »(...) selbst den Ansatz eines sehr merkwürdigen psychologischen Problems in der Situation, daß ein eigener Gedanke vor dem eigenen Selbst geheim gehalten werden soll. (...) Etwas wie ein Gegensatz zwischen dem Selbst und einem Seelenleben im weiteren Sinn mag sich ihm dunkel zeigen« (a. a.O., S. 215).

Wie zentral diese Dimension des analytischen Prozesses ist, macht der Kommentar einer Patientin deutlich. Heute, 100 Jahre nach Freuds ersten Formulierungen, benennt sie den Faktor, den sie für den wirksamsten ihrer analytischen Behandlung hält:

> »Überwältigend war das Gefühl einer Fürsorge und Teilnahme zu begegnen, die mich in keiner Weise einengte oder in die Defensive zwang, die aber zugleich distanziert war und sich nicht würde von mir einnehmen lassen. Befreiend die

Möglichkeit nachzudenken, Argumente zu erproben, die aufmerksam aufgenommen, bisweilen aber in überraschender Weise in Frage gestellt wurden. Ich habe sehr dabei gelernt, Perspektiven zu wechseln, weniger im ersten Eindruck festgefroren zu bleiben.« (Stuhr; Leuzinger-Bohleber & Beutel 2001, S. 199)

Den Prozess, in dessen Verlauf sich Selbstreflexivität entwickeln kann, beschreibt in der aktuellen Diskussion Landis:

> »Die Psychoanalyse hat es bei diesem dialektischen Beziehungsmodus mit dem logischen Problem einer reflexiven Intersubjektivität zu tun. Diese ist dadurch bestimmt, dass beide Partner wechselseitig im Anderen bei sich sind und die Fremdheit des Anderen als je auch eigene Fremdheit anerkannt werden kann.« (Landis 2001, S. 44)

Damit ist die Psychoanalyse als ein offener, aber nicht beliebiger Prozess beschrieben; als ein Prozess, der vom reflexiven Austausch beider Partner lebt und dessen Verlauf nicht von vornherein feststeht. Mit alledem ist aber nur die eine Seite des menschlichen Denkens beschrieben: die Bereitschaft und das Interesse, Unbekanntes zu erkunden, dabei auch auftretende Ungewissheiten zu ertragen, geduldig die Differenz zwischen haltloser Spekulation und plausibler Hypothese, zwischen Wissen und Nichtwissen auszuhalten.

Aber auch die andere Seite menschlichen Denkens und Wünschens hat Freud in »Die Frage der Laienanalyse« beschrieben. Der »reflexiven Intersubjektivität« und der in ihr involvierten Offenheit steht die menschliche Sehnsucht nach einem Denken entgegen, mit dessen Hilfe Ungewissheit ausgeschlossen und durch »Bestimmtheit, Unwandelbarkeit, Unfehlbarkeit« ersetzt werden soll. Ich kann mir vorstellen, dass die Entstehung der Attribute »orthodox«, »klassisch«, »de rite«, »Standard«, »per se« eben dieser Seite menschlichen Denkens zuzuschreiben ist. Freud dazu: »Wissenschaft ist keine Offenbarung, sie entbehrt lange über ihre Anfänge hinaus der Charaktere der Bestimmtheit, Unwandelbarkeit, Unfehlbarkeit, nach denen sich das menschliche Denken so sehr sehnt« (Freud 1926e, S. 218). »Sie entbehrt lange (…)« – mit diesen, wie ich denke, bewusst gewählten Worten, will Freud uns vorführen, wie sehr wir beides in uns tragen: auf der einen Seite das Interesse an Erkenntnis, die ins Offene und Unabschließbare zielt, auf der anderen Seite das Interesse an Erkenntnis, die uns Bestimmtheit, Unwandelbarkeit und Unfehlbarkeit verspricht und die eines Tages, nach der »langen Zeit der Entbehrung«, die Gestalt eines abgeschlossenen, unfehlbaren, unwandelbaren Wissensgebäudes annehmen könnte.

Ich fasse zusammen: Nach Freuds Meinung und der vieler seiner Nachfolger hat der psychoanalytische Rahmen die Aufgabe, einen Prozess reflexiver Intersubjektivität zu schützen und zu stützen. Dabei kommt der Haltung des Analytikers sowie seinen Zauberworten eine zentrale Rolle zu. Im prozessualen Geschehen soll ein Ich-dystoner Zustand hergestellt werden, in dem der Patient erkennen kann, dass er ebenso mit sich identisch wie sich fremd ist. Dieser Prozess ist von Anfang an eingebettet in ein Spannungsfeld defensiv-protektiver Interessen, deren Auswirkungen bis in die Vereinbarung über Stundenzahl, Körperhaltung hineinreichen können. Die Arbeit des Analytikers bestünde also darin, wirklich alles zu hinterfragen, also auch die Vereinbarung, die er mit seinem Patienten trifft. Darin liegt eine Möglichkeit, Verständnis- und Handlungsmodelle unter Beteiligung des Patienten zu entwickeln und zu erproben. Es geht um die Bereitschaft, sich fürsorglich hinterfragend auf die Suche nach »erträglicheren« Worten, unter Umständen auch nach »erträglicheren« Vereinbarungen, zu machen.

> »Die Psychoanalyse hat es mit der Synthesis zu tun, wenn sie (...) permanent aus dem Wechselspiel der Einheit und Verschiedenheit von Soma und Psyche, von Faktum und Imago, von äußeren Tatsachen und innerem Erleben etwas Neues, ein Drittes: Erkenntnis schafft (›Triangulierung‹).« (Landis 2001, S. 46)

Fallvignette 1: vierstündig, liegend

Herr A. suchte mich auf, weil er beim Unterschreiben des Kaufvertrages für eine gemeinsame Stadtwohnung das Gefühl hatte, seine Frau würde ihm gleichsam die Hand führen. Er hatte sich eher ein Haus im Grünen vorgestellt. Er war sich zwar bewusst, dass er selbst es gewesen ist, der die Unterschrift geleistet hatte. Gleichwohl aber drückte ihn die Intensität seines Gefühls nieder, machte ihn depressiv, verzweifelt. Seine Migräneanfälle häuften sich, er fühlte sich körperlich unter stetiger Anspannung und ermüdete leicht. Immer wieder ließ er sich krank schreiben. Unter Tränen äußerte er seinen Wunsch, einmal einfach erzählen zu können, wie ihm zumute sei. Er wolle eine vierstündige Psychoanalyse machen und sich auch auf die Couch legen. Ich nahm ihn mit diesem Wunsch freudig auf. Stärker als dieser Affekt war ein Gefühl der Erleichterung darüber, dass ich wieder einmal einen Patienten hatte, mit dem eine Vereinbarung über eine vierstündige Analyse zustande kommen konnte. In einer Situation, in der es überwiegend zu Vereinbarungen über zweistündige, seltener schon über dreistündige Psychoanalysen gekommen war, erschien mir sein Vorschlag wie ein Geschenk. Hatte ich doch bereits gezweifelt, ob ich mich noch als ein ordentliches Mitglied von DPV und IPA betrachten könne. Müsste ich nicht mehr Vereinbarungen über »orthodoxe«, »klassische«, »de rite« oder »Standardanalysen« zustande gebracht haben? Meine Zweifel verloren durch die getroffene Vereinbarung an Schärfe, und ich fühlte mich meiner Zugehörigkeit zur Gruppe meiner Kollegen sicherer. Ich nahm erstaunt zur Kenntnis, welche Affekte und weitreichende Überlegungen das Gespräch mit dem Patienten in mir wachriefen. Etwas hielt mich davon ab, mein Erstaunen zum Anlass für weitere Fragen zu nehmen.

Ich ließ mich also in meiner analytischen Bereitschaft, alles zu hinterfragen, »einlullen«. Ein Prozess, der sich als »Standardanalyse« bezeichnen ließe, nahm seinen Lauf. Herr A. kam regelmäßig und pünktlich vier mal pro Woche, legte sich hin und tat etwas, das in seinen Augen womöglich meiner Vorstellung von freiem Assoziieren entsprechen könnte. Ich abstrahierte Themen, die er bereitwillig aufgriff. Sein Zustand verschlechterte sich. Schweißgebadet stand er nach mancher Stunde auf, wurde dann wütend, weil ich auf ihn den Eindruck machte, als sei ich ganz entspannt, während er sich »abrackerte«.

Aus seiner Vorgeschichte wusste ich, dass er mit einer schwer depressiven Mutter aufgewachsen war. Er hatte sich wie an ihr Bein gefesselt gefühlt. Als er versucht hatte, sich mit 16, 17 Jahren mit Hilfe des Vaters eigene Standpunkte zu bilden, war ihm der Vater nicht, wie er gehofft hatte, hilfreich, sondern forderte seinerseits Unterwerfung.

Meine Arbeit in dieser Zeit bestand darin, ihn auf die Bereitwilligkeit aufmerksam zu machen, mit der er sich jedes Mal der Themen annahm, die mir aufgefallen waren, so als sähe er es eine Art kleineres Übel, sich meinen Vorschlägen einfach zu unterwerfen. Der Druck nahm zu.

In der 76. Stunde setzte er sich plötzlich auf, drehte sich um, blickte mich – angstvoll, wie mir schien – an, legte sich wieder hin, als sei nichts geschehen und assoziierte die letzten Minuten der Stunde frei vor sich hin.

Ich nahm mir vor, diesen Vorfall in der nächsten Stunde anzusprechen. Ich sagte ihm, es sei mir so vorgekommen, als ob er gegen Ende der letzten Stunde von einem ihn bewegenden Motiv ergriffen worden sei, und zwar so sehr, dass er sich aufgesetzt und mich angeschaut habe, als wolle er mit mir darüber sprechen. Dann aber müsse wohl eine Art Resignation von ihm Besitz ergriffen haben, und er habe wieder seine alte Position eingenommen, als sei nichts geschehen. Ich bot ihm an, mit mir gemeinsam über den Augenblick, in dem er sich aufgerichtet hatte, nachzudenken, zumal ich mitbekommen hatte, dass es ihm in der bisherigen ›alten Haltung‹ immer schlechter ging. Zunächst war Herr A. sprachlos, dann brach er in Tränen aus. Zum ersten Mal sprach er nun über seine negativen Phantasien. In seiner Vorstellung sei ich ein »orthodoxer Analytiker«, der Unterwerfung unter das »orthodoxe Setting« fordere. Diese Unterwerfung war die einzige ihm bekannte Möglichkeit, etwas von einem solchen Analytiker zu bekommen. Im Zustand seiner eigenen Bedürftigkeit hatte er bisher die Erfahrung gemacht, seinen eigenen Willen nicht mehr gebrauchen zu können.

Darum hatte er immer wieder so getan, als ginge er mit dem Willen des Anderen konform. Mit diesem Akt scheinbarer Unterwerfung schuf er sich einen unangreifbaren Überlebensraum und behielt damit ausreichend Sicherheit und Kontrolle über den Anderen und das jeweilige Geschehen. Damit hatte er gleichzeitig eine Lösung gefunden gegen seine Angst, das Objekt, auf das sich alle seine Wünsche richteten, zu verlieren. Durch die ebenso destruktive wie selbstdestruktive gedankliche Auslöschung der Differenz zwischen sich selbst und dem jeweiligen Objekt konnte er sich Zuwendung und Zuneigung des Objekts erhalten: Von der Mutter, die keine Trennung zuließ, über den Vater, der Unterwerfung forderte, bis hin zu seinem »orthodoxen Analytiker«, der vier Sitzungen pro Woche forderte, schien sich ein roter Faden durchzuziehen.

Auf die analytische Situation bezogen kann das als Übertragungsangebot auch so beschrieben werden: »Bitte, lenken Sie mich, aber nach meinem Willen«. Der Preis für diese Lösung war eine immer stärker werdende Einengung seiner Denk-, Fühl- und Handlungsmöglichkeiten. Ich begann zu ahnen, warum ich mich über diesen Patienten am Anfang so gefreut hatte. Ich erinnerte mich an meine eigenen Zweifel, ob ich noch zur Gruppe der Analytiker gehörte, die in Übereinstimmung mit den »Standards« der IPA genügend hochfrequente Behandlungen durchführen; ob ich mich nicht der Norm der Vierstündigkeit hätte unterwerfen sollen. Offenbar war ich bereit gewesen, meine Selbstreflexivität dem introjizierten Bild der Gruppe und deren Normen zu opfern. Auf diese Weise hatte ich mich beruhigt, mir dort ein Gefühl der Sicherheit eingehandelt, wo eben noch die Erinnerung an Zweifel vorhanden gewesen war. So betrachtet erschien die anfänglich wirksame Dynamik wie ein Handlungsdialog (Klüwer), mit dessen Hilfe sich unbewusst die Vereinbarung herauskristallisierte, die dem damaligen Angstzustand des Patienten angepasst war. Ich hatte mit meinem eigenen Unbewussten, so schien es mir nun, etwas von der Angst des Patienten vor dem Verlust des für ihn wichtigsten Objektes übernommen und zugleich auch etwas von dessen Lösung: der scheinbaren Bereitschaft zur Anpassung und Unterwerfung.

Dies lässt sich auch beschreiben als eine Möglichkeit, die Angst des Patienten erst einmal aufzubewahren, bis mit Hilfe neuen Materials eine plausible Deutung über das Zustandekommen dieser konkreten Vereinbarung möglich war. Erst danach konnte der Patient die von ihm gewünschte Behandlungsdichte und Körperhaltung beschreiben und die Verantwortung für die ihm gemäße Umsetzung übernehmen. Er kam in der Folgezeit dreimal die Woche und setzte sich mir gegenüber. Obwohl die Annahme plausibel erscheint, dass darin noch ein seiner Angst folgendes Ausweichmanöver zu sehen ist, hatte ich doch den Eindruck, dass er eigenverantwortlich die ihm gemäß erscheinende Körperhaltung und Gesprächsdichte gewählt und mir gegenüber vertreten hatte. Ich sah darin einen bedeutsamen Unterschied zu seinem Symptom, sich »die Hand führen zu lassen«.

Im weiteren Verlauf wuchs die Zuversicht von Herrn A., sich in seinen eigenen Angelegenheiten zu engagieren. Die psychosomatischen Beschwerden nahmen ab. Die Migräne wurde seltener, ebenso die Krankschreibungen.

Fallvignette 2: einstündig, sitzend

Dieser Patient kam zu mir, weil er in letzter Zeit zunehmend unter unmotiviert erscheinenden, panikartigen Ängsten zu leiden hatte. Die Ängste traten meistens in größeren, anonymen Menschenansammlungen und ohne ersichtlichen Anlass auf. Herr B. war Mitte 40, lebte alleine. Vor Jahren gab es eine Frau, die er geliebt hatte und mit der er gerne zusammengezogen wäre. Je näher dieses Ereignis rückte, desto stärker wurde er von der Angst ergriffen, sich in dieser Beziehung nicht mehr frei bewegen zu können. Die Beziehung zerbrach an diesem Konflikt. Seither lebte er alleine und seine Kontakte zu Frauen beschränkten sich auf gelegentliche Besuche bei Prostituierten.

Die Erstgespräche machten deutlich, wie er sich bisher immer wieder durch Flucht vor diesen ihn ängstigenden Aspekten einer Beziehung entzogen hatte. In die letzte probatorische Sitzung kam Herr B. mit dem Wunsch nach einer einstündigen analytischen Psychotherapie im Sitzen. Auf dem Hintergrund der von ihm beschriebenen Ängste erschien mir sein Vorschlag plausibel. Gleichzeitig, auf einer anderen Ebene, beschäftigte mich die Frage, ob mit dieser Vereinbarung eine ausreichend intensive Erfahrung möglich sein würde. Entgegen meiner Auffassung, dass sich die Frage, was für einen Patienten gut sei, erst im Lauf der Gespräche klären lässt, teilte ich Herrn B. meine Bedenken mit. Ich stellte ihm seinen Wunsch nach einer einstündigen Psychotherapie dar als Kompromiss zwischen seiner beschriebenen Angst einerseits und seinem Wunsch nach Klärung dieser Ängste andererseits. Herr B. zeigte keine erkennbare Reaktion, und wir vereinbarten, mit den Gesprächen wie anfangs besprochen zu beginnen, sobald die Kostenübernahme geklärt sei. Nach der Sitzung beschäftigte mich die Frage, welche Motive mich veranlasst hatten, mich so früh schon zum möglichen Verlauf der Therapie zu äußern. Wollte ich, vielleicht in Folge jahrelanger Diskussionen über »Standards«, Herrn B. von einer höherfrequenten Therapie überzeugen? Diese Frage bewahrte ich auf. Ich schrieb den Bericht, Gutachter und Kasse stimmten der Vereinbarung zu. Herr B. meldete sich fast ein halbes Jahr lang nicht. In dieser Zeit kämpfte ich immer wieder mit dem Wunsch, mich mit dem Patienten in Verbindung zu setzen. Dieses Bedürfnis und die oben erwähnten Fragen schienen mir eher auf eine unbewusste Dynamik zu verweisen. Ich beschloss daher, diesem Wunsch nicht nachzugeben und weiter abzuwarten.

Ungefähr sechs Monate später meldete sich Herr B. mit dem Wunsch, die Gespräche aufzunehmen. In den ersten 80 Sitzungen monologisierte Herr B.

fast die ganze Stunde über auf kunstvollem, geschliffen ironischem Niveau. Gelegentlich, wenn er eine besonders gute Wendung gefunden zu haben glaubte, lachte er so, als spiele er vor einem imaginären Publikum gleichzeitig die Rolle des Darstellers und des Zuschauers. Ich kam mir nahezu überflüssig vor. Herr B. erschien mir wie eine Raupe in einem Kokon, dessen Innenseiten mit Spiegeln ausgeschlagen sind, vor denen er sich unentwegt produzierte. Im Hinterkopf behielt ich mein Wissen um seine Angst.

Meine Arbeit bestand darin, ihn auf die Hermetik und Abgehobenheit seiner Sprache aufmerksam zu machen. Ich sei der Meinung, dass seine Art zu sprechen ihm womöglich helfen würde, die Situation auf gewohnte Weise zu meistern. Sie hindere ihn aber auch daran, seine Ängste konkret mit mir zu klären. Diese Bemerkungen, so schien mir, trugen dazu bei, dass er seine Haltung mir gegenüber änderte. Er drehte den Sessel – die Sessel stehen normaler Weise im rechten Winkel zueinander – in meine Richtung, rückte mir gleichsam näher. Ich empfand es fast wie ein »auf die Pelle rücken«. Zur gleichen Zeit entdeckte Herr B. selbst immer öfter, dass ihn seine Sprache nicht nur schützte, sondern auch in seinen Kontaktwünschen behinderte. Seine Klagen darüber nahmen zu. Gleichzeitig wuchs auch seine Angst, ich könne ihn für seine hermetische Sprache und die Blockade des Kontakts bestrafen. Auch seine Erleichterung darüber, dass dies nicht geschah, kam zur Sprache.

Es war wohl die 80. Stunde, in der er mir von seinem Wunsch erzählte, sich eines der teuersten auf dem Markt erhältlichen Autos zu kaufen. Er geriet immer mehr in Begeisterung für dieses Vorhaben, bis er – plötzlich, überraschend für ihn und für mich –, mitten in der Stunde von Angst und Panik ergriffen wurde. Diese Gefühle waren ausgelöst worden durch die angstvolle Erwartungsfurcht, er werde in den Sog einer vollständigen finanziellen Vernichtung geraten, würde er diesem »ziehenden Wunsch« nachgeben. Die unbewusste Phantasie, dass ihn seine eigenen Wünsche in einen zerstörerischen, alles mitreißenden Sog ziehen würden, schien zu durchdringen. Nach diesem Vorfall und der weiteren Verständigung darüber begann ich zu verstehen, weshalb Herr B. mit einer einstündigen analytischen Psychotherapie hatte beginnen wollen und wieso er durch meinen frühen Hinweis auf eine mögliche Intensivierung in unseren Gesprächen abgeschreckt worden war. An dieser Stelle wurde es möglich, mit ihm über seine Ängste und deren bisherige Bewältigung zu sprechen. Um sich vor diesem zerstörerischen Sog seiner eigenen Wünsche zu schützen, war die vorgeschlagene Vereinbarung über eine Stunde die zu diesem Zeitpunkt angemessene Form.

Ebenso konnten wir besprechen, wie sehr er sich und seine Objekte mit Hilfe seiner Sprache und der geringen Sitzungsfrequenz auf schützende, aber auch entbehrungsvolle Distanz gehalten worden waren. Jetzt konnte er sich erstmals seit Jahren auf die Beziehung zu einer Frau einlassen. Die starke Ambivalenz seiner Empfindungen tauchte nun auf, wenn er einerseits stundenlange Feldzüge gegen das Wort »Beziehung« führte, andererseits davon berichtete, wie wohl und entspannt er sich mit dieser Frau fühle. In dieser Situation äußerte er den Wunsch, dreimal in der Woche mit mir über seine Erfahrungen reden zu wollen, was ich auf dem Hintergrund des beschriebenen Prozesses nachvollziehen und realisieren konnte.

Schlussbemerkungen

Vieles spricht dafür, ein konstitutives Element des analytischen Rahmens in den Ideen zu sehen, die über den analytischen Prozess existieren. Anne Marie Sandler drückte dies 1980 so aus: »Die wichtigste Unterscheidung zwischen Psychoanalyse und Psychotherapie liegt in der Haltung des Analytikers« (Sandler 1980, S. 17). Gelingt es dem Analytiker, eine »vom aktuellen Geschehen unabhängige Zugewandtheit und Abstinenz« (Laplanche 1996, S. 15) anzubieten, kann sich auch in niederfrequenten Behandlungen »(...) ein innerer Raum entfalten (...), der die Objektbeziehungen weniger ängstigend erscheinen lässt« (Schlierf 2002, S. 15). Auf diesem Wege scheint es nicht primär um eine unreflektierte Anwendung normativer Vorgaben zu gehen, sondern eher um das, was Gattig so beschrieb: »Es geht um die Frage, unter welchen Umständen der Prozess seine optimale Intensität und Dichte erreicht. Dies ist jeweils zwischen Analytiker und Patient auszuhandeln, also die für diese beide optimale Intensität und Dichte« (Gattig 2001, S. 11).

Anhand der beiden Beispiele wollte ich zeigen, dass sich diese Vereinbarung als Teil eines unbewussten psychodynamischen interaktiven Geschehens darstellen lässt. Wie in einem Handlungsdialog (Klüwer) erschaffen dabei Analytiker und Patient die zum jeweils gegebenen Zeitpunkt »optimale Intensität und Dichte«, das heißt, die der gerade herrschenden Angst und den bestehenden Angstbewältigungsmöglichkeiten angepasste Vereinbarung.

Die Änderung des Settings, die sich im Prozess der reflexiven Beschäftigung einstellen mag, würde mehr den Ich-Interessen des Patienten dienen. Dieser Prozess, in dem das Setting in Anpassung an die Angstmöglichkeiten des Patienten ausgehandelt wird, lässt sich auch als adaptiver Umgang mit dem Behandlungsrahmen beschreiben. Diese Überlegungen schließen an das Konzept der »adaptiven Indikation« (Baumann & von Wedel, zit. nach Thomä & Kächele 1985, S. 192) an. Mit meinen Fallbeispielen wollte ich dieses Konzept in den Raum der Gestaltung der Behandlungsvereinbarung und der Behandlung einführen.

Literatur

Beutel, M. (2001): Langzeittherapien aus der Rückschau ehemaliger Patienten. In: Stuhr, U. Leuzinger-Bohleber, M. & Beutel, M. (Hg.) (2001): Langzeitpsychotherapie. Stuttgart (Kohlhammer), S. 187–200.

Freud, S. (1890a): Psychische Behandlung (Seelenbehandlung). GW V.

Freud, S. (1926e): Die Frage der Laienanalyse. GW XIV.

Gattig, E. (2001): Das Schicksal der psychoanalytischen Methode im psychotherapeutischen Setting. In: FPI – Forum. Zeitschrift der Mitglieder des Frankfurter Psychoanalytischen Instituts e.V. (künftig: FPI-Forum) 21, S. 8–16.

Haesler, L. (1995): Auf der Suche nach einer erträglichen Welt. Darmstadt (Wiss. Buchges.).

Landis, E. A. (2001): Logik der Krankheitsbilder. Gießen (Psychosozial).

Laplanche, J. (1996): Ziele des psychoanalytischen Prozesses. Herbsttagung DPV 1996. zitiert aus: FPI – Forum Nr. 21, S. 8–16.

Rasting, M. (2001): Langzeittherapien aus der Rückschau ehemaliger Patienten. In: Stuhr, U.; Leuzinger-Bohleber, M & Beutel, M. (Hg.) (2001): Langzeitpsychotherapie. Stuttgart (Kohlhammer), S. 187–200.

Rosenfeld, H. (1990): Sackgassen und Deutungen. München (Verlag Internationale Psychoanalyse).

Sandler, A. M. (1980): Der Einfluss von Theorie und Praxis der Psychotherapie auf die Psychoanalytische Ausbildung. In: EPF (Europäische Psychoanalytische Föderation) Bulletin 14, S. 39–43.

Schlierf, Ch. (2002): Vortrag für die Veranstaltung zur niederfrequenten Langzeittherapie am 19.04.2002 im FPI. In: FPI-Forum 21, S. 8–16.

Thomä, H. & Kächele, H. (1985): Lehrbuch der psychoanalytischen Therapie .1 Grundlagen. Berlin (Springer).

Thomä, H. & Kächele, H. (1988): Lehrbuch der psychoanalytischen Therapie. 2 Praxis. Berlin (Springer).

Waelder, R. (1983): Die Grundlagen der Psychoanalyse. Stuttgart (Klett-Cotta).

Fokaltherapie

Analytische Psychotherapie im Kontinuum zwischen Kurztherapie und Langzeitanalyse

Rudolf Lachauer

Fokaltherapie: Analytische Psychotherapie im Kontinuum zwischen Kurztherapie und Langzeitanalyse. Das klingt ganz flüssig und wie selbstverständlich und ist auch genau im Sinne der einführenden Beiträge von Buchholz (2003) und Zwiebel (2003). Aber wenn man genauer nachdenkt, verbergen sich darin Gedanken, die bisher nicht selbstverständlich waren.

Die Fokaltherapie ist allgemein in ihrer Anwendung als »psychoanalytische Kurztherapie« bekannt. Die Arbeiten Balints und seiner Mitarbeiter (vgl. Balint 1973; Malan 1972, 1976, 1979) und hier in Deutschland die Veröffentlichungen von Klüwer (1970, 1971, 1976, 1978, 1983, 1985, 1995, 2000) und Loch (1972) haben sich in der Tat zuerst mit den Möglichkeiten der Verkürzung eines analytischen Therapieansatzes auseinander gesetzt. Eine Arbeit von Klüwer trägt den Titel: »Versuch einer Standortbestimmung der Fokaltherapie als einer psychoanalytischen Kurztherapie«. Dies lässt offen, ob die Fokaltherapie nicht auch in anderen Feldern als nur der Kurztherapie einen Platz haben könnte. Eine Formulierung von Thomä (1985) eröffnete dann den Raum, in dem der »Fokus« eine Bedeutung haben könnte. Er schrieb: »Psychoanalyse ist eine fortgesetzte, zeitlich nicht befristete Fokaltherapie mit wechselndem Fokus«. Dies eröffnet der Anwendung des Konzepts »Fokus« schlagartig den gesamten Raum psychoanalytisch orientierter Psychotherapie. Ich selbst habe mich in den vergangenen 25 Jahren intensiv mit den Möglichkeiten der Erarbeitung eines Fokus in den verschiedenen Anwendungsfeldern beschäftigt und dabei erfahren, dass die Erarbeitung eines Fokus immer möglich war und dass dies eine große Hilfe für das Verständnis des aktuellen Therapieprozesses darstellte – und zwar im gesamten Feld von analytisch orientierter Beratung und Krisenintervention über Kurztherapie, tiefenpsychologisch fundierter Psychotherapie bis hin zu Langzeitanalysen (vgl. Lachauer 1986, 1990, 1996, 1998, 1999, 2002). Was ist nun aber dieses »Konzept Fokus«?

Ursprünglich, in der Anwendung der Fokaltherapie als analytische Kurztherapie, ging es darum, für ein Symptom den dazugehörigen unbewussten Hintergrund, die unbewussten Motive herauszuarbeiten, um sich im Deutungsprozess an einer fokalen Hypothese orientieren zu können. Dies schränkte aber die Anwendung des Fokussierens sehr ein und die Forderung nach der »Foka-

lisierbarkeit« wurde zu einem Indikationskriterium für eine analytische Kurztherapie.

Eine Erweiterung über diesen Bereich hinaus ergab sich mir, als ich versuchte, das Fokussieren auch in der stationären Psychotherapie anzuwenden. Dabei
ergaben sich bei zwei Patientengruppen zunächst Probleme. Das waren die
Patienten, die nicht zu einer Psychotherapie motiviert waren und Patienten mit
körperlichen Symptomen oder Charakterstörungen. Diese Patienten waren in
den bisherigen Anwendungen der Fokaltherapie von vornherein ausgeschlossen worden. Die ausführliche theoretische Auseinandersetzung mit dem Fokus
gab dann einen Ausweg. Der Fokus stellte sich mir dar als ein Satz, als ein Fokalsatz, der aus zwei Teilen besteht. Im ersten Teil, den ich als »aktuelles Hauptproblem« benenne, ist ein Problem oder Symptom auf einer bewussten Ebene
formuliert und im zweiten Teil steht dann die Hypothese über den unbewussten Hintergrund dieses Problems. Semantisch ist dieser Fokalsatz nun folgendermaßen aufgebaut: »Ich habe dieses Problem, weil... « oder »Ich mache dieses
oder jenes, weil...«

Dieses »weil« soll natürlich nicht eine reine Ursache-Wirkungs-Gleichung
darstellen, sondern soll eine Hypothese über den geheimen »Sinn« eines
bestimmten Problems oder Symptoms darstellen. Es soll eine »einfühlende
Hypothese« formuliert werden, die das innere, teilweise noch unbewusste Erleben des Patienten beschreibt.

Entscheidend für die Erweiterung der Möglichkeit des Fokussierens, über
die bisherige Anwendung in der Kurztherapie hinaus, wurde nun die Besinnung
auf die Frage, welches »aktuelle Hauptproblem« in einer konkreten therapeutischen Situation gegeben war. Und dies musste nicht immer das vom Patienten
eingebrachte Symptom sein. Zwei weitere wesentliche Bereiche schälten sich
heraus. Es konnte eben auch ein Problem mit der Motivation oder dem Arbeitsbündnis sein. Das »aktuelle Hauptproblem« in diesem Bereich könnte z. B.
lauten: »Ich habe Angst, über mich nachzudenken, weil...« oder »Ich muss
berentet werden, weil...« Es geht also darum, das jeweils vorhandene aktuelle
Problem auch in der therapeutischen Situation beim Namen zu nennen und als
»aktuelles Hauptproblem« zum Anker für einen Fokalsatz zu machen.

Der zweite Bereich betrifft die bereits genannten Patienten mit körperlichen
Symptomen oder Charakterstörungen. Bei diesen kann das Symptom auch
nicht einfach als »aktuelles Hauptproblem« verwendet werden. Hier ist es
nötig, ein zentrales Beziehungs- oder Verhaltensmuster zu formulieren, das z.
B. hinter einer diffusen Körpersymptomatik steckt. Auch hierfür ein Beispiel.
Bei einem Patienten, der in stationäre Behandlung kam mit diffusen Bauch- und
Rückenbeschwerden sowie einem depressiv gefärbten Erschöpfungszustand,
zeigte sich, dass er sich in seinem helfenden Beruf völlig aufopferte und auch in

der Klinik sofort wieder in die Rolle des »für Andere Kämpfenden« kam. Bei ihm formulierten wir das »aktuelle Hauptproblem«: »*Ich muss immer Retter sein, weil...*« Im zweiten Teil sind dann die Hintergründe dafür zu benennen. Es würde hier zu weit führen, die genaueren Details seiner Geschichte (siehe dazu Lachauer 1999) wiederzugeben. Ich will nur den Satz vervollständigen, den wir formulierten. »*Ich muss immer Retter sein, weil ich fürchte, sonst Opfer oder Täter zu werden.*«

Dieser eben dargestellte Ansatz einer Fokussierung, die als erstes das »aktuelle Hauptproblem« festlegt, kann nun zum Ausgangspunkt genommen werden für einige grundsätzliche Überlegungen.

In unserer Ausbildung haben wir alle in erster Linie gelernt, immer neue Bedeutungen »hinter« dem in der therapeutischen Situation Sichtbaren und Gehörten zu entdecken. Wir waren fasziniert über das »was alles möglich ist« an versteckten und unbewussten Bedeutungen. Aber die andere Richtung der Aufmerksamkeit, nämlich die Frage, was von all dem Denkbaren jetzt dran ist, kam zu kurz. Und genau hier setzt das »Konzept Fokus« an. Das »Üben im Fokussieren« schärft genau diese Fähigkeit und dies wirkt sich in allen Anwendungen analytischer Psychotherapie aus. In diesem Sinne geht es also zunächst um eine Haltung, die *zusätzlich* zu dem wichtigen Aspekt der »gleichschwebenden Aufmerksamkeit« gefördert und gepflegt wird. Klüwer (2003) hat bei unserer Tagung »Der Fokus« im Juni diesen Jahres einen Vortrag zum Thema »Das Konzept Fokus im psychoanalytischen Denken« gehalten. Dort führt er aus, dass in der psychoanalytischen Arbeit neben analytisch-zerlegenden Tendenzen auch progressiv-zusammensetzende und strukturierende Tendenzen eine Rolle spielen müssen. Bisher sei dafür in der klassischen Technik nur das Instrument der Deutung mit ihren Vorstufen Klarifikation und Konfrontation vorhanden. Das Konzept Fokus führt nun ein weiteres strukturierendes Prinzip ein. Auch Klüwer betont, dass es hierbei nicht darum geht, die Prinzipien von Freuds »gleichschwebender Aufmerksamkeit« oder Bions »without memory and desire« zu verlassen. Es geht nur darum, sich etwas, das in jeder analytischen Arbeit bisher auch geschah, aber noch nicht theoretisch formuliert wurde, bewusst zu machen und damit zu arbeiten. Jeder Analytiker macht sich mit zunehmender Vertiefung der Arbeit ein *inneres* Bild vom Patienten.

Auch wenn er noch so offen in die nächste Stunde geht, dieses innere Bild hat er in sich und es wird neben den neuen in der aktuellen Stunde auftauchenden Erkenntnissen seine Hypothesen und damit auch seine Deutungen beeinflussen. Das Konzept Fokus eröffnet nun die Chance eines bewussteren Umgangs mit diesem inneren Bild. Es ermöglicht auch, parallel zur Arbeit mit dem szenischen Verstehen und dem Handlungsdialog, Deutungen früher und am aktuell Sichtbaren ansetzend zu geben.

Ein anderer Aspekt soll zusätzlich verdeutlichen, dass das Prinzip Fokus keine Domäne der Kurztherapie ist und bleiben sollte. Jedem von uns ist klar, dass das, was ein Patient in einer konkreten therapeutischen Situation sagt oder sonst von sich zeigt, immer verschiedene Bedeutungen hat. Was aber greift der Therapeut auf? Woran orientiert er sich dabei? Das vorher erwähnte innere Bild ist nur eine von vielen Möglichkeiten. Er könnte sich auch an der Theorie über ein bestimmtes Krankheitsbild orientieren oder an eigenen Lebenserfahrungen u.s.w.

Das heißt, auswählen muss der Therapeut, ganz gleich in welchem Setting. Die durch das Fokussieren geübte Fähigkeit, darauf zu achten, »was jetzt dran ist«, kann also helfen, in diesem Auswahlprozess näher am Erleben des Patienten zu sein.

All das, was ich jetzt beschrieben habe und was durch das »Üben des Fokussierens« innere Aufmerksamkeit erhält, wirkt sich natürlich auch aus auf die Vorstellung des therapeutischen Prozesses in verschiedenen Settings. Eine zentrale Vorstellung ist es dabei, dass nicht eine therapeutische Technik in einem bestimmten Setting angewandt wird, sondern dass das therapeutische Handeln bestimmt ist durch einen Beziehungsprozess zwischen Patient und Therapeut. Bestimmend ist dabei das beständige Bemühen des Therapeuten, möglichst nahe am inneren aktuellen Erleben des Patienten zu sein, das sich *bei Bedarf* in Form eines Fokalsatzes formulieren lässt.

Um nicht missverstanden zu werden, es geht natürlich in einer längerfristigen analytischen Therapie nicht darum, immer einen solchen Satz zu erarbeiten und sich in der Deutung der aktuellen Übertragung und des Handlungsdialogs daran zu orientieren, wie dies in der Kurztherapie sinnvoll ist. Für die Anwendung in einer Analyse geht es zunächst nur darum, die innere Aufmerksamkeit für das »jetzt Aktuelle« zu schulen und die Fähigkeit des Fokussierens in diesem Sinne zu nutzen. In bestimmten Situationen, etwa in therapeutischen Krisen, kann es aber auch sehr hilfreich sein, einen Fokalsatz zu erarbeiten.

An dieser Stelle möchte ich einen mir wichtig gewordenen Vergleich benutzen, den Vergleich mit der »Reise des Odysseus«. Zentrales Thema dieses Homerischen Epos ist die »Suche nach der Heimat«. Man kann dies verstehen als die Suche eines Menschen nach sich selbst, nach seiner inneren Heimat. Die helfenden Phäaken können Bild für den Therapeuten sein, bei dem sich der Patient ausspricht, wie dies auch Odysseus tat, als er seinen Leidensweg erzählte. Erst danach wurde der Weg in die Heimat frei. Doch vorher hatte er viele Abenteuer und vor allem auch viele »Schiffbrüche« zu bestehen.

Ich will diese Abenteuer und die Schiffbrüche vergleichen mit dem inneren Entwicklungsweg eines Menschen.

Was ist nun die Rolle des Therapeuten?

Er muss seinen Patienten suchen, den inneren Ort aufsuchen, an dem dieser auf seinem Lebensweg angelangt ist, ihn dann therapeutisch begleiten in seinem persönlichen Ringen und durch »das Abenteuer, das ansteht«. Diese Stelle ist unser Fokus!

Eine Kurztherapie durchzuführen, bedeutet nun, einen Patienten nur auf einer einzigen Station auf diesem Weg in die Heimat zu begleiten. Der Therapeut versucht, durch sein deutendes Verständnis dem Patienten zu helfen, sich der inneren Aufgabe, die ansteht, zu stellen, die Gefühle und Konflikte zuzulassen, die bisher nicht bewältigt oder vermieden waren. Dann geht der Patient seinen Weg allein weiter.

Eine Analyse ist in diesem Bild die kontinuierliche langfristige Begleitung eines Menschen über viele solcher Stationen. Ganz bis zum Ende der Entwicklung und Reife zu begleiten, ist aber auch dort nicht möglich.

Es gibt in diesem Bild aber auch noch die Möglichkeit, einzelne solcher Etappen und Abenteuer in größeren Abständen miteinander zu gehen, vielleicht wenn sich ein Patient wieder meldet, nachdem er mit seinen bisherigen Verhaltensmustern innerlich oder äußerlich »Schiffbruch« erlitten hat.

Für diese Art einer fokalen Psychoanalyse in Etappen ist das odysseische Prinzip des »Schiffbruchs« ein wichtiges Bild. Auf der Suche nach seiner »inneren Heimat« gibt es wohl kaum jemand, der nicht auch einen Schiffbruch erleben muss. So kommen wohl auch alle unsere Patienten mit dem Gefühl eines Schiffbruchs, dass etwas gescheitert ist – eine Beziehung, eine Hoffnung, eine Art zu leben, die krank werden ließ? Das ist doch der Kern des »Leidensdrucks«, der vorhanden sein muss als Voraussetzung jeder Therapie, die gelingen soll.

Hier will ich als Beispiel eine bei unserem ersten Kontakt etwa 40-jährige Frau erwähnen, die in einer sehr schwierigen Ehe lebte und die sich von mir wünschte, ich solle sie durch Therapie so stark machen, dass sie alles ertragen könne. Auf keinen Fall wolle sie die Ehe riskieren, aus der auch zwei Söhne hervorgegangen waren. Mein Eingeständnis, dass mir das so nicht möglich sei, veranlasste sie zunächst, auf die Therapie zu verzichten.

Eine fokale Beschreibung dieser Situation könnte lauten: »*Ich will alles ertragen können, weil ich fürchte, die Scham des Scheiterns nicht zu überleben.*« Biographische Details, auf die ich hier nicht näher eingehen kann, legten diese Hypothese nahe.

Ein gutes Jahr später kam sie wieder. Die Ehe war inzwischen trotz ihrer intensiven Bemühung dennoch zerbrochen und sie kam jetzt zu mir mit dem Wunsch, ihr dabei zu helfen, dieses von ihr als so beschämend erlebte Scheitern zu verarbeiten. Damals begann eine langjährige fruchtbare analytische Arbeit, die der Patientin in der Tat half, wieder »zu sich« zu finden und zwar auch mit ihren eigenen Grenzen, die sie früher nie hatte annehmen können.

Der »Schiffbruch ihrer Ehe« war für die Patientin also zu einer lange hinaus-
geschobenen, letztlich aber für ihre eigene Entwicklung wichtigen und hilfreichen Phase ihres Lebens geworden.

Natürlich ist ein solcher Verlauf nicht immer gekennzeichnet dadurch, dass
der Patient sich zuerst zurückzieht. Oftmals ist es möglich, eine solche Moti-
vationskrise mit Hilfe eines fokalen Verständnisses zu überwinden, wie es bei
einer Patientin mit folgendem Fokus gelang: »Ich muss daran festhalten, dass
ich körperlich krank bin und nicht seelisch, weil ich fürchte, dann wirklich
nichts wert zu sein, wie mein Vater immer behauptete.«

Es gelang uns mit dieser fokalen Hypothese, sie nicht unter therapeutischen
Druck zu setzen, sondern sie dort »abzuholen«, wo sie gerade war, bei ihren
Ängsten und Befürchtungen. Die gefürchtete Wertlosigkeit, wenn sie sich und
anderen eingestand, dass sie mit ihren psychischen Möglichkeiten an eine Grenze gestoßen war, bildete den Kern ihrer scheinbar fehlenden Motivation. Diesen
scheinbaren »Schiffbruch« sich einzugestehen, war aber auch ihre Chance, die
ihr half, sich aus den Wertvorstellungen des Vaters allmählich zu lösen.

Ich möchte die Bedeutung des Schiffbruchmotivs für das Thema Fokaltherapie noch weiter vertiefen.

Der amerikanische Analytiker Galatzer-Levy (1978) hat sich mit dem
Problem auseinander gesetzt, wie sich in der Psychoanalyse Quantität und
Qualität zueinander verhalten, womit er ein meist vernachlässigtes Kernstück
analytischer Kontroversen berührt. Bisherige Konzepte wie die Entwicklungs-
konzepte von Sigmund Freud (1920) und Anna Freud (1976), von Erikson
(1971) oder Mahler (1968) gehen davon aus, dass eine quantitative Veränderung,
wie das Fortschreiten der Zeit, qualitative Änderungen in der psychologischen
Entwicklung mit sich bringt. Sie ignorieren aber die Frage, wie und warum
dieser Umschlag von Quantität in Qualität geschieht oder gehen implizit davon
aus, dass dies nur das sichtbare Resultat biologischer Veränderung sei, die einer
psychologischen Erforschung nicht zugänglich sei.

Galatzer-Levy stieß nun auf einen Zweig der Mathematik, nämlich die
Katastrophentheorie, die sich damit beschäftigt, wie ein qualitativer Wechsel
entstehen kann ausgehend von quantitativen Veränderungen. Ein wesentlicher
Begriff in dieser Theorie ist der Begriffe »Katastrophen-Punkt«. Ein »Katastrophen-Punkt« ist gekennzeichnet dadurch, dass sich in seiner Nähe, also in Folge
eines quantitativen Faktors, plötzliche qualitative Änderungen abspielen.

Übertragen auf psychische Prozesse kann das heißen: Auch psychische
Entwicklung hat einen qualitativen und einen quantitativen Pol. Es können
auch hier Punkte beschrieben werden, die man »Katastrophen-Punkte« nennen
kann. An diesen Punkten wird entweder eine neue Entwicklung angestoßen
oder es kommt zur Entstehung chaotischer innerer Zustände. Je weiter entfernt

der innere Zustand eines Menschen von solch einem »Katastrophen-Punkt«, desto stabiler ist sein Verhalten und seine Fähigkeit, auch stärkere Belastungen auszuhalten. Je näher aber ein psychischer Zustand einem solchen inneren Katastrophenpunkt sei, desto geringere äußere oder innere Änderungen oder Einflüsse sind notwendig, um einen Umschlag zu einer qualitativen Änderung zu bewirken.

Hier kann ich an das Odysseus-Motiv anschließen.

Der »Schiffbruch« entspricht dem für eine Entwicklung notwendigen und beschreibbaren »Katastrophen-Punkt«, an dem ein Umschlag von quantitativen Vorgängen – wie Intensität einer emotionalen Erfahrung, von Leid oder eines Trauma – in qualitative Änderungen – wie innere Reifung – möglich wird.

Man kann in Anlehnung an eine andere mathematisch-physikalische Theorie wohl auch von »Quantensprüngen der Entwicklung« sprechen.

Ob ein solcher Entwicklungsschritt erfolgt, hängt von der Stabilität des aktuellen psychischen Systems ab. Symptome zeigen an, dass das System nicht mehr so stabil ist, dass also der »Katastrophenpunkt«, der »Schiffbruch«, relativ nahe oder in Richtung auf chaotische Entwicklung bereits überschritten ist. Ich habe vorher erwähnt, dass der »Schiffbruch« dem für eine Entwicklung notwendigen und beschreibbaren »Katastrophen-Punkt« entspricht. Die Formulierung eines Fokus kann nun eine solche Beschreibung dieses inneren Punktes liefern.

Um es zusammenzufassen: Die in einer analytischen Behandlung, egal ob Kurztherapie oder Langzeitanalyse, möglichen psychischen Entwicklungsschritte sind abhängig von der Stabilität oder Labilität eines psychischen Systems. Sie werden sich in einzelnen Etappen ereignen, deren innere Dynamik sich in Form eines Fokalsatzes formulieren lässt.

An einem Beispiel aus einem Therapieprozess in Intervallen will ich dies kurz skizzieren.

Eine Patientin hatte sich im Rahmen einer stationären Psychotherapie zunächst sehr intensiv mit den möglichen psychischen Hintergründen für ihre Angst- und depressive Symptomatik auseinander gesetzt, dann aber plötzlich in ihrem therapeutischen Engagement nachgelassen. Es stellte sich heraus, dass sie sich in einen Mitpatienten verliebt hatte, was dazu führte, dass intensive Liebesgefühle all ihre vorher aktualisierten Gefühle von Leere und Einsamkeit übertönten, sodass diese einer Bearbeitung nicht mehr zugänglich waren. Ein entsprechender Fokus könnte lauten: »Ich ziehe mich aus der Therapie zurück und stürze mich in eine Liebesbeziehung, weil ich hoffe, mich dann nicht dem Grauen meiner inneren Leere und Einsamkeit stellen zu müssen.«

Die Bearbeitung dieser Zusammenhänge führte zu der Entscheidung, die Behandlung zu diesem Zeitpunkt nicht fortzusetzen, da sich die Patientin entschlossen hatte, es zunächst mit dieser Möglichkeit der Überwindung ihrer inneren Probleme zu versuchen.

Rein äußerlich betrachtet mag eine solche Unterbrechung tatsächlich wie ein Scheitern, als reiner Abbruch der Therapie erscheinen. Aber es ist manchmal voreilig, von einer gescheiterten Therapie zu sprechen. Man kann nämlich – ähnlich wie bei den Problemen zu Beginn der Behandlung – versuchen, im Sinne eines fokalen Konfliktes herauszuarbeiten, ob nicht ein nur »momentanes Nein« für die Weiterführung der Therapie vorliegt. Wenn es gelingt, die Gründe dafür zu verstehen und sie mit dem Patienten zumindest in Ansätzen zu erarbeiten, dann kann das zwar auch zum Ende der aktuellen Therapie führen, aber auf einer ganz anderen inneren Basis. Die therapeutische Beziehung ist nicht »gescheitert«, sie wird nur derzeit aus den herausgearbeiteten inneren Gründen nicht mehr in Anspruch genommen. Sie kann aber jederzeit wieder fortgeführt werden. Betonen möchte ich allerdings, dass es dabei weder um ein gleichgültiges oder aggressionsgehemmtes »Laissez-faire« der Wünsche und Impulse des Patienten noch um ein Agieren ärgerlicher oder gekränkter Gefühle des Therapeuten gehen sollte. Es sollte eine Entscheidung erfolgen, die das Ergebnis eines intensiven gemeinsamen therapeutischen Ringens um Verständnis der inneren Vorgänge und des sich daraus ableitenden Verhaltens des Patienten ist.

Meine Patientin machte in der Tat zu einem späteren Zeitpunkt einen weiteren therapeutischen Schritt. Zwar meldete sie sich erst nach einigen Jahren wieder, aber sie tat es. Sie war nach ihren inzwischen erlittenen Erfahrungen entschlossen, sich doch den lange gemiedenen inneren Gefühlen zu stellen. Sie hatte erlebt, dass die damalige und auch nachfolgende Liebesbeziehungen daran scheiterten, dass sie die in jeder Beziehung unvermeidlichen Trennungen und dadurch mobilisierte Gefühle von Einsamkeit nicht ertragen konnte. Sie hatte aber den Umweg ihrer Erfahrung gebraucht, um innerlich überzeugt zu sein, dass sie sich den schmerzlichen, bisher vermiedenen Gefühlen stellen müsse und jetzt auch wolle.

Es folgte eine intensive ambulante Therapiephase mit einem neuen fokalen Thema, die nach einiger Zeit wieder an eine Grenze stieß, an der die Patientin noch nicht bereit war, weiterzugehen. Es zeigte sich nämlich, dass als nächste fokale Schicht massive aggressive Impulse in ihr auftauchten, vor denen sie zunächst floh, indem sie den deutlich gebesserten Zustand als für sich ausreichend ansah.

Nach einer erneuten therapiefreien Phase von etwa einem Jahr meldete sie sich wieder und wir konnten auch diese Thematik tiefer bearbeiten.

Ein wesentlicher Punkt an diesen Erfahrungen erscheint mir, dass der Verlauf zeigte, dass es zu keinem enttäuschten Wechsel des Therapeuten kam, sondern dass die innere therapeutische Beziehung bestehen blieb. Darauf aufbauend wurde eine längerfristige Fortsetzung und Vertiefung der therapeutischen Arbeit möglich.

Abschließend will ich auch noch eine Situation in einer langfristigen analytischen Behandlung schildern. Dort gibt es natürlich oft Punkte, an denen Krisen entstehen, an denen ein Agieren, ein die Behandlung nicht fördernder, sondern blockierender Handlungsdialog zwischen Patient und Therapeut entsteht. Der Patient bietet seinem Therapeuten in unbewusstem Handeln seinen Konflikt, sein inneres und manchmal auch äußeres Chaos, den emotionalen Punkt an, an dem er selbst »Schiffbruch« erlitten hat. Der Analytiker nun ist herausgefordert, ob er dies als »Angebot des Patienten« erkennt, anstatt sich dagegen zu wehren und ob er einen Sinn hinter dem scheinbaren Chaos sehen kann.

Ich will hierfür ein »Schiffbruch-Beispiel« nennen, das aus einem meiner Seminare »Übungen im Fokussieren« stammt, in dem eine Kollegin eine Behandlungssituation vorstellte, die dadurch gekennzeichnet war, dass alle therapeutischen Versuche zu scheitern drohten.

Schon mehrere Jahre ambulanter und stationärer Behandlung waren verstrichen und die Patientin stand scheinbar wieder ganz am Anfang. Die Therapeutin begann zu resignieren. Gab es keine Hoffnung mehr? War dies das innere Problem, abgewehrte und auf die Therapeutin übertragene Hoffnungslosigkeit? Sicher war dies ein wesentlicher Teil. Aber woher kam diese Hoffnungslosigkeit? Bei genauerer Untersuchung des langen Behandlungsverlaufs wurde deutlich, dass als latentes Behandlungsziel immer der Wunsch und Anspruch auf Veränderung im Verhalten implizit war, bei der Patientin und latent auch bei der Therapeutin. Das ganze Lebenskonzept der Patientin war darauf aufgebaut, sich in ihrem Verhalten den Erwartungen ihrer Umwelt anzupassen. Dies hatte sich in die gesamte therapeutische Situation eingeschlichen, war unbemerkt auch von der Therapeutin übernommen worden und wurde so zum zentralen Hindernis für echte Entwicklung. Das »Scheitern«, der bevorstehende »Schiffbruch der Therapie«, bekam so plötzlich einen tieferen Sinn. Es gab wohl noch Kräfte in der Patientin, die sich gegen den gewohnten Anpassungsdruck wehrten und Hoffnungen, die darauf gerichtet waren, endlich »verstanden zu werden«, anstatt sich immer nur »ändern« zu sollen. So lautete der Fokus, formuliert aus der Ich-Sicht der Patientin heraus: »Ich muss alle therapeutischen Bemühungen scheitern lassen, weil ich immer noch hoffe, endlich verstanden zu werden, statt mich immer nur ändern zu sollen.«

Wie ich nachträglich von der Therapeutin erfahren habe, hat ihr diese fokale Sichtweise des inneren Sinnes des »drohenden Schiffbruchs« der Therapie ermöglicht, mit einer neuen und offeneren Haltung die Behandlung fortzusetzen.

Es geht mit einem solchen Fokal-Satz im Hinterkopf nicht darum, diesen nun mit der Patientin auf einer intellektuellen Ebene durchzusprechen oder dass damit eine Garantie auf einen positiven Therapieverlauf gegeben wäre. Es geht vielmehr darum, dass der Therapeut eine neue, innerlich wegweisende Hypothese bekommt, die ihm hilft, das, was im Patienten und in der Interaktion geschieht, neu verstehen und schrittweise deuten zu können.

Die Interventionen des Therapeuten können vor diesem Hintergrund verstanden werden als Versuche, in einem bereits entstandenen Chaos einen Sinn, etwa die Logik des Scheiterns, zu finden, was dann auch mit der Suche nach einer stabileren inneren Ordnung zu tun hat. Hier berührt unser Thema die dritte moderne mathematische Theorie, die Chaostheorie. In der Biologie fand man, dass die Chaostheorie mit gleichem Recht »Ordnungstheorie« heißen könnte. Das bedeutet, dass sich aus Ordnung nicht nur Chaos entwickeln kann, sondern dass es auch Kräfte gibt, die scheinbar chaotische Zustände wieder ordnen.

Ein Fokalsatz hat eine solch ordnende Funktion, indem er den inneren emotionalen Punkt, also den Sinn beschreibt, warum ein Patient »Schiffbruch« erlitten hat oder warum eine therapeutische Situation zu scheitern droht.

Ich habe versucht, herauszuarbeiten, dass das »Prinzip Fokus« sowohl in einer kurzen Anwendung, als auch einer langfristigen Anwendung der Psychoanalyse wichtig sein kann.

Im Kern gibt es keinen generellen Unterschied. Oder doch? Es geht in beiden Verfahren darum, den jeweils aktuellen »Katastrophen-Punkt« in konstruktivem, für die Entwicklung nützlichen Sinne zu herauszuarbeiten und in einer verstehend-deutenden Beziehung mit dem Patienten zu bearbeiten, woraus dann eine neue, stabilere innere Ordnung entstehen kann. Aber dennoch, vielleicht gibt es auch hier einen Umschlag von Quantität in Qualität, nämlich am Punkt der therapeutischen Beziehung und bei der Frage der Zeit. Intensität und Dauer einer analytischen Beziehung sind wesentliche quantitative Elemente, die nicht ohne Einfluss auch auf die Qualität dieser Beziehung und damit der gemeinsamen Arbeit sein können.

Findet auch dort irgendwann ein Umschlag in eine andere Qualität statt und wo wäre das? Hier gibt es noch keine endgültigen Antworten.

Mir scheint aber, dass nicht die Dauer und Intensität der äußeren Beziehung, etwa über die Einhaltung eines bestimmten klassischen Settings, sondern dass die Intensität und Dauer der inneren Beziehung von größerer Bedeutung ist. Mannigfache Erfahrungen mit langfristiger psychoanalytisch geführter Behandlung in Intervallen legen mir dies nahe.

Wesentlich ist für mich die Frage geworden, welche innere Haltung nötig ist, um psychoanalytisch im Kontinuum zwischen Kurzzeittherapie, Intervalltherapie und Langzeitpsychoanalyse arbeiten zu können. Was ist nötig, um sich in einen »offenen Prozess« einlassen zu können, der nicht von vornherein auf ein bestimmtes äußeres Setting festgelegt ist, sondern der sich an der aktuellen inneren Dynamik des Patienten und seinem anstehenden Entwicklungsprozess orientiert, der den Patienten also dort abholen kann, wo er gerade ist?

Drei Punkte haben sich mir dabei als wichtig erwiesen. Die Betonung und Förderung der selbstanalytischen Ich-Funktion des Patienten, die Achtung seiner Autonomie und ein Umgang mit Trennung und Abschied, der diese Themen zwar in ihrer inneren Dynamik bearbeitet, sie aber nicht als endgültigen Abschied aus der therapeutischen Beziehung betrachtet.

Als Unterstützung für meinen Ansatz, der diese Offenheit anstrebt, kann ich Ornstein zitieren, einen der Mitautoren von Balints bei uns im Jahr 1973 erschienenen Buch über Fokaltherapie. Er hat in einem Aufsatz über »Psychoanalytische fokale Psychotherapie« (Ornstein 1997) betont, dass für ihn Psychoanalyse, intensive psychoanalytische Psychotherapie und fokale Kurzpsychotherapie auf einem Kontinuum liegen. Die Annahme dieses Kontinuums sei gerechtfertigt, solange der Therapeut dieselbe Theorie der Persönlichkeitsentwicklung, dieselbe Theorie der Psychopathologie und dieselbe Theorie der Heilung in allen drei Modalitäten der Behandlung verwendet und vorherrschend die Methoden des Verstehens und des Erklärens benützt – die zwei Schritte im Deutungsprozess. Ein anderes ihm wichtiges und zentrales Element betont er in seinen Überlegungen zum therapeutischen Kontinuums, nämlich dass die Durchführung der Psychotherapie zuallererst »*prozess*-orientiert« und nicht »*technik*-orientiert« sein sollte.

Abschließend möchte ich, orientiert am Odysseus-Modell einer analytisch-therapeutischen Entwicklungsbegleitung, die verschiedenen Indikationen für eine Fokaltherapie im Kontinuum zwischen analytischer Kurztherapie und Psychoanalyse darstellen.

1. Eine einmalige, fokal orientierte Beratung, Kurztherapie oder tiefenpsychologisch fundierte Psychotherapie stellt sich in diesem Kontext dar als Hilfe bei der Bewältigung aktueller Krisen durch traumatisch wirkende äußere Lebensumstände oder Entwicklungskrisen. Der Patient hat die psychische Fähigkeit und Reife, nach dieser Therapie »alleine weiterzumachen«.

2. Eine psychoanalytisch orientierte fokale Kurztherapie als Intervallbehandlung ist bei manchen Patienten notwendig und sinnvoll, um Entwicklungsstörungen, die regelmäßig in belastenden Situationen auftreten, zu bearbeiten. Dies ist der Fall bei Patienten, deren Verhaltens- und Bewältigungsmuster nicht flexibel genug sind, um mit verschiedenen neuen Situationen und Belastungen fertig zu werden. Im Verlauf der Intervallbehandlung kommt es zu einer Ausdifferenzierung der Bewältigungsstrategien und damit zu einer zunehmenden »Nachreifung«.

Es gibt aber auch die Situation, dass ein Intervall nach einer ersten Kurztherapie sehr wichtig ist, um dem Patienten die Möglichkeit zu geben, alleine neue Erfahrungen zu machen. Dies trifft vor allem bei Verhaltensweisen zu, die zwar wesentliche Grundlage seiner Problematik sind, die für den Patienten aber bisher noch kein eigenes Problem darstellten, weil sie zu seinen »ich-syntonen« Persönlichkeitsmerkmalen gehörten, die er noch nicht gerne infrage stellen möchte.

3. Eine längerfristige analytische Behandlung stellt in diesem Kontext eine »Fokaltherapie mit wechselndem Fokus« dar. Sie ist indiziert bei Persönlichkeitsstörungen und bei Symptomneurosen, die fest in der Charakterstruktur verankert sind sowie bei Patienten, die grundlegende Probleme im Umgang mit Trennung und Loslösung haben.

4. Eine fokale Kurztherapie als Vorbereitung auf eine längerfristige analytische Behandlung ist bei manchen Patienten notwendig und hilfreich. Dies kann zur genaueren Abklärung der Indikationsvoraussetzungen dienen, sowohl für den Therapeuten, als auch für den Patienten, der in dieser Zeit einen Einblick in die Arbeitsweise einer analytisch orientierten Behandlung bekommt. Auch Ängste, sich in eine solche therapeutische Beziehung einzulassen, meist die Befürchtung von Abhängigkeit, können so bearbeitet werden.

Literatur

Balint, M. et al. (1973): Fokaltherapie. Frankfurt (Suhrkamp).

Erikson, E. H. (1971): Kindheit und Gesellschaft. Stuttgart (Klett).

Freud, A. (1976): Die Beziehung zwischen Psychopathologie und Normalentwicklung. In: Die Schriften der Anna Freud. Bd X. München (Kindler), S. 2705–2718.

Freud, S.(1920): Drei Abhandlungen zur Sexualtheorie. GW V, S. 33–145.

Galatzer-Levy, (1978): Qualitative Change from quantitative Change: Mathematical catastrophe theory in relation to psychoanalysis. In: J. Amer. Psychoanal. Assoc. 26, S. 921–936.

Klüwer, R. (1970): Über die Orientierungsfunktion eines Fokus bei der psychoanalytischen Kurztherapie. In: Psyche 24, S. 739–755.

Klüwer, R. (1971): Erfahrungen mit der psychoanalytischen Fokaltherapie. In: Psyche 25, 932–947.

Klüwer, R. (1976): Psychoanalytische Fokaltherapie. In: Die Psychologie des 20. Jahrhunderts. Zürich (Kindler), S. 1135–1142.

Klüwer, R. (1978): Die Technik der Fokaltherapie. In: Drews, S. (Hg.) (1978): »Alexander Mitscherlich zu ehren«. Frankfurt (Suhrkamp), S. 231–248.

Klüwer, R. (1983): Agieren und Mitagieren. In: Psyche 37, S. 828–840.

Klüwer, R. (1985): Versuch einer Standortbestimmung der Fokaltherapie als einer psychoanalytischen Kurztherapie. In: Leuzinger-Bohleber (Hg.) (1985): Psychoanalytische Kurztherapien. Opladen (Westdeutscher Verlag), S. 94–113.

Klüwer, R. (1995): Studien zur Fokaltherapie. Frankfurt a. M. (Suhrkamp).

Klüwer, R. (1995): Die verschenkte Puppe. Frankfurt a. M. (Suhrkamp).

Klüwer, R. (2000): Fokus – Fokaltherapie – Fokalkonferenz. In: Psyche 54, S. 299–321.

Klüwer, R. & Lachauer, R. (2003): Tagungsband über die Tagung »Der Fokus« im Juni 2002 (In Vorbereitung).

Lachauer, R. (1986): Entstehung und Funktion des Fokus in der stationären Psychotherapie. In: Prax. Psychother. Psychosom. 31, S. 197–207.

Lachauer, R. (1990): Die Bedeutung des Handlungsdialogs für den therapeutischen Prozess. In: Psyche 44, S. 1082–1099.

Lachauer, R. (1996): Haltung und Ziele in der Kurzpsychotherapie: In Hennig H. (Hg.) (1996): Kurzzeitpsychotherapie in Theorie und Praxis. Lengerich (Pabst Science Publishers), S. 166–176.

Lachauer, R. (1998): Indikation und Zielsetzung psychoanalytisch orientierter Kurzzeittherapie. In: Sulz, S. (Hg.) (1998): Kurzzeitpsychotherapien. München (CIP Medien), S. 11–24.

Lachauer, R. (1999): Methoden und Erfahrungen mit der Kurzpsychotherapie: In: Nissen, G. (Hg.) (1999): Verfahren der Psychotherapie. Stuttgart (Kohlhammer), S. 112–124.

Lachauer, R. (2002): Psychoanalytische Intervalltherapie. In: Psychotherapeut 47, S. 24–31.

Loch, W. (1972): Über theoretische Voraussetzungen einer psychoanalytischen Kurztherapie. In: Loch, W. (Hg.) (1972): Zur Theorie, Technik und Therapie der Psychoanalyse. Frankfurt a. M. (Fischer), S. 253–268.

Mahler, M. (1968): Symbiose und Individuation. Stuttgart (Klett-Cotta).

Malan, D. H. (1972): Psychoanalytische Kurztherapie. Reinbeck bei Hamburg (rororo).

Malan, D. H. (1976): The Frontier of Brief Psychotherapy. New York (Verlag Plenum).

Malan, D. H. (1976): Towards The Validation of dynamic Psychotherapy. New York (Verlag Plenum).

Malan, D. H. (1979): Individual Psychotherapy and the Science of Psychodynamics. London (Butterworth).

Ornstein, P. & Ornstein, A. (1997): Psychoanalytische fokale Psychotherapie. Psychotherapie-Forum 5, S. 127–140.

Die Klinik als psychoanalytischer Raum

Spezifika der stationären analytischen Psychotherapie

Otmar Seidl und Michael Ermann

In Zeiten, in denen die stationäre Psychotherapie von den Versicherungsträgern immer mehr in den Bereich der Rehabilitation gedrängt wird, erscheint es notwendig, sich die Spezifika und Chancen einer solchen Therapie zu vergegenwärtigen. Stationäre analytische Psychotherapie ist eine besondere Form psychoanalytischer Behandlung (vgl. Jannsen 1985, Jannsen et al. 1998). Man neigt schnell dazu, eine solche Therapie ohne Couch als eine Modifikation der klassischen Psychoanalyse zu betrachten und gerät dabei bald in eine Art Rechtfertigungszwang beim Nachweis des eigentlich Analytischen. Stationäre Therapie wird dann meist zu einer Minus-Variante des eigentlich analytischen Handelns mit Couch, weshalb immer wieder Therapeuten, vor allem wenn sie noch in Ausbildung an den Psychoanalytischen Instituten sind, in Loyalitätskonflikte und Konflikte mit ihrem Selbst-Bild eines richtigen Psychoanalytikers geraten. Diese Verwirrung bringt sie dazu, in irgendeiner Form ein Couchäquivalent zu finden und machen dann analytische Einzeltherapien unter dem Dach einer Klinik. Mit einer solchen defensiven Einstellung aber können konzeptuell und praktisch die Besonderheiten, die Spezifika und damit auch die spezifischen Chancen einer analytischen stationären Therapie nicht mehr wahrgenommen und systematisch genutzt werden. Im Folgenden sollen diese in Abgrenzung zu einer ambulanten Therapie herausgearbeitet werden unter Bezugnahme auf einige theoretische Konzepte, die hierbei nützlich sein können.

Die Klinik als therapeutischer Raum

Die Klinik wird vom Therapeuten explizit und implizit auch als therapeutischer Raum gegenüber dem Patienten definiert. Dieser Raum erscheint ihm zunächst als ein Stück äußerer Realität, auf die er sich einstellen muss. Allmählich wird dieser Raum als Ergebnis der persönlichen Erfahrungen dank der vermittelnden Haltung des therapeutische Teams psychisch angeeignet. Er wird zunehmend von Phantasien besetzt und durch Handlungen mitgestaltet. Dabei entsteht ein Raum zwischen einem mehr äußerlich territorialen Gebilde und einem inneren Bild dieses Raumes, ein Intermediärraum zwischen innerer und äußerer Realität (vgl. Skogstad & Hinshelwood 1998; Skogstad 2001). Dieser

Raum bekommt die Struktur und die Bedeutung eines Übergangsraumes (Winnicott 1953), in dem die wichtigen Entwicklungsschritte möglich werden im Übergangsfeld von Ich und Nicht-Ich, von Subjekt und Objekt. In diesem Zwischen des Raumes zwischen Äußerem und Innerem ist er auch ein Schutzraum, in dem die wichtigen Erfahrungen von Omnipotenz und Versagung gemacht werden können, um eine Reifung zu ermöglichen. Dieser Übergangsraum steht ursprünglich am Beginn der Entwicklung der Beziehung zwischen Kind und Welt. Aber auch als Erwachsene brauchen wir immer wieder solche Übergangsräume und gestalten sie immer wieder neu. In diesem Sinne benötigen viele Patienten vorübergehend den Schutz der Klinik und den Abstand vom Alltag im progressiven Bedürfnis nach einer »fördernden Umwelt«. Im Konzept des passageren Übergangsraumes wird die Klinik zu einem Ort des kreativen Ausruhens von der Anstrengung und Anspannung des Austausches mit der äußeren Realität des Alltags, stellt aber selbst wiederum eine eigene Realität dar, mit der neue Erfahrungen gemacht werden können.

Bei der stationären Behandlung, wie auch bei der ambulanten psychoanalytischen Therapie (vgl. Tenbrink 1997), bieten wir als Therapeuten dem Patienten einen solchen Übergangsraum an, der ihm als Ort neuer Erfahrungen eine gewisse nachreifende oder korrigierende Entwicklung ermöglicht, so wie er auch in der frühen Kindheit Reifungsschritte ermöglicht hat. Das Konzept des intermediären Raumes hat aber auch für die Therapeuten eine nicht zu unterschätzende Bedeutung, weil auch sie sich in Diagnostik und Therapie in dem Zwischenbereich von Außen und Innen bis hin zur Wahrnehmung von Gegenübertragungen bewegen. Auch für sie ist in ihrer kreativen analytischen Arbeit ein solcher Raum notwendig und hilfreich.

Die Klinik als Ort szenischer Darstellungen

Die Klinik wird nun zum Darstellungsort, zur Bühne der inneren Welt des Patienten. Dass sich gerade Intermediärräume hierfür besonders gut eignen, ist verständlich, weil sie wie gesagt ein Zwischen von innerer und äußerer Realität beinhalten und so die Objektivierungen der subjektiven Welt fördern. Um das genauer zu verstehen, kann auf das Konzept der »szenischen Funktion des Ichs« von Argelander (1970) Bezug genommen werden. Sie ermöglicht eine bestimmte Form der Anpassung an neue Situationen in dem Sinne, dass die Situation, in der sich ein Mensch befindet, spezifisch und individuell gestaltet wird nach dem Muster und als Reproduktion von früheren, infantil oder/und traumatisch bedingten Vorerfahrungen. Diese Gestaltung geschieht, je nachdem, mehr kreativ, problemlösend oder mehr konfliktabwehrend und steht mehr oder weniger unter dem Druck eines Wiederholungszwangs. Wie intensiv diese szenischen

Gestaltungen der aktuellen Situation erfolgen, hängt sowohl von der Situation selbst ab als auch von den inneren Möglichkeiten der betroffenen Person, nicht zuletzt von ihrer Fähigkeit zur sprachlichen Symbolisierung.

Dieses Konzept der Inszenierung wird bedeutungsvoll durch seinen darstellenden und damit prinzipiell kommunikablen Charakter. Man kann deshalb die Inszenierung so sehen, dass in ihnen immer auch ein mehr oder weniger bewusstes Interaktions-Angebot enthalten ist, in dem sich in konzentrierter Form, wie in einem Fokus, der unbewusste Konflikt und unter Umständen auch der Abwehrmodus finden lässt. Es würde die Bedeutung der Inszenierungen aber allzu sehr einschränken, wenn man sie schon von vornherein unter den Gesichtspunkten der Abwehr verstehen würde. Zunächst einmal haben die Inszenierungen Mitteilungscharakter, sie können aber auch defensiv eingesetzt werden, wie es z. B. im Agieren der Fall ist (vgl. Lorenzer 1970).

Ausgehend von diesem Konzept kann man sagen, dass der Patient die Klinik als eine Fülle von neuartigen und wechselnden Situationen erlebt, auf die er mit unterschiedlichen szenischen Gestaltungen und Inszenierungen reagiert. Diese sind gleichzeitig ein Angebot an den Behandler oder den Mitpatienten. Der Therapeut ist dabei aber nicht nur Adressat der Szene, sondern auch Teil von ihr, manchmal auch Mitspieler, so dass ein Handlungsdialog (vgl. Klüwer 1983) entsteht. Es ist nun ein wesentliches Charakteristikum analytischer stationärer Arbeit, dass der Therapeut in seiner Haltung und in seinem Bemühen um das Verstehen des Patienten diese Inszenierungen systematisch zum Zentrum seiner Wahrnehmungen macht.

Die Klinik als psychoanalytischer Raum

Zu einem psychoanalytischen Raum im engeren Sinne wird die Klinik als eine Verbindung und Verdichtung von Intermediärraum und von szenischem Verstehen. Wo der intermediäre Raum genutzt wird, um, aufseiten der Patienten, Unbewusstes szenisch darzustellen und, aufseiten der Therapeuten, dies zu verstehen, können wir von einem psychoanalytischen Raum sprechen. Um die Allgemeinheit dieses Phänomens der szenischen Darstellung in einer Klinik, und, davon ausgehend, die Möglichkeit eines psychodynamischen Verständnisses zu verdeutlichen, soll beispielhaft auf den psychosomatisch-psychoanalytischen Konsiliardienst eingegangen werden. So wird z. B. auch eine internistische Klinik vom Patienten wie selbstverständlich als therapeutischer Raum für Diagnostik und Behandlung verstanden. Er bietet als kommunikatives Angebot innerhalb der therapeutischen Beziehung nicht nur sein somatisches Problem, sondern auch seinen unbewussten seelischen Konflikt, soweit er an der psychosomatischen Erkrankung beteiligt ist, an und stellt ihn dar mit dem mehr oder weniger bewussten Bedürfnis nach Heilung oder Veränderung. In dem Intermediärraum von innerer und äußerer Realität einer Klinik kommt es deshalb zu Inszenierungen, auf die der Therapeut mit einer grundsätzlichen Offenheit für ein szenisches Verstehen reagieren sollte (vgl. Seidl 1997). Dann macht er den Raum der Klinik zu einem psychoanalytischen Raum.

Das Urteil des Paris

Ich wurde von den Internisten zu einem jungen Patienten mit Colitis ulcerosa gerufen, weil sie medikamentös nur wenig Erfolg hatten. Der Patient hatte trotz intensiver internistischer Behandlung täglich bis zu 20 blutige Stühle. Die Colitis bestand seit fünf Jahren, der akute Schub seit vier Wochen.

Ich finde mich etwas verloren am Nachmittag auf der Station ein, irre herum, komme schließlich in das Zimmer des Patienten, ein Einzelzimmer, finde ihn nicht vor und hole die Schwester, die mit mir dann wieder in das Patientenzimmer geht. Zu meiner Überraschung ruft sie ihn dort und es dringt eine zaghafte ängstliche Stimme hinter der Wand, einer von mir nicht wahrgenommenen Nasszelle, hervor. Ich denke an das versteckte Geißlein im Uhrenkasten und an ein verlorenes Kind, das gesucht und geholt werden möchte. Die Situation ist dem kräftigen jungen Mann, der nun erscheint, etwas peinlich und er überspielt dies durch eine bereitwillige und fleißig anmutende Bereitschaft, mit mir in Kontakt zu treten. Das Gespräch bleibt lange Zeit unergiebig und flach, bis ich bemerke, dass der Patient auf dem Nachtkästchen eine ganze Szene aufgebaut hat, wie wir sie aus Kinderanalysen kennen. Das kleine Plüschtier hat ihm seine Mutter geschenkt, die Schokolade mit der Aufschrift »Für Dich«, die in räumlicher Opposition zum Plüschtier postiert ist, stammt von seiner Freundin. Ein paar Bücher weisen auf seine berufliche Orientierung hin. Schließlich liegt da noch eine Orange gleich einem goldenen Apfel, der mich an das Urteil des Paris denken lässt. Nachdem ich das Arrangement angesprochen habe, können wir erst verstehen, dass der jetzige Schub der Colitis in einer konflikthaften Situation zu Pfingsten auftrat, als der Patient nach dem Abschlussexamen nach längerer Zeit wieder einmal zu seiner Mutter fahren wollte. Aber auch seine Freundin hatte Erwartungen an ihn und wollte nun endlich in den Urlaub fahren. In dieser Situation wurde er krank und musste in die Klinik.

Der Patient war ein Scheidungskind und drohte immer wieder zwischen den beiden Elternfiguren verloren zu gehen, vor allem, wenn er sich nicht für eine der beiden Seiten entscheiden wollte. Hinter diesen Rivalitäten und Loyalitätskonflikten wurde die Enttäuschungswut des Patienten darüber deutlich, dass eigentlich keines der Elternteile ihn haben wollte. Ich erfahre später auch, dass die Mutter zu Pfingsten schon eine Reise mit ihrem neuen Partner geplant hatte. Bei dem Colitisschub handelt es sich um die somatisierte Abwehr dieser Wut. Die Inszenierung des Konflikts zwischen Mutter und Freundin erfolgte wie in einem Scenotest auf dem Nachtkästchen. Die viel tiefer reichenden Verlassenheitsgefühle von Verloren-Gehen und Gefunden-werden-Wollen stellten sich in der Eingangsszene dar. Der Patient hatte damit in der Klinik sein Gesamtproblem psycho-somatisch sinnfällig und kommunikabel zur Darstellung gebracht. Dem entspricht der Therapeut mit einem szenisch-analytischen Verstehen.

Das Hier-und-Jetzt der Klinik als systematischer diagnostisch-therapeutischer Bezugspunkt

Wie das Behandlungszimmer bei ambulanter Therapie kann die Krankenstation, unter Umständen auch die ganze Klinik, als ein therapeutischer Raum verstanden werden. Diese Ausweitung erweist sich immer dann als fruchtbar, wenn es zu Überlappungen der Räume oder zu vorübergehenden Verlegungen auf anderen Stationen kommt. In einem solchen Phantasma der Gesamtklinik als dem therapeutischen Raum können Patienten die Erfahrung des Anderen und Fremden leichter integrieren und es kommt weniger stark zu einer Polarisierung der verschiedenen Therapiekonzepte, Krankenstationen und Ärzte.

Eine Patientin musste vorübergehend auf die geschlossene Abteilung im Hause (die psychoanalytische Station ist Teil einer Psychiatrischen Klinik) verlegt werden. Die neue Station war in Bezug auf diese Maßnahme von den Therapeuten in ihrer inneren Haltung als zum therapeutischen Gesamt-Raum gehörig verstanden worden, was der Patientin durch therapeutische Gespräche am neuen Ort demonstriert und erlebbar gemacht wurde. Die neue Station wurde zu einem Teil des therapeutischen Gesamtrahmens, so dass die Spaltung der Patientin in gute und schlechte Stationen, in stumme und sprechende Medizin problematisiert und gemildert werden konnte. Die Phantasie der Patientin über die Verlegung als Ausstoßung und Bestrafung für ihre Schlechtigkeit und Bosheit konnte ihr als ihre persönliche Verarbeitung verständlich gemacht werden und es konnte ihr demonstriert werden, dass die Verlegung aus einer unmittelbaren Fürsorge für sie erfolgt war. Es war eine Patientin, welche aufgrund ihrer unersättlichen Wünsche Hilfe als beschämend und als nicht annehmbar erlebte und stattdessen immer wieder ein Täter-Opfer-Schema konstellierte.

Nehmen wir das Konzept der Klinik als therapeutischer Raum ernst, so wird entscheidend für das Verständnis des Patienten und des therapeutischen Prozesses der systematische Bezug auf das unmittelbare Erleben im Hier und Jetzt. Alles von außerhalb Kommende, wie Erinnerungen, frühere Ereignisse und Traumen wird in funktionalem Bezug zum aktuellen Hier und Jetzt gesetzt.

Das Ausweichen der Patienten vor der Beschäftigung mit der aktuellen Situation wie die Beschäftigung mit der Biographie, mit genetischem Material oder mit Personen außerhalb der Klinik wird zunächst als Abweichung von diesem Prinzip wahrgenommen und auf deren unbewussten Gehalt hin überprüft.

Der Grundregel der Mitteilung der frei assoziierten Einfälle auf der Couch würde bei einer stationären Therapie die Regel der Verbalisierung des unmittelbar Erlebten im stationären Rahmen entsprechen. Wie auf der Couch regt sich unter Umständen auch hier ein Widerstand durch ein Ausweichens vor der Beschäftigung mit dem unmittelbar Erlebten. Oft auch erscheinen den Patienten die Ereignisse auf der Station zu banal, zu unwichtig, zu schambesetzt, zu ablenkend von ihren »eigentlichen Problemen«, als dass sie spontan darüber reden wollten. Man sollte sich aber hüten, alles unter Abwehraspekten zu verstehen. Manches, was als Widerstand erscheint, ist unter Umständen keiner, vor allem dann nicht, wenn der Intermediärraum als Entwicklungsraum dient und das Unbewusste vom Patienten noch gar nicht verbalisierbar ist. Da, wo es aber um ein systematisches Ausweichen geht, um ein Vermeiden des szenischen Erinnerns und der Beschäftigung mit der Szene, kann man von einem Widerstand sprechen.

Die folgende Vignette soll die Notwendigkeit des Insistierens des Therapeuten auf dem aktuellen Erleben des Patienten in der Klinik und des Aufzeigens des Widerstandscharakters des Ausweichens vor einer systematischen Beschäftigung mit dem Hier und Jetzt durch ein Festhalten an Erinnerungen und biographischen Details verdeutlichen.

Die bösen Schwestern

Eine ältere, ledige Patientin mit Fibromyalgie kam mit dem ausdrücklichen Wunsch auf die Station, die Beziehung zu ihren fordernden, vereinnahmenden, egoistischen und Schuld machenden Schwestern zu bearbeiten. Wegen ihnen hätte sie auf ihre eigenen Bedürfnisse seit der Kindheit verzichtet, insbesondere seitdem ihr Vater, dessen »Prinzessin« sie gewesen war, im Krieg gefallen ist. Als Älteste musste sie danach elterliche Funktionen übernehmen, sodass sie nicht mehr richtig Kind sein konnte. Die Beschäftigung mit ihrem biographischen Material gefiel der Patientin sehr. Ihre Zurücksetzung, ihr Verzicht und ihre Enttäuschung wurden immer wieder ausgesprochen und die Mitpatienten und die Therapeuten wurden zu als mehr oder weniger willigen Zuhörern ihrer meist anklagenden Darstellungen gemacht. Sie brachte immer wieder neues biographisches Material und sehnte sich nach den Stunden der Einzeltherapie, in denen sie dann alles »vertiefen« konnte. Im therapeutischen Verlauf änderte sich solange nichts, als dieses Verhalten nicht konsequent als ein Widerstand gegen die Behandlung im Hier und Jetzt erkannt und angesprochen wurde. Erst eine systematische Beschäftigung der Patientin mit ihrem unmittelbaren Verhalten auf der Station führte dazu, dass sich die Patientin allmählich selbst wahrnehmen konnte. Dieses war geprägt von kleinlichen Beschwerden, von Entwertungen der Krankenschwestern und Ärzte, von Klagen über zu wenig Zuwendung und Empathie. Wenn Mitpatienten ihr gegenüber von ihren eigenen Schwierigkeiten erzählten oder sie gar um Hilfe baten, wurde die Patientin ärgerlich, weil sie gerade deshalb in die Klinik gegangen war, um die ständigen Klagen ihrer eigenen Schwestern nicht mehr hören zu müssen und um sich hier einmal in Ruhe mit sich selbst und ihrem schweren Leben beschäftigen zu können. Schließlich sei auch sie krank.

Erst die Konfrontation mit dem Widerstand im Ausweichen in ein ausschließlich genetisches Verständnis ihrer Problematik und die konsequente Fokussierung auf ihr aktuelles Verhalten und ihre unmittelbar erlebten Phantasien und Affekte brachte die Behandlung in Gang. Die Patientin wollte unbewusst eigentlich gar nicht von ihren Schmerzen loslassen, weil diese der narzisstischen Aufwertung und der Milderung von Schuldgefühlen bei der Rivalität um die kränkere und bedürftigere Position im Familienverband dienten. In der Arbeit mit dem konkreten Verhalten auf der Station wurden im Laufe der Zeit alle diese Züge auch in Bezug auf Mitpatienten und Therapeuten erkennbar, hatten aber den Vorteil des unmittelbaren Erlebens und der aktuellen Bearbeitung. Je weniger die Patientin in ihre anklägerische Biographie auswich, desto mehr konnte sie sich ihrem unmittelbaren Verhalten und ihren aktuellen Phantasien im Hier und Jetzt der Klinik stellen, sodass die Schmerzen zunehmend abgelöst wurden durch die Beschäftigung mit Enttäuschungswut und Rivalität. Schließlich war die Patientin dazu fähig, sich in einer ambulanten Einzeltherapie mit der eigentlichen ödipalen Konfliktdynamik zu beschäftigen.

Arbeit am Fokus

Der Vorteil der Arbeit mit den szenischen Darstellungen der Patienten im stationären therapeutischen Raum liegt zum einen in der Intensität des unmittelbaren Erlebens, zum anderen im raschen Zugang zur konflikthaften und defizitären Innenwelt unter den Bedingungen einer relativ kurzen Therapiezeit. Stationäre Therapie ist ja immer auch Therapie unter beschränkten zeitlichen Bedingungen mit der Notwendigkeit zur Selektion und Fokussierung auf bestimmte Konflikten und Defizite, deren Bearbeitung in dem vorgegebenen Rahmen Aussicht auf einen gewissen Erfolg hat. Nachdem die Inszenierungen in ihren Bedeutungen überdeterminiert sind, ergeben sich immer mehrere Möglichkeiten des Verstehens. In dieser Hinsicht unterscheidet sich die stationäre Behandlung zwar nicht von der ambulanten, wo ja auch immer wieder im

Verlauf unterschiedliche Foki in den Vordergrund treten. Ein Unterschied besteht jedoch darin, dass angesichts der beschränkten Zeit im Allgemeinen die Therapeuten ungleich aktiver und bestimmender sind als in Langzeitanalysen – und damit freilich auch fehlerhafter. So hatten wir bei einer Patientin erst im Zusammenhang mit der Entlassungskrise den wesentlichen Behandlungsfokus erkennen können. Wir waren hiefür nicht offen genug gewesen, weil wir allzu einseitig auf frühes traumatisches Material und mögliche Reinszenierungen fixiert waren und deshalb die Patientin nicht wirklich im Hier und Jetzt der Station wahrgenommen hatten.

Bezug auf das Team als therapeutisches (Gesamt-)Subjekt

Nach der Zentrierung auf das Hier und Jetzt im stationären therapeutischen Raum, in dem der Patient vor allem in seinen szenischen Funktionen wahrge-nommen wird, soll nun auf einen zweiten Aspekt der stationären Therapie eingegangen werden. Als ein Spezifikum des stationär-therapeutischen Konzeptes wurde schon in den 70er Jahren bei der Konzeptualisierung der stationären analytischen Psychotherapie als eigenständiger Behandlungsform herausgearbeitet, dass das Behandlungsteam mit den vielen Personen und Funk-tionen als Gesamtes, als ganzheitliches Behandlungssubjekt dem Patienten gegenübertritt und von ihm als ein Beziehungsobjekt in seiner Einheit wahrge-nommen wird (vgl. Janssen 1989). Freilich zerfällt das Team immer wieder in funktionale Teilobjekte. Bezugspunkt der Therapie sollte jedoch immer das Team als Ganzes bleiben.

Wenn sich das Team auf einen bestimmten Behandlungs-Fokus verständigt, dann kommen in der funktionalen Verteilung auf die verschiedenen Therapeu-ten die Konflikte und Schwierigkeiten der Patienten zur Darstellung und Bear-beitung, und zwar in der jeweils besonderen therapeutischen Form. So stellten sich die Rivalitäten der schon erwähnten Schmerz-Patientin mit ihren Schwe-stern sowohl in der konflikthaften Begegnung mit den Krankenschwestern, in der Auseinandersetzung mit den Mitpatienten in der Gruppentherapie und in der Einzeltherapie sowie in den expressiv-musischen Therapien der Gestal-tungs- und Musiktherapie dar. Es ging dabei im Prinzip immer um dasselbe, welches aber entsprechend den unterschiedlichen therapeutischen Methoden in den verschiedenen Bedeutungs- und Verarbeitungsfacetten von der Patientin wahrgenommen werden konnte. Damit ergibt sich als ein zweiter zentraler Bezugspunkt analytischer stationärer Arbeit neben den Inszenierungen der Patienten das Bild des Gesamtteams als dem therapeutischen Subjekt. Dies soll ein kurzes Beispiel verdeutlichen.

Der Urlaub des Therapeuten

Eine Patientin verweigerte sich zunehmend, zog sich zurück, verletzte sich selbst und wurde suizidal. Auslöser war der Urlaub ihres Einzeltherapeuten. Die Patientin sagte später, sie hätte das Vertrauen in die Psychotherapiestation verloren gehabt und wir hätten sie mit dem Urlaub unseres Kollegen alleine gelassen. Und tatsächlich hatten wir die Reaktion der Patientin einseitig als Folge einer bestimmten exklusiv dyadischen Übertragungskonstellation zwischen ihr und dem Einzeltherapeuten verstanden und ihr mit der neuen, vertretenden Therapeutin sagen wollen, dass diese ein guter Ersatz für ihren Einzeltherapeuten sei. Obwohl nun die Patientin auch mit dieser recht zufrieden war, geriet sie in die Krise, weil sie beide Therapeuten innerlich nicht integrieren konnte. Sie hatte sie nicht in der Phantasmagorie des Gesamtteams als einer therapeutischen Einheit erleben können, innerhalb derer es derselbe Gesamttherapeut ist, der sowohl die Patientin mit dem Urlaub des Therapeuten verletzt, als auch ihr gleichzeitig helfen will durch das Angebot des neuen Therapeuten. Wir hatten uns aber als Therapeuten der Patientin gegenüber offensichtlich allzu wenig eindrücklich und erlebbar als Gesamtteam gezeigt und auch wir selbst hatten die Patientin allzu einseitig nur in Bezug auf ihren Therapeuten wahrgenommen. Das hatte die strukturell bedingten Schwierigkeiten der Integration dieser Patientin, wie wir sie besonders bei niedriger strukturierten Patienten finden, nur noch verstärkt.

»Gesamttherapeut«: Möglichkeit der Integration von Teilobjekt-Beziehungen bei niedriger strukturierten Patienten

Die therapeutischen Möglichkeiten der Erfahrung eines haltenden und zugewandten Gesamtteams, innerhalb dessen das Erleben sowohl eines verletzenden, im Stich lassenden Therapeuten als auch eines heilenden Therapeuten gemacht und integriert werden kann, müssen Patienten mit strukturellen Störungen in einer bewusst getragenen Haltung des Gesamtteams angeboten werden. Damit ist ein Großteil der Arbeit am Konzept des Gesamttherapeuten vor allem von den Therapeuten selbst zu leisten, damit Patienten mit struktureller Ich-Schwäche die Möglichkeit zur Integration von Teilobjektbeziehungen haben (vgl. Ermann 1988).

Die gegen das Konzept des Gesamttherapeuten gerichteten Widerstände der Patienten reichen meist wesentlich tiefer als die Widerstände gegen die Zentrierung der Behandlung auf das Hier und Jetzt. Oft scheint es so, als ob traumatisierte und Borderline-Patienten auf der bewussten Ebene gar keine Phantasmagorie eines Gesamttherapeuten entwickeln könnten. Unbewusst dürften sie sehr wohl das Bild eines Gesamttherapeuten haben. Sie spalten es aber in Teilobjekte mit Hilfe der Dyadisierung therapeutischer Beziehungen, weil sie die Ambivalenzen nicht ertragen können.

Gelegentlich spiegeln sich die strukturellen Konflikte der Patienten auch in den Konflikten zwischen einzelnen Mitgliedern oder Berufsgruppen des Teams wieder. Ja nicht selten können die spezifischen Konflikte des Patienten erst über den Umweg der Teamkonflikte wahrgenommen werden. Die gelingt aber nur dann, wenn die Gesamtheit der am therapeutischen Prozess Beteiligten von sich ein Bild als einer Einheit bewahrt. Die Integration von Teilobjektbeziehungen der Patienten ist jedenfalls nur dann möglich, wenn das therapeutische Team schon vorab zu einer solchen Integration fähig gewesen ist.

»Gesamttherapeut«: Möglichkeit der Triangulierung bei höher strukturierten Patienten

Bei höher strukturierten Patienten ergibt sich mit dem Konzept des Gesamttherapeuten die Möglichkeit der Verstärkung triangulärer Beziehungserfahrungen, der Auflösung des Widerstandes dagegen oder der triangulären Nachreifung. Die Triangulierung kann man heute als ein phasenübergreifendes psychoanalytisches Entwicklungskonzept sehen, das während des ganzen Lebens seine Bedeutung behält (vgl. Ermann 1989). In der stationären Therapie kommt es in verstärktem Maße wegen der vielen, am therapeutischen Prozess beteiligten Personen und wegen einer Vielzahl von triangulären Objektkonfigurationen zu einer Wiederbelebung der Triangulierungsthematik, weshalb man hier gut den Begriff der »rotierenden Triaden« von Buchholz (1990) anwenden könnte. Dabei ist vor allem die Konstellation von Patient, Therapeut und Gesamtteam nach dem Modell von Kind, elterlichen Personen und elterlicher Beziehung von Bedeutung. Der Beziehung der Therapeuten untereinander würde in der Wahrnehmung des Patienten die Beziehung der Eltern zueinander entsprechen. Es kommt dabei sowohl zu einer Wiederbelebung früherer Erfahrung als auch zu der Chance von neuen triangulären Erfahrungen. Das sollte therapeutisch genutzt werden und die Patienten sollten dabei beobachtet werden, ob eine abwechselnde Verwendung der verschiedenen Beziehungsobjekte als gute Objekte erfolgt oder ob sie an einer exklusiven dyadischen Beziehung festhalten unter Ausschluss der anderen Therapeuten bzw. des Teams. Im letzten Fall wird die therapeutische Dyade dann gerne als ambivalenzfreie, meist von Aggressionen und Rivalitäten unkontaminierte Beziehung gestaltet, aus dem alle Konflikte des stationären Alltags ferngehalten werden. Das negative Material wird bei den anderen Therapeuten untergebracht oder überhaupt aus dem threapeutischen Raum ausgelagert.

Die »Entdeckung« eines triangulären Objekts

Ein Patient mit Angstanfällen machte mich nachdenklich, als er mir eines Tages sagte, dass er sich in der Einzelbehandlung bei mir wohl fühle und dass er oft ganz erleichtert aus meinem Zimmer gehe. Die Einzeltherapie sei für ihn die wichtigste Therapie. Nur unwillig ging er in die anderen Therapien, an denen er sich kaum beteiligte. An diesem Tag hatte mir die Sekretärin mitgeteilt, dass der Patient sie missgelaunt nach dem Leiter der Klinik gefragt hatte, weil er sich beschweren wollte. Auch war die Stationsärztin kürzlich von ihm gebeten worden, den Antrag zur Aufnahme in eine Psychosomatische Klinik auszufüllen, die ihm ursprünglich von einem psychiatrischen Kollegen des Hauses empfohlen worden war. Es wurde mir zunehmend deutlich, dass der Patient mit mir eine Therapie in der Exklusivität einer dyadischen Behandlung machen wollte.

Ich konfrontiere ihn damit, dass er alle konflikthaften und aggressiven Themen aus unserer Beziehung fernhalte, um eine ungetrübte Beziehung haben zu können. Dies ist ihm zunächst unangenehm, er bekommt Herzklopfen und Ängste und berichtet mir schließlich von seinen manipulativen Heimlichkeiten. Er hatte Angst, ich könnte ärgerlich werden, ihm die Türe weisen und empfehlen, sich als »freier Mensch« eine andere Klinik zu suchen. Ich bestehe ihm gegenüber darauf, dass ich als Therapeut nur Teil des Gesamtteams bin und dass mich der Ausschluss der anderen Therapeuten und deren abwertende Behandlung ebenso treffen würde.

Das machte ihn stutzig und ermöglicht es ihm, nun auch mir gegenüber seine Aggressionen zu äußern und bei den anderen Therapeuten positive Anteile wahrnehmen zu wollen. Es wurde ihm auch der Preis der Ausschließlichkeit einer dyadischen Beziehung zu mir in seiner Vereinsamung auf der Station deutlich. Der Patient erlebte sich mir gegenüber zunehmend als verlogen und falsch. In dieser Spannung entdeckte er dann die Therapie-Gruppe, die in einer teils liebevollen, teils aggressiven Spannung zu mir als deren Leiter stand, als eine Alternative zu mir. Er konnte sich auf sie allmählich einlassen und sich mit ihr identifizieren. Dadurch gewann er mir gegenüber größere Freiheit und Offenheit, die Stunden wurden lebendiger und authentischer. Neben mir und ihm gab es jetzt durch die Gruppe die Repräsentanz eines Dritten, eines triangulären Objekts, welches der Patient zur Regulierung der Beziehung zu mir und zu einer schuldärmeren Verselbständigung nutzen konnte. Er verliebte sich außerdem vorübergehend in eine Mitpatientin.

Die Verinnerlichung von ganzen, d. h. letztlich ambivalenten Objekterfahrungen, kann aber nur gelingen, wenn die Therapeuten konsequent einer exklusiven Dyadisierung unter Verweis auf die Bedeutung des Gesamtteams entgegenarbeiten. Dabei ist es hilfreich, sich nicht nur immer wieder zu fragen, was der Patient mit seinem Therapeuten mache, sondern auch, was er mit dem Team in seiner Gesamtheit mache. Und man sollte sich selbstkritisch immer wieder fragen, ob wir als Therapeuten auch wirklich noch als Gesamttherapeut fungieren, sodass der Patient eine entsprechende Phantasiegestalt entwickeln und festhalten kann.

Widerstände vonseiten der Therapeuten

Die Arbeit am Konzept, am Rahmen, am Setting, am Bezug zum Hier und Jetzt und zum Phantasma des Gesamtteams ist deshalb nicht nur die Arbeit der Patienten, sondern in besonderem Maße und zu allererst die Arbeit der Therapeuten selbst. Anderenfalls kommt es schnell zu Behandlungskrisen und Widerständen aufseiten der Patienten. Wir Therapeuten unterlaufen dieses Konzept bewusst und unbewusst immer wieder, sei es durch Eitelkeiten, Ehrgeiz, Wut, Zuneigung oder Trägheit. Die Widerstände bei den Therapeuten zu erkennen und abzubauen dürfte im Allgemeinen nicht weniger schwierig sein, als bei den Patienten, eine Schwierigkeit, die bei Gegenübertragungswiderständen nur allzu gut bekannt ist. Man kann mit voller Berechtigung sagen, dass allen Widerständen aufseiten der Patienten Widerstände aufseiten der Therapeuten entsprechen und es entstehen dabei manchmal kaum erkennbare und auflösbare Kollusionen zwischen Therapeut und Patient, wenn sich die Motive und Wünsche ergänzen und gegenseitig befriedigen.

Rückzug ins »genetische« Material

Die Widerstände der Therapeuten richten sich zum einen gegen die systematische Darstellung und Wahrnehmung der Patienten im analytischen Raum der Klinik. Die geschieht vor allem durch das Abgleiten in Material von außerhalb der Klinik, ins Biographische, in Erinnerungen. Dabei wird die historisch-biographische Rekonstruktion der aktuellen Störungen oft als die wesentliche therapeutische Arbeit missverstanden und dem Patienten und dem Team als sog. »genetische Deutung« angeboten. Man glaubt den Patienten schon verstanden zu haben, wenn sich ein Bezug zu früheren Mustern und Reaktionen herstellen lässt. Besonders problematisch wird dies bei traumatisierten Patienten, wo aufseiten der Einzeltherapeuten oft ein exklusives Wissen über das nicht kommunikable biographische Material besteht. Die anderen im Team müssen sich dann oft nur mit der Mitteilung begnügen, dass sie das, was auf der Station geschieht, als Reinszenierung, Retraumatisierung, »enactment« u. a.m. zu verstehen haben. Das führt dann schnell zu einer Spaltung im Team.

Rückzug in die Dyade

Der zweite Widerstand der Therapeuten ist das Mitreagieren auf den Integrationsmangel und den Spaltungsdruck der Patienten bei der Wahrnehmung des Gesamtteams. Dieser Widerstand zeigt sich besonders in der Neigung der Therapeuten zur Dyadisierung der Therapie mit dem Patienten und der nur oberflächlichen oder scheinbaren Integration der Therapeuten ins Gesamtteam. Das merkt man oft daran, dass einzelne Therapeuten miteinander in Konkurrenz treten und dass rivalisierende Auseinandersetzungen um den besseren Therapeuten, die bessere Behandlungsmethode und das tiefere Verständnis des Patienten entstehen. Für das Team in seinen analytischen Funktionen hat eine solche exklusive Dyadisierung des Einzeltherapeuten mit seinem Patienten in etwa denselben Widerstands-Charakter wie z. B. die Paarbildung bei Gruppentherapien oder im stationären Alltag.

Zusammenfassung

Stationäre analytische Therapie ist eine eigenständige Therapieform in Abgrenzung von der ambulanten Therapie.

Stationäre analytische Psychotherapie definiert die Klinik (Krankenstation) als einen therapeutischen Raum, der als intermediärer Raum die Vermittlung zwischen Innen und Außen ermöglicht. Er hat den Charakter eines Übergangsraums.

Das Behandlungssubjekt und Beziehungsobjekt ist das therapeutische Team. Das Phantasma des Gesamtteams als Behandlungssubjekt ermöglicht Prozesse von Integration und Triangulierung.

Der therapeutische Raum der Klinik dient als Bühne zur Darstellung der spezifischen Interaktionsmuster, der unbewussten Konflikte, der Abwehr und der Defizite. Er ist der systematische Bezugspunkt des Verstehens und der Behandlung des Patienten und er wird damit zum analytischen Raum.

Widerstände im Zusammenhang mit diesem Konzept richten sich vor allem gegen die Fokussierung auf das Hier und Jetzt im stationären Alltag und im Sinne einer exklusiven Dyadisierung der Therapie gegen die Vorstellung des Teams als den idealen »Gesamttherapeuten«.

Die Widerstände aufseiten der Patienten korrespondieren mit Widerständen aufseiten der Therapeuten. Sie unterlaufen den therapeutischen Prozess und müssen deshalb immer wieder reflektiert werden.

Literatur

Argelander, H. (1970): Die szenische Funktion des Ichs und ihr Anteil an der Symptom- und Charakterbildung. In: Psyche 24, S. 325–345.

Buchholz, M. B. (1990): Die Rotation der Triade. In: Forum Psychoanal. 6, S. 116–134.

Ermann, M. (1988): Die stationäre Langzeitpsychotherapie als psychoanalytischer Prozess. In: Schepank, H. & Tress, W. (Hg.) (1988): Die stationäre Psychotherapie und ihr Rahmen. Berlin, Heidelberg, New York (Springer), S. 51–60.

Ermann, M. (1989): Das Dreieck als Beziehungsform. Zur Entwicklungsdynamik der Triangulierungsprozesse. In: Praxis Psychother. Psychosom. 34, S. 261–269.

Janssen, P. L. (1985): Auf dem Wege zu einer integrativen analytisch-psychotherapeutischen Krankenhausbehandlung. In: Forum Psychoanal. 1, S. 293–307.

Janssen, P. L. (1989): Behandlung im Team aus psychoanalytischer Sicht. In: Prax. Psychoth. Psychosom. 34, S. 325–335.

Janssen, P. L.; Martin, K.; Tress, W. & Zaudig, M. (1998): Struktur und Methodik der stationären Psychotherapie aus psychoanalytischer und verhaltenstherapeutischer Sicht. In: Psychotherapeut 43, S. 265–276.

Klüwer, R. (1983): Agieren und Mitagieren. In: Psyche 9, S. 826–837.

Lorenzer, A. (1970): Kritik des psychoanalytischen Symbolbegriffs. Frankfurt a. M. (Suhrkamp).

Seidl, O. (1997): Als Psychoanalytiker im psychosomatischen Konsiliardienst. In: Forum Psychoanal. 13, S. 338–352.

Skogstad, W. (2001): Innere und äußere Realität in der stationären Psychotherapie. In: Forum Psychoanal. 17, S. 118–139.

Skogstad, W. & Hinshelwood, R. (1998): Das Krankenhaus im äußeren Rahmen und im seelischen Erleben, stationäre Psychotherapie am Cassel Hospital. In: Psychotherapeut 42, S. 288–295.

Tenbrink, D. (1997): Der Übergangsraum in der analytischen Situation. In: Forum Psychoanal. 13, S. 38–53.

Winnicott, D. W. (1953): Übergangsobjekte und Übergangsphänomene. In: Winnicott, D. W. (1979):Vom Spiel zur Kreativität. Stuttgart (Klett-Cotta), S. 10–36.

Chancen der tiefenpsychologisch fundierten Psychotherapie als psychoanalytisch begründetes Verfahren

Birgitta Rüth-Behr

Tiefenpsychologisch fundierte Psychotherapie – historische Entwicklung und heutige Versorgungsrelevanz

Die Auseinandersetzung mit der Frage der Anwendung der Psychoanalyse ist nahezu so alt wie diese selbst. Freud (1919) sah schon früh die Notwendigkeit der Anwendung psychoanalytischer Erkenntnisse auf abgewandelte psychotherapeutische Techniken. Seinem Ausspruch, dass wir das »Gold der Analyse« mit dem »Kupfer« suggestiver Techniken werden legieren müssen (Freud 1919, S. 193), ist allerdings auch bereits die Entwertungstendenz immanent, die niederfrequente Psychotherapie über Jahrzehnte hinweg zum Stiefkind der Psychoanalyse hat werden lassen.

Wie Rüger (2002) in seiner Übersichtsarbeit ausführlich darlegt, stellt der Begriff der »tiefenpsychologisch fundierten Psychotherapie« einen Kompromiss aus der Zeit der Aushandlung der Psychotherapierichtlinien dar. Die Konfliktlinie verlief schon damals zwischen denjenigen, die die Richtlinien für andere Verfahren öffnen wollten und jenen, die für das zur Debatte stehende Verfahren den Terminus »psychoanalytisch orientierte Psychotherapie« im Sinn hatten (mündliche Mitteilung von U. Ehebald, Hamburg). Trotz der Einigung auf den Begriff »tiefenpsychologisch fundierte Psychotherapie« definieren die bis heute gültigen Psychotherapierichtlinien die tiefenpsychologisch fundierte Psychotherapie inhaltlich eindeutig als eine Anwendungsform der Psychoanalyse und damit nicht als ein eigenständiges Verfahren.

Die psychoanalytischen Fachgesellschaften haben stets an dem Postulat einer zwingenden Verkoppelung der Ausbildung in psychoanalytischer und tiefenpsychologisch fundierter Psychotherapie festgehalten. Für die psychologischen Psychoanalytiker blieb dies im Rahmen des Delegationsverfahrens auch im Hinblick auf die Teilnahme an der kassenärztlichen Versorgung bindend.

Die Berufsordnung der Ärzte hingegen sah in der Zusatzbezeichnung »Psychotherapie« schon seit Jahrzehnten eine Weiterbildung in tiefenpsychologisch fundierter Psychotherapie vor, was in dem methodenzentrierten Teil der Weiterbildungsordnung für den Erwerb des »Facharztes für Psychotherapeutische Medizin« ebenso wie des »Facharzt für Psychiatrie und Psychotherapie« fortgeschrieben wird. Ärzte können diese Facharztweiterbildung um die Zusatzbezeichnung »Psychoanalyse« erweitern, müssen dies aber eben nicht.

Die angestrebte zwingende Verkoppelung der tiefenpsychologisch fundierten Psychotherapie als einer Anwendungsform der Psychoanalyse erweist sich im historischen Rückblick auf die Entwicklung der Versorgungssituation allerdings auch für den psychologischen Bereich als eine Fiktion. Alternative Verfahren wurden im sogenannten Erstattungsverfahren in einem solchen Umfang praktiziert, dass die Gruppe der psychologischen und ärztlichen Psychoanalytiker nach der Umsetzung der Übergangsbestimmungen des PTG zu einer Minderheit geworden ist. Der Begriff der tiefenpsychologisch fundierten Psychotherapie fungierte dabei als Sammelbecken für angewandte Behandlungskonzepte, die sich von der Definition der Psychotherapierichtlinien teilweise weitreichend unterscheiden.

Die nach offizieller Statistik der Kassenärztlichen Bundesvereinigung am häufigsten angewandte Therapieform wird infolgedessen mehrheitlich von Psychotherapeuten praktiziert, deren Sozialisation fernab der psychoanalytischen Institute stattgefunden hat. Die Frage, inwieweit die Konzeption der Richtlinien, tiefenpsychologisch fundierte Psychotherapie als Anwendungsform der Psychoanalyse zu definieren, erhalten bleibt, erhält auf dem Hintergrund dieser Realität eine brisante Aktualität.

National wie international gibt es starke Bestrebungen, eine (in der internationalen Sprachregelung) »psychodynamische Psychotherapie« als eigenständiges Verfahren zu konzipieren.

So hat die »Deutsche Fachgesellschaft für tiefenpsychologisch fundierte Psychotherapie (DFT)« einen Antrag auf Validierung nach den Kriterien des wissenschaftlichen Beirates gestellt. Die diesem Antrag zugrunde liegende Übersicht über Wirksamkeitsstudien ist inzwischen veröffentlicht worden (vgl. Richter et al. 2002). Dieser Schritt übt einen beträchtlichen Zugzwang auch auf andere Fachgesellschaften aus, sich in dieser Frage zu positionieren. Auf weitere Übersichtsarbeiten zum Stand der Wirksamkeitsforschung kann hier nur summarisch verwiesen werden (vgl. u. a. Leichsenring 2002).

Mit den Chancen der tiefenpsychologisch fundierten Psychotherapie als strikt psychoanalytisch orientiertem Verfahren steht es auf dem geschilderten Hintergrund möglicherweise nicht mehr zum Besten. Es ist zu bedenken, ob die Psychoanalyse ihre einst dominierende Definitionsmacht bereits in sehr viel größerem Umfang eingebüßt hat, als wir dies wahrhaben möchten.

In der Außenwahrnehmung (z. B. der Kostenträger) hat die tiefenpsychologisch fundierte oder psychodynamische Psychotherapie bereits heute faktisch eine höhere Versorgungsrelevanz als die analytische Psychotherapie – auch wenn aus psychoanalytischer Sicht ein Teil dieser Behandlungen fehlindiziert sein mag.

Die tiefenpsychologisch fundierte Psychotherapie stellt eine in der Versorgung unverzichtbare therapeutische Möglichkeit dar. Ein Rückzug der Psychoanalytiker aus diesem Feld könnte weitreichende Folgen für die Position der Psychoanalyse insgesamt bekommen. So schreibt auch Janssen (2001, S. 504):

> »Wir sind mitten in einem Prozess, den wir zur Zeit noch mit beeinflussen können. Ein Rückzug auf die ›wahre Psychoanalyse‹ wäre ein Verhängnis. Wir brauchen die Psychoanalyse als Grundlagenwissenschaft und die Anwendungen in der Psychotherapie. Wir können definieren, was psychoanalytisch begründete Psychotherapie ist und was nicht. Wir müssen Effizienz und Effektivität beider nachweisen und nicht Langzeit- versus Kurzzeitverfahren oder Kurzzeit- versus Langzeitverfahren stellen.«

Nehmen wir die Situation als Herausforderung an, die besonderen Chancen eines genuin psychoanalytisch orientierten Konzeptes für niederfrequente Therapien offensiv zu vertreten. Wenn es uns gelingen soll, eine psychoanalytisch orientierte Konzeption von niederfrequenter Psychotherapie in diesem Umfeld zu behaupten (und sei es als eine unter vielen, die sich psychodynamisch nennen), dürfen wir diese Anwendung der Psychoanalyse nicht mehr als Stiefkind betrachten, als ein Verfahren »second best«, wenn eben aus unterschiedlichen Gründen eine analytische Psychotherapie oder Psychoanalyse (leider) nicht infrage kommt.

Die katamnestischen Untersuchungen von Sandell et al. haben uns vor Augen geführt, dass die Ergebnisse von niederfrequenten Behandlungen offenbar dann besonders gut sind, wenn sie von Therapeuten durchgeführt werden, die nicht in einem orthodox-analytischen Milieu arbeiten, d. h. in meinem Verständnis, wenn sie von Therapeuten durchgeführt werden, die sich mit einer modifizierten Art zu arbeiten positiv identifizieren können (vgl. Sandell 2001).

Die komplexe Thematik der differentiellen Indikation muss ich aus Zeitgründen an dieser Stelle übergehen. Vernachlässigen werde ich damit auch den Aspekt, die Grenzen der Möglichkeiten dieser Anwendungsform der Psychoanalyse zu diskutieren (vgl. Tenbrink 2002). Ich habe bewusst auf eine diesbezügliche Akzentuierung dieses Vortrages verzichtet, um einen Kontrapunkt gegenüber einer Tendenz zu setzen, aus psychoanalytischer Sicht eher defensiv über Psychotherapie zu schreiben.

Tiefenpsychologisch fundierte Psychotherapie als psychoanalytisch orientiertes Verfahren

Tiefenpsychologisch fundierte Psychotherapie fußt auf der Krankheitslehre der Psychoanalyse. Die Richtlinien definieren weiter:

>»Die tiefenpsychologisch fundierte Psychotherapie umfasst ätiologisch orientierte Therapieformen, mit welchen die unbewusste Psychodynamik aktuell wirksamer neurotischer Konflikte unter Beachtung von Übertragung, Gegenübertragung und Widerstand behandelt werden.

>Eine Konzentration des therapeutischen Prozesses wird durch Begrenzung des Behandlungsziels, durch ein vorwiegend konfliktzentriertes Vorgehen und durch Einschränkung regressiver Prozesse angestrebt.« (Faber; Dahm & Kallinke 1999, S. 109)

Im Kommentar zu den Psychotherapierichtlinien heißt es dazu :

>»Die Anwendung der psychoanalytischen Grundannahmen erfolgt durch eine konfliktzentrierte Vorgehensweise. Trotz der komplexen Bedingungen des Einzelfalls wird die Krankenbehandlung auf Teilziele beschränkt.

>Dabei ist das Verfahren auf die Einleitung eines psychoanalytischen Prozesses ausgerichtet unter Wahrung der Abstinenz und zurückhaltender Nutzung von Übertragungs- und Gegenübertragungsprozessen. Regressive Tendenzen sind in der Regel durch die Betonung der gegenwärtigen Situation steuerbar.

>Die Indikation des Verfahrens wird von dem Nachweis aktueller neurotischer Konflikte und deren Symptombildung bestimmt. Das psychotherapeutische Vorgehen ist auf die Bearbeitung dieser Konflikte beschränkt. In der Umkehrung: Nur wenn ein aktueller neurotischer Konflikt mit einer entsprechenden Symptomatik abgegrenzt werden kann, ist das Verfahren indiziert.« (Faber; Dahm & Kallinke 1999, S. 32)

Der geforderte konfliktzentrierte und damit in seiner Zielsetzung begrenzte Behandlungsprozess setzt also die Formulierung eines Fokus voraus, der das relevante Symptom in Beziehung setzt zu einem aktualisierten neurotischen, d. h. unbewussten Konflikt.

Wenn Rüger (2002) darauf abhebt, dass tiefenpsychologisch fundierte Psychotherapie im Gegensatz zur psychoanalytischen Psychotherapie »eher von den relevanten aktuellen psychosozialen Konflikten und ihren dazugehörigen habituellen Lösungsmustern« (Rüger 2002, S. 125) ausgehe, so verstehe ich die habituellen Lösungsmuster von Konflikten als die Spiegelung des neurotischen Konfliktpotenzials auf der interpersonellen Ebene. Darauf basierend werde ich im Folgenden versuchen, eine Konzeption tiefenpsychologischen Arbeitens zu formulieren, in der die fokussierende Arbeit an den aktualisierten psychodynamisch wirksamen Konflikten in ihrer unbewussten Dimension einschließlich der darin enthaltenen Anteile der infantilen Konfliktmuster angestrebt wird.

Die Anwendung der tiefenpsychologisch fundierten Psychotherapie erfordert die Bereitschaft, auf ein ausschließliches Arbeiten *in* der Übertragung zu verzichten. Die hier vorgetragene Konzeption hält aber an dem Prinzip fest, ständig *mit* der Übertragung – und der Gegenübertragung – zu arbeiten. Es wird darum gehen zu klären, was unter »zurückhaltender Nutzung von Übertragungs- und Gegenübertragungsprozessen« und unter der Maxime »Steuerung regressiver Prozesse« zu verstehen ist und wie sich dies in konkrete therapeutische Interventionen umsetzt.

Kernberg (1999) setzt sich in einem Artikel mit dem Titel »Psychoanalyse, analytische Psychotherapie und supportive Psychotherapie: Aktuelle Kontroversen« mit der Thematik auseinander. Während andere Autoren (vgl. Thomä nach Rüger 2001, S. 216; Rüger 2002) von einem Kontinuum zwischen psychoanalytisch-expressivem Pol und supportivem Pol ohne scharfe Abgrenzung ausgehen, bemüht sich Kernberg (1999, S. 92) um eine »strikte Differenzierung der klassischen Psychoanalyse, der psychoanalytischen Psychotherapie und der psychoanalytisch fundierten supportiven Psychotherapie«. Dass eine solche Grenzziehung nicht absolut zu setzen ist, zeigt sich meiner Auffassung nach daran, dass das Konzept der tiefenpsychologisch fundierten Psychotherapie in einem Bereich zwischen niederfrequenter analytischer PT und supportiver PT anzusiedeln ist.

Als konstitutiv für die Definition der psychoanalytischen Methode benennt Kernberg neben der Interpretation bzw. Deutung und der Analyse der Übertragung das Prinzip der Wahrung der technischen Neutralität, definiert als gleichmäßiger Abstand zu Ich, Über-Ich und Es. Der Grad der Abweichungen von diesem Prinzip definiert für ihn den Unterschied zwischen Psychoanalyse, psychoanalytischer PT und analytisch fundierten supportiven Therapien. Bei letzteren wird die technische Neutralität systematisch verlassen. Der Therapeut ergreift eine Position entweder aufseiten des Ichs, des Über-Ichs, des Es oder der äußeren Realität, je nachdem, welche der genannten Strukturen zum jeweiligen Zeitpunkt das größte Anpassungspotenzial des Patienten darstellt. Hier werden – so Kernbergs Auffassung – auch keine eigentlichen Deutungen mehr verwandt, sondern eher Vorläufer interpretativer Techniken wie Klarifikation und Konfrontation. »Kurz gesagt umfasst die supportive Psychotherapie die Klärung, die Reduktion und den Export der Übertragung« (Kernberg 1999, S. 95).

Obwohl dies den Bemühungen Kernbergs um eine scharfe Abgrenzung zuwiderläuft, eröffnet das Konzept der tiefenpsychologisch fundierten Psychotherapie unter Berücksichtigung der beschriebenen Prinzipien ein breites Spektrum an Arbeitsweisen. Dabei können wir so psychoanalytisch-expressiv wie möglich und so supportiv wie nötig operieren. Anders ausgedrückt: Supportive Behandlungselemente können notwendiger Bestandteil der Behandlung sein, dominieren aber keineswegs zwingend. Da, wo sie vorherrschen, sprechen die Pt-Richtlinien von der Sonderform »Niederfrequente Therapie in einer länger-fristigen, haltgewährenden therapeutischen Beziehung« (BI.1.1.1.4).

Grundsätzlich gilt auch für die tiefenpsychologisch fundierte Psychothera-pie die Vereinbarung eines Settings als konstitutiv. Schon in den Konzepten der Psychodynamischen Psychotherapie nach Dührssen wird zwar eine gewisse Flexibilität in den Settingvereinbarungen als Vorteil für die Behandlung mancher Patienten hervorgehoben, gleichzeitig bleibt aber ausdrücklich gefor-dert, die Reflexion der Bedeutung auf der Übertragungs- und Gegenübertra-gungsebene nicht zu vernachlässigen (vgl. Dührssen 1988).

Das Prinzip des »vereinbarten Settings« darf nicht aufgegeben werden zugunsten einer Settingvereinbarung »nach Bedarf« – das verstehe ich als ein zentrales Element der Definition der tiefenpsychologisch fundierten Psycho-therapie als psychoanalytisch begründet. Nur so bleibt es möglich, eine Tendenz zum Agieren in der unbewussten Bedeutung zu verstehen und damit für die Vertiefung des therapeutischen Prozesses nutzbar zu machen.

Das modifizierte Setting der tiefenpsychologisch fundierten Psychothera-pie mit der in der Regel einstündigen Frequenz und dem Gegenübersitzen schafft die Voraussetzung für die in diesem Setting notwendige Regressionsbe-grenzung. Die Ausrichtung der Aufmerksamkeit auf den Fokus im Sinne einer Formulierung des psychodynamisch wirksamen neurotischen Konfliktes ergänzt diese Strukturierung ebenso wie die im Rahmen der Richtlinienthera-pie definierte zeitliche Befristung der Behandlung.

Es bleibt nun die Frage, wie auf dieser Basis durch eine spezifische Hand-habung des Übertragungs- und Gegenübertragungsgeschehens und die daraus abgeleitete Deutungstechnik die Begrenzung regressiver Bewegungen gehalten werden kann.

Zur Frage der Beachtung von Übertragung und Gegenübertragung heißt es im Lehrbuch von Rüger & Reimer:

»Von einer Übertragungsbereitschaft des Patienten ist auszugehen, so unter-schiedlich diese im Einzelfall auch sein mag. Übertragungsphänomene werden aber nicht gefördert/stimuliert, um die Konzentrierung auf die aktuellen Konflikte im Hier und Jetzt nicht zu behindern. Wenn Übertragungsbereitschaften beim Patien-ten den therapeutischen Raum dominieren, können sie fokussiert und zeitlich begrenzt angesprochen werden, insbesondere dann, wenn sichtbar wird, dass nega-tive Übertragungsreaktionen den Prozess blockieren. (...) Generell gilt, dass die tiefenpsychologisch fundierte PT Übertragungsphänomene durchaus berücksich-tigt und bearbeitet, sie fördert aber nicht über einen regressiven Prozess die Entste-hung infantiler Übertragungsmuster.« (Rüger & Reimer 2000, S. 45)

Die hier gewählten Formulierungen könnten den (Trug)Schluss nahe legen, das Vermeiden der Übertragungs- und Gegenübertragungsentwicklung – so weit es eben geht – stelle das entscheidende Mittel zur Regressionsbegrenzung schlechthin dar. Dem möchte ich mich im Sinne einer psychoanalytisch orientierten Konzeption mit einer präzisierten Auffassung entgegenstellen:

Die Entfaltung von Übertragungs- bzw. Gegenübertragungselementen, die sich auf den Fokus der Behandlung oder – in der Formulierung von Luborski (1988) – den zentralen Beziehungskonflikt zurückbeziehen lassen, stellt in der Regel das entscheidende Instrumentarium für die Entwicklung des therapeutischen Verständnisses sowie die Konzeptualisierung des therapeutischen Prozesses dar.

Inwieweit die Übertragung explizit gedeutet werden kann oder aber im Sinne des »Exportes« der Übertragung für interpretative Interventionen auf anderer Ebene angesprochen wird, hängt von Faktoren wie der Definition des Fokus, der Therapieziele, der Struktur des Patienten sowie seiner derzeitigen Abwehrkonstellation, aber auch der Identität des Therapeuten und seiner Haltung zum Verfahren ab.

Wenn wir das Prinzip der technischen Neutralität punktuell verlassen (z. B. wenn der Therapeut in bestimmten Phasen in einer Hilfs-Ich-Funktion tätig wird), geschieht dies stets auf einer reflektierenden Basis, die das Übertragungs- und Gegenübertragungsgeschehen als zentrales Orientierungsinstrument beibehält.

In dieser Konzeption kann die Übertragungsfähigkeit eines Patienten so weit als möglich genutzt werden, auch wenn ein Vorherrschen von direkten Übertragungsdeutungen (also ein Arbeiten ausschließlich *in* der Übertragung) regressive Prozesse in einem zu großen Ausmaß fördern würde, da ggf. ein Angst- und damit Widerstandsniveau entsteht, das im niederfrequenten Setting nicht mehr therapeutisch zu nutzen wäre.

Die »milde positive Übertragung« als das tragende Arbeitsbündnis wird z. B. in der Regel nicht gedeutet werden müssen, wenn sie nicht in eine Idealisierung umschlägt und damit der Abwehr einer negativen Übertragung oder Manifestierung von Übertragungsangst dient. In anderen Zusammenhängen kann es ratsam erscheinen, die aus der Beobachtung und Reflexion von Übertragung und Gegenübertragung gewonnenen Erkenntnisse nicht direkt auf der Übertragungsebene anzusprechen, sondern dieses Verständnis für eine Deutung auf einer anderen Ebenen zu nutzen. Ich denke, dies ist dann das, was Kernberg den »Export der Übertragung« oder »Transport der Übertragung auf die Realebene« nennt.

Zuzustimmen ist allerdings ausdrücklich der Auffassung, dass immer dann, wenn negative Übertragungsbewegungen zu beobachten sind, ihrer frühzeitigen Deutung besonderes Gewicht zukommt. Virulente Übertragungsangst ist regressionsfördernd. Diese regressive Bewegung gilt es deutend zu begrenzen.

Ehebald (mündliche Mitteilung) nannte dieses Prinzip »die Zerstörung der negativen Übertragung«, was allerdings nichts anderes heißt, als die Übertragungsangst punktuell deutend aufzulösen, damit der Prozess ihrer Entfaltung und des Durcharbeitens von neuem beginnen kann.

Diese Interventionstechnik stellt nach meiner Auffassung das entscheidende Instrument zur Steuerung bei gleichzeitiger Nutzung der begrenzten regressiven Bewegungen dar und lässt sich als konstituierendes Element der niederfrequenten Psychotherapie als psychoanalytisch orientiertem Verfahren definieren.

Man könnte auch formulieren: Die Regression wird durch die »Zerstörung der negativen Übertragung« begrenzt, damit sie im niederfrequenten Setting strikt – im Balintschen Sinne – im Dienst des Ichs verbleibt.

Der therapeutische Prozess gewinnt an Tiefe, wenn es nun noch gelingt, auf eine mutative Deutungsebene hinzuarbeiten, d. h. nach Möglichkeiten zu suchen, die im Hinblick auf den Fokus aktualisierten Übertragungselemente in Beziehung zu setzen zu den Realkonflikten bzw. psychosozialen Konfliktmustern des Patienten sowie deren psychogenetischen Wurzeln in infantilen Konfliktmustern.

Ich widerspreche damit der Auffassung, genetische Deutungen seien in der tiefenpsychologisch fundierten Psychotherapie ebenfalls eher zu vermeiden. Dies gilt wie in jeder analytisch orientierten Therapie nur dann, wenn sie der unbewussten Abwehr einer negativen Übertragungsentwicklung und damit therapeutisch unfruchtbaren Rationalisierungen dienen.

Fallvignette

Vorbemerkung: In der folgenden Falldarstellung wird der Schwerpunkt der Darstellung auf die Entwicklung der therapeutischen Beziehung gelegt, um die zentrale Funktion des Übertragungs- und Gegenübertragungsgeschehens für die gesamte Konzeptualisierung der Behandlung zu zeigen. Die Bearbeitung der aus der neurotischen Problematik heraus entwickelten repetitiven Beziehungsmuster, die sich auch in aktuellen Beziehungskonflikten des Patienten gespiegelt haben, nahm in der Behandlung gleichfalls einen breiten Raum ein und wurde auf den Fokus bezogen gedeutet. Die Darstellung dessen wird hier vernachlässigt.

Erstgespräch

Der 43-jährige, attraktive Patient besteht zu Beginn des Erstinterviews darauf, mir beim Betreten des Sprechzimmers den Vortritt zu lassen. Ich fühle mich überrumpelt und habe dem nichts mehr entgegenzusetzen. Er berichtet dann, er sei vor wenigen Wochen geschieden worden und habe beim Verlassen des

Gerichtsgebäudes einen Anfall von Herzangst erlitten. Außerdem leide er an »depressiven Verstimmungen«.

Die Trennung erfolgte nach 20-jähriger Beziehung »Wir hatten seit vielen Jahren Konflikte, die Beziehung zu meiner Frau war wohl immer viel zu symbiotisch.« Er schildert dann eine von rivalisierenden Tendenzen geprägte Beziehung, in der er sich nie wirklich begehrt gefühlt habe. Beide hatten außereheliche Beziehungen. Als schwere Kränkung habe er es aber erlebt, dass sie von einem anderen Mann schwanger wurde. Er selbst sei aus ungeklärter Ursache zeugungsunfähig. Als sie schließlich eine Beziehung zu einem seiner Arbeitskollegen einging, habe er das Gefühl gehabt, sich trennen zu müssen, um seine Selbstachtung nicht zu verlieren. Bis zur Scheidung seien drei Jahre vergangen, der Kontakt sei aber nie abgebrochen, er hänge immer noch sehr an ihr.

Während der Patient mir dies berichtet, ohne zunächst Raum für irgendeine Frage oder andere Intervention zu lassen, geht mir die überrumpelnde Anfangsszene nicht aus dem Kopf. Ich stelle schließlich die Version des Patienten, die Beziehung zu seiner Ehefrau sei zu symbiotisch gewesen, infrage und konfrontiere ihn mit den deutlichen Anzeichen des Rivalisierens. Er verneint zunächst, aber nach einem kurzen Schweigen bringt er zahlreiche biographische Details, von denen er schließlich selbst sagt, sie sprächen doch *für* meine These, obwohl er das mit seinem Selbstbild nicht in Einklang bringen könne.

Übergangslos fängt er nun an, von seinem Vater zu sprechen. Es entsteht bei mir der Eindruck eines idealisierten Patriarchen.

»Als Kind habe ich mich ihm gegenüber immer total klein und ohnmächtig gefühlt. Ich war überhaupt nicht besonders stark als Kind. Einmal, da hatte ich eine Auseinandersetzung mit meiner Schwester, die ist ein Jahr jünger als ich. Von der habe ich mich regelrecht unterkriegen lassen. Was habe ich mich geschämt. Aber ich konnte mich einfach nicht wehren, körperlich, ich fühlte mich wie gelähmt... Und dann war da noch etwas...das mit der Ente. Also, ich hatte eine kleine Ente auf dem Arm, wollte sie wohl streicheln oder so. Und dann habe ich sie fallen gelassen.... Ich glaube, sie war tot, aber genau weiß ich das gar nicht mehr. Es muss etwa zur selben Zeit gewesen sein. Mein Gott, das hatte ich die ganze Zeit vergessen.«

Ich sage: »Es hat Sie sehr erschreckt, dass Sie einem anderen Lebewesen etwas antun konnten.« und er: »Ja, es erschreckt mich auch jetzt total, das passt doch gar nicht zu mir.«

Zur Konzeptualisierung der konfliktzentrierten Therapie :

Das Erstinterview bietet mit den beiden Kindheitserinnerungen schlaglichtartig einen Zugang zu den Hintergründen des aktuellen Trennungskonfliktes. Die symbolische Besiegelung der Trennung von einem wichtigen Objekt aktualisiert die unbewusste Angst des Patienten vor den eigenen, als destruktiv erlebten aggressiven Kräften, die – so fürchtet er – die guten Objekte oder Introjekte zerstören. Die assoziativ auftauchende Erinnerung an die Episode mit der kleinen Ente offenbart sein unbewusstes Bild von sich als mörderisch, die vorher geschilderte Aggressionshemmung in der infantilen Szene mit der Schwester stellt den Niederschlag dieses wohl früheren Ereignisses dar.

Als Fokus kann damit formuliert werden: Der Patient hat Angst, seine Kränkung und Wut aus enttäuschter Liebe und die damit verbundene Destruktivität lässt ihn zum Mörder werden und zerstören, was er liebt. Deshalb muss diese Wut depressiv oder somatisierend durch Wendung gegen das Selbst abgewehrt werden.

Verlauf

Der Beginn der Behandlung ist fulminant. Bereits in der ersten Sitzung berichtet der Patient seinen Initialtraum: »Ich habe letzte Nacht geträumt, ich habe einen Hund zerlegt. Ich musste das tun, sonst hätte ich die Nacht nicht überlebt.« Er erzählt den Traum lachend, während ich ganz erschrocken bin. Einige Stunden später phantasiert der Patient in sehr lebendigen Bildern, er fahre durch die Weite der Landschaft, aus der seine mütterliche Ursprungsfamilie stammt. Ich deute ihm die Sehnsucht danach, »eins mit Mutter Natur werden zu können«. Es ist das erste Mal, dass der Patient seine Tränen kaum zurückhalten kann.

In der folgenden Sitzung berichtet er eine weitere Kindheitserinnerung: Er holt den Vater vom falschen Bahnhof ab, während Mutter und Schwester ihn am richtigen Ort in Empfang nehmen. Dieses Bild hilft mir, einen zentralen Aspekt der Übertragungsangst des Patienten zu verstehen, nämlich sich auch gegenüber der Therapeutin, wie früher gegenüber Mutter und Schwester, immer in der unterlegenen Position wiederzufinden, sich unterkriegen zu lassen und die »rettende Identifikation« mit einem Stärke verleihenden väterlichen Objekt nicht erreichen zu können.

Immer wieder attackiert der Patient das Setting der Therapie, das Festhalten an der vereinbarten Frequenz sowie meine zurückhaltende und abstinente Haltung. Dass ich von mir nichts Persönliches zu erzählen bereit sei, diene doch nur meinem Schutz. Ich deute schließlich: »Die Distanz zwischen uns kränkt Sie, weil Sie es erleben wie früher zwischen der Mutter und Ihnen: Damals war sie oben, Sie dagegen haben sich von ihr abhängig gefühlt, unterlegen, und waren deshalb vielleicht genauso gekränkt wie jetzt?«

Der entlastende Effekt dieser Intervention beruht auf dem, was mit dem Konzept der deutenden »Zerstörung der negativen Übertragung« gemeint ist. Die Übertragungsangst des Patienten wird frühzeitig und aktiv gedeutet und damit für den Moment gelöst. Diese Form der Intervention begrenzt die Regression in dem für niederfrequentes Arbeiten zuträglichen Maße. Notwendigerweise wird sich der Prozess der Entfaltung der negativen Übertragungsbewegung wiederholen und damit ein konfliktzentriertes Durcharbeiten in Gang kommen.

Der Patient erinnert sich plötzlich wieder, wie er als Jugendlicher dahinter kam, dass sein – idealisierter – Vater tatsächlich gar nicht über das Wissen verfügte, was er immer vorgab zu haben (er las einmal im Lexikon nach) – die Idealisierung brach zusammen, dafür intensivierte sich das Gefühl, dass die Mutter die eigentliche graue Eminenz im Hintergrund sei, die alle dominierte und vor der der Vater in die Loge flüchtete. Die Angst, in mir auch wieder der Mutter auf dem Katheter zu begegnen, der grauen Eminenz, der man hoffnungslos unterlegen ist und die man mit der eigenen Sehnsucht und Liebe nicht mehr erreichen kann, entwickelt sich zum zentralen Thema der Deutungsarbeit.

Diese regressive Bewegung führt zu einer Phase der Somatisierung und des kurzfristigen Aufflammens der depressiven Symptomatik. Er träumt, wie ein Auto und ein Motorrad aufeinander zurasen. Es wird ihm alles zu viel, erschrocken registriert er, das erste Mal in seinem Leben nicht pünktlich zum Dienst gekommen zu sein. Er vergisst seine Stunde bei mir, wird krank. Als er wiederkommt, ist er beunruhigt und meint, er wolle sich aus den Auseinandersetzungen mit seiner geschiedenen Frau endgültig zurückziehen ebenso wie aus der Beziehung zur Freundin. Auch die Therapie werde ihm zu viel. »Sie haben Angst, die Frauen machen Sie krank«, deute ich ihm daraufhin (30. Sitzung), eine Deutung, die ihn in der Stunde zunächst sichtlich berührt.

Die Abwehrbewegung folgt auf dem Fuße. Er thematisiert die Finanzierung der Therapie. Er könne es ohne Probleme selbst bezahlen, dass sei ihm auch eigentlich sowieso lieber. Er will nicht als krank dastehen, da krank sein hieße, abhängig und unterlegen zu sein, schwach wie der Vater, der sich mit der grauen Eminenz nicht auseinander setzen konnte.

So hat die intensive Arbeit an der Spiegelung des zentralen Beziehungskonfliktes in der Übertragung den Fokus der Behandlung nach dem ersten Drittel vervollständigt:

Aufgrund der enttäuschenden Erfahrung mit einer als übermächtig und kühl erlebten Mutter kranken alle späteren Beziehungen des Patienten an der allgegenwärtigen Furcht vor der Begegnung mit einer neuen grauen Eminenz. Gegen die so ausgelöste Wut aus enttäuschter Liebe muss die Aggressionshemmung eingesetzt werden, aus Angst, das Liebesobjekt sonst ganz zu verlieren.

Eine besondere Belastungsprobe für die Behandlung entsteht im Zusammenhang mit einer Therapiepause, die durch meine Schwangerschaft notwendig wird. Der Patient dehnt die Pause länger aus als eigentlich vorgesehen war.

Als ersten Traum nach der Unterbrechung berichtet er: »Ich sehe mich an einem Abgrund stehen.« Wir verstehen diesen Traum als Ausdruck, wie sehr ihn die Vorstellung von Trennung bedroht. Direkt darauf träumt er, mit mir am

Strand zu sein, und es tritt ein Mann hinzu, den er als »Chef« bezeichnet. Seine Einfälle führen erneut zu seiner Sehnsucht nach einem starken Vater, der bei der Auseinandersetzung mit der Mutter-Therapeutin hilfreich sein kann. Aber er thematisiert erstmals Schuldgefühle gegenüber seiner Mutter, der er glaubt nicht genügt zu haben. In der Übertragung spiegelt sich das als die Furcht, mich zu sehr zu beanspruchen und deshalb zurückgewiesen zu werden. Seine Angst wird so groß, dass er erneut agieren muss: Er vergisst die nächste Stunde. Wieder muss die Auseinandersetzung vermieden werden aus Angst, Aggression könne die Beziehung bzw. das gute Objekt zerstören.

Als ich ihm dies in der darauffolgenden Stunde deute, sagt der Patient nach einem längeren Schweigen plötzlich: »Erinnern Sie sich noch an die Geschichte mit der kleinen Ente? Das hat etwas mit meinen Schuldgefühlen zu tun, irgendwie. Ich denke ja immer, ich habe sie umgebracht, damals... Dieses Zerstörerische, das halte ich nicht gut aus.«

Er beginnt, über das zu sprechen, was er bei der Mutter vermisste: emotionale Wärme, die hinter Forderungen nach Leistung und Funktionieren verschwand. Er findet das Bild einer »Schulranzen-Mama«, die ihm den Tornister aufsetzt und aus der Tür schiebt – vor der Zeit, für sein Empfinden. Seine komplementäre Unfähigkeit, sich zu trennen, seine Wünsche nach Ungetrenntheit an das frühkindliche Liebesobjekt aufzugeben, können allmählich verstanden werden. So spricht der Patient von sich als einem großen alten Baum mit besonders dicken Wurzeln. Ich deute: »Der Baum braucht so dicke Wurzeln, weil er das Gefühl hat, der Mutterboden ist zu schlecht.« Der Patient weint, bezeichnet sich als einen »einsamen Wolf«.

So kann ich ihm in der 71. Sitzung sagen : »Trennung, das heißt für Sie, es bleibt nichts übrig. Als ob dann alles zerstört ist. Das fürchten Sie eben: Ihr Hass, mit dem sie weggehen, könnte Ihre ganze Beziehung zerstören.« Und als sich in der Beziehung zu mir projektiv das Gefühl verdichtet, ich wolle ihn ganz schnell erwachsen haben: »Sehen Sie, ich glaube, Sie erleben mich jetzt im Grunde auch wieder so wie damals Ihre Mutter. So, als ob ich Sie zur Tür hinausschieben wolle. Und dann würden Sie weggehen und mich hassen müssen – vielleicht auch wieder Herzbeschwerden bekommen?«

Einige Stunden später kommt der Patient mit einer überraschenden Mitteilung. Er hat seine Mutter noch einmal zu der Geschichte mit der kleinen Ente befragt. Die erste Überraschung für den Patienten ist die, wie gut sich die Mutter daran erinnert. Die zweite liegt in der Mitteilung, dass die Ente überlebt hat. Der Verlauf der Stunde spiegelt eindrucksvoll den inneren Kampf der Kräfte, als ihm plötzlich das Wissen um das Überleben des Objektes wieder wegrutscht. Er kann noch nicht glauben, dass er kein Mörder ist.

Der Kreis beginnt sich zu schließen: Wir verstehen nun, dass die Erinnerung an die Aggressionshemmung gegenüber der Schwester tatsächlich den neuroti-schen Bewältigungsversuch des Patienten gegenüber der Angst vor seiner Destruktivität veranschaulicht. Er assoziiert, seine Zeugungsfähigkeit erschei-ne ihm in diesem Lichte wie der Versuch, die Frauen vor sich zu schützen.

In der Endphase der Therapie wird er mutiger in realen Auseinandersetzungen z. B. mit der Freundin, es tauchen Wünsche nach einer festen Bindung auf. Von der geschiedenen Ehefrau, seiner »Reliquie« hat er sich lösen können. Meine Frage, ob sich Auseinandersetzung auch zwischen uns ereignen darf, kontert er damit, das gehe nicht, in der Tiefe seines Herzens sei er dazu zu schüchtern. Ich deute:

»Nur wann sind Sie schüchtern? Damals, als Sie sich nicht gegen die Schwester wehren konnten, als alle gelacht haben und wieder ein Entenmord drohte? Ob Sie nicht immer dann schüchtern werden, wenn Sie eine Wut haben und deshalb Angst bekommen, es droht wieder so ein Mord.«

Dass sich in dieser Therapie etwas bewegt hat, spüre ich in der Begegnung mit dem Patienten, der seinen Abschied von mir auf eine andere Weise dicht gestal-ten kann, als dies am Anfang in seiner kontraphobischen, sexualisierenden Ab-wehr agiert wurde. Es zeigt sich auf der Ebene der Realbeziehungen – und schließlich deutet sich in einer der letzten Stunden eine partielle Modifikation seines Mutterbildes an, als er sich plötzlich erinnert, wie die Mutter in den Bombennächten des zweiten Weltkrieges ihre Kinder in Sicherheit brachte und sich schließlich unter Einsatz ihres Lebens zu ihnen durchkämpfte, um sie in ihrer Angst nicht allein zu lassen. Ich bewerte dieses in der Trennungsphase auftauchende andere Bild des mütterlichen Introjektes als einen Hinweis darauf, dass über die psychoanalytische Arbeit in dieser Therapie eine begrenzte, aber doch spürbare Entwicklung des Patienten stattfinden konnte, die eben nicht nur zu einer Symptombesserung geführt hat, sondern dem Patienten ermöglichte, der eigenen Wahrheit ein Stück näher zu kommen.

Zusammenfassung

Ich hoffe, mit dieser Falldarstellung gezeigt zu haben, dass eine niederfrequen-te Psychotherapie auf die Bearbeitung von infantilen Reaktionsmustern nicht nur nicht verzichten muss, sondern vielmehr darauf ebenso setzen kann wie darauf, die auf den Fokus der Behandlung bezogenen Reaktionsmuster auf der Ebene der Übertragung durchzuarbeiten. Auch wenn dies nicht in allen nieder-frequenten Behandlungen in dem Ausmaß möglich sein wird wie hier darge-stellt, bleibt die Beachtung der Entwicklung von Übertragung und Gegen-übertragung handlungsleitend.

Wir können den Patienten mit einem solchen, auf der Psychoanalyse basierenden Behandlungskonzept eine Form der niederfrequenten Therapie anbieten, die es ihnen ermöglicht, der Welt ihrer inneren Bilder zu begegnen – wenn auch in einem eingeschränkteren Umfang, als dies in einer psychoanalytischen Psychotherapie oder Psychoanalyse möglich wäre.

Literatur

Dührssen, A. (1988): Dynamische Psychotherapie Berlin. 2. Aufl. Göttingen (Springer).

Faber, F. R.; Dahm, A. & Kallinke, D. (1999): Faber/Haarstrick: Kommentar Psychotherapierichtlinien. 5., überarbeitete und ergänzte Aufl. München, Jena (Urban & Fischer).

Freud, S. (1919): Wege der Psychoanalytischen Therapie. G. W. XII, S. 183–194.

Janssen, P. (2001): Zur aktuellen Situation der Anwendungen der Psychoanalyse in der Psychotherapie. In: Bohleber, W. & Drews, S. (Hg.) (2001): Die Gegenwart der Psychoanalyse – die Psychoanalyse der Gegenwart, S. 491–507.

Kernberg, O. (1999): Psychoanalyse, analytische Psychotherapie und supportive Psychotherapie: Aktuelle Kontroversen. In: PPmP 49, S. 90–99.

Leichsenring, F. (2002): Zur Wirksamkeit tiefenpsychologisch fundierter und psychodynamischer Psychotherapie. In: Zeitschrift für Psychosomatische Medizin und Psychotherapie 48, S. 139–162.

Luborski, L. (1988): Einführung in die analytische Psychotherapie. Berlin (Springer).

Richter, R.; Loew, T. H.; Calatzis, A. & Krause, S. (2002): Kontrollierte Wirksamkeitsstudien zur Psychodynamischen Psychotherapie. In: Psychodynamische Psychotherapie 1, S. 19–36.

Rüger, U. (2002): Tiefenpsychologisch fundierte Psychotherapie. In: Zeitschrift für Psychosomatische Medizin und Psychotherapie 48, S. 117–138.

Rüger, U. & Reimer, C. (2000): Psychodynamische Psychotherapie. Lehrbuch der tiefenpsychologisch orientierten Psychotherapie. Berlin, Heidelberg, New York (Springer).

Rüger, U. & Rudolf, G. (2001): Zur Differentialindikation zwischen tiefenpsychologisch fundierter und analytischer Psychotherapie. In: Psychotherapeut 46, S. 216–219.

Sandell, R. (2001): Jenseits der Spekulation. Empirische Unterschiede zwischen Psychoanalyse und psychodynamischer Psychotherapie. In: Bohleber, W. & Drews, S. (Hg.) (2001): Die Gegenwart der Psychoanalyse – die Psychoanalyse der Gegenwart, S. 473–490.

Tenbrink, D. (2002): Theoretische und praxeologische Aspekte der tiefenpsychologisch fundierten Psychotherapie. In: Forum der Psychoanalyse 18, S. 131–141.

Und sie bewegen sich doch!

Modifiziert-analytische Langzeittherapie bei Patienten/innen mit schweren Borderline-Störungen

Thomas Reinert

Unter den psychiatrischen Krankheiten steht bei den Persönlichkeitsstörungen die Borderline-Pathologie »in dem Ruf, besonders therapieresistent zu sein« (Dittmann & Stieglitz 1996, S. 226); sie wird »allgemein als einer der frustrierenden psychiatrischen Zustände für den Betroffenen selbst und für den Behandelnden betrachtet« (Kreisman & Straus 1992, S. 16). Nach einer Untersuchung von Jerschke et al. (1998) ist bei diesen Patienten eine eher schlechte Prognose zu stellen, und es sind trotz aller therapeutischen Bemühungen auch noch nach vielen Jahren »persistierende schwerwiegende Krankheitssymptome sowie damit verbundene Einschränkungen im psychosozialen Bereich die Regel«. Unter den direkt gezielten Borderline-Therapieverfahren haben sich in den vergangenen Jahren zwei als die wohl derzeit gebräuchlichsten herauskristallisiert: Zum einen die »dialektisch-behaviorale Therapie« von Linehan (1996) und die »Übertragungs-zentrierte Psychotherapie« von Clarkin, Yeomans & Kernberg (1999). Eigentliche psychoanalytische Konzepte sind eher in den Hintergrund getreten. Allen bekannten Behandlungs-Verfahren liegt eine »objektivierende Sichtweise« des Krankheitsgeschehens zugrunde, d. h. es geht in ihrer jeweiligen Theorie um die möglichst objektive Erfassung der Grundgegebenheiten der Krankheit, deren innere Gesetzmäßigkeiten und auf diese bezogene therapeutische Strategien. Im Folgenden wird eine Behandlungs-Konzeption vorgestellt, die wesentlich auf individualpsychologische, d. h. adlerianisch-analytische Grundlagen zurückzuführen ist. Adler vertritt eine grundsätzlich »personale Haltung« (wie Benedetti 1980, S. 48, sie nennt) d. h. er bemüht sich in erster Linie darum, den gesamten Patienten (1) in seiner Individualität zu verstehen und nicht nur die Krankheit (vgl. Reinert 2000b). Seine Sichtweise ist teleologisch, d. h. immer zunächst intentional ausgerichtet: Für Adler ist alles, was der Patient auf irgendeinem Wege mitteilt, »Ausdrucksbewegung« (vgl. u. a. Heisterkamp 2002). Der Therapeut wird von Adler angehalten, »mit den Augen des Patienten zu sehen, mit [seinen] Ohren zu hören und mit [seinem] Herzen zu fühlen« (Adler 1928, S. 224). Adler betont auch die »Gleichwertigkeit« von Analytiker und Patient, wobei sich Ersterer nur durch seinen Erfahrungsvorsprung vom Zweiten unterscheidet (vgl. Kaiser 1982, S. 176–177). Eine solche konsequent intentionale Betrachtungsweise ist nach Erkenntnis des

Verfassers geeignet, auch schwerste Borderline-Syndrome, trotz aller zunächst einmal bizarr wirkenden Phänomene und scheinbar willkürlichen Verhaltensweisen des Patienten zu verstehen und zu einer insgesamt völligen Aufklärung der jeweiligen individuellen Psycho-Dynamik hinzuführen; wobei interessanterweise ein zu beobachtendes Symptom-Verhalten, bei u. U. äußerlich durchaus gleichem Ablauf, weder bei zwei verschiedenen Patienten noch bei ein und demselben Patienten zu verschiedenen Zeitpunkten dasselbe ausdrücken oder einer identischen Entstehungs-Gefühlslage entspringen muss. Alles, was der Patient hervorbringt, folgt einer privaten inneren Logik und ist nicht etwa nur eigengesetzlich ablaufender Ausfluss einer primär gegebenen hirnorganischen Pathologie, wie das nach wie vor und seit einigen Jahren offenbar (forciert durch mittels neuer bildgebender Verfahren nachweisbare spezifische Veränderungen) wieder verstärkt in der Psychiatrie diskutiert wird.

Im Rahmen langjähriger Erfahrungen in der ambulanten Behandlung derartig schwer gestörter Patienten hat der Autor ein Behandlungssetting als geeignet erprobt, das folgende Bedingungen zugrunde legt (vgl. u. a. Reinert 2001a, 2001b):

- Die Behandlung erfolgt in einem betont regressions-förderlichen Milieu, möglichst in einem Therapieraum, der nur mit Matratzen, Kissen, Decken und evtl. Stofftieren ausgestattet ist und vom Patienten verändert werden kann, darüber hinaus u. U. Gerätschaften, z. B. einen Sandsack oder einen »Schild« (ein aus dem Kampfsport stammendes, tragbares, dick gepolstertes Brett in Form einer Körperkontur) enthält für auch aggressive Auseinandersetzung in der Übertragung;
- Sitzungen finden zwei- bis dreimal wöchentlich statt, wobei jedesmal eine neue Gestaltung des Raumes möglich ist;
- Die Körperebene als primäre Erfahrungsebene menschlicher Existenz (vgl. Heisterkamp 1993) wird in den Behandlungsprozess einbezogen;
- Kreative »Produkte« des Patienten, meist handelt es sich um Bilder, sind willkommene Hilfsmittel.

Eine weitere Eigenart dieser Therapieform wird weiter unten erläutert, es handelt sich um den Umgang mit dem Behandlungszeitraum.

Auszugehen ist bei »Borderlinern« von einer im Patienten mindestens seit der Geburt (vgl. Reinert 2000a) wirksamen Dynamik, die sich um die Frage »Leben oder Tod« rankt. Diese erklärt sich aus einer für die Herkunfts-Familie typischen Atmosphäre: Man kann alle Psychopathologien kennzeichnen durch die für sie spezifische Form der Angst. Die Angst ist, wie Wexberg schon 1926 schrieb, der wichtigste aller Affekte. Dabei lässt sich unterscheiden: In Familien, in denen narzisstische Störungen entstehen, kann man immer wieder eine Dynamik beobachten, innerhalb derer das Kind bei Fehlleistungen oder

Schwächen, bei kindlichem Ungeschick, missbilligt und beschuldigt, verlacht, gedemütigt und verlassen wird; in Familien mit für die Hervorbringung späterer Borderline-Störungen typischer Atmosphäre herrscht das elterliche Postulat vor: »Du sollst nicht anders denken, als ich es für dich für richtig halte, weil es ja vernünftig ist. Wenn du dem nicht entsprichst, wäre es besser, du wärst gar nicht da, nicht geboren oder tot.« In solchen Familien ist Abgrenzung des Kindes nicht möglich; überraschend oft wird berichtet, man habe beim Baden oder beim Toiletten-Gang die Badezimmertür nicht abschließen dürfen. Gefühle und Affekte des Kindes werden infrage gestellt, negiert oder für falsch erklärt. Wie Wolberg (1973) schreibt, ist der Borderline-Patient immer beschäftigt mit einer zumindest unbewusst wirksamen Todesangst. Nach Erfahrung des Verfassers haben bei Borderlinern im Gegensatz zur Annahme vieler anderer Autoren gar nicht immer schwerere Einzeltraumatisierungen stattgefunden. Vielmehr lag in aller Regel eine spezifische abgrenzungs-verunmöglichende Daueratmosphäre vor, die nicht gestattete, ein eigenständiges, gefühlsfundiertes »Ich« und »Selbst« zu entwickeln. Dies hat Folgen: Bei Borderline-Patienten führt jede Annäherung an ein Objekt zur Mobilisierung einer Angst vor potenzieller tödlicher Bedrohung. Man kann sogar sagen, dass alle Lebendigkeit diese Angst auslöst. Der kann der Patient nur entkommen durch entweder:

a) »autistiforme« Vereinzelung, Rückzug und Ersatz kommunikativen Austausches durch autoregulative Mechanismen oder

b) wenn der Kontakt eingegangen werden soll oder muss, dann ist er dem Borderline-Patienten nur in Form einer weitestgehend perfekten Kontrolle des Objektes möglich.

Kontrolle ist ein ganz zentraler (wenn nicht der zentrale) Begriff beim Verständnis der Borderline-Störung. Sie umfasst:

a) die eigenen Gefühle
- entweder durch intrapsychische Abwehrmechanismen wie Verleugnung, Projektion, u. a. oder
- den Einsatz von »Hilfsmitteln« wie z. B. Essstörungsverhaltensweisen, Medikamentenmissbrauch, Drogenkonsum, Alkohol-Abusus;
b) den eigenen Körper
- Gefühle werden »abgestellt« oder
- der eigene Körper wird mittels Manipulationen, z. B. mit Schneiden oder Brennen in seiner Befindlichkeit gesteuert;
c) Objekte
- mit perfekter Ausbildung eines Erfassungs- und Manipulations-Systems.

Auf der einen Seite ist die Empfindungs-Welt des Borderliners also immer geprägt von notgedrungener Einsamkeit und erzwungener Isolation, um zu überleben; (wodurch sein Leben aber »armselig« ist, was als solches auch wahrgenommen wird). In der Gefühls-Beeinflussung beschränkt es sich weitgehend auf autoregulative Mechanismen. Auf der anderen Seite steht der Wunsch nach Beziehungsaufnahme, die jedoch immer gefährlich ist. Mit Adler (1994, S. 58) ausgedrückt, lebt der Borderline-Patient immer »wie in Feindesland«.

Wenn nun der Therapeut dem Patienten ein Kontaktangebot macht, wird der Borderline-Patient obligatorisch auch in ihm zunächst einen Feind sehen. Eine andere Betrachtungsweise ist ihm aus sich selbst heraus zunächst nicht möglich. Wenn der Therapeut (wider die Erwartung des Patienten) sein Interesse an Beziehung aufrechterhält, trotz zunächst u. U. nicht unbedingt freundlicher Erwiderung durch den Patienten, wird er ihm eine ganze Zeit lang Ablehnung, Misstrauen und schließlich ein Verhalten entgegenbringen, das geprägt ist von Testungen seiner Person:

a) Testungs-Ebene 1 ist die Frage seiner Ehrlichkeit: Der Patient wird sehr aufmerksam zuhören, wenn der Therapeut irgendeine Äußerung macht. Er wird versuchen, ihn zu persönlichen Stellungnahmen zu »überreden«. Er wird versuchen, ihn bei Widersprüchen zu ertappen und wird ihm diese gnadenlos aufzeigen und vorhalten. Er strebt ein perfektes Kontrollsystem ihm gegenüber an.

b) Die 2. Testungs-Ebene berührt die Stärke des Therapeuten. Aus der Sicht des Patienten formuliert: »Nur ein starker Therapeut wird mich aushalten in meiner ›Schlechtigkeit‹, ›Minderwertigkeit‹ und vor allem mit meiner berstenden Aggression! Nur ein solcher Therapeut kann mir weiterhelfen.«

c) Die 3. Testungs-Ebene berührt die Frage, ob die Zuneigung des Therapeuten echt ist: Der Patient wird versuchen, den Therapeuten durch Garstigkeit, projektive Mechanismen und ähnliche Möglichkeiten zur Affekt-Entäußerung zu bringen, wobei negative Affekte, Ablehnung und Wut des Therapeuten das seinem Weltbild entsprechende Erwartungs-Spektrum des Patienten darstellen. Dabei wünscht er aber eigentlich, wie bei den anderen Testungs-Ebenen auch, der Therapeut möge die Probe(n) bestehen.

Diese drei Testungs-Ebenen und die vonseiten des Therapeuten notwendigen Voraussetzungen für deren erfolgreiche Bewältigung möchte ich als »Therapeutische Trias« der Borderline-Behandlung bezeichnen. In dieser Phase, die durchaus viele Stunden erfordern kann, wird der Patient in seinem (wenigstens z. T. unbewussten) subjektiven Erleben mit zwei Paradoxien konfrontiert. Fiktiv, aus der Perspektive des Patienten formuliert, lauten die etwa folgendermaßen: Ich möchte mich auf diesen Therapeuten einlassen können. Ich sehne mich nach Nähe und zuverlässiger Geborgenheit. Diese Nähe ist aber höchst bedrohlich. Ich kann die Nähe nur zulassen, wenn ich dabei den Therapeuten unter meiner Kontrolle habe. Aber gerade wenn es mir gelingt, ihn unter Kontrolle zu bekommen, ist er für mich, für meine Entwicklung (das ist das erste Paradoxon!) wertlos. Er ist ein steuerbares Objekt, das damit aber seine »Elternobjekt-Eignung« verloren hat. Ich kann ihn nur verachten, werde ihn aber für meine (autoregulativen) Zwecke missbrauchen, ohne mich wirklich auf ihn einzulassen. (Dies entspräche der »malignen Regression«!)

Oder ich bekomme den Therapeuten nicht unter meine Kontrolle; er bleibt abgegrenzt, lebendig und damit unberechenbar. Er behält die Fähigkeit, mich zu verlassen oder auch zu töten. Das macht mir tödliche Angst, die in mir immer mehr Wut aufkommen lässt, mörderische Wut. Wenn er sich nicht zwingen lässt, sich meiner Kontrolle zu unterwerfen, muss ich ihn töten; dann habe ich die Kontrolle über ihn. Das zweite Paradoxon besteht nun darin, dass ich zwar dann in dem Augenblick, in dem ich ihn getötet habe, die »Totalkontrolle« über ihn erringe, ihn im selben Augenblick aber verloren habe: Er ist, ohne dass ich das rückgängig machen kann, nicht mehr da! Ich bin darüber hinaus unendlich schuldig geworden und kann mich nur noch selbst töten.

Es kommt beim Patienten also zu einer extremen Pendelbewegung zwischen Annäherung und Distanzierung; letztere ist verbunden mit einer Rückkehr zu seiner gewohnten Not-Autarkie mit Wieder-Ingangsetzung seiner »autoregulativen Mechanismen«. Der Therapeut fühlt sich parallel dazu einem Wechselbad ausgesetzt, einerseits von Annäherung mit symbiotisch-verfügender Tendenz des Patienten-Verhaltens oder auch Nähewünschen im Sinne von bloßer Verschmelzung und andererseits dem Rückzug des Patienten bis nahe an den Beziehungsabbruch heran oder einer aggressiven Feindseligkeit. Je nach Ausprägung und Intensität der Störung (also abhängig vom »Strukturniveau«) des Patienten kann diese Therapiephase durchaus bedrohlich sein. Dem Ausmaß an Todesangst des Patienten scheint nunmehr umgekehrt das Ausmaß seiner mörderischen Energie zu entsprechen (vgl. Ammon 1973b; Reinert 1995). Die Gegenübertragungsgefühle des Therapeuten in dieser Zeit schwanken zwischen Hilflosigkeit, Angst, Wut und Fluchtimpulsen. Therapien sind in diesem Stadium äußerst schwer aushaltbar. Wird aber vor allem die Aggression des Patienten ausgehalten, ist oft nach Beendigung dieser Phase des Behandlungsprozesses die therapeutische Beziehung tragfähig geworden.

Der Borderline-Patient lebt, dies auch unabhängig von jeder Therapie, unter dem Zwang einer jederzeit notwendigen Kontrollarbeit nach außen und nach innen. Dies bedeutet eine dauernde übermäßige Anstrengung, die quasi im Gegenzug automatisch die Sehnsucht erzeugt, endlich loslassen zu können und trotzdem gesichert zu bleiben (vgl. Reinert 1996). Diese Sehnsucht ist enorm stark, der Patient kann sich ihre Erfüllung aber nur im Tod vorstellen. Dies ist die Quelle für eine bei fast allen Borderlinern latent vorhandene Suizidalität. Für den Patienten ist sie keineswegs ein Negativum. Vielmehr ist der Tod so etwas wie eine letzte autonom erreichbare Möglichkeit, Macht auszuüben und die

Fähigkeit zu besitzen, sich willentlich Ruhe zu verschaffen. Aufgabe des Therapeuten in dieser neuen Therapiephase ist es, dem Patienten zunächst in Aussicht zu stellen, diese Ruhe auch erzielen zu können, ohne dafür sterben zu müssen. Diese Vorstellung ist für den Patienten auf der einen Seite von paradiesischer Qualität, andererseits aus seinem Welterleben heraus unglaubwürdig. An dieser Stelle erreicht die Therapie auch die Grenzen des mittels des verbalen Dialogs Erreichbaren. Die Ruhe, die der Patient anstrebt und auch letztlich braucht, führt konsequent hin zur Körperebene. Bei entsprechender Zurverfügungstellung eines dafür geeigneten Settings erfolgt nun die Regression auf eben diese Körperebene. Derartige Regressionsformen kündigen sich üblicherweise in dieser Therapiephase an durch:

a) Träume, in denen Körperlichkeit, Annäherung und darum zentrierte Geschehnisse eine wesentliche Rolle spielen oder auch

b) durch Einführung eines »Zwischenobjektes« in die Therapie (vgl. Reinert 2001b), eines Stofftieres oder eines Gegenstandes, der symbolisch den Patienten repräsentiert und dem Therapeuten zur »Be-Handlung« zur Verfügung gestellt wird, unter gleichzeitiger genauer Beobachtung seines Umgangs damit durch den Patienten.

So schafft sich der Patient jeweils »Probeterrains«, um seine totale Angst bei Annäherung an den Therapeuten, ja sogar Auslieferung an diesen, durchzustehen. Man muss sich darüber im Klaren sein, was hier entsteht: Der Patient lässt sich zunehmend ein auf (in seinem subjektiven Erleben) Situationen potenzieller Übergriffigkeit, potenziellen Missbrauchs, ja potenzieller Tötung durch den Therapeuten (vgl. Reinert 2001a). Diese Therapiephase ist äußerst sensibel und durch kleinste Therapiefehler oder auch Gegen-übertragungs-Agieren des Therapeuten irritierbar. Sie dauert auch sehr lange und lässt sich in keiner Weise beschleunigen. Hilfreich sein können hier gelegentlich vom Patienten gemalte Bilder, die ebenfalls dem »Probeterrain« zugeordnet werden können (vgl. Reinert 1997b). Der Therapeut wird zunehmend zum »Verwandlungsobjekt«, wie das Christopher Bollas (1997, S. 36–37) genannt hat: Zu einer geschlechtlich undifferenzierten, universell verwendbaren und mit Funktionen ständig wechselnden Charakters befrachtbaren »Übertragungsfigur«. Es ergibt sich eine Tiefenregression, die in der Folge meist zunehmend Bezüge zum intrauterinen Dasein aufweist: Ob der Patient nun mittels der im Therapieraum vorhandenen Matratzen, Kissen und Decken Höhlen baut, in die er sich in Embryonalhaltung zurückzieht, ob er Bilder malt mit deutlich erkennbar uterinen Bezügen oder ob er Körperkontakt zum Therapeuten sucht mit der Phantasie, klein zu werden, zu schrumpfen, im Körper des Therapeuten zu sein, von diesem getragen, bewahrt, geschützt und ernährt zu werden, ist dabei relativ belanglos (vgl. Reinert 1996,1997a). Wichtig ist, dem Patienten diesen Regressions-Raum zu bieten und ihn dabei tatsächlich zu schützen. Der Patient begibt sich hier in eine ganz klare Abhängigkeit, die als solche auch in aller Konsequenz vom Therapeuten getragen werden muss. Für letzteren ist es zum Beispiel in dieser Therapiephase nicht ganz einfach, die Verantwortung dafür zu tragen, dass seine reale Präsenz im Leben des Patienten (und damit seine direkten Möglichkeiten der Einflussnahme) auf die Therapiestunden beschränkt sind, die Regression des Patienten aber u. U. auch außerhalb der Sitzungen weitergeht. Psychotische Dekompensationen sind in dieser Phase möglich. Hier muss der Therapeut nach Erfahrung des Autors bereit sein, zum Beispiel auch über telefonische Kontakte, möglicherweise sogar täglich, für den Patienten erreichbar zu sein. Besondere Schwierigkeiten machen Auslandsaufenthalte, vor allem dann, wenn in diesen Zeiten der telefonische Kontakt auch über Handy nicht aufrechterhalten werden kann. Für den Therapeuten ist dies in der Praxis eine sehr belastende Therapiephase, die aber zeitlich begrenzt ist.

An dieser Stelle soll nun ein weiterer Setting-Faktor in seiner Bedeutung hervorgehoben werden, der eingangs bereits kurz erwähnt wurde, die Therapie-Zeit. In dieser Phase, die jetzt beschrieben wurde, versinkt der Patient tatsächlich in eine tiefe Regression auf kindlichem Empfindungs-Niveau aus ganz früher Zeit. In dieser Zeit herrscht die primärprozesshafte Atmosphäre einer ganz vorwiegend körperlichen Selbstwahrnehmung. Das Empfinden ist hierbei assoziativ und Affekt- bzw. Gefühls-gebunden. Sekundärprozesshafte Realitäts-Konfrontationen können diesen Prozess nur stören. Der Patient empfindet hier tatsächlich kindlich in einem symbiotisch-narzisstischen Anspruch an die Welt und den Therapeuten. Die Vorstellung von Begrenztheit dieser Beziehungsebene macht dem Patienten in dieser Therapiephase kolossale Angst. Die Frage, wie viele Stunden der Therapeut dem Patienten überhaupt zur Verfügung stehen wird oder kann, die natürlich durch das Antragswesen, durch fällige Verlängerungs-Berichte usw. in die Therapie hineinragt, muss vorübergehend partiell außer Kraft gesetzt werden. Der Patient kann sich nur einlassen, wenn in seinem Gefühl das, was er jetzt erstmalig als Glückseligkeit der Ruhe und des Loslassen-Könnens empfindet, in seinem Gefühl »ewig dauert«. Die Frage des Patienten, wie viele Stunden an Therapiezeit er denn insgesamt bekommen könne, beantwortet der Autor dem Patienten, und dies in vollem Bewusstsein der sich daraus ergebenden Konsequenzen, mit: »So viele Stunden, wie sie selbst zu brauchen glauben.« Das klingt zunächst einmal völlig untherapeutisch, unrealistisch, ja vielleicht leichtfertig. Wenn dies so gesagt wird, muss es in voller Verantwortung geschehen. Der Therapeut kann sich aber darauf verlassen, dass die Therapie nicht ewig dauern wird. Der Patient reift und wird diese gemeinsame Zeit später von selbst beenden. Dann aber aus einem fundierten autonomen Gefühl heraus, über das er gegenwärtig noch nicht verfügt. Die vom Patienten in dieser Therapiephase erlebte Ruhe, sein komplettes »Sich-Anvertrauen« habe ich die »Ruhe der bloßen Existenz« genannt (Reinert 2001b). Diese Phase stellt üblicherweise den Wendepunkt der ganzen Therapie dar. Hier wird tatsächlich möglich, was Balint (1973, S. 165) einen »Neubeginn« nennt. Der Patient macht in dieser Phase die Erfahrung, dass Nähe gefahrlos möglich ist und dass er für einen anderen Menschen einen Wert besitzt, den er nicht durch Verzicht auf Eigenständigkeit erarbeiten, durch Leistung untermauern oder durch die Bereitschaft, sich missbrauchen zu lassen, erobern muss. Er ist zum ersten Mal in seinem Empfinden ein »Individuum im eigenen Recht« (Ammon, in Anlehnung an Searles 1998, S. 70–71). Und wenn er dies erlebt, wird es zum Bestandteil seiner inneren Welt, seines Selbst: »Es gibt diese Ruhe, es gibt diesen Wert in mir, völlig unabhängig davon, was andere mir früher vermittelt haben.« Und damit wird diese Realität zum Wunsch für das gesamte Leben, zum (gesunden!) Anspruch an das Leben, der nun auch nach außen, in den Alltag, transportiert wird. Die Wahrnehmung seiner Gefühle durch den Patienten, ihre Benennung und Akzeptanz durch den Therapeuten, macht dem Patienten jetzt auch möglich, Sprache als ein System gefühlsfundierter Symbolisierungen kennenzulernen und zu verwenden. Mit zunehmender Dauer dieser Tiefen-Regression wird die Körperebene als Haupt-»Be-Handlungs-Ebene« entbehrlich. Die weitere Arbeit gestaltet sich zunehmend so, wie sie im üblichen analytischen Rahmen sonst auch stattfindet. Der Fortgang ist jetzt in der Regel durch enorme Entwicklungsschritte des Patienten im Alltag gekennzeichnet: Es werden Beziehungen eingegangen außerhalb der Therapie; dies von Patienten, die unter Umständen in früheren Phasen der Therapie im Analytiker ihren einzigen Kontakt zur Welt besaßen. Der Patient beginnt, seinen Alltag zu formen: Er schafft sich einen »Lebens-Raum«, den er selbst gestaltet. Ausbildungen werden begonnen; Studien, die jahrelang wegen massiver Arbeitsstörungen nicht weitergeführt werden konnten, werden mit zum Teil brillanten Examina abgeschlossen usw. Es ist im Rahmen einer langfristigen Therapie eine Autonomie und Souveränität in der Lebensführung entstanden, die zuweilen frappiert. Einige Patientinnen und Patienten des Autors schienen, im Nachhinein betrachtet, dadurch, dass sie einmal unter einer schweren Borderline-Problematik gelitten hatten, eine besondere Lebens-Reife mit sehr bewusster Wahrnehmung des eigenen Selbst und der Umgebung erworben zu haben, die ihnen also erst durch die Auseinandersetzung mit ihrer schweren Pathologie ermöglicht wurde.

Derartige Behandlungen dauern jedoch entsprechend lange. Nach Beobachtung des Verfassers nehmen alleine die ausgiebigen Testungen und die Festigung der beschriebenen therapeutischen Beziehung 300 und mehr Stunden in Anspruch. Die Phase der Tiefenregression wird in der Regel nach etwa 500

Stunden erreicht. So lange Behandlungszeiten stimmen mit Einschätzungen zum Beispiel von Wurmser (zit. nach Heister 1997, S. 33) überein, der nicht glaubt, dass eine schwere Neurose mit weniger als 500 Stunden psychoanalytischer Therapie behandelbar ist. Die vielbeschworene Gefahr von sogenannten Endlostherapien, in den USA wohl auch gerne »Rent-a-friend«-Beziehungen genannt, besteht nicht. Die Patienten werden mit zunehmender Entwicklung ihrer Autonomie das ja doch in sich begrenzte therapeutische Setting zunehmend als nicht mehr förderlich empfinden und immer mehr für entbehrlich halten. Natürlich sind derartige Gedanken, die dann immer häufiger im Patienten auftauchen, für ihn mit Angst verbunden. Es erfolgt auch so gut wie nie eine klare, gemeinsam vereinbarte Festsetzung des Therapie-Endes, wie dies bei anderen Therapien ja durchaus üblich ist. Vielmehr wird der Patient erst einmal die Stunden-Frequenz reduzieren, wird Urlaube nehmen, insgesamt also auf irgendeine Weise die Stunden rarefizieren, um sich dann zu vergewissern, dass er bei etwaiger Verschlechterung seines Zustandes jederzeit wieder mehr Stunden erhalten könnte. Das Ende der Therapie überlässt der Autor dem Patienten. Üblicherweise beenden Patienten auf beschriebenem Wege die Behandlung nach etwa 700 bis 800 Stunden, nur in seltenen Fällen wurde erlebt, dass mehr Stunden erforderlich waren. In einem Fall, es handelte sich dabei um einen schwerst narzisstisch-gestörten Patienten, wurden über 1000 Stunden benötigt. Im deutschen Kassenrecht sind derartig lange Behandlungszeiten nicht vorgesehen. Es ist in der Regel äußerst schwierig, Stundenkontingente jenseits der »magischen 300-Stunden-Grenze« zugestanden zu bekommen. Die meisten Gutachter sind davon überzeugt, dass jenseits von 300 Stunden sinnvolle therapeutische Verläufe nicht mehr zu erwarten seien. Es kursieren hier Vorstellungen von »maligner Regression«, von »Mesalliancen«, bei denen Patient und Analytiker sich gegenseitig benötigen und beide nicht von der Therapie ablassen können. Es gibt solche Phänomene, dessen ist sich der Verfasser bewusst. Maligne Regressionen sind aber nach seiner Überzeugung Ausdruck einer Störung in der Therapeuten/Patienten-Beziehung (vgl. Reinert 2000a). Dies wird auch von Wurmser (1987, S. 41) und von Rohde-Dachser (1995, S. 180) so gesehen. Nach der schon zitierten Untersuchung von Jerschke et al. (1998) verursachen Borderline-Patienten, ganz unabhängig von spezifischen therapeutischen Maßnahmen, jährlich ca. 24.000 DM an Behandlungskosten, vor allem durch immer wieder notwendig werdende stationäre Aufnahmen. Wenn man sich dann vor Augen führt, dass die vom Referenten in der dargelegten Weise behandelten Patienten im Anschluss an die Therapie nahezu immer berufsfähig und berufstätig sind, also sowohl ihren Lebensunterhalt selbst verdienen als auch Beiträge in die Kranken- und die Renten-Versicherung einzahlen, wenn man sieht, dass sie auf keinem Gebiet mehr erhöhte Behandlungskosten verursachen, auch nicht in der Somatik, wenn man dazu sieht, dass sie beziehungs- und in jeder Hinsicht lebensfähig sind, dann hat der Autor keine Hemmungen, für seine Patienten die Übernahme der Therapiekosten auch für so große analytische Stundenkontingente zu fordern und zu beanspruchen. Diese rechnen sich im Endeffekt auch für die Krankenkassen und damit für die Solidargemeinschaft aller Versicherten, denen heute angeblich solche langen Behandlungszeiten nicht mehr zugemutet werden können. Es ist aber vor allem in Rechnung zu stellen, was man für diese Patienten ansonsten als Lebensschicksal zu erwarten gehabt hätte: Es sind ganz vorwiegend Patienten mit Borderline-Störungen schwersten Ausmaßes, mit massiven Selbstverletzungen, Suchtverhaltensweisen, Essstörungen, schweren Angstzuständen, zum Teil psychotischen Dekompensationen. In der Regel haben diese Patienten entweder Suizidversuche unternommen oder sind permanent von Suizid bedroht gewesen. Wenn man diese Menschen dann nach der Therapie erlebt, ihre Lebensfreude, ihre äußere Veränderung, dann zeigt dies alleine schon, dass derartige Therapien, ganz unabhängig von den Kosten, die sie verursachen, sinnvoll sind.

Zum Schluss sollen typische Erlebensweisen von Borderlinern in den originalen Formulierungen eines Patienten wiedergegeben werden; und zwar in Form eines Teils der Mitschrift einer Therapiestunde im Rahmen einer bereits fortgeschrittenen analytischen Behandlung, mit einigen verbindenden und erläuternden Ergänzungen des Autors, die den Gesamtzusammenhang der Gedanken des Patienten nachvollziehbar machen. Zu betonen ist allerdings, dass es sich bei diesem 40-jährigen Mann, von dem die Äußerungen stammen, um einen ausgesprochen differenzierten und intellektuellen Menschen mit einer Borderline-Struktur auf »höherem Funktionsniveau« (Kernberg 1979, S. 30–31) handelte, der sich dadurch und wegen seiner für Patienten dieses Typus ungewohnten sprachlichen Ausdrucksfähigkeit stark unterscheidet von den »wesentlich kränkeren« Patienten, die der Verfasser üblicherweise behandelt:

»Mir ist noch was aufgefallen, als ich bei meinen Eltern gewesen bin. Das Ritual, dass mir meine Mutter immer was aus dem Garten mitgegeben hat, das zog sich dann über einige Zeit hin und obwohl ich der Empfänger dieses Gemüses war, hatte ich aber das Gefühl, dass mir eher genommen wurde, als dass ich etwas bekommen hätte. (...) Ich war im Prinzip schon weg und auf diese Weise hat sie die Kontrolle wiedererlangt. (...) Ich habe das auch nie so genossen, obwohl die sich große Mühe gegeben haben, das Gemüse großzuziehen. Und wenn die mich besucht haben, ist es oft vorgekommen, dass meine Mutter was zu essen mitgebracht hat, auch wenn ich vorgeschlagen hatte, die zu bekochen. (...) Als wenn die ihren Haushalt auf meinen ausweiten. (...) Es macht so platt! Ich habe manchmal das Gefühl, als wenn das mit Liebe gekochte Essen irgendwie giftig ist. (...) Weil auch immer Abwertung 'rüberkommt. (...) Es hat manchmal etwas Vernichtendes! Weil alles Eigene vernichtet wird! Es ist auch oft in dem Moment nicht mehr meine Wohnung! Und ich habe dann in meiner Wohnung eine Atmosphäre, die so ist wie bei denen zu Hause.«

(Bem.: Er verliert seinen eigenen Raum! Dies ist für Borderline-Patienten ein sehr bedrohliches Gefühl!) Er:

»Ich habe mich gegrämt, wenn die mich seltener besucht haben als meine Schwester, [ich sehe] dass ich auf der anderen Seite immer [aber auch] froh gewesen bin, wenn die weggeblieben sind. Entweder ich bekomme Nähe, aber dann wird mir weggenommen oder ich behalte, aber dann bin ich alleine. Ich habe dann auch so ein Körpergefühl von etwas völlig Unbewegtem. Wenn ich mit denen spreche, habe ich immer die Vorstellung: Es findet auf harten Stühlen statt, bei denen am Esstisch. (...) In dem Bild halte ich mich immer irgendwo fest, am Tisch, am Stuhl und versuche, mich nicht zu bewegen. Um wenigstens die Kontrolle über meine motorischen Funktionen zu haben und um undurchdringlich zu sein. Dass die nicht in mich eindringen. (...) *Ich stelle mich tot, um nicht totgemacht zu werden!* Gerade kommt mir wieder das Bild, wie Mutter in (...) besoffen zu mir ins Bett gekrabbelt ist. Und wenn ich (mich) zu entwinden versuchte, wurde der Schraubstock enger! Nur wenn ich ganz stillhielt, dann schlief sie ein und ich konnte mich entwinden. Es ist so, als wenn ich das beibehalten habe. Als ob ich aktiv und im Kontakt mit Eigenständigkeit nichts gewinnen kann. (...) Ich merke, wie schwer mir das gerade jetzt fällt, durchzuatmen. Es ist, als wenn ich den Schraubstock wieder spüre. [Bem.: Er atmet ganz flach!] (...) Das habe ich auch schon gedacht: Die Atmosphäre des Elternhauses ist: Bloß nicht zu viel Luft nehmen! Und Raum! Bloß nicht zu lebendig sein. Und wenn ich Nähe haben will, dann habe ich das Gefühl: Ich muss die Bereitschaft haben, alles von mir abzugeben.«

Danach schildert er die Auswirkungen dieser Atmospäre auf sein tägliches, praktisches Leben, er schildert die Beziehung zu einer Freundin:

»Ich habe ihr deutlich machen können, wie ich gelitten habe und wie gut ich im Aushalten bin. Und in meiner Vorstellung war ich bereit, alles aufzugeben. (...) Mich holt gerade das Bild von (...) ein: Ich merke, dieser Schraubstock, den merke ich noch so (...) und diese Hilflosigkeit, auserkoren zu werden. Das Gefühl: Wozu bin ich eigentlich gut? Ich bin nicht gut, weil ich bin, (...) sondern weil ich bestimmte Funktionen haben konnte. Was ich gerade bemerkt habe, ist, wie traurig es mich mein Leben lang gemacht hat, immer darum kämpfen zu müssen, für andere Funktionen zu haben und nicht darum, zu leben. (...) Ich habe mir immer Gedanken darum gemacht, wie ich gerne gesehen werden möchte. Wenn ich mir ansehe, welche spontanen Äußerungen ich tue, dann ist das heute immer noch so. (...) Und manchmal ist da eine Angst, dass ich dann, ja, was bleibt denn dann von mir übrig? Von *mir*?«

Ich antworte ihm: »›Übrig‹ bleiben Reste!« Er: »Ich frage mich, was bin ich denn, wenn ich nicht Funktion von irgendetwas bin? Wahrscheinlich nichts.«

Anmerkung

(1) Aus ausschließlich sprachvereinfachenden Gründen ist im Folgenden immer von Patienten die Rede.

Literatur

Adler, A. (1928): Kurze Bemerkungen über Vernunft, Intelligenz und Schwachsinn. In: Adler, A. (1982): Psychotherapie und Erziehung. Bd. I. Frankfurt a. M. (Fischer), S. 224–231.

Adler (1937): Lebensprobleme – Vorträge und Aufsätze. Frankfurt a. M. 1994 (Fischer).

Ammon, G. (1973a): Dynamische Psychiatrie. Eschborn 1998 (Klotz).

Ammon, G. (1973b): Gruppendynamik der Aggression. München (Kindler).

Balint, M. (1973): Therapeutische Aspekte der Regression. Reinbek (Rowohlt).

Benedetti, G. (1980): Klinische Psychotherapie: Einführung in die Psychotherapie der Psychosen. 2. Aufl. Bern (Huber).

Bollas (1997): Der Schatten des Objekts. Stuttgart (Klett-Cotta).

Clarkin, J. S.; Yeomans, F. E. & Kernberg, O. F. (1999): Psychotherapy for Borderline-Personality. New York (John Wiley & Son).

Dittmann, V. & Stieglitz, R. D. (1996): Persönlichkeits- und Verhaltensstörungen Erwachsener. In: Freyberger, H. J. & Stieglitz, R. D. (Hg.) (1996): Kompendium der Psychiatrie und Psychotherapie. Basel (Karger), S. 217–232.

Heister, H. (1997): Die individualpsychologische Therapie primär nicht begrenzter Dauer, ihre wissenschaftliche Fundierung und ihre Position im deutschen Gesundheitswesen. In: Lehmkuhl, U. (Hg.) (1997): Biographie und seelische Entwicklung. Beiträge zur Individualpsychologie 23. München (Ernst-Reinhardt), S. 21–37.

Heisterkamp, G. (1993): Heilsame Berührungen – Praxis leibfunderter analytischer Psychotherapie. München (J. Pfeiffer).

Heisterkamp, G. (2002): Basales Verstehen – Handlungsdialoge in Psychotherapie und Psychoanalyse. Stuttgart (Pfeiffer bei Klett-Cotta).

Jerschke, S.; Meixner, K.; Richter, H. & Bohus, M. (1998): Zur Behandlungsgeschichte und Versorgungssituation von Patientinnen mit Borderline-Persönlichkeitsstörung in der Bundesrepublik Deutschland. In: Fortschr. Neurol. Psychiat. 66, S. 545–552.

Kaiser, R. (1982): Sucht und Charakter, Eine Darstellung verschiedener Aspekte des Suchtproblems aus individualpsychologischer Sicht. Zürich (Psychologische Menschenführung).

Kernberg, O. (1978/3. Aufl. 1979): Borderline-Störungen und pathologischer Narzißmus. Frankfurt a. M. (Suhrkamp).

Kreismann, J. J. & Straus, H. (1992): Ich hasse Dich-verlaß' mich nicht. Die schwarz-weiße Welt der Borderline-Persönlichkeit. München (Kösel).

Linehan, M. M. (1996): Dialektisch-behaviorale Therapie der Borderline-Persönlichkeitsstörung. München (ZIP-Medien).

Reinert, T. (1995): Das Problem der Gewalt in der Therapie von Ich-Struktur-Gestörten, insbesondere Borderline-Patienten. In: Lehmkuhl, U. (Hg.) (1995): Beiträge zur Individualpsychologie 21, Gewalt in der Gesellschaft. München (Ernst-Reinhardt), S. 69–86.

Reinert, T. (1996): Zum Individualpsychologischen Verständnis der Borderline-Störung: Die »rückwärts-gerichtete Lebensbewegung«. In: Z. f. Individualpsychologie 21, S. 37–47.

Reinert, T. (1997a): »Ja, hab' ich ein Lebensrecht?« – Widerspiegelungen eines überlebten Abtreibungsversuches in der Therapie einer Borderline-Patientin. In: Int. J. Prenatal and Perinatal Psychology and Medicine 9, S. 475–494.

Reinert, T. (1997b): »Von der Katze ohne Beine und der Insel auf dem Schiff« – Ein-Blicke in die Psyche. In: Lehmkuhl, U. (Hg.) (1997): Beiträge zur Individualpsychologie 23. München (Ernst-Reinhardt), S. 58–77.

Reinert, T. (2000a): Pränatalpsychologische Aspekte der Borderline-Störung. In: Dynamische Psychiatrie 33, S. 98–101.

Reinert, T. (2000b): Den Kranken verstehen. Der Beitrag Alfred Adlers und der Individualpsychologie zur tiefenpsychologischen Betrachtung des Suchtproblems. Kassel (Nicol).

Reinert T. (2001a): »Keiner versteht mich! Als rede ich chinesisch! Ich glaube, ich bin verrückt« – Die bizarre Welt des Borderline-Patienten. Methodik, Verlauf und Ergebnisse modifiziert-analytischer Langzeitbehandlung. In: Z. f. Individualpsychologie 26, S. 99–115.

Reinert, T. (2001b): »... es durchwegs angezeigt ist, sich der Führung des Patienten zu überlassen« (Adler 1930). Geht das denn bei Borderline-Patienten? In: Lehmkuhl, U. (Hg.) (2001): Beiträge zur Individualpsychologie 26. München (Ernst-Reinhardt), S. 83–98.

Rohde-Dachser, C. (1995): Das Borderline-Syndrom. 5. Aufl. Bern (Huber).

Wexberg, E. (1926): Die Rolle des Affekts in der Neurose. Die zentrale Stellung der Angst. In: Wexberg, E. (Hg.) (1966): Handbuch der Individualpsychologie. Bd. I. 2. Aufl. Amsterdam (Bonset), S. 427–429.

Wolberg, A. R. (1973): The Borderline-Patient. New York (Intercontinental Medical).

Wurmser, L. (1987): Flucht vor dem Gewissen. Berlin (Springer).

Über den Umgang mit den verschiedenen präsymbolischen Elementen als besonderem Kennzeichen des niederfrequenten psychoanalytischen Settings

Manfred G. Schmidt

»Es ist ein kaum ausrottbares psychoanalytisches
Vorurteil, dass das Handeln das Denken untergrabe«
A. Goldberg

Um mein Fallbeispiel, mit dem ich beginnen möchte, zu schildern, muss ich etwas über die räumliche Situation meiner Praxis sagen, die ich mit einem Kollegen teile.

Die Praxis liegt halb im Souterrain eines vierstöckigen Wohnhauses. Es gibt einen gemeinsamen Hauseingang, an dem auch die Patienten klingeln, für meinen Kollegen einmal, für mich zweimal. Fünf Stufen führen ins Souterrain. Der Praxiseingang führt dann in einen Flur. Nach rechts gibt es einen weiteren kleinen Flur, der zum Wartezimmer führt. Nach links bzw. halblinks geht es zu den Praxisräumen. Manchmal kommen zwei Patienten für meinen Kollegen und mich zusammen, die sich aber in aller Regel durch das unterschiedliche Klingeln bemerkbar gemacht haben. Die Praxistür bleibt in den Stundenpausen offen, bis beide Patienten da sind.

Die Patientin, über die ich sprechen will, ist Ende vierzig. Sie kommt drei Wochen nach dem Erstgesprächstermin zur zweiten Sitzung, an deren Ende wir beide eine definitive therapeutische Verabredung treffen wollen. Als sie klingelt, drücke ich ihr von meinem Praxiszimmer aus die Haustüre auf und gehe in den Flur, um sie an der Praxistüre zu begrüßen. Sie erscheint aber nicht. Nach einigem Zögern gehe ich den Hausflur und höre jemanden auf der Treppe nach oben gehen, der wieder umzukehren scheint und nochmals nach oben geht. Ich rufe schließlich: »Hallo!« Nach einem zweiten Rufen antwortet sie und kommt nach unten. Sie entschuldigt sich verlegen, wirkt verwirrt, unruhig, fahrig, redet aber dann in ihrer sehr munter wirkenden Art drauflos. Sie wäre ganz verwundert, da sie war ja schon einmal da gewesen sei und sagt dann: »Ich glaube, ich bin öfters unkonzentriert«. Den Versuch, die Szene weiter zu thematisieren, gebe ich auf, da ich zu spüren meine, dass sie diffuse große Angst hat und ich meine, dass es zunächst besser sei, selbst ganz ruhig zu bleiben. Die Arbeitsbeziehung zwischen der Patientin und mir scheint mir noch nicht so gut etabliert, um diese »Dissoziation von Szene und Selbsterleben« (Niedecken 2002, S. 941) bearbeiten zu können. Wir vereinbaren nach dieser Sitzung eine einstündige Therapie im Sitzen.

Acht Monate später, einige Zeit nach der Sommerpause, kommt sie ohne zu klingeln mit dem Patienten meines Kollegen, für mich unbemerkt in die Praxis und setzt sich ins Wartezimmer. Circa fünf bis sechs Minuten nach Beginn unseres Termins bemerke ich Geräusche aus der Wartezimmerregion. Mein Kollege hat die Stunde mit seinem Patienten schon begonnen und es ist ganz still in den Räumen. Ich gehe ins Wartezimmer und sehe sie dort sitzen und in einer Zeitschrift, die dort ausliegt, blättern. Mit ihrem freundlichen Lächeln begrüßt sie mich, als ob gar nichts geschehen wäre und beginnt munter zu erzählen. Ich selbst bin in Aufruhr und affektiver Wut, die ich unangemessen finde, aber andererseits habe ich den Eindruck, sie hat mich irgendwie ins Leere laufen lassen. Die Beziehung zwischen uns erscheint mir inzwischen recht gut gefestigt und ich entschließe mich, auf die Szene einzugehen und nicht so schnell locker zu lassen, auch wenn ich mich wegen meiner Wut zur Vorsicht mahne. Zunächst spreche ich an, dass die Szene, abgesehen davon, dass so etwas immer mal passieren kann, vielleicht doch auch etwas ausdrücken mag. Nun folgt ungefähr eine halbe Stunde lang eine z. T. recht heftige Auseinandersetzung, bei der sie sich immer vehementer gegen vermeintliche Angriffe und Vorwürfe von mir verteidigt, die ich, meinem Verständnis nach, gar nicht erhoben habe.

Auch der Versuch der Klärung dieser möglichen Differenz ist zunächst nicht möglich. Ich werde ratlos und wütend, weil ich erlebe, dass sie sich immer mehr zu entziehen sucht, während ich als Täter übrig bleibe. Nach relativ kurzer Zeit verharre ich jedoch ganz auf der Ebene der Verständigung über die jeweils manifesten Äußerungen. Ich versuche fortlaufend zu beschreiben, wie sie mich wohl erlebt, gemäß ihren Worten als »vorwurfsvoll und aggressiv bedrängend« gegen sie. Ich stelle ihr auch einen Teil meiner Affektwahrnehmungen zu der Szenerie dar: dass ich sehr irritiert war, dass sie da war, sich aber nicht meldet, worauf ich aber angewiesen bin. Weiterhin, dass es eine banal alltägliche Situation zu sein scheint, andererseits sich zwischen uns etwas in Szene setzt, was vielleicht doch von besonderer Bedeutung sein könnte, ohne dass sie und ich dies direkt verstehen könnten. Sie sieht mich dabei unentwegt prüfend und auch angstvoll wirkend an.

Ungefähr 15 Minuten geht es darum zu klären, »ob es sich gehört, zu klingeln«, wenn sie in die Praxis kommt oder ob dies von Fall zu Fall praktisch zu lösen wäre, wie heute, wo sie mit jemand anderem hereingekommen wäre. Nachdem es mir möglich wird, ihr zu vermitteln, dass es mir nicht um Normen, welcher Art auch immer, geht, sondern um die Verständigung in unserer Beziehung, in der sie und ich uns ein Bild darüber machen können, was geschieht, beruhigt sie sich zusehends. Ich habe dabei auch den Satz von A. Goldberg vom IPA Kongress in Nizza im Ohr: »Es geht nicht nur darum, dass wir die Patienten verstehen, sondern vor allem auch darum, dass die Patienten uns verstehen« (Goldberg 2001).

Sie beginnt meinen, für sie zunächst ganz unverständlichen, diffus bedrohlich aggressiven Affekt zu verstehen, und zwar im Zusammenhang der Situation, dass sie für mich nicht anwesend, aber doch da war. Sie selbst hat offenbar verstanden, dass es nicht um ihre »Schuld« geht, sondern um Klärung einer zunächst für mich rätselhaften Situation. Aber eben solche Klärungsversuche haben in ihrer Familie in vielfacher Weise immer wieder zu sehr aggressiven, bedrohlichen und handgreiflich-verletzenden Zusammenstößen geführt, weswegen sie sozusagen gelernt hat, »möglichst unbemerkt zu bleiben – sich nicht zu melden«. Diese Formulierung, »sich nicht zu melden bzw. sich zu melden«, wird zur entscheidenden veränderungswirksamen Metapher dieser psychoanalytischen Therapie im Sitzen, von Angesicht zu Angesicht.

Die letzten zehn Minuten dieser Sitzung haben wir uns beruhigt, sind beide etwas erschöpft aber auch zufrieden.

Die reale Erfahrung einer gemeinsamen gütlichen Klärung der eben beschriebenen gemeinsamen Inszenierung bildet auch nach der später oft wiederholten Bekundung der Patientin einen Wendepunkt in der therapeutischen Arbeit und in der Gestaltung der Objektbeziehungen und eine Hinwendung zum Umgang mit ihrem Körper.

Die nächste Stunde sagt sie wegen Übelkeit und Erbrechen ab. Zwei Stunden danach schildert sie, wie sie mit 15 Jahren vor der elterlichen Wohnungstür stand und plötzlich der Vater brüllend herausstürmte, sie zornerfüllt umrannte und danach, wie so oft, für längere Zeit verschand. Sie selbst war die Treppe heruntergefallen und hatte sich verletzt. Einen solchen Zusammenprall fürchtet sie offenbar auch in unserer Situation, die der geschilderten durch die Treppe, die Türe und die affektive Situation, »als ich auf sie losging« ähnelt. Die verändernde Erfahrung gegenüber dieser Erwartung, die nur inszenierend erinnert wurde, bestand in folgenden Aspekten: präsent bleiben, im buchstäblichen Gegenüber bleiben und zwar sowohl sie als auch ich das Objekt. Es handelt sich um das, was D. Stern einen »Moment der Begegnung« nennt, in dem »implizites Beziehungswissen« zum Ausdruck kommt (Stern et al. 2002, S. 1002ff.) Sie erinnert dann eine traumatische Unfallsituation vor 13 Jahren, in der sie als Beifahrerin beteiligt war. Sie musste dringend Wasser lassen, wagte es aber nicht, sich zu melden wegen der sehr angespannten Situation im Auto, in dem ihre ältere Schwester und deren Mann, der fuhr, sich heftigst gestritten hatten. Es war auf der Autobahn, ein Reifen platzte, der Wagen überschlug sich, wie durch ein Wunder blieben sie alle im Großen und Ganzen körperlich unverletzt. Über ihren damaligen Schrecken, ihre Angst, die ganzen, z. T. schauerlichen Details des Unfalls spricht sie mit mir zum ersten Mal, jedenfalls in dieser Breite und Ausführlichkeit. Auch zum Problem des Blasendrucks bzw. der Inkontinenz, die sie schon lange immer wieder plagt, kann sie sich jetzt äußern. Die Inkontinenz war einige Monate bevor sie zu mir zum Erstgespräch kam, wieder verstärkt aufgetreten, nachdem ihr 22-jähriger Sohn ausgezogen war. Begonnen hatte dieses Symptom nach der Geburt eben dieses Sohnes.

Nun beginnt sie, sich darüber auch verstärkt in der Therapie zu äußern. Es wird klar, dass eine Operation notwendig wird, weil ihre Blasenmuskulatur völlig derangiert ist. Es stellt sich heraus, dass sie über viele Jahre bei ihrer Arbeitsstelle, aus vermeintlich sachlichen Gründen, über Stunden nicht zur Toilette gehen konnte. Sie hatte in den vergangenen 13 Jahren vielerlei körperliche Beschwerden. Schließlich wird aber auch deutlich, dass Toiletten für sie überhaupt äußerst problematische Orte sind. Sie beginnt sich zu erinnern, dass sie zwischen dem achten und dem elften Lebensjahr regelmäßig auf dem Toilettenhäuschen, das im Garten ihrer elterlichen Wohnung lag, von einem Nachbarn zur Fellatio gezwungen wurde.

Sie lässt sich operieren und muss noch drei Wochen zu Hause bleiben und sich sehr häufig selbst kathederisieren. Brennende Schmerzen, eine postoperativ nicht zurückgehende Entzündung und die Prozedur der Selbstkathederisierung führen uns auf die Spur dieser Traumatisierung. Ein Therapietermin findet telefonisch statt. Die Entzündung klingt drei Tage nach der ansatzweisen Klärung der sexuellen Traumatsierung endgültig ab. Eine frühere Schulfreundin sagt ihr in dieser Zeit, dass sie sich in der Schule in den ersten vier Jahren so gut wie nie im Unterricht gemeldet hat und sie ergänzt in der Sitzung: »Und ich hatte auch nichts zu melden!« Diese Aussage bezieht sich hauptsächlich auf ihre Mutter.

In der Folgezeit erprobt die Patientin mit erstaunlicher Konsequenz in allen möglichen Kontexten, »sich zu melden«: gegenüber dem Freund, den Geschwistern, Kollegen, bei Konferenzen und vielen anderen Situationen. Sie wirkt sehr befreit, ruhiger, körperlich und psychisch sehr viel präsenter und »sie läuft nicht mehr aus«.

Ich glaube, im Liegen wäre in diesem Falle die so direkte Klärung der »Inszenierung« (Argelander 1970), des »Handlungsdialogs« (Klüwer 2001a) oder des »enactments« (Jacobs 2000) nicht möglich gewesen. Hierbei will ich nicht behaupten, dass dies nicht in vielen anderen Fällen im Liegen möglich sein kann. Diese Frage ist vor allen Dingen im Kontext von allen nicht neurotischen Aspekten von Erkrankungen wie A. Green meint, nur »induktiv« zu lösen, d. h. durch erprobendes Intervenieren und durch die Gestaltung der therapeutischen Beziehung (vgl. Green 1975) und nicht durch bestehendes deklaratives (Voraus-)Wissen.

Hierzu schreibt D. Stern:

»Im Laufe einer Analyse wird ein Teil des impliziten Beziehungswissens langsam und sorgfältig in bewusstes explizites Wissen transkribiert. Dies ist aber etwas anderes als ein Bewusstmachen des Unbewussten. Der Unterschied besteht darin, dass implizites Wissen nicht durch Verdrängung ins Unbewusste gebannt wurde. Der Prozess, durch den verdrängtes Wissen dem Bewusstsein zurückgewonnen wird, unterscheidet sich deutlich von einem Bewusstmachen impliziten Wissens. (...) Dieses Modell postuliert einen reziproken Prozess, in dem sich die implizite Beziehung in ›Momenten der Begegnung‹ verändert, und zwar durch Veränderungen in der ›Art und Weise des Zusammenseins-Mit‹ (...) in der Beziehung wird etwas Neues geschaffen, das die intersubjektive Umwelt verändert« (Stern et al. 2002, S. 1002).

Damit ist nun zugleich eine zentrale Kategorie der präsymbolischen Elemente, die ja mein Thema sind, genannt. Neurobiologisch könnte man sagen, dass viele Aspekte solcher Inszenierungen prozeduraler oder impliziter Art sind, d. h. sie sind als sinnlich wahrnehmbare, handelnde Muster organisiert ohne dass sie eine mentale inhaltliche Repräsentation haben.

Das Gegenübersitzen erleichtert das Einhalten dieser Ebene sowohl auf der Seite des Patienten als auch auf der Seite des Behandlers, insofern eine kontinuierliche optische Wahrnehmungs-Kontrolle möglich ist. Entscheidend scheint mir nun aber die Einstellung des Analytikers, der bereit sein muss, eine Zeit lang ganz auf der Ebene von Wahrnehmungs- und Handlungsvorgängen zu bleiben und auch seine Sprachgestaltung daran zu orientieren. Dies ist besonders bedeutsam, weil viele »enactments« eben nur senso-motorisch mögliche Inszenierungen von traumatischen Situationen sind – auch unbewusst haben diese »enactments« keine Repräsentation. Diesen Unterschied zwischen unbewusst und »implizit« macht auch Stern. Aller Wahrscheinlichkeit nach gelten für das traumatische prozedurale Gedächtnis zwei Bedingungen:

1. Die traumatischen Spuren werden nur im prozeduralen Gedächtnis reproduziert.
2. Diese Gedächnis ist nur zustandsabhängig zugänglich, d. h. nur reale Reizfragmente aus der ursprünglichen traumatischen Situation (Treppe, Türe, ein Mann geht auf sie los) reaktivieren diese. Die traumatische Situation ist in der Regel nicht bewusst herbeiführbar und wenn doch, ist sie, zumindest teilweise, bewältigt und hat ihre traumatische Wucht verloren.

Die Patientin geht in der zweiten Sitzung die Treppe zwischen erstem und drittem Stock ein- bis zweimal hoch und runter. Sie vermeidet dabei einen

Zusammenprall mit einem Mann (Vater) an der Türe, ebenso wie in der Situation, in der sie sich nicht meldete. Der gleichwohl etwas abgemilderte Zusammenprall erfolgt dann dadurch, dass ich ihn inszeniere, indem ich darauf bestehe, zu klären, was wir hier miteinander machen. Die sprachliche Formulierung »Zusammenprall« oder die sprachlich-metaphorisch-gestische Formulierung: »sich nicht melden« bzw. »sich melden« sind das Ergebnis eines gemeinsamen Handlungsspiels oder einer »gemeinsamen impliziten Beziehung« (Stern 2002, S. 1003), die sich je eher entschlüsselt, umso mehr ich bereit bin, eine Zeit lang agierend mitzuspielen und eine Rolle zu übernehmen, bei der ich mich nicht so sehr wohl fühle (vgl. Sandler 1976).

Dies setzt voraus, dass man bereit ist, sich auch über etwas längere Zeit einer Situation auszusetzen, bei der man nichts über innere Vorgänge und Intentionen des Patienten weiß. Wenn wir zu früh auf die intentionale Ebene gehen, stören wir den Prozess auf der subsymbolischen Ebene. Das Sitzen erleichtert vielleicht das Einhalten dieser »prozeduralen oder impliziten« Ebene, während es manchmal den Wechsel auf die Ebene der Bedeutungen und Intentionen erschwert.

Aber auch hier möchte ich Polarisierungen vermeiden: die Ebene des Austauschs über Sinneswahrnehmungen und Handlungsaspekte eröffnet schließlich den Zugang zur semantisch-deklarativ-expliziten Ebene der Bedeutungen, vor allen Dingen der unbewussten Bedeutungen.

P. Fonagy warnt vor »hyperaktivem Mentalisieren« (2001, S. 309) und betont die »selbstorganisierende Qualität des Mentalisierens«.

Das »Geschehen-Lassen« und »Im-Wahrnehmungsaustausch-Bleiben« bzw. auf der Ebene der sprachlichen Verständigung über Wahrnehmungen (»Ich sehe, Sie sind erschrocken!«) hilft schließlich auch zu klären, woher der Schrecken gekommen sein mag. Dies hilft wiederum, ein möglichst intensives Gefühl der Selbst-Regulierung für den Patienten herzustellen und für die weitere Arbeit Sicherheit und Zuwachs an Vertrauen in die Therapie und den Therapeuten zu schaffen. Im Zusammenhang mit der Situation der Mutter mit dem Säugling und den Vokalisierungen der Mutter gegenüber Gesten des Säuglings z. B. spricht S. Stern von der Herstellung einer »protonarrativen Hülle« (Stern 1985). T. Davis hat im vorigen Jahr ausdrücklich gefordert, das Konzept des prozeduralen Gedächtnisses in die psychoanalytische Theorie einzubauen (vgl. Davis 2001), so wie M. Kurthen auch von einem überfälligen »subsymbolischen Paradigma« (Kurthen 1998, S. 879) in der Psychoanalyse spricht. Auch einer der Pioniere der Neurobiologie, E. Kandel, plädiert für diese wissenschaftliche Kooperation von Psychoanalyse und Neurobiologie (vgl. Kandel 1999). Gerade im Kontext von traumatischen Re-Inszenierungen ist das senso-motorische Gedächtnis und die Arbeit mit diesem unerlässlich.

In dissoziativen Zuständen – und diese sind in aller Regel Ausdruck traumatischer Erfahrungen – sind Patienten durch die assoziative Arbeit überfordert, ob nun im Sitzen oder im Liegen. Dann gilt es zu fragen: »Was sehen, hören, riechen oder schmecken sie jetzt« und nicht: »Was fällt ihnen jetzt ein?«

Nachdem die Patientin mit mir eine vergleichsweise gütliche Erfahrung im Kontext der therapeutisch-inszenatorischen Auseinandersetzung mit aggressiv und sexuell missbräuchlichen Objekterfahrungen mit Männern gemacht hat, steht nun die Inkontinenz im Zentrum der therapeutischen Auseinandersetzung. Über Wochen vor und nach der Blasenoperation spricht sie sehr viel darüber, was sie machen kann, um dieses leidliche und unangenehme Problem, das zudem auch mit viel Scham besetzt ist, in den Griff zu kriegen, damit sie nicht immer wieder »unkontrollierbar ausläuft«. Dies deutet auf ein noch radikaleres Angstniveau, wie dies T. Ogden im Anschluss an die Arbeiten von F. Tustin beschreibt:

> »(…) die Störung sensorischer Kohärenz und Begrenzung in der autistisch-berührenden Position«. »Dies beinhaltet das Erlebnis einer drohenden Desintegration der sensorischen Oberfläche oder des eigenen Sicherheitssystems, die das Gefühl des ›Leckens‹, Sich Auflösens, Verschwindens oder Fallens in einen formlosen, unbegrenzten Raum zur Folge hat« (Ogden 1995, S. 70).

Äußerungsformen dieser Angst im »sprachlos-berührenden Modus« wie ich ihn einmal nennen möchte sind »Gefühle der eigenen Verwesung, die Empfindung, daß die Schließmuskeln und andere Einrichtungen zur Kontrolle körperlicher Inhalte, nicht mehr funktionieren und daß Speichel, Tränen, Urin, Kot, Menstruationsflüssigkeit ungehindert fließen bzw. austreten« (Ogden 1995, S. 70ff.).

Dies genau ist der allmählich besprechbare psychische Zusammenhang der Inkontinenz, die sie nun, da sie sich auch gegenüber medizinischer Kompetenz äußern kann, anfangen kann, zu bearbeiten. Auch schon das dissoziativ bedingte Verlaufen im Treppenhaus in der zweiten Stunde und mein Gefühl, sie sei da und doch nicht fühlbar, deuten auf diese diffuse, nicht formulierbare und dissoziativ-inszenierte Angstsituation hin – verloren gehen, verschwinden. Sich nicht melden, sich nicht zeigen, der Modus der die eigene psychophysiologische Expressivität lähmt, sich selbst zum Verschwinden bringt, ist eine Form von radikaler Bedrohung der eigenen Grenzen und der Selbstregulierung und zugleich der quasi biologische Schutz davor. Wenn die Patientin mich dann begrüßte und mir gegenüber saß, hat sie mich sehr intensiv angeschaut, fast unverwandt prüfend, nicht so sehr kontrollierend, aber ständig abtastend. Dies ist ein anderer Ausdruck eines sprachlich berührenden Kontaktes, der sozusagen sinnlich-nahtlos gestaltet wird und der im Grunde nur im Sitzen wirklich möglich ist. In den ersten Stunden war die Patientin durch alle Schweigepausen von mir, wenn sie selbst einmal innehielt, sehr irritiert. Dies führte dazu, dass ich relativ regelmäßig etwas darüber sagte, was mich in Bezug auf unsere Situation gerade bewegte – auch das scheint mir im Sinne Sterns ein Bestandteil dessen zu sein, was er »gemeinsame implizite Beziehung« (Stern)nennt. Diese Art von Feinabstimmung, die für den therapeutischen Fortschritt meines Erachtens wesentlich war, ist von Angesicht zu Angesicht unmittelbarer, direkter und schneller möglich als im Liegen.

Mein zunächst unaussprechliches Gefühl für die Notwendigkeit einer solchen Unmittelbarkeit war wahrscheinlich auch ein Grund für meine relativ klare Überzeugung hinsichtlich des Settings, das maximal ein bis zwei mal die Woche im Sitzen stattfand.Davon abgesehen wäre die Patientin auch gar nicht zu mehr bereit gewesen.

Ein anderer Aspekt, der für den raschen Erfolg wesentlich war, bestand darin, dass ich auch in einer Reihe von »guten Objekten« in der Lebensgeschichte der Patientin stand. Trotz zum Teil schwierigster Lebensverhältnisse fand sie von klein an immer wieder Objekte aus Nachbarschaft, Kindergarten, Schule usw., die ihr Ruhe, Sicherheit und Vertrauenswürdigkeit gaben und die verlässliche, kontinuierliche Beziehungen hergestellt haben (vgl. Dornes 1999, S. 233ff.).

Die Arbeit auf der Ebene des sprachlos-berührenden Modus ist möglicherweise in der psychoanalytischen Arbeit von Angesicht zu Angesicht unmittelbarer und schneller möglich. Es hängt allerdings immer noch wesentlich davon ab, wie sehr wir selbst bereit sind, immer wieder einmal auf dieser Ebene mitzuspielen und unsere Selbstverhüllung zeitweise aufzugeben (vgl. Renik 1998).

Auf der sprachlichen Ebene erleichtert die Verwendung von einer eher metaphorischen Sprache dieses Spielen gegenüber einer eher syntaktisch organisierten Sprache. Spielen und Tanzen implizieren andere Formen der Beziehung als wenn ich daran interessiert bin, etwas auf den Punkt zu bringen (vgl. Lakoff &Johnson 2000). Die Arbeit mit Metaphern, die zunächst unscharf sind, aber einen Bedeutungs-Raum eröffnen, ist die nächsthöhere Abstraktionsstufe nach der Beschreibung entlang der sinnlich-präsymbolischen Elemente.

Der sprachlos-berührende Modus ist dyadisch und flächig organisiert – es geht um ein ständiges, aneinanderliegendes, sinnennahes Berühren, wobei es kaum Spielraum gibt. Die ständig sinnennahe Berührung schützt vor dem Auflösen oder dem Auslaufen – durch das was wohl mit einem anderen Begriff, D. Meltzer als »adhäsive Identifzierung« bezeichnet hat (Meltzer 1974).

Die allmähliche Transformation dieser eher flächigen Berührungsform, bei der sich die jeweils angrenzenden Flächen sozusagen immer mitbewegen müssen, in eine eher räumlich-trianguläre Beziehungsform, war das Zentrum der therapeutischen Veränderung im weiteren Verlauf dieser Therapie (vgl.

Das Liegen und das Sitzen

Zur haltgebenden Bedeutung des Blickaustausches in der psychoanalytischen Situation

Marie-Agnes Arnold

Die Positionsstruktur und ihre Veränderung haben einen starken Einfluss auf das gesamte Klima und einzelne Aspekte der psychoanalytischen Situation (vgl. Nerenz 1977; Rieber-Hunscha 1996). Diese atmosphärische Dominanz des Settings betrifft den Patienten wie auch den Therapeuten. Im Couch-Setting wird vor allem die visuelle Kommunikation drastisch eingeschränkt. Patient und Analytiker sind hier weit mehr darauf angewiesen, sich mit Worten auszudrücken, um sich dem anderen verständlich zu machen. Beide sind der Fülle von zumeist unbewusst und blitzartig ablaufenden, nicht kontrollier- und entziehbaren Interaktionen und mimisch-affektiven Informationen erheblich weniger ausgesetzt. Von daher verhilft die blickbefreite Atmosphäre Patienten wie Analytiker zu einer größeren Privatheit und erleichtert eine vertiefte Selbstwahrnehmung. Auch der Analytiker kann seine Gegenübertragung in größerer Ruhe sich entfalten lassen und sie genauer wahrnehmen. Geheimnisse seines Unbewussten werden nicht so schnell und undosiert mitgeteilt wie im unverhüllt Sichtbaren des Gegenübersitzens. Die »Idealregeln« der freien Assoziation und der frei schwebenden Aufmerksamkeit mit dem Ziel der »Kommunikation von Unbewußt zu Unbewußt« können hier eher greifen als im Sitzen (vgl. u. a. Lichtenberg 1995; Odgen 1996; Ross 1999). Freud wusste bereits um diese grundlegenden, bis heute unumstrittenen Vorzüge der Couch. Außerdem hoffte er, mit diesem Setting einem Suggestionsverdacht entgegenwirken zu können.

Doch gibt es auch Behandlungssituationen, in denen nicht auf diese unkontrollierbaren nonverbalen Verständigungsmöglichkeiten verzichtet werden kann, sondern sie zur unverzüglichen Beziehungsregulation und Aufrechterhaltung der analytischen Situation benötigt werden. Die Forschungsgruppe um Rainer Krause einerseits und Ulrich Streeck andererseits belegen in ihren Arbeiten die beziehungsgestaltende Bedeutung von mimisch-affektiver Kommunikation und gestisch-interaktiven Inszenierungen, die im Gegenübersitzen wesentlich leichter hergestellt und erkannt werden als in dem blickreduziertem Coucharrangement. In diesem Setting scheint es besonders schwierig zu sein, sich stark ängstigenden Themen anzunähern. Hingegen ermöglicht der unmittelbar zugewandte Dialog im Sehen des konkreten Objektes und Gesehenwerden eher eine sofortige Angstreduktion und Beziehungsfestigung (vgl. Arnold 1996; Jorstad 1988; Searles 1984; Wangh 1982; Weil 1984).

Die haltgebende Bedeutung und psychisch strukturgebende Präferenz des Sehens, Blickaustausches und annehmend-antwortbereiten Gesichtes bzw. Gesichtausdruckes sind für die frühkindliche Entwicklung überzeugend nachgewiesen (vgl. Stern 1979; Dornes 2000; Gergely 2002). Die positiv getönte »Augensprache« zwischen Mutter und Säugling stellt nach neurowissenschaftlichen Erkenntnissen eine Voraussetzung für die Hirnentwicklung dar, die ihrerseits auch die emotionale Entwicklung beeinflusst (vgl. Reinke 2001). Allerdings greifen meines Wissens behandlungstechnische Überlegungen zur Gestaltung und Handhabung des analytischen Settings Befunde aus der Säuglingsforschung wenig auf. Ihre geringe Beachtung ist auch deshalb erstaunlich, weil in der Praxis die face-to-face-Situation häufig gerade in dieser haltgebenden, beziehungssichernden und -steuernden Funktion Anwendung findet. Zwar vermag auch das phantasierte Gesicht des Analytikers im blickabgewandten Liegen in stark affektiv getönten Trennungssituationen Angst zu reduzieren (vgl. Schunter 1994). Doch scheinen vor allem strukturschwache Patienten wegen ihrer eingeschränkten Fähigkeiten zur Affektregulation und Symbolisierung dabei mehr auf das konkret sichtbare Gesicht und die visuelle Kommunikation angewiesen zu sein.

Im Folgenden will ich die haltgebende Bedeutung des Blickaustausches für die analytische Behandlung zu belegen versuchen und dabei Ergebnisse aus der Säuglingsforschung miteinbeziehen. Ich beschränke mich auf diesen spezifischen Aspekt des umfangreichen Themas der visuellen Wahrnehmung und Kommunikation in der analytischen Therapie (vgl. u. a. Kanzler 1980) sowie auf diese eine Sinnesmodalität, ohne die ebenfalls große Bedeutung der anderen schmälern zu wollen.

Haltgebende Blicke und Blickkontakte zwischen Patient und Therapeut

Außer dem Auge sind alle Sinnesorgane nur rezeptive Organe. Sie nehmen Reize aus der Umwelt auf – Wärme und Gerüche, Farbe und Schall – und leiten diese Daten zur weitergehenden Organisation an das zentrale Nervensystem. Die Einzigartigkeit und physiologische Dominanz des Auges mit dem Blick besteht in der Fähigkeit, passiv und aktiv, Empfänger und Sender zugleich zu sein. Der Blick erfasst nicht nur die Welt, sondern ordnet und gestaltet sie. Er ist ein höchst aktives soziales Regulationssystem. Der Blick verschafft Gemeinsamkeit und sichert zugleich die Differenz (vgl. Bastian 1998). Unabhängig von der Komplexität des visuellen Dialoges beinhaltet das Hinschauen drei Funktionen: das Verhalten des anderen zu überwachen, zu beeinflussen sowie eine hohe Besetzung an der angeschauten Person auszudrücken (Krause 1998, S. 81). Die genaue interpersonale Einstellung und ganz spezifische Bedeutung des Blickes wird im Gesamtkontext mit Hilfe des Gesichtsausdruckes und anderer Hinweise, z. B. sprachlicher, dekodiert. Am eindeutigsten ist die Kommunikationsbereitschaft und das wache Interesse am Kommunikationspartner durch den direkten Blickkontakt, das gegenseitige gleichzeitige Anblicken erfahrbar. Denn der Blickkontakt stellt bereits per se ein interaktives Ereignis dar, in dem beide Partner »mitspielen« müssen. Hingegen ist beim bloßen Anblicken des Gesichtes oder der Augen der anderen Person keine Blickerwiderung erforderlich. Empirische Untersuchungen sprechen dafür, dass in Phasen hoher Besetzung wie beim Blickkontakt aggressive Signale zwar vorkommen, aber eher reduziert sind (vgl. u. a. Merten 2001).

Beide Phänomene der visuellen Interaktion – das Anblicken und der Blickkontakt – haben eine wichtige haltgebende und beziehungsstiftende Bedeutung im sitzenden Setting. Das Anblicken des (Analytiker-)Objektes, vor allem des Gesichtes, ermöglicht eine rasche und überzeugende Bestätigung seiner konkret sichtbaren und zugleich abgegrenzt-eigenständigen Realität und Präsenz. Durch die erwiderten Blicke im Blickkontakt ist zudem das Interesse an der eigenen Person unmittelbar erfahrbar: Ich sehe, dass ich wirklich gesehen werde. Also bin ich »offen-sichtlich« in der Lage, einen anderen Menschen zu erreichen. Die Erfahrung von Erreichbarkeit bestätigt die eigene Wirksamkeit und das eigene Sein. Diese Vergewisserung wird umso notwendiger, je strukturschwacher die Patienten und bedrohlicher die Situationen sind (vgl. auch Lempa 1995). Die blitzartige dialogische Geschwindigkeit – nahezu Gleichzeitigkeit – der affektiv-mimischen Signale und Blickkontakte ist mit sprachlichen Mitteln allein nicht zu erreichen. Aber nicht nur das Tempo, sondern auch die informative Qualität ist in diesen Kommunikationssystemen unterschiedlich. Die sprachlichen Informationen unterliegen von vornherein einer größeren Bewusstheit und Kontrolle. Hingegen wird nonverbal mehr mitgeteilt, als man zu sagen meint. Deshalb »glauben« wir auch den Augen, dem Blick und Gesichtsausdruck des anderen mehr als seinen Worten. Die größere Orientierungshilfe der Zeichen-Signal-Kommunikation mit ihren verschiedenen Modalitäten trägt mit dazu bei, dass sie bei Angst gegenüber der symbolischen bevorzugt wird.

Im Alltag verfahren wir spontan-intuitiv danach und handhaben das Kommunikationssystem flexibel. Wir unterhalten uns z. B. nicht mit schwer kranken Menschen, kaum sichtbar für sie, hinter ihnen sitzend. Vielmehr ist der Blickkontakt für Patient wie Besucher haltgebend. Zwar sind die Analysepatienten in der Regel nicht todkrank, aber sie nähern sich in ihren Vorstellungen mitunter existenziellen Themen und Ängsten an. Die Angstdosierung mit Hilfe der Kommunikationsart geht dem Analytiker verloren, wenn er, ohne eine Settingsveränderung mit zu bedenken, hinter der Couch verharrt und es dennoch um bedrohliche Inhalte und Phantasien geht oder gehen soll. Denn die Settingsgestaltung impliziert in dieser Situation möglicherweise eine Unverträglichkeit, ein Nicht-Zueinanderpassen von Inhalt und Kummunikationssystem, was eine Stagnation des analytischen Prozesses nach sich ziehen kann. Oft spüren die Patienten aber selber, welches Setting für sie stimmig ist. Besonders in Extremsituationen starker Angst scheinen sie verstärkt auf die nonverbale Kommunikation – vor allem visuelle – zurückzugreifen.

Eine Patientin mit einer depressiven Symptomatik, die bisher immer auf der Couch gelegen hat, nimmt gleich zu Stundenbeginn (187. Stunde) auf dem Stuhl Platz. Sie sagt:

> »Ich kann heute nicht liegen. Ich will sitzen und Sie anschauen. Ich habe so viel Angst – richtige Todesangst. Gestern war ich bei der Vorsorgeuntersuchung. Da sagte mir der Doktor, dass ein Knoten in meiner Brust ist und eine Gewebeprobe entnommen werden muss. Das wird morgen gemacht. Den Befund bekomme ich aber erst in einer Woche.«

Die Patientin schaut mich dabei derartig entschlossen-fest und unverwandt an, als ob sie mich und sich in Ewigkeit, als ob sie die Zeit festhalten will. – Sie berichtet schließlich einen Traum aus der letzten Nacht nach dem Arztbesuch:

> »Ich sehe mehrere Leute, die ich nicht kenne, ein Grab ausschaufeln. Mir ist klar, dass es für mich sein soll. Meine Mutter harkt etwas abseits einen Weg zwischen den Gräbern. Sie guckt nicht links noch rechts, sondern immer nur zu Boden. Ich bin verzweifelt und denke, wenn sie doch nur einmal aufschauen und mich ansehen würde, dann könnte das alles gar nicht passieren.«

Gegen das Verschwinden und Sterben entwickelt die Patientin bereits im Traum als Überlebensstrategie die konkrete visuelle Interaktion, den Blickaustausch von Angesicht zu Angesicht. Das gegenseitige Sehen und Gesehenwerden stellt nicht nur die eigene Existenz, sondern die von beiden Personen (Patientin und Analytikerin) in ihrer Abgegrenztheit sicher. Diese sofortige Vergewisserung des lebendigen Vorhandenseins der Objekte in ihrer gegenseitigen Abgrenzung scheint bei aufkommenden Ängsten vor Objektverlust notwendig zu sein. Denn Vernichtungsgefahren begünstigen einen regressiven Sog, der sowohl libidinöse Verschmelzungswünsche vom »Liebestod« als auch aggressiv-destruktive Impulse nach »gegenseitiger Ausrottung« provoziert (Wangh 1982). Traumatische regressive Vorgänge werden auch von Gewaltopfern berichtet, die angesichts der Vernichtungsgefahr archaische Verschmelzungswünsche mit einem omnipotenten Objekt aus frühester Kindheit mobilisieren (vgl. Ehlert-Balzar 1996). Der Blickkontakt in seiner realitätsstiftenden Potenz wirkt aber

regressiven Tendenzen entgegen. Auch eigene Aggressivität und Vernichtungs-
impulse lassen sich auf diese Weise bremsen.

Die mütterliche Blicklosigkeit im Traum verweist einmal auf frühere Erfahrungen mit einer emotional unerreichbaren, depressiven, stets arbeitenden und
überforderten Mutter, die die Patientin äußerlich korrekt versorgt hat mit wenig
darüberhinausgehendem Interesse an ihrer Person. Zum anderen scheint damit
auch die Analytikerin gemeint zu sein, zumal sich gerade dieser Beziehungsaspekt einer pflichterfüllenden, aber emotional zurückgezogenen, nur eingeschränkt wahrnehmungsbereiten Mutter in der Analysestunde zuvor unmittelbar in Szene gesetzt hat. In dieser Sitzung, die abends stattfindet, fühle ich mich
erschöpft. Den Redefluss der Patientin erlebe ich zunehmend eindringlich-
fordernder. Ich werde immer unkonzentrierter, beginne meinen Gedanken
nachzuhängen und wünsche mir schließlich das Stundenende herbei. Diese
Reinszenierung des »Nicht-Gesehen- und Allein-gelassen-Werdens« in der
Therapie sowie das fast zeitgleiche plötzliche Hereinbrechen der äußeren
Gefahr einer lebensgefährlichen Erkrankung können bei der Patientin zur
Mobilisierung früherer Trennungserfahrungen, von Ängsten und Aggressionen
geführt haben. Wiederum fühlt sie sich wie im Traum von den mütterlichen
Objekten (Mutter, Analytikerin) nicht sicher gehalten. Sie gerät anscheinend in
Todesphantasien. In dieser inneren Not vor drohendem Objektverlust muss sie
nun konkret sehen, ob die Analytikerin noch da ist und da bleibt, oder nicht.

Trennungen und Trennungsängste können sich auf ganz unterschiedliche
Erfahrungsebenen und psychoanalytische Zusammenhänge beziehen. Unter
der Angst vor Objektverlust wird hier die existenzielle Gefährdung durch
Objektlosigkeit verstanden mit Ängsten vor absoluter Leere und Vernichtung.
Die von Küchenhoff in Anlehnung an Bions Theorie der Katastrophe gewähl-
te Metapher der »Katastrophe« (1999, S. 192) verweist zutreffend auf diese
Ängste vor Tod, Desintegration und Auflösung eingespielter Gleichgewichte
einschließlich somatisch-physiologischer. Es ist die mit Grauen und Schrecke
erfüllte Situation, in der die grundlegende Bindung, der »innere Rahmen«
(Green 1983; Bleger 1966), das Gehaltensein durch früheste internalisierte
Beziehungsstrukturen, nicht mehr sicher trägt und die Trennungsangst ausreichend auffängt. Wie in dem kasuistischen Beispiel können dann existenzielle
Ängste vor Selbst- und Fremdverlust andrängen. In dieser Not greift die Patientin durch ihr spontanes Aufsitzen selber handelnd ein, um die Situation für sich
unverzüglich zu verändern.

In einem anderen Fallbeispiel, das ich früher beschrieben habe, setzt sich
eine Patientin wegen andrängender nuklearer Katastrophenängste sogar mitten
in der Stunde plötzlich auf und sieht mich bis zum Stundenende eindringlich
und schweigend an (vgl. Arnold 1994). Wangh (1982) berichtet ebenfalls von

einem männlichen Analysepatienten, der es, ähnlich wie meine Patientin, anlässlich nuklearer Vernichtungsängste ablehnt, sich auf die Couch zu legen und schweigend den Analytiker – fünf Minuten lang – scharf anblickt.

Die Patienten von Wangh und mir können sich in dieser bedrohlichen Situation anscheinend nicht mehr auf einen sicher tragenden inneren Rahmen verlassen, sondern versuchen diesen schnellstens durch einen äußeren zu ergänzen. Er beinhaltet das konkret sichtbare Gehaltensein durch die Realpräsenz und im Blick des Anderen. Die Situation gleicht in gewisser Hinsicht derjenigen eines Säuglings, der zu Beginn seines Lebens ebenfalls noch nicht in ausreichendem Maße über eigene innere Strukturen verfügt und verstärkt auf das äußere Objekt, auf externe Repräsentanzen, angewiesen ist. Tatsächlich erinnert mich der unverwandte Blick meiner beiden zutiefst geängstigten Patientinnen an den fest-haltenden Blick eines Säuglings, der die Mutter geradezu bewegungslos macht und nie mehr loslassen will.

Visuelle Kommunikation zwischen Mutter und Säugling

Der Blickaustausch von Angesicht zu Angesicht stellt entwicklungsgeschichtlich eine wichtige frühe Form psychischer Strukturgebung dar. »Wenn ich sehe und gesehen werde, so bin ich«, schreibt Winnicott (1967, S. 131) in Paraphrasierung der Descart'schen Seinslogik. Im Unterschied zu allen Tieren ist der Säugling in der Lage, die Mutter gleich nach der Geburt direkt anzuschauen. Das Neugeborene vermag in den allerersten Lebensstunden die Augen offenzuhalten. Die visuelle Kompetenz des Säuglings bezieht sich zunächst auf das mütterliche Antlitz. Nicht die Brust, sondern das Gesicht, vor allem die Augen werden intensiv betrachtet. Das menschliche Gesicht hat von Anfang an alle fesselnden Reize für das Baby einschließlich des sehscharfen Abstandes beim Nähren. Ab der sechsten Lebenswoche ist das Kleinkind in der Lage, die Augen der Mutter visuell zu fixieren und diese Fixierung beizubehalten. Blickkontakt entsteht, der insgesamt zu einer intensiveren sozialen Interaktion führt. In dyadischen Blick-Interaktionen kommt es zum affektiven Austausch und zur Abstimmung. Ab dem vierten Lebensmonat erweitert sich der sehscharfe Abstand des Babys. Es vermag die Gestalt der Mutter mit den Blicken zu verfolgen. Zugleich nimmt die Akkommodationsfähigkeit zu, sodass das Kind jetzt selbst bestimmen kann, was es sehen will und was nicht. Damit ist es in der visuellen Kommunikation zum gleichwertigen Partner geworden. Gegen Ende des ersten Lebenshalbjahres löst ein starkes Interesse an den unbelebten Objekten die »Liebesaffaire« des Kleinkindes mit dem menschlichen Gesicht ab (Stern 1979, S. 53). Doch auch in der folgenden präverbalen interaktiven Zeit bleibt die visuell-mimische Kommunikation für das Kind zur Orientierung, Affektregulation und Entwicklung von Symbolisierungsfähigkeit von grundlegender Bedeutung.

Sind die visuellen Vorerfahrungen des Kindes nicht gut genug, muss das mütterliche Objekt in mit den Blicken erreichbarer Präsenz verfügbar bleiben. Eine negative Vorgeschichte kann außer Willkürverhalten und realen Vernichtungsdrohungen auch eine »primäre Leere« beinhalten. Sie ist vorhanden, bevor etwas gefüllt wurde und einfach nichts geschah, wo etwas hätte geschehen müssen (vgl. Winnicott 1974). Von daher reicht die bloße Anwesenheit des Objektes für eine gesunde Entwicklung nicht aus, sondern es sind hierfür antwortende und um die Fürsorge bereicherte Blicke erforderlich. Dieser Gedanke der »primären Leere« wird von Schacht (1981) anhand von Kinderbeobachtungen und Green (1983) durch die Situation trauernder Mütter aufgegriffen, die abrupt alle Besetzungen vom Kind abziehen. Das innerlich abwesende, tote Schauen führt demnach wie der offene Ablehnung signalisierende Blick zur Unterbrechung der Kontinuität des Seins des Kindes. Auch bei Lacan (1949) handelt es sich in seiner vielbeachteten Arbeit, in der er sogar ein eigenes Spiegelstadium als Bildner der Ich-Funktion annimmt, um eine vom psychischen Zusammenbruch bedrohten »leeren Tiefe«. Denn er lässt die Verankerung des Babys in eine gesellschaftlich determinierte tragfähige Vorgeschichte weitgehend außer acht.

Winnicott (1967) hat um die große Bedeutung der Spiegelfunktion des mütterlichen Gesichtes für die psychische Strukturbildung und Entwicklung des Kindes gewusst, die heute allgemein anerkannt wird. Gergely (2002) vergleicht in seiner Theorie zur Affektspiegelung die frühkindlichen Spiegelungsprozesse mit dem Biofeedbacktraining. Das elterliche Gesicht fungiert dabei als Monitor. Die spiegelnden Eltern-Reaktionen bestehen aus der persönlichen Stellungnahme sowie einem oft spielerisch unecht-übertreibenden, affektsymbolisierenden Darstellungsanteil (z. B. im »Baby-face« und »Babytalk«). Vor allem der überzeichnende markierende Anteil in der Antwort ermöglicht dem Kind eine Entkoppelung der Signale vom Träger und Zuordnung zur eigenen Person. Der Säugling gewinnt auf diese Weise ein Bewusstsein von seinen Gefühlen und sich selbst, wobei die symbolisierende Markierung bereits zu einer affektiven Beruhigung führt. Zugleich erfährt das Baby seine Wirkungsmacht. Durch diese beiden, nahezu zeitgleichen Erfahrungen von Affektregulation und Wirkungsmacht lernt es, dass es durch eigene Bemühungen, durch Expressivität seine Affekte beeinflussen kann. Im Unterschied zum Spiegel zeigt das Spiegeln in der Stellungnahme und Darstellungsweise des anderen nicht nur Identisches, sondern auch Differenz. Sie scheint notwendig zu sein, um sich selber finden und existenziell erfahren zu können. Nach Gergely entstehen schließlich ähnlich wie beim Biofeedbacktraining durch wiederholte Verknüpfungen von Gesichtsausdruck und Befindlichkeit innere Bilder, Repräsentanzen. Sie ermöglichen Affektregulation, ohne dabei noch auf die externe Realpräsenz eines spiegelnden Objektes – des Monitorbildes – angewiesen zu sein. Das Kind sieht sich somit vor allem mit den Augen der Mutter, ohne zu wissen, dass es ihre Augen sind. Die Übernahme der Fremdperspektive ermöglicht Anwesenheit (Verbindung) in Abwesenheit bzw. einen intersubjektiven Raum, in dem sich das Selbst weiter ausdifferenzieren kann (vgl. auch Dornes 2000; Fonagy 2002).

Dieser vereinfacht dargestellte Grundgedanke von Gergely bestägt die Winnicott'sche Überlegung, dass der Säugling, wenn er in das Gesicht der Mutter sieht, sich selbst erblickt (1967, S. 129). Darüber hinaus liefert diese im einzelnen recht komplizierte Theorie plausible Erklärungsansätze, wie im und durch den Prozess des Spiegelns Fähigkeiten zur Symbolisierung und Affektregulierung entstehen. Die Bedeutung spiegelnder Markierung wird u. a. durch die erheblichen Defizite in der Symbolverwendung von blinden Kindern mit ihren fehlenden visuellen Möglichkeiten beim Affektspiegeln belegt (Dornes 2000).

Die Symbolisierungsfähigkeit spielt auch für den Gebrauch der Couch eine Rolle. Ein Patient mit geringen Symbolisierungsmöglichkeiten hat oft Schwierigkeiten, den analytischen Raum im Couch-Setting in seiner triangulären Struktur für sich als hilfreiche, entwicklungsfördernde Umgebung zu adoptieren. In einer »vis-a'-vis – Identität« verbleibt er auch auf der Couch eher in der Alternative »Fort-Da« ohne auf eine dritte Position des »Sowohl-als-Auch« – Anwesenheit in Abwesenheit – zur affektiven Regulation von Trennungssituationen und sicheren Unterscheidung von Abwesenheit und Verlust zurückgreifen zu können. Somit ist die Bewältigung von Veränderungen bzw. Trennungen für ihn im allgemeinen problematisch, denn diese werden schnell als bedrohlicher Verlust und Vernichtung erlebt.

Darüber hinaus liegt die Gefahr nahe, dass sich für ihn durch die visuelle Deprivation auf der Couch und seine eingeschränkten Symbolisierungsfähigkeiten das frühkindliche Drama einer unzureichenden existenzsichernden Spiegelung unmittelbar in Szene setzt. Die abwesenden leeren Blicke der »toten Mutter« (Green 1983) und das nicht antwortbereite Gesicht werden dann mit Hilfe des Couch-Settings gleichsam konkret mitgeliefert. Es sind die toten Augen der Mutter, die der Patient jetzt auf der Couch »erblickt«, in denen er sich erneut nicht gehalten fühlt und zu verschwinden droht. Das Problematische, wenn nicht sogar Tragische beim Auftauchen existenzieller Ängste auf der Couch besteht m. E. darin, dass es in diesem Setting unmöglich oder sehr erschwert ist, aus einem passiven Erinnern und Erleiden eine aktive veränderungsfähige Wiederholungssituation herzustellen mit entsprechenden Möglichkeiten der Neuerfahrung. Die Analysanden können ihr »Fort-Da-Sein« nicht mühelos durch die konkrete visuelle Wahrnehmung überprüfen und sichern, sondern müssen in diesen bedrohlichen Trennungssituationen vorwiegend mit dem Hören auskommen. Das Coucharrangement stellt nicht in leicht zugänglicher und selbstverständlicher Weise haltgebende Blicke und Blickkontakte bereit, sodass die Gefahr eines bloß passiv zu erleidenden Zusammenbruches und einer dagegen verstärkten Abwehr besteht.

Gewaltopfer entwickeln häufig einen Widerstand gegen das Couch-Setting, in welchem sie unmittelbar die Gefahr des ohnmächtig-passiven Ausgeliefertseins an die traumatische Situation erkennen (vgl. u. a. Ehlert-Balzar 1996). Dagegen haben sich anscheinend auch meine Patientinnen durch den abrupten Positionswechsel und Blickkontakt gewehrt. Sie stellen für sich unverzüglich die Möglichkeit einer aktiven Wiederholungssituation her. Sie sehen und werden gesehen. Meine Einstellung ihnen gegenüber ist keineswegs abwesendleer und/oder ablehnend, sondern hellwach-präsent und zugewandt. Ich lasse mich durch ihre Angst erreichen. Auch die Dramatik ihres körperlich-gestischen Verhaltens in dem plötzlichen Aufsitzen provoziert bei mir Besorgnis, Angstansteckung und -»containment«, was von mir sicherlich auch nonverbal mimisch-affektiv mitgeteilt wird und eine rasche Beziehungsfestigung in Gang setzt. Nach Streeck (z. B. 1999) vollzieht sich umso eindeutiger und unmittelbarer die gegenseitige Beeinflussung, die Be-Handlung, je mehr der sprachliche Austausch verlassen wird.

Beide Behandlungssituationen erinnern atmosphärisch an einen »Moment der Begegnung«, der nach Stern als zentraler Vorgang das implizite Beziehungswissen von Analytiker und Patient neu arrangiert. Er kann in Situationen der Gefährdung des traditionellen therapeutischen Rahmens auftreten. Dabei verlangt die affektive Unmittelbarkeit im Hier und Jetzt eine persönliche, über bekanntes Technisches hinausgehende Reaktion des Analytikers. In diesem Begegnungsmoment entsteht ein neuer intersubjektiver Kontext, der eine Veränderung in der »gemeinsamen impliziten Beziehung« erzeugt (vgl. Stern 2002). Auch zwischen mir und meinen Patientinnen geschieht in der affektiven Aufgeladenheit und emotional spontanen, ungeschützten Plötzlichkeit etwas ganz Neues. Es ist ein berührender Moment einer durch und durch authentischen Begegnung, die Nähe, prompte einfühlsame Reaktion, Affektabstimmung und das Gefühl gemeinsamen Zueinanderpassens impliziert. Für mich sind die Ängste vor nuklearer Bedrohung sowie vor einer Krebserkrankung unmittelbar (nach)fühlbar bei gleichzeitiger, zutiefst ehrlich-zugewandter Fürsorge für die Patientinnen. Die visuelle Interaktion und mimisch-affektive Wahrnehmung tragen mit dazu bei, diese Beziehungsqualität in Szene zu setzen und besonders überzeugend-glaubhaft erfahrbar zu machen. Tatsächlich stellte sich nach dieser Begegnung im weiteren Verlauf beider Behandlungen eine klimatische Veränderung ein, als ob ein »(Ur)-Vertrauensschub« und eine Rekontextualisierung früherer impliziter Erfahrungen in der Gegenwart stattgefunden hat.

Für manche Patienten ist es allerdings trotz unzureichender Spiegelung in der frühen Zeit nicht möglich, hilfreiche Blick-Interaktionen für die eigene Stabilität und Entwicklung in der analytischen Situation zu nutzen. So kann die Angst vor Veränderungen derartig stark sein, dass sie diese im dominierenden Wiederholungszwang stringent vermeiden. Von daher lehnen diese Menschen hartnäckig den »Blick-Kontakt« ab, weil sie in dem »Ungesehen-Bleiben« auf der Couch noch am ehesten in »Abwesenheit«, in der anonymen Ewigkeit ihres rigiden Lebensstiles verharren können. Denn dieses Setting scheint durch seine »Blicklosigkeit« besonders geeignet zu sein, sich in Abwehrstrategien zur Kontaktvermeidung einbeziehen zu lassen (vgl. auch Goldberger 1995). Wegen großer Ängste vor Blicken bzw. Menschen, die treffen und sogar vernichten können, verbleiben diese Patienten eher in leerer, hoffnungsloser, einsamer Beziehungslosigkeit, aber zugleich in ihrem zum psychischen Überleben bewährten Verhalten. Die Couch bietet ihnen Abwesenheit und Schutz vor den »schonungslosen« Blicken des Analytikers. Der andererseits dringend benötigte haltende Blick und darüber hinaus ersehnte »Glanz im Auge der Mutter« können nicht oder noch nicht wahr- und angenommen werden. Im Gegensatz zu dem primär unvorbelasteten Säugling, der in Arglosigkeit den mütterlich wohlwollenden Blick für sich zu seiner psychischen Gesundheit und Entwicklung unmittelbar zu nutzen vermag, verfügt der erwachsene Patient aufgrund seiner Vorgeschichte über grundsätzlich andere Voraussetzungen.

Schlussbemerkungen

Diese Arbeit will spezifische Bedeutungsaspekte der Positionsstruktur herausarbeiten, nicht aber dieses oder jenes Setting favorisieren. Ich habe die gegenüber dem Coucharrangement stärker struktur- und haltgebenden Möglichkeiten des Blickaustausches von Angesicht zu Angesicht betrachtet. Demnach ist die Settingsfrage besonders bei Patienten mit großen Trennungsängsten, wenn sie liegen, äußerst sensibel und wachsam im Auge zu behalten. Denn nicht immer greifen sie wie in den genannten Beispielen selber handelnd ein, um das für ihre bekömmliche Angstdosierung erforderliche Setting herzustellen. Statt dessen können auch Anpassungsleistungen an das Coucharrangement stattfinden, indem die heiklen Themen von vornherein vermieden werden. Die Gefahr ist zudem groß, dass dieses Abwehrverhalten von dem Analytiker mitgetragen wird. Denn für ihn sind existenzielle Themen und Ängste ebenfalls sehr belastend. Diese auch durch das Setting begünstigte gemeinsame Abwehr von Patient und Analytiker lässt aber trügerische Scheinsicherheiten entstehen, die keine verlässliche Unterscheidung zwischen Trennung und Vernichtung gewährleisten als Voraussetzung für unbeschwerte regressive Bewegungen, größere Tiefen von Trennungserlebnissen und emotionale Lebendigkeit in der analytischen Situation. Letzlich stagniert dann der analytische Prozess in kognitiv-unbezogener, affektiv flacher, lebloser Atmosphäre (Winnicott 1974, Ehlert-Balzar 1996). Analytiker und Patient gehen in dieser Situation mit Hilfe der Couch und Sprache konzentriert um den bedrohlichen Krater existenzieller Gefährdung herum. Denn das existenzielle Grundthema: »Bin ich (sicher, wirklich)«, ist eben nicht mehr symbolisierbar. Wirklich sichere Anwesenheiten von sich und dem Objekt sind jetzt noch am ehesten durch die ganz konkrete Sichtbarkeit des Objektes erlebbar. Deshalb ist bei einem längeren vergeblichen Bemühen von Analytiker und Patient u. a. an eine Settingsveränderung vom Liegen zum haltgebenden Blickaustausch im Sitzen zu denken.

Literatur

Arnold, M.-A. (1994): Nukleare Angstlosigkeit in Psychoanalysen. In: Psychosozial 55, S. 125–131.

Arnold, M.-A. (1996): Ich bin aus der Schusslinie. Zur Bedeutung des Blickkontaktes für den Analytiker. In: Psychosozial 65, S. 117–125.

Bastian, T. (1998): Der Blick, die Scham, das Gefühl. Göttingen (Vandenhoeck & Ruprecht), S. 21–23.

Bleger, J. B. (1966): Die Psychoanalyse des psychoanalytischen Rahmens. In: Forum Psychoanal. 9 (1993), S. 268–280.

Dornes, M. (2000): Die emotionale Welt des Kindes. Frankfurt a. M. (Fischer TB).

Ehlert-Balzar, M. (1996): Das Trauma als Objektbeziehung. Veränderungen der inneren Objektwelt durch schwere Traumatisierung im Erwachsenenalter. In: Forum Psychoanal. 12, S. 291–314.

Fonagy, P. & Target, M. (2002): Neubewertung der Entwicklung der Affektregulation vor dem Hintergrund von Winnicotts Konzept des »falschen Selbst«. In: Psyche 56, 839–862.

Gergely, G. (2002): Ein neuer Zugang zu Margaret Mahler: normaler Autismus, Symbiose, Spaltung und libidinöse Objektkonstanz aus der Perspektive der kognitiven Entwicklungstheorie. In: Psyche 56, 809–838.

Goldberger, M. (1995): The couch as defense and as potential for enactment. In: Psychoanalytic Quarterly 64(1), S. 23–42.

Green, A. (1983): Die tote Mutter. In: Psyche 47 (1993), S. 205–240.

Jorstad, J. (1988): Aspects of transference and countertransference in relation to gaze and mutual gaze during psychoanalysis. In: Scand. Psychoan. Rev. 11, S. 117–140.

Kanzer, M. (1980): Visual communication in the psychoanalytic situation. In: Int. J. Psycho. Anal. 61, S. 249–258.

Krause, R. (1998): Allgemeine Psychoanalytische Krankheitslehre. Bd. 2: Modelle. Stuttgart (Kohlhammer).

Küchenhoff, J. (1999): Verlorenes Objekt, Trennung und Anerkennung. In: Forum Psychoanal. 15, S. 189–203.

Lacan, J. (1949): Das Spiegelstadium als Bildner der Ichfunktion, wie sie uns in der psychoanalytischen Erfahrung erscheint. In: Schriften I. Freiburg i. Br. (1973) (Walter-Verlag Olten).

Lempa, G. (1995): Zur psychoanalytischen Behandlungstechnik bei schizophrenen Psychosen. In: Forum Psychoanal. 11, S. 133–149.

Lichtenberg, J. D. (1995): Forty-five years of psychoanalytic experiences on, behind, and without the couch. In: Psychoanal. Inq. 15, S. 280–293.

Merten, J. (2001): Beziehungsregulation in Psychotherapien. Stuttgart (Kohlhammer).

Nerenz, K. (1977): Die Bedeutung der äußeren Realität für die psychoanalytische Situation. Ein Beitrag zum Problem des psychoanalytischen Settings. In: Z. Psychosom. Med. 23, S. 152–169.

Odgen, Th. H. (1996): Reconsidering three aspects of psychoanalytic technique. In: Int. J. Psycho-Anal. 77, S. 883–899.

Reinke, E. (2001): »Augensprache« – Über die Entwicklung von Affekt- und Selbstkontrolle aus neuropsychoanalytischer Perspektive. In: Psychosozial 86, S. 81–98.

Rieber-Hunscha, J. (1996): Zerreißproben. Zwischen Ausbildung und Praxis der psychoanalytischen Therapie. Gießen (Psychosozial).

Ross, J. M. (1999): Once more onto the couch: consciousness and preconscious defenses in psychoanalysis. J. of the American Psychoan. Association 47(1), S. 91–111.

Schacht, L. (1981): Die Spiegelfunktion des Kinderanalytikers. In: Psyche 36 (1982), S. 47–58.

Schunter, H. (1994): Das Gesicht des Psychoanalytikers. In: Jahrbuch Psychoanal. 32, S. 115–133.

Searles, H. F. (1984): The role of the analyst's facial expression in psychoanalysis and psychoanalytic therapy. In: Int. J. Psychoanal. Psychother. 10, S. 47–73.

Stern, D. N. (1979): Mutter und Kind. Die erste Beziehung. Stuttgart (Klett-Cotta).

Stern, D. N.; Sander, L. W.; Nahum, J. P.; Harrison, A. M.; Lyons-Ruth, K.; Morgan, A. C.; Bruschweiler-Stern, N. & Tronick, E. Z. (2002): Nicht-deutende Mechanismen in der psychoanalytischen Therapie. Das »Etwas-Mehr« als Deutung. In: Psyche 56, S. 974–1006.

Streeck, U. (1999): Nichts anderes als ein »Austausch von Worten«? Interaktion und Inszenierungen im therapeutischen Dialog. In: Forum Psychoanal. 15, S. 91–100.

Wangh, M. (1982): Psychische Folgen des Atombombentests. In: Psyche 36, S. 401–415.

Weil, N. H. (1984): The role of facial expression in the holding environment. In: Int. J. Psychoanal. Psychother. 10, S. 75–89.

Winnicott, D. W. (1967): Die Spiegelfunktion von Mutter und Familie in der kindlichen Entwicklung. In: Winnicott, D. W. (Hg.) (1974): Vom Spiel zur Kreativität. Stuttgart (Klett-Cotta), S 128–135.

Winnicott, D. W. (1974): Die Angst vor dem Zusammenbruch. In: Psyche 45 (1991), S. 1116–1126.

Analytische Psychotherapie mit einstündiger Wochenfrequenz?

Ein Beitrag zur Debatte über psychoanalytische Technik und Frequenz

Doris Bolk-Weischedel

»Analytische Psychotherapie erfordert Einschätzung und analytische Aufschlüsselung des verdrängten, also unbewussten neurotischen Konfliktes, die Nutzung und Deutung des Übertragungs- und Gegenübertragungsgeschehens, die Deutung und verstehende Begleitung regressiver Prozesse, die analytische Bearbeitung von Widerstandsphänomenen und die verändernde Einflussnahme auf strukturelle Gegebenheiten des Patienten [gegebenenfalls auch Aufbau eines seelischen Binnenraums und zugehöriger struktureller Verankerungen].

Die Anwendung der analytischen Psychotherapie setzt ein psychoanalytisches theoretisches Konzept, einen Therapieplan mit fallbezogenen Zielkriterien und eine Frequenz von in der Regel 3 Sitzungen pro Woche voraus, um ein ausreichendes therapeutisches Kontinuum zu gewährleisten. Eine durch Selbsterfahrung gewonnene psychoanalytische Identität des Therapeuten muss ermöglichen, übertragungsneurotische Prozesse und Gegenübertragungsphänomene zu erkennen und sie zu deuten sowie den analytischen Widerstand des Patienten zu bearbeiten.« (Faber et al. 1999)

So sind die behandlungstechnischen Voraussetzungen der Durchführung einer analytischen Psychotherapie im Kommentar zu den Psychotherapie-Richtlinien von Faber und Haarstrick formuliert. Ich habe diese relativ schlichte Charakterisierung gewählt, weil sie für viele von uns eine Art Basis für unseren psychoanalytischen Berufsalltag ist. Nicht aufgeführt ist hierbei die Aufhebung der Kindheitsamnesie im Zusammenhang mit krankheitsrelevanten Fakten, die aus meiner Sicht für viele psychoanalytische Behandlungen von großer Bedeutung ist, nicht zuletzt auch in jüngerer Zeit im Zusammenhang mit der Aufhellung von Traumata, die immer mehr ins Bewusstsein der Fachöffentlichkeit dringt.

Bei der Behandlung, die ich im Folgenden vorstellen möchte, bin ich auf das Problem der niederfrequenten psychoanalytischen Therapie gestoßen. Es geht mir jetzt gewiss nicht darum, eine einstündige versus vier- oder mehrstündige Behandlung rivalisierend gegeneinander abzuwägen, sondern mehr um die Frage, wann auch bei niederfrequenter Behandlung von einer psychoanalytischen und nicht von einer tiefenpsychologisch fundierten Therapie gesprochen werden kann. Mit diesem Problem bin ich auch immer wieder als Gutachterin im Richtlinienverfahren konfrontiert, weil es nicht selten Kollegen gibt, die der Einfachheit halber analytische Psychotherapie niederfrequent beantragen, wenn eigentlich tiefenpsychologisch fundierte Behandlung gemeint ist und auch durchgeführt wird, wie im Falle tiefenpsychologisch fundierter Psychotherapie, also überwiegender Arbeit am Aktualkonflikt mit Zentrierung auf das »Gegenwarts-Unbewußte« (Sandler & Sandler) und der entsprechenden therapeutischen Arbeit auf der Ebene **unbewusster** psychosozialer (Heigl-Evers) bzw. interaktioneller Konfliktkonstellationen (Rüger).

Mit der angeschnittenen Frage hat sich im deutschsprachigen Raum bereits Anfang der 80er Jahre S. O. Hoffmann auseinander gesetzt: Er belegt an Fallbeispielen, wie er zwischen den hohen Anforderungen des psychoanalytischen Über-Ichs und der klinischen Realität in Zwiespalt geriet.

Ich referiere im Folgenden aus seiner Arbeit: »Psychoanalyse mit einer Wochenstunde. Zur Konzeption und Technik der niederfrequenten psychoanalytischen Langzeittherapie«. Hoffmann vermutet, dass sich Kelman (1945) in seinem Artikel »Analysis once a week« als erster mit dieser Therapieform befasste, Greenberg (1986) hat dieses Thema unter dem gleichen Titel wieder aufgegriffen. Diese beiden Autoren waren Neoanalytiker, sie experimentierten nur mit der Herabsetzung der Frequenz, während die von Alexander und French bereits 1946 vertretene Minderung von Frequenz und Dauer der Therapie mit dem orthodoxen Bannstrahl bestraft wurde. Hoffmann hebt hervor, dass über viele Jahrzehnte ein klassischer Psychoanalytiker nur jemand war, der seine Patienten vier- bis fünfmal in der Woche und natürlich im Liegen behandelte. Kritisch merkt er an, dass ein Komitee, das von der amerikanischen psychoanalytischen Vereinigung zur Frage der Evaluation psychoanalytischer Psychotherapie eingesetzt worden war, nach dem Bericht von Rangell (1954) sich in fünf Jahren nicht einmal darüber einigen konnte, wie denn nun genau Psychoanalyse, psychoanalytische Psychotherapie und Übergangsformen der Behandlung zu definieren seien.

Hoffmann selbst ist in einer eigenen Untersuchung (1983) dieser Frage nachgegangen. Aus seiner Sicht haben manche niederfrequent durchgeführten psychoanalytischen Behandlungen die Charakteristika einer klassischen Psychoanalyse, auch wenn sie mit geringer Wochenstundenzahl und im Sitzen durchgeführt werden; der größere Teil allerdings habe diese Qualitäten eher nicht. Ob unter niederfrequenten Bedingungen ein psychoanalytischer Prozess zustande kommt, hänge weitgehend vom Patienten ab. Hoffmann meint: er kann entstehen, aber er muss es nicht.

Für den Therapeuten gelte, dass eine niederfrequente Psychoanalyse für den Therapeuten anstrengender ist und ihn mehr fordert, als eine hochfrequente, was auch Greenberg (1986) bestätigt: »Wann immer sie [niederfrequent behandelte Patienten] einen nennenswerten Teil meiner Praxis ausmachen, reduziere ich meine gesamte Arbeitzeit.« Dazu Hoffmann spitz: »Wer will das schon, wo der Vierstundenpatient auch noch bei einem schläfrigen Analytiker brav seine Einfälle bringt?!«

Natürlich weiß er, dass es auch andere Gründe als bequemes Arbeiten dafür gibt, an der Standardtechnik festzuhalten, außerdem erfordere der Einstundenpatient mehr aktives Gedächtnis. Ein Settingwechsel bringe hier oft große Fortschritte. Ein hochfrequentes Setting berge für manche Patienten per se auch die Gefahr der Triebbefriedigung, was die Behandlungen dann ins Leere laufen lasse.

Die niederfrequente psychoanalytische Therapie erfordere vom Patienten das Aushalten eines größeren Spannungsbogens, vor allem in zeitlicher Hinsicht, was einen antiregressiven Effekt habe. Die Indikation ergebe sich daher für alle Patienten, bei denen eine weitergehende Regression unerwünscht ist oder vom Therapeuten als schädlich betrachtet werde. Einige prinzipiell analysegeeignete Patienten fürchten unbewusst auch selbst die Regression, sodass sich zumindest der Behandlungsbeginn mit niederer Frequenz im Sitzen geradezu empfiehlt. Nach Hoffmanns Erfahrungen ist der Übergang zum liegenden, höherfrequenten Arrangement nach einiger Zeit fast problemlos. In der Mehrzahl der Fälle sei einer solcher Wechsel des Settings jedoch überhaupt nicht nötig.

Im Folgenden beschreibt Hoffmann noch seine persönliche Art des Umgangs mit Patienten im einstündigen Setting. Er merkt an, insbesondere im Falle der Übertragungsneurose und nach längerer Therapiedauer, dass sich die Interventionen nicht wesentlich von denen beim klassischen Verfahren unterscheiden. Eines der besten Zeichen vonseiten des Patienten für das Entstehen eines psychoanalytischen Prozesses sei sein Eintreten in den »inneren Dialog mit dem Psychoanalytiker«, d. h., dass er außerhalb der Stunde relevante Szenen und Situationen mit dem Therapeuten in der Phantasie durcharbeitet. Es steht außer Frage, dass gerade bei dieser Therapieform der Prozess stärker außerhalb der Sitzungen, als während derselben abläuft – dies die Sicht Hoffmanns – eine Übertragungsneurose entwickle sich, wenn überhaupt, deutlich langsamer. Kommt sie aber einmal zustande, dann wird sie auch der Bearbeitung zugänglich, und der entstehende Behandlungsprozess unterscheidet sich von der klassischen Psychoanalyse nur noch in quantitativer und nicht mehr in qualitativer Hinsicht.

Soweit Hoffmann. Ich habe seinen Artikel, den er nächstens in einer Veröffentlichung ergänzen will, deshalb so ausführlich referiert, weil hier alle relevanten Fragen erörtert werden, die jedoch in der Fachöffentlichkeit erstaunlich wenig rezipiert und diskutiert wurden.

Kasuistik

Zur Anamnese

Die damals 30-jährige Frau A. kommt aus eigener Initiative in die Psychiatrische Poliklinik der FU Berlin und berichtet, kein Selbstbewusstsein zu haben. Den ganzen Tag würde sie darüber nachdenken, ob sie alles richtig gemacht habe und was andere über sie denken würden. Sie fühle sich ständig schuldig und müsste ihr Verhalten der Familie und den Arbeitskollegen gegenüber rechtfertigen. Außerdem komme sie mit ihrer Arbeit beim Finanzamt nicht mehr klar. Sie habe seit Jahren familiäre Konflikte: Sie stehe zwischen ihrem Vater und dessen zweiter Frau und deren Töchter.

Zugespitzt habe sich alles etwa ein Jahr davor; bei einer Familienfeier kam es zu einem »Vorfall« mit der Stiefmutter. Diese habe sie zu Unrecht beschuldigt, einen Onkel gegen sie aufgehetzt zu haben. Hinterher habe der Vater Frau A. gedrängt, sich bei der Stiefmutter zu entschuldigen, was sie nur mit großem Widerwillen tat.

Frau A. lebt mit ihrem gleichaltrigen Freund in einem eigenen kleinen Haus an der nördlichen Stadtgrenze von Berlin. In ihrer Freizeit widmet sie sich ihrem Garten und macht an guten Tagen Sport.

Die Patientin wurde kurz nach ihrer Geburt zur Adoption freigegeben. Ihre biologischen Eltern kennt sie nicht. Das erste Lebensjahr verbrachte sie im Heim, dann kam sie zu Adoptiveltern: Vater (+40) war Beamter im mittleren Dienst, die Mutter (+36) Hausfrau. Als die Patientin acht Jahre alt war, starb die Mutter an einem Hirntumor. Frau A. erinnert sich an sie als eine schöne, gepflegte attraktive Frau, die immer nett zu ihr war. Insgesamt hat sie praktisch keine Erinnerungen an die Zeit vor dem Tod der Mutter. Die Ehe der Eltern sei »hervorragend« gewesen. Der Vater sei nach dem Tod der Mutter sehr traurig gewesen, er habe sich umbringen wollen. Sie selbst wurde von ihm für zwei Jahre in ein Berliner Internat gegeben, von wo aus sie nur am Wochenende und in den Ferien beim Vater war. Dann heiratete der Vater erneut und nahm die Patientin zu sich. Die Stiefmutter brachte zwei Töchter (+6 und gleichaltrig) mit in die Ehe. Frau A. habe von Anfang an zur Stiefmutter und zu der gleichaltrigen Schwester ein sehr schlechtes Verhältnis gehabt, was bis heute anhalte. Im Gegensatz zu ihrer bewunderten Mutter sei die Stiefmutter normal und durchschnittlich. Frau A. fühle sich bis heute von der Stieffamilie schlecht behandelt, sie habe eine Art Aschenputteldasein führen müssen. Nur um des Friedens willen und um dem Vater einen Gefallen zu tun, habe sie alles mitgemacht. Der Vater hingegen sei der einzige Mensch, der ihr richtig was bedeuten würde, den sie lieben würde.

An ihrem 19. Geburtstag zog sie ohne vorherige Absprache aus dem elterlichen Haus aus. Zum Zeitpunkt ihrer Vorstellung in der Poliklinik hat sie zum

Vater noch regelmäßig Kontakt, zur Stiefmutter und zu den Halbschwestern ist der Kontakt so gut wie abgebrochen. Bei der Wunschprobe wünscht sie sich die Stieffamilie einfach weg und ihrem Vater eine Frau, mit der er glücklich ist.

Im Laufe einer über ca. ein Jahr geführten, tiefenpsychologisch fundierten Behandlung i. R. der Poliklinik vollzog sich eine dramatische Wendung: Der Vater erkrankte an Prostatakrebs und ließ es zu, dass ihn die Stiefmutter vor der Patientin abschirmte. Im Zusammenhang mit der heftig empfundenen Enttäuschungswut erinnerte sich Frau A. an viele frühere Zurückweisungen und Strafen durch den Vater, die Misshandlungscharakter hatten, und brach den Kontakt zu ihm ab.

Psychischer Befund und Psychodynamik

Ich sah die Patientin im Frühsommer 1997 und fand sie wegen erneut aufgebrochener Symptomatik weiter behandlungsbedürftig.

Es stellt sich eine attraktive, schlanke und geschmackvoll gekleidete Patientin vor, die zunächst recht selbstbewusst wirkt. In den ersten Minuten des Gesprächs mit mir wird sie dann zunehmend ängstlicher, misstrauisch und verschlossen. Darauf angesprochen, überwindet sie sich nach kurzem Zögern und sagt, dass sie häufig Ängste im Umgang mit älteren Frauen habe, die sich hinterher allerdings immer als unbegründet erwiesen. Sie selbst bringt dies in Zusammenhang mit ihrer Beziehung zur Stiefmutter, die sie oft auf gemeine Art und Weise klein gemacht habe. Danach entwickelt sich ein guter emotionaler Kontakt, die Patientin erweist sich als intelligent und introspektionsfähig, diesbezüglich hat sie sicher von den vorausgegangenen Gesprächen profitiert, ohne dass sie es intellektualisiert. Man spürt eine starke, oral-emotionale Bedürftigkeit, zugleich auf der zwanghaften Ebene die Bemühungen, sich im Griff zu behalten. Die Patientin steckt noch mitten in der ödipalen Auseinandersetzung mit dem zunächst heißgeliebten und idealisierten und inzwischen gehassten und entwerteten Vater. Das Abwehrgefüge mit den hauptsächlichen Abwehrmechanismen Introjektion, Wendung gegen das Selbst, Affektisolierung, Verdrängung und Verleugnung ist im Laufe der Vorbehandlung im Zusammenhang mit der Bearbeitung des ödipalen Konflikts durchlässiger geworden, sodass inzwischen Hinweise auf eine Ich-strukturelle Störung (auf höherem Niveau) mit den Abwehrmechanismen Idealisierung und Entwertung sowie Spaltung und Projektion deutlich hervortreten.

Die frühe Biographie der Patientin mit auch folgenden mehrfachen Traumatisierungen macht es nachvollziehbar, dass neben der ödipal anmutenden Konfliktsituation es bei ihr vor allem um ihre Selbstwertproblematik im Zusammenhang mit der dunklen Herkunft (unbekannte leibliche Eltern, verstorbene Adoptivmutter) und somit um Identität, nie erlebte mütterliche

Symbiose geht. Entsprechende Wünsche richteten sich auf den Vater, die Stiefmutter wurde mit Neid und in Rivalität als Bedrohung erlebt. Diese Problematik ist der Patientin nun bewusster geworden. Der Prozess der Auseinandersetzung mit sich selbst und ihrer Herkunft ist angelaufen, von daher ist eine große innere Motivation zur Behandlung gegeben. Die äußere Motivation besteht in Form des Leidensdrucks vonseiten der Symptomatik.

Bei aus meiner Sicht günstiger Prognose schlug ich der Patientin eine psychoanalytische Behandlung mit begrenztem Regressionsangebot – zweistündig im Liegen vor.

Sequenzen aus dem Behandlungsverlauf

Nach dem Behandlungsvorschlag im Frühsommer 1997 bittet sich die Patientin über insgesamt über drei Monate immer wieder Bedenkzeiten aus, vor allem prüft sie, ob für sie eine psychosomatische Klinik das beste wäre, wo sie sozusagen in einer Intensiv-Kur das ganze kurz und rasch hinter sich bringen könnte. Schließlich entschließt sie sich doch zum Beginn der verabredeten Behandlung, sie wird – nach einer kurzen Prüfzeit im Sitzen – eine Zeit lang tatsächlich zweistündig im Liegen durchgeführt. In dieser Zeit wird die Patientin jedoch förmlich von Einfällen und Träumen überschwemmt, vor dem Auftauchen relevanter Erinnerungen hat sie, wie auch noch später in der Behandlung, mehrfach das Gefühl, verrückt zu werden, sodass wir zu einem einstündigen Setting im Sitzen zurückkehren, wozu Frau A. in jeder Stunde reichlich Material mitbringt.

In den ersten Stunden musste mich Frau A. – wie bereits in den probatorischen Sitzungen – zu Beginn immer wieder prüfen, sie musste ein Gefühl der Unheimlichkeit und des Misstrauens überwinden, ob ich nicht doch vielleicht etwas gegen sie im Schilde führte. Das Erfreuliche daran war, dass es Frau A. gelang – auf ihr Gefühl und ihren sichtbaren Rückzug angesprochen – diese Regungen ziemlich rasch auszusprechen, womit sie sich dann auch auflösten, aber in verschiedenen Behandlungsphasen – je nach Übertragungsstand – auch wiederkehrten. Nach ihrem eigenen Gefühl war zu Beginn der Behandlung das Absichern zugange, wie es der Stiefmutter gegenüber über lange Jahre eine Rolle gespielt hatte.

In meinem Gegenübertragungsgefühl empfand ich die Rückkehr zum einstündigen Setting im Sitzen übrigens nicht als ein Agieren im Zeichen des Widerstands, vom Gefühl her meinte ich wahrzunehmen, dass die Patientin bei den andrängenden bedrohlichen Übertragungskonstellationen zwischen den Stunden sozusagen eine Erholungszeit benötigte, genau entgegengesetzt den Impulsen bei depressiv Frühgestörten, wo die Bedrohung häufig unmittelbar nach Stundenende anfängt und von daher dann die Indikation zu einem hochfrequenten Setting gegeben ist.

Ganz zu Beginn der Behandlung meldete sich bei der Patientin der Impuls, ihrer biologischen Herkunft nachzuspüren. Über Telefonauskunft und Einwohnermeldeamt gelang es ihr herauszufinden, dass ihre leibliche Mutter noch lebt. Fast sturzflutartig setzten dann – das war in der Zeit der zweistündigen Behandlung im Liegen – serienweise Träume ein, die mit ihren Details und plötzlich auftretenden zugehörigen Erinnerungen den starken Verdacht nahe legten, dass sich der Adoptivvater der Patientin missbräuchlich genähert hat. Die Patientin brachte übrigens von da an in jede Stunde in einer besonderen Tasche ihre Aufzeichnungen und Fotos von ihrer Kleinkinderzeit an mit – »das ist mein Leben«, sagte sie. Über Stunden sprudeln dann ihre Einfälle hervor wie:

»mein Vater wurde von seiner Mutter bis zum zweiten Jahr als Mädchen eingekleidet; Im Wäschekeller hat er mir seine Unterhose gezeigt, meine berochen, das war eklig. Er machte gerne Hoppereiter mit mir, das hat Spaß gemacht. Mit Vater in der Badewanne, mein Fuß hat seine Weichteile berührt. Vaters Oberkörper ist haarig, ich habe ihn angefasst, weich, wie jetzt mein Hund. Ich sehe ein Kind, was lacht und was weint. Als kleines Kind hat er mich geschlagen, ich wollte die Hose festhalten, mein nackter Po tat weh. Er machte gern Schinkenklopfen. Er reibt mir seine Bartstoppeln ins Gesicht, das macht mir Angst, ich werde aggressiv, ich kann auch keinen Geruch an Brisk oder ähnliches leiden, da werde ich ganz sauer.«

Es gibt Erinnerungen an Teilobjekte, welche die Patientin in Angst und Schrecken versetzen: so etwa im nächtlichen Dämmer ein baumelnder Penis oder eine große dicke Zunge, die in sie eindringt. Augen mit buschigen Brauen, die sie von oben eindringlich anstarren. Es gibt eine konkrete Erinnerung daran, dass der Vater sie ca. elfjährig an ihren Genitalien untersucht und eine abfällige Bemerkung über ihre großen Schamlippen gemacht hat. Zeitlich könnten die teilweise erinnerten Ereignisse etwa zwischen dem fünften und zehnten Lebensjahr der Patientin angesiedelt werden, also schon vor dem Tod, aber in der Krankheitszeit der Mutter. Nach anfänglichem Staunen und Zweifel war die Patientin eine Zeit lang vollkommen vom Vater als Missetäter überzeugt: Die frühere Idealisierung brach vollends zusammen, Hass und Verachtung ihm gegenüber breiteten sich aus und sie begann zu agieren indem sie Briefe an den Adoptivvater selbst, an seine Frau und Warnungen an die Töchter der Stiefmutter verfasste, die ihre Enkel vor dem Adoptivvater schützen sollten. Per Anwaltschreiben kam ein Dementi des Adoptivvaters, das jedoch auch für meine Ohren nicht recht überzeugend klang.

In der Folge tauchen dann wiederum fast schwallartig viele Erinnerungen an Situationen auf, in denen sich die Patientin als Jugendliche von der Stiefmutter benachteiligt oder gekränkt fühlte, Erinnerungen an Szenen, wo sie nachts von der Stiefmutter geweckt und wegen irgendwelcher Missetaten vor dem Vater angeklagt wurde, der sie dann mit Schlägen strafen musste. Oder auch, wie die Patientin wegen ihrer Locken und ihrer Art sich zu kleiden, verspottet wurde. Allmählich wird Frau A. gewahr, dass sie ihre Außenseiterrolle in dieser Familie zunehmend genossen hat, wahrscheinlich manches auch provoziert hat. Allerdings wird dabei immer deutlicher, dass die Patientin in der Tat verwaist war und schon früh die Verantwortung für sich selbst übernehmen musste.

Über eine längere Behandlungsstrecke sprudeln Hass und Verachtungstiraden gegen Monika, die Stiefmutter, und ihren Adoptivvater aus ihr heraus. Die Idealisierung der Adoptivmutter wird in dieser Zeit noch hoch gehalten.

Dann stirbt der Hund der Patientin, ein Ereignis, das auch für mich überraschend Erinnerungen an die verstorbene Adoptivmutter wachruft: an eine frühe Zeit, wo sie freundlich mit ihr spielte, aber auch an Szenen mit Tadel und Strafe, wenn sie sich schmutzig gemacht hatte. Schließlich an die Zeit der Krankheit der Mutter, wo sie nicht zu ihr durfte und wo die Mutter nachts offenbar verwirrt durchs Haus geisterte und ihr Angst machte. Heftige Schuldgefühle melden sich: »Wahrscheinlich habe ich ihr den Tod gewünscht.« Die Patientin verschafft sich Literatur über die seelische Entwicklung eines Kindes, sie möchte vergleichen, wie es üblicherweise ist und wie es bei ihr war.

Im November 1999, ungefähr um die 80. Sitzung, nach zweijähriger Behandlung, erkundigt sich die Patientin beim Jugendamt nach ihrer frühen Geschichte: Sie wird als blasses stilles Kind geschildert, das mit 14 Monaten im Heim noch nicht sitzen und laufen konnte, sich ängstlich zurückzog. Als die Patientin das in der Stunde schildert, ist sie plötzlich emotional sehr aufgewühlt: »Oh Gott, diese Ängstlichkeit steckt noch heute in mir, keiner darf mich anfassen, ich schrecke vor allem zurück. Vielleicht hat meine Mutter es ja gut gemeint, und ich habe ihre Annäherung nur missverstanden.« Sie erinnert sich, dass die Mutter, wenn sie nachts geweint habe, einfach nur mit ihr gespielt habe. »Vielleicht war das ja richtig...« Und dann, wie in plötzlicher Erkenntnis: »Oh Gott, das ganze Leben ein Missverständnis!« Sie weint lange, schluchzt, steht auf, geht zur Tür, um den Mantel anzuziehen. Ich stehe – wie immer – neben ihr, sie fährt herum, schaut mich entsetzt an und duckt sich, den Arm über ihrem Kopf, als ob sie geschlagen würde. Zum Abschied gibt sie mir nicht die Hand.

In der folgenden Stunde kann die Patientin, die mit Schuldgefühlen gekommen ist, fast dankbar die Deutung annehmen, dass es so oder so ähnlich gewesen sein könnte, als ihre Adoptivmutter sie aus dem Heim holte und das kleine Kind in panische Ängste geriet, wenn die Mutter sich ihr näherte, was sich dann in der Stunde in unserer Beziehung wiederholt hat.

In der Folgezeit kann sie – nach dem Durcharbeiten verschiedener erinnerter konfliktbeladener Szenen zwischen Vater, Stiefmutter und ihr selbst – die

Stiefmutter weniger hasserfüllt wahrnehmen und sieht, dass sie durch ihren Rückzug in die Heimlichkeiten mit dem Vater auch selbst zu den Konflikten beigetragen hat. Die Patientin nachdenklich dazu: »Aber geht es denn, diese Zeit alleine zu betrauern?« Und dann laut weinend: »Ich möchte Erinnerungen an meine Mama haben!«

In diesem Behandlungsabschnitt ist von Stunde zu Stunde zunehmend zu spüren, wie die Patientin innerlich von ihrer Muttersuche erfasst wird, immer weiter regrediert, die regressive Bewegung ist auch in den einzelnen Stunden festzustellen.

Ca. 14 Tage später berichtet sie, dass sie ein Kätzchen von Nachbarn an eine Kollegin weitergegeben habe. Zwei Tage lang hätten sie Trauer und Schuldgefühle geschüttelt. Sie meint, das müsse etwas damit zu tun haben, dass auch sie abgegeben worden sei und dann von der Adoptivmutter verlassen und allein geblieben. Kurz danach kommt einer ihrer Kater nicht wieder, sie sucht im Tierheim nach ihm und fühlt sich ganz verzweifelt zwischen all den bedürftigen Tieren, sie hat wieder das Gefühl, »es ist was ganz Frühes, wie bei dem Katzenbaby, als sei ich hundertmal abgegeben worden.«

Wieder 14 Tage später: »Ich bin immer noch mit meinem Kater beschäftigt, aber ich rufe nicht mehr im Tierheim an, diese Schuldgefühle (...). Wenn es ihm gut ginge, könnte ich mich beruhigen.« Ich bemerke: »Sie können noch gar nicht um ihn trauern.« Patientin: »Nein, es zerreißt mich, ich fühle mich schuldig und bin manchmal voll Hass.« Ich frage nach: »Wie ist das denn, er hat sie ja verlassen, wofür fühlen Sie sich denn schuldig?« Patientin ganz schnell darauf: »Ja, weil ich nicht brav war (...)« Sie hält dann erschrocken inne, es wird ihr bewusst, dass sie von ihrem Kater Hans wie von ihrer Mutter verlassen wurde. Meint dann: »Es ist vielleicht ganz gut, dass er weg ist, ich muss ja mal trauern, ich hab' Angst davor, ob mich das wegspült?« Sie weint.

In der folgenden Stunde erwähnt sie, dass Helga, ihre Buddelkastenfreundin, ein Baby bekommen hat. Mitten im Satz verstummt sie, bekommt Angst und kann dann nur mit Mühe weitersprechen: »Ich kann's nicht sagen, es fehlen die Worte, wie ein Abgrund: Kommt jemand ist es schlimm, kommt keiner ist's noch schlimmer. Ein Baby kann ja auch nicht sprechen (...). Beim Einkaufen sah ich eine Nonne, da bekam ich plötzlich einen Schrecken. Es muss das Frühe sein, nicht der Tod meiner Mutter.« Wir sprechen über Diakonissen- und Nonnentrachten, die Patientin erschrickt plötzlich, als ich die Tracht der Schwestern von St. Hedwig beschreibe. »Große Flügelhauben«, sie ergänzt:

> »Wie Papiertauben, haben die auch den Abschluss über den Augen? Das war's, was ich neulich nachts sah, wie ein Fächer, gefälteter Haubenteil. Ich bekam ein Gefühl wie im Gitterkorb, misshandelt, eingeengt und Angst. Ein Kribbelgefühl in den Beinen, ich muss mich bewegen. Ich strampelte dann in der Nacht los, es war

erleichternd, das machte regelrecht Freude. Aber das passt gar nicht zu Erwachsenengefühlen.«

Im Fernsehen sah sie den Film von Tobias Brocher über Jürgen Bartsch, der sie tief erfasste, »er muss Schlimmes erlebt haben. Ich bin auch oft voller Hass und Wut.« Sie berichtet, dass sie sich zu einem Einschreibebrief mit Rückschein an ihre leibliche Mutter entschlossen hat: Die Annahme wurde verweigert. Sie habe sich nach der Mitteilung stundenlang dumpf gefühlt, wie in Trance, danach eine irrsinnige Wut bekommen, sie wollte das Gesicht dieser Frau zerstören, sie einfach platt machen. In ähnlicher Weise hatte sie früher heftige Aggressionen gegen kleine Kinder. Sie meint:

> »Komisch, das war wohl jetzt eine Gehirnwäsche, inzwischen mag ich Kinder, ich
> ergreife immer ihre Partei. Neulich habe ich eine Nonne gesehen und dabei kam
> kurz die Vorstellung, sie einfach auf's Bahngleis zu schubsen. Ich will meiner leib-
> lichen Mutter auf jeden Fall meine Wut mitteilen, als Baby konnte ich es ja nicht.
> Ich empfinde das, wie zum zweiten Mal abgegeben.«

Die Wut gegen die Mutter kommt auch wenig später mit voller Wucht in die Übertragung: Die Patientin sagt eine ausdrücklich von ihr gewünschte Doppelstunde ab, was sie in der darauf folgenden Stunde so begründet:

> »Das war zuviel Mutter, ich war über Ihren Frontwechsel [es ging um eine Bemer-
> kung meinerseits über den Umgang eines Handballtrainers mit seiner Mädchen-
> mannschaft] so empört, dass ich am liebsten nicht mehr wiedergekommen wäre.
> Ich habe Sie als meine Mutter gesehen, die alles verharmlosen und mich besänfti-
> gen will. Ich hatte solch eine Wut auf Sie, ich fühlte mich verraten. Früher hätte
> ich abgebrochen, aber ich weiß ja: Objektverlust...«

Das war in der 115. Stunde im dritten Behandlungsjahr.

Nun zum Mutterthema noch eine Sequenz aus der 161. Stunde: Vorausgegangen waren drei Wochen Urlaub und eine Stundenverlegung meinerseits, es gab ein Durcheinander auf dem Anrufbeantworter, die Patientin antwortet für mich überraschend per SMS, was ich als unerwartete Annäherung vonseiten der Patientin empfinde. Sie spricht lachend das Hin und Her an, es entwickelt sich – trotz der langen Trennung – eine freundliche und vertrauensvolle Atmosphäre.

Sie berichtet von einem Besuch ihrer Schwiegermutter, die ihr schon seit sieben Jahren das Du anbietet, worauf sie sich jetzt erst manchmal einlassen könne. »Ich vermeide die Nähe zu ihr und fliehe direkt, wenn sie mir was Freundliches sagt und ich muss weinen, wenn sie mich umarmt (...). Gefühle wie früher in der Zeit mit meiner Mutter.« Ich: »Als sie krank war?« Patientin: »Nein, davor.« Ich: »Ich vermute, dass es um Ihr Bedürfnis, getröstet zu werden, geht.« Sie schaut fragend, woraufhin ich versuche, dies anhand eines Fremdbeispiels noch einmal zu verdeutlichen. Patientin: »Ich habe das gehört, aber nicht verstanden. Neulich im Fernsehen ging es um unbekannte Tote, die wurden nach zehn Jahren ausgegraben und waren noch zu erkennen, mit Bildern belegt. Ich hatte den perversen Gedanken, man müsste meine Mutti exhumieren.« Sie weint heftig und lange, ich spüre den Impuls, sie zu trösten und lasse sie weinen.

Schließlich ich:»Ich denke, Sie sind dabei, sie auszugraben.« Nachdenklich stimmt sie zu.»Aber warum muss ich immer weinen bei dem Glücksgefühl? Das bringt mich immer dazu, mich wieder zu verschließen.« Ich:»Könnte es sein, dass es solche Glücksmomente mit Ihrer Mutter gab, dass Sie sich nach der Zeit im Heim öffnen konnten und sich dann in der Zeit von Krankheit und Tod Ihrer Mutter die traurigen Gefühle und die Angst vor dem Verlust an die Glücksgefühle hefteten?«

Patientin:»Vor dem Verlust habe ich immer Angst. Ich war so glücklich mit meinem Hund, aber nie ganz, weil ich wusste, eines Tages werde ich ihn verlieren. Da fällt mir ein, ich war sieben Jahre alt, als sie starb, schon zweimal habe ich mich nach sieben Jahren von einem Partner getrennt und jetzt meine ich auch, es ist wieder an der Zeit (...) aber vielleicht muss es auch nicht sein.«

Schlussbetrachtung

Aus meiner Sicht hat die Patientin die Fähigkeit, sich auch auf ein niederfrequentes therapeutisches Angebot regredierend einzulassen. Sie kann den Spannungsbogen zwischen den Stunden halten, führt schon bald nach Beginn der Behandlung den inneren Dialog mit mir weiter, d. h. sie führt den therapeutischen Prozess auch außerhalb weiter, sammelt Fakten, lässt Emotionen und Affekte aufkommen, sieht vorübergehend die Welt verzerrt, ist aber auch bereit, zu korrigieren und verfolgt bis jetzt immer weiter ihre inneren Themen. Ich selbst habe nur selten konfrontierend gedeutet, die Übertragung habe ich nur gedeutet, wenn sie störend für die Beziehung zu werden drohte, dann auch sofort, was zur unmittelbaren Auflösung der bedrohlichen Konstellation führte. Partiell und kurzfristig bildete sich auch eine Übertragungsneurose aus, wobei ich die Position von Vater, Stiefmutter, Adoptivmutter und schließlich auch leiblicher Mutter einnahm. Es gab eher wenig stützende oder tröstende Interventionen, jedoch äußerte ich von Zeit zu Zeit meine Anteilnahme an den Sorgen der Patientin mit ihren Tieren und Interesse für ihr Engagement für ihren Naturgarten, worin ich eine Sublimierung sehe, die vielleicht ausgeht von ihrer ursprünglichen frühesten Erinnerung als einsames Kind, das sich Pflanzen zuwendet, im Garten ihrer Adoptiveltern.

Zum Schluss noch zusammengefasst die Rekonstruktion emotional besetzter genetischer Ereignisse, für die sich in Abständen eine zuvor abgespaltene oder verdrängte Erinnerung an die andere fügte: Zunächst erschreckten sie die

Augen ihres Vaters auf einem Foto, nach einiger Zeit nahm die Augen-Augen-brauen-Stirn-Partie für die Patientin einen bedrohlichen Ausdruck an, was mich – in Erinnerung an die Spitz'schen Untersuchungen – an frühkindliche Eindrücke denken ließ. Es kam dann eine unklare Erinnerung an ein Gesicht auf, das auf dem Kopf steht (wie wenn ein Erwachsener von der Kopfseite her in ein Kinderbett schaut) und damit verbunden die vorübergehende Überzeugung: »Mein Vater war pervers, er trug eine Perücke, wenn der nachts zu mir kam.« Dann die Erinnerung an die Adoptivmutter, die vor ihrem Tod verwirrt war und nächtens herumgeisterte und eine Perücke tragen musste. Nach dieser Erinnerung trat vorübergehend Beruhigung ein, die Amnesie schien aufgehoben zu sein. Dann aber die für die Patientin sehr aufregende Begegnung mit der Nonne mit der Flügelhaube, dabei ein blitzartiges Gefühl des Wiedererkennens und nächtens dann eine Körpererinnerung des grob und fest »Eingewickelt-Werdens« und dass ihr gleichzeitig etwas in den Mund gestopft wird. Dazugehörig vielleicht auch noch der Zustand des »Sich-völlig-verlassen-« und »verzweifelt-Fühlens«: »Kommt einer, ist es nicht gut, kommt keiner, dann ist es auch nicht gut.«

Literatur

Alexander, F. & French, T. M. (1946): Psychoanalytic therapy. New York (Ronald Press).

Faber, F. R.; Dahm, A. & Kallinke, D. (1999): Faber/Haarstrick: Kommentar Psychotherapie-Richtlinien. 5., aktualisierte und ergänzte Aufl. München (Urban & Fischer).

Greenberg, S. I. (1986): Analysis once a week. In: Am. J. Psychoanal. 46, S. 327–335.

Heigl-Evers, A.; Heigl, F.; Ott, J. & Rüger, U. (1997): Lehrbuch der Psychotherapie. 3. Aufl. Lübeck, Stuttgart (Fischer).

Hoffmann, S. O. (1983): Die niederfrequente psychoanalytische Langzeit-Therapie. In: Hoffmann, S. O. (Hg.) (1983): Deutung und Beziehung. Frankfurt a. M. (Fischer), S. 183–193.

Hoffmann, S. O. (1989): Psychoanalyse mit einer Wochenstunde. Zur Konzeption und Technik der niederfrequenten psychoanalytischen Langzeittherapie. In: Janssen, P. L. & Paar, G. H. (Hg.) (1989): Die Reichweite der psychoanalytischen Psychotherapie. Berlin, Heidelberg, New York (Springer), S. 45–53.

Kelman, H. (1945): Analysis once a week. In: Am. J. Psychoanal. 5, S. 16–27.

Luborsky, L.; Mc Lellan, T.; Woody, G. E.; O'Brien, C. P. & Auerbach, A. (1985): Therapist success and its determinants. In: Arch. Gen. Psychiatry 42, S. 602–610.

Rangell, L. (1954): Similarities and differences between psychoanalysis and dynamic psychotherapy. In: J. A. P. A. 2, S. 734–744.

Rüger, U. (2000): Zur Differentialindikation von Tiefenpsychologisch fundierter und Analytischer Psychotherapie, ein Diskussionsbeitrag. Schriftliche Mitteilung.

Sandler, J. & Sandler, A. M. (1985): Vergangenheits-Unbewusstes, Gegenwarts-Unbewusstes und die Deutung der Übertragung. In: Psyche 39, S. 800–829.

Spitz, R. A. (1970): Nein und Ja. Die Ursprünge der menschlichen Kommunikation. 2. Aufl. Stuttgart (Klett).

»Enactments«: basale Formen des Verstehens

Günter Heisterkamp

»Enactments«

Mit dem Begriff des »enactment« breitet sich in der Psychoanalyse ein neues Bewusstsein aus, in dem sich neben den bereits etablierten Prinzipien der »Deutung« und der »Beziehung« ein weiteres ankündigt: nämlich das Handlungsprinzip. Es hat eine lange Vorgeschichte, auf die ich hier nicht näher eingehen möchte. Ich knüpfe an der Beobachtung an, dass Psychoanalytiker sich immer ausdrücklicher mit der Frage befassen, was sie eigentlich machen, wenn sie das machen, was sie machen. Das Handeln ist in der Psychoanalyse »hoffähig« geworden und steht nicht mehr grundsätzlich unter Abwehrverdacht, wie das bekanntlich nicht einmal bei Freud (1914, 1938) der Fall war. Das zeigt sich bereits »inhaltsanalytisch« an der Vorkommenshäufigkeit operativer Begriffe in der Fachliteratur: Agieren,» action«, »interaction«, »acting-in«, »acting-out«, »enactment«, Dialoghandeln, Handlungsdialog, behandeln. In der deutschen Psychoanalyse hat der 1983 von Klüwer eingeführte Begriff des »Handlungsdialogs« eine besondere Beachtung gefunden.

Die neuere Entwicklung verdichtet sich in dem von Jacobs 1986 in die Diskussion gebrachten Begriff des »enactment«, der dabei ist, zu einem geflügelten Wort in der Psychoanalyse zu werden. 1989 veranstaltete die *Amerikanische Psychoanalytische Gesellschaft* erstmals eine Tagung zum Thema »enactments in Psychoanalysis« und seit 1990 erscheint der Begriff regelmäßig im Stichwortindex englischsprachiger psychoanalytischer Zeitschriften (vgl. Klüwer 1995). In seiner umfassenden Bedeutung steht er für die gemeinsamen Inszenierungen, die sich durch das Handeln des Patienten und des Analytikers herausbilden und insbesondere durch die »nichtsprachliche« Kommunikation zustande kommen. Die »enacted dimension« (Katz, 1998, S. 1132) hat sich in der Psychoanalyse als ein neuer Zugang zum therapeutischen Wirkungsgeschehen zwischen Patient und Therapeut etabliert (vgl. Ellman & Moskowitz 1998). Das wechselseitige Handeln und Behandeln ist zu einem Fokus der neueren psychoanalytischen Behandlungslehre geworden (vgl. Heisterkamp 2002a, 2002b).

»Enactments« ereignen sich überall. Handlungs- oder Erlebniseinheiten sind quasi die natürlichen Bausteine des Seelischen (vgl. Salber 1965). Ich beschränke meine Ausführungen hier auf die Analyse der Handlungsdialoge im psychotherapeutischen Raum. »Enactments« sind charakteristisch für den jeweiligen Patienten, den jeweiligen Analytiker sowie für den Behandlungsprozess, den beide interaktiv und intersubjektiv herausbilden. Jeder kann dazu viele originäre und oft auch originelle Beispiele aus der eigenen Praxis berichten. Ein schönes Beispiel, wie eine Patientin die räumliche Situation einer Behandlungspraxis und die Gepflogenheiten des Hereinkommens nutzt, um ihr Grundproblem mit ihrem Analytiker ins Spiel zu bringen, steht im Mittelpunkt des ebenfalls in diesem Band befindlichen Beitrags von Schmidt (2003). Oder der Leser stelle sich vor, dass er einen Patienten behandelt, den eines Tages die Fußmatte auf der Couch stört und der diese am liebsten entfernen möchte, um dann seine Schuhe auszuziehen und sich in Strümpfen hinzulegen. Wie auch immer der Analytiker reagieren wird, es entsteht ein Handlungsdialog und die aus dem interaktiven Geschehen erwachsene Wirkungseinheit entfaltet ihre eigenen heilsamen oder unheilsamen Effekte für den Patienten und, nicht zu vergessen, oft auch für den Analytiker. In meinem Buch *Basales Verstehen – Handlungsdialoge in Psychotherapie und Psychoanalyse* (2002a) bin ich ausführlich auf das Beispiel eines Kollegen eingegangen, der sich und seinen Patienten aus seiner Praxis ausgesperrt hatte und der das spontane Angebot seines Patienten zu einer »Räuberleiter« angenommen hatte, um durch das geöffnete Fenster doch noch in seine Praxis zu gelangen.

Solche und ähnliche Erlebniseinheiten gelangen immer mehr in den Fokus der psychoanalytischen Forschungslehre. Den bisherigen Stand haben Bilger (1986), Klüwer (1983, 1995, 2000) und Streeck (1998a, 1998b, 2000) in mehreren Artikeln detailliert herausgearbeitet. Da ich an anderem Ort (vgl. Heisterkamp 2001, 2002a, 2002b) schon ausführlich auf diese Publikationen eingegangen bin, möchte ich die wesentlichen Standpunkte hier thesenartig zusammenfassen:

1. Klüwer betrachtet den psychoanalytischen Prozess als eine Folge zusammenhängender und auseinander hervorgehender Inszenierungen oder »enactments«. Er verwendet die Begriffe synonym mit dem von ihm 1983 eingeführten Konzept des Handlungsdialogs.

2. »Enactments« stellen eine Situation dar, in der Patient und Analytiker durch eine Handlung aufeinander bezogen sind. Dabei setzen sich unbewusste seelische Komplexe in Szene, die prototypische Bedeutung für die Lebenserfahrung des Patienten (und nicht selten auch für die des Therapeuten) haben, also als Re- und Neuinszenierungen früher Modellsituationen (vgl. Adler 1929; Lichtenberg 1987, 1989) verstanden werden können.

3. In der neueren Psychoanalyse wird davon ausgegangen, dass Patient und Therapeut sich im buchstäblichen Sinne des Wortes wechselseitig behandeln.

Die zentrale praxeologische Fragestellung lautet demnach: Was machen Patient und Therapeut miteinander? Wie wirken sie aufeinander und zusammen? Welche Verlaufsform nimmt das Wirkungsgeschehen (z. B. Wiederholung, Variation, Eskalation, Veränderung)?

4. Es würde die Arbeit unnötig erschweren, wollte der Therapeut versuchen, solche »enactments« unbedingt zu vermeiden. Sie sind nämlich unvermeidbar. Klüwer hebt ausdrücklich hervor, dass wir alle dazu neigen, die Formen der Abwehr und der Selbstsicherung unserer Patienten mitagierend aufzunehmen, d. h. »alltäglich zu beantworten« (Klüwer 2000, S. 33). Solange wir durch die unbewusste Behandlung des Patienten gebunden und blind bleiben, sind wir nicht in der Lage, in einer neuen Weise auf ihn zu reagieren.

5. Es gibt Handlungsdialoge, in denen der Therapeut auf den Patienten reagiert und solche, die der Therapeut selbst initiiert hat. Oft ist diese Unterscheidung nach dem Muster von Ursache und Wirkung für das zirkuläre Übertragungs- und Gegenübertragungsgeschehen nicht mehr angemessen. Das entdeckende Lernen von Therapeut und Patient folgt dann der Frage: Was haben wir inszeniert und welche unbewussten Bedeutungen werden hier wahrnehmbar, erfahrbar und bearbeitbar?

6. Das setzt einen externen Standpunkt voraus, in dem zumindest der Therapeut zum Wirkungsgeschehen eine reflexive Position einnimmt, um zu erfassen, welche Bedeutung der Handlungsdialog mit dem Patienten ins Bild gesetzt hat. In diesem Differenzierungsschritt des Therapeuten bereitet sich bereits das Verstehen des Patienten und auch dessen Loslösung vor.

7. Jeder Handlungsdialog zeigt drei aufeinander folgende Schritte:

7.1 Aktualisierung: Ein etabliertes seelisches Gleichgewicht wird labilisiert und unbewusste Tendenzen (z. B. die Suche nach einem Objekt bzw. Selbstobjekt) werden wachgerufen und richten sich auf den Therapeuten. Sie sind in ihrem tiefen psychologischen Sinn und ihrer unbewussten Bedeutung zunächst nicht wahrnehmbar und verstehbar und müssen sich erst aktualgenetisch und interaktiv realisieren.

7.2 Inszenierung: Da der Patient seine Tendenzen nicht benennen kann, muss er sie inszenieren und versucht sein Gegenüber entsprechend zu bewegen. Der Therapeut ist über seine Offenheit besonders empfänglich für solche Einwirkungen. »Enactments« entziehen sich leicht der Aufdeckung. Die Folgen sind Nicht-Veränderung bzw. Verschlechterung des Zustandes des Patienten, also Stagnation des therapeutischen Prozesses.

7.3 Auflösung: Die Auflösung des Handlungsdialogs erfolgt durch das Verstehen und die Deutung des Therapeuten. Dabei können drei unterschiedliche Schwierigkeitsgrade der Auflösung von »enactments« festgestellt werden:

a) Wenn das »enactment« rasch bemerkt und gedeutet wird, löst es sich schnell auf.

b) Wenn es nicht bemerkt oder nicht verstanden wird, entsteht eine infauste, leere Beziehungssituation, eventuell ein langes quälendes Mit- und Aneinander-Leiden, und der psychotherapeutische Prozess gerät in eine Sackgasse.

c) Der Patient besteht darauf, eine spezifische Beziehung zu erfahren. Es erscheint ihm unverzichtbar, die persönliche Betroffenheit des Therapeuten zu erleben. Hier ist das Verstehen und die Auflösung an die vorangegangene Verstrickung des Therapeuten gebunden.

8. Das Agieren hat eine innovative und kreative Seite. Es stellt den wichtigsten Ort psychischer Transformation dar. In ihm liegt der Dreh- und Wendepunkt der Behandlung.

Mit Streeck (2000, S. 48ff.) lässt sich das »enactment«-Konzept folgendermaßen zusammenfassen: Der Patient behandelt sein Gegenüber und der Psychotherapeut behandelt den Patienten nicht nur mit Hilfe von Deutungen, *sondern mit allem, was er tut und wie er das tut*. Das Sprechen selbst *ist* Handeln und kann für das Gegenüber manchmal viel mehr *Be-handlung* sein als inhaltliche Mitteilung. Statt dem Patienten im Medium sprachlicher Symbolik vermitteln zu wollen, was er nur in der Dimension des Handelns liest, gilt es hier, *das eigene Handeln und Mithandeln möglichst so zu gestalten, dass es für den Patienten entwicklungsförderlich ist.*

Weiterführungen

Ich halte die Formulierung, dass der Analytiker das eigene Handeln und Mithandeln möglichst so gestalten sollte, dass es für den Patienten entwicklungsförderlich ist, für programmatisch. Es wird die psychoanalytische Forschung in den nächsten Jahren immer mehr beschäftigen, diesen allgemeinen Entwurf zu spezifizieren und zu realisieren. In diesem Sinne sollen die folgenden Ausführungen das bisherige Verständnis für das interaktive und intersubjektive Wirkungsgeschehen zwischen Patient und Analytiker vertiefen und weiterführen.

Operatives Verstehen

Zunächst möchte ich dazu auf die Bedeutung der operativen Dimension psychoanalytischer Behandlung verweisen. Das gesamte analytische Setting hat eine operative Dimension und birgt auch die fruchtbaren Möglichkeiten eines operativen Verstehens und Bearbeitens (vgl. Heisterkamp 2002a). Als Beispiel diene nur das für unsere Arbeit typische »holding« und »containing«. Unter der

Handlungsperspektive wird die außerordentliche Bedeutung dieser Funktionen erst richtig wahrnehmbar. Wenn der Analytiker die überwältigenden Liebes- und/oder Hassgefühle des Patienten aufnimmt und hält, wenn er Anteil nimmt an den überflutenden Emotionen der Angst, der Panik, der Verlorenheit, der Ohnmacht, der Wut, des Hasses, der Verzweiflung, der Scham usw. und wenn er dabei gleichzeitig weitgehend gelassen und zuversichtlich bleiben kann, erfährt der Patient in diesem interaktiven und intersubjektiven Vorgang eine *unmittelbare Beruhigung*. Man stelle sich einen Patienten vor, der von panischer Auflösungsangst ergriffen wird, der sich durch die transmodal ausstrahlende Ruhe seines Analytikers und dessen deutliche Bereitschaft zur Übernahme der Rolle eines beruhigenden Objektes gehalten und geschützt fühlt. Diese Beruhigung vollzieht sich direkt im und über das Interaktionsgeschehen und stellt auch eine unmittelbare Bearbeitung seiner frühen Objektbeziehungen dar, die ja alle in Handlungserfahrungen begründet sind. So führt »die reale Erfahrung einer gemeinsamen Klärung (...) der gemeinsamen Inszenierung« in dem oben bereits erwähnten Fallbeispiel von Schmidt (s. S. ...) zu einem Wendepunkt in der Behandlung und im Leben der Patientin. Über die leibliche Dimension dieses Wirkungsgeschehens (Dasein, Mitsein, Mitschwingung; mimischer, motorischer, stimmlicher und respiratorischer Dialog) gewinnt das Wirkungsgeschehen zwischen Patient und Analytiker einen regredienten Tiefgang und einen fundierten Zugang zu prozeduralen und operativen – mit einem Wort – zu *basalen* Formen des Wahrnehmens, des Verstehens und des Behandelns.

Dieser Zugang zu den frühen Regressionsebenen, auf denen der frühe Handlungsdialog entgleiste und auf denen er erst wieder bearbeitbar wird, kann aber auch durch die Form der Behandlung erschwert und behindert werden. Es ist nämlich zwischen mittelbaren und unmittelbaren Formen des Gehalten- oder Geborgenseins zu unterscheiden. Sprachsymbolischen Abstraktionen fehlt zuweilen die erlebensmäßige Fundierung. Solche Erfahrungen entwickel sich erst auf der Grundlage eines konkreten und im wörtlichen Sinne zu verstehenden Gehaltenwerdens. Erst über einen langwierigen Prozess der Elaboration werden sie zu einem prozeduralem Wissen, zu objektivierbaren Bildern und schließlich zu abstrakten Sprachsymbolen. Zur Veranschaulichung diene eine ungewöhnliche Kindheitserinnerung.

Ein älterer Mann verbindet mit Bombenalarm positive, wohlige Gefühle. Wenn nachts die Sirenen ertönten, so erinnert er sich, erschien alsbald sein geliebter, tagsüber lange abwesender Vater, der ihn zärtlich in eine Wolldecke wickelte, liebevoll auf den Arm nahm und behutsam in den Luftschutzkeller trug, wo er ihn wieder auf ein Luftschutzkellerbett legte und sich neben ihn setzte.

Dieser Patient hat offenbar die nötige operative Grundlage für das symbolische »containing« und »holding« der analytischen Situation. Er wird durch die

Symbolik nicht überfordert, weil sie an seinen operativen Grunderfahrungen anknüpfen kann. Schwierig wird die analytische Situation dann, wenn der Patient die konkreten Formen des Gehaltenwerdens und Geborgenseins nicht gemacht hat und ihm die grundlegenden Handlungsmuster und Handlungsbilder dazu fehlen. In dieser Notlage helfen Patienten sich und dem Behandler damit, dass sie die Handlungen, die sie zur Fundierung ihres Seelischen benötigen, unbewusst bei ihrem Analytiker provozieren. Darüber sollten wir aber auch die Not derjenigen Patienten nicht vergessen, die gerade nicht soviel Ich-Stärke und Selbstbewusstsein aufbringen können, um z. B. das an bestimmten Stellen unbekömmlich gewordene Setting zu verändern. Hier könnte die Psychoanalyse sich meines Erachtens noch mehr öffnen für Formen der Intervention, die den Zugang zum operativen, erprobenden Erfahrungsraum erweitern. Das hat überhaupt nichts damit zu tun, dem Patienten eine bessere Mutter oder ein besserer Vater sein zu wollen, sondern mit der therapeutischen Kunst, nachträglich bisher fehlende oder fraktionierte Repräsentanzen zu bilden. Das geschieht durch einen basalen Zugang zu den Erfahrungsebenen, auf denen sich unter günstigeren Entwicklungsbedingungen die Imagines oder Repräsentanzen für Halt, Sicherheit, Geborgenheit usw. gebildet hätten.

Unmittelbare Wandlungserfahrungen

Zunächst möchte ich darauf hinweisen, dass wir uns aus der Geschichte der Psychoanalyse im Allgemeinen und aus der Begriffsgeschichte des Agierens im besonderen zunächst fast ausschließlich mit den »enactments« befasst haben, die notwendigerweise noch der analytischen Bearbeitung bedürfen, damit die Chance der darin gebundenen Entwicklungsressourcen vom Patienten genutzt werden können. Darüber sind diejenigen »enactments« in den Hintergrund der Wahrnehmung geraten, die *unmittelbar heilsam* wirken, deren therapeutische Wirkung also nicht grundsätzlich vom Durcharbeiten im herkömmlichen Sinne abhängig ist. Diese machen meines Erachtens einen Großteil unserer therapeutischen Effizienz aus. Das bisherige »enactment«-Konzept ist also zu ergänzen oder zu differenzieren, *indem zwischen entwicklungshinderlichen und entwicklungsförderlichen Handlungsdialogen unterschieden wird*. Auf diese fast immer freudigen Erinnerungen, möchte ich mich im Folgenden konzentrieren.

Ich kann hier leicht an Erfahrungen des Lesers anknüpfen und ihn fragen, an welche freudigen Situationen aus seinen eigenen Analysen und aus den von ihm selbst durchgeführten Behandlungen er sich spontan erinnert. Vielleicht stellt er dabei überrascht fest, dass es sich bei den als Analysand erinnerten Situationen um Episoden handelt, die nicht recht in die etablierte Behandlungslehre passen. Vielleicht hat auch der eine oder andere einmal Patienten am Ende der Behandlung gefragt, was sie als besonders hilfreich in Erinnerung bewahrt haben, und sich nach den einfachen Antworten (z. B. wie freundlich Sie mich begrüßt haben, wie Sie mir einmal ein Glas Wasser gegeben, wie Sie mir ein Taxi bestellt haben) gefragt, was von seiner hochdifferenzierten Behandlungskunst in seinem Patienten repräsentiert ist. Man könnte versucht sein, die Antworten der Patienten mit ihrem laienhaften Verständnis von Psychotherapie zu erklären. Aber auch Lehranalytiker könnten sich wundern, wenn sie Kandidaten am Ende oder nach ihrer Lehranalyse dieselbe Frage stellen und diese, obwohl sie differenziert in der psychoanalytischen Behandlungslehre ausgebildet sind, durchaus ähnliche Episoden wie die Patienten berichten würden.

Ein schönes Beispiel aus einer klassischen Psychoanalyse ist mir freundlicherweise von einer Kollegin mitgeteilt worden. Sie schrieb mir: »Ich hatte einen furchtbaren Husten, schon mehrere Sitzungen hintereinander. Ob somatisch oder psychisch – in den Analysestunden war er so stark, dass ich kaum sprechen konnte. Und er wich auch keiner Deutung. *Und dann schenkte mir der Analytiker ein Hustenbonbon!* Ich weiß nicht mehr, was mit dem Husten geschah, jedenfalls trug ich das Hustenbonbonpapier lange mit mir herum wie einen Talisman.« Abschließend fügt die Kollegin noch hinzu, es würde wohl nicht verwundern, »dass diese Szene in der Analyse *nicht* weiter erwähnt wurde«.

Ein Kollege erinnerte sich daran, wie er zur Analysestunde fuhr und bei seinem Analytiker anklingelte, obwohl er bereits unterwegs festgestellt hatte, dass er sich im Termin geirrt hatte. Es wurde für ihn zu einer freudigen Erfahrung, unmittelbar zu erleben, wie er mit seinem unplanmäßigen Erscheinen seinen Lehranalytiker verwirren und verunsichern konnte. Viele Patienten berichten, wie wohltuend sie es erlebt haben, von ihrem Analytiker freundlich behandelt, liebevoll getröstet oder ermutigt worden zu sein, wie wichtig ihnen seine tröstende Stimme, seine humorvollen Kommentare oder sein Strahlen über ihr Weiterkommen war. Für eine Patientin von Ghent (1995) könnte unvergessen geblieben sein, wie einmal – als sie auf der Couch lag – ihr Analytiker aufstand, ihr eine Wolldecke reichte und sie erst in diesem Moment spürte, wie sehr sie vorher gefroren hatte.

Um diese unmittelbaren Wirkungen und das damit verbundene präsentische Verstehen deutlich zu machen, bin ich auf meine eigenen Erfahrungen als Analysand sowie auf die Methode der Introspektion angewiesen. Deswegen gehe ich hier nochmals auf andernorts ausführlicher erwähnte Beispiele (vgl. 2002a) ein.

Aus meiner ersten Analyse vor über 20 Jahren habe ich noch immer in wohltuender und bleibender Erinnerung, wie ich mich von meinem Analytiker freundlich begrüßt und verabschiedet fühlte, wie ich mich in seiner liebevollen Stimme geborgen fühlte und wie er an meiner Entwicklung als junger Wissenschaftler freudigen Anteil nahm. Hier arbeitete ich offenbar erfolgreich an den operativen Grundlagen meines Selbst- und meines Selbstwertgefühls. Interessant erscheint mir in diesem Zusammenhang auch, dass die einzige, mehr negativ gefärbte Erinnerung sich auf eine Deutung bezog. Ich erinnere mich, dass ich mich über eine triebtheoretisch ausgerichtete Traumanalyse – er stand in unmittelbarer Nachfolge von Sigmund und Anna Freud – lustig machte, als er den manifesten Trauminhalt einer Tasse Kaffee wegen ihrer braunen Farbe ziemlich linear als einen Hinweis auf einen latenten analen Sinn auffasste. Den Nachwirkungen nach zu urteilen und auch meinem Gefühl entsprechend habe ich offenbar weniger von seinen Deutungen als von seinem liebevollen Kontakt zu mir profitiert. Diese heilsamen Erfahrungen habe ich damals gemacht, ohne es bewusst wahrzunehmen. Sie sind mir erst viele Jahre später, unterstützt durch weitere, auch leibfundierte Behandlungen, deutlich geworden.

Das nächste Beispiel stammt aus meiner letzten Analyse als bereits sehr selbsterfahrener Analysand im Alter von über 60 Jahren. In diesem Handlungsdialog wurde ich einer Wandlungserfahrung unmittelbar inne. Es handelt sich wieder um eine Begrüßungsszene. Zunächst schien sich das gewohnte freundliche Begrüßungsritual zwischen meiner Analytikerin und mir in derselben Weise wie schon viele Male vorher zu wiederholen. Vom Ablauf her schien alles gleich, jedoch mit einer wichtigen Ausnahme, die sich in Bruchteilen von Sekunden abspielte und für mich zu einem therapeutisch hochbedeutsamen »Augenblick« wurde. Ich hielt plötzlich inne und merkte, dass ich erstmalig in anderer Weise in ihre Augen schaute. Ich sah in schöne blaue Augen, die meinen Blick strahlend und sicher erwiderten. Ich merkte, wie ich Sekundenbruchteile länger als üblich in diesem Augenkontakt blieb. Dabei spürte ich, wie der Hauch eines neuen Selbstverstehens mich durchwehte und durchströmte. Es war mir sofort klar: In dieser Weise hatte ich bisher noch nie (wieder) in blaue Augen mir bedeutsamer Frauen zu schauen gewagt. Ein früh erworbenes »scheme of being with« (Stern 1989, 1996) hatte sich, davon war ich unmittelbar überzeugt, verändert (vgl. Heisterkamp 1998).

Das nächste Beispiel einer unmittelbaren Wandlungserfahrung ist deswegen besonders wichtig, weil ich es zunächst längere Zeit gegen die Deutungsbemühungen meiner sonst so empathischen Analytikerin behaupten musste, bis ich mich verstanden fühlte. Durch diesen »Widerstand« meiner Analytikerin wird die Eigendynamik und Eigenqualität einer solchen schöpferischen Selbstbehandlung besonders deutlich. In der hier gebotenen Kürze: Nachdem ich mehrmals vergeblich an der Türe meiner Analytikerin geklingelt hatte, öffnete mir ein freundlicher älterer Herr. Er bedauerte, dass seine Frau, die schon im Behandlungszimmer sei, mich nicht gehört habe und führte mich den gewohnten Weg dorthin. Vorsichtig öffnete er die Türe und sagte liebevoll zu ihr:

»Schätzelein, da ist jemand für dich.« Mich hat dieser liebevolle Umgang der beiden Alten tief berührt. In diesem Moment wurde bei mir ein schönes und ermutigendes Hoffnungsbild für die letzten Jahre meines Lebens mit meiner Frau wachgerufen, dem schon Ovid in seinen Metamorphosen mit dem berühmten Paar »Philemon und Baucis« eine schöne literarische Form gegeben hatte. Auf der Grundlage fragiler und belastender Vorerfahrungen mit meinen eigenen Großeltern und über die Teilhabe an diesem Glück zweier alter Menschen kreierte mein Selbst einen schönen, hoffnungsvollen Entwurf für die Zukunft, der sich halten sowie entwickeln und mich hoffnungsvoll in die Zukunft schauen lässt.

In diesen Beispielen vollzieht sich ein unmittelbares Verstehen, das bisher in der psychoanalytischen Behandlungslehre noch keinen Platz gefunden hat und dem sich derzeit unter dem Stichwort der »Now-Moments« (Stern 1998; Stern et al. 2002) ein kleines Fenster öffnet, das nur einen engen Ausschnitt aus diesem unermesslichen Phänomenbereich beleuchtet. Normalerweise gilt für die psychoanalytische Behandlung das Prinzip der Nachzeitlichkeit. Das lässt sich prototypisch an der Bühnenmetapher psychoanalytischer Behandlung erläutern. Was Patient und Analytiker miteinander machen, wird als Szene objektiviert, d. h. an den Horizont des Erkennens projiziert, *und dann* quasi als psychoanalytisches Material analysiert. Dieses sprachlich vermittelte (repräsentische) ist deutlich unterschieden von dem unmittelbaren (präsentischen) Verstehen. In psychoanalytischen Publikationen findet gewöhnlich eine latente Verschiebung vom präsentischen zum repräsentierenden Verstehen statt. Die Inszenierung mit ihrem immanenten operativen Gewahren, Verstehen und Bearbeiten wird zur Szene verdinglicht, die nachträglich angesehen und eingesehen werden kann. Aus dem Ereignis wird ein Ergebnis gemacht. Diese Verschiebung hat ihren tiefen psychologischen Sinn. Beim nachträglichen Durcharbeiten einer Szene kann der Analytiker sich wesentlich wirk- und bedeutsamer erleben, als in den oft eher banal erscheinenden Episoden präsentischen Verstehens, die – wenn auch im Kontext der therapeutischen Wirkungseinheit – viel mehr die schöpferischen Kräfte der Selbstbehandlung fokussieren.

Es liegt im Wesen der unmittelbaren Wandlungserfahrungen, dass sie sprachlich nicht so leicht zu fassen sind. Ich möchte diese Phänomene dennoch kurz zu beschreiben versuchen:

1. Die unmittelbare Wandlung wird nicht gemacht, sondern sie ereignet sich, sie geschieht mit einem. Die Erfahrungen kommen quasi unvermittelt über einen. Sie ist für Analytiker und Analysand nicht planbar. Im Gegenteil: Sie fühlen sich davon meistens überrascht. Dem Analytiker sind sie nicht selten peinlich. Oft haben sie die Qualität von »Fehlleistungen«.

2. Auch das Erleben einer solchen Wandlungserfahrung ist nicht einfach zu beschreiben. Am besten passt für mich noch, *dass ich etwas gewahr oder eines seelischen Geschehens inne werde*. Das Erleben einer unmittelbaren Verwandlung ist deutlich verschieden von den klar fokussierten Erlebensprozessen kognitiver Umstrukturierungen. In meinen letzten beiden Beispielen war es mir, als wenn mich ein Hauch des Verstehens ganzheitlich durchwehte. Es ist weder nur mental, noch nur leiblich zu qualifizieren. Der Prozess erfasste mich jedenfalls *ganzqualitativ*. Ich wurde meiner eigenen schöpferischen Lebensbewegung inne. Ich merkte, wie sich meine seelische Wirklichkeit wandelte. In mir erhellte sich etwas, das bisher nicht zugänglich oder nicht da war.

3. Die spontanen Wandlungserfahrungen gehören zu bestimmten Situationen, die man mit Adler (1929) als »prototypisch« oder mit Lichtenberg (1987, 1989) als »modellhaft« bezeichnen kann: Ich lebe meine lebensstiltypische Wirklichkeit und diese erfährt über das authentische »Sosein« einer besonderen Bezugsperson einen *Wandlungsruck*. Diese Veränderung wird staunend erfahren und nachträglich erinnerlich.

4. Wenn die unmittelbaren Wandlungserfahrungen auch nicht zielgerichtet herstellbar sind, so heißt das nicht, dass sie von keinem praxeologischen Interesse wären. Das zeigt sich schon daran, dass sie durch rigide Auslegung von Behandlungsregeln (Spiegelung, Neutralität, Abstinenz, Nichtaktivität, Nichtbefriedigung usw.) behindert oder ausgeblendet werden. Je bewusster sich der Analytiker der aktionalen Dimension wechselseitiger Behandlung ist, je mehr er sein Tun und Lassen und das des Patienten als umfassende Wirkungseinheit wahrzunehmen gelernt hat, um so mehr schöpft er aus den dem intersubjektiven Geschehen immanenten therapeutischen Wirkungen, die er nicht kontrollieren, sondern nur über seine Teilhabe mitgestalten kann.

5. Wenn die beschriebenen Beispiele auch Ereignisse sind, die nicht planbar sind, ja durch den Versuch, sie zu arrangieren, schon verhindert werden, so kann der Analytiker wiederum vieles tun und bereitstellen, damit sie möglich werden. Es leuchtet sicher ein, dass solche Erfahrungen vom Übertragungs- und Gegenübertragungsgeschehen abhängig sind. Der psychotherapeutische Raum ist eine solche *Bereitstellung* für mögliche explizite und implizite Wandlungen. Ohne meine voraufgegangenen Erfahrungen von Empathie, Resonanz und Akzeptanz hätte ich die oben beschriebenen Erfahrungen wohl nie machen können. Der allgemeine Hinweis auf den Möglichkeitsraum der psychotherapeutischen Situation muss aber noch spezifiziert werden. Es sind gerade die *operativen Züge dieses therapeutischen Wirkungsgeschehens*, welche die unerledigten und unbewältigten Tendenzen des Seelischen (z. B. Bedürfnisse, Mangelzustände, Konflikte, Abwehrmaßnahmen, Selbstsicherungen usw.) wieder aktualisieren und sie damit wieder wahrnehmbar, verstehbar und neu bearbeitbar machen. So

hat in meinem Beispiel das Begrüßungsritual als ein relativ formales Handlungsmuster dem Seelischen einen Anhalt geboten, um abgewehrte Ängste, verschüttete Bedürfnisse und Hoffnungen wiederzubeleben, die – recht verstanden und validiert – in heilsamer Weise mein künftiges Leben vorstrukturieren konnten.

Wir müssen hier nicht mystische und magische Hilfsvorstellungen bemühen, weil uns die neuere Säuglingsforschung viel plausiblere Erklärungen anbietet, die nach den entwicklungspsychologischen Entdeckungen von Piaget (1946), Lichtenberg (1987, 1991, 1998) und Stern (1989, 1996, 1998) mittlerweile gut nachvollziehbar sind (vgl. Dornes 1993, 1996, 1997): Kleinkinder machen ihre prototypischen Lebenserfahrungen nur im Rahmen umfassender »Handlungseinheiten« (Salber 1965). Hierbei geht es keineswegs nur um die Erfahrungsniederschläge des frühen Handlungsdialogs. Erfassen, Begreifen und Denken sind bis ins siebente Lebensjahr in senso-motorische Schemata eingebettet und bleiben während der gesamten Grundschulzeit ein operatives Geschehen (vgl. Aebli 1966; Piaget 1946; Piaget & Inhelder 1966). Insbesondere die Kategorien, die seelische Erfahrungen symbolisieren, haben eine bis in die Pubertät hineinreichende operative bzw. interaktive Vorlaufzeit.

Wenn die leiblichen Andeutungen entwicklungsanalog aufgegriffen werden und ihnen ein entsprechender Bewegungsspielraum geboten wird, entfalten und formieren sie sich bald zu prototypischen Situationen der früheren und der gegenwärtigen Wirklichkeit und werden darüber erst dem reflexiven bzw. repräsentierenden Verstehen zugänglich. Indem und während sie sich prozedural und operativ ausformen, vollzieht sich bereits ein präsentisches Verstehen und eine *unmittelbare Selbstbehandlung* des jeweiligen Komplexes. Durch die über lange Zeit verpönte aktionale Dimension gewinnt das therapeutische Wirkungsgeschehen einen besonders regredienten Tiefgang. In den Handlungsdialogen werden sprachlich unzugängliche Komplexe und Selbstzustände erst wieder fassbar. Die unmittelbare Dimension wechselseitiger Behandlung war aus der bisherigen tiefenpsychologischen Praxeologie nahezu ausgeklammert und hält derzeit in verkürzter Form unter dem Index »enactment« ihren Einzug in die Psychoanalyse.

6. Mit der Reaktualisierung früher Handlungsdialoge eröffnet sich eine *neue Dimension regressions- und entwicklungsanaloger Behandlungen*. Es werden – oft zur Überraschung von Analytiker und/oder Patient – Verhaltensweisen des Analytikers unmittelbar therapeutisch wirksam, die bei adultomorpher oder traditioneller Betrachtung inadäquat oder gar peinlich wirken. Ich denke hier an Verhaltensweisen erfahrener Kolleginnen und Kollegen, die mir aus Literatur oder Supervision bekannt sind, die zuweilen Patienten in spezifischen Situationen – analytisch reflektiert – konkrete unterstützende Handlungen ange-

boten haben: z. B. einen Gegenstand oder ein Stofftier aus der Praxis mitgeben, zum Geburtstag gratulieren, sich ausdrücklich über Erfolge und Fortschritte freuen, besonders wichtigen Ereignissen des Patienten (z. B. bei einer Premiere im Theater, einem Abschiedsgottesdienst, einem Vortrag usw.) als realer Zeuge beiwohnen, einen Schutzengel für eine anstehende Operation wünschen, zu Weihnachten oder im Krankenhaus anrufen usw. Ich erinnere mich noch gut an die strahlenden Augen einer Kollegin, als sie mir erzählte, wie beglückend es für sie gewesen sei, als sie während einer längeren Krankheit genau in der Stunde, zu der sonst ihre Analyse stattfand, von ihrer Lehranalytikerin angerufen wurde. Man kann aus dem Elfenbeinturm der reinen Lehre darüber den Kopf schütteln, wir alle wissen aber, dass diese Szenen noch häufiger auftreten, als mutige Publikationen das ohnehin schon nahe legen. Aus einer entwicklungspsychologischen Sichtweise ist es selbstverständlich, dass Eltern ihre Kinder mit Worten und Taten unmittelbar unterstützen und sie ebenso unmittelbar bei Enttäuschungen trösten, aber auch ebenso unmittelbar frustrieren und verletzen können.

Wenn in der Psychoanalyse von Handlungsdialogen oder »enactments« die Rede ist, sind damit in der Regel interaktive Szenen gemeint, die sich unbewusst zwischen Patient und Analytiker ereignen. So wird versucht, zwischen einem Handeln, *»das nicht bewusst und aktiv durch den Analytiker angeregt wird«* (Müller-Braunschweig 2001, S. 10), und einem vermeintlich unanalytischen Handeln zu unterscheiden, das bewusst und aktiv vollzogen wird und gewöhnlich als »manipulativ« bzw. »strategisch« kritisiert wird. Diese Unterscheidung lässt sich jedoch nicht aufrechterhalten. Sie dient vermutlich einer fiktiven »Reinhaltung« der psychoanalytischen Behandlung. Eine solche Aufteilung blendet wesentliche Formen des psychotherapeutischen Wirkungsgeschehens aus. Das wird offensichtlich, wenn der Patient angeregt oder aufgefordert wird, sich auf die Couch zu legen oder sich in den Sessel zu setzen. Freud wollte durch das Liegesetting (entsprechendes gilt für das Sitzsetting) ausdrücklich den expressiv-motorischen Bereich des Verhaltens und Erlebens blockieren, da er glaubte, durch die Einschränkungen der Motilität die motorische Abfuhr nach außen zu unterbinden, den Druck nach innen zu verstärken und damit die Wahrnehmung der Patienten auf ihre seelische Tätigkeit zu konzentrieren. Ganz abgesehen davon hatte dieses Arrangement auch noch persönliche Gründe, da er es nicht vertrug, »acht Stunden täglich (oder länger) von anderen angestarrt zu werden«. Für Freud war klar, dass es sich um eine dem Patienten »aufgezwungene Situation« handelt (Freud 1913, S. 467ff., 1904, S. 4ff.).

Es lassen sich noch viele weitere Situationen finden, in denen der Analytiker handelt: Wenn er seine Patienten auf die Assoziationsregel verpflichtet, wenn er die Behandlungsfrequenz dosiert, wenn er einen geschützten therapeutischen Raum in einem freundlichen Ambiente bereitstellt, wenn er sich für Projektionen und projektive Identifizierungen offenhält, wenn er quälende Selbstzustände des Patienten aufnimmt und stellvertretend für diesen transformiert, wenn er dem Patienten immer wieder konkret begegnet und es zu »now-moments« (Stern 1992; Stern et al. 2002) kommt, wenn Patienten den Rahmen des herkömmlichen Settings verändern und den Analytiker, ob er will oder nicht, in konkrete und überraschende Handlungsdialoge einbeziehen, ganz zu schweigen von der ununterbrochenen gestischen, mimischen, stimmlichen und respiratorischen Interaktion. Tatsache ist, dass es für den Analytiker überhaupt nicht möglich ist, nicht zu handeln. Auch die Trennung zwischen bewusst und unbewusst ist nicht durchzuhalten, insofern es ein unbewusstes Verstehen ebenso gibt wie ein bewusstes Tun, das unverstanden bleibt. Letztlich ist wohl auch der Handlungsbegriff zu eng, um das gesamte intersubjektive Geschehen zu erfassen. Da die Prinzipien »Deutung«, »Beziehung« und »Handlung« nur Teilaspekte erfassen, spreche ich lieber von einem *Wirkungsgeschehen*. Analytiker und Patient schaffen durch ihr (bewusstes und unbewusstes) Tun und Lassen jeweils *spezifische Handlungs- und Erlebniseinheiten, die als solche bereits heilsam und unheilsam wirken*, noch bevor sie überhaupt wahrgenommen bzw. durchgearbeitet werden.

Behandlungsmethodische Andeutungen

Die Unterscheidung von »enactments«, die der Bearbeitung bedürfen, und solchen, die unmittelbar heilsam wirken, macht auf ein breites Spektrum von Zwischenformen aufmerksam. Hier sind viele Keimformen gesunden Neuwerdens zu beobachten, die nicht selten verkümmern, weil sie nicht beachtet werden oder weil der Umgang mit ihnen nicht ihrem Wesen entspricht. Die operative Dimension, die ja für alle »enactments« grundlegend ist, erfordert ein entwicklungsanaloges Verstehen und Behandeln. Ansonsten reinszeniert sich in der Behandlung eine adultomorphe Verkennung. Das lässt sich an der folgenden freudigen Analyseerinnerung erläutern:

Eine Kollegin berichtete mir in einem Seminar zu diesem Thema, wie sie morgens auf dem Weg zur Analyse von weitem schon das Haus ihres Analytikers sah und ihren erwartungsvollen Blick auf den Erker des Zimmers richtete, in dem die Sitzungen stattfanden; wie sie sich von der leuchtenden Lampe im Fenster begrüßt fühlte und sich freute, »willkommen geheißen zu werden, willkommen zu sein«. Die leuchtende Lampe wurde für sie zum Zeichen, dass er auf sie wartete und sich auf die Stunde mit ihr freute. Sie wusste nicht, ob das überhaupt der Fall gewesen war, da sie diese Szene nie angesprochen hätte und ihr diese erst bei der Schilderung meiner Analyseerfahrungen eingefallen war. Nachher wurde sie unsicher und überlegte, ob sie vielleicht doch darüber gesprochen hatte; aber wenn sie das getan hätte, sei sie sicher, dass er ihr diese Wahrnehmung nicht zerstört hätte. Aber dann wäre er sicherlich nur kurz darauf eingegangen und ohne sich zu äußern, was er selber bei ihrem Kommen gefühlt hätte. Auf jeden Fall, so hob sie ausdrücklich hervor, wäre sie sich sicher, dass ihre Wahrnehmung für ihre Entwicklung sehr bedeutsam war.

Nach meinen bisherigen Erkenntnissen fundieren derartige operative Erfahrungen oft erst die mentale Empathie und das mentale Verstehen des Analytikers. Wenn sich die Analysandin z. B. aufgrund ihrer Familienkonstellation oder Geschwisterposition sehr früh verunsichert fühlte, ob sie wirklich gewollt und willkommen war, hatte sie offenbar bei ihrem Analytiker in der Konstanz und Präsenz seiner verstehenden Begleitung eine korrektive emotionale Erfahrung gemacht. Diese kann allerdings auf verschiedenen Ebenen erfolgen. Ein streng um die »Reinheit« des analytischen Settings bemühter und distanzlastiger Abstinenzbegriff versperrt leicht den Zugang zu der Ebene, bis zu der die aktuelle Selbstunsicherheit zurückreicht. Manchmal findet sich aber unbemerkt ein *Geheimweg*, wenn z. B. der Glanz im Auge des Analytikers einen regredienten Tiefgang eröffnet, der bis in früheste Entgleisungen des präverbalen Handlungsdialogs zurückreicht und seine heimlichen Wirkungen erzeugt. Hier finden die schöpferischen Kräfte des Seelischen, von Analytiker und Analysand unbemerkt, einen heilsamen Weg der Fundierung und Festigung späterer responsiver Erfahrungen. Obwohl schon erwachsen, findet die Analysandin einen entwicklungsanalogen Zugang zu den Domänen der Selbstwerdung (vgl. Stern 1992) und macht über die konkrete Inszenierung eine nachbereitende Erfahrung:

»Ich gehe zu meinem Analytiker, der sich auf mich freut. Er stellt eine Lampe ins Fenster und zeigt mir damit, dass er schon lange auf mich wartet. Das Leuchten der Lampe kündigt den Glanz in seinen Augen an. Indem er sich über meine Ankunft freut, erfahre und merke ich, dass mein Existieren einen tiefen Sinn hat, den ich selber schon geahnt habe.«

Auf dieser basalen Ebene braucht das Kind ein Selbstobjekt, das ihm über die unmittelbare Freude an seiner Existenz und an seinen spontanen Handlungen ein Gefühl von selbstverständlichem Wert verleiht. Ich nehme an, dass die Selbstheilungskräfte des Seelischen diese operativen therapeutischen Bedingungen – wenn die Situation es eben hergibt – in einem *Akt von kreativer Selbstbehandlung* selbst schaffen. Sie konstellieren sie so, wie sie sie benötigen, um ihr Problem (hier die labile Selbstsicherheit und die implizite Gebundenheit an die primären Objekte) entwicklungs- und regressionsanalog zu inszenieren und – was meines Erachtens leicht übersehen wird – selbst, wenn auch mit bewusster oder unbewusster Unterstützung des Analytikers, zu behandeln.

In typisierender Vereinfachung: Über die kontinuierliche Begleitung des Analytikers werden immer tiefere, bis in die aktuelle Wirklichkeitsgestaltung hinein nachwirkende »schemes of being with« (Stern 1989, 1996) belebt. Je mehr die Störungen bis in die präverbalen Erfahrungen aus dem frühen Handlungs-dialog zurückreichen, um so intensiver beginnt der Analysand auch den Mangel zu ahnen und diffus die unmittelbaren Erfahrungen mit dem Analytiker zu suchen, die zur operativen Wiederbelebung und Wiederbearbeitung des Grund-problems geeignet sind. In dem beschriebenen Lampenbeispiel, so nehme ich an, machte die Analysandin eine Beziehungserfahrung, die besonders durch mentalen Halt und mentales Verstehen geformt war. Sie merkte dabei, dass das Selbstwertgefühl, das sie über die Teilhabe an dem mentalen Austausch erwarb, noch so lange fragil blieb, wie diese Form der Erfahrung noch nicht die Entwicklungs- und Regressionsebene erreicht hatte, in die die schädigenden Erfahrungen zurückreichen. Im Sinne *selbstanalytischer Suchbewegungen* nutzte sie, wie mit einer geheimen Intelligenz, die sich bietenden Szenen, die ihre mentalen Erfahrungen fundieren und zu einer basalen Erneuerung der Selbst- und Fremdrepräsentanzen führen können. Die Aufgabe des Analytikers wäre in diesen Fällen, diese typischen Konstellationen oder therapeutischen Szenen entwicklungsgemäß zu verstehen und sein Handeln und Mithandeln realiter so zu gestalten, dass es für den Patienten entwicklungsförderlich ist.

Wenn wir solche interaktiven Vorgänge aus dem Feld der gleichschweben-den Aufmerksamkeit verlieren, gehen dem analytischen Prozess immer wieder fruchtbare Situationen verloren. Der »leuchtenden Lampe im Erker des Analy-tikers« entsprechen nicht nur Momente in Übertragung und Gegenübertra-gung, sondern auch Episoden im Lebenslauf. So kann die Analysandin einen *Zugang zu den basalen Ressourcen ihrer Entwicklung* und eine konkrete Grundlage für ihr weiteres Lebensglück finden. Wir bedürfen der handelnden Reinszenierung, insbesondere wegen des operativen Verstehens und Behan-delns, das sich in prozeduralen und impliziten Handlungseinheiten unmittel-bar vollzieht. Obwohl wir im Seminar nur kurz auf diese Situation der Teil-nehmerin eingegangen waren, erzählte sie mir nachher, dass ihr bereits während der noch relativ allgemeinen Überlegungen ihre Großmutter eingefallen sei, die sich im Gegensatz zu ihren Eltern über ihre Geburt gefreut hatte.

Die äußerlich oft wie therapeutische Fehlleistungen anmutenden »enact-ments« sind als *basale Andeutungen oder Anspielungen* für den Therapeuten sehr nützlich. Sie sind gewissermaßen Fingerzeige des gemeinsamen Unbe-wussten, wie eine von Analytiker und Patient diffus wahrgenommene Engstel-le oder Sackgasse des therapeutischen Prozesses erweitert oder umgangen werden könnte.

Praxeologische Folgerungen

Die Metapher »vom Licht im Erker des Analytikers« eignet sich gut, um die bisherigen Überlegungen noch einmal mit direktem Bezug zur Praxis zu erhellen:

Unter den spezifischen Bedingungen eines einzigartigen Behandlungsprozesses konstelliert sich unerwartet für die beiden Beteiligten ein besonderer Handlungsdialog. Aus einer sicheren therapeutischen Verfassung heraus könnte der Analytiker auf das operative Durcharbeiten dieser Situation vorbereitet sein. Er könnte merken, wie er sich in den Stunden mit seiner Patientin wohl fühlt, wie er sich auf die Stunden mit ihr freut und auch freudigen Anteil an ihren Entwicklungen nimmt. Hier könnte er ahnen, dass die Patientin dabei ist, sich in einem schöpferischen Wirkungsgeschehen mit ihrem Analytiker einen operativen Begriff für »Willkommensein« oder »Geliebtsein« zu entwickeln, aus dem sich über eine Reihe von Wiederholungen und allmählichen Verallgemeinerungen eine symbolische Repräsentanz bilden könnte.

Die Gegenübertragungsanalyse selbst basiert auf der operativen Teilhabe des Analytikers am konkreten interaktiven Geschehen. Bereits die freundliche oder liebevolle Begrüßung und eine ebensolche Verabschiedung haben für die Patientin und auch für den Analytiker einen regredienten Tiefgang. Der Glanz im Auge des Analytikers wie auch der Glanz im Auge der Patientin bringen im anderen Erlebensseiten zum Klingen, die bis in früheste Entwicklungszeiten zurückreichen.

Wenn nun der Patient selbst merkt, was er erlebt und es wagt, sein Erleben anzusprechen, bzw. wenn der Analytiker seine Gegenübertragung bzw. seine Beobachtung lege artis aufgreift, entsteht eine für die psychoanalytische Behandlung typische Verschiebung: nämlich vom präsentischen Verstehen zum repräsentierenden Verstehen. Das unmittelbare Verstehen verliert hier leicht seine basale Fundierung. Dabei wird übergangen, dass die Patientin ihren Analytiker »wirklich« liebt und auch der Analytiker seine Patientin »wirklich« gerne mag und beide sich das zum Beispiel in ihren Begrüßungen und Verabschiedungen oder in vielen anderen Interaktionen mitteilen. Mit Rücksicht auf ein enges Abstinenzverständnis oder aus Angst vor dem unmittelbaren Kontakt bleibt der Glanz im Auge des Analytikers noch »im Erker« seines internalisierten Behandlungsverständnisses oder in seiner persönlichen Angst vor einer Begegnung gefangen.

Das Lampenbeispiel zeigt weiterhin, wie das Seelische die sich ihm bietenden Strukturierungsanreize nutzt. Wenn wir bedenken, dass nicht nur schwer belastete Patienten auf die handelnde Reinszenierung angewiesen sind, sondern gerade reife Analysanden immer wieder aus dem Fundus biographischer Handlungserfahrungen sowie aus dem Kosmos des archetypischen Bewusstseins schöpfen, dann könnte das »enactment« der Patientin auch als schöpferischer Akt einer operativen Intelligenz angesehen werden. Sie profitiert hier von der basalen Kompetenz des Seelischen, sich immanent zu verstehen und selbst zu behandeln.

Unter einer intersubjektiven oder wirkungsanalytischen Perspektive gelten diese Überlegungen cum grano salis auch für den Analytiker selbst, noch genauer: für die Wirkungseinheit, die sich *zwischen* ihm und seinem Patienten entwickelt hat. Beide bilden intersubjektiv eine Beziehungssituation heraus, die ihnen unmittelbar vermittelt, an welcher Entwicklungsstelle sich das gemeinsame therapeutische Werk befindet und wie es weitergehen konnte. Die Handlungseinheit der strahlenden Resonanz gibt die Entwicklungsebene an, in die die aktuelle Selbststörung der Patientin zurückreicht. Sie ist die basale Keimform, aus der alle späteren Beeinträchtigungen bzw. alle nachfolgenden Selbstsicherungen hervorgegangen sind. Das »enactment« ist bereits ein kreativer Akt wechselseitiger Behandlung. In den ständigen Such- und Strukturierungsbemühungen organisiert der Patient die sich bietende Szene im Sinne einer unbewusst geahnten Heilung. In unserem Beispiel ist die Patientin auf der Suche nach unmittelbarer Resonanz, und ihr Analytiker kommt ihr bereits – bewusst oder unbewusst – auf diesem Weg entgegen.

Wenn das »enactment« auch nicht herstellbar, planbar oder vorhersehbar ist, so erfolgt es selbstverständlich aus dem Kontext eines Behandlungsverlaufes heraus. Dies wirft die Frage auf, an welcher Stelle des Behandlungsverlaufes eine solche Episode auftritt und auf welche Behandlungsschwierigkeiten sie antwortet. Zum Lampenbeispiel könnte ich mir folgenden Kontext vorstellen: Im bisherigen Verlauf der Analyse ist über die multimodale empathische Begleitung in der Patientin ein unerledigter Komplex evoziert worden. Mit zunehmendem Vertrauen in ihren Analytiker und mit wachsender Zuneigung zu ihm werden ihre frühen Ängste und Erfahrungen, nicht willkommen zu sein, virulent. Gleichzeitig ruft dieser Prozess alle latenten Widerstände und Selbstsicherungen wach. Diese setzen sich gegenüber den realen Interaktionserfahrungen solange durch, bis die Ebene erreicht ist, auf der die Selbstsicherheit nachhaltig gestört wurde. Mit Bezug auf Stern könnte man sagen, dass die Selbstschutzmaßnahmen sich solange einer seelischen Wandlung widersetzen, bis sie die Eigenqualität oder den spezifischen Modus der entsprechenden Domäne der Selbstwerdung gefunden haben. Die intersubjektive Erfahrung der wechselseitigen Freude über die Existenz des anderen führt zurück in die Ursprünge des werdenden Selbst. Hier finde ich es noch passend, von *Regression* oder von einem *regredienten Tiefgang* (z. B. im Blickdialog oder Augenkontakt) zu sprechen. Insofern aber diese Domäne des Selbst im aktuellen Erleben präsent ist, wirkt der Regressionsbegriff missverständlich und leicht pathologisierend (vgl. Geißler 2001).

Diese Bereiche sind allerdings nicht so ohne weiteres ansprechbar, worauf Stern zu wenig hinweist, sondern entsprechend ihrer Entstehungsgeschichte nur operativ zu erreichen. In einem Akt schöpferischer Selbstbehandlung arrangiert dann das Seelische, wenn es das analytische Setting nur eben hergibt, ein »enactment«, das ein operatives Verstehen und Behandeln des evozierten Komplexes ermöglicht. Dazu bieten sich im klassischen analytischen Setting eben die Randkontakte des Analytikers und des Patienten immer wieder an, in denen beide sich in unmittelbarer Weise begegnen. Ein gesundes Selbstgefühl und Selbstwertgefühl ist aus einem langen intersubjektiven Prozess sensomotorischer und operativer Handlungserfahrungen erwachsen. Wenn diese mangelhaft waren, fehlt das Fundament, auf dem Selbstsicherheit und Selbstwertgefühl nachreifen können. Psychotherapeutische Bemühungen, die nicht auf dieser konkreten Erfahrungs- und Erlebensebene des aktuellen Mangels ansetzen, führen leicht zu erlebensleeren oder instabilen Formen.

Im Lampenbeispiel fiel der Patientin bereits während unseres Gespräches im Seminar die Großmutter ein, die sich über ihre Geburt gefreut hatte. Wenn solche stimmigen Einfälle, die im bisherigen Behandlungsverlauf noch nicht erwähnt wurden oder noch nicht zugänglich waren, auftauchen, könnten sie zunächst mit Freud als »eine Bestätigung aus dem Unbewußten« (1905, S. 217) angesehen werden. Der therapeutische Gewinn der frei werdenden Erinnerungen geht über eine kognitive Vergewisserung hinaus. Über operative und handlungssymbolische Erfahrungen gelingt es Patienten, einen basalen Halt, der ihren Sicherungen zum Opfer gefallen war, wiederzufinden und eventuelle positive Lebenserfahrungen wieder freizulegen. Dadurch finden sie zu den Quellen ihrer Lebendigkeit zurück und können die Ressourcen ihres bisherigen Lebens besser nutzen.

Eine entwicklungsanaloge Behandlung bedeutet für das konkrete Lampenbeispiel, dass der Analytiker zunächst nicht verbal deutet oder rekonstruiert, sondern *unmittelbar antwortet und reagiert.* Im Einklang mit seinen mimischen, gestischen und stimmlichen Ausdrucksbewegungen könnte er sagen: »Ich freue mich auch auf die Stunde mit Ihnen.« Erst danach wäre es sinnvoll, diese Freude als bedeutsame Gegenübertragungsreaktion des Analytikers verstehen zu wollen. Ich nehme an, dass im gehemmten Umgang vieler Analytiker mit freudigen Gegenübertragungsgefühlen eine Fülle von Wachstumsquellen ihrer Patienten ungenutzt bleiben (vgl. Heisterkamp 1999, 2000, 2002c). Zur Vorbeugung von Missverständnissen sei eigens hervorgehoben, dass ich bei der unmittelbaren Antwort des Analytikers auf die Patientin voraussetze, dass sie auch seinem Gegenübertragungsgefühl entspricht. Wenn »die im Erker des

Analytikers leuchtende Lampe« von wem auch immer zum Thema gemacht wird, würde ich auf den Entwicklungsmodus achten, in dem die Einfälle der Patientin sich bewegen. Ich ließe mich dabei von der Frage leiten, wo die Patientin entsprechende Hinweise des Wahrgenommen- und des Angenommenwerdens erlebt. Wenn sie dabei nur auf mentale und sublimierte Formen des Halts hinweisen würde (wie z. B. »sich verstanden fühlen«), würde ich die *strukturelle Differenz* zwischen der Szene und den Einfällen beachten und mich fragen, ob diese Erfahrung hinreichend fundiert und validiert wurde. Wenn der Patient aber auch auf Handlungsdimensionen des analytischen Settings (z. B. die Lage auf der Couch, die Stimme des Analytikers, seinen Blick, seine Präsenz, sein freundliches Lächeln, seinen Händedruck, die Kontinuität der Sitzungen, die Atmosphäre der Praxis usw.) hinweisen würde, wären das für mich Anzeichen einer hinlänglichen Basierung und Anlass, besonders auf diese operativen Formen des Halts einzugehen und diese zu validieren.

Und wenn das »kaum ausrottbare psychoanalytische Vorurteil, dass das Handeln das Denken untergrabe« (Goldberg nach Schmidt 2003) sich doch noch einmal ausrotten ließe? Dann könnten die bisherigen Überlegungen uns von einer virtuellen zu einer aktiven Imagination (vgl. Jung 1958) führen. Wenn diese »ein konzentrierter Extrakt der lebendigen körperlichen sowohl wie seelischen Kräfte« (Jung 1944, Par. 394) ist, liegt es nahe, dem Patienten die Chance zu bieten, mit seinen unbewussten Szenen im Sinne ihrer impliziten Andeutungen zu spielen. Ähnlich wie Malen, Tönen, Dichten und Tanzen ist auch das achtsame Spiel in und mit den Inszenierungen eine unmittelbare Form kreativer Selbsterfahrung und Selbstbehandlung (vgl. Ware 1980, 1984, 2002). So könnte die Lampenszene handlungssymbolisch in die Stunde hereingeholt und operativ gedehnt werden. Bei dieser Erprobung würde sich ein Handlungsdialog entwickeln, in dem der wachgerufene Komplex in basaler Weise erforscht und durchgearbeitet werden könnte.

So könnte der Therapeut z. B. eine zeitweise Beschränkung auf Augenkontakt vorschlagen und darauf achten, was für ein Handlungsdialog dabei entsteht. Das setzt natürlich beim Analytiker eine gewisse Erfahrung und Kompetenz voraus. Wer als selbsterfahrener Analytiker sich einmal im Kreise interessierter Kolleginnen und Kollegen darauf einlässt, wird über derartige Königswege zum Unbewussten verblüfft sein und sich wundern, welche natürlichen Kompetenzen in ihm schlummern, sich auf solche Handlungsdialoge einzulassen, ohne dass er dabei die für die analytische Behandlung typische Verfassung – nur sehr ungenau als Abstinenz deklariert – aufgeben würde. Die unmittelbare Erfahrung ruft regelmäßig erstaunlich frühe Erinnerungen wach, die als Bestätigung des Unbewussten angesehen werden können, dass das adäquate Regressionsniveau gefunden worden ist.

Zusammenfassung

Mit dem »enactment«-Konzept breitet sich ein neues Bewusstsein in der Psychoanalyse aus, in dem sich neben den Prinzipien der »Deutung« und der »Beziehung« ein weiteres etabliert: das Handlungsprinzip. »Enactments« werden als Formen wechselseitiger Behandlung angesehen, in denen es gilt, das eigene Handeln so zu gestalten, dass es für den Patienten entwicklungsförderlich ist. Das Agieren wird mittlerweile als Drehpunkt seelischer Verwandlung betrachtet. Im therapeutischen Wirkungsgeschehen zwischen Patient und Analytiker ereignen sich immer wieder unmittelbare Selbsterfahrungen und Wandlungserlebnisse. Wegen der Unmittelbarkeit des Geschehens bleiben sie den Betroffenen oft verborgen. Meistens werden sie in ihrer Eigenart als Formen präsentischen Selbstverstehens und unbewusster Selbstbehandlung unkenntlich gemacht, indem sie als Szenen objektiviert werden und nachzeitlich quasi als »analytisches Material« bearbeitet werden.

Die Vielfalt von Handlungsdialogen zwischen Patient und Therapeut kann eingeteilt werden in entwicklungshinderliche und in entwicklungsförderliche. Die entwicklungshinderlichen stellen unbewusste Verstrickungen dar und müssen durchgearbeitet werden. Die entwicklungsförderlichen Handlungsdialoge sind immanent wirksam, operativ verstehbar und nachträglich analysierbar. Die operative Dimension dieser Interaktionen hat einen besonderen Tiefgang zu den frühen, bis in die aktuelle Wirklichkeitsgestaltung hinein nachwirkenden Domänen des Selbstempfindens und Selbsterlebens. Im unmittelbaren Wirkungsgeschehen zwischen Patient und Analytiker vollziehen sich so immer wieder Akte präsentischen Verstehens und unmittelbarer Selbstbehandlung.

Wenn »enactments« auch nicht machbar sind, verlieren sie deswegen nicht ihre basale Bedeutung. Es ist praxeologisch sehr wichtig zu verstehen, wieso sie so oft unentdeckt bleiben, wie sie entstehen und geschehen, wie sie ermöglicht und wie sie verhindert werden, wie sie wahrgenommen und validiert werden und wie sie analysiert werden können, ohne dass der heilsame Prozess dadurch gleich wieder blockiert wird. Besonders relevant für die Praxis sind die behandlungsmethodischen Andeutungen und Anspielungen, die diesen Wirkungseinheiten von Patient und Analytiker innewohnen. Sie weisen auf operative Formen des Wahrnehmens, Verstehens und Behandelns hin, die den psychotherapeutischen Prozess fundieren und für ihn nutzbar gemacht werden können.

Literatur

Adler, A. (1929): Lebenskenntnis. Frankfurt a. M. 1978 (Fischer).
Aebli, H. (1966): Psychologische Didaktik. Stuttgart (Klett).

Bilger, A. (1986): Agieren: Problem und Chance. In: Forum der Psychoanalyse 2, S. 294–308.

Dornes, M. (1993): Psychoanalyse und Kleinkindforschung. Einige Grundthemen der Debatte. In: Psyche 47, S. 1116–1152.

Dornes, M. (1996): Die Repräsentation von Interaktionserfahrungen: Daniel Sterns neue Theorie. In: Trautmann-Voigt, S. & Voigt, B. (Hg.) (1996): Bewegte Augenblicke im Leben des Säuglings – und welche therapeutischen Konsequenzen? Köln (Claus Richter), S. 51–72.

Dornes, M. (1997): Die frühe Kindheit. Entwicklungspsychologie der ersten Lebensjahre. Frankfurt a. M. (Fischer).

Ellman, St. J. & Moskowitz, M. (Hg.) (1998): Enactment. Toward a New Approach to the Therapeutic Relationship. Northvale, London (Jason Aronson Inc.).

Freud, S. (1904): Die Freudsche psychoanalytische Methode. GW V, S. 3–10.

Freud, S. (1905): Bruchstück einer Hysterie-Analyse. GW V, S. 163–286.

Freud, S. (1913): Zur Einleitung der Behandlung. GW VIII, S. 453–478.

Freud, S. (1914): Erinnern. Wiederholen und Durcharbeiten. GW X, S. 126–136.

Freud, S. (1938): Abriß der Psychoanalyse. GW XVII, S. 63–139.

Geißler, P. (2001): Mythos Regression. Gießen (Psychosozial).

Ghent, E. (1995): Interaction in the psychoanalytic situation. In: Psychoanalytic Dialogues 5, S. 479–491.

Heisterkamp, G. (1998): Vom Handeln des Analytikers in der »talking cure«. In: Psychosozial 21, S. 19–32.

Heisterkamp, G. (1999): Zur Freude in der analytischen Psychotherapie. In: Psyche 53, S. 1247–1265.

Heisterkamp, G. (2000): Ist die Psychoanalyse ein freudloser Beruf? In: Schlösser, A.-M. & Höhfeld, K. (Hg.) (2000): Psychoanalyse als Beruf. Gießen (Psychosozial), S. 275–296.

Heisterkamp, G. (2001): Mittelbares und unmittelbares Verstehen im psychotherapeutischen Handlungsdialog. In: Milch, W. & Wirth, H. J. (Hg.) (2001): Psychosomatik und Kleinkindforschung. Gießen (Psychosozial), S. 173–198.

Heisterkamp, G. (2002a): Basales Verstehen. Handlungsdialoge in Psychotherapie und Psychoanalyse. Stuttgart (Pfeiffer bei Klett-Cotta).

Heisterkamp, G. (2002b): Enactments: Spielarten wechselseitiger Be-Handlung. In: Trautmann-Voigt, S. & Voigt, B. (Hg.) (2002): Verspieltheit als Chance. Zur Bedeutung von Bewegung und Raum in der Psychotherapie. Gießen (Psychosozial), S. 149–172.

Heisterkamp, G. (2002c): Geteilte Freude ist doppelte Freude. Selbstpsychologische und intersubjektive Überlegungen zu einem tabuisierten Phänomen. In: Bartosch, E. (Hg.) (2002): Der Andere« in der Selbstpsychologie. Wien (Verlag Neue Psychoanalyse).

Jacobs, T. (1986): On countertransference enactments. In: J. Amer. Psychoanal. Assn. 42, S. 741–762.

Jung, C. G. (1958): Die transzendente Funktion. In: GW Bd. 8. Freiburg i. Br. 1979 (Walter, Olten), S. 79–108.

Jung, C. G. (1944): Psychologie und Alchemie. GW Bd. 12. Freiburg i. Br. 1995 (Walter, Olten).

Katz, G. A. (1998): Where the action is: The enacted dimension of analytic process. In: J. Amer. Psychoanal. Assn. 46, S. 1129–1167.

Klüwer, R. (1983): Agieren und Mitagieren. In: Psyche 37, S. 828–840.

Klüwer, R. (1995): Agieren und Mitagieren – zehn Jahre später. In: Z. f. psychoanalytische Theorie und Praxis 10, S. 45–70.

Klüwer, R. (2000): Das szenische Verstehen und psychoanalytische Prozesse. In: Drews, S. (Hg.) (2000): Zum »Szenischen Verstehen« in der Psychoanalyse. Hermann Argelander zum 80. Geburtstag. Frankfurt a. M. (Brandes und Apsel), S. 21–42.

Lichtenberg, J. D. (1987): Die Bedeutung der Säuglingsbeobachtung für die klinische Arbeit mit Erwachsenen. In: Zeitschrift für psychoanalytische Theorie und Praxis 2, S. 123–147.

Lichtenberg, J. D. (1989): Modellszenen, Affekte und das Unbewußte. In: Wolf, E. S.; Ornstein, A.; Ornstein, P.; Lichtenberg, J. D. & Kutter, P. (Hg.) (1989): Selbstpsychologie. München, Wien (Verlag Internationale Psychoanalyse), S. 73–106.

Lichtenberg, J. D. (1991): Psychoanalyse und Säuglingsforschung. Berlin, Heidelberg u. a. (Springer).

Lichtenberg, J. D. (1998): Modellszenen und Motivationssysteme – mit besonderer Berücksichtigung körperlicher Erfahrungen. In: Trautmann-Voigt, S. & Voigt, B. (Hg.) (1998): Beiträge zur Säuglingsforschung und analytischen KörperPsychotherapie. Frankfurt a. M. (Brandes und Apsel), S. 110–128.

Müller-Braunschweig, H. (2001): Geleitwort – Psychoanalyse und Körperpsychotherapie. In: Geißler, P. (Hg.) (2001): Über den Körper zur Sexualität finden. Gießen (Psychosozial), S. 9–20.

Piaget, J. (1946): Psychologie der Intelligenz. Zürich (Rascher).

Piaget, J. & Inhelder, B. (1966): Die Psychologie des Kindes. Stuttgart (Klett-Cotta).

Salber, W. (1965): Morphologie des seelischen Geschehens. Ratingen (Henn).

Schmidt, M. G. (2003): Über den Umgang mit den verschiedenen präsymbolischen Elementen als besonderem Kennzeichen des niederfrequenten psychoanalytischen settings. In diesem Band, S. 233-242.

Stern, D. N. (1989): Die Repräsentation von Beziehungsmustern. Entwicklungspsychologische Betrachtungen. In: Petzold, H. (Hg.) (1989): Die Kraft liebevoller Blicke. Psychotherapie und Babyforschung. Bd. 2. Paderborn (Junfermann), S. 193–218.

Stern, D. N. (1992): Die Lebenserfahrung des Säuglings. Stuttgart (Klett-Cotta).

Stern, D. N. (1996): Selbstempfindung und Rekonstruktion. In: Trautmann-Voigt, S. & Voigt, B. (Hg.) (1996): Bewegte Augenblicke im Leben des Säuglings – und welche therapeutischen Konsequenzen? Köln (Richter), S. 17–30.

Stern, D. N. (1998): Now-moments und Vitalitätskonturen als neue Basis für psychotherapeutische Modellbildungen. In: Trautmann-Voigt, S. & Voigt, B. (Hg.) (1998): Bewegung ins Unbewußte. Frankfurt a. M. (Brandes und Apsel), S. 82–96.

Stern, D. N.; Sander, L. W.; Nahum, J. P.; Harrison, A. M.; Lyons-Ruth, K.; Morgan, A. C.; Bruschweiler-Stern, N. & Tronick, E. Z. (2002): Nicht deutende Mechanismen in der psychoanalytischen Therapie. Das »Etwas-Mehr« als Deutung. In: Psyche 56, S. 974–1006.

Streeck, U. (1998a): Agieren, Deuten und unbewußte Kommunikation. In: Forum der Psychoanalyse 14, S. 66–78.

Streeck, U. (1998b): Persönlichkeitsstörungen und Interaktion. Zur stationären Psychotherapie von Patienten mit schweren Persönlichkeitsstörungen. In: Psychotherapeut 43, S. 157–163.

Streeck, U. (2000): Szenische Darstellungen, nichtsprachliche Interaktion und Enactments im therapeutischen Prozeß. In: Ders. (Hg.) (2000): Erinnern, Agieren und Inszenieren. Enactments und szenische Darstellungen im therapeutischen Prozeß. Göttingen (Vandenhoeck & Ruprecht), S. 13–55.

Ware, R. C. (1980): Handhabung der Übertragung/Gegenübertragung bei Frühgestörten als interpersonelle Form von aktiver Imagination. In: Analytische Psychologie 11, S. 104–117.

Ware, R. C. (1984): C. G. Jung und der Körper: Vernachlässigte Möglichkeiten der Therapie? In: Sollmann, U. (Hg.) (1984): Bioenergetische Analyse. Essen (Synthesis), S. 225–251.

Ware, R. C. (2002): C. G. Jung, the Body and Body-Psychotherapy. In: The European Journal of Bioenergetic Analysis 1(1), S. 83–118.

Die »Control Mastery Theory« von J. Weiss

Theoretische Grundlagen und empirische Ergebnisse des psychoanalytischen Therapieprozesses – Anwendungen in der psychodynamischen Therapie

Josef Brockmann und Isa Sammet

Die »Control Mastery Theory« (Weiss et al. 1986) ist eine Theorie des psychoanalytischen Behandlungsprozesses. Sie greift Vorstellungen über die Psychodynamik des Unbewussten auf, die Freud in seiner Ich-Psychologie ab 1920 in eher unsystematischer Weise entwickelt hat. Diese theoretischen Annahmen unterscheiden sich deutlich von den Hypothesen in Freuds früheren Schriften, insbesondere seinen einflussreichen Publikationen zur Behandlungstechnik, datiert von 1911 bis 1915.

Die »Control Mastery Theory« ist eine empirisch fundierte, psychoanalytisch orientierte Behandlungstheorie. Es handelt sich um eine Behandlungstheorie und nicht um eine alternative Behandlungsform. Der Name »Control Mastery« bezieht sich auf zwei Aspekte der Behandlungstheorie: »Control« bezieht sich auf den Wunsch des Patienten, Kontrolle über seine innere Welt und sein unbewusstes Handeln zu erhalten. »Mastery« bezieht sich auf den bewussten und unbewussten Wunsch des Patienten, traumatische Erfahrungen zu meistern, die seine Entwicklung behindern und mit der Erreichung von normalen Lebenszielen interferieren.

Die Theorie ist in ihren Grundzügen einfach. Die Einfachheit einer Theorie ist in der Wissenschaft eigentlich ein Gütekriterium. Das sehen Psychoanalytiker manchmal nicht so. Einfachheit steht bei Psychoanalytikern schnell unter dem Verdacht, es handele sich um wissenschaftliche Naivität. Auf die Einfachheit seiner Theorie kritisch angesprochen antwortete J. Weiss einmal: »It's very simple, at least it's not wrong« (mündl. Mitteilung). J. Weiss kann dies auch wissenschaftlich begründen. Als Lehranalytiker am Psychoanalytischen Institut in San Francisco gründete er zusammen mit Hal Sampson, ebenfalls Psychoanalytiker, die San Francisco Psychotherapy Research Group (früher Mount Zion Group) und überprüfte seine Hypothesen mit seinen Mitarbeitern in zahlreichen Studien.

Im Folgenden werden zwei von der Forschergruppe empirisch getestete Annahmen über das Unbewusste vorgestellt: die Hypothese über die unbewussten Kontrolle und die Hypothese über den unbewussten Plan des Patienten.

Theoretische Grundlagen
Die Hypothese über die unbewusste Kontrolle des Patienten

S. Freuds Annahme über die Funktion des Unbewussten im psychoanalytischen Prozess lassen sich in zwei deutlich unterschiedliche theoretische Ansätze unterteilen, die zu unterschiedlichen Annahmen in Bezug auf die Behandlungstechnik führen (s. Abb. 1).

Automatic Functioning Hypothesis
- Antriebe und Verdrängungsimpulse stehen in einem dynamischen Wechselverhältnis.
- Therapie: Verdrängungsimpulse des Patienten werden mit Hilfe von Deutungen überwunden. (Eine Hilfe ist dabei die Neutralität des Psychoanalytikers.)

Higher Mental Functioning Hypothesis
- Eine gewisse Kontrolle über das Unbewusste ist möglich.
- Therapie: Unbewusste Entscheidung des Patienten nach Abwägung der Gefahren für oder gegen eine Offenlegung des Verdrängten. (Er schließt dies aus früheren Erlebnissen und der gegenwärtigen Situation.)

Abb. 1: S. Freuds unterschiedliche Ansätze zur Funktion des Unbewussten und ihr Bezug zur Behandlungstechnik nach J. Weiss et. al. (1986)

Die erste Freud'sche Theorie, formuliert in den Schriften bis 1915, nimmt an, dass im Unbewussten widerstreitende Kräfte wirken, zum einen sexuelle und aggressive Triebe, die nach Befriedigung suchen und ins Bewusstsein drängen, zum anderen Abwehrkräfte bzw. Verdrängungsimpulse. Das Unbewusste wird durch die Suche nach Lust und die Vermeidung von Schmerz bestimmt. Die Dynamik der Kräfte funktioniert weitgehend »automatisch« d. h. außerhalb der Kontrolle des Patienten und weitgehend unabhängig von der Realität. Auch die Abwehr wird automatisch durch das Lustprinzip reguliert.

> »In erster Hinsicht führt sie [die Psychoanalyse] alle psychischen Vorgänge – von der Aufnahme äußerer Reize abgesehen – auf das Spiel von Kräften zurück, die einander fördern oder hemmen, sich miteinander verbinden, zu Kompromissen zusammentreten usw.« (Freud 1926f, S. 301)

In der psychoanalytischen Behandlung drängen, gefördert durch das psycho-analytische Setting mit Neutralität und abstinenter Haltung des Analytikers, die unbewussten Triebwünsche an die Oberfläche und ins Bewusstsein. Normalerweise wird sich eine Person der unterdrückten Impulse nicht bewusst. Die Bewusstwerdung wird durch die Deutungen des Analytikers gefördert, die sich auf die Impulse oder ihre Abwehr beziehen. Diese Theorie hat bis heute, insbesondere durch die Schriften zur Behandlungstechnik, die in die Zeit von 1911 bis 1915 fallen, einen großen Einfluss auf die psychoanalytischen Behandlungen. J. Weiss nennt diese erste Theorie die »Automatic Functioning Hypothesis«.

Die zweite Freud'sche Theorie, formuliert in einzelnen Schriften ab 1920, nimmt an, dass eine gewisse Kontrolle über das Unbewusste durchaus möglich ist. Diese Ideen unterscheiden sich deutlich von denen seiner früheren Schriften. In »Jenseits des Lustprinzips« (1920g) beschreibt Freud seine Beobachtung, dass Patienten mit dem Analytiker und in Träumen Erfahrungen wiederholen, die nach dem Lustprinzip nicht verständlich sind und ihn zu neuen Überlegungen zwingen. In »Hemmung, Symptom und Angst« (1926d) entwickelt Freud die Ansätze zu einer Theorie, nach der die unbewusste Regulation von Abwehr nach dem Prinzip von Sicherheit und Gefahr erfolgt. Danach kann eine Person unbewusst entscheiden, ob genügend Sicherheit besteht, um bis dahin verdrängte Inhalte bewusst werden zu lassen. In seinem letztem großem Werk »Abriss der Psychoanalyse« (1940a [1938]) schreibt S. Freud deutlicher als zuvor:

> »(...) seine [gemeint ist das Ich] konstruktive [Leistung besteht darin], daß es zwischen Triebanspruch und Befriedigungshandlung die Denktätigkeit einschaltet, die nach Orientierung in der Gegenwart und Verwertung früherer Erfahrungen durch Probehandlungen den Erfolg der beabsichtigten Unternehmungen zu erraten sucht. Das Ich trifft auf diese Weise die Entscheidung, ob der Versuch zur Befriedigung ausgeführt oder verschoben werden soll oder ob der Anspruch des Triebes nicht überhaupt als gefährlich unterdrückt werden muß (*Realitätsprinzip*). Wie das Es ausschließlich auf Lustgewinn ausgeht, so ist das Ich von der Rücksicht auf Sicherheit beherrscht. Das Ich hat sich die Aufgabe der Selbsterhaltung gestellt, die das Es zu vernachlässigen scheint« (Freud 1940a [1938], S. 129–130).

J. Weiss nennt diese zweite Freud'sche Theorie die »Higher Mental Functioning Hypothesis«. Antriebe und mit ihnen verbundene mentale Inhalte werden nicht deshalb unterdrückt, weil die Abwehrkräfte stärker sind als die unbewussten Regungen, sondern weil die Person unbewusst entscheiden kann, ob das eigene Wiedererfahren oder Offenlegen der verdrängten Inhalte eine Gefahr bedeutet. Eine Person schließt das jeweils aus früheren Erlebnissen und aus der gegebenen Situation. So wird einem Patienten z. B. eine verdrängte traumatische

Erfahrung dann bewusst werden, wenn der Patient sich sicher genug fühlt, die abgewehrten Inhalte ins Bewusstsein zuzulassen. Beide Hypothesen führen zu einer Reihe von unterschiedlichen Voraussagen über den therapeutischen Prozess. Eine Unterhypothese hieraus wird im Folgenden exemplarisch und in der gebotenen Kürze dargestellt:

Wie Unbewusstes im psychoanalytischen Prozess bewusst wird

Die psychodynamische Hypothese, basierend auf der »Automatic Functioning Hypothesis«, nimmt an, dass zur Bewusstwerdung von unbewussten, verdrängten Impulsen Verdrängungskräfte überwunden werden müssen. Dies gelingt nur dann, wenn die Impulse/Triebe übermächtig werden. Dieser innere Konflikt löst Angst aus. Triebregungen können aber auch unerkannt, weil maskiert, an den Verdrängungskräften vorbei ins Bewusstsein gelangen. Da es in diesem Fall keine Auseinandersetzung widerstrebender Impulse gibt, tritt auch keine Angst auf. Jedoch wird der verschleierte Triebimpuls auch nicht lebhaft vom Patienten empfunden (s. Abb. 2).

Die Kontrollhypothese, basierend auf der »Higher Mental Functioning Hypothesis«, nimmt an, dass verdrängtes Material typischerweise bewusst wird, wenn der Patient sich nach einer Phase psychoanalytischer Arbeit sicher

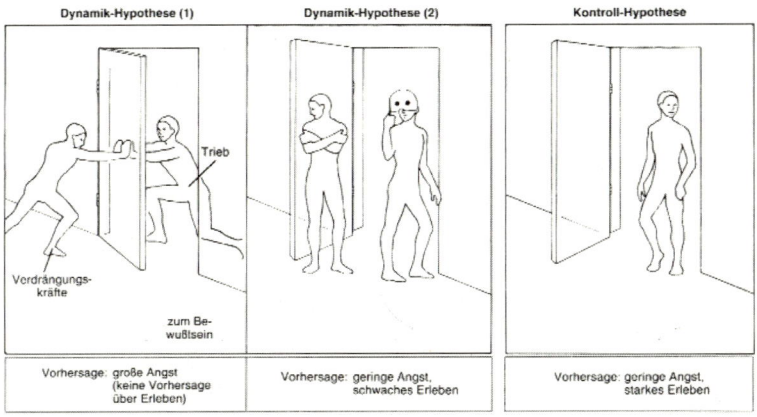

Abb. 2 Die unterschiedlichen Vorhersagen über die Reaktion des Patienten beim Auftauchen von unbewussten Inhalten in der psychoanalytischen Therapie nach der Dynamik-Hypothese und der Kontroll-Hypothese (Mit freundlicher Genehmigung aus »Spektrum der Wissenschaft«, Copyright P. Wynne)

genug fühlt. Die verdrängten Inhalte sind für ihn nicht mehr so bedrohlich, wie die unbewussten Überzeugungen vorher annahmen. Der Patient entscheidet unbewusst seine Abwehr zu lockern. Vormals verdrängte Inhalte gelangen häufig unmaskiert und auch ohne Deutung ins Bewusstsein. Dies ist für den Patienten ein starkes Erlebnis und mit eher geringer Angst besetzt.

Die Hypothesen wurden u. a. anhand eines Tonbandtranskripts einer Psychoanalyse von mehr als 1000 Stunden empirisch getestet. Ziel der Forschergruppe war es, empirisch zu überprüfen, welche Hypothese die exakteren Voraussagen trifft. Es zeigte sich, dass die »Higher Mental Functioning Hypothesis« besser als die »Automatic Functioning Hypothesis« erklärte, warum die Psychoanalyse erfolgreich war.

Die empirische Evidenz einer Theorie macht ohne die klinische Beobachtung keinen Sinn. Bereits 1952 erschien im *Psychoanalytic Review* ein kurzer Artikel von J. Weiss: »Crying at the happy ending«. Darin beschreibt J. Weiss einen Kinogänger, der in einem Liebesfilm sieht, wie sich Geliebte streiten und verlassen. Der Kinogänger spürt dabei wenig oder keine großen Gefühle. Wenn aber das Liebespaar am Ende des Films seine Schwierigkeiten überwunden hat und sich wieder findet, bewegt ihn das zu Tränen. Er fühlt sich erleichtert, erfährt einen kurzen aber nicht unlustvollen Anflug von Traurigkeit und weint: »Crying at the happy ending«.

Um das paradoxe Verhalten des Kinogängers zu erklären, nimmt J. Weiss an, dass sich der Betrachter des Films unbewusst mit der Geliebten oder dem Geliebten identifiziert. Wenn sich die Geliebten trennen, ist er in der Gefahr, sich traurig zu fühlen, nicht nur wegen des Liebespaares, auch für sich. Er fühlt sich gefährdet durch seine Traurigkeit und so erhöht er die Abwehr dagegen. Er verdrängt die Traurigkeit nicht tief, er unterdrückt sie oder isoliert sie eher. Später, wenn die Geliebten beim Happy-End sich wieder finden, erfährt der Kinogänger Glücksgefühle – für den Geliebten, mit dem er sich identifiziert und für sich. Er hat keinen Grund, sich traurig zu fühlen und er ist auch nicht weiter durch seine Traurigkeit gefährdet, die er vorher abgewehrt hatte. Er hat unbewusst entschieden, dass er nun ungefährdet seine Traurigkeit erfahren kann und so lockert er seine Abwehr. Er wird sich dadurch voll seiner Traurigkeit bewusst. Das geschieht nicht nach dem Lustprinzip, denn die Erfahrung von Traurigkeit ist nicht lustvoll. Das Bewusstwerden der Traurigkeit schafft Erleichterung von den Anstrengungen, die Abwehr aufrechtzuerhalten.

Die Hypothese über den unbewussten Plan des Patienten

Die »Higher Mental Functioning Hypothesis« impliziert ein unbewusstes Planen des Patienten, denn höhere mentale Funktionen wie Denken, Antizipieren, Testen und Entscheiden setzen Ziele und die Versuche, Ziele zu erreichen, voraus.

S. Freud führte, zu der Zeit, in der er seine Ich-Psychologie entwickelte, das Konzept eines unbewussten Wunsches der Meisterung von traumatischen Erfahrungen oder Konflikten in »Jenseits des Lustprinzips« (1920g) ein. Er erklärte damit, warum ein Patient seine traumatischen Erfahrungen in Träumen wiederholt. Diese Erklärung konnte seine erste Theorie nicht leisten, denn traumatische Erfahrungen, an denen der Träumer leidet, sind nicht lustvoll. Deshalb kann die Wiederholung der traumatischen Erfahrungen im Traum nicht mit der Suche nach Lust erklärt werden. Warum, so Freud, wiederholt dann der Träumer die traumatischen Erfahrungen im Traum?

> »Aber wir dürfen annehmen, daß sie [die Träume] sich dadurch einer anderen Aufgabe zur Verfügung stellen, deren Lösung vorangehen muß, ehe das Lustprinzip seine Herrschaft beginnen kann Diese Träume suchen die Reizbewältigung unter Angstentwicklung nachzuholen, deren Unterlassung die Ursache der traumatischen Neurose geworden ist Sie geben uns so einen Ausblick auf eine Funktion des seelischen Apparats, welche, ohne dem Lustprinzip zu widersprechen, doch unabhängig von ihm ist und ursprünglicher scheint, als die Absicht des Lustgewinns und der Unlustvermeidung.« (Freud 1920g, S. 32)

Auch in der Psychotherapie arbeitet der Patient nach den Annahmen von J. Weiss bewusst und unbewusst daran, seine Probleme zu meistern. Er wird hierbei geleitet von Zielen und Plänen. Es sind keine festgeschriebenen Pläne, aber sie führen den Patienten in eine bestimmte Richtung. Diese bestimmt sich durch den Wunsch des Patienten, seine bewussten und unbewussten Therapieziele zu erreichen und ein höheres Maß an Kontrolle über seine unbewussten Prozesse zu erlangen.

Unbewusste pathogene Überzeugungen

Zentrale Bedeutung haben im psychoanalytischen Behandlungsprozess die unbewussten pathogenen Überzeugungen des Patienten. Sie werden meist in der Kindheit erworben oder sind das Ergebnis traumatischer Erfahrungen. Die traumatischen Erfahrungen können einzelne Traumata oder fortdauernde traumatische Beziehungserfahrungen sein. Sie wirken dadurch pathogen, dass sie den Patienten in der Erreichung vernünftiger Lebensziele behindern.

Ein Beispiel: Ein Patient hat als Kind die pathogene Überzeugung erworben, durch seine Lebendigkeit und Aggressionen für die Trennung der Eltern und das Auseinanderbrechen der Familie verantwortlich gewesen zu sein oder es zumindest nicht verhindert zu haben. Er entwickelte dabei Schuldgefühle gegenüber seiner Lebendigkeit.

Unbewusste pathogene Überzeugungen dienen u. a. der Bindung an bedeutende Personen der Kindheit und der Bewältigung traumatischer Erfahrungen, indem sie z. B. Gefühle von Ohnmacht mildern. Pathogene Überzeugungen sind keine trockenen kognitiven Angelegenheiten. Sie beinhalten neben kognitiven vor allem emotionale Aspekte. Pathogene Überzeugungen können vom Patienten manchmal direkt verbalisiert werden, müssen jedoch meistens aus berichteten Gefühlen, konfliktreichen Erlebnissen und Handlungen erschlossen werden, da sie überwiegend unbewusst sind. Die von J. Weiss und Kollegen untersuchten psychoanalytischen bzw. psychodynamischen Behandlungsprozesse bestätigten, dass die Patienten ihre pathogenen Überzeugungen durch »korrigierende emotionale Erfahrungen« (Alexander & French 1946) in der therapeutischen Beziehung ändern, nicht durch kognitive Umstrukturierung. Um die pathogenen Überzeugungen zu widerlegen, testen Patienten sie in der Beziehung zum Therapeuten. Dabei ist Übertragung keine reine Wiederholung früher Erfahrungen, die als Widerstand imponiert, sondern als eine unbewusste Strategie des Patienten, sich in einer sicheren therapeutischen Beziehung mit alten, meist leidvollen Erfahrungen auseinander zu setzen und neue Erfahrungen zu machen.

»Übertragungs«-Tests und »Passive into Active«- Tests
Unbewusste Abwehrvorgänge dauern so lange an, wie der Patient unbewusst seiner Annahme folgt, dass Wahrnehmung und Erfahrung der abgewehrten Inhalte eine Bedrohung darstellen. Erst wenn der Patient in der therapeutischen Beziehung genügend Sicherheit gefunden hat, wird er seine Abwehr lockern. Ob diese Sicherheit gegeben ist, wird der Patient in der therapeutischen Beziehung testen. Psychoanalytiker stolpern über das Wort »testen«. Testen ist aber eine grundlegende menschliche Aktivität. Sie resultiert aus dem menschlichen Bemühen, sich an die interpersonale Welt zu adaptieren. Von Beginn bis zum Ende der Therapie testet der Patient den Therapeuten, um herauszufinden, wie der Therapeut auf seine unbewussten Pläne reagieren wird, ob er sich dagegenstellen oder ihn darin unterstützen wird. Die Fähigkeit des Therapeuten, die Tests des Patienten zu erkennen und sie zu bestehen, ist zentral für den Erfolg der Therapie.

Ein Beispiel: Fr. K., eine 30-jährige armenische Patientin, beendete während der analytischen Psychotherapie ihr Studium mit der Magisterprüfung, die sie zuvor lange Jahre hinausgeschoben hatte. Von Beginn der Behandlung an hatte sie zu verstehen gegeben, dass der als Kind schwer traumatisierte Vater ihr nicht den Schutz geben konnte, den sie dringend in einem fremden Land brauchte. Sie versicherte sich gegenüber ihren Befürchtungen, bei dem Therapeuten Ähnliches zu erleben, durch Testen des Therapeuten. Zum Ende der Magisterarbeit und vor den Abschlussprüfungen erhielt sie ein verlockendes berufliches Angebot mit steigender Bezahlung und der Chance, möglicherweise bald zeitweise auf den Bahamas zu arbeiten. Als der Analytiker die Entscheidung für den

Job infrage stellte und erwähnte, dass sie dann auch die Analyse abbrechen müsse, war die Patientin in den darauf folgenden Stunden deutlich erleichtert. Bereits davor hatte die Patientin sich gefragt, ob der Therapeut sie wirklich aushalten könne. Sie hatte es getestet, indem sie sich sehr verführerisch verhielt. Sie hatte z. B. den Therapeuten gebeten, eine Analysestunde bei schönem Wetter in einen nah gelegenen Park zu verlegen. Der Therapeut lehnte ab. Später berichtete sie, wie sie jetzt selbst die Annäherungsversuche eines Professors abgelehnt hatte, um nicht ihre Prüfung bei ihm zu gefährden. Sie gab zudem zu verstehen, wie sehr der Professor in ihrer Achtung gefallen war.

Der Patient kann den Therapeuten auf unterschiedliche Weise testen. Die »Control Mastery Theory« unterscheidet zwischen »Übertragungs«-Test« und »Passive into Active« Test. Beim Übertragungstest verhält sich der Patient z. B. gegenüber dem Therapeuten ähnlich, wie er sich einem Elternteil gegenüber verhalten hat. Die zweite Form des Tests in der Übertragung ist »passive into active«. Der Patient bringt den Therapeuten durch sein Verhalten in eine ähnliche emotionale Situation, wie er sie selbst immer wieder erfahren hat und nur unzureichend bewältigen konnte. Er testet, wie der Therapeut die Situation meistert. Wenn der Therapeut den Test besteht, entkräftet dies die pathogene Überzeugung. An diese Form des Testens ist zu denken, wenn der Therapeut selbst starke Affekte von Konfusion, Ablehnung, Schuld oder Demütigung in der Therapie erlebt.

Ein Beispiel: Beim ersten Anruf – dem Erstkontakt – fragt der Patient den Therapeuten recht insistierend über seine Qualifikation aus. Es kommt dem Therapeuten so vor, als ob er von einem Krankenkassenvertreter angerufen wurde und hat das ungute Gefühl, dass er, wenn er jetzt nicht aufpasst, vom Patienten kritisiert wird. Statt seinem aufkommenden Ärger nachzugeben, beantwortet er gelassen die Fragen des Anrufers. Der Therapeut hat die Hypothese, dass der Patient möglicherweise in seiner Kindheit unter der feindseligen Kritik seiner Eltern litt und dass der Patient im Telefonat die Rollen umdreht: Das was er passiv erlitt, wendet er nun aktiv an, also »passive into active«.

Seine Annahme war nicht verkehrt. Der Patient berichtete später in der Behandlung, dass sein Vater sehr häufig kritisierte, dass er als Kind sehr gefügig war und sich in der Nähe des Vaters wie gelähmt fühlte. Er fürchtete, dass der Therapeut ihn kritisieren würde und er dem zustimmen würde. Mit dem Telefonat schützte sich der Patient nicht nur selbst, sondern testete auch die Kritikfähigkeit des Therapeuten. Unbewusst wollte er sich nicht einem Therapeuten anvertrauen, der ihn, so wie er ist, nicht aushalten und der sich – wie er – gegenüber Kritik nicht abgrenzen könne.

Zusammenfassend lässt sich sagen: Die »Control Mastery Theory« hat erstens Bedeutung bei der empirischen Überprüfung von Hypothesen zur

Funktion des Unbewussten im psychoanalytischen Behandlungsprozess. Zweitens ist sie als Grundlage eines psychodynamischen Behandlungskonzepts geeignet. Die Planformulierungsmethode bietet eine effektive Fokus-Formulierung bei psychodynamischen Behandlungen. Durch den Bezug auf die bewussten und unbewussten Behandlungsziele des Patienten ist die Theorie dabei abgegrenzt von der tendenzlosen Psychoanalyse.

Empirische Untersuchungen
Die Methode der Plandiagnostik

Studien zur »Control Mastery Theory« wurden bisher ganz überwiegend in Form von Einzelfallanalysen durchgeführt. Gemeinsames methodisches Prinzip dieser Untersuchungen ist: Es wird anhand von Audio-Transkripten der ersten Therapiesitzungen jeweils eine patientenspezifische Plandiagnose durch geschulte Rater vorgenommen. Die Interventionen des Therapeuten in den nachfolgenden Therapiephasen werden – ebenfalls durch geschulte Rater – danach beurteilt, inwieweit sie diesen Plan des Patienten unterstützen (sog. »Pro-Plan-Interventionen«) oder nicht (sog. »Anti-Plan-Interventionen«). Zur Beurteilung der Effekte plankonformer therapeutischer Interventionen werden Zusammenhänge mit therapieerfolgsrelevanten Prozessmerkmalen des Patienten (z. B. Selbstöffnung, Einsicht etc.) sowie Therapieerfolgsmaßen überprüft. Auf diese Weise können die Wirkungen therapeutischer Äußerungen unmittelbar eingeschätzt werden. Dies vertieft das Verständnis des therapeutischen Prozesses. Das Vorgehen erlaubt außerdem, die Annahmen der »Control Mastery Theory« über das Vorhandensein eines unbewussten Plans des Patienten indirekt zu überprüfen.

Grundlage der *Planformulierung* (vgl. Curtis et al. 1988) sind die vom Patienten geäußerten Probleme unter Einbeziehung seiner lebensgeschichtlichen Erfahrungen sowie der Affekte der Beurteiler. Nicht immer repräsentieren die verbalen Äußerungen des Patienten seinen tatsächlichen inneren Plan. Oft ist der Plan unbewusst oder wird wegen irrationaler Befürchtungen nicht geäußert. Wenn beispielsweise ein Patient Heiratsabsichten nennt, kann sich dahinter mehr ein Gefühl der Verpflichtung als ein wahrhafter Wunsch verbergen. Deswegen erfordert die Einschätzung der Ziele eine vorausgehende Analyse psychodynamischer Aspekte.

Die Plandiagnose enthält folgende Komponenten:
- *Ziele des Patienten*: Hierbei handelt es sich um Verhaltensweisen, Affekte, Einstellungen oder Kompetenzen, die der Patient erreichen möchte und realistischerweise auch erreichen kann.
- *Pathogene Überzeugungen*: Dies sind die in der Lebensgeschichte erwor-

benen irrationalen Überzeugungen einschließlich der damit verbundenen Ängste, die den Patienten davon abhalten, seine Ziele zu realisieren.

– *Einsichten:* Dies sind Kenntnisse bezüglich der Irrationalität pathogener Überzeugungen, die der Patient während der Therapie erreichen soll, damit er seine Ziele umsetzen kann.

– *Tests:* Diese Komponente enthält Annahmen darüber, wie sich der Patient in der Therapie voraussichtlich verhalten wird, um zentrale pathogene Überzeugungen am Therapeuten zu testen.

Das *Vorgehen* bei der Plandiagnostik zu wissenschaftlichen Zwecken ist komplex. Ein Team aus 3–5 in der »Control Mastery Theory« geschulten Ratern, die den Verlauf der Therapie nicht kennen, erstellt auf Basis eines Konsensus-Ratings die Planformulierung. Ein zweites unabhängiges Rater-Team schätzt die Relevanz der einzelnen Plankomponenten erneut ein. Daraus lassen sich Maße der Beurteiler-Übereinstimmung errechnen. Es ergeben sich zufriedenstellende bis gute Interrater-Reliabilitäten zwischen .81 und .90. (Curtis et al. 1988, S. 259)

Die Beurteilung der Plankonformität therapeutischer Interventionen erfolgt ebenfalls in einem Rating-Verfahren. Ein Rater-Team bestimmt anhand des Therapietranskripts sämtliche Abschnitte, in denen Konfrontationen, Deutungen oder sonstige relevante therapeutische Äußerungen (z. B. auch Handlungsankündigungen) vorliegen. Diese selektierten Segmente werden für das anschließende Rating-Verfahren aus dem Kontext herausgenommen und in eine zufällige Reihung gebracht, damit die Rater blind für die Reaktion des Patienten sind. Ein zweites, unabhängiges Rater-Team beurteilt danach auf einer neunstufigen Rating-Skala, inwieweit die therapeutischen Äußerungen der jeweiligen Segmente mit dem formulierten Plan des Patienten kompatibel sind oder nicht.

Die Einschätzung der Patientenreaktionen auf die therapeutischen Interventionen folgt dem gleichen Schema. Es werden wiederum die Abschnitte vor und nach selektierten therapeutischen Interventionen aus dem Text isoliert und in zufälliger Reihenfolge von einem Rater-Team hinsichtlich untersuchungsspezifisch relevanter Patientenmerkmale (wie z. B. Selbstöffnung, Einsicht etc.) beurteilt. Danach werden Zusammenhänge zwischen therapeutischer Plankonformität und den interessierenden Patientenvariablen geprüft.

Ergebnisse ausgewählter Studien

Um einen Einblick in die Forschung zur »Control Mastery Theory« zu geben, wird an dieser Stelle eine kleine Auswahl an Studien referiert. Die ausgewählten Studien zeigen, dass sowohl unmittelbare als auch längerfristig günstige Effekte mit plankonformer therapeutischer Aktivität verbunden sind.

Gassner et al. (1982) analysierten die ersten 100 Stunden einer psychoanalytischen Therapie und zeigten u. a., dass das Bewusstwerden verdrängter Gedanken nicht mit einem Anstieg von Angst einhergeht. Dies steht in Einklang mit der zentralen Annahme der »Control Mastery Theory«, wonach Verdrängtes dann an die Oberfläche gelangt, wenn der Patient sich sicher genug fühlt. Der Patient erfährt deshalb auch dabei wenig oder keine Angst (vgl. a. Abb. 2). Das Ergebnis stützt damit die »Higher Mental Functioning Hypothesis«.

Silberschatz et al. (1986) widmeten sich den unmittelbaren Reaktionen des Patienten auf therapeutische Interventionen. Sie untersuchten die Transkripte von drei Kurzzeit-Therapien mit jeweils 16 Sitzungen. Ihre Zielsetzung war, zu überprüfen, inwieweit Prozess-Merkmale des Patienten mit der Passung therapeutischer Interventionen an den unbewussten Plan des Patienten in Zusammenhang stehen. Zusammenfassend fanden sie folgende Ergebnisse: Patienten waren in den Sitzungen umso produktiver (bezüglich Einsicht, freien Assoziationen, Involviertheit, »Experiencing«, Selbstöffnung etc.), je mehr die therapeutischen Äußerungen den unbewussten Plan des Therapeuten unterstützten. Auch der Therapie-Erfolg stand mit der Plankonformität psychotherapeutischer Interventionen in Zusammenhang. In der Therapie mit dem positivsten Therapieergebnis erwiesen sich 89% der therapeutischen Interventionen als plankompatibel, in der Therapie mit einem mäßig positiven Ausgang fanden sich 80% und in der Therapie, in der sich kein Behandlungserfolg einstellte, nur 50% plankonforme therapeutische Äußerungen. Das Konzept der Plankompatibilität therapeutischer Interventionen lieferte eine bessere Vorhersage des therapeutischen Prozesses als die Zuordnung therapeutischer Äußerungen zu den Kategorien der Übertragungs- bzw. Nicht-Übertragungsdeutung. Übertragungsdeutungen hatten nur dann unmittelbare positive Effekte auf Patientenmerkmale wie Selbstöffnung und Einsicht, wenn sie konform mit dem unbewussten Plan des Patienten waren.

O'Connor et al. (1994) stellten in vier Kurzzeittherapien fest, dass sich die Einsicht des Patienten während der Therapie jeweils folgendermaßen veränderte: Sie zeigte einen U-förmigen Verlauf, d. h. nach Therapiebeginn verringerte sich die Einsicht erheblich, um erst kurz vor Therapie-Ende wieder zuzunehmen. Die Autoren interpretieren den Kurvenverlauf so, dass der Patient in der Therapie-Anfangsphase unbewusst den Therapeuten mit den nötigen Informationen über seinen Plan ausstattet, sodass die Einsichtswerte hoch liegen. Im weiteren Verlauf präsentiert er, soweit er sich in der therapeutischen Beziehung sicher fühlt, so lange wie möglich pathogene Überzeugungen. Der Patient tut dies in der Hoffnung, dass der Therapeut sie widerlegt. Gleichzeitig mit diesem Testverhalten nimmt die Einsicht in pathogene Überzeugungen ab. Erst vor

Therapieende beendet er die Tests, sodass die Einsicht in pathogene Überzeugungen wieder deutlicher zutage tritt.

In einer eigenen Fallstudie einer Patientin mit einer depressiven Störung (Sammet et al., in Vorbereitung) interessierte der Zusammenhang zwischen Plankompatibilität therapeutischer Interventionen und der Entwicklung von Selbstwirksamkeit des Patienten. Selbstwirksamkeit, wöchentlich erfasst mit einer Subskala des Stationserfahrungsbogens SEB (vgl. Sammet & Schauenburg 1999), ist die erlebte Überzeugung, künftige belastende Situationen durch eigenes Handeln bewusst beeinflussen und bewältigen zu können und gilt als ein Merkmal, das hochgradig mit dem Therapieerfolg assoziiert ist. Es fand sich, wie erwartet, ein signifikanter korrelativer Zusammenhang zwischen der Entwicklung der Selbstwirksamkeit und dem Ausmaß an therapeutischen Pro-Plan-Interventionen. In Replikation der Ergebnisse von Silberschatz (s. o.) ergab sich, dass auch die Einsicht in pathogene Überzeugungen mit der Pro-Plan-Aktivität des Therapeuten in Zusammenhang steht.

Wenn Pläne und pathogene Überzeugungen unbewusst sind, müssen sie indirekt erschlossen werden. Dies setzt ein einzelfallanalytisches Studiendesign voraus. *Bewusstseinsfähige* pathogene Überzeugungen können dagegen auch im Rahmen von *Querschnittsuntersuchungen* erhoben werden. In diesem Rahmen kann untersucht werden, ob es weit verbreitete Einstellungen gibt, die mit psychischen Störungen in Zusammenhang stehen. O'Connor et al. (2000) untersuchten eine Stichprobe von Studenten und fanden, dass übermäßiges Schuldempfinden mit erhöhter Submissivität einhergeht. Albani et al. (2002) fanden signifikante Zusammenhänge zwischen interpersonellen Schuldgefühlen und sozialer Unsicherheit. Außerdem gaben Psychotherapie-Patienten im Vergleich zu einer Stichprobe aus der Normalbevölkerung höhere Schuldwerte an. Diese Befunde sprechen für *maladaptive Aspekte übermäßiger Schuldgefühle*. Durch diese Untersuchungen wird empirisch belegt, dass auch bewusstseinsfähige Einstellungen, beispielsweise zu interpersoneller Schuld, mit psychopathologischen Phänomenen assoziiert sind, wenn sie übermäßig ausgeprägt vorliegen.

Diskussion der empirischen Befunde

Zahlreiche Studien haben ganz überwiegend die Hypothesen der »Control Mastery Theory« bestätigt. Die empirischen Ergebnisse sprechen dafür, dass es – teils bewusstseinsfähige, teils unbewusste – pathogene Überzeugungen gibt. Wenn sie in der Psychotherapie durch den Therapeuten widerlegt werden können, ist dies mit günstigen therapeutischen Effekten verknüpft.

Wie lässt sich die überraschende Einheitlichkeit der Ergebnisse erklären? Was die einzelfallanalytischen Ergebnisse betrifft, dürfte ihr Vorteil in der *patientenspezifischen Diagnostik* zu sehen sein. Diese erlaubt eine ebenso patientenspezifische Beurteilung des therapeutischen Prozesses. Daraus erklären sich möglicherweise die ausgeprägten Zusammenhänge, die zwischen therapeutischer Intervention und günstiger Entwicklung des Patienten gefunden wurden.

Zudem ist die wissenschaftliche Methode der einzelfallspezifischen Plandiagnose hochgradig der klinischen Vorgehensweise der »Control Mastery Theory« angemessen. Für den »Control Mastery«-Therapeuten beginnt die Therapie ebenfalls mit einer Planformulierung, die Annahmen über Ziele und pathogene Überzeugungen enthält, wenn auch die klinische Plandiagnose mehr den Charakter einer dynamischen und im Laufe der Therapie stets im Fluss begriffenen Hypothese hat. Forschungsgegenstand und Forschungsmethode sind damit kongruent, die Praxisrelevanz der »Control Mastery«-Forschung liegt vor diesem Hintergrund auf der Hand. Die mikroprozessuale Analyse der therapeutischen Abläufe, die unter den gerichteten Hypothesen der »Control Mastery Theory« erfolgt, scheint dafür geeignet zu sein, das Verständnis für die Wirkfaktoren von Psychotherapie zu vertiefen. Gerade für die psychodynamischen Verfahren könnte darin ein besonderer Wert liegen, da empirische Belege für ihre Wirkfaktoren bisher noch zu wenig erbracht wurden.

Literatur

Albani, C.; Blaser, G.; Körner, A.; Geyer, M.; Volkart, R.; O'Connor, L.; Berry, J. & Brähler, E. (2002): Der »Fragebogen zu interpersonellen Schuldgefühlen« (FIS). In: Psychother. Psych. Med. 52, S. 189–197.

Alexander, F. & French, T. M. (1946): Psychoanalytic Therapy. New York (The Roland Press).

Curtis, J. T.; Silberschatz, G.; Weiss, J.; Sampson, H. & Rosenberg, S. E. (1988): Developing reliable psychodynamic case formulations: an illustration of the plan diagnosis method. In: Psychotherapy 25(2), S. 256–265.

Freud, S. (1920g): Jenseits des Lustprinzips. GW XIII.

Freud, S. (1926d): Psycho-Analysis. GW XIV.

Freud, S. (1926f): Hemmung, Symptom und Angst. GW XIV.

Freud, S. (1940a [1938]): Abriß der Psychoanalyse. GW XVII.

Gassner, S.; Sampson, H.; Weiss, J. & Brumer, S. (1982): The emergence of warded-off contents. In: Psychoanalysis and Contemporary Thought 5(1), S. 55–75.

O'Connor, L. E.; Edelstein, S.; Berry, J. W. & Weiss, J. (1994): Changes in the patient's level of insight in brief psychotherapy: two pilot studies. In: Psychotherapy 31(3), S. 533–544.

O'Connor, L. E.; Berry, J. W. & Weiss, J. (2000): Survivor guilt, submissive behaviour and evolutionary theory: The down-side of winning in social comparison. In: British Jornal of Medical Psychology 73, S. 519–530.

Sammet, I. & Schauenburg, H. (1999): Stations-Erfahrungsbogen. Fragebogen zur Erfassung des Verlaufs stationärer Therapie. Göttingen (Hogrefe).

Silberschatz, G.; Fretter, P. B. & Curtis, J. T. (1986): How do interpretations influenece the process of psychotherapy? In: Journal of Consulting and Clinical Psychology 54(5), S. 646–652.

Weiss, J. (1952): Crying at the happy ending. In: Psychoanalytic Review 39, S. 338.

Weiss, J.; Sampson, H.; Mount Zion Psychotherapy Research Group (1986): The Psychoanalytic Process: Theory, Clinical Observation and Empirical Research. New York (Guilford Press).

Weiss, J. (1993): How Psychotherapy Works. Process and Technique. New York (Guilford Press).

Im Spannungsfeld zwischen Wegschließen und Behandeln: Teamsupervision im Maßregelvollzug

Wilhelm Jakob Nunnendorf

Das Motto dieser Tagung ist *Psychoanalyse ohne Couch – Haltung und Methode*. Mein Beitrag soll in zweifacher Hinsicht weit von der Couch und aus dem analytischen Alltag weg führen, und zwar hinter Gitter, in den für die Psychoanalyse untypischen Behandlungsraum des Maßregelvollzugskrankenhauses und in die Behandlung von untypischen Patienten: psychisch kranke Straftäter. Und noch weiter werde ich das gewohnte, zurückhaltende psychoanalytisch-therapeutische Repertoire verlassen und im Stuhlkreis einer Teamsupervision eines Stationsteams Platz nehmen.

Dabei wird uns die Frage beschäftigen, wie psychoanalytisches Denken und Handeln auch nach einem so eingreifenden Umgebungswechsel, in einer Arbeit zwischen Wegschließen und Behandeln hilfreich sein kann.

Beginnen möchte ich mit den unterschiedlichen Erwartungen, die sich im Maßregelvollzug auf Teamsupervision richten. Ihre Abklärung bildet auch den Anfang einer jeden Supervisionsbeziehung.

Ich werde mich dann quasi von außen nach innen vorarbeiten, über die Rahmenbedingungen der Teamsupervision zur Institution »Maßregelvollzug« und deren diffusem Arbeitsauftrag gelangen. Dabei soll der institutionsanalytische Blick auf die Teamsupervision den psychoanalytischen ergänzen. Die Auswirkungen der Heterogenität des Teams auf die Teamsupervision werde ich dann vorstellen, bevor ich anhand eines Fallbeispieles eine idealtypische Supervisionssitzung anschaulich machen möchte. Schließlich möchte ich die Supervision unter dem Aspekt der Qualitätssicherung betrachten. Am Ende werde ich auf die eingangs aufgeworfene Frage zurückkommen und zusammenfassend darstellen, welche Aspekte psychoanalytischen Denkens und Handelns in der schwierigen Umgebung des Maßregelvollzuges hilfreich sind.

Erwartungen an die Supervision und institutioneller Rahmen

Anlässlich einer kleinen Tagung vor einigen Jahren in einer Klinik des Maßregelvollzuges wunderte sich Pfäfflin über die gute Akzeptanz von Teamsupervision auf den Stationen. Inzwischen haben alle Stationen Teamsupervision eingeführt. Was macht Supervision im Maßregelvollzug so attraktiv?

Eine kleine Befragung der Teams anlässlich der damaligen Fachtagung ergab, dass die Erwartung an eine *Teamsupervision im Maßregelvollzug allgemein hoch* ist. Gleichzeitig bestehen große Unterschiede in den Erwartungen der verschiedenen Berufsgruppen.

Über alle Berufsgruppen hinweg wurde von der Teamsupervision erwartet, dass sie *neue Perspektiven* für die Behandlung von Patienten erzeugt, deren Entwicklung festgefahren ist und deren Situation ohnmächtig oder hoffnungslos macht.

Insbesondere das Pflegepersonal äußerte die Erwartung, von der Supervision *Entlastung* von psychisch beanspruchenden oder beunruhigenden Beziehungserfahrungen mit Patienten zu bekommen, um die eigene Gesundheit und Arbeitsfähigkeit aufrechtzuerhalten.

Die *Lösung von Teamkonflikten*, die sich sowohl aus der Arbeit mit »interaktionell agierenden« Patienten als auch aus Interessenskonflikten der verschiedenen Mitarbeitergruppen ergeben, wurde ebenfalls als Erwartung an die Supervision gerichtet. Häufigstes Beispiel für Teamkonflikte, die von Patienten ausgelöst wurden, waren Spaltungen im Team. Häufigste Ursache für reine Teamkonflikte waren Kompetenz- und Machtkonflikte, die die komplexe Struktur der Einrichtung widerspiegelten mit vielen, gegeneinander abgegrenzten aber ineinander verzahnten Kompetenz- und Machtbereichen.

Schließlich wurde von der Supervision *Unterstützung bei der Verantwortung* erwartet, eine noch drohende, vom Patienten ausgehende *Gefährdung einzuschätzen*, um erneute Delikte mit destruktiven Folgen für andere und damit Schuld- und Versagensvorwürfe an die Behandler abwenden zu können.

Die damalige Befragung und die aktuelle Supervisionserfahrung zeigten, dass dabei die *Einstellung* zur Supervision, insbesondere bei Supervisionsunerfahrenen – und das sind in der Regel zumeist die Pfleger – häufig *ambivalent* ist. Der Supervision haftet schnell der Verdacht der Kontrolle durch die Leitungshierarchie an. Die Wahrung der Verschwiegenheit bzgl. Supervisionsinhalten gegenüber Teamfremden, die Durchführung der Supervision durch externe Supervisoren und der Ausschluss der pflegerischen und ärztlichen Funktionsbereichsleiter, schließlich die Freiwilligkeit der Teilnahme sind aus diesem Grund eine fast normative Forderung der meisten Teams. Diese leicht paranoiden Befürchtungen verliefen durch sämtliche Teams, vielleicht gerade weil die Einrichtung von Teamsupervision in dieser Fachklinik von der pflegerischen und ärztlichen Klinikleitung empfohlen wird. Allerdings bleibt sie, wie auch die Teilnahme der Mitarbeiter, in den Entscheidungsspielraum der Stationsteams gestellt. Die Auswahl der Supervisoren geht im übrigen ebenfalls von Mitgliedern des Teams aus.

Die zitierten Erwartungen der Mitarbeiter an eine Teamsupervision im Maßregelvollzug weisen bereits auf wesentliche strukturelle Züge der Arbeit im Maßregelvollzug und der Institution hin, die allgemeingültigen Charakter haben. Der Arbeitsauftrag der Gesellschaft, die vom Patienten ausgehende Gefährlichkeit »wegzutherapieren« ist von einem hohen Erfolgsdruck begleitet. Bei Behandlungskrisen droht eine massive Infragestellung oder Radikalentwertung durch die misstrauisch beäugenden Auftraggeber.

Die Arbeit findet im Rahmen einer totalen Institution statt, die auch für die Mitarbeiter eine Fülle von Ohnmachts- aber auch Machterfahrungen bereithält.

Die Bediensteten werden durch die Patienten mit heftigen basalen und undifferenzierten Affekten und Beziehungswünschen konfrontiert, die häufig aus Gewalt- und Mangelbiographien stammen und zu Deprivationszuständen, schweren strukturellen Defiziten oder chaotischen Strukturen geführt haben (vgl. Egle et al. 1997). Die Dringlichkeit der von Patienten geäußerten Bedürfnisse, deren archaische Qualität von Hass und Liebe kann zu tiefen Beunruhigungen beim einzelnen Mitarbeiter führen, weil sie eigene abgewehrte oder abgespaltene Persönlichkeitsanteile ansprechen.

Entsprechend erwarten die Teammitglieder vom Supervisor ein Beziehungsangebot, das den erlebten Entwertungen und dem entgegengebrachten Misstrauen mit Wertschätzung begegnet und im Umgang mit großer Bedürftigkeit Halt geben kann. Neben diesen eher mütterlichen Beziehungsqualitäten sind jedoch auch väterliche gefordert:

Bereits mit der Klärung des Supervisionsauftrages beginnt ein Prozess, den Wellendorf (2000, S. 38) als »permanente Analyse der Nachfrage« bezeichnet hat und der eine ständige mitlaufende Analyse der Institution durch den Supervisor bedeutet. Dieser bringt die Institution dadurch, dass er in ihr ein Fremdkörper bleibt, dazu, ihre eigenen verborgenen Strukturen an ihm zu entfalten. Die permanente Analyse der Institution und ihres Auftrages muss nicht die aktiven Interventionen des Supervisors bestimmen, sie kann sogar durch den Supervisionsauftrag des Teams ausdrücklich ausgegrenzt sein. Und doch bildet sie für den Supervisor den institutionellen, hintergründigen Rahmen einer mehr oder weniger um den Behandlungsfall zentrierten Supervision.

Die Teamsupervision erfolgt also auftrags- und aufgabenbezogen, d. h. sie identifiziert sich mit dem Ziel der Institution in einem vorgegebenen Beziehungsnetz. Da sie neben psychoanalytischem Behandlungswissen auch Feldkompetenz für soziale und systemische Erfordernisse im Maßregelvollzug erfordert, wird sie von Fürstenau (1994) als ein weiter gefasstes Beratungsangebot verstanden.

Der Behandlungsauftrag im Maßregelvollzug ist widersprüchlich und diffus

Wie wichtig die Analyse der Strukturen, Motive und Ziele der Institution, also, mit Pühl (1998, S. 48) gesprochen, das analytische Verständnis für die »Institutionsmatrix« ist, zeigt sich bei der Untersuchung des Behandlungsauftrages. Hier wird deutlich, wie allgemeine Systembedingungen auf die Fallebene einwirken und entsprechend auch in fallbezogenen Teamsupervisionen zu berücksichtigen sind:

Es gibt einen klaren gesetzlichen Auftrag: Die in der Maßregel entweder nach §63 StGB (bei psychischer Erkrankung) oder nach § 64 StGB (bei einer Sucht) untergebrachten Patienten haben rechtlich gesehen einen Wiedereingliederungsanspruch, der möglichst rasch und nach wissenschaftlichem Standard in einem psychiatrischen Krankenhaus umgesetzt werden soll. Der Anspruch ergibt sich daraus, dass die Patienten, obwohl strafrechtlich schuldunfähig gesprochen, dennoch auf ihre Freiheitsrechte verzichten müssen, um die Gesellschaft vor erheblichen rechtwidrigen Taten zu schützen. (»Maßnahmen der Besserung und Sicherung«). Das Maßregelvollzugsgesetz stellt ausdrücklich die Vorrangigkeit der Besserung gegenüber einer bloßen Sicherung heraus (vgl. Volckart 1984).

Jedoch ist der Auftrag nicht so klar, wie vom Gesetz gefordert und damit von der Gesellschaft gegeben. Es bestehen erhebliche Divergenzen in der Gesellschaft, was die Behandlung von psychisch kranken Straftätern anbetrifft. Der gesetzlich geforderte Primat der Besserung und die möglichst rasche Rehabilitation des Patienten sind im Zuge der sensationslüstern geführten Diskussion in den Medien um die Behandlung von Sexualstraftätern und einer nervös gewordenen Politik kaum noch handlungsleitend. Die Veränderung in der Haltung der Gesellschaft gegenüber dem Maßregelvollzug bildet sich auch in Bürgerinitiativen ab, die sich mit den forensischen Psychiatrien beschäftigen. Sie forderten in den 70er Jahren noch vehement, auch die forensischen Psychiatrien zu öffnen und versuchten, mit den Patienten in Kontakt zu kommen. Heute setzen sie sich für die endgültige Ausgrenzung der Patienten ein.

Das bedeutet: Für die Behandler wird der Spagat zwischen den Anforderungen von Besserung und Sicherung schwieriger. Als Folge richtet sich die Behandlung eher defensiv und an Sicherheit orientiert aus.

Bereits der manifeste Auftrag der Behandlung ist also, wie dieser erste Überblick zeigt, widersprüchlich.

Der Widerspruch verstärkt sich noch durch die latente Aufgabe des Maßregelvollzuges. Eine Reihe von Autoren haben unterschiedliche Funktionen beschrieben, die die Institutionen der Strafjustiz – entsprechendes gilt für den

Maßregelvollzug – für die Restgesellschaft übernimmt: Sie soll die Identifikation mit der Gesetzestreue, der Hierarchie und Macht des Staates stärken und die mit dem eigenen Triebverzicht verbundene Aggression auf den Gesetzesbrecher und die Präsenz der Strafanstalten richten. Sie soll einem Strafbedürfnis der Gesellschaft, als abschreckendes Beispiel, als Schuldprojektion dienen. Zudem soll sie teilnehmende Triebabfuhr in Form von »Thrill« ohne großes Risiko gewähren (vgl. Mentzos 1988; Möller 1998).

Aber auch für die *Beziehung zwischen Patient und Behandler* ergeben sich aus den gesetzlichen und institutionellen Rahmenbedingungen Widersprüchlichkeiten. Sie ist eine Zwangsgemeinschaft. Der Patient muss eine Behandlung erdulden, auf die er zwar einen rechtlichen Anspruch hat, die er aber im Regelfall nicht will. Die Umgebung in der er das erduldet, ein Krankenhaus mit gefängnisähnlichen Strukturen, eine totale Institution, ist geeignet, die Grenzen zum Anderen noch mehr aufzuheben (vgl. Goffman 1973). Motivation zu einer Behandlung im eigentlichen Sinne besteht zumeist nicht. Die Einweisungspraktiken der Gerichte nehmen unter dem Druck der öffentlichen Debatte um eine härtere Gangart, insbesondere gegenüber Sexualstraftätern, immer weniger Rücksicht auf eine zumindest rudimentäre Therapiemotivation des Patienten. Die Verwirrung zwischen Behandlern und Patienten, was sie von einander wollen oder sollen, wächst.

Ebenfalls bedeutsam für das Verständnis der speziellen Supervisionsproblematik ist die *Organisation der Behandlung*. Sie führt zu einem komplexen Geflecht von Zuständigkeiten für den Patienten, aber auch für den Behandler.

Die Behandlung durch das multiprofessionelle, arbeitsteilige Stationsteam wird auf verschiedenen hierarchischen Ebenen kontrolliert, insbesondere wenn es sich um Erweiterungen der Selbstverantwortungs- und Freiheitsbereiche des Patienten handelt, die sogenannten »Lockerungen«. Die Behandlung des Patienten bleibt aber auch weiterhin unter der Kontrolle der Justiz. So prüft die Strafvollstreckungskammer im jährlichen Abstand unter Einbeziehung ärztlicher Stellungnahmen und staatsanwaltlicher Äußerung, ob das Behandlungsziel, die Ungefährlichkeit des Patienten, erreicht ist und ob die freiheitsentziehende Maßnahme ausgesetzt werden kann. Bei Aussichtslosigkeit kann die Strafvollstreckungskammer auch über eine Rückverlegung in die Strafanstalt entscheiden.

Dies schafft Rahmenbedingungen für die Therapie, die Konflikte und Zündstoff für Beziehungsverwicklungen in sich bergen, die insbesondere auf der Konfliktlinie Macht – Ohnmacht liegen: So kann die Justiz durch ihr Veto einen sinnvollen Rehabilitationschritt verhindern, aber auch umgekehrt durch eine Entlassung aus Verhältnismäßigkeitsgründen die Fortsetzung einer notwendigen Behandlung vereiteln. In beiden Fällen erzeugt dies bei den betroffenen Patienten oft unerträgliche Spannungen.

Welchen Auftrag haben also die Bediensteten in einem Maßregelvollzugskrankenhaus und wie offen wird er kundgetan? Der kurze Blick auf die Eingangsvoraussetzungen der Behandlung im Maßregelvollzug zeigt bereits, dass sich diese Frage nicht eindeutig beantworten lässt und dass es zum Wesen des Auftrages gehört, dass er diffus und ausdeutbar bleibt. Der dramatischen Behandlungsinszenierung (hohe Mauern, häufige Kontrolle, reglementierter Alltag) stehen unscharfe Aufträge gegenüber.

Dass die Unklarheit des expliziten Arbeitsauftrages auch den Bediensteten willkommen ist und zur Abwehr der narzisstischen Konflikte angesichts des Scheiterns der eigenen therapeutischen Ideale an schwierigsten agierenden Patienten und der Abwehr von Rivalitätskonflikten dienen kann, stellte Schlösser (1989) fest. Sie beschrieb ein Sich-Arrangieren mit den unerfüllbaren widersprüchlich Aufgaben des Maßregelvollzuges in einer Balintgruppe von Therapeuten und fand ein implizites Arbeitskonzept vor, das sich in dem Satz verdichtete: »Wir kommen schon irgendwie durch!« (Schlösser 1989, S. 164)

Beratung eines berufsgruppenheterogenen Teams

Wir sind jetzt in unseren Betrachtungen auf der Ebene des Teams, auf der Ebene der Gruppenmatrix (vgl. Pühl 1998) angekommen.

Die Stationsteams im Maßregelvollzug sind multiprofessionell zusammengesetzt und haben neben einer unterschiedlichen Sozialisation auch unterschiedliche Auffassungen von den Zielen ihrer zu leistenden Arbeit. Letztlich stellen sie aber durch konzertiertes Handeln die Ordnung der Institution her. So beobachteten Fengler & Fengler (1984) in ihrer Untersuchung über den *Alltag in der Anstalt* unterschiedliche professionelle handlungsleitende Grundsätze. Die Leitlinie der Pfleger auf der Aufnahmestation einer Psychiatrie war die Gewährleistung von Sicherheit und Ordnung und die Erzeugung von stabilen Strukturen, die handlungsleitende Idee der Therapeuten war hingegen die Veränderung. Die unterschiedlichen Ziele der Berufsgruppen führten häufig zu Störungen der Zusammenarbeit im Team.

Unter dem speziellen Gesichtspunkt des Maßregelvollzugs, der Arbeit mit sozial wenig kompetenten, häufig verwahrlosten Patienten, die sich vielfach in paranoider Verdrehung der Wirklichkeit als Opfer fühlen, sich aber als Täter betätigen, spitzen sich die unterschiedlichen professionellen Arbeitsschwerpunkte schnell zu chronifizierenden Spannungen zwischen den Berufsgruppen zu.

Möller (1998) weist ebenfalls darauf hin, dass die Neigung der Patienten zu primitiven Abwehrmechanismen, insbesondere der Spaltung, dazu tendiert, die Berufsgruppen in »Gut« und »Böse« zu polarisieren, je nachdem wie hoch der

Verwahrungsaspekt in ihrer konkreten Arbeit angesiedelt wird. Die Pfleger haben eine dichtere Alltagsbeziehung zu den Patienten, sie verbringen im Vergleich zu den Therapeuten mehr Lebenszeit mit ihnen. Sie müssen sie häufiger »ertragen«, bekommen aber weniger Prestige und Geld dafür, was den Sozialneid begünstigt und zu reaktiven Entwertungen der Therapeuten z. B. als »Weihnachtsmanntherapeuten« oder »Durchlauferhitzer« führt.

Der Konflikt zwischen den Berufsgruppen spiegelt sich auch als Vorurteilsstereotyp in den unterschiedlichen Erwartungen an Supervision. So stellte Adam (1998) bei einer Befragung von Pflegepersonal eine erhebliche Abwehr gegenüber Balintgruppen fest, die als bedrohliche und arrogante Veranstaltung der Therapeuten gesehen wurden. Gleichwohl war der Wunsch nach Supervision in der Pflegerschaft hoch, dabei aber eher auf eine aktive »Berufsunterweisung« als auf eine selbstreflektive Auseinandersetzung ausgerichtet. Meine Erfahrungen mit Supervisionsbegehren gehen in die ähnliche Richtung: Supervision ist insbesondere dann für die Pflegekräfte attraktiv, wenn sie sich mehr auf das eigene Arbeitsfeld, die eigene Station bezieht und dabei die Erarbeitung eines Falles, eines Problems im Mittelpunkt der Teamsupervision steht, das nicht durch einen Protagonisten, sondern gemeinsam von allen, wenig selbsterfahrungs-, sondern mehr zielorientiert vorgebracht wird und wenn der Supervisor dabei einen aktiven Arbeitsstil hat.

Das Konzept der klassischen Balintgruppe mit stationsübergreifendem Ansatz, in dem die Sammlung der Gegenübertragungsreaktionen zur Überwindung des blinden Fleckes eines Protagonisten im Mittelpunkt steht, hat sich als Supervisionsmethode für Teams nicht bewährt. Vielmehr haben sich entsprechend der unterschiedlichen Bedürfnisse Balintgruppen für Behandler und Teamsupervisionen für Stationsteams zu parallelen Supervisionsstrukturen entwickelt. Mit Rappe-Giesecke (2000, S. 134) kann also festgestellt werden, dass sich als Teamsupervision im Maßregelvollzug eine Weiterentwicklung der Balintgruppenarbeit bewährt hat, »bei der die Fallarbeit im Zentrum steht, aber alle Behandler alle Patienten kennen und gemeinsam eine Geschichte erzählt wird«.

Ein Fallbeispiel

Eine Teamsupervision auf einer Station mit überwiegend jugendlichen Patienten beginnt damit, dass in der Eingangsrunde, die zur Sammlung und Auswahl der Themen dient, die Stationsärztin zaghaft von einem Einzelgespräch mit einem Patienten berichtet, das bei ihr Gefühle von Bedrohung und Unheimlichkeit hinterlassen hat. Der Patient, berichtet die Ärztin, habe ihren Sicherheitsabstand überschritten, sei ihr gefährlich nahe gekommen und habe gemurmelt, er könne sie ja mal zu Hause aufsuchen. Ein Pfleger äußert seine Verwunderung, da sich der Patient im Stationsalltag willig und angepasst zeige. Von den Pflegern wird ebenfalls ins Gespräch gebracht, dass es noch anstünde, im Team zu entscheiden, ob der Gemeinschaftsausgang des Patienten wieder eingesetzt werden solle. Das Thema der Stunde ergibt sich wie nebensächlich, was mich irritiert.

Mein Nachfragen zur Klärung des Themas ergibt, dass das Team in der Woche zuvor beschlossen hat, dass der Patient bei einer Stationsfreizeit nicht mitfahren darf, weil er im letzten Jahr bei einer ähnlichen Fahrt mit einem Freund entwichen war. Maßgeblich haben zur Entscheidung des Teams Bedenken beigetragen, in der aufgeheizten öffentlichen Debatte um die Behandlung von Sexualstraftätern ein Risiko einzugehen. Mit diesem Teambeschluss hat sich das Team auch gegen die Devise des zuständigen Oberarztes gestellt, der programmatisch über das Jahr angekündigt hatte, dass bei Bewährung alle Jugendlichen mitgenommen werden sollten. Als einlenkendes Signal an den Oberarzt und als für Bonbon den Patienten, der sich angepasst verhalten, sich damit also bewährt hat, solle nun der Patient zumindest Gemeinschaftsausgang bekommen, um die Enttäuschung zu beschwichtigen und das Wohlverhalten des Patienten zu belohnen.

In meiner Gegenübertragung erlebe ich in all diesen Beschwichtigungen und Besänftigungsangeboten der Pfleger, die nach Wiedergutmachung klingen die Äußerung der Ärztin nun noch zaghafter, als könne sie überhört werden.

Ich greife deshalb unterstützend die Äußerung der Ärztin auf und ermutige sie, ihre Bedrohungsgefühle mitzuteilen. Sie versichert zunächst, keine ängstliche Person zu sein, und deshalb über sich selbst befremdet zu sein, dass sie zu Hause eine unruhige Nacht gehabt habe und sogar den Impuls, die Türe abzuschließen, nicht unter Kontrolle habe bringen können.

Auf meine Aufforderung an die anderen, zu berichten, wie ihnen der Patient in der letzten Zeit begegnet sei, erwähnt nun ein Pfleger, dass er dem Patienten ein Messer weggenommen habe, was der Patient mit der Bemerkung kommentiert habe: »Ich kann mir ja auch woanders ein Messer besorgen, was Knochen bricht (...) wenn ich dann bei ihnen im Raum wäre (...)« Der Pfleger fügt hinzu, er habe den Vorfall nicht so wichtig genommen und ihn für sich behalten (jetzt hat er sich offenbar doch mit der spürbaren Angst der Ärztin identifiziert). Zunehmend kommen jetzt die Gefühle von Undurchschaubarkeit, Unerreichbarkeit und Anspruchshaltung bei anderen Pflegern zur Sprache, die der Patient auch auslöst. Ein Pfleger erinnert daran, dass der Patient nur noch mit Walkman auf dem Kopf und Tunnelblick angespannt über die Station saust. Der Rückzug des Patienten auch aus der Stationsgruppe wird noch in einigen anderen Statements deutlich. Insgesamt hat sich das Gefühl der unheimlichen Bedrohung ausgeweitet. Meine Fragen nach Vorgeschichte und Delikt ergeben jetzt, dass der Patient Phantasien hatte, Jungen zu zerstückeln. Er wurde aufgegriffen, als er Wäsche von der Leine genommen hatte und in fremde Häuser eingedrungen war, um sich in die Betten von Jungen zu legen. Nur der Umsicht seiner Umgebung sei es zu verdanken gewesen, dass damals nicht Schlimmeres passiert sei.

Ich mache darauf aufmerksam, dass wir inzwischen vom Lockerungsvorhaben ganz abgekommen sind und über einen drohenden aggressiven Impulsdurchbruch und die bislang gar nicht thematisierte Gefährlichkeit des Patienten sprechen. Die restliche Supervisionszeit ist damit gefüllt, festzustellen, wie wenig man seine gefährliche Seite bislang beachtet habe und wie der Patient es geschafft habe, durch seine »Undurchsichtigkeit« und Angepasstheit alle Beteiligten einzuschläfern.

Ich weise nun darauf hin, dass alle, erschrocken darüber, wie sehr ihnen die gefährliche Seite des Patienten entgangen ist, nun besonders energisch auf ihn aufpassen wollen.

Um wieder etwas emotionale Distanz zum Patienten und Verständnis für die Behandlung zu erreichen, lege ich nahe, das Gefühl der Ärztin, sie könne die eigenen Bedrohungsphantasien nicht mehr kontrollieren, als Spiegelungsphänomen des Patienten zu verstehen, der von seinem destruktiven Selbstanteil überrollt zu werden droht und zugleich auch an die Ärztin einen Appell auf eine Außenbegrenzung richtet, den die Ärztin als Container übernommen und für ihn wahrgenommen hat.

Zur nächsten Supervisionsstunde trägt das Team nach, dass der Patient inzwischen auf die Wachstation verlegt worden sei. Man hatte eine Spindkontrolle durchgeführt und mehrere Feuerwerkskörper gefunden, deren Besitz der Patient nur fadenscheinig begründen konnte. Zum Abschluss der Stunde verständigt sich das Team, wenn nötig in Teamsitzungen, mehr auf die eigene Befindlichkeit zu achten. Dem Team gelingt es auch, die Behandlungsbeziehung zum Patienten aufrechtzuerhalten. Dieser wird nach einigen Wochen wieder zurück auf die Station verlegt und weiterbehandelt und nicht, wie häufig üblich, wegen der Angst vor Bedrohung etc. für eine Rückverlegung abgelehnt.

In nachfolgenden Supervisionssitzungen konnten wir unter Einbezug der Anamnese die Interaktion des Patienten mit der Ärztin auch als eine Reinszenierung der Beziehung zu einer verständnislosen und schlagenden Mutter szenisch verstehen. Im Supervisionsprozess war das unbewusste Arrangement des Patienten mit den Pflegern aufgelöst worden, das es ihm ermöglicht hatte, einen Ort seelischen Rückzuges (vgl. Steiner 1998) aufzusuchen, ein Ort, an dem niemand hinschaute, an dem alles undurchsichtig blieb und wo die Angst vor verfolgender Kontrolle nicht zu groß wurde. Ebenfalls als Ergebnis der

Supervision war die Angst des Patienten vor einer verfolgenden und bedrängenden dyadischen Beziehung wieder in die therapeutische Bearbeitung gekommen – auch dies ein Ergebnis der Supervision.

Supervision als Aufrechterhaltung der Triangulierung

Das Beispiel illustriert den Alltag von Behandlungsteams im Maßregelvollzug. Hier geht es häufig um die emotionale *Verarbeitung von archaischen und destruktiven Affekten und Impulsen oder agierenden Handlungen* aus der Beziehung zum Patienten. Die Behandler sind in brisante Interaktionen mit den Patienten verwickelt, werden Objekte der projektiven Identifikation oder sie sind Container für überwältigende Gefühle der Patienten, die sich auf sie richten, die ihnen unter die Haut gehen und eigene heftige Gefühle auslösen, bzw. dagegen gerichtete Abwehrmaßnahmen. Ein wesentliches Bedürfnis nach Supervision entspringt dem psychohygienischen Wunsch, diese »schwer verdaulichen« Gefühle nicht mit nach Hause nehmen zu müssen, sondern sie in der Supervision zu verdauen und sich dadurch arbeitsfähig zu halten. Die andauernde Konfrontation mit massiven, häufig destruktiven Affekten (außer um Angst und Bedrohung geht es auch um Scham, Schuld, Entwertung, Inkompetenz, Ohnmacht, Macht), unreifen Abwehrformen und Impulsdurchbrüchen, der sich der Behandler auch ausliefern muss, benötigt einen seelischen Dekontaminationsprozess.

Das Beispiel macht deutlich, dass sich die Supervision von Teamproblemen schlecht von der Supervision der Patientenbehandlung trennen lässt. Die Bearbeitung des Teamkonfliktes: Unterschiedliche Einschätzungen einer Lockerung für einen Patienten durch Ärztin, Pfleger und Oberarzt ist zugleich verknüpft mit der Bearbeitung des Patientenproblemes. Die Fallsupervision ist deshalb auch ein zentraler Aspekt der Teamsupervision, weil die zumeist borderlinestrukturierten Patienten im Maßregelvollzug zu einer externalisierenden Verarbeitung ihrer innerseelischen Konflikte neigen (vgl. Dulz 1998).

Die heftigen Gefühle mobilisieren eigene biographische Dreieckserfahrungen auf der Suche nach Unterstützung eines Dritten gegen die Vereinnahmung in der Dyade (vgl. Bauriedl 1994). Daher ist Suche nach Unterstützung und Solidarität in diesem Arbeitsfeld, in dem ein Angriff auf die physische und psychische Integrität immer im Bereich des Möglichen liegt, besonders nötig. Erst wenn dieser Aspekt der Arbeitsbeziehung gesichert und so ein basales Sicherheitsbedürfnis befriedigt ist, kann eine Bereitschaft entstehen, sich einer behandelnden Beziehung zuzuwenden.

So kann im obigen Fallbeispiel die Ärztin ihre Gefühle von Unheimlichkeit und Angst zum Thema machen, ihre Phantasie, nachts zu Hause überfallen zu werden, ihr Erstaunen über ihre eigene Ich-fremde Reaktion, sogar handelnd, als bestünde eine reale Gefahr, sich schützen zu müssen, indem sie die Türe abschließt. Sie tut damit auch etwas für ihre pflegerischen Kollegen, die in Folge davon auch bemerken konnten, dass sie bislang die Angst bei sich niedergehalten hatten, indem sie besorgniserregende Beobachtungen rationalisierten oder bagatellisierten. Sie bekommt die Unterstützung der Kollegen, die ihre Gefühle teilen, schließlich auch Lösungen für die zukünftigen Gespräche mit dem Patienten entwickeln. Die Supervision konnte den Wunsch nach einem stützenden Helfer deutlich machen und befriedigen.

Dennoch bleibt meine Unterstützung eine triangulierte, indem ich mit dem Aufgreifen der Patientenperspektive den Behandlungsauftrag in Erinnerung rufe. Auch auf der Ebene der Fallsupervision bleibt der Supervisor der Störenfried (vgl. Wellendorf 2000), der, wie Bauriedl (1994, S. 96) metaphorisch fordert, »den Winkel hält« und sich nicht in die Dyade ziehen lässt.

Dies führte dazu, die bislang vom Team verleugnete destruktive Phantasie, die den Patienten zu überfluten drohte, wieder wahrnehmen und sich ihr zuwenden zu können. Bis dahin identifizierte sich das Team mit den Projektionen des Patienten und erlebte sich wie ein abstrafender Täter und bot aus den daraus resultierenden Schuldgefühlen dem Patienten Gemeinschaftsausgang an, bediente damit dessen Wiedergutmachungsphantasien. Der Wahrnehmungsumschwung wurde möglich, indem die Ärztin ihre Angst nicht verdrängte, sondern aussprach.

Mit der emotionalen Entlastung für das Team und mit der Wiedergewinnung der eigenen Sicherheit und Handlungsfähigkeit ist zugleich die therapeutische Perspektive für den Patienten zurückgewonnen. Die Stagnation in der Behandlung ist beendet. Aushalten und Bearbeiten des Agierens des Patienten führte auch zu einem neuen therapeutischen Verständnis und zu einer neuen Beziehungsaufnahme. Das Verständnis der Interaktionen als Inszenierungen ist angstreduzierend und verständniserzeugend. Es wurden die problematischen überwältigenden Objektbeziehungen deutlich, aber auch die Herrschaft des rücksichtslos fordernden, des »bösen« Selbstanteils über einen sozialen und »guten« Selbstanteil (vgl. Fricke & Reddemann 2000). Die Wahrnehmung der Täterseite des Patienten machte auch die Wahrnehmung und Behandlung der Opferseite im Täter wieder möglich.

Im obigen Beispiel klingen neben den durch den Patienten induzierten Konflikten auch Ansätze eines Teamkonfliktes an, der sich aus den unterschiedlichen Identitäten und Behandlungsprioritäten der verschiedenen Berufsgruppen in einem Team ergibt. Die Spiegelungsphänomene der Beziehung des Patienten zum Oberarzt in der Beziehung des Teams zum Patienten wurden nur am Rande aufgenommen und sollen hier nicht weiter vertieft werden.

Kutter (2000, S. 49) spricht von »umgekehrten Spiegelphänomenen«, wenn die Dynamik des Teams sich störend in der Dynamik der Patienten spiegelt. Sie sollte dann zum Thema der Supervision werden, wenn es zu gravierenden Störungen in den Behandlungen kommt. Eine solche Programmänderung sollte in der Eingangssequenz der Supervision angekündigt werden.

Supervision als Qualitätssicherung

Längerfristig angelegte Supervisionen werden von einigen Autoren kritisch gesehen (vgl. Dörner & Fürstenau 1998; Wellendorf 2000) und verdächtigt, verdeckte Leitungsfunktionen zu übernehmen, die möglicherweise in der Institution unbesetzt sind. Ihr Angebot verführe die Institution dazu, keine Kraftanstrengung zu leisten, die Leitungsfunktion zu übernehmen und schwäche unter Umständen die Institution dauerhaft. Sicher hat dieses Argument einige Gültigkeit für die Teamsupervision, insbesondere für solche, deren Fokus auf einer strukturellen Veränderung unter einer institutionsanalytischen Perspektive liegt.

Die Supervision (und hier besonders die Teamsupervision) im Maßregelvollzug hat andere Aufgaben. Ihr Schwerpunkt liegt darauf, Teams zu befähigen, mit Patienten, die schwerste Gewalttaten begangen haben, therapeutische Entwicklungsarbeit zu leisten. Sie kann dies gerade dann gut und ist dann ein Beitrag zur internen Qualitätssicherung der Behandlung, wenn sie routinemäßig und fortlaufend konzipiert ist. Zu diesen Folgerungen kommt auch Wagner (2000), die die institutionelle Verarbeitung von dramatischen Zwischenfällen durch Gewalttaten während der Maßregelvollzugsbehandlung im österreichischen Maßnahmenvollzug untersuchte.

In der Folge von zwei Tötungsdelikten mit je unterschiedlicher Konfliktdynamik – das eine an einem Kind der Lebensgefährtin, das andere an einer Therapeutin – kam es in den jeweiligen betroffenen Institution zum Rückzug der Mitarbeiter aus der Psychotherapie in Form von Einstellung der psychoanalytisch orientierten Einzeltherapie. Die Autorin stellt fest, dass der Rückzug aus einer beziehungsorientierten Behandlung eine Schutzmaßnahme der Behandler vor Entwertung und Schuldzuweisungen von außen, aber auch von innen ist.

Der vernichtende Angriff auf das therapeutische Ideal-Ich bewirkte eine Regression. Diese ging einher mit dem Verlust des Vertrauens in die eigene berufliche Kompetenz und mit Enttäuschungswut gegen die Vorgesetzten, nicht genügend Unterstützung gegeben zu haben. Die Ursache dafür sieht die Autorin darin, dass es keinen stabilen Bezugsrahmen für die Beurteilung therapeutischer Interventionen oder therapeutischer Prozesse gibt, an dem sich

Behandler orientieren, legitimieren und entlasten können. Einen Ausweg stelle die Einführung von prozeduralen Kriterien, die eine Ablaufkontrolle zur Wahrung von Sicherheit ermöglichen. Zu den Mindestanforderungen bei der Hoch-Risiko-Population von Personen mit schweren Gewaltdelikten zählt sie auch systematische Supervision mit regelmäßigen Besprechungen jedes Therapiefalles, unabhängig vom aktuellen Problembewusstsein des Therapeuten.

Was ist das psychoanalytische an diesem Supervisionskonzept?

Natürlich sind zunächst die bewährten psychoanalytischen Konzepte, die auch die klinische Arbeit im Maßregelvollzug erleichtern, z. B. die Analyse von Übertragungs- und Gegenübertragungsphänomenen zu nennen. Sie sind auch in der Supervision hilfreich, zeigen sich dort als Spiegelungsphänomen.

Besonders hilfreich für die Supervision im Maßregelvollzug (in einer Einrichtung, deren Ziel es ist, Gewaltbereitschaft zu therapieren) ist jedoch m. E. die Einnahme einer analytischen Wahrnehmungshaltung und Selbstreflektion durch einen Supervisor, der sich trotz der Bindung an einen Arbeitsauftrag allparteilich verhält und dadurch eine trianguläre Beziehung sowohl auf der Ebene der Institution als auch auf der Ebene der Gruppe und der Fallbearbeitung einnimmt.

Häufig sind forensische Patienten, bei deren Äußerungen seelischer Not Gewalt und Zerstörung in erheblichem Ausmaß beteiligt waren, durch eigene Gewalterfahrungen mit ihren jeweiligen psychopathologischen Folgen in dyadischen Beziehungsformen stecken geblieben. Diese Beziehungsdynamik überträgt sich auch auf die Interaktionen zwischen Patienten und Bediensteten und spiegelt sich in den vorgestellten Fällen in der Supervision.

Als regressive Reaktion auf Bedrohungen und diffuse Forderungen, die auch von außen an den MRV herangetragen werden, ist die Flucht in dyadische Beziehungsmuster auch für Kooperationsbeziehungen eine Möglichkeit zur Angstbewältigung. Die *triangulierende Haltung* des Supervisors ist als psychoanalytisches Instrument deshalb unverzichtbar und besonders wichtig. Sie kann in etwas verkürzter Formulierung, mit Küchenhoff (2002, S. 229) gesprochen einen »Übergangsraum« eröffnen, in dem ein »Sprach- und Verständigungsraum« geschaffen wird, um das »Andere der eigenen Person und die Andersartigkeit auch des Mitmenschen anzuerkennen«. Ich füge hinzu: auch die Andersartigkeit des Mitmenschen, der Täter geworden ist.

Literatur

Adam, F. (1998): Erst mal unter uns! Ängste und Sorgen vor der Teamsupervision aus der Sicht des Pflegepersonals. In: Eck, D. (Hg.) (1998): Supervision in der Psychiatrie. Bonn (Psychiatrie-Verlag), S. 28–37.

Bauriedl, T. (1994): Analyse ohne Couch – Analyse als Beziehungstheorie und ihre Anwendungen. Stuttgart (Klett-Cotta).

Dörner, K. & Fürstenau, P. (1998): Supervision und Psychiatrie – Wohin geht die Entwicklung? In: Eck, D. (Hg.): Supervision in der Psychiatrie. Bonn (Psychiatrie-Verlag), S. 312–324.

Dulz, B. (1998): Zur Supervision der stationären Therapie von Borderline- Patienten. In: Eck, D. (Hg.): Supervision in der Psychiatrie. Bonn (Psychiatrie-Verlag), S. 180–192.

Egle, U. T.; Hoffmann, S. O. & Joraschky, P. (1997): Sexueller Missbrauch, Misshandlung, Vernachlässigung. Stuttgart (Schattauer).

Fengler, C. & Fengler, T. (1984): Alltag in der Anstalt. Rehburg-Loccum (Psychiatrie-Verlag).

Fricke, P. & Reddemann, L. (2000): Dem Opfer im Täter begegnen. In: Werkstattschriften Forensische Psychiatrie und Psychotherapie 7 (1), S. 39–48.

Fürstenau, P. (1994): Psychoanalytisch-systemische Teamsupervision im psychiatrisch-psychosomatischen Bereich zwecks Förderung der Teamentwicklung. In: Ders. (Hg.) (1994): Entwicklungsförderung durch Therapie. München (Pfeiffer), S. 175–188.

Goffman, E. (1973): Asyle. Über die soziale Situation psychiatrischer Patienten und anderer Insassen. Frankfurt a. M. (Suhrkamp).

Küchenhoff, J. (2002): Innere und äußere Gewalt. Der Beitrag der Psychoanalyse zum Verständnis individueller Gewaltbereitschaft und Gewaltverarbeitung im gesellschaftlichen Kontext. In: Schlösser, A.-M. & Gerlach, A. (Hg.) (2002): Gewalt und Zivilisation. Erklärungsversuche und Deutungen. Gießen (Psychosozial), S. 229–249.

Kutter, P. (2000): Spiegelungen und Übertragungen in der Supervision. In: Pühl, H. (Hg.) (2000): Handbuch der Supervision, 2. Berlin (Edition Marhold), S. 41–53.

Mentzos, S. (1988): Interpersonale und institutionelle Abwehr. Frankfurt a. Main (Suhrkamp).

Möller, H. (1998): Supervision in Forensischen Psychiatrien. In: Eck, D. (Hg.): Supervision in der Psychiatrie. Bonn (Psychiatrie-Verlag), S. 211–224.

Pühl, H. (1998): Teamsupervision. Von der Subversion zur Institutionsanalyse. Göttingen (Vandenhoeck & Ruprecht).

Rappe-Giesecke, K. (2000): Gruppensupervision und Balintgruppenarbeit. In: Pühl, H. (Hg.) (2000): Handbuch der Supervision 2. Berlin (Edition Marhold), S. 123–136.

Schlösser, A. (1989): Nachrichten aus dem Raubtierkäfig. Balint-Gruppenarbeit in einer forensischen Psychiatrie. In: Die Balint-Gruppe in Klinik und Praxis 4, S. 159–168.

Steiner, J. (1998): Orte des seelischen Rückzugs. Pathologische Organisationen bei psychotischen, neurotischen und Borderline-Patienten. Stuttgart (Klett-Cotta).

Volckart, B. (1984): Maßregelvollzug. Darmstadt, Neuwied (Luchterhand).

Wagner, E. (2000): Die institutionelle Verarbeitung von Scheitern, Krisen, Katastrophen – Auswirkungen auf Behandlungsstrategien und Entwicklungen der Forensischen Psychiatrie in Österreich. In: Werkstattschriften Forensische Psychiatrie und Psychotherapie 7 (1), S. 237–251.

Wellendorf, F. (2000): Supervision als Institutionsanalyse und zur Nachfrageanalyse. In: Pühl, H. (Hg.) (2000): Handbuch der Supervision 2. Berlin (Edition Marhold), S. 30–40.

Probleme psychoanalytisch orientierter Begutachtung im Strafverfahren

Alexander Böhle

»Der Verbrecher aus Schuldbewusstsein« assoziierte ein Kollege, als er beiläufig erfuhr, dass ich mit Kriminalfällen zu tun habe – »hoch interessant!« Ein anderer: »Du solltest Kriminalromane schreiben!« Ein dritter: »Das ist doch schrecklich faszinierend!« Fragt man nach und forscht etwas weiter, entdeckt man eine ganze Welt romantischer Vorstellungen: Der Psychoanalytiker als eine Art Sherlock Holmes, die Vorstellung von der Analyse als Kriminalfall, z. B. Lorenzers wissenschaftstheoretisch-kriminalistische Versuch »Der Analytiker als Detektiv – der Detektiv als Analytiker« (1984) oder seine Interpretation des Kriminalromanes *Der Malteserfalke* (vgl. Lorenzer 1988). Politisch bewusstre Kollegen zitieren Tilmann Mosers »Repressive Kriminalpsychiatrie – vom Elend einer Wissenschaft« (1971) oder Reiks und anderer Analytiker Fundamentalkritik an einer autoritär wilhelminischen Justiz einer strafenden Gesellschaft. Angesichts der Hauptthemen der psychoanalytischen Literatur – angefangen mit Ödipus, weiter mit Freuds Auseinandersetzung mit dem Verbrecher Dostojewski, Hamlet, Macbeth und dem ganzen archaisch biologisch-dissozialen emotionalen Erbe in der Tiefe der menschlichen Seele – könnte man den Eindruck gewinnen, Kriminologie sei das Zentralgebiet und Hauptanliegen der Psychoanalyse schlechthin.

Mitnichten: Die kriminologische psychoanalytische Literatur ist im Vergleich zum Gesamt der psychoanalytischen Veröffentlichungen eine kleine Abteilung. Am ehesten noch die Beschäftigung mit präödipalen Störungen scheint die Analytiker in eine Auseinandersetzung mit der Bereitschaft zu delinquentem Verhalten gebracht zu haben und bei einigen zur – freilich zu problematisierenden – Auffassung geführt zu haben, Delinquenz als ein Symptom einer Ich-strukturellen Pathologie aufzufassen. Diese Verlockung, Verbrechen mit der Symptombildung bei neurotischen Prozessen zu analogisieren führt m. E. zu einer unzulässigen Reduktion eines hochkomplexen gesellschaftlichen Problems auf ein psychologisches Phänomen und beeinträchtigt eher den interdisziplinären Diskurs und eine realistische Auseinandersetzung mit dem Verbrechen und führt zu fatalen Fehl- und Zirkelschlüssen.

Wie kommt es zu dieser erheblichen Diskrepanz zwischen der intensiven Auseinandersetzung der Psychoanalyse mit Schuld, Verbrechen und Sühne in den Phantasien der Patienten und in der schönen Literatur und dem äußerst geringen – wie Küchenhoff (1988) es nennt – »spitzfingrigen« Engagement der Psychoanalytiker in der konkreten gerichtlich-forensischen Begutachtung von Delinquenten?

Bei der Betrachtung der konkreten Situation wird schnell klar, dass sich die Auseinandersetzung mit realen Verbrechen erheblich von der Beschäftigung mit Phantasien unterscheidet: Das Kind ist real in den Brunnen gefallen und jemand hat's geschubst und zwar mit Absicht. Dies ist keine Vorstellung mehr, sondern eine Tatsache. Das Kind ist tot, der Schurke gefasst und das Ganze hat nicht in der frühen Kindheit und Jugend stattgefunden, ist nicht Jahre her. Das Hier und Heute dominiert, und der Schaden ist nie mehr gut zu machen. Der Täter bereut vielleicht nicht einmal. Die Liste seiner Boshaftigkeiten füllt viele Akten und es mag euphemistisch ausgedrückt sein, dass er nicht unsere Sympathie genießt.

Aus dieser Phänomenologie von Verbrechen scheint eine Scheu zu resultieren, sich mit ihm auseinander zu setzen. Wenn man sich wirklich emotional einlässt und sich nicht in Projektionen von Vergeltungsaggression und narzisstischer Wut abschirmt, erschüttert seine präsente Realität und Unmittelbarkeit und droht sowohl Opfer und Täter zu traumatisieren. Gesellschaftlich stellt Verbrechen daher ebenso ein Tabu dar, wie die Sexualität. Ähnlich wie die Rituale der gesellschaftlichen Integration von Sexualität zwingt uns auch der Umgang mit dem Verbrechen zu Ritualen, die Reik (1925) bereits beschrieben hat. Die Wiederholung des Verbrechens z. B. im religiös anmutenden Ritual einer Gerichtsverhandlung, die Strafe und Sühne, die formale rechtliche Regelung usw. spiegeln also die intensive tief greifend sacrosancte Dynamik des Verbrechens wider.

Der Psychoanalytiker als Gutachter begibt sich daher angesichts des Verbrechens in ein Feld eigener und ganz andersartiger Betroffenheit und psychischer Belastung, als in der Intimität des psychoanalytischen Behandlungszimmers, in der er gemeinsam mit einem ihm doch meist recht sympathischen Menschen auf dem Hintergrund der Biographie phantasieren und verstehen kann. Er findet sich vielmehr unmittelbar in der Dominanz des Aktuellen und als Teil einer mit erheblicher Gegengewalt agierenden Gesellschaft wieder.

Die Gegensätzlichkeit von Psychoanalyse und Justiz hat die Beziehung der beiden Fächer zumindest bis in die 70er und 80er Jahre hinein zum Teil erheblich belastet. Ein psychoanalytisches Verständnis von Justiz, das diese mit einem Agieren eines sadistischen Über-Ich identifiziert und dabei die Aspekte der Realitätsprüfung und die Ich-Aspekte bei allen Verfahrensbeteiligten eher in den Hintergrund geraten ließ, begegnete aufseiten der Juristen verständlichem Widerstand.

Umgekehrt empfand die Justiz die Psychoanalytiker mit ihrer mit der juristischen Hermeneutik konkurrierend erlebte Interpretationskunst oft als heimliche Richter, die sich eine ihnen nicht zustehende Kompetenz anmaßten. Mit deren Verständnis vom Unbewussten und der seelischen Determination, welcher die Grundfesten des freien Willens als Voraussetzung des Strafens zu erschüttern schien, konnten sie sich kaum anfreunden. Die Juristen schrieben unter dem Motto »alles verstehen heißt alles verzeihen« den psychoanalytischen Gutachtern eine Identifizierung mit dem Täter zu, die den Gutachter als zweiten Verteidiger des Angeklagten erscheinen lassen musste. In den konservativen juristischen und auch kriminalpsychiatrischen Antworten auf die Psychoanalyse wurde das Thema des Unbewussten und des Determinismus zum Hauptschauplatz der Auseinandersetzungen, welche beiden Seiten eine tiefer gehende Beschäftigung mit dem Bedingungsgefüge kriminellen Handelns und seiner Bewertung im gesellschaftlichen Prozess verstellte.

Von psychoanalytischer Seite bestanden darüber hinaus fachliche Bedenken und Ambivalenz in Bezug auf die Anwendung der psychoanalytischen Theorie und Technik im forensischen Bereich. Freud selbst problematisierte die Übersetzung von psychischen Phantasien auf tatsächliche Ereignisse (vgl. Freud 1916d) und Ferenczi hielt die Anwendung des psychoanalytischen Settings mit seiner Unstrukturiertheit und die Regel der Freien Assoziation »sub judice« für aussichtslos (vgl. Ferenczi 1919). Alexander & Staub (1929) entwickelten schließlich Kriterien, welche die Einschätzung der Steuerungsfähigkeit an dem Grad des Funktionierens ihrer Ich- und Über-Ich-Funktionen festmachten und die einen ersten konkreteren Beitrag der Psychoanalyse zur forensischen Begutachtung lieferten. Auch Mundt (1985) sah erhebliche Schwierigkeiten, die in einem therapeutischen Setting entwickelte psychoanalytisch Technik auf die Begutachtung anzuwenden. Das Kernstück dieser Technik, die Untersuchung der Beziehungsdynamik zwischen Gutachter und Begutachtetem sah er »von Rollensterotypien überformt«. Duncker (1988) betont gleichfalls die Einschränkungen der Anwendung psychoanalytischer Technik in der Begutachtung. Er beschränkt die mögliche Aussagekraft der psychodynamischen Begutachtung auf den Katalog der Störungen der Ich-Funktionen. Die Interpretation der psychischen Entwicklung schätzt er in ihrer Aussagekraft viel schwächer und unsicherer ein. Küchenhoff (1988) betont die Schwierigkeiten der Kompatibilität der scheinbar ähnlichen juristischen und psychoanayltischen Hermeneutiken, die aber in ihrer Zielsetzung unterschiedlich sind und zu Konkurrenz und Übergriffen der beiden Disziplinen führen können, und plädiert für ein verstärktes Methodenbewusstsein auf beiden Seiten und eine kritische Kooperation zwischen Psychoanalytiker und Jurist.

Von fast allen Autoren wird die Analyse der Entwicklung der Beziehungsdynamik zwischen Gutachter und Begutachtetem in der forensischen Exploration als besonders problematisch gesehen. Dabei handelt es sich freilich um das

Schibboleth der Stichhaltigkeit und Präzision psychoanalytischer Diagnostik. Dabei hat hier die mittlerweile sehr erweiterte Erkenntnis der Dynamik der Übertragung/Gegenübertragung Möglichkeiten geschaffen, die Psychodynamik solcher Patienten mit zum Teil schweren Persönlichkeitsstörungen auf dem Hintergrund der Beziehungsentwicklung besser zu verstehen und die emotionalen Antworten des Therapeuten diagnostisch und therapeutisch fruchtbar zu machen. Ich möchte mich hier auf diesen – wie mir scheint – kritischen und wesentlichen Aspekt der psychodynamisch-forensischen Begutachtung beschränken: Dieser betrifft den eigentlichen Begutachtungsprozess und insbesondere die Erfassung der subjektiven Prozesse im Sachverständigen selbst sowie die intersubjektiven Prozesse zwischen diesem und dem Probanden bei der Begutachtung. Die kritische Durcharbeitung des gutachterlich-diagnostischen Prozesses führt m. E. zu einer größeren Präzision der Einschätzung der Psychodynamik des Probanden, d. h. zu einer wesentlich differenzierteren Einschätzung der seelischen Möglichkeiten und Einschränkungen der Seelenprozesse des Probanden, welche – vielleicht sogar gegen dessen Scham- und Schuldabwehr – seine Tragik und seine Verstrickung sichtbar werden lässt und dem Juristen differenziertere Möglichkeiten der Beurteilung der Schuldfähigkeit eröffnet, und darüber hinaus zu einer größeren reflexiven Unparteilichkeit des Gutachters, wie sie von Gesetz gefordert ist, führt. In der psychoanalytisch orientierten Begutachtung stellen sich die Probleme der Gegenübertragung freilich wesentlich komplexer dar, als im klassischen psychoanalytischen Setting.

Das beginnt mit dem Begriff der technischen Neutralität. In der psychoanalytischen Dyade verweist er bekanntlich auf die tendenzlose Haltung des Analytikers, der sich einerseits Anteil nehmend einfühlt und doch in seiner Identifizierung mit dem Patienten probatorisch und in einer gewissen Distanz verharrt. In der forensischen Begutachtung wird diese Haltung zum einen durch die Auseinandersetzung mit mindestens vier Prozessbeteiligten kompliziert. Zum anderen wird das Gebot der technischen Neutralität durch den gesetzlichen Auftrag zur Unparteilichkeit (»Besten Wissens und Gewissens…«) verschärft und öffentlich moralisch eingefärbt. Die Verletzung von Unparteilichkeit und Neutralität führt jetzt nicht nur zu einem vielleicht schlechteren Verständnis und einer problematischeren Diagnostik, die später in einem weiteren therapeutischen Prozess analysiert und korrigiert werden kann. Sie führt vielmehr darüber hinaus zur »Bestrafung« durch öffentliche gerichtliche Feststellung der Besorgnis der Befangenheit und anschließender Entfernung des Gutachters aus dem Verfahren. Auf die eigentlich die Gelassenheit und Unabhängigkeit des analytischen Selbstverständnisses symbolisierende gleichschwebende freundlich-neutrale Hinwendung zum Patienten wird also durch die entsprechenden gesetzlichen Parameter ein erheblicher Scham- und Bewährungsdruck gelegt, der vom Analytiker im Auge behalten und durchzuarbeiten ist. Analytiker mit narzisstischer Persönlichkeitsdynamik und Selbstwertproblemen sind in den Gerichtssälen daher hochgradig gefährdete, wahrscheinlich auch gefährliche Personen.

Ein weiterer Auslöser für erhebliche Gegenübertragungsprozesse ist die unterschiedliche emotionale Valenz von Verbrechen und psychischer Symptomatik. Während eine Symptomatik in der klinischen Praxis als Leiden erscheint und eine liebevolle Identifizierung und ein Mitleiden im Therapeuten auslöst, ist Verbrechen zunächst einmal durch Gesetze definiert. Neben diesem juristischen Formalismus der Zurechnung ist Schuld auch in erheblichem Umfang emotional besetzt, wie sich auch in der juristischen Literatur an Begriffen wie »Verfehlung der sittlichen Aufgabe«, »Mangel an Bindung an das Gesetz«, »Gesetzestreue«, »Gesinnung« usw. ablesen lässt. Der Mensch verhält sich weniger aus formalen als überwiegend aus emotionalen Gründen rechtlich einwandfrei.

Dieser emotionale Aspekt des Rechts ist aber psychoanalytisch gesehen nicht – und darin bestehen die Vereinfachungen mancher früherer analytischer Arbeiten – einfach ein Über-Ich-Derivat. In ihm spielen die Realitätsprüfung, unbewusste Ich-Funktionen, wie die Frustrationstoleranz, die Affektivität, die Antizipationsfähigkeit, aber auch die liebevolle Besetzung innerer Objekte, libidinöse Triebwünsche usw. eine genauso große Rolle, wie aggressive Triebimpulse, welche gegen das Selbst gerichtet sind, und deren Abkömmlinge in den Qualen der Gewissensnot erscheinen.

Dieser komplexe, überwiegend unbewusst determinierte emotionale Prozess muss täglich neu austariert werden und kennt eine Vielzahl von Übergängen und Grauzonen, die oft nicht deckungsgleich mit dem kodifizierten Recht sind.

Auch der Analytiker nimmt – wie jeder Bürger – in großem Ausmaß dieser Produktion von Rechtsgefühl in dieser Gesellschaft teil. Deshalb halte ich bei in der strafrechtlichen Begutachtung tätigen Analytikern die Reflexion dieses eigenen inneren Prozesses der Austarierung von Rechtsgefühl im täglichen Leben für unbedingt erforderlich. Das beginnt mit der Analyse von Einstellungen in Bezug auf das eigene Verhalten im Bereich Verkehr, z. B. mit dem eigenen Verhältnis zu Alkohol und reicht bis zum eigenen Umgang mit der Steuererklärung usw. Oder: Was geht in einem Analytiker in diesen Zeiten schlechter KV-Honorierung vor, wenn er einen Arzt wegen Abrechnungsbetrug und Steuervergehen zu begutachten hat?

Auf dem Horizont dieser Art von »Rechtsselbsterfahrung« entstehen dann weitere Gegenübertragungsprozesse, die sich auf die innere Auseinandersetzung mit dem institutionellen Kontext beziehen. Der gutachtende Psychoanalytiker steht in einem klaren, in der Strafprozessordnung festgelegten Abhängigkeitsverhältnis zur Justiz: Er befindet sich in einer Gehilfenfunktion und wird – wie §§ 73 und 78 StPO geregelt – in seiner Tätigkeit vom Richter »ausgewählt« und »geleitet«. Der Sachverständige muss nach § 75 StPO der Ernennung Folge leisten und im Falle der Weigerung der Erstattung des Gutachtens oder des Nichterscheinens mit einem Ordnungsgeld und weiteren Kosten rechnen. Der Sachverständige kann sich nur entbinden lassen, wenn er die genauen Gründe für eine Befangenheit darlegt, deren Bewertung und Beurteilung nicht ihm, sondern der Justiz obliegen. Hier kann es also zu z. T. intensiven Übertragungsprozessen auf das Gesetz kommen, die ein erhebliches Kränkungspotenzial enthalten. In Gesprächen mit analytischen Kollegen scheint diese Abhängigkeit des Analytikers von der Staatsmacht, die häufig als Infantilisierung oder als Eingriff in die unabhängige professionelle Haltung und Kompetenz erlebt wird, ein Problem für die Erstattung von Gutachten darzustellen und dazu zu führen, dass die psychoanalytische Kollegen nicht gerade nach Gutachten anstehen.

Darüber hinaus finden nicht nur Übertragungen auf den gesetzlichen Rahmen statt, sondern natürlich auch auf die Prozessbeteiligten: Von diesen werden oft schon bei der Beauftragung dem Gutachter indirekt vorbewusste Vorgaben über eine erwartete und erwünschte Rolle in einem Strafverfahren mitgeteilt: Der etwas entnervt und angestrengt anmutende Vorsitzende einer Großen Strafkammer teilt telefonisch mit, dass der Anwalt wegen einer »angeblichen Hirnschwellung« seines Mandanten ein Gutachten beantragt hat, und informiert den Gutachter implizit über seinen künftigen Stellenwert in dem Verfahren und die Haltung des Juristen ihm gegenüber: »Er hat ein Attest vorgelegt, wir sind jetzt schon mitten im Verfahren und werden an der Begutachtung wohl nicht vorbeikommen. Vielleicht können Sie es ja gleich mündlich in der Verhandlung machen!« Auch der Anruf eines Anwalts löst Übertragungs-/Gegenübertragungsprozesse aus: »Ich habe hier einen wirklich armen Kerl – nun gut, er hat eine ziemliche Latte Vorstrafen Raub, Totschlag u. ä. – aber hier hat er nun einmal wirklich Pech gehabt, dass die anderen ihn da reingerissen haben. Ich halte ihn für geistig so beschränkt, dass er wahrscheinlich dem Gruppendruck erlegen ist!« oder ein Staatsanwalt: »Schlimme Geschichte, glatter Mord, klares Motiv – eigentlich ist alles klar, aber Sie wissen ja – der BGH, da geht nichts ohne Gutachten!«

Neben diesen Übertragungsprozessen auf Sittlichkeit, kodifiziertes Recht, beteiligte Justizpersonen usw. kommen wir endlich zum eigentlichen Bereich der diagnostischen Auseinandersetzung mit der Person des Delinquenten. Im Gegensatz zu der Situation der Analyse der Gegenübertragung im klinischen

Prozess, die uns als Verwerfung in der Beziehung zum Patienten, vielleicht als Paradoxie im Verlauf zeitweise intensiver deutlich wird, um dann vielleicht wieder für eine Weile in den Hintergrund zu treten und anderem Platz zu machen, ist es aufgrund der gewaltigen emotionalen Kräfte, die in jedem größeren Strafverfahren auch am Analytiker ansetzen, im forensischen Bereich nötig, von vornherein primär die Gegenübertragungsprozesse besonders gründlich und mit großer Genauigkeit zu analysieren. In der Gegenübertragung auf den Delinquenten setzen wir uns emotional nicht nur mit seiner Struktur, sondern auch mit der Eigendynamik seiner Tat auseinander.

Ich will das an einem praktisch klinischen Beispiel illustrieren: Meine Frau nahm den Anruf eines vorsitzenden Richters entgegen: »Ein ziemlich ekliger Fall von sexuellem Missbrauch, 200 Fälle auch mit Fesseln, Gummi, Leder und Gewalt. Interessiert sich Ihr Mann für so etwas...?« Ich erfuhr dann, dass er verzweifelt einen Gutachter suchte, weil plötzlich mehrere Kollegen vollkommen überlaufen mit Gutachtenaufträgen wären. Er schicke mir die Akten mit Standbildern, »die Videos selbst wollen Sie sich wahrscheinlich ersparen...«.

Einige Zeit nach dem Telefonat spürte ich eine von mir mit allgemeiner Arbeitsüberlastung rationalisierte leichte dysphorische Verstimmung. In den Folgetagen ertappte mich meine Frau bei beiläufigen ungewohnt scharfen Sentenzen über Sexualtäter: »Können die sich denn nicht beherrschen?« Meine Frau konstatierte, dass ich im Alter wohl konservativer werde. Ungewöhnlicher Weise diskutierten wir nicht. Die Akte löste bei Betrachtung der Fotos mit nackten, z. T. mit Handschellen ans Bett gefesselten Kindern und Jugendlichen mit Gasmasken, aggressiven Genitalmanipulationen der Kinder untereinander bei mir ungewöhnlich starken Widerwillen und Aversion aus. Die Verhörtexte in der Akte spiegelten eine hochgradig aggressive und angespannte Situation wider. Die stark aufgeladene Atmosphäre wurde zusätzlich durch Zeitungsausschnitte und Presseberichterstattungen in den Akten, welche die Wut und Empörung der Eltern und der Öffentlichkeit darstellten, einmal mehr illustriert.

Auf dem Weg zur Haftanstalt verfuhr ich mich: Es gab verschiedene, gut zur Rationalisierung geeignete Baustellen. Bei der Ankunft musste ich feststellen, dass ich vergessen hatte, mich anzumelden. Ich musste in die Verwaltung. Dort wurde ich abwertend behandelt: »Ach Sie sind so ein Psychologe und begutachten den sowieso mit den Kindern – na, dann warten Sie mal, bis ein Zimmer frei wird, schließlich muss ja erstmal die Kripo ihre Arbeit tun....« und schließlich musste ich noch einmal eine Stunde warten, weil Herr B. mitteilen ließ, er sei gerade beschäftigt.

Ich war zunächst verärgert und nutzte aber schließlich die Zeit, mir ein wenig mehr über die Dynamik der diversen Pannen klar zu werden: Mir fiel zunächst der letzte derartige Fall ein: Eine endlose Serie von Haftstrafen wegen Vergewaltigung. Die Kammer war meinem Gutachten nicht gefolgt – der Vortrag des Gutachtens in der Hauptverhandlung wurde von Kränkungen begleitet, die drei Berufsrichterinnen machten von Beginn des Prozesses an keinen Hehl aus ihrer Aversion und ihrem Vergeltungsbedürfnis gegen den Angeklagten. Mein Gutachten, welches von einer schweren Persönlichkeitsstörung und einer Sexualpathologie ausging, verminderte Steuerungsfähigkeit annahm und die Unterbringung in den Maßregelvollzug empfahl, wurde nicht goutiert: Die Kammer hatte grundsätzliche Zweifel an irgendeiner Qualifikation von mir. Frage:»Haben Sie schon einmal solche Patienten begutachtet? Was machen Sie sonst beruflich – Chefarzt einer Landesklinik – ach einer Kurklinik...« Die Kammer hielt ihn für voll schuldfähig, verurteilte den schwergestörten, psychosenahen Täter zu zwölf Jahren Haft und folgte dann aber andererseits meinem Gutachten in Bezug auf dessen Gefährlichkeit in vollem Umfang, um ihn in die Sicherungsverwahrung zu bringen.

Ich konnte mit noch weiteren, intimeren Einfällen feststellen, dass ich mich zur Vermeidung dieser Kränkung, die ich zunächst vergessen hatte, unbewusst mit dem Gericht zu identifizieren begonnen hatte: So erklärten sich meine Bemerkungen meiner Frau gegenüber, meine dysphorische Verstimmung, meine verurteilenden und aversiven, mit Vergeltungsphantasien durchsetzten Einfälle bei dem Aktenstudium. Ich wollte einer möglichen erneuten Kränkung offenbar dadurch ausweichen, dass ich mich mit dem Angreifer identifizierte. Auf der anderen Seite schien ich gleichzeitig durch meine Ungeschicklichkeit bei der Anmeldung, der Wartezeit, der Inkaufnahme abwertender Bemerkungen usw. diese Kränkung erneut reinszeniert zu haben.

Zur Exploration erschien dann ein athletischer Enddreißiger mit sehr kurzen Haaren, der viel jünger als sein kalendarisches Alter wirkte. Er war gleich zu Beginn äußerst aggressiv:»Wer hat Sie denn geschickt?« Ohne eine Antwort zu erwarten, kam er auf Polizei und Jugendamt –»die reinste Stasi« –, man verfolge ihn und wolle seine gute Beziehung zu Kindern und Jugendlichen zerstören. Er konnte dabei nicht sitzen bleiben, lief auf und ab, baute sich ziemlich aggressiv dicht vor mir stehend auf. Ich hatte den Eindruck, dass er auch in seinem Redestakkato versuchte, sich in mich einzuzwängen und einzudringen, und empfand ein Gemisch aus Müdigkeit und resignativer Wehrlosigkeit, das ich kaum abschütteln konnte. Er forderte geradezu militant, dass ich seine Standpunkte in Bezug auf die»herrschende Justiz« teile, ließ mich gleichzeitig nicht zu Wort kommen und wertete mich ziemlich ab: Er ließe sich nicht»von Typen wie mir« psychiatrisieren, habe keine Psychomacke, usw. Versuche, dazwischen zu kommen, gelangen kaum, ich konnte nur schwer meine Informationen über die rechtliche Situation bei der Begutachtung loswerden. Ich gab schließlich auf, hörte zu und machte, soweit es ging, Notizen. Dabei standen mir wieder die Bilder aus der Akte vor Augen. Jetzt aber nicht so sehr die Kinder und der Sex, sondern die ärmliche Ausstattung seiner Wohnung, das schmuddlige, spießige Interieur mit einigen 50er-Jahre-Nippes-Figuren, die entsetzlichen Tapeten usw. Ich empfand einen starken Kontrast zu seiner Invasion in mich, der mich berührte. Neben der Aggression bemerkte ich jetzt stärker seine Nervosität und seine verstohlen-ängstlichen Blicke. Mir kamen Bilder der eigenen Genese eines Aufwachsens neben dem Stuttgarter Platz, in den 50er Jahren eine Rotlichtmeile in Berlin, der Klassenkameraden aus den umliegenden Bordellen, der eigenen, auch eher ärmlichen, aber anständig-katholischen Familie in scharfer Abgrenzung zum Milieu, des gleichen Nippes, eigener früherer Depressivität usw. in den Sinn. Dabei bemerkte ich, dass Herr B. etwas ruhiger zu werden und mich längere Zeit zu mustern begann. Als ich mich ihm dann wieder mehr zuwandte, ging das Rede-Stakkato sofort wieder los. Er leugnete, überhaupt etwas mit diesen Sachen zu tun zu haben. Er sei ein Jugendarbeiter gewesen, die Behörden hätten darin mit ihm konkurriert. Bei ihm sei ein permanentes Ferienlager gewesen, Gasmasken hätten so herumgelegen, damit hätten die Kinder ein wenig gespielt, sie wollten auch gern die Lederhosen ausprobieren, worin sie süß ausgesehen hätten. Auch die Videoaufnahmen und die Computerbilder hätten den Jungen eben Spaß gemacht. Genitalmanipulationen hätten auf keinen Fall stattgefunden usw. Schließlich konnte ich nicht mehr zuhören, gab nach drei Stunden erschöpft auf und teilte ihm mit, dass ich mich nun erholen müsse und nicht mehr gut auf ihn konzentrieren könne und dass ich mitbekommen habe, wie wichtig es ihm sei, dass ich einer Meinung mit ihm sein soll. Ob er nicht auch erschöpft sei? Nein, er habe nur »Schmerzen am Körper«. Er sei oft verspannt, aber das sei ja nur sein Körper, das habe nicht unbedingt etwas mit ihm zu tun.

Bei der nächsten Begegnung kam er auf meine letzte Intervention nicht direkt zurück, sprach aber langsamer, berichtete aus den Verhören, das seien starke Gegner. Ich fragte: »Und hier?« Er wisse nicht so recht, irgendwie sei ich ja schon eine Art Richter. Ich solle ihn beurteilen. Er habe aber keine Macke. Die Anwältin habe gesagt, dass ich ihm helfen könne. Deshalb solle er mir alles sagen. Aber mit der Anwältin wisse er auch nicht so recht, ob er da gut beraten sei. Ich erwartete erneut das Inferno, das aber ausblieb. Mit dem Versuch, eine biographische Anamnese zu erheben, scheiterte ich zunächst. Das gehöre hier nicht zur Sache. Dabei erschien er hochgradig wach, alarmiert, die Augen weit aufgerissen und löste in mir Impulse von Fürsorge bei gleichzeitigem Gefühl einer leichten Beunruhigung und Widerwillen, die ich zunächst nicht einordnen konnte, aus. Ich teilte ihm mit, dass es ihm natürlich freistehe, darüber zu schweigen. Ich müsse mich dann mit seiner aktuellen Lebenssituation behelfen

317

und versuchen, mir daraus eine Vorstellung von seinem Lebensschicksal zu machen.

Er war dann plötzlich neugierig und wollte wissen, was ich über ihn denke und schreiben werde. Ich schilderte ihm meinen Eindruck, dass ich es mit ihm und er es mit mir wohl nicht einfach habe, dass ihm das vielleicht mit anderen auch so ginge. Ich teilte ihm mit, dass ich ihn für einen Menschen hielte, der auch sonst so heftig sei, wie ich ihn in der letzten Sitzung erlebt hatte und der mich so zu erschöpfen und zu überwältigen drohte, dass ich glaubte, am eigenen Leibe zu erleben, wie sehr er wohl zeitlebens die anderen Menschen – bis vielleicht auf die Kinder – als Angreifer gesehen habe, von denen Schlimmstes zu erwarten sei. Ich äußerte die Vermutung, dass es bei ihm im Leben wohl immer an die Existenz gegangen sein könnte.

Darauf begann er in einer sehr langsamen und zum Teil vollkommen affektfrei-monotonen Weise, die dann immer mehr von erheblichen Gefühlsschwankungen begleitet wurde, zu berichten:

Er wog im Alter von vier Monaten weniger als bei der Geburt. Die selbst vorher schon delinquente Mutter hatte ihn überhaupt nicht versorgt. Mutter und Vater erhielten dafür beide mehrjährige Haftstrafen. Er überlebte und begann eine Odyssee durch verschiedene Heime. Als Drei- und Vierjähriger sei er oft aus dem Heim fortgelaufen. Einmal habe man ihn nach Tagen halb verhungert und verdurstet irgendwo in der Landschaft gefunden. Oft sei er auch verletzt worden oder habe sich selbst verletzt. Das Jugendamt brachte ihn mit elf Jahren zu seiner leiblichen Familie zurück. Dort fand er sich plötzlich als eines von elf Geschwistern von zum Teil unterschiedlichen Vätern wieder. Mutter nahm ihn nicht als Sohn an, sondern machte ihm offen Vorwürfe, dass er sie ins Gefängnis gebracht habe. Unter den Geschwistern herrschten zum Teil brutal-aggressive Auseinandersetzungen. Er sei von einem älteren Bruder mehrmals anal vergewaltigt worden. Mit zwölf Jahren sei er von seinem Vater so zusammengeschlagen worden, dass er schwere Schädelverletzungen mit tagelangem Koma und einer Beckenringfraktur davongetragen habe. Vater habe wiederum eine mehrjährige Gefängnisstrafe bekommen.

In der schulisch-beruflichen Entwicklung machte er eigentlich ganz gute Fortschritte. Das Jugendamt wachte auch darüber, dass er zur Schule ging, denn die Eltern wollten ihn aus der Schule nehmen und arbeiten lassen. Ab dem 16. Lebensjahr hatte er dann keinen Kontakt mehr zur Familie. Er arbeitete als Leichenträger auf einem Friedhof, hier geriet er wegen seiner konfrontierenden – vielleicht querulanten – Art schnell in Konflikte am Arbeitsplatz, die ihn schließlich zu Arbeitslosigkeit oder Beschäftigung in ABM-Projekten führten. Schließlich entdeckte er ca. mit dem 21. Lebensjahr, dass er etwas für Jugendliche tun wollte, die spontan zu ihm kamen, dort spielten, sich von ihm die Schularbeiten machen ließen. Es kam gelegentlich zu Auseinandersetzungen mit der Polizei, die seinen oft mit zehn bis 20 Kindern bevölkerten Garten argwöhnisch beobachtete, insgesamt aber scheint man sich um ihn nicht sehr gekümmert zu haben. Er blieb letztlich unbehelligt. Weiterhin verkehrten viele Kinder und Jugendliche bei ihm, deren Eltern offenbar ganz froh waren, die Kinder los zu sein, bis es schließlich durch die massive Eskalation sexueller Handlungen zu verschiedenen Anzeigen kam.

Eine Sexualanamnese war kaum zu erheben. Er verschloss sich sofort. Bei ihm sei alles vollkommen normal. Die Anamnese wurde von erheblichen Stimmungsschwankungen begleitet. Teilweise berichtete er vollkommen emotionslos, teilweise wieder angefüllt mit Wut gegen Behörden und Institutionen. Gegen Ende des Berichts erschien er zunehmend depressiv und abwesend. Meine Gefühle schwankten zwischen Anteilnahme und Entsetzen über so viel brutale Gewalt in der Genese, die authentisch und hautnah herüberkam und mir meine einleitende Beunruhigung etwas erklärte, und einem Widerwillen, der noch stärker wurde, als er dann über seine Sexualentwicklung nicht weitersprechen wollte. Ich hielt es auf der anderen Seite für besser, nicht weiter auf ihn einzudringen, auch um nicht in die Position des Ermittlers zu geraten.

Am Ende dieses Gespräches verließ ich einen gedrückt wirkenden, fast etwas apathischen Mann, der mit mir nur auf sehr konventionell förmliche Weise Kontakt hielt. Ich informierte deshalb wegen der Gefahr suizidaler Handlungen die Haftanstalt.

Wenige Tage nach der Exploration erhielt ich weitere Unterlagen der Staatsanwaltschaft. Man hatte unter seinen beschlagnahmten Computerdisketten eine Art »Lebensbeichte« gefunden. Es ging überwiegend um sexuelle Dinge, die Vergewaltigung durch den Bruder, die in Einzelheiten geschildert wurde, dann Spiele älterer Mädchen im Heim an ihm mit Fesselung, Verletzungen mit der Peitsche, Genitalmanipulationen, die ihm als Neunjährigem allergrößte Angst bereitet hatten. Er führte seine Homosexualität auf diese Verführungen und sadistischen Aktionen zurück. Der Text war von Verzweiflung und tiefer Depressivität geprägt. Ich besuchte ihn daraufhin noch einmal in der Haft. Er stand vor der Dekompensation. Er schimpfte, tobte, behauptete, dieser Bericht sei ihm unterschoben worden, brach dann wieder zusammen und rang um Fassung. Er befahl mir geradezu, diesen Text für mein Gutachten nicht zu verwenden. Ich hatte den Eindruck, dass er in den abrupten Stimmungswechseln zu fragmentieren drohte. Gleichzeitig war ich viel gelassener als in den ersten Gesprächen und spürte eine größere innere Freiheit ihm gegenüber, verstand meinen Widerwillen im ersten Gespräch als projektive Identifizierung mit seiner Abwehr des Sexuellen und konnte die Entwicklung der Explorationsbeziehung als Ausdruck und Beleg für eine schwere – nicht situativ bedingte – sondern lange bestehende strukturelle seelische Störung begreifen. In meiner Gegenübertragung hatte ich mich mit der passiven, traumatisierten Seite von Herrn B. und seiner Sexualabwehr identifiziert. So konnte ich mich besser auf seinen tiefen Schamkonflikt und die massive Kränkung einlassen, die er durch das Bekanntwerden seines Textes erlitt und einer weiteren Retraumatisierung ein wenig entgegensteuern.

Ich kam dann in der Zusammenfassung des Gutachtens zum Vorliegen einer schweren kombinierten paranoiden und emotional instabilen Persönlichkeitsstörung mit einer eskalierenden Sexualpathologie, in der sich in den monoton und stereotyp anmutenden Fesselungen der Kinder, den Masken und den sadistischen Stellungen auf den Fotos das eigene traumatisierende sexuelle Schicksal wiederholte, und auf der anderen Seite in der Nähe der Kinder in der Ferienlagersituation sich gleichzeitig die libidinösen Sehnsüchte nach einem bergenden Großfamilienzuhause inszenierten. Dabei war er in seiner Ich-Reifung erheblich gestört und durch die offenbar schon seit Jahren bestehenden paranoiden Beeinträchtigungen in seiner Realitätsprüfung und auch in seiner Impulskontrolle ganz erheblich beeinträchtigt. Dieses Gesamtbild der schweren Ich-Pathologie in Kombination mit einer erheblich progredienten Sexualdelinquenz ließen eine »schwere andere seelische Abartigkeit« und eine erhebliche Beeinträchtigung der Steuerungsfähigkeit annehmen. Die vollkommene Abspaltung von Sexualimpulsen, zu denen er gleichzeitig emotional offenbar kaum einen Zugang hatte, die erhebliche Veränderung seines Körper-Ichs, die in der unerhörten Anspannung bei der körperlichen Untersuchung sichtbar wurde und auch in seinem Umgang mit dem Körper als etwas Fremdem, nicht libidinös Besetztem umzugehen, wiesen zusätzlich auf die Schwere der Störung hin. Die Chronizität und Progredienz seiner Delinquenz, die offensichtlich schon sehr lange existierte, seine Unfähigkeit, zu diesen Problemen einen Zugang zu gewinnen und seine Tendenz zu Ideologiebildungen ließen auch in Zukunft entsprechend den Voraussetzungen des § 63 StGB weitere Sexualstraftaten erwarten.

Bei der Terminabsprache mit dem Vorsitzenden erkundigte ich mich, ob das Gutachten verständlich und inhaltlich nachvollziehbar für ihn sei. Er antwortete, dass er darin kaum Fremdwörter gefunden habe. Er blieb aber zögernd, ich bat um Kritik: Er erläuterte dann, dass das alles in sich schon schlüssig sei, nur hätte ich eben eine vollkommen andere »Denke« als er. Es ginge nicht um die Worte, sondern um den Geist. Er frage sich, inwieweit das krank sei, wenn er das alles verstehen könnte. Gleichzeitig könne er sich kaum vorstellen, dass so eine Geschichte wirklich stattgefunden habe, aber es sei ja auch durch die Jugendamtsakten weitgehend gesichert, es habe aber etwas »irrwitziges« für ihn. Später teilte er mir beiläufig mit, dass diese Sache eigentlich weniger mit Justiz, als mit Psychiatrie zu tun habe. Ich hatte den Eindruck, dass er emotional einige Kraft aufbringen musste und sich bei seiner Aufgabe ziemlich unwohl fühlte. Später erfuhr ich, dass er Kinder in dem Alter der geschädigten Kinder hatte. In der Hauptverhandlung bestritt Herr B. weiter die Taten, sodass in 18 Termintagen ein großer Teil der Kinder und Jugendlichen gehört werden musste. Es waren zum Teil entsetzliche Situationen, in denen er während der Befragungen der Kinder mit seiner Anwältin redete oder plötzliche scharfe Fragen direkt an die Kinder stellen wollte, quasi, in sie eindrang, was zu scharfen Reaktionen der Juristen (keine Direktbefragung von Kindern) führte. Der Gerichtssaal verwandelte sich gleichzeitig in ein juristisch-psychiatrisches Sprechzimmer, in dem der vorsitzende Richter ohne Robe in der Mitte an einem kleinen Tisch mit den Kindern redete, manchmal erst einmal mit ihnen spielte. Während der Verhandlung dekompensierte Herr B. dann immer mehr. Es kam zu laut schimpfenden Attacken, seine Anwältin hatte große Mühe, dass er ihr nicht das Mandat entzog. Sie verteidigte ihn tapfer und versuchte so etwas wie ein realistisches Hilfs-Ich für ihn zu werden, auf das er kaum eingehen konnte. Ich hatte den Eindruck, dass alle Beteiligten am Ende fast im Sinne einer Reaktion auf die Störung des Angeklagten sich untereinander immer mehr identifizierten und gemeinsam um die rechtliche und psychiatrische Klärung rangen, während dieser wie ein vollkommen Fremder weit außerhalb dieses Gruppenprozesses verharrte und kaum mehr zu erreichen war. Offenbar wiederholte die Hauptverhandlung Aspekte der Störung des Angeklagten, bei der er wiederum ausgegrenzt wurde, während gleichzeitig aber von den Beteiligten auf deren reiferen seelischen Stufe ohne ausgeprägte Aggressivität oder Vergeltungsimpulse letztlich auch für ihn eine Lösung gesucht wurde. Der Verlauf der Hauptverhandlung schien mir Aspekte einer Wiederholung der Beziehungsentwicklung während der Begutachtung zu enthalten, in welcher ich sicherlich durch die Bearbeitung meiner Gegenübertragung eine zunehmende Identifzierungsmöglichkeit und damit einen besseren Zugang zum Probanden bekam, gleichfalls aber an der Grenze seiner Sexualpathologie scheiterte und quasi, nachdem er in mich eingedrungen war, wieder hinausgeworfen wurde und nur noch psychotherapeutische Erste Hilfe leisten konnte.

Nach Erstattung des Gutachtens hörte ich lange Zeit nichts mehr von Herrn B., bis ich ihm zufällig auf einer forensisch-psychiatrischen Station begegnete. Er schien mich nicht zu erkennen, lief an mir vorbei, die Schwestern erzählten mir, dass er eine hohe Haftstrafe erhalten habe und nach § 63 untergebracht worden sei. Hier auf der Station sei er vollkommen verschlossen, kämpfe mit Eingaben an den Europäischen Gerichtshof um sein Recht und habe sich bislang jedem Angebot von Therapie verschlossen. Die Stationsärztin entdeckte, dass er im Besitz meines Gutachtens war, das er wohl immer wieder las. Seine Angriffe gegen das Urteil richteten sich aber ausschließlich gegen das Gericht bzw. die aktuellen belastenden und schwierigen Verhältnisse im Maßregelvollzug. Den Behandlern fiel auf, dass das Gutachten offenbar von ihm wie ein wichtiges Objekt behandelt wurde, über das er auch mit ihnen nicht sprechen wollte. Derartige Versuche führten zu großer Wut und Geschrei.

Zum Schluss möchte ich einige Aspekte resümieren, die auf die Technik psychodynamischer Begutachtung erheblichen Einfluss haben:

Außerhalb des speziellen Begutachtungsfalles sollte der psychodynamisch orientierte Gutachter seine eigenen emotionalen Einstellungen zu Sittlichkeit, kodifiziertem Recht und beteiligten Justizpersonen wahrnehmen und reflektieren (vgl. Böhle & Beck-Mannagetta 1989).

Der Auftraggeber und erste Partner des Gutachters, bevor der Beschuldigte erscheint, ist die Justiz. Dabei kann es jenseits der offiziellen gesetzlichen Bestimmungen zu vorbewussten Vereinnahmungen des Gutachters kommen, die dieser gerade in Bezug auf die strikte Einhaltung der eigenen technischen Neutralität und Unparteilichkeit und der Erhaltung einer Möglichkeit des freien emotionalen Einschwingens auf den Probanden sehr ernst nehmen und durcharbeiten sollte. Dazu gehört gleichzeitig, dass er sich auf juristische Denkmodelle einlässt und diese reflektiert.

Darüber hinaus ist die Kenntnis möglichst aller Akten sinnvoll. Die sich daraus neben dem Bericht des Beschuldigten ergebende kodifizierte Geschichte seiner Delinquenz und seiner Auseinandersetzung mit Institutionen usw. ist ein wichtiger zusätzlicher Aspekt bei der Analyse von Gegenübertragungsprozessen.

Im Gegensatz zum freien assoziativen Prozess des psychoanalytischen Interviews in der klinischen Praxis ist hier die Klärung des Settings gleich zu Beginn unbedingt erforderlich (vgl. Helmchen 1998). Der Beschuldigte muss über die Rolle des Gutachters und die rechtlichen Voraussetzungen der Begutachtung ausführlich informiert werden. Auch im weiteren Verlauf der Exploration muss der Gutachter über dieses Setting wachen. Das heißt, er muss immer wieder im Ernstfall kenntlich machen, dass der Proband sich jetzt belasten könnte und unter Umständen die Begutachtung für ein Anwaltsgespräch unterbrechen. Ich habe bisher die Erfahrung gemacht, dass eine derartige Aufklärung die Vertrauensbasis im Gespräch oft erheblich erweitert und als Schutz erlebt wird.

Der psychoanalytisch orientierte Gutachter begegnet in der Regel nicht einem Menschen, der zu ihm aus Leidensdruck kommen wollte. Häufig muss er damit kämpfen, dass bei den Beschuldigten durchgehend ähnliche Abwertungsprozesse gegenüber seiner Berufsgruppe vorherrschen wie von juristischer Seite. Daher ist der Proband meist zunächst auch nicht motiviert, persönliche und intimere private Auskünfte zu geben.

Die Explorationssituation wird zusätzlich kompliziert, weil der Gutachter durch die Haftsituation und die Erwartung einer existenziellen einschneidenden Veränderung des Lebens des Probanden mit dessen erheblicher Depressivität, Suizidideen und Panik konfrontiert wird und dieser dann häufig therapeutische Hilfe und Unterstützung erwartet. Man begegnet einem Menschen, der manchmal Monate lang in einem 23-Stunden-Einschluss allein nur die nötigsten Gespräche mit Haftbeamten gehabt hat und dessen Anwalt ihn vielleicht einmal für eine Stunde besucht hat. Diese Therapie- und Kriseninterventionsanliegen konstellieren einen Konflikt zwischen der therapeutisch-ärztlichen Identität und der Neutralität und Unparteilichkeit des Sachverständigen. Die Situation ist besonders schwierig, weil in einigen Fällen ohne begrenzte psychotherapeutische Unterstützung eine Begutachtung gar nicht möglich ist und andererseits ein im engeren Sinne psychotherapeutischer Prozess angesichts einer solchen Begutachtung gleichzeitig – auch im Sinne des Begutachteten – kontraindiziert ist.

Zu einer weitergehenden Persönlichkeitsdiagnostik in einem forensischpsychoanalytischen Interview sind in der Regel mehrere mehrstündige Sitzungen nötig. An die gleichschwebende Aufmerksamkeit des Untersuchers werden bei solchen Zeitdimensionen besonders große Anforderungen gestellt. Immer wieder wird er ja auch in der Begutachtungssituation mit massiver Destruktivität konfrontiert, die auch bei ihm aversive Reaktionen auslöst, die ja unter Umständen interaktionell ansprechen muss. Insgesamt bleibt der Gutachter seinem therapeutischen Ethos verpflichtet und damit für Labilisierungen und während der Exploration auftretende Symptomatik ärztlich verantwortlich.

Die Gutachtenerstattung in foro in Gegenwart des Begutachteten stellt dann noch einmal eine besondere Anforderung an die ärztliche Achtsamkeit und Sorgfalt des Analytikers. Allerdings habe ich immer wieder beobachtet, dass Angeklagte die Belastungen der mündlichen Gutachtenerstattung viel besser als erwartet ertragen, auch wenn dieses für sie zu keinem prozessual günstigen Ergebnis führt. Das mag auf dem emotionalen Gewinn beruhen, dass sich jemand einmal mit ihrem oft kaum durch Liebe und Einfühlung gekennzeichneten Lebensgang und ihren großen emotionalen Problemen intensiv beschäftigt und bemüht hat, sie – freilich durch seine eigene Subjektivität hindurch – in einer Weise in diesem Verfahren präsent werden zu lassen, in der sie sich in der von ihnen bedrohlich und traumatisierend erlebten Situation der Hauptverhandlung oft kaum einbringen können.

Literatur

Abraham, K. (1924): Versuch einer Entwicklungsgeschichte der Libido auf Grund der Psychoanalyse seelischer Störungen. In: Abraham, K. (1982): Gesammelte Schriften. Bd. II. Frankfurt a. M. (Fischer), S. 32–160.

Aichhorn, A. (1925): Verwahrloste Jugend. Bern, Stuttgart1970 (Huber).

Alexander, F. (1928): Der neurotische Charakter. Seine Stellung in der Psychopathologie und in der Literatur. In: Int. Z. Psychoanal. 14, S. 26–44.

Alexander, F. & Staub, H. (1929): Der Verbrecher und seine Richter. In: Moser, T. (Hg.) (1971): Psychoanalyse und Justiz. Frankfurt a. M. (Suhrkamp), S. 227–433.

Böhle, A. & Beck-Mannagetta, H. (1989): Die Beziehung zwischen Sachverständigem und Begutachtetem als Kriterium für die Gültigkeit psychiatrischer Erkenntnis. In: Beck-Mannagetta, H. & Reinhardt, K. (Hg.) (1989): Psychiatrische Begutachtung im Strafverfahren. Neuwied (Metzner), S. 251–266.

Duncker, H. (1988): Zur Bedeutung der Psychoanalyse für die Schuldbegutachtung, die Behandlung Straffälliger und für die Kriminologie. In: Mschr. Krim. 71(6), S. 381–390.

Duncker, H. (1993): Möglichkeiten der Psychoanalyse für die Schuldbeurteilung, die Behandlung Straffälliger und für die Kriminologie. In: Recht und Psychiatrie 11, S. 63–67.

Ferenczi, S. (1919) Psychoanalyse und Kriminologie. In: Balint, M. (Hg.) (1982): Schriften zur Psychoanalyse. Bd. 1. Frankfurt a. M. (Fischer TB), S. 297–300.

Freud, S. (1931d): Das Fakultätsgutachten im Prozeß Halsmann. GW XIV.

Freud, S. (1916–17 [1915–1917]): Vorlesungen zur Einführung in die Psychoanalyse. GW XI.

Freud, S. (1916d): Einige Charaktertypen aus der psychoanalytischen Arbeit. GW X.

Helmchen, H. (1998): Die Deklaration von Madrid. In: Nervenarzt 69, S. 454–455.

Kernberg, O. F. (1979): Borderline-Störungen und pathologischer Narzissmus. Frankfurt a. M. (Suhrkamp).

Küchenhoff, J. (1988): Forensische Psychiatrie: Widersprüche zwischen Klinik und Justiz. In: Psychiat. Prax. 15, S. 37–42.

Lorenzer, A. (1981): Zum Beispiel ›Der Malteserfalke‹. Analyse der psychoanalytischen Untersuchung literarischer Texte. In: Urban, B. & Kudszus, W. (Hg.) (1981): Psychoanalytische und psychopathologische Literaturinterpretation. Darmstadt (Wissenschaftliche Buchgesellschaft), S. 23–46.

Lorenzer, A. (1984): Der Analytiker als Detektiv, der Detektiv als Analytiker. In: Psyche 1, S. 1–11.

Moser, T. (1971): Repressive Kriminalpsychiatrie – Vom Elend einer Wissenschaft. Frankfurt a. M. (Suhrkamp).

Mundt, Ch. (1985): Der tiefenpsychologische Ansatz in der forensischen Beurteilung der Schuldfähigkeit. In: Janzarik, W. (Hg.) (1985): Psychopathologie und Praxis. Stuttgart (Enke), S. 124–133.

Reik, T. (1925): Geständniszwang und Strafbedürfnis. In: Moser, T. (Hg.) (1974): Psychoanalyse und Justiz. Frankfurt a. M. (Suhrkamp), S. 31–214.

Der Psychoanalytiker als ethnopsycho-analytischer Forscher – eine Bewährungs-probe für die psychoanalytische Haltung

Alf Gerlach

Die Psychoanalyse definiert sich als eine spezifische Methode der Begegnung zwischen zwei Menschen. Dabei treffen unserem Verständnis nach zwei gleichwertige und gleichberechtigte Partner zusammen, um einen deutenden Diskurs zu entwickeln. Dieser psychoanalytische Dialog zeichnet sich aus durch Tendenzlosigkeit und Herrschaftsfreiheit, was durch eine spezifische Haltung des Analytikers ermöglicht werden soll, die seiner Arbeit eine besondere Prägung gibt. Die spezifische Haltung umschließt zum Beispiel Abstinenz aufseiten des Analytikers, um so seinem Analysanden die Möglichkeit zu geben, die in seiner Lebensgeschichte erworbenen Formen des Dialogs im Spiel von Übertragung und Gegenübertragung zu beleben, unter deutender Verständigung reflexiv zu erkennen und eventuell zu verändern. Für den Analytiker meint dies, dass er sich »gebrauchen« lässt, ohne darauf zu reagieren, ohne die ihm angetragenen Objektmuster anzunehmen. Vielmehr wird er sich ihnen zwar *aus*-setzen, aber auch deutend *wider*-setzen. Dabei muss der Analytiker in vielen Fällen fähig sein, für seine Analysanden auch eine haltende Umwelt bereitzustellen, wenn diese wegen der unsicheren Repräsentanz ihrer primären Objekte gegen Einsicht durch Deutungen kämpfen, zum Beispiel wenn traumatische Erfahrungen in ihrer Primärbeziehung wegen katastrophaler Ängste vor Abhängigkeit und Objekt- bzw. Selbstverlust als unaushaltbar erlebt werden. Dann muss der Analytiker es ihnen ermöglichen, dass sie auf die spezifische Form der Objektbeziehung regredieren können, in welcher das ursprüngliche Trauma auftrat. Die Realisierung dieser entwicklungsfördernden Haltung beim Analytiker setzt Toleranz für Regression bei sich selbst voraus, die nur im langen und oft auch schmerzvollen Prozess der eigenen Analyse erworben werden kann.

Die Haltung des Analytikers umfasst auch seine »gleichschwebende Aufmerksamkeit« (Freud), die wir als komplementär zur Grundregel der freien Assoziation für den Analysanden verstehen. Soll dieser ohne Kritik und Auswahl seinen Einfällen folgen und diese aussprechen, so soll der Psychoanalytiker bereit sein, sich seiner unbewussten inneren Aktivität zu überlassen und bewusste Aufmerksamkeitsspannungen und Erwartungsbildungen zu vermeiden. Er tritt in einen inneren Dialog zwischen dem Hören auf die Einfälle des

Analysanden, dem Aufsteigenlassen eigener Gefühle, Affekte, Ideen und Phantasien und einem inneren Durcharbeiten dieser Elemente. Bion hat die Empfehlung ausgesprochen, der Analytiker möge sich in einen Zustand »ohne Wunsch oder Gedächtnis« versetzen, um so einen tieferen, empathischen Zugang zur unbewussten Dynamik in der analytischen Beziehung zu erreichen. Dieser Aspekt seiner Haltung ermöglicht es dem Analytiker, sich im offenen psychoanalytischen Diskurs nicht auf das Bekannte oder von ihm theoretisch Konstruierte zu stützen, sondern eine Entfaltung des (noch) nicht Gewussten zuzulassen, dessen Bedeutung im psychoanalytischen Dialog erst noch durch die Deutungen und die daraus erwachsende Verständigung zu erschließen ist.

Die so skizzierte psychoanalytische Haltung und Methode, die im Zentrum unserer Identität als Psychoanalytiker steht und die den Kern der Ausbildungsanstrengungen am Institut bildet, hat sich in unterschiedlichen Anwendungen zu bewähren. Bei all diesen Anwendungen bleiben die spezifische Haltung und Methode des Analytikers für seine innere Reflexion des Geschehens, das Verständnis der Psychodynamik seines Gegenübers wie der Übertragungs- und Gegenübertragungsbeziehung entscheidend. In dieser Haltung ist der Psychoanalytiker immer zugleich Forscher, Erforscher eines unbekannten Neuen.

Im analytischen Prozess geschieht die Begegnung mit einem anderen Menschen in der Regel allerdings auf dem Boden eines gemeinsam geteilten Symbol- und Sinnsystems: Vor allem die gemeinsame Sprache, aber auch die Zugehörigkeit zur gleichen Gesellschaft und oft zur gleichen Klasse mit ähnlichen Sozialisationsverläufen bilden einen Bedeutungshintergrund, der nur selten reflektiert wird. Erst bei der Begegnung mit einem Angehörigen einer anderen sozialen Schicht, einer anderen Kultur oder eines anderen Sprachraumes werden die Zusammenhänge zwischen gesellschaftlichen, institutionellen Verhältnissen und innerseelischen Strukturen und Prozessen deutlicher. Erst dann wird der Blick dafür frei, dass auch das kulturelle Milieu darüber entscheidet, welche Triebe und Phantasien unmittelbar kulturell ausgearbeitet werden, welche nur einen indirekten Zugang zu Äußerungsmöglichkeiten erhalten und welche gänzlich unbewusst bleiben oder verdrängt werden. Diese Unterschiedlichkeit in der kulturellen Basis der Beteiligten bewirkt, dass interkulturelle Begegnungen, sei es in der Psychotherapie, sei es in der ethnopsychoanalytischen Forschung, in einem verstärkten Maße Gefühlen von Befremdung und Verunsicherung, aber manchmal auch Faszination ausgesetzt sind.

Für die Ethnologie, die über die Grenzen der eigenen Gesellschaft und Kultur hinausgeht, und für die Ethnopsychoanalyse hat Devereux (1978) die Idee entwickelt, dass es die ethnopsychoanalytische Arbeit – und ich ergänze: jede interkulturelle Begegnung – erleichtert, wenn wir zwischen einem ethnischen und einem idiosynkratischen Unbewussten unterscheiden. Das ethnische

Unbewusste ist von kulturtypischen Verdrängungsprozessen bestimmt, die von den für eine bestimmte Ethnie typischen Traumen ihren Ausgang nehmen und jeden Angehörigen dieser Kultur betreffen: »Jede Kultur gestattet gewissen Phantasien, Trieben und anderen Manifestationen des Psychischen Zutritt zu und das Verweilen auf bewußtem Niveau und verlangt, daß andere verdrängt werden. Dies ist der Grund, warum allen Mitgliedern ein und derselben Kultur eine gewisse Anzahl unbewußter Konflikte gemeinsam ist« (Devereux 1974, S. 11). Das idiosynkratische Unbewusste dagegen lässt sich nur aus dem individuellen Schicksal des Einzelnen in seiner gegebenen Kultur verstehen. Beide Formen des Unbewussten verhalten sich komplementär zueinander; ebenso wie soziologische und psychoanalytisch-individuelle Erkenntnisse lassen sie sich nicht gegeneinander austauschen oder aufeinander reduzieren. Das jeweilige Erkenntnisinteresse des Beobachters entscheidet darüber, welche Ebene sichtbar gemacht werden kann. Allerdings ergänzen sich dann die mit unterschiedlichen Zugangswegen gewonnenen Erkenntnisse, bilden eine »komplementaristische Einheit« (Devereux 1974). So hat Devereux für die mit den Mitteln der Psychoanalyse einerseits, durch ethnologische Beobachtung andererseits gewonnenen Ergebnisse festgehalten: »Wenn alle Psychoanalytiker eine vollständige Liste aller im klinischen Bereich feststellbaren Triebe, Wünsche und Phantasien aufstellten, so deckte sich diese Punkt für Punkt mit einer von den Ethnologen zusammengestellten Liste aller bekannten kulturellen Glaubensvorstellungen und Handlungsweisen« (Devereux 1978, S. 78).

Solche »kulturellen Vorstellungen und Handlungsweisen« können für den Analytiker, der ethnopsychoanalytisch forschen möchte, eine Quelle erheblicher Irritation werden. Die Konfrontation mit dem Fremden in der anderen und der eigenen Kultur, die zur Begegnung mit dem fremdseelischen Erleben seines Gegenübers hinzu tritt, erschweren dem Analytiker seine Verstehensarbeit. In dieser Situation können Gegenübertragungsaffekte wach werden, deren Bewältigung ihm eine zusätzliche Arbeit aufbürdet. In der Regel kommt es zu einer Mischung von Faszination und Befremdung in der Begegnung, die sich als Gegenübertragungswiderstand auswirkt. Dieser Gegenübertragungswiderstand ist aber nicht nur Hindernis für den Verstehensversuch aufseiten des Analytikers, sondern zugleich, wenn er bearbeitet werden kann, wichtige und oft entscheidende Quelle für ein vertieftes Verständnis von Psychodynamik und Kultur des Gegenübers.

Was sind nun die Wurzeln des Gefühls von Fremdheit? Die psychoanalytische Entwicklungspsychologie verweist darauf, dass die Möglichkeit zur Wahrnehmung von »Fremdem« und dessen Verarbeitung entscheidende Konstitutionsfaktoren der Ich-Entwicklung darstellen. Das Bewusstsein vom eigenen Selbst benötigt eine Unterscheidung zwischen Ich und Nicht-Ich, zwischen

Innen und Außen. Diese Fähigkeit scheint nicht vom Beginn des Lebens an gegeben, sondern entwickelt sich aus den ersten Objektbindungen (in der Regel zur Mutter) heraus. Eine wichtige Rolle in diesem entwicklungspsychologischen Differenzierungsprozess kommt dabei der sog. »Achtmonatsangst« oder dem »Fremdeln« zu. Ein fremdelndes Kleinkind drängelt sich zwar in die Arme der ihm vertrauten Person, schaut dann aber aus dieser sicheren Position heraus mit Neugier und Faszination zum Fremden. »Fremdeln hat also in der Regel einen ambivalenten Charakter: den der Angst und Abwehr einerseits und den der Neugier und Faszination andererseits« (Cogoy 2001, S. 344). Für das Kind stabilisiert das Fremdeln seine Ichbildung und trägt zur Herausbildung von inneren Bildern des eigenen Selbst und des Anderen bei. Ob nun Angst oder Faszination später bei der Begegnung mit Fremden überwiegen, hängt vom Ausgang dieses Prozesses und der weiteren Entwicklung ab; in jedem Fall bleibt aber eine Ambivalenz dem Fremden gegenüber erhalten. Cogoy hat zwei Grundkomponenten in unseren Begegnungen mit fremden Kulturen festgehalten: »1) Der Fremde mobilisiert eine aus frühen Introjektionen stammende universelle Ambivalenz; 2) Im Kontakt mit einer fremden Kultur wird der selbstverständliche ›background of safety‹ und das an ihn gebundene Gefühl von Sicherheit und Zugehörigkeit in Frage gestellt« (S. 345f.).

Diese Überlegungen aus der psychoanalytisch-klinischen Arbeit mit Analysanden aus fremden Kulturen behalten ihre Gültigkeit, wenn der Psychoanalytiker ethnopsychoanalytisch in einer fremden Kultur zu forschen beginnt. Dabei stellt er sich und seine Methode zur Verfügung, wenn auch unter veränderten Settingbedingungen. Dies kann sowohl bei der ethnologischen und psychiatrischen Untersuchung ritualisierten Verhaltens in einer fremden Kultur sein wie bei ethnopsychoanalytischen Gesprächen mit Angehörigen einer fremden Kultur. Erkenntnisleitend bleibt dabei die Untersuchung der Prozesse von Übertragung und Gegenübertragung und der spezifischen Widerstände, die als Reaktion auf die durch das beobachtete Material erzeugte Angst auftreten. So verlangt z. B. die Tatsache, dass ein psychisch bedeutsames universelles Phänomen auf der bewussten, kulturwirksamen Ebene nicht auftaucht, eine Analyse der psychodynamischen Prozesse, die für die Verdrängung dieses Phänomens in der jeweiligen Kultur verantwortlich sind. Dies gilt sowohl für Aspekte der jeweils fremden Kultur wie für die verdrängten Triebaspekte der eigenen Kultur, die auf diese Weise überhaupt erst bewusst und damit auch »fremd« werden können und dann Angst auslösen.

Beispiel: Bei meinen Lehraufenthalten in China findet jeweils zum Schluss ein Abschiedsessen statt, bei dem reichlich Alkohol ausgeschenkt und in der gelockerten Stimmung gemeinsam gesungen wird. Sobald der Ehrengast des Abends, in der Regel einer der älteren Teilnehmer des Festessens, sich erhebt, folgt dann aber ein »überstürzter« Abschied und Aufbruch, der auf mich immer noch befremdlich wirkt, weil er die mir gewohnten Formen des langsamen Ausklangs und verlängerten Abschiednehmens außer Kraft setzt. Die Wahrnehmung meiner Irritation fordert nun ein Durcharbeiten der mir gewohnten, kulturspezifischen Trennungsdynamik und meiner mit ihr verknüpften individuellen Trennungsangst.

Insbesondere Devereux (1967, S. 67ff.) hat sich mit den bei jeder verhaltenswissenschaftlichen Forschung möglichen Ängsten auseinander gesetzt und dabei folgende Möglichkeiten unterschieden, die sich auch auf die ethnopsychoanalytische Arbeit übersetzen lassen:

1. Die Untersuchung fremder Kulturen konfrontiert den Forscher oft mit Material, das er selbst verdrängt hat. Diese Erfahrung löse nicht nur Angst aus, sondern werde oft auch als Verführung erlebt. In diesem Sinne würde ich von einer Versuchungs- oder Triebangst sprechen.

Beispiel: In der Begegnung zwischen Amerikanern und Europäern sind letztere oft überrascht von den Herzlichkeit, mit der ein bis dahin Unbekannter begrüßt und zu Kontakten eingeladen wird. Diesen haftet dann allerdings keinesfalls die intime Nähe an, welche die Europäer mit einer auf diese Weise gepflegten Herzlichkeit verknüpfen. Die Herstellung einer für die kollektive Mentalität der Amerikaner unverbindlichen Nähe führt den Europäer oft in eine innere Situation, in der unbewusste konflikthafte Versuchungsängste mobilisiert werden.

2. Der »Narzißmus der kleinen Differenz« (Freud 1921) lasse den Forscher unvertraute Ansichten und Verhaltensweisen als Kritik der eigenen auslegen, was zu einer negativen Reaktion auf sie führen könne.

Beispiel: Ein iranischer Student sucht einen Analytiker kurz vor seinem Abschlussexamen auf, nachdem sein Vater verstorben ist und er in der Heimat die Führung der weitverzweigten Familie übernehmen soll. Seine Entscheidung, die Prüfungen abzusagen und die patriarchale Führungsrolle im Iran zu übernehmen, lässt den Analytiker mit Bestürzung und Ärger zurück.

3. Reagiert der Forscher auf in der eigenen Gesellschaft tabuisierte Verhaltensweisen mit offener oder geheimer Sympathie, könne dies soziale Schuldgefühle auslösen.

Beispiel: Bei einem psychotherapeutischen Gespräch in China stellte mir die Klientin zu Beginn ganz selbstverständlich einen Becher hin, den sie mit einigen Blättern grünen Tees und heißem Wasser füllte. Ich genoss diese Aufmerksamkeit, die in China jedes Gespräch begleitet, hatte aber zunächst Mühe, über diesen Aspekt der Begegnung mit meinen analytischen Kollegen zu sprechen, da ich ihn als Verletzung des üblichen Abstinenzgebotes erlebte, der ich mich nicht erwehrt hatte.

4. Die Kommunikation zwischen dem Unbewussten des Forschers und des Beobachteten könne sich bis zu einem Gefühl der »Verführung« steigern, auf das selbst Analytiker mit Angst und Widerstand reagierten.

Beispiel: Eine kolumbianische Patientin, die lange auf den ersten Termin mit mir hatte warten müssen, brachte zum Erstgespräch eine wunderschöne Pflanze aus ihrer Heimat mit, die sie mir bei der Begrüßung schenkte. Sie gehörte einer Ethnie an, bei der ein solcher Austausch von Geschenken die Wechselseitigkeit der Beziehung betont. Ich reagierte zunächst mit Verwunderung und Distanz, bis ich meine Gegenübertragung analysieren konnte, in der das unvermutete Geschenk erotische Verführungs- und Eroberungswünsche mobilisiert hatte.

5. Auch der segmentäre Charakter der bewussten Kommunikation könne Angst erzeugen. Verstehe man nur Teilaspekte, komme es oft zu einer Überreaktion in Form des Glaubens, mehr zu verstehen als das wirklich der Fall ist.

Beispiel: Wenn wir uns das erste Mal in einer fremden Sprache verständigen oder in einer fremden Kultur bewegen, neigen wir zum Glauben, mehr verstehen zu können, als dies tatsächlich der Fall ist. Aus Angst vor der Nicht-Verständigung und dem Nicht-Verstehen neigen wir dazu, auf dem Boden des uns Bekannten die Fehlstellen zu interpretieren oder aufzufüllen.

6. Manchmal komme es zu einer Verbindung der Abwehr gegen »Überkommunikation« auf der unbewussten Ebene mit einer Abwehr gegen »Unterkommunikation« auf der bewussten Ebene. Daraus resultiere oft eine ängstliche Einengung der Interpretationsmöglichkeiten auf die für den Forscher psychisch erträglichen.

Ich selbst würde diese Liste um folgende Möglichkeiten erweitern:

7. Scham als Widerstand bei einer Verletzung des narzisstischen Selbstideals: Führt die Konfrontation mit einem persönlich oder in der eigenen Kultur verdrängten Aspekt zu einem Gefühl der Beschämung, dass man sich dieses Faktums bisher nicht bewusst war, so kann daraus eine Tendenz zur Nichtanerkennung des in der fremden Kultur manifesten Verhaltenszugs und eine Einengung der Möglichkeiten zu dessen psychodynamischer Interpretation resultieren.

Beispiel: Bei der Kurzpsychotherapie eines chinesischen Doktoranden hatte ich grosse Mühe, seine Verpflichtungsgefühle dem Vater gegenüber zu verstehen, nachdem dieser sich offen feindselig gegen seinen Sohn gestellt hatte. Erst in Gesprächen mit chinesischen Psychotherapeuten wurde mir deutlich, wie sehr in meiner eigenen Kultur die Anerkennung und Wertschätzung der Söhne ihren Vätern gegenüber eingeschränkt ist.

8. Die Begegnung mit in der eigenen Kultur verdrängten Wünschen und Phantasien kann nicht nur Versuchungsängste und Schuldgefühle mobilisieren,

sondern auch starke Trennungsängste auslösen. In diesen Fällen ist weniger die inzestuös-ödipale innere Welt des Forschers berührt, sondern die Bandbreite der präödipalen Trennungswünsche und -ängste, die zu einer Flucht vor der weiteren Auseinandersetzung mit dem bisher tabuisierten Material führen kann.

Beispiel: In den chinesischen Küstenprovinzen ist es eine langgehegte Tradition, dass die männlichen Jugendlichen in der Pubertät zu einem weit entfernten Onkel reisen, um bei diesem sich auszubilden. Obwohl diese kulturell übliche Trennung in der Psychogenese der neurotischen Schwierigkeiten eines meiner chinesischen Patienten eine überragende Bedeutung hatte, wurde mir dieser Umstand erst dann bewusst, als ich mich den eigenen Trennungsängsten stellen konnte, die durch den Bericht des Patienten angeregt waren.

In allen beschriebenen Fällen bedarf es aufseiten des Analytikers einer selbstreflexiven Haltung, die auf die Erforschung seiner eigenen inneren Weit, v. a. seiner Gegenübertragungsreaktionen, gerichtet ist.

Das ethnische Unbewusste findet seinen Ausdruck auch in den sprachlichen Eigentümlichkeiten einer bestimmten Kultur, in der Art, welche Inhalte wie sprachlich dargestellt werden können und welchen affektiven Modulationen die jeweiligen Inhalte unterliegen. Auch für die Sprache als kulturell tradiertem Symbolsystem gilt, was Mentzos für die unbewusste Zielsetzung kulturspezifischer Institutionen formuliert hat: Es geht darum, »mit institutionell verankerten Handlungs- und Beziehungsmustern regressive Triebbedürfnisse zu befriedigen, Schutz- bzw. Abwehrverhalten gegen irreale, phantasierte, infantile, insgesamt nicht real begründete Ängste, Depressionen, Scham- und Schuldgefühle zu sichern« (1976, S. 91). Die Sprache einer bestimmten Gesellschaft mit ihren je klassen-, schicht- und regionalspezifischen Unterschieden stellt also für jedes Individuum dieser Gesellschaft Möglichkeiten bereit, im Gleichklang mit anderen Triebwünsche zu befriedigen oder zu unterdrücken oder auch gleichförmige Abwehrmodalitäten auszubilden.

In ihrer Arbeit »The Babel of the Unconscious« (1990) haben Amati-Mehler, Argentieri & Canestri darauf hingewiesen, dass zu jedem Individuum, auch dem einsprachigen, eine diskursive Pluralität gehört. Diese verdankt sich nicht nur den zahlreichen Variationsmöglichkeiten innerhalb einer Sprache (z. B. Dialekte, Babysprache, Liebessprache, familiäres Vokabular), sondern auch der sehr unterschiedlichen Bedeutung sowohl der gesprochenen wie der geschriebenen Sprache je nach dem aktuellen emotionalen und kulturellen Hintergrund und den besonderen Umständen, unter denen sie benutzt wird. Die Autoren greifen auf das linguistische Konzept des Polylogismus zurück, unter dem sie den gleichzeitigen Ablauf unterschiedlicher Diskurse im Individuum verstehen; diese Diskurse stehen untereinander in einem inneren Dialog. Im Falle der Mehrsprachigkeit können diese Diskurse mit den unterschiedlichen Sprachen verknüpft sein und es käme dann darauf an, die Schwierigkeiten der Übersetzung einer Sprache oder eines Diskurses in die andere und den inneren Austausch zwischen ihnen zu verstehen. In diesem Sinne repräsentierte z. B. bei einer meiner Patientinnen die französische Sprache, die sie in der Analyse mit mir nicht benutzen wollte, die innere Verbindung zur Welt der Mutter, während das Deutsche, gerade weil es die zweite, fremde Sprache war, die ödipalen Gefühle für den Vater transportieren konnte, weil sie der inneren Kritik zunächst entzogen waren. Reichte auch dieser Spaltungsversuch nicht mehr aus, die inneren Konflikte der bewussten Wahrnehmung zu entziehen, musste Frau M. auf eine Aphonie (Stimmlosigkeit) als ihr Symptom zurückgreifen, welche das Symbolisierungsverbot und die Symbolisierungsverweigerung besonders deutlich ausdrückte.

In seinem Bericht über die Analyse einer österreichischen Patientin, bei der sowohl Deutsch als auch Englisch Analysesprachen waren, weil sie von beiden Partnern gesprochen und verstanden wurden, hat Greenson (1950) Überlegungen angestellt, die zum besseren Verständnis der spezifischen Sprachwahl und von Sprachschwierigkeiten in der interkulturellen Begegnung hilfreich sein können. Er konnte bei seiner Patientin eine ödipale Problematik ausmachen, die zu ihrer Abneigung gehörte, die englische Sprache zu verlassen und zu bestimmten Aspekten auf Deutsch zu assoziieren; für sie war die Muttersprache die prägenitale Sprache und Trägerin bedeutender ungelöster Konflikte geblieben. Greenson meint, dass die neue, zweite Sprache stattdessen ein neues Abwehrsystem gegen das vergangene infantile Leben transportierte und dadurch zur Schaffung einer neuen und deshalb etwas besseren interstrukturellen Beziehung beitrug; neue Werte und neue Ich-Imagines wurden so durch zusätzliche Verdrängungsleistungen ermöglicht.

Für die Sprachwahl in der ethnopsychoanalytischen Forschung wie in der interkulturellen Psychotherapie denke ich, dass die Akzeptanz der in der Sprachwahl sich ausdrückenden notwendigen Abwehr- und Sublimierungsleistung des Gegenübers entscheidend ist. Denn je weiter die Ursprungskultur eines Analysanden oder ethnopsychoanalytischen Gesprächspartners von der eigenen entfernt ist, umso deutlicher muss sich der Analytiker in seiner praktischen Tätigkeit eine Sicht auf das ethnische wie auf das idiosynkratische Unbewusste seines Analysanden offen halten. Diese Arbeit wird schwieriger, wenn die beiden Herkunftskulturen auch unterschiedliche Sprachräume umfassen. Ob in der interkulturellen Begegnung bzw. in der ethnopsychoanalytischen Situation eine wechselseitige Verständigung möglich wird, hängt also meiner Auffassung nach weniger von den sprachlichen und kulturellen Unterschieden an sich ab. Vielmehr kommt es darauf an, ob das subjektive Erleben von Fremdheit in diesen Begegnungen ausgehalten und reflektiert werden kann. Begegnung mit einer fremden Kultur erschüttert oft unser sonst selbstverständliches Gefühl von Sicherheit im zwischenmenschlichen Umgang. Sie setzt Ängste vor einer Überflutung durch das Fremdpsychische frei und ist geeignet, in uns selbst regressive Prozesse anzuregen. Deshalb fordern diese Begegnungen in der Regel eine besondere Flexibilität und Offenheit im Umgang mit der kulturellen Andersartigkeit des Gegenübers.

Diese Anerkennung der Andersartigkeit setzt beim Analytiker eine Reflexion und Überwindung der narzisstischen Kränkung voraus, die mit der Konfrontation mit Fremdem in der anderen Kultur einhergeht. Denn unsere eigenen Einstellungen werden von unserem Enkulturationsprozess in einer Sprache und in einer Kultur bestimmt, der für alle mit der universalen narzisstischen Phantasie verknüpft ist, dass »der Wahrheitsgehalt der eigenen Sprache und Kultur der beste, ja sogar der einzig mögliche sei, um die Komplexität des Lebens zu erfassen und zu verstehen« (Cogoy 2001, S. 356).

Literatur

Amati-Mehler, J.; Argentiere, S. & Canestri, J. (1990): The Babel of the Unconscious. In: Int. J. Psycho-Anal. 71, S. 569–583.

Cogoy, R. (2001): Fremdheit und interkulturelle Kommunikation in der Psychotherapie. In: Psyche 55, S. 339–357.

Devereux, G. (1967): Angst und Methode in den Verhaltenswissenschaften. München (Hanser).

Devereux, G. (1974): Normal und anormal. Aufsätze zur allgemeinen Ethnopsychiatrie. Frankfurt a. M. (Suhrkamp).

Devereux, G. (1978) : Ethnopsychoanalyse. Die komplementaristische Methode in den Wissenschaften vom Menschen. Frankfurt a. M. (Suhrkamp).

Freud, S. (1921): Massenpsychologie und Ich-Analyse. GW XIII.

Greenson, R. R. (1950): Die Muttersprache und die Mutter. In: Greenson, R. R. (1982): Psychoanalytische Erkundungen. Stuttgart (Klett-Cotta).

Mentzos, S. (1976): Interpersonale und institutionalisierte Abwehr. Frankfurt a. M. (Suhrkamp).

Psychoanalyse jenseits der Couch

Alfred Lorenzers Methode
psychoanalytischer Kulturforschung

Hans-Dieter König

Psychoanalytische Therapie und
psychoanalytische Kulturforschung

Die von Alfred Lorenzer (1981b, 1986, 1990) anhand von Literaturinterpretationen entwickelte Tiefenhermeneutik stellt eine Methode der psychoanalytischen Kulturforschung dar, welche den narrativen Gehalt von Texten und Bildern über die Wirkung auf das Erleben der Interpreten untersucht. Dabei kann es sich sowohl um natürliche Protokolle wie Interviews und Gruppendiskussionen als auch um künstliche Protokolle wie literarische Texte oder Filme handeln. Die Analyse richtet sich auf die bewussten und unbewussten Lebensentwürfe (Wünsche, Ängste und Phantasien), die in den über das kulturelle Sinngebilde transportierten sozialen Interaktionen inszeniert werden. Die wichtigsten Gemeinsamkeiten und Unterschiede zwischen psychoanalytischer Therapie und der von Lorenzer initiierten psychoanalytischen Kulturforschung lassen sich stichwortartig folgendermaßen bestimmen:
– Während sich das psychoanalytische Verstehen in der therapeutischen Praxis aus der Interaktion zwischen dem Analytiker und dem Analysanden entwickelt, entfaltet sich das psychoanalytische Verstehen in der tiefenhermeneutischen Kulturanalyse aus der Interaktion des Lesers mit dem Text oder dem Film. Dabei werden die kulturellen Sinnangebote als Mikrokosmen aufgefasst, in denen Akteure einer herrschenden Moral entsprechend miteinander interagieren. Während der Psychoanalytiker zu verstehen sucht, wie der Patient bewusste und unbewusste Wünsche, Ängste und Phantasien in der Interaktion mit ihm in Szene setzt, begreift der Kulturanalytiker Text oder Film als ein Interaktionsgefüge, in dem bewusste und unbewusste Lebensentwürfe in einer bestimmten sinnlich-bildhaften Weise in Szene gesetzt werden.
– Während sich die psychotherapeutische Praxis in der Dyade zwischen Analytiker und Analysand entwickelt, entfaltet sich die tiefenhermeneutische Kulturanalyse in einer Gruppe von SeminarteilnehmerInnen, die davon ausgehen, welche Wirkung der Text oder Film auf sie hat, welche Assoziationen ihnen einfallen und welche Verstehenszugänge sie entwickeln. Wie der Gruppe die Aufgabe zufällt, viele Lesarten zu produzieren, so ist das Ziel der Gruppenin-

terpretation, eine aus den verschiedenen Verstehenszugängen zu konstruieren-
de Deutung des Textes oder Films zu entwickeln.

– Wie Freud (1900) in der Traumdeutung zwischen dem manifesten Trauminhalt und dem latenten Traumgedanken unterscheidet, so unterstellt die von
Lorenzer entwickelte psychoanalytische Kulturforschung eine Doppelbödigkeit sozialer Handlungsabläufe, der entsprechend sich die Bedeutung von Interaktionen in der Spannung zwischen einem manifesten und einem latenten Sinn
entfaltet (vgl. Abb., Interaktionsebene I): Der manifeste Sinn wird durch die
Lebensentwürfe bestimmt, welche die in der Welt des Textes/Films auftretenden Akteure im Einklang mit der dort geltenden Moral offen zu Sprache bringen. Der latente Sinn wird hingegen durch die Lebensentwürfe geprägt, welche
die Akteure aufgrund ihrer Unvereinbarkeit mit den im Text/Film wirksamen
Moralvorstellungen bislang noch nicht zu verbalisieren vermochten oder
wieder unterdrückt haben.

Zur Entwicklungsgeschichte
psychoanalytischer Kulturforschung

Der Theoriezusammenhang, der zur Entwicklung des von Lorenzer initiierten
Projekts psychoanalytischer Kulturforschung führte, lässt sich stichwortartig
folgendermaßen umreißen:

Betrachtet man die Anfänge der Psychoanalyse, dann fällt auf, dass sie sich
im Spannungsfeld zwischen therapeutischer Praxis und Kulturanalyse entfalte-
te (vgl. König 1996c, S. 324ff.). So brachte Freud (1905) das Drama der infantilen Sexualentwicklung, das er als »Kernkomplex« der Neurosenbildung
verstand, im Rückgriff auf die von Sophokles verfasste Tragödie König Ödipus
auf den Begriff. Wie durch den Rückgriff auf das griechische Drama das Typische der sich in der Auseinandersetzung mit den Eltern entwickelnden Sexualität des Kindes fassbar wurde, so wurde die psychotherapeutische Behandlung
neurotischer Erkrankungen zum Ausgangspunkt für eine Kulturtheorie, im
Zuge derer Freud das neurotische Leiden als Ausdruck eines allgemeinen
»Unbehagens in der Kultur« begriff (Freud 1930). Freud führte dieses »Unbehagen in der Kultur« darauf zurück, dass die Menschen unter einer Kulturentwicklung leiden, die auf der »Unterdrückung von Trieben« und auf ihrer nur
teilweise gelungenen »Sublimierung« basiert (Freud 1908, S. 18). Freuds Auffassung, dass »die Kultur, indem sie den libidinösen und besonders den Zerstö-
rungstrieben Einschränkungen aufzwingt, dazu beiträgt, Verdrängungen,
Schuldgefühle und Bedürfnisse nach Selbstbestrafung entstehen zu lassen«,
dokumentiert nach Auffassung von Adorno (1952) »die Unentrinnbarkeit
kultureller Konflikte« (S. 23). Da das »Leiden« Zeugnis von der »Objektivität«

Forschungsebenen
szenischen
Interpretierens

Szenische Fallrekonstruktionen
als Gruppeninterpretation

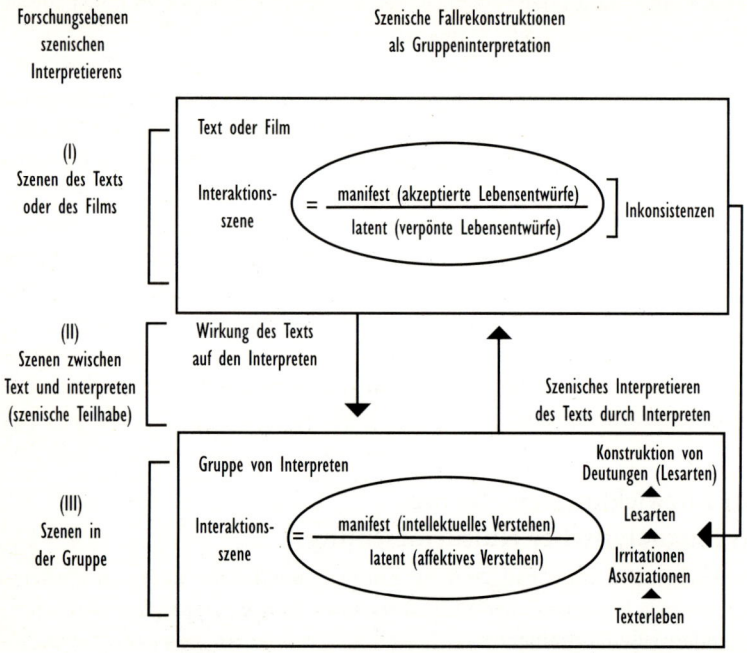

(I)
Szenen des Texts
oder des Films

(II)
Szenen zwischen
Text und interpreten
(szenische Teilhabe)

(III)
Szenen in
der Gruppe

Abb. 1: Die Tiefenhermeneutik erforscht die Doppelbödigkeit *der im Text oder Film arrangierten Interaktionspraxis, ein Gefüge von Interaktionsszenen, deren Bedeutung sich in der Spannung zwischen einem* manifesten *und einem* latenten *Sinn entfaltet (I). Der Zugang zum latenten Sinn, der über Schüsselszenen zugänglich wird, die sich als* inkonsistent *erweisen, erschließt sich dadurch, dass die Interpreten den Text oder Film auf das eigene Erleben (»szenische Teilhabe«) wirken lassen (II). Indem die Interpreten in einer Haltung* gleichschwebender Aufmerksamkeit *den sich einstellenden* Assoziationen *und* Irritationen *folgen, gewinnen sie Zugang zu Lesarten, welche das routinisierte Textverstehen unterlaufen. Diese sich auf die Entdeckung von Neuem richtenden Lesarten werden in der Gruppe diskutiert (III), um den latenten Sinn zu erfassen, der sich hinter dem manifesten Sinn des szenisch entfalteten Textes oder Films verbirgt (I):*

ablegt, »die auf dem Subjekt lastet« (Adorno 1966, S. 29), ist der Antagonismus von Individuum und Gesellschaft Adorno zufolge unaufhebbar.

Wichtige Anstöße, die Psychoanalyse mit den Sozialwissenschaften zu verbinden, gingen in den dreißiger und vierziger Jahren von den materialen

Forschungen des in die USA emigrierten Frankfurter Instituts für Sozialforschung aus. Unter Horkheimers (1932) Leitung wurde das Problem erforscht, wie sich aus der bürgerlichen Gesellschaft der Nationalsozialismus entwickeln konnte. Dabei ging es neben soziologischen und politologischen Untersuchungen auch um die Analyse der sozialpsychologischen Frage, wie es in den Krisenzeiten der durch die Weltwirtschaftskrise erschütterten Weimarer Republik dazu kam, dass sich die Massen nicht im Sinne eines sozialistischen Klassenbewusstseins radikalisierten, sondern ihren ökonomischen und sozialen Interessen entgegen Hitler zur Macht verhalfen. Während zunächst unter Fromms (1929, 1936) und späterhin unter Adornos Regie die für antidemokratische Propaganda anfällige autoritäre Persönlichkeit untersucht wurde (vgl. Adorno et al. 1950), analysierte Löwenthal (1949) die Propagandatricks faschistischer Agitatoren, die rationale Überlegungen durch den Appell an irrationale und unbewusste Wünsche unterlaufen. Und Horkheimer & Adorno (1947) rekonstruierten in der Dialektik der Aufklärung die Eigenart der antisemitischen Weltanschauung, die wahnhafte, religiöse und autoritär-nationalistische Versatzstücke miteinander verschmilzt.

War im Zuge des Autoritarismusprojektes eine neue Form empirischer Sozialforschung entwickelt worden, die die qualitative Vorgehensweise der auf klinischen Interviews basierenden psychoanalytischen Charakterforschung (vgl. Bonß 1982, S. 217ff.) mit den Methoden quantitativer Vorurteilsforschung verband, so gab der in den 60er Jahren ausgetragene Positivismusstreit der Methodendiskussion neue Anregungen. Adornos (1969a, 1969b) im Rahmen seiner Auseinandersetzung mit den analytisch-empirisch verfahrenden Sozialwissenschaften explizierte Methode einer kritischen Sozialforschung, die die lebendige Erfahrung der Sache selbst durch eine deutende Spurensicherung dechiffrieren will, die über exemplarische Einzelfallrekonstruktionen des Besonderen das gesellschaftlich-Allgemeine rekonstruiert, wurde auch zur Grundlage einer wissenschaftstheoretischen Auseinandersetzung um die Psychoanalyse.

Während Thomä & Kächele (1973) an Hartmanns (1927) Verständnis der Psychoanalyse als eine »Naturwissenschaft vom Seelischen« anknüpften und die Psychoanalyse als eine nomologische Psychologie begriffen, rekonstruierte Lorenzer (1970) in Anschluss an die von Habermas (1968) entwickelte Kritik am szientistischen Selbstmissverständnis der Psychoanalyse, wie die Psychoanalyse als hermeneutisch verfahrende Sozialwissenschaft zu verstehen sei. Ihr gehe es nämlich um eine interpretativ-verstehende »Rekonstruktion der inneren Lebensgeschichte des Patienten« (Lorenzer 1974, S. 154).

Lorenzers Verständnis der Psychoanalyse als Sozialwissenschaft

Lorenzer hat auf der skizzierten Basis ein sozialwissenschaftliches Verständnis der Psychoanalyse in drei Forschungsetappen entfaltet:

1. In der ersten Forschungsetappe wird der im Rückgriff auf Habermas (1968, S. 267f.) verwandte Begriff der Tiefenhermeneutik in einem weiteren Sinne benutzt, weil es um die Eigenart des in der therapeutischen Praxis entwickelten psychoanalytischen Verstehens geht. Der Psychoanalytiker praktiziere das von Lorenzer (1970) so bezeichnete »szenische Verstehen«, im Zuge dessen die Mitteilungen des Patienten und sein sich in Gesten ausdrückendes Auftreten als Szenen aufgefasst werden, mit deren Hilfe der Analysand sein Leiden und unbewältigte Triebschicksale in der Interaktion mit dem Therapeuten inszeniert.

2. Die zweite Forschungsetappe wird dadurch bestimmt, dass Lorenzer sich der Aufgabe einer kritischen Reformulierung der Freudschen Theorie zuwendet. Weil Freud die durch seine therapeutische Arbeit gewonnenen Einsichten in eine Wissenschaftssprache übersetzte, die den Ansprüchen des naturwissenschaftlichen Wissenschaftsverständnisses des 19. Jahrhunderts entsprach, sitze die psychoanalytische Entwicklungstheorie und Metapsychologie zahlreichen biologistischen, familialistischen und – wie man heute hinzufügen kann – sexistischen Mystifikationen auf, die Lorenzer auflösen will, ohne die Freudsche Begrifflichkeit aufzugeben (1). So stellt sich Lorenzer (1972, 1974) die Aufgabe, durch eine interaktions- und sozialisationstheoretische Neufassung der psychoanalytischen Theorie den kritischen Gehalt der Freudschen Begrifflichkeit wieder freizulegen.

3. In der dritten Forschungsetappe verwendet Lorenzer (1986) den Begriff der Tiefenhermeneutik in einem engeren Sinne. Nun geht es um das von Lorenzer (1986) entwickelte Projekt einer psychoanalytischen Kulturforschung (vgl. Belgrad et al. 1987; Belgrad 1997; König 1996c, 2000), das der Gegenstand des vorliegenden Beitrags sein soll.

Den Ausgangspunkt für die von Lorenzer so bezeichnete tiefenhermeneutische Kulturanalyse stellt ein Problem dar, das schon Adorno (1970) thematisiert hatte. Obgleich Adorno sich im Rahmen sozialpsychologischer Studien immer wieder der Psychoanalyse als Forschungsmethode bediente, weigerte er sich entschieden, Kunstwerke mit Hilfe der Psychoanalyse zu interpretieren. Denn wie Adorno auf den ersten Seiten der Ästhetischen Theorie ausführte, unterlaufe der Psychoanalyse der Fehler, dass sie bei der Analyse von Kunst so verfahre wie bei der Deutung der Einfälle des Analysanden. Vor allem drei Einwände hat Adorno gegen die traditionelle Anwendung der Psychoanalyse auf Kunst erhoben (ebd., S. 19–26):

- Die Psychoanalyse psychologisiere das Kunstwerk, weil sie es einem Tagtraum des Künstlers gleichsetze und damit als Bestandteil seiner inneren Welt auffasse.
- Die Psychoanalyse pathologisiere das Kunstwerk, weil sie es der Fallgeschichte eines Neurotikers gleichsetze: Wie die Patientenmitteilungen würden auch die Kunstwerke als Symptombildungen aufgefasst, die als Resultat verdrängter Wünsche und damit als Manifestation einer bestimmten Psychopathologie begriffen würden.
- Schließlich entgehe der Psychoanalyse die soziale Bedeutung des Kunstwerks: Sie ignoriere, was das Produkt selbst bedeutet, das aufgrund seiner Eigenart eine kollektiv faszinierende Wirkung hat.

Während Adornos Kritik darauf hinausläuft, dass Psychoanalytiker ihre Arbeit auf ihre psychotherapeutische Praxis beschränken sollten, für die sie ausgebildet seien, gelangt Lorenzer zu einem ganz anderen Schluss: Die Psychoanalyse gerate bei der Anwendung auf Kunst und Literatur nur deshalb in eine Sackgasse, weil sie das methodologische Problem ignoriere, das mit der Anwendung der Psychoanalyse auf das jenseits der Couch gelegene Forschungsfeld verbunden sei. Die psychoanalytischen Begriffe, die in einer therapeutischen Praxis entwickelt wurden und auf sie zugeschnitten sind, lassen sich nach Auffassung von Lorenzer nicht einfach auf die Kultur übertragen, weil es sich hierbei um ein ganz anderes Forschungsfeld handelt. Wenn man die Freudsche Psychoanalyse als interpretierende Kulturforschung systematisch entfalten wolle, ohne das in einem Text oder in einem Film arrangierte Interaktionsdrama unvermittelt unter psychoanalytische Theoriebruchstücke zu subsumieren, dann könne es nur darum gehen, die psychoanalytische Methode des individuellen Fallverstehens aufzugreifen, sie in Auseinandersetzung mit dem neuen Forschungsfeld weiterzuentwickeln und in Anschluss daran eine eigenständige Theorie der Kultur zu entwerfen. Dem entsprechend geht die Tiefenhermeneutik von der methodologischen Überlegung aus, wie die in der therapeutischen Praxis entwickelte Methode des »szenischen Verstehens« so zu modifizieren sei, dass sie einer kulturwissenschaftlichen Forschungspraxis entsprechend dazu geeignet ist, neue Einsichten zu generieren.

Die bei der Anwendung der Tiefenhermeneutik einzuhaltenden Regeln

Wie mit Hilfe der Tiefenhermeneutik Texte und Filme interpretiert werden, soll anhand einer Reihe von Regeln erläutert werden, die bei der Anwendung dieser Methode einzuhalten sind. Um die Verfahrensweise zu veranschaulichen, wird der Umgang mit diesen Regeln im Rückgriff auf eine tiefenhermeneutische

Rekonstruktion von Triumph des Willens illustriert, ein Film, den Leni Riefenstahl in Hitlers Auftrag über den Nürnberger Reichsparteitag von 1934 drehte und der von den Nationalsozialisten als »Denkmal der Bewegung« begriffen wurde:

1. Kulturelle Sinngebilde sind so voraussetzungslos wie nur eben möglich aus sich selbst heraus zu verstehen. Aus diesem Grunde wird sowohl ein Einordnen in soziale und historische Kontexte als auch ein theoretisches Begreifen der Fallstruktur zurückgestellt. Der Text oder der Film soll mit Hilfe der Lebensentwürfe erschlossen werden, über die man aufgrund eigener Lebenserfahrungen im Alltag verfügt. Eigene lebenspraktische Vorannahmen werden so lange in die Szenen des kulturellen Sinngebildes eingesetzt und korrigiert, bis sich die fremden Lebensentwürfe in ihrer konkreten szenischen Gestalt verstehen lassen. Anhand einer szenischen Interpretation zu Riefenstahls Triumph des Willens lässt sich das folgendermaßen veranschaulichen:

Es ist zunächst nicht nachvollziehbar, weshalb der Film mit einer Szenenfolge beginnt, in der man mit dem Flugzeug über ein von der Sonne beschienenes Wolkengebirge gleitet, das sich endlos auszudehnen scheint. Wenn man sich jedoch im Rückgriff auf lebenspraktische Erfahrungen des Alltags vergegenwärtigt, was es bedeutet, mit dem Flugzeug von der Erde abzuheben und darin durch ein lichtdurchflutetes Wolkenmassiv zu schweben, ein Erleben, für das Reinhard Mey in einem Lied die Worte gefunden hat, dass über den Wolken die Freiheit wohl grenzenlos sei, dann gewinnt man einen Zugang dazu, was zu Beginn des Films inszeniert wird: Es geht um eine großartige Naturerfahrung, die ein Gefühl von Freiheit und Abenteuer vermittelt, ein Erleben, das zugleich mit einer großen Nähe zu Hitler verknüpft wird, der über den Wolken unsichtbar bleibt und erst zu sehen ist, wenn er nach der Landung aus dem Flugzeug aussteigt (vgl. König 1996a, S. 48ff.).

2. Das Schauspiel, das kulturelle Objektivationen bieten, lässt man wie ein Theaterbesucher auf das eigene Erleben wirken. Ob man begeistert oder gelangweilt reagiert, man überträgt auf Text oder Film Affekte (2), aufgrund derer sich auch die uneingestandenen Lebensentwürfe erspüren lassen, welche die Akteure auf der Bühne hinter offen gezeigten Intentionen und Wünschen verbergen und in ihrem Interagieren doch ungewollt zum Ausdruck bringen.

In dem Maße, wie man sich den situativen Gehalt der Szene vergegenwärtigt, dass Hitler mit dem Flugzeug vom Himmel herabsteigt, um die Nürnberger Bürger aufzusuchen, die stundenlang auf ihn gewartet haben und ihm nun begeistert zujubeln, wird fassbar, dass er als ein großartiger Führer in Szene gesetzt wird, der gekommen ist, um das deutsche Volk zu befreien und zu neuer Größe zu führen. Zugleich stellen sich beklemmende Gefühle ein, weil die durch die Straßen marschierenden Kolonnen, die Uniformen, die von Fassaden, auf Dächern und Kirchturmspitzen flatternden Hakenkreuzfahnen Ausdruck eines allumfassenden Einsatzes der Propagandamaschinerie der NSDAP sind, welche die Stadt in eine Hintergrundkulisse für eine gigantische Machtentfaltung verwandelt (3).

3. Das Verstehen kultureller Sinngebilde geht zwar vom je eigenen Erleben aus, wird jedoch ähnlich wie in Balint-Gruppen in einer Gruppe zur Diskussion gestellt (vgl. König 1993). Dabei wird das intellektuelle Verstehen zurückgestellt, im Zuge dessen emotionale Reaktionen häufig durch die Einnahme einer theoretischen Position distanziert werden. Stattdessen wird in der Gruppe von einem affektiven Verstehen ausgegangen, d. h., wie man den Text/Film erlebt hat. Da sehr persönliche Text- und Filmerlebnisse ausgetauscht werden, entwickelt sich nicht selten eine lebhafte Kontroverse über verschiedene Lesarten. So fand in der Gruppe im Rahmen der Erörterung der Frage, wie Hitler vor einem Publikum auftritt und redet, eine heftige Kontroverse um die angemessenste Lesart statt. Der sich durch das Aufeinanderprallen konkurrierender Lesarten entzündende Konflikt lässt sich als eine zwischen den Interpreten Gestalt annehmende Szene begreifen (vgl. Abb., Interaktionsebene III), die Rückschlüsse auf die szenische Struktur des kulturellen Sinngefüges erlaubt. Denn wie unterschiedlich Text und Film auch wahrgenommen und eingeschätzt werden, diese unterschiedlichen emotionalen Reaktionen werden doch durch die Sprache und die Bilder selbst freigesetzt.

4. Das affektive Verstehen, das aufgrund eines emotionalen »Sich-Einlassens« auf das kulturelle Sinngebilde zustande kommt, lässt sich fruchtbar machen, indem man Freuds (1912) Ratschlägen für das psychoanalytische Verstehen folgt. Während freie Assoziation und gleichschwebende Aufmerksamkeit in der therapeutischen Psychoanalyse auf Analysand und Analytiker verteilt sind, übernehmen die SeminarteilnehmerInnen in der tiefenhermeneutischen Gruppeninterpretation beide Aufgaben: Einerseits folgen die Gruppenmitglieder der Aufforderung, »sich nichts besonders merken zu wollen«, und Text oder Film gegenüber eine Haltung »gleichschwebender Aufmerksamkeit« einzunehmen (S. 171). Andererseits halten sie sich an Freuds Regel der freien Assoziation und überlassen es den eigenen Einfällen, auf welche Interaktionsszenen sich die gleichschwebende Aufmerksamkeit richtet und was sie verstehen wollen. So wurde die Frage, welche Filmsequenzen exemplarisch untersucht werden sollten, in der Gruppendiskussion entschieden, in der nach einer ersten Filmvorführung erörtert wurde, wie die Teilnehmer den Film erlebt hatten, was einen nachhaltigen Eindruck hinterlassen, was sie befremdet habe und zu welcher Einschätzung sie gelangt seien.

5. Von besonderem Interesse sind jene Assoziationen zum Text, welche an irritierenden Interaktionssequenzen ansetzen. Der Begriff der »Irritation« (Loren-

zer 1990, S. 267) hebt darauf ab, dass bestimmte Interaktionsszenen befremden, weil sie inkonsistent sind oder anderen Interaktionsszenen widersprechen. Irritationen erschließen eine vom routinisierten Textverstehen abweichende Lesart, die einen Zugang zu einer latenten Sinnebene eröffnen.

Als das Stadion in die Dunkelheit der hereinbrechenden Abenddämmerung getaucht wird, versammeln sich dort 200.000 Parteifunktionäre zum Appell vor dem Führer. Die Szenenfolge, die dadurch bestimmt wird, dass bei einbrechender Dämmerung zwei gewaltige Kolonnen uniformierter Männer mit riesigen Hakenkreuzfahnen direkt auf den Betrachter zukommen, erzählt nicht nur von der Macht und Größe dieser nationalsozialistischen Versammlung. Vielmehr empfanden einige Seminarteilnehmer diese Szene auch als unheimlich und beklemmend. Es stellte sich in der Gruppe die Phantasie ein, dass die marschierenden Kolonnen wie zwei gewaltige Heerhaufen wirken, die mit ihren Stiefeln alles niedertrampeln, was sich ihnen entgegenstellt.

Auf diese Weise erschloss diese Szene einen Zugang zu einer verborgenen Bedeutungsebene. Während die frohe Botschaft manifest ist, dass Hitler um sich eine kämpferische Bewegung versammelt, welche den Kampf aufnimmt, um eine nationale Wiedergeburt einzuleiten, geht es auf der latenten Bedeutungsebene um eine Drohung:

Wer sich dem Nationalsozialismus entgegenstellt, wird einfach zertreten. Schüchtert der latente Sinn dieses Szenariums diejenigen ein, die in irgendeiner Weise an Kritik und Widerstand denken, so führt der manifeste Sinn vor, wie die Angst vor Vernichtung durch die NS-Bewegung überwunden werden kann. Die Lösung lautet, dass sich der Betrachter den sich im Stadion versammelnden Parteifunktionären nicht entgegenstellen darf, sondern sich ihnen anschließen muss. Reiht er sich in die aufmarschierenden Kolonnen ein, kann er zudem an der Macht und Größe der Nationalsozialisten teilhaben, die in der Filmsequenz so eindrucksvoll in Szene gesetzt werden.

6. Allerdings reicht eine Irritation allein nicht aus, um einen Zugang zum latenten Sinn zu erschließen. Das szenische Verstehen beginnt zwar mit einer Interaktionsszene, welche aufgrund von Assoziationen und Irritationen die gleichschwebende Aufmerksamkeit auf sich zieht. Das an der Szene rätselhaft Bleibende lässt sich jedoch nur durch die Einbeziehung weiterer Szenen klären, anhand derer sich auch die aufgrund der szenischen Interpretation entwickelten Einfälle/Verstehenszugänge überprüfen lassen. So begibt man sich auf die Suche nach anderen Szenen, die der ersten Szene aufgrund ihrer inneren Struktur gleichen, jedoch in ganz anderen Handlungszusammenhängen der kulturellen Objektivation stehen können.

Betrachten wir, um dieses Problem zu illustrieren, eine weitere Irritation: Wenn Hitler in der Großkundgebung vor Parteifunktionären erklärt, dass man auf »einen großen Befehl« hin handele, den man von »Gott« empfangen habe, »der unser Volk geschaffen hat« (König 1996a, S. 56), dann setzt er so, wie es der Filmbeginn ankündigt, auf die Imago eines religiösen Führers, der Gottes Wort zu verkünden geneigt ist. Es irritiert das szenische Arrangement, dass zu diesen Worten Hitlers der noch von der untergehenden Sonne beleuchtete Reichsadler eingeblendet wird, der hinter dem Redner in den Nachthimmel ragt und die Tribüne »auf eine unheimliche Weise« zu beherrschen scheint. Aufgrund dieses Eindrucks wurde in der Gruppe die Frage aufgeworfen, ob dadurch, dass der Ruf nach der Gottheit mit dem Bild des Adlers verknüpft wird, nicht vielleicht auch der Zugang zu einer archaischen Welt erschlossen wird, die sich hinter der Inanspruchnahme christlicher Inszenierungen verbirgt. Dann ließe sich der Eindruck des Unheimlichen dadurch klären, dass der Adler nicht nur auf das deutsche Kaiserreich des Mittelalters, sondern auch auf das Rätselhafte schamanistischer Praktiken verweist.

Die Frage, was der Adler zu bedeuten hat, der mit Hitlers Bezugnahme auf die Gottheit ins Bild gesetzt wurde, ließ sich erst durch die Heranziehung aller anderen Filmsequenzen beantworten, in denen der Reichsadler vorkommt:

Zu Filmbeginn ein steinerner Reichsadler über dem Filmtitel; sodann ein Reichsadler aus Metall auf der Gürtelschnalle eines SS-Mannes, der vor Hitlers Hotel wacht; anschließend die sich in der Nacht im Stadion versammelnden politischen Leiter, die sich gewissermaßen in den Schutz des auf der Tribüne platzierten Reichsadlers begeben, der sie mit seinen weit ausgebreiteten Schwingen zu umarmen scheint; zudem die Adler auf den Fahnenstangen der Parteifunktionäre, die den Eindruck erwecken, als ob sie dem riesigen Reichsadler auf der Tribüne ihre Referenz erweisen; und zuletzt der pompöse Reichsadler hinter Hitler, der ihm die Energie für seine gewaltig wirkende Rede zu leihen scheint.

Doch die szenische Interpretation, der Adler lasse sich wohl als Zeichen schamanistischer Berufung begreifen, stellte sich erst von dem Augenblick an als überzeugend dar, als auch die Eigenart von Hitlers Selbstinszenierung vor den politischen Leitern verstanden worden war. Es stellte sich nämlich heraus, dass Hitler die »große Not des deutschen Volkes« beschrieb, die er laut schreiend als ein »Übel« bezeichnete, um dann erregt die nationalsozialistische Bewegung zu beschwören. Wie widersinnig dieses Spektakel auch auf der Bedeutungsebene der Vernunft erscheint, auf einer affektiven Bedeutungsebene erweist sich diese Inszenierung durchaus als sinnvoll: Um heftige Emotionen zu wecken, trat Hitler »wie ein Schamane auf, der einen Kranken von seinem Leiden heilt, indem er sich in eine Raserei versetzt, in der er die guten Geister anruft, um mit ihrer Hilfe die bösen Geister niederzuringen« (ebd., S. 58).

7. Da Text und Film eine ästhetische Ausdrucksgestalt bilden, deren Bedeutung sich in der Spannung zwischen einem manifesten und einem damit verschlungenen latenten Sinn entfaltet, kann man mit Freud (1900) davon sprechen, dass kein Element dieses Symbolgefüges zufällig, sondern jedes seiner Elemente »überdeterminiert« ist (S. 286). Wie die intrapsychische Welt des Traumes werden daher auch die durch kulturelle Sinngebilde konstituierten symbolischen Interaktionszusammenhänge als das Resultat einer »großartigen Verdichtungsarbeit« begriffen (ebd., S. 282). Wie unauffällig auch in Text und Film auftretende Inkonsistenzen und Lücken erscheinen, wie nebensächlich auch Worte, Gesten und Fehlleistungen der Akteure wirken, alle diese Elemente bilden szenische Bestandteile einer doppelbödigen Interaktionsstruktur, die aufgrund der Verbindung von Manifestem und Latentem auf mehrfache Weise bedeutsam sein kann. So offenbarte die Interpretation der Filmszene, in der auf die Gottheit Bezug genommen und zugleich der düster wirkende Reichsadler eingeblendet wird, dass Hitler nicht nur als vom Himmel gesandter Retter des deutschen Volkes auftritt, sondern auch als ein Zauberer, der über geheimnisvolle Kräfte verfügt.

8. Da das Verstehen kultureller Objektivationen über die Wirkung auf das eigene Erleben zugänglich wird, ist es notwendig, dass die InterpretInnen ein Forschungstagebuch anlegen, in das regelmäßig die den eigenen Arbeitsprozess bestimmenden Einfälle, Fragen und Verstehenszugänge eingetragen werden. Wie dieses Protokoll die Lesarten festhält, mit denen man sich einen eigenen Zugang zum Text oder Film erschlossen hat, so enthält dieses Protokoll zugleich die verschiedenen Facetten des latenten Sinns, die im Zuge der Untersuchung des manifesten Sinns zugänglich werden.

9. Der Prozess des szenischen Interpretierens stellt das erste Feld eines hermeneutischen Verstehensprozesses dar, der sich in der Umgangssprache entfaltet. Lassen sich die SeminarteilnehmerInnen auch beim Lesen und Anschauen von kulturellen Sinngebilden von ihrem Erleben leiten, der Rekurs auf subjektive Erfahrungen ist kein Selbstzweck, sondern steht im Dienste der szenischen Interpretation eines symbolischen Interaktionsgefüges, das als ein komplexes Gefüge sinnlich-bildhafter Szenen mit zahlreichen »Knotenpunkten« zu begreifen ist (Freud 1900, S. 286), in denen sich manifester und latenter Sinn auf vielfältige Weise miteinander verbinden. Dabei entfaltet sich das szenische Interpretieren in der Spannung zwischen drei Interaktionsebenen (vgl. Abb.): Das szenische Gefüge des kulturellen Sinngebildes (I), das durch die Inszenierungen von Hitler und seiner Gefolgsleute geprägt wird, wird über die Wirkung auf die Interpreten erschlossen. Die Gefühle der Ohnmacht, des Ärgers oder der Faszination, mit denen die SeminarteilnehmerInnen auf Hitler, die SS-Männer und die Zuschauer reagieren, spiegeln die emotionale Wirkung auf das im Film

dargebotene Schauspiel, eine szenische Teilhabe an einer 111 Minuten dauernden Folge von Bildern (II), deren verborgener Sinn sich über die Szenen
erschließt, welche in der Gruppe aufgrund der Kontroverse über verschiedene
Lesarten Gestalt annehmen (III).

10. Das zweite Feld des hermeneutischen Verstehensprozesses wird durch das
theoretische Begreifen der Fallrekonstruktion konstituiert. Wie die dem
Forschungsprojekt zugrunde liegende theoretische Fragestellung aufgrund von
Erkenntnissen sozialwissenschaftlicher und psychoanalytischer Theoriebildung entwickelt wurde, so wird nun auf diese Einsichten zurückgegriffen, um
das Neue, das durch die szenische Fallrekonstruktion entdeckt wurde, zu typi-
sieren und auf einen angemessenen Begriff zu bringen.

Im Zuge des theoretischen Begreifens des Films Triumph des Willens kann
man zunächst einmal davon sprechen, dass Riefenstahl den Führer ganz im
Sinne von Max Weber (1922) als einen »charismatischen Führer« inszeniert, der
gerade dadurch, dass er mit dem Flugzeug vom Himmel herabsteigt und in der
Dunkelheit der Nacht als Lichtgestalt imponiert, die sich auf den Befehl des
Allmächtigen bezieht, mit »übermenschlichen« Qualitäten begnadet oder
»gottgesandt« zu sein scheint. Zugleich kann man mit Freud fragen, wie dieser
Glaube an den Führer über die Mobilisierung der Emotionen der Massenindi-
viduen hergestellt wird. Da charismatische Herrschaft auch Weber zufolge auf
»affektueller Hingabe an die Person des Herrn und ihrer Gnadengaben« beruht
(S. 159), lässt sich die Frage, warum die Hitler zugesprochenen Qualitäten »als
Charisma galten und wirkten« (ebd., S. 161), dadurch beantworten, dass die
durch die tiefenhermeneutische Inhalts- und Wirkungsanalyse dechiffrierten
Lebensentwürfe, an die Hitlers charismatische Masseninszenierungen anschließen, auf einen der Sache angemessenen psychoanalytischen Begriff gebracht
werden.

Beginnen wir mit der Analyse der ersten Filmsequenz: Da die Wolkenbil-
der dazu einladen, sich der Phantasie des Fliegens und der Vorstellung eines
großartigen Naturerlebens zu überlassen, wird hier der primärnarzisstische
Wunsch aufgegriffen, die in der sozialen und politischen Krisenlage der 30er
Jahre gemachten Erfahrungen der Ohnmacht und Angst durch ein einzigartiges Erleben von Sicherheit und Macht zu überwinden, das durch die Verbindung des eigenen Selbst mit dem kosmischen Element der Luft möglich ist (vgl.
Argelander 1971). Mit der grandiosen Vorstellung, sich in unendliche Weiten
auszudehnen, taucht das Kinopublikum in eine phantastische Welt ein, die sich
über die in der Realität geltenden Gesetze des Raumes, der Zeit und der Kausalität hinwegsetzt.

In der zweiten Filmsequenz schließen sich die politischen Leiter zu einer
Masse zusammen, die den Hügel herabströmt und das Stadion mit einem

Fahnenmeer ausfüllt, in dem die Versammlungsteilnehmer untergehen. Die Szenerie versinnbildlicht, dass die Parteifunktionäre auf den archaischen Wunsch regredieren, mit der Gruppe als einer allmächtigen Mutter zu verschmelzen. Wie es Anzieu (1971) formuliert hat, wird die Gruppe der vor Hitler zum Appell angetretenen Männer damit »zu jenem sagenhaften Ort, an dem alle Wünsche sich erfüllen« (zit. nach Chassguet-Smirgel 1975, S. 84). Hitler übernimmt eine mütterliche Rolle, der entsprechend er sich so besorgt um das in Not geratene Volk kümmert, wie er dessen Leiden heilt, indem er gleichsam zur »Hebamme« der nationalen Wiedergeburt wird. Wenn Hitler die Rede mit dem Aufruf zum Schwur beendet, »an jedem Tag« und »zu jeder Stunde« nur zu denken »an Deutschland, an Volk und an Reich, an unsere deutsche Nation«, dann findet er Worte für den Wunsch aller Versammlungsteilnehmer nach narzisstischer Verschmelzung mit der Nation. Der von diesem Geschehen mitgerissene Kinozuschauer wird so zum Zeugen eines eindrucksvollen Erlebnisses, das die bei der Großkundgebung versammelten Parteigenossen verbindet: Das regressive Verlangen nach Verschmelzung und Einssein, dem entsprechend die Teilnehmer der Großkundgebung sich als Teil einer großartigen und allmächtigen Bewegung fühlen können, die sich unter dem Zeichen des Adlers die Welt unterwerfen wird.

Während manifest das Ausleben narzisstischer Größen- und Allmachtsphantasien ist, erweist sich als latent die Gewalt der Bewegung, die rücksichtslos Unterwerfung fordert. Die Szene, in der die versammelten Parteifunktionäre auf den Betrachter loszumarschieren scheinen, dramatisiert auf der Wirkungsebene der Bilder, dass jeder Widerstand zwecklos ist und das eigene Überleben von der Fähigkeit zur autoritätsgebundenen Identifikation mit den übermächtigen Aggressoren abhängt.

Das Neue, das die tiefenhermeneutische Fallrekonstruktion im Unterschied zu der klassischen Autoritarismusstudie von Adorno zeigt, lässt sich daher folgendermaßen auf den Begriff bringen: Adornos Beiträge zur Autoritarismusforschung waren Bestandteil der von Horkheimer und Flowerman herausgegebenen Studies in Prejudice, die von der Untersuchung des Antisemitismus als dem irrationalen Kern der nationalsozialistischen Weltanschauung ausgingen. Dagegen spielt der Antisemitismus in den analysierten Filmsequenzen kaum eine Rolle, weil Triumph des Willens Bestandteil einer Massenpropaganda war, die an die Stelle der alten Kernbestände der sozial-reaktionären Weltanschauung die sozial-utopische Vision revolutionärer gesellschaftlicher Veränderungen rückte (vgl. Broszat 1970, S. 393ff.).

Denn aus dem »Ghetto der kleinen extremistischen Radikalpartei« vermochte sich die NSDAP zu Anfang der 30er Jahre nur dadurch zu befreien (Broszat 1983, S. 61), dass sie den radikal-völkischen Antisemitismus, mit dem

Hitler in den 20er Jahren Parteimitglieder gewonnen hatte, durch die »Bekämpfung (...) des demokratischen Parteienstaates« und durch »die Parole sozialer und nationaler Wiedergeburt« ersetzte (Broszat 1970, S. 400). Wie die Analyse verdeutlicht, werden mit dieser sich im Film spiegelnden Modernisierung der politischen Agitation auch andere Wünsche aufgegriffen und instrumentalisiert. Dass in der antisemitischen Propaganda paranoide Ängste geweckt und politisiert werden (vgl. Horkheimer & Adorno 1947, S. 217ff.), bedeutet, dass das weltanschauliche Angebot in Persönlichkeitsdefekte einhakt und die »objektive Verblendung« mit der »individuellen Pathologie« kurzgeschlossen wird (Lorenzer 1981a, S. 122).

In den untersuchten Filmsequenzen geht es weniger um die Instrumentalisierung einer Psychopathologie (wie auch von den Einschätzungen von Broszat und Elias her zu vermuten wäre) als vielmehr um das Aufgreifen unerfüllter Lebensentwürfe, die in der erstrebten Volksgemeinschaft realisierbar erscheinen. Weniger auf die sich des Sprachmediums bedienende Vorurteilspropaganda setzt der Film als vielmehr auf das Bildmedium, über das noch nicht bewusst gewordene Lebensentwürfe aufgegriffen werden, ungestillte Träume, die mit der revolutionär wirkenden Vision nach »völkischer und sozialer Regeneration« verknüpft werden (Broszat 1970, S. 401).

Damit wird eine weitere Differenz zu Adornos Analyse deutlich: Da Triumph des Willens auf die Macht der Bilder setzt, ist dieser Film ein Beispiel für eine nationalsozialistische Propaganda, in der der autoritäre Zugriff auf die Individuen durch das Versprechen der Befriedigung unerfüllter Wünsche überlagert wird. Die szenische Interpretation beider Filmsequenzen zeigt nämlich, dass über den latenten Sinn der Inszenierungen, der auf die masochistisch-autoritätsgeleitete Unterwerfung der Masse unter einen starken Führer hinausläuft, der manifeste Sinn hinwegtäuscht, der die Erfüllung narzisstischer Phantasien der Größe, Allmacht und des Einsseins mit der Welt verheißt. Die Massenwirksamkeit der NS-Propaganda ist also nicht allein auf die Indienstnahme autoritärer Verhaltensbereitschaften zurückzuführen, sondern beruht auch auf der Instrumentalisierung einer Vielzahl unerfüllter Wünsche, denen im Zusammenspiel mit der Vision von dem zu verwirklichenden Reich die Erfüllung versprochen wurde.

11. Das Schreiben lässt sich als das dritte hermeneutische Feld der tiefenhermeneutischen Fallrekonstruktion begreifen. In Auseinandersetzung mit dem Text oder Film, den in der Gruppe produzierten Lesarten (die durch die Aufzeichnung und Verschriftung der Gruppensitzungen verfügbar sein sollen), dem Tagebuch des Forschers und den in Anschluss daran entworfenen Überlegungen zum theoretischen Begreifen der Fallstruktur wird ein Text erstellt, der Leser zu überzeugen versucht und den Forschungsprozess selbstkritisch reflektiert.

12. Bei der Bestimmung des manifesten und latenten Sinns ist zunächst einmal zu beachten, dass zwischen der weitläufigen Gruppeninterpretation und der knappen Darstellung der Interpretationsergebnisse im Rahmen einer Veröffentlichung der folgende Unterschied besteht: Im Rahmen der Gruppeninterpretation wird erst gegen Ende, wenn das Text-/Filmmaterial szenisch ausgebreitet ist und sich verschiedene Szenensequenzen zu einer das Ganze erhellenden szenischen Konstellation zusammenschließen, die Frage beantwortbar, welche Sinnzusammenhänge als manifest und welche als latent zu bezeichnen sind und wie ihr Verhältnis zueinander zu bestimmen ist. Eine Veröffentlichung bedeutet hingegen eine verdichtende Darstellung der Interpretationsergebnisse, welche Leser zu überzeugen versucht. Sie beginnt daher mit dem leicht nachvollziehbaren manifesten Sinn und eröffnet Schritt für Schritt einen Zugang zu den verborgenen Bedeutungsfacetten des latenten Sinns, die Leser erst im Zuge zunehmender Vertrautheit mit dem szenischen Gefüge des Textes/Filmes plausibel erscheinen können.

Bei der Festlegung des manifesten und latenten Sinns ist zudem zu berücksichtigen, in welchem Bezugsrahmen diese Kategorien eingesetzt werden: Welcher manifeste und latente Sinn sich hinter den Intentionen der Filmproduzentin Leni Riefenstahl verbirgt, ließe sich nur auf der Grundlage eines biographischen Interviews erfassen, das die sich im Verlaufe ihrer Lebensgeschichte realisierenden bewussten und unbewussten Lebensentwürfe erfasst. Was im Film manifest und latent ist, lässt sich nur über die tiefenhermeneutische Inhalts- und Wirkungsanalyse dieses kulturellen Sinngebildes erschließen, das als ein symbolisches Interaktionsgefüge in seiner szenisch-konkreten Entfaltung zu untersuchen ist. Und was für die Zuschauer, die sich diesen Film ansehen, manifest und latent ist, ließe sich über Gruppendiskussionen erfassen, mit deren Hilfe die bewussten und unbewussten Lebensentwürfe zugänglich würden, welche durch Text und Film wiederbelebt werden und dann im Gruppengespräch wiederkehren.

Um das an einem Beispiel zu illustrieren: Ein jugendlicher Neonazi würde wohl als manifesten Sinn die Größe und Macht des Nationalsozialismus bestimmen, jedoch ausblenden und auf eine latente Bedeutungsebene seines Erlebens verbannen, dass Hitlers soziale Herrschaft durch den Einsatz von Gewalt und Terror sichergestellt wurde. Ein Soziologiestudent würde hingegen einer ideologiekritischen Position entsprechend als manifesten Sinn bestimmen, dass die Masseninszenierungen anlässlich des Nürnberger Parteitags ein Indiz für die nationalsozialistischen Bemühungen um eine totale Gleichschaltung der Bevölkerung sind. Dementieren und auf eine latente Ebene seines Erlebens würde dieser Student hingegen verbannen, dass die filmischen Inszenierungen auch für ihn eine faszinierende Wirkung haben können.

13. Auch wenn das Textverstehen auf einem gleichsam voraussetzungslosen Einsatz eigener lebenspraktischer Vorannahmen basiert, so setzt es doch ein gewisses Vorverständnis voraus. Szenisches Verstehen beruht auf einer Kompetenz der Forscher, die einerseits auf dem Einüben des tiefenhermeneutischen Textinterpretierens in Gruppen beruht. Andererseits wird die sensible Offenheit gegenüber dem Text und dem eigenen Erleben, die Fähigkeit, sowohl die Inhalte als auch die Beziehungssituation zu erfassen, und die flexible Bereitschaft, Vorurteile zu korrigieren, die sich im Verlaufe des Verstehensprozesses aufgrund neurotischer und ideologischer Verblendungen einschleichen, dadurch möglich, dass die eigenen Vorannahmen durch die lebendige Aneignung des sozialwissenschaftlichen Theoriewissens aufgeklärt sind, das durch die Einsichten psychoanalytischer Persönlichkeits-/Kulturtheorie und kritischer Gesellschaftstheorie bestimmt wird.

14. Im Unterschied zu den analytisch-empirisch verfahrenden Sozialwissenschaften, die sich der Deduktion und Induktion als Formen logischen Schließens bedienen, setzt die Tiefenhermeneutik wie die Adornosche Methodologie (vgl. Bonß 1983) auf das von Peirce (1903) so bezeichnete abduktive Schließen, demzufolge uns neue Einsichten »wie ein Blitz« überfallen, weil es sich um einen »unbewußten Prozeß« handelt, »der nicht kontrollierbar und infolgedessen nicht völlig bewußt ist« (S. 366). So richtig es ist, wenn Reichertz (1993) feststellt, dass beim abduktiven Schließen »der bewußt arbeitende, mit logischen Regeln vertraute Verstand ausmanövriert wird« (S. 277), so wird doch seine Schlussfolgerung, es handele sich beim abduktiven Schließen nicht um eine Methode, sondern um »die Erlangung einer Haltung, alte Überzeugungen aufzugeben und nach neuen zu suchen« (ebd., S. 279), der Sache selbst nicht gerecht.

Worum es dabei eigentlich geht, habe ich untersucht (vgl. König 1996c), indem ich in Anschluss an Reichertz noch einmal die beiden Situationen rekonstruiert habe, die nach Auffassung von Peirce das Auftreten abduktiver Blitze erleichtern: Wenn es sich bei abduktiven Blitzen auch nicht um eine Methode logischen Schließens handelt, weil sie »nicht den Bahnen der Grammatik einer Sprache« folgen, so übersieht Reichertz doch, dass Freud die abduktive »Haltung, tatsächlich etwas lernen zu wollen und nicht Gelerntes anzuwenden« (Reichertz 1993, S. 279f.) zur Methode erhoben hat. Denn die Regeln der freien Assoziation und der gleichschwebenden Aufmerksamkeit sowie das auf die Analyse der Gegenübertragung setzende Deutungskonzept offenbaren, dass Freud ein Setting geschaffen hat, das es erlaubt, die abduktive Aufdeckung unbewusster Sinnzusammenhänge systematisch durchzuführen. In der Tiefenhermeneutik kommt das abduktive Schließen somit auf doppelte Weise zur Geltung: Einerseits werden im Zuge der szenischen Textinterpretaton wechselnde Versuchsanordnungen derart durchgespielt, dass sich im Zuge eines abduktiven Schließens die verschiedenen Szenen zu einer szenischen Konstellation zusammenschließen, die das Rätsel der im Text arrangierten Lebenspraxis blitzartig erhellen. Andererseits werden die Ergebnisse der tiefenhermeneutischen Fallrekonstruktion so lange im Lichte sozialisationstheoretischer Klärungsversuche betrachtet, bis sich die zueinander in Beziehung gesetzten theoretischen Konzepte zu einer begrifflichen Konstruktion zusammenschließen, die der Eigenart des Textes gerecht wird und ihn zugleich auf einen verallgemeinerungsfähigen Begriff bringt.

15. Formal wird die Zuverlässigkeit (»Reliabilität«) der Interpretation dadurch sichergestellt, dass die verschiedenen Ebenen der Bedeutungskonstruktion stets auseinandergehalten werden – die Ebene des Datenmaterials, die Ebene der szenischen Interpretation und die Ebene des theoretischen Begreifens der Fallstruktur. Inhaltlich wird die Zuverlässigkeit der Interpretation dadurch gewährleistet, dass die anhand einzelner Szenenkomplexe entwickelten Interpretationen mit Hilfe anderer Szenenzusammenhänge so lange überprüft und korrigiert werden, bis sich die Interpretationen der verschiedenen Szenenfolgen zu einer in sich stimmigen szenischen Konstellation zusammenschließen – eine sich in der Spannung zwischen Manifestem und Latentem entfaltende doppelbödige Sinngestalt mit zahlreichen Bedeutungsfacetten. Die Geltung der Interpretation (»Validität«) wird vor allem dadurch sichergestellt, dass die Analyse des szenisch entfalteten Inhalts über die Wirkung auf eine Gruppe von InterpretInnen erschlossen wird, die sich über ihre unterschiedlichen Lesarten verständigen und sich auf eine Deutung einigen, die sich aus einer Konstruktion verschiedener Lesarten zusammensetzt (4). Zu diesem Interpretationsprozess gehört auch, dass die im Zuge der Wirkung auf das Erleben der Gruppenmitglieder erschlossenen Lesarten anhand der szenisch entfalteten Inhalte des Textes oder Films daraufhin überprüft werden, wie nachvollziehbar und überzeugend sie sind. Die so auf ein kognitives Verstehen und zugleich auf ein affektives Verstehen setzende Interpretation stellt eine szenische und begriffliche Konstruktion dar, welche den Anspruch erhebt, die Wirklichkeit auf eine in sich stimmige, plausible und überzeugende Weise darzustellen.

Tiefenhermeneutik als Methode kritischer Sozialforschung

Schließlich lassen sich mit Hilfe der tiefenhermeneutischen Kulturanalyse zwei Aufgaben bewältigen, die Adorno als wesentlich für kritische Sozialforschung betrachtet hat:

Einerseits sollte kritische Sozialforschung Prozesse sozialer Anpassung untersuchen. Dabei gehe es darum, »die Zwischenglieder zu analysieren, im einzelnen darzutun, wie die Anpassung an die veränderten kapitalistischen Produktionsverhältnisse diejenigen ergreift, deren objektive Interessen à la longue jener Anpassung widerstreiten« (Adorno 1969a, S. 287). Gerade unter Zuhilfenahme der Psychoanalyse lässt sich nach Auffassung von Adorno empirisch untersuchen, wie es dazu kommt, »daß die überwältigende Mehrheit der Menschen sich Herrschaftsverhältnisse gefallen läßt, mit ihnen sich identifiziert und von ihnen zu irrationalen Attitüden veranlaßt wird, deren Widerspruch zu den simpelsten Interessen ihrer Selbsterhaltung auf der Hand liegt« (ebd., S. 331).

Andererseits sollte kritische Sozialforschung den Widerstand analysieren, den die Menschen den herrschenden Verhältnissen entgegensetzen. So sei auch das zu erfassen, »was der Totalität nicht gehorcht, was ihr widersteht oder was, als Potential einer noch nicht seienden Individuation, erst sich bildet« (ebd., S. 292). Da es sich bei dem durch die kapitalistische Welt bestimmten gesellschaftlichen Ganzen um »das Unwahre« handele (Adorno 1951, S. 57), sei zu erwarten, dass »etwas (...) von der befreienden gesellschaftlichen Kraft in die Sphäre des Individuellen sich zusammengezogen« habe (ebd., S. 11). Wenn die Gesellschaft zusehends durch Systemimperative bestimmt wird, die sich als die Gesetze des Marktes und der Verwaltung über die Köpfe der Menschen hinweg durchsetzen, dann kann nach Auffassung von Adorno die Hoffnung auf Befreiung nur noch von den Menschen ausgehen, die sich in ihren Lebenswelten diesen sozialen Zwängen widersetzen.

Ganz im Sinne dieser Aufgabe, dass kritische Sozialforschung sowohl Prozesse sozialer Anpassung als auch Prozesse des individuellen Widerstandes gegen gesellschaftliche Zumutungen untersuchen sollte, unterscheidet Adorno zwischen zwei Formen kultureller Sinngebilde:
– Die Kunst stellt nach Auffassung von Adorno (1970) der Gesellschaft gegenüber ein »autonomes Reich« (S. 15) dar: Zwar entnehme das Kunstwerk der Wirklichkeit ihr Material, aber durch die ästhetische Form gewinne es eine neue Gestalt, aufgrund derer es der empirischen Wirklichkeit opponiere und auf eine bestimmte Weise Stellung beziehe – »nicht ein für allemal, sondern stets wieder konkret, bewußtlos polemisch gegen dessen Stand zur geschichtlichen Stunde« (ebd.). Was damit gemeint ist, wird deutlich, wenn man sich noch einmal den Grundgedanken der Dialektik der Aufklärung vergegenwärtigt: Die Unterwerfung der äußeren Natur, die aufgrund ihrer Übermacht anfänglich Furcht einflößt, gelingt mit der Entwicklung der Vernunft. Da aber im Verlaufe des Zivilisationsprozesses die Vernunft im Dienste des Überlebenskampfes instrumentalisiert wurde, identifizieren die Menschen alle Dinge und Lebewesen danach, ob sie ihrer Selbsterhaltung dienen oder nicht. Der Preis dieses Identitätszwangs, dementsprechend als rational stets die Subsumtion des

Besonderen unter die Zwecke des Allgemeinen gilt, ist die im Dienste der Selbsterhaltung instrumentalisierte Natur. Die Kritik der traditionellen Geschichtsphilosophie läuft darauf hinaus, sich der unterdrückten Ansprüche der lebendigen Natur als des Nichtidentischen zu erinnern, das allein dieser instrumentellen Vernunft Einhalt zu gebieten vermag. Wo sich die Vernunft auf die unterdrückte Natur im Subjekt zurückbesinnt, da wird die »Geschichte als Leidensgeschichte der Welt« (Adorno 1932, S. 359) nicht nur fassbar, sondern auch abschaffbar. Denn wo sich die Vernunft dadurch verwirklicht, dass sie der Natur »eingedenkt«, der sie entsprang, da ist eine Versöhnung mit ihr möglich, »ein verändertes Verhältnis der Menschheit zur Natur, wie es für Augenblicke aufblitzt in den großen Kunstwerken« (Adorno 1961, S. 236). Da die Kunst der gegen die gesellschaftlichen Zwänge aufbegehrenden Natur einen Ausdruck verschafft, bilde sie ein Reich des »Nichtidentischen«:

> »Von sich aus will jedes Kunstwerk die Identität mit sich selbst, die in der empirischen Wirklichkeit gewalttätig allen Gegenständen als die mit dem Subjekt aufgezwungen und dadurch versäumt wird. Ästhetische Identität soll dem Nichtidentischen beistehen, das der Identitätszwang in der Realität unterdrückt.« (ebd., S. 14)

Während die empirische Realität dadurch bestimmt werde, dass die dem Imperativ der Selbsterhaltung gehorchenden Subjekte die Dinge den Schablonen einer instrumentellen Vernunft entsprechend identifizieren, verschaffe die Kunst »Nachbilder des empirisch Lebendigen«, denen entsprechend die Dinge sich »von dem befreien« können, »wozu ihre dinghaft-auswendige Erfahrung sie zurichtet« (ebd.).

– Unter dem Namen der Kulturindustrie entwickeln Horkheimer & Adorno (1947) eine Theorie der Massenmedien, welche untersucht, wie die Industrie die Kultur vereinnahmt. Weil die Kulturindustrie aufgrund des Zwangs zur Standardisierung und Serienproduktion »alles mit Ähnlichkeit« schlage, würden »Film, Radio, Magazine« mittlerweile »ein System« ausmachen, das nicht nur der Unterhaltung, sondern auch der sozialen Kontrolle diene (S. 144). Während die Menschen tagsüber durch die Verausgabung ihrer Arbeitskraft die Produktion in Gang halten, würden sie am Abend durch die Kulturindustrie unterhalten. Die Kulturindustrie propagiere die Weltanschauung der wirtschaftlich und sozial Mächtigen und forme zugleich die Wünsche und Sehnsüchte der Menschen.

Zwar greife die Kulturindustrie das Leiden der Menschen unter sozialen Zwängen auf, sie erzähle im Rundfunk, im Kino und im Fernsehen jedoch Geschichten, welche dazu auffordern, dem Leiden »mannhaft ins Auge zu sehen« (ebd., S. 178): »Das Pathos der Gefaßtheit rechtfertigt die Welt, die jene notwendig macht. So ist das Leben, so hart, aber darum auch so wundervoll, so gesund« (ebd.). Indem die Kulturindustrie die Welt der Erscheinung verdoppele, diene sie der Anpassung der Menschen an das System. »Das lückenlos geschlossene Dasein, in dessen Verdoppelung die Ideologie heute ausgeht, wirkt um so großartiger, herrlicher und mächtiger, je gründlicher es mit notwendigem Leiden versetzt wird« (ebd., S. 178f.).

Wie im Revuefilm »jeder Kuß (...) zur Laufbahn des Boxers oder sonstiger Schlagerexperten beitragen« muss (ebd., S. 168), so schaffe die Kulturindustrie durch ihre Idole »Vorbilder für die Menschen, die sich selbst zu dem machen sollen, wozu das System sie bricht« (ebd., S. 180f.).

Zweifellos reden Horkheimer & Adorno von einer veralteten Kulturindustrie zu Zeiten der Weimarer Republik, des Dritten Reiches und des New Deal (vgl. König 1991). Sicherlich widerspricht der These von der monolithischen und manipulativen Wirkung der Massenmedien die Beobachtung, dass die Medien so gesellschaftlich aufklären können, wie es schon Benjamin und Brecht gesehen haben. Die Unterscheidung zwischen dem autonomen Kunstwerk und der Kulturindustrie ermöglicht es jedoch, zwischen kulturellen Sinngebilden begrifflich zu unterscheiden, die aufgrund weltanschaulicher Botschaften der sozialen Anpassung dienen oder durch den Hinweis auf das Nichtidentische für die unterdrückte Natur sensibilisieren, die sich der Vereinnahmung durch Kultur und Gesellschaft widersetzt.

Die tiefenhermeneutische Kulturanalyse ermöglicht es, durch die szenische Rekonstruktion der sich in der Spannung zwischen einem manifesten und einem latenten Sinn entwickelnden Bedeutungsstruktur kultureller Objektivationen zu erfassen, ob ein Text oder ein Film sich als ein Kunstwerk oder als ein triviales Produkt der Kulturindustrie erweist:

– Als Produkte der Kulturindustrie lassen sich solche Texte oder Filme beschreiben, in denen die sinnlich-bildhafte Inszenierung von Lebensentwürfen über innere Konflikte hinwegtäuschen und mit den gesellschaftlichen Verhältnissen versöhnen. Gleichgültig, ob man die manifeste oder die latente Textebene betrachtet, die dort arrangierten Lebensentwürfe werden »bewußtseinskonform« und das heißt »systemkonform« durchorganisiert (Lorenzer 1982, S. 175). Produkte der Kulturindustrie faszinieren durch eine »Bilder-Sprache«, die die LeserInnen »erfüllt«, weil sie den im Gegensatz von Wunsch und Moral zum Ausdruck kommenden Antagonismus von Individuum und Gesellschaft auf der Basis erbaulicher Gefühle und Stereotypien überbrücken. So gewinnt der Einzelne ein »glückliches Bewusstsein« – er ist mit seiner persönlichen Leidensgeschichte und mit der sozialen Welt auf der Grundlage von Ersatzbefriedigungen versöhnt. Diese basieren darauf, dass unterdrückte Wünsche sich doch noch durchsetzen, allerdings um den Preis ihrer Verstümmelung als Symptome, die einen schlechten Kompromiss zwischen Wunsch und gesellschaftlicher Moral darstellen. Marcuse (1964) spricht in diesem Fall von »repressiver Entsublimierung«. Wo aber ein Text oder Film Lebensentwürfe auf eine symptomhafte Weise organisiert, da wird das Erleben der Rezipienten auf eine manipulative Weise aufgegriffen. Solche Texte oder Filme lassen sich daher als kulturelle Symptomgefüge begreifen, welche Leser und Zuschauer gegen ihre eigenen Wünsche für eine Weltanschauung einnehmen.

– Autonome Kunst zeichnet sich hingegen dadurch aus, dass Lebensentwürfe zur Debatte gestellt werden, die als gesellschaftlich anstößig gelten und im Zuge der individuellen Sozialisation niemals bewusst geworden sind oder verleugnet und verdrängt wurden. Somit werden vom sozialen Konsens ausgeschlossene Wünsche und Träume »aus der Privatheit des Leidens« befreit und »neue Artikulationen in den Zusammenhang approbierter präsentativer Artikulationsweisen« eingeführt (Lorenzer 1982, S. 174). Da gegen den Strich des gesellschaftlich Vereinbarten bislang niemals bewusst gewordene Wünsche und Phantasien symbolisiert werden, konfrontiert das autonome Kunstwerk die Leser mit Lebensentwürfen, die die bestehenden Verhältnisse der Gesellschaft infrage stellen. Weil sie für neue Erfahrungen und Erlebniswelten sensibilisieren, handelt es sich bei diesen Texten oder Filmen um kulturelle Symbolbildungen, die aufklärerisch wirksam sind.

Das von Adorno erörterte Problem, ob ein Text sich als trivial erweist und zur Zementierung der herrschenden Verhältnisse beiträgt oder wie das autonome Kunstwerk der »Sehnsucht« Ausdruck verleiht, »daß es endlich anders werde« (Adorno 1969a, S. 294f.), lässt sich somit als eine Aufgabenstellung beschreiben, welche die Tiefenhermeneutik durch szenische Fallrekonstruktionen einlöst. Während die tiefenhermeneutische Rekonstruktion von Becketts Endspiel (vgl. König 1996d) oder Boyles Film Trainspotting (vgl. König 1998a) ergaben, dass es sich in diesen Fällen um Formen autonomer Kunst handelt, zeigte die szenische Rekonstruktion von Riefenstahls Triumph des Willens (vgl. König 1995a, 1996a) oder des Hollywoodfilms Basic Instinct (vgl. König 1995b), dass es hierbei um Formen der Kulturindustrie geht, welche die Zuschauer auf Kosten ihrer Wünsche und Sehnsüchte für unterschiedliche Weltanschauungen einnehmen.

Da die Tiefenhermeneutik es ermöglicht, einen Text oder Film im Spannungsfeld zwischen einer manifesten und einer latenten Bedeutungsebene zu interpretieren und darüber hinaus theoretisch begreifbar zu machen, wie in diesem Fall der Konflikt zwischen Wünschen und Verboten, zwischen Modellen der Selbstentfaltung und des Zwangs seine Dramatik entfaltet, trägt diese Methode ganz im Sinne von Adorno (1966) zur Beantwortung der Frage bei, wie es um den aktuellen »Zustand« bestellt ist, »in dem Individuen und Gesellschaft unversöhnt auseinanderklaffen« (S. 88). Durch die Analyse der vom gesellschaftlichen Konsens ausgeschlossenen Lebensentwürfe wird nämlich erfassbar, wie der die Moderne bestimmende Antagonismus von Individuum und Gesellschaft über kulturelle Sinnangebote in der Tiefe unbewusster Erlebnisentwürfe stillgestellt und systemstabilisierend organisiert oder aber bewusst gemacht wird und damit zur Infragestellung der herrschenden Verhältnisse führen kann. Wer mit dieser Methode umzugehen versteht, hat die Möglichkeit, anhand einer konkreten szenischen Interpretation von Texten und Filmen zu zeigen, wie kulturelle Sinnangebote dadurch sozialisieren, dass sie sich in einer aufklärerischen oder in einer vereinnahmend-manipulativen Weise an das Bewusstsein und das Unbewusste der Rezipienten wenden.

Anmerkungen

1   Auf diese Weise wollte Lorenzer die schon von Freud (1921) gesehene Gefahr vermeiden, dass »man (...) zuerst in Worten nach[gibt] und dann allmählich auch in der Sache« (S. 86).

2   Mit gutem Grund kann man davon sprechen, dass der sich auf das freie Assoziieren einlassende Kulturforscher auf Text oder Film eigene Affekte überträgt. Dennoch wäre es irreführend, in diesem Falle von einer Übertragung im Freudschen Sinne zu sprechen. Denn diesen Begriff verwendet Freud, um zu fassen, dass der Patient auf den Arzt all seine unbewältigten Gefühle überträgt, eine Dynamik, die dadurch möglich wird, dass der Analytiker für ihn eine strukturlose Projektionsfläche bildet. Kulturelle Sinngebilde sind hingegen keine tabula rasa, sondern aufgrund ihrer Strukturiertheit und Differenziertheit den (im Verhältnis dazu allerdings doch weniger konturierten) Patientenmitteilungen vergleichbar, die der Analytiker entschlüsselt, indem er seine Gegenübertragung analysiert und sich damit das Unbewusste bewusst macht, mit dem er auf das Unbewusste des Analysanden reagiert. Wenn daher von dem Prozess die Rede ist, im Zuge dessen der Interpret über die Wirkung auf das eigene Erleben einen Zugang zum latenten Sinn erschließt, dann ist es sinnvoller, von der Gegenübertragung auf Text oder Film zu sprechen. Damit wird einerseits deutlich, dass es sich um die Übertragung des Forschers handelt, der wie der Analytiker Unbewusstes bewusst machen will. Und andererseits wird damit klar, dass diese Form der Übertragung eine gefühlsmäßige Reaktion auf das kulturelle Sinngefüge darstellt, das durch seine bildhaft-szenische Tiefenstruktur ausgelöst wird.

3   Es ist zu beachten, dass die Aufforderung, sich der Wirkung eines Textes oder Films auszusetzen, als Zumutung erlebt werden kann, wenn er (wie im Falle des Parteitagsfilms von Leni Riefenstahl) den eigenen politischen oder moralischen Orientierungen widerspricht. Dabei wird übersehen, dass das emotionale »Sich-Einlassen« nicht darauf zielt, sich vereinnahmen zu lassen, sondern im Dienste der aufklärerischen Aufgabe steht, über die Wirkung auf das eigene Erleben zu erschließen, wie das kulturelle Sinngebilde zu faszinieren vermag. Im Falle von

Triumph des Willens geht es also darum, sich von der Macht der Bilder gefangen nehmen, sich von der Gewalt der nationalsozialistischen Inszenierungen mitreißen zu lassen, um auf diese Weise zu erschließen, wie die Nazis über den auf den Parteitagen zelebrierten Führerkult, der in einer bestimmten Weise bewusste und unbewusste Lebensentwürfe aufgriff, die Massen zu gewinnen versuchten. So lässt sich auf dem Forschungsfeld psychoanalytischer Kulturanalyse ein Anspruch einlösen, den Adorno (1967) schon auf dem Feld der Biographieforschung erhoben hat: »Die Schuldigen von Auschwitz mit allen der Wissenschaft verfügbaren Methoden, insbesondere mit langjährigen Psychoanalysen, zu studieren, um möglicherweise herauszubringen, wie ein Mensch so wird« (S. 95).

4   Wie sich dieser Prozess der tiefenhermeneutischen Gruppeninterpretation entfaltet, habe ich an anderer Stelle beschrieben (vgl. König 1993, S. 206–212).

Literatur

Adorno, T. W. (1932): Die Idee der Naturgeschichte. In: GS Bd. 1. Frankfurt a. M. (Suhrkamp), S. 345–365.

Adorno, T. W. (1951): Minima Moralia. Reflexionen aus dem beschädigten Leben. Frankfurt a. M. 1971 (Suhrkamp).

Adorno, T. W. (1952): Die revidierte Psychoanalyse. In: GS Bd. 8. Frankfurt a. M. (Suhrkamp), S. 20–41.

Adorno, T. W. (1957): Soziologie und empirische Forschung. In: GS Bd. 8. Frankfurt a. M. (Suhrkamp), S. 196–216.

Adorno, T. W. (1961): Über Statik und Dynamik als soziologische Kategorien. In: GS Bd. 8. Frankfurt a. M. (Suhrkamp), S. 217–237.

Adorno, T. W. (1966): Postscriptum. In: GS Bd. 8. Frankfurt a. M. (Suhrkamp), S. 86–92.

Adorno, T. W. (1967): Erziehung nach Auschwitz. In: Adorno. Stichworte. Frankfurt a. M. (Suhrkamp) 1970, S. 85–101.

Adorno, T. W. (1969a): Einleitung zum ›Positivismusstreit in der deutschen Soziologie‹ In: GS Bd. 8. Frankfurt. a. M. (Suhrkamp), S. 280–353.

Adorno, T. W. (1969b): Gesellschaftstheorie und empirische Forschung. In: GS Bd. 8. Frankfurt. a. M. (Suhrkamp), S. 538–546.

Adorno, T. W. (1970): Ästhetische Theorie. In: GS Bd. 7. Frankfurt a. M. (Suhrkamp).

Adorno, T. W.; Frenkel-Brunswik, E.; Levinson, D. H. & Sanford, R. N. (1950): The Authoritarian Personality. Studies in Prejudice. Hg. Horkheimer, M. & Flowerman, S. H. New York (Harper & Brothers).

Anzieu, D. (1971): L ›illusion groupale‹. In: Nouvelle Revue de Psychanalyse 4, S. 73–93.

Argelander (1971): Ein Versuch zur Neuformulierung des primären Narzißmus. In: Psyche 24, S. 358–373.

Belgrad, J. (Hg.) (1997): Politisches Lernen 15. Politisches szenisch entschlüsseln. Tiefenhermeneutik als Verfahren politischer Analyse.

Belgrad, J.; Görlich, B.; König, H. D. & Schmid-Noerr, G. (Hg.) (1987): Zur Idee einer psychoanalytischen Sozialforschung. Dimensionen szenischen Verstehens. Frankfurt a. M. (Fischer).

Bonß, W. (1982): Die Einübung des Tatsachenblicks. Zur Struktur und Veränderung empirischer Sozialforschung. Frankfurt a. M. (Suhrkamp).

Bonß, W. (1983): Empirie und Dechiffrierung von Wirklichkeit. Zur Methodologie bei Adorno. In: Friedeburg, L. v. & Habermas, J. (Hg.) (1983): Adorno-Konferenz. Frankfurt a. M. (Suhrkamp), S. 201–225.

Broszat, M. (1970): Soziale Motivation und Führer-Bindung des Nationalsozialismus. In: Vierteljahreshefte für Zeitgeschichte. 18. Jg., S. 392–409.

Broszat, M. (1983): Zur Struktur der NS-Massenbewegung. In: Vierteljahreshefte für Zeitgeschichte. 31. Jg., S. 52–76.

Chasseguet-Smirgel, J. (1975): Das Ichideal. Psychoanalytischer Essay über die ›Krankheit der Idealität‹. Frankfurt a. M. 1981 (Suhrkamp).

Freud, S. (1900): Die Traumdeutung. Studienausgabe Bd. II. Frankfurt a. M. 1972 (Fischer).

Freud, S. (1905): Drei Abhandlungen zur Sexualtheorie. Studienausgabe Bd. V, Frankfurt a. M. 1972 (Fischer), S. 37–145.

Freud, S. (1908): Die ›kulturelle‹ Sexualmoral und die moderne Nervosität. Studienausgabe. Bd. IX. Frankfurt a. M. (Fischer), S. 9–32.

Freud, S. (1912): Ratschläge für den Arzt bei der psychoanalytischen Behandlung. Studienausgabe. Erg. Bd.. Frankfurt a. M. 1975 (Fischer), S. 169–180.

Freud, S. (1921): Massenpsychologie und Ich-Analyse. In: Freud. Studienausgabe Bd. 9. Frankfurt a. M. 1974 (Fischer), S. 61–134.

Freud, S. (1930): Das Unbehagen in der Kultur. Studienausgabe. Bd. IX. Frankfurt a. M. (Fischer), S. 191–270.

Fromm, E. (1929): Arbeiter und Angestellte am Vorabend des Dritten Reiches. Eine sozialpsychologische Untersuchung. Stuttgart 1983 (dtv).

Fromm, E. (1936): Sozialpsychologischer Teil. In: Horkheimer, M. (Hg.) (1936): Studien über Autorität und Familie. Forschungsberichte aus dem Institut für Sozialforschung, 2 Bde. Paris (Alcan), S. 77–135.

Habermas, J. (1968): Erkenntnis und Interesse. Frankfurt a. M. 1973 (Suhrkamp).

Hartmann, H. (1927): Die Grundlagen der Psychoanalyse. Leipzig.

Horkheimer, M. (1932): Geschichte und Psychologie. In: ders. (1988): GS Bd. 3. Frankfurt a. M. 1988 (Fischer), S. 48–69.

Horkheimer, M. & Adorno, T. W. (1947): Dialektik der Aufklärung. Philosophische Fragmente. In: Horkheimer, M. (1947): GS Bd. 5. Frankfurt a. M. (Fischer), S. 11–290.

König, H. D. (1991): Zum geschichtlichen Wandel und zur politischen Funktionalisierung der Kulturindustrie. In: Glatzer, W. (Hg.) (1991): Die Modernisierung moderner Gesellschaften. 25. Deutscher Soziologentag in Frankfurt a. M. Opladen (Westdeutscher Verlag), S. 895–900.

König, H. D. (1993): Die Methode der tiefenhermeneutischen Kultursoziologie. In: Jung, T. & Müller-Doohm, S. (Hg.) (1991): »Wirklichkeit« im Deutungsprozeß.

Verstehen und Methoden in den Kultur- und Sozialwissenschaften. Frankfurt a. M. (Suhrkamp), S. 190–222.

König, H. D. (1995a): Mediale Inszenierungen rechter Gewalt. In: Psychosozial 18, S. 47–73.

König, H. D. (1995b): Sexualität zwischen Lust und Tod. Der in dem Film Basic Instinct inszenierte Geschlechterkampf. In: Müller-Doohm, S. & Neumann-Braun, K. (Hg.) (1995): Kulturinszenierungen. Frankfurt a. M. (Suhrkamp), S. 141–164.

König, H. D. (1996a): Hitler als charismatischer Massenführer. Tiefenhermeneutische Fallrekonstruktion zweier Sequenzen aus dem Film Triumph des Willens und ihre sozialisationstheoretische Bedeutung. In: König, H. D. (Hg.) (1998): Sozialpsychologie des Rechtsextremismus. Frankfurt a. M. (Suhrkamp), S. 41–82.

König, H.-D. (Hg.) (1996b): Neue Versuche, Becketts Endspiel zu verstehen. Sozialwissenschaftliches Interpretieren nach Adorno. Frankfurt a. M. (Suhrkamp).

König, H. D. (1996c): Methodologie und Methode der tiefenhermeneutischen Kultursoziologie in der Perspektive von Adornos Verständnis kritischer Sozialforschung. In: König, H. D. (Hg.) (1996b): Neue Versuche, Becketts Endspiel zu verstehen. Sozialwissenschaftliche Interpretation nach Adorno. Frankfurt a. M. (Suhrkamp) , S. 314–387.

König, H. D. (1996d): Todessehnsüchte und letztes Aufbegehren. Eine tiefenhermeneutische Rekonstruktion des Endspiels. In: König, H. D. (Hg.) (1996b): Neue Versuche, Becketts Endspiel zu verstehen. Sozialwissenschaftliche Interpretation nach Adorno. Frankfurt a. M. (Suhrkamp), S. 250–313.

König, H. D. (1998a): Junkiespiele zwischen Lust und Tod. Eine tiefenhermeneutische Filmanalyse zu Boyles Trainspotting. In: Filmverstehen. Vier methodische Ansätze am Beispiel von Trainspotting. Sonderheft der Zeitschrift medien praktisch 1, S. 9–23.

König, H. D. (Hg.) (1998b): Sozialpsychologie des Rechtsextremismus. Frankfurt a. M. (Suhrkamp).

König, H. D. (2000): Tiefenhermeneutik. In: Flick, U.; Kardorff, E. v. & Steinke, I. (Hg.) (2000): Qualitative Forschung: Ein Handbuch. Reinbek bei Hamburg (Rororo), S. 556–569.

Löwenthal, L. (1949): Falsche Propheten. Studien zur faschistischen Agitation. In: ders. (1982): Schriften Bd. 3. Frankfurt a. M. (Suhrkamp), S. 11–159.

Lorenzer, A. (1970): Sprachzerstörung und Rekonstruktion. Frankfurt a. M. (Suhrkamp).

Lorenzer, A. (1972): Zur Begründung einer materialistischen Sozialisationstheorie. Frankfurt a. M. (Suhrkamp).

Lorenzer, A. (1974): Die Wahrheit der psychoanalytischen Erkenntnis. Ein historisch-materialistischer Entwurf. Frankfurt a. M. (Suhrkamp).

Lorenzer, A. (1981a): Das Konzil der Buchhalter. Die Zerstörung der Sinnlichkeit. Eine Religionskritik. Frankfurt a. M. 1984 (Fischer).

Lorenzer, A. (1981b): Zum Beispiel ›Der Malteser Falke‹. Analyse der psychoanalytischen Untersuchung literarischer Texte. In: Urban, B. & Kudszus, W. (Hg.)

(1981): Psychoanalytische und psychopathologische Literaturinterpretation. Darmstadt (Wissenschaftliche Buchgesellschaft), S. 23–46.

Lorenzer, A. (1982): Die Funktion der Literatur und der ›ästhetische Genuß‹. In: Krauß, H. & Wolff, R. (Hg.) (1982): Psychoanalytische Literaturwissenschaft und Literatursoziologie. Akten der Sektion 17 des Romanistentages 1979 in Saarbrücken. Frankfurt a. M., Bern (Huber), S. 161–176.

Lorenzer, A. (1986): Tiefenhermeneutische Kulturanalyse. In: König, H. D.; Lorenzer, A.; Lüdde, H.; Nagbøl, S.; Prokop, U.; Schmid-Noerr, G. & Eggert, A. (Hg.) (1986): Kultur-Analysen. Psychoanalytische Studien zur Kultur. Frankfurt a. M. (Fischer), S. 11–98.

Lorenzer, A. (1990): Verführung zur Selbstpreisgabe – psychoanalytisch-tiefenhermeneutische Analyse des Gedichtes von Rudolf Alexander Schröder. In: Kulturanalysen 1, S. 261–277.

Marcuse, H. (1964): Der eindimensionale Mensch. Studien zur Ideologie der fortgeschrittenen Industriegesellschaft. Neuwied, Berlin 1972 (Luchterhand).

Peirce, C. S. (1903): Pragmatizismus und Abduktion. In: ders. (1970): Schriften II. Vom Pragmatismus zum Pragmatizismus. Frankfurt a. M. (Suhrkamp), S. 365–388.

Reichertz, J. (1993): Abduktives Schlußfolgern und Typen(re)konstruktion. In: Jung, T. & Müller-Doohm, S. (Hg.) (1993): »Wirklichkeit« im Deutungsprozeß. Verstehen und Methoden in den Kultur- und Sozialwissenschaften. Frankfurt a. M. (Suhrkamp), S. 258–282.

Thomä, H. & Kächele, H. (1973): Wissenschaftstheoretische und methodologische Probleme der klinisch-psychoanalytischen Forschung. Teil I und II. In: Psyche, 27, S. 205–236, 309–355.

Weber, M. (1922): Die drei reinen Typen der legitimen Herrschaft. In: ders. (1973): Soziologie. Universalgeschichtliche Analysen. Politik. Stuttgart (Kröner), S. 151–166.

Warum Psychoanalyse?

Sieglinde Eva Tömmel

Der einfache Titel meines Beitrags ergibt sich aus der Irritation, die das Motto der DGPT-Tagung 2002 »Psychoanalyse mit und ohne Couch – Haltung und Methode« bei mir auslöste.

Meine ersten Assoziationen waren etwa die: »Psychoanalyse mit und ohne Couch, mit und ohne Patienten, mit und ohne – was eigentlich?« Die Thematik schien mir wichtig, der Titel jedoch eher resignativ, defensiv und affirmativ.

Sind Psychoanalytiker inzwischen von der zugegebenermaßen schwierigen gesellschaftlichen Situation, innerhalb derer sie sich bewegen, arbeiten, darstellen und auch durchsetzen müssen gegen viele andere konkurrierende psychotherapeutische Schulen, so verunsichert, dass sie zu viele Zugeständnisse an andere Schulen zu machen bereit sind? Ist die Psychoanalyse dabei, zentrale Einsichten ihrer über hundertjährigen Geschichte aufzugeben und der gesellschaftlichen Anpassung zuliebe essenzielle Bestandteile ihrer Behandlungstechnik hinter sich zu lassen (»mit und ohne Couch«)?

Es ist bekannt, dass, zentrale Werte und Normen einer bestimmten Denkweise oder eines Theoriesystems, die aufgegeben zu werden scheinen, gleichzeitig immer von irgendeiner Instanz verteidigt werden. In gewisser Weise ordnete ich mich in diesen auch im Alltag bekannten Zusammenhang ein, als ich beschloss, die Vorzüge der Psychoanalyse sowohl in klinischer als auch in theoretischer und kultureller Hinsicht hervorzuheben.

Im Folgenden werde ich:

- den bekannten Kampf der Psychoanalyse in ihren Anfängen skizzieren und die zentralen Punkte, um die es dabei ging, kurz benennen;

- die Diskussion um die Psychoanalyse in den letzten Jahrzehnten darstellen und zu zeigen versuchen, dass die Streitpunkte nicht so neu sind, um die sich der Kampf um die Psychoanalyse abspielt. Vor allem ist dies die Auseinandersetzung um den Wissenschaftsstatus der Psychoanalyse allgemein, einschließlich der Versuche, die Psychoanalyse, wissenschaftslogisch betrachtet, als »Hokuspokus« zu enttarnen und damit ein für allemal wissenschaftlich zu »erledigen«.

- darstellen, dass sich die Psychoanalyse neuerdings, und dies wiegt vermutlich schwerer, als Theorie und klinische Praxis vor einem gesellschaftlichen Hintergrund bewähren muss, der, so meine These, bisher noch nicht einmal in Ansätzen im Hinblick auf ihre Verursachung von Schwierigkeiten für die Psychoanalyse bearbeitet ist.

- schließlich die trotz der bestehenden Schwierigkeiten unübersehbaren wissenschaftlichen, kulturellen und damit sogar wirtschaftlichen Vorteile der Psychoanalyse gegenüber anderen Schulen der Psychotherapie benennen und versuchen, Auswege aus der derzeit so scheinenden Sackgasse aufzuzeigen.

Meine These ist, dass die Psychoanalyse heute in wissenschaftlicher Hinsicht sogar günstigere Voraussetzungen ihrer Anerkennung hat als jemals in ihrer Geschichte zuvor. Dies scheint mir – in gewisser Weise ist das ein Paradoxon – nicht zuletzt an den Fortschritten der Neurowissenschaften und sogar der Physik, insbesondere der Quantenphysik zu liegen (vgl. Görnitz & Görnitz 2002).

Der Kampf der Psychoanalyse in ihren Anfängen

Bekanntlich hat sich Freud lebenslang Sorgen um den Fortbestand der Psychoanalyse gemacht. Vermutlich hätte er – der skeptische Entdecker der Dynamik des Unbewussten – es sich nicht vorstellen können, dass 107 Jahre nach der Veröffentlichung der *Studien über Hysterie* seine Theorie und Praxis über die ganze Erde verbreitet sein, psychoanalytische Organisationen weltweit ihren sicheren Bestand haben, dass ebenfalls weltweit die Psychoanalyse gelehrt und gelernt werden würde, dass aber auch nach wie vor ein heftiger Streit um den wissenschaftstheoretischen und klinischen Status der Psychoanalyse virulent sein würde, in den USA ebenso wie in Europa.

Dafür ist nicht nur die eine der drei »Kränkungen« der Menschheit, wie Freud meinte, verantwortlich zu machen: dass der Mensch nicht »Herr im eigenen Haus ist«, haben wir als Gattung wahrscheinlich inzwischen akzeptiert. Im Gegenteil ist Freuds Anweisung, wie wir es vielleicht ein wenig mehr werden können, einer der Gründe für eine, wenn auch nur mittlere, Genesung in diesem Punkt.

Einen anderen Grund für die Ablehnung seiner Theorie beschreibt er so: »Wenn sich der Säugling auf dem Arm der Pflegerin schreiend von einem fremden Gesicht abwendet, der Fromme den neuen Zeitabschnitt mit einem Gebet eröffnet, aber auch die Erstlingsfrucht des Jahres mit einem Segensspruch begrüßt, wenn der Bauer eine Sense zu kaufen verweigert, welche nicht die seinen Eltern vertraute Fabrikmarke trägt, so ist die Verschiedenheit dieser Situationen augenfällig und der Versuch scheint berechtigt, jede derselben auf ein anderes Motiv zurückzuführen.« (Freud 1925, S. 99)

Das Gemeinsame in diesen Handlungen, die »Quelle der Unlust«, sah Freud in der Angst vor dem Neuen, das am Ende des 19. Jahrhunderts auch die Psychoanalyse darstellte.

Einen noch wichtigeren Grund für die Ablehnung seiner Forschungen sah Freud aber in dem Umstand, dass

»die Mediziner (...) in der alleinigen Hochschätzung anatomischer, physikalischer und chemischer Momente erzogen worden [waren]. Für die Würdigung des Psychischen waren sie nicht vorbereitet, also brachten sie diesem Gleichgültigkeit und Abneigung entgegen. Offenbar bezweifelten sie, dass psychische Dinge überhaupt eine exakte wissenschaftliche Behandlung zulassen.« (Freud 1925, S. 102) Allerdings hätte, so Freud damals, die Philosophie Freude an der neuen Theorie haben müssen. Aber nein, meint der bezüglich der Anerkennung der Leistungen der Philosophie bekannt skeptische Freud, für sie, die Philosophie, sei das Psychische gleichbedeutend mit dem Bewussten gewesen, nicht etwa mit dem, was die Psychoanalyse als das Psychische betrachtete (vgl. ebd.).

Die »Mittelstellung« zwischen Medizin und Philosophie bringe auf diese Weise der Psychoanalyse nur Nachteile. Während die Medizin sie für ein spekulatives System halte, werfe ihr die Philosophie vor, ihre – erst in der Entwicklung befindlichen – obersten Begriffe (entbehrten) der Klarheit und Präzision (vgl. ebd.).

Aber, so Freud, dies alles erkläre nicht den Hohn und den Spott, den die Psychoanalyse treffe. Dieser sei vielmehr aus anderen Quellen zu erklären. So bedeute die Aussage, dass die Symptome der Neurosen »entstellte Ersatzbefriedigungen von sexuellen Triebkräften« seien, denen eine direkte Befriedigung durch innere Widerstände versagt worden seien, eine Provokation. Die Erklärung, so Freud, sei nicht schwer zu finden:

»Die menschliche Kultur ruht auf zwei Stützen, die eine ist die Beherrschung der Naturkräfte, die andere die Beschränkung unserer Triebe. Gefesselte Sklaven tragen den Thron der Herrscherin. (...) Wehe, wenn sie befreit würden; der Thron würde umgeworfen, die Herrin mit Füßen getreten werden. Die Gesellschaft weiß dies und – will nicht, dass davon gesprochen wird.« (ebd., S. 106)

Als weitere Gründe für die Ablehnung der Psychoanalyse wurden von Freud benannt: die Entdeckung der kindlichen Sexualität, die Betonung der Ubiquität des Ödipuskomplexes, die Benennung all jener Fakten, die an die wahrscheinlich verpönte Urzeit des Menschheitsgeschlechtes erinnern. Dies alles aber bedeute, dass die stärksten Quellen des Widerstands gegen die Psychoanalyse nicht intellektueller, sondern affektiver Natur seien (vgl. ebd.).

Aber was Freud hier auf wenigen Seiten zusammenfasst, ist fast 30 Jahre nach der ersten Formulierung psychoanalytischer Einsichten entstanden.

Zu Beginn der Formulierung der Psychoanalyse waren viele seiner Experimente rein praktischer, therapeutischer Natur. Freud selbst war davon überzeugt, dass er die Pfade der Naturwissenschaften nicht verlassen habe (vgl. u. a. Freud 1900, S. VII). An ihnen und ihrem Fortschritt wollte er sich messen lassen. Aber gerade sie bzw. ihre positivistischen Vertreter bekämpften Freuds Theorie am heftigsten.

Der moderne Streit um
den Wissenschaftsstatus der Psychoanalyse

Sehen wir nun, wie die Geschichte, in groben Zügen freilich, weiterging: Der ersten Ablehnung folgte die zweite und dritte und viele weitere bis heute. Die ursprünglichen Widerstände gegen die Psychoanalyse wurden, wenn auch in zahlreichen Variationen und mit immer neuen Argumenten aus vordergründig neuen wissenschaftlichen Quellen, stets wiederaufgelegt.

Dennoch breitete sich die Psychoanalyse weltweit aus. Nach ihrer Vertreibung aus dem deutschsprachigen Raum durch den Nationalsozialismus wurden im pragmatischen Amerika weniger als in Deutschland Kämpfe ausgefochten, die den wissenschaftstheoretischen Status der Psychoanalyse zum Inhalt hatten. In den USA wurde die Psychoanalyse bald auf fast alle Gebiete der Wissenschaft, der Kunst und vor allem auch des Alltags angewandt. Begleitet war dieser Prozess von einer Idealisierung, wie sie z. B. in dem Film *Geheimnis einer Seele* (1954) mit dem Hauptdarsteller Montgomery Clift, der die Figur des geradezu allwissenden Sigmund Freud darstellte, zum Ausdruck kommt.

Wenn man davon ausgeht, dass die Kunst auch ihren Schöpfern selbst weitgehend unbewusste Manifestationen des Zeitgeistes sind, so kann man sagen, dass die Entwicklung der Psychoanalyse zwischen den Filmen *Geheimnis einer Seele* aus den fünfziger Jahren bis zu Woody Allens Filmen, z. B. dem allbekannten *Stadtneurotiker* von einer hoch idealisierten, alles wissenden Theorie und heilenden Praxis zu einer belächelten, mit Witzen angereicherten »Kultur« der Stadteinwohner darstellt, die zwar eine Bedeutung für die vielen »Stadtneurotiker« etwa in New Yorks Manhattan haben kann, aber einem »normalen« Amerikaner eigentlich nicht mehr so viel zu sagen hat. Von amerikanischen Analytikern wird manchmal vermutet, dass der eigentliche Ort des heiligen Grals der Psychoanalyse nunmehr wieder in Europa zu finden ist und dass hier die Abwertung keineswegs so radikal ausgefallen sei wie in den USA (persönliche Mitteilung von Maria V. Bergmann).

In den siebziger Jahren des letzten Jahrhunderts brach der Streit um den wissenschaftstheoretischen Status der Psychoanalyse erneut aus. Bezüglich der Frage, ob die Psychoanalyse eine nomothetische oder eine hermeneutische Wissenschaft sei, gab es jahrelange, von vielen Klinikern jedoch wenig beachtete Kämpfe. Eine Klärung konnte nicht erzielt werden. So beteiligten sich national und international an dieser Auseinandersetzung zum Beispiel Rapaport (1973), Hartmann (1964), Loch (1975), Lorenzer (1970, 1973, 1976), Möller (1976, 1978, 1979), Perrez (1969, 1972) und Ricoeur (1969). Im gegebenen Zeitrahmen kann ich hier nicht näher auf die Einzelheiten eingehen (vgl. Tömmel 1983, 1985).

Es muss allerdings unterschieden werden zwischen der Kritik an der Psychoanalyse innerhalb der »Scientific Community« der Psychoanalytiker und der von außerhalb formulierten Kritik der Wissenschaftler anderer Disziplinen. Von Beginn der Entwicklung der Psychoanalyse an hat die von außerhalb der Psychoanalyse aus formulierte Kritik deren Entwicklung stärker beeinflusst als dies bei der Entstehung von »Neuem« (Kuhn 1977) gemeinhin üblich ist.

Die Kritik von außerhalb hatte weiterhin meist den »Beweis« der Unwissenschaftlichkeit der Psychoanalyse zum Inhalt. So bemühte sich Eysenck (1968) nicht nur um eine redliche, wissenschaftlich begründete kritische Würdigung der psychoanalytischen Theorie, sondern er versuchte darüber hinaus, die Psychoanalyse lächerlich zu machen. Vorläufer hatte er hierfür schon viel früher in den Arbeiten Bumkes (1931) gefunden, aber auch anderer Vertreter der klassischen Psychiatrie zu Freuds Zeiten.

Grünbaum (1988) versuchte, unter Anwendung eines nomothetischen Wissenschaftsrahmens, die Psychoanalyse ein für allemal der Unwissenschaftlichkeit zu überführen. Er traf die Psychoanalyse zwar in vielen Einzelheiten (die noch untersucht werden müssten), an keiner Stelle aber in ihrer Substanz. Dies liegt daran, dass die Psychoanalyse mit Hilfe der positivistischen Kritik, wie sie seinerzeit auch Popper (1974a, 1974b) versuchte, nicht zu treffen ist. Dies deshalb nicht, weil die psychoanalytischen Daten nicht den Gesetzmäßigkeiten entsprechen, wie sie ein positivistischer Wissenschaftsrahmen erfordern würde. So ist zwar Grünbaums Kritik an Ricoeur zuzustimmen, die eine an der einseitigen hermeneutischen Auffassung der Psychoanalyse generell darstellt. Damit ist auch die Auffassung von Habermas (1973) gemeint, dessen Metapher des sogenannten »szientistischen Selbstmissverständnisses« Freuds in den siebziger Jahren die Runde machte und dennoch nicht zutraf. Eher gilt der Satz von Heisenberg, dass

> »der Übergang der exakten Naturwissenschaft (...) zu einem neuen Erfahrungsbereich (...) sich (...) nie so vollziehen [wird], dass etwa die bisher bekannten Gesetze einfach auf die neuen Erfahrungen anzuwenden wären. Vielmehr wird ein wirklich neuartiger Erfahrungsbereich stets dazu führen, dass sich ein neues System wissenschaftlicher Begriffe und Gesetze herausbildet, die zwar nicht weniger rational analysierbar, aber grundsätzlich anders als die früheren sind.« (Heisenberg 1952, zit. nach Hartmann 1964, S. 195).

Die Psychoanalyse als Theorie und klinische Praxis entwickelte sich bekanntlich ungerührt über diese Kämpfe weltweit weiter und kreierte immer neue Forschungsmethoden wie z. B. die direkte Kinderbeobachtung durch Margaret Mahler, die Säuglingsbeobachtung und die damit in Zusammenhang stehende Revision der Entwicklungsgesetzmäßigkeiten bezüglich der interaktiven

Beziehung zwischen Mutter und Kind, der Rolle des Vaters, generell die Entwicklung der Objektbeziehungstheorie mit ihren auch klinischen Konsequenzen, dem Entwurf einer Selbstpsychologie von Heinz Kohut, der die Entwicklung des Selbst an die Stelle der ursprünglichen Triebtheorie setzen wollte, der Narzissmustheorie und der Theorie der Borderline-Störungen von Otto Kernberg und vieles mehr.

Mögen manche Kritiker diesen Zustand der psychoanalytischen Theorie auch als »Chaos« (vgl. Cooper 2001) bezeichnen, als miteinander unverbundene Theoriestücke, die sich in vieler Hinsicht widersprechen, mögen alle diese wissenschaftlichen Experimente und praktischen Versuchslabors noch nicht zu einer einheitlichen Theorie und noch nicht einmal Praxis gefunden haben: Insgesamt stellen sie das auch von anderen Wissenschaftsentwicklungen her bekannte Bild einer vorparadigmatischen Wissenschaft dar (vgl. Tömmel 1983), heute vielleicht noch eher oder noch deutlicher als vor 20 Jahren (vgl. Mertens 2000).

Insbesondere nach den neuesten Fortschritten der Gedächtnisforschung, der Neurowissenschaften und der innerhalb der psychoanalytischen Gemeinschaft durchgeführten empirischen Untersuchungen, die immer bessere, der psychoanalytischen Situation angemessenere Methoden der empirischen Untersuchung hervorbringen (vgl. Leuzinger-Bohleber et al. 2001), muss sich die Psychoanalyse nicht verstecken: Was für das Ende des 19. und bis über die Mitte des 20. Jahrhunderts zutraf, nämlich, dass die Psychoanalyse diejenige Theorie und Praxis war, die von allen neben ihr existierenden Theorien die effektivste war, sowohl was ihre Praxis als auch ihren Einfluss auf benachbarte Theorien anbetraf als auch ihre Rezeption in bildender Kunst, Literatur und sogar der Musik, das könnte (vielleicht) auch in Zukunft wieder der Fall sein.

Die »Erfindung« der psychoanalytischen Therapie zog weltweit Kliniker an sich und scharte Wissenschaftler in der ganzen Welt um sich, ein im Rahmen wissenschaftssoziologischer Forschung untrügliches Zeichen für wissenschaftliche und praktische Potenz einer Theorie und Praxis (vgl. Mullins 1973, 1974).

Die Psychoanalyse stellt die subjektive Seite des ungeheuer reichen menschlichen Denkens, Fühlens, Phantasierens und Handelns dar, deren objektive Seite die Neurowissenschaften immer besser erforschen kann. Sie berührt nicht nur die Bereiche des Bewussten, sondern sie hat Erfahrungen mit der Untersuchung des Unbewussten, wie sie weder die kognitive Psychologie noch die Verhaltenstheorie haben kann. Nachdem inzwischen das Unbewusste selbst nicht mehr bestritten wird, auch nicht in rationalisierender oder rechtfertigender Absicht, ist das über 100 Jahre gesammelte Material der Psychoanalyse in vieler Hinsicht neu zu interpretieren, scheint unbelastetere Forschung über das menschliche Unbewusste möglich.

Der Wandel der gesellschaftlichen Verhältnisse in Bezug auf die psychoanalytische Theorie und Praxis

Aber wie verhält es sich nun mit den derzeit sichtbaren Einbrüchen in unseren Praxen? Wie ergeht es den bis vor kurzem durch die Krankenkassen verwöhnten Psychoanalytikern in Deutschland, wenn sie sehen müssen, dass z. B. die Verhaltenstherapeuten eine höhere Entlohnung für die Einzelstunde, die eine höhere gesellschaftliche Hochschätzung bedeuten könnte, als Psychoanalytiker erhalten? Oder wenn manche Psychoanalytiker um ihre wirtschaftliche Existenz bangen müssen?

Die Antwort hierauf lautet: Die derzeitige geistige, intellektuelle, politische und wirtschaftliche Situation in der westlichen Welt, von der Deutschland nur ein kleiner Teil ist, ist dergestalt, dass sie der psychoanalytischen Theorie und Praxis als nicht förderlich bezeichnet werden muss.

Dies hat zunächst einmal nichts mit der Qualität der bestehenden Theorie und Praxis zu tun. Stichworte für die in den letzten Jahrzehnten veränderte Situation der gesellschaftlichen Verhältnisse gibt es viele. Die Globalisierung hat die Dominanz ökonomischer Beurteilungsmaßstäbe weltweit durchgesetzt. Es gibt so viele Verlierer dieser Entwicklung, keineswegs nur in der sogenannten Dritten Welt, dass vordergründig die Klage um die Abnahme der gesellschaftlichen Wertschätzung psychoanalytischer Kompetenz wie ein überflüssiges bürgerliches Jammern wirken könnte.

Dies vorangestellt, scheint es weniger schwierig, die Frage nach den derzeit nicht so günstigen Voraussetzungen für die Wertschätzung einer Theorie wie der Psychoanalyse zu beantworten. Die Psychoanalyse ist, ihrer Substanz nach, eine Theorie und Praxis der Aufklärung. Ihr Wertsystem ist implizit eines der Aufklärung im Sinne der Wahrheitsfindung über uns selbst als menschliche Individuen und der Wahrheitsfindung über die gesellschaftlichen und kulturellen Verhältnisse, in denen wir leben. Es ist ausdrücklich nicht eines, das ökonomische Wertmaßstäbe zur obersten Maxime des Denkens und Handelns erklärt. Und zum zweiten ist die Psychoanalyse eine Theorie und Praxis der »Erinnerung« – ebenfalls sowohl individuell wie kulturell. Beide, Aufklärung und Erinnerung, sind eng miteinander verschränkt und durchdringen die gesamte Psychoanalyse als Theorie und Praxis. Damit riskiert aber die Psychoanalyse, mit dem herrschenden Zeitgeist inkompatibel zu werden. Warum?

Folgt man dem großen Historiker Eric Hobsbawm, dann ist

>»die Zerstörung der Vergangenheit, oder vielmehr die jenes sozialen Mechanismus, der die Gegenwartserfahrung mit derjenigen früherer Generationen verknüpft, (...) eines der charakteristischsten und unheimlichsten Phänomene des späten 20. Jahrhunderts. Die meisten jungen Menschen am Ende dieses Jahrhunderts wachsen in

einer Art permanenter Gegenwart auf, der jegliche organische Verbindung zur Vergangenheit ihrer eigenen Lebenszeit fehlt.« (Hobsbawm 2002, S. 17)

Als Beispiel für diese Geschichtslosigkeit in der Gegenwart zitiert Hobsbawm jenen »intelligenten amerikanischen Studenten«, der ihn fragte, ob der Begriff »Zweiter Weltkrieg« denn bedeute, dass es auch einen »Ersten« gegeben habe?

Man könnte spekulieren, ob eine derzeit beliebte behandlungstechnische Anweisung der modernen Psychoanalyse, nämlich das »Hier-und-Jetzt« in den Vordergrund einer Behandlungsstunde zu stellen, nicht ein unbewusster Reflex auf die Geschichtslosigkeit unserer Zeit sein könnte. Freud jedenfalls war bekanntlich intensiv an der Geschichte, der Archäologie, an der Urgeschichte nicht nur des Individuums, sondern der Menschheit interessiert. Es ist eigentlich nicht möglich, Psychoanalyse zu betreiben, ohne umfassend historisch zu denken.

Man könnte fragen, wieso dies nicht schon am Ende des 19. Jahrhunderts galt. Zu dieser Zeit gab es von ökonomischen Zwängen weitgehend freigesetzte Grossbürger und Adelige – bekanntlich stammte aus dieser Schicht der größte Anteil der städtischen Klientel Sigmund Freuds. Das von ökonomischen Zwängen weitgehend befreite Bürgertum und der Adel konnten im 19. Jahrhundert Künstler, Dichter und Intellektuelle unterstützen und selbst ein reiches und brillantes intellektuelles Leben pflegen. Es gab klare Wertmaßstäbe und Orientierungen, es gab die Verbindung zwischen den Vorfahren und den Nachfahren und einen weitgehend hoffnungsvollen Blick in die Zukunft. (Um nicht missverstanden zu werden: Die Geschichtswissenschaft nahm auch die Rolle einer Leitwissenschaft in rechtfertigender Absicht ein – darauf kann hier nicht näher eingegangen werden. Und die Rolle des Proletariats stellte auch unter dem Einfluss der marxistischen Theorie die Avantgarde der Modernisierung im 19. Jahrhundert dar – aber dies alles war noch nicht für die Entwicklung der Psychoanalyse relevant.)

Im 20. Jahrhundert hingegen, mit seinen beispiellosen wirtschaftlichen und sozialen Umwälzungen, mörderischen Kriegen und einem rasanten Wandel in Richtung Information, Demokratisierung, Popularisierung allen Denkens und deren auf die Generierung geistiger Entwicklungen und kultureller Prozesse bisher allenfalls in Ansätzen verstandenen tatsächlichen Auswirkungen, konnte sich die Psychoanalyse zwar trotz der brutalen Unterbrechung durch die nationalsozialistische Herrschaft und deren Ausrottungsversuch weltweit durchsetzen. Zunächst unbemerkt von vielen Psychoanalytikern wandelte sich aber das »Welt«-Wertsystem und mit ihm die Wertschätzung einer damit vordergründig »obsoleten« Theorie.

Viele reagieren darauf mit hilfloser Anpassung. Diese wäre dann konstruktiv, wenn damit eine Weiterentwicklung der Theorie verbunden werden könnte. Letzteres könnte der Fall sein, wenn wir noch einmal zurückschauen auf die Anfänge der Freudschen Theorie und auf die »nur vorläufig« formulierte Metatheorie.

Perspektiven

Die Tatsache eines Unbewussten, das den größten Teil unseres Seelenlebens ausmacht, ist inzwischen von den uns benachbarten Neurowissenschaften bewiesen. Damit ist der eigentlich größte Brocken für das Unverständnis der Freudschen Theorie ausgeräumt, denn die Unwissenschaftlichkeit der Psychoanalyse wurde immer wieder und vor allem bezüglich der Sätze behauptet, das Seelische gehe nicht auf im Bewussten.

Die Gedächtnisforschung ist heute so weit fortgeschritten, dass wir sie über kurz oder lang vermutlich für die Praxis fruchtbar machen können. Katamnestische Untersuchungen im Rahmen psychoanalytischer Programme können belegen, dass signifikante Veränderungen aufgrund des psychoanalytischen Langzeitprozesses im Gehirn nachweisbar sind.

Was aber ganz offensichtlich fehlt, ist eine Reflexion der Triebtheorie, die umfassender ausfallen müsste als bisher geschehen. So genügt es vermutlich nicht, andere Theoriestücke der fundamental begründenden und alles erklärenden Triebtheorie an die Seite zu stellen, sondern zu fragen, ob es nicht originär psychoanalytische Antworten auf die moderne Informationsgesellschaft geben könnte. Hierzu wäre es wahrscheinlich notwendig, neben dem Funktionskreis der Sexualität und der Fortpflanzung den der verselbständigten Neugier- und Explorationsaktivität zu setzen, wie dies Ute Holzkamp-Osterkamp schon 1975 vorgeschlagen hat. Auch dieser ist biologisch begründet, es gibt ihn bereits bei den höheren Tierarten. Diese Einführung wäre notwendig, um z. B. erklären zu können, wieso eine zunehmend große Gruppe von Menschen einem befriedigenden Sexualleben die Karriere vorzieht oder Internetabende und ähnliches. Auch modernes menschliches Elend und die Funktion moderner Intelligenz, für deren künstlerische Bearbeitung der inzwischen zum Kultroman nicht nur der jungen Generation avancierte Roman »Elementarteilchen« von Michel Houellebecq stellvertretend genannt werden kann, würde vor diesem theoretischen Hintergrund vermutlich präziser verstanden werden können. Eventuell gehören in diesen Zusammenhang auch die religiös motivierten Gewalttaten der Al Quaida, deren Verständnis bisher von unserer Seite noch mangelhaft ist.

Kurz: Die Herausforderungen der historisch-gesellschaftlichen Situation, manifestiert in den individuellen Ausprägungen von psychischem Leid in der Jetztzeit, sollten von der psychoanalytischen Theorie und Praxis angenommen und theoretisch durchdrungen werden. Es wäre notwendig, mehr als dies bisher geschehen ist die Ergebnisse der Neurowissenschaften, der theoretischen Überlegungen der Quantenphysik, wie sie von Görnitz & Görnitz (2002) angestellt werden, für das Verständnis der unbewussten Prozesse fruchtbar zu machen und sie im Rahmen psychoanalytischer Theoriebildung zu berücksichtigen.

Die grob skizzierte gesellschaftliche Wirklichkeit zu Beginn des 21. Jahrhundert ist in ihrem weiteren Verlauf nicht vorauszusehen und sollte nicht in vorauseilendem Gehorsam affirmativ bewältigt werden. Wir haben eine gut begründete und wissenschaftlich immer besser und moderner abgesicherte Theorie und Praxis, die sich auf denjenigen Forschungsbereich bezieht, der der entscheidende für das Verständnis des gesamten psychischen Funktionierens des Menschen ist. Wir sind grundlagentheoretisch und methodisch sehr gut vorbereitet und müssen keineswegs bei Null anfangen – all dies müsste reichen, um die nächsten Jahrzehnte die Frage »Warum Psychoanalyse?« beantworten zu können.

Literatur

Bohleber, W. & Drews, S. (Hg.) (2001): Die Gegenwart der Psychoanalyse – die Psychoanalyse der Gegenwart. Stuttgart (Klett-Cotta).

Bumke, O. (1931): Die Psychoanalyse, eine Kritik. Berlin (Springer).

Cooper, A. M. (2001): Psychoanalytischer Pluralismus – Fortschritt oder Chaos? In: Bohleber, W. & Drews, S. (Hg.) (2001): Die Gegenwart der Psychoanalyse – die Psychoanalyse der Gegenwart. Stuttgart (Klett-Cotta), S. 58–77.

Eysenck, H. J. (1968): Fact and Fiction in Psychology. Harmondsworth (Penguin Books).

Freud, S. (1900): Die Traumdeutung. GW II & III.

Freud, S. (1925): Die Widerstände gegen die Psychoanalyse. GW XIV, S. 99–110.

Görnitz, T. & Görnitz, B. (2002): Der kreative Kosmos. Geist und Materie aus Information. Stuttgart (Spektrum der Wissenschaften).

Grünbaum, A. (1988): Die Grundlagen der Psychoanalyse. Eine philosophische Kritik. Aus dem Englischen übersetzt von Christa Kolbert. Stuttgart (Reclam).

Janssen, P. L. (2001): Zur aktuellen Situation der Anwendungen der Psychoanalyse in der Psychotherapie. In: Bohleber, W. & Drews, S. (Hg.) (2001): Die Gegenwart der Psychoanalyse – die Psychoanalyse der Gegenwart. Stuttgart (Klett-Cotta), S. 491–507.

Habermas, J. (1973): Erkenntnis und Interesse. Frankfurt a. M. (Suhrkamp).

Hartmann, H. (1964): Zur psychoanalytischen Theorie des Ichs. Stuttgart (Klett-Cotta).

Hobsbawm, E. (2002): Das Zeitalter der Extreme. Weltgeschichte des 20. Jahrhunderts. München (dtv).

Holzkamp-Osterkamp, U. (1975): Grundlagen der psychologischen Motivationsforschung. Bd. I & II. Frankfurt a. M., New York (Campus).

Houellebecq, M. (1998): Elementarteilchen. Paris (Gallimard).

Kuhn, T. (1977): Die Struktur wissenschaftlicher Revolutionen. Frankfurt a. M. (Suhrkamp).

Leuzinger-Bohleber, M.; Stuhr, U.; Rüger, B. & Beutel, M. (2001): Langzeitwirkungen von Psychoanalysen und Psychotherapien. Eine multiperspektivische, repräsentative Katamnesestudie. In: Bohleber, W. & Drews, S. (Hg.) (2001): Die Gegenwart der Psychoanalyse – die Psychoanalyse der Gegenwart. Stuttgart (Klett-Cotta), 567–590.

Loch, W. (1975): Über Begriffe und Methoden der Psychoanalyse. Bern (Huber).

Lorenzer, A. (1970): Sprachzerstörung und Rekonstruktion. Frankfurt a. M. (Suhrkamp).

Lorenzer, A. (1973): Über den Gegenstand der Psychoanalyse oder Sprache und Interaktion. Frankfurt a. M. (Suhrkamp).

Lorenzer, A. (1976) : Die Wahrheit der psychoanalytischen Erkenntnis. Ein historisch-materialistischer Entwurf. Frankfurt a. M. (Suhrkamp).

Mertens, W. (2000): Psychoanalyse. Geschichte und Methoden. München (Beck).

Möller, H. J. (1976) : Methodische Grundprobleme der Psychiatrie. Stuttgart (Klett-Cotta).

Möller, H. J. (1978) : Psychoanalyse – erklärende Wissenschaft oder Deutungskunst? Zur Grundlagendiskussion in der Psychowissenschaft. München (Beck).

Möller, H. J. (1979): Zur wissenschaftstheoretischen Kritik an der psychoanalytischen Theorie. In: Der Nervenarzt 50, S. 157–164.

Mullins, N. C. (1973): Theories and Theory Groups in Contempory American Sociology. New York (Harper & Row).

Mullins, N. C. (1974): Die Entwicklung eines wissenschaftlichen Spezialgebietes: Die Phagen-Gruppe und die Ursprünge der Molekularbiologie. In: Weingart, P. (Hg.) (1974): Wissenschaftssoziologie II. Determinanten wissenschaftlicher Entwicklung. Frankfurt a. M. (Suhrkamp).

Perrez, M. (1969): Bedarf die psychoanalytische Theorie eigener Kriterien der Wissenschaftlichkeit? In: Psyche 23, S. 842–848.

Perrez, M. (1972): Ist die Psychoanalyse eine Wissenschaft? Bern, Stuttgart, Wien (Huber).

Popper, K. (1974a): Objektive Erkenntnis. Ein evolutionärer Entwurf. Hamburg (Hoffmann & Campe).

Popper, K. (1974b): Replies to my Critics. Lectures on the Equal Status of Newton's and Freud's Theories. In: Schilpp, P. A. (Hg.) (1974): The Philosophy of Karl Popper. London (Open Court Press).

Rapaport, D. (1973): Die Struktur der Psychoanalyse. Stuttgart (Klett-Cotta).

Ricoeur, P. (1969): Die Interpretation. Versuch über Freud. Frankfurt a. M. (Suhrkamp).

Tömmel, S. E. (1983): Wissenschaftsstrukturelle Beschreibung der Psychoanalyse. In: Psychoanalyse 4.

Tömmel, S. E. (1985): Die Evolution der Psychoanalyse. Beitrag zu einer evolutionären Wissenschaftssoziologie. Frankfurt a. M., New York (Campus).

La Traviata – der rührende Bühnentod edler Prostituierter

Karla Hoven-Buchholz

Alfred war ein Patient mit exzessiv-zwanghaftem Sexkonsum. Er lieh sich Videos aus, telefonierte auf »heißen Nummern«, surfte im Pornobereich des Internets – oder besuchte Prostituierte. Eines Tages erzählte er mir, er habe im Bordell eine Frau kennen gelernt, deren Sensibilität ihn irgendwie rühre, er habe mit ihr auch »ganz normal« Verkehr gehabt, nicht wie sonst Demütigungsszenen durchgespielt. Nun wolle er sich mit ihr »außerhalb der Arbeit«, privat, treffen. Zwar wisse er, sie habe massenhaft Probleme, u. a. mit Drogen – aber irgendwie wäre es doch großartig, wenn sie die wegen ihm aufgäbe, das könne doch ein wirklicher Beweis ihrer Liebe sein, und seiner Liebe zu ihr, die ihm die Stärke gebe, sie zu retten.

In der Sitzung sprach ich mit Alfred darüber, dass er wohl in der jungen Frau etwas von sich selbst wiedererkannt habe. Offensichtlich aber barg die Geschichte mehr in sich.

Wie sollte ich es verstehen? Als Sehnsucht nach Nähe und Versuch, die permanente Sexualisierung seiner Kontaktwünsche zu durchbrechen? Als Versuch, die professionellen Grenzen zu knacken, also auch die unserer Beziehung? Als Agieren einer Nebenübertragung und – durch deren Erzählung – Wink mit dem Zaunpfahl? Und ging es dabei um Liebe oder um Kontrolle und Herrschaft?

Am Abend besuchte ich die Oper: Verdis *Traviata* in einer Aufführung von Werner Schröter. Ich wurde bezaubert von der Musik, aber nicht abgelenkt, denn ich sah Alfreds Drama auf der Bühne. Die Analyse meines Patienten hatte mich auf ein verschlungenes kulturelles Thema gebracht. Seitdem beschäftigt es mich.

»La Traviata«, zu deutsch »die vom Weg Abgekommene«, ist die schöne Kurtisane Violetta, in die sich der mittellose junge Alfredo verliebt. Sie betäubt im Genuss von Musik, Tanz und rauschenden Festen ihr Leiden, die Schwindsucht. Alfredos Beteuerung, er habe sich um sie gesorgt, als sie krank war, verlacht sie zuerst. Als sie einen Schwächeanfall erleidet, bleibt er bei ihr und gesteht seine Liebe. Sie verspricht, ihn wieder zu sehen, denn sein Geständnis hat alte Sehnsüchte nach der wahren Liebe in ihr geweckt.

Im zweiten Akt leben sie gemeinsam auf dem Land. Alfredo fühlt sich wie im Paradies, bis er erfährt, dass Violetta seinetwegen hohe Schulden macht. Während er in die Stadt fährt, um Geld zu besorgen, taucht sein Vater Germont auf und verlangt von Violetta, die Beziehung zu beenden, um die Hochzeit seiner Tochter nicht zu gefährden. Violetta willigt schließlich ein, unter der Bedingung, dass ihr Opfer später bekannt wird.

Um Alfredo die Trennung zu erleichtern, täuscht sie vor, sie sei freiwillig zu ihrem alten Gönner Baron Douphol zurückgekehrt. Darauf demütigt sie Alfredo auf einem Fest: Er wirft ihr öffentlich das Geld für die gemeinsame Zeit vor die Füße, macht sie so zur Prostituierten und wendet sich ab.

Im letzten Akt liegt Violetta im Sterben. Alfredo taucht wieder auf, erkennt ihr Opfer, sie versöhnen sich, auch Germont kommt, bewegt von ihrer Größe. Sie stirbt.

Soweit die Handlung in Kürze.

Werner Schröters Interpretation der Traviata muss Analytiker besonders ansprechen: Für ihn kommt die Traviata nicht vom Pfad der Tugend ab, sondern vom professionellen Weg und verirrt sich in den Fallstricken der bürgerlichen Doppelmoral.

Während der Oper war ich sehr ergriffen, manchmal zu Tränen gerührt, und, wie ich feststellte, nicht ich allein – auch ringsum wurden die Taschentücher gezückt.

Zum größten Teil ist das der Verdienst von Verdis wunderbarer Musik. Er hat die Geschichte der edlen Kurtisane 1853 auf hinreißende Weise vertont. Ihre literarische Vorlage, *Die Kameliendame* von Alexandre Dumas (1848), hatte er ein Jahr zuvor in Paris als Theateraufführung gesehen.

Man hat es Verdis revolutionärer Haltung und seiner Beziehung zur Sängerin Giuseppina Strepponi, einer mehrfachen ledigen Mutter, zugeschrieben, dass er ausgerechnet eine Prostituierte zur edlen, bemitleidenswerten Heldin seiner Oper machte. Bei der Erstaufführung fiel die Oper dann auch durch, erst nach ihrer zeitlichen Verlagerung ins Rokoko galt sie 1854 als gesellschaftsfähig und trat ihren Triumphzug an. Der Tod der edlen Prostituierten faszinierte, das Thema wurde literarisch und musikalisch immer wieder aufgegriffen. Darüber hinaus ist die »edle Kurtisane« ein klassischer literaturwissenschaftlicher Topos, dessen Tradition bis in die Antike reicht (vgl. Frenzel 1980), sodass man annehmen muss, dass er tiefe Bedürfnisse verdichtet und befriedigt.

Die prominenteste christliche Ausgestaltung dieser Figur ist Maria Magdalena, deren Bekehrung sich in angenehm antifundamentalistischem Gegensatz zum späteren christlichen Umgang mit sündigen Frauen vollzieht. Mit den Worten: »Wer unter Euch ohne Sünde ist, der werfe den ersten Stein« (NT, Johannes 8,1-11) wird eine steinigende Projektion aufgelöst und ein Sündenbock in ein verirrtes Schaf verwandelt. Maria Magdalena stirbt nicht an ihrer Bekehrung. Und doch lieferte ihre Geschichte Stoff für zahllose Gemälde der schönen Sünderin und Büßerin – durch Jahrhunderte ein erregend-erhebend moralisches Motiv.

Warum also muss »La Traviata«– zur Liebe bekehrt – dann auch noch sterben? Man könnte vermuten, weil Liebe mit dem Tod assoziiert ist. Die sexuelle Liebe lässt den kleinen Tod erleben, die Liebe ist der Tod des Individuums in seiner Überschreitung.

In den 70er Jahren sang der Rockmusiker Neill Young: »Only Love can break your heart«. Aber warum stirbt Violetta dann allein, während Alfredo nur singt, er sterbe bei ihrem Anblick? Gibt es doch eine speziell weibliche Art zu lieben, die in der Selbstaufopferung liegt (vgl. Brückner 1983)? Nun stirbt sie an Schwindsucht – nicht an der Liebe –, aber der Tod schwindsüchtiger junger Prostituierter ist literarisch so beliebt, dass böse Zungen vermuteten, er erspare den hässlichen Anblick der alt gewordenen Dirne (vgl. Dumas 1848; Jerusalem 1909). Violetta stirbt also für die Oper.

In Verdis Opern, mehr noch als in anderen, spielt der Tod eine besondere Rolle. Eckhard Henscheid (1992, S. 42f.) schreibt:

> »Abschied, meist unterm Vorzeichen vom Tod, ist Verdi nichts geringeres als der irdische Wiederschein von ›Erlösung‹, der christlich-säkularisierten Idee seiner Opern. (...) Der Tod avanciert zu einer Art Ersatzreligion.«

Diese Interpretation lässt Violettas Tod als säkularisierten Opfertod im Musentempel verstehen. Sie wäre Nachfolgerin der antiken Jungfrauen auf dem Opferstein, der »in der Kulturentwicklung (...) durch die Bühne ersetzt [wurde] mit dem Zweck, die Gemeinde der Zuschauer von ihren Leidenschaften zu reinigen« (v. Quekelberghe & Haas 2000, S. 246).

Das göttliche Einschreiten gegen die Opferung Iphigenies in der *Orestie* oder Isaaks, deren männlichen Gegenstücks im *Alten Testament* (vgl. Hirsch 2002) markiert religionsgeschichtlich die Überwindung des Menschenopfers durch das Tieropfer. Gottes Sohn als Opferlamm der Welt konterkariert und transzendiert diese Entwicklung. Weil er für ihre Sünden starb, blieben die Sünderinnen nach ihrer Bekehrung am Leben. Auf der Bühne werden sie wieder selbst geopfert.

Damit bin ich nach Verdis Oper und Dumas' *Kameliendame* bei der dritten Textquelle meiner Analyse angekommen, dem *Neuen Testament*. Betrachtet man nämlich das Opernlibretto genauer, sieht man direkte Bezüge zur Passionsgeschichte: Schon im ersten Akt klingt an, die Liebe sei »croce e delizia«, Kreuz und Freude.

Trotz Violettas Bekehrung von der käuflichen zur wahren Liebe ist das Paradies trügerisch – erkauft mit Violettas Geld und im Affront gegen gesellschaftliche Moral, die durch Germont, Alfredos Vater, verkörpert wird.

Ihm reicht nicht, dass Violetta schon »edel« geworden ist, denn Alfredos Messaillance gefährde die Hochzeit seiner Tochter, die »rein wie ein Engel« sei.

Auf Violettas Beteuerung, bei ihrer Krankheit sei Alfredos Liebe alles, was ihr bleibe, entgegnet er, mit der Zeit könne auch die Liebe vergehen. Sie solle ablassen von diesem Traum und stattdessen der trostreiche Engel seiner Familie werden.

Damit stellt er, was Violetta für die »wahre Liebe« hielt, als irdisch und vergänglich dar. Als trostreicher Engel seiner Familie wäre Violetta dagegen doppelt rehabilitiert: Sie erhielte den Platz im Himmel und würde Germonts engelsreiner Tochter gleich.

In ihrer Antwort zitiert Violetta die biblische Bekehrungsszene: »Gott hätte mir meine Sünden vergeben, aber der Mensch ist unbarmherzig.«

Von Germont fordert sie: »Sagt der Jungfrau, die so schön und rein, dass es ein Opfer des Unglücks gibt, dem nur ein einziger Schimmer des Glücks blieb (...) den es jetzt für sie opfert und dann stirbt!«

Hier taucht das Wort Opfer zweimal auf: Violetta, unglückliches Opfer der Umstände, das verirrte Lamm – und ihre aktive Wandlung zur Opferung ihrer Liebe, die sie selbst zum Opferlamm macht. Sie wird zur gehorsamen Tochter, die den Kelch zu trinken bereit ist, wie Jesus am Ölberg. Aber sie tut das nur, wenn ihr Opfer gesehen und anerkannt wird.

Das literarische Vorbild der »Traviata«, die »Kameliendame«, beschreibt ihre »zweite Bekehrung« als Erregung einer

> »fromme(n) Eitelkeit in mir, die mir bisher unbekannt gewesen. Bei dem Gedanken, daß der alte Mann, der mich aus Sorge um die Zukunft seines Sohnes anflehte, eines Tages seine Tochter bitten könnte, meinen Namen als den einer geheimnisvollen Freundin in ihr Gebet mit einzuschließen, ging eine Verwandlung in mir vor, und ich war sogar stolz darauf.« (Dumas 1848, S.215)

Nur wenn die andere von ihr weiß, ist Violetta nicht die Gefallene, sondern Erhöhte, der Respekt gezollt wird. So, wie in Dreiecksbeziehungen die Existenz der rechtmäßigen Frau der heimlichen Geliebte bekannt ist, während sie selbst attraktiver, aber nicht respektabel ist. Schließlich bittet Violetta Germont direkt, sie als Tochter zu umarmen, damit sie Kraft habe für ihren Opfergang. Und, dass er Alfredo später ihr Opfer berichtet. Sie will ihm als Heilige, nicht als Hure in Erinnerung bleiben.

Das Ringen mit dem Vater und die Einwilligung in die Opferung zum Heil anderer verweist auf die »Ölberg-Szene«. Ihr folgt die »Judas-Szene«:

Denn Alfredo wird Violetta öffentlich Geld vor die Füße werfen, angeblich, um zurückzuzahlen, was sie für ihn ausgegeben habe. In seiner verächtlichen Geste macht er sie zur Hure, die ihn für 30 Silberlinge verraten habe. Auch in Judas Kuss war die Liebe zu Jesus vorgetäuscht, um ihn den Häschern kenntlich zu machen. Violetta wird zum Judas gemacht, und ist doch, da die Anschuldigung falsch ist, das eigentliche Opferlamm; umgekehrt ist der Pharisäer Alfredo, der lautere Motive für die Rückzahlung vorgibt, der eigentliche Judas, der sie wirklich verriet – »damit erfüllt würden die Schriften der Propheten« (Mt. 26, 56), heißt es dazu im Evangelium. Die Anklänge an die Passionsgeschichte lassen sie als biblische Folie erkennen, auf der die öffentliche Opferung der Prostituierten hier vollzogen wird. Aber von welchen Passionen soll die Gemeinde der Zuschauer bei ihrem Anblick gereinigt werden?

Zunächst werden Passionen geweckt: Schon der Name »Traviata« verdichtet wie die Bilder der Maria-Magdalena eine Geschichte, die Phantasien von Ausschweifung, Verfehlung, Bestrafung bzw. Mitleid und Rettung weckt. Vom Wege kommt ab, wer sich Verlockungen hingibt. Damit lockt die »Traviata« als Projektionsfigur selbst die ausschweifenden sexuellen Phantasien der Zuschauer hervor. Ihre Verfehlungen aber entstehen nicht aus Bösartigkeit, vielmehr ist die Verirrte Opfer ihrer Triebe, ihrer Verführbarkeit oder schwieriger Umstände – und weckt so den Pfadfinder in jedem Mann. Ihre potenzielle Rettung würde einen heroischen Befreier aus einem ordinären Freier machen. Die Rettungsphantasie ist also dreifach verführerisch: Sie macht den Mann groß, überlegen und moralisch integer, d. h. sie befriedigt Ich-Ideal und Über-Ich – zusätzlich zu den sexuellen Wünschen. So verkörpert die verirrte, durch Rettung zu veredelnde Kurtisane den Wunschtraum vieler Männer, einer Frau, für die andere richtig viel Geld ausgeben, lebenswichtig zu sein – sodass sie, was sie andern nur geschäftsmäßig gibt, bei ihm allein mit Gefühl verbindet. Damit kehrt sich das Verhältnis um: Der Retter ist der Auserwählte.

Die klassische psychoanalytische Deutung dieses verschlungenen Verhältnisses liefert Freud 1910 in seiner Studie *Über einen besonderen Typus der Objektwahl des Mannes*. Rettungsphantasie und »Dirnenliebe« gehören danach zusammen sowie die Bedingung des geschädigten Dritten, die Idealisierung der Frau und die zwanghafte »Reihenbildung«, d. h., dass »die Selbstanforderung der Treue jedesmal wieder erhoben (wird), soft sie auch in der Wirklichkeit durchbrochen werden mag«. Gemeinsam charakterisierten diese Merkmale jenen besonderen Typus der Objektwahl, der sich auch unter »durchschnittlich Gesunden«, also Opernbesuchern finde. (Freud 1916, S. 187)

»Wir haben es bisher den Dichtern überlassen, uns zu schildern, nach welchen ›Liebesbedingungen‹ die Menschen ihre Objektwahl treffen«, sagt Freud im gleichen Text (ebd.). Aber deren poetische Freiheit, den Stoff der Realität ästhetisch oder dramatisch zu verändern, rechtfertige die wissenschaftliche Bearbeitung des menschlichen Liebeslebens, wenn auch »mit plumperen Händen und zu geringerem Lustgewinne« (ebd.). Das zum Trost, wenn wir über eine Oper sprechen, statt sie zu schreiben, aufzuführen oder zu singen.

Zurück zur Objektwahl des Opernbesuchers: Nach Freud entspringt sie »aus der infantilen Fixierung der Zärtlichkeit an die Mutter und stellt einen der

Ausgänge dieser Fixierung dar« (ebd., S. 190). Der Dritte sei der Vater und die Einzigartigkeit der Mutter für das Kind stehe auch außer Zweifel. Die unendliche Reihenbildung werde verständlich, da jedes Surrogat doch die angestrebte Befriedigung vermissen lasse. Trotz vordergründig absolutem Gegensatz zwischen Mutter und Dirne sage sich der Knabe irgendwann im Laufe seiner Sexualaufklärung mit »zynischer Korrektheit, daß der Unterschied zwischen der Mutter und der Hure doch nicht so groß sei, daß sie im Grunde das nämliche tun« (ebd., S. 192). Unter der Herrschaft des Ödipuskomplexes vergesse er es der Mutter nicht und betrachte es im Licht einer Untreue, dass sie die Gunst des sexuellen Verkehres nicht ihm, sondern dem Vater geschenkt habe. Die knabenhaften Onaniephantasien hätten oft Mutters Untreue zum Thema, und »der Liebhaber, mit dem die Mutter die Untreue begeht, trägt fast immer die Züge des eigenen Ichs, richtiger gesagt, der eigenen, idealisierten, durch Altersreifung auf das Niveau des Vaters gehobenen Persönlichkeit« (ebd., S. 193).

Das Rettungsmotiv erklärt Freud aus dem Bestreben des Knaben, das Kräfteverhältnis zur Mutter umzukehren: Sie, die ihm das Leben geschenkt hat, von der er sich zutiefst abhängig fühlt, wäre von seiner Kraft und Größe abhängig, könnte ohne ihn nicht leben.

Nun wird klar, warum Violettas paradiesische Rettung für Alfredo nicht gelingen kann. Der Vater hat's verboten. Er beendet das anstößige Verhältnis. Nach Freuds Theorie müsste damit der jugendlich-ödipale Liebhaber eigentlich auf ihn als rechtmäßigen Besitzer und Widersacher eifersüchtig sein. In der Oper wird aber auch Germont biedermännisch »veredelt« und spricht nur von Familienwohl und Heimatliebe.

Das ödipale Vaterbild wird aufgespalten in einen zärtlich-strengen und einen sinnlich-sexuellen, analog zur Aufspaltung in sinnliche und zärtliche Strebungen des Mannes zur Mutter in den »allgemeinsten Erniedrigungen des Liebenslebens« (Freud 1910, S. 197). Eine Aufspaltung, die nicht nur in der Oper, sondern auch im täglichen Leben ständig stattfindet.

Der sexuelle Widersacher ist Baron Douphol, zu dem Violetta auf Germonts Machtwort hin zurückkehrt. Man ahnt, dass die beiden Figuren auf tieferer Ebene nur eine sind, denn direkt vor der »Judas-Szene« bittet Violetta Alfredo, sie zu vergessen, aus Angst, er könnte in einem Duell vom Baron getötet werden. Sie habe »einem, der dazu das volle Recht hatte«, geschworen, ihn zu meiden. Das ist doppeldeutig: Violetta meint Germont, Alfredo versteht Douphol.

Violetta führt des Vaters Befehl aus, der Rivale, den Alfredo in Douphol vermutet, ist sein eigener Vater. Ihn kann er nicht besiegen und stempelt deshalb Violetta zur Hure, die die wahre Liebe – zwischen Mutter und Sohn – betrügt mit jemand anderem, der sich das volle Recht dazu anmaßt, dem Vater.

Zur Hure wird also die Frau, die die wahre Liebe betrügt, von der »mann« sich trügerisch verlassen fühlt. Alle Rettungsversuche scheitern an dieser nicht auszuschließenden Untreue. Dafür muss sie nach der Logik des Mannes fallen gelassen und getötet werden, zur Strafe für Treuebruch und zur Verhütung weiteren Verrats. In der *Kameliendame* sagt Armand (Alfredos Vorbild):

> »ich liebte sie so unendlich, daß ich mich mitten in meinem fieberhaften Liebestaumel fragte, ob ich sie nicht töten sollte, damit sie keinem anderen mehr gehören könne.« (Dumas 1848, S. 206)

Nach dem Tod der treulosen Prostituierten wird der Platz frei für die in Wahrheit jungfräulich reine Frau, von der Violetta auf dem Sterbebett spricht, und die, wie Germonts Tochter, wissen soll, dass sie ihr Glück Violettas Opfer verdankt. Die innere Notwendigkeit des Mannes, sich von der Liebe zur treulosen Frau, der ödipalen Mutter zu lösen, um eine reife Liebesbeziehung einzugehen, wird also auf der Bühne durch den Opfertod der Prostituierten dargestellt. Ihre – nach Christi Vorbild geschaffene – Version der freiwilligen Aufopferung für den Mann enthält das Verführerische der idealisierten Mutterliebe: Die Mutter soll sich für den Sohn aufopfern, wofür sie heilig gesprochen wird. Das Ausmaß ihrer Hingabe kann so von keiner anderen Frau erreicht werden – jede, die es versucht, wird, an der überragenden Mutter gemessen, enttäuschen und scheitern. Dann ist es sicherer, wenn der Vorhang über Violettas Tod fällt, gereinigt, erleichtert und gestärkt nach Hause zu gehen und froh auf die nächste Aufführung und den nächsten Rettungsversuch zu hoffen.

Der Tod der Prostituierten ist Voraussetzung für die Reihung, die Auswechselbarkeit. Legitimiert durch ihre Treulosigkeit kann der Mann nach ihrem Tod seinerseits zur Nächsten gehen. In diesem Sinne gleicht ihr Tod dem Ende einer Masturbationsphantasie, bei der in der Spannungsentladung auch die erregende Phantasiegestalt in sich zusammenfällt.

Wer nun annimmt, nur Männer hätten Phantasien über Prostituierte, übersieht die weibliche Rührung angesichts von Glanz und Elend der »Traviata«. Zwar wurde der Operngeschmack zu Verdis Zeiten von Männern bestimmt: Frauen durften keine Opernbillets kaufen und nur in männlicher Begleitung in die Oper gehen (vgl. Beci 2000), ein Verständnis der Traviata wäre aber ohne Berücksichtigung ihrer Wirkung auf das weibliche Publikum unvollständig. Und die besteht nicht nur im barmherzigen Mitleid. In der *Kameliendame* erlaubt eine Versteigerung der Kleider und Möbel der toten Marguerite Gautier den Damen der feinen Gesellschaft, Interieur und Utensilien der großen Kokotte in Augenschein und Besitz zu nehmen. Dumas (1848, S.8) schreibt:

> »Wenn nun Damen von Welt (...) etwas zu sehen begierig sind, so ist es die Einrichtung solcher Frauen, deren Kutschen täglich ihre eigenen in Schatten stellen, die wie sie und neben ihnen in der Großen Oper und im Italienischen Theater ihre

Logen haben und Paris durch ihre freche Schönheit, durch ihre Juwelen und ihre Skandale in Aufregung halten.«

Durch den Blick aufs Innenleben der Kurtisane erhoffen die feinen Damen insgeheim, das Geheimnis ihrer Attraktivität zu erfahren und durch Ersteigerung deren Attribute als Fetisch einzuheimsen. Die Frauen im Opernpublikum, so könnte man sagen, bewegt *La Traviata*, weil sie sich wie die feinen Damen im Roman, ohne ihr Interesse zu deklarieren oder die gesellschaftliche Sicherheit aufzugeben, voyeuristisch mit der Kokotte identifizieren. Einmal so schön und begehrenswert sein, dass alle Männer nach ihrer Pfeife tanzten und ihr Vermögen für sie gäben, damit sie im Luxus schwelgen kann!

Der Aufsatz »Zur Psychologie der weiblichen Sexualität« (1932) der ungarischen Psychoanalytikerin Lillian Rotter erhellt solche weiblichen Wunschvorstellungen. In der Budapester Tradition von Ferenzi und Imre Hermann führt sie sie auf die Phantasie kleiner Mädchen zurück, mit dem Zauber ihrer Erscheinung Herzen und Glieder der Männer in Bewegung zu setzen, als gehörten sie ihr selbst.

Sei es, dass das kleine Mädchen bei Doktorspielen glaube, die Erektion ihres Spielgefährten verursacht zu haben, sei es, dass es erlebe, mit ihrem Charme die männliche Umgebung für sich zu gewinnen: Sie entwickelt die Phantasie, der männliche Penis gehöre zu ihrem Ich. Rotter (1932, S. 24) führt aus:

> »Diese Phantasie stützt sich vermutlich auf die Analogie der Mutterbrust-Säugling-Einheit, ist doch die Penis-Brust-Ähnlichkeit und die Gleichsetzung beider im Unbewussten ein täglicher Befund der Analyse. Das kleine Mädchen kann sich also unter gewissen Umständen vorstellen, daß ein Organ, welches zwar an anderen Personen zu erblicken ist, doch in seinen Wirkungskreis, in sein Ich hineingehört. Der Penis ist eine Art Maschine, die sie steuert, wie sie ja auch ihre Füße in Bewegung setzen kann, oder ihre Klitoris in Erregung bringt. Der Penis wäre also eigentlich das sichtbare Vollstreckungsorgan ihrer Gefühle oder ihres Willens.«

Der typische weibliche Tagtraum vom Manne, der für sie zu allem bereit sei, enthalte diesen Wunsch (den Mann zur Erektion zu verführen, d. h. seine Liebe zu erwecken) verhüllt. Sein Mittel sei die Exhibition, in abgeschwächter Form die Koketterie. Die verführerische Macht werde kompensatorisch gegen Kränkungen, Ohnmachts- und Verlassenheitsgefühle eingesetzt.

Zu ähnlichen Beobachtungen kommt Mechthild Zeul (1997) bei ihren Film-Analysen über das Phantasma der »phallische[n] Frau«. Wie Rotter sieht sie die kompensatorische Funktion von Allmachts-Phantasien bei Frauen darin, sich als femme fatale für die alltäglichen Frustrationen des Lebens und Liebens zu entschädigen (Zeul 1997, S. 27–42).

Das wäre der narzisstische Aspekt weiblicher Prostitutionsphantasien, ihr ödipaler sollte nicht vergessen werden.

378

Das gefallene Mädchen, die missratene Tochter könnte als Prostituierte dem Vater begegnen und im ödipalen Triumph sein Begehren erleben, aber auch seine Untreue, Doppelmoral und Verführbarkeit. Versteckte Phantasien dieser Art kennen wir aus der Literatur, etwa der »Salome« von Oskar Wilde, erleben sie aber auch bei unseren Patientinnen nicht so selten, entweder promiskuitiv ausgelebt oder in Verhältnissen mit einem reichen, älteren »Sugar-Daddy«.

Die Verbindung von Vatersehnsucht und Prostitutionsphantasie zeigt die Begegnung Violettas mit Germont. Ohne den Wunsch, seine liebe Tochter zu sein, käme es nicht zu ihrer Einwilligung, Alfredo preiszugeben. Fast könnte man sagen: Endlich ein Vater, der sich nicht verführen lässt, sondern die anerkennungshungrige Tochter in der Prostituierten sieht. Er aber kann, selbst wenn sie Alfredo treu ist, nur Entsagung, »Nicht-Sexualität« anerkennen. Nur ein Engel kann seine Tochter sein, keine sexuelle Frau.

Ob aus sexualisierter Vatersehnsucht, Wunsch nach Versorgung oder rachsüchtigem Wunsch, den Vater zu schockieren und zu demütigen: Prostitutionsphantasien vertragen sich nicht mit Reinheit, sondern sind Grund für Scham und Quelle von Schuldgefühlen. Unter dem gnädigen Deckmantel der Verirrung und Buße – wie von Violetta vorgeführt – werden sie gelindert. Deshalb schlagen die Frauen im Publikum nur zu gern die masochistische Volte und fühlen mit Violetta, die sich trotz Glanz und Glamour nach der wahren Liebe sehnt, im innersten Herzen treu still und unverstanden ihr Leid trägt und sich aufopfert bis in den Tod. Der Wunsch, sich »eigentlich« als verlassene Frau, Opfer, ja als Heilige zu sehen und die eigenen Untreue-Gelüste veredelnd zu bemänteln, motiviert hier weibliche Solidarität mit Violetta über Klassen- und Sittlichkeitsschranken hinweg. Zumal diese Solidarität glücklicherweise dank Violettas Tod folgenlos bleibt. Offenes Mitgefühl mit einer lebenden Prostituierten wäre schon schwieriger – wer möchte von beschränkten Mitmenschen womöglich mit »so einer« gleichgesetzt werden? Darüber hinaus könnte nicht jede Frau konkurrieren mit der schönen Lebedame und der Gedanke, sie könne den eigenen Mann verführen, oder habe es längst getan, ist so beunruhigend, dass er mit einem »Kreuziget sie!« beantwortet würde. Wie wohltuend, beschwichtigend und rührend ist da Violettas Botschaft an die »reinen« Frauen, dass sie sich für deren Glück opfere – hier fühlt sich das weibliche Publikum angesprochen und weint.

In ihrer Selbstopferung wird Violetta von der roten, sexuellen zur madonnengleichen, weißen Frau (vgl. Theweleit 1977). Dazu passt, dass sechs Wochen vor der *Traviata* eine andere Verdi-Oper uraufgeführt wird: *Il Trovatore*, in dem die Zigeunerin Azucena als Hexe verbrannt wird. Kurz nach Aufführung der veränderten *Traviata* wird dagegen am 10. 12. 1854 in päpstlicher Inszenierung das Dogma der Unbefleckten Empfängnis Mariä verkündigt (vgl. Abel

2000). »La Traviata« wandelt (sich) von der Hexe zur Heiligen, vereint im Tod beide Gestalten und wir dürfen dabei zugucken. Das macht ihre bleibende Faszination aus.

Literatur

Abel, N. (2000): Die Sünde vor dem Leben. La Traviata. Programmheft Staatstheater Kassel.

Beci, V. (2000): Verdi. Ein Komponistenleben. Düsseldorf, Zürich (Artemis & Winkler).

Brückner, M. (1983): Die Liebe der Frauen. Frankfurt a. M. (Neue Kritik).

Das Neue Testament. Nach der deutschen Übersetzung D. Martin Luthers. Revidierter Text 1956. Wiesbaden (Panorama).

Dumas, A. d. J. (1848): Die Kameliendame. Berlin 2002 (Aufbau).

Freud, S. (1910): Über einen besonderen Typus der Objektwahl des Mannes. Studienausg. Bd.5. Frankfurt a. M. (Fischer), S. 185–195.

Freud, S. (1912): Über die allgemeinste Erniedrigung des Liebeslebens. Studienaus. Bd.5. Frankfurt a. M. (Fischer), S. 199–209.

Frenzel, E. (1980): Die selbstlose Kurtisane. In: Dies. (Hg.) (2000): Motive der Weltliteratur. Stuttgart (Kröner), S. 437–453.

Henscheid, E. (1992): Verdi ist der Mozart Wagners. Ein Opernführer für Versierte und Versehrte. Stuttgart (Reclam).

Hirsch, M. (2002): Die Opferung des Kindes als eine Grundlage unserer Kultur, In: Schlösser, A.-M. & Gerlach, A. (Hg.) (2002): Gewalt und Zivilisation. Gießen (Psychosozial), S. 481–489.

Jerusalem, E. (1909): Selbstkommentar. In: Die Zukunft 17 S. 210–212

La Traviata. Oper in drei Akten von Giuseppe Verdi. Text von Francesco Maria Piave.

Quekelberghe, v. E. & Haas, E. T. (2000): Romeo und Julia von William Shakespeare. In: Jahrbuch Psychoanal. 42, S. 233–251.

Rotter, L. (1932): Zur Psychologie der weiblichen Sexualität. In: Dies. (1989): Sex-Appeal und männliche Ohnmacht. Psychoanalytische Schriften. Herausgegeben und begleitet von Andreas Benz. Freiburg i. B. (Kore), S. 19–31.

Schmidt, D. (Hg) (1996): Gebuchte Lust. Texte zur Prostitution. Leipzig (Reclam) .

Theweleit, K. (1977): Männerphantasien. 1. Frauen, Fluten, Körper, Geschichte. Frankfurt a. M. (Roter Stern).

Zeul, M. (1997): Carmen & Co. Weiblichkeit und Sexualität im Film. Stuttgart (Internationale Psychoanalyse).

Der Stoff, aus dem die Träume sind

Alessandro Bariccos Roman *Seide*

Eckhart Neumann

Seide von Alessandro Baricco beschäftigt sich mit der Seidenproduktion in Frankreich im vorletzten Jahrhundert. Es erzählt die Geschichte eines Mannes, der einer sehr verarmten Gegend über Jahrzehnte hinweg zu Wohlstand verhalf. Der Protagonist des Romanes reist in ferne Länder, begegnet einem despotischen Herrscher und schönen Frauen. Das Buch erzählt in einer poetischen Sprache die Geschichte dieser Reisen und Begegnungen. Es hat an Themen alles, was einen Bestseller ausmacht: Sex and »Crime« und Politik.

Personen, Landschaften, Ereignisse des Romanes – sie deute ich als symbolische, bildhafte Darstellungen von inneren Prozessen des Romanhelden Herve Joncour, seiner seelischen Konflikte und seiner Entwicklung. Ich beschreibe den Nachreifungsprozess eines Mannes, der zu Beginn der Handlung seelisch wenig entwickelt ist. Gemessen an seinen Wünschen scheitert er. Und doch wird er sich als ein Mensch erweisen, der seinen inneren Frieden damit gefunden hat, die Grenzen seiner Möglichkeiten auszuloten und zu erreichen. In seiner Person zeigt sich eine grundsätzliche Dimension menschlichen Lebens. Sehnsucht nach Erfüllung und Begrenzung unserer Möglichkeiten – dies sind die Themen des Buches. Das psychoanalytische Konzept des Ödipuskomplexes zentriert sich um diese Themen. Ich nutze es, um die Entwicklung des Romanhelden zu erklären.

Vera King schreibt dazu: »Ebenso wie die ödipalen Spannungen eine immer wieder auftauchende, mehr oder weniger intensive Arbeitsanforderung darstellen, durchziehen diese Prozesse der kreativen Neustrukturierung die gesamte, erwachsene Biographie« (King 1999, S. 206).
Personen der Handlung sind:
– Herve Jonvour: Romanheld
– Baldabiou: sein Freund und Förderer
– Hara Kei: ein Herrscher über eine Insel in Japan
– Die geheimnisvolle Fremde
– Nebenfiguren
Am Anfang des Romans ist Herve Joncour genauso unentwickelt wie seine Handelsware: die Eier von Seidenraupen. Er ist Zuschauer seines eigenen Lebens:

»er war einer jener Menschen, die ihrem Leben beiwohnen, während sie jegliches Bestreben, es zu leben, für unangebracht hielten. Man wird bemerkt haben, daß diese Menschen ihr Schicksal betrachten, wie die meisten für gewöhnlich einen Regentag betrachten« (Baricco 2000, S. 10).
Individualität fehlt ihm. Er ist passiv, gestaltet sein Schicksal nicht. So ist es Baldabiou, der Herve's Leben eine Richtung gibt. Baldabiou wählt ihn aus, Seidenraupen in Ägypten für das ganze Dorf zu kaufen. Herve fügt sich ihm, wie er sich dem Vater gefügt hatte, als dieser ihn dazu bestimmte, Offizier zu werden.

Wer ist Baldabiou?

Er ist ein Fremder, der vor Jahren wie aus dem Nichts ins Dorf kam. Zunächst begründet er die Seidenraupenzucht und die Seidenproduktion in Lavilledieu. Nach acht Jahren des aufkommenden Wohlstandes befällt in Europa eine Erkrankung fast die ganze Seidenraupenzucht.

Baldabiou formuliert die Tiefe der Krise, hat aber auch eine Lösung: »Es bleibt uns keine andere Wahl. Wenn wir überleben wollen, müssen wir dorthin« (S. 18). Dorthin, das ist Japan, und Japan liegt für das damalige Frankreich am Ende der Welt. In Japan sollen gesunde Seidenraupeneier gekauft werden, die die Seidenproduktion in Lavilledieu sichern können.

Schicksalhaft ist die Krise eingebrochen: »Und die ganze Welt, bis in ihre entlegensten Winkel schien dieser Hexerei ohne Erklärungen ausgeliefert zu sein« (S. 12). Auf Baldabious Rat hin reist Herve nach Japan.

An dieser Stelle will ich mit einer ersten Interpretation ansetzen. Herves Individuation ist das Thema. Sie ist ein schicksalhafter Prozess, dem oft eine tiefe Krise vorausgeht. Die Not dieser Krise ist der Motor für die Entwicklung von Herve Joncour. Die übermäßige Orientierung am Rationalen, die Verdrängung des Gefühls – daraus besteht die Krankheit, die den Entwicklungsstillstand und die Krise bringt. Dass allerdings der Weg ans andere Ende der Welt gehen soll, zeigt, wie entfernt, wie tief unbewusst die seelischen Bereiche sind, die Herve sich erobern muss. Bildlich drückt sich dies in der Abgeschiedenheit des Landes aus, in das er reisen soll. »200 Jahre lang hatte das Land vollkommen abgeschnitten vom Rest der Menschheit gelebt, denn es hatte jeglichen Kontakt mit dem Kontinent verweigert und jedem Fremden die Einreise verwehrt« (S. 20).

Wieder ist es Baldabiou, der den Weg weist. Er glaubt den Gerüchten, dass es in Japan außergewöhnlich schöne Seide gibt. Er glaubt, ist dem Gefühl, dem Irrationalen nahe. Er gibt sich nicht mit dem zufrieden, was offensichtlich ist, fragt nach dem, was außerhalb der Norm, was hinter dem Sichtbaren liegt. Er ist neugierig und gibt sein Wissen gerne weiter, sieht Entwicklungen voraus. Er ist der, der Veränderung bringt.

Zurück zum Roman. Nach einer langen und beschwerlichen Reise trifft Herve in Japan Hara Kei, den Herrscher über die Insel, auf die er gereist ist und eine geheimnisvolle fremde Frau.

> »Hara Kei saß mit gekreuzten Beinen im hintersten Winkel des Raumes auf dem Boden. Das einzige sichtbare Zeichen seiner Macht: eine reglos neben ihm liegende Frau, den Kopf auf seinem Schoß. Die Augen geschlossen, die Arme unter dem weiten roten Kleid verborgen, das sich auf der aschfarbenen Bastmatte wie eine Flamme ausbreitete. Er fuhr ihr mit der Hand langsam durchs Haar. Es sah aus, als streichele er das Fell eines kostbaren, schlafenden Tieres.« (S. 28)

Hara Kei fordert Herve auf, über sich zu erzählen: »Versuchen Sie mir zu sagen, wer Sie sind« (S. 29). Herve Joncour kommt dieser Aufforderung nach. Wie er über sich spricht zeigt, wie unbelebt er innerlich ist: »(...) in immer demselben Tonfall, und mit kaum angedeuteten Gesten (...) als gebe er die monotone, melancholische und sachliche Auflistung von Gegenständen wieder (...)« (S. 14). Seine Mission hat Erfolg, er kehrt mit den kostbaren Seidenraupeneiern zurück nach Frankreich. Die weitere Produktion von Seide ist gesichert.

Die Begegnung mit Hara Kei und dem Mädchen stellt einen Initiationsritus dar, in dem der fruchtbare Keim für das weitere seelische Wachstum von Herve gelegt wird. Das Mädchen symbolisiert vegetative, instinktive Sinnlichkeit. Hara Kei verkörpert den zweiten, seelischen Bereich, den Herve zu entwickel hat. Im Gegensatz zu seinem Vater, einem der Konvention verhafteten Menschen, symbolisiert Hara Kei als Herrscher den Mann, der sein eigenes Schicksal bestimmt. Als Paar stellen Hara Kei und die schöne Fremde die Vereinigung der Pole von Willen und sinnlicher Triebhaftigkeit dar. Sie zeigen seelische Vollständigkeit auf, symbolisieren seelische Bereiche, die Herve nachzuentwickeln hat.

Zurück in Frankreich hat es den Anschein, als vollzöge Herve einen Neubeginn: »Er (...) betrat das Städtchen zu Fuß, wobei er seine Schritte zählte, damit jeder von Ihnen einen Namen bekam und er sie nie wieder vergaß« (S. 36).

Erneut fährt er nach Japan. In einer erotischen und subtil spannungsreichen Szene begegnen sich Hara Kei, die geheimnisvolle Schöne und Herve. Von der Ferne sieht er:

> »Am Ufer des Sees (...) Hara Kei und eine Frau in einem orangefarbenen Kleid, deren offenes Haar auf die Schultern herabfiel. Als Herve Joncour sie entdeckte, drehte sie sich um, langsam und nur für einen Augenblick, gerade lang genug, um seinem Blick zu begegnen.«

Herve trifft dann Hara Kei. »Neben ihm lag einsam auf dem Boden ein orangefarbenes Kleid (...). Winzige, kreisförmige Wellen trugen das Wasser des Sees ans Ufer (...). Sie saßen nebeneinander und verbrachten Stunden damit, zu reden und zu schweigen« (S. 40/41). Und in der folgenden Nacht: »(...) er spürte die Leichtigkeit eines Seidentuches, das auf ihn herabsank. Und die Hände einer Frau – einer Frau, die ihn abtrocknete und seine Haut liebkoste, überall: diese Hände und dieses aus Nichts gesponnene Gewebe« (S. 48).

Vor einer im Hintergrund aufgespannten, ödipalen Szenerie – das Geschehen am See – geht es in dieser Nacht um Kontakt auf einer viel regressiveren Ebene, als es zunächst anmutet. Berührung und eine Belebung der Sinne ist das Thema, nicht sexuelle Regungen. Was geschieht, ist ganz unpersönlich, es geht nicht um personale Beziehung. Das Gesicht der jungen Frau ist in der Dunkelheit nicht zu erkennen. Ihre Berührungen verwandelt Herve. Was er gewinnt ist viel: die Fähigkeit, im Moment zu leben: »Und behutsam hielt er die Zeit an, solange er wollte« (S. 49).

Zurück in Frankreich fällt Herve wieder in seine übliche Passivität zurück, bis ihn die Neugierde weiter auf seiner Suche treibt. Er will den Zettel entziffern. den ihm die junge Frau in Japan in der Nacht zugesteckt hat.

Wieder ist es Baldabiou, der ihm dem Weg weist. Er gibt ihm die Adresse von Madame Blanche, einer Japanerin, die in Nimes ein Stoffgeschäft und ein Bordell betreibt. Sie übersetzt für Herve den Zettel: »Kommen Sie zurück, oder ich sterbe« steht auf dem Papier. Madame Blanche sagt noch: »(...) diese Frau. Sie wird nicht sterben, und Sie wissen das« (S. 56).

Nur scheinbar ist dies ein Widerspruch. Denn es geht um Inneres. Nicht diese konkrete Frau, sondern seine Suche nach dem Gefühl, nach der Sinnlichkeit wird sterben, und damit etwas von ihm, wenn er diesem Ruf nicht folgt.

Sinnlichkeit, Sexualität und eine unentwickelte Beziehungsfähigkeit sind Herve's innere Themen. So wie Herve's Beziehung zu seiner Frau Helene unerfüllt ist – ein lange bestehender Kinderwunsch bleibt unerfüllt – so ist es die Beziehung zu sich selbst. Die Figur seiner Frau symbolisiert einen Persönlichkeitsanteil von ihm selbst, zu dem er wenig wirkliche Verbindung hat. Die Entwicklung der Beziehung zwischen Herve und Helene in der folgenden Handlung symbolisiert auf einer subjektstufigen Ebene die Entwicklung der Beziehung zu sich selbst.

Nach dem Besuch in Nimes tritt wieder eine Phase der Ruhe und der Verinnerlichung des Erlebten ein. Doch dann gibt Baldaboiou – erneut für ihn entscheidend – den Anstoß für eine weitere Reise nach Japan. Baldabiou wird hier erkennbar als Figur, die das Selbst verkörpert, als die Instanz, die die innere Entwicklung vorantreibt.

Nach einer beschwerlichen Reise kommt Herve in Japan an. Alles ist ganz anders als vorher: »Er fand ein Land in der chaotischen Erwartung eines Krieges vor« (S. 62/63).

Auch im Dorf ist alles anders. Die große Voliere ist geöffnet, die Vögel fliegen im Himmel darüber, davor steht die junge, geheimnisvolle Fremde.

Diese Szenerie intrapsychisch gedeutet: Das Land in Auflösung ist Sinnbild dafür, dass alte Abwehrformationen in Auflösung sind. In der Person Hara Keis erscheint diese Veränderung wieder: Das Zeichen seiner Macht, die gefangenen Vögel sind frei, die Voliere ist leer. Er ist depotenziert, hat die Macht der Kontrolle über das Verdrängte verloren. Hier ist eine intrapsychische Konstellation symbolisiert, die ein bislang stark verdrängtes ödipales Begehren direkter zugänglich darstellt. Szenisch dargestellt ist dies so: Die Fremde und Herve begegnen sich auf einem Fest. »Tausendmal suchte er ihre Augen, und tausendmal fand sie die seinen. Es war eine Art trauriger Tanz, heimlich und ohnmächtig. Herve Joncour tanzte ihn bis tief in die Nacht hinein« (S. 68/69). Die geheimnisvolle Fremde übergibt anschließend Herve eine Stellvertreterin, mit der er eine aufregende erotische Nacht verbringt. Diesmal ist es die sexuelle Erfahrung, wieder nicht die personale Beziehung, um die es geht:

> »Herve Joncour hatte dieses Mädchen nie zuvor gesehen, und er sah es auch in dieser Nacht niemals wirklich. In dem Zimmer ohne Licht spürte er die Schönheit ihres Körpers und lernte ihre Hände und ihrem Mund kennen. Er liebte sie Stunde um Stunde, mit Gesten, die er nie vollführt hatte, und er ließ sich in einer Langsamkeit unterrichten, die ihm unbekannt war.« (S. 71)

Am nächsten Morgen ist Hara Kei nicht mehr da, die Voliere geschlossen und voller Vögel. Was befreit war, ist wieder eingeschlossen.

Hier ist dargestellt, wie der Zugang zum ödipalen Begehren eine Entwicklung des sexuellen Erlebens freisetzt. Dies erleben wir häufig in Analysen, wenn Patienten in der Übertragung uns in die Stelle der gegengeschlechtlichen Elternimagines einsetzen, und es zu libidinösen Wünschen an uns kommt. Nach deren Durcharbeiten ist häufig zuvor scham- und angstbesetztes sexuelles Erleben erweitert und vertieft möglich.

Allerdings ist das Inzesttabu weiter wirksam: Die geheimnisvolle Fremde ist nicht direkt erreichbar und nach der Nacht, in der Herve eine Art sexuelle Initiation erlebte, ist die Voliere wieder verschlossen. Die Verdrängung ist wieder in Kraft, nachdem das ödipale Mutterimago zugänglich und damit der Inzestwunsch erlebbar geworden ist. Dass die Fremde selbst nicht seine Liebespartnerin wurde, ist folgerichtig: Es geht um Zugang zu Imagines und damit verbundenen Wünschen, nicht um eine Realisierung des Inzestwunsches selbst.

Japan, das er in Aufruhr vorfand, ist Sinnbild seiner inneren Bewegung. Der Prozess der Verinnerlichung schreitet fort: Herve beschäftigt sich mit den Plänen für seinen Park, die Beziehung zu seiner Frau vertieft sich im Urlaub: »Sie verließen die kleine Villa mit Bedauern, denn in diesen Räumen hatten sie hauchzart das Glück, sich zu lieben, kennen gelernt« (S. 82).

Doch sein Weg führt ihn weiter. Trotz vieler Warnungen zieht es ihn erneut nach Japan. Zum ersten Mal in seinem Leben entscheidet er selbst: »Hervé Joncour schaute eine Weile auf den Park, den es noch nicht gab. Dann tat er etwas, was er noch nie in seinem Leben getan hatte. ›Ich fahre nach Japan, Baldabiou‹« (S. 85).

Dort angekommen, irrt er umher. »Am Ende der Straße fand er Hara Keis Dorf: vollkommen niedergebrannt. Häuser, Bäume, alles. (...) Mit einem Mal sah er, was er für unsichtbar gehalten hatte. Das Ende der Welt« (S. 89).

War das Ende der Welt zuvor ein Symbol für etwas Ungreifbares, aber Erlebbares, das Hervé's Existenz erweiterte, so zeigt sich hier das Bild in seiner Bedeutung gewandelt. Nun ist es das Symbol für eine seelische Grenze, die zu überschreiten Gefährdung bedeutet.

Und Hervé überschreitet sie »Aus dem Nichts tauchte plötzlich ein kleiner Junge auf« (S. 90). Hervé folgt ihm »(...) über das Ende der Welt hinaus. (...) Hervé Joncour wusste nicht, wohin es ging, doch er ließ sich von dem Jungen führen« (S. 90/91). Sie treffen auf Hara Kei und eine mit bunten Seidentüchern verhängte Sänfte, in der offensichtlich die schöne Fremde ist. Hara Kei ist abweisend: »Hier gibt es nichts für sie. (...) Gehen Sie.« (S. 94). Hara Kei gebietet ihm, nicht zur Sänfte aufzuschauen, die vorbeigetragen wird, das Gewehr an der Stirn. Doch Hervé kann dem Drang, aufzuschauen, nicht widerstehen. Hara Kei verschont ihn. Doch trotz aller Lockungen bleibt die schöne Fremde verhüllt »Wundervolle Tücher. Seide, rings um die Sänfte, unzählige Farben, Orange, Weiß, Ockergelb, Silbergrau, nicht ein Spalt in diesem undurchdringlichen Nest, nur das Rauschen der Farben, die in der Luft wogten, undurchdringlich und leichter, als das Nichts (...)« (S. 99). Hier zeigt sich die Verbildlichung eines Tabus, Hara Kei als dessen Hüter. Er und die Fremde sind Abbilder des ödipalen Elternpaares. Die verhüllte Sänfte ist ein Symbol für die Urszene, zu der das Kind keinen Zugang hat. Die Erschütterung Hervé's bezeichnet die Erschütterung des Kindes, das diese Zusammenhänge begreift.

So wird diese Reise für Hervé zur absoluten Grenzerfahrung. Er kommt mit Zerstörung, Grausamkeit und Tod in Berührung, erfährt Angst, Trauer und Schuld.

»Hervé hielt sich noch stundenlang in den Trümmern des Dorfes auf. Er brachte es nicht fertig, fortzugehen, obwohl er wusste, daß jede Stunde, die er dort verlor, für ihn und ganz Lavilledieu katastrophale Folgen haben konnte. (...) Schon ein einziger Tag Verspätung konnte das Ende bedeuten. Er wusste das, und trotzdem brachte er es nicht fertig, fortzugehen.« (S. 90)

Er ist so gebannt von der Zerstörung, dass er sich von ihrem Anblick nicht lösen kann, genauso, wie er vorher dem Jungen folgen musste, der sein Führer in das Reich des Tabus war. Der Junge ist 14 Jahre alt, in einer seelischen Umbruchphase, in der Pubertät. Hier ist die Schwelle zum Erwachsenwerden angedeutet, die eine erneute Auseinandersetzung mit dem ödipalen Tabu notwendig macht. So ist nur folgerichtig, dass Hara Kei hier drastisch das Tabu durchsetzt. Ganz im Gegensatz zu den früheren Begegnungen, in denen er fördernder, das libidinöse Erleben erweiternde Figur war, begrenzt er nun Herve's Leidenschaft.

Dass es hier das ödipale Tabu ist, um das es geht, macht Sinn. Es ist das Inzesttabu, das Grenzerfahrung vermittelt und dessen Internalisierung die Erfahrung jeder Begrenzung seelisch organisiert.

Herve's Berührung mit diesem Erfahrungskreis erschüttert ihn zutiefst: »Nichts als Schweigen, die Straße entlang. Auf dem Boden der Körper eines Jungen. Ein kniender Mann. Bis zum letzten Tageslicht« (S. 100).

Herve geht zu spät auf die Rückreise. Die mitgebrachten Seidenraupeneier öffnen sich auf dem Weg und sind unbrauchbar. Ohne Arbeit in den Seidenspinnereien droht dem Dorf aber Elend und Hunger. Hier finden sich Symbole für Entwicklungsstillstand und existenzielle Gefährdung. Es ist eine seelische Traumatisierung mit Affektdurchbrüchen und Kontrollverlust literarisch beschrieben.

Der nun folgende Verinnerlichungsprozess ist im Bild des Anlegens des Parks ausgedrückt, mit dem sich Herve in der Folge beschäftigt, und damit auch die Einwohner des Dorfes materiell versorgt.

Grenzerfahrung und Verzicht bedingen einander. Dass dies nicht ohne schmerzliche Affekte abgeht, wird in einem Gespräch zwischen Herve und Baldabiou deutlich. Herve: »Nicht einmal ihre Stimme habe ich je gehört (...): Es ist ein sonderbarer Schmerz. (...) Vor Sehnsucht nach etwas zu vergehen, das man nie erleben wird« (S. 108).

Nachdem der Park fertig ist – also nach Abschluss einer erneuten Phase der Verinnerlichung – geht Herve's Entwicklung weiter. Er erhält einen Brief mit japanischen Schriftzeichen, der seine Suche erneut in Bewegung bringt. Madame Blanche übersetzt diesem Brief, in dem die unbekannte Frau zu Herve spricht und in einer intensiven und hocherotischen Szene schildert, wie sie und Herve sich in einem Liebesakt vereinen. In dieser phantasierten Vereinigung geschieht etwas Endgültiges: »dieser Augenblick wird da sein, er wird von jetzt an da sein, bis zum Ende« (S. 119). Der Brief schließt mit einer Grenzziehung und einem Abschied: »Wir werden uns nicht wiedersehen, Monsieur. (...) Was für uns möglich war, haben wir getan« (S. 120).

Nach diesem Treffen kehrt Herve zurück und verlebt Jahre des Glücks mit seiner Frau. Er hatte sich entschieden: »Für das überschaubare Leben eines Mannes, der keine Bedürfnisse mehr hat. Er verbrachte seine Tage im Schutz maßvoller Gemütsbewegungen« (S. 122). Eine Entwicklung schien ihr Ende gefunden zu haben, Herve innerlich zur Reife gelangt. So sah es auch Herve: »Wenn man ihn danach gefragt hätte, hätte Herve Joncour geantwortet, daß sie immer so weiter leben würden« (S. 122).

Doch einige Jahre später verstirbt Helene unerwartet und unerklärlich. An ihrem Grab findet er – nach Monaten stiller Trauer und Rückzug – blaue Blumen. Wieder ist hier ein Ruf, die Blumen erinnern an Madame Blanche. Herve reist zu ihr und erfährt, dass seine Frau den Brief geschrieben und Madame Blanche ihn übersetzt hat.

Madame Blanche sagt ihm, dass der Brief von seiner Frau war. Sie sagt ihm aber auch: »Wissen Sie, Monsieur, sie wünschte sich mehr als alles auf dieser Welt, jene Frau zu sein« (S. 130). Das Geheimnis der Fremden bleibt ungelöst. War seine Frau nun diese Fremde, oder war sie es nicht? Herve bleibt für immer in dieser Ungewissheit.

Hier nun findet seine Entwicklung ihren Abschluss. Herve findet innere Ruhe.

> »Herve Joncour lebte noch dreiundzwanzig Jahre und den größten Teil davon in Frieden und bei guter Gesundheit. Er entfernte sich nie mehr aus Lavilledieu.(...) Bisweilen, an windigen Tagen, ging er zum See hinunter und schaute stundenlang hinaus, denn es schien ihm, als zeichne sich auf dem Wasser das unerklärliche, schwerelose Schauspiel dessen ab, was sein Leben gewesen war.« (S. 131–132)

Das Buch stellt am Ende Herve Joncour als einem Menschen dar, der nach einem abenteuerlichen Leben mit intensiven Begegnungen und tragischen Verlusten jenseits der Umtriebe der Geschlechtlichkeit und des Schmerzes von Verlusten inneren Frieden gefunden hat.

Als Psychoanalytikerinnen und Psychoanalytiker mögen wir das Buch befremdet, unbefriedigt, vielleicht sogar verärgert zur Seite legen. Fehlt nicht etwas? Wir mögen unseren psychoanalytischen Rotstift an den Text ansetzen und in einen fachlich gefärbten Geschlechterkampf eintreten.

Die Frauen sagen vielleicht: Herve bleibt den Frauen etwas schuldig, er nimmt nur von ihnen, sie bleiben narzisstische Objekte seiner Verlebendigung, nicht eigenständige Personen.

Die Männer könnten entgegenhalten: Auch seine Frau bleibt ihm eine Auseinandersetzung schuldig. Sie artikuliert ihr weibliches Begehren nach ihm nicht, ist ihm nicht die ersehnte, erotische Partnerin.

Gemeinsam mögen wir Hypothesen bilden: Im Buch ist die Geschichte eines Menschen in einer präödipalen Nachreifung dargestellt, die zu einer Entwicklung in das ödipale Erleben hineinführt. Aufgrund einer Traumatisierung, deren Genese der Leser nicht erfährt, kommt es nicht zu einer dann weitergehenden seelischen Reifung, die den Ödipuskomplex transzendiert. Folgt man Blass (2002) kann man beschreiben, dass Herve die Repräsentanz eines Elternpaares fehlt, das eine Beziehung unter gegenseitiger Achtung als eigenständige Personen führt. Er bleibt an ein Mutterobjekt gebunden bleibt, das Züge einer präödipal versorgenden und einer libidinös verführerischen Mutter trägt. Ihm fehlt eine Vaterrepräsentanz, die ihn triangulierend aus der Niederlage des Ödipuskomplexes heraus führt. Sein in Selbstzufriedenheit geführtes Leben am Schluss des Buches stellt eine narzisstische Abwehrphantasie dar, die wirkliche Bedürftigkeit und Konflikte aus wechselseitiger Beziehung abwehrt.

Ich meine, dass sich das Buch neben allen eben beschriebenen Themen mit dem männlichen Wunsch beschäftigt, neben der Fähigkeit zu aktiver Lebensbewältigung emotional offen und aufnehmend sein zu können, ohne dass dies mit der Suche nach einer versorgenden Mutter verwechselt wird.

Jenseits aller Theorie: Das Buch spricht an. Es lässt viele Fragen offen und ermöglicht verschiedene, gleichwertige Interpretationen. Unsere psychoanalytischen Konzepte der psychosexuellen Entwicklung werfen ein Licht darauf, was an inneren Vorgängen des Protagonisten dargestellt ist. Allerdings: Was für uns als Analytikerinnen und Analytiker erhellend sein mag, ist für andere gänzlich unnötig, denn viele Leserinnen und Leser haben das Buch mit großem Vergnügen zur Hand genommen, auch ohne diese Konzepte zu kennen.

Vielleicht liegt dies daran, dass in diesem Roman zeitlose Themen angesprochen sind: die Sehnsucht nach intensiver sexueller Begegnung. Die Suche nach einem abenteuerlichen und erfüllten Leben, den Wunsch nach leitenden Vaterfiguren, die entwicklungsfördernd sind. Es zeichnet Bilder von innerem Frieden und Selbstgenügsamkeit.

Literatur

Akthar, S.; Kramer, S. & Parens, H. (Hg.) (1997): Frankfurt(Fischer).

Argelander, H. (1972): Der Flieger. Frankfurt (Suhrkamp).

Baricco, A. (2000): Seide. München (Dtv).

Blass, H. (2002): Das Bild des genügend guten Vaters und die männliche Fähigkeit, eine Frau achten zu können. In: Kinderanalyse 1, S. 63–92.

Brech, E.; Bell, K. & Marahrens-Schürg, C. (Hg.) (1999): Weiblicher und männlicher Ödipuskomplex. Göttingen (Vandenhoek & Ruprecht).

Gast, L. & Körner, J. (1999): Ödipales Denken in der Psychoanalyse. Tübingen (edition diskord).

Grunberger, B. (1982): Narziß und Ödipus und die Entwicklung der psychoanalytischen Theorie. In: Psyche 6, S. 515–540.

King, V. (1999): Der Ursprung im Inneren. In: Brech, Bell, Marahreus-Schürg (Hg.): Weiblicher und männlicher Ödipuskomplex. Göttingen (Vandenhoeck & Ruprecht), S. 204–229.

Köhler, L. (1978): Theorie und Therapie narzißtischer Persönlichkeitsstörungen. In: Psyche 11, S. 1001–1058.

Krause, R. (1998): Allgemeine Psychoanalytische Krankheitslehre. Bd. 2. Stuttgart (Kohlhammer).

Meng, H.; Schleske, G. & Bürgin, D. (2002): Trianguläre Phänomene in der Behandlung Jugendlicher im milieutherapeutischen Setting. Teil 1. In: Kinderanalyse 1, S. 22–39.

Meng, H.; Schleske, G. & Bürgin, D. (2002): Trianguläre Phänomene in der Behandlung Jugendlicher im milieutherapeutischen Setting. Teil 2. In: Kinderanalyse 2, S. 142–160.

Mertens, W. (1993): Entwicklung der Psychosexualität und Geschlechtsidentität. Bd. 1. Berlin (Kohlhammer).

Mertens, W. (1993): Entwicklung der Psychosexualität und Geschlechtsidentität. Bd. 2. Berlin (Kohlhammer).

Neumann, E. (1949): Ursprungsgeschichte des Bewusstseins. Zürich (Rascher).

Poluda, E. (1999): Die psychosexuelle Entwicklung der Geschlechter im Vergleich. In: Forum der Psychoanalyse 2, S. 101–119.

Reiche, R. (2000): Geschlechterspannung. Gießen (Psychosozial).

Rohde-Dachser, C. (1987): Die ödipale Konstellation bei narzißtischen und Borderline-Störungen. In: Psyche 9, S. 773–799.

Rupprecht-Schampera, U. (1987): Frühe Triangulierung in der Hysterie. In: Psyche 7, S. 637–664.

Salber, W. (1997): Traum und Tag. Bonn (Bouvier).

Schneider, G. & Seidler, G. (Hg.) (1995): Internalisierung und Strukturbildung. Opladen (Westdeutscher Verlag).

Schon, L. (1995): Entwicklung des Beziehungsdreiecks Vater-Mutter-Kind. Stuttgart (Kohlhammer).

Streeck-Fischer, A. (1994): Entwicklungslinien der Adoleszenz. In: Psyche 6, S. 509–528.

Will, H. (1994): Phänomenologie der Depression. In: Psyche 48, S. 361–385.

Wolf, E. (1996): Theorie und Praxis der psychoanalytischen Selbstpsychologie. Frankfurt (Suhrkamp).

Psychoanalytische Beiträge zur Nationalsozialismusforschung

Gudrun Brockhaus

Die Bereitschaft der Menschen, sich der »Katastrophenpolitik« (Adorno) des Nationalsozialismus zu überantworten, lässt sich mit der Annahme rationaler Motive nicht ausreichend erklären. So liegt es nahe, in der Psychoanalyse, deren Thema die Aufhellung unbewusster Bedeutungen ist, Schlüssel zum besseren Verständnis der Tatsache zu finden, dass sich in einem zivilisierten und hochentwickelten Land mit einer großen Bildungstradition und einer machtvollen sozialistischen Bewegung ein Regime durchsetzen konnte, das die Menschen ohne nennenswerten Widerstand in Vernichtungskrieg und Genozid führen konnte.

Antworten auf die Frage nach der Massengefolgschaft sind ein wichtiger Beitrag, den die Psychoanalyse für die Nationalsozialismusforschung leisten kann, wichtig nicht nur zum Verständnis der Vergangenheit, sondern auch für den heutigen Kampf gegen faschistische und rechtsradikale Bewegungen. Im Folgenden werde ich mich auf diese Frage beschränken und mich dabei vorwiegend auf ältere Texte beziehen, die zu Unrecht vergessen sind.

Zunächst geht es um Studien, die vor und während der NS-Herrschaft entstanden. Sie fragen nach der Anziehungskraft der Nazis für so viele Menschen und finden sie in emotionalen, unbewussten Motiven. Die Analysen von Ernst Bloch, Wilhelm Reich, Max Horkheimer, Erich Fromm, Theodor W. Adorno, Thomas Mann, Erik H. Erikson, Henry Lowenfeld – fast alle als Juden und Linke selbst von den Nazis verfolgt und ins Exil gezwungen – sind auch heute noch in ihrer Originalität und Differenziertheit unübertroffen.

Zum Zweiten möchte ich die Argumentationsweise der psychoanalytischen Biographien über Hitler, Goebbels, Höß etc. vorstellen und deren Nutzen zum Verständnis des Nationalsozialismus kritisch diskutieren.

Zum Dritten will ich skizzieren, wie die Freudschen Thesen zur Massenpsychologie zur Erklärung des Funktionierens des Nazi-Regimes verwendet wurden, insbesondere bei Alexander und Margarete Mitscherlich (1977). Kritische Überlegungen gelten ihrer Annahme kollektiver unbewusster Phantasien, die sich ähnlich auch in neueren Arbeiten, z. B. bei Bohleber (1997, 2002) oder Kernberg (2001) finden.

Dass der Faschismus nicht nur mit Zwang und Terror funktionierte, sondern auch von einer Massenbewegung getragen wurde, hat – so Adorno

(1955, S. 43) – notwendig gemacht, die »Theorie der Gesellschaft durch (...) analytisch orientierte Sozialpsychologie zu ergänzen«, »die einzige, die im Ernst den subjektiven Bedingungen der objektiven Irrationalität nachforschte«, die verständlich machen kann, was in den Menschen den Botschaften des Nationalsozialismus entgegenkam.

In dem seit Ende der 20er Jahre von Max Horkheimer geleiteten Frankfurter Institut für Sozialforschung, das sich eine kritische Theorie der Gesellschaft zum Ziel setzte, wurden deshalb psychoanalytische Zugangsweisen in die soziologischen, ökonomischen, geistesgeschichtlichen und philosophischen Ansätze integriert. Schon vor dem Sieg der Nazis führte das Institut unter der Leitung des Psychoanalytikers Erich Fromm eine große interdisziplinäre Studie durch, die zum Ziel hatte, zu verstehen, wie und warum es gelingt, dass die Menschen sich Unterdrückung, Ausbeutung und ungerechter Herrschaft gehorsam unterwerfen. Die Befragung von Arbeitern und Angestellten und die theoretische Analyse ergaben, dass bei vielen, auch politisch links Eingestellten ein großes Ausmaß an autoritären und aggressiven Dispositionen zu finden war[1]. Im Unterschied zu vielen anderen waren deshalb die Mitglieder des Instituts für Sozialforschung über den Erfolg der Nazis nicht überrascht und teilten nicht die Illusion, dass das Nazi-Phänomen ein schnell verschwindender Spuk sei. Sie transferierten bereits 1933 das Institut ins Ausland und setzten ihre Untersuchung der psychischen Konstellationen, die die Menschen potenziell anfällig für die faschistische Ideologie macht, im amerikanischen Exil fort. 1950 wurde die große Studie über die psychischen Hintergründe der Faschismusfälligkeit *The Authoritarian Personality* veröffentlicht; sie ist bis heute nur teilweise auf deutsch erschienen (Adorno 1950).

Diese Integration der Psychoanalyse in die Faschismus-Forschung existiert heute nicht mehr. In den Gesamtdarstellungen der NS-Historiker werden psychoanalytische Ansätze, wenn überhaupt, nur kurz und meist äußerst kritisch erwähnt. Das gilt auch für die meistdiskutierten Bücher über den Nationalsozialismus der letzten Jahre – die Hitler-Biographie von Kershaw (1998, 2000), die Arbeiten von Goldhagen (1996), Browning (1998)und Bauman (1992).

Der Soziologe Heinz Bude (1992) hat in seiner zusammenfassenden Darstellung der Arbeiten über die Nachwirkungen des Nationalsozialismus *Bilanz der Nachfolge* die Chancen zu einer interdisziplinären Zusammenarbeit sehr skeptisch beurteilt. Zu verschieden sei der Blick auf die Welt – so sei die Unterstellung unbewusster Motive und die Ursachensuche in der Familiensituation den auf Strukturzusammenhänge orientierten Soziologen ebenso fremd wie den auf die präzise Beschreibung singulärer Ereignisse konzentrierten Historikern.

Mehr als 80 Jahre sind Öffentlichkeit und Wissenschaft mit dem Nationalsozialismus konfrontiert. Die zwölf Jahre der NS-Herrschaft sind in der
Geschichtswissenschaft die mit großem Abstand am intensivsten erforschte historische Epoche. Auch psychoanalytische Arbeiten liegen in einer großer Vielzahl
vor. In den letzten Jahren allerdings befassen sich die psychoanalytischen Arbeiten eher mit Gegenwartsthemen wie Rechtsradikalismus, Wiedervereinigung,
Antisemitismus und Terrorismus als mit der Bearbeitung der NS-Geschichte,
wenngleich das Thema Nationalsozialismus mit angesprochen ist. Implizite
Thesen über die Psychologie des Nationalsozialismus enthalten insbesondere die
zahlreichen Studien über die Nachwirkungen der NS-Vernichtungspolitik auf
die überlebenden Opfer und die Generation ihrer Kinder und Enkel, sowie die
Arbeiten über das fortwirkende NS-Erbe aufseiten der Täter[2].

Wonach gefragt wird, welche Themen sich vordrängen, hängt mit der
aktuellen politischen Situation, den Debatten in der Öffentlichkeit und der
Position des Forschers zusammen. Die frühen Arbeiten von Bloch, Horkheimer, Fromm oder Reich sind Teil der Auseinandersetzung der linken und
kommunistischen Intelligenz mit der Linie der Kommunistischen Partei wie
mit der eigenen existenziellen Bedrohung durch die Nazis.

Die Studien zur Autoritären Persönlichkeit sind von der Sorge getragen,
dass sich auch in Amerika eine faschistische Entwicklung vollziehen könnte.
Die Analyse der Mitscherlichs ist am Ende der Nachkriegsära des »Keine-
Experimente«-Deutschland in der Aufbruchszeit der Studentenbewegung
verfasst. Die Arbeiten der letzten Jahre sind auf dem Hintergrund der hoch-
emotionalen NS-Debatten zu sehen, die von Schuldzuweisungen und Vorwürfen der Verharmlosung oder der Identifizierung mit den NS-Tätern geprägt
waren, auch in der Analytikerzunft.

Psychologische Fragestellungen in der Frühzeit
der NS-Bewegung und während der Nazizeit

Horkheimer sagt 1939: »Der Faschismus ist die Wahrheit der modernen Gesellschaft« (Horkheimer 1939, S. 4). Für die Kritische Theorie ist die Ohnmachts-
situation des Menschen gegenüber Großkapital und technischer Massenpro-
duktion, sind Verdinglichung und Entfremdung der Boden, auf dem die faschistische Führer-Ideologie, Nationalismus und Rassismus greifen können. Insofern teilten die Analytiker, die sich bereits vor 1933 und während der
Naziherrschaft mit dem Nationalsozialismus auseinander setzen, die kapitalis-
muskritische Position der Linken. Aber sie kämpften gegen die Wahrneh-
mungssperre in der linken Öffentlichkeit und den Parteien gegenüber den
Erfolgen der Nazis, die Menschen emotional für sich zu gewinnen.

Die Parteikommunisten begegneten psychologischen Erklärungen des Massenerfolges der Nazis mit Verachtung, berichtet Lowenfeld (1935, S. 577) aus dem tschechischen Exil. Es sei sehr schwer gewesen, sich diesem Druck zu entziehen. Wilhelm Reich bezahlte seine *Massenpsychologie des Faschismus* 1934 mit dem Ausschluss aus der Kommunistischen Partei (die Analytiker schlossen ihn im gleichen Jahr aus der IPG aus). So kann man den Mut und die geistige Freiheit dieser Intellektuellen nur bewundern, die sich sowohl gegen die Nazis wie gegen die eigenen Gesinnungsgenossen wehrten. Sie warnten davor, die Nazis und die NS-Ideologie nicht ernst zu nehmen[3]. Ganz offensichtlich – so ihre übereinstimmende Diagnose – kamen dem propagandistischen Angebot der NS-Bewegung emotionale Bedürfnisse der Menschen entgegen, die man nicht einfach diffamieren oder vernachlässigen könnte. Ernst Bloch (1935) diagnostiziert bereits 1924, der Erfolg Hitlers verdanke sich gerade nicht ökonomischen Versprechungen, Hitler rücke vielmehr Wirtschaft und Tagespolitik an die Peripherie und beschwöre statt dessen den opferbereiten Einsatz für Höheres: das Reich, das Volk, das Vaterland. Den »öden Bierstudenten«, den kleinen Beamten »hämmert ihr Herz« (S. 162), weil – so Bloch – die Nazis eine heroische Selbstidealisierung stimulieren. Ihre Anhänger können sich aus einer Welt von Alltagsmühsal und Kompromisspolitik herauskatapultieren in eine Sphäre von Unbedingtheit, vehementer, quasireligiöser Leidenschaft, »aufgewühlter Glaubenskraft«. Bloch nimmt hier die Benjaminschen (1936) Einsichten über die Ästhetisierung als Hauptmerkmal der NS-Politik vorweg. Sie macht die Realitätsverachtung zur Tugend und gestattet damit ein manisches Triumphgefühl. Die Realitätsprüfung wird suspendiert, Ich und Ich-Ideal können zusammenfallen.

Der Erfolg der Nazis erklärt sich aus ihrem Versprechen auf eine totale Veränderung der Gesellschaft. Die Nazis – so Bloch, Reich, Fromm und andere – zeigten eine revolutionäre Geste und bedienten gleichzeitig die Angst vor der Freiheit. Wilhelm Reich (1937, S. 244) konstatiert 1934 »daß die Massen zu Hitler liefen, weil sie eine Umwälzung wünschen, jedoch gleichzeitig Angst vor der Revolution hatten«. Diese Analyse finden wir auch bei Bloch und vor allem im Zentrum der Faschismusanalyse von Erich Fromm (1945), die er 1941 unter dem Titel *Escape from Freedom* veröffentlichte. In einem weiten geschichtlichen Bogen beschreibt Fromm eine lange deutsche Tradition, hinter einem revolutionären Gestus Unterwerfungsbereitschaft und -lust zu praktizieren – ein prominentes Beispiel ist für ihn Martin Luther. Lowenfeld (1935, S. 570/571) verweist auf weitere »Bestandteile deutscher nationaler Kulte«, z. B. die Idealisierung von Nibelungentreue und sadistischen Militärritualen, den kultischen Umgang mit »Prügelexerzitien«.

Mehr noch als in deutschen Traditionen sehen die Autoren diese widersprüchlichen Bedürfnisse in der kapitalistischen Ökonomie begründet. Lowenfeld (1935, S. 566) diagnostiziert 1935: »Die Verlorenheit des Einzelnen gegenüber der Übermacht des Schicksals, das ihn zum Spielball anonymer wirtschaftlicher Kräfte machte, die Ohnmacht des Menschen gegenüber der Maschine – all das hat neben den materiellen auch die seelischen Grundlagen der Existenz zusammenbrechen lassen.« Hinzu kommt die ungeheure Enttäuschung über die Weltkriegsniederlage und die wirtschaftlichen Katastrophen der Nachkriegszeit, Inflation und Arbeitslosigkeit, der Zusammenbruch aller Vorkriegsordnungen. Der Wunsch nach Flucht aus der Realität ist die Folge der Verzweiflung über den totalen Verlust aller Potenzen, die eigenen Lebensumstände kontrollieren und verändern zu können. Neben hilfloser Angst steht auch Enttäuschung und Hass auf die Mächtigen. Lowenfeld sieht den Erfolg der NS-Ideologie in dem Angebot der gleichzeitigen Befriedung von Angst und der Möglichkeit einer ersatzweisen Befriedigung der sadistischen Impulse. Die NS-Ideologie von der Wiedergeburt des deutschen Reiches gebe Schutz in der Unterordnung unter die alten, immer schon anerkannten Autoritäten, und erlaube gleichzeitig mit der Freigabe aller Gegner als Ziel von Hass und Rache eine »beispiellose Entfesselung aggressiver Triebelemente« (S. 569).

»Das Eigentümliche und tatsächlich Wirksame an der faschistischen Haß-Ideologie ist aber, daß es ihr gelang, die aggressiven Impulse als erlaubt, gestattet, ja geboten hinzustellen, als Erfüllung alter Väter-Traditionen, so daß ihre Anhänger die größten Grausamkeiten begehen und dabei doch das beste Gewissen haben konnten. (...) Das kollektive Über-Ich, der Führer, gestattet etwas, das immer verboten war, und so gestattet sich auch das eigene Über-Ich, alte verbotene Triebregungen zu befriedigen.« (Lowenfeld 1935, S. 570)

Thomas Mann (1986) hat in seiner Novelle *Mario und der Zauberer*, die er selbst als seine Faschismusanalyse bezeichnet, dieses lustvolle Aufgabe der Ich-Autonomie beschrieben (zur Analyse dieser Novelle vgl. König 1992, S. 200ff.).

Eine zweite Argumentationslinie, vor allem von Wilhelm Reich vertreten, betont als Ursache der massenhaften Hinwendung zum Nationalsozialismus vor allem die Rolle der sexuellen Unterdrückung. Reich sah deshalb in der Befreiung der Sexualität gleichzeitig eine wirksame Waffe im Kampf gegen den Faschismus. Während der Studentenbewegung wurden seine Ideen neu belebt.

Die Sexualunterdrückung in der kleinbürgerlichen Familie, unterstützt von Kirche, Schule, Militär macht aus den Menschen – so Reich – angstvolle, unter der Last ihrer Schuldgefühle geduckte Wesen, die nicht mehr frei denken können und zu Mystizismus neigen. Der Ödipus-Konflikt kann nicht aufgelöst werden, die Menschen sind auf die Rebellion gegen die gehasste Vaterautorität fixiert und doch vollständig unfähig dazu. Die infantile Bindung werde mit der Gleichsetzung von Mutter und Nation auf die Nation übertragen, damit auch die mächtigen Kastrationsängste und Schuldgefühle wegen des sexuellen

Begehrens. Diese Ängste werden in den Juden personifiziert. Die fanatische Reinheitssuche, die Angst vor Vermischung und Vergiftung in der NS- Rassenlehre zeigt die Rassenlehre als »Weltanschauung der Asexualität, (...) eine Erscheinung der durch die patriarchalische autoritäre Gesellschaft bedingten Sexualverdrängung und Sexualscheu« (Reich 1986, S. 92). Gleichzeitig beruht die Attraktion der Rassentheorie, des Hakenkreuz-Symbols, der Führer-Stilisierung, oder der Beschwörung von Heimat und Vaterland darauf, dass sie eine verleugnete sexuelle Ersatzbefriedigung ermöglichen.

Auch für Reich erklärt sich der Erfolg des Nationalsozialismus aus der Möglichkeit, Triebbedürfnis und Abwehr zugleich zu befriedigen.

Alle frühen Ansätze zum Verständnis der emotionalen Anfälligkeit für den Nationalsozialismus gehen von der psychosexuellen Entwicklung und der besonderen historischen Formung des Ödipuskomplexes aus. Sie betonen insbesondere die Rolle des Vaters. Erich Fromms sozialpsychologische Analyse der Autoritätsanfälligkeit sieht das verbindende Glied zwischen ökonomischer und gesellschaftlicher Struktur und dem Individuum in der Familie, die er als »psychologische Agentur« der Gesellschaft beschreibt. In der Familie prägt sich der »Sozialcharakter« aus, es werden durch die Erziehung gerade die Charaktermerkmale ausgebildet, die für das Funktionieren der Gesellschaft unverzichtbar sind.

Seine Analyse der präfaschistischen Situation in Deutschland ist Teil der schon erwähnten interdisziplinären »Studien zu Autorität und Familie«. Fromm charakterisiert den autoritären Sozialcharakter durch masochistische Unterwerfungslust und sadistische Partizipation an einer diktatorischen Führungsmacht. Die Internalisierung der Autorität wird durch die süchtige Suche nach äußeren Machtfiguren ersetzt. Die Ausbildung dieser Über-Ich-Schwäche erklärt sich Horkheimer in seiner soziologischen Analyse durch den Verfall der Familie in der Folge der wirtschaftlichen Monopolisierung und Krisen sowie der Erfahrung des Zusammenbruchs des Autoritätengefüges nach der Weltkriegsniederlage. Bereits 1919 hatte Federn die Diagnose der vaterlosen Gesellschaft gestellt, an die Adorno, Horkheimer und Fromm anknüpften. Sie sehen die Herausbildung des Autoritären Charakters als Folge des endgültigen Zusammenbruchs der bürgerlich-patriarchalen Familie, die schon vorher von unlösbaren Widersprüchen gekennzeichnet war, nämlich in der kapitalistischen, von Tauschzwecken und instrumenteller Vernunft geprägten Welt für die Gefühle sorgen zu sollen.

Den NS-Erfolg trug vor allem der untere Mittelstand, das Kleinbürgertum, das seinen Status durch das Proletariat bedroht sah und dessen Krisengefühl durch Wirtschaftskrise und Arbeitslosigkeit verschärft wurde. Die patriarchale Autorität kann nicht mehr durch Besitz und eigenständige Leistungen ausgefüllt werden, sondern wird von den Vätern als leere Hülle mit tyrannischem Gehabe weitergetragen. Frau und Kinder verbleiben als die einzigen Untertanen, denen bedingungsloser Gehorsam abgefordert wird. Schutz und Sicherheit vor der Bedrohung durch überflutende Angst und chaotischem Zerfall der Welt bietet den Kindern nur die masochistische Unterwerfung unter die Autorität, die außerdem die Partizipation an dessen Macht erlaubt. »Diese narzißtische ›Ersatzbefriedigung‹ durch masochistische Hingabe an eine höhere, gewaltige Macht wird nicht nur durch das Verhältnis zum Herrscher, sondern auch durch das Partizipieren am Glanz der Nation oder Rasse erreicht« (Fromm 1936, S. 125).

Schwäche der Genitalität, Vorwiegen präödipaler, v. a. analer Sexualorganisation, Angst vor der Frau als dem Fremden und anderen, daher auch Neigung zum Männerbündischen und verdrängter wie ausgelebter Homosexualität, Unfähigkeit zu selbständigen Entscheidungen, Misstrauen und latente Unwertgefühle, Neigung zu Aberglaube und Schicksalsgläubigkeit sind die Folgen.

Der Hass auf die terroristische Vater-Autorität muss verschoben werden. Er trifft die Schwachen: Frauen und gesellschaftliche Minoritäten. Diesen werden gleichzeitig die väterlichen Merkmale zugeschrieben (Arroganz der Juden, Anspruch auf Weltherrschaft, sexuelle Aktivität, intellektuelle Kompetenz). Eine andere Ausprägung des Autoritären Charakters ist die Aufspaltung des Vaterbildes: Hass gegenüber einer, absolute Idealisierung und Unterwerfung gegenüber einer anderen Autorität.

In den später im amerikanischen Exil weitergeführten Studien entwickelt Adorno eine weit reicher differenzierende Typologie von unterschiedlichen Autoritären Charakteren.

Sicher lässt sich einwenden, dass diese kühnen Bögen, welche die Autoren von der Ideengeschichte über die Familiensoziologie und Kapitalismuskritik zur psychischen Strukturbildung des für die Botschaften des Nationalsozialismus Disponierten schlagen, einige wackelige Stützpfeiler haben. Die Verbindungen zwischen Geistesgeschichte, Familie und Ökonomie sind nicht ausgeführt. Die Autoren übernehmen den Familialismus der Freudschen Theorie. Der Charakterbegriff ist statisch. Reich vertritt eine biologistische Auffassung von Sexualität.

Lag es daran, dass sie später kaum wahrgenommen wurden? Gewiss hat die Emigration eine angemessene Rezeption behindert: Es gab kaum Übersetzungen der englischen Texte. Erst während der Studentenbewegung erschienen Raubdrucke der zitierten Texte (z. B. *Autorität und Familie* oder *Massenpsychologie des Faschismus*) Auch das Fortwirken des Antikommunismus in der Nachkriegszeit hat die Rezeption dieser links eingestellten Autoren verhindert.

Adorno (1951b) reflektiert in *Minima Moralia* 1945 die Beschränkungen der eigenen Erkenntnismöglichkeiten durch die Position als jüdischer Emigrant und Intellektueller. Liest man diese während der NS-Zeit oder kurz danach entstandenen Arbeiten als Selbstverständigungsversuche in einer äußerst beängstigenden Situation, zeigen sie Vorzüge, die neuere Arbeiten z. T. vermissen lassen. Bewundernswert ist die trotz ihres eingeschränkten Horizontes unglaubliche Offenheit und Neugier des Blicks.

Den damaligen Autoren ist die Komplexität und Widersprüchlichkeit des Phänomens aus eigener Anschauung bekannt. Sie geraten nicht in die Gefahr, den Nationalsozialismus über einen einzigen Leisten zu schlagen. Wir wissen heute, dass diese Komplexität sich in eine einzige Richtung hin aufgelöst hat und neigen zu einem finalistischen Blick, sehen den Nationalsozialismus von Vernichtungskrieg und Genozid her und analysieren alles zielgerichtet auf dieses Ende hin. Könnten wir uns vorstellen, wie z. B. Thomas Mann 1939 Ähnlichkeiten mit dem »Künstler«-Bruder Adolf Hitler zu entdecken, Ähnlichkeiten in dem Ästhetizismus, der Faszination des Außergewöhnlichen und Gefährlichen, der Ablehnung des Kleinbürgerlichen und der alltäglichen Realität? Oder die Unbefangenheit, mit der Otto Fenichel (1946) 1944 auf einem Symposium über Antisemitismus in San Francisco antisemitische Vorurteile auf ihren Realitätsanteil hin untersucht?

So können wir uns mit dem Wissen um die Judenvernichtung den NS-Phänomenen nicht mehr nähern. Das bedeutet aber auch einen Verlust an Verstehensmöglichkeiten.

Die Autoren beschreiben die Widersprüchlichkeit des Nationalsozialismus und erklären gerade damit dessen Erfolgschance, verschiedene und antagonistische Bedürfnisse in ihm unterbringen zu können. Erikson (1980) verweist in einer Analyse des autobiographischen ersten Kapitels von *Mein Kampf* darauf, dass Hitler neben der Rolle der unangreifbaren Vaterautorität gleichzeitig die Rolle des Bruders und ewig Pubertären spielt, der sich in der Pose des Weltschmerzes von der Realität abwendet. Ähnliches betonen Adorno (1951) und Löwenthal (1990) in ihren Analysen von Reden faschistischen Hetzpropagandisten. Der Propagandist stellt sich völlig widersprüchlich dar: als allwissende unangreifbare Führerautorität, die unbedingten Gehorsam fordert und gleichzeitig als der einfache Mann, der von den Mächtigen betrogen und um sein Recht gebracht wird. Thomas Mann drückt die Vielfalt des Rollenangebotes durch den Führer schon in dem Namen des Hitler-Zauberers Cipolla (Zwiebel) aus.

Psychoanalytische NS-Biographien

Unseren Kompetenzen als analytische Praktiker liegt die Beschreibung von einzelnen Personen sehr viel näher als die Sozialpsychologie des Nationalsozialismus. Über diesen biographischen Zugang in der NS-Forschung möchte ich im Folgenden berichten. Von Psychoanalytikern oder mit psychoanalytischen Begriffen arbeitenden Autoren liegen zahlreiche Arbeiten vor, insbesondere über Hitler, Goebbels, Höß – z. B. von Fromm (1977), Stierlin (1975) oder Binion (1978).

Nur wenige beschränken sich auf eine Beschreibung dieser Menschen, ihrer Psychologie und der Kontexte, die uns ihr Verhalten verständlicher machen könnten. Oft wird aus einem Rekurs auf Kindheitsgeschichte die politische Überzeugung bis hin zur NS-Kriegs- und Vernichtungspolitik abgeleitet. Hier zeigt sich die Schicksalsgläubigkeit, die manchem Psychoanalytiker nahe liegt: Hitler musste zum fanatischen Judenhasser werden und sich mit Auschwitz rächen, weil er in seiner Kindheit bestimmte traumatische Erfahrungen gemacht hatte. Wenn die politischen und sozialen Kontexte, die Hitlers Entwicklung zur Macht erst ermöglichten, entweder gar nicht thematisiert oder nur benannt werden, bleibt eine solche Kausalkette fiktiv.

Dieser Kurzschluss von der Kindheit auf das Verbrechen bedingt die vehemente Ablehnung psychoanalytischer Ansätze durch die Historiker[4], die z. B. sarkastisch diese Hitlerbeschreibungen mit dem typischen Vorgehen der Heiligenlegende gleichsetzen, »in der sich der Heilige bereits als Säugling am Freitag der Muttermilch enthalten hat« (Hergemöller 2002, S. 168).

An einem Ausschnitt der Arbeit Binions über *Hitler und die Deutschen* von 1976 möchte ich die Argumentationsweise der Psychobiographik illustrieren.

Binion geht aus von Hitlers in *Mein Kampf* beschriebener Datierung seines Entschlusses, Politiker zu werden: 1918 ist Hitler im Lazarett Pasewalk und fast von der Erblindung als Folge einer Senfgasvergiftung geheilt. Mit der Mitteilung der Weltkriegsniederlage tritt die Erblindung erneut auf, Hitler berichtet, er habe geweint wie nur beim Tod seiner Mutter. Binion folgert, Hitlers zentrales politisches Ziel, die Niederlage rückgängig zu machen und durch die Ausmerzung der Juden zu rächen, folge einem traumatischen Mechanismus. Hitler habe seine Mutter mit Deutschland gleichgesetzt und in dem Juden den Vergifter der Nation gesehen, wie Bloch, der jüdische Arzt, der die krebskranke Mutter Hitlers einer sinnlosen vergiftenden und extrem überteuerten Behandlung mit Jodoform-Gaze unterzog. In der antijüdischen Hetze kehrten die Qualen, die die Mutter erlitt, wieder: das den Körper zerstörende Gift, das unaufhaltsam sich ausbreitende Krebsgeschwür, die geldgeilen und gesellschaftlich nutzlosen Schieber und Schacherer.

Wie jede traumatische Reaktion reproduziert diese Gleichsetzung von Persönlichem und Politischem das frühere Erleben und übersteigert es noch. Hitler habe also von vornherein auch die Niederlage Deutschlands unbewusst gewollt und mit seiner Politik darauf abgezielt.

Jede Beschreibung eines therapeutischen Dialogs reduziert die bunte Vielfädigkeit des Prozesses auf eine farblose Linearität. Geht es um die Beschreibung einer historischen Person, über die ich mir nur über schriftliche oder andere Quellen ein Bild machen kann, bleibt noch weniger als in der schriftlichen Darstellung eines Therapieverlaufes von den spezifischen Möglichkeiten der Psychoanalyse, der Komplexität des Psychischen gerecht zu werden. Hitler wird in den Biographien von Binion und anderen psychoanalytisch argumentierenden Autoren zu einem Fallbeispiel, an dem sie ihre unterschiedlichen klinischen Theorien demonstrieren. Der Fall Hitler belegt also die Wirkung traumatisierender Verlusterfahrungen (Binion), der Schwarzen Pädagogik (Miller), elterlicher Delegationen (Stierlin), ungelöster ödipaler Dramen (Langer) oder der jugendlichen Identitätskrise (Erikson).

Hat man es mit Hitler oder anderen NS-Tätern zu tun, geht man im Unterschied zum prozessualen Vorgehen der Psychoanalyse von fertigen Urteilen aus. Die Betrachtung der Biographie ähnelt dann einem Beweissicherungsverfahren: Man sucht Belege in der Kindheitsgeschichte, welche die Entwicklung von Judenhass, Paranoia, Größenwahn, Narzissmus begründen und konstruiert eine Kausalkette von Kindheitsereignissen zu Hitler als Führer und Verantwortlichem für die Vernichtungspolitik.

Wie problematisch die Geschlossenheit und Glattheit dieser Kausalketten ist, zeigt sich daran, dass die Autoren entsprechend ihren Theorien jeweils unterschiedliche Verursachungen annehmen: Miller sieht v. a. den brutalen Vater als Verursacher, Stierlin die bindende und delegierende Mutter, Fromm geht von einem narzisstischen Bindungsmangel aus und sieht weder eine starke Vater- noch Mutterbindung.

Hinzu kommt, dass die historischen Quellen nur spärlich verfügbar und zudem oft fragwürdig sind. Hitler hat große Anstrengungen unternommen, sich als private Person unsichtbar zu machen und alles getan, um seine schäbige Vergangenheit ins Dunkel zu hüllen und an ihre Stelle Heldenlegenden zu setzen. Briefe oder andere autobiographische Quellen liegen kaum vor. So ließ Hitler die Krankenakte über den Lazarett-Aufenthalt, von der Binions Interpretation ausgeht, vernichten. Erinnerungen von Bekannten und Verwandten sind sämtlich in Glorifizierungs- oder in Rechtfertigungsabsicht verfasst und wenig verlässlich. Die Biographen entscheiden sich dafür, die Quellen glaubhaft zu finden, die ihre jeweilige klinische Hypothese stützen: Fromm glaubt nicht an die Aussagen, Hitler habe seine Mutter über alles geliebt (sie widerspricht seiner Narzissmusthese), für Stierlin hingegen ist dies die Grundlage seiner Interpretation Hitlers als gebundenen Delegierten seiner Mutter, ebenso für Binion.

Als gesichertes Wissen verbleiben dürftige äußere Daten, Ereignisse wie etwa der Altersunterschied zwischen den Eltern, der Tod dreier Geschwister vor Hitlers Geburt.

Psychoanalyse hat es aber nicht mit äußeren Ereignissen zu tun, sondern mit deren Bearbeitung im inneren Erleben. Nur zu oft behaupten die Biographen, sie wüssten, wie Hitler sich gefühlt haben muss, was für ihn ein traumatisches Erleben war. Die biographischen Legenden unserer Patienten können wir in dem lebendigen Miterleben der Übertragungsszene verifizieren und gemeinsam verändern. Hier konstruiert der Biograph in einem einsamen Akt den psychischen Befund und die Psychodynamik. Anders als unsere Patienten auf der Couch können die historischen Personen nicht widersprechen.

Psychoanalytische Biographik leistet zudem einer Personalisierung und Pathologisierung der NS-Geschichte Vorschub. Sie steht in der Gefahr, den Bedürfnissen nach Schuldentlastung nachzukommen (zur ausführlichen Diskussion dieser Problematik vgl. Brockhaus 1992).

Die Konzentration auf die Einzelpersönlichkeit und ihre Geschichte personalisiert komplexe Probleme und reduziert Geschichte auf das Wirken Einzelner. Aber Auschwitz ist nicht mit Hitlers Judenhass zu erklären. Mit der Fokussierung auf eine Person geht die Tendenz einher, Verantwortung für das historische Geschehen bei dieser Person zu sehen und damit Anhänger und Mitläufer zu entlasten. »Der Führer ist an allem schuld.«

Zusätzlich wirkt auch die Pathologisierung schuldentlastend. Hitler, Goebbels, Höß werden als psychisch schwer kranke Menschen beschrieben. Will man nicht der Legitimationsformel Vorschub leisten, Deutschland sei das Opfer eines größenwahnsinnigen Diktators und seiner Satrapen geworden, müsste untersucht werden, warum diese pathologischen Figuren so erfolgreich sein konnten und ob nicht ihr Erfolg gerade in ihrer Ähnlichkeit zu ihrer Gefolgschaft liegt[5]. Überlegungen zum Zusammenspiel einer regressiven Gruppensituation mit einer pathologischen Führung haben in letzter Zeit z. B. Kernberg (2001) und Krause (2001) vorgelegt.

Wer der menschenverachtenden NS-Ideologie angehangen hat, wer sich beteiligt hat an Ausmerzung und Vernichtung, muss auch psychisch krank gewesen sein. Geht diese Interpretation, die die psychoanalytischen Texte nahe legen, nicht auf verharmlosende Weise daran vorbei, dass – wie z. B. die Untersuchungen von Browning (1993, 1998) bei Teilnehmern von Exekutionskommandos ergeben haben – es sich um »ganz normale Männer« handelte? Zeigt nicht die rasche Ausbreitung von Vernichtungspolitik – z. B. in Algerien, in Ex-

Jugoslawien, in Ruanda –, dass man mit der Vorstellung, das seien alles kranke Menschen, wenig bis nichts zur Erklärung dieser Gewaltausbrüche beitragen kann?[6]

Zum besseren Verständnis der Funktionsweise der NS-Herrschaft hätten analytische Arbeiten über Mitläufer, Denunzianten, Angehörige von Einsatzgruppen, KZ-Wächter und Bürokraten vielleicht mehr beigetragen als Spekulationen über die Führer. In seinen Überlegungen zur »Erziehung nach Auschwitz« schlägt Adorno vor, die »Schuldigen von Auschwitz mit allen der Wissenschaft verfügbaren Methoden, insbesondere mit langjährigen Psychoanalysen, zu studieren, um möglicherweise herauszubringen, wie ein Mensch so wird« (Adorno 1969, S. 155). Diese Chance zum Erkenntnisgewinn sei das einzige, was diese Menschen »an Gutem irgend noch tun können«. Psychoanalytische Behandlungen von Tätern hat es offenbar wegen des fehlenden Leidensdrucks und des Mangels an Schuldgefühlen nicht gegeben. Die Chance, in intensiven Gesprächen und Interviews mit ehemaligen Nazis zu genaueren psychologischen Portraits zu kommen, ist leider nicht systematisch von Psychoanalytikern genutzt worden. Solche, auf vielstündigen Gesprächen beruhenden Arbeiten sind meist von Journalisten verfasst (insbesondere die biographischen Studien von Gitta Sereny 1974 und 1995 über den KZ-Kommandanten Franz Stangl und über Albert Speer, sowie die Arbeit von Joachim Fest 1999, ebenfalls über Speer). Auch an der sog. »oral history«-Forschung, die auf Erinnerungen an die NS- und Nachkriegszeit aufbaut, waren Psychoanalytiker meines Wissens kaum beteiligt. Immerhin gibt es psychoanalytische Auswertungen von ausführlichen Interviews, z. B. die von Lifton (1986) über KZ-Ärzte.[7]

Überlegungen zur Massenpsychologie des Nationalsozialismus

Freud hat in »Massenpsychologie und Ich-Analyse« Le Bons Schilderung des Verhaltens in der Masse übernommen, erklärt sie sich jedoch nicht mit einem Masseninstinkt. Er geht von der libidinösen Bindung an den Führer aus, einer hypnoseähnlichen Verliebtheit, die die Menschen dazu bringt, den Führer an die Stelle ihres Ich-Ideals zu setzen und sich so miteinander zu identifizieren. Später erschien vielen diese bereits 1921 erschienene Arbeit als klarsichtige Prophetie des Heraufkommens und der Funktionsweise des Nationalsozialismus. Freuds Massenpsychologie wurde in den NS-Analysen von Lowenfeld 1935, von Adorno 1951 und später z. B. von Alix Strachey (vgl. Salomon 1958) aufgegriffen. Adorno (1951a, S. 320) sagt über »Massenpsychologie und Ich-Analyse«: »Es ist keine Übertreibung zu sagen, daß Freud, obwohl ihn die politische Seite des Problems kaum interessierte, in rein psychologischen Kategorien das Heraufkommen und die Natur faschistischer Massenbewegungen klar voraussah« (Adorno 1951a, S. 320) – wie der Analytiker die unbewussten Regungen des Patienten früher wahrnimmt als dieser selbst.

Ausgangspunkt der 1967 erstveröffentlichten Arbeit von Alexander und Margarete Mitscherlich *Die Unfähigkeit zu trauern* ist eine politische Gegenwartsdiagnose: Sie deuten den Immobilismus der deutschen Nachkriegsgesellschaft als Zeichen der »Ich-Entleerung unserer Gesellschaft« (Mitscherlich & Mitscherlich 1977, S. 20), die wiederum als Folge einer Derealisierung der schuldhaften NS-Vergangenheit verstanden wird.

Hitler erfüllte für die Deutschen »das Größenideal des lange absolutistisch verkrüppelten Untertanen«. Er repräsentiert das kollektive Ich-Ideal, das mit infantilen Omnipotenzphantasien aufgeladen wird. »Indem ich dem Führer folge (...), verwirkliche ich ein Stück dieses phantasierten Ich-Ideals. (...) Der Führer und seine Bedeutung werden ein Stück von mir« (S. 72).

Der Führer verspricht die Umsetzbarkeit der Idealvorstellungen. Daraus ergibt sich für ihn wie für die Anhänger ein narzisstisches Triumphgefühl, weil Ich- und Ideal-Ich zur Deckung kommen. Die Spannung zum Über-Ich entfällt, die sich sonst als Versagensangst oder Schuldgefühl äußert und dies setzt Enthusiasmus und große Kraft frei, wie der aufopfernde Einsatz und die Durchhaltekraft von Soldaten und Zivilbevölkerung belegen. Das Hörigkeitsverhältnis wird als neues, gesteigertes Selbstgefühl erlebt, als Gefühl der Befreiung. Die hörige Beziehung bedeutet auch die Überantwortung des Ichs und seiner Funktion der Realitätsprüfung an den Führer. Die Mitscherlichs sprechen von Zuständen der Exaltation, der Verliebtheit in den Führer (S. 71). »Mit seiner Person verbanden sich Identifikationen, die im Leben der Anhänger zentrale Funktionen erfüllt hatten« (S. 37).

Das gemeinsame Ich-Ideal erleichtert die Identifizierung der bisher in Gruppen und Klassen Aufgespaltenen. Eine homogene Volksgemeinschaft wird in der gemeinsamen Liebe zu Hitler real. Gleichzeitig setzt jedoch die Forderung nach unbedingtem Gehorsam immer neue Ambivalenzen und untergründige Hassgefühle gegen die Autorität frei, die mit Hilfe erneuter Idealisierung und Hassprojektionen auf Fremdgruppen oder Minoritäten gebunden wird. Die Aggression verschwindet aus dem Binnenraum der Eigengruppe und taucht gegenüber Fremden wieder auf. Harmonie in der Volksgemeinschaft und Vernichtungswut gegenüber Juden und anderen Minoritäten, auf die die verbotenen Impulse projiziert werden, gehören untrennbar zusammen.

So wurden nach der Kapitulation kollektive seelische Schutzmaßnahmen notwendig, um den seelischen Zusammenbruch abzuwenden. Mit dem Verlust des narzisstischen Objektes drohte eine totale »Ich- oder Selbstverarmung und

-entwertung« (S. 35), eine Melancholie. »Vom Führer verlachte Mächte konnten ihn vernichten. Da seine Imago das Ich-Ideal seiner Anhänger ersetzt hatte, waren sie in seinen Untergang mit hineingezogen, der Schande preisgegeben. (...) die bedingungslose Kapitulation nach so viel Hochmut mußte ein intensives Schamgefühl auslösen« (S. 77). Die Abwehr von Schuld und Scham, »die das Kollektiv der Bevölkerung Nachkriegsdeutschlands vollzieht« (S. 27) mittels Derealisierung, manischem Wiederaufbau und des bruchlosen Austausches der Identifikationen verhinderte die Melancholie, verstellte aber auch die Möglichkeit der Trauer um die Opfer.

Diese Analyse ist von bestechender Brillanz. Sie bezieht die Gesellschaftsdiagnose der Nachkriegsära detailgenau und mit originellen Gedankengängen auf die Vergangenheit und deren Fortwirken in der Gegenwart. Nicht nachvollziehbar ist mir die Kritik, die Mitscherlichs legten einen arroganten moralischen Gestus an den Tag[8].

Problematisch finde ich die das Buch durchziehende Rede von »den Deutschen«, von »dem Kollektiv«, welches psychische Abwehroperationen durchführt. Sicher ist es angebracht, einen nationalen Habitus (Elias 1989) oder wie Volkan (1999) nationale Mythen, Symbole und Trauma-Erzählungen zu beschreiben. Volkan vergleicht sie mit einem Zelt über der persönlichen Identität, das in kollektiven Krisensituationen sehr weitgehend mit den individuellen Eigenschaften der Person zur Deckung kommen kann.

Aber nur während relativ kurzer Zeitspannen, in aufgeheizten, sehr regressionsfördernden Situationen, in denen sich ein Kollektiv angegriffen und gedemütigt fühlt und durch Massenmedien und politische Führung die Gefühle organisiert und vereinheitlicht werden, wird die Rede von »den Deutschen« real. Waren »die Deutschen« wirklich ekstatisch in Hitler verliebt, zwölf Jahre lang? Haben sie – wie Mitscherlichs These ist – nicht nur ihr Über-Ich, sondern auch ihr Ich zugunsten des Führers aufgegeben?

Die Historiker bestreiten eine Dauermobilisierung der Bevölkerung, berichten von sehr großen Divergenzen in der NS-Identifikation in verschiedenen Bevölkerungsgruppen (vgl. Peukert 1982; Kershaw 1980; Broszat & Fröhlich 1987).

Vorstellungen wie die der Mitscherlichs über ein Kollektiv »der Deutschen« werden in den letzten Jahren wieder aufgegriffen, z. B. von Bohleber (2002, S. 709), der von »ubiquitären unbewußten Phantasien« spricht, oder von Kernberg (2001, S. 1088), der von transgenerationell vermittelten »historischen Traumata« ausgeht[9], die in politisch regressiven Situationen reaktiviert werden können. In den psychoanalytischen Arbeiten über die Tradierung des NS-Erbes auf der Seite der Kinder und Enkel der Nachkommen wird vielfach ein kollektives Schuldgefühl unterstellt.

Diese Annahme unbewusster kollektiver Motive erinnert an Jungs Vorstellung eines kollektiven Unbewussten und ähnelt dem Versuch, den Nationalsozialismus mit dem Aufbrechen kollektiver Phantasien zu erklären. C. G. Jung hat 1936 in seinem berühmt gewordenen Aufsatz den Nationalsozialismus als Wiederkehr des Archetypus Wotan, des germanischen Sturm- und Brausegottes erklärt: »Wotan als kausale Hypothese« (Jung 1936, S. 10). Wotan redivivus erkläre mehr als alle ökonomischen, politischen Faktoren von dem spezifischen Charakter des Nationalsozialismus, dem Phänomen der »Ergriffenheit«. »Wotan ist (...) eine germanische Urgegebenheit, eine wahrster Ausdruck und eine unübertroffene Personifikation einer grundlegenden Eigenschaft des deutschen Volkes« (S. 13).

Adorno et al. (1950) haben eine Typologie der für die Unterwerfung unter faschistische Propaganda Anfälligen entworfen. Nach ihrer Auffassung ist die Bedeutung der NS-Ideologie für den psychischen Haushalt sehr unterschiedlich. Für den klassischen Autoritären Charakter erfüllt die Führerideologie eine zentrale psychische Funktion. Eine durch das Kollektiv gesteigerte Grandiosität spendet hohe narzisstische Gratifikation.

Adorno et al. beschreiben jedoch auch andere Typen, bei denen die Bindung an die politische Ideologie viel oberflächlicher ist und keinen großen Raum im psychischen Haushalt einnimmt, z. B. der Typus »Oberflächenressentiment«, für den die Vorurteile keine libidinöse Bedeutung haben. Mit am häufigsten fand sich in den Untersuchungen der »konventionelle Typus«, dessen Hauptangst es ist, aus dem Konsens mit der Macht herauszufallen. Er hat keine inhaltliche Bindung an die faschistische Ideologie und wechselt problemlos die Einstellungen mit dem Übergang an neue Machthaber (»ticket«-Denken). Für den Typus der Zukunft und den gefährlichsten halten sie den »manipulativen Typus«, bei dem die starken Gefühle nicht Menschen, sondern dem Funktionieren technischer Abläufe gelten (als Beispiele nennen die Autoren Himmler bzw. die KZ-Organisatoren).

Gerne werden solche empirischen Einwände gegen die These unbewusster kollektiver Prozesse abgetan, weil sie an der Oberfläche blieben und die Dynamik der unbewussten Abwehr nicht verstehen würden. Aber bei dieser Kritik bleibt offen, wie die beobachteten Unterschiedlichkeiten mit der Annahme eines kollektiven Unbewussten zu vereinbaren sind. Diese Diskussion ist vor allem auch für die vergangenheitspolitischen Debatten von Bedeutung, in denen von kollektiven unbewussten Schuldgefühlen die Rede ist.

Mir schiene es eine sehr lohnende Aufgabe für psychoanalytische NS-Forscher, in der Untersuchung von Einzelpersonen oder Gruppen solche unterschiedlichen Einbauten der NS-Ideologie in den psychischen Haushalt zu beschreiben.

Weitere Wünsche an eine psychoanalytische NS-Forschung:

– Verzicht auf unbelegte Globaldeutungen, stattdessen Arbeit an empirischem Material, z. B. eine psychoanalytische Analyse der von Browning und Goldhagen untersuchten Akten über das Polizeibatallion, das Vernichtungsaktionen durchführte. Die Analyse der Sozialpsychologie ist bei Browning sehr unzulänglich, bei Goldhagen fehlt sie völlig.

– Zusammenarbeit mit anderen Disziplinen, nicht nur den Historikern, sondern auch den Diskurstheoretikern, Kulturwissenschaftlern, Soziologen, Germanisten u. a.

– Untersuchungen über die Gehalte der NS-Ideologie. So fehlt immer noch eine Textanalyse von Mein Kampf.

– Affektpsychologische Arbeit über die Beschämung und deren Stimulierung und politische Zurichtung zum Verständnis der Massenpsychologie des NS.[10]

Diese Wünsche richten sich auf die Erforschung der NS-Geschichte. Als Beitrag zu den aktuellen Debatten würde ich mir wünschen, dass sich Psychoanalytiker mehr an der Reflexion über den Stil der Auseinandersetzungen beteiligen und die Abwehrprozesse analysieren, die sich in der unkontrollierten Emotionalität aller Beteiligten zeigen. Wir könnten unser Wissen aus der Arbeit an Übertragung und Widerstand zu einer Reflexion über die Art nutzen, wie diskutiert und gestritten wird – statt uns selbst an dem Karussell der Schuldverteilung zu beteiligen.

Wie in der analytischen Therapie können wir unsere Aufmerksamkeit darauf richten, wie mit dem Konflikt-Thema umgegangen wird. Warum wird von wem in welcher Weise das NS-Thema eingebracht? Wie funktionieren Schuldzuweisungen? Warum werden welche Diskurse zu welchem historischen Zeitpunkt ein Massenerfolg, versiegen andere Skandale ohne Resonanz?

Anmerkung

1 Die Studie wurde in Teilen aus dem Exil heraus 1936 in Paris zusammen mit den theoretischen Aufsätzen von Horkheimer, Fromm und Marcuse veröffentlicht. Vollständig erschien die Studie erst 1980 (vgl. Fromm 1980).

2 Die meisten Studien über die transgenerationalen Auswirkungen der Judenvernichtung beschreiben eine Extremtraumatisierung der Überlebenden und deren ebenfalls traumatisierende Auswirkungen auf die zweite und dritte Generation.

Aufseiten der Täterkinder wird oft die unbewusste Tradierung von NS-Ideologie beschrieben. Dahinter steht die Annahme einer tiefen, bis in unbewusste Schichten reichenden Eingravierung der NS-Ideologie, die wegen der ausbleibenden Bearbeitung der Nachkriegsjahre im Unbewussten konserviert und an die Kinder- und auch die Enkelgeneration weitergegeben worden sei.

Diese These einer quasi kollektiven unbewussten Tradierung erscheint wenig fundiert (s. u.).

3 Damals klagt Wilhelm Reich darüber, dass niemand Hitlers *Mein Kampf* oder andere Massenschriften ernsthaft studiert hätte – auch heute noch lässt sich dieses Desinteresse an einer genauen Analyse von NS-Material festmachen. Immer noch überwiegt der Eindruck, es lohne nicht, man wüsste schon alles ganz genau. Reich sagt über die damalige Haltung der Intellektuellen: »Die Rassetheorie war einfach ein ›Blödsinn‹, bloß ›imperialistisches Geschwätz‹, im Prinzip ›nichts Neues‹. Der Kampf gegen die Juden nur eine ›alte Methode der Ablenkung vom Klassenkampf‹« (Reich 1937, S. 245). Der Erfolg der Nazis beruhe auf den massiven Unterdrückungs- und Terrormaßnahmen, »in Wirklichkeit« glaubten die Menschen nicht an die Nazis. Die These der totalen Manipulation, Vernebelung, Demagogie durch eine lügenhafte Propaganda lässt jedoch die Frage unbeantwortet, warum bestimmte Propagandalügen geglaubt werden und andere offensichtlich nicht (Reich 1937, S. 244; Adorno 1950, S. 18).

4 Als Beispiel ein Zitat aus der die theoretischen Ansätze in der NS-Forschung zusammenfassenden und vergleichenden Darstellung Wippermanns: »Generell ist festzustellen, daß es bisher noch nicht gelungen ist, die meist auf Freud zurückgehenden, individualpsychologisch orientierten Fragestellungen und Methoden für die Erklärung des gesellschaftlichen Phänomens Faschismus fruchtbar zu machen.« (Wippermann 1995, S. 80)

5 Die Basis des Erfolgs liegt in der »Ähnlichkeit zwischen Führer und Geführten«. »Der Führer kann die seelischen Bedürfnisse und Wünsche der für seine Propaganda Anfälligen erraten, weil er ihnen seelisch ähnlich ist, und was ihn von ihnen unterscheidet, ist nicht irgendeine echte Überlegenheit, sondern die Fähigkeit, das, was in ihnen latent ist, ohne ihre Hemmungen auszudrükken.« (Adorno 1951a, S. 335/336) Oder Erikson (1980, S. 260) über Hitler: »(...) seine eigene Persönlichkeit mit hysterischem Überschwang das ausdrücken zu lassen, was in jedem deutschen Hörer und Leser dunkel vorgebildet war. So verrät die Rolle, die er wählte, ebensoviel über sein Publikum wie über ihn selbst.«

6 »In bestimmten regressiven Situationen, die man durch die Trias Scham-Wut, Demütigung und verbliebene Ressourcen sowie eine pathologische Führungssituation charakterisieren kann, sind wir leider alle genug ›Krieger‹, um das Potential für Mord und Totschlag prinzipiell handlungsrelevant werden zu lassen.« (Krause 2001, S. 956)

7 Inzwischen sind natürlich fast alle Zeitzeugen verstorben, und es bleiben nur die Untersuchungen von Quellenmaterial, z. B. von Tagebüchern, Briefen, veröffentlichten Texten, Zeitschriften, Literatur, Filmen. Hier gibt es Beispiele wie die großartige Analyse von Klaus Theweleit, der seine Überlegungen zur Psychologie der soldatischen Männer »Männerphantasien« (1977/78) auf der

Grundlage einer ausführlichen Inhaltsanalyse der Freikorps-Romane und der verfügbaren biographischen Daten der Autoren vornimmt.

8 So die Behauptung von Moser (1992). Die These des Schuldgefühls und seiner Abwehr, die die Nachkriegsentwicklung bestimme, widerspricht der eigenen Argumentationslinie der Mitscherlichs, die die narzisstische Objektbeziehung betont sowie die Ersetzung von Ich und Ich-Ideal durch den »Führer«. Mitscherlichs beschreiben am Beispiel der berüchtigten Himmler-Rede die Gewissensumkehr, die die Verbrechen zu moralischen Tugenden erklärt, den Massenmord zur Pflicht. Wie soll die Schuldwahrnehmung dann erklärt werden? Mitscherlichs (S. 40) beziehen sich in einer Fußnote auf diese Problem mit einer Behauptung: »Trotz aller ideologischen Beeinflussung hat eine Wahrnehmung der Schuld stattgefunden. Die Abwehr hatte hier sowohl der Strafangst des Gewissens wie auch der Angst vor der Strafgewalt des Führers gegolten.«

9 In unstrukturierten Gruppensituationen – so Kernberg – wird die primitive Polarisierung reaktiviert. »Politische Ideologien weisen insofern eine unübersehbare Ähnlichkeit mit der Polarität ›narzißtisch-paranoid‹ auf, regressive Gruppen ziehen narzißtische Führer an, sehr regredierte Gruppen narzißtisch maligne.« »Historische Tramata können transgenerationell vermittelt und reaktiviert werden. Dieses Phänomen zeigt, daß die ideologischen Wertsysteme einer bestimmten Kultur in Gestalt früher Objektbeziehungen internalisiert werden«, zentriert um »Zugehörigkeit« und »Andersheit«. »Aktuelle gesellschaftliche Krisen können insbesondere unter dem Einwirken einer regressiven paranoiden Ideologiebildung und einer entsprechenden, durch Paranoia oder malignen Narzißmus charakterisierten Führung historische Traumata reaktivieren.« (Kernberg 2001, S. 1088)

10 Krause (2001, S. 956/957) beschreibt das Naziphänomen »als eine für kurze Zeit sehr stabile (...) Primitivreligion«, bei der »die Bereitschaft zur Entwicklung solcher inneren Welten auf einer kollektiven zu tilgenden Beschämung beruht, die aber eine Entsprechung in der inneren Welt der die destruktive Religion tragenden Personen haben muss. Die kollektive Schande ist so gesehen eine in die Geschichte des Kollektivs projizierte Deckerinnerung für eine in der eigenen Entwicklungsgeschichte neu erfahrenen persönlichen narzisstischen Kränkung.«

Literatur

Adorno, Th. W.; Frenkel-Brunswik, E.; Levinson, D. J. & Sanford, R. N. (1950): The Authoritarian Personality. New York (Harper).

Adorno, Th. W. (1955): Zum Verhältnis von Soziologie und Psychologie. In: ders. (1972): Gesammelte Schriften 8. Frankfurt a. M. (Suhrkamp), S. 42–85.

Adorno, Th. W. (1950): Studien zum autoritären Charakter. Frankfurt a. M. 1973

(Suhrkamp).

Adorno, Th. W. (1951b): Minima Moralia. Reflexionen aus dem beschädigten Leben. Frankfurt a. M. 1973 (Suhrkamp).

Adorno, Th. W. (1951a): Die Freudsche Theorie und die Struktur faschistischer Propaganda. In: Dahmer, H. (Hg.) (1980): Analytische Sozialpsychologie, Bd. I. Frankfurt a. M. (Suhrkamp), S. 318–343.

Adorno, Th. W. (1969): Zivilisation und Barbarei. In: Keupp, H. (1995): Der Mensch als soziales Wesen. Sozialpsychologisches Denken im 20. Jahrhundert. Ein Lesebuch. München (Piper), S. 147–158.

Bauman, Z. (1992): Dialektik der Ordnung. Die Moderne und der Holocaust. Hamburg (Europäische Verlagsanstalt).

Benjamin, W. (1936): Das Kunstwerk im Zeitalter seiner technischen Reproduzierbarkeit. Frankfurt a. M. 1979 (Suhrkamp).

Binion, R. (1978): »...dass ihr mich gefunden habt«. Hitler und die Deutschen: eine Psychohistorie. Stuttgart (Klett-Cotta).

Bloch, E. (1935): Erbschaft dieser Zeit. Frankfurt a. M. 1985 (Suhrkamp).

Bohleber, W. (1997): Die Konstruktion imaginärer Gemeinschaften und das Bild von den Juden – unbewußte Determinanten des Antisemitismus in Deutschland. In: Psyche 51, S. 570–605.

Bohleber, W. (2002): Kollektive Phantasmen, Destruktivität und Terrorismus. In: Psyche 56, S. 699–720.

Brockhaus, G. (1992): Psychoanalytische Hitler-Deutungen. In: Luzifer-Amor. Zeitschrift zur Geschichte der Psychoanalyse 9, S. 8–24.

Brockhaus, G. (1997): Schauder und Idylle. Faschismus als Erlebnisangebot. München (Kunstmann).

Broszat, M. & Fröhlich, E. (Hg.) (1987): Alltag und Widerstand. Bayern im Nationalsozialismus. München (Piper).

Browning, C. R. (1993): Ganz normale Männer. Das Reserve-Polizeibatallion 101 und die »Endlösung« in Polen. Reinbek (Rowohlt).

Browning, C. R. (1998): Der Weg zur »Endlösung«. Entscheidungen und Täter. Bonn (Dietz).

Bude, H. (1992): Bilanz der Nachfolge. Die Bundesrepublik und der Nationalsozialismus. Frankfurt a. M. (Suhrkamp).

Elias, N. (1989): Studien über die Deutschen. Machtkämpfe und Habitusentwicklung im 19. und 20. Jahrhundert. Frankfurt a. M. (Suhrkamp).

Erikson, E. H. (1980): Die Legende von Hitlers Kindheit. In: Dahmer, H. (Hg.) (1980): Analytische Sozialpsychologie. Bd. I. Frankfurt a. M. (Suhrkamp), S. 257–281 (Orig. 1942;1950).

Federn, P. (1919): Zur Psychologie der Revolution: Die vaterlose Gesellschaft. In: Dahmer, H. (Hg.) (1980): Analytische Sozialpsychologie. Bd. I. Frankfurt a. M. (Suhrkamp), S. 65–87.

Fenichel, O. (1946): Elemente einer psychoanalytischen Theorie des Antisemitismus. In: Simmel, E. (Hg.) (1993): Antisemitismus. Frankfurt a. M. (Fischer), S. 35–57.

Fest, J. (1999): Speer. Eine Biographie. Berlin (Alexander Fest).

Freud, S. (1921c): Massenpsychologie und Ich-Analyse. GW XIII.

Fromm, E. (1936): Sozialpsychologischer Teil. In: Horkheimer, M. (Hg.) (1936): Autorität und Familie. Paris (Alcan), S. 77–135.

Fromm, E. (1945): Die Furcht vor der Freiheit. Zürich (Steinberg).

Fromm, E. (1977): Bösartige Aggression: Adolf Hitler, ein klinischer Fall von Nekrophilie. In: ders. (1977): Anatomie der menschlichen Destruktivität. Reinbek (Rowohlt), S. 415–486.

Fromm, E. (1980): Arbeiter und Angestellte am Vorabend des Dritten Reiches. Stuttgart (Deutsche Verlagsanstalt).

Goldhagen, D. (1996): Hitlers willige Vollstrecker. Ganz gewöhnliche Deutsche und der Holocaust. Berlin (Siedler).

Hergemöller, B.-U. (2002): Zur Biographik des Bösen. In: Kursbuch 148, S. 163–178.

Horkheimer, M. (1936): Autorität und Familie – Soziologischer Teil. In: ders. (Hg.) (1936). Paris (Alcan), S. 1–76.

Horkheimer, M. (1939): Die Juden in Europa. In: ders. (1968): Kritische Theorie der Gesellschaft. Bd. III. Raubdruck o. O., S. 1–34.

Jung, C. G. (1936): Wotan. In ders. (1946): Aufsätze zur Zeitgeschichte. Zürich (Rascher), S. 1–24.

Kernberg, O. (2001): Psychoanalytische Beiträge zur Verhinderung gesellschaftlich sanktionierter Gewalt. In: Psyche 55, S. 1086–1109.

Kershaw, I. (1980): Der Hitler Mythos. Volksmeinung und Volkspropaganda im Dritten Reich. Stuttgart (Deutsche Verlagsanstalt).

Kershaw, I. (1988): Der NS-Staat. Geschichtsinterpretationen und Kontroversen im Überblick. Reinbek (Rowohlt).

Kershaw, I. (1998): Hitler 1889–1936. Stuttgart (Deutsche Verlagsanstalt).

Kershaw, I. (2000): Hitler 1936–1945. Stuttgart (Deutsche Verlagsanstalt).

König, H. (1992): Zivilisation und Leidenschaft. Die Masse im bürgerlichen Zeitalter. Reinbek (Rowohlt).

Krause, R. (2001): Affektpsychologische Überlegungen zur menschlichen Destruktivität. In: Psyche 55, S. 934–960.

Lifton, R. J. (1986): The Nazi Doctors. Medical Killing and the Psychology of Genocide. New York (Basic Books).

Löwenthal, L. (1990): Falsche Propheten. Studien zum Autoritarismu. Frankfurt a. M. (Suhrkamp).

Lowenfeld, H. (1935): Zur Psychologie des Faschismus. In: Psyche 30, S. 561–579.

Mann, T. (1939): Ein Bruder. In: ders. (1977): Essays. Bd. 2. Politik. Frankfurt a. M. (Fischer), S. 222–227.

Mann, T. (1986): Mario und der Zauberer. In: ders. (1986): Die Erzählungen. Frankfurt a. M. (Fischer), S. 793–853.

Mause, L. d. (1989): Grundlagen der Psychohistorie. Frankfurt a. M. (Suhrkamp).

Miller, A. (1980): Die Kindheit Adolf Hitlers. Vom verborgenen zum manifesten Grauen. In: dies. (1980): Am Anfang war Erziehung. Frankfurt a. M. (Suhrkamp), S. 169–231.

Mitscherlich, A. & Mitscherlich, M. (1977): Die Unfähigkeit zu trauern. Grundlagen kollektiven Verhaltens. München (Piper).

Moser, T. (1992): Die Unfähigkeit zu trauern – eine taugliche Diagnose? In: Psyche 45, S. 389–405.

Peukert, D. (1982): Volksgenossen und Gemeinschaftsfremde. Anpassung, Ausmerze und Aufbegehren unter dem Nationalsozialismus. Köln (Bund).

Reich, W. (1934): Die Massenpsychologie des Faschismus. Raubdruck o. O., o. Jg.

Reich, W. (1937): Der Widerspruch des Nationalsozialismus. In: Dahmer, H. (Hg.) (1980): Analytische Sozalpsychologie. Bd. I. Frankfurt a. M. (Suhrkamp), S. 243–256.

Reich, W. (1986): Die Massenpsychologie des Faschismus. Köln (Kiepenheuer & Witsch).

Salomon, F. (1958): Rezension von Strachey, Alix (1957): The Unconscious of War. London (George Allen & UnwinLtd). In: Psyche 12, S. 916–919.

Sereny, G. (1974): Am Abgrund. Gespräche mit dem Henker. Franz Stangl und die Morde von Treblinka. München (Piper).

Sereny, G. (1995): Das Ringen mit der Wahrheit. Albert Speer und das deutsche Trauma. München (Kindler).

Stierlin, H. (1975): Adolf Hitler. Familienperspektiven. Frankfurt a. M. (Suhrkamp).

Thamer, H.-U. (1986): Verführung und Gewalt. Deutschland 1933–1945. Berlin (Siedler).

Theweleit, K. (1977): Männerphantasien. Bd. I: Frauen, Fluten Körper, Geschichte. Frankfurt a. M. (Roter Stern).

Theweleit, K. (1978): Männerphantasien. Bd. II: Männerkörper. Zur Psychoanalyse des weißen Terrors. Frankfurt a. M. (Roter Stern).

Volkan, V. (1999): Blutsgrenzen. Die historischen Wurzeln und die psychologischen Mechanismen ethnischer Konflikte und ihre Bedeutung bei Friedensverhandlungen. Bern, München, Wien (Scherz).

Wippermann, W. (1995): Faschismustheorien. Zum Stand der gegenwärtigen Diskussion. Darmstadt (Wissenschaftliche Buchgesellschaft).

Analytische und tiefenpsychologisch fundierte Psychotherapie

Unterschiede und Gemeinsamkeiten im Einzel- und Gruppensetting

Heribert Knott

Einleitung und Definitionen

Die tiefenpsychologisch fundierte Psychotherapie ist die am häufigsten angewendete Psychotherapie-Form in der Bundesrepublik Deutschland. Sie übertrifft die Verhaltenstherapie und erst recht die analytische Psychotherapie bei weitem. War der Anstieg der tiefenpsychologisch fundierten Psychotherapie in der Abrechnungshäufigkeit schon seit 1991 explosionsartig, so darf man annehmen – genaue Zahlen gibt es noch nicht – dass sich diese Entwicklung durch das Inkrafttreten des PTG fortgesetzt hat.

Im Vergleich zu ihrer Abrechnungshäufigkeit ist die theoretische Fundierung dieser Therapieform eher dürftig, wenn man die Literatur zur analytischen Psychotherapie und zur Verhaltenstherapie berücksichtigt. Offiziell ist die tiefenpsychologisch fundierte Psychotherapie ein »psychoanalytisch begründetes Verfahren«, d. h. kein theoretisch ganz eigenständiges Verfahren wie etwa die Verhaltenstherapie, sondern abgeleitet von der Psychoanalyse. Berufspolitisch geht die Tendenz jedoch dahin, die tiefenpsychologisch fundierte Psychotherapie auch in der Theorie als das dritte anerkannte Verfahren – und somit tendenziell unabhängig von der Psychoanalyse – zu etablieren. Diese Entwicklung wird natürlich durch das, was man »die normative Kraft des Faktischen« nennt – also den absoluten Spitzenplatz der tiefenpsychologisch fundierten Psychotherapie in der Abrechnungshäufigkeit – enorm gefördert.

Der Terminus »tiefenpsychologisch fundierte Psychotherapie« ist eine deutsche Spezialität, dessen Entstehung und Entwicklung ich kurz skizzieren möchte (vgl. Faber et al. 1999). 1967 traten die ersten Psychotherapie-Richtlinien in Kraft. Gleichzeitig wurde der Terminus »tiefenpsychologisch fundierte Psychotherapie« von Walter Theodor Winkler (vgl. Faber et al. 1999, S. 2) geschaffen. In der Änderung der Psychotherapie-Richtlinien 1976 wurde die Indikation der Psychotherapie wegen des Rückzugs der Rentenversicherungsträger aus der ambulanten Rehabilitation um die Indikation chronischer psychischer Erkrankungen erweitert. Am 01.10.1987 kam die Verhaltenstherapie als

Richtlinien-Verfahren dazu sowie die psychosomatische Grundversorgung. Mit dem PTG traten 1999 die neuen, derzeit geltenden Psychotherapie-Richtlinien in Kraft.

Die »psychoanalytisch begründet« oder »psychodynamisch« genannten Psychotherapie-Verfahren weisen zahlreiche Gemeinsamkeiten auf und unterscheiden sich wesentlich von der Verhaltenstherapie.

Die psychoanalytisch begründeten Psychotherapie-Verfahren haben die unbewusste Psychodynamik des Patienten zum Gegenstand. Behandelt wird der unbewusste Konflikt. Die äußeren Realkonflikte sind nicht Gegenstand der (psychoanalytisch begründeten) Psychotherapie; es geht nicht um eine unmittelbare Lösung von Realkonflikten. Es sollen vielmehr die intrapsychischen Bedingungen der äußeren Konflikte erhellt werden. Die Anforderungen an den Bericht für den Gutachter, Nosologie und sogar die Formblätter sind für die beiden psychodynamischen Therapieformen gleich.

In der Verhaltenstherapie geht es um ursächliche – prädisponierende, vorbereitende und auslösende – sowie aufrechterhaltende Bedingungen des Krankheitsgeschehens im Rahmen der Verhaltensanalyse, auch um direkte Verhaltenssteuerung und – psychoedukative – Verhaltenserziehung.

In den psychoanalytisch begründeten Verfahren geht es also nicht um Erziehung im engeren/eigentlichen Sinn.

Die *Begrenzung des Behandlungsziels* ist wesentliches Element jeder kassenfinanzierten psychotherapeutischen Behandlung. (Die Behandlungs*dauer* ist bei beiden Verfahren gleich, wenn man die unterschiedliche Frequenz berücksichtigt.)

Die tiefenpsychologisch fundierte Psychotherapie – unabhängig ob es sich um

- KZT
- Fokaltherapie
- dynamische Therapie (sensu Dührssen)
- niederfrequente Therapie in einer längerfristigen therapeutischen Beziehung oder
- LZT

handelt – arbeitet immer vorwiegend konfliktzentriert. Es geht *nicht* um schicksalshafte Lebensereignisse oder äußere Traumen, sondern um einen »begrenzten, [d. h. pragmatisch abgrenzbaren] unbewussten Konflikt intrapsychischer Qualität im kausalen Zusammenhang mit einer krankheitswertigen Symptomatik « (Faber et al. 1999, S. 19).

Das Gesagte heißt in Bezug auf die tiefenpsychologisch fundierte *Gruppen*psychotherapie, dass diese nur dann erfolgversprechend ist, wenn ein bereits erkannter Konflikt in der Gruppe auch wirklich zur Sprache kommen und bearbeitet werden kann.

413

In der *analytischen* Psychotherapie werden der »neurotische Konfliktstoff« *und* »die zugrunde liegende neurotische Struktur (...) unter Nutzung regressiver Prozesse« behandelt. Symptome und Strukturen sind *verbunden* durch die aktuell wirksame Psychodynamik. Diese erst konstituiert seelische Krankheit (Faber et al. 1999, S. 20–21).

Im Kommentar zu den Psychotherapierichtlinien wird auch eindeutig zur Frage der Unterscheidbarkeit von tiefenpsychologisch fundierter und analytischer Gruppenpsychotherapie Stellung genommen und gesagt, dass eine solche Unterscheidung in der Gruppenpsychotherapie *nicht* möglich ist. Denn die Wiederinszenierung intrapsychischer Konflikte lässt sich nicht definitorisch an die beiden Psychotherapie-Formen »fixieren«. Ich stimme dem zu: Selbst wenn der Gruppenleiter es wollte, so ist auch meine Erfahrung, könnte er eine bestehende Gruppe nicht auf ein bestimmtes Regressionsniveau »festlegen«. Allein schon ein solcher Versuch würde die Wahrnehmungsfähigkeit des Gruppenleiters für unbewusste Prozesse in seiner praktischen Arbeit erheblich einschränken.

Womit begründen die Kommentatoren nun die Differenzierung der psychodynamischen Gruppenpsychotherapie in eine analytische und eine tiefenpsychologisch fundierte Gruppenpsychotherapie? Sie nennen zwei pragmatische Gründe.

Der erste Grund ist recht kompliziert. Um ihn zu verstehen, muss man wissen, dass in den Psychotherapie-Richtlinien eine Kombination von Einzelpsychotherapie und Gruppenpsychotherapie grundsätzlich ausgeschlossen wird. Von diesem Ausschluss gibt es eine einzige Ausnahme: In Kapitel B.II.6. wird *für tiefenpsychologisch fundierte* Psychotherapie nach Absatz B.I.1.1.1.4. – das ist die niederfrequente längerfristige tiefenpsychologisch fundierte Psychotherapie – gestattet, Einzelpsychotherapie und Gruppenpsychotherapie zu kombinieren. Diese Ausnahme gibt es für die analytische Psychotherapie nicht.

Im Übrigen wird noch ein weiterer, eher systematischer als sachlicher Grund genannt. Wenn die psychoanalytisch begründeten Psychotherapie-Verfahren schon unterteilt werden in analytische und tiefenpsychologisch fundierte Psychotherapie, weil das in der Einzelpsychotherapie sinnvoll ist, so würde durch eine andere Regelung in der Gruppenpsychotherapie der Komplexitätsgrad des gesamten Regelwerks erhöht. – Das trifft natürlich zu. Aber man kann durchaus der Meinung sein, dass dieses Gleichbehandeln von Einzelpsychotherapie und Gruppenpsychotherapie ein hoher Preis für die sinnvolle Anwendung der Gruppenpsychotherapie ist (vgl. Faber et al. 1999).

Vielleicht hängt dies mit einem generellen – meiner Meinung nach durch gesellschaftliche Einstellungen und Einschätzungen bedingtes – Unterschätzen der Möglichkeiten der Gruppenpsychotherapie zusammen, wenn z. B. gelegentlich behauptet wird, regressive analytische Prozesse würden sich ungestört nur in der *Zweier*beziehung der Einzelpsychotherapie entfalten. Richtig an dieser Behauptung ist meiner Ansicht nach lediglich, dass der Therapeut die Regression eher beeinflussen kann oder besser gesagt die *geäußerten* regressiven Phänomene. Denn wie ich zeigen zu können hoffe, ist es in der Gruppenpsychotherapie weniger leicht möglich, die Regression zu begrenzen, da in einem solchen Fall die Vielfalt in einer Gruppe als Korrektiv wirkt.

Hypothese

Im Folgenden will ich die Hypothese entwickeln, dass eine tiefenpsychologisch fundierte Psychotherapie – gerade bei schwer gestörten Patienten, die häufig dieser Therapieform zugeführt werden – qualifiziert nur auf psychoanalytischer Grundlage möglich ist. Ich halte mich also an die vielleicht immer altmodischer werdende Definition der Psychotherapie-Richtlinien. Darstellen will ich meine Hypothese anhand zweier tiefenpsychologisch fundierter Behandlungen, die ich durchgeführt habe – einer Einzeltherapie und einer Gruppenpsychotherapie.

Eine tiefenpsychologisch fundierte Einzelpsychotherapie

Bertram, ein bleicher, offensichtlich sehr kranker, hagerer junger Mann, der an einer Colitis ulcerosa leidet, bittet mich um eine Psychotherapie, nachdem er diesen Wunsch schon vergeblich gegenüber einigen Kollegen vorgebracht hat. Zur Vorgeschichte soviel: Bertram sollte im hiesigen Krankenhaus in L. wegen unstillbarer Darmblutungen colektomiert werden und »floh« gegen ärztlichen Rat aus dieser Klinik, obwohl er wegen der Darmblutungen an einer lebensgefährlichen Blutarmut litt. Er ließ sich von seinem Bruder in die Klinik nahe an seinem Herkunftsort, Stunden entfernt von L. bringen, in der bereits seine an Schizophrenie und ebenfalls an einer Colitis leidende Mutter früher einmal behandelt worden war. Die konservative, d. h. nicht chirurgische Therapie gelang dort, indem der Patient u. a. extrem hohe Dosen Cortison und zahllose Blutkonserven erhielt. Zurück in L. wollte er eine Psychotherapie machen, weil er gehört hatte, dass psychische Einflüsse für die Entwicklung und Heilung seiner Krankheit wesentlich seien. Er verlangte nach einer niederfrequenten Behandlung, was er rationalisierend damit begründete, dass ihm sein aufwändiges Studium keine Zeit für mehr als eine Stunde pro Woche lasse.

Ich habe während meiner klinischen Tätigkeit in der Ambulanz einer Universitätsklinik sehr gute Erfahrungen mit der Behandlung von Colitis-

Patienten in einem kombinierten Setting von tiefenpsychologisch fundierter Einzelpsychotherapie und Gestaltungstherapie mit Ton – Erde in den Händen fühlen und formen – gemacht und schlage dies dem Patienten vor. Wir boten dies in der Klinikambulanz solchen Patienten an, die für eine weniger begrenzte Behandlungsformen eine zu große Angst vor zwischenmenschlicher Nähe aufwiesen (solche Patienten suchen häufiger eine Institution auf als eine Einzelpraxis).

Bertram leidet unter dieser Angst vor Nähe in einer deutlichen Ausprägung; ich komme darauf zurück. Er hat je eine Stunde pro Woche Einzelpsychotherapie bei mir und eine Stunde pro Woche Gestaltungstherapie in einer psychoanalytischen Klinik.

Für unsere Zwecke möchte ich diese Behandlung folgendermaßen zusammenfassen: Der Patient leidet unter einer extremen somatisierten Angst, nichts wert zu sein, überflüssig zu sein. Vernichtungsängste werden mit Idealisierung beantwortet. Er weiß im Grunde keinen Menschen, der sich für ihn wirklich interessiert. Er wurde von seinem Vater und seiner Mutter auf unterschiedliche Weise narzisstisch missbraucht: Vom Vater eher blande, indem dieser ihn für sein Hobby begeisterte und sich für die übrige Entwicklung seines Sohnes nicht besonders interessierte; von der Mutter wurde er auf eine massive intrusive Weise missbraucht, indem sie den Patienten im Ehekrieg einsetzte und ihm bei Missachten ihrer Wünsche mit harter Bestrafung drohte. Außerdem konnte Bertram keine stabilen Ich-Funktionen aufbauen, da sein Vater in der Jugend des Patienten ständig alkoholisiert war und seine Mutter psychotische Episoden hatte. In den psychotischen Phasen seiner Mutter hielten »die Männer« – Vater, Patient und seine beiden älteren Brüder – zusammen und organisierten die Aufnahme der Mutter ins psychiatrische Krankenhaus. In den übrigen Zeiten herrschte ein gnadenloser Kampf unter den Brüdern um die Ressourcen in der Familie, wobei der Patient als jüngster seine körperliche Schwäche durch eine besondere, einfühlsame Beziehung zu seiner Mutter zu kompensieren versuchte.

Er sieht sich als derjenige, der die ganze Verzweiflung in der Familie spürt und mit dieser Verzweiflung allein gelassen ist. Zu Beginn der Behandlung ist seine Verzweiflung und seine Einfühlsamkeit in einer radikalen Form von Hass gegen die Mutter, aber auch gegen die anderen Familienmitglieder ausgedrückt.

In einer ausgesprochenen »peer-group-Kultur« kann Bertram seit seiner Pubertät emotionale Wärme empfinden, welche allerdings brüchig erscheint. Er pflegt diese Beziehungen auch heute noch intensiv. Aber er kann natürlich nicht verhindern, dass die inneren Konflikte, die er aus seiner Familie kennt, ebenfalls in der Gruppe mit den »Gleichen«, den »peers« auftreten. Idealisierung und Entwertung wechseln einander ab.

Charakteristisch scheint mir der adoleszente Ablösungsprozess vom Patienten gemeistert: Er lernte nach seinem Abitur eine junge Frau kennen, der er half, sich von ihrer Familie zu trennen. Mit ihr zog er zum Studium nach L. Dort verschlimmerte sich seine Colitis gegen Ende des Studiums in der beschriebenen lebensbedrohlichen Weise. Die Freundin scheint den Patienten von Beginn an idealisiert zu haben und er scheint projektiv identifiziert gewesen zu sein mit der Separation seiner Freundin von deren Primärfamilie. Jedenfalls wandte sich seine Freundin nach jahrelanger Beziehung einige Monate nach Beginn der psychotherapeutischen Behandlung von ihm ab, als sie gerade ihr Examen an der Universität bestanden hatte. Dieses Verhalten seiner Freundin empfand der Patient – denke ich – unbewusst als Missbrauch. Er konnte die Trennung kaum verwinden. Erst sehr viel später konnte er seine Idealisierung der Freundin und seine selbstzerstörerischen Phantasien in eine Wut gegen die Frau umwandeln. Dann allerdings begann er seine Primärfamilie zu idealisieren . Dieses Wechselspiel von Idealisierung und Entwertung bestimmt seither die Therapie.

Meine Gegenübertragung ist zu Beginn dieser Therapie bestimmt von einem Mitgefühl, das man vielleicht »solidarisch« nennen kann, für diesen schwer traumatisierten Patienten, den ich nicht abweisen konnte. Ich habe Angst vor einer Resomatisierung seines Konflikts und ich lasse mich vom Patienten regelmäßig über die somatischen Befunde informieren. Der Patient lässt sich nach wie vor vom früheren Arzt seiner Mutter coloskopieren. Ein Versuch, ihn an einen hiesigen, sehr kompetenten Gastroenterologen zu vermitteln, ist mir misslungen, weil der Patient diesen Gedanken als ein zu großes Nähe-Angebot verstand.

Wichtig scheint mir, dass in der Behandlung der Fokus immer auch auf dem Konflikt »Überwältigtwerden versus Autonomie« liegt. Die Übertragung ist geprägt von der Angst des Patienten vor Nähe. In der Gegenübertragung kann es mir dementsprechend passieren, dass ich vielleicht übertrieben vorsichtig bin. Dennoch kann ich seine geäußerten umgrenzten Konflikte mit ihm auch immer auf ihrem lebensbedrohlichen Hintergrund sehen und Bertram nimmt dies dankbar wahr und schilderte seine Befürchtungen ausführlicher. Mein Gefühl ist, dass uns dies möglich wird, indem ich seine paranoid anmutenden Phantasien und Ängste nicht, wie er es immer vorbewusst erwartete, mit der äußeren Realität beantworte und damit abweise, sondern indem ich seine inneren Ängste und ihre Projektionen als Ausdruck von Not, Wut, Einsamkeit, Unverständnis, Traumen, namenloser Angst usw. deute. Ich konfrontiere ihn also *nicht mit der äußeren (psychosozialen) Realität, sondern mit seiner inneren Realität*, was ihn anfangs sehr verwirrt. Bei einem Konflikt an der Universität z. B. konfrontiere ich ihn nicht mit der Realität seines Professors, den er beschuldigt, sondern deute sein Gefühl, vernichtet zu werden – oder in einer anderen Situation seine

Aggression bis hin zum Tötungswunsch. – Ich wende somit eine völlig andere Technik an, als sie Rüger in seinem Artikel »Tiefenpsychologisch fundierte Psychotherapie« empfiehlt (vgl. Rüger 2002). Rüger hält es für ein Wesensmerkmal der tiefenpsychologisch fundierten Psychotherapie, auf bewusste psychosoziale Konflikte des Patienten einzugehen. – In der Folge bringt die Behandlung Bertram auf völlig neue Ideen und Erkenntnisse, an die er vorher nie dachte. Ganz allmählich traut er sich nicht nur in der Behandlung, sondern auch in seinen Beziehungen, mutig Fragen zu stellen.

Einschub: Behandlungstechnische Erkenntnisse in der Gruppenpsychotherapie

Hier will ich einen kleinen behandlungstechnischen Einschub machen und mich in dieser Hinsicht auf die Gruppenpsychotherapie beziehen, da das behandlungstechnische Problem, das ich darstellen möchte, für die Gruppenpsychotherapie besonders präzise beschrieben wurde. Für die Einzelpsychotherapie bzw. die Differenzierung »tiefenpsychologisch fundierte versus analytische Einzelpsychotherapie« wurde meines Wissens der Unterschied nicht so klar formuliert. Ich beziehe mich auf das Göttinger Gruppenpsychotherapie-Modell. In diesem Modell der unterschiedlichen Gruppentherapieformen (interaktionell, tiefenpsychologisch bzw. psychoanalytisch orientiert, psychoanalytisch) wird betont, dass bei den schwer gestörten Patienten, die interaktionell oder psychoanalytisch orientiert behandelt werden, das »Prinzip Antwort« gegenüber dem »Prinzip Deutung« überwiegen müsse. Mit »Antwort« ist im Göttinger Modell eine Antwort auf der realen Ebene gemeint, eine emotional-authentische Antwort des Therapeuten (1). Wichtig ist dabei die emotionale Resonanz des Therapeuten für das augenblickliche Befinden seines Patienten. Weiterhin soll die Alterität des Erlebens verdeutlicht werden, d. h. die Andersartigkeit gegenüber dem bisher Erlebten. Schließlich soll das Entstehen der Affekte erhellt werden. Diese schwer gestörten Patienten – so lautet die Hypothese – hielten eine Deutung ihres Befindens und ihrer Triebhaftigkeit nicht aus. Ich halte dies für ein Missverständnis – das hängt *auch* mit meiner gruppenanalytischen Ausbildung in einem Institut zusammen, welches nach Foulkes orientiert ist. Knapp formuliert bemühe ich mich für *jede* Intervention, die ich mache, egal mit welchem Patienten ich arbeite, um eine Antwort, die eine Deutung ist. In *jeder* Intervention ist meine Hypothese über die aktuelle Übertragungssituation explizit oder implizit enthalten. Implizit heißt nicht, dass meine Übertragungsdeutung so versteckt ist, dass man sie nicht wahrnehmen kann, sondern implizit heißt, dass ich versuche, den Übertragungsaspekt so zu formulieren, dass er in einer Weise gesagt ist, die vom Patienten/der Gruppe »überhört« werden *kann*, die aber auch ein Angebot für den Patienten/die

Gruppe darstellen soll, weiter darauf einzugehen. Aus seiner/ihrer Reaktion versuche ich zu erfassen, ob es sinnvoll ist, in diesem gegebenen Moment deutlicher auf der Verbalisierung der Übertragung einzugehen.

Deutung ist die Antwort des Psychotherapeuten in den psychoanalytisch begründeten Psychotherapieverfahren

Dieses Vorgehen trägt nicht nur der Foulkes'schen Betrachtung der Gruppensituation als einer ungeteilten und unteilbaren Rechnung, sondern auch der Tatsache, dass nach meiner Erfahrung auch in der Einzelpsychotherapie die Arzt-Patient-Beziehung fruchtbarer ist, wenn der Patient gerade für das schier Unaussprechliche eine deutende Antwort bekommt statt einer »Antwort« auf der interaktionellen Realitätsebene des äußeren Geschehens. Gfäller & Heigl-Evers haben in ihrem Artikel »Gruppenpsychotherapie – eine Psychotherapie sui generis?!« (vgl. Heigl-Evers & Gfäller 1993) versucht, diese Brücke zu bauen. Ich schlage hier vor, diesen eingeschlagenen Weg noch weiter zu gehen.

Unterschied zwischen Einzel– und Gruppenpsychotherapie

Vielleicht ist an dieser Stelle die Gelegenheit für einige Bemerkungen zum Unterschied zwischen Einzel- und Gruppenpsychotherapie. Der Unterschied besteht nach meiner Auffassung in der sozialen *und auch* in der psychischen Situation. In der Gruppensituation herrscht soziologisch ausgedrückt »Öffentlichkeit« in dem Sinne, dass das, was in der Gruppe erlebt und gesprochen wird, mit mehreren anwesenden Menschen geteilt und von ihnen gespiegelt wird. Es bekommt dadurch eine andere Relevanz und eine größere Bedeutung. Außerdem ist die essenzielle Not des Menschen ein Gruppenzustand. Dies ist meiner Ansicht nach noch viel wichtiger. In der Not fühle ich immer auch einen Bezug zu »meiner Gruppe«, Gruppe hier im innerpsychischen Sinn verstanden. Das sind ursprünglich unbewusste Gruppenphantasien des Säuglings, danach die Vorläufer seiner Primärobjekte, danach die Primärobjekte selbst und schließlich deren innerpsychische Nachfolger, die internalisierten Primärobjekte. Ich will hier auf die Phylogenese und die Ontogenese des Menschen hinweisen. Sowohl in körperlicher Hinsicht als auch in der Entwicklung der unbewussten Phantasien geht der Gruppenzustand der Entwicklung der Individualität voraus. Was die unbewussten Phantasien betrifft – die Gegenstand der psychoanalytisch begründeten Psychotherapie sind – wurde dies von Donald Meltzer in seinem Buch *Studies in Extended Metapsychology* (vgl. Meltzer 1986) zusammenfassend beschrieben. Auf der praktischen Ebene hat diese Tatsache zur Folge, dass die Not, die unsere Patienten in die Therapie führt, in der Gruppe besonders intensiv und nicht vorwiegend im soziologischen Sinn, sondern eben gerade auch in ihrem psychischen Urzusammenhang erlebt werden kann. Mit statistischen Methoden wurde übrigens erforscht – und hier sehe ich einen Zusammenhang –, dass Patienten, die einen Schamkonflikt haben, die besten Erfolge in der *Gruppen*psychotherapie aufweisen, vorausgesetzt, sie sind in der Lage, in der Gruppe ihren Konflikt durchzuarbeiten.

Ein weiterer Vorschlag zur Behandlungstechnik in der tiefenpsychologisch fundierten Einzelpsychotherapie

Stellvertretend für zahlreiche behandlungstechnische Ideen zur tiefenpsychologisch fundierten Einzelpsychotherapie möchte ich an dieser Stelle kurz das Konzept von Matthias Lohmer zur Behandlung von Borderline-Patienten erwähnen, das gewisse Parallelen zum Göttinger Ansatz in der Gruppentherapie aufweist. Lohmers Prinzipien sind

– die Klarheit der Gestaltung 1. des Settings, 2. der therapeutischen Aufgabe und 3. des Fokus auf die Aktivierung charakteristischer primitiver Objektbeziehungseinheiten in der Übertragung

– »die regressionsbegrenzende und die Interaktion betonende Arbeit im Gegenübersitzen« (Lohmer 2002, S. 43)

»Sich in die innere Welt des Patienten einfühlen und gleichzeitig Repräsentant der äußeren Welt sein, lautet das formulierte Ziel« (a. a.O., S. 45).

Er führt dies dann weiter aus. Ich habe beim Lesen solcher interessanter Ansätze immer das Gefühl, dass die Autoren sehr viel Einfühlungsvermögen für die schwer gestörten Patienten haben, die sie behandeln. Die Not des Therapeuten besteht nun in meinen Augen allerdings darin, dass er diese Situation *aushält*, ohne dass er sie »therapiert«.

Fortsetzung der Kasuistik

Ich selbst z. B. entdecke mich oft dabei, Bertram unwillkürlich einen praktischen Tip geben zu wollen. Wie er sich eine Situation erleichtern könne etwa. Durch die Reaktion meines Patienten werde ich dann jeweils schnell »auf den Boden der Realität« geholt – über den Umweg der äußeren Realität auf den Boden seiner inneren psychischen Realität natürlich. Und ich lerne in diesem Augenblick von dem Missverständnis, dem ich erlegen bin. Ein gutes Beispiel ist mein oben erwähnter Versuch, Bertram zur Coloskopie in L. zu motivieren. Aus diesem »Fehler« habe ich viel gelernt über die Angst des Patienten vor Nähe.

Was bisher in der kursorisch beschriebenen Einzelpsychotherapie nach meiner Auffassung essenziell ist und noch nicht ganz deutlich zur bewussten

Sprache kam, ist die negative Übertragung. In meinen Interventionen allerdings berücksichtige ich die negative Übertragung und die negative Gegenübertragung immer. Ich hoffe, dies weiter oben schon angedeutet zu haben. Ich trage derzeit zunehmend den Befürchtungen des Patienten Rechnung, dass ich auch so ein missbrauchendes Objekt bin, wie der Patient es aus seinem sonstigen Leben kennt. Ein kleines Beispiel: Bertram befürchtet für die Ferienzeit eine Verschlechterung seines labilen inneren Gleichgewichts. Er wird sich seiner Abhängigkeit von mir gewahr. Er befürchtet, nie ohne Therapie bei mir auskommen zu können. Ich deute, dass er befürchtet, dass ich diese Situation missbrauche, indem ich mich nicht an einer Separation interessiert zeige oder mich meinerseits zum falschen Zeitpunkt separiere.

Diese Behandlung ist nicht beendet; sie wird wohl noch einige Zeit in Anspruch nehmen. Was unterscheidet sie von einer psychoanalytischen Behandlung? Jedenfalls nicht die Dauer der Therapie. Auch nicht das Wahrnehmen von Übertragung und Gegenübertragung. Allerdings halte ich mich wie angedeutet mit Übertragungs-Deutungen eher zurück in dem Sinne, dass ich mir zwar zu jedem Zeitpunkt klar zu sein versuche, wie die Übertragungs-Beziehung ist, dass ich sie aber nicht immer deute oder besser gesagt vorsichtig mit diesem Deutungsangebot umgehe. So ist es auch in den Richtlinien formuliert. – Man könnte nun die Meinung vertreten, diese Therapie sei eine niederfrequente psychoanalytische Behandlung (vgl. Hoffmann 1983,1991). Auch diese Behandlungsform wird mit einer Frequenz von einer Wochenstunde durchgeführt. Ich will diesem Argument nicht widersprechen, jedoch ergänzen, dass ich einige Parameter eingeführt habe – wie die kombinierte Therapie – und dass ich die Übertragungs-Beziehung absichtlich gespalten habe in dem Sinne, dass auch die Gestaltungstherapeutin eine wichtige Bezugsperson ist. Zur Darstellung hier habe ich absichtlich diese Therapie gewählt, weil sie eine kombinierte Therapie ist und insofern dem multimodalen Ansatz der tiefenpsychologisch fundierten Psychotherapie Rechnung trägt. Allerdings hoffe ich angedeutet zu haben, dass ohne die Wahrnehmung der Übertragungs-Beziehung die Therapie in diesem grundlegenden, weil auch die Charakterpathologie einbeziehenden, Ansatz nicht möglich gewesen wäre. In der Gestaltungstherapie wechselt der Patient übrigens zwischen »technischem« Gebrauch des Tons und einem mehr elementaren Umgang mit dem Material. Gelegentlich gibt es auch in der Gestaltungstherapie eine Sitzung, in der fast nur gesprochen wird. Der Patient berichtet mir in der Regel ohne Aufforderung von den Gestaltungstherapie-Sitzungen. Umgekehrt berichtet er dort eher weniger über unsere Sitzungen. Sehr selten telefoniere ich mit der Therapeutin, die ich persönlich nicht kenne. In dieser kombinierten Therapie finden die regressiven Ausdrucksmöglichkeiten auch mit dem Material statt in psychosomatischer Weise; der

Patient kann auf dieser eher spielerischen Ebene »abgeholt« werden – und dies auch mit solchen Emotionen, die nur auf einem für diesen Mann besonders weiten Weg verbalisierungsfähig sind.

Kasuistik einer Gruppenpsychotherapie

Bei dem beschriebenen Patienten handelt es sich um eine sehr schwere Pathologie. Mein zweites Beispiel, das einer tiefenpsychologisch fundierten *Gruppen*psychotherapie, betrifft eine deutlich weniger gestörte Patientin, die gut ein Jahr lang in einer Gruppe war. Auch in ihrem Fall handelt es sich um einen Separationskonflikt, allerdings auf einem weit weniger pathologischen Niveau. Auch diese Patientin konnte sich nicht von ihrer Primärfamilie trennen. Sie war die verwöhnte Tochter einer sich im Leben eher langweilenden Hausfrau und eines Ingenieurs, der die Patientin sehr verwöhnte.

Bei Behandlungsbeginn steht Anne ein Jahr vor dem Abitur und will anschließend auswärts studieren, wozu sie sich aufgrund ihrer Separationsangst nicht in der Lage sieht. Sie will in eine Gruppentherapie für gut ein Jahr und ich willige ein, obwohl die Gruppe von der Altersstruktur ihrer Mitglieder her eher ungeeignet ist (die anderen Mitglieder sind teilweise deutlich älter) und obwohl die anderen Mitglieder wesentlich länger an der Therapie teilnehmen. Aufgrund der Separationskonflikte der anderen Mitglieder – z. B. eines »ewigen Studenten« – stelle ich mir jedoch vor, dass die Patientin durchaus in diesem Setting trotz ihres begrenzten Behandlungswunsches profitieren kann. Es handelt sich bei Anne um ein sehr lebendiges, etwas übergewichtiges junges Mädchen, das bereits ein Jahr in Amerika war und vielfältige soziale Projekte fördert und auch selbst gestaltet – z. B. den internationalen Schüleraustausch. Anne fühlt sich durch ihre körperliche Entwicklung zur Frau extrem desorientiert. Sie leidet u. a. darunter, einen großen Busen zu haben, sexuell anziehend zu sein und dennoch keinen Freund für sich gewinnen zu können. Ihre Mutter ließ sich kurz vor Behandlungsbeginn den Busen verkleinern. Anne liegt mit der Mutter und ihrer Schwester in ständigem Streit; mir scheint sie den beiden intellektuell überlegen und sich – wohl bedingt durch die bevorzugte Beziehung zu ihrem Vater – mit einer untergeordneten Frauenrolle entsprechend ihrer Mutter und der Schwester nicht abfinden zu wollen.

Ich möchte hier nur einige Aspekte herausstellen und zunächst betonen, dass ich mir ständig Gedanken gemacht habe, ob meine Indikationsstellung richtig war, auch wenn der Gruppenprozess gut vorankam.

Mit Gruppeneintritt von Anne stelle ich in der Gruppe die Vereinbarung mit ihr klar und betone, dass diese Vereinbarung in einem Punkt – der Fristsetzung – anders ist als die mit den andern Gruppenmitgliedern. Anne selbst stellt das gesetzte Zeitlimit gegen Ende der Behandlung auch infrage, was mir aufgrund der Entwicklung in der Gruppe auch gerechtfertigt scheint, denn es zeigt sich, dass die Regressionsfähigkeit der Gruppe durch diese Teilnehmerin in keiner Weise behindert ist.

Ich ging mit dieser Gruppe wie mit allen anderen um. Es gab keine behandlungstechnische Besonderheit – weder für die Gruppe als Ganze noch für Anne. Wie bei jedem Gruppenmitglied – mich selbst eingeschlossen – versuchte ich auch bei Anne die individuelle Situation im Gruppenkontext zu sehen. Das heißt zum Beispiel, dass *jeder* in der Gruppe *auch* begrenzte Behandlungsziele hatte und sich damit zufrieden geben musste – natürlich in je unterschiedlichem Ausmaß. Und es heißt, dass auch Anne ein *langfristiges* Entwicklungsinteresse hatte, welches im Rahmen der begrenzten Teilnahmedauer an der Gruppe allerdings nicht durchgearbeitet werden konnte. Dadurch wurde natürlich in Anne auch der Wunsch nach einer weiteren Klärung ihrer unbewussten Konfliktlage lebendig. Die Auseinandersetzung mit dieser Frage war meiner Ansicht nach sogar konstitutiv für den Behandlungserfolg, da Anne in der Gruppe ihre Angst vor Nähe – kaschiert durch ihre im Kontakt sehr umgängliche Art – sehr deutlich spüren und mit den anderen Teilnehmern durcharbeiten konnte. Für mich war es sehr hilfreich, immer daran zu denken, dass Anne ein Zeitlimit und damit auch ein Limit für das Durcharbeiten ihrer Konflikte hatte. Ich habe diese Einschränkung nicht vorwiegend als Widerstand gesehen, sondern als eine Möglichkeit für die junge Frau, überhaupt einen Zugang zur Not und zu Begrenzungen zu erfahren und vielleicht ihre Begrenzungen auszuweiten.

Natürlich handelt es sich bei diesem gesetzten Zeitlimit der Therapie auch um einen Widerstand. Die Begrenzung hatte z. B. eine Abwehrfunktion in der Hinsicht, dass die Angst vor Kontakt bereits im Setting enthalten war. In gewisser Weise kann man die Gruppentherapie mit Anne als einen Kampf zwischen dieser Patientin und den übrigen Gruppenteilnehmern um eine oberflächliche Kontaktaufnahme versus eine intensivere Beziehung sehen. Dazu passt, dass Anne anfangs immer schnell eine Lösung für die anderen parat hatte, wenn es um deren Konflikte ging. Im weiteren Verlauf hatte Anne nicht nur Lösungen auf der Ebene der äußeren Realität, sondern zunehmend auch bzgl. der inneren Konflikte. Anne konnte sich aber bald darauf einlassen, dass Konfliktlösungen so schnell, wie sie es sich wünschte, nicht realistisch sind, sondern eine oberflächliche Abwehrfunktion haben. Dadurch wurde es ihr möglich, ihre tiefe innere Verzweiflung zuzulassen. Ihr Narzissmus hatte bis dahin u. a. darin bestanden, kompetent zu helfen, wofür eine Gruppe natürlich ein sehr gutes Forum ist. Die Gruppe ihrerseits hat Anne dann vorsichtig mit dieser Realität konfrontiert.

Unter Schmerzen hielt Anne am vereinbarten Limit schließlich doch fest, nahm sich aber vor, am Studienort eine neue Therapie zu suchen.

Gruppenpsychotherapie oder Einzelpsychotherapie?

Noch eine kurze Ergänzung zur *Differentialindikation* »Gruppen- versus Einzelpsychotherapie« in den beiden genannten Fällen: Bertram hätte eine Gruppenpsychotherapie anstelle der Einzeltherapie sehr gut getan; mein ursprünglicher Plan war, ihn in eine Gestaltungstherapie-*Gruppe* zu vermitteln. Dies war aus äußeren Gründen nicht möglich – es gibt leider viel zu wenig ambulante Gruppen, auch in der Gestaltungstherapie. Im umgekehrten Fall wäre die junge Anne mit einer Einzelpsychotherapie schlecht versorgt gewesen, weil sie dort ihre Kompetenzen nicht so gut hätte gleichzeitig ausleben und infrage stellen können. Und weil sie den Zusammenhang dieser progressiven Abwehr mit ihrer untergründigen Not nicht in der entscheidenden Gruppensituation hätte spüren und damit durcharbeiten können.

Tiefenpsychologisch fundierte und analytische Psychotherapie – Gemeinsamkeiten und Unterschiede

Die Gemeinsamkeiten sind aus meinen Schilderungen deutlich geworden: Wahrnehmen von Übertragung und Gegenübertragung, Widerstand und deren jeweiliger Stellenwert in einem gegebenen Moment. Die Unterschiede liegen im Handhaben der therapeutischen Beziehung. Postuliert wird vor allem für die tiefenpsychologisch fundierte Psychotherapie eine behandlungstechnische Einschränkung der Regression. Meiner Ansicht nach ist dies ein sehr kritischer Punkt. Denn Einschränken der Regression bedeutet immer einen Verlust an therapeutischer Potenz. Man sollte immer versuchen, trotz der Begrenzung in der Therapiedauer oder -frequenz, die Regression möglichst wenig zu behindern. Hier unterscheide ich mich von den meisten Autoren. Die analytisch orientierte Psychotherapie lebt vom Bemühen um das ehrliche Wahrnehmen der therapeutischen Beziehung. Und wie kann ich etwas wahrnehmen und es doch nicht ansprechen? Da stellen sich schnell nicht nur ethische Fragen, sondern auch behandlungstechnische wie etwa diese: Kann ich das Symptom »bekämpfen«, ohne seinen tiefen Sinn zu erfassen? Ein Mensch, der als Patient zu mir kommt, muss sich doch eigentlich zurückgewiesen fühlen, wenn ich, was ich wahrnehme, nicht anspreche. Wenn ich (verzweifelt) versuche, sein Symptom zu lindern, obwohl ich weiß, dass er unter einer ganz anders gearteten Not leidet. Und der Patient selbst weiß das auch, nicht nur unbewusst: Mindestens vorbewusst ist ihm diese Situation allein schon durch sein Verhalten, seine nicht geäußerten Bedenken, die Skepsis gegenüber den Möglichkeiten der Therapie oder sein verzweifeltes Glauben an deren Erfolg und vor allem seine Charakterpathologie »ins Gesicht geschrieben«.

Die geschilderte tiefenpsychologisch fundierte Einzelpsychotherapie zeigt diese Tatsache deutlich durch die Schilderung des Patienten und seiner Not. Bertram kann sich von mir nicht angenommen fühlen, wenn ich seine paranoiden Ängste mir gegenüber nicht wahrnehme und dies ihm gegenüber auch als etwas Ansprechbares und damit Infragezustellendes deklariere. In der Gruppensituation ist die Ausgangslage noch evidenter: Auch eine Gruppe, die aus lauter Patienten wie Anne mit begrenztem Behandlungsziel bestünde, erlitte eine erhebliche Einschränkung ihrer therapeutischen Möglichkeiten, wenn die basalen Übertragungen im Augenblick ihres Auftretens nicht angesprochen würden. Und dies wäre erst recht dann der Fall, wenn der Gruppenleiter sich durch die gewählte Therapieform oder -dauer aus behandlungstechnischen Gründen einschränkend in seiner Aufmerksamkeit fokussieren würde.

Konklusion

Man kann anführen, der Psychoanalytiker, der eine tiefenpsychologisch fundierte Psychotherapie durchführt, behalte vermutlich auch in dieser Behandlung seine analytische Haltung; er weiß ja immer um die zugrunde liegenden Konflikte und Übertragungen, auch wenn er sie nicht anspricht. Wie ich in der einschlägigen Literatur feststellte und auch anhand meiner eigenen Gegenübertragung darstellte, neigt allerdings auch der Psychoanalytiker dazu, die negative Übertragung nicht anzusprechen. Immer wieder wird beschrieben, dass bei Ansprechen der negativen Übertragung ein Behandlungsabbruch drohe. Oder man befürchtet, die therapeutische Beziehung nicht beenden zu können wegen der Regression in der Behandlung. Meiner Erfahrung nach ist das Gegenteil der Fall: Die therapeutische Wirkung wird gestärkt und die unbewussten Schuldgefühle des Therapeuten bezüglich der frühzeitigen Beendigung der Behandlung werden *handhabbar* mithilfe des Berücksichtigens der negativen Übertragung – ebenso wie die unbewusste Aggressionen des Patienten gegen seinen Therapeuten wegen der begrenzten Behandlungsmöglichkeiten. Ich denke, dass hier die tiefste Ursache für die *Verdünnung der psychoanalytischen Grundlagen* in der tiefenpsychologisch fundierten Psychotherapie liegt: in der Angst des Therapeuten vor der negativen Übertragung bzw. der negativen Gegenübertragung.

Zusammenfassend möchte ich mit meinen Erfahrungen dazu beitragen, dass wir auch in kurzen oder niederfrequenten Therapien analytisch vorgehen und die eigenen Ängste vor einer malignen Regression hinterfragen, statt sie in eine

Denkhemmung bzw. eine hemmende Handlungsanweisung münden zu lassen. Wenn wir unsere Angst kritisch hinterfragen, bekommen wir eine reiche Ernte und können auf ganz neue Weise mit unseren Patienten in Kontakt kommen. Bei manchen Patienten kann man beim Gegenübersitzen beobachten, dass sie sich während kürzerer oder längerer Therapiephasen vom Therapeuten abwenden, um den Therapeuten nicht zu sehen, wie es im liegenden Setting der Fall ist. Können wir diese leise Inszenierung unserer Patienten nicht als Hinweis auffassen, selbst auch in solchen Therapien als Analytiker mit all unseren Möglichkeiten zu handeln?

Anmerkungen

1   Meiner Ansicht nach liegt dieser Empfehlung eine unausgesprochene Hypothese zugrunde, und zwar die folgende: dass die Umwelt des Patienten bzw. eigentlich der Patient selbst sich nicht offen verhalte, taktisch und nicht authentisch. Wenn dies richtig ist, müsste es in der Therapie angesprochen werden, anstatt ein authentisches Verhalten aufseiten des Therapeuten »behandlungstechnisch« einzusetzen. Unabhängig davon sollte sich der Psychotherapeut immer authentisch verhalten können, nicht »technisch« authentisch.

Literatur

Faber, F. R.; Dahm, A. & Kallinke, D. (1999): Faber/Haarstrick: Kommentar Psychotherapie-Richtlinien. 5. Aufl. München, Jena (Urban & Fischer).

Fürstenau, P. (2002): Grundorientierung – Verfahren – Technik. In: Psychodyn. Psychother. 1, S. 12–17.

Heigl-Evers, A. & Gfäller, G. R. (1993): Gruppenpsychotherapie – eine Psychotherapie sui generis?! In: Gruppenpsychother. Gruppendynamik 29, S. 333–358.

Hoffmann, S. O. (1983): Die niederfrequente psychoanalytische Langzeittherapie. In: Hoffmann, S. O. (Hg.) (1983): Deutung und Beziehung. Frankfurt a. M. (Fischer), S. 183–193.

Hoffmann, S. O. (1991): Psychoanalyse mit einer Wochenstunde. Vortrag auf dem Kongreß der DGPT u. d. AÄGP.

Janus, L. (2002): Otto Rank und die dynamische Psychotherapie. In: Psychodyn. Psychother. 1, S. 4–10.

König, K. (1993): Einzeltherapie außerhalb des klassischen Settings. Göttingen (Vandenhoeck & Ruprecht).

Leichsenring, F. (2002): Zur Wirksamkeit tiefenpsychologisch fundierter und psychodynamischer Psychotherapie. Eine Übersicht unter Berücksichtigung von Kriterien der Evidence-based Medicine. In: Z. Psychosom. Med. Psychother. 48, S. 139–162.

Lohmer, M. (2002): Borderline-Therapie. Psychodynamik, Behandlungstechnik und therapeutische Settings. Stuttgart, New York (Schattauer).

Meltzer, D. (1986): Studies in Extended Metapsychology. London (Clunie Press).

Peseschlian, H. (2002): Bibliographie und schriftliche Selbstreflexion durch den Patienten. In: Psychodyn. Psychother. 1, S. 52–68.

Richter, R.; Loew, T. H.; Calatzis, A. & Krause, S. (2002): Kontrollierte Wirksamkeitsstudien zur Psychodynamischen Psychotherapie. In: Psychodyn. Psychother. 1, S. 19–36.

Rudolf, G. (2002): Konfliktaufdeckende und strukturfördernde Zielsetzungen in der tiefenpsychologisch fundierten Psychotherapie. In: Z. Psychosom. Med. Psychother. 48, S. 163–173.

Rüger, U. (2002): Tiefenpsychologisch fundierte Psychotherapie. In: Z. Psychosom. Med. Psychother. 48, S. 117–138.

Die Gruppe als intersubjektives Feld – Täter und Opfer gemeinsam in der Gruppenpsychotherapie

Mathias Hirsch

Einleitung

Die therapeutische Beziehung kann man intersubjektiv als gemeinsam konstruierte Wirklichkeit verstehen, in der Übertragung und Gegenübertragung jeweils verschiedene Wahrnehmungen oder Konzepte der Beziehung sind. Die Verständigung über diese Differenzen ist ein zentrales Moment psychoanalytischer Psychotherapie. In der Gruppenpsychotherapie bestehen zwischen den Gruppenmitgliedern symmetrische Beziehungen, sie sitzen sozusagen im gleichen Boot, äußern gleichberechtigt Konflikte, Traumata, auch eigenes schuldhaftes Verhalten aus dem vergangenen und gegenwärtigen Leben, reflektieren ihre Beziehungen untereinander gleichberechtigt, anders als in der asymmetrischen Einzeltherapie.

Opfer von Traumatisierung sind insofern mit dem Täter, dem Aggressor, identifiziert, als sie sich notgedrungen unterwerfen, sich selbst wertlos fühlen, die Schuld des Täters übernehmen und oft lebenslang leiden, wie Ferenczi (1933) es bereits beschrieben hat. In einer solchen masochistischen Identifizierung, die immer noch das Attribut »weiblich« trägt, produziert die introjizierte Gewalt entweder Symptome oder führt dazu, dass im Wiederholungszwang immer wieder Täter gefunden werden, Gewaltkonstellationen aufgesucht werden, die dem ursprünglichen Trauma entsprechen. Ob Täter immer vormals in irgendeiner Form Opfer gewesen sind, bleibe dahingestellt, jedenfalls ist die Chance, eine Therapie zu beginnen und durchzuführen, für sie umso größer, je mehr sie sich dessen bewusst sind. Ansonsten leiden nicht sie selbst, sondern machen andere leiden, weisen jede Schuld von sich, fühlen sich in Ordnung und mächtig. Diese Art der Identifikation meinte Anna Freud (1936; vgl. Hirsch 1996, 1998); einem solchen Täter haben, wie er selbst meint, »die Prügel nicht geschadet«, die er einmal empfangen hat, er schlägt sich auf die Seite der Mächtigen in einer immer noch »männlichen«, sadistischen Form der Identifikation mit dem Aggressor, mit der er das Opfer in sich verleugnet und neue Opfer schafft.

Die beiden verschiedenen Formen der Identifikation werden zu verschiedenen Anteilen immer gemischt vorliegen, wenn auch die Täter- oder die

Opferidentität weit überwiegen und die jeweils andere Form ins Unbewusste zurücktreten kann. Begibt sich ein Gewaltopfer in analytische Psychotherapie, muss es meines Erachtens bereit sein, auch die Täteranteile in sich zu entdekken und zu bearbeiten, wie Ich-dyston und schambesetzt sie auch erscheinen mögen. Ebenso müsste umgekehrt der sadistisch identifizierte Täter die verborgene Opferidentität anfangs prinzipiell, im Laufe der Therapie immer konkreter und auf seine Person bezogen anerkennen und damit die Angst, sich erneut als Opfer zu definieren, aushalten und auch überwinden können.

In einer halboffenen analytischen Gruppe befanden sich sowohl Opfer familiärer und nicht-familiärer sexueller Gewalt als auch überführte Sexualstraftäter. Es war mir bewusst, dass es in einer brisanten »Opfer«-»Täter«-Dynamik zu Gegen- und Kreuzidentifikationen kommen würde, ich hoffte, dass die eingefahrenen Identitäten aufgelockert würden und durch die gegenseitigen Abgrenzungen eine Ich-Stärkung und vor allem eine Stärkung der Selbst- und Objektgrenzen erfolgen würde. Außerdem versprach ich mir die Möglichkeit der Entäußerung arretierter Affekte, die zur Ablösung von den inneren traumatischen Objekten beitragen könnte (vgl. Hirsch 1993).

Verlauf

Ein 25-jähriger Medizinstudent, Bernd, seit Jahren unfähig, seine Examina zu machen, schien mir gut zu einer Gruppe zu passen, in der sich überwiegend weibliche Missbrauchsopfer befanden. Eigentlich kam er wegen seiner extremen Angst vor einem bevorstehenden Prozess wegen eines sexuellen Übergriffs auf einen geistig behinderten Jugendlichen. Er kam zwar so als Täter, in den Vorgesprächen konnte er aber auch die dahinter liegende Opferseite zeigen: Als Kleinkind war er nach jedem Stuhlgang von der Mutter mit Hilfe eines Bidets ausgiebig gewaschen worden, verbunden mit engem Körperkontakt und sexueller Erregung. Die Folgen waren häufige Depersonalisationsgefühle in der Kindheit, in denen er zwischen sich und anderen Personen nicht unterscheiden konnte. Zum anderen trat früh eine Sexualisierung von Beziehungen ein, zu der ein Onkel beitrug, als er den Jungen im Grundschulalter mehrfach sexuell missbrauchte. Auch hierbei empfand der Junge keine Grenze zwischen sich und dem Täter, war erregt wie dieser, wusste nicht, wer die Initiative ergriffen hatte, fühlte sich jedenfalls schuldig. Mit elf Jahren begann er, sich kleineren Kindern auf Spielplätzen zu nähern und zu masturbatorischen Handlungen zu verführen, stets mit der Vorstellung, dass es die Kinder waren, die es selbst wollten und die Initiative ergriffen hatten.

Ich beginne mit Bernds Eintritt in die Gruppe. Als hätte die Gruppe eine Ahnung von seinem zentralen Problem, wird das Thema gleich in seiner ganzen

Komplexität von Paula aufgeworfen: Ihr »Heile-Familie-Weltbild« sei zusammengebrochen, seit sie nicht mehr darüber hinwegsehen kann, dass sie als Kind von ihrem Stiefvater sexuell missbraucht worden sei. Sie mache sich die heftigsten Vorwürfe, ihre eigenen Kinder jahrelang zu Mutter und Stiefvater gegeben zu haben. Paula stellt sich also nicht nur als Missbrauchsopfer dar, sondern fragt sich und die Gruppe, inwieweit auch sie eine Täterin ihren Kindern gegenüber ist. Bernd stellt sich erst einmal, daran anknüpfend, als Opfer vor, er habe verschwommene Erinnerungen an einen Onkel, mit dem er nackt geduscht habe. Dann aber auch als Täter: Er selbst habe auch Kinder missbraucht, sich vor ihnen ausgezogen und onaniert. Gisela kommentiert sarkastisch, aber noch ohne Affekt: Das sei ja genau das, was ihr Vater ihr während der ganzen Kindheit jeden Tag genüsslich in drastischen Einzelheiten ausgemalt habe, nämlich dass die Männer eben »das« mit kleinen Mädchen machten. Bernd schließt sich an das Angstthema an: Er habe Angst vor der Strafverfolgung, sei aber noch immer überzeugt, dass kein Kind je Angst vor ihm gehabt habe. Gisela reagiert nun heftig aggressiv, offenbar, weil sie das Gefühl hat, der Täter habe seine Angst vor der Strafe mit ihrer entsetzlichen Kindheitsangst gleichgesetzt. Hier entstehen zusammen mit der Abgrenzungsfähigkeit des inzwischen erwachsenen Opfers die aggressiven Affekte, zu denen das verwirrte, verängstigte und im Denken und Affektausdruck blockierte Kind damals nicht fähig war. Voller Wut schreit Gisela, sie nehme ihm das nicht ab; er würde es sofort wieder tun, wenn er die Angst vor den Folgen nicht hätte. Außerdem sei es das Letzte, auch noch den Kindern die Schuld an dem Missbrauch zu geben, ihnen Initiative und Interesse zu unterstellen!

Nun interveniere ich, um das Recht beider Seiten auf ein basales Angenommen-Werden zu schützen, das auch der Täter-Patient hat, der sich hier, allerdings in einer Flucht nach vorn, vorwiegend als Täter gezeigt hat. Meine Intervention bezieht sich im Wesentlichen auf die Existenz verschiedener Selbstanteile; ein Täter-Anteil sei aufgrund einer nachahmenden Identifikation entstanden, als Maßnahme gegen die Ohnmachtsgefühle eines anderen, eines Opfer-Selbst-Anteils. Die Aufgabe wäre, beide Teile zu sehen, wie es bereits bei Paula, die Angst habe, auch Täterin zu sein, geschehen sei. Die Gruppe diskutiert die Frage der Opfer-Täter-Vermischung, und jemand hat die Idee, dass Bernd die eigenen zwiespältigen Gefühle, den Missbrauch abzulehnen und ihn gleichzeitig auch zu wollen, in seine Opfer hineingelegt habe. Gisela erzählt nun, dass sie als Kind genau gewusst habe, wo sie Jugendliche treffen konnte, die sich über ihre Masturbationserlebnisse austauschten, woran sie damals stark interessiert gewesen war.

In der nächsten Sitzung sitzen sich Frauen und Männer voneinander getrennt gegenüber. Lisa und Paula berichten von ihren nach der letzten Sitzung *nachträglich* empfundenen Ärger- und Bedrohungsgefühlen; es ist, als ob für sie eine »heile Gruppenfamilie« zusammengebrochen wäre. Mit verhaltener Wut fragt Lisa, »warum Herr Hirsch uns so was hier hin setzt«. Nun bricht es aus Bernd heraus, wütend fragt er, wieso denn nur *er* als Täter da stehe, alle Frauen seien potenzielle Missbraucherinnen ihrer Söhne! Scheinbar zusammenhanglos, aber wohl in differenzierender Absicht, bemerkt Evelin zu Paula, dass sie, Paula, ihrem Stiefvater auch schon einmal näher gestanden habe als jetzt nach der Wiederentdeckung des Missbrauchs. Nun kann Bernd wieder in einen Dialog mit den Frauen treten, er fragt sie direkt, ob sie Angst vor ihm hätten, er jedenfalls habe Angst vor ihnen, habe die Phantasie gehabt, sie könnten seine Straftaten öffentlich machen. Man fragt Bernd nun interessiert nach seinem bevorstehenden Verfahren, aber die gegenseitige Aggression flammt immer wieder auf. Evelin fragt sich, warum wohl ein Täter in der Gruppe sei, worauf Bernd wütend fragt, ob die Alternative wäre, ihn einzusperren (also ihn auszugrenzen). Nach Abflauen der heftigen Affektäußerung interveniere ich wieder, um die Frontenbildung zu entschärfen, indem ich auf den Wechsel von interessierten Fragen und heftigen Schuldvorwürfen hinweise, wie er sich gerade in der Sitzung entwickelt hatte, und auch wieder auf die Notwendigkeit, die jeweiligen Täter- und Opferanteile in jedem Gruppenmitglied zu entdecken und wo möglich zu verstehen, wie sie entstanden sind.

Daraufhin fragt Evelin Gisela: »Warum fällt es dir eigentlich so ungeheuerlich schwer, über den Inzest zwischen deinem Freund und seiner Tochter zu sprechen!« Ein Missbrauchsopfer fragt also ein anderes nach seinen Täteranteilen. Gisela kann jetzt von den Veränderungen in ihrer Beziehung sprechen, wie sie sich auseinander gesetzt, den Freund sogar geschlagen, sich schließlich auch von ihm getrennt habe. Paula erzählt von den letzten Kontaktversuchen ihrer Mutter – auch eine Frau, die ein Kind nicht geschützt hat, wie Gisela. Wieder kommt das Gespräch auf Bernd; Evelin hat die Idee, er kriege vielleicht das ab, was einem Anderen gelte – mir als Leiter der Gruppe, ergänze ich, der sie alle nicht genügend schützt. Die Gruppe arbeitet also an der Differenzierung der Täter-Opfer-Identitäten.

In der nächsten Sitzung, kurz vor Weihnachten, beginnt Bernd: Er möchte mit seinem Onkel nicht unterm Weihnachtsbaum zusammensitzen, sage es aber den Eltern nicht, weil sein Schuldgefühl noch größer würde und er dadurch die Familie zerstöre. Er zeigt sich also von der Opferseite. Die Gruppe diskutiert über Schuldgefühle des Opfers und kommt zu der Frage an Bernd: »Bist du nicht sauer auf Deinen Vater, dass er den Missbrauch an dir nicht wahrhaben will, wohl aber deinen eigenen?« Nun stellt sich heraus, dass der Vater, ein Polizeibeamter, in Bernds Straftaten und das Verfahren eingeweiht ist, auch versucht zu raten und zu helfen, die Mutter aber nichts weiß, weil sie psychisch labil und

431

selbst sexuell missbraucht worden ist. Relativ unvermittelt spricht Bernd davon, wie er einer Bestrafung entgehen wolle – er werde alles abstreiten. »In Wirklichkeit (...) war' s 'ne Lappalie. Und die erzähle ich nicht, weil ich dann trotzdem dran bin.« Er schwenkt also abrupt zur Täteridentität um. Paula sagt: »Vielleicht sollte die Lappalie das Ganze aufdecken!« und gibt mir die Gelegenheit, auf Freuds (1916d) Idee vom »Verbrechen aus Schuldgefühl« hinzuweisen und darüber hinaus auf die Möglichkeit, dass Bernd unbewusst nicht nur sein Verbrechen, sondern auch den gesamten Missbrauch, dessen Opfer er einst war, aufdecken will. Hier wird an der Aufhebung von Spaltungen gearbeitet, der totalen Täter-Opfer-Spaltung in Bernd selbst – und zwischen diesen Anteilen konnte er innerhalb von Minuten wechseln –, und zwischen den Eltern – die Mutter darf von seiner Täterseite nichts wissen, wie er bisher auch in der Gruppe ihre Täterschaft ihm gegenüber verschwiegen und sie ausschließlich ihrerseits als Opfer dargestellt hat.

Bernd beginnt die nächste Sitzung, er habe Angst davor, Gewalt anzuwenden, die Kontrolle zu verlieren. Paula erkundigt sich, ob er sich auf den Spielplätzen unter Kontrolle gehabt habe. Mehrere Gruppenmitglieder tragen nun zum Thema Angst vor aggressivem Kontrollverlust bei, dann wenden sie sich vielfältigen Körpersymptomen zu. Die Frauen verständigen sich über deren Funktion, Bernd kommt über seine Depersonalisationsgefühle zur Affektdissoziation; die Körpersymptome scheinen an die Stelle der Affekte getreten zu sein. Evelin sagt, ihr Leben sei ein einziger Stellvertreterkrieg mit ihrem Körper. Anschließend an Paulas rhetorische Frage, wo denn die Front zum Bösen liege, lenkt Gisela ab: Seit sie regelmäßig in die Gruppe gehe, seien die Ängste wie weggeblasen. Dienstags sei sie ganz stark, am nächsten Montag sei dann wieder Gruppe, die Therapie eine große Sicherheit. Diese Idealisierung wird von der Gruppe skeptisch hinterfragt, und dann kann Gisela von ihren Phantasien berichten, die sie den sadistischen Warnungen des Vaters, was Männer mit Mädchen machten, entgegen setzt: Phantasien von Messern und Rasierklingen während des Geschlechtsverkehrs – am liebsten würde sie die Therapie abbrechen vor Scham, dieses Geheimnis preisgegeben zu haben. Maria klagt nun über das Verhalten der zwei Männer, zwischen denen sie steht – sie empfindet sich als Opfer. Sie wird relativ freundlich auf ihre eigenen Anteile hingewiesen, nämlich was sie selbst gewollt und bewirkt hat und welche Ziele und Hoffnungen dahinter stehen. Sie wird traurig, als sie daran denkt, wie wenig die Eltern ihr damals gerecht werden konnten. Obwohl Maria noch nicht lange in der Gruppe ist, ist sie es, die vom adäquaten Affekt der Trauer sprechen kann und daran denkt, was eigentlich zu betrauern ist: Die Täter-Opfer-Verhältnisse in der Familie damals.

Diskussion

Zuerst stellt sich die Frage der Legitimität, derart Täter- bzw. Opfer-Patienten in einer Gruppe zusammenkommen zu lassen; auch die Gruppe fragt: »Wie kann ›so was‹ in die Gruppe gesetzt werden?!« Man kann eine Gefahr der unzulässigen Täter-Opfer-Nivellierung (Kreutzer-Haustein 1994, S. 364) sehen, der »Überversöhnlichkeit« (ebda S. 365) zwischen Opfern und Tätern. Sie scheint mir umso geringer, je mehr der Täter-Patient in der Lage ist, seinen Opfer-Anteil anzuerkennen. (Ich meine aber nicht jene weinerlich-oberflächliche Exkulpation eines Täters, der dem Opfer die Schuld zuschiebt.) Die Aufnahme zunächst als Täter definierter Patienten in eine Gruppe, in der sich als Opfer definierte Patienten befinden, fördert die Externalisierung des traumatischen Introjekts zusammen mit dem Erscheinen aller Formen der Teil-Identifikation mit dem Aggressor, man kann auch sagen, die Übertragung der Opfer auf die Täter. Die Begriffe »Übertragung« und auch »Gegenübertragung« aber können das interaktionelle Geschehen nicht genügend erfassen, denn der »Täter« kommt mit seinem So-Sein, seinem Agieren und auch seiner Abwehr derart dem Erleben des Opfers entgegen, dass man nur von gemeinsam hergestellter intersubjektiver Beziehung sprechen kann.

Externalisierung

Das traumatische Introjekt entäußert sich im Wiederholungszwang, und zwar auch in der therapeutischen Beziehung. Dort aber ist das Wiedererleben (»in der Übertragung«) abgeschwächt, es *ist* nicht die traumatische Situation selbst. Der nun Erwachsene ist zu einer therapeutischen Ich-Spaltung fähig und sieht, was mit dem anderen Teil seines Selbst geschieht. In der Gruppe gibt es darüber hinaus Zeugen, nie ist man mit dem Täter allein, man findet hier Hilfe in der Realitätsprüfung und auch in der Metakommunikation, die die verrückt machenden Widersprüche der Äußerungen des Täters klären kann. Die Gruppe als Ganze gibt Halt durch das bestehende Beziehungsnetz, insbesondere, wenn es um die Auseinandersetzung mit dem Leiter geht. So ist ein Aushalten der Situation eher möglich, auch Selbstbehauptung und Abgrenzung in der Auseinandersetzung, auch das Erleben und die Äußerung von Affekten, ohne von ihnen überschwemmt zu werden.

Ent-Differenzierung

Zuerst wird ein als »Täter« definierter Anderer als völlig anders, fremd (»so was«) erlebt und pauschal mit dem realen Täter der eigenen Vergangenheit gleichgesetzt. Bernd ist kein Inzest-Vater, wird aber als solcher erlebt. Ein Mitglied derselben Gruppe sagt drei Jahre später zu einem anderen Straftäter, der in die Gruppe gekommen war: »Ich glaube, du lügst. Alle Männer beuten Frauen sexuell aus.« Auch Bernd zieht es anfangs vor, sich als Täter zu definieren, um die Angst vor der Machtlosigkeit als Opfer angesichts der von ihm erlebten Übermacht der Frauen in der Gruppe gering zu halten und urteilt pauschal: »Alle Frauen sind potenzielle Missbraucherinnen ihrer Söhne!« Gisela kennt Bernd noch gar nicht, aber greift ihn an, weil sie ihr eigenes Opfer-Sein in seinen Opfern projektiv wiederfindet. Aber auch Bernd differenziert nicht, er glaubt, alle seine Opfer hätten nie Angst vor ihm gehabt, da er selbst meint, nie Angst vor seinen Missbrauchern gehabt zu haben.

Abgrenzung

Eine erste Abgrenzung gegen das *innere* Missbrauchs-Introjekt in Form des realen »Täters« *außen* in der Gruppe, der es vertrat, beruht also auf entdifferenzierender pauschaler Übertragung. So berechtigt Abgrenzung ist – das Opfer erfährt, dass die eigene offene Aggression nicht unbedingt zerstörerisch ist und durchaus auch kontrollierbar bleibt –, beruht sie doch erst einmal auf einer rebellischen Gegenidentifizierung und ist noch nicht Ausdruck einer veränderten Identität. Als erste Erfahrung, sich selbst, die eigene Meinung und die eigenen Gefühle an die erste Stelle zu setzen, sich dadurch Macht zu verschaffen und dabei zu überleben, ist sie jedoch durchaus wertvoll (vgl. Bar-On 1989, S. 36).

In einem zweiten Schritt wird die Abgrenzung differenzierter: Später diskutiert die Gruppe den Unterschied zwischen der Vergewaltigung durch einen Fremden und dem Missbrauch durch den eigenen Vater (vgl. Hirsch 1987). Angela meint sarkastisch, sie habe »fast Glück« gehabt, von einem »Fremden« vergewaltigt worden zu sein, von dem sie sicher war, er sei ihr Feind, sodass sie Rache nehmen konnte mit der Anzeige und dem Prozess. Inzestopfer wären dagegen verwirrt über die unbegreifliche »Liebe« ihrer Väter-Täter (vgl. Ferenczi 1933). Als dieselbe Patientin einmal in der Gruppe extrem heftig von einem anderen Gruppenmitglied mit obszönen Beschimpfungen attackiert wurde, verstummte sie völlig. Ich wies die Angreiferin in die Schranken und betonte Angela gegenüber den Unterschied zwischen der Vergewaltigung damals und der Situation hier, dass es hier kein körperlich-sexueller Angriff sei, dass Zeugen anwesend seien, die auf ihrer Seite stünden, und dass sie selbst heute einen Anteil zur Verfügung hätte, mit dem sie das Geschehen beurteilen könne. Ich stärkte durch die Abgrenzung nach außen auch ihre *inneren* Grenzen. Während in der folgenden Sitzung über das allgemeine Entsetzen über den Angriff geredet wurde, sagte Angela: »Ich bin mit zitternden Knien nach der Sitzung 'rausgegangen und weiß jetzt auch, warum. Das war genau der Ton bei meinem Überfall: ›Leg' dich dahin, halt' still, wehr' dich nicht!‹« Zunächst sei sie nach der Sitzung unruhig und verletzt gewesen, dann habe sie aber eine innere Grenze aufrichten können: »Ich hatte das Gefühl, nach Hause zu fahren, also zu mir, zu mir selbst zu kommen.«

Differenzierung – Individualisierung

Ein anderer Ort der Grenzziehung betrifft die Grenze zwischen Selbst und innerem Objekt. Bernd weiß nicht, »wer wer ist«, ob er Opfer oder Täter ist. Traumatische Gewalt schwächt die Ich-Grenzen wegen der Verwirrung über die Identität des Täters (»Ist es nicht doch der liebende Vater? Meint es der Folterer nicht doch im Grunde gut?«) und die eigene Identität (»Habe ich Vater verführt? Bin ich so schlecht, dass es mir recht geschieht? Müsste ich nicht nur dem Folterer zu Willen sein, damit er sich endlich in den Retter verwandeln kann?«) Das entspricht dem verschmelzenden Charakter der unterwerfenden Identifikation mit dem Aggressor nach Ferenczi (Hirsch 1996, 1998). Innere Grenzen werden durch probeweise Kreuzidentifikation gestärkt oder geschaffen: »Wie weit bin ich nicht auch Täter durch imitierende Identifikation, um mir eine prekäre Täter-Macht zu verschaffen – real, Kindern gegenüber zum Beispiel, oder in der Phantasie«, ist Gisela in der Konfrontation mit der Täterschaft Bernds gezwungen zu denken, und ein Gruppenmitglied fragt prompt: »Wie kannst du darüber schweigen, dass du ein Kind nicht geschützt hast?« Probeidentifikation mit dem Täter bedeutet aber auch die Möglichkeit der Abgrenzung: »Habe ich nicht auch konstruktive Macht? *Genauso* muss ich es nicht machen, es muss doch noch Alternativen geben zu dem ohnmächtigen Opfer, das ich einmal war.«

Umgekehrt wird sich der Täter fragen müssen, ob er bei seinem durch die imitierende sadistische Identifikation mit dem Aggressor sozusagen geliehenen Selbstbild von Macht bleiben kann. Durch die Identifikation mit dem Opfer, d. h. genauer, der probeweisen Übernahme der anderen, masochistischen Identifikation, würde er nämlich die Chance bekommen, eine sonst nie erlebbare Opferidentität zu durchleben, um sich dann (erst) von ihr befreien zu können. Denn die bloße Täter-Wiederholung delegiert die für die Trauerarbeit notwendigen Affekte von Schuld, Scham, Angst und Schmerz an die neuen Opfer. Bei dieser Arbeit an den inneren Grenzen in der Beziehung zum komplementären Anderen ist eine ständige Differenzierung von Übertragung bzw. Projektion und dem tatsächlichen So-Sein des Anderen erforderlich, und wo könnte das besser geschehen als in der analytisch arbeitenden Gruppe.

Neubestimmung von Täter- und Opferanteilen bedeutet auch die Differenzierung von Schuldgefühl und realer Schuld (Hirsch 1993, 1997). Unrealistisches Schuldgefühl überwiegt beim Opfer, aber es wird auch bei ihm reale Schuld anzuerkennen geben, Schuld sich selbst und auch anderen gegenüber. Umgekehrt wird der Täter nicht umhin können, neben der längst fälligen Anerkennung seiner realen Schuld verborgene Schuldgefühle aufzudecken. Das Entstehen-Lassen des Schamgefühls (Amati 1990) ist eine Voraussetzung seiner Überwindung, die Scham des Opfers, die einer Beschämung durch den Täter entspricht, aber auch die wohl größere Scham, nicht alles Mögliche zu einer Verhinderung des Missbrauchs getan zu haben oder auch selbst zum Täter geworden zu sein. Schuldgefühle bearbeiten, Schuldanerkennung und Reue, Schambearbeitung, Angst und aggressive Affekte zu entwickeln und zu verstehen sind die Voraussetzung für Trauerarbeit, für die Ablösung vom inneren traumatischen Objekt, dem »gefrorenen Introjekt« (Giovacchini 1967), das sozusagen im Affekt aufgetaut und erlebbar gemacht werden muss, um sowohl die Opfer- wie die Täteridentität hinter sich lassen zu können (Hirsch 1993).

Literatur

Amati, S. (1990): Die Rückgewinnung des Schamgefühls. Psyche 44, S. 724–740.

Bar-On, D. (1989): Die Last des Schweigens. Gespräche mit Kindern von Nazi-Tätern. Reinbek 1996 (Rowohlt).

Ferenczi, S. (1933): Sprachverwirrung zwischen den Erwachsenen und dem Kind. Bausteine zur Psychoanalyse III. 2. Aufl. Bern, Stuttgart, Wien 1964 (Huber).

Freud, A. (1936): Das Ich und die Abwehrmechanismen. Die Schriften der Anna Freud. Bd. I. München 1980 (Kindler).

Freud, S. (1916d): Einige Charaktertypen aus der psychoanalytischen Arbeit. GW X.

Giovacchini, P. L. (1967): The frozen introject. Int. J. Psycho-Anal. 48, S. 61–67.

Hirsch, M. (1987): Realer Inzest. Psychodynamik des sexuellen Mißbrauchs in der Familie. unveränd. Neuaufl. Gießen 1999 (Psychosozial).

Hirsch, M. (1993): Psychoanalytische Therapie mit Opfern inzestuöser Gewalt. Jahrb. Psychoanal. 31, S. 132–148.

Hirsch, M. (1996): Zwei Arten der Identifikation mit dem Aggressor – nach Ferenczi und nach Anna Freud. Praxis Kinderpsychol. Kinderpsychiat. 45, S. 198–205.

Hirsch, M. (1997): Schuld und Schuldgefühl – Zur Psychoanalyse von Trauma und Introjekt. Göttingen (Vandenhoeck & Ruprecht).

Hirsch, M. (1998): Opfer als Täter – Über die Perpetuierung der Traumatisierung. In: Kernberg, O. F.; Buchheim, P.; Dulz, B.; Eckert, J.; Hoffmann, S. O.; Sachsse, U.; Saß, H. & Zaudig, M. (Hg.): Persönlichkeitsstörungen – Theorie und Therapie 1/98, S. 32–35.

Kreutzer-Haustein, U. (1994): Deutsche und Israelis: Die Vergangenheit in der Gegenwart. Eine psychoanalytische Arbeitstagung in Nazareth im Juni 1994. Forum Psychoanal. 10, S. 363–370.

Selig, wer sich vor der Welt
ohne Hass verschließt...

Bericht über eine analytisch orientierte Gruppentherapie mit psychotischen Patienten

Margarete Meador

Die Arbeit mit psychotischen Patienten im Rahmen einer ambulanten Gruppentherapie ist selten. Einerseits wegen der Schwierigkeit, solche Gruppen ambulant über längere Zeit stabil zu halten, andererseits wegen der Probleme, die in der analytischen Arbeit mit psychotischen Patienten selbst und speziell in der Gruppenarbeit mit ihnen begründet sind.

Trotzdem arbeiten wir sei jetzt zehn Jahren in einem speziellen Setting mit Gruppen psychotischer Patienten.

Wir haben die Erfahrung gemacht, dass diese Arbeit dem seelischen Rückzug der Patienten entgegensteht, ihre Motivation für eine intensive Einzeltherapie verbessert oder eine Einzeltherapie sinnvoll begleiten und ergänzen kann.

Mit unserem Bericht möchten wir Ihnen einige besondere Schwierigkeiten dieser Arbeit vor Augen führen. Wir wählen deshalb Material aus einer besonders sensiblen Zeit, nämlich der Trennungsphase einer halboffen geführten Gruppe, die auch ein Scheitern enthält.

In dieser Zeit hatte uns das Goetheschen Gedicht *An den Mond* über mehrere Sitzungen begleitet.

Der Goetheforscher H. A. Korff sagt, es sei Goethes beinahe berühmtestes Gedicht und habe gleichzeitig das merkwürdige Los, auch sein unverstandenstes zu sein (vgl. Korff 1958, S. 230).

In der vorletzten Stunde, nach einjähriger Arbeit – und wir wissen, dass gerade im Trennungsprozess die unbewussten Phantasien besonders hervortreten – zitierte ich, um die Gruppenphantasie eines neidlosen Rückzugs in eine beglückende Zweisamkeit zur Sprache zu bringen, aus diesem Goethe-Gedicht die vorletzte Strophe:

»Selig, wer sich vor der Welt
Ohne Haß verschließt
Einen Freund am Busen hält
Und mit Ihm genießt« (Goethe 1965, S. 69)

Damit benannte ich eine Gruppenphantasie, die der Gruppenarbeit entgegensteht, solange sie ihre unbewusste Wirkung entfaltet.

Die Fassung dieses Gedankens in sprachlicher Form, also die Deutung, hatte für die Gruppe sowohl eine progressive als auch eine katastrophische Wirkung. Doch lohnt es sich, bevor ich auf den Gruppenprozess zu sprechen komme, noch einmal zu dem Goetheschen Gedicht zurückzukehren:

Der Dichter beschreibt eine Mondnacht an der über ihre Ufer getretenen Ilm in der Nähe seines Gartenhauses in Weimar. Beunruhigende Erinnerungen und Bilder tauchen in ihm auf und mit ihnen, wie in einer Beschwörung, vergegenwärtigt sich der Dichter das Glück seiner augenblicklichen Liebe – überraschenderweise aus der Perspektive seiner Geliebten.

Die Schwierigkeit dieses Goethe-Gedichtes besteht darin, dass es aus zwei Gedichten mit unterschiedlichen Gefühlsbedeutungen geschaffen wurde. Das erste ist Ausdruck von Goethes Lebensgefühl am Ende der Sturm- und Drangzeit 1779, zu Beginn seiner Liebe zu Charlotte von Stein. Das andere entstand zehn Jahre später auf seiner zweiten Italienreise, die gleichzeitig das Ende seiner großen Liebe zu dieser Frau bedeutete. Das frühe Gedicht ist ein privates, aus einer Liebeserfahrung heraus geschrieben, von einem Ereignis berührt, das Goethe die Zerbrechlichkeit seines Glückes deutlich machte. Die zweite Fassung ist eine endgültige Version für seine gesammelten Schriften, eine melancholische Klage über Vergänglichkeit und Verlust. In der ersten Version lauten die beiden mittleren Strophen:

> »Das du so beweglich kennst,
> Dieses Herz im Brand,
> Haltet ihr wie ein Gespenst
> An den Fluß gebannt,
>
> Wenn in öder Winternacht
> Er vom Tode schwillt
> Und in Frühlingslebenspracht
> An den Knospen quillt.« (Goethe 1966, S. 570)

Diese Verse tauchen in der zweiten Fassung nicht mehr auf. Stattdessen lesen wir dort :

> »Jeden Nachklang fühlt mein Herz
> Froh - und trüber Zeit,
> Wandle zwischen Freud und Schmerz
> In der Einsamkeit.

Fließe, fließe lieber Fluß!
Nimmer werd ich froh,
So verrauschte Scherz und Kuß,
Und die Treue so.« (Goethe 1965, S. 69)

Es liegt auf der Hand, dass wir bei der Darstellung der Wirkungen dieses Gedichtes in einer Gruppe psychosekranker Menschen dem begegnen werden, was das
Entsetzen des Dichters ausmachte, was den Fluss vom Tode schwellen lässt, das
Herz in Brand hält und mit Gespenstern Umgang hat – und möglicherweise
gerade deshalb der Angelpunkt dieses schönen Liedes an den Mond ist.

Korff nennt uns die Fakten, die zu den zwei merkwürdigen Strophen der
ersten Fassung Anlass gegeben haben: Wenige Tage oder Wochen, bevor Goethe
im Mondlicht an den Ufern der überschwemmten Ilm wanderte, hatte man hier
in der Nähe seines Gartenhauses eine Leiche, die der Christel von Lassberg, aus
dem Fluss gezogen. In den Kleidern der unglücklichen jungen Frau, die aus
Liebeskummer ihrem Leben ein Ende gemacht hatte, fand man ein Exemplar
des *Werther*.

Goethes Gedicht schließt mit der in beiden Versionen ähnlichen Strophe –
ich zitiere hier die erste Fassung:

»Was, dem Menschen unbewußt
Oder wohl veracht,
durch das Labyrinth der Brust
Wandelt in der Nacht.« (Goethe 1966, S. 570)

Was ist »unbewußt oder veracht, nicht gewußt oder nicht bedacht«? Und was
darf im milden Licht des Mondes dennoch gedacht werden?

Ich nehme an, dasjenige, was das rätselhaft Unverständliche dieses Gedichtes ausmacht, und auch noch in der geglätteten Fassung aufscheint – »nimmer
werd ich froh (...)« – ist die Verbindung zwischen Goethes Liebessehnsucht und
dem Tod der jungen Frau, die Verbindung zwischen dem Wunsch nach
ausschließlicher Liebe und dem Tod.

Dieses nicht Ausgesprochene und doch Anwesende, die Ahnung einer
Gefahr, in der er nicht nur damals war, als er sich von Charlotte Buff trennte
und den *Werther* schrieb, sondern in der er auch nun wieder sein könnte, gerade zu diesem Zeitpunkt, als er die beseligende Erfahrung einer tiefen und
ausschließlichen, wenn auch problematischen Gemeinschaft mit Charlotte von
Stein machen darf, bringt Goethe zu diesen dunklen Sätzen.

Die Anwesenheit dieses Widerspruchs, der den Menschen zerbrechen lassen
kann, dürfen wir beim Lesen dieses Gedichtes fast ohne Angst fühlen.

Im milden Licht des Mondes, das zur Metapher wird für der Liebsten Auge und damit für das »träumerische Ahnungsvermögen« (Bion 1990a, S. 83) eines liebevollen Anderen, wird dieses ängstigend Unverständliche vorstellbar. Es darf durch »das Labyrinth der Brust wandeln«, denn die Seele ist gelöst und bereit.

Zu unserer Gruppenarbeit

Nicht nur die Schulmedizin mit ihrem Dogma der Uneinfühlbarkeit in psychotisches Denken, sondern auch die Psychoanalyse mit ihren Vorstellungen über die mangelnde Symbolisierungs- und Übertragungsfähigkeit psychotischer Patienten stellt die Möglichkeit infrage, psychotische Patienten durch Verstehen therapeutisch zu erreichen.

Ja, sogar unsere Patienten selbst scheinen der Auffassung zu sein, dass sie, wenn sie den Überstieg in die psychotische Welt vollzogen haben, nicht mehr erreichbar sind.

Wir sind dieser Auffassung so nicht. Auf jeden Fall scheinen uns die Verhältnisse komplizierter zu liegen. Unser Fallmaterial gibt Gelegenheit, dieser Frage weiter nachzugehen.

Wir arbeiten mit psychotischen Patienten und solchen, die eine Psychose erlebt haben, in halboffenen Gruppen von maximal neun Patienten mit einer einstündigen Sitzung pro Woche, möglichst ohne Urlaubsunterbrechung.

Voraussetzung für die Teilnahme an der Gruppe ist eine nervenärztliche Behandlung, jedoch nicht in unserer Praxis. Eine zusätzliche Einzeltherapie, ebenfalls nicht bei uns, ist wünschenswert und auch von der Finanzierung her möglich, da wir die psychiatrische Gruppennummer für unsere Abrechnung verwenden. Nach einjähriger Arbeit können sich die Patienten für ein weiteres Jahr zur Mitarbeit in der Gruppe entscheiden. Die frei gewordenen Plätze werden neu besetzt. Die Gruppen werden von Therapeut und Kotherapeut geleitet, möglichst ein Mann und eine Frau.

Unser Setting haben wir in einem Zeitraum von zehn Jahren entwickelt. Am Anfang stand das Ziel der Selbsthilfe im Vordergrund; Lernen voneinander, empathische Unterstützung, Austausch von Ratschlägen, Kenntnisse über Medikation und deren Wirkungen, frühe Wahrnehmung von Psychosezeichen und Austausch über besondere traumatische Konstellationen.

Neben diesen Aspekten, die auch weiterhin zu den Arbeitsaufgaben der Gruppe gehören, haben wir den psychoanalytischen Ansatz weiterentwickelt. Hier ist es unser Ziel, die überstarke Abwehr gegenüber psychotischen Ängsten zu vermindern, dem Verharren an Orten des seelischen Rückzuges (Chronifizierung) entgegenzuwirken und den Konfliktkonstellationen näher zu kommen, die zum Ausbruch der Psychose führte.

In unserem Merkblatt für Patienten haben wir das Ziel unser Gruppenarbeit wie folgt formuliert:

»Wir bieten Gruppen an für Menschen, die ein Psychose erlebt haben.

Diese Gruppen sollen eine Hilfe dabei sein, nach dem verstörenden Erlebnis der Psychose wieder Fuß zu fassen und verloren gegangene Verbindungen zu sich selbst und zu der Umwelt wieder aufzunehmen.

Wir wollen über Psychose sprechen und über das, was damit zusammenhängt. (...)

Durch die Psychose ist womöglich ein schon lange schwelender Konflikt mit sich oder mit Anderen offenbar geworden und verlangt danach, erkannt und bearbeitet zu werden. (...)

Wichtig ist vor allem, sich zu fragen, was die Psychose ausgelöst haben könnte. Mit einer Antwort auf diese Frage wird man eher in der Lage sein, das Erlebnis der Psychose in das eigene Leben zu integrieren.«

In der Übertragungsarbeit bedeutet das, die negative Übertragung nicht zu umgehen und die Möglichkeiten unserer Patienten, seelischen Schmerz zu ertragen, auszuweiten.

Deutungen, wenn sie erfolgen, sollten möglichst aus der Gegenübertragung heraus gegeben werden, da der frühe Übertragungsmechanismus der projektiven Identifizierung die entscheidende Rolle spielt. Der Therapeut befindet sich auf der »Empfängerseite dieses Mechanismus« (Bion 1990b, S. 108), d. h. er wird durch die Gruppe in eine Rolle gezwungen, die ihm durch die Phantasien der Gruppe zugeteilt wird. Es gehört zu dem Schwersten bei unserer Gruppenarbeit, das »betäubende Gefühl der Realität abzuschütteln, das eine Begleiterscheinung dieses Zustandes ist« (Bion 1990b, S. 109), um aus der projektiven Identifizierung heraus eine Deutung zu gewinnen. Ich werde darauf noch zurückkommen.

Durch diesen analytischen Ansatz sollen Grundannahmen (d. h. unbewusste Theorien des Handelns und unbewusste Glaubenssätze) der Gruppe vorsichtig explizit gemacht werden. Es soll eine Verständigung darüber erreicht werden, welcher Typ von Tatsachen (möglichst die der Beziehung) für real gehalten werden.

Wir versuchen, die therapeutischen Interventionen, entsprechend der Bionschen Konzeption, aus folgenden Fragen heraus zu entwickeln:

1. Wie sehen wir Leiter die Gruppe? Welches ist ihr Thema? Welche Grundannahme ist gegenwärtig bestimmend?
2. Wie sieht die Gruppe uns?
3. Wie könnte ein bestimmter anderer Teilnehmer die Gruppe sehen oder wie wäre der Blick der Gruppe auf ihn?

441

Methodische Fragen

Kein anderer als Bion war es, der vor den Problemen warnte, die in Gruppen mit einem zu hohen Ausmaß an psychotischen Ängsten entstehen.

Er wies darauf hin, dass bei einem Überwiegen psychotischer Ängste sprachliche Kommunikation im Sinne des Denkens und Verstehens nicht mehr möglich ist. Wenn in dieser Situation Deutungen gegeben werden, stoßen sie auf Missachtung. Denken und verbaler Austausch im Sinne von Verstehen-Wollen sei eine Funktion der Arbeitsgruppe. Eine Gruppe in der genannten Angstsituation (Grundannahmengruppe) benutze Sprache nicht als Symbol, sondern als Handlungsmodus. Da die Realität im Sinne der Abwehr psychotischer Ängste, die aus primitiven Formen der Urszene stammten, umgebaut werden müsse, komme es zu massiven projektiven Identifizierungen (vgl. Bion 1990b, S. 21).

So bleibt es für uns immer eine Frage, wo die Grenzen der analytischen Gruppenarbeit mit psychotischen Patienten sind, wenn zusätzlich zu den vorhandenen psychotischen Ängsten durch die Gruppenarbeit Ängste aus den Frühstadien des Ödipuskomlexes freigesetzt werden.

Wir gehen so vor, dass wir Themen und Fragen der Patienten, die aus ihrem Alltag kommen, ernst nehmen und sie vorsichtig mit der Welt ihrer inneren Objekte verknüpfen.

Da wir die Wiederherstellung der Verbindung unserer Patienten zu anderen für sehr wichtig halten, haben wir keine Abstinenzregeln in Bezug auf gegenseitige Begegnungen außerhalb der Gruppenarbeit ausgesprochen. Wir bitten jedoch, die Gruppe über Aktivitäten außerhalb der Sitzungen zu informieren.

Diese Regel haben wir aufrechterhalten, trotz böser Erfahrungen, die wir mit dem zerstörerischen Potenzial von Gruppenspaltungen machen mussten.

Wir ermöglichen also Handlungen, statt sie aus Rücksicht auf die durch die Gruppenarbeit zusätzlich generierten psychotischen Ängste zu verhindern. Handeln bedeutet Kontakt mit der Realität und birgt die Gefahr, dass diese angegriffen und umgebaut wird. Andererseits bringt der Kontakt mit der Realität die Chance mit sich, dass der Wahrheit Achtung gezollt wird und sich die Gruppe aus dem Status einer Grundannahmengruppe auf den einer Arbeitsgruppe hin bewegt (vgl. Bion 1990b, S. 114).

In unserer analytischen Arbeit beziehen uns auf die englische Schule der »Objektbeziehungstheorie« von Klein, Bion, Rosenfeld, Segal, Steiner, Britton u. a. Diese hat das Werkzeug entwickelt, mit dem wir uns Patienten mit schizophrenen und schizoaffektiven Störungen therapeutisch nähern können.

Bei psychotischen Patienten ist – aus dem Blickwinkel dieser Theorie – die Menge des Promentalen – des zwischen Physischem und Psychischem noch nicht Geschiedenen – besonders groß.

W. R. Bion war der Auffassung, dass durch Verstehen dieses bisher nicht Gedachten der Weg in die psychotische Katastrophe verhindert werden kann oder auch der Weg aus der Psychose möglich wird.

Er lehrte, dass anfangs die Mutter – als in einem der Verdauung analogen geistigen Verarbeitungsprozess – in ihrem »träumerischem Ahnungsvermögen« (revery) – die Verwandlung von Protomentalem zu Mentalem zu Wege bringt. Sie kann das Leibhaftige in Gedanken verwandeln. Sie kann den bösen Geistern einen Namen geben (Alpha-Funktion) (vgl. Bion 1990a, S. 52ff.).

Wenn die vorher namenlosen Ängste benannt werden können, wird eine erste Distanzierung möglich. Für eine solche tröstliche Beziehung, die psychotische Patienten in der Regel zu wenig erfahren haben, für diese erfüllende und umhüllende Anwesenheit, die Ängste nicht verleugnet, sondern ihnen gestattet da zu sein und sie verständnisvoll mildert, könnte das Mondlicht unseres Goethe-Gedichtes eine Metapher sein:

> »Breitest über mein Gefild
> Lindernd deinen Blick.
> Wie der Liebsten Auge mild
> Über mein Geschick«

In diesem Licht kann Erschreckendes gedacht werden:

> »Was der Seele unbewußt
> Oder nicht bedacht,
> Durch das Labyrinth der Brust
> Wandelt in der Nacht.« (Goethe 1965, S. 69)

Bion lehrte in seiner Theorie des Denkens, dass es gerade diese Erfahrung ist, die zu der entscheidenden Grundstruktur unseres mentalen Apparates wird, wenn sie verinnerlicht werden kann: Nur durch die Introjektion der mütterlichen Alpha-Funktion wird psychisches Wachstum, d. h. Lernen durch Erfahrung, möglich.

Die Gruppe in der Trennungs- und Entscheidungsphase

Ich möchte nun, ohne auf die aufgeworfenen methodischen Fragen schlüssige Antworten zu haben, die Arbeit in einer unserer Gruppen vor einer »neuen Verabredung« beleuchten. »Neue Verabredung« bedeutet, dass die Gruppe ein Jahr lang zusammen gearbeitet hat und dass nun jeder für sich entscheiden muss, ob er noch ein weiteres Jahr mitarbeiten will. Die Gruppe, in der mein Kollege

Kotherapeut und ich Leiterin war, hatte also einen Entscheidungs- und Trennungsprozess zu durchqueren.

Bevor die immer näher rückende Trennung zum zentralen Thema wurde, setzte sich die Gruppe mit uns Leitern in der Elternübertragung auseinander. Es ging um Abhängigkeiten, die benannt und teilweise bearbeitet werden konnten. Die Gruppe war produktiv und lebendig. Sie konnte als Arbeitsgruppe betrachtet werden.

Je näher aber die mögliche Trennung rückte, desto offener traten psychotische Ängste und damit verbundene frühe Abwehrmechanismen zutage. Unausgesprochen standen dahinter die Vorstellungen, dass wir Therapeuten nur unseren eigenen Vergnügen nachgingen, pausenlos hochzeiteten und feierten, während unsere Patienten bald völlig allein gelassen darben und Not leiden mussten.

Spaltung und Ausstoßung

Frühe Spaltungsmechanismen gewannen mehr Raum, offenbar um dadurch Handlungs- und Entscheidungsmöglichkeiten zurückzugewinnen.

In diesem Zusammenhang konnte Herr K., der zum ersten Mal bei der Geburt seiner inzwischen sechsjährigen Tochter psychotisch geworden war und seitdem ohne Arbeit, finanziell abhängig von seiner Frau, mit dieser und seiner Tochter in einem spannungsvollen, aber gänzlich unveränderbar erscheinenden Zustand lebte, die Gruppe immer mehr auf seine Seite bringen. Er hatte schon über längere Zeit versucht, eine Spaltung des Therapeutenpaars zu erzwingen und die Gruppenleiterin zur bösen Mutter zu machen. Nun fand er Zustimmung bei den Gruppenmitgliedern.

Frau Sch., die sonst eine sehr viel reifere Auseinandersetzung mit uns führte, stellte sich jetzt oft entschieden auf seine Seite und sagte, an meine Adresse gerichtet: »Sie sind unnahbar! Sie nehmen sich unerträglich viel Raum! Sie nehmen uns die Luft zum Atmen!«

Bei meinem Kollegen wurde im Gegensatz dazu seine innere Stärke, die keine Dominanz benötige, hervorgehoben. Schließlich konnte Herr K., offenbar im Gruppenkonsens, den Vorschlag machen, dass doch die Gruppenleitung wechseln solle.

Doch dabei blieb er nicht. Er kam zu einer Gruppensitzung und erklärte, dass er mit dem Gedanken aufgewacht sei: »Entweder Frau Dr. M. oder ich!«, und berichtete, am Morgen fest davon überzeugt gewesen zu sein, dass Dr. M. das Feld zu räumen habe. Die Gruppe geriet angesichts dieser unverstellten Ausstoßungsphantasie in Aufregung.

War die Gruppenleiterin-Mutter »das Böse«? Ließ sich das Gefährliche mit ihr eliminieren?

Dieser Gruppenprozess war deshalb gefährlich, weil er eine Spaltung ohne Realitätsnähe auf frühem psychosenahen Niveau bedeutete und damit, als Gedanke von der Tat schwer unterscheidbar, von massiven Verfolgungsängsten begleitet wurde. Mit diesen aber wuchs der Angstpegel der Gruppe und damit die Gefahr einer psychotischen Dekompensation. Einige Patienten hörten wieder Stimmen. Ängste, psychotisch zu werden, tauchten auf.

In dieser Situation entstehen in unseren Gruppen immer wieder lange Diskussionen über die Wirkungen von Neuroleptika. So auch jetzt. Um Ängste und Verfolger loszuwerden, waren da nicht die Neuroleptika besonders wirksame Helfer? Wie Eltern, die nicht verstehen, aber das Überleben sichern können?

Integrationsversuch

In dieser Situation gelang es Frau Sch.-O., die nach einer Wochenbettpsychose ihr erstes, später auch das zweite Kind ihrer Mutter zur Erziehung übergeben hatte, den Konflikt auf die ödipale Ebene zu bringen: Streiten mit der Mutter zu Hause und auch in der Gruppe ist lebensnotwendig, aber nicht möglich. Man wird dabei psychotisch. Und wenn sie am folgenden Tag als »Mutter gegen Mutter« mit ihrer eigenen Mutter werde streiten müssen, da diese ihr die Kinder geraubt habe, dann werde sie eine Unterstützung brauchen. Sie werde nicht nur die Medikamentendosis erhöhen, sondern sich einen Stofftiger kaufen, mit einem ähnlich gestreiftem Fell wie Dr. G.s Hemd.

Massive projektive Identifizierung

Trotz dieses integrierenden Versuches von Frau Sch.-O., der das präödipale »Entweder-Oder« hinter sich ließ, waren die projektiven Versuche der Gruppenmitglieder, mich ihrer Phantasie einer unnahbaren, unerträglich dominanten Mutter zu unterwerfen und mich aus der Gruppe auszustoßen, sehr wirksam. Nach der beschriebenen Sitzung war ich außerordentlich erschöpft und als ich in den Spiegel schaute, meinte ich, mich mit dem Gesicht einer Toten zu sehen.

War mein Tod das unbewusste Projekt der Gruppe, nicht ein Wunsch, sondern der Versuch einer Tat mit dem Mechanismus einer intrusiven Identifizierung?

Manische Abwehr

Als mein Kollege deutlich machte, dass die Gruppenleiterin nicht einfach zu eliminieren war, blieb Herr K. der Gruppe fern und erlebte das als Triumph.

Am Abend des Tages, an dem er nicht zur Gruppensitzung kam, dachte er, dass nicht er, sondern Frau W. in Gefahr sei, psychotisch zu werden, und rief sie deshalb zu mitternächtlicher Stunde an. Als er in der nächsten Gruppensitzung davon sprach, sagte Frau W. trocken: »Das war wohl Projektion!«

So an eine unabweisbare Realität stoßend, erinnerte sich Herr K., dass Herr Dr. G. früher einmal zu ihm gesagt hatte: »Bei Dreien ist wohl einer zu viel!« Er habe diesen Satz niemals vergessen, und nie verstanden.

Phantasie der Urgruppe

Erneut hatte Herr K. damit einen Gedanken ins Bewusstsein gehoben, der die Arbeit der Gruppe im Zentrum angreifen musste. Zu seiner Abwehr stellte die Gruppe dieses Mal ein Gefühl großer Nähe und Verbindlichkeit her.

Frau Sch.-O. berichtete von der geglückten Begegnung mit ihrer Mutter und dass diese ihr freundlich gesagt hatte: »Du und Deine Kinder, ihr seid doch alle meine Kinder!« Die Gruppenmitglieder kritisierten zwar diese mütterliche Grenzüberschreitung, doch es war unübersehbar, dass im selben Augenblick gerade dieses die geheime (sektenähnliche) Grundannahme war: Wir alle sind gleichzeitig Mütter und Kinder. In dieser Urgruppe, die eine Urmutter ist, ist jeder Teil des anderen. Keiner muss zurückgestoßen werden. Keiner ist zu viel. Wir werden uns nie trennen, denn Trennung und Tod sind für uns unauflösbar verbunden. (Kein Wunder, dass sich der Supervisor beim Besprechen dieser Stunde weit außerhalb erlebte.)

Verleugnung

Nach einer 14-tägigen Weihnachtspause waren es nur noch vier Sitzungen bis zum Ende der Arbeit in dieser Gruppenzusammensetzung.

Die unlösbaren Probleme der Trennung zeigten sich vorerst in einer allgemeinen Verleugnung der Schwierigkeiten der zurückliegenden weihnachtlichen Trennungszeit. Doch wir Therapeuten spürten eine unabweisbare, schwere Müdigkeit als Ausdruck aggressiver projektiver Identifizierung.

Als wir unsere Gegenübertragung als Ergebnis der Angriffe der Gruppe deuteten, die sich von uns offenbar verlassen fühlte, wie von Eltern, die sich rücksichtslos vergnügten und duldeten, dass ihre Kinder den Wölfen zum Fraß vorgeworfen würden, konnten die Gruppenmitglieder mehr über ihre Ängste sprechen:

Frau Sch. wollte gar nicht kommen, da sie Angst vor ihren Gefühlen angesichts der bevorstehenden Entscheidung hatte: Sie hatte sich mehrmals übergeben müssen und meinte, dass ihr Körper etwas ausdrücke, was sie nicht fühlen wolle.

Frau B. hatte geträumt, psychotisch zu werden. Im Traum bat sie um Hilfe, hatte aber keinen Schutz erhalten. Mein Gesicht sah sie gespenstisch verändert.

Frau Sch.-O. war fest davon überzeugt, dass bei Wertheim Feuer ausgebrochen sei und hatte zwei Tage lang psychosenahe Ängste.

Es war unübersehbar, dass für die Gruppenmitglieder tatsächlich die Gefahr wuchs, psychotisch zu werden, da ihre Rachewünsche die Verfolgungsängste steigerten.

Entwertung

Die Abwehr dieser Ängste durch erneute Entwertung der Gruppenarbeit war naheliegend. Eine Gruppe, die nichts taugt, kann man leichter verlassen. Gleichzeitig wuchs der Druck, sich entscheiden zu müssen, denn die letzte Gruppensitzung rückte unerbittlich näher.

Die Entscheidung für oder gegen die Weiterarbeit war tatsächlich wie eine Wahl zwischen Scylla und Charybdis: War es nicht einfacher, im seelischen Rückzug zu verharren, als sich weiter auf schmerzhafte emotionale Prozesse einzulassen? Suchte man in der Gruppe eine Wärmestube oder befand man sich hier in einem Land nach einer Flutkatastrophe, wo man sich gemeinsam an das mühevolle Aufräumen und Neugestalten machen muss?

So begann die vorletzte Stunde mit Zweifeln, Kritik und Entwertungen: »Ich werde von Ihnen nicht gesehen! Ich frage mich manchmal, was soll ich noch tun, um Ihre Aufmerksamkeit zu bekommen?«

»Sie schreiben in Ihrer Webseite: ›Als ich zu Dir ging, fand ich Dich auf dem Weg zu mir.‹ – Mir kommt niemand entgegen!«

»Die Gruppe hat mir nichts gebracht. Ich wurde nicht genug therapiert! Ich möchte mehr fühlen!«

Und Frau O., die mit einem Liebeswahn erkrankt war, wiederholte ihre schon bekannte Anklage: »Persönliche Beziehungen sind hier in der Gruppe nicht möglich!«

Sie meinte damit, dass sie eine ausschließliche, weitgehend konfliktlose Beziehung zu einem Menschen benötigte, die sie hier, trotz mehrfacher Versuche, nicht hatte finden können. Deshalb wisse sie nicht, ob sie weitermachen wolle.

In einem Versuch, das unabweisbare Bedürfnis, das hinter ihren Vorwürfen stand und auch ihren Wahn nährte, zum Ausdruck zu bringen, sagte ich: »Es ist eine große Sehnsucht in Ihnen nach einem Menschen, der Sie besser versteht als alle anderen.« Und ich zitierte: »Selig, wer sich vor der Welt/ ohne Hass verschließt,/ einen Freund am Busen hält/ und mit ihm genießt./«

»Wäre das Ihr Wunsch?«, wandte ich mich an Frau O.

»Oh ja, sehr!«, sagte sie.

Mit diesem Bild hatte ich, ohne es ganz zu übersehen, Vielfältiges evoziert: Einmal das Bild des Elternpaares der Urszene, das sich »ohne Hass« zurückzieht, aber auch homoerotische Phantasien, die dem Mann oder der Frau gelten, und nicht zuletzt den Wunsch nach grenzenloser Verschmelzung mit der Mutter oder Urmutter, wobei gleichzeitig auch das Entsetzen des Gegenteils entsteht: ›Und, wer's nicht gekonnt, der stehle weinend sich aus unserm Bund (...)‹«

Ich hatte aber nicht bedacht, dass der Name meines Kollegen – Dr. Genieser – in dieser zitierten Versstrophe enthalten war.

Denkstörung als Schutz vor gefährlichem Handeln

Die letzte Stunde begann damit, dass Herr K. in sich hineinlachend äußerte, Frau Dr. M. hätte sich beim letzten Mal ungemein analytisch gegeben und er fragte, ob sie jetzt erst die Katze aus dem Sack ließe.

Es kam zu einer langen Debatte über gefühlsbetonten oder rationalen Bezug zur Welt, wobei eine Spaltung im Sinne der beiden großen Neurosengruppen, d. h. der hysterischen und zwangsneurotischen Abwehr, agiert wurde.

Dann brach es plötzlich aus Herrn K. heraus: »Was haben Sie da eigentlich letztens mit dem Zitat sagen wollen? Ungeheuerlich! Da fangen Sie an zu zitieren! Diesen Goethe. Diese gezierte Sprache! Ich habe nichts verstanden!«

Nicht nur wir, auch die Patienten begannen, Herrn K. den Goethesatz erklären zu wollen. Dr. G. fragte ihn, ob er meine Worte als Verführung erlebt habe. Das bestätigte Herr K. Trotzdem verstand er nicht. »Der blöde Goethe«, schimpfte er. »Wie elitär!« Frau B. fragte: »Stört dich vielleicht das Wort ›Busen‹ bei einem Mann?« Herr K. antwortete: »Es ist, als hätte ich ein Brett vor dem Kopf!«

Wir Therapeuten erschraken und es stellte sich simultan und sofort bei jedem von uns die psychiatrische Diagnose einer Denkstörung ein.

Herrn K.s Denkstörung erzeugte eine Denkstörung auch in uns, durch die unser analytisches Denken außer Kraft gesetzt wurde. Auf diese Weise musste Herr K. das erleben, was ihn mit seinem Trauma in Verbindung brachte: Uns Therapeuten als Eltern, insbesondere mich als eine Mutter, die ihn und seine Ängste nicht verstehen konnte. Was ihm wiederum den Gedanken aufnötigte, dass er um den Verstand gekommen sei. (So kam er auch nach dem Ende der Gruppensitzung noch einmal zurück, um sich bei mir zu vergewissern, dass sein Gehirn noch funktioniere!)

Doch während Herr K. in seinem Zustand des Nichtverstehens verharrte, möglicherweise um mörderisches Handeln zu verhindern, fand die Gruppe mit Dr. G. aus ihrer Verwirrung heraus: »Sicher haben Sie alle schon oft Sehnsucht nach einem Menschen gehabt«, sagte er, »der Sie besser als alle anderen verstehen kann und mit dem Sie sich ohne Groll von den Anderen zurückziehen können, um zu zweit glücklich zu sein.«

Darauf antwortete Frau W. und hob damit die vorher agierte Spaltung zwischen Denken und Fühlen auf: »Vielleicht ist es die Sehnsucht nach einer liebevollen Mutter. Ich habe nie eine liebevolle Mutter gehabt. Vielleicht bin ich deshalb so intellektuell.« Und Frau O. fügte hinzu: »Diese Sehnsucht habe ich auch.« »Ich auch«, sagte Frau B.

Der Sturz in die Psychose

Damit war die letzte Sitzung beendet. Die Gruppe konnte sich als Arbeitsgruppe retten, indem sie – zumindest in diesem Augenblick – das unabweisbare, jede Sozietät zerstörende Bedürfnis nach ausschließlicher Zweisamkeit in eine Sehnsucht, ein Begehren, einen Wunsch transformierte.

Herrn K. war das nicht möglich. Er wurde psychotisch, wurde zu einem, der nicht versteht, zum psychiatrischen Fall eines denkgestörten Patienten, womit er sich und uns vor seinen höchst bedrohlichen Gedanken/Handlungen schützte.

Zur neuen Verabredung kam er noch einmal, jedoch in einem erschreckenden Zustand: Im Warteraum stehend, musste er von Dr. G. persönlich hereingebeten werden und saß dann voller Unruhe zwischen den Gruppenmitgliedern, hob beide Arme, fasste sich an den Hals, senkte die Arme, hob sie erneut, fasste sich an die Kehle und ließ die Arme wieder sinken. Wie ein Vogel, der fliegen möchte und gleichzeitig zu ersticken droht. Dann kam er nicht mehr.

Die Fußangel, in der er sich verfing und die ihn in die Psychose stürzen ließ, war die Aufforderung zum Genießen, die er durch mich mit dem Goethezitat erlebte. Sie setzte sein Herz in Brand. Und er blieb in ihrem Bann. Er hatte eine Aufforderung gehört, der nachzukommen ihn zum Mörder oder zum Gespenst machen musste, der zu folgen aber alles in ihm ihn drängte und gleichzeitig alles entsetzt zurückhielt.

»Daß Du so beweglich kennst
Jenes Herz in Brand
Haltet ihr wie ein Gespenst
An den Fluß gebannt.« (Goethe 1966, S. 570)

Für die Gruppe war seine Psychose bedeutsam: Wie ein Schwamm saugte er die psychotischen Ängste der Anderen in sich auf und trieb sie damit in die Normalität und die Gruppe zur Weiterarbeit.

In der folgenden Zeit blieb er, von räumlichen und zeitlichen Grenzen unbeeindruckt, sehr präsent in der neuen Gruppe, die inzwischen vier Mitglieder hatte, die ihn nicht kannten. Einer der Neuen sagte einmal, es sei keiner so anwesend wie Herr K.

Als ich an diesem Vortrag schrieb und deshalb nochmals seine Einzeltherapeutin konsultierte, rief er kurze Zeit danach aus der Klinik an, um ihr zu sagen, dass er nach seiner Entlassung unbedingt wieder mit ihr und möglicherweise auch mit der Gruppe weiterarbeiten möchte.

Anders als die in der Ilm ertrunkene Christel von Lassberg und anders als der Dichter des Mondliedes mit seinem *Werther* oder seinem hastigen Aufbruch nach Italien, musste Herr K. die Möglichkeit des Überlebens in der Psychose wählen. In dieser treibt er mit uns. Wie in einem Seesack im Fluss.

Wir aber können genauer ermessen, was Goethe meint, in der zweiten Fassung des Gedichtes *An den Mond*, wenn er klagt:

»Fließe, fließe, lieber Fluß
Nimmer werd ich froh...«

Literatur

Bion, W. R. (1990a): Lernen durch Erfahrung. Frankfurt a. M. (Suhrkamp).

Bion, W. R. (1990b): Erfahrungen in Gruppen. Frankfurt a. M. (Fischer).

Goethe, J. W. v. (1965): Poetische Werke. Bd. 1. Berlin (Aufbau).

Goethe, J. W. v. (1966): Poetische Werke. Bd. 2. Berlin (Aufbau).

Korff, H. A. (1958): Goethe im Bildwandel seiner Lyrik. München (Koehler & Amelang).

Riviere, J. (1996): Ausgewählte Schriften. Tübingen (edition diskort).

Sander, D. (1986): Analytische Gruppentherapie mit Schizophrenen. Göttingen (Vandenhoeck & Ruprecht).

Vom Symptom zum Dialog: Mehrgenerationenperspektive und Umgang mit Übertragung und Gegenübertragung in der psychoanalytischen Familientherapie

Hildegard Schäfer

Einleitung – oder: Von der »Gegnerschaft der Angehörigen« zu ihrer Integration in den therapeutischen Prozess

In der Therapie des »kleinen Hans« bezog Freud ein einziges Mal ein Familien-Mitglied, nämlich den Vater des Patienten, in die Behandlung mit ein, indem er ihn quasi zum Therapeuten seines Sohnes machte; Freud bekannte aber einige Jahre später, 1912 in seinen »Ratschläge[n] für den Arzt bei der psychoanalytischen Behandlung« seine Ratlosigkeit bezüglich des Umgangs mit den Angehörigen seiner Patienten. Bekanntlich sprach er sogar von einer »(...) unvermeidliche[n] Gegnerschaft der Angehörigen gegen die psychoanalytische Behandlung der Ihrigen (...)« (Freud 1912, S. 386).

Mit diesem Problem waren auch die amerikanischen Schizophrenieforscher der vierziger Jahre konfrontiert, als sie bemerkten, dass zunächst erfolgreich scheinende Behandlungen stagnierten, wenn es bei den Patienten darum ging, gewonnene Einsichten in tatsächliche Individuationsschritte umzusetzen. Es zeigte sich, dass die Loyalitätsbindungen zur Familie den Autonomiestrebungen der Patienten entgegenstanden (vgl. auch Boszormenyi-Nagy & Spark 1973). Zögernd und zunächst fast im Geheimen begannen einige dieser Analytiker die Angehörigen mit in den therapeutischen Raum zu holen, um *nicht gegen sie (und damit nicht gegen bestehende Loyalitäten), sondern mit ihnen* zu arbeiten. Dies bildete dann eine wichtige Wurzel der Familientherapie – neben einer weiteren, die aus der Kinderanalyse stammt.

Vom Symptom zum Dialog – oder: Schritte auf dem Weg zu mehr Bezogenheit und Autonomie

In der Familientherapie ist das Setting so angelegt, dass die Personen, die am Konflikt beteiligt sind, quasi real um ihn gruppiert sind, sodass alle ihre verschiedenen subjektiven Perspektiven und Erlebnisweisen einbringen können.

Der Familientherapeut hat die Aufgabe, einen geschützten Raum anzubieten, in dem es den Beteiligten möglich ist, sich zu öffnen, um miteinander in einen Dialog zu treten über Fakten und Emotionen, die bisher verschwiegen und abgewehrt wurden. Es geht darum, miteinander eine Sprache zu finden für das, was sich bislang Unaussprechliches im Symptom des erkrankten Familienmitglieds, des »indizierten Patienten«, inkorporiert und verdichtet hat.

So entwickelt sich ein Prozess, in dem aus verhärteter »Struktur wieder Interaktion wird« (Sperling, zit. nach Massing et. al. 1999, S. 22) und der schließlich zur »Versöhnung« (Stierlin 1975) zwischen den Beteiligten führt.

Analytische Familientherapie arbeitet also an den Schnittstellen von intrapsychischen und interpersonalen Konflikten.

Mehrgenerationenperspektive oder: Die Wiederkehr des Verdrängten

Eine wichtige Erweiterung wurde von Sperling und Massing in Göttingen ab den sechziger Jahren (Sperling 1965) dadurch geschaffen, dass sie die Mehrgenerationen-Familientherapie aus dem anglo-amerikanischen Raum nach Deutschland holten.

Mehrgenerationen-Familientherapie baut u. a. auf der Beobachtung auf, dass »sich *Störungen und Konflikte der jeweiligen Kindergeneration regelmäßig aus unbewussten Konflikten zwischen Eltern und Großeltern (...) ergeben*« (Sperling et al. 1982, S. 17) und auf der Erfahrung, dass es in Familien häufig einen »intrafamiliären Wiederholungszwang« (ebd.) gibt, der sich u. a. darin zeigt, dass sich über die Generationen spezifische Konflikt- und Beziehungsmuster tradieren.

Nach diesem Verständnis treffen sich in einer Paarbeziehung nicht nur zwei Individuen, sondern auch zwei Systeme: Jeder Partner bringt Prägungen und Konflikte aus seiner Herkunftsfamilie in die Paarbeziehung ein. Je unbewusster und ungelöster Konflikte zwischen einem Partner und seiner Herkunftsfamilie bzw. seinen Eltern sind, umso stärker bleibt er an diese gebunden. Damit wird nicht nur das Zusammenwachsen des Paares erheblich erschwert, diese »unsichtbaren Bindungen« (Boszormenyi-Nagy & Spark 1973) leisten auch dem intrafamiliären Wiederholungszwang Vorschub.

Dem Wiederholungszwang liegen aber bekanntlich zwei zwar verschwisterte, aber durchaus unterschiedliche Strebungen zugrunde: Neben der Tendenz zur Perpetuierung der vertrauten Pathologie findet sich auch der Wunsch, diese endlich zu überwinden. Auch diesen Aspekt, den des Heilungsversuchs, ernst zu nehmen und aufzugreifen, ist ein zentrales Anliegen des mehrgenerationalen Ansatzes.

452

Die Mehrgenerationen-Perspektive sieht individuelle und familiäre Entwicklung – stärker als andere Therapierichtungen – auch vor dem Einfluss des jeweiligen sozio-historischen Hintergrundes, in dem die Generationen gelebt haben. So zeigt die Göttinger Gruppe in ihren Veröffentlichungen eindrucksvoll auf, dass es eine generationsübergreifende Weitergabe gibt von unverarbeiteten Traumatisierungen, aber auch von verleugneter Täterschaft und Schuld aus der Nazi-Zeit. Es ist eine Erfahrung im Übrigen, die sich im letzten Jahrzehnt durch die Holocaustforschung über die »Kinder der Opfer und Kinder der Täter« bestätigt hat (Bergmann et al. 1995).

Umgang mit Übertragung und Gegenübertragung – oder: Über Fallstricke und Kollusionen zu Ressourcen und Begegnungen

Grundsätzliches

So wie sich in der Paar- bzw. Elternbeziehung zwei Systeme treffen, so kann man auch sagen, dass in der therapeutischen Beziehung zwei Systeme in Interaktion treten: das Familiensystem und das Therapeutensystem.

Mit Letzterem ist zum einen das System der Herkunftsfamilie des Therapeuten gemeint, das er in sich trägt. Aber auch der berufliche Kontext, der ihn in seinem professionellen Verständnis und Handeln geprägt hat (z. B. Universität, Ausbildungsinstitut) und der, in dem er sich aktuell bewegt (wie Institution oder Team), beeinflusst seine therapeutische Haltung (vgl. Reich 1984; Reich & Cierpka 1996).

Beschränken wir uns in diesem Rahmen allein auf den Einfluss des Familiensystems des Therapeuten, so ist in der Familientherapie zu beachten, dass Therapeuten »in den Eltern [der zu behandelnden Familie] die eigenen Eltern sehen [können] oder sich selbst als Eltern, in Kindern sich selbst als Kinder oder die eigenen Kinder« (Reich & Cierpka 1996, S. 302). Umgekehrt gibt es von der Familie auf den Therapeuten entsprechend vielfältige Übertragungsmöglichkeiten.

Übertragungs-Gegenübertragungsinteraktionen finden sich in der Familientherapie auf mehreren Ebenen:
- zwischen der Familie als Ganzes und dem oder (bei Co-Therapie) den Therapeuten,
- zwischen jedem einzelnen Mitglied und dem/den Therapeuten; darüber hinaus reagiert der Therapeut auch auf
- Übertragungen, die unter den Familienmitgliedern stattfinden und
- die Anwesenheit des Therapeuten beeinflusst auch die Übertragungen der Familienmitglieder untereinander.

Es ist leicht vorstellbar, dass es nicht ganz einfach ist, gleichzeitig die verschiedenen Übertragungsbahnen zu beachten. Übertragung teilt sich ja am wenigsten auf dem manifesten verbalen Kanal mit, vielmehr erfahren wir Übertragung über nonverbale Signale, Haltungen, Stimmungen, die sich in der Gegenübertragung niederschlagen, der gegenüber ausgesprochene Wachsamkeit bestehen sollte. Insofern geht es, wie Buchholz (1995) aufzeigt, in der Familientherapie vor aller Deutungskunst insbesondere um eine Wahrnehmungskunst.

Fallstricke und Kollusionen
in der Übertragungs-Gegenübertragungs-Szene

Haben wir z. B. eine Familie vor uns, in der die Familienmitglieder sich nicht lösen dürfen, dann kann es sein, dass der abgewehrte Autonomiewunsch sich in der Gegenübertragung des Therapeuten wiederfindet, was diesen verleiten kann, forciert auf Individuation des indizierten Patienten zu drängen. – Er würde also gegen bestehende Loyalitäten in der Familie therapieren. – Das würde wahrscheinlich dazu führen, dass die Familie die gewohnten Abwehrmuster verstärkt, sich also noch enger zusammenschließt.

Müssen, um noch ein anderes Beispiel zu geben, von der Familie erhebliche Schuldgefühle abgewehrt werden, können Therapeuten in die Rolle von richtenden oder bewertenden Autoritätspersonen (von Staatsanwälten, Schiedsrichtern oder Lehrern) gedrängt werden. – Es wird sich zeigen, dass die Angst, beurteilt, verurteilt, entwertet zu werden, auch im nachfolgend vorgestellten Fall eine große Rolle spielt.

Aber wir fragen ja nicht einseitig nach dem Übertragungsangebot der Familie, sondern ebenso danach, welche innere Szene der Therapeut aufgrund seines eigenen inneren Familiensystems in den Übertragungsdialog einbringt. Es ist ein Erfahrungswert, dass im Familien-Setting beim Therapeuten heftigere und vielfältigere Übertragungsreaktionen auf die Familie ausgelöst werden als in der Einzeltherapie. Nach Buchholz (1995) wird meist eine milde Gegenübertragungsneurose in Familientherapien ausgelöst. Whitacker et al. (1975, zit. nach Massing et al. 1999, S. 106) gehen noch weiter: Sie sprechen von der »Gefahr der Wiederansteckung« und zwar in dem Sinne, dass unverarbeitete Konflikte der inneren Familienszene des Therapeuten in familien- und paartherapeutischen Behandlungen in ganz besonders hohem Maße reaktiviert werden.

Kasuistik[1]: Das Dilemma zwischen Bindung und Ausstoßung – oder: Dialog- und Interaktionsgeschichten zwischen den Generationen und im therapeutischen Raum

Das Erstgespräch – oder: Die gespaltene Wirklichkeit

Im Erstgespräch mit der Familie eines Anfang zwanzigjährigen psychosekranken Indexpatienten, das ich im Folgenden ausschnittweise wiedergebe, ergriff die Mutter, Frau T., auf meine Frage hin, wie die Familie die Entwicklung des Patienten bis zum Ausbruch der Erkrankung erlebt habe, als erste, deutlich unter Druck stehend das Wort: Sie frage sich immer, welche Schuld sie habe und warum ausgerechnet dieses Kind krank geworden sei. Frank – so möchte ich ihn nennen – sei immer sehr pflegeleicht gewesen, ganz im Unterschied zu seinen kleineren Geschwistern. Frank sei der Sonnenschein in der Familie gewesen, habe »zwölf Stunden lang am Tag gelacht«. Er habe alles gehabt, was sie selbst (die Mutter) nicht gehabt habe. Deswegen sei er auch »der kleine Prinz« genannt worden: ein Prinz, den man bewundert und dem niemand habe etwas abschlagen können. Und sie frage sich, fuhr die Mutter fort, was sie falsch gemacht habe, sie sei bestimmt keine perfekte Mutter gewesen, häufig ungeduldig und depressiv.

Der Vater, Herr T., ein sehr distinguiert wirkender, stattlicher Mann, der gegenüber der hektischen, emotionalen Mutter wie der stabile, ruhende Pol der Familie wirkte, war ein wenig zurückgerutscht mit seinem Stuhl und begann erst zu reden, als ich ihn noch einmal ausdrücklich um seine Sicht bat. Er sprach dann zunächst sehr ausführlich über seine eigene sehr gute Kindheit an der Ostsee, in der ehemaligen DDR, von wo die Familie, kurz bevor die Mauer fiel, über Ungarn und Österreich nach Niederbayern geflüchtet war.

Er sprach darüber, dass er die Liebe seiner Eltern, besonders die »übergroße Liebe« seiner Mutter auch an seine Kinder habe weitergeben wollen. Besonders gegenüber Frank, der sei ja der erste Sohn, habe er nie »Nein« sagen können. Er sei überall die Nummer eins, im Fußballverein immer mittendrin. Und gegen Ende seiner Ausführungen, in denen Herr T. auch sehr ausführlich seine eigene Lebensphilosophie dargestellt hatte, kam dann zwar verhalten, aber unübersehbar seine Enttäuschung darüber zum Ausdruck, dass Frank sich seinen Lebensleitlinien nicht angeschlossen hatte, wäre er möglicherweise nicht krank geworden; jetzt könne er nichts mehr für ihn tun.

Frank, der eher desinteressiert dabei gesessen war, wusste auf meine Frage, wie er selbst die Zeit bis zur Erkrankung erlebt habe, zunächst gar nichts zu sagen, außer: »Ganz normal halt!« Auf mein Nachfragen, ob er denn seine Entwicklung auch so sehe wie seine Eltern oder vielleicht auch anders, antwortete er: »Weiß nicht, in der Schule war ich aber nicht so 'ne Leuchte.«

Es ging dann im weiteren Gespräch um die Angst der Eltern vor einer erneuten Psychose. Die letzte lag ein gutes halbes Jahr zurück: Frank hatte mit beginnender Psychose in höchster Not nachts die Eltern angerufen. Er hatte halluziniert, die Eltern seien mit dem Auto tödlich verunglückt, er hatte aber noch mit einem Rest an Realitätssinn zum Telefon greifen können. Die Eltern, die dann auch sofort in den 100 km entfernten Ort gefahren waren, wo Frank kurz zuvor seinen Zivildienst angetreten hatte, wurden aber, dort angekommen, nicht von ihm in die Wohnung gelassen. Er hatte gedroht, aus dem Fenster im ersten Stock zu springen, falls die Eltern die Wohnung betreten sollten, denn dann müsse er tot umfallen oder die Eltern müssten sterben. Erst als die Sanitäter kamen, öffnete Frank die Wohnung widerspruchslos und ließ sich dann auch ohne Probleme mit den Eltern in die Klinik fahren.

Die Mutter schrieb sich im weiteren Verlauf der Sitzung dann noch mehr die Schuld zu, sie sei keine gute Mutter gewesen: »Zwischen zwei Super-Müttern [gemeint waren ihre Mutter und ihre Schwiegermutter] sollte ich existieren.« Ihre eigene Mutter sei der »Feldwebel« in der Familie gewesen und habe sie total erdrückt, das habe sie Frank auf keinen Fall antun wollen.

Nach der Sitzung versuchte ich dem nachzuspüren, was ich erlebt hatte: Ich fühlte mich von dem heftigen Redeschwall von Frau T. erdrückt. Ich merkte, dass ich versuchte, sie von mir wegzuschieben. Das konnte ich aber mit meinem therapeutischen Verständnis nicht vereinbaren, zumal ich ihre Schuldbekenntnisse als Appell an mich erlebte, doch auch zu sehen, wie schwer sie es gehabt hatte. Der Vater schien der Stabilere von beiden Eltern zu sein. Es hatte mich nur etwas gestört, dass er mich mit dem sehr betonten Vortragen seiner für mich sehr komplizierten Lebensphilosophie gezwungen hatte, mich ganz auf ihn zu konzentrieren; trotzdem fühlte ich mich gleichzeitig von ihm auf Distanz gehalten. Und Frank erlebte ich als den Unscheinbarsten von den Dreien; er wirkte gedrückt, ein Erscheinungsbild, das völlig im Gegensatz zu dem stand, wie die Eltern ihn geschildert hatten.

Ich hätte vielleicht angesichts dieser elterlichen Zuschreibungen an meiner eigenen Wahrnehmungsfähigkeit gezweifelt, wenn ich nicht auch diese Seite des indizierten Patienten schon kennen gelernt hätte: Im allerersten Kontakt mit ihm ohne die Familie kam er in meine Praxis, freundlich zugewandt, ein bisschen »locker-flockig«, als habe er alles im Griff, was mich erstaunt und ein wenig verwirrt hatte, denn sein Auftreten passte so gar nicht zu dem, was ich aufgrund der Ankündigung des überweisenden Psychiaters erwartet hatte; der hatte sich Sorgen gemacht ob »seines flachen Affekts«. Allerdings war diese scheinbar so kompetente Seite von Frank relativ schnell in sich zusammengefallen; ich bekam zunehmend mehr den Eindruck, dass er überhaupt keine Bodenhaftung, keinen tieferen Kontakt zu sich selbst hatte.

Exkurs: Einige Anmerkungen zur Psychodynamik und Familiendynamik der Psychose

Wenn man von der Symbolik der akuten Psychose des Indexpatienten ausgeht, die die Eltern geschildert hatten, so sieht man hier recht deutlich das Dilemma zwischen Nähe und Distanz, in dem sich der Schizophrene nach Mentzos (1992) befindet; ein Dilemma zwischen der Sehnsucht nach Halt, Geborgenheit, und, wenn sie dann quasi vor der Tür steht, die Angst, die eigene Existenz zu verlieren, wenn der Kontakt noch näher zu werden droht. Die Erlösung aus diesem Dilemma durch einen triangulierenden Dritten kam in diesem Fall in Gestalt der Sanitäter.

Dieses intrapsychische Dilemma, das Hin- und Hergerissensein zwischen Objekthunger und Objektflucht findet Entsprechungen in der interpersonellen familiären Dynamik: Das von den Eltern ausgehende Beziehungsangebot an den Patienten war eine Gleichzeitigkeit von Überschüttet-, Erdrücktwerden und Unerreichbarkeit, Kontaktlosigkeit bis Zurückweisung, eine Doppelbindung, die eine Verwirrung auslöst, die ich ansatzweise auch im Erstgespräch gespürt hatte.

Nach Stierlin (1978) leiden schizophrene Mitglieder einer Familie unter folgenden drei Faktoren: 1. unter einem unmöglichen Auftrag bzw. einer unerfüllbaren Mission, 2. unter den Kommunikationsabweichungen der Eltern und 3. unter spezifischen Beziehungsmodalitäten von Bindung und Ausstoßung, die in der Familie herrschen. Alle drei Modalitäten tragen im Kern auch das Nähe-Distanz-Dilemma in sich. Neraal (1996, 2001) betont darüberhinaus, dass gerade die Eltern psychosekranker Kinder in sehr ausgeprägten Abhängigkeitsbeziehungen zu ihren eigenen Eltern stehen.

Die Kommunikationsabweichungen der Eltern, die über-emotionale Mutter und der sehr distanzierte Vater, fielen im Erstgespräch sofort ins Auge. Fügt man der Betrachtung der manifesten Ebene die latente hinzu, die sich z. B. in der enttäuschten Zurückweisung des Vaters, der andererseits von der »übergroßen Liebe«, gesprochen hatte, die er seinen Kindern habe weitergeben wollen, äußerte oder etwa in der gereizten Impulsivität der Mutter, so ist auch die Ambivalenz zwischen Bindung und Ausstoßung ansatzweise erkennbar, der Frank in dieser Familie ausgesetzt gewesen war. Vergegenwärtigen wir uns darüberhinaus, welche »RIG's« (representations of interactions having been generalised) im Sinne der Säuglingsforschung der Indexpatient in dieser Familie internalisiert haben mag, so wird die innere Zerrissenheit, das Dilemma zwischen Nähe und Distanz i. S. von Mentzos nachvollziehbar.

Eine »unerfüllbare Mission« ist in dieser Sitzung auch schon zu ahnen, nämlich der »Sonnenschein«, der »Prinz« in einer Familie zu sein, die – wie sich

457

im weiteren Verlauf der Therapie zeigen sollte – einem sehr harten Existenzkampf und politisch bedingten Traumatisierungen und Verfolgungen ausgesetzt gewesen war. So kann z. B. die Zuschreibung:»kleiner Prinz« sowohl als narzistische Besetzung der Eltern aufgrund ihrer persönlichen Bedürftigkeit verstanden werden, vor einem erweiterten familiären und sozio-historischen Hintergrund aber auch als Wunsch, die erfahrenen Verletzungen und Entwertungen mögen geheilt, die »Familienehre« wiederhergestellt werden. Gleichzeitig kommt in dem Bild des »kleinen Prinzen« auch die grenzenlose Verlorenheit und Bodenlosigkeit des Indexpatienten zum Ausdruck.

Damit zeigen sich aber auch massive familiäre Verleugnungen. So ist ja in dieser ersten Stunde schon zu sehen, wie einerseits die kranke Seite des Patienten völlig negiert wurde, während gleichzeitig die Angst der Eltern vor einer erneuten Psychose sehr groß war. Sperling et al. (1982, S. 155) sprechen davon, dass sich Familien mit einem psychosekranken Mitglied »ihre eigenen Wirklichkeiten« schaffen.

In einem weiteren Gespräch mit Familie T. sah ich Bilder aus der zurückgelassenen Heimat und erfuhr u. a., dass die Mutter als kleines Kind miterlebt hatte, wie der Vater nachts aus dem Bett geholt und aufgrund einer Verleumdung für zwei Jahre ins Gefängnis gekommen war und dass Herr T. vor der Flucht in die BRD befürchtet hatte, inhaftiert zu werden, weil er die Teilnahme an einer Reserve-Übung der Volksarmee verweigert hatte. Ich erfuhr aber auch von dem grenzenlosen Gefühl der Freiheit und Erleichterung der Eltern, als sie endlich in der Bundesrepublik »sicheren Boden« unter sich hatten.

Ich bot der Familie weitere Gespräche an mit der Überlegung, dass sich vielleicht in den psychotischen Vorstellungen von Frank eine Angst und Belastung ausdrücke, die mit Ängsten und Belastungen aller in der Familie zu tun haben könnte.

Der weitere therapeutische Verlauf – oder: Gegenübertragungsneurose und Krise

Bei der Reflexion der weiteren Sitzungen bemerkte ich, dass ich den Vater, obwohl er so stark erschien – Frank bezeichnete ihn als »superperfekt« und als »Felsbrocken, an dem alles abprallt« – mit einer Schonhaltung behandelte.

Es zeigte sich dann auch im weiteren Verlauf, dass Herr T. in eine Krise geriet. Während die Mutter die Sitzungen zunehmend als positiv erlebte und Frank die Finger auf die verborgenen Wunden – das hieß in dieser Behandlung: die verleugneten Punkte – zu legen begann, fing der Vater an, die Gespräche subtil zu entwerten. Es wurde mir dann klar, dass seine starke Abwehr brüchiger wurde und er sich offensichtlich schützen musste, sodass *ich* mich jetzt auch in einem »Dilemma« fühlte bzgl. des Fortgangs der Therapie: Ich befürchtete, dass Herr T. abbrechen oder zusammenbrechen könnte. In meiner Intervisionsgruppe stellten wir uns u. a. folgende Fragen:

– Habe ich durch meine Schonhaltung den Vater nicht genug gehalten? Hätte ich konfrontativer mit ihm umgehen sollen? Aber ich hatte bei ihm eine große Kränkbarkeit gespürt und befürchtet, die Beziehung zu gefährden.

– Ging ich mit einer ähnlich distanzierten Schonhaltung mit ihm um, wie er mit seinen Sohn? Reproduzierte ich also die Abwehr der Familie?

– War Herr T. gekränkt, dass ich auf seine anfängliche Werbung um Anerkennung nicht genug eingegangen war? War er ähnlich gekränkt, wie darüber, dass Frank sich seine Lebensphilosophie nicht zu eigen gemacht hatte?

Während der Intervisionssitzung war mir bewusster geworden, dass mir die zunehmende subtile Entwertung von Herrn T. auch Angst gemacht hatte; ich war dadurch eher noch mehr zurückgewichen und hatte womöglich die Distanz noch vergrößert.

Nicht ganz unabhängig davon war, dass ich mich vielleicht im Laufe der Therapie mehr mit der Mutter identifiziert hatte, die viel offener war und aktiver mitarbeitete. Das bedeutete aber, in eine latente Gegenidentifikation zum Vater zu geraten. Erst sehr viel später erkannte ich, dass ich damit meine eigene, mir sehr vertraute Familienszene reaktiviert und auf Familie T. übertragen hatte.

In der Kollegengruppe wurde außerdem noch der Überlegung nachgegangen, dass das Thema »Schuld« ein wichtiges Thema in der Familie war; es wurde von der Mutter überthematisiert, vom Vater tabuisiert. Wir verbanden damit die Frage, ob sich Herr T. vielleicht in Wirklichkeit viel stärker auf der Anklagebank fühlte als die Mutter.

Genogrammarbeit[2] und Integration

Sei es durch die Auswirkungen unserer Reflexionen in der Intervisionsgruppe, sei es durch die gemeinsame Arbeit am Genogramm, in die wir jetzt, ab der sechsten Sitzung einstiegen und die, so wie ich sie erlebe, immer auch etwas Tragendes und Integrierendes hat – jedenfalls konnte Herr T. wieder in den familiären Dialog eintreten und sich einbringen.

Er konnte dabei erstmals über sein tiefes Zerwürfnis sprechen, das er mit seinem Vater gehabt hatte und darüber, dass er zeitlebens vergeblich auf dessen Zuwendung und Anerkennung gehofft hatte und er sprach darüber, dass er gerade dies seinen Kindern nicht habe antun wollen; deswegen habe er Frank gegenüber auch nie »Nein« sagen können.

In diesem Zusammenhang wurde mir noch bewusster, wie hoch besetzt das

Abb. 1: Genogramm Familie T.

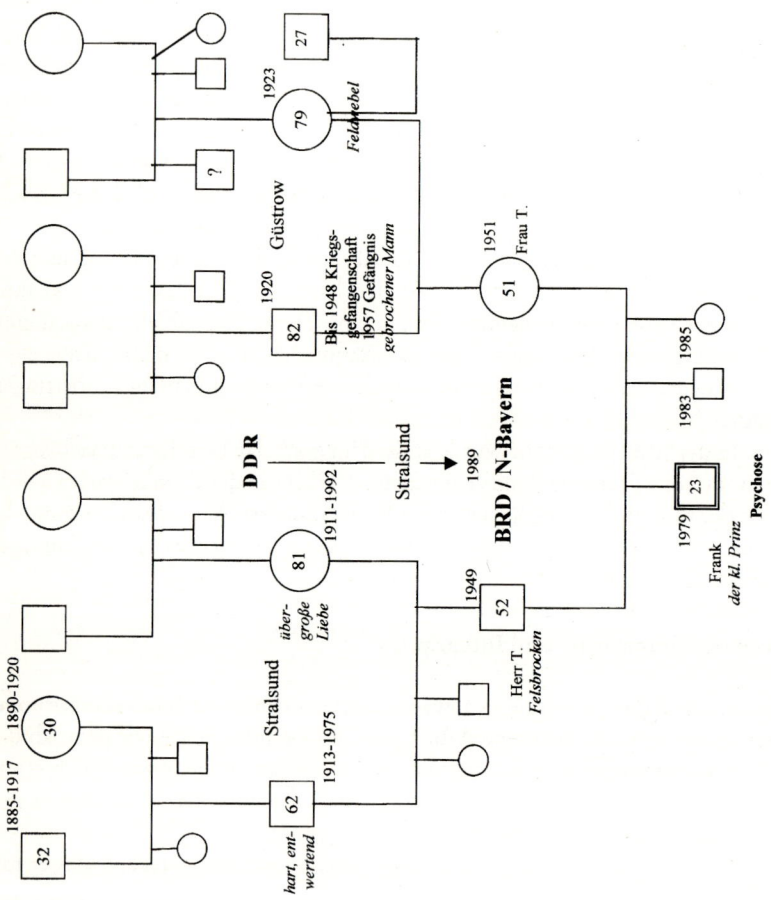

Thema »Anerkennung« für Herrn T. war und damit stellte ich mir auch die Frage:

War es vielleicht auch eine Vater-Übertragung auf mich, als therapeutische Autorität, dass Herr T. meine Schonhaltung als Nicht-Beachtung erlebte? Mehr noch: Hatte er gespürt, dass er mit der Art, wie er sich anfangs dargestellt hatte, von mir nicht die Bewunderung geerntet hatte, die er sich erhofft hatte?

War ich also seinen Wünschen, endlich anerkannt zu werden, unbewusst mit Entwertung begegnet? Erst sehr spät bemerkte ich, dass ich einer Whitacker'-schen »Wiederansteckung« anheim gefallen war und dass *ich* auch mit einer Vater-Übertragung auf Herrn T. reagiert hatte.

In den weiteren Sitzungen mit dem Genogramm schälte sich dann u. a. heraus, dass der Großvater(v), also der Vater von Herrn T., praktisch elternlos aufgewachsen war und dass er Herrn T. von daher wohl auch nur wenig Väterlichkeit vermitteln konnte. (Der Urgroßvater(v) war im Ersten Weltkrieg gefallen und die Urgroßmutter(v) war drei Jahre später gestorben.) Ein weiteres Thema war, dass Herr T. schon als junger Schüler versucht hatte, sich über die Beschäftigung mit theologischen und philosophischen Fragen ein Gerüst zu bauen, das ihm Halt gab und Orientierung im Leben.

Wir gingen in der Therapie der »Vaterlosigkeit« nach, die über drei Generationen bestanden hatte: ein Vater, der tot war, dann ein Vater, der nicht väterlich, sondern eher entwertend und hart erlebt worden war und schließlich ein Vater, der laut Frank ein »Felsbrocken« war, an dem »alles abprallte«.

Auf der mütterlichen Seite fanden wir heraus, dass massive Traumatisierungen durch Kriegsgefangenschaft und politische Verfolgung den Vater von Frau T., der von ihr als »gebrochener Mann« beschrieben wurde, zu dem sie nie eine Beziehung bekommen habe, veranlasst hatte, gelegentlich sarkastisch den Slogan von sich zu geben: »Alles, was nicht zum Tode führt, dient der Abhärtung.« Mehr Gewicht hatte wohl noch die Lebensphilosophie der Großmutter mütterlicherseits. Frau T. meinte, dass es wohl damit zusammenhängen müsse, dass ihre Mutter ihren ersten Mann kurz nach der Hochzeit im Krieg verloren hatte und dass ihr Lieblingsbruder in russischer Gefangenschaft vermisst war. Solange Frau T. sich erinnern konnte, hatte ihre Mutter verkündet: »Wenn das Herz auch bricht, mach ein lachendes Gesicht!«

Über die Wiedererlangung von Affekten zur Auseinandersetzung und Begegnung

Miteinander arbeiteten wir heraus, dass diese großelterlichen Einstellungen von Frank so sehr verinnerlicht worden waren, dass er zwar ein lachendes Gesicht gemacht hatte, aber jeglichen Affekt dahinter – sei er nun positiv oder negativ – überhaupt nicht mehr spüren konnte. Erst im Laufe der Therapie bekam er

461

nach und nach wieder Zugang dazu, wie verloren er sich z. B. gefühlt hatte, nachdem die Familie, Frank war damals neun Jahre alt gewesen, in der Bundesrepublik angekommen war: In einer bewegenden Sitzung machte er den Eltern klar, dass er nicht nur seine Freunde von heute auf morgen verloren hatte und seinen geliebten Fußballtrainer – er hatte sich nicht einmal verabschieden können – dass er auch hier den niederbayerischen Dialekt nicht verstanden hatte und mit dem – verglichen mit dem DDR-Drill – »super-lockeren« und »coolen« Stil in der Schule nicht zurechtgekommen war. Er erinnerte sich in dieser Sitzung daran, wie er als »Ossi« gehänselt und verachtet worden war und wie verloren und orientierungslos er sich gefühlt hatte und vor allem »anders«. Ergriffen erkannten die Eltern, dass das, was für sie eine Befreiung gewesen war, für Frank damals eine seelische Katastrophe bedeutet hatte.

Wenn die Teilnehmer am familientherapeutischen Prozess sich in solchen Momenten in ihrem existenziellen Erleben wirklich wahrnehmen können, so sind das sehr bewegende Momente, in die auch der Therapeut bzw. die Therapeutin mit einbezogen ist. Dialog über etwas wird zur Begegnung zwischen den Beteiligten. Es entstehen *Begegnungsräume*, in denen Kommunikationsabweichungen und Doppelbindungen aufgehoben sind, in denen Nähe zugelassen werden kann ohne verschlingend zu sein; es sind Begegnungsräume, die sich im Laufe der weiteren Therapie ausweiten und mehren können.

Als einen Meilenstein unter weiteren anderen in diesem Prozess möchte ich zum Schluss noch eine Szene aus der zehnten Familiensitzung – etwa in der Mitte der Therapie – aufzeigen:

Herr T. begann darüber zu sprechen, dass ihm klar geworden sei, dass seinem Vater wohl die Geborgenheit gefehlt habe und dass er deshalb vielleicht so hart gewesen sei und fuhr fort: »Er konnte niemals loben. Neulich hatte ich einen Traum, wo er mir endlich mal ein Lob gesagt hat; ich bin aufgewacht und habe geweint.« Er berichtete dann, dass er sich im Traum abgewandt hatte vom Vater und von der Familie, der Vater aber gekommen sei, den Arm um ihn gelegt habe und gesagt habe: »Komm, Du fehlst uns doch!« – Soweit der Traum.

Die Eltern berichteten dann beide von Albträumen in sehr unruhigen Nächten, die Herr T. in den letzten Wochen vor diesem Traum gehabt hatte, in denen Frau T. haltend für ihn da gewesen war, eine Erfahrung, die sie beide mehr zusammengeführt hatte.

Frank hatte den Schilderungen seines Vaters und seiner Eltern erstaunt zugehört, versuchte aber seine offensichtliche Berührtheit mit der etwas flapsigen Bemerkung im Zaume zu halten: »Endlich hat der Fels mal einen Riss bekommen!«

Schluss – oder: Vom Nähe-Distanz-Dilemma zur heilsamen Begegnung

Dadurch, dass Herr T. seine narzistische Wunde nun nicht mehr verleugnen musste, nachdem er sich mit seinem Vater auseinander gesetzt hatte, musste er seinen Sohn Frank, den indizierten Patienten in dieser Familie, nicht mehr ganz so sehr als überhöhte Projektionsfigur benutzen, ein Schritt auf dem Wege zum Abbau der »unmöglichen Mission«, die Frank aufgebürdet war.

Ich habe aufzuzeigen versucht, wie sich die Verschränkungen von intrapsychischen und familiären Konflikten vor dem Hintergrund von sozio-historischen Einflüssen im Symptom des Indexpatienten verdichten. Die Mehrgenerationen-Perspektive eröffnet dabei einen Sinnzusammenhang für die Genese der Symptomatik. Die familiäre Abwehr – z. B. die Verleugnung, wie in unserem Beispiel – kann im Laufe der Therapie dadurch aufgelöst werden, dass ein Dialog möglich wird, in dem erfahrene Verletzungen von allen Beteiligten anerkannt und betrauert werden können und in dem auch eine Auseinandersetzung möglich wird über die ungleichen Lasten, die die Familienmitglieder bis dahin zu tragen hatten (Boszormenyi-Nagy & Spark 1973); dies war etwa in der Sitzung zu sehen, in der Frank seine Eltern mit seiner Verlorenheit nach der Ankunft in der BRD konfrontierte.

Wahrnehmungskunst (Buchholz s. o.) und Achtsamkeit für die Übertragungsprozesse sind wesentlich mitbeteiligt daran, dass der therapeutische Raum zu einem Begegnungsraum werden kann, in dem – wie in der zuletzt dargestellten Sitzung – das Dilemma von Bindung und Ausstoßung aufgehoben, Verleugnungen, Projektionen und Ambivalenzen integriert, im Stierlin'schen Sinne »versöhnt« werden können. Es ist ein Begegnungsraum, der über das therapeutische Setting hinaus wirksam ist und der Entwicklungsprozesse bei allen Familienmitgliedern eröffnet.

Anmerkungen

1   Die insgesamt 19 Familiensitzungen fanden im Abstand von vier Wochen parallel zur modifizierten analytischen Einzeltherapie des indizierten Patienten statt.

2   Das Genogramm (Mc Goldrick und Gerson 1985; Reich et al. 1996; Cierpka et al. 2001) ist ein Instrument zur Erfassung der generationsübergreifenden Strukturen und familiären Verstrickungen in ihren vielschichtigen Sinnzusammenhängen. Dabei werden durch die graphische Darstellung des Familienstammbaums über mindestens drei Generationen neben Personendaten auch wesentliche Beziehungsaspekte und sozio-historische Hintergründe sowie deren Einflüsse auf die familiäre und persönliche Entwicklung erfasst. Genogrammarbeit strukturiert den gemeinsamen

Aufarbeitungsprozess der Familiengeschichte und der familiären Beziehungsstrukturen; sie eröffnet einen Raum und bildet gleichzeitig einen Rahmen für die Äußerung von bis dahin verdrängten Erinnerungen, verkapselten Gefühlen und verleugneten Konflikten.

Literatur

Bergmann, M.; Jucovy, M. & Kestenberg, J. (Hg.) (1995): Kinder der Opfer – Kinder der Täter. Frankfurt a. M. (Fischer).

Boszormenyi-Nagy, I. & Spark, G. M. (1973): Invisible Loyalities. Dt.(1981): Unsichtbare Bindungen. Stuttgart (Klett-Cotta).

Buchholz, M. (1995): Die unbewusste Familie. Lehrbuch der psychoanalytischen Familientherapie. München (Pfeiffer).

Cierpka, M.; Reich, G. & Massing, A. (2001): Phasen einer Mehrgenerationen-Familientherapie bei einer manisch-depressiven Psychose. In: Psyche 55, S. 1193–1216.

Freud, S. (1905): Drei Abhandlungen zur Sexualtheorie. GW V.

Freud, S. (1912): Ratschläge für den Arzt bei der psychoanalytischen Behandlung. GW VIII.

Massing, A.; Reich, G. & Sperling, E. (1999): Die Mehrgenerationen-Familientherapie. 3. Aufl. Göttingen (Vandenhoeck & Ruprecht).

McGoldrick, M. & Gerson, R. (1985): Genogramms in Family Asssesment. New York, London (W. W. Norton). Dt. (1990): Genogramme in der Familienberatung. Bern (Huber).

Mentzos, S. (1992): Psychose und Konflikt. Göttingen (Vandenhoeck & Ruprecht).

Neraal, T. (1996): Ein beziehungsdynamisches Konfliktmodell zum Verständnis und zur Behandlung psychiatrischer Störungen. In: Möhring, P. & Neraal, T. (Hg.) (1996): Psychoanalytisch orientierte Familien- und Sozialtherapie. Gießen (Psychosozial), S. 356–375.

Neraal, T. (2001): Familiendynamik und psychoanalytische Familientherapie bei Psychosen. In: Schwarz, F. & Maier, Ch. (2001): Psychotherapie der Psychosen. Stuttgart, New York (Thieme), S. 136–144.

Reich, G. (1984): Der Einfluss der Herkunftsfamilie auf die Tätigkeit von Therapeuten und Beratern. In: Praxis der Kinderpsychologie und Kinderpsychiatrie 33, S. 61–69.

Reich, G. & Cierpka, M. (1996): Der psychodynamische Befund. In: Cierpka, M. (Hg.) (1996): Handbuch der Familiendiagnostik. Berlin, Heidelberg, New York (Springer), S. 279–306.

Reich, G.; Massing, A. & Cierpka, M. (1996): Die Mehrgenerationenperspektive und das Genogramm. In: Cierpka, M. (Hg.) (1996): Handbuch der Familiendiagnostik. Berlin, Heidelberg, New York (Springer), S. 223–258.

Sperling, E. (1965): »Die Magersuchtfamilie« und ihre Behandlung. In: Meyer, J. E. & Feldmann, H. (Hg.) (1965): Anorexia Nervosa. Stuttgart (Thieme), S. 156–160.

Sperling, E.; Massing, A.; Reich, G.; Georgi, H. & Wöbbe-Mönks, E. (1982): Die Mehrgenerationen-Familientherapie. Göttingen (Vandenhoeck & Ruprecht).

Stierlin, H. (1975): Das erste Familiengespräch. Stuttgart (Klett-Cotta).

Stierlin, H. (1978): Delegation und Familie. Frankfurt a. M. (Suhrkamp).

Tiefenpsychologisch fundierte Paartherapie in zwei Systemen

Reinhard Kreische

Einleitung

In Dorothy Sayers Kriminalroman *Die Akte Harrison* sagt ein Psychiater: »Die Hälfte meiner Patienten kommt zu mir, weil sie nicht verheiratet sind, und die andere Hälfte, weil sie es sind.« In der Tat: Fast alle psychischen Erkrankungen, vor allem die Persönlichkeitsstörungen, gehen mit Erlebens- und Verhaltensstörungen einher. Dies führt zu Störungen in zwischenmenschlichen Beziehungen, die durch immer wiederkehrende dysfunktionale Verhaltensweisen und Interaktionen gekennzeichnet sind. Persönlichkeitsstörungen führen nicht direkt zu psychischen oder psychosomatischen Symptomen. Der Weg ist vielmehr ein indirekter. Persönlichkeitsstörungen führen zu Beziehungsstörungen und die Belastung durch die Beziehungsstörungen führt zu Symptomen (vgl. Kreische 1992). Am stärksten wirken sich diese Störungen in den engsten zwischenmenschlichen Kontakten aus, also in den Herkunftsfamilien und den Gegenwartsfamilien, wenn sie nicht sogar das Entstehen einer Gegenwartsfamilie verhindern, obwohl eine solche Familie gewünscht wird. Senf hat bereits 1987 aufgezeigt, dass Partnerkonflikte die Prognose von psychisch erkrankten Patienten verschlechtern (vgl. Senf 1987). Außerdem führen chronische Spannungen in Familien oft zu Neuerkrankungen weiterer Mitglieder des familiären Systems, vor allem auch von bisher nicht erkrankten Kindern.

Fürstenau (1985) hat (in der ihm eigenen Diktion) »die Wahl des veränderungsoptimalen Systembezugs« die »entscheidende strategische Operation des Psychoanalytikers« genannt. Er meint damit, dass wir als Psychoanalytiker nicht alle Patienten im einzelanalytischen Setting auf die Couch legen sollten, sondern dass wir Indikationen für das Verfahren stellen müssen, in dem eine Veränderung zum Besseren bei unseren Patienten am erfolgreichsten, am schnellsten und am dauerhaftesten zu erreichen ist. Bei diesen Überlegungen geht es nicht nur um die Frage, ob unser Patient psychotherapeutisch oder medikamentös, psychoanalytisch oder verhaltenstherapeutisch behandelt werden soll, sondern auch um den Systembezug. Es stellt sich also bei unserer Indikationsstellung auch die Frage, ob Veränderungen am besten zu erreichen sind, wenn ich mit dem Patienten alleine im dyadischen Setting arbeite oder zusammen mit seinem Partner oder seiner Partnerin oder mit seiner Herkunfts- oder Gegenwartsfamilie oder in einer therapeutischen Gruppe. Manchmal muss ich im Laufe einer Behandlung das therapeutische System auch wechseln. Die zwei therapeutischen Systeme, von denen ich heute berichten will, sind das der Paartherapie und das der Gruppentherapie nach dem Göttinger Modell (vgl. König & Lindner 1991).

Paartherapie ist die psychotherapeutische Behandlung von Patientinnen und Patienten mit psychischen, psychosomatischen und somatopsychischen Erkrankungen im paartherapeutischen Setting. Sie unterscheidet sich von der Ehe- und Partnerberatung, die vor allem der Verbesserung von Paarbeziehungen dient. Gruppentherapie ist die Behandlung von Patienten in einer Gruppe, im allgemeinen einer sogenannten stranger-group mit Teilnehmern, die einander vorher nicht kannten.

Um zu erklären, warum und wie ich »Paartherapie in zwei Systemen« durchführe, möchte ich zunächst etwas zur Psychoanalyse der Paarbeziehungen sagen. Hierbei beziehe ich systemtheoretische Gesichtspunkte ein.

Progression und Regression in Paarbeziehungen

Als die Systemtheoretiker anfingen, sich nicht nur mit Maschinen, sondern auch mit Lebewesen zu beschäftigen, erfanden sie den Begriff der »lebenden Systeme« (z. B. v.Bertalanffy 1968). Lebende Systeme« sind offene Systeme, die in der Lage sind, ihre innere Struktur durch die Aufnahme von Informationen zu verändern. Die menschliche Paarbeziehung kann in diesem Sinne als lebendes System beschrieben werden.

Innere Umstrukturierungsprozesse sind mit Identitätskrisen (vgl. Erikson 1966) verbunden. Im menschlichen Reifungsprozess wechseln sich Regression und Progression ab und interagieren miteinander. Diese Interaktion von Regression und Progression beginnt in der Kindheit und setzt sich in der Adoleszenz und im Erwachsenenalter fort, sodass wir sie auch in den Paarbeziehungen finden. Erikson (1966) spricht von Identitätskrisen als *normalem* Bestandteil menschlicher Entwicklung, die dann, wenn sie erfolgreich durchlaufen werden, zur Festigung der eigenen Identität auf einem höheren Entwicklungsniveau führen. Bei neurotischen Erkrankungen haben wir es mit der Folge von unerledigten Identitätskrisen zu tun, die zu einer Entwicklungsstagnation geführt haben. Manche Formen der Psychotherapie, zum Beispiel die Psychoanalyse und die tiefenpsychologisch fundierte Psychotherapie, kann man als induzierte Identitätskrisen verstehen (vgl. Senf 1988), mit denen wir eine steckengebliebene Entwicklung wieder in Gang zu bringen versuchen.

Identitätskrisen werden durch innere oder äußere »Störungen« (das sind Irritationen, Abweichungen von einem bisherigen Gleichgewichtsstand) ausgelöst. Hierbei werden, ähnlich wie Piaget (1976) es für die Kognitionen beschreibt, in einer ersten Phase die Störungen kurzerhand übersehen, in einer zweiten Phase kommt es zu einem inneren Hin- und Herschwanken zwischen alten und neuen Gesichtspunkten bis sich in einer dritten Phase die Persönlichkeit neu organisiert und die Störung integriert wird. In solchen Phasen setzt das Individuum unter glücklichen Umständen Regression im Dienste des Ichs ein. Es kehrt auf frühere, bewährte, Sicherheit bietende Erlebens- und Verhaltensmuster zurück, was die Umstrukturierung und Progression erst möglich werden lässt.

In der Paarbeziehung sind solche Krisenauslöser die erste Phase des Kennenlernens und des Eingehens der Paarbeziehung, wobei vor allem die praktizierte sexuelle Beziehung mit einem anders geschlechtlichen Partner, die in der Kindheit verboten war, eingeübt und die sexuellen Bedürfnisse der Partner aneinander adaptiert werden müssen. Gleichzeitig kommt es unter günstigen Umständen zu einer erneuten, deutlicheren und stärkeren Abgrenzung von den eigenen Eltern, was zur weiteren Stabilität des Identitätsgefühls beiträgt. Erneute Umstrukturierungen werden notwendig, wenn aus der Dyade eine Triade wird, also wenn das erste Kind unterwegs ist und geboren wird. Die Geburt des zweiten Kindes ist nochmals eine solche Situation, vielleicht auch die des dritten oder weiterer Kinder, wahrscheinlich aber in weniger ausgeprägtem Maße. Auch Pubertät und Loslösung der eigenen Kinder aus der Familie sind Auslöser für Identitätskrisen in Paarbeziehungen, weiterhin das Gewahrwerden des eigenen Alterns, zum Beispiel in der Midlifecrisis, eine schwere Krankheit des Partners oder der Eltern, der Tod der eigenen Eltern, das Eintreten in den Ruhestand und der Tod des Lebenspartners. Besonders heftige Identitätskrisen können durch den Tod eines eigenen Kindes ausgelöst werden (vgl. Kreische 1994).

In all diesen Phasen kann es unter günstigen Umständen zu Regressionen im Dienste des Ichs kommen, die adaptive Umstrukturierungsprozesse und damit die Progression in ein neues Entwicklungsstadium ermöglichen. Günstige Voraussetzungen hierzu bestehen, wenn die bisherige Entwicklung erfolgreich durchlaufen wurde und die verhergehenden Identitätskrisen bewältigt werden konnten. Unter ungünstigen Umständen, also wenn es Störungen in der bisherigen Entwicklung gab oder wenn aufgrund von äußeren oder inneren, übermäßig starken Irritationen der nächste Schritt nicht bewältigt werden kann, kommt es zu pathologischen Regressionen, die Paare dann manchmal in die Therapie führen. Adaptive Umstrukturierungen sind in diesen Fällen erschwert, es kommt zu stereotypen, dysfunktionalen Erlebens- und Interaktionsmustern, die von der Göttinger familientherapeutischen Schule der Mehrgenerationen-Familientherapie (Sperling et al. 1982) als »intrafamiliärer Wiederholungszwang« beschrieben wurden.

Lemaire (1972) beschreibt die Normalität von Krisen im Leben eines »normalen Paares«, Krisen, die aus einem fortlaufenden Prozess libidinöser Hinwendung zum Partner mit mehr oder minder milder Idealisierung und einer früher oder später eintretenden Ent-Täuschung resultieren, die dann aggressive Impulse wirksam werden lassen. Diese Impulse konnten in der Phase der Idealisierung verschoben, verdrängt oder anderweitig abgewehrt werden. Findet ein Paar keinen konstruktiven Ausweg aus einer solchen Krise, entwickelt sich entweder ein chronischer Spannungszustand oder es kommt zu Versuchen, eine Krise zuzukleistern, einen Scheinfrieden wiederherzustellen, um sich nicht verändern zu müssen. Die Erlebens- und Verhaltensdispositionen, Wertvorstellungen und Weltbilder der Partner sind hier erstarrt und unterliegen einem individuellen und partnerschaftlichen Wiederholungszwang.

Individuelle und interpersonelle Abwehr

Solche stereotypen Erlebens- und Verhaltensmuster werden vom Individuum durch den Einsatz von individuellen Abwehrmechanismen aufrechterhalten, die je nach Persönlichkeitsstruktur und Entwicklungsstand verschieden sind. Die Abwehr dient dem Vermeiden von unlustvollen Vorgängen und Affekten wie Angst, Trauer, Scham, Schuldgefühlen, Depression oder Kränkung.

In die Abwehr werden häufig andere Menschen involviert, was sich am deutlichsten bei Ich-strukturell gestörten Menschen zeigt. So kann sich eine massive Form der projektiven Identifizierung beispielsweise so darstellen, dass jemand einen anderen Menschen, von dem er (per Projektion) Böses erwartet, so lange als böses Objekt behandelt, bis dieser wirklich böse auf ihn wird. Wir wissen inzwischen (vgl. Sandler 1976; König 1982), dass es dieses Verhalten in milderer Form bei allen Menschen gibt und dass wir wahrscheinlich alle ständig auf unsere Mitmenschen einwirken und durch unser Erleben und Verhalten deren Erleben und Verhalten uns gegenüber mitbeeinflussen.

Wir haben jetzt schon den Blickwinkel verändert und uns von der Beobachtung eines Individuums der Mehrpersonenperspektive zugewandt, wie wir es auch bei der Untersuchung von Paarbeziehungen tun müssen. Eine der wichtigsten Abwehrformen, in die mehrere Personen verwickelt sind, sind die psychosozialen Kompromissbildungen (vgl. Brocher 1967; Heigl-Evers & Heigl 1979; König & Kreische 1985b). Psychosoziale Kompromissbildungen sind Abwehrformen, in denen mehrere Personen in einem Zusammenspiel eine Form des Umgangs miteinander herbeiführen, die der Abwehr unlustvoller Zustände der einzelnen Mitglieder dieser Gruppierung dient. So können Persönlichkeitszüge, die jemand bei sich selbst schwer tolerieren kann, in einem anderen per Projektion verstärkt wahrgenommen, per projektiver Identifizierung real verstärkt und schließlich per Verhalten bekämpft und gleichzeitig partizipierend genossen werden. Der andere kann in diesem Beispiel mit umgekehrtem Vorzeichen das Gleiche machen und dann im Gegenüber die eigene abgewehrte Angriffslust und Aggressivität bekämpfen. Kollusionen (Dicks 1967; Willi 1975) sind solche psychosoziale Kompromissbildungen. Die stabilsten Kollusionen, die ich bislang finden konnte, habe ich in Paarbeziehungen und Familien beobachtet, in denen die Interaktionspartner oft in einem jahrelangen Prozess derartige Abwehrformen *eingeübt* haben, sodass sie durch minimale Signale ausgelöst werden können.

Abwehrmechanismen sind lebensnotwendig. Sie gehören zu den normalen Ich-Funktionen. Das gilt auch für psychosoziale Kompromissbildungen bei Paaren, Familien und anderen Mehrpersonenbeziehungen. Auch sie sind normalpsychologische und nicht per se pathologische Phänomene. Sowohl die individuellen Abwehrmechanismen als auch die psychosozialen Kompromissbildungen können jedoch dysfunktional werden und erstarren, wenn die beteiligten Individuen aus persönlichkeitsbedingten (inneren) Gründen oder aus (äußeren) Gründen, die sich aus dem sozialen Kontext ergeben, in Schwierigkeiten geraten, die sie überfordern.

Bei den Kollusionen in Paarbeziehungen unterscheidet Willi (1975) narzisstische, depressive, zwanghafte und hysterische Kollusionen. Das sind psychosoziale Kompromissbildungen, bei denen die Kollusionspartner auf dem gleichen Triebniveau Fixierungen aufweisen, z. B. dem oralen, analen usw. und in denen sich der eine Partner in eine progressive und der andere Partner in eine regressive Rolle begibt. König und ich (König & Kreische 1985a, 1985b) haben Kollusionen von Partnern mit Fixierungen auf dem gleichen Triebniveau als »direkte Kollusionen« bezeichnet.

Häufiger als solche »direkten Kollusionen« haben wir jedoch das gefunden, was wir als »gekreuzte Kollusionen« beschrieben haben (König & Kreische 1994). Ein Beispiel hierfür ist die häufig anzutreffende Kollusion zwischen einer manifest hysterischen Frau mit einer zwanghaften Latenz mit einem manifest zwanghaften Mann mit einer hysterischen Latenz. Beide Partner können im Anderen die eigene abgewehrte Latenz verstärken, bekämpfen und gleichzeitig an ihr teilhaben, ohne die entsprechenden Tendenzen im eigenen Inneren wahrnehmen zu müssen.

Paartherapie in zwei Systemen

Als ich vor etwa 20 Jahren begonnen hatte, mit psychisch erkrankten Paaren zu arbeiten, stellte sich heraus, dass die Paartherapie bei einer Reihe dieser Paare wirksam war, nicht selten sogar in einigen wenigen Sitzungen, dass es aber auch eine größere Gruppe von Paaren gab, bei denen der therapeutische Prozess nach kurzer Zeit ins Stocken geriet und mit den mir bekannten psychoanalytischen und paartherapeutischen Interventionsstrategien keine weitere Veränderung des Paares angeregt werden konnte. Als ich zusammen mit Kolleginnen und Kollegen dieses Problem systematisch untersuchte, fanden wir heraus, dass diese Paare etwas miteinander gemeinsam hatten: Es waren nämlich überwiegend die Paare in gekreuzten Kollusionen, bei denen im paartherapeutischen Setting kein Fortschritt zu erkennen war (König & Kreische 1985b). Wahrscheinlich hängt das damit zusammen, dass wir in der analytischen und tiefenpsychologisch fundierten Psychotherapie gewohnt sind, uns mit unseren Patienten langsam von der bewussten psychischen *Oberfläche* in die *Tiefe* vorzuarbeiten, also in den Bereich der unbewussten Latenzen. Bei gekreuzten Kollusionen hat das zur Folge, dass ich immer dann, wenn ich mit einem Partner oberflächennah arbeite, damit gleichzeitig die stärker abgewehrte Latenz des anderen Partners anspreche, wodurch dieser stark beunruhigt und geängstigt wird. Dieser Partner setzt dann in den therapeutischen Sitzungen die jahrelang eingeübten psychosozialen Abwehrmanöver des Paares in Gang, die für einen Therapeuten schwer zu verstehen und noch schwerer zu bearbeiten sind. Der therapeutische Prozess kommt ins Stocken.

Es war die Arbeit an einer gruppentherapeutischen Abteilung, die mich damals auf die Idee brachte, diese Patienten in ein »alternatives System« (Garland 1982), nämlich in therapeutische Gruppen, einzuführen und sie dort weiter zu behandeln (Kreische 1986a). Ich richtete zwei tiefenpsychologisch fundierte Gruppen ein, die sich aus Patienten zusammensetzten, die ich zuvor in einigen paartherapeutischen Sitzungen gesehen hatte. Hierbei kam jeweils der eine Partner in Gruppe A und der andere Partner in Gruppe B. Beide Gruppen waren gemischtgeschlechtlich und wurden vom selben Gruppentherapeuten geleitet, der auch die Paartherapie durchgeführt hatte. Der leitende Gedanke bei der Einrichtung dieses Therapiemodells war der, dass neurotische Patienten (wie wahrscheinlich auch ihre gesünderen Mitmenschen) zentrale Beziehungsmuster bevorzugen, die sie aus einem Bedürfnis nach Familiarität (vgl. König 1984) und zur Befriedigung verschiedener Triebbedürfnisse immer wieder eingehen. Bei neurotischen Menschen entstehen dabei die »zentralen Beziehungskonflikte« (core conflictual relationship themes), die Luborsky und seine Mitarbeiter (Luborsky 1977; Levine & Luborsky 1981) mit dem von Luborsky entwickelten CCRT-Verfahren in Einzeltherapien nachgewiesen haben. Die Patienten sprachen dort immer wieder über analog strukturierte Beziehungskonstellationen, die sie in verschiedenen Systemen erlebten und offensichtlich selbst mit hervorbrachten (vgl. Luborsky 1984). Wenn dies der Fall ist, so wäre zu erwarten gewesen, dass die Partner aus unseren Behandlungs-Paaren in dem alternativen System Gruppe versucht hätten, ähnliche Beziehungskonstellationen herzustellen wie in der Paarbeziehung, wobei die Entstehung der beteiligten psychosozialen Kompromissbildungen nun aber in statu nascendi sowohl vom Gruppenleiter als auch von den übrigen Gruppenmitgliedern hätten beobachtet werden können. Hierdurch hätte sich die Chance erhöht, diese in den Paarbeziehungen sehr stabilen Abwehrformen zu bearbeiten und den Gruppenteilnehmern aufzuzeigen, was sie selbst dazu beitragen, um typische konflikthafte Konstellationen mit anderen Menschen entstehen zu lassen.

Bei der therapeutischen Arbeit im ersten System, im paartherapeutischen Setting, beschäftigen sich die Partner mit ihren interpersonellen Konflikten und einigen ihrer Ursachen. In den meisten Fällen beteuern beide Partner, dass sie natürlich wissen, dass jeder von ihnen am Zustandekommen ihres partnerschaftlichen Konflikts beteiligt ist. Wenn der Therapeut dann allerdings nachfragt, was nach ihrer Ansicht jeder dazu beiträgt, dass es in der Paarbeziehung zu Schwierigkeiten kommt, so fällt beiden meist eine Menge dazu ein, was der jeweils andere zu diesen Schwierigkeiten beiträgt und wenig oder gar nichts dazu, was die konkreten eigenen Anteile am Zustandekommen von Problemen sind.

Schon Jackson (1980) hat darauf hingewiesen, dass die meisten Ehekonflikte bei allen Unterschieden in der zugrunde liegenden Dynamik früher oder später in ein zwanghaftes Beziehungsmuster einmünden, sodass der Terminus »sadomasochistisch« hier seine Spezifität verliert. Ein partnerschaftlicher Konflikt führt offensichtlich, wenn er nur lange genug besteht, sehr häufig zu dem Versuch, beim Partner die gewünschte Einstellung und das gewünschte Verhalten zu erzwingen, wenn sie einem schon nicht freiwillig entgegengebracht werden. Der andere ist dann derjenige, der die Fehler macht, der Schuld ist. Der andere ist der Täter, man selbst ist das Opfer. Die verbissenen oder verzweifelten Versuche, den Partner zu verändern, werden von jedem als berechtigter Rettungsversuch interpretiert, sich aus dieser Opferrolle wieder herauszuarbeiten. Im funktionalen Falle können die Partner in einer solchen Krise wahrnehmen, dass sie sich *beide* nicht mehr auf festem Boden befinden, sie versuchen dann, sich gegenseitig zu unterstützen, während sich im dysfunktionalen Falle jeder *auf Kosten des anderen* zu retten versucht, wobei er dann ganz richtig wahrnimmt, dass der andere ihn bei seinen eigenen Selbstrettungsversuchen behindert und gefährdet. Ist diese Interaktion erst einmal längere Zeit gelaufen, ist es nicht mehr so wichtig, in der Therapie herauszuarbeiten, wer damit angefangen hat. Vielmehr besteht die therapeutische Aufgabe dann darin, die Angst oder Wut der Partner zunächst auf ein solches Ausmaß zu reduzieren, dass sie nicht mehr blind um sich schlagen müssen. Erst wenn sie *Land gewonnen haben*, haben sie wieder die Möglichkeit, in Ruhe darüber nachzudenken, in was sie da miteinander hineingeraten sind und was sie sich in dieser Überforderungssituation gegenseitig angetan haben.

Dieser Schritt ist jedoch im paartherapeutischen Setting oft für beide Partner schwer zu vollziehen. Im partnerschaftlichen Kampf, wenn er erst einmal in das eben beschriebene Stadium gekommen ist, ist jedes Zugeben von eigenen Fehlern oder Schwächen stark angstbesetzt, weil befürchtet werden muss, dass der anwesende Partner, der ja inzwischen zum Gegner geworden ist, hiervon in unfairer Weise Gebrauch macht. Wenn es doch einmal einer riskiert, so macht er allzu oft die Erfahrung, dass seine Befürchtung wohl begründet war. Das Aufgeben einer eigenen Kampfposition kann sich eigentlich nur ein starker Partner leisten, der sich sicher ist, dass er sich notfalls auch dann noch erfolgreich zur Wehr setzen kann, wenn der andere die freiwillig gezeigte Blöße bei einem Gegenangriff ausnutzt. So sind es paradoxerweise oft gerade Aggressionshemmungen, die dazu beitragen, dass Machtpositionen nicht aufgegeben werden können: weil nämlich eine Unsicherheit besteht, ob man genug Kraft hat, sich bei einem eventuellen Gegenangriff erfolgreich zur Wehr setzen zu können oder weil eine Unsicherheit besteht, ob es einem möglich sein wird, mit der eigenen Aggressivität dosiert umzugehen, oder ob nicht vielmehr zu befürchten ist, dass ein Gegenangriff des Partners nach dem freiwilligen Aufgeben einer eigenen Kampfposition als derart unfair erlebt wird, dass er so viel Wut erzeugt, dass man den anderen blindwütig kaputt machen möchte.

Das alternative System

In den paartherapeutischen Sitzungen wird die Aufmerksamkeit der Patienten auf interpersonelle Konflikte ausgerichtet. Die anschließende Gruppentherapie erlangt hierdurch Aspekte einer Fokaltherapie. In der Gruppe, in der die Mitglieder aufgefordert sind, sich möglichst freimütig zu äußern, macht ein neuer Gruppenteilnehmer nun eine eigenartige Erfahrung. Er tritt in der Gruppe in Beziehung mit Fremden und bringt sich in diese neue Situation häufig dadurch ein, dass er über seine Probleme, die er mit dem abwesenden Partner hat, spricht. Dies stößt in der Gruppe oft auf Interesse und Sympathie. Andere gehen auf seine Probleme ein oder vergleichen sie mit den eigenen Problemen. Manchmal kommt es zu guten oder gut gemeinten Ratschlägen. Aber nach einer Weile stellt sich für den neuen Gruppenteilnehmer heraus, dass die Gruppe sich nicht ausschließlich mit seinen Problemen beschäftigt. Durch das Verhalten der Gruppe wird das eigene Problem relativiert, und vor allem stellt sich heraus, dass es in der Gruppe nicht etwa nur darum geht, dass das neue Gruppenmitglied mit seinem Problem durch andere abgelöst wird, die nun ihrerseits von ihren Problemen sprechen und von den anderen beraten werden, sondern dass in der Gruppe eine Eigendynamik entsteht, in der die Beziehungen der Gruppenmitglieder miteinander und mit dem Gruppenleiter zunehmende Bedeutung erlangen. Die Arbeit im Hier und Jetzt wird gleichbedeutend mit der Arbeit an den individuellen Problemen der Gruppenmitglieder außerhalb der Gruppe und der Arbeit an der Vergangenheit. Unser neues Gruppenmitglied mit seinen Partnerproblemen findet sich immer mehr einbezogen in das, was *nicht* sein Problem ist: in das »Nicht-Problem«, wie Garland (1982) es bezeichnet.

Je mehr unser neuer Gruppenteilnehmer in diesen Gruppenprozess einbezogen wird, desto größere Bedeutung erlangt das Nicht-Problem für ihn: die aktuelle Dynamik der Gruppe, die eben nicht das Problem ist, das ihn in Therapie geführt hat. Je mehr er in diesem Prozess einbezogen wird, desto mehr wird er zum Mitglied eines *alternativen* Systems, alternativ zu dem System, in dem sein Problem, sein Symptom, entstanden ist und aufrechterhalten wurde. Der Prozess, dass er ein *Mitglied* der Gruppe wird und nicht nur an ihr *teilnimmt*, verändert ihn (vgl. Garland 1982).

Die Abwesenheit des Partners in der Gruppe erleichtert das Ausprobieren neuer Erfahrungen. Sie begünstigt damit die morphogenetischen Impulse und wirkt der Morphostase entgegen. In einer heterogen zusammengesetzten Gruppe besteht darüber hinaus eine gute Chance, dass dysfunktionale Aspekte eines persönlichkeitstypischen Verhaltens von Gruppenmitgliedern mit einer anderen Persönlichkeitsstruktur erkannt und angesprochen werden. Gerade bei charakterneurotischen Störungen, die sich qua definitionem in Beziehungsstörungen und nicht in Symptombildungen im engeren Sinne auswirken, wodurch sie aber häufig zu partnerschaftlichen Problemen führen, besteht ein unschätzbarer Vorteil der Gruppenpsychotherapie im Vergleich zu allen anderen Therapieverfahren. In der Gruppe sind es oft mehrere andere, die störende Ich-syntone Verhaltensweisen infrage stellen, und nicht nur eine Person, wie etwa der Therapeut in einer Einzeltherapie. In der Gruppe sind diese mehreren anderen darüber hinaus Fremde und nicht etwa die wohl bekannten Partner und Familienangehörigen, gegenüber deren Kritik sich bereits eine stabile Abwehr entwickeln konnte. So entsteht im System Gruppe noch einmal eine ähnliche Situation wie beim Eintritt in ein anderes neues System, nämlich die Paarbeziehung oder die Schwiegerfamilie. Auch hier bestehen ja in der Anfangsphase besonders günstige Möglichkeiten zu einer inneren Umstrukturierung im Sinne eines Adaptationsprozesses der mitgebrachten alten Erlebens- und Verhaltensmuster an die neu erworbenen Strukturen, bis sich schließlich ein neuer Gleichgewichtszustand eingestellt hat und die Umstrukturierungsprozesse nachlassen. Wahrscheinlich löst der Eintritt in ein neues System stärkere Veränderungsimpulse für derartige Umstrukturierungen aus als der Eintritt in eine neue Situation, aber im alten System.

Dass der Therapeut in unserem Setting in beiden Gruppen derselbe ist, der auch die Paartherapie durchgeführt hat, trägt dazu bei, dass beide Partner ein wichtiges *gemeinsames* Beziehungsobjekt im Prozess ihrer Veränderung internalisieren können, was die Weiterentwicklung in eine ähnliche Richtung begünstigt, wenn auch nicht garantiert, während die Therapie beider Partner bei zwei verschiedenen Therapeuten, die jeweils andere Akzente setzen, oft eher zu einer Verschärfung der Gegensätze führt, zumindest bei Paaren, die sich schon in Schwierigkeiten befinden.

Die paranoiden Übertragungen, die sich bei einer Einzeltherapie beider Partner beim selben Therapeuten häufig einstellen, weil keiner der Partner weiß, was der andere in seiner Abwesenheit mit dem Therapeuten bespricht, finden sich im Verfahren der parallelen Gruppentherapie beider Partner extrem selten (vgl. Kreische 1986b). Das hängt wahrscheinlich damit zusammen, dass jeder der Partner zwar in Abwesenheit des anderen mit dem Therapeuten spricht, dass dies aber in Anwesenheit der übrigen Gruppenmitglieder geschieht, die, in der Phantasie der Gruppenmitglieder und wohl auch in der Realität, mit darüber wachen, dass der Therapeut keine unfairen Positionen gegenüber dem Abwesenden einnimmt. Dass dies so ist, erfährt jeder Partner in seiner Gruppe, und diese Erfahrung wirkt paranoiden Tendenzen entgegen.

Das beschriebene Verfahren der *Paartherapie in zwei Systemen* ist zweifellos nicht die einzige Möglichkeit, mit Paaren, die neurotische Partnerprobleme haben, zu arbeiten. Es ist jedoch ein besonders wirksames Verfahren, und dies auch in vielen Fällen von sehr rigiden paarspezifischen psychosozialen Kompromissbildungen und von gekreuzten Kollusionen, die in ausschließlicher Paartherapie nicht leicht zu behandeln sind. Und dennoch gibt es Paare, bei denen man alles ganz anders machen muss.

Literaturverzeichnis

Bertalanffy, L. v. (1968): General system theory. New York (Braziller).

Brocher, T. (1967): Gruppendynamik und Erwachsenenbildung. Braunschweig (Westermann).

Dicks, H. V. (1967): Marital tensions. London (Routledge & Kegan Paul).

Erikson, E. H. (1966): Identität und Lebenszyklus. Frankfurt am Main (Suhrkamp).

Fürstenau, P. (1985): Konsequenzen der systemtheoretischen Orientierung für die psychoanalytische Gruppentherapie. In: Kutter, P. (Hg.): Methoden und Theorien der Gruppenpsychotherapie. Stuttgart, Bad Cannstadt (Frommann-Holzboog), S. 237–244.

Garland, C. (1982): Group-analysis: Taking the non-problem seriously. Group analysis 15, S. 4–14.

Heigl-Evers, A. & Heigl, F. (1979): Die psychosozialen Kompromißbildungen als

Umschaltstellen innerseelischer und zwischenmenschlicher Beziehungen. Gruppenpsychother Gruppendyn 14, S. 310–325.

Jackson, D. D. (1980): Das Studium der Familie. In: Watzlawick, P. & Weakland, J. H. (Hg.): Interaktion. Bern (Huber), S. 21–45.

König, K. (1982): Der interaktionelle Anteil der Übertragung in Einzelanalyse und analytischer Gruppenpsychotherapie. Gruppenpsychother Gruppendyn 18, S. 76–83.

König, K. & Kreische, R. (1985a): Partnerwahl und Übertragung. Familiendyn 10, S. 341–352.

König, K. & Kreische, R. (1985b): Zum Verständnis von Paarbeziehungen aus psychoanalytischer Sicht. Forum Psychoanal 1, S. 239–249.

König, K. & Kreische, R. (1994): Psychotherapeuten und Paare. Was Psychotherapeuten über Paarbeziehungen wissen sollten. 2. Aufl. Göttingen (Vandenhoeck & Ruprecht).

König, K. & Lindner, W. V. (1991): Psychoanalytische Gruppentherapie. Göttingen (Vandenhoeck & Ruprecht).

Kreische, R: (1986a): Die Behandlung von neurotischen Paarkonflikten mit paralleler analytischer Gruppentherapie für beide Partner. Gruppenpsychother Gruppendyn 21, S. 337–349.

Kreische, R. (1986b): Zu den Auswirkungen von Charakterstruktur, Übertragung und Gegenübertragung bei der Behandlung neurotischer Paarkonflikte. Gruppenpsychother Gruppendyn 22, S. 22–35.

Kreische, R. (1992): Gestörte Paarbeziehungen bei neurotischen Erkrankungen und ihre psychotherapeutische Behandlung mit Paar- und Gruppentherapie. Habilitationsschrift. Göttingen.

Kreische, R. (1994): Paare in Krisen. Reinbek (Rowohlt).

Lemaire, J. G. (1972): Die Ehekrise. In: Duss von Werdt, J. (Hg.): Die Zukunft der Monogamie. Tübingen (Katzmann).

Levine, F. & Luborsky, L. (1981): The core conflictual relationship theme method – A demonstration of reliable clinical inferences by the method of mismatched cases. In: Tutman, S.; Kaye, C. & Zimmerman, M. (Hg.): Object and self: A developmental approach. New York (Int Univ Press), S. 501–526.

Luborsky, L. (1977): Measuring a pervasive psychic structure in psychotherapy: the core conflictual relationship theme. In: Freedman, N. & Grand, S. (Hg.): Communicative structures and psychic structures. New York (Plenum), S. 367–395.

Luborsky, L. (1984): Principles of psychoanalytic psychotherapy. New York (Basic Books Inc Publishers).

Piaget, J. (1976): Die Äquilibration der kognitiven Strukturen. Stuttgart (Klett).

Sandler, J. (1976): Countertransference and role responsiveness. Int Rev Psycho-Anal 3, S. 43–47.

Senf, W. (1987): Behandlungsergebnisse bei stationärer Psychotherapie. Eine empirische Nachuntersuchung von 116 Patienten zur differentiellen Wirksamkeit stationär-ambulanter Psychotherapie. Habilitationsschrift. Heidelberg.

Senf, W. (1988): Was hilft in der Psychotherapie? Antrittsvorlesung an der Universität Heidelberg.

Sperling, E.; Massing, A.; Reich, G.; Georgi, H. & Wöbbe-Mönks, E. (1982): Die Mehrgenerationen-Familientherapie. Verlag für Medizinische Psychologie (Vandenhoeck & Ruprecht).

Willi, J. (1975): Die Zweierbeziehung. Reinbek (Rowohlt).

Der psychosomatisch Kranke in der analytischen Praxis

Kurt Höhfeld

Einleitung

Psychosomatik ist ständig in uns, um uns, geht durch uns hindurch und steht als neuer Patient am Montag unerwartet vor der Tür. Psychosomatik begegnet uns täglich, auch ohne dass wir davon Notiz nehmen, z. B. in folgenden Redewendungen: Etwas »macht einem Bauchschmerzen« oder bereitet als Kopfschmerzen »Kopfzerbrechen«, »schlägt einem auf den Magen« oder »geht an die Nieren«, macht »Herzeleid«, »raubt einem den Verstand«, »macht ohnmächtig«, »betäubt«, lässt einen, wenn Kreislauf und Gehirn beteiligt sind, »in den Boden versinken vor Scham«, die »Haare stehen einem zu Berge«, man bekommt vor Angst »kalte Füße« oder jemand will flüchten, weil ihm der »Boden zu heiß« wird, man wird »gelb vor Neid«, »stürzt kopfüber ins Unglück«, hat »Schiss« vor etwas, etwas »geht einem unter die Haut« oder man hat »die Nase voll«, es »kommt einem zu den Ohren raus«, »brennt auf den Nägeln«, ist »zum Kotzen« oder man bekommt »das große Zittern« gerät »ins Flattern«, »wird rot« oder »sieht rot«, »läuft rot an« hat »Schaum vor dem Mund« oder »beißt die Zähne zusammen«, andererseits »juckt oder kratzt einen etwas nicht« und man »macht sich dünne«.

Besonders mit diesen Redewendungen wird klar, dass und wie sich ein körperlich-seelischer Zusammenhang herstellt, nämlich vor allem über das vegetative Nervensystem – aber nicht nur über dieses. Es vermittelt, ist aber nicht Ursache psychosomatischer Störungen oder Erkrankungen. Damit entsteht die Frage, wo die eigentliche Ursache zu suchen ist.

Diese alltägliche Psychosomatik erscheint auch in der Praxis des niedergelassenen Analytikers, aber diese Erfahrungen werden nicht immer und ausreichend bewusst. Einerseits gibt es eine sehr offen zutage liegende, evtl. sogar sehr aufdringliche psychosomatische Symptomatik, z. B. in Form der Herzangstneurose, des bronchitischen, psychogen mitausgelösten Asthmas, der Neurodermitis oder der Colitis wie auch eine völlig unauffällige, fast geheim zu nennende Symptomatik. Mc Dougall (1991, S. 12) schreibt dazu:

> »Psychosomatische Erkrankungen überraschen uns oft deshalb, weil unsere Patienten sie zu erwähnen vergessen. Wenn sie in den Assoziationen während der Analyse auftauchen, sind sie sprachlich meist nur geringfügig oder gar nicht mit

den ihnen zugrundeliegenden Phantasmen verknüpft, wie dies bei neurotischen Symptomen oder im neurotischen Teil der Persönlichkeitsstruktur eines beliebigen Patienten der Fall ist.«

So hatte mein Patient, der 39-jährige Arzt Peter, nie seine häufigen heftigen Kreuzschmerzen erwähnt, weder in der Anamnese, noch während 130 Stunden Analyse. Erst als ich ihn in einer Stunde, in der er eine real bedrängende und bedrückende Situation thematisierte, ohne dass er Rückenschmerzen erwähnte, einem Einfall folgend, fragte: »Wie geht es jetzt Ihrem Rücken?« berichtete er für mich überraschend von den regelmäßig auftretenden, zeitweise heftigen Kreuzschmerzen. Er erlebe sie häufig in charakteristischen belastenden Situationen. Erst dann konnte er von sich aus den ihm bekannten Zusammenhang von Kreuzschmerzen und bedrückender Lebenssituation erwähnen und verstand ihn selbst als Aufstand gegen sein als Joch empfundenes Leben ein. Als Kind und Jugendlicher bekam er zu wenig Unterstützung von zu Hause, musste sich früh allein durchschlagen und erlebte seine sehr berechtigt erscheinenden Ansprüche an die unmittelbare Umgebung in einem vorerst unaufhebbaren Gegensatz zu dem Wunsch, mit derselben Umgebung in einer harmonischen Verschränkung zu leben. Es waren vor allem die aus dieser Konfliktlage resultierenden Spannungen und Konflikte, derentwegen er zur Analyse kam.

Ich möchte mich jetzt nach diesem Sprung in die Alltäglichkeit psychosomatischen Erlebens und Leidens mit den Fragen zur Definition dieses Krankheitsbereiches, zur Theorie der Entstehung und zur Behandlung befassen.

Begriffliche Abklärung

Die Psychosomatik zu definieren fällt schwer: Psychosomatische Erkrankungen haben Wurzeln in und Überschneidungen mit vielen Bereichen und sind querschnittartig in allen medizinischen Bereichen vertreten. Vor allem aus seinem Verständnis der Psychosomatik stellte v. Uexküll seine Auffassung der Ganzheitlichkeit der Medizin einem zunehmenden Anspruch auf Spezialisierung entgegen. Bei der Schaffung des neuen Faches war dies 1992 der leitende Gesichtspunkt, die damals entflammte berufspolitische Dynamik scheint jetzt eingedämmt. Danzer (1995, S. 11) stellt fest:

> »Die Frage nach dem Wesen der Psychosomatik als Wissenschaft ist nicht geklärt. Weder besteht unter ihren Vertretern Konsens über die probaten Methoden oder das eindeutige Objekt ihres Forschens – wobei Methode und Objekt einander bedingen und definieren – noch existiert ein gesichertes Selbstverständnis über die Rolle, welche die Psychosomatik im Konzert anderer (medizinischer, psychologischer, philosophischer, anthropologischer) Wissenschaften zu spielen gedenkt

oder über die Aufgaben, die ihr von diesen zugedacht werden, respektive, die sie sich selber stellt.«

Psychosomatik, die moderne Bezeichnung des bekannten Leib-Seele-Problems, eignet sich wegen ihrer Charakteristik einer Schnittstelle zwischen körperlichen und seelischen Einflüssen bei der Entstehung und Behandlung von Krankheiten hinsichtlich der damit verbundenen unterschiedlichen Sichtweisen und Interessen sowohl als Brücke wie auch als Zankapfel der Berufspolitik. Dies kam gerade in der letzten Zeit sehr deutlich zum Ausdruck. Die Frage: »*Wozu* und *wem* gehört die Psychosomatische Medizin?« wird deshalb je nach Identität des Fragers unterschiedlich beantwortet. Anscheinend ist mit Psychosomatik neben der Beschreibung bestimmter Krankheitsbilder immer auch deren Behandlung gemeint. So geht Alexander (1985, S. 28) in seiner methodologischen Betrachtung psychosomatischer Gesichtspunkte davon aus, dass

>»der Ausdruck ›Psychosomatik‹ (...) nur benutzt werden [sollte], um eine Metho-
>de des Vorgehens in Forschung wie in Praxis zu kennzeichnen, eine Methode
>nämlich, die sich auf die gleichzeitige und koordinierte Verwertung von somati-
>schen – das heißt physiologischen, anatomischen, pharmakologischen, chirurgi-
>schen und diätetischen – Methoden und Vorstellungen auf der einen Seite und
>psychologischen Methoden und Vorstellungen auf der anderen Seite stützt.«

Bräutigam, Christian & von Rad formulieren (1997, S. 2),

>»psychosomatische Medizin ist die Heilkunde und Wissenschaft der gegenseiti-
>gen Beziehungen von seelischen und körperlichen Vorgängen, die den Menschen
>in engem Zusammenhang mit seiner Umwelt begreift. In dieser leib-seelischen
>Perspektive betrifft sie die Grundlagen der Humanmedizin. Sie vertritt damit eine
>Zugangsweise zum Kranken, die nicht nur bestimmte Fachgebiete betrifft,
>sondern in alle vorklinischen und klinischen Bereiche hineinreicht.«

Dieselben Autoren betonen anschließend, es sei in der Psychosomatischen Medizin eigentlich nötig – wenn auch eben faktisch unmöglich – Körperliches und Seelisches zugleich und gleichzeitig im Blick zu behalten. Sie leiten daraus den Anspruch ab, deswegen kein Spezialfach zu schaffen, erinnern aber zugleich daran (1997, S. 2),

>»so hat sich die Psychosomatische Medizin – kurz Psychosomatik – vor allem in
>Deutschland – zum Teil gegen ihren erklärten Willen – auch als Spezialfach konsti-
>tuiert, um eigene Gesichtspunkte gegenüber anderen Fachgebieten in der
>Forschung und in der psychotherapeutischen Aufgabe verfolgen und personell
>behaupten zu können.«

Hier wird deutlich, wie berufspolitische Realität auf Definitionen Einfluss nehmen kann. Dieselben Autoren konstatieren auch eine fließende Veränderung der Zuordnung von somatischen Krankheiten zur Psychosomatik im Lauf der letzten 50 Jahre. So rechne man heute einige Krankheiten nicht mehr dazu, andere dagegen seien neu hinzugekommen. Pragmatisch beschreiben sie im Hinblick auf die Notwendigkeit der Diagnostik (1997, S. 82)

»zwei unterschiedliche Ausgangssituationen im Bereich der Psychosomatik, die für die Zielrichtung diagnostischer Gespräche bestimmend sind: 1. Es handelt sich um Patienten mit einer bekannten körperlichen Erkrankung; es sollen die seelischen Auswirkungen, das Befinden und die Einstellung des Kranken geklärt werden, etwa um ihm eine Hilfe bei der Verarbeitung seiner Krankheit zu geben (coping) und seine Mitwirkung bei der Behandlung (compliance) zu verbessern. Es besteht damit also eine *somato-psychische Fragestellung*. 2. Es handelt sich um einen Kranken, dessen Beschwerden oder körperliche Symptome seelisch (mit-) bedingt sind. Dann muß die Frage der Mitwirkung seelischer Faktoren beim Auftreten oder für den Verlauf der Erkrankung geklärt werden. Damit ist also eine (mit)-ursächliche *psychosomatische Fragestellung* bei dem Patienten gegeben.«

Unter der Fragestellung, »welche biologischen Größen für die einzelnen Krankheitsgrößen für die einzelnen Krankheitsbereiche (...) ätiologische Bedeutung haben könnten, also bei diagnostischen und therapeutischen Überlegungen berücksichtigt werden müssen«, schlägt Hahn (1992, S. 46) vor: »die fünf großen Krankheitsgruppen, die sich für die Psychosomatik durch allgemeinen Konsens (...) unterscheiden lassen (...) sind (...) folgende: 1. Psychosomatische Reaktionen, 2. Konversionsneurotische Erkrankungen, 3. Psychovegetative Erkrankungen, 4. Psychosomatische Erkrankungen im eigentlichen Sinn, 5. Somatopsychische Erkrankungen.«

Studt & Arnds (1983, S. 303ff.) schlagen als Einteilung nicht eine *historische*, auf v. Uexküll (1963) zurückgehende Dreiteilung der psychosomatischen Diagnostik in eine »spekulative« Phase ab Groddeck 1923, eine »psychophysiologische« ab Deutsch 1923 und eine Phase des »wachsenden Methoden- und Problembewußtseins« ab Dunbar 1947 vor, sondern plädieren – unter Hinweis auf Schmidt & Becker (1977) – für den psychosomatischen Ansatz »als eine komplexe Methode praktischen und wissenschaftlichen Vorgehens, bei der psychische und somatische Komponenten jeder körperlichen Störung oder Krankheit gleichzeitig und aufeinander bezogen werden.«

Dabei werden psychosomatische Störungen nicht unbedingt und nicht von allen Forschern als primär psychogen angesehen.

Die hier auch zu diskutierende Frage einer sogenannten *Spezifitätsannahme*, d. h. einer festen Zuordnung spezieller kindlicher Konflikte zum später erkrankten Organ, die vor allem mit dem Namen von Alexander verbunden ist, wird heute kontrovers diskutiert. Eichinger (2000, S. 518) schließt sich in der Beschreibung einer analytischen Behandlung seines an einer Neurodermitis leidenden Patienten Küchenhoff an, der meint: »Wir wissen nicht, ob die von uns untersuchten Krankheiten wirklich nosologische Einheiten sind oder vielmehr nur die jeweils gleiche klinische Endstrecke einer Vielzahl pathophysiologischer oder biochemischer Mechanismen.« Kächele & Kordy (1994, S. 77) distanzieren sich 1994 in ihrem Artikel »Empirische Forschung: Ein Stiefkind der psychosomatischen Medizin?« jedenfalls vom »Mythos der Spezifität«, wenn sie sagen: »Die Geschichte der Psychosomatik könnte als Geschichte der Demystifizierung von Spezifika beschrieben werden« und Bräutigam, Christian & von Rad (1997, S. 56) meinen im Hinblick auf Alexanders Bemühungen, Konflikttypologien zu beschreiben, wodurch eine Konfliktsituation spezifisch sei für alle Patienten einer nosologischen Gruppe, dies sei unwahrscheinlich. »Wir wissen heute, dass die von Alexander beschriebenen Krankheiten vermutlich alle keine nosologische Einheit darstellen, sondern sowohl psychologisch als auch physiologisch aus heterogenen Untergruppen zusammengesetzt sind.« Auch sei widerlegt, dass jeder emotionale Zustand sein eigenes physiologisches Syndrom habe.

Studt & Arnds (1983, S. 309) halten - trotz der Forderung einer komplexen Herangehensweise – aber die Notwendigkeit einer Aufteilung in somatische und psychische Faktorenbündel für berechtigt. Sie berühren in diesem Text auch die kritische Frage, ob der später eine Psychotherapie durchführende Arzt zugleich der körperlich untersuchende sein darf – nach ihrer Meinung sollte er nicht derselbe sein – und plädieren hinsichtlich der Diagnostik für die Beachtung eines breiten Spektrums von einflussnehmenden Faktoren. Ihre Zusammenstellung: *Konfliktsituation, Persönlichkeitsprofil, Charakterstruktur, Einstellungen und Haltungen, Abwehrmechanismen, internalisierte Lernerfahrungen, autonome Reaktionsmuster* und *spezielle genetische körperliche Prädispositionen, kortikoviscerale Kontrolle* und *soziokulturelle Einflüsse* scheint vor allem praktisch und aus klinischer Sicht passend.

Theoriebildung und Geschichte psychosomatischer Erkrankungen

Historisch lassen Bräutigam, Christian & von Rad (1997, S. 6 ff.) in neuerer Zeit die Psychosomatik mit Coleridge beginnen, der in einem Brief schon 1811 eine modern anmutende Auffassung zur Psychosomatik zum Ausdruck bringt, ferner nennen sie Heinroth als Vertreter der Romantischen Medizin, der 1818 erstmalig den Begriff »psychosomatische Medizin« benutzt habe, Novalis, der über die Wechselwirkungen von Leiblichem und Seelischem hinaus die Verstrickungen beider in der Umwelt gesehen habe, vor allem auch Nietzsche, der viele Einsichten Freuds zur Lehre vom Unbewussten und den Affekten vorweggenommen habe.

Bedeutsam seien auch die Forschungen von v. Krehl und in seiner Nachfolge v. Weizsäcker, der vor allem die Dimension des Personalen als Einführung des Subjekts in die Pathologie charakterisiert habe. Als Analytiker der ersten Stunde gelten Stegmann, Federn, vor allem aber auch Groddeck, auf den ich noch näher eingehen werde und Deutsch, der in Wien 1927 den Ausdruck »Psychosomatik« wieder eingeführt habe.

Schepank (1992, S. 67) stellt die Frage, welche Anteile an der Neurosenentstehung die einzelnen Faktoren Erbe, frühkindliche Umwelteinflüsse, spätere Kindheitseinflüsse und im Erwachsenenalter die auslösenden Situationen, *life events, social support, Copingmechanismen* etc. haben und misst in der Varianzanalyse an der Genese sogenannter psychogener Erkrankungen folgenden Faktoren eine Bedeutung zu:

Erbfaktoren 30%, Frühgenese 25%, späterer Kindheit 15%, life-events (von ihm vereinfachend gleichgesetzt mit psychodynamisch relevanten Versuchungs-/Versagungssituationen) 15%, *social support* (soziales Netzwerk, das aber stark beeinflusst wird von persönlichkeitsstrukturellen Arrangements) 10% und *sonstigen* 5%. Die Abwägung hereditärer Faktoren gegen peristatische Faktoren erlaube jeweils im Einzelfall eine verbesserte Prognose hinsichtlich optimaler Behandlungsmöglichkeiten. Hinsichtlich epidemiologischer Prävalenzraten für psychische Erkrankungen in der Bundesrepublik nennt Rudolf (1992, S. 84) etwa 20% für das Gesamt aller psychischen Störungen in der Bevölkerung und für die Praxis etwa 30%, betont aber, wie auch andere Autoren, dass damit noch keine Aussagen über die Möglichkeiten psychotherapeutischer Zusammenarbeit gemacht sind. Nur etwa die Hälfte der als psychogen krank Definierten werden aufgrund der tiefenpsychologischen Interviews auch als behandlungsfähig bezeichnet. Dies deckt sich mit den Befunden der Ambulanz des Instituts für Psychotherapie in Berlin (mündliche Mitteilung C. Braun).

Hilfreich erscheint mir auch der Einteilungsversuch von Overbeck. Er unterscheidet zwei Grundlinien psychosomatischer Krankheitsentstehung (1985, S. 54 ff.):

> »1. Ein Teil der psychosomatischen Krankheiten sind neurotische Konfliktlösungen auf der Körperebene bei relativ reifen Persönlichkeiten. 2. Andere psychosomatische Krankheiten sind Dekompensationen im Sinne archaischer körperlicher Reaktionsmuster bei Patienten mit erheblichen frühen Persönlichkeitsstörungen. Bei solchen psychosomatischen Patienten (...) wurden Ich-Defekte festgestellt (s. die Alexithymie, *Sifneos* 1967 oder die pensée opératoire, Marty u. de M'uzan 1963) und Störungen der Objektbeziehungen beschrieben.«

Im ersten Fall sieht Overbeck die psychosomatischen Erkrankungen im Rahmen einer psychosozialen Konfliktabwehr, also als mögliche Anpassungsleistung oder als einen Selbstheilungsversuch, im zweiten Fall erkennt er die Ursache psychosomatischer Erkrankungen eher in einer Entwicklungshemmung; psychosomatische Symptome werden hier auch im Unterschied zu den »neurotischen« Körpersymptomen nicht mehr als Teil einer organisierenden Ich-Leistung angesehen, sondern als reflexhafte körperliche Antwortmuster, die habituell in Spannungssituationen auftreten. Auch Hahns oben schon genannte diagnostische Einteilung psychosomatischer Krankheiten in psychosomatische Reaktionen, konversionsneurotische Erkrankungen, psychovegetative Erkrankungen, psychosomatische Erkrankungen im eigentlichen Sinn und somatopsychische Erkrankungen enthält schon erkennbar Aussagen zu Theorien über die Entstehung psychosomatischer Erkrankungen.

Von besonderem Interesse in meinem Zusammenhang sind die Theorien zur Entstehung psychosomatischer Erkrankungen in historischer Hinsicht. Dem Konversionsmodell von Freud, dem ersten psychoanalytischen Modell zur Entstehung psychosomatischer Erkrankungen, in dem nach Bräutigam, Christian & von Rad (1997, S. 48) »durch die Konversion eine unlustbereitende Vorstellung dadurch unschädlich gemacht wird, daß ihre ›Erregungssumme‹ ins Körperliche übersetzt wird«, wofür Freud immer ein »somatisches Entgegenkommen« postuliert hat, einen körperlichen Faktor, der für die Organwahl bedeutsam sei, stellt Speidel (1994, S. 3f.) das zur gleichen Zeit von Freud entwickelte Modell der Aktualneurose gegenüber und bedauert, dass Freud dieses von Speidel als Traumatheorie bezeichnete Modell nicht für die weitere Theorieentwicklung genutzt habe. Als Grund vermutet Speidel (1994, S. 3f.): »Für den Psychoanalytiker hat somit das Konzept der Aktualneurosen ein entscheidendes Manko: In ihm spielt die Phantasie, die psychische Realität unserer unbewußten Erinnerung, die Angstsignale erzeugen könnte, keine Rolle.« Die Psychoanalyse sei (1994, S. 3ff.) »das Stiefkind der Psychoanalyse« geworden, weil (1994, S. 4) »die Psychoanalyse (...) aus theoretischen wie aus didaktischen Gründen kein Interesse an der Psychosomatik« hatte.

Dass Freud sich gegenüber der Psychosomatik insgesamt zurückgehalten hat und diese Zurückhaltung auch deutlich vertreten hat, wird im Briefwechsel mit Groddeck (1970/1992) deutlich. Der von beiden Seiten einerseits sehr persönliche und von Freud gegenüber Groddeck fördernde und sehr wohlwollende Briefwechsel kann nicht verdecken, dass Freud Groddeck in dessen Spezialgebiet, den Fragen der Psychosomatik, immer an Ferenczi als seinen für diese Fragen »zuständigen« Vertrauten verwiesen, worauf auch Will (1984, S. 8) hinweist. Bekannt ist in diesem Zusammenhang Freuds Brief an Victor von Weizsäcker von 1932. Der hatte Freud 1932 seine Studie über »Körpergeschehen und Neurose« zugesandt. Freud merkte zu von Weizsäckers psychosomatischen Überlegungen an (Will 1984, S. 9; Speidel 1994, S. 4): »Von solchen

Untersuchungen mußte ich die Analytiker aus erziehlichen Gründen fernhalten, denn Innervationen, Gefäßerweiterung und Nervenbahnen wären zu gefährliche Versuchungen für sie gewesen, sie hatten zu lernen, sich auf psychologische Denkweisen zu beschränken. Dem Internisten können wir für die Erweiterung unserer Einsicht dankbar sein.«

Schultz-Venrath (1994, S. 18) meinte,

»wissenschaftsgeschichtlich hatte der psychoanalytische Ansatz in der Psychosomatik, der zunächst große Hoffnungen geweckt hatte, mindestens zwei Gegner: Die Vertreter der Schulmedizin (besonders die Psychiater) und – zum Erstaunen des einen oder des anderen – die Vertreter eines holistisch-integrativen Ansatzes in der Psychosomatik weitgehend identisch mit psychosomatisch orientierten internistischen und neurologischen Universitätsklinikern. Die Gegnerschaft reicht von Ambivalenz bis zu entschiedener Ablehnung, häufig als Ignoranz gegenüber psychoanalytischer Begrifflichkeit getarnt.«

Übrigens waren es genau diese beiden Gruppen, die Psychiater und die Allgemeinärzte (zumindest einer ihrer wichtigsten Vertreter), die sich 1992 vehement gegen die Einführung des neuen Gebietes Psychotherapeutische Medizin stellten. Inzwischen sind diese Fronten anscheinend abgebaut.

Trotz dieses Pessimismus kann die Psychoanalyse sich auf beachtliche Beiträge zum Verständnis der Psychosomatik berufen, wie sich zum Beispiel auch in den von Schepank untersuchten Faktoren widerspiegeln. Zusammenfassend benennen Bräutigam, Christian & von Rad folgende psychoanalytische Perspektiven oder Gesichtspunkte: Der genetische Gesichtspunkt bringt eine zeitliche, biographische Sichtweise zu Geltung, der topische und der strukturelle gehen von der Wirkung einer Hierarchie seelischer Strukturen aus, die Anpassung und Progression oder Regression, ggf. mit der Konsequenz einer Resomatisierung zur Folge haben, die Differenzierung in eine Ich- und Selbstpsychologie in Verbindung mit einer Objektbeziehungspsychologie stellen entscheidende Weiterentwicklungen dar, die zusammen mit Traumatheorie in vielen Fällen entscheidende Hilfe beim Verständnis der psychologischen Bedingungen einer Krankheitsentstehung leisten. Auf die aus diesen Ansätzen resultierenden Modelle und Vorstellungen (Konversionsmodell, De- und Resomatisierung, den Begriff der somatopsychisch-psychosomatischen Störung von Engel, das Konzept der zweiphasigen Verdrängung von Mitscherlich, Alexanders Konzepte, das Alexithymiekonzept) kann ich hier nur hinweisen. Auf Alexander habe ich mich bereits bezogen, er hat, worauf Bräutigam, Christian & v. Rad (1997, S. 58) hinweisen, »in einem mutigen Vorstoß in der Zeit nach dem 2. Weltkrieg versucht, das psychoanalytische und das physiologisch-internistische Wissen seiner Zeit in einem umfassenden psychosomatischen Konzept zu verbinden.« Nach Meinung Speidels (1994, S. 4) hat er durch die Verbindung differenzierter psychologischer Hypothesen mit physiologischen und pathologischen Körpervorgängen die Ausweitung des Freud'schen Konversionsmodells begrenzt.

Als gegensätzlich zu diesem Ansatz erscheint das inzwischen wieder kritisierte Modell der Alexithymie und des operationalen Denkens, das davon ausgeht, es gebe eine eigene psychosomatische Persönlichkeitsstruktur mit »negativen Halluzinationen« und einer eingeschränkten Symbolisierungsfähigkeit. Als bedeutsam an dieser Beschreibung erscheint der für viele psychosomatisch Kranke charakteristische Mangel an Phantasie und Ausdruck.

Es erscheint mir wegen der Verbindung zu den Überlegungen zur Therapie psychosomatischer Krankheiten notwendig, Groddeck, den genialen – und in sich äußerst widersprüchlichen! – Pionier der Psychosomatik hier etwas differenzierter darzustellen, was eigentlich einen eigenen Beitrag benötigen würde. Denn sein Ansatz hebt, wenn auch in sehr persönlicher Weise, einen grundsätzlichen Aspekt der Behandlung psychosomatisch Kranker heraus, nämlich die Nähe und Intensität und vor allem die Modalität einer sehr persönlichen Beziehung zum Patienten. Es ist inzwischen eher anekdotisch, daran zu erinnern, dass Groddeck zumindest in der Anfangszeit in Baden-Baden auf seinen Patienten hockend diese zu massieren pflegte. Dies kann natürlich kein Vorbild sein. Ich möchte mich aber auf Ferenczi's (1970, S. 258) Rezension über Groddeck aus dem Jahre 1917 beziehen, die er noch vor seiner engeren Beziehung zu Groddeck verfasste:

>»Dem aufmerksamen Leser psychoanalytischer Werke wird es nicht entgangen sein, daß wir das Unbewußte stets als eine dem Physischen nähere Schicht behandeln, die über Triebkräfte verfügt, die dem Bewußt-Psychischen gar nicht oder in weit geringerem Maße zu Gebote stehen. In den psychoanalytischen Krankengeschichten hören wir von Darmstörungen, Kehlkopfkatarrhen, Menstruationsanomalien, die als Reaktionen auf unterdrückte Wünsche entstanden sind oder einen solchen Wunsch entstellt und dem Bewußtsein unkenntlich darstellen. Doch obzwar die Verbindungswege von diesen Erscheinungen zur normalen und pathologischen Physiologie stets offengelassen wurden (ich verweise nur auf die festgehaltene Identität der hysterischen und der Ausdrucksmechanismen), beschränkte sich hier die Psychoanalyse hauptsächlich auf die Würdigung gewisser seelisch bedingter Körperveränderungen bei der Hysterie.

>Dr. Groddeck macht nun in dieser Broschüre als erster den mutigen Versuch, die Ergebnisse der Freudschen Lehre auf die organische Medizin anzuwenden. Und schon dieser erste Schritt verhilft ihm zu solch überraschenden Ergebnissen, neuen Ansichten und weiten Perspektiven, dass dessen zumindest heuristischer Wert über jeden Zweifel erhaben scheint. Es liegt kein Grund vor, auch das zunächst Befremdende an den Behauptungen Groddecks a limine abzuweisen. Was er behauptet, sind ja zumeist nicht Hypothesen, sondern Tatsachen. Er gibt an, dass

es ihm gelungen sei, in einer großen Zahl von rein organischen Krankheiten – Entzündungen, Geschwülsten, konstitutionellen Anomalien – nachzuweisen, dass die Krankheit als Schutzmaßregel gegen unbewusste »Empfindlichkeiten« entstanden ist oder sonstwie einer Tendenz dient. Ja es gelang ihm durch die psychoanalytische Arbeit, durch das Bewusstmachen dieser Tendenzen, organische Veränderungen schwerster Art (so z. B. einen Kropf, eine Sklerodermie, Fälle von Gicht und Lungenleiden etc.) wesentlich zu bessern oder gar zu heilen. Groddeck will sich dabei keineswegs die Rolle des Zauberers anmaßen, er behauptet bescheiden, mittels Psychoanalyse nur günstigere Bedingungen zu schaffen »für das Es, von dem man gelebt wird«. Dieses »Es« identifiziert er mit dem Unbewussten Freuds.

Solche Tatsachen, ja Tatsachen überhaupt, sind nicht aufgrund von Überlegungen welcher Art immer von der Hand zu weisen, ihre Gültigkeit hängt einzig und allein davon ab, ob sie – unter den nämlichen Bedingungen nachgeprüft – sich bestätigen oder nicht. Übrigens liegt auch kein theoretischer Grund vor, derartige Vorgänge für unmöglich zu erklären.

Dr. Groddeck ist praktischer Arzt, der nicht von der Psychoanalyse ausging, sondern im Bestreben nach erfolgreicherer Behandlung organischer Störungen auf unsere Psychotherapie gestoßen ist. Das erklärt die weitgehenden Unterschiede zwischen uns und ihm sowohl in der Auffassung als besonders in der Benennung einiger der in Rede stehenden Vorgänge und Mechanismen. Es bestehen aber viel zu viel Gemeinsamkeiten, als dass man auf die Hoffnung verzichten dürfte, dass der Tunnel zwischen beiden einander ergänzenden Beobachtungsreihen bald gebohrt werden wird. Schon meldet man auch von rein psychoanalytischer Seite Beobachtungen und Betrachtungsweisen, die den Groddeckschen Aufstellungen merkwürdig nahe kommen.

Hervorzuheben ist die nüchterne, allen »finalistischen« Philosophierens bare Art, mit der Groddeck die auch im Organischen nachzuweisende (wenn auch kausal bedingte) Teleologie behandelt. Er entgeht so recht glücklich den Klippen, an denen die Adlersche Forschung nach verheißungsvollen Anfängen gescheitert ist. Auch die große Wahrheitsliebe, mit der der Autor für den wissenschaftlichen Zweck die schwachen Punkte seiner eigenen körperlichen und geistigen Organisation preisgibt, flößt uns Achtung ein. Wir erwarten mit Spannung weitere Mitteilungen Groddecks und besonders: eingehende Krankheits- und Heilungsgeschichten«.

Anzumerken ist, dass Groddecks *Es* nicht, wie Ferenczi schreibt, mit dem Unbewussten Freuds identisch ist, worauf auch Will (1984, S. 126) und v. Rad & Zepf (1990, S. 76) hinweisen.

Letztere stellen fest, das *Es* Groddecks sei keine topische Instanz. Meines Erachtens hat es eher eine umfassende und letztlich *Sinn-stiftende* Qualität, ähnlich Jungs Auffassung vom Unbewussten, der diesem eine eigene organisierende Dynamik zuschreibt. Das *Es* könne sich in vielerlei Formen äußern, meint Groddeck, es sei genauso verantwortlich für Widerstand wie für Fortschritt und entsprechend käme diese Tendenz auch im Kranksein oder in der Krankheit zum Ausdruck. Seit Anfang der zwanziger Jahre stand Ferenczi Groddeck sehr nahe und war ihm in Freundschaft verbunden, wie Harmat (1991, S. 161ff.) meint, »was für den Budapester Mediziner die Abkühlung seines Verhältnisses zu Freud ersetzte und kompensierte. Ferenczi besuchte den ›wilden Analytiker‹ häufig in dessen Sanatorium in Baden-Baden und auch Groddeck besuchte ihn in Budapest.«

Überlegungen zur Therapie psychosomatischer Erkrankungen

In den vorhergehenden Überlegungen zur Entstehung psychosomatischer Krankheiten wurden immer auch schon Ansätze zur Entwicklung von Therapiekonzepten deutlich. Darauf weist Speidel (1994, S. 5) hin, der zeigt, dass behandlungstechnisch für diese Kranken die Regeln der Psychoanalyse verändert und abgewandelt werden müssen. Das betreffe das Setting (Liegen/Sitzen), die Frequenz der Stunden und deren Gesamtdauer, das Verhalten des Analytikers (aktiv/passiv, verstehend/deutend) in den Stunden selbst und die Art seiner Beziehung zum Patienten. Besonders gut scheint mir in diesen Zusammenhang ein Satz Groddecks zu passen, der dabei seinen Lehrer Schweninger, den Leibarzt Bismarck's zitiert (Will 1984, S. 31): »Allein der Kranke, nicht die Krankheit ist Gegenstand der Behandlung. ›Wir kennen keine Verstopfung, sondern nur verstopfte Menschen. Wir behandeln keine Verstopfung, sondern nur verstopfte Menschen.‹« Hiermit wird Groddeck radikal den Menschen ein Gegenüber und stellt seine Beziehung zu ihnen in den Mittelpunkt seiner Aufmerksamkeit und Zuwendung. So haben ihn auch seine ehemalige Patienten erlebt und beschrieben. Damit ist für Groddeck durchaus nicht und an keiner Stelle eine genaue Untersuchung ausgeschlossen, denn Groddeck selbst (1988, S. 136f.) meint:

> »Den Menschen soll man diagnostizieren, möglichst viele Breiten, Tiefen, Flachheiten und Engen seines Wesens, das, was allen Menschen gemeinsam ist und das, was dem einzelnen allein eigentümlich zu sein scheint (...) seine Gestalt und die Form seiner Glieder und Teile innen und außen, seine Funktionen vom Atmen, Schlafen, Bewegen, Verdauen, Herzschlagen an bis Sprechen, Denken, Empfinden.«

Dennoch kommt er aber am Ende zu folgender Feststellung:

> »Aber alle diese Dinge, die den Arzt auszumachen scheinen, sind nur gelegentliche Notwendigkeiten, bedeuten nicht allzuviel in dem ärztlichen Handeln, sind

meistens entbehrlich und dürfen niemals leitend in der ärztlichen Tätigkeit sein, geschweige denn, sie erschöpfen. Nicht jeder, der zum Arzt kommt, verlangt Hilfe gegen seine Krankheit, die meisten suchen nur Hilfe irgendwelcher Art, den meisten ist nicht viel geholfen, wenn ihre Krankheit heilt. Der Mensch, nicht der Kranke sucht den Arzt auf, der Mensch, nicht der Kranke begehrt Hilfe.«

Mit diesem Beziehungsansatz steht Groddeck bestimmten Formen der Psychoanalyse nahe, in einem anderen Punkt widerspricht er allerdings einer analytischen Position, denn Groddeck (1970/1992, S. 177) behauptet, dass Krankheiten nicht allein durch Verdrängung entstünden und ferner sei es nicht der Zweck der (analytischen) Behandlung »Unbewußtes bewußt zu machen, sondern den Heilungstendenzen des Organismus freie Bahn zum Wirken zu schaffen.« Damit entscheidet sich Groddeck klar gegen die Meinung, Einsicht sei der entscheidend positive Heilungsfaktor. Man muss berücksichtigen, dass seine Herangehensweise, wie bekannt, in seinem Sanatorium in Baden-Baden vor allem von der Behandlung chronischer Patienten bestimmt war. Sein Beziehungsansatz, der anfangs nach seiner eigenen Darstellung eher von einem väterlichen (überwältigenden) Herangehen, später von einem mütterlichen (haltenden) Verstehen bestimmt war, scheint aber dem zu entsprechen, was an therapeutischen Überlegungen hinsichtlich psychosomatisch Kranker heute beschrieben wird.

Haustein (2000, S. 261ff.) hat betont, dass vor allem ein spezifischer Umgang des Analytikers mit seiner Gegenübertragung erforderlich sei und weist auf Gegenübertragungsbeunruhigung und Gegenübertragungseuphorie hin, auf die Tatsache und Gefahr von Allmachts- und Ohnmachtserfahrungen, auf Ausweichtendenzen des Analytikers, vor allem aber auf die Bedeutung und den Wert der Objektbeziehung im Prozess.

Wenn ich jetzt sozusagen vom »anderen Ende her«, nämlich vom spezifischen Unvermögen des Patienten, der Leere oder seiner Weigerung, psychischen Schmerz anzuerkennen und Affekte adäquat auszudrücken, ausgehe, wie Mc Dougall (1991, S. 28) dies z. B. am Fall ihrer Patientin Dorothée beschrieben hat, so löst sich der scheinbare Widerspruch auf, wenn man die zugrunde liegenden unterschiedlichen Sichtweisen und Intentionen berücksichtigt. Bei Groddeck dominiert ein tiefes Verstehen verbunden mit dem Ziel, *mit dem Patienten eins zu werden,* bei Mc Dougall *Betonung dieses Wunsches des Patienten als dessen spezifische Pathologie (ein Körper für zwei).* Bei Mc Dougall stehen Erkenntnis, Beschreibung des »was ist« und »wie ist es«, »warum ist es« und »welches sind die Folgen« im Vordergrund, Groddeck verzichtet als intensiv Anteil nehmender Behandler auf Diagnosen oder misst ihnen keinen bzw. einen begleitenden Stellenwert zu. Psychiater, die Anfang der 70er Jahre mit in der Klinik ihre Ausbildung begannen, kennen den Reiz einer solchen Sicht, aber auch deren Schattenseiten. Beide Ansätze berühren sich allerdings im Anspruch eines Durcharbeitens, wobei die Bewertung des Faktors Einsicht ein entscheidendes Unterschiedsmerkmal ist.

Groddeck selbest war widersprüchlich in seiner therapeutischen Haltung, denn er hat nie nur die eine Seite vertreten. Das macht ein generelles therapietechnisches Dilemma offenbar. Um behandeln zu können, bedarf es eines als archimedischen Punkt bezeichneten Standpunkts außerhalb. Diese jeweilige Theorie und die Erfahrung der Praxis vermitteln das Wissen über Krankheit, den kranken Körper und die Bedeutung der Umgebung. Von daher scheint eine strikte Handhabung der Technik, eine eindeutige und damit auch lehrbare Methode notwendig. Wenn andererseits eine unklare oder letztlich nie genau bestimmbare therapeutische Haltung erforderlich erscheint, die je nach Fall modifiziert werden muss, so ist dies einerseits die Kunst der Therapie, enthält aber andererseits auch die Gefahr von Willkür und Eklektizismus. Hier beginnt ein nur schwer definierbarer und didaktisch schwer vermittelbarer Bereich. Auf diesem Hintergrund wird Freuds Entgegenkommen bedeutsam, wenn er auf Groddecks Frage diesem schreibt, entscheidend dafür, ob einer Analytiker sei oder nicht, sei, ob er sich zu Übertragung und Widerstand bekenne (s. u.).

Wenn ich jetzt noch einmal versuche, die Frage der klinischen Besonderheiten der psychosomatischen Klientel aufzugreifen und damit die Frage, welche besonderen therapeutischen Anforderungen diese Klientel stellt, so wird, je nach Schulenbindung oder zumindest -orientierung (analytisch, verhaltenstherapeutisch, philosophisch) klar, daß psychosomatisch Kranke große Schwierigkeiten des Ausdrucks, der Affektäußerung haben bei gleichzeitig – aber ambivalent erlebten – großen Nähewünschen ggf. verbunden mit dem Wunsch, diese Nähe zu kontrollieren. Unklar ist mir allerdings, ob damit immer gesagt ist, daß psychosomatisch Kranke generell einen Mangel an Ausdrucssfähigkeit haben, also über zu wenig Potenzial verfügen, weil sie gehemmt sind – das hätten sie dann mit gehemmten Neurotikern gemeinsam – oder ob sie evtl. auch an einem Zuviel an Empfindung und Gefühl leiden, sich zurückziehen müssen und dann ›re-somatisieren‹. In jedem Fall tritt eine Organmanifestation dann ein, wenn eine gewisse individuelle Belastbarkeit überschritten wird, sei es, aufgrund einer zu geringen strukturellen Belastbarkeit, sei es traumatisch bedingt. Therapeutisch folgt daraus, daß psychosomatische Patienten generell viel Engagement, Nähe und Zuwendung benötigen, aber eben auch die Sicherheit, daß sich der Behandler ausreichend abgrenzen, separieren kann.

»Wie gelangt der psychosomatisch Kranke zu seinem Behandler?«, war eine der Fragen die ich mir im Vorfeld gestellt habe. Abgesehen von den Vermittlungsproblemen und -überlegungen, auf die ich hier nicht eingehen kann – sie sollten gelegentlich einmal ein eigenes Thema sein – beschäftigen mich bei der

Suche nach dem Gelingen oder Missglücken der Vermittlungsarbeit die *im Patienten selbst* liegenden Gründe. Gleichermaßen stößt man bei neurotisch Kranken wie bei psychosomatisch Kranken auf das Problem des Widerstandes, dem vor allem Scham, Angst und Schuldgefühle, aber auch Bequemlichkeit und Unwissenheit zugrunde liegen. Schon früh hatte Groddeck (1970/1992, S. 144ff.), der in seinem Sanatorium in Baden-Baden vor allem chronisch Kranke behandelte, auf den Widerstand als Grundproblem hingewiesen. Dies schreibt genauso auch Will (1984, S. 23). Widerstand und Übertragung waren auch diejenigen Inhalte, derentwegen Freud in seinem bekannten Brief an Groddeck (1970, S. 14) vom 05.06.1917 auf dessen Zweifel in seinem langen Brief vom 27. Mai 1917, ob er, Groddeck, sich zu den Analytikern zählen dürfe, ihm zugesichert hatte, »wer erkennt, daß Übertragung und Widerstand die Drehpunkte der Behandlung sind, der gehört nun einmal rettungslos zum wilden Heer. Ob er das ›Ubw‹ auch ›Es‹ nennt, das macht keinen Unterschied.«

Der Widerstand des psychosomatisch Kranken erscheint z. B. in folgender alltäglicher Situation: Der 45-jährige Diplomingenieur ruft mich an und bittet um einen Termin. Wie sich dann herausstellt, sucht er mich auf Drängen seiner Frau auf, die selbst in Psychotherapie ist. Ihn störe, dass er öfter schlecht gelaunt sei, phasenhaft gereizt reagiere und schlecht schlafe. Der 1,94 cm große und 127 kg schwere (BMI 33,744) berichtet mir schnell von seiner »Dreigefäßerkrankung«, seinen zwei Herzinfarkten, dem Ösophagusreflux, der anscheinend die Schmerzsymptomatik des Herzens triggert, den von der BWS ausstrahlenden Schmerzen und häufigen Erkältungen. Beruflich mache ihm »der Chef Druck«, es drohe eine Versetzung, aber eigentlich beunruhige ihn das nicht, er sei ja Beamter. Erst auf Nachfragen berichtet er von anderen Schwierigkeiten, z. B. sich mit der verwitweten – tablettensüchtigen – Mutter auseinander zu setzen, die mehr Geld ausgibt als sie hat, was er stillschweigend ausgleicht. Von seinem zehnten bis zum 17. Lebensjahr sei sie alkoholkrank gewesen, sein Vater starb, als er 26 Jahre alt war. Er selbst ist hoch verschuldet. Auf gezieltes Nachfragen berichtet er von Angst auch anderen Personen seiner Umgebung gegenüber (Frau, Kollegen), aber er scheint diese nicht wirklich zu erleben.

Beim zweiten Termin schaut mich der große, schwere Mann freundlich an und erwartet meine Initiative. Eigentlich bin ich etwas ratlos, fast hilflos angesichts der fehlenden Einstiegsmöglichkeiten und beschließe, mich erst einmal innerlich zur Verfügung zu stellen ohne Anspruch einer Aktivität, so als ob ich nicht 40 oder 50 Minuten zur Verfügung hätte, sondern beliebig viel Zeit. Es gelingt dann, dass er mit eigenen Worten sagen kann, er erwarte Ideen, Tipps, Tricks, Beratung, sein Wunsch sei, wiederhergestellt zu werden. Nicht nur angesichts des BMI liegt hier die passiv-orale Erwartung offen zutage, es ist klar, dass nach gängiger Anforderung zwar eine Indikation besteht, die Prognose aber wegen der geringen Introspektionsfähigkeit und Differenziertheit mit geringem Verständnis für psychodynamische Zusammenhänge ungünstig ist. Immerhin gelangen wir zu dem Punkt, dass er zögernd formulieren kann, er wolle keine Selbsterfahrung um ihrer selbst willen, habe Angst vor zu viel Wissen und wolle lieber unbewusst bleiben. Eine für mich spürbare Aggression und Kampfbereitschaft erlebt er nicht oder vermeidet sie mir gegenüber. »Was tun?«, ist hier die Frage. Alle erwarten eine Entscheidung, der Patient, seine Frau, der Behandler der Frau, die also anscheinend von außen kommen soll. Hier wird es darum gehen, in einigen weiteren Gesprächen auszuloten, ob sich ein Einstieg in die aufdeckende Arbeit herstellen lässt oder ob es bei diesen Gesprächen bleibt. Ohne die innere Bereitschaft des Patienten kann keine Therapie beginnen.

Der Beginn der Behandlung war bei einer 46-jährigen Bürokauffrau ähnlich. 18-jährig hatte sie die ersten Blutbeimengungen im Stuhl, mit 27 Jahren war sie deswegen bereits in klinischer Behandlung, ohne dass eine Diagnose gestellt wurde, die der ambulante Behandler erst stellte, als die Patientin 31 Jahre alt war: Colitis ulcerosa. Auch hier drängte jemand von außen auf Beginn einer Psychotherapie, nämlich der begleitende Internist, ehe sie, nun fast 46-jährig, zur Ambulanz des Instituts kam. Ich sah sie in meiner Funktion als sogenannter »Zweitsichter«, dass sie bei mir »hängen« blieb, ist schon wieder charakteristisch für diese Krankheitsstruktur. Ich beschloss, sie in eine Gruppentherapie zu nehmen, hier war sie freundlich, kooperativ und profitierte anscheinend von der Arbeit. Insbesondere berichtete sie gelegentlich von ihren Ehekonflikten, ihr Mann blieb jedoch undeutlich. Ich war etwas überrascht, als sie nach etwa zwei Jahren relativ plötzlich die Gruppe verließ. Eine tiefere Auseinandersetzung hatte nie stattgefunden. Dennoch trennten wir uns »im Guten«.

Ich hörte in der Folgezeit nichts von ihr, sie ging ein halbes Jahr später in eine Reha-Klinik, nachdem es zu Hause erneut zu einem Schub gekommen war. Sie litt sowohl unter den aktuellen Bauchbeschwerden wie auch unter Folgekrankheiten in Form von Gelenkbeschwerden. Psychischer Aufnahmebefund dort: »Die etwas burschikos wirkende Patientin erscheint im Aufnahmegespräch nachdenklich und selbstreflexiv, die Stimmung schwankt zwischen Verzweiflung und Hoffnung.«

Biographisch ist der Alkoholismus des Vaters und seine jähzornige Unberechenbarkeit von Bedeutung, dennoch liebte sie ihn und brauchte ihn. Sie lernte früh (mit 22 Jahren) ihren Mann kennen und heiratete ihn mit 27. Die Klinik stellte fest:

> »Bei Frau (...) gehen wir von einem zeitlich überdauernden Konflikt ›Abhängigkeit versus Autonomie‹ mit zusätzlichen Anteilen von ›Unterwerfung versus Kontrolle‹ aus. Besonders deutlich wird dies in der ausgeprägten Ambivalenz

gegenüber dem Vater, vor dem sie einerseits flieht, bei gleichzeitiger Angst, er könne die Familie verlassen. Der Symptombeginn der Colitis liegt ›folgerichtig‹ in einem Zeitraum, als sie mit Beginn der Lehre erste Schritte in die Autonomie unternahm und kann als Ausdruck des unbewussten intrapsychischen Ambivalenzkonfliktes gewertet werden. Die Beziehungsgestaltung in der Familie und am Arbeitsplatz bewegt sich auch in diesem Spannungsfeld zwischen sich Anpassen einerseits und die Kontrolle ausüben andererseits und trägt wohl zur Aufrechterhaltung der Entzündungsaktivität der Colitis bei.«

In der Klinik gelang der Patientin durch die Einbeziehung von Erlebnissen aus der Vergangenheit, insbesondere Kindheit und Jugend, alte Ängste und deren Entstehung zu erkennen, sie kehrte ruhiger, deutlich gebessert und zuversichtlicher im August 2001 nach Hause zurück. Im Dezember 2001 suchte die jetzt 50-jährige mich erneut auf, nachdem vor einiger Zeit nach Spannungen an ihren Arbeitsplatz – man hatte sie gegen ihren Wunsch an einen anderen Ort versetzt und sie fühlte sich dem Chef und der von jenem unterstützten Kollegin gegenüber hilflos – ein Rezidiv der Colitis aufgetreten sei; außerdem hatte sie die Trennung vom Ehemann eingeleitet, diese stand jetzt bevor: Nach der Kur war etwas Entscheidendes geschehen, denn sie hatte beschlossen, sich trotz der langen Ehe, der gemeinsamen Kinder und des gemeinsamen Hauses von ihrem Mann zu trennen, weil sie, gestärkt durch die erfolgreiche Arbeit in der Klinik, sich erstmals gegen seine subtilen oder offenen Unterdrückungsversuche zur Wehr setzte und sich seinen subtilen Manipulationen widersetzte. Als er aber, statt sich mit ihr auseinander zu setzen, mit einer anderen Frau die gemeinsam mit der Patientin geplante große Reise unternahm, enthüllte sich die Ehe als kommunikationsloses Nebeneinander, wobei die Patientin bisher anscheinend Sicherheit gesucht und mit Anpassung »bezahlt« hatte. Es kam zum Trennungswunsch und zu dessen Realisierung. Die familiären Interaktionsmuster erweisen sich letztlich nach dem Aufenthalt in der Klinik als unzureichend, Jackson & Yalom (1974, S. 256) verdanke ich den Hinweis auf einen für Familien mit einem Colitiskranken hier typischen Sachverhalt:

> »Alle Familien schienen sozial stark eingeschränkt zu sein und sich gegenseitig im Bereich zugelasssenen Verhaltens aktiv einzuengen. Angaben, die über einzelne Familienmitglieder hinsichtlich ihres Verhaltens außerhalb der Familie gesammelt wurden, unterstrichen den Eindruck, daß sie, verglichen mit der Gruppe ›gewöhnlicher‹ Familien, nur einen schmalen Streifen möglicher sozialer Beteiligung für ihr Leben benutzten. (...) Drei Begriffe: ›Restriktivität‹, ›restringierte Familie‹ und ›rekursive Verzweigung‹ werden als mögliche konzeptionelle Stützen in die Untersuchung familialer Interaktionsmuster eingeführt.«

Die beschriebene starke soziale Einschränkung war auch in der Familie meiner Patientin erkennbar, die übrigens öfter von einer ihrer Töchter begleitet wurde, wenn sie zur Therapie kam, also offensichtlich einen überaus engen Zusammenhalt mit den Kindern fortsetzte.

Bei diesem zweiten Therapiebesuch legte sie bei mir »die Karten auf den Tisch«, berichtete selbst, dass und wie sie bisher der Bearbeitung der eigentlichen Konfliktdynamik und einer sexuellen Problematik ausgewichen war und bat erneut um Therapie. In der Folgezeit arbeitete sie erfolgreich sowohl an der aktuellen wie der biographischen Vergangenheit und wurde symptomfrei bis auf ein Rezidiv während meiner Sommerferien. Stattdessen begann aber nun bei einer der Töchter die colitische Symptomatik. Diese Tochter lebte in ständiger Sorge, dem Vater, der inzwischen ausgezogen war, könne etwas zustoßen. Erst in der Erfahrung des Verhaltens ihres Mannes ihrer Tochter gegenüber erlebte die Patientin sein Verhalten als manipulativ und bedrohlich, wenn er sich einerseits beklagte und zugleich kryptisch-bedrohliche Botschaften über Handy vermittelte, andererseits aber tagelang nicht erreichbar war. Wichtig war für sie, dass sie einerseits klar entschlossen war, ihren Weg zu gehen, sich aus einer beklemmenden Paardynamik zu emanzipieren und zugleich erfuhr und erlebte, wie sie doch zugleich sich den »Segen« ihres Mannes dabei wünschte, der – wie ein guter Vater – ihren Emanzipationsbestrebungen wohlwollend zustimmen sollte.

Rational wurde uns diese Widersprüchlichkeit und Unmöglichkeit erst in der analytischen Arbeit bewusst, jedoch überwog weiterhin die Schutzsuche, vorerst konnte sie dieses Dilemma wegen der noch andauernden Vaterübertragungsneigung auf den Ehemann (und auf mich) nicht auflösen. Gleichzeitig näherte sie sich dem leiblichen Vater in dieser Phase wieder etwas an.

Nach einem Brief ihres Mannes, der reale Trennungsfragen zum Thema hatte und von dem sie sich stark unter Druck gesetzt fühlte, schilderte sie in der nächsten Stunde ihr Erleben von Schutzlosigkeit. Erst als ich nach auch vermuteten Wutgefühlen fahndete, sagt sie: »Stimmt, aber erst auf der Autobahn«. Es wurde damit deutlich, dass sie *mir* ihre Wut noch nicht zeigen durfte, weil ich damit als »guter« Begleiter, den sie umfassend benötigte, hätte beschädigt werden können.

Erstmalig konnte sie danach auch die sexuelle Problematik erwähnen, wenn auch über den Umweg einer als bedrohlich erlebten neuen Darmuntersuchung. So erinnerte sie sich im Vorfeld an eine traumartige Phantasie vor etwa einem Jahr, »etwas – jemand sitzt in meinem Darm: Ich selbst als Kind? Bin ich in meinem Darm? Bin eingeschlossen?«

Dann tauchen Phantasien über einen Schutzraum auf, ein Versteck, als gelte es, etwas Schlechtes, Böses zu verstecken. Ihr Bruder erinnert sie an eine unglaubliche Beschämung durch den Vater (14/15-jährig): Als sie einmal ein wenig zu spät nach Hause gekommen sei, habe sie der Vater in den Garten gestoßen und laut und öffentlich als Hure beschimpft. In diesem Zusammenhang erinnert sie sich auch daran, dass der Arzt, der als erster die Diagnose Colitis ulcerosa gestellt hatte, ihr schon damals gesagt hatte, dass für die Colitis Demütigungen in der Sexualität auslösend seien. Sie behielt es immer in Erinnerung, aber verleugnete die begleitenden Gefühle.

Zeitweise schienen Darm und Vagina bzw. Gebärmutter gleichgesetzt zu sein, nun kann sie sich entschließen, die früher schon einmal vermiedene Untersuchung durchzuführen, lacht bei dieser Mitteilung und zieht sich zugleich angstvoll zusammen, erinnert sich an Schmerzen bei früheren Untersuchungen. Zur Stunde nach der Untersuchung – sie kommt einmal pro Woche und sitzt in der Therapie – kommt sie pünktlich, stößt sich beim Beginn schmerzhaft am Tisch, wobei ihr einfällt, dass sie beim Auto auch die Radkappe beschädigt hat. Nun will sie, die bisher immer alles in der Waage gehalten hat, stürmisch aus allem raus, will alles loswerden, signalisiert mir so, dass sich der Impuls des sich Entleerens nun als soziale Aktivität entfaltet und ggf. als Selbschädigungstendenz. Es scheint, als ob die Fixierung auf das Organ ein Stück weit aufgehoben ist.

Anhand der Fallschilderung wird das Problem des Widerstands sehr deutlich, weniger das der Übertragung, die sich zur Zeit als positive Übertragung zeigt. Diese Patientin hat einen unglaublich langen und – aus medizinischer Sicht – unsinnigen Weg hinter sich. Jetzt arbeitet sie zielstrebig an einem Problem, das sie als relevant erkannt hat und dem sie sich stellen, dem sie nicht mehr ausweichen will. Im Gegensatz dazu kann sich der Herzinfarktpatient vermutlich einen solchen Umweg nicht leisten. Er muss früher an diesen Punkt der Mitarbeit und der Zusammenarbeit mit einem Behandler kommen, er ist in seinem Leben unmittelbarer gefährdeter. Es ist nicht vorhersagbar, bei wem er schließlich andocken wird.

Hier ergeben sich berufspolitisch relevante Fragen: Welche Wege der Zusammenarbeit zwischen verschiedenen Institutionen und Behandlern sind möglich oder müssen ge- und erfunden werden, damit jeweils eine effiziente Behandlung in Gang kommt? Wie können sich Patienten den für sie passenden Behandler suchen? Wie kann der bestehende Konflikt zwischen den einzelnen Gruppen von Behandlern, wo nicht verhindert, zumindest vermindert werden, wenn sich diese, verstärkt durch die gesundheitspolitischen Eingriffe, beneiden, bekämpfen und letztlich auf Kosten und zu Lasten des Patienten gegenseitig behindern?

In diesem Fall verdanke ich die erfolgreiche Zusammenarbeit mit dieser Patientin dem intensiven Drängen ihres Internisten und der Reha-Klinik, mit denen ich in beiden Fällen keine persönliche Bekanntschaft habe. Der DGPT und ihren Instituten kommt zukünftig in diesem Feld eine integrative Funktion zu. Eine bedeutende Zahl niedergelassener Psychoanalytiker ist sowohl im Rahmen des 1992 vom Deutschen Ärztetag in Köln geschaffenen neuen psychosomatisch-psychotherapeutischen Gebietes als Arzt wie auch als jetzt eigenständig in das kassenärztliche Versogungssystem integrierte psychologische Psychotherapeuten an der psychosomatischen Versorgung beteiligt. Es liegt im Interesse der auf gemeinsame Aus- und Weiterbildung angelegten psychoanalytischen Aus- und Weiterbildungsinstitute der DGPT, diese integrative Kraft zu erhalten und zu fördern. Dabei haben die den Ärzten und den Psychologen traditionell gleichermaßen verpflichteten DGPT-Institute ein dringendes Interesse, dem zunehmend in Mode kommenden »Lagerdenken« entgegenzutreten, um gemeinsam die in den letzten 15 Jahren gestiegene Bedeutung der Psychotherapie und die Verbesserung der durch sie geleisteten Versorgung in den letzten 20 Jahren zu vertreten. Denn noch 1988 fand im Deutschen Ärzteblatt eine breite Diskussion der Behandlung der Colitis ulcerosa allein aus organmedizinischer Sicht statt. »Die Bedeutung der Psychotherapie wurde negiert«, wie Sandweg (1988, S. A-1120) kritisch schreibt.

Literatur

Alexander, F. (1985): Psychosomatische Medizin. Berlin (Walter de Gruyter).

Bräutigam, W.; Christian, P. & Rad, M. v. (1997): Psychosomatische Medizin. 6. Aufl. Stuttgart, New York (Thieme).

Danzer, G. (1995): Psychosomatische Medizin. Konzepte und Modelle. Frankfurt a. M. (Fischer TB).

Eichinger, H. J. (2000): Gibt es doch eine Spezifität? Bericht über die Behandlung eines Neurodermitiskranken. In: Psyche 54(6), S. 496–520.

Ferenczi, S. (1970): Schriften zur Psychoanalyse I. In: Uexküll, T. v. & Grubrich-Simitis, I. (Hg.) (1970): Dr. med. Georg Groddeck: Die psychische Bedingtheit und psychoanalytische Behandlung organischer Leiden (Rezension). Conditio humana. Ergebnisse aus den Wissenschaften vom Menschen. Frankfurt a. M. (Fischer), S. 258–259.

Groddeck, G. (1970/1992): Schicksal, das bin ich selbst. Veränderte Neuauflage des Bandes »Der Mensch und sein Es«. Wiesbaden 1970 (Limes), Frankfurt a. M., Berlin 1992 (Ullstein).

Groddeck, G. (1988): Verdrängen und Heilen. Frankfurt a. M. (Fischer TB).

Hahn, P. (1992): Biologische Beiträge zur psychosomatischen Atiologieforschung. In: Tress, W. (Hg.) (1992): Psychosomatische Medizin und Psychotherapie in Deutschland. Beiheft zur Zeitschrift Psychosomatische Medizin und Psychoanalyse. Göttingen (Vandenhoeck & Ruprecht), S. 44–56.

Harmat, P. (1991): Groddeck und die ungarischen Schrifsteller. In: Luzifer-Amor, Zeitschrift zur Geschichte der Psychoanalyse 8, S. 161–167.

Haustein, J. (2000): Zur analytischen Beziehung und Behandlungstechnik bei psychosomatischen Patienten. In: Forum der Psychoanalyse 16 (3), S. 261–257.

Jackson, D. D. & Yalom, I. (1974): Familiale Interaktionsmuster und Colitis ulcerosa. In: Brede, C. (Hg.) (1974): Einführung in die Psychosomatische Medizin. Syndikat-Reprise. Frankfurt a. M. (Athenäum Fischer TB).

Kächele, H. & Kordy, H. (1994): Empirische Forschung: Ein Stiefkind der psychosomatischen Medizin? In: Strauß, B. & Meyer, A. E. (Hg.) (1994): Psychoanalytische Psychosomatik. Stuttgart (Schattauer), S. 73–86.

Mc Dougall, J. (1991): Theater des Körpers. Stuttgart (J. G. Cotta'sche Buchhandlung Nachfolger GmbH). xxOverbeck, G. (1985): Familien mit psychosomatisch kranken Kindern. In: Beiheft zur »Praxis der Kinderpsychologie und Kinderpsychiatrie Nr. 26«.

Rad, S. v. & Zepf, S. (1990): Psychoanalytische Konzepte psychosomatischer Symptom- und Strukturbildung. In: Uexküll, Th. v. (Hg.) (1990): Psychosomatische Medizin. München, Wien, Baltimore (Urban & Schwarzenberg), S. 75–92.

Rudolf, G. (1992): Versorgungsforschung. In Tress, W. (Hg.) (1992): Psychosomatische Medizin und Psychotherapie in Deutschland. Beiheft zur Zeitschrift Psychosomatische Medizin und Psychoanalyse. Göttingen, (Vandenhoeck & Ruprecht), S. 83–94.

Sandweg, R. (1988): Verkannt: Die Psychotherapie. Leserbrief zu dem Kurzbericht »Empfehlungen einer Arbeitsgruppe unter der Leitung von Professor Ludwig Demling in Heft 38/1987.« In: Dt. Ärzteblatt 85(16), 21.04.1988. Deutscher Ärzteverlag (Köln), S. A–1120.

Schepank, H. (1992): Beiträge der Zwillingsforschung und der Epidemiologie zur Neurosenlehre. In: Tress, W. (Hg.) (1992): Psychosomatische Medizin und Psychotherapie in Deutschland. Beiheft zur Zeitschrift Psychosomatische Medizin und Psychoanalyse. Göttingen, (Vandenhoeck & Ruprecht), S. 62–72.

Schultz-Venrath, U. (1994): Probleme der Wiederentdeckung – Zum verlorenen Erbe einer psychoanalytischen Psychosomatik. In Strauß, B. & Meyer. A. E. (Hg.) (1994): Psychoanalytische Psychosomatik. Stuttgart (Schattauer), S. 13–29.

Speidel. H. (1994): Psychosomatik – Stiefkind der Psychoanalyse. In: Strauß, B. & Meyer, A. E. (Hg.) (1994): Psychoanalytische Psychosomatik. Stuttgart (Schattauer), S. 3–12.

Studt, H.-H & Arnds, H.-G. (1983): Probleme der psychosomatischen Diagnostik. In: Hahn, P. (Hg.) (1983): Kindlers Psychologie des 20. Jahrhunderts. Psychosomatik. Bd. 1. Weinheim, Basel (Beltz), S. 303–317.

Will, H. (1984): Die Geburt der Psychosomatik. Nördlingen (Urban & Schwarzenberg, C. H. Beck).

Behandlungsbedürftige Patienten ohne Therapieanliegen

Uwe Wutzler, Margit Venner

»Lieber reich und gesund, als arm und krank.«

Zwei Aspekte werden in dieser Redewendung deutlich: dass Gesundheit etwas Wertvolles ist und dass Gesundheit und Geld etwas miteinander zu tun haben.

Gesundheit als Zustand vollkommenen körperlichen, geistigen und sozialen Wohlbefindens ist eine Voraussetzung für ein gutes Leben (vgl. WHO). Deshalb wünschen wir uns auch Gesundheit zum Geburtstag und zum Neuen Jahr und wenn jemand niest, wird auch sofort der Wunsch nach Gesundheit laut.

Wir sind durch den wissenschaftlich-technischen Fortschritt besser denn je in der Lage, Gesundheit zu erhalten und Krankheiten vorzubeugen und sie zu heilen. Doch trotz dieser Möglichkeiten und trotz unseres Wissens gehört gesundheitsschädigendes Verhalten zu unserer alltäglichen Erfahrung. Statistiken über Adipositas, Alkohol- und Nikotinmissbrauch zeigen dies auf beeindruckende Weise. Wir fahren auch zu schnell Auto, arbeiten zu viel und leben in jeder Hinsicht sehr unphysiologisch.

All diese gesundheitsschädigenden Dinge werden getan, obwohl in unserer Gesellschaft Gesundheit eine unabdingbare Voraussetzung für Erfolg ist. Wenn Krankheiten auftreten, wird unser Gesundheitssystem in Anspruch genommen und selbst teure Untersuchungen und Behandlungen sind dabei kein Problem. In anderen Ländern unserer Erde, besonders in den Entwicklungsländern, sieht das ganz anders aus. Dort muss man sich eine Behandlung leisten können.

Umso mehr sind wir als Ärzte und Therapeuten erstaunt und beunruhigt, wenn sich behandlungsbedürftige Patienten nicht behandeln lassen wollen. Das kommt in allen Fachgebieten vor und hat unterschiedliche Gründe. Für eine psychotherapeutische oder psychoanalytische Behandlung sind Leidensdruck und Motiviertheit des Patienten unabdingbare Voraussetzungen. Immer wieder aber sind wir, besonders im stationären Bereich, damit konfrontiert, dass dringend behandlungsbedürftige Patienten kein Behandlungsanliegen und damit keine Motivation für eine Therapie haben (vgl. Geyer 1997).

In unserem Beitrag soll diese Thematik für unser Fachgebiet von zwei verschiedenen Problemfeldern aus beleuchtet werden, dem der Anorexia nervosa und dem der Lebendorgantransplantation.

Unseren Überlegungen zur mangelnden Therapiemotivation bei der Anorexia nervosa soll eine Fallvignette vorangestellt werden.

Carolin war 21 Jahre, als wir das erste Mal von ihr hörten. Sie studierte im dritten Semester, lebte allein und wog 32 kg bei einer Größe von 1,85 m.

Der Vater, ein hochangesehener Kollege, bat telephonisch um Rat und um einen Aufnahmetermin für seine Tochter, die schon seit dem 15. Lebensjahr an einer Anorexia nervosa litt.

Schon während des Telefonates wurde klar, dass eine psychotherapeutische Behandlung zunächst nicht in Frage kam, sondern eine sofortige internistische Therapie erforderlich war, um den vital bedrohlichen Zustand zu überwinden. Wir erklärten uns bereit, den internistischen Behandlungsplatz zu beschaffen und die konsiliarische psychotherapeutische Betreuung zu übernehmen. Dazu kam es jedoch zunächst nicht, da Carolin eine stationäre Behandlung verweigerte.

Nach ein paar Wochen wurde die stationäre Aufnahme über den sozialpsychiatrischen Dienst ermöglicht, der mit einer Zwangseinweisung in die geschlossene Abteilung der Psychiatrie gedroht hatte. Sie war daraufhin einen Tag auf einer internistischen Station unserer Klinik und wurde parenteral ernährt. In dieser Zeit erfolgte auch das einzige Gespräch, dass wir mit Carolin führen konnten.

In dem Gespräch zeigte sich, dass Carolin schon mehrere Therapien ambulant begonnen und wieder abgebrochen hatte. Zum damaligen Zeitpunkt lief eine Verhaltenstherapie. Unmittelbar vorausgegangen war eine analytische Therapie und mehrere tiefenpsychologisch fundierte Behandlungsversuche.

Aus der Biographie ergab sich, dass Carolin die zweite Tochter ihrer Eltern war. Diese lebten getrennt; der Vater inzwischen mit neuer Partnerin. Es wurde deutlich, dass der Konflikt der Eltern von den beiden Töchtern ausgetragen wurde.

Die ein Jahr ältere Schwester hatte zunächst ebenfalls eine Anorexia nervosa und später eine Bulimia nervosa. Sie hielt sich eng an die Mutter und blieb dadurch stabil, wenn auch bulimisch. Sie hatte den Kontakt zu Carolin abgebrochen, da diese zum Vater hielt, der die Familie verlassen hatte.

Nach ihren Anliegen und Wünschen befragt, war zunächst das Streben nach intensiver Beziehung zu ihrem Vater formulierbar. Die vorsichtige Konfrontation mit ihrem lebensbedrohlichen Verhalten versetzte die Patientin in Erstaunen.

Sie hatte detaillierte Lebensvorstellungen und Pläne (Partnerschaft, Kinder, Beruf) und wollte unter keinen Umständen sterben.

Nachdem Carolin die Klinik fluchtartig verlassen hatte, gelang es der Mutter von einem anderen Bundesland aus, die Zwangseinweisung in eine psychiatrische Klinik zu veranlassen. Außerdem wurde ein gesetzlicher Betreuer verpflichtet. Es folgten die unterschiedlichsten stationären und ambulanten Therapien, die bereits nach Tagen, gelegentlich auch nach Wochen beendet wurden. Ihr Gewicht stieg nie über 35 kg. Die letzte Klinik, eine Rehabilitationseinrichtung, hob die Betreuung auf und beförderte die Idee von Carolin, sich in ein ganz anderes Leben zu begeben. So reiste sie nach Südamerika. Dort ist sie dann jämmerlich verhungert, wie ihre letzten Notizen belegen.

In unserer Kasuistik fällt auf, dass die Patientin immer wieder Kontakt zu Therapeuten und psychotherapeutischen Einrichtungen hatte, sodass prinzipiell von einem Behandlungsanliegen auszugehen ist. Trotzdem kam eine hilfreiche Therapie nicht zustande. Eine Ursache dafür dürfte die mangelnde Krankheitseinsicht und die starke Autoaggression sein, wie wir sie selbst bei vital bedrohlichen Zuständen der Anorexia nervosa finden. Es wurden dadurch Übertragungs- und Gegenübertragungsprozesse initiiert, die die Anbindung der Patientin an einen Behandler und eine hilfreiche Therapie vereitelt haben.

Wie im Beispiel von Carolin zeigen unsere praktischen Erfahrungen, dass die Patienten nicht den Wunsch haben zu sterben. Sie verleugnen die Konsequenz ihres Handelns und die Verantwortung für den Umgang mit der vitalen Bedrohung wird dem Behandler zugeschoben – und das auch rechtlich. Der Therapeut ist dadurch mit seiner eigenen Hilflosigkeit konfrontiert, der er sich nur schwer entziehen kann, da er für etwas verantwortlich gemacht wird, dass seiner Einflussnahme entzogen ist.

Das beschriebene Dilemma wird vielfach so gelöst, dass der Therapeut vor Beginn der Behandlung vereinbart, dass er für das Schicksal der Patientin ab einem bestimmten Punkt (zum Beispiel einem bestimmten Gewicht) nicht mehr zuständig ist.

Dadurch kommt es zu Behandlungsabbrüchen und zum Weiterreichen der Verantwortung. Eine verbindliche Beziehung wird auf diese Weise unmöglich und der Therapeut ist Teil und Mitakteur der Inszenierung des »*Weggegeben-Werdens*« bzw. des »*Nicht-gemocht-Seins.*«

Durch die Inszenierung wird die Beziehung zur Patientin beendet, noch ehe eine Auseinandersetzung mit der erlebten Ohnmacht und Hilflosigkeit erfolgen kann. Das Aushalten und die Reflexion der Hilflosigkeit in der Beziehung sind aber oft der Schlüssel für eine Therapie.

Aus psychodynamischer Sicht stellt das Symptom der Abmagerung eine für die Patientin existenziell notwendige Lösung für ihren unbewussten intrapsychischen Konflikt dar. Sie kommt wegen eines seelischen Notzustandes zur Behandlung und nicht wegen des Symptoms der Magersucht. Das »Auffüttern« wird deshalb bedrohlich erlebt und die Patientin hungert trotz vitaler Gefährdung weiter.

Der Therapeut steht diesem Prozess ohnmächtig gegenüber und fühlt sich den unerträglichen manipulativen und sadomasochistischen Angriffen ausgesetzt (vgl. Kind 1997; Janicik & Vandiecken 1997).

Die Aufkündigung des Therapievertrages an diesem Punkt ist eine reale Notwendigkeit, da bei einem vital bedrohlichen Zustand eine Psychotherapie im eigentlichen Sinne nicht mehr möglich ist. Mit der Aufkündigung des Therapievertrages geht jedoch meist auch der Abbruch des Kontaktes und der Beziehung zur Patientin einher. Die Beendigung der Beziehung stellt dann eine aggressive Gegenübertragungsreaktion dar, durch die der Therapeut seine Machtposition gegenüber der Patientin wiederherstellt. Unserer Auffassung nach ist das die eigentliche Kränkung, die sich die Patientin selbst inszeniert und die der Therapeut aktiv mitgestaltet.

Es wird damit die von der Patientin nicht aushaltbare, früh erlebte Beziehungs- und Hilflosigkeit wiederhergestellt.

Wir versuchen in unserer Einrichtung so vorzugehen, dass der Abbruch der Beziehung verhindert wird.

Auch wir vereinbaren ein Mindestgewicht und sind um die konsequente Einhaltung der therapeutischen Rahmenbedingungen bemüht. Nach Unterschreiten des Minimalgewichtes verlegen wir die vital bedrohten Patienten auf die Intensivstation, wo der Therapeut sie weiter konsiliarisch betreut. Wenn es gelingt, die Hilflosigkeit und auch die massive negative Übertragung durchzustehen, bleibt eine Verbindlichkeit, die nach Überwindung der vitalen Krise eine Wiederaufnahme der Therapie möglich macht.

Das psychotherapeutische Vorgehen dabei ist im Wesentlichen stützend. Es ist in diesen Situationen wenig ergiebig, den aggressiven Akt des Verhungerns in der Beziehung zum Therapeuten zu deuten. Eine solche Deutung ist nicht bewusstseinsfähig und ist eher Ausdruck einer aggressiven Gegenübertragung des Therapeuten. Sie hat in diesem supportiv begleitenden Prozess keinen Platz, d. h., die vom Therapeuten gespürte Aggression und Verzweiflung muss von ihm selbst gehalten werden.

Hinzu kommt, dass die frühen Abwehrmechanismen, vor allem in Form von Spaltung und projektiver Identifizierung, auch auf das Ärzte- und Pflegepersonal der internistischen Station übertragen werden. Spannungen und Konflikte unter den an der Behandlung Beteiligten sind deshalb unvermeidlich. Ein unreflektiertes Agieren in der Gegenübertragung gefährdet dann das gesamte Behandlungsanliegen. Das zeigt sich u. a. daran, dass die Patienten trotz großen pflegerischen Aufwandes nicht zunehmen und dass die konsiliarische Anbindung an den Therapeuten nicht aufrechterhalten wird. Um das zu verhindern, wird vom Therapeuten viel integrative Arbeit verlangt, in Form von Stützung und Beratung des Personals. Er muss versuchen, die Spaltung der Behandler und des Personals zu verhindern oder sie immer wieder aufzuheben (vgl. Engel & Meyer 1991). Ziel muss für alle neben der Beseitigung des vital bedrohlichen Zustandes die Rückführung der Patienten in die begonnene Therapie sein.

Dies alles ist bei Carolin nicht gelungen. Auch hier ist die Verantwortung von einem Behandler zum anderen weitergegeben worden und die in der Gegenübertragung spürbare Hilflosigkeit und Wut konnte in keiner der angebotenen Beziehungen gehalten werden.

Ist im Falle des gewählten Beispiels der Anorexia nervosa das Problem der mangelnden Motivation in der Störung selbst zu suchen, so handelt es sich bei unserem zweiten Beispiel, dem der Lebendorganspende, um den Tatbestand einer gesetzlich verordneten psychotherapeutischen Diagnostik und Begleitung.

Der Ersatz beschädigter und funktionsuntüchtiger Organe durch Organe von Toten oder durch die Lebendorganspende wurde 1998 durch das Transplantationsgesetz rechtlich geregelt (vgl. Gesetz über die Spende, Entnahme und Übertragung von Organen 1997). Da die Entwicklung der Lebendorganspende auch von psychologischen und ethischen Problemen geprägt war, schreibt das Gesetz eine psychologische Evaluierung und Betreuung der Spender-Empfänger-Paare vor. Unabhängig davon müssen sich die Paare einer Ethikkommission zum Ausschluss von Organhandel und eingeschränkter Freiwilligkeit vorstellen.

Seit 1996 führen wir die psychologische Evaluierung und Betreuung der Spender-Empfänger-Paare einschließlich der Nachuntersuchungen nach einer eigenen Konzeption für das Jenaer Transplantationszentrum durch (vgl. Venner & Wutzler 2000a, 2000b). Wir haben bisher 48 Paare untersucht, von denen bereits 37 transplantiert wurden (Stand: 08/02).

Die ersten Begegnungen mit den Spender-Empfänger-Paaren zeichneten sich durch ein reserviertes bis feindseliges Verhalten der Patienten uns gegenüber aus.

Die Paare schmiedeten regelrechte Komplotte und stimmten ihre Aussagen und die psychodiagnostischen Testverfahren aufeinander ab (vgl. Venner & Wutzler 2000a).

Mit diesen Problemen konfrontiert, versuchten wir zunächst, Ursachen für die mangelnde Motivation der Paare bezüglich unserer Untersuchungen und Hilfsangebote zu finden.

Bei den ersten Paaren fand die psychologische Untersuchung erst nach dem erfolgreichen Abschluss des klinischen Untersuchungsprogramms statt. Das führte bei den Patienten zu der Befürchtung, dass die psychologische Untersuchung die klinisch möglich gewordene Nierenspende doch noch vereiteln könnte. Nach Besprechung dieses Sachverhaltes in der Transplantationskommission und mit zunehmend besserer Verständigung mit unseren klinischen Kollegen, wurde die psychologische Evaluierung parallel zum klinischen Untersuchungsprogramm durchgeführt. Dies erbrachte eine spürbar bessere Akzeptanz unserer Untersuchungen bei den Patienten. Es zeigte sich jedoch unverändert eine erhöhte Dissimulationstendenz bei der Auswertung der Tests (vgl. Venner & Wutzler 2000a). Unser Angebot, uns für ihre Probleme in Anspruch zu nehmen, wurde weiterhin kaum genutzt. Uns wurde klar, dass es weniger um die Verbesserung des äußeren Procedere ging, sondern dass es sich um einen inneren Widerstand der Patienten handeln musste.

Lebendorgantransplantation bedeutet, dass sich ein gesunder Spender freiwillig beschädigen lässt. Es wird ihm gewaltsam etwas genommen, was sich der Empfänger gegen bisherige Regeln und Tabus verstoßend aneignet, das heißt einverleibt. Im übertragenen Sinne handelt es sich also um einen kannibalischen Akt (vgl. Venner & Wutzler 2002a, 2002b). Damit wird deutlich, dass mit der Möglichkeit der Organspende auch die von Freud als Mordlust, Kannibalismus und Inzest beschriebenen archaischen Triebimpulse aktiviert werden (vgl. Freud 1927), was zu Schuldgefühlen und Ängsten führt. Diese archaischen Triebimpulse sind nicht bewusstseinsfähig und müssen vehement abgewehrt werden. Da es sich um sehr frühe Triebimpulse handelt, liegt die Vermutung nahe, dass auch frühe Abwehrmechanismen zur Überwindung der damit hervorgerufenen Ängste und Schuldgefühle benutzt werden, wie sie Melanie Klein (1962) für die frühkindliche Entwicklung beschrieben hat. Dies sind vor allem Spaltungsmechanismen in Form von Projektion des Bösen nach außen und Introjektion des Guten nach innen.

Aus dieser Sicht lässt sich das ablehnende Verhalten der Patienten uns gegenüber als sinnvoller Abwehrvorgang verstehen. Würde diese Abwehr nicht gelingen, käme die Transplantation nicht zustande.

Als Beispiel sei die 19-jährige Annett angeführt, die eine Niere ihrer 42-jährigen Mutter erhalten sollte. Die Transplantation musste um einen Tag verschoben werden, weil Annett panische Ängste entwickelte, dass der Mutter durch den operativen Eingriff etwas zustoßen könnte. Es war unmöglich, sie in diesem psychischen Ausnahmezustand zu operieren.

Das Geschehen wird verständlich, wenn man bedenkt, dass sich besonders die Mutter immer intensiv um die Behandlung der seit Geburt bekannten Nierenerkrankung bemüht hatte und damit den Beginn der Nierenersatztherapie lange verhindern konnte. Annett fühlte sich der Mutter sehr verbunden und auf sie angewiesen. Im pubertären Aufbegehren gegen die Eltern hatte es jedoch massive »Compliance«-Probleme bezüglich der Lebensweise (Drogen und Nikotin) und der Medikamenteneinnahme gegeben. Die Dialysepflichtigkeit mit 18 Jahren empfand Annett als gerechte Strafe dafür; denn die terminale Niereninsuffizienz ruft neben der körperlichen und geistigen Beanspruchung durch die Dialyse quälende Missempfindungen wie Durst und Juckreiz hervor (vgl. Gans et al. 1990). Die Vorstellung, durch die Organtransplantation ein Leben ohne wesentliche Einschränkungen führen zu können, macht den dringenden Wunsch nach einem gesunden Organ verständlich, der sich mitunter in einer unverhohlenen Gier äußern kann. Diese Hoffnung ist bei der Lebendnierenspende nur durch die Beschädigung einer wichtigen Bezugsperson zu realisieren. Beides, die andrängende Gier und die Schuldgefühle sind nicht bewusstseinsfähig und müssen abgewehrt werden, damit die Transplantation zustande kommen kann. Im Beispiel von Annett ist diese Abwehr nur unvollständig gelungen.

Müssen im Falle der Todnierenspende die notwendigen Abwehrvorgänge vom Empfänger allein geleistet werden, können sie bei der Lebendorganspende von Spender und Empfänger gemeinsam organisiert werden. Dabei handelt es sich öfter um neurotische Arrangements, die auch schon unabhängig von der Nierenerkrankung eines Partners bestanden haben. Nach unseren bisherigen Erfahrungen können neurotische Beziehungsmuster zwischen Spender und Empfänger auch im Dienste der beschriebenen Abwehr stehen und stellen damit keine Kontraindikation für die Durchführung der Transplantation dar.

Anfangs haben wir diese neurotischen Arrangements sehr kritisch gesehen und waren im Zweifel darüber, inwieweit sie einen negativen Einfluss auf das Transplantationsgeschehen und den postoperativen Verlauf haben könnten. Unsere Nachuntersuchungen zeigten aber regelmäßig auch bei diesen Paaren eine Stabilisierung der Paarbeziehung und eine enorme Verbesserung der Lebensqualität.

Dazu ein Fallbeispiel (Ehepaar W.): Bei dem 54-jährigen Techniker der Telekom mit einer zwei Jahre dialysepflichtigen terminalen Niereninsuffizienz war die Transplantation einer Niere der 46-jährigen Ehefrau geplant. Im ersten Gespräch mit dem Paar kam es zu wütenden verbalen Attacken, besonders vonseiten des Mannes, bereits beim Betreten des Raumes gegen die Untersucher. Erst die Klarstellung, dass es um ein Anliegen des Paares an die Behandler ginge, ermöglichte eine Verständigung.

Schon hier wurde die vom Ehepaar praktizierte Spaltung deutlich, durch die alles Negative in die »feindliche« Umwelt projiziert wurde. Damit konnte die Paarbeziehung stabil gehalten werden.

Der durchzuführenden Testdiagnostik standen beide misstrauisch gegenüber, wobei Herr W. zunächst jegliche Diagnostik ablehnte und erst nach mehrfacher Aufforderung einlenkte.

Hinsichtlich der Motivation für die Lebendnierenspende gab Frau W. an, ihrem Mann durch Taten helfen zu wollen. Herr W. stellte sich in den Gesprächen bezüglich seiner bisherigen Krankheitsbewältigung und seiner sozialen Einbindung betont unabhängig dar, sodass der Eindruck entstand, seine Frau müsse ihm dankbar sein, ihm eine Niere spenden zu dürfen. Die mit der Transplantation verbundenen Risiken wurden vom Ehepaar komplett der Verantwortung der Behandler übertragen.

Bei der Fallbesprechung in der Transplantationskommission erfuhren wir, dass auch die klinischen Untersucher den Angriffen des Paares ausgesetzt waren. Daraufhin entwickelte sich eine heftige Diskussion in der Kommission, ob eine Lebendorganspende überhaupt indiziert sei. Wir waren nach unseren Untersuchungen zu dem Ergebnis gekommen, dass beim Ehepaar W. ein neurotisches Arrangement mit narzisstischer Problematik vorlag, das für die Lebensbewältigung beider Partner offensichtlich eine innere Homöostase bot. Der Wunsch nach Lebendnierentransplantation war insofern an einen erheblichen sekundären neurotischen Gewinn gekoppelt. Ein Einwand gegen die Durchführung der Transplantation ergab sich daraus aus unserer Sicht nicht.

Die Operation und der postoperative Verlauf waren komplikationslos. Es kam sogar eine Nachuntersuchung zustande, bei der sich der Empfänger für sein Verhalten in den Erstgesprächen entschuldigte.

Folgende Schlussfolgerungen erscheinen uns nach dem bisher Gesagten wesentlich:

Es wirkt sich günstig und entlastend aus, wenn die Untersuchung und Betreuung der Paare von zwei Untersuchern durchgeführt wird und wenn es ein Forum gibt, auf dem sich alle Fachvertreter zusammenfinden und den Fall besprechen. So lassen sich die zum Teil heftigen Gegenübertragungsgefühle, die durch das neurotische Arrangement der Paare initiiert werden, regulieren und verstehen.

Über den gesamten Transplantationsverlauf hinweg wird von uns erwartet, dass wir uns bei seelischen Schwierigkeiten und Belastungen, die wie bei Familie W. auch die Kliniker betreffen können, verantwortlich fühlen. Überwiegend kommt uns dabei eine klärende und vermittelnde Rolle zu.

Es gibt aber auch Grenzfälle, bei denen uns die integrative Arbeit erheblich erschwert ist. Das betrifft z. B. die Organspende von Kindern auf ihre Eltern. Für die Kliniker ist diese Spende nicht bedenklich, da ein junger gesunder Mensch die Organentnahme gut verkraften kann und wenig Komplikationen zu erwarten sind. Auch beim Empfänger ist postoperativ mit einem guten Ergebnis zu rechnen. Dabei geht verloren, dass die Kinder als folgende Generation unbeschädigt und gesund für ihre anstehenden Lebensaufgaben erhalten bleiben sollten. Aus psychodynamischer Sicht fallen sie als Spender den durch die tödliche Erkrankung mobilisierten archaischen Triebimpulsen der Eltern zum Opfer. Nach dem bestehenden Gesetz ist die Spende von volljährigen Kindern auf ihre Eltern aber möglich. Es gibt also wenig Ansatzpunkte, gegen ein solches Vorgehen zu intervenieren. Die Patienten suchen uns auf, um die vom Gesetzgeber geforderte psychologische Evaluierung zu absolvieren, damit die Transplantation möglich wird. Es besteht kein Behandlungsanliegen.

Unsere Ausführungen zum fehlenden Behandlungsanliegen am Beispiel der Anorexia nervosa und am Beispiel der psychologischen Evaluierung vor Lebendnierentransplantation zeigen, dass man Psychotherapie nicht verordnen oder vorschreiben kann. Und doch gibt es heute viele Bestrebungen, Psychotherapie durchsichtig und verschreibbar zu machen. Das zeigt sich zum Beispiel bei den »Disease-Management-Programmen« (DMP), wo Psychotherapie integrativer Bestandteil eines Behandlungsprogrammes sein soll. Dabei wird es aber zunächst nicht um Psychotherapie gehen. Erst einmal muss ein Verständnis für psychogenetische und somatopsychische Aspekte bei den Patienten entwickelt werden, dann erst können psychotherapeutische und psychoanalytische Therapieansätze Erfolg versprechend sein.

Literatur

Engel, K. & Meyer, A.-E. (1991): Therapie schwer erkrankter Anorexie-Patienten. In: Psychosomatische Medizin 37, S. 220–248.

Freud, S. (1927c): Die Zukunft der Illusion. GW XIV.

Gans, E.; Köhle, K.; Koch, U.; Beutel, M. & Muthny, F. A. (1990): Psychosomatische Gesichtspunkte beim künstlichen Organersatz und der Transplantation. Beispiel: Die Behandlung der chronischen terminalen Niereninsuffizienz. In: Uexküll, T. v. & Adler, R. (Hg.) (1990): Psychosomatische Medizin. 4. Aufl. München, Wien, Baltimore (Urban & Schwarzenberg), S. 1177–1198.

Gesetz über die Spende, Entnahme und Übertragung von Organen (Transplantationsgesetz – TPG). Bundesgesetzblatt Jahrgang 1997, Teil I, Nr. 74, 11.11.1997, S. 2631–2639.

Geyer, M (1997): Interdisziplinäre Aspekte der Psychotherapie. In: Heigel-Evers, A.; Heigl, F.; Ott, J. & Rüger, U. (Hg.) (1997): Lehrbuch der Psychotherapie. 3. Aufl. Lübeck, Stuttgart, Jena, Ulm (Gustav Fischer), S. 295–316.

Janicik, B. Ch. & Vandieken, R. (1997): Beziehungsdilemata mit Anorexia nervorsa-Patienten. In: Verdauungskrankheiten 1, S. 43–47.

Kind, J. (1997): Suizidale Interaktionen – traumatisierende Bedrohung für den Therapeuten – Chancen für die Therapie. In: Persönlichkeitsstörungen 1, S. 39–48.

Klein, M. (1962): Das Seelenleben des Kleinkindes und andere Beiträge zur Psychoanalyse. Reinbeck bei Hamburg (Rowohlt).

Venner, M. & Wutzler, U. (2000a): Procedere, bisherige Ergebnisse und Probleme der Integration der psychologischen Untersuchung von Spender-Empfänger-Paaren zur Lebendnierenspende. In: Johann, B. & Teichel, U. (Hg.) (2000): Beiträge der Psychosomatik zur Transplantationsmedizin. Lengerich (Pabst), S. 9–21.

Venner, M. & Wutzler, U. (2000b): Psychologische Aspekte der Lebendnierentransplantation. In: Ärzteblatt Thüringen 11/4, S. 195–197.

Venner, M. & Wutzler, U. (2002a): »Dem Tod ein Schnippchen schlagen« – Lebendnierenspende bei älteren Ehepaaren. In: Peters, M. & Kipp, J. (Hg.) (2002): Zwischen Abschied und Neubeginn. Entwicklungskrisen im Alter. Gießen (Psychosozial), S. 173–183.

Venner, M. & Wutzler, U. (2002b): Aggressive und kannibalische Triebimpulse im modernen Gewand der Lebendorgantransplantation. In: Schlösser, A.-M. & Gerlach, A. (Hg.) (2002): Gewalt und Zivilisation: Erklärungsversuch und Deutung. Gießen (Psychosozial), S. 415–427.

Der Körper und die Seele.
Neuere Entwicklungen der analytischen Körperpsychotherapie

Tilmann Moser

Von dem wohl besten Kenner und Theoretiker der modernen Baby- und Klein-kindforschung, Martin Dornes, heißt es im Vorwort zu seinem Buch *Die frühe Kindheit. Entwicklungspsychologie der ersten Lebensjahre* (Frankfurt 1997) lapidar:

> »Die ersten psychischen Aufzeichnungen haben die Gestalt sensomotorisch-affektiver Schemata, die mit etwa einem Jahr durch das bildhafte Denken über-formt werden. (...) Mit eineinhalb Jahren werden die zunächst ›statischen‹ Bilder flexibler und frei evozierbar. Sie können dann zu Bildsequenzen kombiniert werden – und damit beginnt das Phantasieren im ansprunchsvollen Sinn. (...) Zugleich mit der Fähigkeit zum evokativ-bildhaften symbolischen Denken entsteht als dritter Schritt die sprachliche Codierung des Psychischen. (...) Knapp ausgedrückt, postuliere ich also eine Entwicklung des Mentalen von der Empfin-dung über das Bild zum Wort.« (Dornes 1997, S. 14–15)

Das beinhaltet natürlich die gravierende Frage: Wie werden die interaktionel-len Inhalte der ersten eineinhalb Lebensjahre für die Analyse zugänglich, will man sich nicht damit begnügen, dass die frühen Szenen später von quasi retro-spektiven Phantasien eingeholt und überformt werden? Denn die frühen Inhal-te sind – und so argumentiert auch die psychoanalytische Babyforschung – nicht etwa im neurotischen Sinne verdrängt, sondern entweder quasi konstitutionell unbewusst oder nur im prozeduralen, im Gegensatz zum deklarativen Gedächtnis vorhanden. Zentral sind hierbei die sogenannten Modellszenen, die eine Verdichtung von besonders häufig vorkommenden Interaktionsformen darstellen.

Dornes bezieht sich vor allem auf Theorien Lichtenbergs und meint,

> »daß Wahrnehmungen, Handlungen und Affekte zunächst nur in einer ›phanta-siefreien‹, körpernahen Form gespeichert werden und ihre Wirkung ausüben. Zum Teil bleiben sie in dieser Form ein Leben lang erhalten. Das daraus gewon-nene Konzept eines ›prozeduralen Unbewußten‹ (...) hat auch Auswirkungen auf die Sicht des therapeutischen Prozesses. (...) Außerdem kann es als Anregung für die (psychoanalytisch orientierte) Körperpsychotherapie dienen. Ich überlasse es anderen, für die Nützlichkeit und Berechtigung einer solchen Therapieform (von der ich überzeugt bin) zu streiten.« (Dornes 1997, S. 17)

Diese Auseinandersetzung führe ich zusammen mit einigen Kollegen und mir scheint, die Zeit ist reif für weitere Schritte der Integration. Das hängt nicht zuletzt damit zusammen, dass auch prominente Analytiker die Bedeutunng averbaler Kommunikation entdecken in Form unbewusster Handlungssprache, auch »enactment« genannt, für deren Entzifferung ein neues Sensorium entwickelt werden muss.

Das Neue der analytischen Körperpsychotherapie ist nun, dass sie auf »encatments«, also unbewusste Handlungs-Inszenierungen, nicht nur mit Deutungen antwortet, sondern, natürlich in begrenztem Umfang, mit einem akkomodierenden Mit- oder Gegenhandeln und einer komplementären Rollen-übernahme. Aber nicht nur das: Sie bietet auch initiativ körperliche Interaktionen an, die dann unbewusste und zunächst nicht sprachlich fassbare Szenen evozieren. Sie entwickelt also, so könnte man sagen, einen weiteren Königsweg zum Unbewussten, der nach den Erfahrungen unserer noch kleinen Gruppe äußerst fruchtbar ist.

Ich zitierte noch einmal Dornes zur Frage einer frühen Übertragung von Affekten der Mutter auf das Kind und umgekehrt: »Die Kommunikation solcher Gefühlszustände findet also im Medium nicht-sprachlicher Affektsignale (Körperhaltung, Vokalisierung, Bewegungstempo, Gesichtsausdruck) statt« (Dornes 1997, S. 69). Rainer Krauses zentrales Thema ist ja eben diese unbewusste Affektkommunikation (vgl. Krause 1998).

An einem Beispiel möchte ich nun zeigen, wie ich und einige andere analytische Körperpsychotherapeuten bei frühen Störungen vorgehen. Welche affektiven, aber auch strategischen, aus der Diagnostik wie aus Übertragung und Gegenübertragung folgenden Überlegungen leiten ihre Wahrnehmungen wie ihr Handeln? Es soll gezeigt werden, dass es sich um durchaus analoge Vorgänge zur verbalen Analyse handelt und dass den Interaktionen ein analoges, aber natürlich den Körper einbeziehendes Verständnis von Abstinenz zugrunde liegt, das beide Partner schützt und Missbrauch verhindert.

Ausgangspunkt sind die bereits angesprochenen Modellszenen der frühen Kindheit. Diese können sich bis in die affektiven Verstrickungen der Erwachsenenzeit erstrecken. Sie beschränken sich nicht auf die frühe Kindheit; insbesondere kommt den schwierigen, in der Pubertät zu leistenden Integrations- und Desintegrationsprozessen eine große Bedeutung zu.

Nun zu dem Beginn einer körpertherapeutischen Intervention, ausgehend von einer über einige Monate dauernden zweistündigen Analyse. (Es handelt sich nicht um einen exakten Fallbericht, sondern um eine Kombination von Erfahrungen aus mehreren Fallgeschichten und einer idealtypischen Verdichtung.) Hinter der Couch spüre ich, dass der Bericht der Patientin und ihre Assoziationen sich ausdünnen, ein Zögern wird spürbar, die Beziehung unsicher, die

Sprache brüchiger. Vielleicht nehme ich einen leichten Druck wahr, der von ihr ausgeht und der mir mit einem Gefühl intensiver Entbehrung und Isolierung zusammenzuhängen scheint. Meine Form der Aufmerksamkeit verändert sich: Die Konzentration wendet sich vom gesprochenen Wort ab und dem Atmosphärischen zu. Ich sehe, als ich mich zur Patientin wende, einen flacheren und unregelmäßigen, kaum hörbaren Atem. Auch meine inneren Bilder verschieben sich, sie folgen weniger dem verbalen Text, sondern einer Stimmung der Not: Ich spüre eine enorme Bedürftigkeit nach Anwesenheit und Nähe, auch nach Halt und Trost, und Angst vor einer noch unklaren Katastrophe. Ich habe Bilder von Kindern vor meinem inneren Auge, die von stimmlicher Beruhigung und verbaler Einfühlung bis zu einem haltenden Umschließen mit den Armen reichen. Ich überprüfe meine Stimmung, die wahrgenommene Stimmung der Patientin, blättere sozusagen in den mir bekannten infantilen Szenen in ihrem Leben, die für ein Trauma, eine massive Entbehrung, ein schweres Verlusterlebnis sprechen oder für einen Bruch in der frühen Einfühlung und Nähe und ähnliches. Als klassischer Analytiker, der ich mehr als zehn Jahre lang war, würde ich es mit einer empathischen sprachlichen Annäherung versuchen oder mit einfachen Fragen: »Sie verstummen fast, die Stimme klingt matt, was passiert?« Es lassen sich noch viele weitere Varianten für eine angemessene analytische Intervention finden. Möglicherweise würde ich sogar in schonender Weise meine Gegenübertragung mitteilen, was natürlich von der erreichten analytischen Kultur zwischen uns beiden abhinge. Und vielleicht würde die Patientin die sprachliche Brücke betreten und mitteilen können, in welche Gefühlslage oder sogar welche frühe Szene sie geraten ist. Es kann aber auch sein, dass sie ganz verstummt und sich spürbar noch weiter ins Elend verliert und den Rückweg in die Beziehung nicht findet. Sie könnte sogar durch oder trotz meiner verbalen und durchaus empathischen Bemerkung aus meiner Unsichtbarkeit heraus in ein tiefes Loch fallen, weil sie sich nicht mehr erreicht und erreichbar fühlt.

Ich folge zunächst einer denkbaren Nebenvariante des Prozesses: Sie ist als Kind in ihrem Elend allein gelassen worden oder sie erhielt tröstende Präsenz nur im Krankheitsfall, wenn die Mutter oder der Vater ausnahmsweise ihre Arbeit ruhen ließen oder ihre innere Abwesenheit aufgaben und sich ans Krankenbett setzten. Die blosse Stimme des Analytikers könnte nun, eine destruktive symbolische Verknüpfung vorausgesetzt, genau diese Konstellation in der Übertragung hervorrufen, weil er unsichtbar bleibt und »sich nicht von der Stelle rührt«. Auch diese Szene könnte man versuchen, sprachlich zu bewältigen, vorausgesetzt, die Patientin lernt, die unsichtbare Stimme allmählich einem verlässlichen und bereits konturierten Objekt und seiner ausreichenden Präsenz zuzuordnen.

In mir jedenfalls verdichten sich Gefühle für die Verlorenheit der Patientin und eine gewisse Dringlichkeit meiner sichtbaren Präsenz, vor allem dann, wenn sich auf die sprachliche Empathie hin eine Verschlechterung der Situation ergeben hätte. Damit meine ich natürlich nicht ein verzweifeltes Weinen, das sich durch die sprachliche Empathie lösen konnte. Ich will hier keine Überlegenheit der analytischen Körperpsychotherapie konstatieren, weil ich weiß, wie weit sprachliche Empathie führen kann. Sondern ich möchte Varianten aufzeigen und betonen, dass es darauf ankommt, mit welchen analytischen Mitteln sich ein Therapeut am meisten kompetent und hilfreich fühlt.

Meine therapeutische Kompetenz hat sich durch die Einbeziehung des Körpers verbessert, so wie sich andere Kollegen durch Melanie Klein, Objektbeziehungstheorie, Selbstpsychologie, systemische Therapie, Familientherapie usw. neue Kompetenzen angeeignet haben. Die gegenwärtige Tagung will ja gerade verstehen, wie sich diese zusätzlichen Fähigkeiten in die Grundkompetenz der Psychoanalyse einfügen lassen.

Ich folge also meiner erfahrungsgeleiteten Intuition und frage die Patientin, ob sie sich vorstellen könne oder es wünsche, dass ich mich neben die Couch zu ihr setze. Sie könne auch Nein sagen oder sich Bedenkzeit lassen oder über ihre durch die Anfrage ausgelösten Gefühle sprechen. Auf jeden Fall handelt es sich, wenn das Angebot zum ersten Mal kommt, um einen drastischen Übergang zu etwas Neuem.

Ich lasse einmal die Varianten weg, bei denen jemand gereizt oder misstrauisch fragt: »Wie kommen Sie denn darauf?« Dann hätte ich vielleicht die Bedürftigkeit zunächst stärker gespürt als die spontan aufkommende Abwehr, aber auch hier kämen wir in eine stark affektbetonte Auseinandersetzung, wenn ich erklärt hätte, wie ich darauf komme. Die aggressive Zurückweisung einer körperlichen Interaktion ist allerdings etwas schwerer zu ertragen als der aggressive Zurückweisung einer Deutung, weil der körpertherapeutische Analytiker sich mit seinem Angebot stärker exponiert. Damit umzugehen gehört jedoch zu seiner ständigen Weiterbildung. Weitere Reaktionen der Patientin reichen von zögerlicher Zustimmung bis zur dringlichen Bitte, besonders dann, wenn sie bereits eine gewisse vorsprachliche Einfühlung in ihre Gefühle und Bedürfnisse erreicht und den Wunschcharakter längst erfasst hat, oder wenn bestimmte Szenen früher Entbehrungen schon herausgearbeitet wurden.

Meist erfolgt dann bei beiden Partnern eine intensive Auseinandersetzung mit der plötzlichen körperlichen Nähe. Wenn ich das Gefühl habe, die Nähe sei auch mit Angst verbunden oder mit einem Verlust von Autonomie, mehr als mit einem unproblematischen Zugewinn von Präsenz, dann verlangsame ich die Annäherung und frage erst einmal stehend und mit dem Stuhl in der Hand, in welchem Abstand ich mich setzen soll. Meistens erfolgt nach einer emotionalen Gewöhnungszeit die Bitte, mich näher zu setzen.

Die Auseinandersetzung mit der Nähe erfolgt durchaus transmodal, also fast mit allen Sinnen: Die Stimmen verändern sich leicht, die Augen erarbeiten sich ein neues Gesichtsfeld, man kann eine gewisse Wärmestrahlung spüren, aber in der Gegenrichtung auch eine ängstliche oder abweisende Abkühlung der zugewandten Seite. Gelegentlich ist auch der Geruchssinn beteiligt, in den allermeisten Fällen positiv, und eine Wahrnehmung des Atems sowie feine, Aufregung oder Lösung signalisierende Körperbewegungen. Später kann man ermutigen, diese feinen Köperbewegungen zu verstärken, weil es sich, in Analogie zu den sprachlichen Assoziationen, um Bewegungsassoziationen handelt, die zu noch unbekannten Szenen hinführen.

Kurz, das Angebot körperlicher Nähe erfolgt einerseits aufgrund von Wahrnehmungen der Übertragung und Gegenübertragung, aber es löst auch zum Teil noch unbekannte Veränderungen aus, die meistens mit einer Intensivierung bestimmter Beziehungsaspekte mit starken Impulsen und Abwehr einhergehen. Aus der Fülle der Veränderungen greife ich nun die Vorgänge heraus, die sich auf den Gesichtern abspielen und die der Analytiker hinter der Couch normalerweise nicht zu sehen bekommt.

Manche Patienten schließen sofort die Augen, weil die Nähe Reaktionen hervorruft, zu deren Verarbeitung sie längere Zeit brauchen. Sie können das ganze Objekt mit allen Sinnen noch nicht ertragen, aber man spürt, dass sie sich mit der neuen Beziehungsform intensiv auseinander setzen. Die geschlossenen Augen bedeuten also nicht nur Abkehr, sondern auch eine Konzentration auf andere Beziehungskanäle. Mancher sagt nach ein paar Tagen, Wochen oder Monaten: »So, jetzt kann ich die Augen aufmachen.« Das ist dann wie ein gemeinsam erarbeitetes Geschenk. Andere versuchen, durch einen winzigen Augenspalt meine Anwesenheit optisch zu erforschen. Wenn ich es anspreche, gibt es meist Gelächter. Die ganze schizoide frühe Beziehungswelt kann dann bearbeitet werden.

Andere Patienten halten die Augen offen und beobachten oder halten sie offen und schauen dezidiert weg. Das Beziehungsgeschenk, das sie sich und mir machen, lautet dann eher: »So, jetzt kann ich die Augen mal zumachen, ohne zu viel Angst zu kriegen.« Das Nachlassen der Wachsamkeit bedeutet einen Zuwachs an Vertrauen und Geborgenheit. Die Gefühle, die dann zugelassen werden können sind Ruhe, Hoffnung, Trauer, ein Nachlassen der Kontrolle und ein Pendeln zwischen Zuwendung und Abwendung, also ein Stück Autonomie, auch wenn die Bewegung erst einmal in Richtung Regression geht. Es gibt ein Spiel mit den Fingern, das gleichzeitig mehrere Affekte des Schauens umspielt: Die Patienten bilden vor dem Gesicht ein Gitter, durch das sie schauen und beobachten können, ohne selbst gesehen zu werden, ein Spiel, das Kinder in mehreren Altersstufen gerne spielen. Die Prozesse zwischen Vertrauen, Beobachtung und Misstrauen bis hin zu paranoider Skepsis werden hier noch einmal nahe an ihrem lebensgeschichtlichen Ursprung erlebt. Die in projektiver Identifizierung gebundenen Energien, die in vielen Analysen auf bemächtigendes Eindringen und manipulative Machtausübung zielen, können in viel weniger verstrickte und verstrickende Vorgänge früher Blick- und Berührungs-Interaktion zurückfließen. Projektive Identifikation ist oft eine Notwehr aufgrund von missglückter, sozusagen natürlicher Interaktion.

Mit der Zeit lernt man, die verschiedenen Bedeutungen des frühen Augenkontaktes zu unterscheiden und sie angemessen zu beantworten oder zu thematisieren. Am eindrucksvollsten war für mich in letzter Zeit der Vergleich des Blicks eines zwei Monate alten Babys, mit dem es die Mutter unverwandt liebevoll forschend, vielleicht auch liebevoll und verschmelzend anschaute mit dem ernsten, ja manchmal investigativen Blick einiger Patienten, von deren Augen ich mich regelrecht erforscht fühlte, bis eine allmähliche Lächelreaktion uns beide auf eine andere Stufe der Beziehung hob. Das Baby verweilte in großem Ernst und, nicht zum Lächeln verführbar, auf dem Gesicht der Mutter. Diese verstand nach kurzer Zeit, dass es nicht der Moment des Lächelns war, sondern die Phase der frühen Blickerprobung und dass man dieses Engagement nicht durch Beziehungsversuche anderer Art stören dürfe. Die Mutter ist diesem Forschblick ein wenig ausgeliefert, weil sie nicht weiß, bis in welche Tiefen sie gesehen, innerlich abgebildet, durchschaut, angeeignet wird. Es sieht aus, als werde ein Grundriss der Beziehung gebildet, den die Mutter nur gewähren, nicht steuern, sondern höchstens stören kann, wenn der scheinbar ausdruckslose Ernst für sie etwas Unheimliches bekommt.

Manche Patienten können nur sprechen, wenn sie mich nicht anschauen und doch meine körperliche Nähe spüren. Sie arbeiten (noch) nicht mit transmodalen, sondern nur mit mono- oder bimodalen Kanälen. Ein Patient, der vielleicht im Sitzen noch mit vollem Augenkontakt zu mir gesprochen hat, bricht diesen Augenkontakt ab, wenn er liegt. Dann wird plötzlich zum Thema, auf welchen Altersebenen er mit welchen Mitteln kommuniziert oder die Verständigung abwehrt, weil vielleicht frühe Traumen damit verbunden waren. Oder aber: Der Patient kann nur reden, während er mich anschaut und gerät in die Verlorenheit, obwohl ich nahe bin, er mich aber aus irgendeinem Grund nicht sehen kann oder will. Diese Beispiele zeigen auch, dass es nicht stimmt, dass körperliche Interaktion hauptsächlich verwöhnend sei und versuche, destruktive Aggression gar nicht erst aufkommen zu lassen. Die Übertragung will sich durchsetzen, auch wenn alternative Erfahrungen erst einmal, schon zugunsten der Ich-Stärkung, im Vordergrund stehen. Wichtig ist für mich auch, dass ein

Teil der destruktiven Aggression, für deren Bearbeitung sich Pfannschmidt (2001) so heftig einsetzt, partiell etwas mit den Frustrationen auf der Couch zu tun hat: weil oft legitime primäre Bedürfnis versagt werden, was zu einem heftigen Rachewunsch der Patienten führen kann. Hier gilt es zwischen primären und auf schädigende Weise unerfüllt gebliebenen Bedürfnissen und solchen zu unterscheiden, die einer nur kompensatorischen Scheinerfüllung zugeführt wurden. Der Analytiker kann sich auf eine sehr anschauliche, aber auch körperlich identifizierende Weise den jeweiligen Zuständen des Patienten annähern. Ich war erstaunt, welchen Reichtum an averbalen Beziehungsformen ich zu sehen und zu spüren bekam, als ich mich dieser größeren Nähe beim liegenden Patienten aussetzte.

Von der Berührung mit den Augen nun zur Berührung mit den Händen. Bei passender Gelegenheit (ich weiß, wie lange man über diesen Ausdruck diskutieren könnte) frage ich den Patienten, ob er sich vorstellen könne, dass ich ihm eine Hand auf die obere Brust, also aufs Brustbein lege. Die Reaktionen reichen wieder von Abwehr, Erstaunen bis hin zu einem »Ja!« oder »Na klar!« Ich sage: »Lassen Sie den Vorschlag ruhig auf sich wirken.« Dabei kann das Gespräch, falls man es noch als solches bezeichnen kann, wegen der Trauer, der Erschöpfung, der Verzweiflung, aber vielleicht auch einer eingeschlossenen Wut, noch fortgeführt werden, während ein anderer Teil des Patienten mit der Prüfung, dem sogenannten »screening« der neu aufkommenden Affekte und der damit verbundenen Gefahren beschäftigt ist. Er mag plötzlich von den Kindern sprechen, von einem Problem mit Berührung überhaupt, von einem Schwanken zwischen Widerwillen und brennender Sehnsucht und auf einmal kann er ausbrechen:

> »Na wann kommt die Hand denn endlich! Stehen Sie nicht mehr dazu? Haben Sie kalte Füße bekommen oder ist es der Widerwillen, ja vielleicht sogar der Ekel vor meiner Person? Haben Sie Angst, Sie werden mich nicht mehr los? War es unbedacht, mir das anzubieten? Aber Sie sind doch Körpertherapeut! Mein früherer Analytiker würde jetzt ohnehin aufschreien. Aber sie gelten sowieso als verrückt. Man hört immer mal wieder, dass Körpertherapeuten ihre Patienten vernaschen. Kann mir das hier auch passieren? Hören Sie mal, ich bin glücklich verheiratet! Nein, unglücklich! Wann kommt jetzt endlich ihre Hand?«

Oder ein kräftiger, siegfriedartig gebauter Mann fragt, halb ernst, halb im Scherz: »Aber schwul sind sie nicht?« Und dann fällt ihm aus dem ersten Schuljahr der Kaplan aus dem Religionsunterricht ein, der ihn und andere so merkwürdig berührt habe, bis er strafversetzt wurde. Es war eine Erinnerung, die ihm in den zwei Jahren tiefenpsychologischer Therapie im Sitzen nie eingefallen war, und die doch, neben seinem Vater, die Beziehung zu Männern mitgeprägt hat. Der Auslöser der bisher nur angebotenen Hand auf der Brust hat die Erinnerung und einen Teil des damit verbundenen Affekts freigesetzt.

Doch zurück zur Schwelle des Fühlens auch für andere Patienten. Die Phantasiehand, die durch das Angebot entsteht, kann viele verschiedene Formen annehmen, sie kann väterlicher Schutz, Geborgenheit, aber auch Verführung, Bemächtigung, Tröstung, ein Sog in die Regression, Sehnsucht nach ihr, aber ebenso Angst vor der schiefen Ebene des Rückfalls in Schmerzen der Kindheit sein; die angebotene Hand wird zur Mutprobe, zum Sympathiebeweis vonseiten des Analytikers, zu einer Prüfung, einer Belohnung, einer Herausforderung usw.

Wo die Hand als eine Mischung von Schutz und einem Container für starke Affekte erlebt wird, öffnen sich oft Kanäle für nie oder höchstens nur verdünnt zugelassene Affekte. Die Regel ist ein tiefes Aufatmen, ein ganzes Konzert in den Eingeweiden durch die Entspannung, ein stilles oder auch starkes Weinen mit den ausgesprochenen oder unausgesprochenes Worten: »So viel Halt und Nähe hat mir nie jemand angeboten.« Wir sind in eine organismische Beziehung eingetreten, mit scheuen Blicken, sich wieder schließenden Augen, oder aber auch einem Redestrom über oder inmitten von Gefühlen, die allmählich auftauen und sich heraustrauen.

Die körperliche Nähe ist jetzt noch größer, weil der Patient sich weiter an den Rand der Couch zu mir hin legen muss, damit ich ihn bequem erreiche. Ebenso die Auslieferung, weil meine Hand die obere Brust bedeckt und mein Kopf weiter in seiner Nähe ist. Manche Reaktion ist ein sofortiges Schließen der Augen, wie um sich dem Fühlen ganz hinzugeben; man könnte sogar, neben dem Genießen der Geborgenheit, auch von einer Flucht in den Schutz sprechen, bei der die Augen zunächst stören und die eine noch wenig abgegrenzt objektgerichtete Form der Beziehung darstellt. Die Aufmerksamkeit richtet sich auf die inneren Objekte und je nach deren liebevoller Präsenz oder bedrohlicher Aggressivität kommt Rührung oder Wut auf, oder beides zugleich. Die haltende Hand des Therapeuten bringt insofern einen Neuanfang, als eben dieser Platz des schützenden und haltgebenden Objekts oft unbesetzt war. Ganz analog zur verbalen Analyse kommt es aber hier, über Blick und Berührung, zu Rudimenten eines neuen inneren Objekts.

Bei Überwiegen des Misstrauens oder der negativen Erwartung erfolgt eine spürbare Verhärtung des Brustbereichs und eine Verflachung des Atems. Die Augen, die der Patient nicht geschlossen hat, werden zu lauernden Sehschlitzen. Erleichterung bringt die Frage: »Was passiert?« und wenn sie nicht weiterführt, hilft oft die Spiegelung der eigenen Wahrnehmung mit einem akzeptierenden Kommentar: »Ich sehe Ihr Misstrauen und bei Ihrer Lebensgeschichte scheint mir das nur zu verständlich. Ich bin froh, dass Sie es so deutlich durchscheinen lassen.« Das nimmt dem Patienten die Angst, er kränke den Therapeuten durch mangelndes Vertrauen, die Verknüpfung mit der Biographie ist geschaffen und sein Misstrauen wird als wichtiger und mutiger Beitrag gewürdigt. Das Misstrauen und die Angst im Bereich einer nahen Begegnung ist bisher nicht zum Vorschein gekommen; eher hat es die Beziehung schleichend ausgedünnt, ohne dass zu fassen wäre, wogegen es sich richtet. Im Bereich der körperlichen Interaktion kommt es sichtbar zum Vorschein und mutmaßlich auch schon deutlich näher an die Phase seines Entstehens heran. Es kann durchaus sein, dass es sich längst manifestiert und eingegraben hat in einer präverbalen Phase mit einer nur prozeduralen Erinnerung, die auf verbale Weise allein nicht mehr abrufbar wäre. Wenn aber die Primärquelle nicht ermittelbar oder erinnerbar ist, dann sucht sich der Affekt später entfremdete Bilder von gefährlichen oder bösen Objekten, er generalisiert sich wie bei den schizoiden Störungen oder er taucht in ganz unangemessenen sozialen Szenen auf und befremdet alle Teilnehmer der Interaktion.

Das schizoide Misstrauen kann erstaunlich schnell abklingen, wenn der Analytiker die Zuverlässigkeitsprüfung der körperlichen Nähe besteht. Natürlich muss die Szene mehrfach wiederholt werden und sie bringt auch Material aus vielen späteren Erlebnissen hervor.

Besonders wichtig ist es, dass der Patient mit seiner Hand entweder das Handgelenk umfassen kann oder seine Hand oder Hände auf die des Analytikers legt. Dies geschieht auf zweierlei Initiative hin: Manche Patienten tun dies spontan und aus eigener Autonomiebewegung; andere muss man erst darauf bringen und ermutigen, weil sie die Hand der Mutter oder des Vaters real oder symbolisch nicht festhalten durften. Sie wären dann der Angst ausgesetzt, wenn ich willkürlich meine Hand wegziehen und sie »verlassen« würde. Das Festhalten der Hand vermittelt den eigenen Beitrag, den eigenen Wunsch nach Dauer, aber auch nach Kooperation bei der Wiedergewinnung von körperlichem Grundvertrauen in sich selbst, den Analytiker oder gar die Welt.

Es ist dann sehr berührend, wenn der Patient noch in der gleichen oder einer späteren Stunde darum bittet, die Hand auch auf den Bauch zu legen. Hier spürt der Therapeut in der Gegenübertragung, dass der Patient eine Schwelle in eine neue Intimität und vielleicht Regression überschreitet, weil die Bauchdecke die weichsten Partien schützt. Nur gelegentlich verhärtet sich die Muskulatur trotz der Bitte um die Hand; dann sollte auch die Angst und der Selbstschutz gewürdigt werden. Die Hand lege ich auf den Bauch, nicht ohne eine gewisse Andacht vor dem Wiederentstehen von Vertrauen, das einem mütterlichen Objekt zu gelten scheint, das schützt und Empathie anbietet. Bei der Verhärtung der Muskulatur kann es hilfreich sein anzuregen, in die Hand hineinzuatmen. Mit einer verstärkten Autonomie und Initiative, wie ich es von einem Atemtherapeuten gelernt habe, verringert sich die Angst, nur passiv und ängstlich abwartend ausgeliefert zu sein. Wenn der Analytiker den Atem mit kleinen Auf- und

Ab-Bewegungen begleitet, wird es als Empathie erlebt, so wie die Mutter sie dem Säugling und dem Kleinkind vermittelt, die oft ein ganz organismisches Gefühl für ihren Zustand selbstverständlich erwarten und hervorlocken, sozusagen als Lohn ihrer spezifischen »Kompetenz«. Auf der Seite der negativen Übertragung ist es aber auch möglich, dass Wut aufsteigt über ein andauerndes Mis-matching mit der Mutter oder über auftauchende, zunächst rein körperliche Erinnerungen an einen intrusiven Umgang mit dem kindlichen Körper.

Nach einer Weile ist es meist auch möglich, die Hand auf Brust oder Bauch ruhen zu lassen, wieder Augenkontakt aufzunehmen und so die Kommunikation auf mehreren Kanälen zu bündeln und den Analytiker zu einem ganzheitlicheren Objekt werden zu lassen. Auf der Basis einer Regression im Dienste des Ichs, einer Kräftigung des leibseelischen Potenzials, kann sich der Patient dann progressiv auch auf eine ganz andere, spätere Konfliktebene begeben. Manche wollen sich plötzlich wieder aufsetzen, die feinen Körpersignale deuten auf Bewegungs- oder Angriffslust.

Die Aufgabe des analytischen Körpertherapeuten ist es auch, analog der des klassischen Analytikers, ein zu langes Abtauchens in die Regression anzusprechen, den Abwehrcharakter aufzuzeigen und die Ängste vor dem Wachstum anzugehen. Mit den Worten analytischer Säuglingsforscher: herauszufinden, an welchen psychodynamischen Modellszenen und Motivationssystemen der Patient hängen geblieben oder gescheitert ist. Die reine Triebtheorie kann hier die Aufmerksamkeit nur verkürzen.

Die analytische Körperpsychotherapie verändert die Balance zwischen einem vorwiegend rückwärtsgewandten Aufarbeiten der Vergangenheit, die das Neulernen alternativer Lebensformen weitgehend dem Patienten »draußen« überlässt, und einem progressiven Interaktionslernen in den Stunden. Sie scheut sich nicht, in der Interaktion mit dem Analytiker den Patienten zu neuen Lebensbewegungen in seinem eingeengten Körper zu ermuntern und mit ihm leibnäher zu erforschen, wann und wo und wie sich die Angstbarrieren gebildet haben.

Die tiefenpsychologische Körpertherapie, die auf dem soliden theoretischen, diagnostischen und behandlungstechnischen Fundament der Psychoanalyse beruht, schöpft daneben aus vielen Quellen, nicht ohne den Pionieren Ferenczi, Winnicott, Balint und Kohut dankbaren Tribut zu zollen: Primärtherapie, Bioenergetik, Gestalttherapie, Atem- und Tanztherapie, Biosynthese und wie sie alle heißen. Ihnen allen ist gemeinsam ein hohes Potenzial zur Mobilisation von Affekten. Was ihnen meist fehlt, ist eine analytische Beziehungslehre, also der Umgang mit Übertragung, Gegenübertragung und Widerstand. Den charismatischen Pionieren sind oft erstaunliche Veränderungen bei Patienten geglückt, die die vielen Schüler nicht wiederholen konnten. Es war das Charisma, das über Widerstände hinwegging, das die Wunderheilung zu Wege brachte. Deswegen sind viele der körpertherapeutischen Schulen heute auf dem Wege der Nach-Entdeckung der unbewussten Beziehungskomponenten aller therapeutischen Partnerschaften. Selbst die Verhaltenstherapeuten wie die Gesprächstherapeuten wenden dem Problem von Übertragung und Gegenübertragung heute größere Aufmerksamkeit zu, aber ebenso intensiv schon dem Problem des Körpers in der Behandlung. Die Psychoanalyse bietet das beste theoretische und praxeologische Fundament für die Integration des lebendigen Körpers und seiner Engramme in die Therapie. Sie sollte diejenigen, die auf diesem Gebiet forschen und behandeln, nicht länger ausgrenzen.

Zum Schluss noch einige Maßnahmen der Vorsicht und der Sorgfalt in der analytischen Körperpsychotherapie: Setting und Rahmen müssen sicher sein; alles intrusive oder zweideutige Verhalten ist verkehrt; Voranfragen und Ankündigungen sind Voraussetzung für die Förderung des Vertrauens; bei der oft starken Regression soll unbedingt darauf geachtet werden, ob sie noch der Beziehungsstärkung und der Strukturbildung dient, oder als ein Vehikel der Abwehr und der Ersatzbefriedigung; der Therapeut spürt dies meist an einem einem zunächst kaum merklichen unangenehmen Gefühl des Missbraucht-Werdens.

Allerdings gehört eine wachsende Erfahrung dazu, sich hier mit dem Patienten zu verständigen. In meinem Buch *Berührung auf der Couch* (vgl. Moser 2001) habe ich ein solches Beispiel eines jahrelangen defensiven Verharrens in der Regression beschrieben, was letztlich zu einem Gefühl des Scheiterns führt, wenn man nicht den Mut zur Konfrontation und zu dem Kampf mit den Ängsten und Widerständen hat. Ohne Lehrgeld geht auch auf diesem Felde nichts, aber der Einsatz scheint mir seit langem unbedingt lohnend.

Literatur

Dornes, M. (1997): Die frühe Kindheit. Entwicklungspsychologie der ersten Lebensjahre. Frankfurt a. M. (

Krause, R. (1998): Allgemeine psychoanalytische Krankheitslehre. Bd. 2

Moser, T. (2001): Berührung auf der Couch. Formen der analytischen Körperpsychotherapie.

Pfannschmidt, H. (2001). In: Geißler (2001): Die Auswirkungen der Leib-Seele-Phantasie auf Erotik und Sexualität, S. 131–152.

Anmerkungen zu Tilmann Mosers »Der Körper und die Seele. Neuere Entwicklungen der analytischen Körperpsychotherapie«[1]

Gustav Bovensiepen

Vorbemerkung

Da ich als Psychoanalytiker nicht nur mit Erwachsenen arbeite, sondern auch mit Kindern und Jugendlichen, ist es mir sehr vertraut, dass wir in der analytischen Arbeit besonders mit Kindern permanent in körperliche Interaktionen verwikkelt werden. Vor allem junge Vorschulkinder inszenieren oft *am Körper* des Therapeuten ihre innere und äußere Objektwelt (vgl. Bovensiepen 2001). Dabei, die frühen, nonverbalen psychischen Zustände zu verstehen, eine analytische Haltung zu bewahren und damit umzugehen, hat mir vor allem die teilnehmende psychoanalytische Säuglingsbeobachtung nach der Tavistock-Methode von Esther Bick geholfen. Erst die *Integration* der Erfahrungen aus der psychoanalytischen Säuglings*beobachtung* mit den Daten der empirischen Säuglings*forschung*, auf die allein sich Moser bezieht, liefern aus meiner Sicht angemessene Bausteine für eine Fortentwicklung der psychoanalytischen Theorie und Behandlungstechnik.

Hinzu kommen die Ergebnisse der modernen Hirnforschung und der Trauma-Forschung. Zurzeit sieht es so aus, als ob alle drei Bereiche, Säuglingsforschung/Säuglingsbeobachtung, Hirnforschung und Trauma-Forschung, wesentliche (wenn auch nicht alle) Annahmen der Psychoanalyse zu bestätigen scheinen und fruchtbare Ansätze für ihre Weiterentwicklung bieten. Dies ist aus meiner Sicht ein spannender Prozess, der allerdings noch keineswegs abgeschlossen ist. Die Ausführungen von Moser geben streckenweise vor, als hätten wir schon sichere Ergebnisse über die frühe Entwicklung, die ohne weiteres integriert werden könnten. Dies ist aus meiner Sicht aber nicht der Fall. Stattdessen ist eine inflationäre Anwendung, Reduktion und Vereinfachung von hochkomplexen Konzepten und Arbeitsmodellen (z. B. »Modellszene« oder »containment«) in der klinischen Praxis zu beobachten. Dadurch wird das Denken über Weiterentwicklungen der Psychoanalyse eher blockiert als gefördert.

---

1 Anmerkung der Hrsg.: Um eine vertiefte Diskussion der Arbeit von T. Moser zu fördern, hatten die Hrsg. G. Bovensiepen um einen Kommentar gebeten. Er erscheint an dieser Stelle, obwohl er nicht als Vortrag auf dem DGPT-Kongress 2002 in Lindau gehalten wurde.

Die Thesen

Zunächst möchte ich die zentralen Thesen von Moser zusammenfassen.

- Seit Jahren plädiert Tilman Moser für eine »*Integration*« körpertherapeutischer Techniken in die psychoanalytische Behandlung *innerhalb der analytischen Situation*; er nennt diese Behandlungsform »analytische Körperpsychotherapie« und sieht in ihr
- einen »weiteren *Königsweg zum Unbewussten*«: Das *Neue* der analytischen Körperpsychotherapie sei,

  »dass sie auf ›enactments‹, also unbewusste Handlungs-Inszenierungen, nicht nur mit *Deutungen* [Hervorhebung G. B.] antwortet, sondern, natürlich in begrenztem Umfang, mit einem akkomodierenden Mit- oder Gegenhandeln und einer komplementären Rollenübernahme. Aber nicht nur das: Sie bietet auch initiativ körperliche Interaktionen an, die dann unbewusste und zunächst nicht sprachlich fassbare Szenen evozieren.«

- Die analytische Körpertherapie (wie auch anderen Körpertherapien) habe ein »hohes Potenzial zur Mobilisation von Affekten«. Diese Mobilisation von Affekten und die dadurch reinszenierten Modellszenen und motivationalen Systeme würden – im Rahmen von Übertragung/Gegenübertragung und Bearbeitung des Widerstandes – den Zugang zu »frühen Störungen« erleichtern und eine lohnenswerte Alternative zur rein verbalen analytischen Behandlung darstellen.
- Mosers Ausführungen legen die Annahme nahe, wenn »Setting und Rahmen sicher« seien, die Gefahr des Missbrauchs nicht größer sei als bei anderen Psychotherapieverfahren.

Die Zusammenfassung meiner Gegenthesen

- Ich halte eine *Integration* körpertherapeutischer Techniken und Interaktionen in eine psychoanalytische Therapie weder für möglich noch für wünschenswert. Was dabei herauskommt, ist keine psychoanalytische Therapie mehr.
- Die »analytische Körperpsychotherapie« ist kein Königsweg *zum* Unbewussten (i. S. einer Bewusstmachung und Integration unbewusster Inhalte), sondern ein Königsweg *weg* vom Unbewussten und hin zu einer interaktionellen Affektpsychologie, bei der die Dynamik unbewusster Beziehungs- und Austauschprozesse sowie die Wirksamkeit unbewusster *Phantasien* und *Vorstellungen* gerade abgewehrt werden. Moser grenzt sich von einem verbalen Deutungs-Konzept ab, das veraltet ist und vor allem Erklärungs-Charakter hat. Er ignoriert sowohl die Weiterentwicklung der Deutungstechnik (vgl. u. a. Steiner 1993) wie auch die Tatsache, dass es im Rahmen

einer analytischen Therapie außer der Deutung auch andere wichtige Interventionsformen gibt. Ich vertrete darüber hinaus eine erweiterte Auffassung von Deutung in dem Sinne, dass es auch nichtsprachliche Formen der Deutung gibt (der Ton macht die Musik) und dass im analytischen Prozess eine permanente wechselseitige Deutung stattfindet, also auch der Patient den Analytiker deutet.

– An der Fähigkeit körperpsychotherapeutischer Verfahren, Affekte zu mobilisieren, zweifle ich nicht (auch das Fernsehen und hier vor allem das kommerzielle Fernsehen können dies hervorragend), aber Moser bleibt uns in seinen Ausführungen die *Darstellung* von Übertragung und Gegenübertragung schuldig; er gebraucht zwar diese Begriffe, füllt sie aber nicht mit Fallmaterial. D. h.: Er enthält uns das entscheidende Kriterium einer möglichen Integration körperpsychotherapeutische Verfahren in eine Psychoanalyse vor. Die Weiterentwicklung der Psychoanalyse in den letzten 50–60 Jahren, insbesondere die Fortentwicklung der Objektbeziehungspsychologie (z. B. Bion; Joseph; Kernberg; Steiner) hat zu einer psychoanalytischen Behandlungstechnik geführt, die weit von dem entfernt ist, was Moser als »klassische Psychoanalyse« deklariert, und sie hat sich eben gerade mit den nicht verbalisierbaren psychischen Zuständen »früher Störungen« befasst und dafür Modelle des Verstehens und der Behandlung entwickelt.

– Aufgrund meiner (vergleichsweise geringen und nicht unbedingt repräsentativen) Erfahrung mit Patienten, die in Therapien missbraucht wurden im Sinne von körperlichen Übergriffen, scheint mir die These angemessen, dass es zu körperlichen Interventionen der Therapeuten gerade in jenen Situationen kommen kann, wo offensichtlich die »Dringlichkeit« der *Patienten* nach der Befriedigung primärer Bedürfnisse eine nicht bearbeitete bzw. analysierte frühe *Bedürftigkeit der Therapeuten* hervorruft, die diese sexualisieren und dann auf Kosten der Patienten reinszenieren. Die ausreichende Analyse eigener frühinfantiler Anteile scheint mir immer noch *das* geeignete Mittel, mit solchen Situationen angemessen und für die Behandlung fruchtbar umzugehen.

Der Fall

Ich möchte nun auf Mosers »idealtypische Verdichtung von mehreren Fallgeschichten« genauer eingehen, um meine Einwände zu illustrieren. Das Vorgehen der »idealtypischen Verdichtung« ist eine mögliche, wenn auch begrenzt aussagekräftige Form der klinischen Illustration. So gehe ich auch davon aus, dass der Behandler als »idealtypisch verdichteter« Therapeut reagiert und interveniert.

Moser formuliert präzise den *Anspruch*, mit dem wir die Falldarstellung betrachten dürfen: »Welche affektiven, aber auch strategischen, aus der Diagnostik wie aus Übertragung und Gegenübertragung folgenden Überlegungen leiten ihre Wahrnehmungen wie ihr Handeln?«

Deswegen konzentriere ich mich auf einige Szenen des Fallberichtes, um zu verstehen, aus welcher Übertragungs-Gegenübertragungssituation heraus der Therapeut körpertherapeutische Interventionen vorschlägt bzw. unternimmt.

Bei dem »Fall« handelt es sich um eine frühgestörte Patientin (das ist diagnostisch recht unbefriedigend) und um eine »einige Monate dauernde zweistündige Analyse« (bei 4–6 Monaten sind das ca. 32–50 Sitzungen), also eine sehr kurze Zeit für die Behandlung einer Frühstörung; es handelt sich um die Initialphase einer Behandlung.

Das Verstummen der Patientin, der Rückzug

Der Therapeut hat den Eindruck von »Entbehrung«, »Bedürftigkeit nach Anwesenheit«, »Angst vor einer noch unklaren Katastrophe« und »Isolation« bei der Patientin; differenziert beschreibt er seine Wahrnehmungen der körperlichen und sensorischen Äußerungen der Patientin.

Kommentar

Ein Analytiker könnte den beobachteten und eingefühlten Zustand der Patientin auf sich wirken lassen, darüber nachdenken und dann konkret *beschreiben*, nicht aber fragen: »Was passiert?«, da möglicherweise die Patientin auf die *Frage* gar nicht antworten kann, weil sie es eben nicht weiß und sich durch die Frage noch abgeschnittener fühlen würde. Eine einfühlsame *Frage* muss nicht als Einfühlung erlebt werden, sondern als das Gegenteil davon, als Nicht-Verstehen mit der möglichen Folge, die Moser dann weiter beschreibt: *Im Therapeut* »verdichten sich Gefühle für die Verlorenheit der Patientin und eine *gewisse Dringlichkeit meiner sichtbaren Präsenz*, vor allem dann, wenn auf die sprachliche Empathie sich eine Verschlechterung des Situation ergeben hätte« (S. 5).

Kommentar

Der Therapeut lässt uns hier im Unklaren, ob er von der »Dringlichkeit« der Patientin spricht, oder von dem Eindruck der Dringlichkeit, die er selber *in sich* spürt. Der Eindruck von Dringlichkeit ist für den Analytiker ein wichtiges Signal; es äußert sich vielleicht auch in dem Druck, handeln zu müssen, in dem Bedürfnis, etwas Entlastendes oder Tröstliches zu sagen, da die Dringlichkeit – hier die »Verlorenheit der Patientin« – schwer auszuhalten ist, vor allem, wenn noch kaum inhaltliche Vorstellungen darüber bestehen. Die Dringlichkeit ist ein Hinweis auf die entstehende *Beziehung*, die möglicherweise per projektiver Identifizierung entstanden ist, indem die Patientin eigene psychische Anteile im Therapeuten unterbringt, entweder als eine Form der Kommunikation (im

Sinne Bions) *oder* aus Abwehrgründen im Sinne einer pathologischen Form der projektiven Identifizierung.

Der Analytiker würde zunächst über seine Wahrnehmungen *nachdenken* (vgl. Reverie; Ogden 1999) und dann verbal intervenieren. Vielleicht hätte er auch Vorstellungen über die Übertragungs-Gegenübertragungskonstellation und könnte dann in der Übertragung arbeiten. Darüber erfahren wir vom Therapeuten des Falles aber nichts; sodass entgegen dem Anspruche von Moser eine handelnde Intervention erfolgt, ohne dass klar wird, warum das Setting geändert wird. Der Leser könnte hier den Eindruck gewinnen, der Therapeut hielte die Dringlichkeit nicht aus, da er keine Vorstellungen hat, welches Beziehungsmuster die Patientin inszeniert. Das Nicht-Wissen auszuhalten gehört aber zum analytischen Alltag, so wie es das »Recht« der Patienten ist, den Schmerz des Nicht-Wissens mit allen Mitteln zu vermeiden.

Die Intervention

Das Angebot, den Platz hinter der Couch zu verlassen und sich neben die Couch zu setzen, ist bereits eine körperliche Intervention, da das Setting verändert wird. Moser bezeichnet es als »einen drastischen Übergang zu etwas Neuem«. Die von ihm als nebensächliche Variante behandelte mögliche Reaktion der Patientin: »Wie kommen Sie denn da darauf?« nimmt er zum Anlass zu behaupten: »Die aggressive Zurückweisung einer körperlichen Interaktion ist allerdings etwas schwerer zu ertragen als die aggressive Zurückweisung einer Deutung, weil der körpertherapeutische Analytiker sich mit seinem Angebot stärker exponiert.«

Kommentar

Wir hätten in dieser »Variante« die Situation, dass eine offensichtlich *abstinente Patientin* einem *nicht abstinentem Therapeuten* misstraut, was uns für den Verlauf einer Analyse prognostisch günstig stimmen könnte.

Im Unterschied zu Moser glaube ich, dass es oft schwerer ist, bestimmte Projektionen, Affekte oder Phantasien der Patienten zu ertragen, die in der Zurückweisung eines Kommentars oder einer Deutung zum Ausdruck kommen, als ein körpertherapeutisches Angebot. Ein solches per se ist keine stärkere Exposition als ein Kommentar oder eine Deutung, die der *psychischen Realität* der analytischen Beziehung so nahe wie möglich zu kommen versucht. Wir kennen es aus außeranalytischen Beziehungen: In den Arm genommen zu werden oder zu nehmen, kann zunächst oft leichter und erleichternder sein als mitzuteilen, was wir fühlen oder gar phantasieren. Wenn der Analytiker versucht, der psychischen Realität der analytischen Beziehung so nahe wie möglich zu kommen, so *muss* er sich stärker »exponieren«, als wenn er den Sessel verschiebt.

Welche »Psychoanalyse« meint Moser?

Ich werde nicht im Detail auf den weiteren Verlauf der Interventionen des ideal-typisch verdichteten Therapeuten bis zur körperlichen Berührung der Patientin eingehen, da die Frage, aus welcher Übertragungs-Gegenübertragungs-Situation heraus die Interventionen erfolgen, an keiner Stelle beantwortet wird. Stattdessen stehen allgemeine Formulierungen, wie bei »passender Gelegenheit (...)« (von den Berührungen mit den Augen zu den Berührungen mit den Händen). Diese Lücke im Material umgeht Moser elegant, indem er feststellt, wie »lange man über diesen Ausdruck diskutieren könnte«; genau diese »Gelegenheit« wäre jedoch von Interesse. Diskutieren könnte man dann immer noch über die Bewertung dieser »Gelegenheit«.

Ich schlussfolgere daraus, dass Moser eine Psychoanalyse meint, die ohne das zentrale Konzept von Übertragung und Gegenübertragung arbeitet – und das ist dann keine Psychoanalyse mehr. Nur mit diesem verstümmelten Konzept von Psychoanalyse ist es möglich, für eine »Integration« von Körpertherapie und Psychoanalyse zu plädieren.

Wie oben bereits erwähnt, geht Moser von dem frühen Konzept der projektiven Identifizierung aus, der pathologischen Abwehrvariante, die Beziehung herstellt *und* stört. Die kommunikative Funktion der projektiven Identifizierung erwähnt er nicht. Diese ist aber besonders bedeutsam für das Verständnis früher Störungen. Es ist keine »missglückte« *Interaktion*, sondern eine basale Form der *Kommunikation*. Bei der Interaktion fehlt der Austausch von unbewussten Phantasien. Beziehungen sind Phantasien, die kommuniziert werden, und dann vielleicht in bestimmten Formen (auch körperlichen) der Interaktion manifest werden oder im besten Fall symbolisiert werden können.

Moser reduziert und trivialisiert Begriffe und Konzepte der Psychoanalyse bis zur Unkenntlichkeit (z. B. »Abstinenz« oder »Gegenübertragung«, die mit der Wahrnehmung in der Gegenübertragung verwechselt wird). So verwendet er das Konzept des »containment« auf eine Weise, die mit »containment«, wie es von der modernen Objektbeziehungspsychologie entwickelt worden ist, nichts zu tun hat: »Wo die Hand als Mischung von Schutz und einem Container für starke Affekte erlebt wird, öffnen sich oft Kanäle für nie oder höchstens nur verdünnt zugelassene Affekte.«

Warum kann die »Phantasiehand« nicht die Hand in der Phantasie bleiben? Affekte und manische Abwehr drücken sich in den Beispielen der Patientin aus, aber von Phantasie, von Bildern, gar unbewussten Vorstellungen ist nicht die Rede. Es scheint vor allem um Entlastung, um Katharsis und das Verströmen von Gefühlen zu gehen, von denen wir an keiner Stelle erfahren, wie das weitere Schicksal dieser Affekte im Verlauf des analytischen Prozesses aussieht, ob es zu Umwandlungen der körperlichen und affektiven Empfindungen in *psychische Elemente*, letztlich in symbolisches Erleben kommt.

Moser spricht über innere Objekte: »die Aufmerksamkeit richtet sich auf die inneren Objekte« und ganz »analog zur verbalen Analyse kommt es aber hier, über Blick und Berührung zu Rudimenten eines neuen inneren Objekts.« Das würde ich gerne glauben, allein mir fehlt die Anschauung! Auch hier wäre Material der Patientin wünschenswert, da Moser offensichtlich einen transformativen Übergang von außen nach innen annimmt.

Eindrucksvoll ist die Leichtigkeit, mit der schizoide Zustände bearbeitet und verändert werden können:

> »Das Misstrauen und die Angst im Bereich einer nahen Begegnung ist bisher nicht zum Vorschein gekommen; eher hat es die Beziehung schleichend ausgedünnt, ohne dass zu fassen wäre, wogegen es sich richtet. (...) Das schizoide Misstrauen kann erstaunlich schnell abklingen, wenn der Analytiker die Zuverlässigkeitsprüfung der körperlichen Nähe besteht.«

Das gleicht in der Tat einer Wunderheilung und kann auch nicht mit den Grundannahmen der Reinszenisierung infantiler Zustände oder Modellszenen übereinstimmen. Die Patientin *ist* kein Säugling oder Kleinkind, ihre psychische Verfassung mag regrediert sein, sie ist aber nicht die eines Säuglings. Hier wird m. E. auch die permanente Vermischung von *symbolisch* und *konkret* deutlich, die dem Integrationskonzept ebenfalls inhärent ist, so auch, wenn Moser schreibt, »weil sie [die Patienten] die Hand der Mutter oder des Vaters real oder symbolisch nicht festhalten durften«: Hier wird auch sehr deutlich, dass es Moser zwar um das *Erinnern* präverbaler oder nonverbaler Zustände geht, die vielleicht erinnerbar, aber nicht repräsentierbar sind. Dass solche Zustände auf viele Arten auch in einer Analyse reinszeniert werden ohne körperliche Interventionen des Analytikers wird Moser nicht bestreiten, so wie ich ihn verstanden habe. Nur, die alte Formel »Erinnern, Wiederholen, Durcharbeiten« hat nach wie vor – auch bei frühen Störungen – ihren Sinn. Dass wir gerade bei frühen Störungen sehr viel mehr auf das Gegenwarts-Unbewusste achten und den Begriff des Durcharbeitens vielleicht erweitern um die *Transformation* affektiver und emotionaler Erfahrungen in der Analyse ist seit Bions »Lernen durch Erfahrung« (1962) Bestandteil einer modernen Psychoanalyse früher Störungen. Leider erfahren wir nicht, was mit den ausgelösten Affekten in der Therapie tatsächlich geschieht. Wie stellt sich eine analytische Körperpsychotherapie die Transformation der »phantasiefreien, körpernahen« (Dornes) Formen früher Erfahrungen in ein erwachsenes, symbolisches Leben vor? Ist das überhaupt erwünscht oder ist die um den Preis der Abstinenz erzeugte Mobilisierung von Affekten nicht doch der heimliche Antrieb und die Gratifikation des analytischen Körperpsychotherapeuten? Deklariert wird ein analytischer Anspruch, so z. B. wenn Moser schreibt: »Nach einer Weile ist es meist auch möglich, die Hand auf Brust oder Bauch ruhen zu lassen, wieder Augenkontakt aufzunehmen und so die Kommunikation auf mehreren Kanälen zu bündeln und den Analytiker zu einem ganzheitlichen Objekt werden zu lassen.« (Anmerkung : Auch hier wieder die Verwechselung von innen und außen, und von konkret und symbolisch; denn das »ganze Objekt« ist ein Arbeits*modell* einer inneren Vorstellung). Und weiter: »Auf der Basis einer Regression im Dienste des Ichs, einer Kräftigung des leibseelischen Potenzials, kann sich der Patient dann progressiv auch auf eine ganz andere, spätere Konfliktebene begeben.« Das macht neugierig, aber leider erfahren wir nicht, wie diese »Hand-auf-dem-Bauch-Erfahrung« dann psychisch verarbeitet wurde, welche Übertragungsphantasien sie genährt hätte; das hätte mich sehr interessiert.

Wo bleibt der psychische Raum?

Aber was ist es dann, was Moser mit dem Fall darstellt?

Es ist für mich zunächst eine überaus differenzierte Beschreibung von körperlichen Äußerungen der Patientin und körperlicher Wahrnehmung des Therapeuten. Da wir konkret nichts über die Übertragungs-Gegenübertragungs-Konstellation erfahren, muss ich mich auf meine Gegenübertragungsreaktion auf den publizierten Text beschränken, also auf das, was ich zwischen den Zeilen lese, bzw. vermisse. Ich lese bei dem idealtypisch verdichteten Therapeuten vor allem Empfindungen *anstelle* von Emotionen, theoretische Konzepte (Säuglingsforschung) *anstelle* von Beziehungsphantasien, sanfte und respektvolle Technik *anstelle* von emotionalem Berührt- und Erfasstwerden durch die psychische Realität. Auffallend ist, wie sich die Sprache des Textes im Verlauf der Darstellung verändert und in einem etwas weihevollen Crescendo (»die Hand lege ich auf den Bauch, nicht ohne eine gewisse Andacht vor dem Wiedererstehen von Vertrauen«) eines »organismischen Gefühls« endet, das der Autor möglicherweise mit dem Leser teilen möchte; ist dies der eigentliche »Lohn« der »spezifischen ›Kompetenz‹« des analytischen Körperpsychotherapeuten?

Die hervorragende Nützlichkeit vieler Formen von Körpertherapien steht für mich außer Zweifel und dies nicht nur in der klinischen Anwendung auf Menschen mit psychischen Problemen. Doch ich plädiere dafür, sie in dem dafür angemessenen Rahmen zu erfahren; in dem Rahmen, der durch die jeweilige Methode gesetzt wird. Der Rahmen der Psychoanalyse ist die Übertragung und Gegenübertragung und der symbolische oder psychische Raum, der durch das analytische Paar und das Dritte, das analytische Subjekt oder das analytische »Kind«, das entsteht, aufrechterhalten wird (vgl. Bovensiepen 1995).

Der Rahmen einer Körpertherapie ist der Körper. Wenn eine analytische Haltung aufrechterhalten werden soll, ist eine analytische Körpertherapie eine Vermischung, die weg von der psychischen Realität führt und damit den psychischen Raum einengt. Dass der Körper nicht nur auf der körperlichen Ebene, sondern auch in der psychischen Realität als Objekt der Phantasie von zentraler Bedeutung ist, hat die Psychoanalyse seit ihren Anfängen beschäftigt. Man wird z. B. Jugendliche nicht verstehen, wenn man sich nicht mit der *psychischen Bedeutung* befasst, die der Körper für ihr Verhalten, ihre Konflikte und ihre innere Welt hat (vgl. Bovensiepen 1994).

Moser spricht von einer Integration der Körpertherapie in eine psychoanalytische Behandlung. Dies ist aus meiner Sicht nicht möglich. Moser schildert die Mobilisierung von Affekten durch das körpertherapeutische Vorgehen in der Annahme, dadurch auch einen psychischen Raum zu eröffnen. Dies zeigt er aber nicht in seiner Darstellung; sondern er verweist auf später, wo dann »andere Konfliktebenen« bearbeitet werden könnten. Der Verlauf der Darstellung endet in der Darstellung eines »organismischen Gefühls«, das vielleicht von der Patientin und dem Therapeuten als eine Verschmelzung erlebt werden mag. Dies ist aber das Gegenteil eines psychischen Raumes.

Literatur

Bion, W. R. (1962): Lernen durch Erfahrung. Frankfurt a. M. 1990 (Suhrkamp).

Bovensiepen, G. (1994): Der Körper als Objekt der Phantasie in der Behandlung frühgestörter Jugendlicher. In: Streek, U.; Bell, K. (Hg.) (1994): Die Psychoanalyse schwerer psychischer Erkrankungen. München (Pfeiffer).

Bovensiepen, G. (1995): Die Aufrechterhaltung des symbolischen Raumes unter verschiedenen inneren und äußeren Rahmenbedingungen. In: Bell, K. & Höhfeld, K. (Hg.) (1995): Psychoanalyse im Wandel. Gießen (Psychosozial), S. 177–189.

Bovensiepen, G. (2001): Vom Körper zum Symbol. Symbolische Einstellung, Intersubjektivität und psychischer Raum. In: Analytische Kinder- und Jugendlichenpsychotherapie 109, S. 5–25.

Ogden, T. (1999): Reverie and Interpretation. Sensing Something Human. London (Karnac Book).

Steiner, J. (1993): Orte seelischen Rückzugs. Pathologische Organisationen bei psychotischen, neurotischen und Borderline-Patienten. Stuttgart 1998 (Klett-Cotta).

Das einzig(artig) Eigene
Wenn der Körper für die Seele ...

Klaus Rodewig

Einleitung

Ausgangspunkt dieser Arbeit sind die Erfahrungen, die ich als Leitender Arzt einer psychosomatischen Klinik seit der Eröffnung einer monokulturellen Station für Migranten türkischer Abstammung 1996 mit dieser spezifischen Klientel machen konnte (siehe Rodewig 2000).

Dabei erwies sich die auffallende Häufung konversionsneurotischer Störungen und hysterischer Anfälle als ein besonderes Merkmal dieser Station. Während derartige Störungen bei der deutschen Klientel nur noch relativ selten beobachtet werden können, äußern sie sich auf der 34-Betten-Station mit einer gewissen Regelmäßigkeit. Insbesondere am Wochenende – wenn die Familienbesuche anstehen – können sie als dramatische Darbietungen der gestörten Körperlichkeit beobachtet werden.

In dieser Arbeit möchte ich den Zusammenhang zwischen der Häufung hysterischer Symptome und den besonderen soziokulturellen Entwicklungsbedingungen dieser Klientel diskutieren.

Krankengeschichte

Lassen sie mich mit einer Krankengeschichte beginnen.

Eine 48-jährige türkische Patientin litt unter einer Depression mit verschiedenen psychovegetativen Beschwerden, einem Schmerzsyndrom im Rückenbereich bei geringen degenerativen Veränderungen sowie einer Gangstörung, die sie linksseitig hinken ließ. Für letzteres gab es kein organpathologisches Korrelat.

Bei der Aufnahme schildert die Patientin, dass sie von ihren Angehörigen wie ein Kind versorgt würde. Sogar ihr 18-jähriger Sohn würde sie baden und ihr Ehemann erledige neben seiner Wechselschicht als Fabrikarbeiter den Haushalt. Sie forderte auch von uns ständige Begleitung durch eine Krankenschwester. Diese lehnten wir ab, jedoch übernahmen ihre türkischen Mitpatienten gerne diese Aufgabe. In kurzer Zeit hatte sich ihre »schwere Krankheit« auf der Station herumgesprochen, alle Mitpatienten engagierten sich sehr für diese »arme Frau«. Biographisch erwähnenswert ist eine ähnliche Gangstörung in der

Kindheit, die sich immer dann entwickelte, wenn ihre Eltern und Geschwister sich von ihr entweder emotional oder örtlich zu weit distanzierten und die dann eine sofortige erneute Zuwendung zur Folge hatte.

Sie stammte aus einer ländlichen, agrarisch strukturierten Region der Türkei, deren gesellschaftliche Ordnung stark von religiösen Regeln und Normen geprägt ist. Sie verfügte über keinerlei Schulbildung und war beruflich seit über 20 Jahren als ungelernte Arbeiterin in Deutschland tätig.

Als zentrales Trauma ihrer jüngeren Geschichte schilderte sie den Verlust ihrer einzigen Tochter, die drei Jahre zuvor mit einem deutschen Mann von zu Hause weggelaufen sei. Unmittelbar danach begann aufgrund der geschilderten Symptomatik ihre Arbeitsunfähigkeit.

Bis zu diesem Zeitpunkt habe sie keine Psychotherapie in Anspruch genommen, da sie sich mit ihrem Mann gut verstehe und auch sonst keinerlei Probleme habe. Ihre depressiven Beschwerden führte sie auf das Verhalten ihrer Tochter zurück, sie fühle sich von ihr verachtet und durch ihr sündiges Verhalten entehrt. Dieses sündige Verhalten bestand nun darin, dass die Tochter einen deutschen, nicht muslimischen Mann geheiratet hatte. Damit habe sie sämtliche gesellschaftlichen türkischen Normen mit Füßen getreten. Als Mutter sei sie sehr gekränkt und habe seit diesem Ereignis vor drei Jahren mit ihr keinen Kontakt mehr. Ihre Gangstörung und Schmerzsymptomatik führte sie jedoch nicht auf dieses Ereignis, sondern auf eine Wirbelsäulenerkrankung zurück. Ein Nerv sei eingeklemmt, aber kein Arzt glaube ihr. Sie rechne damit, bald eine Lähmung zu bekommen, dann würden die Ärzte ihren Fehler schon einsehen.

Krankheitshypothesen

Die Patientin zeigte sich stark abhängig von den familiären Bindungen, sodass sie selbst den altersbedingten Tod ihrer Eltern als traumatisch beschrieb. Zur Gesellschaft dazuzugehören war ihr wichtig und so war sie mit deren Normen sehr identifiziert. Deren Erfüllung sicherte die durch den Ehemann vertretene Ehre der Familie und ihr Gefühl, uneingeschränkt Teil des gesellschaftlichen Ganzen zu sein. Der Verlust der Tochter vor drei Jahren durch ein in ihren Augen sündiges und sie entehrendes Verhalten kam für diese einer gesellschaftlichen Ächtung gleich. Es führte dazu, dass die Mutter meinte, sich vor der türkischen Gesellschaft und ihrer Familie durch Abbruch der Beziehung zu ihr als konsequente Mutter und Vertreterin der gesellschaftlichen Normen darstellen zu müssen. Diese Normen standen ihren emotionalen Bedürfnissen entgegen.

Die Patientin selbst führte ihre Erkrankung auf das Verhalten der Tochter zurück und hielt eine Heilung nur für möglich, wenn die Tochter ihren

Entschluss rückgängig machte und wieder nach Hause zurückkehrte. Die externale Kausal- wird hier logischerweise begleitet von einer entsprechenden externalen Kontrollattribution.

Blankenburg (1982) weist auf die Instrumentalisierung des Körpers bei psychosomatisch Kranken hin, wodurch der Patient eine ansonsten nicht kommunizierbare Botschaft ins Zentrum der Kommunikation rückt. Küchenhoff (1997) fokussiert in der Diagnostik den Interaktionsinhalt der Körpersymptomatik: wer spricht in der Körpersprache mit wem und was will er ihm sagen.

Der Körper als Objekt

Durch die Instrumentalisierung des Körpers in der Interaktion entsteht ein Dreiecksverhältnis zwischen dem Subjekt, dem instrumentalisierten und damit objektivierten Körper und dem Anderen. Die Triangulierung zwischen dem Kranken, seinem Körper und der Gesellschaft habe ich bereits in früheren Arbeiten thematisiert und herzuleiten versucht, dass die getrennte Wahrnehmung von Selbst- und Körperselbst es dem Menschen ermöglicht, seinen Körper als den schlechten, ihn bedrohenden Anteil seines Selbst zu erleben (Rodewig 1996, 1997). Ich denke dabei an die Kinderkrankheiten, die Schmerzen beim Zahnen, die Dreimonats-Kolliken etc. Diese Abspaltung der dem Körper und damit auch dem Selbst eigenen Potenz in die Identität der körperlichen Krankheit stellt nach Kutter (1980) einen Reparationsversuch des von Aufspaltung und Zerfall bedrohten Selbst dar. Sich mit dem kranken Körper zu beschäftigen, ist leichter als mit den vermeintlich negativen psychischen Selbstanteilen. Hirsch (1989, S. 4) stellt sich auf dem Hintergrund von Kohut's (1971) Äußerungen »eine integrierte innere Selbst-Körperselbst-Konzeption vor, die ein Eins-sein mit, wie auch eine Beziehung zum eigenen Körper enthält« und Plessner (1982) schreibt:

»der Mensch (...) lebt und erlebt nicht nur, sondern er erlebt sein Erleben. Ihm ist der Umschlag vom Sein innerhalb des eigenen Leibes zum Sein außerhalb des eigenen Leibes ein unaufhebbarer Doppelaspekt seiner Existenz, ein wirklicher Bruch seiner Natur. Er erlebt diesseits und jenseits des Bruches, als Körper und Seele und als die psychophysische Einheit dieser Sphären« (zit. n. Buchholz 1993, S. 10).

Der kranke Körper wird in seiner Auslenkung nicht nur dem Patienten bewusst, sondern auch dem Gegenüber (Rodewig 1997) und, um mit Sartre zu sprechen, ist der Körper für uns deswegen objektivierbar, weil er zuerst ein Körper-für-den-Anderen ist, er muss mir »als Objekt [als Körper des Anderen] gegeben worden sein« wodurch mir auch mein Körper seine Objektdimension enthüllt (Sartre 1943, S. 623). Diese Objektdimension entsteht jedoch erst durch die Vermittlung der Sprache. »Das Erleben körperlicher Bedrohung im Säuglingsalter bleibt unbewußt, erst durch die Sprache kann der Körper Objektcharakter gewinnen und mir damit bewußt werden« (Rodewig 1997, S. 78).

Im hier dargestellten Krankenbericht wird der Patientin ihr Körper in seiner Unfähigkeit bewusst, kraftvoll nach vorne zu gehen. Sie stellt diese Bewegungsstörung sowie ihre Schmerzen in den interaktionellen Raum, distanziert sich von ihm, indem sie ihn als Ergebnis fremder Einflussnahme erlebt und beschreibt und den sie wiederum zur Behandlung anbietet. Er hindert sie, eigenverantwortlich zu handeln und progressive Entscheidungen zu treffen, er hindert sie, *zu* ihrer Tochter zu gehen aber auch *wie* ihre Tochter zu gehen und sich von der Gemeinschaft zu entfernen. Gleichzeitig setzt sie sich dadurch jedoch auch ab von dem Anspruch ihres strengen Über-Ich's, wie das Kollektiv zu funktionieren.

Individuum und Gesellschaft

Unter dem Blickwinkel der interaktionellen Potenz derartiger Störungen lohnt es sich, das Verhältnis zwischen Individuum und Gesellschaft unter den besonderen soziokulturellen Entwicklungsbedingungen der türkischstämmigen Klientel, wie sie in psychosomatischen Rehabilitationskliniken zur Aufnahme gelangen, zu analysieren.

Die hier zur Behandlung gelangende Klientel zeichnet sich gegenüber der deutschen durch relativ homogene soziokulturelle Besonderheiten aus. Diese äußern sich in einem geringen Bildungsniveau sowie einem kollektiven, an religiösen Normen orientierten Selbstbild. Über 90% sind Migranten der ersten Generation und kommen aus ländlichen, industriell unterentwickelten, agrarisch strukturierten Gebieten. Ca. 18% sind Analphabeten, ein weiteres Drittel hat weniger als fünf Grundschuljahre absolviert, wobei Frauen durchschnittlich über ein geringeres Bildungsniveau verfügen. Damit verbunden ist natürlich ein geringer Grad an Aufklärung und Krankheit wird dabei weniger unter bio-psycho-sozialen Aspekten betrachtet, sondern als Ausdruck externer Einflüsse verstanden, die der Patient selbst nicht verändern kann. Dazu zählen Schicksal, göttliche Strafen und Prüfungen, das Verhalten Anderer, die Besessenheit von einem Dämon oder Zauber. So verwundert es nicht, dass unsere Patientin keine Möglichkeit der Einflussnahme auf ihr Krankheitsbild erkennen konnte. Einzig ihre Tochter hatte es in der Hand, die Mutter durch Rückkehr zu der von ihr verinnerlichten Ordnung zu heilen.

Diese verinnerlichte gesellschaftliche Ordnung bildet einen wesentlichen Anteil der Identität unserer Patientin. Die Identität bildet sich aus dem Wechselspiel zwischen Individuum und Gesellschaft und verändert sich im Laufe unserer Entwicklung.

Je größer die Gemeinschaft, desto mehr Individualität kann sie nicht nur verkraften, sondern benötigt sie für ihre Entwicklung und desto facettenreicher stellt sich individuelle Identität dar.

Wenn sich jedoch eine Gemeinschaft von außen bedroht fühlt, rückt sie wieder mehr zusammen und grenzt schließlich »Andersartige« aus. Die Gruppe funktioniert hier wie ein Individuum. Durch die Abwehrmechanismen der Spaltung und der Ausgrenzung quasi negativer Selbst-/Gruppenaspekte stabilisiert sich die Gruppe und schützt sich vor Ambivalenzen und der Erkenntnis ihrer inneren Zerissenheit. Das »sowohl als auch« wird zu einem »entweder – oder«. Im hiesigen Beispiel meinte die Patientin die Tochter ausgrenzen zu müssen, weil sie mit ihrem Verhalten der Gruppe schade. Tatsächlich hatte sie jedoch Angst, dass ihre unbewusste Identifikation mit dem Verhalten ihrer Tochter ihren Zusammenhalt mit der Gruppe gefährden könnte, mit der sie sich symbiotisch verbunden fühlte.

Kollektives und individuelles Selbst

Das aktuelle Selbstverständnis einer Person wird bestimmt durch die momentane Selbstinterpretation – das meint sozialpsychologisch betrachtet den kognitiven Prozess, durch den ein Mensch sein eigenes Verhalten und Erleben sowie die Reaktion seiner Umwelt ihm gegenüber in einen Sinnzusammenhang bringt. Dieses Selbstverständnis wirkt dann wieder als Orientierung für weiteres Verhalten und Erleben. Simon und Mummendey (1997) heben zwei Selbstinterpretationsvarianten hervor: die Selbstinterpretation als austauschbares Gruppenmitglied – *kollektives Selbst* – und die Selbstinterpretation als einzigartiges Individuum – *individuelles Selbst*.

Im Gegensatz zu der betonten Einzigartigkeit des *individuellen Selbst* kann ich mich unter bestimmten sozialen Bedingungen als austauschbares Mitglied einer bestimmten Gruppe begreifen und darstellen und mein Erleben und Verhalten vorrangig im Licht dieses sozial geteilten *kollektives Selbstbildes* interpretieren – dann tritt die Ähnlichkeit mit den Personen, mit denen ich dieses Selbstbild teile, besonders hervor und Unterschiede zu Personen, die diesen Selbstaspekt nicht teilen, werden betont.

Die Einordnung in eine Gruppe übt über meine individuelle Sicht hinaus einen entscheidenden Einfluss darauf aus, wie ich mich und andere wahrnehme, bewerte und behandele (Simon & Mummendey 1997).

Kollektive Selbstinterpretationen können außer dem dominierenden und sozial geteilten auch noch andere Selbstaspekte enthalten – diese stehen aber mit dem dominierenden in Verbindung bzw. sind von diesem abhängig, während die verschiedenen Selbstaspekte eines individuellen Selbstbildes voneinander unabhängig sind.

Diese Konzeptualisierung von Simon und Mummendey orientiert sich am Konzept des Selbst-Aspektes von Linville (1985, 1987). Danach sind Selbstaspekte kognitive Strukturen, die zur Organisation des Wissens über die eigene Person dienen und aus Erfahrungen in bestimmten Situationen resultieren, Erfahrungen beeinflussen und ein bestimmtes Verhalten anregen. Psychoanalytisch stellt ein kollektiv geteiltes Selbstbild einen Teilaspekt des Selbst dar, d. h. einen Sinn stiftenden Zusammenhang verschiedener Selbstrepräsentanzen.

Ob ich mich als Individuum sehe und präsentiere oder als Gruppenmitglied, hängt entscheidend von meinem sozialen Kontext ab, und andererseits wirkt die Interpretation als individuelles oder kollektives Selbst wieder auf die mich umgebenden sozialen Beziehungen ein.

Die Einordnung in bestimmte Gruppen übt dabei einen entscheidenden Einfluss darauf aus, wie ich mich und andere wahrnehme, bewerte und behandle. Sie ist verbunden mit Prozessen der Kategorisierung und Gruppierung und stellt über Prozesse der Identifikation eine Grundlage der Identitätsbildung dar. Stellt sich das Selbsterleben vorrangig im Lichte des sozial geteilten kollektiven Selbst dar, wird das Ausscheren aus dieser Gruppe zu einer besonderen Gefahr.

Die Frau in der patriarchalisch strukturierten Gesellschaft

Die Gesellschaft der Türkei ist streng patriarchalisch geprägt und Männer fühlen sich mit ihrer Ehre für die Einhaltung der gesellschaftlichen und religiösen Regeln und Normen verantwortlich. Während die Männer als Vertreter dieser Regeln einen bestimmten Ermessensspielraum für ihr eigenes Verhalten in Anspruch nehmen, bringen sie ihre Ehre sowohl innerhalb der Familie wie auch außerhalb hauptsächlich mit dem Verhalten ihrer Frauen und Kinder in Verbindung. Da nun konversionsneurotische Symptome fast ausschließlich bei unserer weiblichen türkischen Klientel auftreten, liegt ein Zusammenhang mit der gesellschaftlichen Position der Frau in der türkischen Gesellschaft nahe. Auch in unserer Gesellschaft galten Frauen bis in die Mitte des 20. Jahrhunderts und mancherorts auch heute noch als dem Manne untertan, der als Vertreter der gesellschaftlichen und gottgewollten Ordnung angesehen wurde. In dieser Zeit waren konversionshysterische Störungen des Bewegungsapparates und der Sinnesempfindung relativ verbreitet, wie sich auch an den diversen Fallschilderungen der psychoanalytischen Literatur Anfang des letzten Jahrhunderts zeigen lässt. Es liegt also nahe, die Störung mit den gesellschaftlichen Bedingungen in Beziehung zu setzen.

Seit Gahlen galt die Hysterie als eine Erkrankung der Frauen und Braun (1988) sieht im Verhalten hysterischer Frauen die Möglichkeit, einem gesellschaftlichen Protestpotenzial Ausdruck zu verschaffen und für Küchenhoff (1993) ist die Hysterie »nicht ohne die Geschichte weiblicher Ausdrucksformen und männlichen Herrschaftsverhaltens zu verstehen«.

In der sich kollektiv definierenden orientalischen Gesellschaft werden Frauen durch den Brauch oder Zwang zum Tragen von Kopftüchern bis hin zum Tragen des Schadors in der Öffentlichkeit in ihrer individuellen Selbstdarstellung deutlich reduziert. Die Selbstdefinition ergibt sich folglich aus ihrer überindividuellen, gesellschaftlichen Rolle, während sie ihre individuelle Körperlichkeit vornehmlich im familiären Umfeld und im Kreis ihrer Geschlechtsgenossinnen ausleben und darstellen können. Die Möglichkeit, die eigene Individualität zu erleben, scheint unter diesen Bedingungen begrenzt und damit verbunden auch die Möglichkeit, mit der Gesellschaft und ihrer Ordnung in einen konstruktiven Dialog zu treten.

Zurück zur Fallgeschichte – die Symbolsprache der Konversion

Betrachten wir in unserer Fallgeschichte den Dialog, wie er sich in der Symbolsprache der Konversion ausdrückt.

Der Verlust der Tochter vor drei Jahren durch ein in ihren Augen sündiges und sie entehrendes Verhalten kam für diese einer gesellschaftlichen Ächtung gleich. Auf den ersten Blick scheint die Mutter mit dem Abbruch der Beziehung konsequent die gesellschaftlichen Normen zu vertreten und in der Symptomatik die Trennung depressiv zu verarbeiten. Doch die Entwicklung der Gangstörung und der weitergehenden psychosomatischen Beschwerden legt ein anderes Verständnis nahe. Sie identifiziert sich mit der Tochter und ihrem Verhalten und möchte sagen: »ich möchte wie meine Tochter gehen und mich frei entfalten, aber mein Gewissen missbilligt dieses Verhalten. Wenn meine Beine mich nun nicht tragen, komme ich auch nicht in Versuchung.« Der Konflikt zwischen ihren Bedürfnissen nach gesellschaftlicher Entfaltung und ihren Über-Ich Forderungen wird in der körperlichen Störung symbolisiert.

Der Körper als Ort der externalisierten negativen Selbstrepräsentanz

Der Körper wird zu einem Mittler zwischen Subjekt und Gesellschaft. Das Individuum distanziert sich über seine Störung vom Konflikt und externalisiert die Ursache. Hier ist es das Verhalten der Tochter, bei anderen – wie oben bereits erwähnt – der Dämon, der Zauber oder der göttliche Wille. Mentzos (Mentzos 1980) beschreibt es so:

> »Der Betreffende setzt sich innerlich (nach dem Erleben) und äußerlich (dem Erscheinungsbild nach) in einen Zustand, der ihn sich selbst anders erleben und in den Augen der umgebenden Person anders erscheinen läßt, als er ist. Er versetzt sich in einen Zustand, in dem die eigenen Körperfunktionen und/oder psychischen Funktionen und/oder Charaktereigenschaften in einer solchen Weise erlebt werden und erscheinen, daß schließlich eine angeblich andere, eine veränderte Selbstrepräsentanz resultiert.«

Diese andere Selbstrepräsentanz wird wie losgelöst von sich selbst gesehen und behandelt und so wundert es nicht, dass der Körper als von fremden Mächten besessen gesehen wird – und auch bei uns so gesehen wurde. Bis zur Mitte des vorigen Jahrhunderts wurden Hysterien als Bessenheitszustände verstanden und mit Exorzismen von kirchlicher Seite auch in Deutschland behandelt. Bei der türkischen Klientel übernehmen die Hodschas die Funktionen, den Dämon zu vertreiben oder den Zauber zu bannen. Wenn der Hodscha ein gutes Gespür für den inneren Konflikt der Patientin hat, kann er durch Interventionen in der Familie den Konflikt zwischen ihren individuellen Bedürfnissen und den von den Eltern vertretenen Normen vermitteln und beide Seiten durch die Erklärung oder Übermittlung des über allem stehenden göttlichen Willens von ihrem erdrückenden Über-Ich befreien oder es zumindest abmildern.

Wir haben eine ähnliche Reaktion bei einer jungen Patientin, die sich durch ihre sexuellen Phantasien und vermutlich masturbatorischen Tätigkeiten sehr belastet fühlte, durch sexuelle Aufklärung erreicht. Wir erklärten ihr die normale sexuelle Entwicklung eines Mädchens zur Frau und vermittelten ihr, dass derartige Phantasien und Praktiken zur normalen Entwicklung dazu gehören. Dies, verbunden mit einem diese Einschätzung unterstützenden Koranverses, ließ die Kraft des Dämons schwinden, er kränkelte und sie entwickelte die Phantasie, dass er bald von selbst sterben und verschwinden werde (Rodewig et al. 2000).

Die Hysterie als Machtkampf

Die statt der Befreiung von inneren und äußeren Zwängen notwendige Versorgung durch ihren 18-jährigen Sohn und ihren Ehemann erlebe ich neben der Verfolgung oraler Bedürfnisse auch als die weibliche Rache an den Vertretern einer sie bevormundenden patriarchalischen Gesellschaftsordnung.

Dieser Machtkampf in der hysterischen Inszenierung provoziert nach Haas (1987) auch in der männlich dominierten Medizin Racheimpulse und Ängste den erkrankten Frauen gegenüber, die sich im sadistisch anmutenden, invasiv diagnostischen Umgang mit diesem Krankheitsbild, aber auch in den abschätzigen Konnotationen niederschlagen. So wird von Lügenhaftigkeit, Infantilität, egozentrischem Geltungsbedürfnis, ewig pubertierendem Verhalten gesprochen.

Die Entlastung des Über-Ich

Mit der Reaktivierung eines frühkindlichen Reaktionsmusters versucht unsere Patientin, eine frühe körperbetonte Interaktionserfahrung zu wiederholen, die immer zur Rückkehr des ersehnten Objektes führte. Sie formulierte anfänglich ausdrücklich, sie könne nur gesund werden, wenn ihre Tochter ihre Entscheidung zurücknehme und in die Familie zurückkehre.

Entgegen der Meinung einiger Mitpatienten betonte sie in der Gruppentherapie die Notwendigkeit, als Mutter die gesellschaftlichen und religiösen Regeln in der Familie zu vertreten und durchzusetzen. Erst die persönliche Mitteilung eines älteren Patienten machte sie unsicher. Er berichtete, dass seine Tochter ebenfalls vor sechs Jahren von zu Hause weggelaufen sei. Er habe sofort zu ihr Kontakt aufgenommen und sie bei jeder Gelegenheit unterstützt. Unsere Patientin reagierte auf die Schilderung entrüstet und kritisierte seine nachgiebige Haltung. Er dagegen glaubte, dass seine Tochter, wenn er zu ihr keinen Kontakt aufgenommen hätte, nach ihrer Scheidung drei Jahre später eine Prostituierte hätte werden müssen, um finanziell zu überleben, da sie von der türkischen Gesellschaft isoliert gewesen sei. Jetzt lebe sie bei ihm und hätte auch eine Arbeitsstelle. Sie identifizierte sich mit diesem mütterlich fürsorglich-schützenden Vater und ihr wurde durch seine Schilderung auch das Risiko der persönlichen Freiheit deutlich (vgl. Beck 1984). Diese Relativierung der individuellen Entfaltung entlastete ihr Über-Ich. Sie spürte, wie sehr sich die Tochter nach der Fürsorge und dem Schutz der Mutter sehnen musste, konnte nun aber auch ihre eigene orale Sehnsucht nach der Zuwendung der Tochter wahrnehmen. Der daraufhin über den Vater wieder aufgenommene Kontakt führte zu einem unmittelbaren Besuch der Tochter in der Klinik und einer anschließenden Aussöhnung, ohne dass die Tochter ihre Lebensentscheidung »korrigiert« hätte. In der Folge ließen die Schmerzen deutlich nach und die Gangstörung trat nicht wieder auf.

Fazit

Diese Fallgeschichte stellt keine Besonderheit bei türkischen Frauen dar, sie kann so oder ähnlich auch bei einer deutschen Patientin vorgefunden werden.

Die Entwicklung der körperlichen Störung stellt erst einmal einen unbewussten Akt der Befreiung aus der kollektiven Umklammerung dar, die sich in einem strengen Über-Ich manifestiert. So erlebt sich das Subjekt in seinem Körper-Selbst erst bewusst durch die Veränderung seiner körperlichen Möglichkeiten bzw. erst in der Einschränkung der normalen Bewegungsfunktionen. Damit kann bei einer kollektiven Selbstdefinition der Körper zu dem Ort werden, an dem sich das Subjekt seiner Individualität und Einzigartigkeit bewusst wird. Der Körper wird zum einzigartig Eigenen. Jedoch erst durch das Verstehen des symbolischen Gehaltes seiner Störung und das Verbalisieren der Hintergründe wird auch ein psychisches Wachstum möglich.

Literatur

Beck, U. (1994): Jenseits von Stand und Klasse? In: Beck, U. & Beck-Gernsheim, E. (Hg.): Riskante Freiheiten. Frankfurt a. M. (Suhrkamp), S. 43–60.

Blankenburg, W. (1982): Körper und Leib in der Psychiatrie. In: Schweiz. Arch. Neurol. Psychiatr. 131, S. 13–39.

Braun, C. v. (1988): Nicht-Ich. Frankfurt a. M. (Neue Kritik).

Buchholz, M. B. (1993): Dreiecksgeschichten. Göttingen, Zürich (Vandenhoeck & Ruprecht).

Haas, J. P. (1987): Bemerkungen zum sogenannten »Hysterie-Gefühl«. In: Der Nervenarzt 59, S. 92–98.

Hirsch, M. (1989): Der eigene Körper als Objekt. Berlin, Heidelberg, New York (Springer).

Linville, P. W. (1985): Self-complexity and affective extremity: Don't put all your eggs in one cognitive basket. In: Social Cognition 3, S. 94–120.

Linville, P. W. (1987): Self-complexity as a cognitive buffer against stress-related illness and depression. In: Journal of Personality and Social Psychology 52, S. 663–670.

Kohut, H. (1971): Narzissmus. Frankfurt a. M. 1973 (Suhrkamp).

Küchenhoff, J. (1993): Hysterie. In: Rudolf, G. (Hg.): Psychotherapeutische Medizin. Stuttgart (Enke), S. 192–198.

Küchenhoff, J. (1997): Körper, Sprache, Krankheit. In: Rodewig, K. (Hg.) (1997): Der kranke Körper in der Psychotherapie. Göttingen, Zürich (Vandenhoeck & Ruprecht), S. 42–56.

Mentzos, S. (1980): Hysterie. In: Peters, U. H. (Hg.): Die Psychologie des 20. Jahrhunderts. Bd.X. Ergebnisse für die Medizin (29). Psychiatrie. Zürich (Kindler), S. 770–790.

Plessner, H. (1982): Mit anderen Augen. Aspekte einer philosophischen Anthropologie. Stuttgart (Reclam).

Rodewig, K. (1996): Körperliche Krankheit in Übertragung und Gegenübertragung. In: Psyche 49 (6), S. 564–580.

Rodewig, K. (1997): Der kranke Körper in der therapeutischen Beziehung. In: Rodewig, K. (Hg.) (1997): Der kranke Körper in der Psychotherapie. Göttingen, Zürich (Vandenhoeck & Ruprecht), S. 68–84.

Rodewig, K. (2000): Stationäre psychosomatische Rehabilitation von Migranten aus der Türkei. Sind monokulturelle Behandlungseinheiten sinnvoll? In: Psychotherapeut 45, S. 350–355.

Rodewig, K.; Tasyürek, F. & Tietz, G. (2000): Stationäre Psychotherapie von Migranten aus der Türkei. In: Rodewig, K. (Hg.): Identität, Integration und psychosoziale Gesundheit. Aspekte transkultureller Psychotherapie und Psychosomatik. Gießen (Psychosozial).

Sartre, J. P. (1943): Das Sein und das Nichts – Versuch einer phänomenologischen Ontologie. Reinbeck 1994 (Rowohlt).

Simon, B. & Mummendey, A. (1997): Selbst, Identität und Gruppe: Eine sozialpsychologische Analyse des Verhältnisses von Individuum und Gruppe. In: Mummendey, A. & Simon, B. (Hg.): Identität und Verschiedenheit. Bern, Göttingen, Toronto, Seattle (Huber).

Therapie der Bedrohung, Bedrohung der Therapie

Haltung und Methode in der Behandlung einer schweren organischen Erkrankung

K.-A. Dreyer

Einleitung

Vor fünf Jahren wendet sich eine Patientin, empfohlen von ihrem Hämatologen, mit dem Wunsch nach einer Psychotherapie ihrer Erkrankung an mich. Sie leidet an einer TTP, einer thrombotisch-thrombozytopenischen Purpura, einer sehr seltenen, lebensbedrohlichen Blutungskrankheit, die in Rezidiven auftritt. Jedes akut auftretende Ereignis bedarf sofortiger stationärer Behandlung, da durch den Verbrauch der Blutplättchen und nachfolgend deren Verschwinden aus der Blutbahn ausgedehnte subkutane Blutungen entstehen. Dem Abfall der Thrombozyten, der Blutplättchen, gehen thrombotische Verschlüsse von Gefäßen voraus, in denen die Thrombozyten verbraucht werden. Gefürchtet sind insbesondere die neurologischen Ausfälle nach Verschlüssen an Hirngefäßen. Der Name TTP steht für:
- thrombotisch = Verschluss der Gefäße durch Thromben,
- thrombozytopenisch = Abfall der Zahl der Blutplättchen,
- Purpura = ausgedehnte Blutungen ins Unterhautfettgewebe durch Ausfall der Gerinnungsfunktion.

Ist überhaupt eine psychotherapeutische Behandlung bei dieser somatischen Erkrankung – eine analytische zumal – möglich? Kann Psychotherapie im Umgang mit der Bedrohung durch diese Krankheit helfen? Welche psychosomatischen Modellvorstellungen sind zum Verständnis hilfreich und wie bedroht ist die Therapie durch die Rezidivneigung? Ich werde in der Beantwortung dieser Fragen in meiner Darstellung zwischen Theorie und Fallbericht hin- und herpendeln.

Zum Erstkontakt

Die Patientin steht vor ihrem 30. Geburtstag, ein Alter, das sie noch erreichen will. Angesichts der letzten sieben Jahre mit sechs Rezidiven, die sie an den Rand des Todes, ins Koma mit künstlicher Beatmung geführt haben, ein Ziel, das bisweilen in weiter Ferne zu liegen scheint. Sie kommt mit dem Wunsch nach einer Psychotherapie ihrer Erkrankung, der TTP, weil sie bemerkt hat, dass sie vor jedem Rezidiv »seelisch ganz unten« sei. Es ist ihre Überzeugung, dass eine Psychotherapie ihr helfen wird, die Krankheit zu überwinden. Mit dieser Überzeugung steht sie zunächst allein, weder ihr Hämatologe noch ich teilen sie. Aber selbst wenn man in einem Gedankenspiel die TTP als psychosomatische Erkrankung auffassen will, bleibt ihre Haltung ungewöhnlich, da Psychosomatische Patienten nicht dazu neigen, von der Psychogenese ihrer Erkrankung auszugehen.

Sie steht noch vor einem weiteren Problem: Die Ärzte drängen sie zur Splenektomie, der Entfernung der ganzen Milz. Sie möchte nicht zustimmen, weil sie einen derartigen Eingriff als Verstümmelung erlebt; sie möchte zuvor die Wirkung einer Psychotherapie abwarten. Zum Hintergrund der Milzentfernung: Die vermutete Rolle der Milz im Rahmen immunologischer Erkrankungen verbinden die Hämatologen mit der Hoffnung auf ein Abflauen der Rezidivneigung.

Die 29-jährige Türkin äußert ihren Wunsch nach psychotherapeutischer Hilfe mit großer Selbstverständlichkeit und in perfektem Deutsch, das sie auch in Metaphern und Sprachbildern sicher beherrscht. Sie sieht aus wie das blühende Leben, adrett gekleidet und vermittelt mir, dass sie sich ihres Körpers bewusst ist und ihn zu ihrer Freude gebrauchen kann.

Ein Problem entsteht für mich aus dieser Selbstverständlichkeit, mit der die Patientin ihrer Überzeugung, dass eine Psychotherapie ihr helfen werde Ausdruck verleiht. Ich fühle mich von der Wucht und Bedrohlichkeit ihrer körperlichen Erkrankung erschlagen. Mich beschleichen Zweifel, ob sie weiß, was sie mit der Therapie erreichen will und was sie im Falle eines Rezidivs riskiert? Diplomatisch-vorsichtig formuliere ich meine Fragen, ob sie wirklich glaube, wir könnten den Krankheitsverlauf beeinflussen und was wäre, wenn wir ein lebensbedrohliches Rezidiv auslösten. Auch lasse ich anklingen, dass – im Rahmen einer Psychotherapie – das Auftreten des Symptoms, also eines Rezidivs, nicht ausgeschlossen werden kann. Die Patientin begegnet meinen Fragen offen und hält unbeirrt an ihrem Gedanken fest, dass Psychotherapie ihr helfen werde.

Als 50 Minuten um sind, bin ich froh, weil ich mir während des Erstgesprächs klar gemacht habe, dass meine Sorgen und Ängste viele Fragen und Zweifel auslösen: »Ist es nicht ein größenwahnsinniges Unterfangen, eine derartige Bedrohung durch den Tod therapieren zu wollen?« Ich erfahre vom betreuenden Hämatologen von der Seltenheit dieser Erkrankung, diskutiert würden allergisch-hämatologische Mechanismen. Über den weiteren Verlauf aber sei – selbst nach einer Splenektomie – kaum eine Aussage möglich. Ich lese im letzten Arztbrief: »Ein Trigger oder auslösendes Moment konnte auch bei diesem Rezidiv nicht sicher eruiert werden.«

Allein gelassen fühle ich mich mit der Frage, ob ich es wagen soll, die Patientin in Therapie zu nehmen. Ihrem Wunsch steht meine Angst gegenüber, ihr durch die Auslösung eines Rezidivs zu schaden. Ich bewege mich in meinen Empfindungen zwischen dem Versuch, mir über das Ausmaß meiner Größenphantasien Rechenschaft abzulegen und dem Wunsch, mit dem Problem der Patientin weniger einsam zu sein. Zugleich spüre ich, wie sehr mich ihr Problem gefangen nimmt. Ich schwanke, ob ich lediglich eine Kurztherapie zur Krankheitsbewältigung vorschlagen oder ihre Ahnung ernst nehmen soll, dass Psychotherapie ihr helfen werde.

Ich stelle mir die Frage nach dem neurotischen Konflikt. Die Klarheit, mit der die Patientin ihren Wunsch äußert, lässt mich annehmen, dass sie dafür Gründe hat. Schließlich stellt sich mir die Frage: »Wenn ich sie nicht betreue, weil mir das Problem zu heiß ist, was empfehle ich ihr dann?« Unmerklich fühle ich mich hineingezogen in einen Konflikt um Leben und Tod, den ich auch nicht dadurch vermeiden kann, dass ich ihr – gut reflektiert – mitteile, was ich glaube verantworten zu können, nämlich eine Behandlung seelischer Nöte und was ich glaube, nicht behandeln zu können, weil die Ursache auf einer anderen, der somatischen Ebene liegt: die TTP.

Ihre Unbeirrbarkeit stellt mich vor die Frage, ob ich – im Rahmen des Verantwortbaren – eine Therapie ihrer Bedrohung wage oder ob *ich* mich davon zu sehr bedroht fühle. Gleichzeitig ist mir klar, dass diese Behandlung lange gehen wird und die Bedrohung der Therapie durch ein Rezidiv in unseren Stunden gegenwärtig bleibt.

Meine Gefühle in diesen ersten Stunden begleiten mich weiterhin durch all die Jahre der Therapie. Es ist meine Angst vor einem Rezidiv ebenso wie die Angst vor der Angst, die mich lähmen und damit verhindern könnte, dass ich meine analytische Arbeit tun kann.

Ich erfahre von der Fähigkeit der Patientin, im Selbst-Zwick-Test die Bildung von blauen Flecken zu überprüfen und auf diese Weise herannahende Rezidive früh zu erkennen. Mir fällt auf, dass sie zwar über gute Coping-Strategien verfügt, von ihrer Erkrankung affektiv aber seltsam unberührt bleibt, sodass die ganze Angst im Sinne einer projektiven Identifikation bei mir bleibt.

Dies ändert sich im dritten Vorgespräch. Wir sprechen über ihre Tendenz zur Selbstbestrafung am Beispiel einer Schwangerschaftsunterbrechung. Sie riskierte, von ihrem deutschen Freund schwanger zu werden, obwohl sie wusste, dass eine – in diesem Fall außereheliche – Schwangerschaft nicht nur wahrscheinlich ein Rezidiv der TTP, sondern sicher auch heftige Konflikte in Ehe und Familie ausgelöst hätte. Sie riskierte es, obwohl sie kurz zuvor erlebt hatte, wie froh sie über einen Spontanabort gewesen war. Zu dieser Zeit fürchtete sie ihren türkischen Mann, der sie schlug. Seit einigen Jahren ist sie von ihm geschieden. Sie bemerkt in der Stunde, dass sie es »ausreize« und viel riskiere. Ich ersetze daraufhin deutend das Wort »Lebensgefahr« durch »Todesgefahr« und sage: »Sie haben Todesgefahr heraufbeschworen!« Mein Wort »Todesgefahr« durchbricht ihre affektive Indifferenz und löst heftiges Weinen aus. Zum ersten Mal wird die tatsächliche Bedrohung durch die TTP affektiv spürbar. Ihre Tränen begleiten uns ab diesem Moment die gesamte Therapie.

Durch meine Deutung wurde die Isolierung vom Affekt durchbrochen. Es handelt sich hier nicht um ein »psychosomatisches Syndrom« oder eine Alexithymie. Näher liegt mir die Vermutung eines hysterischen Konfliktes, der in enger Verbindung zu einer Bedrohung durch Tod als Strafe oder Vergeltung steht. In diesem Fall würde der unbewusste Wunsch, diesen Konflikt zu lösen, die Patientin zu mir führen. Ihre neurotische Erkrankung bedroht – wohl aufgrund einer besonderen Vulnerabilität im körperlichen Bereich – ihr Überleben und ihre Beziehungen. Die Behandlung dieses Konfliktteils erscheint mir sinnvoll und notwendig. Dazu entschließe ich mich.

Die Behandlung, über die ich berichte, findet ohne Couch statt und ist in Haltung und Methode den Erfordernissen der Erkrankung und ihren Risiken angepasst: Meine *Haltung* ist einerseits geprägt von großer Aufmerksamkeit auf die Regressionstiefe und die Effekte meiner Deutungen und andererseits gerichtet auf den langen Zeitraum zwischen den Stunden. Dies steht im Zusammenhang mit der gewählten *Methode*: zwei-, später einstündig im Sitzen, um keine zu tiefe Regression auszulösen und lange genug arbeiten zu können. In meiner Haltung bleibe ich mir der Unerklärlichkeit des somatischen Geschehens bewusst (Uexküll (1985, S. 100) betont, dass die psychoanalytische Methode »den Körper in seiner prinzipiell unbewussten, niemals bewusstseinsfähigen Tiefendimension nicht in den Blick« bekommt).

An dieser Stelle löse ich die Spannung über die Entwicklung der TTP in den fünf Jahren der bisherigen Behandlung auf. Abgesehen von einem (nach dem Urteil der Patientin) leichten und, wie sie betont, letzten Rezidiv ein halbes Jahr nach Behandlungsbeginn blieb die Patientin bis heute – also insgesamt über fünf Jahre –rezidivfrei. In Anbetracht der Tatsache, dass sie in den sechs Jahren *vor* der Behandlung insgesamt sieben Rezidive hatte, ist eine Menge erreicht und die Bedrohung ihres Lebens erheblich verringert worden.

Die internistische Diagnose und Therapie der TTP

Die Nähe ihrer Erkrankung zu einer anderen Purpura, der ITP (idiopathische thrombozytopenische Purpura oder Morbus Werlhof) wäre der Patientin beinahe zum Verhängnis geworden: Bei der Erstmanifestation wurde sie unter der Annahme einer ITP lediglich mit Corticoiden behandelt, bis die zunehmende Verschlechterung ins Koma und in die Ateminsuffizienz geführt hatte und zu einer Verlegung in die Hämatologie zwang, wo gerade noch rechtzeitig die Diagnose TTP gestellt und die Plasmapherese begonnen wurde.

Zu Ätiologie und Differentialdiagnose: Im Falle der ITP kann eine Infektion oder ein autoimmunologischer Prozess zu einer dramatisch verkürzten Lebenszeit der Thrombozyten führen und dadurch spontane Blutungen auslösen. Bei der TTP wird eine Schädigung des Endothels der kleinen Gefäße, also der Gefäßauskleidung angenommen. Aufgrund eines pathologischen Eiweißes (des sog. »unusally large von Willebrand factor«) kommt es zum Verbrauch der Thrombozyten im Prozess einer Thrombosierung, die zu zahlreichen Gefäßverschlüssen und nachfolgender Blutungsneigung führt. *Zur Therapie*: Plasmaaustausch (Plasmapherese) bis zur Remission, mindestens fünf Tage, Gabe von Kortikoiden, Vincristin und eventuell Erythrozyten. Nach dem zweiten Rezidiv wird die Splenektomie empfohlen.

Zur psychosomatischen Differentialdiagnose

Die psychosomatische Differentialdiagnose muss gegenüber der psychogenen Purpura vorgenommen werden. Bei der psychogenen Purpura kommt es zu ausgedehnten Hämatomen bei gleichzeitig normaler Thrombozytenzahl. Alle mir zugänglichen Veröffentlichungen (Ratnoff & Agle 1968; Klein et al. 1975; Zhou et al. 2001) bestätigen die normalen Laborparameter und schließen andere ätiologische Faktoren für die von ihnen beobachteten Fälle aus. Der psychogenen Purpura liegen nach Ansicht der Autoren psychosomatische Faktoren, Konversionssymptome oder – in neuerer Nomenklatur – histrionische Persönlichkeiten zugrunde.

Eindeutig abzugrenzen von psychogener Purpura ist der vorliegende Fall einer TTP. Wir haben es eindeutig mit einer *somatischen* Erkrankung zu tun, die durch Laborparameter und Verlauf gesichert ist und sich in Bezug auf Ätiologie, Pathophysiologie, Befunde, Therapie und vor allem ihre Gefährlichkeit grundsätzlich unterscheidet. Den Irrtum in der Diagnosestellung (ITP statt TTP) hätte die Patientin beinahe nicht überlebt. Dass bei ihr keine bleibenden Schäden aufgetreten sind, halten die Hämatologen für erstaunlich, zumal Mikroverschlüsse röntgenologisch nachgewiesen wurden.

Wenngleich die Diagnose gesichert ist, verblüfft der mögliche Ausdruckswert des sichtbaren Symptoms, der subcutanen Blutungen, die den Folgen von Schlägen ähneln. Dieses Ausdruckssymptom passt gut zum unbewussten Konflikt und zur Selbstbestrafungstendenz der Patientin nach ihrem Ehebruch. Sie ist Muslimin. Im Koran (1992, S. 298), auch Grundlage der Scharia, steht in Sure 24, Paragraph drei: »Weib und Mann, die des Ehebruchs schuldig sind, geißelt beide mit einhundert Streichen. Und lasst nicht Mitleid mit den beiden euch überwältigen vor dem Gesetze Allahs, so ihr an den Jüngsten Tag glaubt. Und eine Anzahl der Gläubigen soll ihrer Strafe beiwohnen.« Das heißt: Schläge drohen als Strafe für Ehebruch bei gleichzeitiger beschämender Zur-Schau-Stellung. Blaue Flecken, auch ohne Schläge, sind das Leitsymptom der Rezidive.

Trotz dieser Nähe von somatischer Ätiologie und psychodynamischer Symbolik im sekundären Symptom der sichtbaren Blutungen bleibt eine unüberbrückbare kategoriale Kluft zwischen den Erklärungsansätzen bestehen, sie erlauben keine verbindende Erklärung, ohne in psychosomatische Spekulationen von Groddeck'schen Ausmaßen zu verfallen.

Wir können gleichwohl bereits jetzt festhalten: Wenn auch eine durchgängige Erklärung vom Soma bis zur Psyche nicht gelingen kann, erlaubt offensichtlich die psychoanalytische Methode in Einzelfällen wie diesem außergewöhnliche Erfolge.

Biographie und Behandlung

Die ersten vier Jahre verbringt die Patientin in der Türkei. Für den Vater ist sie »Ein-und-Alles«. Mit zweieinhalb Jahren bekommt sie eine Schwester, der Vater verlässt die Familie, um in Deutschland zu arbeiten. Er steht also in der Subphase der Wiederannäherung nach Mahler (1979) seiner Tochter nicht zur Verfügung (in meiner Darstellung stütze ich mich auf die Vorstellungen zur Hysterie von Rupprecht-Schampera, 1997). Die wohl ambivalent geliebte Schwester erkrankt mit zwei Jahren an Polio. Eine Lähmung der Beine, also des Organs, das Weglaufen und Zurückkehren ermöglicht, veranlasst die ganze Familie, zur besseren medizinischen Behandlung dem Vater in die Bundesrepublik nachzuziehen. Die Maßnahmen, die zur Rettung und zum Wohl der Schwester notwendig waren, treffen auf die Patientin als Mädchen in der frühen ödipalen Phase und hinterlassen in ihr vermutlich Gefühle darüber, dass und wie Krankheit, Gefährdung und Hoffen auf den Vater im Leben bedeutsam sein können. Die Schwester behält dauernde Schäden, die bei ihr zu einem untergründig neidvollen Verhältnis auf ihre »gesunde« Schwester, meine Patientin, führen, das bis zum gegenwärtigen Zeitpunkt andauert. Bei meiner Patientin vermute ich unbewusste Schuldgefühle für ihre Gesundheit.

In der Pubertät kommt es zu einer Neuauflage des Konflikts. Die Patientin fürchtet die Bestrafung durch ihren Vater und intendiert unbewusst seine Hilfe, als sie mit 15 eine unverfängliche Freundschaft beginnt. Nachdem sie von einem Freund des Vaters mit ihrem Freund zusammen gesehen wird, fürchtet sie, er würde alles umgehend dem Vater erzählen und reagiert typisch türkisch: Sie »haut ab« mit ihrem Freund. »Abhauen« ist ein Signal an die Eltern. Ein unbescholtenes Mädchen bringt damit zum Ausdruck, dass es mit dem Mann zusammen war. Um die Ehre zu retten, müssen die Eltern diese beiden dann verheiraten oder sich tolerant zeigen und die alte Norm übergehen. Die 15-jährige wählt also eine Wendung ins Aktive, irrt sich aber in der Einschätzung ihres Vaters, von dem sie gehofft hat, er würde sich zu ihrer Rettung über alte Gebräuche hinwegsetzen. Sie hat Grund zu einer solchen Annahme, handelte er doch zur Rettung der erkrankten Schwester, indem er sie alle zu sich holte. Sie täuscht sich, wird verlobt, heiratet und bekommt einen Sohn, später noch eine Tochter. Mit anderen Worten: Auch in der Neuauflage in der Adoleszenz ist die Suche nach dem hilfreichen väterlichen Objekt missglückt. Mir war in meinen Qualen in den Vorgesprächen noch nicht klar, dass die Patientin mich in einer weiteren Wiederholung vor eine ähnliche Frage stellt: Werde ich mich über mein schulmedizinisches Wissen hinwegsetzen und es wagen, sie in Therapie zu nehmen?

Wie aufgeladen die Atmosphäre nach der Rückkehr der Patientin vom »Abhauen« gewesen sein muss, erfahre ich spät in der Behandlung, als die Patientin erinnert, die Mutter habe sie erregt angeschrien und auf den Vater gezeigt: »Wenn Du einen Mann brauchst, dann nimm doch den da!« Die Mutter bot der Tochter den Vater an und verletzte damit das Inzestverbot!

Das Unglück in ihrer Ehe lässt die Patientin außereheliche Beziehungen suchen und nährt in ihr den Wunsch, ernsthaft krank zu sein, um damit ihr Unglück durch Krankheit zu ersetzen. In dieser Zeit, mit Anfang zwanzig, tritt tatsächlich erstmals die TTP auf. Eine »Wunscherfüllung«: Sie »haut ab« aus ihrer unglücklichen Ehe, hinein in die »Freiheiten« des Krankenhauses, wo sie unkontrolliert ihren Freund empfangen kann. Allerdings wäre sie beinahe überhaupt aus dem Leben »abgehauen«, insofern ist es zugleich auch eine Bestrafung und Bedrohung mit dem Äußersten, dem Tod.

Mit Bezug zu Rangell (1969) lässt sich das Geschehen als Konversion verstehen: Mittels Symbolsprache wird ein Konflikt im Körperlichen dargestellt, der zwischen verbotenen Triebimpulsen und Abwehrkräften besteht. Im Rahmen eines psychosomatischen Verständnisses gehe ich von besonderer Vulnerabilität aus, die unter Stress zum Ausbruch der TTP führt.

Verlauf

In den ersten Jahren der Therapie befreit sich die Patientin aus einer schwierigen beruflichen und privaten Situation. Sie trennt sich von ihrem gewalttätigen Ehemann und wechselt ihre Stelle, weg von einem Betrieb, in dem Betrug an der

Tagesordnung war. Jetzt ist sie Chefsekretärin in einer großen Bank und besitzt eine Eigentumswohnung. Nach über vier Jahren Therapie wagt sie zum ersten Mal wieder die Aufnahme einer intimen Beziehung. Der 16 Jahre ältere Mann (etwa in meinem Alter) ist verwitwet und steht zwischen ihr und einer anderen Frau. Vorausgegangen waren in unseren Stunden Darstellungen des Themas »Alter Mann mit junger Frau«. Eindrücklich war mir ihre Schilderung eines Tanzes mit einem schwerkranken, gleichwohl aber durchaus fidelen Alten, den sie als eine Art Totentanz beschreibt.

In der Behandlung bildet sich das »Abhauen« ab: Einen fest vereinbarten Termin sagt mir die Patientin per Handy aus dem Auto ab; sie fährt mit ihrem Freund für ein paar Tage in Urlaub und hat vergessen, mir dies mitzuteilen. Sie fragt mich später: »Kann ich das wieder gutmachen?« Auch ihren Kindern gegenüber hat sie ein schlechtes Gewissen. Nun kommt sie regelmäßig zu spät in die morgendliche Stunde, immer exakt zehn Minuten. Als sie einen neuen Pass beantragen möchte, stellt sie erstaunt fest, dass es sie gar nicht »gibt«, da sie vom Standesbeamten in der Türkei unter dem Namen ihrer Schwester geführt wurde.

Die ersten Jahre der Therapie sind geprägt vom Schmerz und der Angst und Trauer über die Gefährdung ihres Lebens und das Unglück in Beziehungen. Häufig weint die Patientin in den Stunden. Ich habe – besonders nach dem Rezidiv im ersten Jahr – mit meiner Furcht zu kämpfen. Als Erleichterung erlebt es die Patientin, dass ich in einem Brief an die Hämatologen zur Splenektomie Stellung nehme und die Patientin dadurch vor diesem als verstümmelnd erlebten Eingriff, der sicher durch ödipale Vergeltungsphantasien aufgeladen ist, bewahren kann. Die Patientin kann ihre Abwehr und Abspaltung der Bedrohung aufgeben und erlebt nun, in welcher Gefahr sie schwebte. Gleichzeitig befreit sie sich von Schuldgefühlen gegenüber ihren Eltern und ihrer Schwester.

Nach vier Jahren bei mir wagt sie es, eine sexuelle Beziehung aufzunehmen und versteht es, die Neuauflage des ödipalen Dramas anders als in ihrer Vergangenheit zu lösen. Nach fünf Jahren erfolgreicher und vor allem rezidivfreier Behandlung bringe ich die Übertragung deutend auf den Punkt: »Die Therapie hat Ihnen das Leben gerettet und jetzt gehören Sie mir!« Für einen Moment reagiert die Patientin mit Empörung, beginnt danach jedoch zu lachen. Die Ablösung von der Therapie hat begonnen.

Modifikation der analytischen Technik am Beispiel einer Stunde

Ich bin oben auf die Frage der Regressionstiefe und den Zeitpunkt für Deutungen eingegangen. In dieser Behandlung einer TTP ist es wichtig, unbewusste

Konflikte frühzeitig zu deuten. Mich leitet die Annahme, dass auf diesem Weg die intrapsychische Spannung reduziert und damit die Rezidivneigung verringert wird. Die Aufgabe, Übertragungsaspekte frühzeitig zu deuten, wird erschwert durch die schmale Datenbasis der niederfrequenten Behandlung. Gleichwohl müssen die Entwicklung der Übertragungsneurose und damit die Aspekte der Regression gefördert werden, um den unbewussten Konflikt zu erreichen. Mit anderen Worten: Es handelt sich um eine analytische Psychotherapie mit auf den Fall ausgerichtetem Setting und entsprechender Behandlungsmethode. Von der Tatsache der niederen Frequenz darf nicht auf einen Verzicht auf zentrale psychoanalytische Annahmen geschlossen werden.

Am Beispiel einer Stunde lassen sich die Vagheiten und Unsicherheiten darstellen, die diese Behandlung bestimmen. Unser Termin liegt am Morgen, um sieben Uhr. Die Patientin kommt in letzter Zeit meist zehn Minuten zu spät. Ich lüfte vor der Stunde das Zimmer. Sie beginnt mit der Schilderung eines Besuchs bei ihrer Mutter. Diese beklage sich: »Ich warte darauf, dass meine Kinder kommen« (Mein erster Gedanke dazu: genau wie ich, ich warte auch, dass sie kommt!). Die Patientin fährt fort: sie müsse den Kontakt zu den Eltern viel mehr als ihre Geschwister halten und bemerkt, dass das Leben, das sie nach Ansicht der Eltern nicht führen dürfe, bei ihren jüngeren Brüdern akzeptiert werde.

Mir ist kühl. Ich zögere einen Moment, ob ich nach der Heizung schauen soll und frage mich, ob ich vergessen haben könnte, sie aufzudrehen. Ich stehe auf, durchquere das Zimmer und stelle fest, dass die Heizung läuft. Schon im Aufstehen war mir meine Handlung nicht geheuer und ich frage mich nach einer möglichen Bedeutung. Ich warte den weiteren Verlauf der Stunde ab, weil ich vermute, dass es einen Zusammenhang zum Thema »Abhauen« gibt; ich vermute zu diesem Zeitpunkt ein »Abhauen« von mir innerhalb der Stunde.

Die Patientin erzählt unterdessen, dass die Mutter die Freundin des Bruders nicht akzeptiere. Er lebe mit ihr zusammen und sei oft bei ihren getrennt lebenden Eltern. Mein Empfinden hakt sich bei den Worten »getrennt lebend« ein, gefühlsmäßig dämmert mir eine Verbindung zum »Abhauen«. Die Worte erscheinen mir zum Verständnis bedeutungsvoll. Irgendwie habe ich mich auf dem Weg zur Heizung getrennt. Ich sage: »Ihre Eltern haben sich *nicht* getrennt.« Die Patientin geht darauf ein: »Das würden die nie tun!« Nun meine ich, einen Anschluss zur Thematik um »Abhauen«, »sich trennen«, gefunden zu haben: die Eltern, die wieder zusammenkamen nach ihrer (nur geographischen?) Trennung damals in der Kindheit meiner Patientin, im Gegensatz zu ihr, die sich von ihrem Mann endgültig getrennt hat. Ich verstehe nun auch mein Agieren neu: Ich hatte mich zu Beginn der Stunde für einen kurzen Moment von ihr getrennt – vordergründig wegen Wärme, dahinter könnte jedoch die Frage stehen, ob Trennung erlaubt ist oder sie als »Abhauen« gedeutet werden kann. In meinem Agieren sind mehrere Aspekte enthalten: Ich empfinde Kälte, entscheide, dass ich die Ebene unserer Kommunikation verlasse und handle, indem ich aufstehe und zum Heizkörper gehe.

An dieser Stelle der Stunde besteht Unsicherheit über die Art und Weise des möglichen Zusammenhangs zwischen dem Thema, über das wir sprechen und meinem Agieren. Ich kann nicht sicher sagen, ob ein unbewusster Konflikt beleuchtet wird oder ob ich die Ursache meiner Unruhe bei mir suchen muss.

Ich entschließe mich, Aspekte der Lebensgeschichte aufzugreifen und sage später in der Stunde:»Man muss so krank werden, wie Ihre Schwester, um zum Vater zu kommen und die Familie zusammenzubringen.« Die Patientin antwortet sogleich:»Ja, *ich* hätte es nie erreicht!« Es entsteht daraufhin ein Gefühl von Hilflosigkeit und Trauer, die Patientin weint. Durch meine Intervention habe ich aktiv den Vater in unsere Stunde zurückgeholt. Die affektive Reaktion der Patientin zeigt mir, dass ich damit etwas berührt habe. Ich deute daraufhin:»Der ist auch abgehauen!« und meine den Vater. Ich bringe mich selbst mit dem Wörtchen »auch« ins Spiel. Die Patientin stimmt sofort überzeugt zu.

Wir befinden uns in der Stunde an einem für diese Technik charakteristischen Punkt: Zwar habe ich versucht, eine Vaterübertragung zu deuten, die eine Interpretation meines kleinen »Abhauens« einschließt, zwar geht die Patientin sofort darauf ein und scheint mir meine Deutung vollständig zu bestätigen (sowohl die Interpretation des Weggangs des Vaters als »Abhauen«, wie auch mein Agieren). In einer Analyse würden wir nun mit genügend Zeit im Rücken überprüfen, ob die Patientin die Anspielung auf mich und die Deutung meines »Abhauens« zu Beginn der Stunde aufgenommen hat. Man würde die Doppeldeutigkeit allmählich entwickeln, unter Umständen erst noch dafür ein Bewusstsein schaffen und hätte dafür genügend Zeit. In diesem Fall bleibt es ungesichert und offen.

Im weiteren Verlauf der Stunde fasse ich zusammen:»Sie haben zu Ihrem Freund gesagt, er solle nicht mehr zu der anderen Frau gehen, nicht mehr von Ihnen ›abhauen‹«. Die Patientin:»Ich hätte nie gedacht, dass mir das passiert, dass ich mich einmal in einer Dreieckssituation befinde! Wenn mir das eine Freundin vorher gesagt hätte, hätte ich ihr gesagt: ›Du spinnst!‹«

Mir fällt ihre veränderte Einstellung Dreieckssituationen gegenüber auf. Ich denke, ihre Verwicklung in die Neuauflage des ödipalen Konflikts zwischen ihrem Freund und mir wird dem Bewusstsein zugänglich. Daher deute ich: »Indem Sie das sagen, trennen Sie sich von dem, was Ihr Vater eben auch an ganz Schwierigem für Sie verkörpert hat. Sie trennen sich nicht nur von Ihrem Vater, sondern auch von mir.«

Die Patientin reagiert nachdenklich und bemerkt etwas später:»Das alles mag ich eigentlich gar nicht hören. Außer des einen Satzes, den meine Mutter im Affekt gesagt hat, als ich vom ›Abhauen‹ zurück war: ›Wenn Du einen Mann brauchst, dann nimm doch den!‹, kam die Beziehung zu meinem Vater nie zur Sprache.« Den Rest der Stunde bleibt sie sehr nachdenklich.

Erst durch den Einfall der Patientin und ihre affektive Reaktion wird der Übertragungskonflikt klarer: Sie erinnert sich an den affektiv heftigsten Moment, die Äußerung der Mutter nach ihrer Rückkehr vom »Abhauen« mit der die Mutter schlaglichtartig ihre große Unsicherheit im Halten der Grenzen zeigt. Die Patientin benennt damit in der Stunde den Grund, warum sie sich immer wieder in Dreiecksgeschichten verheddert: Es gab keine klare Trennung zwischen den Generationen.

Zusammenfassend lässt sich feststellen:

In der Stunde kommunizieren wir kaum über mein kleines Agieren. Dennoch nimmt die Patientin meine Anspielung auf den Vater, in der die Interpretation meines »Abhauens« enthalten ist, sofort und ohne Verständnisprobleme an. Indizien dafür, dass meine Deutung bei ihr ankam, entnehme ich dem weiteren Verlauf dieser und der folgenden Stunden: Es finden sich anhaltende Veränderungen in der Beziehung zu ihrem Freund und zu mir. Die Vagheiten und Unsicherheiten, die dem niederfrequenten Setting zwangsläufig zu Eigen sind, können in dieser Stunde im analytischen Raum zwischen uns gehalten werden. Aus der Erfahrung der Sicherheit in der Übertragungsbeziehung entsteht für die Patientin die neue, heilsame Erfahrung, dass im analytischen Raum Sicherheit existiert und die Grenzen stabil sind.

Diskussion

Ich verstehe das Auftreten der sehr seltenen Erkrankung meiner Patientin im Sinne Alexanders (1968) als Vulnerabilität eines Organsystems (Gerinnungssystem mit Gefäßen und Haut). Im Moment einer lebensgeschichtlichen Krise (Scheitern der Ehe) und vor dem Hintergrund der neurotischen Erkrankung (ödipaler Konflikt), kommt es zum Ausbruch einer thrombotisch-thrombozytopenischen Purpura, die fortan das Leben der Patientin bedroht.

Ich habe versucht zu zeigen, wie der neurotische Konflikt in einer über fünf Jahre dauernden niederfrequenten analytischen Psychotherapie der Bearbeitung zugänglich und lösbar wurde. Als entscheidenden Parameter für den Erfolg sehe ich die Rezidivfreiheit an; natürlich erweist sich der endgültige Erfolg dann, wenn die Patientin auch nach Beendigung der Behandlung dauerhaft rezidivfrei bleibt. Und ebenso handelt es sich natürlich um einen Einzelfall, der gleichwohl spannende Fragen aufwirft:

Wie kann erklärt werden, dass die eindeutig somatische Erkrankung durch Psychotherapie beeinflussbar ist, woran die Patientin als Einzige von Anfang an geglaubt hatte? Welche Haltung und welche Methode machte den Erfolg möglich?

Die Suche nach einer psychosomatischen Erklärung, die zur Pathophysiologie passt und über die relativ unspezifische Annahme immunologischer Prozesse hinausgeht, muss ohne Ergebnis bleiben. In der Klinik weiterhelfen kann die Arbeit von Thomä (1980) *Über die Unspezifität psychosomatischer Erkrankungen am Beispiel einer Neurodermitis mit zwanzigjähriger Katamnese.* Im Falle des Neurodermitiskranken gab es offenkundig ein lebendiges Hin und Her zwischen dem Auftreten des Symptoms, seiner Verschärfung, dem analytischen Verstehen unbewusster Konflikte, einem Abklingen der Symptome und einer erneuten Wiederkehr des Juckens, Kratzens und Exanthems beim Kranken. Thomä entkoppelt das psychotherapeutische Bemühen, das er um einen Fokus gruppiert, von der körperlichen Erkrankung, die einer anderen Gesetzlichkeit folgen mag. Er schreibt dazu: »Die Isolierung therapeutisch lösbarer Konflikte verringerte die Anzahl und die Qualität der ›Auslöser‹. Die Reihenfolge dieses Herausarbeitens lösbarer Konflikte folgt anderen Regeln als denen einer Gewichtung nach pathogenetischer Valenz.« (Thomä 1980, S. 182)

Thomäs Vorgehen und seine Erklärungen sind uns aus unserer täglichen Arbeit vertraut und machen einen großen Teil derselben aus. Wir sind darin geübt, das Auftreten eines Symptoms in Verbindung zur Übertragungsentwicklung zu sehen und zu verstehen. Wir nehmen eine Verstärkung des Symptoms bei Anwachsen der Übertragung in Kauf, ja begrüßen diese sogar als Bestätigung unserer Hypothesen. Wir meinen zu wissen, dass wir, sobald der Prozess es zulässt, dieses Symptom durch geeignete Deutung der unbewussten Zusammenhänge zum Verschwinden bringen werden. Mit anderen Worten: Wir gehen in unseren Behandlungen davon aus, dass das Auftreten des Symptoms für den Patienten zwar unangenehm sein wird, ihn aber nicht gefährdet, also von uns in Kauf genommen werden kann.

Nicht so im vorliegenden Fall, in dem ich beim Gedanken an ein Rezidiv alarmiert bin. Bei Auftreten des Symptoms besteht Lebensgefahr, die Klinikeinweisung bedroht die Therapie; natürlich auch deshalb, weil ich mich fragen müsste, ob ich zur Auslösung des Rezidivs beigetragen habe. Es ist also unseren sonstigen Behandlungen und dem, was Thomä schreibt, genau entgegengesezt: Ich musste versuchen, die Auslöser zu deuten, bevor sie das Symptom »Rezidiv« auslösen. Zugleich muss ich im Kopf das Auslöser-Modell ständig parat haben und versuchen, durch Deutung des unbewussten Konflikts spannungsverringernd zu wirken.

Mit anderen Worten: Die Behandlung bewegt sich auf dem schmalen Grat zwischen ausreichender Regression und rascher Verringerung des Übertragungsdrucks durch frühzeitiges Deuten. Das heißt, die Kurve der Verringerung der Auslöser aus Thomäs Modell muss steil nach unten zeigen, möglichst sofort gegen Null tendieren. Jede Abweichung von dieser Ideallinie bedeutet eine ernste Gefährdung der Patientin und stellt mich vor die Frage nach Behandlungsfehlern. In der Analyse meiner Gegenübertragung geht es um den Ausgleich zwischen der realen Bedrohung und einer Empfindung von Bedrohlichkeit, die zum Spielmaterial der Neurose ist. Um den Ausgleich zwischen meinen Allmachts- und Ohnmachtsphantasien und der unbewussten Angst der Patientin. Ein in diesem Sinne geglückter Moment ist die Reaktion der Patientin auf meine deutende Bemerkung » (...) und jetzt gehören Sie mir!«

Es versteht sich, dass an die Fähigkeit der Patientin große Anforderungen gestellt wird, frühzeitig, unsicher und vage formulierte Deutungen aufzunehmen und für sich nutzbar zu machen. Es ist ein besonderes Glück in dieser Behandlung, dass meine Patientin über erstaunliche Fähigkeiten verfügt, in diesem Sinn den analytischen Prozess für sich zu nutzen. Es zeigt sich bereits bei der Indikationsstellung, die sie mir soweit als möglich abgenommen hat.

Ich schließe mit der Frage, die offen geblieben ist und offen bleiben muss. Mich frappiert, wie gut sich die sichtbare Symptomatik psychodynamisch erklären und in die Rangell'sche Konversionsdefinition einpassen lässt. Auf der anderen Seite zeigt die Pathophysiologie der Erkrankung, dass sie nach Mechanismen abläuft, die noch weitgehend unbekannt sind und die – soweit es psychosomatische Zusammenhänge geben könnte – wohl auch im Dunkeln bleiben werden.

Wir können die Behandlung der neurotischen Erkrankung beschreiben, ohne über Kenntnisse von den parallel ablaufenden somatischen Prozessen zu verfügen. Die Auswirkung der analytischen Psychotherapie können wir wiederum sehr genau angeben: Es ist die Rezidivfreiheit, von der wir annehmen dürfen, dass sie durch die Psychotherapie erreicht werden konnte. Übrigens genau so, wie es die Patientin prognostiziert hatte!

Literatur

Agle, D. P.; Ratnoff, O. D. & Wasman, M. (1969): Conversion reactions in auto-erythrocyte sensitizations: Their relationship to the production of ecchymoses. In: Arch. Gen. Psychiat. 20, S. 438.

Alexander, F.; French, T. & Pollock, G. (1968): Psychosomatic specifity. Chicago (Univ. Chicago Press).

Klein, R. F.; Gonen, J. Y. & Smith, C. M. (1975): Psychogenetic Purpura in a man. In: Psychosom. Med. 37, S. 41.

Der Koran (1992) vollst. Ausg. München (Wilhelm Heyne).

Mahler, M. S. (1979): Die Beurteilung des Loslösungs- und Individuationsprozesses für die Beurteilung von Borderline-Phänomenen. In: Mahler, M. S. (1979): Studien über die drei ersten Lebensjahre. Stuttgart (Klett-Cotta), S. 347–366.

Rangell, L. (1969): Die Konversion. In: Psyche 23, S. 121–147.

Ratnoff O. D.; Agle, D. P. (1968): Psychogenic Purpura: A re-evaluation of the syndrome of autoerythrocyte sensitization. In: Medicine 47 (Baltimore), S. 475–500.

Rupprecht-Schampera, U. (1997): Das Konzept der »frühen Triangulierung« als Schlüssel zu einem einheitlichen Modell der Hysterie. In: Psyche 51, S. 637–664.

Thomä, H. (1980): Über die Unspezifität psychosomatischer Erkrankungen am Beispiel einer Neurodermitis mit zwanzigjähriger Katamnese. In: Psyche 34, S. 589–624.

Uexküll, T. v. (1985): Der Körperbegriff als Problem der Psychoanalyse und der Psychosomatischen Medizin. In: Praxis Psychother. Psychosom. 30, S. 95–103.

Zhou, L.; Kardous, A. & Weitberg, A. (2001): Psychogenic Purpura. In: Medicine and Health. Rhode Island 84 (9), S. 299–301.

Die Sprache des Körpers – psychoanalytische Bemerkungen zu körperlichen Erkrankungen beim Wechsel von Sprache und kulturellem Raum

Irmhild Kohte-Meyer

Mein heutiges Thema behandelt die psychischen Leistungen, die Migranten im Erleben und Verarbeiten von Sprach- und Kulturwechsel zu erbringen haben und die möglichen Probleme. Ich zentriere auf einen besonderen Aspekt: den der körperlichen Erkrankungen, die folgen können. Im Wechsel von Kultur- und Sprachräumen, der aus verschiedenen Gründen nur ungenügend vollzogen wird, kann es geschehen, dass Gefühle und innere Konflikte nur noch in der Sprache des Körpers ausgedrückt werden, nur noch auf diesem Wege vermittelbar sind. Wie nun sind diese wortlosen, somatisierten Mitteilungen zu entschlüsseln, zu verstehen und in eine Kommunikation zu überführen? Die Psychoanalyse hat von Beginn an die Rolle der Sprache bei der Strukturierung der Psyche und in der psychoanalytischen Behandlung hervorgehoben. Das Erleben der Patienten im Wechsel von Sprache und kulturellem Raum ist für die originäre psychoanalytische Arbeit schwer zugänglich. Grundlage unserer psychotherapeutischen Arbeit sind die sprachgebundenen Deutungen und Interventionen. Kann unser psychoanalytisches Denken und Wissen – im deutschen Sprachraum erlernt – bei Migranten-Patienten überhaupt sinnvoll eingesetzt werden? Die Frage stellt sich, ob bzw. wie eine psychoanalytische Begegnung möglich werden kann, die nicht muttersprachig und nicht im gleichen kulturellen Raum, sondern transkulturell stattfindet. Fokussieren werde ich auf jene Probleme, die bei einem Sprachwechsel entstehen, Sprachlosigkeit und psychosomatische Erkrankungen zur Folge haben können. Ich beschreibe die psychoanalytische Erkundung, die das Erleben von Migranten-Patienten erfassen kann, als einen Prozess in einer therapeutischen Beziehung, der innerpsychische Bearbeitung möglich macht.

Bei Migranten-Patienten sind über die bekannten psychodynamischen Konfliktmodelle hinaus noch weitere Entstehenswege für neurotische oder psychosomatische Symptomatik zu finden. Erfahrungen und Verarbeitung des Erlebens im Migrationsprozess selbst können spezifische Wege für das Entstehen psychischer Störungen eröffnen. Migration ist ein traumatisches Geschehen, erschüttert Ich und Ich-Identität, stellt diese infrage, kann verschiedenste

Reaktionen und Strategien als Antwort hervorrufen. Bedingt durch diese Schwächung stehen dem Ich u. U. keine hinreichenden Möglichkeiten mehr zur Verfügung, größere Anforderungen sicher zu bestehen, angemessene Befriedigung von Triebabfuhr zu leisten. Andrängende Impulse können nur noch in Form neurotischer Symptomatik vom Ich bewältigt werden (vgl. Kohte-Meyer 1993). Die transkulturellen Anforderungen im Migrationsprozess führen zu Belastungen und Störungen von Ich-Funktionen, dies zeigt sich vor allem in den Problemen eines Sprachwechsels. Wird der Prozess eines notwendigen Sprachwechsels, einer zweiten Versprachlichung nur unvollständig vollzogen oder scheitert er gar ganz, so sind Emotionen und Vorstellungen evtl. nicht mehr mitteilbar. Vorbewusst gespeicherte Affekte und Phantasien können völlig unzugänglich bleiben; eine besondere Form von Unbewusstheit und innerer Stummheit entsteht. Es ist der Körper, der dann zum Erfolgsorgan wird, wenn Worte nicht mehr zur Verfügung stehen, um Gefühle, Affekte zur Sprache zu bringen und auszudrücken (vgl. Kohte-Meyer 1994). Die Sprache des Körpers nun findet den Weg der Symptombildung, in unmittelbar somatischen Störungen i. S. einer Re-Somatisierung (vgl. Schur 1955).

Ich erweitere das psychoanalytische Blickfeld und den psychoanalytischen Raum für das transkulturelle Erleben. In der Arbeit mit Migranten-Patienten gilt in besonderer Weise die Forderung Parins (1978), die soziale Realität, die Matrix von Familienstrukturen und Traditionen in der Genese von psychischen Konflikten und Konfliktlösungen seien angemessen zu berücksichtigen. Mein diagnostischer und behandlungstechnischer Zugang öffnet sich auch den Erfahrungen im Migrationsprozess. Der Patient bringt seine soziokulturelle Wahrheit und Wirklichkeit in den psychoanalytischen Raum mit, wodurch er eine Neuorientierung der Ich-Identität entwickeln kann. Der individuelle transkulturelle Grundkonflikt ist herauszuarbeiten – neben der üblichen psychoanalytischen Arbeit an einem intrapsychischen Konflikt. Wird Migration als Erleben schon im Erstinterview angesprochen, dann ergibt sich eine meist überraschende Entwicklung der Patienten. Die häufig beschriebenen Schwierigkeiten in der psychotherapeutischen Arbeit mit Migranten-Patienten werden abgemildert, die psychischen Konflikte dieser Patienten sind weitaus besser zu verstehen und gemeinsam zu klären.

Kurz-Kasuistik

Diese will ich voranstellen, um die psychische Belastung durch Migrationen und Sprachwechsel aufzuzeigen.

Mira, eine 17-jährige Gymnasiastin, kommt in meine Praxis, denn sie »möchte eine Psychotherapie machen«. Ihr deutlich südlich, evtl. spanisch klingender Name bringt mich bereits sofort auf den Gedanken, hier könne möglicherweise eine Migrationsthematik der Familie vorliegen. Auf die evtl. neurotischen Konflikte werde ich nicht eingehen, sondern auf mein Thema zentrieren. Mira führt aus: »Ich habe so sehr viel erlebt. Das muss und möchte ich verarbeiten, habe so sehr viel Stress. Dann bin in den letzten Jahren so oft und viel krank, nichts besonderes, aber immer wieder erkältet, fiebrig, schlapp.« Stolz fügt sie an: »Meine Mutter ist Halb-Columbianerin, Halb-Äquatorianerin, schon als Kind nach Deutschland gekommen.« Ich beschließe den Faden der Migrationsgeschichte gleich aufzunehmen und frage nach. Mira redet sehr rasch, fast als wäre sie froh, dies alles endlich mitteilen zu können. Nach der Trennung vor zehn Jahren vom Vater – dieser sei Deutscher, aber psychisch krank – zog die Mutter mit der Patientin für viereinhalb Jahre in die Dominikanische Republik. Dort besuchte Mira eine amerikanische Schule; sie sei sehr stolz darauf, drei Sprachen gelernt zu haben und zu sprechen. Seit drei Jahren sei sie mit der Mutter wieder in Berlin, wo rasch ihre gesundheitlichen Probleme begannen. Ich erkundige mich nach der Familiensprache. Mira spricht mit der Mutter spanisch und deutsch, »doch hier in Berlin meist spanisch, damit ich es lerne. In der Dominikanischen Republik sprach Mutter mit mir deutsch, damit ich es lerne.« Der mehrfache Wechsel der Muttersprache aus pragmatischen Gründen irritiert mich. Ich will mehr über deren Bedeutung erfahren, frage nach der Sprache in ihren Träumen. Sie träume jetzt in Deutsch, früher in Englisch und Spanisch. Es scheint mir, dass die drei Sprachen gleichbedeutend nebeneinander stehen, frage nach, ob es etwas gäbe, das sie nur in einer der Sprachen sagen würde. Sie antwortet rasch und sicher: »Wenn ich meine Depressionsphase habe, sage ich es Mutter auf Spanisch, oder, wenn mich etwas verletzt, kaputt macht. Spanisch – das ist noch bedeutender, hat noch mehr zu sagen. Mira unterscheidet also sehr wohl, welche inneren Vorgänge sie in welcher Sprache vermittelt. Sie sagt: »Ja, so verschiedene Sprachen und zwei so sehr verschiedene Kulturen sind gleichzeitig für mich da, und ich habe darunter zu leiden.« Mira hat ein sehr deutliches Gefühl dafür, dass sie ihre inneren Vorgänge nicht in jeder der möglichen Sprachen in gleicher Weise vermitteln und ausdrücken kann. Mein Verständnis: Mira entwickelt eine somatische Symptomatik, weil ihre seelischen Fähigkeiten zur Verarbeitung der lebensgeschichtlichen Belastungen nicht mehr ausreichen, dazu zählt neben der familiären Problematik ihre mehrfache Migration. Es ist nun der Körper, der spricht.

Aspekte der Migration

Der Wechsel von gewohnten Kultur- und Sprachräumen konfrontiert Migranten mit neuen, unbekannten Erfahrungen, heftigen emotionalen und affektiven

Erschütterungen. Diese verlangen zur Bewältigung erhebliche psychische Anstrengungen. Wie und ob diese geleistet werden können, hat Auswirkungen auf das Ich und seine steuernden Funktionen. Im Verlauf einer Migration erwachsen aus dem transkulturellen Prozess verschiedene innere Konflikte, die ich zusammenfassend als den »transkulturellen Grundkonflikt« benenne, der vom Ich zu bestehen und zu lösen ist. Migranten vollziehen Abschiede, ertragen Trennungen und den Verlust von Heimat, Freunden und Verwandten aus unterschiedlichsten politischen, sozialen, ökonomischen oder persönlichen Gründen. Die ursprüngliche Sprache und der angestammte soziokulturelle Raum waren zu wechseln, unterschiedliche kulturspezifische Ausformungen des sozialen Lebens, jeweils sozial erlaubten und akzeptierten Formen von Triebbefriedigung kennen zu lernen. Der Prozess der Migration, der Wechsel des individuellen kulturellen Lebensraumes, bringt das Individuum in einen »Zustand der Desorganisation« (Grinberg & Grinberg 1990). Der Wegfall »der anderen«, die bisher die eigene psychosoziale Identität bestätigten, teilhabend absicherten, erschüttert das narzisstische Gleichgewicht, stellt das Selbst infrage. Diese Erfahrungen stellen heftige Belastungen für das Ich dar und haben das Ausmaß eines Traumas (vgl. Grinberg & Grinberg 1990), auch wenn Erleben und Hineinwachsen in eine andere Kultur und Sprache selbst als bereichernd wertgeschätzt werden. Im neuen Umfeld ist so das kohärente Erleben der Ich-Identität nicht mehr stimmig, das innerhalb eines spezifischen Kulturraumes in Interaktion mit Familie und Gruppe erworben worden war. Das Gefühl von innerer Sicherheit, vermittelt von für alle gültigen Normen und Traditionen, fehlt erst einmal. Das Ich antwortet auf diese doch sehr irritierenden Gefühle, starken Ängste und schmerzlichen Verunsicherungen mit spezifischen Abwehrmaßnahmen, wie Spaltung, Verleugnung und Anpassungsmechanismen (vgl. Parin 1976). Diese dienen dem Schutz und der Ausrichtung an eine veränderte Umwelt, sind beim Wechsel des sozialen Ortes spezifische Ich-Leistungen, die Parin (1978) als analog zu neurotischen Abwehrmechanismen beschrieb. Die individuellen Motive und die tieferen Ursachen einer Migration bestimmen ganz wesentlich mit, ob der transkulturelle Grundkonflikt gelöst werden kann. So gilt es, die Gründe zur Migration herauszufinden und mit dem Patienten zu besprechen, denn möglicherweise trägt der Anlass zur Migration selbst schon spätere heftige Konflikte verborgen in sich. War die Emigration unfreiwillig, so wird innerlich eher am alten Zuhause, an der Muttersprache festgehalten; Begegnungen mit den fremden Orten, die Konfrontation mit jenen Menschen, die anders denken, anders sprechen, andere Sitten und Rituale haben, werden deutlich vermieden. So bleibt der Migrant ein Fremder im neuen Umfeld, fühlt sich wie ein Reisender, möglicherweise über Jahrzehnte, das Gefühl der Unbehaustheit, des Nicht-Dazugehörens wird so leicht über Generationen tradiert.

Einige Gedanken zur Bedeutung von Sprache

Im transkulturellen Dialog etabliert sich leicht eine Angst vor wechselseitiger Unerreichbarkeit. Als Psychoanalytiker kennen wir die Schwierigkeiten des Nichtverstehens und haben gelernt, dies in der analytischen Situation auszuhalten und abzuwarten. Im transkulturellen Dialog jedoch muss der Kontakt aktiv von uns aus aufgenommen, Ängste und Unsicherheiten an diesen Stellen benannt werden.

Sprache ist Beziehungswirklichkeit, sie vermag der Situation einen Sinn zu geben, verwörtert Beziehungswirklichkeit. Man sagt, es sei eine Kunst, das rechte Wort zu finden. Sprache ermöglicht einen wechselseitigen kommunikativen Prozess, dieser folgt einem dialogischen Prinzip. Im Reden sind beide Seiten anwesend. Sprache ohne einen Anderen, der hört, macht wenig oder keinen Sinn. So werden in einer Wechselseitigkeit der Ansprache auch gemeinsam Paradoxien bewältigt. Sprache hat zu bezeichnen, darzustellen, was »wirklich« ist. Erleben und Reflexion sind an Sprache gebunden, sie ermöglicht Denken und Kommunikation. »Das Erlernen sprachlicher Kommunikation ist genetisch programmiert und wird durch ein Verhaltensrepertoire abgesichert, aufseiten der Eltern durch eine so genannte Ammensprache, die transkulturell eingesetzt wird, verminderte Geschwindigkeit, überdeutliche Artikulation und Wiederholungen. Aufseiten des Kindes ist die Verhaltensleistung, Lautbilder aufzusaugen und zu wiederholen usw. Bis zum zweiten Lebensjahr nehmen die Synapsen der linken Gehirnhälfte explosionsartig zu, so wird gewährleistet, dass jedes Kind – Erkrankungen, Hörstörungen bestehen nicht – mit Sicherheit die Sprache seiner Umgebung erlernt, die Muttersprache« (Klinke et al. 2002). Wie früh dies bereits geschieht ist einerseits überraschend, andererseits wird damit deutlich, welche Leistungen im Spracherwerb und weiteren Versprachlichungen erbracht werden müssen. Babies wissen offensichtlich schon sehr viel über ihre Muttersprache. Die Sprachwissenschaft geht schon seit einiger Zeit davon aus, dass Kleinkinder sogar schon im Mutterleib über größere sprachliche, also geistige Kompetenzen verfügen, wie Untersuchungen am Institut Psycholinguistik der Universität Potsdam (vgl. Weißenborn 2002) ergaben. Jede Sprache weist charakteristische rhythmische Strukturen auf. Dieser muttersprachliche Lautrhythmus wird vom Kind richtig erkannt, das heißt, es verfügt bereits über ein entsprechendes Sprachwissen. Z. B. werden deutsche zweisilbige Wörter typischerweise auf der ersten Silbe betont (»Máma, Pápa«), französische dagegen auf der zweiten Silbe: (»mamán, papá«). Im Experiment zeigt sich nun, dass die Aufmerksamkeit deutscher Kinder signifikant länger von Lautfolgen gefangen genommen wird, die auf der ersten Silbe rhythmisch betont sind. Dies lässt die Schlussfolgerung zu, dass bereits das Lallen der

Babies die Beherrschung grundlegender muttersprachlicher Strukturen verrät. Französische Babies lallen anders als deutsche. Vergleichbares gilt, so die Sprachforscher, vermutlich auch für das Schreien der Säuglinge. Schreien und Lallen sind die Ausdrucksformen bereits weitgehend ausgestalteter muttersprachlicher Fertigkeiten. Experimente zeigen, dass Kinder bereits im Alter von 20 Monaten grammatikalisch korrekte Sätze von grammatikalisch inkorrekten Sätzen unterscheiden können. Auch wenn Kinder in diesem Alter das aktive Sprechen scheinbar noch äußerst mangelhaft beherrschen, vermögen sie doch falsche Sätze von richtigen zu unterscheiden. Es ist offenbar so, dass die Kinder in die rhythmischen und grammatikalischen Strukturen der Muttersprache, die sie passiv sehr früh beherrschen, tastend nun nach und nach die korrekten sprachlichen Ausdrücke gewissermaßen »einfüllen«. Die Kenntnis des korrekten Gebrauchs der Sprache, der muttersprachlichen Regeln, ist in den untersuchten Bereichen anscheinend schon weitgehend ausgeprägt. Zeitgleich mit dem Erwerb der Muttersprache geschieht, was M. Mahler et al. (1978) die »psychische Geburt des Menschen« nennen; Sprachentwicklung und Individuations-/Separationsprozess sind ganz eng miteinander verwoben. Die jeweiligen Eigentümlichkeiten des sozialen Ortes entscheiden über den Spracherwerb, denn Sprache wird ebenso wie das Über-Ich im identifikatorischen Prozess erworben.

Die Sprache ist der zentrale Organisator der Psyche, nur durch sie sind Denken, Urteilen und Überprüfen der Realität – alles Funktionen des Sekundärprozesses – möglich und mitteilbar. Erst das Benennbare wird uns bewusst. Wortvorstellungen vermitteln zwischen kognitiven und affektiven Zuständen, ermöglichen gemeinsam mit Sachvorstellungen den Denkvorgang. Diesem verleiht wiederum Sprache die affektiven Tönungen und Qualitäten. Sprache ist nicht nur Mittler und Vermittler von kognitiven und emotionalen Prozessen, sie ist innere Verbindung und Brücke zwischen Ich-Struktur und dem vorbewusst gespeicherten Wissen. Das Unbewusste selbst ist als Sinn-System unabhängig von Sprachverbindungen; doch bereits das Vorbewusste benötigt Sprache, um den Übergang zwischen Unbewusstem und Vorbewusstem zu verknüpfen. Nur die Sprache kann eine Verbindung herstellen zwischen individuellen Triebinhalten und der unbewussten Interaktionsform – ausgebildet in Sozialisation und Individuation. Vorstellungen, Phantasien, Triebwünsche und Befriedigung werden sprachlich erschlossen, Symbolisierungsprozesse ermöglicht, denkbar und mitteilbar. Sprache wird und ist Brücke zwischen dem Ich und sozialen Funktionen im interaktionellen Prozess und gleichzeitig als handlungsorganisierende Kraft an ein Netz von Bedeutungen geknüpft. Sprachbedeutung wird ausgebildet in einem sehr komplexen Zusammenspiel von Interaktionsformen und Sprachfiguren (vgl. Lorenzer 1976). Die allerfrühesten

Rollenmuster und Identifizierungen – dem Kind vorgelebt und angeboten in Familie und sozialer Gruppe – werden internalisiert als visuelle und sprachliche Formen. Sprache ist deshalb Träger und Vermittler von Riten, Bräuchen und gibt durch die grammatikalische Sprachform ein gemeinsames Gefühl von Zugehörigkeit und Verbundenheit. Die Mutter-Sprache, zuerst erlernt, ist individuell und kollektiv der Königsweg, »der« Zugangsweg zu Phantasien und Symbolen. Ich- und Über-Ich-Strukturen sind im Sinne des Austausches von Worten an Sprache gebunden. Frühe, lebensgeschichtlich erworbene Internalisierungen fanden ihren Niederschlag in den verschiedenen zentralen Gedächtnissystemen. Alle sinnlichen Erfahrungen, Erinnerungen, sensorische und motivationale Zustände und Handlungsschemata sind subkortikal abgespeichert, von da jederzeit abrufbereit. Es ist wiederum die Sprache, die dem Ich diesen autobiographischen Erinnerungsvorrat erschließt und interaktiv nutzbar macht. In einer geglückten Kommunikation werden so sehr verschiedene Inhalte miteinander sprachlich koordiniert: Der kognitive Inhalt, Emotionalität, Verbindungen zu den inneren psychischen Repräsentanzen und der Zugriff auf diese frühen Gedächtnissysteme.

Sprachwelten

Wenn Sprache zu mehr als nur einer groben und pragmatischen Orientierung im neuen Kulturraum dienen soll, kommt dem Sprachwechsel eine herausragende Bedeutung zu, die nahezu alle innerpsychischen Prozesse sowie die Ich-Funktionen betrifft. Die Komplexität der Aufgabe wird nachvollziehbar und auch, was es für das Erleben eines Menschen heißen mag, sich in Anpassung an eine andere Lebensumwelt einem kompletten Sprachwechsel zu unterziehen, eine Trennung von der vertrauten Muttersprache in der Abwendung vom alten traditionellen Kulturraum zu vollziehen, sich in den Äußerungsformen des Ichs völlig neu zu definieren. In einer zweiten Sprache müssen die beschriebenen inneren Verbindungen, Koordinierungen und Handlungsschemata völlig neu erstellt werden. Triebe, Affekte und Sprachentwicklung wurden frühkindlich miteinander verwoben. Der Zugang zur Emotionalität, zu Phantasien und Symbolen, zu Identifikationen und Internalisierungen muss sprachlich völlig neu erschlossen werden. Zu erlernen, Sprachbedeutungen in der Zweitsprache umfassend handhaben zu können, ist ein sehr aufwendiger Prozess, auch psychisch. Auch dieser weitere Spracherwerb wird in einem Zusammenspiel von sozialen Interaktionsformen und Sprachfiguren entwickelt. Eindrücklich beschreiben viele Patienten, Erwachsene und Kinder, den transkulturellen Konflikt in der Zweisprachigkeit und das Scheitern daran. Eine Lösung, ein Erleben von Ganzheit und Authentizität ist nun häufig nicht mehr möglich. Es ist zur Klärung der Konflikte wichtig, die ursprünglichen Beweggründe für diesen weiteren Spracherwerb herauszufinden. Sind es tiefere oder rein pragmatische Motive; soll tatsächlich eine persönliche Beziehung möglich oder nur eine rasche Verständigung durch Austauschen von Fakten angestrebt werden? Oft schwieriger jedoch ist es zu klären, wie das individuelle Gefühl für die eigene Sprachkompetenz ist, und warum diese evtl. so gering ist.

Es dauert lange und erfordert einen großen inneren Einsatz bis die neuen inneren Verknüpfungen in einer weiteren Sprache als hinreichend erlebt werden, bis sich jemand in der neuen Umwelt in seiner ganzen Authentizität mit seinen Emotionen sprachlich darstellen kann. Wird dieser Prozess einer zweiten Versprachlichung nur unvollständig vollzogen oder scheitert dieser weitgehend, so müssen vorbewusste Inhalte unbewusst und völlig unzugänglich bleiben. Affekte, Vorstellungen und Phantasien finden wenig oder kaum noch sprachlichen Ausdruck.

Die o. e. Patientin Mira spricht bei schwierigen Gefühlen mit der Mutter spanisch, nicht deutsch. Es scheint, verschiedene Aspekte des Erlebens sind für sie in abgeteilten Segmenten der Persönlichkeit aufgehoben, werden ihr zugänglich und mir bzw. der Mutter mitteilbar in je verschiedenen Sprachen. Das Ich pendelt zwischen den Sprachen und den jeweiligen Möglichkeiten von Versprachlichung hin und her. So können verschiedene innere Segmentierungen existieren, alte und neue voneinander abgetrennte Sprachbereiche. Mangels hinreichend einheitlicher Sprachkompetenz sind innerpsychische Verknüpfungen nicht mehr ausreichend herstellbar. Vorstellungen können nicht mehr gedacht, nicht ausgesprochen werden, sind weder für das eigene Bewusstsein noch für eine Kommunikation verfügbar, Emotionen für das eigene bewusste Fühlen oder für Interaktionen nicht mobilisierbar. bleiben ausgegrenzt, abgetrennt in je einer anderen inneren Sprachwelt, mit je verschiedenen Inhalten. Ein ganzheitliches, authentisches Selbstgefühl kann so kaum entstehen oder Bestand haben.

Schwierig und kompliziert wird die Situation dann, wenn der transkulturell entstandene Verlust an Versprachlichung nicht erkannt, die Einengung nicht mehr gespürt wird, wenn Sprache also nicht mehr hinreichend zur Verfügung steht, um Erleben, Gedanken, Gefühle und Phantasien vollständig auszudrükken. In einem ungenügend vollzogenen Sprachwechsel sind die inneren Ausdrucksmöglichkeiten für den Betreffenden wie verschwunden, abgeschnitten, erfahren eine bleibende Verwerfung aus dem Bewusstsein. Eine besondere Form innerer Stummheit entsteht nun im neuen Sprach-Umfeld, die ich als »transkulturell entstandene Unbewusstheit« bezeichne (Kohte-Meyer 1993) – in Anlehnung an Mario Erdheims Konzept der »Gesellschaftlichen Produktion von Unbewusstheit« (1984). Diese transkulturell entstandene Unbewusstheit beeinträchtigt die synthetisierenden Fähigkeiten des Ichs, stört die psychischen Möglichkeiten zur Symbolisierung und die Kraft des psychischen Apparates, Affekte und Impulse zu integrieren. Mit Emotionen besetzte Vorstellungen werden in der neuen Sprache nicht mehr vermittelt, sondern bleiben aus Sprachlosigkeit unmittelbar aus dem Bewusstsein getilgt; nicht mehr abführbare psychische Erregung wird so in körperliche Erregung überführbar. Auch ein möglicher innerpsychischer Konflikt bleibt auf diese Weise als nicht bewusstseinsfähig exkommuniziert. Das ungesagte, das unaussprechliche innere Erleben findet seinen möglichen Ausdruck in somatischen Störungen. (Zusätzlich sind psychodynamisch begründete individuelle Abwehrvorgänge denkbar, die gesondert zu betrachten wären.) Eine Lösung der Konflikte im transkulturellen Feld geschieht nun per Symptomentstehung, unmittelbare psychosomatische Störungen i. S. einer Re-Somatisierung (vgl. Schur 1955) sind eine mögliche Folge. Diese Patienten zeigen im Kontakt ähnliche Phänomene wie beim Vorliegen einer Alexithymie. Ihre Art sich mitzuteilen ähnelt nun der beim operativen Denken. Dies liegt aber nicht in einer primären inneren Unmöglichkeit, Affekte zu äußern, Emotionen zu zeigen. Der Affekt ist nicht eingefroren oder vernichtet, sondern – so verstehe ich diese Situation – innerlich noch zugänglich in einem anderen Sprachbereich aufgehoben, kann nur von dort aus wieder bewusstseinsfähig werden. Ich schließe mich der Definition von McDougall (1998) an; sie bezieht unter psychosomatischem Phänomen all das ein, was sich auf den realen Körper bezieht, alle Beeinträchtigungen der Gesundheit, bei denen psychische Faktoren eine Rolle spielen. Nicht die Ereignisse sind es, welche die gewohnte psychische Verarbeitungsfähigkeit übersteigen. Es sind die Beeinträchtigungen des Ichs, im transkulturellen Prozess erworben, welche die gewohnte psychische Verarbeitungsfähigkeit übersteigen.

Behandlungstechnische Bemerkungen

In der Begegnung sind mit dem Fremden all jene Phänomene und Prozesse zu beobachten, die im Migrationserleben, im Zusammentreffen von Menschen aus unterschiedlichen sozialen und kulturellen Räumen auftauchen können. Das »Sich-Einlassen« auf die transkulturelle Begegnung, ein »Sich-Öffnen«, ein Zulassen von innerem Kontakt mit dem Gegenüber, dem Anderen führt zur Frage: Wer bin ich selbst? Wer ist der Andere? Für wen hält der Andere mich, für wen halte ich mich? Und umgekehrt. Wird dies nicht genügend reflektiert, werden die inneren Vorannahmen für das jeweilige Verhalten des Anderen und seine inneren Möglichkeiten nicht überprüft, so kann die Kommunikation interaktionell »chaotisch« werden, »entgleisen« (Kohte-Meyer 1993). Die psychoanalytische Selbstbeobachtung wird in der Erweiterung des psychoanalytischen Beobachtungsfeldes sich auch verändern müssen. Die eigene subjektive Wirklichkeit und die internalisierten »inneren Handlungsentwürfe« (vgl. Lorenzer 1976) sind in der transkulturellen Psychotherapie zusätzlich äußerst wichtig. Die eigene soziokulturelle Prägung und Bedingtheit, eigene Grenzen, der Verlauf der persönlichen Lebensgeschichte mit Schwellensituationen, Wechseln und Umbrüchen sind in ganz besonderer Weise anzuerkennen und evtl. erneut zu bewältigen. Im sorgfältig fokussierten Beachten der Gegenübertragungsreaktionen, der eigenen Gefühle und Phantasien folgt auf anfängliche Verwirrung dann doch mehr innere Klarheit gegenüber den Schwierigkeiten bei transkulturellen Problemen und möglichen eigenen Abwehrstrategien. In der psychoanalytischen Situation erlebt der Patient eine ungewöhnliche Gesprächssituation; es etabliert sich eine Übertragungsbeziehung. Der große Spielraum, der dem Patienten als sein Gestaltungspotenzial gewährt wird, kehrt die ihm gewohnte Alltagskommunikation um. Die je persönliche Art, eine Beziehung zu gestalten gerät erkennbar in den Vordergrund, wird zum Inhalt der psychoanalytischen Beobachtung. Diese Situation bietet also eine optimale Möglichkeit, dass sich unbewusste Konfliktkonfigurationen aus der Lebensgeschichte des Patienten in Szene setzen; in der Übertragung bieten sich auch Aspekte und szenische Anteile, die aus der Migrationsgeschichte stammen und transkulturelle Zusammenhänge erschließen können. Ich bin als Analytikerin in einer beobachtenden Position, den Aktivitäten des Patienten und meinen eigenen inneren Reaktionen gegenüber, wende die psychoanalytischen Konzepte an, um die unbewusste Konfliktdynamik, die individuelle Tiefenstruktur als zentralen Fokus zu erfassen. Doch ich höre – mich dem Unbekannten öffnend – auch das transkulturelle Angebot im gesprochenen und nicht ausgesprochenen Text, öffne mich ganz besonders für die averbalen und emotionalen Inhalte, gewinne so Zugang zu einem inneren Raum, zentriere auf eine Suche nach transkulturellem Erleben. Der Patient erlebt so im psychoanalytischen Raum – vergleichbar dem Übergangsraum Winnicotts (1983) – ein Gegenüber, das die ganze innere Wahrheit erkennen kann und oft zum ersten Mal benennt. So entsteht ein zweiter, weiterer Fokus, zwischen diesen beiden oszilliere ich im Zuhören hin und her. In der psychoanalytischen Tiefendiagnostik bemühen wir uns, alle Aspekte der Persönlichkeit zu erfassen, in gleicher Weise muss der transkulturelle Grundkonflikt gesucht, seine Bewältigung überprüft werden. Eine transkulturelle psychoanalytische Technik erfordert eine aktive Anteilnahme und stärkere, teilnehmende Bereitschaft zur Antwort als wir dies üblicherweise anbieten. Es geht nicht nur darum, abgewehrte Phantasien zu benennen, sondern jene unsagbaren Inhalte zu erkennen, die transkulturell verloren gingen, in den Code der zweiten Sprache keinen Zugang fanden und die es nun zu rekonstruieren gilt. Der Patient muss von uns gegebenenfalls auf diesen

Mangel an Versprachlichung hingewiesen werden. Mit ihm gemeinsam ist herauszufinden, in welcher Sprache die Emotionen ihren angemessenen Ausdruck finden könnten, zugehörig zur aktuell vorgestellten und konflikthaft erlebten Situation. So kann er selbst beginnen, verschüttete Gefühlszugänge freizulegen, inneren Raum gewinnen, das eigene Selbstverständnis neu zu entfalten. Evtl. bitte ich einen Patienten auch, in seiner Muttersprache zu sprechen, selbst wenn ich diese nicht selbst verstehe. In der Muttersprache zu sprechen, verhilft dazu, wieder mehr von sich zu fühlen, zu verändertem Zugang zum eigenen Erleben angeregt werden. Doch werden sich vielleicht im Klang der Sprache, in der Modulation der Stimme auch mir die verborgenen Gefühle eher vermitteln, sodass wir gemeinsam mehr erkennen, der Patient sich als »erkannt« (Erikson 1956), als beantwortet erleben kann.

Kasuistik

Hier war es möglich, deutliche psychische Veränderungen in recht wenigen Sitzungen im Sinne einer Kurzzeittherapie zu bewirken, obwohl ich zur Ich-Stärkung ursprünglich eine längere Psychotherapie für notwendig erachtete.

Frau Ü., 37 Jahre, kommt, da sie erstmals für sich gezielt psychologische Beratung durch eine weibliche Therapeutin wünscht. Sie wurde wegen extremer Migräne und Kopfschmerzen zwei Jahre lang medikamentös von einem Neurologen behandelt. Sie klagt:

> »Ich komm allein überhaupt nicht mehr klar. Ich zittere, das Herz schlägt, habe einen ständig verkrampften Körper, das vermehrt sich von Tag zu Tag. Bin schnell aufgeregt, im Haus und mit den Kindern, mit denen will ich sanfter umgehen, schaffe es nicht. Ich habe nicht das Gefühl, körperlich krank zu sein. Aber durch meine Laune habe ich manchmal keine Lebenslust mehr, alles ist egal. Ich brauche Unterstützung, vielleicht kann ich etwas hier lernen. Ich habe Angst, ob ich es schaffe, denn im Leben habe ich noch nie etwas allein gemacht.«

Die Idee zur psychologischen Beratung habe sie ganz allein gehabt, sei auch ohne Wissen des Ehemanns hier. Ich benenne an dieser Stelle sofort den von mir vermuteten transkulturellen Konflikt: Für eine türkische Frau sei es ja schwierig, etwas völlig selbstständig und allein zu tun. Sie antwortet sofort: »Ja, vor Vater hatte ich immer Ängste. Ich konnte nie etwas Geheimes vor ihm machen, die Selbstermutigung fehlte.« Meine Gedanken beim Zuhören: Sie ist depressiv in einer sich zuspitzenden krisenhaften Situation, wie sie mir vermittelt. Doch als sie den Vater ins Spiel bringt, entscheide ich, das schon eröffnete transkulturelle Feld zu benennen und weiter zu klären, nicht dem Verlauf der Konflikte zu folgen. Sie bewegt sich innerlich mir gegenüber im traditionell-türkischen Rahmen. Indem sie ihren Wunsch formuliert, bei mir etwas zu lernen, hat sie sich für mein Empfinden auf ein hierarchisches, kulturell bedingtes Modell von Arzt-Patienten-Beziehung bezogen, das ich beantworten will und muss. Es ist nicht das partnerschaftliche Modell der psychotherapeutischen Beziehung, auf das ich mich in meiner Arbeit üblicherweise beziehe. Sie spricht von einem strengen, autoritär wirkenden Vater, der alles kontrollierte, ein spezifischer psychodynamischer Konflikt ist zu erahnen. Es ist jedoch nicht zu erkennen, ob sie mich in der kulturellen Interpretation verstanden hat. Dies ist nur einer Veränderung in ihrem Verhalten zu entnehmen. Frau Ü. ist eine ernste, fast streng wirkende, blonde Frau, mit viel Blickkontakt, der immer wieder rasch ängstlich abbricht. Sie spricht etwas hart und laut, unmoduliert. Ihre Fähigkeit, die deutsche Sprache zu nutzen, um inneres Erleben mitzuteilen, wirkt manchmal unbeholfen, mehr bildlich, konkret ausgedrückt. Ich vermute, dass ihr kaum eine Wortgewandtheit für Erlebnisdarstellung, für innere Vorgänge zur Verfügung stünde. Wenn ich dennoch das sehr knapp faktisch Mitgeteilte auf ihre innere vermutete Befindlichkeit beziehe und innere Zusammenhänge benenne, wird sie weich, leise, zugewandter, kann auch lachen. Die depressive Grundstimmung schwindet etwas.

Mein Gegenübertragungsgefühl war zuvor etwas abweisend, obwohl mich ihre äußere Erscheinung ansprach, das hatte ich mit leichtem Erstaunen registriert. Nun fand ich sie angenehmer, es war in meinem Empfinden etwas wie Übereinstimmung mit ihrer Ausstrahlung. Hatte es in ihr zuvor das Gefühl, die innere Erwartung gegeben: »Auch diese Ärztin wird mich nicht verstehen, nicht annehmen können, denn das kann ich ja selbst nicht? Wie kam die Veränderung zustande?« Ist nun, da ich den transkulturellen traditionell-türkischen Rahmen benannte, etwas in ihr zusammengekommen, was üblicherweise auseinander klaffte?

Ich registriere dies und spüre einen leichteren Zugang, mehr an Kontakt zwischen uns, zugleich aber auch mehr eigene Angestrengtheit. Ich zentriere auf das Anliegen, den vermuteten Konflikt. Doch ohne den spezifischen persönlichen Hintergrund ist dies nur unvollständig zu entschlüsseln. Ich frage teils danach, teils stelle ich mich wartend ein, fühle mich offen und leer. Sie selbst hat eine Lehre begonnen, sie aber wegen der mangelnden Sprachkenntnisse nicht abgeschlossen. »Das Deutsch hat nicht gereicht.« Sie war bis zur Geburt der Söhne (1988 und 1997) Arbeiterin, einige Eheprobleme seien vor Jahren gut bewältigt worden. Der Ehemann kam nach Deutschland erst durch die Heirat, war zuvor Lehrer in der Türkei. Er sei seit Jahren als Taxifahrer tätig wegen der fehlenden Deutsch-Kenntnisse, die nur geradeso für den Job reichten. Beim Zuhören erkenne ich als ein zentrales Familienproblem die bei allen sehr mangelhaften Kenntnisse der deutschen Sprache. »Sie haben Recht, ich kann deutsch nur so grob.« Sie habe zwar eine deutsche Schule und Klasse besucht, doch den Stoff nicht so recht mitbekommen. Der strenge Vater verhinderte, dass sie einen Sprach-Kurs besuchen durfte. »Ich bin so aufgeregt, gebe das alles ungewollt an meine Kinder weiter.« Ich rücke die Migrationsanamnese ins Zentrum und erfahre: Sie sei vielleicht zwölfjährig aus Ankara 1975 oder 1976 nach Berlin gekommen. Meine Frage, wann der Vater nach Deutschland gekommen sei, verwirrt sie: »Drei? Vier? Fünf Jahre zuvor? Oder?« Sie staunt, ich es will genau wissen: »Es ist doch sehr wichtig für Sie, wo und mit wem Sie als Kind lebten.« Die eigene Geschichte scheint ihr noch nie ein nachdenkenswertes Thema gewesen zu sein. »Manchmal, erst hier in Berlin denke ich daran«, antwortet sie sehr ernst und nachdenklich; sie wirkt traurig und für mein Empfinden authentisch betroffen. Wir sprechen weiter über die Migration der Familie, das Wort höre sie hier bei mir zum ersten Mal. Mit Mutter und Bruder habe sie bei den strengen Großeltern gelebt. In Berlin gab es auch Verbote durch die Erwachsenen. Sie habe immer zu Haus sein müssen, durfte keine Freundinnen haben. Wieder greife ich nicht den (Autonomie-)Konflikt auf, sondern bleibe in meiner Rückfrage im transkulturellen Feld. »Könnte es sein, dass diese Verbote, nach draußen zu gehen, etwas mit der Tradition und der Kultur zu tun haben?« Sie antwortet sehr leise: »Ja, aber was mich mehr bedauert, ist das Gefühl von innerer Selbständigkeit, das fehlt. Mut hat er nie gegeben, immer: ›Das kannst Du nicht.‹« Ich sage, das hänge alles zusammen mit dem Leben in verschiedenen Sprachen und Kulturen, vielleicht habe der Vater es für sich auch nie gelöst. »Wir haben nie darüber geredet«, antwortet sie. Die Mutter sei eine sehr ruhige Frau, unterdrückt, so wollte sie nie sein. Frau Ü. war fähig zu empathischer Beziehungsgestaltung und zur Selbstreflexion; sie stellt sich dar, aber ohne genau auf sich selbst zu sehen oder hinzuweisen, es sind nur die Fakten, die sie schildert. Mir obliegt es, den zugehörigen spezifischen Bedeutungs-Zusammenhang zu benennen. Dieser könnte ein konfliktzentrierter psychodynamischer Sinn sein, doch ich ziehe den des transkulturellen Erlebens vor: Meine Gegenübertragungsgefühle und Beobachtungen sind weiterhin wegweisend für mich. Die Antwort zeigt die Patientin in ihrem Verhalten. Sie, die erst so laut und hart gesprochen hat, wird sofort leiser, bezogener und schwingungsfähiger, wenn ich mich nach den kulturellen Aspekten, nach der Migration und der familiären Trennungen erkundige, sie wirkt am Ende des Gespräches nachdenklich und ruhig in sich gekehrt. Beim zweiten Gespräch ist sie sehr bezogen und sehr aufmerksam, vertrauensvoll. Unser Thema sind die bisher abgespaltenen Gefühle und die Sprachverwirrung. »Ich habe einige Sachen gesagt, über die ich jahrelang nicht gesprochen habe. Das ist alles Vergangenheit, vorbei. Innen ist es anders, aber man kann die Zeit nicht nachholen. Was kann ich ändern innerlich?« Ich frage, ob »in den inneren Gefühlen die Vergangenheit noch lebendig ist.« Sie: »Außen nicht, aber innen in meiner

Wohnung.« Ich frage: »In Ihrer Seele?« Sie: »Ja, besser in meiner Seele. Die Vergangenheit ist stärker, alles das von früher. Ich bin vergesslich geworden, unterhalte mich z. B. mit einer Person, muss fragen, wie heißte das, denke lange über etwas nach.« Ich: »Sind Ihre Gedanken auf Türkisch?« Sie: »Ich spreche nicht mit meinen Gedanken (...) ehrlich, ja ist es halb und halb, habe darüber nie gedacht.« Ich: »Es ist ein Problem mit zwei Sprachen zu denken.« Sie reagiert völlig ungläubig und erstaunt: »Ja meinen Sie?« Sie erklärt mir noch einmal genau das Symptom, wie sie etwas, ein Wort, vergäße, von dem sie Stunden zuvor noch genau gewusst habe, wie es hieß, überlegt: »Vielleicht ist es doch ein Problem zu denken, in welcher Sprache sage ich was?« Sie kann auf Deutsch ihre Alltagssituationen darstellen, alles wird gut vorstellbar. Schwieriger scheint es für sie wirklich, über inneres Erleben zu sprechen; ich erläutere: »Es ist eine Anstrengung mit zwei Sprachen, für den Geist und für die Seele.« Sie bestätigt, noch nie habe jemand dieses Thema mit ihr angesprochen. Die Familiensprache sei türkisch, doch mit den Kindern rede sie viel deutsch, mit Freunden beide Sprachen. »Meinen Sie, dass mein Problem auch damit zusammenhängt? Die Kinder lernen von mir, es ist...« Ich: »Es ist eine große Leistung, was Sie allein vollbracht haben. Sprache, Land, Kultur, alles ohne Hilfe. Sie können sehr stolz sein.« Frau Ü. geht nicht darauf ein, sondern auf ihre Symptome, macht sich Vorwürfe, dass sie sich den Kindern gegenüber so viel aufrege. Ich bleibe am transkulturellen Thema: »Es ist ein Problem, wie soll man zwei Länder, zwei Sprachen, zweierlei Kulturen und Sitten in ein Leben bringen, von wem konnten Sie lernen? Wer hat Ihnen das gegeben, was Sie den Kindern geben wollen, von wem haben Sie etwas Rat und Hilfe bekommen?« Lachend und weinend zugleich: »Das ist eine gute Frage, von niemandem. Ja und das macht so wütend.« Sie lächelt zu meinem Erstaunen sehr weich. Als ich erneut von der großen Anstrengung spreche, die alles für sie bedeutet und dass sie dann auch noch ihrem Mann helfen musste, sich hier zurechtzufinden, steigt die Spannung wieder. Sie weint sehr heftig, klagt sich an, sie habe zu wenig geleistet, keinen Beruf. Wir sprechen über die gewünschte Therapie. Frau Ü. strahlt und lacht sogar etwas: »Ich muss so viel lernen.« Am Ende erlebe ich sie zunehmend entspannter und ruhiger. Ich selbst aber bekomme nun die somatischen Symptome der Patientin, ungewohnte, sehr heftige Kopfschmerzen, starke innere Anspannung und Erschöpfung. Ich denke, als sie gegangen ist, im Benennen habe ich die Migration innerlich nachvollzogen, ihre Anstrengungen mitempfinden müssen, als ich immer und immer wieder im transkulturellen Feld blieb, auch wenn die Patientin dieses verlassen wollte. Weitere Arbeit war für uns noch gezielt nötig, bis sie mit sich und ihren Gefühlen in besserem Kontakt war. Der Blick hinter die Abwehrfassade, das wechselseitige Vernehmen und Erreichen waren gelungen, eine psychoanalytische Begegnung im transkulturellen Raum hergestellt und in den weiteren Gesprächen genutzt worden. Eine längere Psychotherapie schloss sich nicht mehr an, da rasch eine deutliche Verbesserung der Symptomatik, mehr persönliche Eigenständigkeit und Aktivität zu beobachten war. Die Beziehung zu den Kindern entspannte sich; die Patientin nahm Kontakt zu den Frauen im nahen Nachbarschaftsheim auf, plante ihren Wiedereinstieg in die Arbeitswelt.

Schlussfolgerungen

Die Patientin hatte über diese transkulturellen Fragen noch niemals gesprochen, die Probleme in Verbindung mit ihrem Sprach- und Kulturwechsel waren von ihr nie mit einem anderen Menschen erörtert worden. Mir war es wichtig, vor einer genaueren Betrachtung der persönlichen psychodynamischen Konflikte diese transkulturellen Konflikte aufzuklären. Gefühle und Konflikte wurden über Jahre ausgedrückt in der Sprache des Körpers, waren in segmentierten Sprachräumen unzugänglich, nicht mehr kommunizierbar. Dies konnte durch gemeinsame Reflexion der sprachlichen Gewohnheiten und Kompetenz verändert werden. Ziel jeder transkulturellen therapeutischen Beziehung und Intervention muss es sein, das abgespaltene Erleben zum Thema zu machen, die subjektive Innenbefindlichkeit auch sprachlich vollständig aufzudecken, damit die oben beschriebenen Konfliktfelder gemeinsam verstanden werden können, das Trennende vorsichtig abgebaut werden kann. Bereits im Erstinterview fokussiere ich auf einen vermuteten Sprach- und Kulturkonflikt. Das gemeinsam erarbeitete Verständnis der averbalen Mitteilungen führt immer wieder zu einer verblüffenden Entwicklung.

Literatur

Bion, W. R. (1990): Lernen durch Erfahrung. Frankfurt a. M. (Suhrkamp).

Erdheim, M. (1984): Die gesellschaftliche Produktion von Unbewusstheit. Frankfurt a. M. (Suhrkamp).

Erikson, E. H. (1950): Kindheit und Gesellschaft. Stuttgart 1984 (Klett-Cotta).

Erikson, E. H. (1957): Das Problem der Identität. In: Psyche 21, S. 114–176.

Erikson, E. H. (1968): Jugend und Krise. Stuttgart 1988 (dtv/Klett-Cotta).

Grinberg, L. & Grinberg, R. (1990): Die Psychoanalyse der Migration und des Exils. München, Wien (Verlag Internationale Psychoanalyse).

Kohte-Meyer, I. (1993): »Ich bin fremd, so wie ich bin«. Migrationserleben, Ich-Identität und Neurose. In: Streek, U. (Hg.) (1993): Das Fremde in der Psychoanalyse. Erkundungen über das ›Andere‹ in Seele, Körper und Kultur. München (Pfeiffer).

Kohte-Meyer, I. (1993): »Ich bin fremd, so wie ich bin«. Migrationserleben, Ich-Identität und Neurose. In: Streek, U. (Hg.) (2000): Das Fremde in der Psychoanalyse. Erkundungen über das ›Andere‹ in Seele, Körper und Kultur. Gießen (Psychosozial), S. 119–132.

Kohte-Meyer, I. (1993): »Ich bin fremd, so wie ich bin«. Migrationserleben, Ich-Identität und Neurose. In: Prax. Kinderpsychol. Kinderpsychiat. 43, S. 253–259.

Kohte-Meyer, I. (1994): Psychoanalyse zwischen den Kulturen: Entstehen von Unbewußtheit und Neurose im transkulturellen Prozess. IX FORUM IFPS, Florenz. Unveröffentlichtes Manuskript.

Kohte-Meyer, I. (1999): »Spannungsfeld Migration: Ich-Funktionen und Ich-Identität im Wechsel von Sprache und kulturellem Raum«. In: Pedrina, F.; Saller, V.; Weiß, R. & Würgler, M. (Hg.) (1995): Kultur Migration Psychoanalyse. Tübingen (Edition Discord).

Kohte-Meyer, I. (2000): »Die Gerüche des Basars in meinem Behandlungszimmer«. In: Rodewig, K. (Hg.) (2000): Identität, Integration und psychosoziale Gesundheit. Gießen (Psychosozial), S. 87–105.

Klinke, R.; Kral, A. & Hartmann, R. (2001): Sprachanbahnung über elektronische Ohren – So früh wie möglich. In: Deutsches Ärzteblatt 46, S. A-3049–3052.

Lorenzer, A. (1976): Wittgensteins Sprachspielkonzept in der Psychoanalyse. In: Psyche 30, S. 833–852.

Lorenzer, A. (1977): Sprachspiel und Interaktionsform. Frankfurt a. M. (Suhrkamp).

Mahler, S. M.; Pine, F. & Bergman, A. (1978): Die psychische Geburt des Menschen. Frankfurt a. M. (Fischer).

McDougall, J. (1998): Theater des Körpers. Stuttgart (Verlag Internationale Psychoanalyse).

Nadig, M. (1986): Die verborgene Kultur der Frau. Frankfurt a. M. (Fischer).

Parin, P. (1976): Das Mikroskop der vergleichenden Psychoanalyse und die Makrosozietät. In: Psyche 30, S. 2–25.

Parin, P. (1978): Der Widerspruch im Subjekt. Frankfurt a. M. (Syndikat).

Schur, M. (1955): Zur Metapsychologie der Somatisierung. In: Brede, K. (Hg.) (1974): Einführung in die psychosomatische Medizin. Frankfurt a. M. (Fischer).

Weißenborn, J. (2002): Spracherwerb von Kleinkindern, Einsteins Erben, Fernsehsendung SFB am 20.06.2002.

Winnicott, D. W. (1983): Metapsychologische und klinische Aspekte der Regression im Rahmen der Psychoanalyse. In: ders. (1958): Von der Kinderheilkunde zur Psychoanalyse. Frankfurt a. M. (Fischer TB), S. 203.

Analytische Säuglings-Eltern-Therapie

Präverbale Kommunikationsformen
im therapeutischen Setting

Waltraud Albrecht-Gasparovic, Gabriele Pollack,
Eva Waitzmann-Samulowski und Petra Schmidt

»Hilfe, was ist bloß mit meinem Baby los!« (1)

Dieser Stoßseufzer entfährt sicher Müttern immer wieder einmal, die in unserer Zeit zwar eine Vielzahl schriftlicher und sonstiger Ratgeber vor sich haben, aber ein hilfreiches mütterliches Vorbild im Alltag und das Eingebundensein in ein akzeptiertes und tragendes mütterliches Rollenbild meist entbehren müssen. Manchmal hilft der Gang zum Kinderarzt. Bei vielen Institutionen ist jedoch oft die Hemmschwelle zu groß. Dabei können niedrigschwellige Angebote mit ausreichendem und konstantem Personal sehr hilfreich sein, wenn sich mit Säuglingen und Kleinstkindern Probleme einstellen. Es gibt sie beispielsweise in Form von »Sprechstunden für Schreibabys« oder ähnlichen Beratungsstellen, und vielleicht mehren sich bald auch Möglichkeiten für Säuglings-Eltern-Therapien.

Wir möchten heute über einige Erfahrungen aus der analytischen Psychotherapie mit Säuglingen und ihren Eltern berichten. Angeregt durch die Teilnahme an psychoanalytischen Säuglingsbeobachtungen in der Familie, wo sich uns die Möglichkeit ergab, frühe interaktive Prozesse zwischen Mutter und Kind mitzuerleben und eine Vorstellung davon zu bekommen, wie diese für das Kind bezüglich seiner Selbst- und Ich-Entwicklung strukturbildend werden, hatten wir uns diesem Tätigkeitsbereich zugewendet, wobei wir uns zunächst oft gegenseitig unterstützen mussten, da es noch wenig Vorerfahrungen gab, auf die wir zurückgreifen konnten. Ich beginne mit einigen historischen und theoretischen Ausführungen, an die sich meine Kolleginnen mit Beispielen aus der Praxis anschließen.

In den letzten 60 Jahren ist das psychoanalytische Interesse am *realen* Kind sehr gewachsen und viele bisherige Annahmen im psychoanalytischen Theoriesystem sind zu überprüfen und eventuell auch zu verwerfen im Lichte der neuen Ergebnisse aus Säuglingsforschung und Säuglingsbeobachtung.

Obwohl Freud seine theoretischen Vorstellungen weitgehend aus den Berichten erwachsener PatientInnen über ihre Kindheit entwickelte (also am *rekonstruierten* Baby), bezog er auch direkte Beobachtungen beim Säugling und

Kleinkind ein. Das bekannteste Beispiel ist die Beschreibung seines eineinhalbjährigen Enkels beim »Fort-Da«-Spiel mit der Garnrolle, das er als eine Möglichkeit des Kindes zur Bewältigung der Trennungserfahrung von der Mutter interpretierte (vgl. Freud 1920g).

Seine Ansätze wurden fortgeführt und erweitert mit theoretischen Zuordnungen auf der Grundlage von therapeutischer (und auch prophylaktischer) Arbeit mit Kindern und ihren Eltern von den Kinderanalytikerinnen Anna Freud und Melanie Klein. In den 50er Jahren konzipierte John Bowlby die Bindungstheorie, die insbesondere von Mary Ainsworth (1978) weiterentwikkelt wurde und die in letzter Zeit immer mehr an Bedeutung gewinnt, vielleicht auch, weil sie einen Bezug herstellt zur biologischen Ausstattung des Menschen. Außerdem zu nennen sind die Arbeiten von Donald W. Winnicott (1958, 1965), Margaret Mahler (1975) und René Spitz (1954, 1967), in neuerer Zeit die Ergebnisse der Säuglingsforscher Daniel N. Stern (1985) und Joseph D. Lichtenberg (1983) sowie der Kinderärzte, Kinderpsychiater und Analytiker bzw. Analytikerinnen T. Berry Brazelton (1989), Bernhard Cramer (1989), Serge Lebovici (1983), Selma Fraiberg (1959), Francoise Dolto (1982) und Caroline Eliacheff (1993), um nur einige hier gleichsam stellvertretend anzuführen; nicht zu vergessen auch die prä- und perinatale Psychologie, wo ich nur Alessandra Piontelli (1992) mit ihren Ultraschall-Untersuchungen bei Schwangeren mit späteren Nachbeobachtungen und Ludwig Janus (1990) erwähnen möchte.

Analytische Säuglings-Eltern-Therapien sind ohne den Fundus solcher Forschungen und klinischer Erfahrungen nicht vorstellbar. Insbesondere ist die in den 50er Jahren in London in die Ausbildung der Kinder-Analytiker (und später auch in die der Erwachsenen-Analytiker) eingeführte psychoanalytische oder teilnehmende Säuglingsbeobachtung in der Familie zu erwähnen, die ein wichtiges Instrument darstellt zum Erlernen von psychoanalytisch ausgerichtetem Beobachten unter Einbeziehung unbewusster Abläufe sowie zum Erwerb einer analytischen Haltung. Mittlerweile ist sie vielerorts schon Teil der analytischen Ausbildung. Einen Überblick über die Methode der teilnehmenden Säuglingsbeobachtung gewinnt man bei Köhler-Weisker (1980), zusammenfassende Darstellungen der kindlichen Entwicklung finden sich bei Martin Dornes (1997) und über therapeutische Ansätze u. a. bei Caroline Eliacheff (1993) und Kai von Klitzing (1998).

Viele Entwicklungs- und/oder Verhaltensstörungen im frühesten und frühen Kindesalter haben ihren Ursprung in misslingenden Interaktionen zwischen Mutter oder auch Vater und Kind. Eventuell vorhandene organische Störungen beim Kind oder Erkrankungen der Eltern sowie psychosoziale Faktoren dürfen dabei nicht übersehen werden. Oft lassen sich Reaktionen oder Auffälligkeiten eines Säuglings als Auswirkungen elterlicher Verhaltensweisen oder Delegationen verstehen, dem Bewusstsein der Eltern meist wenig oder gar nicht zugänglich, aber die emotionale Abstimmung zwischen Eltern und Kind belastend.

Selma Fraiberg spricht von den »Gespenstern im Kinderzimmer« (Fraiberg 1959), die heimlich ihr Unwesen treiben. Hier liegt ein Ansatzpunkt für die analytische Säuglings-Eltern-Therapie. In der therapeutischen Situation mit Mutter (Eltern) und Kind stellt sich die gestörte Interaktion oder die misslingende präverbale Kommunikation zumeist szenisch dar und lässt sich so zusammen mit den Eltern verstehen und zur therapeutischen Intervention nutzen, einige Erfahrung vorausgesetzt.

Für solche »Inszenierungen« im Rahmen der therapeutischen Situation ist das Baby ein ganz wichtiger Mitspieler. Immer wieder erlebt man mit Erstaunen, wie an entscheidenden Stellen durch die Reaktionen des Babys die Aufmerksamkeit auf Problembereiche gelenkt wird, sei es, dass es anfängt zu weinen oder einschläft oder sich sonst bemerkbar macht. Den Eltern wird das damit ausgedrückte Geschehen dann oft unmittelbar zugänglich und verständlich.

Ein Beispiel dazu aus einer ersten Sitzung mit einem etwa einjährigen kleinen Jungen und seinen Eltern, die ihn auf Anraten des Kinderarztes wegen chronischer Infekte vorstellten. Mutter und Vater wirkten zugewandt und gesprächsbereit, das Kind war jedoch unwillig und wollte kaum mit hereinkommen. Die Situation war geprägt von einer unterschwelligen Spannung, die sich nicht so recht an etwas festmachen ließ. Während die Eltern berichteten, setzte das Kind auf dem Tisch zwischen ihnen und mir eher misslaunig Bausteine neben- und aufeinander und warf sie wieder durcheinander. Nach einer Weile sagte ich zu ihm etwa so: »Du weißt vielleicht nicht, warum du heute mit deinen Eltern hierher gekommen bist. Einiges ist ja zu Hause schwierig, und deine Eltern machen sich Sorgen, wie es weitergehen soll. Deswegen seid ihr heute gekommen, dass wir vielleicht miteinander einen Ausweg finden.« Das Kind hielt in seiner Beschäftigung inne, schaute mich zu meiner eigenen Überraschung ganz aufmerksam und konzentriert an und begann sich dann konstruktiv mit den Bausteinen zu beschäftigen, mich dabei zeitweise einbeziehend. Ich konnte anhand dieser Szene den Eltern vermitteln, wie sehr ihr Kind die von den Eltern überspielte emotionale Situation aufnimmt und davon in seinem Verhalten geprägt wird. So stellte sich gleich zu Beginn die zugrunde liegende Psychodynamik dar mit einem ungelösten elterlichen Paarkonflikt und der kindlichen psychosomatischen Reaktion darauf.

Um in dieser Weise vorzugehen, ist es nötig, sich auf die vom Kind und den Eltern vermittelte emotionale Situation einzulassen und über eine vorübergehende Identifikation damit (bzw. durch die Beachtung der Gegenübertragung) ein Verständnis für die sich abspielende psychische Dynamik zu erlangen. Dies ist nicht immer leicht, denn es handelt sich oft um sehr bewegende und auch verstörende Erlebensbereiche, denen man sich nicht unbedingt gern öffnet. Schnell ist man auch dazu verführt, die Situation des Babys in den Mittelpunkt zu stellen und darüber den Part der Eltern einseitig zu sehen, was zum Abbruch der Behandlung führen kann, wenn diese sich nicht genügend verstanden fühlen. Manchmal ist eine »Beelterung« der Eltern angesagt. Nur wenn man in der Lage ist, sich diesen regressiven Erfahrungen auszusetzen, hat man die Chance, mit ihnen therapeutisch zu arbeiten, das heißt, die innerpsychische und interaktionelle Psychodynamik aus eigener emotionaler Erfahrung zu verstehen, um sie schließlich benennen zu können

Ursachen von frühen Interaktions- und Kommunikationsstörungen

Als Ursachen von frühen Interaktions- und Kommunikationsstörungen zwischen Säugling und Bezugsperson kommen infrage (auch kombiniert):

_ Psychische Probleme bei Mutter oder/und Vater (wie »normale« Ängste und Unsicherheiten bis hin zu neurotischen oder psychotischen Erkrankungen oder Persönlichkeitsstörungen)

_ Paar- und/oder Familienprobleme mit psychischen Auswirkungen

_ Besondere Eigenschaften des Kindes wie Frühgeburtlichkeit, Entwicklungsprobleme oder Regulationsstörungen, Missbildungen, Krankheiten (z. B. Allergie, Störungen des Bewegungsapparates)

Störungen, die einer psychoanalytischen Säuglings-Eltern-Therapie zugänglich sind

Im Allgemeinen handelt es sich beim Säugling bei solchen Schwierigkeiten um den Ausdruck von Regulationsstörungen (d. h. das Unvermögen, innere Zustände und Bedürfnisse oder Ungleichgewichte durch Selbstberuhigung und Selbstregulation auszugleichen) und Verhaltensauffälligkeiten, die sich insbesondere in Form von Kontakt- und Spielstörungen zeigen. Das muss nicht schon als pathologisch angesehen werden.

In dieser Altersstufe besteht eine hohe Abhängigkeit von Bezugspersonen sowohl bezüglich der körperlichen Versorgung als auch hinsichtlich der Begleitung psychischer Abläufe. Beides muss auf den kindlichen Entwicklungsstand abgestimmt sein. Deswegen sind Pflegefehler und auch ein Wechsel der Bezugspersonen sowie Trennungen so bedeutsam.

Zu nennen sind an einzelnen Störungen:

- ausgeprägtes Schreiverhalten (oft als Dreimonatskolik benannt)
  Schlafprobleme
- Fütter-, Ess- und Gedeihstörungen
- deutlich aggressives und/oder selbstdestruktives Verhalten, ungewöhnliche
  Trotzreaktionen
- starke Trennungsängste
- Probleme in der Mutter- (Vater-)Kind-Beziehung (»Nicht-miteinander-
  Können«, wenn das Kind z. B. nicht zu den Vorstellungen der Eltern passt,
  extreme Härte oder Verwöhnung)
- erhebliche Geschwisterrivalität
- misslingende Sauberkeitserziehung
- Probleme mit frühgeborenem oder organisch krankem Kind

Die Säuglings-Eltern-Therapie ist auf die entgleiste Kommunikation
zwischen Mutter (Eltern) und Kind ausgerichtet mit dem Ziel, ein angemes-
seneres Aufeinander-Eingestimmtsein zu ermöglichen. Dabei helfen auch
»angeborene Reaktionsbereitschaften« in der Eltern-Kind-Konstellation
(Papousek), die sich im Verlauf einer Therapie aktivieren lassen, wenn sie
verschüttet sind. Die besonderen seelischen Bedingungen während der frühen
Mutter- und Elternschaft bewirken eine große psychische Ansprechbarkeit
der Mütter und auch Väter für therapeutische Hilfestellungen mit meist
raschen Erfolgen. Dadurch lässt sich viel Leid bei Eltern und Kind vermeiden;
es beugt einer Chronifizierung von Störungen vor und mindert ein eventuel-
les Misshandlungsrisiko durch überforderte Eltern. Im allgemeinen sind
Kurzzeittherapien mit zwei bis 20 Sitzungen ausreichend. Einige Familien
brauchen bei weiteren Entwicklungsanforderungen erneut Hilfe. Manchmal
finden Eltern über die Säuglings-Eltern-Therapie zu einer eigenen Therapie.
Diese ist dann notwendig, wenn eine gravierende eigene psychische Problematik der Eltern eine Rolle spielt.

Erfahrungen aus psychoanalytischer Säuglingsbeobachtung bzw. Klein-
kindbeobachtung oder aus einer Säuglings-Eltern-Therapie können sich auch
in Erwachsenen-Therapien und bei Beratungen sehr hilfreich auswirken. Denn
in jedem Erwachsenen ist noch immer das ehemalige Kind verborgen und
ansprechbar. Während Schwangerschaft und Mutterschaft sind gerade Mütter
in besonderer Weise gefordert, sich der Wiederbelebung früher Entwicklungsschritte durch die »Tatsache Baby« zu stellen, was schwierig wird, wenn diese
frühe Entwicklung problematisch verlaufen ist.

Mit den genannten Beobachtungs- und Therapie-Erfahrungen ist man
anders in der Lage, sich auf das bedürftige oder hilflose Baby in der Mutter
selbst und auch allgemein im Erwachsenen einzustellen. Man kann emotionales Ergriffensein eher zulassen, averbale Signale besser aufnehmen, zuordnen

und in Worte bringen, und man ist nicht so sehr in Gefahr, bei emotionaler Überforderung eigene Abwehrstrategien zu mobilisieren.

Als Beispiel möchte ich eine kurze Szene aus der Analyse eines Mannes in mittlerem Alter anführen. In einem Behandlungsabschnitt wollte er sich nicht mehr als Versager vor der kompetenten Therapeutin-Mutter fühlen wie das fehlerhafte und immer wieder scheiternde Kind von früher, das sich vom Wohlwollen und der Zuwendung der Eltern so abhängig fühlte, und zog sich deshalb in eine trotzige Verweigerungshaltung zurück. Ich konnte ihm im Verstehen der dahinter liegenden Verzweiflung mit Scham- und Schuldgefühlen in ruhiger Weise sagen, dass sich kleine Kinder oft so fühlten vor der Übermacht der Erwachsenen, aber manchmal spürten sie auch, dass sie gar nicht so hilflos sind, dass sie mit ihrem Verhalten die Mutter beeinflussen könnten und mit diesem *Bewirken* dann auf einmal *mächtig* würden, so wie er es jetzt mit seiner Verweigerung versuche. Er stutzte, dachte eine Weile nach und sagte dann: »Ich kann ihnen mein Lächeln schenken« und tat es, was ich entsprechend beantwortete. Diese hier in der Darstellung vielleicht etwas simpel wirkende Szene hatte einen entscheidenden Einfluss im weiteren Behandlungsverlauf. Der Patient konnte sich damit anfreunden, dass freundliche Zuwendung und Eingehen auf sein Gegenüber kein Ausdruck von Schwäche und Unterordnung sein muss und er über etwas verfügt, was ihn in den Augen eines anderen wertvoll und wichtig sein lässt, und ihm so zu einem guten Selbstgefühl verhilft. Ich glaube, es wäre mir ohne die Erfahrungen mit Säuglings- und Kleinkindverhalten nicht so ohne weiteres möglich gewesen, mich auf eine solche Ebene einzulassen.

Sie werden von meinen Kolleginnen jetzt Ausschnitte aus Beobachtungen und Behandlungen geschildert bekommen zusammen mit ihren Überlegungen und theoretischen Zuordnungsversuchen, und so einen Einblick gewinnen in die praktische Arbeit mit Säuglingen und ihren Müttern bzw. Eltern.

Nach den mehr theoretischen Überlegungen von Frau Dr. Albrecht-Gasparovic möchte ich nun zwei Abschnitte aus der Kurzzeittherapie mit dem ein Jahr und vier Monate alten Paul vorstellen. (2) Sie sollen verdeutlichen, wie rasch therapeutische Hilfe im frühen Kindesalter greifen kann. Aus meiner therapeutischen Tätigkeit weiß ich, wie alltäglich die Probleme, die Pauls Mutter mit ihrem Kind hatte, sind. Ich verstehe sie als Ausdruck einer frühen Beziehungsstörung, welche verhindert, dass das Kind insbesondere seine aggressiven Affekte integrieren kann und in der weiteren Entwicklung des Öfteren in der Diagnose ADS münden kann.

Die Mutter sucht Unterstützung, weil die seit der Geburt anhaltenden Schlafstörungen ihres Sohnes sie an den Rand der Verzweiflung brachten. Zehnmal aufstehen in der Nacht war die Regel. »Ich könnte ihm den Hals umdrehen«, beschrieb die Mutter ihre Gefühle. Der Kinderarzt verschrieb Adosin. Es zeigt keinen Erfolg. Außerdem sei Paul ständig unruhig und äußerst anspruchsvoll. Er könne sich gar nicht allein beschäftigen. Paul hat einen fünfeinhalb Jahre älteren Bruder. Die Eltern sind beide berufstätig, die Mutter ist im Erziehungsurlaub. Ihre Ehe sei in Ordnung. Der Vater sei ein guter Papa, habe aber keine Zeit, mit zu den Stunden zu kommen. Bis Paul zwei Jahre alt wird, soll das Problem gelöst sein. Die Mutter möchte dann wieder arbeiten gehen. Frau M. ist eine burschikose Frau, die kurz angebunden ist und schnell spricht. Sie wirkt angespannt, latent wütend. In den Behandlungsstunden fällt mir ihre ruppige Art, in der sie mit Paul spricht, auf. Ich bin oft darüber erschreckt.

Paul ist ein körperlich gut entwickelter, aufmerksamer kleiner Junge, der mich schon bei der ersten Begegnung neugierig und freundlich anschaut. Er erkundet den Raum und bringt der Mutter stolz die Schätze, die er entdeckt. Zuerst reagiert sie darauf kühl, fordert ihn auf, die Sachen wieder dahin zu legen, wo sie hingehören. Paul wird zunehmend unruhig und quengelig. Er läuft mit seinem Bemühen um die Anerkennung der Mutter ins Leere. Ich erlebe mit Paul und seiner Mutter ein enttäuschtes Paar, wobei Paul ständig um die Aufmerksamkeit der Mutter ringt und diese sich das Gleiche wünscht, durch einen Sohn, der versteht, dass sie überfordert ist und der ihr ein wenig Ruhe gönnen soll.

Innerhalb kurzer Zeit entsteht ein Raum in unseren Stunden, in dem Frau M. beginnt, Paul liebevoll zu beobachten. In ihre ruppige Stimme mischen sich Wärme und Bezogenheit. Allein meine Anspielungen, die Not Pauls und die seiner Mutter und meine Übersetzertätigkeit bewirken, dass die Mutter Stolz und Freude empfinden kann, was diesem sichtlich gut tut und zu einer Linderung der Symptomatik führt. Er wacht jetzt immerhin nur noch dreimal in der Nacht auf.

In der vierten Behandlungsstunde kommt Paul allein ins Behandlungszimmer gestiefelt. Die Mutter folgt, setzt sich hin und schweigt. Er untersucht die Pfeile der Wurfscheibe und bringt sie ihr. »Die gleichen hat dein Bruder auch«, sagt sie und dann: »Ich bin total fertig.« Ihr Mann habe sie einen Tag vor Weihnachten verlassen. Damit habe sie überhaupt nicht gerechnet. »Seine Freiheit will er haben«, sagt sie. »Er hält den Stress nicht mehr aus, er hält das Leben nicht mehr aus. Na klasse.« Die Wahrheit kam erst ein paar Tage später heraus: Er hat eine Freundin. Frau M. ist empört, voller Wut und sie erzählt mir, was alles passiert ist. Paul wird im Lauf der Erzählung unruhig, klettert wiederholt auf einen kleinen Tisch, was die Mutter ihm verbietet, er aber doch wieder tut. Auch Paul ist wütend. Als Frau M. von der Freundin des Vaters erzählt, läuft Paul zur Tür und quengelt. »Wir bleiben noch hier«, sagt Frau M. Er will weg, doch sie lockt ihn mit einer Banane zurück. »Es ist aber auch schwer auszuhalten, Paul, da magst du gar nicht hier bleiben, wenn die Mama erzählt, wie sauer sie auf den

Papa ist und der Papa ist jetzt weg und die Mama mit euch allein, da willst du einfach weglaufen«, sag ich zu ihm und Frau M. fällt ein »und dann packt mein Mann auch noch aus, dass er den Paul nie gewollt hat.« Ich erschrecke und stelle mir vor, wie sich das für Paul anfühlen mag. »Da könntest du ja denken, du wärest dran schuld, dass Mama und Papa sich gestritten haben und der Papa jetzt weg ist«, sage ich. Paul sitzt jetzt auf dem Schoß seiner Mutter. Er schaut mich an und ist ruhiger geworden, als wäre er angekommen. Frau M. hat ihn umfasst. Sie gibt ihm Schutz und Halt. Sie hat aufgenommen, wie wichtig es ist, ihn vor dieser Projektion zu schützen. Sie solidarisiert sich mit Paul und dieser reagiert sofort mit Entspannung.

In der nächsten Stunde strebt Paul wieder zur Tür, als die Mutter ihren Zorn auf den Ehemann zum Ausdruck bringt. Er ist frustriert, weil er die Tür nicht öffnen kann. Er nimmt eine Stange und haut sie mir auf den Kopf. Frau M. schimpft und er haut sich selbst auf den Kopf. »Du würdest schon mal gerne drauf hauen«, sag ich, »so geht's der Mama auch gerade«. »Stimmt«, sagt Frau M.

In der sechsten Stunde berichtet Frau M., dass Paul ganz gut schlafe und dann berichtet sie von einer Eigenart Pauls, die sie vermutlich aufgrund ihres Schuldgefühls bis zu diesem Zeitpunkt noch nicht erwähnt hat. Paul habe die Angewohnheit, sich selbst zu verletzen. Das tue er ganz oft, seit er laufen kann, das heißt, seit seinem zehnten Lebensmonat. Er haue seinen Kopf auf den Boden, bis es weh tue. Frau M. habe das Gefühl, er wolle damit erreichen, dass sie sich um ihn kümmere. Er habe auch schon mal seine Hand auf die heiße Herdplatte gehalten, wohl wissend, wie weh das tut.

Es gelingt mir nicht, meine Erschütterung zu verbergen. Frau M. beschreibt eine Situation am Vortag. Paul habe sich mit dem Bruder gestritten. Als die Mutter schimpfte, habe Paul seinen Kopf auf den Boden gehauen und während sie das erzählt, zeigt Paul, der aufmerksam zugehört hat, wie er das macht und haut seinen Kopf vor mir auf die Tischkante. Er tut sich weh und weint. Er schaut hilfesuchend nach der Mutter und streckt ihr die Arme entgegen. Noch etwas gereizt nimmt sie ihn auf den Schoß und sagt: »Ja, das tut weh, das weißt du doch.« Frau M. erzählt, dass Paul, bevor er angefangen habe, sich am Kopf zu verletzen, eine Phase hatte, in der er ganz viel gebissen habe, den Bruder, die Mutter, auch sich selbst. Einmal habe er den Bruder blutig gebissen. Da habe sie ihn auf den Mund gehauen. »Da ist der Paul wohl so wütend gewesen, dass er gar nicht wusste, wohin damit und hat jetzt große Angst vor dem, was passiert, wenn die Mama wütend ist. Da haust du dich dann lieber selbst«, sage ich.

Während dieser Sequenz fühle ich mich hilflos. Die Vorstellung, dass so ein kleines Kind schon solche verschlungene Wege gehen kann, um einerseits seine Affekte zu regulieren und andererseits den Kontakt zur Mutter zu bewahren, erschüttert mich und macht deutlich, mit wie viel aggressiver Energie die Familienatmosphäre aufgeladen sein muss. Ich selbst bin angestrengt von der strengen harten Sprache Frau M's. Sie strahlt Verlassenheit und Wut aus. Ihre schnellen Worte scheinen wegzujagen, von den Gefühlen, die sie beschreibt, auch wegzujagen vor den Menschen, von den Menschen, mit denen sie gerade spricht, von Paul und von mir. Weg von der Nähe und Bedürftigkeit, die sie selbst spüren könnte und die sie damit Paul abspricht, um sich selbst zu schützen. Als ich betone, wie es in Pauls Innerem aussehen mag, wird sie ein wenig weicher. Bei all ihrer Ruppigkeit bin ich immer wieder überrascht, dass meine Worte bei ihr ankommen können. Sie hat in unseren Stunden erleben können, dass Paul auf meine Wahrnehmungen seiner Gefühle und das direkte und ehrliche Ansprechen bezogen und verständig reagiert. Damit habe ich seinem Erleben einen verständlichen Sinn gegeben und er kann mich integrieren.

In der nächsten Stunde wirken Paul und seine Mutter ausgesprochen ausgeruht. Frau M. fühle sich wohler. Sie habe ihr Schlafzimmer renoviert und damit die Erinnerungen an den Ehemann verbannt. Den Kindern gehe es besser und Paule schlafe jetzt gut. Nach der letzten Stunde, vor drei Wochen, habe er sich noch drei bis viermal selbst gehauen. Seitdem sei es damit ganz vorbei und so sei es auch geblieben.

Zum Abschluss eine kleine Sequenz aus der vorletzten Behandlungsstunde. Die Behandlung dauerte übrigens 25 Stunden.

Frau M. spricht über Pauls anstehende Eingewöhnung in den Kindergarten und ihren bevorstehenden Arbeitsbeginn. Paul steht in diesem Moment vor dem großen Dinosaurier, der ihn die ganze Behandlung hindurch fasziniert hat und den er sich mittlerweile traut anzufassen. Wie so oft zeigt er auf seine Zähne und sagt: »Aua«. Er schaut mich an. »Er hat scharfe Zähne und sieht gefährlich aus«, sage ich. Der Dino signalisiert für Paul seine eigene gefährliche Seite, die im Zusammenhang mit unbewältigter Trennungsangst auftaucht und wo er auch schon mächtig zugebissen hat. »Schwer«, sagt er jetzt. »Der ist schwer und gefährlich?« frage ich. Er nickt und setzt den Dino in den Sand. Mit einer großen Schaufel will er ihn füttern. Der Sand fällt daneben. »Du musst eine kleine Schaufel nehmen«, sagt die Mutter. Er holt sich einen kleinen Löffel und streckt ihn stolz in die Luft. »Der ist toll«, sage ich und Paul füttert den Dino liebevoll. Ich sage: »Das schmeckt dem Dino gut. Jetzt ist er nicht mehr so gefährlich.« Paul hat hier anschaulich dargestellt, dass er zu Hause kein kleiner gefährlicher Kerl sein muss. Sein Futter war die innere Bezogenheit seiner Mutter, seines Vaters, seiner Bezugspersonen. Wenn die Mutter oder der Vater sein Erleben verstehen und ihm seine Affekte von Gefühlen von Freude, Wut, Trauer und Verlorensein spiegeln können, ist er ihnen nicht mehr ausgeliefert und kann seine Angst integrieren. Ausgefüllt mit dieser Erfahrung kann er die Welt erobern und sein Hunger nach wirklichem Kontakt wird ihn nicht mehr vom Spielen, Lernen und Schlafen abhalten.

Mit dem nächsten Fall möchte ich verdeutlichen, dass psychoanalytische Säuglings-Eltern-Therapie ermöglicht, dass auch in Fällen, die zunächst fast hoffnungslos erscheinen, Gefühle wie Wut, Trauer und Eifersucht freigesetzt werden können und die Mutter ihr Baby realistischer wahrnimmt und eine Bindung ermöglicht wird. (3) Folgen wir den Erkenntnissen in der Säuglings-forschung über die Entstehungsbedingungen eines gestörten Entwicklungsver-laufs, so erleben Kinder, die als Säuglinge nicht genügend oder durch mütterli-che Projektionen verzerrt wahrgenommen werden, wie in diesem Fall eine Mutter mit einer narzisstischen Persönlichkeitsstörung, die Zwangsimpulse hat, ihr eigenes Kind umbringen zu müssen. Diese Kinder erleben unberechen-bare Interaktionsmuster, die den Tagesablauf des Babys bestimmen. Dadurch sind sie in hoher Spannung und es können nur geringe Informationen aufge-nommen und verarbeitet werden. Die integrativen Kräfte des Kindes sind über-fordert. Es kann sich kein Urvertrauen entwickeln. Wir wissen inzwischen von der Hirnforschung bei Säuglingen um den erfahrungsabhängigen Charakter der frühen Gehirnentwicklung. In dieser Behandlung habe ich erlebt, wie wenig Halt und Verständnis die Kindesmutter selbst bei einem mütterlichen Objekt erfahren hat und wie wenig die Symbolisierungsfähigkeit bei ihr entwickelt ist.

Nicole, wie ich sie nenne, kann scheinbar bereits im Alter von einem Jahr und zwei Monaten in den Behandlungsstunden symbolisieren. In unserem Verständnis bringt die Mutter ihr eigenes haltloses, ungeborgenes Kind zum Therapeuten und in der Interaktion mit ihrem Kind gibt sie Einblicke in frühe-re Interaktionen, die sich aufgrund ihrer eigenen Babyerfahrung in ihr nieder-geschlagen haben.

Diese Mutter kommt mit ihrem fünf Monate alten Baby zu mir in die Praxis. Sie und der Vater des Kindes sind 22 Jahre alt. Beide haben eine Lehre absol-viert. Die Großmutter ist Fabrikarbeiterin, der Großvater ist alkoholkrank. Die Großeltern mütterlicherseits trennten sich, als Frau S. elf Jahre alt war. Nach der Scheidung ihrer Eltern tauchten das erste Mal Ängste bei der Mutter auf. Sie hatte die Vorstellung, dass sie ihrer Mutter etwas antun würde. Sie habe ihrer Mutter die Schuld an der Scheidung gegeben und wegen aggressiver Durch-brüche befand sie sich ein Jahr lang in Kindertherapie und sagt mir, danach sei die Symptomatik verschwunden. Während des fünften Schwangerschaftsmo-nats traten starke Migräneanfälle auf. Die Mutter wünschte sich einen Jungen. Übrigens hatte die Großmutter auch Migräne.

Ihr erstes Erleben nach der Geburt: Ihre Tochter habe wie ein Affe ausge-sehen, hässlich. Beim ersten Anlegen, beim Hartwerden der Brust, sei die Angst gekommen. Sie habe die Vorstellung gehabt, das Kind umzubringen, es zu würgen. Anfangs tauchten die Vorstellungen beim Schreien von Nicole auf, dann auch in den Ruhephasen. Sie kamen übrigens eineinhalb Jahre zu mir.

Am Anfang der Therapie hatte ich den Eindruck, ich hätte eine Pubertierende und ein Baby bei mir. Oft brachte Frau S. riesige, dick beschmierte Brötchen mit, die sie genüsslich in den Stunden verschlang. Ich gebe nun ein paar Beispiele für die Interaktion in den ersten Stunden, die verdeutlichen, wie bedrohlich körperliche Nähe sein kann.

Nicole zieht wiederholt ein Tuch über die Augen als wolle sie die Blicke der Mutter nicht sehen. Die Mutter hält sie nicht auf dem Arm, sondern Nicole liegt mit Abstand auf dem Sofa. Die Mutter hält die Flasche, während Nicole trinkt, ohne emotionalen und körperlichen Kontakt. Ich interveniere, damit die Mutter das reale Kind wahrnimmt. Die therapeutischen Interventionen sind interaktionszentriert, um Kontakt zwischen beiden zu ermöglichen, z. B. wiederhole ich in diesen Sequenzen: »Nicole ist ein eigenständiger Mensch. Ihr Baby verlernt sich zuzuwenden.« Oder ich frage: »Was stört gerade?« und die Mutter äußert daraufhin ihre Gefühle, alles sei ihr zuviel und sie habe den Wunsch nach Schmuseeinheiten. Im ersten dreiviertel Jahr der Therapie werden die Tötungsimpulse von der Mutter verbalisiert. Beispiele aus den Therapiestunden: Die Kindesmutter hat den Impuls, Nicole ins Wasser zu schmeißen. In der Küche hat sie die Vorstellung, der Tochter ein Messer in den Hals zu stechen oder die Tochter zu erwürgen. Über ihre Tochter sagt sie: »Nicole hat nur Müll im Kopf.« Zur Verdeutlichung der Destruktivität und der Bedrohlichkeit, die ich in den Therapiestunden erlebte und um die Interventionstechnik zu beschreiben, stelle ich im Folgenden einige Sequenzen aus einem Stundenprotokoll vor.

Nicole ist nun ein Jahr und zwei Monate alt. Frau S. klingelt Sturm. Sie wirkt genervt. Nicole sitzt im Buggy wie erstarrt, fixiert mich, blickt mich intensiv an. »Heute geht es mir nicht gut«, sagt Frau S. Ich begrüße beide. »Mein Mann und ich wollen uns trennen. Meine Ängste haben wieder zugenommen.« Ihre Worte überschlagen sich fast. Innerlich weiche ich ein Stück zurück. Erstarre in Erwartung weiterer schrecklicher Meldungen. Ich mag nicht mehr hören, was sie weiter erzählt. Sie teilt mir dann mit, dass sie gerade in dieser Straße, in der meine Praxis liegt, den Buggy unter ein fahrendes Auto schieben wollte, aber sie mache es ja nicht, fügt sie hinzu. Nicole wirkt weiterhin wie erstarrt. Langsam erwache ich. »Wie gut, dass sie jetzt beide bei mir sind«, denke ich. Zum ersten Mal wendet Nicole ihren Blick von mir weg in den Raum hinein, als suche sie etwas und geht zu den Büchern. Die Mutter erzählt inzwischen von ihrem Mann, der sich ihrer Meinung nach nicht genügend um ihre Tochter kümmere. Dann erzählt sie weiter von ihren Ängsten und sagt, sie nehme jetzt eine Tablette zusätzlich. Sie ist begleitend in psychiatrischer Behandlung. Dann sage ich:

»Ist es wieder das Gefühl, die Decke fällt Ihnen auf den Kopf, das unerträgliche Alleinsein?« »Ja, genau.« Nicole schaut mich an, holt das Seelenvogelbuch heraus und blättert darin und ich benenne, dass sie sich erinnert an vorangegangene Stunden, in denen sie sich das Buch angeschaut hat und dass es hier um die Seele geht. Jetzt geht Nicole zu den Kasperle-Puppen. Sie gibt ihrer Mutter den Teufel und sie nimmt die Prinzessin und Frau S. zieht den Teufel auf den Finger und dann sage ich: »Nicole möchte Mamas Prinzessin sein, aber Mama erlebt Nicole als Teufel.« Nicole gibt mir daraufhin den Polizisten und sie behält die Prinzessin in der Hand. Und dann sage ich: »Der Polizist soll auf Nicole und ihre Mama aufpassen.« In diesen Sequenzen nimmt Nicole die Beziehung zu ihrer Mutter auf. Übrigens eine über viele Stunden sich wiederholende Szene. Der Teufel als Symbol des Bösen und als Nicole endlich der Mutter die Prinzessin gibt, geht sie nicht darauf ein. Jedoch, ein Stück Zweisamkeit ist entstanden. (In der therapeutischen Arbeit mit der kleinen Patientin habe ich diese Sequenzen und die erstaunlich frühe Fähigkeit von ihr zu symbolisieren als Ausdruck verstanden für die unbewusste Kommunikation zwischen Mutter und Tochter.) Nicole geht zu den Büchern und dann redet die Mutter über ihren Mann und sagt, er sei eiskalt. Dann frage ich: »Was meinen sie?« Dann sagt sie irgendwie: »Stimmt«. Dann frage ich: »Wo sind ihre zärtlichen Gefühle geblieben?« Dann sagt sie: »Bei Nicole, wenn sie mal kommt. Sie ist ja kein Kuschelmädchen, aber wenn sie mal kommt, dann sind wir zärtlich.« Dann geht Nicole zu ihr, will auf den Arm und die Mutter hebt sie hoch und ich sage: »Jetzt sind Sie zärtlich miteinander.« Am Ende der Stunde stolpert Nicole ins andere Zimmer. Ihre Mutter folgt ihr und stolpert auch. Die Stunde ist jetzt fast zu Ende und ich sage: »Ich muss auf sie beide aufpassen, damit sie sich nicht wehtun.« Während die Mutter den Buggy fertig macht, gibt mir Nicole wieder die Polizistenpuppe in die Hand und ihrer Mutter gibt sie den Kasper. Beim Abschied fragt mich die Mutter, ob sie mich anrufen kann, wenn die Ängste wieder zu stark würden und ich bejahe. Dann verabschieden wir uns. Mit Teufel und Prinzessin oder auch Krokodil und Prinzessin symbolisierte Nicole ihre Gefühle »gut« und »böse«. Das Böse ist der auf die Tochter projizierte Hass der Mutter und zu Beginn der Therapie musste zunächst der quälende Zustand des Nichtverstehens der Tötungsimpulse miteinander geteilt werden . Erst danach konnte das Nachdenken in mir, in der Mutter und in dem Kind aufgenommen werden. Möglicherweise wirkte es schon entspannend auf Mutter und Kind, als sie erlebten, dass ich den unerträglichen Gefühlen, die die Mutter-Kind-Interaktion begleiteten, standhielt und diese überlebte. Indem ich so als Container miteinbezogen war, wurde Nicole von den Gefühlen der Mutter entlastet und bekam inneren Raum für das eigene Fühlen und Denken. Hoffnung besteht dann, wenn Frau S. die Erfahrung macht, dass sie in der

Therapie Raum für ihr reales Kind, aber auch für ihr eigenes inneres Kind finden kann und in diesem Fall war es wichtig, die Kindesmutter in eine eigene Therapie zu führen.

Mein Beitrag befasst sich mit der Dynamik eines bei Behandlungsbeginn 16 Monate alten Kindes. (4) Der Behandlungszeitraum erstreckt sich über neun Monate und umfasst 28 Behandlungsstunden. Die therapeutische Arbeit mit Lily fand in Anwesenheit der Mutter statt, die sich nicht von ihrem Mädchen zu lösen vermochte. Sie hatte ihr Baby mental nicht geboren. Selbst ein verstoßenes Kind, ein Adoptivkind, trug die Mutter die Phantasie, Tochter eines Botschafters und einer sehr jungen Mutter zu sein, die aus äußerer und innerer Not ihre Tochter, also die Mutter meiner Patientin zur Adoption freigeben mussten. Rebellion und Trotz bestimmten den Lebenslauf dieser jungen Frau, bis sie sich bei einem dienstlichen Telefonat in die Stimme eines Mannes verliebte und das ersehnte Kind ihrem Leben einen Sinn versprach. Das Kind in sich, verbunden mit dem verstoßenen Babyintrojekt, fürchtete sie um das Leben ihres Babys, wurde nächtlich von Angst attackiert, ihr Baby könne im Bauch sterben und suchte während der Schwangerschaft mehrmals den Schutz einer Klinik. Sie hatte ihrem Baby und sich ein Nest gebaut und ich glaube, sie war eine dem Baby sehr nahe, sehr verschmolzene Mutter, die jede Regung ihres Kindes aufnahm – eben als eigene. Schwierig wurde es für diese Mutter, als ihr Inseldasein durch die natürliche Entwicklung ihres Kindes in Gefahr geriet. Lily fand nicht in ihren Schlafrhythmus, wachte nachts schreiend auf und die Mutter antwortete mit ihrer Brust. Die Symptomatik »Lily beiße die Kinder weg«, gab der Mutter den Anlass zur Vorstellung. Die angstauslösende Phantasie der Mutter zum Kind lag in ihrer Aussage: »Lily wird das Reden nicht lernen.« Lily lernte ich selbst als ein lebhaftes und ansprechendes Baby kennen, welches sich innerhalb der Projektion der Mutter unabgegrenzt zu bewegen und damit vergeblich sich selbst zu begegnen suchte. Meine therapeutische Aufgabe lag darin, von Lily ausgehend ihre Gefühle abgrenzend zur Mutter zu beschreiben, die Reaktion der Mutter aufzunehmen und für die Mutter in Abgrenzung zu ihrem Baby zu beschreiben. Die vorzustellende Szene zeigt die Fähigkeit Lilys, emotionale Verbindung zu mir als dem Dritten aufzunehmen und für ihre Entwicklung zu nutzen. Teilweise bindet sie mich affektiv ein und ich befinde mich mitten im von ihr eingefädelten Spiel.

Wir befinden uns in der sechsten Behandlungsstunde. Die Mutter begrüßt mich ganz freudig, Lily ist noch im Warteraum. Ich sehe sie nicht. Die Mutter ruft: »Lily, na komm«, und als Lily mich sieht, zieht sie ihre Stirn in Falten und prompt kehrt sie um zu ihrem Buggy. Die Mutter geht ihrer Tochter nach, die mitten in ihrer Bewegung stehen bleibt und sich nach mir umschaut. Die Mutter bietet ihr ihre Hand und sagt: »Komm mit, wir gehen zu Frau S.« Lily greift nach der Hand der Mutter, ohne dass sie mich zwischenzeitlich aus den Augen gelassen hätte. Ihr Gesichtsausdruck erhellt sich. Etwas vom Gefühlston Stolz steht in ihrem Gesicht geschrieben und beide gehen an mir vorbei in den Behandlungsraum. Die Mutter nimmt Platz. Lily kuschelt sich mit dem Kopf in den Schoß der Mutter. Diese umgreift Lilys Kopf und beginnt an deren Haar zu spielen. Dabei entknotet sie die kleinen Locken der Tochter. Lily hat mich im Auge mit klarem Blick, der zu erkennen scheint. Wir schweigen. Die Mutter scheint zu warten, was geschehen wird. Ich sage jetzt: »Lily, ich glaube, du hast ganz lange auf mich warten müssen und hast nicht recht gewusst, warum. Auf einmal war Frau S. weg, wie morgens die Mama weg ist, wenn du im Kindergarten bist und dich an sie erinnern möchtest und ich glaube, da entsteht etwas in dir, wofür du noch keinen Namen hast.« Die Mutter guckt mich ganz groß an und sagt: »Ne, ne, das geht gut. Ich bleibe immer eine Viertelstunde, nicht wie andere Mütter, die ihre Kinder an der Garderobe abgeben. Bloß in den letzten Tagen weint Lily mehr, wenn ich weggehe, das ist neu, das verstehe ich nicht. Vorher war das ganz anders.« Die Mutter bemerkt also die Trauerreaktion von Lily beim Abschiednehmen. Sie benennt ihr Nichtverstehen, was ihre innere Beschäftigung und ihr Nachdenken über ihre Tochter belegt. Ihre emotionale Antwort ist erst mal Ratlosigkeit. Lily versteckt währenddessen ihr Gesicht im Schoß der Mutter. Ich nehme diese Geste als Ausdruck von »Wegsein-Wollen« und benenne für Lily gegenüber der Mutter: »Ja, Frau W., das ist nicht so einfach für Kinder, sich von ihren Mamas zu trennen, auch für Lily nicht. Weißt du Lily [und jetzt spreche ich zum Kind], Mama und ich wollen zusammen verstehen, was in dir passiert, wenn Mama von dir weggeht und wenn du von Mama weggehst, um mit deinem Freund Tom zu spielen.« Hier setze ich eine Gegenrichtung zur unbewussten Kommunikation zwischen Mutter und Kind, indem ich für beide aus deren Blickwinkel heraus spreche und das zentrale Motiv des »Verstehen-Wollens« der Mutter herausstelle. Lily reagiert, zieht sich von der Mutter weg und macht wenige, betont langsam anmutende Schritte in den Raum. Sie guckt dabei auf ihre Schuhe, dann auf mich, dann wieder auf ihre Schuhe und zieht damit meine Aufmerksamkeit darauf. Und ich denke, dass Lily sich hier sehr darüber bewusst ist, von ihrer Mutter weggehen zu wollen. Ich kommentiere: »Ja, das sind deine Schuhe, die ziehst du morgens an und dann gehst du mit Mama weg in den Kindergarten, und im Kindergarten gehst du auch von Mama zu deinem Freund Tom.« Ich beschreibe also hier das Dreieck zwischen Mutter, Lily und Tom, dem kleinen Freund der Lily und gebe dadurch dem dritten und trennenden Objekt, dem Freund Tom, den Verzug. Jetzt entsteht gespannte Erwartung, was wird Lily zeigen? Auch die Mutter scheint in gespannter Erwartung. Lily guckt mich an, lächelt leise und sagt: »Aua«, geht zum Fenster und nimmt zwei weiche kleine Babybälle, die sie mir bringt. »Aua«, verstehe ich hier als Ausdruck von Trennungsschmerz. Sie holt den kleinen Bären und den Dinosaurier, bringt mir beide ebenfalls. Ich halte jetzt Bären, Dinosaurier und die Bälle ganz nah am Körper in meinem Arm und in dem Moment fällt mir die Reaktion der Mutter auf. Sie fühlt sich ausgeschlossen. Ich komme in Irritation mit dem ganz klaren Impuls, irgendetwas von mir abzugeben, nur das Ausmaß der Verführung hält mich zurück und ich warte. Lily geht zur Mutter und fällt ihr strahlend in den Schoß. Nun bin ich ausgeschlossen.

Zum Abschluss eine alltägliche Beobachtung: Ein etwa zweieinhalbjähriger Junge sagt voll innerer Bewegung beim Anfahren des Busses zu seinem Vater: »Papa, jetzt fährt der Bus mit mir.« Woraufhin nach kurzer Überlegung der Vater dem Sohn in aller Seelenruhe antwortet: »Nein, du fährst mit dem Bus.«

Anmerkungen

1 Der folgende Abschnitt bezieht sich auf die Ausführungen von Frau Dr. Albrecht-Gasparovic
2 Beitrag von Frau Pollack
3 Beitrag von Frau Waitzmann-Samulowski
4 Beitrag von Frau Schmidt

Literatur

Ainsworth, M. et al. (1978): Patterns of Attachment: A Psychological Study of the Strange Situation. Hillsdale (Erlbaum).

Bowlby, J. (1969): Bindung. Eine Analyse der Mutter-Kind-Beziehung Frankfurt a. M 1984 (Fischer).

Bowlby, J. (1979): Das Glück und die Trauer. Herstellung und Lösung affektiver Bindungen. Stuttgart 1982 (Klett-Cotta).

Brazelton, T. B. & Cramer, B. (1989): Die frühe Bindung. Die erste Beziehung zwischen dem Baby und seinen Eltern. Stuttgart 1991 (Klett-Cotta).

Cramer, B. (1989): Frühe Erwartungen. Unsichtbare Bindungen zwischen Mutter und Kind. München 1991 (Kösel).

Dolto, F. (1982): Praxis der Kinderanalyse. Stuttgart 1983 (Klett-Cotta).

Dornes, M. (1997): Der kompetente Säugling. Die präverbale Entwicklung des Menschen. 12. Aufl. Frankfurt a. M. 2001 (Fischer).

Dornes, M. (1997): Die frühe Kindheit. Entwicklungspsychologie der ersten Lebensjahre. 5. Aufl. Frankfurt a. M. 2001 (Fischer).

Eliacheff, C. (1993): Das Kind, das eine Katze sein wollte. Psychoanalytische Arbeit mit Säuglingen und Kleinkindern. München 1994 (Kunstmann).

Fraiberg, S. (1959): Die magischen Jahre. Hamburg 1996 (Hoffmann & Campe).

Freud, A. (1951): Kinderentwicklung in direkter Beobachtung. GW IV. München 1980 (Kindler), S. 1141–1159.

Freud, S. (1920g): Jenseits des Lustprinzips. GA XIII.

Janus, L. (Hg.) (1990): Erscheinungsweisen pränatalen und perinatalen Erlebens in den psychotherapeutischen Settings. Heidelberg (Textstudio Gross).

Klein, M. (1932): Die Psychoanalyse des Kindes. München 1973 (Kindler).

Klitzing, K. v. (Hg.) (1998): Psychotherapie in der frühen Kindheit Göttingen (Vandenhoeck & Ruprecht).

Köhler-Weisker, A. (1980): Teilnehmende Beobachtung der frühen Kindheit in der psychoanalytischen Ausbildung. In: Psyche 34, S. 625–651.

Lebovici, S. (1983): Der Säugling, die Mutter und der Psychoanalytiker. Die frühen Formen der Kommunikation. Stuttgart 1990 (Klett-Cotta).

Lichtenberg, J. D. (1983): Psychoanalyse und Säuglingsforschung. Berlin, Heidelberg, New York 1991 (Springer).

Mahler, M. S.; Pine, F. & Bergmann, A. (1975): Die psychische Geburt des Menschen. Symbiose und Individuation. Frankfurt a. M. (Fischer).

Papousek, H.; Papousek, M. & Giese, R. (1986): Neue wissenschaftliche Ansätze zum Verständnis der Mutter-Kind-Beziehung. In: Stork, J. (Hg.) (1986): Zur Psychologie und Psychopathologie des Säuglings – neue Ergebnisse in der psychoanalytischen Reflexion. Stuttgart, Bad Cannstatt (Frommann-Holzboog), S. 53–71.

Piontelli, A. (1992): Vom Fetus zum Kleinkind. Die Ursprünge des psychischen Lebens. Stuttgart 1996 (Klett-Cotta).

Spitz, R. A. (1954): Die Entstehung der ersten Objektbeziehungen. Stuttgart 1988 (Klett-Cotta).

Spitz, R. A. (1967): Angeboren oder erworben? Weinheim, Basel 2000 (Beltz).

Stern, D. N. (1977): Mutter und Kind. Die erste Beziehung. Stuttgart 1979 (Klett-Cotta).

Stern, D. N. (1985): Die Lebenserfahrung des Säuglings. Stuttgart 1992 (Klett-Cotta).

Stern, D. N. (1990): Tagebuch eines Babys. Was ein Kind sieht, spürt, fühlt und denkt. München 1993 (Piper).

Stern, D. N. (1995): Die Mutterschaftskonstellation. Stuttgart 1998 (Klett-Cotta).

Winnicott, D. W. (1958): Von der Kinderheilkunde zur Psychoanalyse. Frankfurt a. M. 1981 (Fischer).

Winnicott, D. W. (1965): Reifungsprozesse und fördernde Umwelt. München 1974 (Kindler).

Das Besondere in der psychoanalytischen Säuglings-Kleinkind-Elternpsychotherapie

Agathe Israel

Einführung

Die psychoanalytische Behandlung von Säuglingen, Kleinkindern und deren Eltern ist keine Modeerscheinung der letzten Jahre, sondern beruht auf jahrzehntelanger Praxis, Erfahrung und integrativer Forschung verschiedener Disziplinen. Fernanda Pedrina (Pedrina 2003, S. 22) beschreibt, dass »im deutschsprachigen Raum keine selbständige Behandlungswahl« besteht und »dass es innerhalb der psychoanalytischen Lehre keine klassische Behandlungsform, sondern verschiedene Diskussionsstränge gibt, was ihre Vertretung nach außen erschwert.« Die *Vertretung nach außen* in der gesundheitspolitischen Öffentlichkeit, zum Beispiel gegenüber den Krankenkassen, wurde aber immer dringender notwendig. Insbesondere die Vereinigung der analytischen Kinder- und Jugendlichenpsychotherapeuten (VAKJP) als Fach- und Berufsverband erkämpfte bei den Krankenkassen die Anerkennung dieser Behandlungen. Dies forciert nun auch die *Vertretung nach innen,* also die Diskussion innerhalb der psychoanalytischen Fachverbände und Berufsgruppen, und führte zu zentralen Fragen: Wer oder was soll behandelt werden? Wer kann solche Behandlungen ausführen? Sind Kinder- und Erwachsenenanalytiker sui generis dazu befähigt oder müssen sie sich in besonderer Weise qualifizieren? Gibt es einen Unterschied zwischen Beratung und Behandlung?

Die Ständige Konferenz der psychoanalytischen Aus- und Weiterbildungsstätten für analytische Kinder- und Jugendlichenpsychotherapeuten in der BRD e.V. (STÄKO) öffnete sowohl ihre Grundanforderungen der Ausbildung für die Säuglings-Kleinkind-Elternpsychotherapie (SKEPT), als sie auch an »Essentials« arbeitet, basierend auf Aktivitäten in den einzelnen Instituten, die das Besondere der SKEPT erfassen und damit wiederum auf Aus-, Weiter- und Fortbildung wirken sollen. Diese Position wird im Wesentlichen im zweiten Teil des Beitrags wiedergegeben (Initiativgruppe SKEPT der STÄKO 2002). Aber es existieren auch noch weitere starke Initiativen wie die »Vernetzungskonferenz der Babyambulanzen« (Gesellschaft zur Förderung Analytischer Kinder- und Jugendlichen-Psychotherapie e.V. 2002) oder die Arbeitsgruppe »Weiterbildung Eltern-Säuglingstherapie« 2000 konstituiert von Christiane

Ludwig-Körner oder das Münchner Weiterbildungsangebot (MAP 2002). Zentren, die mit differenzierten Interventionskonzepten Eltern-Säuglings-Therapien durchführten und Fortbildungen anboten, existieren schon seit vielen Jahren: die Poliklinik der TU München (Stork), die Münchner Interdisziplinäre Forschungs- und Beratungsstelle/Frühentwicklung und Kommunikation (Papousek) u. a.m.

Der Diskurs zwischen diesen verschiedenen Kräften im Kontext der Säuglings-, Bindungs-, Kommunikations- und Prozessforschung ist in vollem Gange. Es ist für Psychoanalytiker nicht leicht, mit ihrem Ansatz interdisziplinär kommunizierbar zu bleiben. Hinzu kommt, dass von den psychoanalytisch Denkenden verschiedene Zugangswege zur analytischen SKEPT beschritten werden, entsprechend ihrer zugrunde liegenden psychoanalytischen Ausbildung und Theorie.

Ein Beispiel aus der Praxis

Mein Ansatz einer Säuglings-Kleinkind-Elternpsychotherapie liegt in der kleinianischen Psychoanalyse bzw. der englischen Schule der Objektbeziehungstheorie. Das hat mit meiner Ausbildung nach dem Tavistockmodell zu tun und damit, dass sich diese psychoanalytische Richtung besonders mit den Erfahrungen der Menschen in den Anfängen ihres Lebens, den Ursprüngen des Denkens und den daraus entstehenden Verbindungen zwischen Menschen beschäftigt.

Die Objektbeziehungstheorie geht von einem fühlend-denkenden Säugling aus. Dabei wird Denken als ein Versuch, den anderen zu erkennen und zu verstehen, aufgefasst. Denken ist also primär an Emotionen gebunden (vgl. Bion 1990). Gehen wir davon aus, dass das Baby ständig zwischen Zuständen der Integriertheit und Desintegriertheit oszilliert, benötigt es den verstehenden Anderen, den es gleichzeitig zu verstehen versucht, um das, was innerlich aufsteigt oder von außen kommt, zu integrieren, d. h., erleben zu können ohne überflutet zu werden. Daraus könnte ein inneres Bild vom Anderen und von sich selbst entstehen.

Die Erkenntnis, begrenzt und getrennt von anderen zu sein, ist eine fundamentale Arbeit, an der wir vom Anfang unseres Lebens bis zum Ende hin arbeiten müssen.

Getrenntheit wahrzunehmen und anzuerkennen, ohne die damit verbundenen Ohnmachtsgefühle leugnen oder mit Aggression abwehren zu müssen, bedeutet einen wesentlichen Entwicklungsschritt von der paranoid-schizoiden zur depressiven Position hin. Dieser Schritt bedarf der zuverlässigen Anwesenheit und feinfühligen Abstimmung der Beziehungspersonen, aber auch vonseiten des Babys oder Kleinkindes ausreichender Fähigkeit, wahrzunehmen und zu verarbeiten (vgl. Fraiberg 1982).

Deshalb denke ich ist es einerseits nötig, die Interaktion zwischen Kind und Mutter und Vater zu beobachten und zu deuten, aber es ist ebenso notwendig zu versuchen, die innere Welt des Kindes, seine inneren »Beziehungsrepräsentanzen« zu verstehen und ebenso die der Mutter, des Vaters, um von der Oberfläche in die Tiefe zu gelangen.

Welche Ebene fokussiert bearbeitet wird, hängt von der aktuellen Situation ab und kann auch innerhalb einer Begegnung wechseln. In dem folgenden Fallbeispiel wechselt auch das Setting und knüpft an die Möglichkeiten des Eltern-Kind-Systems an.

Die Behandlung

1. Sitzung: Gespräch mit den Eltern

Die Eltern berichten von den großen Sorgen mit ihrer zweijährigen Peggy, die »ein Schreikind von Anfang an« gewesen sei. Sie weinte und schrie aggressiv über Stunden. Die Mutter räumt sogleich ein, »vielleicht muss aber auch ich zur Psychotherapie kommen.« Als Baby habe die Mutter Peggy stundenlang auf dem Arm herumgetragen, das Baby verweigerte die Brust. Die Schreiattacken seien mit zunehmendem Alter seltener geworden, aber heftig geblieben. Z. B. wenn sie im Autositz angeschnallt wurde, habe sie sich aufgebäumt, angespannt. Sie mache oft Stress, sei unwirsch, eigenwillig, wolle manchmal überhaupt nicht gerne in den Kindergarten. Auch erkranke Peggy häufig an schweren obstruktiven Bronchitiden.

Die Eltern schildern mir zwei typische Schreiattacken. Vor ca. drei Monaten (Peggy war damals 21 Monate alt) will sie mittags nichts essen, erwacht dann schreiend aus dem Mittagsschlaf und schreit eineinhalb Stunden lang. Sie ist schließlich ganz erschöpft, krallt sich fest. Die Mutter nimmt sie endlich in der Küche auf den Schoß, bewegt einen kleinen Gegenstand hin und her und kann damit das Schreien unterbrechen.

Grundsätzlich habe sie in dieser Zeit nachts mehrmals aufgeschrien. Die letzte Schreiattacke sei im Urlaub vor ein paar Wochen gewesen. Schon auf der Hinfahrt habe sie gebrüllt. »Sie führt Machtkämpfe.« Der Vater hätte angehalten, sie an einen Baum gestellt (vom Tonfall her klang mir das eher strafend) und gewartet, bis sie sich beruhigt hätte. Der Vater sagt: »Selbst wenn es jetzt schon fast hinter mir liegt, möchte ich gerne verstehen, was damals los war.« Die Mutter dagegen jammert: »Ich verstehe das Kind nicht. Ich frage mich auch, wann ist das Brüllen böse, wann drückt es Angst aus? Was machen wir falsch?« Dann fährt sie gequält fort: »Vor zehn Jahren litt ich unter einer Angstneurose.« Sie berichtet von einer erfolgreichen, wenn auch »viehischen« Therapie, die hinter ihr läge. Deshalb sei ihre eigene Mutter auch so gegen ein zweites Kind gewesen. »Du bist zu alt und zu ängstlich.« Zu ihren Eltern bestünde schon immer eine gespannte Beziehung, besonders zur Mutter, während sie sich mit den Eltern des Vaters gut verstünden, sie aber nur selten träfen.

Beide Eltern sind Lehrer von Beruf, seit 16 Jahren verheiratet und leben in gesicherten Verhältnissen. Ihr 15-jähriger erstgeborener Sohn besucht das Gymnasium. Er litt in den ersten Lebenswochen an Ernährungsstörungen. Die Mutter wollte ihn unbedingt stillen, aber er trank nicht. Sie trug ihn stundenlang mit nacktem Oberkörper herum, es sei eine richtige »Stillnot« gewesen.

Peggy sei ihr Wunschkind gewesen, aber sie habe so eine blöde Phantasie gehabt: »Ich habe sie bekommen und dann nehmen sie sie mir wieder weg.« In der Schwangerschaft litt sie unter vielen Ängsten. Einmal habe sie zwei Tage lang gedacht, das Kind könne tot sein. Die Geburt musste eingeleitet werden und sei sehr schmerzhaft verlaufen, viel schlimmer als beim Sohn. Peggy habe gut an der Brust getrunken, aber trotzdem in den ersten sechs Monaten viel geschrien. Peggys Entwicklung sei sehr rasch vorangekommen: Mit neun Monaten versuchte sie zu laufen, habe nicht aufgegeben zu üben. Mit einem Jahr begann sie zu sprechen, schon bald kleine Sätze. Da wurde es auch mit dem Schreien etwas besser. Sie begann auch zu singen.

Im 15. Lebensmonat, sie ist mittlerweile ohne Mühen sauber geworden, kommt sie in den Kindergarten. In der Regel ist sie bis heute zwei Wochen widerwillig dort, schreit und weint viel und dann zwei Wochen zu Hause wegen Erkältungen oder spastischen Bronchitiden, die bislang immer sehr dramatisch verliefen. Zu Hause verhalte sie sich oft wild, tobe mit dem Bruder, wolle alles haben, was ihm gehört. Der Vater sieht sich, bezogen auf Mutter und Tochter, in einer eher passiven, manchmal auch deeskalierenden Position.

Reflexion: Vermutlich hat Peggy von Anfang an ihre Lebendigkeit durch Schreien ausgedrückt, da die Mutter voller Ängste war, man könne ihr das Kind wieder wegnehmen. Es könnte um eine transgenerationelle Transmission von Ängsten gehen. Peggy ginge es gut, wenn die Mutter erlauben würde, dass es Peggy gut geht; deshalb wäre neben einer Kind-Elterntherapie eine gute Therapie für die Mutter nötig. Die Eltern müssten zu den Elterngesprächen kommen. Sie müssten einen Pakt als Eltern finden, wie Peggy zu erziehen ist. Die Kindesmutter sollte mehr Vertrauen in ihre mütterliche Kompetenz gewinnen. Es ist zu vermuten, dass die infantile Aggression der Mutter groß ist und im Therapieprozess schnell eine Vermischung der Bedürftigkeit eintritt, wer die Therapie bekommt.

2. Sitzung: Hausbesuch bei Peggy

Peggy lebt in einer Stadt, mehrere Stunden von der Praxis entfernt. Da die Eltern mir gerade von Peggys Kämpfen im Auto und dem stundenlangen Schreien nachdrücklich berichtet hatten, fürchtete ich ein völlig erschöpftes Kind in der Sprechstunde zu haben und entschloss mich zu einem Hausbesuch, um dort aus der Position der teilnehmenden Beobachterin (vgl. Israel 2001) Peggy in ihrer natürlichen Umgebung zu erleben.

Obwohl dieser Besuch mir sehr viel Material lieferte, wäre zu überlegen, ob meine Entscheidung schon Resultat der Infizierung/Identifikation mit den mütterlich-elterlichen Ängsten gewesen sein könnte.

Ich komme in ein vorzüglich gepflegtes, neues Haus. Die Einrichtung und der Garten mit seinen Spielgeräten wirken wie aus einem Katalog herausgeschnitten. Alles ist äußerst geschmackvoll eingerichtet, voller kleiner Details. Nicht reich, aber doch sehr bedacht und gewachsen.

Peggy hat im Wohnzimmer einen großen Spielbereich. Das Wohnzimmer ist auch das Arbeitszimmer der Mutter, während der Vater ein eigenes Arbeitszimmer hat.

Peggy wirkt in diesem ganzen gepflegten und detaillierten Reich wie eine kleine, lebendige, kunstgewerbliche Puppe.

Als ich ankomme, flüchtet sich Peggy zuerst auf den Arm der Mutter, schließt aber schon bald Kontakt mit mir und wir spielen im Sandkasten. Sie wirkt recht robust mit ihren Pausbacken und den blonden kurzen Haaren.

Peggy gräbt ein Loch. Sie verlangt von der Mutter das gleiche und schließlich auch von mir. Daraus entwickelt sich das Spiel »In-ein-Loch-fallen«. Autos fallen in das Loch, der Indianer fällt in das Loch, die Hand fällt in das Loch. Es gibt winzige Löcher, die man gar nicht sehen kann, in die etwas hineinfällt, z. B. winzige, kleine Steinchen. Alles verschwindet. Peggy ist immer wieder davon begeistert, dass etwas in ein Loch fallen und verschwinden kann. Aber sie wirkt etwas verkrampft, übereifrig-getrieben. Ich frage mich, ob sie wohl damit ein eher trauriges Gefühl über das Verschwinden in manischer Weise abwehrt. Dann spielt sie »Auf-dem-Wasser-schwimmen-und-im-Wasser-untergehen«. Alles geht unter im Wasser. Die Schiffe gehen unter im Wasser, die Enten gehen unter im Wasser, und auch Peggy geht unter im Wasser. Auch das spielt sie mit schrillem Juchzen.

Der Vater kommt dazu, wird von ihr immer wieder zurückgewiesen: »Du Räuber«, so nennt sie ihn. Während sie mit ihrer Mutter sehr den Gleichklang sucht und es auch ganz kurze Verschmelzungsmomente gibt, z. B. küsst sie die Mutter zwischendurch schnell einmal auf den Mund oder sie kommandiert sie, sie solle genau dasselbe machen, und wird wütend, wenn die Mutter nicht hört. Die Mutter lässt sich amüsiert kommandieren. Sie schmunzelt, es scheint ja auch so harmlos. In mir tauchen aber sofort weitaus schwierigere Situationen des Alltags auf, in denen Peggy auch kommandieren will und die Mutter nicht gehorchen kann, weil es z. B. äußere Zwänge gibt. Was dann?

Peggy »spricht« sehr viel, wenn auch in unvollständiger, unverständlicher »Sprache« teils vor sich hin, teils an die Erwachsenen gerichtet. Die Eltern rätseln laut über ihre Äußerungen. Sie verstünden jetzt nicht, was Peggy ihnen mitteilen will. Was soll die Sache mit dem Untergehen? Peggy sagt, sie habe Angst vor dem Wasser, aber sie geht auch gern ins Wasser. Das ist alles sehr widersprüchlich. Der Vater sitzt am Rand des Sandkastens und sagt zu mir gewendet, dass Peggy erst in diesem Jahr große Angst vor dem Wasser bekommen habe und es nur mit den Füßen berührte, ganz im Gegensatz zum letzten Jahr.

Als es kühler wird, gehen wir ins Haus und das Kind wird sorgfältig umgezogen. Dies tut alles die Mutter. Der Vater bewegt sich eigentlich wie ein Satellit um die beiden herum und ist eher der praktische, geschäftige Teil der Familie. Martin, der 15-jährige Bruder, ist bei den Großeltern, sodass wir allein im Haus sind. Mitten im Wohnzimmer steht ein Kindertischchen mit einem einzelnen Stühlchen, auf das sich Peggy mühsam setzt und gleich alles vom Tisch fegt. Ich denke, offenbar soll es runterfallen, so wie draußen. Dann zeigt sie mir, anfangs etwas schüchtern, dann immer lebendiger, mit Hilfe der Mutter ein Kinderliederbuch und singt auch daraus vor. Sie hopst ein wenig und spielt mit einem Ball. Dann bekommt sie ihre Mahlzeit.

Ich frage mich, wie sich dieses kleine Kind in diesem Haushalt, der voller schöner Details vom Fußboden bis zur Decke ist, wohl bewegt; wie Aggressionen, wie Schmutz oder Zerstörung hier einen Raum haben.

Beide Eltern gehen immer wieder liebevoll fragend auf Peggy ein. Peggy weist den Vater oft mit einem »Nö« energisch von sich. Sie sagt das mit einem leicht trotzigen Unterton und es wird immer wieder darüber gelacht. Die Mutter springt, wenn das Kind ruft. Andererseits sagen die Eltern auch klar, was sie nicht möchten.

Reflexion

Peggy spielt, dabei verleugnet sie die Ängste, als sie alles ins Loch fallen lässt und dabei ganz vergnügt-begeistert wirkt. Sie identifiziert sich total mit dem Wegwerfenden, dem Aggressor, während das Weggeworfene unwert erscheint. Die Mutter scheint die Kontrolle ihrer Tochter zu verleugnen.

Für Peggy scheint es eine Zwillingsphantasie von Mutter-Tochter zu geben, die sich gleichen müssen, während der Vater als Dritter hinausgeworfen wird und sich auch hinauswerfen lässt. Die Verschmelzungsmomente deuten an, dass Peggy sich noch nicht aus der Mutter heraus geboren fühlt. Auch dass Arbeits- und Spielbereich so miteinander verschwimmen, unterstützt äußerlich die mangelnde Trennung. Gleichzeitig wird von ihr viel Verantwortung für den Umgang mit den vielen elterlichen Dingen verlangt.

3. Sitzung mit Peggy und Vater

Der Vater kommt mit Peggy. Die Fahrt sei ganz gut verlaufen. Im Therapieraum benutzt Peggy den Vater wie eine sichere Basis, von dem aus sie allmählich den Raum und mich erkundet.

Der Vater meint, sie sei verunsichert, da die Großeltern mütterlicherseits gerade zu Besuch da seien. Man habe es sich so schön gedacht. Da die Eltern beide wieder mit Beginn des Schuljahres arbeiteten, hätte Peggy nicht gleich in den Kindergarten gemusst. Aber Peggy habe so fürchterlich geschrien, es sei nur einen Tag gut gegangen.

Peggy bringt dem Vater nach und nach alle Gegenstände (Ball, kleine Figuren, Tuch, Matroschka) aus dem Korb, der in meiner Nähe steht, zeigt sie ihm, nennt die Dinge beim Namen, wartet seine Bestätigung ab und bringt sie mir zurück, um sie mir in die Hände zu legen. Dabei wirkt sie zwar konzentriert, aber auch frei. Es ist eine ruhige Stunde, in der Peggy hin und her geht zwischen den Erwachsenen. Ich kommentiere ihr Tun und ergänze: »Peggy will wissen, ob der Vater mit unserem Treffen und mit mir einverstanden ist.«

Reflexion

Das Kind prüft das Einverständnis des Vaters, da sie offenbar zu Hause nicht sicher ist, ob die Mutter mit den Großeltern und Peggys Beziehung zu ihnen einverstanden ist, denn die Mutter fühlt sich in ihrem Erziehungsstil total infrage gestellt von den Großeltern. Das scheint Peggy zu spüren.

4. Sitzung mit Peggy und Mutter

Ich höre aus dem Vorzimmer Peggys lautes Gejammer, die Mutter solle mitkommen nach oben. Als ich Peggy abhole, frage ich die Mutter, wie sie es halten wolle, mitkommen oder warten. Die Mutter zögert, dann sagt sie energisch: »So wie Sie es am besten für unsere Arbeit brauchen.«

Daraufhin öffne ich die Tür und Peggy läuft ohne weiteres Gejammer nach oben. Offenbar hat das klare Verhalten der Mutter Peggy geholfen, sich von ihr zu lösen, ohne dass sie das Gefühl hat, die Mutter oder sich selbst zu verraten. Oben erinnert sie sich an alles bis ins Detail; nennt die Dinge aus dem Korb mit Namen. Sie schaut auch in die Richtung, in der der Vater beim letzten Besuch saß. Peggy scheint jetzt das Prinzip des ödipalen Dreiecks zu erkennen.

Sie umklammert den kleinen Ball mit einer Hand, stellt mit der anderen die Matroschka auf den Boden: »Drinnen ist Babypuppe.« Sie nimmt die kleine heraus und stellt sie außerhalb der Mutterpuppe für sich. Ich sage: »So wie Peggy auch aus der Mutti raus ist und außerhalb.« Peggy klappt die kleinere

Puppe auseinander und setzt die kleinste daneben. Ich gebe die gleiche Erläuterung.

Sie lässt die Matroschkas nebeneinander stehen. Peggy hat also eine Vorstellung davon, ein Individuum zu werden.

Peggy wendet sich dem Spielmaterial zu. Anfangs legt sie die Figuren in nicht passende Betten: den Vater in die Wiege, das Baby in das große Bett, die Mutter in ein kleines Bett. Das berührt mich sehr: Es wirkt sehr vereinzelt und verloren, irgendwie falsch. Zum einen, weil das Baby fast verschwindet, zum anderen, weil alle getrennt liegen. Peggy könnte ausdrücken: Es ist unklar, wer hier das Kind, wer in der Familie das Kind ist. Ich mache sie darauf aufmerksam:

>»Du legst den großen Vater in ein Babybett und die Mutter in ein kleines Bett, als
>seien sie noch klein, und das Baby legst du in das Elternbett, als sei es schon groß.
>Manchmal meint ein kleines Kind, es muss schon ganz groß und alleine sein
>können.«

Sie denkt nach, zögert, legt das kleine Kind in die Wiege, sucht auch für die Eltern als Paar ein großes Lager. Ich bemerke:

>»Jetzt hast du es verändert: Die Eltern liegen zusammen im großen Bett und das
>Baby in der kleinen Wiege daneben. Jetzt passt alles zusammen. So hast du es
>gemacht. Erst hast du es anders aufgebaut und nun so, vielleicht, weil es so sein
>soll.«

Daraufhin legt Peggy, den kleinen Ball, den sie die ganze Zeit fest in der einen Hand hielt, am Boden ab und kann nun endlich mit beiden Händen richtig spielen. Sie hantiert noch ein wenig mit den Figuren. Sehr erfreut ist sie auch, dass das Baby auf den Topf gemacht hat. Ich denke, sie führt vor, dass sie sich von etwas, dem Ball und auch von der Mutter, trennen kann, wenn die Erwachsenen und das Kind an ihrem richtigen Platz sind. Bedächtig geht sie die Treppe hinunter und begrüßt die Mutter freudig.

5. Sitzung mit der Mutter
Die Mutter bittet mich um ein Gespräch ohne Tochter und Mann.

Sie und ihr Mann seien sehr verwundert. Nach der letzten Stunde sei Peggy richtig fröhlich gewesen, habe aber nichts aus der Stunde erzählt.

Vor der Stunde sei es nicht so gut gewesen. Peggy habe wieder viel geschrien, hatte viele Ängste gezeigt; und nachdem die Mutter noch einmal vom Besuch der Großeltern, der »total schief gelaufen« sei, erzählt hat, beschreibt sie ausführlich ihre Angstneurose. Ich gehe darauf nicht weiter ein, komme auf die letzte Stunde mit Peggy zu sprechen: Es sei gut für Peggy gewesen, dass sie so klar gesagt habe, es könne gut für unsere Arbeit sein, wenn Peggy allein mit mir käme. Peggy habe gespürt, dass die Mutter einverstanden sei, wenn sie mit mir geht. Das habe Peggy sehr geholfen.

Die Mutter meint daraufhin, dass sie sich oft nicht so klar verhalte, dass sie befürchte, ihre Ängste auf Peggy zu übertragen, was ihr schlimmste Schuldgefühle mache. Sie fürchtet, deshalb weine Peggy so viel. Viele Leute hätten sie schon gewarnt, man könne seine Ängste auf die Kinder übertragen, schon in der Schwangerschaft sei das möglich. Auch ihre Mutter habe das gesagt und sie vor einem weiteren Kind gewarnt.

Sie hätte sich auch durch mich beim letzten Besuch unter Druck gesetzt gefühlt, etwas entscheiden zu müssen. Ähnlich wie ihre Mutter sie oft unter Druck setze.

Ich bemerke daraufhin in mir, wie ich unter Druck gerate, und fürchte im ersten Moment, hier geht es nicht weiter. Die Mutter scheint feste Vorstellungen zu haben, wie die Dynamik läuft und es besteht die große Gefahr, dass sich eine Mutter-Tochter-Übertragung manifestiert, wenn die Mutter sich so zur Patientin macht. Ich bin wie blockiert. Dann besinne ich mich auf das, was ich wirklich erlebt habe, und spreche zu ihr.

Könnte es vielleicht in erster Linie umgekehrt sein? Könnte es sein, dass Sie Ihre Ängste auf Peggy nicht übertrage, aber Peggy zu wenig Möglichkeit gebe, ihre eigenen Ängste, die sie empfinde, z. B. in Trennungssituationen oder in neuen Situationen, bei der Mutter unterzubringen?

So könne sie sich fragen, ob sie Peggys Ängste genug aufnehmen oder annehmen könne, ohne selbst in Panik oder Schuldgefühle zu geraten. Nachdem, was ich beobachtet hätte, spüre die Mutter sehr genau, wenn Peggy etwas fehle. Nun käme es darauf an, wie sie damit umgehe. Ich fragte mich auch, wieviel Platz in der Familie für eine aggressive Peggy sei. Ob nicht doch alle Erwachsenen erwarteten, Peggy müsse immer gut drauf und kontrolliert sein, und wenn sie nicht gut drauf sei, hätten die Erwachsenen, besonders die Mutter, versagt?

Die Mutter ist sehr erstaunt über die Sicht, aber auch erleichtert, wächst regelrecht in ihrem Stuhl. So habe sie es noch nicht gesehen. Dann sollte ihre eigene Therapie nun vielleicht ein anderes Ziel haben.

Ich sage ihr auch, dass es ganz besonders darum gehe, Peggys Ängste zu verstehen, und Situationen, in denen es für so ein kleines Kind Unklarheiten gäbe, möglichst zu verringern. Dafür brauche sie selbst innere Klarheit, müsse sicher sein, sich mit ihrem Mann verständigen.

Die Mutter wirkt sehr gefasst und gestärkt, und ich habe den Eindruck, dass die Botschaft bei ihr angekommen ist.

Reflexion

Frau M. ist eine sehr feinfühlige Mutter. Sie spürt sehr schnell, wenn Peggy nicht im Gleichgewicht oder krank ist; aber die »Verdauung« dieser Zustände ist ihr nur schwer möglich, löst eher Panik aus, stößt eigene Ängste an, sodass sie

Peggy manches unverdaut (oder sogar angereichert mit ihren eigenen Ängsten) zurückgibt. Die Angst fliegt dann hin und her.

Peggys Zustände stoßen in der Mutter vermutlich eigene Ängste und Aggressionen an, die dem kleinen Mädchen in ihr gehören und sich mit Peggys Zustand vermischen. Wenn das so ist, müsste das kleine Mädchen in der Mutter auch neidisch auf Peggy sein, die von ihrer Mutter so viel Fürsorge bekommt. Die Mutter erlebt eventuell Situationen, in denen sie als einzige die Verantwortung trägt, als Angriff auf ihre Person, als Provokation.

Peggys Ängste dienen auch als Projektionsfläche für die Mutter: Sie bringt ihre Ängste dort unter. Dabei verliert die Mutter ihren Mann, Peggys Vater völlig aus dem Gedächtnis, kann selbst kein Dreieck aufbauen. Aber für Peggy scheint er eine sichere alternative Basis zu sein, auch wenn der Vater für Frau M. nicht feinfühlig genug ist.

6. Sitzung mit Peggy und Mutter

Die Sitzung findet wegen des Familienurlaubs erst nach achtwöchiger Pause statt.

Peggy will nicht allein ins Zimmer, sie regt sich sehr auf, ihre Augen sind glasig, die Mutter versucht Peggy zu beruhigen und abzulenken, was kurz gelingt, aber Peggy will nicht von der Mutter weg. Ich sage zu Peggy, dass heute wohl beide mit ins Zimmer kommen, da wir uns lange nicht gesehen hätten.

Sie drängelt sich auf den Schoß der Mutter, schaut aber mit trübem Blick zu mir her. Frau M. berichtet vom Urlaub am Mittelmeer, der aber nicht schön gewesen sein, da das Kind nur genörgelt habe. Während die Mutter spricht, wird Peggy ganz unruhig und kommandiert schließlich, die Mutter möge das Spielzeug aus dem Korb nehmen und es ihr reichen. Die Mutter ist unsicher, was sie tun soll. Ich sage, vielleicht kann Peggy auch ein wenig warten, bis sie genügend Mut gesammelt hat, und sich dann das Spielzeug selbst holen. Daraufhin lehnt sich Peggy an die Mutter an und beide wirken entspannter. Ich sage zu Peggy: Manche Dinge brauchen eben Zeit. Und siehe da, nach einer Weile rutscht Peggy vom Schoß und holt eine kleine Mädchenfigur, die sie der Mutter reicht.

Ich erinnere sie daran, dass wir uns schon kennen, dass ich sie besucht habe, was sie gespielt hat, und daran, dass sie schon hier gewesen ist. Peggy wird dabei im Gesicht immer lebendiger. Ich erinnere sie an den Vater und an den Besuch der Großeltern. Darauf sagt die Mutter: »Da hast du geweint und geschrien.« Peggy: »Ja, geh weg, geh weg.« Ich:

> »So wie du vielleicht auch heute mir erst einmal gezeigt hast: Geh weg. Du wolltest nicht von der Mama weg und jetzt sind wir hier zusammen im Zimmer. Du sitzt auf Mamas Schoß und ich bin bei euch und du bist mit Mama zusammen, denn die Mama hat auf dich gehört.«

Peggy nickt. Ich fahre fort: »Die Mama hat gemerkt, dass du mich nicht mehr richtig kennst.« Peggy wirkt befreiter und sagt etwas von Kindergarten, dabei strahlen ihre Augen. Sie zählt die Namen der Kinder auf, holt einige Figuren aus dem Korb, legt sie nebeneinander, »Kinder«. Dann nimmt sie eine Vaterfigur. In erregtem Kommandoton soll nun die Mutter gezwungen werden, dem Vater, der zum Friseur muss, einen Stuhl aus Knete zu bauen und die Haare zu schneiden. Die Mutter wirkt äußerst unsicher. Mir wird ganz unbehaglich bei dem Gedanken, wie beide im Komplott den Vater »kastrieren« werden. Ich sage: »Das ist Peggys Spiel und die Mama hilft dir, wenn du etwas nicht kannst.« Daraufhin entspannt sich die Mutter und Peggy wandelt ihr Spiel: Sie baut Stühle für die Kinder im Kindergarten.

Ich deute Peggy, dass sie heute hier auf dem Schoß der Mutter saß, weil sie etwas Angst hatte. Und die Mutter saß mit ihr in einem großen Stuhl für Erwachsene, der in meinem Zimmer steht. Der Vater sollte auch einen Stuhl haben. Im Kindergarten gab sie allen Kindern kleine Stühle Und sie selbst habe dort auch einen kleinen Stuhl. Peggy schaut sehr zufrieden drein und knetet daraufhin noch einen großen Stuhl. »Für Ulrike« (die Erzieherin), sagt sie.

Als die Stunde zu Ende geht, wirft Peggy die Knete sorgsam in das Eimerchen und schaut nach, ob sie auch drin gelandet ist.

Reflexion

Peggys Sehnsucht nach Halt und Klarheit wird in dieser Stunde sehr deutlich, ebenso ihre Fähigkeit zu symbolisieren. Sie hat bereits gute Vorstellungen davon, dass große und kleine Menschen verschieden sind, und scheint weiter daran zu lernen, dass sie der Mutter nah sein darf, aber auch getrennt, ohne zu verschwinden. Indem sie die Knete mit Bedacht in dem Eimer unterbringt, kann sie sich jetzt besser mit dem »Weggeworfenen« identifizieren, was zeigt, dass sie sich aufgehoben fühlt.

7. Sitzung mit beiden Elternteilen

Die Mutter hat eine Psychotherapeutin gefunden und wird bald mit einer eigenen Therapie beginnen. Die Eltern berichten, dass Peggy sehr verändert ist, viel aggressiver, manchmal mit Geschirr schmeißt. Sie spielt zu Zeit lieber allein, schreit weniger in neuen Situationen, zeigt sich weniger ängstlich als vorher. Aber die Eltern beklagen sich nun, wie anstrengend Peggy doch sei.

Ich sage ihnen, dass Peggy neben aller Ängstlichkeit auch ein starkes Kind ist. Sie braucht ein starkes, haltendes und klares Gegenüber. Die Eltern müssten sich auch auf »Kämpfe« gefasst machen. Peggy hat die Tendenz, möglichst rasch den anderen Großen gleich zu sein, dafür spaltet sie ihre Ängste und Unsicherheiten ab. Je mehr sie spürt, dass sie klein sein kann und dennoch gut aufgehoben ist, desto leichter werden ihr Trennungen fallen.

Die Eltern sollten Situationen vermeiden, in denen sich Peggy übermäßig über ihre Altersmöglichkeiten hinaus entscheiden oder selbst kontrollieren muss. Sie sollten auf klare Abläufe und Vorgänge achten. Und Peggy brauche den Vater als kompetenten Dritten. Daraufhin seufzt die Mutter: »Das ist aber so anstrengend.« Das stimmt und so beenden wir unsere Therapie.

Behandlungstechnische Überlegungen zur analytischen Säuglings-Kleinkind-Eltern-Psychotherapie

Die Überlegungen wurden von der Initiativgruppe der STÄKO erarbeitet und beziehen sich auf die Säuglings-/Kleinkind-/Elternbehandlung im Rahmen der Psychotherapierichtlinien der gesetzlichen Krankenversorgung.

Die Patienten sind Säuglinge und Kleinstkinder (obere Altersgrenze zweieinhalb Jahre), die in der Regel noch nicht sprechen können bzw. für die Sprache noch nicht als führendes Kommunikationsmittel dient.

Diese Kinder weisen Symptomatiken von Krankheitswert auf, die sich in der Regel zusammenfassen lassen als:

- *Störung der Frühregulationen* (Schrei-, Schlaf-, Ess-, Fütter- und Gedeih-störungen) (F 88 / F89 /F 98 ICD-10).
- *frühe Verhaltensauffälligkeiten* mit Kontakt- und Spielstörungen, Stereo-typien, die auch zur Entwicklungshemmung führen können (F 8 0-F84,F90-F95-ICD 10).
- *Psychosomatosen i. e.S.* wie Neurodermitis, Asthma bronchiale und andere Erkrankungen des Formenkreises.

Diese Störungen haben durchaus einen erlebnisbedingten Hintergrund, der aber angesichts des jungen Alters der Patienten noch stark somatisch gebunden wird i. S. der *somato-psychischen Einheit.* Hier sei auch auf aktuelle hirnphy-siologischen Forschungen verwiesen.

Der Konflikt, der sowohl die psychische als auch die organische Differenzie-rung und Strukturbildung wesentlich beeinflussen kann, ist *teils interpersonel-ler, teils intrapsychischer Natur* und besteht in der Diskrepanz zwischen basa-len kindlichen Bedürfnissen und deren unzureichender Beantwortung durch die primären Beziehungspersonen, die das Kind mit seiner noch unentwickel-ten psychischen Struktur insbesondere dem noch unentwickelten Ich deshalb weitestgehend mit psychosomatischen Symptomen zu lösen versucht.

Aufgrund der (noch) *unzureichenden Fähigkeit* des Kindes, innere Bedürf-nissen, Seinszustände, Ungleichgewichte mit den vorhandenen inneren Möglichkeiten (innere Arbeitsmuster und Arbeitsmodelle) der Selbstregulation und Selbstberuhigung wirkungsvoll selbst bearbeiten zu können, ist das Kind auf einen verstehenden Erwachsenen (Leihcontainer) angewiesen, um seine gesunde somatische und psychische Entwicklung zu vollziehen bzw. nach Unterbrechungen und/oder Störungen wieder aufzunehmen.

Die Therapie

In der Säuglings-/Kleinkind-/Elternbehandlung handelt es sich in der Regel um eine *bifokale Kurzzeitpsychotherapie,* entsprechend den G IV Leistungen /EBM 871.

1. Fokus: Säugling/Kleinkind
- Diagnostik der Symptomatik,
- Erarbeitung der intrapsychischen-interpersonellen symbolischen Bedeutung der Auffälligkeiten im Sinne einer verstehenden Antwort für sein Verhalten (mit Hilfe von Übertragung, Gegenübertragung, Einfühlung, Analyse der Gegenübertragungsgefühle, Begriffsbildung/Versprachlichung)
- Mitteilungen an das Kind über symbolische und konkrete Handlungen

2. Fokus: Primäre Beziehungspersonen
- Diagnostik der Kommunikation und deren Störungen zwischen primären Beziehungspersonen und Kind.
- begleitende Psychotherapie zur *Verbesserung der Elternfunktion infolge der Steigerung der intuitiven elterlichen Kompetenz* bzw. der *mütterlichen Feinfühligkeit.* Infantile/neurotische Anteile der Eltern werden nur im direkten Zusammenhang mit den gestörten Elternfunktion angesprochen
Ein weitergehender Psychotherapiebedarf der Eltern kann nicht durch den Kindertherapeuten erfüllt werden.

Das Setting
- Kinder und Eltern kommen in der Regel überwiegend gemeinsam zur Therapie. Die Relation, nach vier Stunden Kindtherapie einer Stunde mit den Beziehungspersonen zu haben, wird bei Säuglingen und Kleinkindern also nicht praktiziert.
- Konsultationen zwischen Pädiatern und Kinder- und Jugendpsychiatern sind i. S. der begleitenden Entwicklungsdiagnostik und Klärung psychosomatischer Symptome engmaschig anzustreben, sodass im Abstand von ca. ein bis zwei Wochen bei ganz kleinen Kindern Konsultationen stattfinden könnten.

Erläuterungen

Entwicklungspsychologische Ausgangssituation

Vom Säugling/Kleinkind können die (rohen, unbearbeiteten) Seinszustände (körperliche Zustände, körperliche Funktionen), aber auch primäre psychische Bedürfnisse, wie Kontakt, noch nicht allein erkannt (definiert) und reguliert werden.

Das Kleinstkind lebt in einem ständigen Wechsel zwischen Integration und Desintegration und kommuniziert dies entsprechend seinem Entwicklungsniveau innerlich und äußerlich *präverbal,.*

Säuglinge und Kleinstkinder verwenden andere *Kommunikationskanäle und -mittel,* wie z. B. Gestik, Mimik, Blickkontakt, Geruch, Psychomotorik, Lautäußerungen und Symptomatik fast ausschließlich entlang der Alltagsaufgaben und Alltagssituationen und Entwicklungsaufgaben, die ein Säugling/Kleinkind zu bewältigen hat.

Erst durch den Erwachsenen als verstehend-übersetzendes, förderndes Gegenüber kann aus diesen rohen Zuständen psychisches Erleben und ganzheitliche Entwicklung entstehen.

Spezifisch für diese Altersgruppe ist die hohe Abhängigkeit des Kindes von erwachsenen Beziehungspersonen und die daraus folgende Bedeutung von Verlusten, Trennungen, Bezugspersonenwechsel, Pflegefehlern.

Es gibt keinen Säugling ohne seine Mutter (Winnicott). Dafür stehen Begriffe wie Symbiose, Mutter-Kind-Dyade, Wirkungskreislauf u. ä.

Überlegungen zur Behandlungstechnik in der analytisch orientierten KTZ

In der Regel wenden sich die Eltern wegen der bestehenden Symptomatik an den Therapeuten. Meist handelt es sich um *krisenhafte Zuspitzungen des Befindens sowohl des* Säuglings/Kleinkinds, *als auch* der Eltern *und* um gestörte Verbindungen zwischen Kind, Mutter und Vater.

Deshalb ist es sinnvoll, bifokal zu arbeiten und auf zwei Fokusse zu achten, nämlich auf den Fokus Säugling/Kleinkind und den Fokus Mutter/Eltern.

Erster Schritt: Material zum Erlebnishintergrund, zur Psychodynamik und zur Qualität der Verbindungen und zur interaktionellen Bedeutung der Symptomatik wird auf dem Wege der *qualifizierten Beobachtung* in wenigen Sitzungen gesammelt. Diese »Diagnostik« der Symptomatik, mit Hilfe von Übertragungsphänomenen wie Übertragung und Gegenübertragung, dient der Erarbeitung der symbolischen Bedeutung.

An die Beteiligten werden in einem *zweiten Schritt* Probebedeutungen herangetragen, die entweder die unbewussten Motive, Arbeitsmuster (inneren

Objekte) der Beziehungspersonen des Kindes anreichern und verändern können oder sie werden durch *Probehandlungen* über die Beziehungspersonen am Kind in ihrer Wirksamkeit *überprüft*. Entlang der psychoanalytischen Technik führen Einfühlung, Analyse der Gegenübertragungsgefühle und Denken zum Verstehen und dazu, Begriffe und Symbole zu finden und mitzuteilen.

Dabei erhalten die *konkreten Vorgänge* ihre *symbolischen Bedeutungen* mittels genauem teilnehmenden Beobachten, Fühlen und Beschreiben, »Darüber-Nachdenken«, und »In-Worte-Bringen«.

Dies macht es möglich, dass sowohl Eltern, als auch das Kind modellhaft intendierte Erfahrungen sammeln und innere Arbeitsmuster von Handlungsabläufen und Bewältigungsstrategien aufbauen können.

Symptome erhalten eine *Bedeutung*, indem sie (aus dem *Konkretistischen*) übersetzt und dann dem *symbolisch-verbalen Erleben leichter zugänglich werden*. Übersetzung und Symbolisierung zielen darauf, das gegenseitige Verstehen zwischen Eltern und Kleinstkindern zu verbessern und Beziehungsstörungen zu heilen.

Ziele der Therapie sind neben der Rückbildung der Symptomatik die Heilung der Beziehung, Korrekturen der inneren Objekte/Arbeitsmodelle und Wiederherstellung einer entwicklungsfördernden, heilsamen Mutter-Vater-Kind-Beziehung.

Besonderheiten in der Elternarbeit

Im Mittelpunkt steht insbesondere bei ganz jungen Säuglingen die Analyse der *mütterlichen/väterlichen Feinfühligkeit*. Die Feinfühligkeit der Hauptbezugspersonen für die körperlichen/seelischen Zustände des Kindes wird anhand des Kommunikationsgeschehens zwischen Mutter und Kind bzw. der Wirksamkeit mütterlicher/väterlicher Interventionen auf Zustände von kindlichem Ungleichgewicht analysiert, um gegebenenfalls Einfluss nehmen zu können. In diesem Zusammenhang werden in erster Linie die *elterlichen Funktionen/Anteile* angesprochen und reflektiert, während die infantilen Anteile der Eltern nicht weiter bearbeitet werden. Aber bei den Eltern können sich gerade in dieser Phase der Behandlung dann *Rezeptionsschwierigkeiten* einstellen, wenn die Bedürfnisse oder Symptome des Kindes in ihnen eigene frühe biographische Daseinsthemen oder Traumata anstoßen und aktivieren.

An dieser Stelle könnte eine *begleitende Psychotherapie* der Eltern beginnen, die durchaus eine »*temporäre Beelterung der Eltern*« im Sinne einer therapeutisch kontrollierten Regression einschließen kann. D. h. es geht um das »containment« heftiger Gefühle. Werden die Eltern zu stark von ihren infantilen/unverarbeiteten Anteilen beherrscht, könnte an dieser Stelle eine Psychotherapie für den Vater oder die Mutter empfohlen werden.

Die Therapie der Eltern-Kind-Beziehung entspricht in der Regel *Gesprächen*, die entsprechend dem jungen Alter des Kindes häufiger stattfinden müssen als im späteren Kindes- und Jugendalter.

Die Elterngespräche können unter Umständen auch direkte Interventionen in der Säuglings-, Kleinkind-, Eltern-Interaktion beinhalten. Je nach Schwere der Beziehungsstörung bewegen sich die Interventionen vom Konkreten zur symbolischen Bedeutung bis zur Veränderung der Mutter oder des Vaters. Hier sind *unterschiedliche methodische* Zugänge möglich.

Die spezifisch analytische Arbeit besteht aber immer in der Beobachtung mit nachfolgender Analyse und Übersetzung präsymbolischen, präverbalen Verhaltens und Symptomatiken in der Kommunikation zwischen Mutter/Vater und Kind in mittelbare Symbolik und Beschreibung bestimmter kindlicher Zustände und hat zum Ziel, die Verständigung zwischen Mutter/Vater und Baby zu verbessern. Dabei dienen Übertragung und Gegenübertragung und die Analyse der Gegenübertragungsgefühle der Therapie als zentrales Instrument.

Literatur

Bion, W. (1990): Eine Theorie des Denkens. In: Bott-Spillius, E. (Hg.) (1995): Melanie Klein heute. Bd. 1. München, Wien (Verlag Internationale Psychoanalyse), S. 225–235.

Dilling, H.; Mombour, W. & Schmidt, M. H. (Hg.) (1991): Internationale Klassifikation psychischer Störungen. ICD 10. Kapitel V(F). Weltgesundheitsorganisation. 1. Aufl. Bern, Göttingen, Toronto (Huber).

Einheitlicher Bewertungsmaßstab (EBM) (2001): Köln (Deutscher Ärzte-Verlag).

Fraiberg, S. (1982): Pathological Defenses in Infancy. In: Psychoanalytic Quarterly 51, S. 20–41.

Israel, A. (2001): Die Entwicklung früher Objektbeziehung im Spiegel einer Säuglingsbeobachtung. In: Forum der Psychoanalyse 17(2), S. 140–157.

Pedrina, F. (2003): Psychoanalytische Arbeit mit Babys und Eltern. In: Kinderanalyse 11, S. 20–39.

Winnicott, D. W. (1990): Reifungsprozesse und fördernde Umwelt. Frankfurt a. M. (Fischer TB).

Über das Zueinander von Eltern-Säuglingstherapie und Erwachsenenanalyse

Christiane Ludwig-Körner

Übersicht: Im ersten Teil meines Beitrages möchte ich darstellen, wie sich die Eltern-Säuglings-Psychotherapie historisch aus der Psychoanalyse entwickelte und wie sie – bei aller Verschiedenheit der Settings, des Klientels und der Zielstellung bis heute in der Methode der Psychoanalyse gründet. Im zweiten Teil werde ich zeigen, welchen Einfluss die Eltern-Säuglings-Psychotherapie auf die Psychoanalyse genommen hat. Beide, die Eltern-Säuglings-Therapeuten und die Psychoanalytiker, können, wenn sie es wollen, bis heute viel voneinander lernen. Zu einer Bereicherung im Dialog wird es vor allem dann kommen, wenn Psychoanalytiker bereit sind, sich anderen Methoden und wissenschaftlichen Erkenntnissen zu öffnen.

Die Anfänge der Eltern-Säuglings-Psychotherapie liegen in den Arbeiten von Anna Freud und Dorothy Burlingham begründet. 1954 konnte Dorothy Burlingham ihren lange gehegten Wunsch verwirklichen, einen Kindergarten für blinde Kinder zu eröffnen. Angeschlossen war ein Beratungsservice für Eltern blinder Babys. Daneben wurde eine Mütterberatungsstelle (»Well Baby Clinic«) eingerichtet, mit dem Ziel, Müttern Anregungen und Hilfen im Umgang mit ihren Kindern zu geben, sie bei medizinischen, psychologischen und erzieherischen Fragen zu unterstützen und ihnen bei Ess- oder Schlafproblemen der Säuglinge, beim Abstillen und bei der Sauberkeitserziehung zu helfen (vgl. Ludwig-Körner 2000). Selma Fraiberg, die heute als eine Pionierin der Eltern- Säuglings-Therapie angesehen werden kann, bezog sich auch auf die Erfahrungen, die in diesen Institutionen gesammelt wurden. 1972 bis 1979 führte sie an der Michigan University in Ann Arbor in ihrem »Child Development Project« Forschungen zur »Psychischen Gesundheit des Kindes« durch mit öffentlichen Beratungsangeboten für Eltern mit Kindern im ersten Lebensjahr. Methodisch stützte sie sich auf Erfahrungen, die mit Beratungsangeboten für Eltern mit blindgeborenen Kindern gemacht worden waren. Sie hatte gelernt, dass nicht allein die Behinderung über das Schicksal des Kindes entscheidet, sondern vor allem die Phantasien seiner Eltern über das Ausmaß und die Bedeutung dieser Beeinträchtigungen. Fraiberg entwickelte in zahlreichen einflussreichen Publikationen eine Theorie und Methodik der Eltern-Säuglings-Psychotherapie (1987). Insofern steht die Eltern-Säuglings-Psychotherapie also in einer psychoanalytischen Tradition, und es ist nicht verwunderlich, dass – zumindest in Deutschland – auffallend viele Psychoanalytikerinnen auf diesem Gebiet arbeiten.

Aber wir können auch nachvollziehen, wie mühselig es war, diese neuen Wege innerhalb der Psychoanalyse zu gehen. Auf der einen Seite blieb Anna Freud lange Jahre die Anerkennung ihrer Leistung als Leiterin des eigenen kinderpsychoanalytischen Ausbildungsinstituts durch die *International Psychoanalytic Association* versagt (vgl. Ludwig-Körner 2000). Auf der anderen Seite war sie es aber auch, die sich Bowlbys bindungstheoretischen Ansichten verschloss, obgleich sie mit Bowlby hinsichtlich der Bedeutung der frühen Mutter-Kind-Beziehung für die kindliche Entwicklung übereinstimmte und obwohl es sogar eine personelle Brücke zu ihm in dem Ehepaar Joyce und James Robertson gab. Diese hatten in den »War Nurseries« die Psychoanalyse kennen gelernt und arbeiteten in Bowlbys Forschungsprojekten mit, Joyce Robertson später selbst noch einmal bei Anna Freud (vgl. Ludwig-Körner 2000; Bretherton 1992).

Bereits 1940 hatte Bowlby vor den negativen Folgen längerer Mutter-Kind-Trennungen gewarnt. Systematische Untersuchungen hierzu führte er im Rahmen des Forschungsauftrages der Weltgesundheitsorganisation zur seelischen Gesundheit heimatloser Kinder durch. Seine Monographie *Maternal Care and Mental Health* (1951) wurde zwar weltweit beachtet, von vielen Psychoanalytikern aber ignoriert – zu wenig schien die Bindungstheorie mit der psychoanalytischen Triebtheorie kompatibel zu sein. Diese Orthodoxie führte dazu, dass Anna Freud den Begriff »attachment behavior« wie ein »Unwort« behandelte, das fortan in Anführungszeichen gesetzt wurde, sodass es zu einer faktischen Ausklammerung der Forschungen Bowlbys aus den »heiligen Hallen« der Psychoanalyse kam (Buchheim & Kächele 2002, S. 946). Auch wenn es eine historische Linie von der Eltern-Säuglingspsychotherapie zu Anna Freud gibt, darf nicht übersehen werden, wie beinahe feindselig sie sich gegen untypische psychotherapeutische Zugänge verhielt, z. B. gegenüber Modifizierungen der Psychoanalyse in Erziehungsberatungsstellen, wie sie Kate Friedländer entwickelte oder der Art, in der Winnicott mit Kleinkindern arbeitete (vgl. Lebovici 2000, S. 130).

Bei Eltern-Säuglingstherapien handelt es sich in der Tat um einen »untypischen Zugang«, sodass die Frage durchaus nahe liegen könnte, inwiefern es sich überhaupt um eine psychoanalytische Methode handelt. Auf den ersten Blick fallen eine Reihe von Unterschieden ins Auge, zunächst das *Setting* betreffend: Eltern-Säuglingstherapeutinnen müssen gelernt haben, einen therapeutischen Rahmen herstellen und halten zu können und gleichzeitig fähig zu sein, damit flexibel umzugehen. Das Setting wechselt nicht selten, sei es, dass die Länge der

Sitzungen variiert, sei es, dass die Therapien auch im Elternhaus oder einer Klinik durchgeführt werden müssen. In der Regel handelt es sich um Kurztherapien oder Therapien mit intermittierenden Intervallen. In einem Falle mögen schon wenige Interventionen ausreichen, um bei gesunden Eltern, die von dem Schreien oder den Schlafstörungen ihres Säuglings überfordert sind, einen negativen Zirkel der Hilflosigkeit und Enttäuschung abzuwenden. In anderen Fällen bedarf es intensiverer Betreuung, wenn es sich z. B. um sogenannte Risiko-Säuglinge handelt, die infolge einer Frühgeburt und/oder Behinderung, chronischer Erkrankung irritierbar oder hypersensibel sind, oder wenn es sich um die Weitergabe transgenerationaler unsicherer Bindungsmuster handelt. Mehrjährige stützende und begleitende Psychotherapie schließlich ist bei Hochrisiko-Familien indiziert, die über Generationen hinweg durch ökonomische Lebensbedingungen und/oder psychiatrische Erkrankungen oder Drogenprobleme etc. belastet sind.

Eltern-Säuglingstherapien sind ein Feld, in dem Orthodoxien keinen Platz haben, daher arbeiten nur sehr vereinzelt Psychoanalytiker mit dem Säugling/Kleinkind allein und die Mutter oder Begleitperson ist lediglich anwesend, ohne unmittelbar, d. h. direkt in die Behandlung miteinbezogen zu werden (vgl. u. a. Norman 2001; Szejer 1998; Eliacheff 1994). Auch Lebovici (2000) folgt Brazeltons Empfehlung, eher ein Advokat des Babys zu sein und die Eltern darin zu unterstützen, dass sie für ihr Baby gute Eltern werden können. Er ist weder Doltos Ansicht, dass die Deutung des Psychoanalytikers, seine Worte, den Säugling allein heilen können, noch teilt er die Position von André Green, wonach lediglich die Eltern behandelt werden müssen. Auf das Baby werden die elterlichen Übertragungen projiziert; ihre Wahrnehmung ist – wie wir wissen – von eigenen Erfahrungen gefärbt bzw. verzerrt. Von daher ist die Gegenwart des Säuglings in den Sitzungen unabdingbar. Die elterlichen Berichte allein können eine direkte Beobachtung der Eltern-Kind-Beziehung durch den Psychotherapeuten genauso wenig ersetzen wie eine lediglich beobachtende Sicht des Analytikers auf den Säugling. Wir brauchen aber natürlich auch sehr viele Erfahrungen in der Behandlung von Erwachsenen, um deren konflikthaftes Erleben verstehen und einbeziehen (behandeln) zu können.

Zwar ist die Eltern-Säuglingsbeziehung der »Patient« und der Säugling/das Kleinkind können allein nicht behandelt werden – dann schon eher die Mutter allein – aber wir wissen auch, dass es *in jeder Behandlung unterschiedliche Gewichtungen* gibt. So steht manchmal der hyperaktive Säugling im Vordergrund, der kaum zu beruhigen ist, sodass die Arbeit an der inneren Welt der Eltern nicht Mittelpunkt sein kann. Vielmehr müssen die Eltern dann ein besseres »handling« lernen, neue, kreative Zugänge zum Säugling entwickeln, wobei wir allerdings die psychoanalytische Erkenntnis berücksichtigen, dass der Säugling nicht

Objekte oder Partialobjekte per se internalisiert, sondern den Prozess der wechselseitigen Regulation (vgl. Stern et al. 2002). Ein andermal haben wir es mit Eltern zu tun, deren schwere neurotische Konflikte offensichtlich eine adäquate Beziehungsaufnahme mit ihrem Kinde verhindern. Neue Behandlungsfragen tauchen auf: Ist es sinnvoll, mit einer Eltern-Säuglingstherapie zu beginnen, wissend, dass eine langfristige analytische Behandlung der Mutter nötig wäre? Sollte diese dann nicht gleich zu einem Erwachsenenanalytiker mit einer Zusatzausbildung in Eltern-Säuglingstherapie gehen, der gegebenenfalls die Weiterbehandlung durchführen kann? Oder ist eine saubere Trennung zwischen einer beginnenden Eltern-Säuglingstherapie und einer anschließenden Psychoanalyse besser? Wird diese aber die soeben gelingende Bindung wieder stören?

In allen Fällen ist die *Verminderung der Symptomatik das erste Ziel* der Säuglings-Elterntherapie. Und dabei gehen wir ganz unterschiedliche Wege: Wir sprechen die konkreten Interaktionen an und verwenden z. B. Videoaufnahmen, um eine Fütterinteraktion oder das elterliche Spiel mit dem Kind analysieren zu können. Dann zeigen wir der Mutter/den Eltern solche Video-Szenen, in denen ihr/ihnen ein »matching« gelang und verstärken so die gelungenen Interaktionen – eine klassische verhaltenstherapeutische Methode (»shaping«). Wir geben sogar Ratschläge oder intervenieren direkt.

So erinnere ich mich an ein Kleinkind (18 Monate), das im Therapieraum alle möglichen Gegenstände übereinander türmte, auf einen Stuhl kletterte und sich dabei in Gefahr brachte; ich musste es auffangen, weil die Mutter diesbezüglich keinerlei Anstalten machte.

Wir werden in viel höherem Maße, als wir es aus der Arbeit mit Erwachsenen kennen, *in das unmittelbare Geschehen involviert*. Wie Stern in seinem Buch *Die Mutterschaftskonstellation* (1998) schreibt, müssen wir mit Müttern bzw. Schwangeren anders arbeiten, indem wir ihrem »biologischen Drängen« nach konkreter Unterstützung nachgeben und dieses nicht als ein Agieren deuten oder beobachtend daneben stehen bleiben und lediglich unsere Gegenübertragung auswerten.

Dieses »enactment« geht sehr viel weiter, als es in der Erwachsenenanalyse heute üblich ist (vgl. Streeck 2002); Lebovici nennt es »enaction«,

> »which means acting out, using my body marked by the interactions between the mother and the baby, with the help of my intuition gained from a narcissism that is still alive and helpful. I also think that one should retain the meaning that cognitive scientists give to the word enaction. They mean that the components that order an action unite in order to implement it and to make a decision about it, just as a queen who signs a decree ›enacts‹ it.« (Lebovici 2000, S. 143)

Er glaubt, der Familie dann besonders helfen zu können, wenn es – wie er es nennt zu »sacred« Momenten kommt, in denen es seine Empathie ihm selbst und der Familie ermöglicht, eine neue Situation zu kreieren, ganz ähnlich dem »co-thinking«, das Daniel Widlöcher (1986) beschrieben hat. Diese gemeinsame Kreation entsteht nach Lebovici aus einem geteilten Gefühl heraus. Empathie ist nur hilfreich, wenn der Psychotherapeut eine Identifikation aufgibt und in der Lage ist, sich mit allen im Therapieraum anwesenden Personen bzw. denjenigen, die für das Kind von Bedeutung sind, zu identifizieren. Wie ein Dirigent ist es seine Aufgabe, jedem Instrument (Anwesenden) Raum zu geben, sich ausdrücken zu können.

Die Eltern-Säuglingstherapeutin arbeitet somit *bifokal oder multifokal*, also zugleich mit dem Kind und seinen Eltern, oft mit wechselnden Personen, wenn z. B. sporadisch auch ein Geschwisterkind oder Großeltern miteinbezogen werden – eine Grundbedingung in der Familientherapie. Im Unterschied zur üblichen Familientherapie liegt in der Eltern-Säuglings-Psychotherapie aber der Schwerpunkt auf dem Baby, mit dem Ziel, ihm so schnell als möglich zu helfen, einen möglichst guten Start ins Leben zu haben, durch die Arbeit mit den Eltern. Der Erfolg wird dabei immer die Verbesserung der psychosozialen Situation des Babys sein. Dabei versuchen wir insbesondere, affektive Zustände des Säuglings in uns selbst zu erfassen und im Sinne eines »containing« zu verarbeiten. Aber auch diese Arbeit verfolgt wiederum sehr konkrete Ziele: Der Säugling soll in der Entwicklung spezifischer Ich-Funktionen (z. B. der Fähigkeit, sich zu beruhigen) unterstützt werden.

Was nun ist, andersherum gefragt, psychoanalytisch an dieser zielbewussten, interaktionell ausgerichteten, unmittelbar stützenden und entwicklungsfördernden Arbeit? Verfehlen wir nicht die in der Psychoanalyse zentrale Arbeit an unbewussten Phantasien, an den Repräsentanzen, die Arbeit *in* der Übertragung? Wohl kaum, denn auch der Säugling inszeniert einen Beziehungsentwurf mit seiner Mutter/seinen Eltern und mit uns. Auch wenn er dabei (noch) nicht auf symbolisch repräsentierte Beziehungsphantasien zurückgreift, zeigt er uns doch seine »internal working models«, in denen er seine Beziehungserfahrungen aufgehoben hat. Hier begegnen wir den Eindrücken, die der Säugling von den ersten Beziehungspersonen seines Lebens gewonnen hat, in ihnen erscheinen auch die Phantasien der Mutter/der Eltern über sich selbst und ihr Kind.

Die »bifokale« Arbeit mit Säugling und Mutter/Eltern zugleich dient also nicht allein praktischen Zielen, nämlich der Hilfe im Aufbau konkreter Interaktionen. Vielmehr begleiten wir ein vielfältiges Beziehungsgeflecht, ein Zueinander von elterlichen unbewussten Phantasien und die schrittweise sich entwickelnden Selbst-Strukturen des Kindes. Ganz gleich, wie wir in der Psychoanalyse über die Frage denken, ob Säuglinge bereits phantasieren können und wie weit ihre Bindungserwartung geht (vgl. Dornes 2002), in jedem Falle sind wir überzeugt, dass sich das Kind von Anfang an aktiv mit den Beziehungsangeboten seiner Umwelt auseinander setzt und sehr sensibel die affektiven Tönungen seiner Interaktionspartner wahrnimmt.

Ein kurzes Beispiel aus der Behandlung eines 18 Monate alten Mädchens, das wegen seiner Affektkrämpfe zur Therapie gebracht wurde: Während einer Sitzung lief es in starker Unruhe durch das Zimmer und begann damit, viel zu große und schwere Gegenstände im Behandlungszimmer hin und her zu schleppen, während ich mich in den von der Mutter sprachlich aufgetürmten Problemlabyrinthen zurechtzufinden suchte. Einmal klagte die Mutter über ihre Rückenschmerzen und ich konnte förmlich die Riesenlast auf ihren Schultern sehen. In Gedanken nahm ich sie in den Arm und wiegte sie wie ein kleines Kind, strich ihr zart über ihr Gesicht. Während ich diesem inneren eigenen Bild folgte, bemerkte ich, wie die kleine Tochter, die soeben begonnen hatte, angespannt und unruhig einen Puppenstuhl mit einem Kinderwagen zu verkanten, plötzlich damit aufhörte, sich in die Kuschelecke zurückzog und hinlegte. Die Deutung, dass ihre Tochter jetzt gerade das ausdrückt, was die Mutter nicht wagte zu spüren, sodass ihr Kind auch ein Seismograph für sie sei, berührte die Mutter sehr und sie begann besser zu verstehen, wie ihre Tochter Gefühlszustände auch der Eltern ausdrückt. Lebovici (1983) sprach vom Phänomen der »Inszenierung« (»mise en scène«) eines intrapsychischen Konflikts der Mutter oder des Vaters. Der Konflikt materialisiert sich sozusagen in der Interaktion (»phantasmatische Interaktion«) und wird dadurch erkennbar.

Daher ist der zweite Fokus, den wir auf die Mutter (die Eltern) legen, so bedeutsam. Der Schwerpunkt der analytischen Eltern-Säuglingstherapie liegt nach Lieberman, Silverman & Pawl (2000) einerseits darin, zu verstehen, wie die aktuellen und früheren Erfahrungen der Eltern ihre Wahrnehmung, Gefühle und ihr Verhalten dem Kind gegenüber formen, d. h. einer Arbeit an ihren Repräsentanzen, wobei der identifizierte Patient die Eltern-Kind-Beziehung ist und die therapeutische Arbeit auf dieses Beziehungsgeflecht zentriert. Auf der anderen Seite liegt der Fokus auch auf korrigierenden affektiven Erfahrungen, die durch die therapeutische Beziehung hergestellt werden. Sie sind das Vehikel, durch welche die rigiden und desorganisierten innerpsychischen Repräsentationen verändert werden können. Erinnern möchte ich an dieser Stelle an Wallersteins (1986) Untersuchung mutativer Faktoren in der Psychotherapie. Er fand in dieser Studie heraus, dass unterstützende Verfahren erfolgreicher waren als ein rein psychoanalytisches Vorgehen und dass es schwierig war, die beiden divergenten Positionen wirklich voneinander zu trennen, da auch die Arbeit im klassischen Setting erheblich stärker supportiv arbeitete, als dies in der Theorie vermittelt wurde.

Aus der Bindungsforschung wissen wir, dass sich die Affektabwehr der Eltern in den kindlichen Bindungserfahrungen niederschlägt (vgl. Fonagy et al.

1995) und wie stark das Beziehungsangebot der Eltern von den eigenen Erfahrungen als Kleinkind geprägt wird (vgl. Fonagy 1998; Fonagy et al. 1995; Fonagy & Target 1997). Dabei spiegelt sich in dem elterlichen Verhalten weniger die eigene reale Bindungserfahrung, sondern eher die Qualität der Verarbeitung solcher Erfahrungen wider; d. h. Eltern, die sich im Laufe ihres Lebens mit ihren eigenen Eltern aussöhnen konnten, müssen ihre alten Muster nicht automatisch mit ihren Kindern wiederholen. So schließt sich der Kreis: Eltern, die z. B. in einer Psychotherapie die Möglichkeiten erhielten, ihre Repräsentanzen zu verändern, – denn auch die therapeutische Beziehung ist eine Bindungsbeziehung (vgl. Mallinckrodt 2000) – haben vermutlich eine bessere Chance, ihren Kindern ein sicheres Bindungsmuster zu vermitteln.

Hier schließt sich die Vermutung an, dass auch das Bindungsniveau eines Therapeuten großen Einfluss auf die Bindungsentwicklung seines Patienten in der Therapie haben wird. Leider fehlt es an empirischen Untersuchungen hierzu (vgl. Strauss 2000, S. 386). Zwar glaubt vermutlich jeder Psychotherapeut, er verfüge über ein sicheres Bindungsmuster, aber Nord, Höger & Eckert (2000) fanden heraus, dass nur 20 Prozent von 86 erfahrenen Experten tatsächlich ein sicheres Bindungsmuster zeigten. Es wird vielleicht noch eine Weile dauern, bis diese Frage auch in der Psychoanalyse diskutiert werden wird, so wie es lange dauerte, bis die Bindungstheorie Einzug halten konnte oder anstelle von Übertragung und Gegenübertragung von Intersubjektivität gesprochen wurde. Erst vor kurzer Zeit wurde damit begonnen, die Auswirkungen der Persönlichkeitsstruktur des Analytikers auf den analytischen Prozess zu untersuchen. Kantrowitz (1995, 1997) verwies auf die herausragende Bedeutung des Zueinanderpassens von Patient und Therapeut.

Auch wenn unsere Interventionen in der Eltern-Säuglings-Therapie auf die konkrete Verhaltensänderung zielen, dürfen wir doch hoffen, dass wir auf diese Weise den Aufbau kohärenter Selbst- und Objektrepräsentanzen anregen. Stern (1998) betont, dass es die praktischen Beziehungserfahrungen sind, welche sich in der Welt der symbolischen Interaktionen als Repräsentanzen niederschlagen. Freilich liegen hier noch einige unbeantwortete Fragen. Die Forschung wird noch genauer beschreiben müssen, wie die Konzepte vom »internal working model« und von den inneren Repräsentanzen aufeinander zu beziehen sind; gegenwärtig sind es noch recht disparate Theorien, sodass der Eltern-Säuglings-Therapeut zuweilen wie ein Wanderer zwischen zwei Welten mühsame Übersetzungsarbeit zu leisten hat.

Damit bin ich bei der zweiten Frage meines Beitrages angekommen: Welchen Einfluss hat die Eltern-Säuglingstherapie auf die Psychoanalyse genommen und wie könnte die Psychoanalyse zukünftig von der Eltern-Säuglingstherapie lernen?

Lange Zeit betrachteten die Psychoanalytiker die Bindungstheorie mit großen Vorbehalten. Dabei wirkte auch ein verbreitetes Vorurteil gegen empirische Forschung mit und behinderte zusätzlich die Rezeption bindungstheoretischer Arbeiten. Erst die Säuglingsforschung, deren Vertretern es leichter zu fallen scheint, sich mit unterschiedlichen wissenschaftlichen Positionen auseinander zu setzen, gaben der Bindungstheorie den ihr angemessenen Raum. Unter Psychoanalytikern ist die Skepsis bis heute verbreitet, viele befürchten, mit einem »naturwissenschaftlichen Blick« könnte »das Psychoanalytische« verloren gehen, sodass Robert Emde & Peter Fonagy in ihrem Aufsatz (1997) »An Emerging Culture for Psychoanalytic Research?« für eine größere empirische Orientierung der Psychoanalyse und einer Öffnung und Auseinandersetzung mit anderen Disziplinen und Richtungen plädieren mussten.

Anstöße zu einer Öffnung kommen derzeit vor allem aus den Reihen der Säuglings- und Kleinkindforschung, aber auch der Neurobiologie, und Forschungsergebnisse aus diesen Gebieten haben Auswirkungen auf die psychoanalytische klinische Arbeit. Schließlich haben Säuglings- und Bindungsforschung und die Eltern-Säuglingstherapie unser Verständnis für die Biographie eines Menschen sehr bereichert. Die Narrative sind ein Zugang zu den Repräsentationen.

Wenn wir heute eine Anamnese erheben, so achten wir z. B. mehr als früher auf die Bindungserfahrungen des Patienten als Kind und wir fragen uns, auf welche Weise er diese Erfahrungen in sich repräsentiert und wie sie sich in der Beziehung zu uns zeigen. Wir wissen, dass es nicht die konkreten Ereignisse sind, welche sich im Subjekt eins zu eins niederschlagen, sondern wir schauen auf die Verarbeitungsweisen von damals und das »Zurückphantasieren« von heute. Wir haben gelernt, wie wir ein unsicher vermeidendes, ambivalentes oder desorganisiertes Bindungsmuster erkennen können und werden vielleicht sogar die eine oder andere Frage aus dem »Adult Attachment Interview« verwenden, um uns hier Gewissheit zu verschaffen, auch wenn es noch einige »Übersetzungsschwierigkeiten« mit diesen verschiedenen Klassifikationssystemen geben wird (vgl. Buchheim & Kächele 2002). Wir überlegen uns, ob eine falsch verstandene abstinente Haltung eines Analytikers ein ähnlicher Schutzmechanismus ist, wie die von distanzierten Müttern/Vätern, die sich vor Aspekten ihrer eigenen psychischen Realität schützen, die vielleicht durch die Hilflosigkeit des Säuglings aktiviert wurden, indem sie den »distress« ihres Kindes nicht widerspiegeln, sondern stattdessen in übertriebenem Maße Coping-Strategien zur Ablenkung einsetzen oder durch ihre Haltung Vermeidung zum Ausdruck bringen.

Wenn wir so vorgehen, bewegen wir uns durchaus auf dem (engen) Feld der Psychoanalyse, weil wir uns nach wie vor weniger für die Fakten als vielmehr für die gedeutete Realität interessieren. Aber wir schauen doch auch auf die Geschichte dieser Deutungsmuster und fragen uns, welche Wege z. B. ein Patient ging, wenn er aus einer wenig gelungenen Affektregulation in seiner Beziehung zur Mutter heraus eine generalisierte Angststörung entwickelte. Das ist eine Lerngeschichte und diese folgt Regeln, die hermeneutisch nicht zu erschließen sind.

Aber es werden noch viele klinische Studien nötig sein, um zu überprüfen, ob Bindungsmuster gehäufter mit bestimmten Störungsbildern einhergehen. Unsichere Bindungsmuster sind per se keine klinische Kategorie und ihr Zusammenhang mit späteren psychopathologischen Symptomen ist bei Normalstichproben bisher nur in wenigen Fällen nachgewiesen (vgl. Goldberg et al. 1995; Massie & Szajnberg 2002). In Risikogruppen sind derartige Zusammenhänge eindeutiger. Ein sicheres Bindungsverhalten kann wie ein Puffer die Wirkung ungünstiger Lebensbedingungen dämpfen, während z. B. ein desorganisiertes Bindungsmuster bei ungünstigen Lebensbedingungen einen zusätzlichen Risikofaktor darstellt und auch am häufigsten in klinischen Gruppierungen anzutreffen ist (vgl. Buchheim & Kächele 2002). Die Brody-Studie, eine Längsschnittstudie von der Geburt bis zum dreißigsten Lebensjahr, in der Auswirkungen der Mutter-Kind-Beziehung untersucht wurden, zeigte zwar, dass Erwachsene, die eine effektivere Fürsorge in der Kindheit (mütterliche Empathie, Konsistenz, Kontrolle, Nachdenklichkeit, Zuwendung und Umgang mit Aggressionen) erhalten hatten, Abwehrmechanismen auf einem höheren Niveau besaßen. Aber es konnte keine Signifikanz hinsichtlich des Bindungsmusters und psychischer Störung ermittelt werden. Hatten Kinder jedoch zwei oder mehr nachteilige Umstände erleben müssen, so zeigten sie als Erwachsene »einen signifikant niederen Stand des allgemeinen Funktionierens« (Massie & Szajnberg 2002, S. 53). So gibt es andererseits Hinweise aus der Minnesota-Stichprobe (vgl. Ogawa et al. 1997), dass der Anteil von unsicher-vermeidendem Bindungsverhalten bei Externalisierungsstörungen und aggressiven Störungen größer ist und unsicher-ambivalente, verstrickte Bindungsmuster häufiger bei depressiven Störungen und Angststörungen anzutreffen sind.

Methodisch hat die psychoanalytische Arbeit mit Persönlichkeitsstörungen und mit psychosomatisch Kranken sehr von den Erkenntnissen der Säuglingsforschung (und den Erfahrungen der Säuglingstherapie) profitiert. Denn dort erleben wir hautnah das »Ringen um Empathie«, um eine Antwort im Chaos ersehnter und doch auch gefürchteter Bindungswünsche. Wir haben gelernt, wie wichtig es ist, in diesen Therapien auf die Affektregulation zu achten und dem Patienten in seinem Aufbau selbstregulierender Ich-Funktionen zu helfen. Bei den sich immer wieder herstellenden »disjunctions« (vgl. Beebe; Lachman & Jaffe 1997), Augenblicken von »mismatch« oder »nonmatch«, in denen sich die Interaktionspartner nicht treffen, helfen uns Kenntnisse aus der Eltern-Säuglingstherapie. Wir wissen, dass die Abstinenzregel in diesen Fällen elastisch gehandhabt werden muss zugunsten des »Prinzips Antwort« (Heigl-Evers), um eine »disjunction« in ein »matching« verwandeln zu können.

Nach Stern (2002, S. 986) ähnelt der therapeutische Prozess des »Vorangehens« dem »moving along« der Mutter-Kind-Dyade, auch wenn die Formen unterschiedlich sind, nämlich in der Therapie mehr verbal, der Eltern-Säuglings-Beziehung mehr nonverbal. Aber wir wissen auch, dass der emotionale nonverbale Austausch in der analytischen Behandlung mindestens so einflussreich ist wie der verbale. Patient und Therapeut können ihre Körperwahrnehmungen, Phantasien, Gedanken, Verhalten, sogar Worte gegenseitig durch unbewusste hervorgebrachte nonverbale Hinweisreize beeinflussen. Nach Pally kann, wie der Analytiker sich fühlt, körperlich als auch in der Vorstellung ein genauso wichtiger Indikator für das sein, was sich im Patienten abspielt, als das, was der Analytiker denkt. Wie er kommuniziert, ist genauso wichtig wie das, was er sagt (Pally 1998, S. 360).

Stern (2002, S. 986) sieht enge Parallelen zwischen den Dyaden Therapeut-Patient und Mutter-Kind, sie nähern sich Zwischenzielen an, die in der therapeutischen Sitzung darin liegen können, die Themen des gemeinsamen Austausches zu definieren, etwa ein Zuspätkommen zur Behandlungsstunde, oder in der Frage, ob sich der Patient am Vortag wirklich »gehört« fühlte.

> »Die Beteiligten müssen nicht unbedingt einer Meinung sein. Sie müssen lediglich den Interaktionsfluß so steuern, daß er sie an ein Verständnis dessen heranführt, was zwischen ihnen geschieht, was sie beide in dem spezifischen Kontext jeweils wahrnehmen, glauben und sagen, und was sie einander wechselseitig an Wahrnehmungen, Gefühlen und Überzeugungen zuschreiben. Sie versuchen, gemeinsam eine Definition der intersubjektiven Umwelt zu erarbeiten und gehen dabei voran.«

Stern (a. a.O.) schreibt weiter:

> »Wir sind der Meinung, daß der Prozeß des Vorangehens in einer Therapiesitzung mit einem erwachsenen Patienten analog dem Ziel des physischen Zueinanderpassens in den nonverbalen Mutter-Säuglings-Interaktionen zwei parallele Ziele verfolgt. Das eine besteht in einem Neuarrangement des bewußten verbalen Wissens; dazu gehört das Finden von Themen, die bearbeitet, geklärt, elaboriert, gedeutet und verstanden werden. Das zweite Ziel besteht aus der gemeinsamen Definition und dem gemeinsamen Verstehen der intersubjektiven Umwelt; es betrifft das *implizite Beziehungswissen* und definiert die ›gemeinsame implizite Beziehung.‹«

Er spricht von »Begegnungsmomenten« in denen »sich zwei als Personen relativ unversteckt von ihrer üblichen therapeutischen Rolle in diesem Moment begegnen«. Der »Moment der Begegnung« ist das Schlüsselereignis in diesem Prozess, der Drehpunkt, an dem sich der intersubjektive Kontext verändert und dadurch auch das *implizite Beziehungswissen* über die Patient-Therapeut-Beziehung (Stern 2002, S. 993):

> »Wir nehmen an, daß in der therapeutischen Situation ebenso wie im Laufe der Entwicklung ›Begegnungsmomente‹ einen ›offenen Raum‹ entstehen lassen, indem eine Veränderung der intersubjektiven Umwelt ein neues Gleichgewicht erzeugt, ein ›Sich-voneinander-Lösen‹ mit einer Veränderung oder Neuorgansiation der Abwehrprozesse.« (Stern 2002, S. 996)

Die Vorstellung der Eltern-Säuglingstherapeuten, über konkrete Beziehungserfahrungen auch den Aufbau der Beziehungsrepräsentanzen günstig beeinflussen zu können, dürfte auch Psychoanalytiker anregen. Z. B. könnte es sinnvoll sein, einem Patienten, dem es schwer fällt, die Perspektive eines Gegenübers einzunehmen, dadurch zu helfen, dass sich der Analytiker in seinen antwortenden Gefühlen und Gedanken selektiv (und natürlich authentisch) zur Verfügung stellt. Ähnlich wie der Säugling in der Erfahrung der Verschiedenheit des Anderen (dessen Stimme, Tonfall etc.) angeregt wird, das Selbst und den Anderen an verschiedenen inneren Orten zu repräsentieren, würde der erwachsene Patient darin ermutigt, die Andersartigkeit des Analytikers zur Kenntnis zu nehmen und zu akzeptieren. Diese Akzeptanz wäre dann nicht nur eine rein kognitive Operation (im Sinne einer »Dezentrierung«), sondern auch eine Differenzierung auf der Ebene der (unbewussten) Beziehungsphantasien.

Dabei glauben wir natürlich nicht, dass wir die Erfahrungen in der Eltern-Säuglingstherapie eins zu eins übersetzen können in die Methodik unserer Arbeit mit »Frühgestörten«. Denn diese haben längst schon maligne Bewältigungsstrategien gelernt, in die sie uns einbeziehen, um ihre pathogenen Überzeugungen bestätigt zu erhalten. Aber auch die affektiven Beziehungsangebote des Säuglings können sehr drängend sein und hier wie da droht uns die Gefahr, unversehens in eine pathogene Beziehungskonstellation hineingezogen zu werden.

Zusammenfassend lässt sich feststellen, dass Eltern-Säuglings-Therapie und Psychoanalyse zwar in methodischer Hinsicht sehr verschieden sind, aber sie gründen in ähnlichen Konzeptionen. Sie haben viel voneinander gelernt, und sie könnten weiter voneinander lernen. Die Psychoanalyse als die ältere von beiden wird vermutlich stärkeren Veränderungen unterworfen sein; auch ohne die Säuglingsforschung sind etliche ihrer Begriffe schon in gründliche Diskussionen geraten. Zum heutigen Zeitpunkt ist nicht recht klar, ob die Differenzierungen, denen die Psychoanalyse unterliegt – ich meine die Unterscheidungen in unterschiedliche Methoden wie tiefenpsychologische Psychotherapie, dynamische Psychotherapie und »klassische« Psychoanalyse – das Bild von einer einheitlichen Psychoanalyse zerstören werden. Wird es zukünftig verschiedene psychoanalytische Psychotherapien geben, eine entwicklungsfördernde, supportive einerseits und eine konfliktorientierte, deutende andererseits? Ist die

Psychoanalyse nicht selbst eine spezielle Form der Entwicklungstherapie? Fonagy & Target (2002, S. 45) verwenden den Begriff »psychodynamische Entwicklungstherapie« und Greenspan (1997) spricht von »entwicklungsorientierter Psychotherapie«. Tähka (1993) unterschied drei Arten, wie der Patient den Analytiker gebraucht: als aktuelles Objekt, als frühes Objekt (Übertragungsobjekt) und als neues Objekt (Entwicklungsobjekt). Strukturelle Veränderungen erfolgen danach v. a. beim Gebrauch des Analytikers als neues Entwicklungsobjekt.

Es ist zu hoffen, dass die Begegnung mit der Säuglingsforschung und der Säuglings-Therapie für die Psychoanalyse (weiterhin) förderlich sein wird. Die Chancen dafür stehen dann sehr gut, wenn die Psychoanalytiker in solchen Begegnungen den Mut aufbringen, die äußeren Bedingungen ihrer Methode infrage zu stellen und sich auf das Wesentliche zu konzentrieren: die Arbeit in der Übertragung, an den unbewussten Beziehungsphantasien. Auf dieser Ebene, auf diesem Fundament können sie die Dialoge mit anderen Wissenschaften führen und dabei sehr stark profitieren. Unproduktiv werden diese Dialoge dann, wenn sie auf der Ebene der Methoden und Techniken geführt werden, etwa unter der Frage, ob eine »richtige« Analyse drei- oder viermal in der Woche geführt werden muss oder ob man einen Patienten auch dann analysieren kann, wenn er auf dem Sessel sitzt.

Es mag sein, dass die Bereitschaft der Psychoanalyse zum Dialog auch dadurch befördert wird, dass sie sich an vielen Orten in der Defensive befindet. Wie schön wäre es, wenn die Säuglingsforschung und die Eltern-Säuglingstherapie dazu beitragen könnten, dass die Psychoanalyse als Theorie und Methode ihren Platz als eine bedeutende Sozialwissenschaft zurückgewinnen würde.

Literatur

Beebe, B.; Lachmann, F. & Jaffe, J. (1997): Mother-infant-interaction structures and presymbolic self and object representations. In: Psychoanalytic dialogues. Anal. Journal of Relational Perspectives 7, S. 133–183.

Bowlby, J. (1940): The influence of early environment in the development of neurosis and neurotic character. In: Journal of Psycho-Analysis 21, S. 154–178.

Bowlby, J. (1951): Maternal Care and Mental Health. WHO. Genf, New York (Columbia Univ. Press). dt. (1973): Mütterliche Zuwendung und geistige Gesundheit. München (Kindler).

Bretherton, I. (1992): The origins of attachment theory: John Bowlby and Mary Ainsworth. In: Developmental Psychology 28, S. 759–775.

Buchheim, A. & Kächele, H. (2002): Das Adult Attachment Interview und psychoanalytisches Verstehen: Ein klinischer Dialog. In: Psyche 56, S. 946–973.

Dornes, M. (2002): Der virtuelle Andere. Aspekte vorsprachlicher Intersubjektivität. In: Forum der Psychoanalyse 18(4), S. 303–331.

Eliacheff, C. (1994): Das Kind, das eine Katze sein wollte. München (Kunstmann).

Emde, R. & Fonagy, P. (1997): An emerging culture for psychoanalytic research? In: International Journal of Psycho-Analysis 78, S. 643–651.

Fonagy, P. (1998): Metakognition und Bindungsfähigkeit. Die Bedeutung der Entwicklung von mentalen Repräsentanzen für die Betreuung und das Wachstum des Kindes. In: Psyche 42, S. 349–368.

Fonagy, P. (2001): Attachment Theory and Psychoanalysis. New York (Other Press).

Fonagy, P.; Steele, M.; Steele, H.; Leigh, T.; Kennedy, R.; Mattoon, G. & Target, M. (1995): Attachment, the reflective self, and borderline states. The predictive specificity of the adult attachment interview and pathological emotional development. In: Goldberg, S.; Muir, R. & Kerr, J. (Hg.) (1995): Attachment Theory. Social, Developmetal, and Clinical Perspectives. New York (Hillsdale), London (The Analytic Press), S. 233–278.

Fonagy, P. & Target, M. (1997): Attachment and Reflective Function. In: Development and Psychopathology 9, S. 679–700.

Fonagy, P. & Target, M. (2002): Ein interpersonelles Verständnis des Säuglings. In: Hurry, A. (Hg.) (2002): Psychoanalyse und Entwicklungsförderung von Kindern. Frankfurt (Brandes & Apsel), S. 11–42.

Fraiberg, L. (Hg.) (1987): Selected Writings of Selma Fraiberg. Columbus (Ohio State University Press).

Goldberg, S.; Muir, R. & Kerr, J. (Hg.) (1995): Attachment Theory. Social, Developmental and Clinical Perspectives. New York (Hillsdale), London (The Analytic Press).

Greenspan, S. I. (1997): Developmentally Based Psychotherapy. Madison, CT (International Universities Press).

Heigl-Evers, A. & Heigl, F. & Ott, J. (1993): Abriß der Psychoanalyse und der analytischen Psychotherapie. In: Heigl-Evers, A.; Heigl, F. & Ott, J. (Hg.) (1993): Lehrbuch der Psychotherapie. Stuttgart (Gustav Fischer), S. 1–307.

Kantrowitz, J. (1995): Outcome research in psychoanalysis: review and reconsiderations. In: Shapiro, T. & Emde, R. (Hg.) (1995): Research and Psychoanalysis. Process, Development, Outcome. Madison, CT (International Universities Press), S. 313–328.

Kantrowitz, J. (1997): A different perspective on the therapeutic process. The impact of the patient on the analyst. In: Journal of the American Psychoanalytic Association 54(1), S. 127–153.

Lebovici, S. (1983): Le nourrisson, la mère et le psychanalyste. Les interactions précoces. Paris (Le Centurion).

Lebovici, S. (2000): Cross-cultural perspectives: a french view on the history of infant and child psychiatry. In: Osofsky, J. D. & Fitzgerald, H. E. (Hg.) (2000): WAIMH Handbook of Infant Mental Health. Bd. 1. Perspectives on Infant Mental Health. New York (John Wiley & Sons), S. 126–152.

Lieberman, A. F.; Silverman, R. & Pawl, J. H. (2000): Infant-parent-psychotherapy: core concepts and current approaches. In: Zeanah, C. H. (Hg.): Handbook of Infant Mental Health. 2. Aufl. New York, London (Guilford Press), S. 472–484.

Ludwig-Körner, C. (2000): Wegbereiter der Kinderanalyse. Die Arbeit in der »Jackson Kinderkrippe« und den Kriegskinderheimen. In: Luzifer-Amor. Zeitschrift zur Geschichte der Psychoanalyse 25, S. 78–104.

Mallinckrodt, B. (2000): Attachment, social competencies, social support, and interpersonal process in psychotherapy. In: Psychotherapy Research 10(3), S. 239–266.

Massie, H. & Szajnberg, N. (2002): The relationship between the mothering in infancy, childhood experience and mental health. In: International Journal of Psycho-Analysis 83, S. 35–55.

Nord, C.; Höger, D. & Eckert, J. (2000): Attachment patterns of psychotherapists. In: Persönlichkeitsstörungen – Theorie und Therapie 4, S. 76–87.

Norman, J. (2001): The psychoanalyst and the baby: a new look at work with infants. In: International Journal of Psycho-Analysis 82, S. 83–100.

Ogawa, J. R.; Sroufe, L. A.; Weinfield, N. S.; Carlson, E. A. & Egeland, B. (1997): Development and the fragmented self: longitudinal study of dissociative symptomatology in a nonclinical sample. In: Development and Psychopathology 9, S. 855–879.

Pally, R. (1998): Emotional processing: the mind-body-connection. In: International Journal of Psycho-Analysis 79, S. 349–362.

Sander, L. (1997): Paradox and resolution. In: Osofsky, J. (Hg.) (1997): Handbook of Child and Adolescent Psychiatry. New York (International Universities Press).

Stern, D. (1998): Die Mutterschaftskonstellation. Stuttgart (Klett-Cotta).

Stern, D.; Sander, L. W.; Nahum, J. P.; Harrison, A. M.; Lyons-Ruth, K.; Morgan, A. C.; Bruschweiler-Stern, N. & Tronick, E. C. (2002): Nicht deutende Mechanismen in der psychoanalytischen Therapie. Das »Etwas-Mehr« als Deutung. In: Psyche 9/10, S. 974–1006.

Strauss, B. (2000): Attachment theory and psychotherapy research – editor's introduction to a special selection. In: Psychotherapy Research 10(4), S. 381–389.

Streeck, U. (2002): Über nicht-sprachliche Kommunikation in therapeutischen Dialogen. In: Psyche 56, S. 247–274.

Szejer, M. (1998): Platz für Anne. Die Arbeit einer Psychoanalytikerin mit Neugeborenen. München (Kunstmann).

Tähkä, V. (1993): Mind and its Treatment. Madison, CT (International Universities Press).

Wallerstein, R. (1986): Forty-two Lives in Treatment: A Study of Psychoanalysis and Psychotherapy. New York (Guilford Press).

Widlöcher, D. (1986): Metapsychologie du sens. Paris (PUF).

Psychodynamik und Therapieprozess im Jugendalter und die Haltung des Therapeuten

Gerd Lehmkuhl und Ulrike Lehmkuhl

Psychodynamische Aspekte der Adoleszenz

Die Adoleszenz wird allgemein als eine Phase extremer und notwendiger Labilisierung der psychischen Strukturen angesehen.

Es ist vor allem das Thema der Identitätsbildung, das sich dem Adoleszenten als Aufgabe stellt. Blos (1962) spricht von einer zweiten Individuation. Die »Katastrophentheorie der Adoleszenz«, die von einem Bruch der bisherigen psychischen Struktur der Kindheit und einer Rebellion gegen die Einbettung in familiäre Bedingungen ausgeht, wurde zwar widerlegt (vgl. Coleman 1978, 1980; Ewert 1983), jedoch ist das Auftreten von Irritationen nicht unwahrscheinlich: Körperliche Veränderungen werden oft mit Beunruhigung wahrgenommen, die Entwicklung verläuft häufig asynchron, neue soziale Anforderungen kommen ebenso hinzu wie der Wunsch nach heterosexuellen Beziehungen (vgl. Olbrich 1981). Bohleber (vgl. u. a. 1987, 1992) hebt hervor, dass die Identitätsbildung die Hauptaufgabe der Adoleszentenentwicklung darstellt:

> »Von innen her bringt die sexuelle Reifung eine Umgestaltung und Neuordnung der Persönlichkeit in Gang und strebt auf ein vereinheitlichtes seelisches Ganzes hin. Von außen her bestehen Anforderungen, sich zu definieren, Rollen zu übernehmen, einen Beruf zu wählen und Beziehungen einzugehen. Identität stellt die Schnittstelle zwischen gesellschaftlichen Erwartungen an den einzelnen und dessen psychischer Einzigartigkeit dar, sie ist das Produkt der Vermittlung und eine dynamische Balance zwischen beiden Seiten. Diese Charakteristik adoleszenter Entwicklung mit ihrer Dialektik von Innen und Außen war für mich der Grund, den Begriff der Identität wieder aufzugreifen.« (Bohleber 1996, S. 9)

Mit folgenden speziellen inhaltlichen Aufgaben ist die entwicklungspsychologische Dynamik und der Prozess der Identitätsfindung verbunden (vgl. de Wit & v. der Veer 1979):

-   Ich-Identität als ein Gefühl der inneren Gleichheit und Kontinuität. Ich-Identität ist das Bewusstsein, dass das Ich die Gegensätze innerhalb der Persönlichkeit zu einer Synthese bringt; es ist das Gefühl, einen eigenen Lebensstil zu besitzen.

- Ich-Identität beinhaltet auch das Bewusstsein, dass sich der persönliche Lebensstil mit dem deckt, was man für andere bedeutet: »Man will erkennbar und anerkannt sein«.
- Das Bewusstsein der eigenen Identität beinhaltet ein Gefühl der persönlichen Freiheit, welches die Wahrnehmung bestärkt, dass andere den eigenen Lebensstil akzeptieren können.
- Der Prozess der Umstrukturierung in der Adoleszenz verlangt die Entwicklung neuer Ziele, eines für sich und andere akzeptablen Lebensplanes (vgl. Erikson 1952, 1959, 1968).

Gelingt es dem Adoleszenten, die zuvor aufgeführten Entwicklungsaufgaben zu bewältigen, dann führt dies zu einer eigenen Identitätsfindung, die eine Loslösung von den Eltern und Übernahme neuer sozialer Rollen ohne krisenhafte Konflikte ermöglicht. Blos (1962, S. 243) hebt hervor, dass diese

»adaptive Aufgabe der Adoleszenz immer in Übereinstimmung mit der inneren Realität bewältigt werden muß, bestimmt durch die vorhergehenden Erfahrungen, ein Kind in einer gegebenen Familie, an einem gegebenen Ort, in einer gegebenen Geschichtsepoche, mit einer gegebenen Anlage gewesen zu sein. Die besondere Art, in der sich die Bedürfnisse des Heranwachsenden der Umgebung gegenüber ausdrücken, geht innerhalb dieser festgesetzten Bedingungen vor sich und bestimmt den sichtbaren Kurs, den jede einzelne Reise durch die Adoleszenz nimmt«.

Gelingt diese Reise nicht, kommt es zu schwerwiegenden Irritationen und Konflikten, dann stellt sich die Frage, wie eine therapeutische Situation geschaffen werden kann, die den Entwicklungsprozess voranbringt (vgl. Lehmkuhl. et al. 1992).

Müller-Pozzi (1980) hebt die regressiven Tendenzen sowohl in der Trieb- als auch in der Ich-Entwicklung hervor, die zu einer Reaktivierung früherer Konflikte führen. Der Jugendliche muss Ich-Funktionen, die bereits sekundäre Autonomie erreicht haben, erneut zu Abwehrzwecken einsetzen. Analyse in der Adoleszenz ist, so Müller-Pozzi (1980), unter spezifischen Entwicklungsbedingungen, was Analyse immer ist: Umgang mit einem geschwächten Ich, das zuallererst befähigt werden muss, in ein Arbeitsbündnis mit dem Therapeuten einzutreten, eine Übertragung entstehen zu lassen und an dieser Übertragung zu arbeiten. Beim Jugendlichen ist die Herstellung eines Arbeitsbündnisses häufig erschwert und er setzt den Aufgaben des Therapeuten nicht selten Widerstand entgegen (vgl. Bürgin 1980). Nach Berna (1972) ist es notwendig, sich dem adoleszenten Ich zuzuwenden mit dem Ziel, es zu unterstützen und zweckmäßige Methoden im Umgang mit der Realität und den Trieben zu finden. Die jeweiligen technischen Konsequenzen sollten sich den Möglichkeiten und dem Entwicklungsstand des Ichs der Patienten anpassen. Entsprechend kommt dem realen Beziehungsgeschehen eine wesentlich größere Bedeutung zu als in der Erwachsenentherapie. Nur innerhalb einer tragfähigen realen Beziehung kann sich der Jugendliche Übertragungsreaktionen in der Analyse unterziehen, sie inhaltlich einordnen und aushalten. Hierzu gehört, dass seinem Wunsch nach Autonomie und Zeitbegrenzung Rechnung getragen wird und er in diesem Entscheidungs- und Gestaltungsprozess mit eingeschlossen ist (vgl. Lehmkuhl & Lehmkuhl 1986).

Für den Jugendlichen ist es besonders schwierig, sich in einen psychotherapeutischen Prozess einzulassen, da dieser – so Bürgin (1990) – neben der bereits bestehenden altersspezifischen Beunruhigung noch zusätzliche emotionale Bewegungen nach sich zieht. Auf Autonomie bedacht, wehrt sich das Ich gegen die drohende Regression mit allen ihm zur Verfügung stehenden Kräften,

> »z.B. mit Verleugnung von Abhängigkeit, heftigem Widerstand gegen die Übertragung oder dem Agieren von Übertragungsgefühlen außerhalb der Analyse. Manchmal aber auch mit der Zielsetzung, die Analyse a priori scheitern zu lassen, damit keine eigentliche Ablösung von den Primärobjektiven zustande kommt.« (Bürgin 1980, S. 460)

Entsprechend muss die Behandlungstechnik sowie die eigenen Ansprüche des Therapeuten an den Behandlungsprozess modifiziert bzw. reflektiert werden. Nach Bohleber (1996) hat der gestörte oder gehemmte Entwicklungsprozess immer im Zentrum der therapeutischen Interventionsstrategien zu stehen. Es geht darum, den adoleszenten Entwicklungsprozess in Gang zu bringen und eigene Schritte des Jugendlichen zu ermutigen. Wird das adoleszente Selbst gestärkt, so ist der Jugendliche rasch bestrebt, die Therapie zu beenden und alleine weitere Lösungen für sein Problem zu finden bzw. neue Wege zu gehen, um die therapeutischen Einsichten und Erfahrungen umzusetzen. Ein solcher Schritt erfolgt nicht immer in Übereinstimmung mit dem Therapeuten, der sich gekränkt und in seinen Anstrengungen missverstanden fühlen kann. Loslassen, ohne eine Autonomie zu verhindern, verlangt eine Haltung des Therapeuten, die oft Verzicht bedeutet, Zwischenergebnisse akzeptiert und nicht auf ein Durchanalysieren und Durcharbeiten besteht. In der Therapie Adoleszenter muss daher mit den neu erworbenen Identifizierungen sorgsam umgegangen werden. Übertragungsdeutungen und Hinweise auf frühere Konflikte können einen vehementen Widerstand hervorrufen, weil der Adoleszente hierdurch seine Autonomie und Persönlichkeitskonsolidierung gefährdet sieht und sich schützen muss. Deswegen warnt auch Blos (1963) davor, Übertragungsmanifestationen generell zu deuten. Er plädiert dafür, die Übertragung nur dann zum Thema zu machen, wenn sie den Entwicklungsfortschritt hemmt. Die psychotherapeutische Behandlung kann einen starken regressiven Sog auf den Spät-Adoleszenten ausüben und von ihm als Bedrohung des inneren Konsolidierungsprozesses verstanden werden. Hierauf sollten sich die technischen Behandlungsstrategien einstellen und die vorgesehene zeitliche Planung ausrichten.

Wie ist nach Etablierung eines Arbeitsbündnisses eine optimale therapeutische Haltung zu definieren, um den therapeutischen Prozess in Gang zu halten und ein Durcharbeiten der Konflikte zu ermöglichen? Bürgin (1980) benennt die Pole und damit möglichen Risiken des praxeologischen Vorgehens:

»Ist der Analytiker zu permissiv, läßt er dem Adoleszenten im Extrem völlige Autonomie gegenüber der Umwelt, so besteht kein Anreiz für den Patienten, die schwere psychische Arbeit der integrativen Konsolidierung auf sich zu nehmen, welche der analytische Prozeß in diesem Entwicklungsabschnitt von ihm verlangt. Der Analytiker wird durch vollständigen Einbezug in die Omnipotenz des Patienten aus seiner therapeutischen Position gedrängt. Fordert er aber zu viel und reduziert er damit die Autonomie zu stark, so fordert er die defensive Regression und infantilisiert den Analysanden. Im Idealfall gelingt es ihm, die Autonomie der verschiedenen Ich-Funktionen in einem labilen, sich stets verändernden, schwebenden Gleichgewicht zu halten, das für das Voranschreiten des analytischen Prozesses optimale Voraussetzungen bietet. Parallel zur Festigung der Beziehung und zur steigenden Tragfähigkeit des Arbeitsbündnisses wird er seine analytischen Forderungen immer nachdrücklicher stellen. Das gestärkte Ich des Analysanden arbeitet nun mit ihm an der Reorganisation des Selbst und der Objektbeziehungen.« (Bürgin 1980, S. 461)

Der entscheidende Punkt in der analytischen Arbeit besteht nach Bohleber (1996) darin, wie die mitgeteilten Einfälle und Assoziationen gedeutet werden, ob vermehrt auf die Übertragungs- und Widerstandsaspekte eingegangen werden muss oder ob das Konfliktmaterial in Bezug auf die Entwicklungspotenz und die wachsenden Ich-Fähigkeiten fokussiert und damit eine fortschreitende innere seelische Integration und Autonomie gefördert werden. Die Wahl der jeweiligen Interventionsstrategien hänge von der diagnostischen Einschätzung der Blockade des adoleszenten Prozesses ab.

Erlich (1986) schlägt vor, die Entwicklungskrise der Adoleszenz unter dem Vorzeichen der Verleugnung zu betrachten. Für ihn stellt der Umgang mit Jugendlichen und ihre Behandlung, die Kenntnis dieser subjektiven Zustände – der Vorliebe für Spaltung und des beständigen Konflikts zwischen Schwäche und Stärke, zwischen regressivem Aufgeben und gefährlichem Triumph – ein machtvolles Instrument in den Händen des Klinikers dar. Hat der Jugendliche nach Erlich (1986) diese Konflikte und die entwicklungsmäßigen Sackgassen, aus denen sie herrühren, einmal verstanden, würde sein Zugang zu dem Jugendlichen viel leichter. Denn so schwierig, wenn nicht gar unmöglich und undenkbar es für den Jugendlichen auch sei, diese Vorstellungen für den Erwachsenen zu verbalisieren, so sei er doch höchst bereit und erleichtert, wenn der Erwachsene oder Therapeut die Anleitung zur Verbalisierung dieser Konflikte übernähme. Die Erleichterung sei meistens eklatant, und das Bedürfnis zu verleugnen würde im Allgemeinen ganz häufig nachlassen. Wenn aber die Bedürfnisse nicht verbalisiert oder gedeutet würden, trüge dies möglicherweise zu einer Vertiefung der Ich-Spaltung bei, indem der Jugendliche in seiner Entwicklungsbewegung zu einer »Als-ob«-Persönlichkeit oder zu einer weiteren Konsolidierung eines falschen Selbst bestärkt wird. Hieraus ist abzuleiten, dass wir bei der Behandlung Jugendlicher Konflikte und Bedürfnisse früh benennen und direkt angehen sollten (vgl. Lehmkuhl & Lehmkuhl 1986).

Nach Zauner (1976, 1981) ist die innere Dynamik des Jugendlichen durch eine spezielle Intensität und Unbeständigkeit der Gefühle, Bedürfnisse nach häufiger und unmittelbarer Befriedigung, einer selektiven Beeinträchtigung der Realitätsprüfung, der Schwierigkeit zur Selbstkritik und eine im Vergleich zum Erwachsenen unterschiedliche Wahrnehmung der Welt um ihn herum charakterisiert. Diese jugendspezifischen Reaktionsformen machten eine Modifikation der psychotherapeutischen Haltung notwendig.

Es besteht weitgehende Einigkeit darüber, dass der Jugendlichentherapeut Hilfe bei der Realitätsprüfung geben muss. Geleerd (1957) führt aus, dass der Therapeut dem Jugendlichen das Bedürfnis nach einem Elternsubstitut erfüllen müsse, indem er dieses Angebot auf eine zurückhaltende und eine neutrale Weise akzeptiere, also nicht nur eine regressive Übertragung annehme, sondern sich als reale Person zur Verfügung stelle. Andererseits sollte der Therapeut, vom Jugendlichen her gesehen, im Regelfall nie nur zum Elternsubstitut, nur zum Stellvertreter von Gleichaltrigen, nur zum neuen Liebesobjekt oder nur zum reinen Hilfs-Ich im Übertragungsgeschehen werden,

> »da der adoleszente Mensch selbst viel zu sehr in Bewegung ist und sich mit einer solchen Festschreibung regressiv blockieren würde. Die emotionalen Bewegungen im Prozeß sind deshalb oft wie unstet, rasch wechselnd, hoch ambivalent, scheinbar wenig kohärent und für beide Partner vielfach nur wenig übersichtlich.« (Bürgin 1990, S. 238)

Zauner (1980, 1981) weist darauf hin, dass der heranwachsende Patient dem Therapeuten gegenüber Gefühle von Allmacht und Überlegenheit zeige, er meint schon erwachsen zu sein und deshalb niemanden zu brauchen. Es sei das Letzte für ihn, bei einem Erwachsenen Hilfe zu suchen. Der Therapeut kann auf eine solche Übertragung mit Resignation, Rückzug und Verärgerung, aber auch mit einer Verstärkung seines therapeutischen Ehrgeizes reagieren. Beide Einstellungen vermitteln dem Jugendlichen jedoch nicht das Gefühl, dass der Therapeut als Partner offen an seinen Fähigkeiten, Interessen, Problemen und Sorgen teilnimmt. Zauner (1980, 1981) verlangt deshalb Empathie, Geduld und

Stetigkeit in der Arbeit mit dem Jugendlichen, Zurückhaltung und Beherrschung während der Interaktion mit ihm. Eine solche Haltung sei notwendig, um die Probleme der Ablösung, sowohl für den Jugendlichen, als auch dessen Eltern, ohne Schuldgefühle bewältigen zu können. Verbündet sich der Therapeut mit dem Jugendlichen, so bringt er diesen in einen Loyalitätskonflikt, nimmt er Stellung für die Eltern, fühlt sich der Jugendliche abgelehnt und unverstanden. Auf der Zeitdimension betrachtet bedeutet dies, dass der Therapeut bereit sein muss, Themen und Angebote des Jugendlichen schnell aufzugreifen, d. h. unmittelbar zu reagieren, auf der anderen Seite, sich aber auch Zeit zu lassen, um Entwicklungen zu ermöglichen (vgl. Bürgin 1990). Man könnte auch sagen, dass in der Jugendlichentherapie die intensive Rückschau auf eine frühere Zeit nicht im Fokus steht, sondern das Verstehen aktueller Entwicklungsthemen und mittelfristiger Perspektiven, die im Jugendalter zu einer Beschleunigung führen. Das Aufgreifen und die Balance zwischen diesen beiden zeitlichen Aspekten, in der Bearbeitung von früheren und aktuellen Konflikten und Themen, stellt die eigentliche Herausforderung der Psychotherapie mit Jugendlichen dar.

Claudia: Essstörung als Ausdruck von Distanz- und Nähewünschen

Die 16-jährige Claudia kam mit den Eltern zur ambulanten Vorstellung. Anlass war eine deutliche Gewichtsabnahme im letzten halben Jahr von 65 kg auf unter 50 kg bei einem Body-Mass-Index weit unter 17,5. Das Essverhalten der Jugendlichen hatte sich stark verändert, wobei die von ihr ritualisierten Mahlzeiten nicht im Beisein der Eltern und der Geschwister eingenommen werden konnten. Sie erlaubte es der Mutter nicht mehr, für sie Mahlzeiten zuzubereiten aus der Angst heraus, dass die Mutter die Kalorienvorgabe nicht einhalten würde. Durch ihr abgegrenztes und streng kontrolliertes Verhalten hatte sie sich zunehmend von der Familie isoliert. Die Jugendliche selbst begründete diese Veränderungen mit dem Bestreben, sich von dem Einfluss der Eltern abzugrenzen und eigene Wege zu gehen. Aus diesen Gründen verlegte sie ihre Abendaktivitäten außer Haus, traf sich fast jeden Abend mit Freundinnen in einer Clique, die in den Augen der Eltern keinen guten Umgang darstellte. Selten kam sie vor Mitternacht nach Hause und hielt die Vorgaben ihrer Eltern nicht ein. In den gemeinsamen Gesprächen konnte herausgearbeitet werden, dass sowohl die Störung des Essverhaltens als auch ihre intensiven außerhäuslichen Aktivitäten aus dem Wunsch der Abgrenzung vom Elternhaus heraus entstanden waren. Die Jugendliche lehnte den Lebensstil und die Erwartungen der Eltern an sie vehement ab und demonstrierte dies auf vielfältige Weise. Sie konnte ihre eigene Entwicklung durchaus selbstkritisch betrachten und die eigene Ambivalenz zwischen Freiheitsbestrebungen und Abhängigkeitswünschen formulieren. Als der Vater sich zunehmend in diesen Konflikt einschaltete und vermehrt Grenzen setzte, schürte dies einerseits ihre Wut, verstärkte aber auch die Auseinandersetzung mit ihren eigenen inneren Schwierigkeiten. So stand sie in hoher Rivalität mit dem älteren Bruder, von dem sie annahm, dass er in der Familie eine bevorzugte Rolle einnähme und beschäftigte sich intensiv mit ihrem Körperbild, das sie überkritisch negativ bewertete. Die therapeutische Beziehung war zunächst von heftiger Ablehnung und Widerständen geprägt. Die Jugendliche versuchte, die Termine möglichst hinauszuschieben und zeitlich zu begrenzen. Diese Haltung war jedoch auch von einer starken Ambivalenz geprägt. Großes Mitteilungsbedürfnis wechselte sich mit Rückzugsverhalten und Verweigerung ab. Es war ihr wichtig zu erfahren, wie lange die Therapie dauern würde und wann sie nicht mehr zu den Gesprächen kommen müsse. Sie bestand darauf, einen Zeitrahmen definiert zu bekommen, sie wollte keine Zeit verlieren. Die dahinterstehende, unausgesprochene Angst, dass der Gesprächspartner zuviel von ihr erfahren könnte und sie von den Terminen abhängig werden könnte, nahm einen großen Raum in den Gesprächen ein. Sich zeitlich festlegen und dennoch unabhängig bleiben, nicht auf unbestimmte Zeit festgelegt zu werden, stellten wichtige Inhalte dar, denen wir uns zunehmend annähern konnten. So war es möglich, die von Jacobson (1957, vgl. u. a. Erlich 1986) beschriebene Tendenz des Jugendlichen zum Agieren anzusprechen und diese Form der Verleugnung zu verstehen. Andererseits zeigte sie an den Gesprächen deutliches Interesse, wollte erfahren, wie ein Außenstehender die familiäre Situation beurteilte und suchte nach Lösungen für die häuslichen Spannungen. Auch die Übertragungssituation konnte angesprochen werden und die Patientin konnte nachvollziehen, dass sich in der Therapie ähnliche Konflikte und Themen konstellierten wie im Umgang mit ihrem Vater.

Guido zwischen Bindungswünschen und Ablösungsimpulsen

Trotz alarmierender Berichte in den Medien zeigen empirische Untersuchungen ein erstaunliches Maß an Konsistenz und Kontinuität im Entwicklungsprozess während der Adoleszenz. Hierauf deuten auch die Ergebnisse der aktuellen Shell-Jugendstudie hin (vgl. Deutsche Shell 2002). Während Jugendkultur sich früher in einem von dem Erwachsenen abgegrenzten Feld entwickelte, überschneiden sich heute Normen und Erwartungen von Jugendlichen und Erwachsenen. Auch wenn jugendlichen Interessen und Aktivitäten ein immer größerer Stellenwert eingeräumt wird, können sich viele Jugendliche vom Elternhaus schlecht abgrenzen, bleiben Nesthocker mit Versorgungsansprüchen und entziehen sich so einer eigenverantwortlichen Lebensgestaltung, nehmen den ihnen zugebilligten Freiraum nur begrenzt wahr. Die eigene Orientierung wird außerdem dadurch erschwert, dass Jugendlichkeit heute auch für Erwachsene eine erstrebenswerte Lebensform darstellt und sich die Grenzen zwischen Jugendlichen und jungen Erwachsenen weitgehend vermischen. Es scheint so, als gäbe es eine lange Latenzphase, aus der sich Jugendliche und Erwachsene gleichermaßen nicht hinausbewegen können, sodass die Entwicklungs- und Zeitgrenzen verschwimmen. Grenzsetzungen tauchen in einem solchen System selten auf und wenn, dann forcieren sie einen Konflikt, den sowohl Eltern als auch Jugendliche möglichst vermeiden wollen. Manchmal wirkt es so, als wenn die Jugendlichen diese Grenzen fast herausfordernd hinausschieben, um irgendwann eine Reaktion der Umgebung zu erhalten. Man könnte formulieren, dass es sich nicht nur um eine Entwicklungskrise der Adoleszenz, sondern auch der Erwachsenen bzw. Eltern handelt, die durch den Abwehrmechanismus der Verleugnung gekennzeichnet ist. Ist jedoch Verleugnung erst einmal aufgetreten, so wird sie nach Erlich (1986) auf Lebenszeit zum konstanten, wenn vielleicht auch nur potenziellen Charakteristikum intrapsychischen Funktionierens.

Das Beispiel des 17-jährigen Guido verdeutlicht den Mechanismus des Verleugnens eindrucksvoll. Er kam mit dem Vater zum ambulanten Termin, nachdem dieser für seinen Sohn eine außerfamiliäre Unterbringung bei Verwandten durchgesetzt hatte. Guido war mit diesem Entschluss seiner Eltern nur bedingt einverstanden. Er beschrieb jedoch, ebenso wie der Vater, eine sehr konflikthafte häusliche Atmosphäre, die schon seit längerer Zeit vorlag und die die Eltern mit einem Konsum von sogenannten weichen Drogen bei ihrem Sohn in Zusammenhang brachten. Anamnestisch war unter anderem zu erfahren, dass die Familie in einem eigenen Haus in einem Stadtteil lebte, der sich in den letzten zehn Jahren zu einem sozialen Brennpunkt entwickelt hatte. Von Beruf Lehrer, vertraten die Eltern eine liberale und aufgeschlossene Haltung und lehnten aggressive Auseinandersetzungen vehement ab. Guido hielt dagegen, dass er sich in einer Clique organisieren müsse, um sich gegen die Angriffe anderer Jugendlicher aus dem Stadtteil zu behaupten, wobei er selbst aggressiven Auseinandersetzungen aus dem Wege ging, im Ernstfall jedoch mit körperlicher Gewalt reagierte. Eine traumatische Erfahrung bestand für Guido darin, dass er in der zweiten Klasse der Grundschule von einem türkischen Mitschüler verprügelt worden war. Am Abend ging sein Vater mit ihm zu den Eltern des türkischen Jungen, um diesen Konflikt zu lösen. Die Erfahrung war in den Augen Guidos vernichtend. Die türkischen Eltern reagierten aggressiv, bedrohten den Vater und dieser zog mit seinem Sohn beschämt davon. Von diesem Zeitpunkt an hatten die Eltern für ihn keine Autorität mehr und er beschloss, sich nur noch auf sich selbst zu verlassen. Guido begann, Bodybuilding und Kampfsportarten zu betreiben und entschied körperliche Auseinandersetzungen meistens für sich. Dabei erschreckte es ihn, wie impulsiv und wenig kontrolliert sein Verhalten war, wenn er gereizt war bzw. herausgefordert wurde. Den Normen seiner Eltern durchaus verpflichtet, versuchte er zunächst über einen langen Zeitraum körperlichen Konflikten aus dem Weg zu gehen, wenn er aber in seinen Augen »gestellt« wurde, dann schlug er ohne Hemmungen zu, konnte sich selbst nicht steuern und bremsen, sodass andere Personen eingreifen mussten, um ihn zurückzuhalten. Das Rauchen von Marihuana entspannte ihn und verminderte diese heftigen Impulse. In der Psychotherapie konnte herausgearbeitet werden, dass Guido einerseits den Erwartungen und Normen der Eltern entsprechen wollte, andererseits aber auch deren Scheitern täglich vor Augen hatte. Er lebte in der Vorstellung, unverletzbar zu sein, autonom und unabhängig, sich jederzeit gegen alle Bedrohungen wehren zu können. Geriet diese Fiktion ins Wanken, kam es zu heftigen Impulsdurchbrüchen, um dieses Bild zu bewahren und zu schützen. In den Ferien liebte es Guido, alleine mit dem Rucksack durch für ihn unbekannte Gegenden zu trampen und sich dabei völlig autonom und unantastbar zu fühlen. Dass es hierbei auch durchaus zu gefährlichen und für ihn schwierigen Situationen kam, verleugnete er zunächst, und konnte seine Ängste und innere Leere erst allmählich zulassen und beschreiben.

Streeck-Fischer (1992, 1994) hebt die notwendige narzisstische Bestätigung seitens der sozialen Umwelt hervor. Bliebe sie versagt, käme es durch die Entwicklungsherausforderungen in der Adoleszenz zu einer ausgeprägten Verletzlichkeit und Kränkbarkeit, mit einem besonderen Gespür für widersprüchliches, doppelbödiges und unehrliches Verhalten (vgl. Jacobson 1959; Blos 1962): »Mit ihrem labilisierten Selbst tasten sie, was ihnen vorgelebt wird, daraufhin ab, inwieweit sie es für sich selbst als sinnvoll, vorbildlich und lebenswert akzeptieren können. Im Ablösungsprozeß von den Elternbildern der Kindheit stoßen sie auf ›Hypokrisie, auf das Unvermögen der vorangehenden Generation, die Ideale, auf die sie pocht, mit den tatsächlich geforderten Lebenspraktiken in Einklang zu bringen‹« (Mitscherlich 1970, S. 514).

Ablösungsprozesse und die Rolle des Therapeuten

Ein zentrales Thema der Verleugnung stellen unbewusste Bindungswünsche und Ablösungsimpulse des Jugendlichen dar. Diese Dynamik spiegelt sich fast immer auch in der therapeutischen Beziehung und in den Übertragungs- und Gegenübertragungsreaktionen wider. Hierbei stehen die Bedürfnisse des

Jugendlichen, seine Stärken wie seine Schwächen zu verleugnen, mit dem fortschreitenden Prozess einer Separation/Individuation in einem engen Zusammenhang. Die Belange des Jugendlichen in Bezug auf seine Schwäche und seine Wünsche nach Stärke sind in seine früheren Objektbeziehungen mit wichtigen anderen Personen eingebettet, so Erlich (1986); mit ihnen vergleicht er sich, mit ihnen hat er tiefgreifende Identifikationen etabliert. So ist der Therapeut in der Arbeit mit Adoleszenten ständig mit seiner eigenen früheren Ablösung von den Eltern und seiner Einstellung hierzu konfrontiert. Stierlin (1980) beschreibt als extreme Formen des jugendlichen Ablösungsprozesses zentrifugale und zentripetale, d. h. ausstoßende und bindende Kräfte innerhalb der Familie, und damit auch innerhalb der therapeutischen Beziehung. Mit beiden Modi muss der Therapeut ohne Delegation von Schuldzuweisungen oder eigenen symbiotischen Impulsen, umgehen können. Ilan (1979) sieht die Notwendigkeit, in der Therapie die entscheidende Rolle und Funktion zu interpretieren, die dem Eltern-Kind-Verhältnis gerade bei Adoleszenten zukommt, die die Bedeutung der Eltern verneinen. Es ist dabei zu unterscheiden zwischen einer inneren und äußeren Ablösung, wie das Beispiel von Guido veranschaulicht. So können wir mit Erlich (1986) durch das Prisma der Verleugnung sehen, wie sich der dynamische Prozess im Jugendlichen gestaltet, zwischen dem Bedürfnis nach Separation und Individuation, um ein autonomes Gefühl für das Selbst und den Anderen zu etablieren und andererseits seinem Bedürfnis, sich auf frühe Objektbeziehungen zu stützen und sie in dies neue Selbst zu reintegrieren, da sich sein Gefühl für innere und äußere Realität um diese frühen Objektbeziehungen geformt und organisiert hat. Der Jugendliche muss auf einen großen Teil seiner alten libidinösen Besetzungen verzichten, sein früheres Wissen über die Welt und die innere wie äußere Realität verändern. Wenn er mehr über die aktuelle Wirklichkeit erfahren will, muss er allmählich immer weniger auf Verleugnung zurückgreifen, sodass sein Ich umfassender und freier in seiner fokalen Beziehung zur Wirklichkeit – der inneren wie der äußeren – sich ausgestalten und wirken kann. Hierbei hat der Therapeut neue Identifikationen und Anknüpfungspunkte anzubieten, um Autonomie und Sicherheit beim Jugendlichen zu verstärken.

Federn (1981, S. 83) geht besonders auf die Rolle des Therapeuten und die an ihn gestellten Anforderungen ein:

>»Allerdings meine ich, daß nur psychodynamisch eingestellte und dementsprechend ausgebildete Therapeuten über die notwendige gedankliche Beweglichkeit verfügen, um erfolgreich zu sein. Die Erfahrung lehrt außerdem, daß nur die eigene völlige Ich-Bereitschaft, mit seinen eigenen Problemen fertig zu werden, es erlaubt, die unerhörte Geschwindigkeit des psychischen Ablaufes in der Adoleszenz zu erfassen. Sie läßt nicht genug Zeit, um erst nachzudenken und dann zu

handeln. Der jugendliche Patient erwartet eine sofortige Reaktion, die zwar nicht immer korrekt sein muß, aber immer in eine Richtung weisen soll, die eine Lösung der gegenwärtigen Krise verspricht. Das adoleszente Ich hat keine Zeit und der Therapeut muß daher selbst imstande sein, ungehindert und schnell zu reagieren und zu entscheiden. Dazu muß er aber auch mit seinen eigenen Pubertätsproblemen fertig geworden sein.«

Das Ziel der Therapie besteht, ähnlich wie beim Erwachsenen, nicht in einer raschen Symptombesserung, sondern in einer Stabilisierung und einer Veränderung der Ich-Struktur, d. h. des bisherigen Lebensstils. Beim Jugendlichen rücken Neu- und Umstrukturierung von Normen, Wünschen und Haltungen in den Vordergrund, die eine Labilisierung und Neuformulierung zur Folge haben und die letztlich zur Stärkung und Bildung einer Ich-Identität entscheidend beitragen (vgl. Erikson 1968).

Fonagy & Target (2002, S. 13) beschreiben diesen Zustand wie folgt:

»Analytische Hilfe muss auf eine Weise angeboten werden, die auf die entwicklungsbedingten Herausforderungen dieser Phase eingeht und so die Vorwärtsbewegung hin zur Erschaffung einer autonomen Identität erleichtert. Das geschieht durch einen Prozess analog zu dem Spielen mit einem kleinen Hund, wobei man dem Jugendlichen hilft, sich seinen seelischen Zustand eher psychisch als physisch vor Augen zu führen und ihn zu bewältigen. Das muss stattfinden im Einklang mit den Bemühungen des Patienten, ein äußeres Vehikel wiederzufinden – durch Übertragung – für unerträgliche Aspekte seiner frühesten Beziehungen«.

Mit Müller-Pozzi (1980) lässt sich hinzufügen, dass diese Arbeit vor allem dann gelingt, wenn dem realen Beziehungsaspekt in der Therapie Jugendlicher neben Übertragung und Arbeitsbündnis besondere Beachtung geschenkt wird, denn nur innerhalb einer tragfähigen realen Beziehung kann sich der Jugendliche Übertragungsreaktionen unterziehen, aktuelle Interaktionsmuster verstehen und sich mit seinen Wünschen und Pflichten im Hier und Jetzt konfrontieren. Erst danach wird sich die genetische Dimension öffnen und für Deutungen sowie Rekonstruktionen offen sein, wenn sein Selbst eine eigenständige Identität gewonnen hat (vgl. Bohleber 1992).

Literatur

Berna, J. (1972): Kinder beim Analytiker. München (Piper).

Blos, P. (1962): Adoleszenz. Eine psychoanalytische Interpretation. Stuttgart 1973 (Klett).

Blos, P. (1963): The Concept of Acting out in Relation to the Adolescent Process. In: J. Am. Acad. Child. Psychiat. 2, S. 118–136.

Bohleber, W. (1987): Die verlängerte Adoleszenz. Identitätsbildung und Identitätsstörungen im jungen Erwachsenenalter. In: Jahrb. d. Psa. 21, S. 58–94.

Bohleber, W. (1992): Identität und Selbst. Die Bedeutung der neueren Entwicklungsforschung für die psychoanalytische Theorie des Selbst. In: Psyche 46, S. 336–365.

Bohleber, W. (Hg.) (1996): Adoleszenz und Identität. Stuttgart (Internationale Psychoanalyse).

Bürgin, D. (1980) Das Problem der Autonomie in der Spätadoleszenz. In: Psyche 34, S. 449–463.

Bürgin, D. (1990): Einige Aspekte des psychotherapeutischen Prozesses bei Jugendlichen In: Steinhausen, H.-C. (Hg.) (1990): Das Jugendalter. Bern (Huber), S. 238–245.

Coleman, J. C. (1978): Current contradictions in adolescent theory. In: J. Youth and Adolescence 7, S. 1–11.

Coleman, J. C. (1980): The nature of adolescence. London (Methuen).

Deutsche Shell (Hg.) (2002): Jugend 2002. Frankfurt a. M. (Fischer).

Erikson, E. H. (1952): Kindheit und Gesellschaft. Stuttgart 1964 (Klett).

Erikson, E. H. (1959): Identität und Lebenszyklus. Frankfurt a. M. 1966 (Suhrkamp).

Erikson, E. H. (1968): Jugend und Krise. Stuttgart 1980 (Klett).

Erlich, H. S. (1986): Verleugnung in der Adoleszenz. Einige widersprüchliche Aspekte. In: Psyche 44, S. 218–239.

Ewert, O. (1983): Entwicklungspsychologie des Jugendalters. Stuttgart (Kohlhammer).

Federn, E. (1981): Anteil der Ich-Störungen in der Pubertätskrise. In: Lempp, R. (Hg.) (1981): Adoleszenz. Bern (Huber), S. 77–83.

Fonagy, P. & Target, M. (2002): Entwicklungsaspekte in der normal verlaufenden Adoleszenz und beim adoleszenten Zusammenbruch. Vortragsmanuskript Kongress der Internationalen Gesellschaft für Adoleszenz. Psychiatrie: »Adoleszenz – Bindung – Destruktivität« vom 14. bis 16.6.2002 in Göttingen.

Geleerd, E. R. (1957): Some aspects of psychoanalytic technique in adolescence. In: Psychoanal. Study Child 12, S. 263–283.

Ilan, E. (1979): Probleme der psychoanalytisch ausgerichteten Psychotherapie mit männlichen Adoleszenten. In: Psyche 33, S. 1099–1111.

Jacobson, E. (1957): Denial and Repression. In: J. Am. Psa. Assn. 5, S. 61–92.

Jacobson, E. (1959): Depersonalisierung. In: Psyche 28, S. 193–220.

Lehmkuhl, U. & Lehmkuhl, G. (1986): Krisen in Therapien von Jugendlichen. In: Mohr, F. (Hg.) (1986): Beiträge zur Individualpsychol. 7. München (Reinhardt), S. 97–116.

Lehmkuhl, G.; Lehmkuhl, U. & Döpfner, M. (1992): Psychotherapie mit Jugendlichen. In: Z. Kinder-Jugendpsychiat. 20, S. 169–184.

Mitscherlich, A. (1970): Protest und Revolution. In: Psyche 24, S. 510–520.

Müller-Pozzi, H. (1980): Zur Handhabung der Übertragung in der Analyse von Jugendlichen. In: Psyche 29, S. 339–364.

Olbrich, E. (1981): Normative Übergänge im menschlichen Lebenslauf: Entwicklungskrisen oder Herausforderungen? In: Filipp, S.-H. (Hg.) (1981): Kritische Lebensereignisse. München (Urban & Schwarzenberg), S. 123–138.

Stierlin, H.; Levi, L. D. & Savard, R. J. (1980): Zentrifugale und zentripetale Ablösung in der Adoleszenz: Zwei Modi und einige ihrer Implikationen. In: Döbert, R.; Habermas, J. & Nummer-Winkler, G. (Hg.) (1980): Entwicklung des Ichs. Königstein (Athenäum), S. 46–67.

Streeck-Fischer, A. (1992): »Geil auf Gewalt«. Psychoanalytische Bemerkungen zu Adoleszenz und Rechtsextremismus. In: Psyche 46, S. 745–768.

Streeck-Fischer, A. (1994): Entwicklungslinien der Adoleszenz. Narzißmus und Übergangsphänomene. In: Psyche 48, S. 509–528.

Wit, J. de & Veer, G., v. d. (1979): Psychologie des Jugendalters. Donauwörth 1982 (Auer).

Zauner, J. (1976): Ablösungskonflikte und Elternarbeit in der Adoleszenz. In: Prax. Kinderpsychol. Kinderpsychiat. 22, S. 306–310.

Zauner, J. (1979): Abschied von der Jugend. In: Prax. Psychother. Psychosom. 24, S. 91–97.

Zauner, J. (1980): Erziehung und Psychotherapie beim Jugendlichen in psychoanalytischer Sicht. In: Spiel, W. (Hg.) (1980): Psychologie des 20. Jahrhunderts. Bd. XII. Konsequenzen für die Pädagogik (2). Zürich (Kindler), S. 801–822.

Zauner, J. (1981): Stufen der Adoleszenz – Modifikationen des therapeutischen Zuganges. In: Lempp, R. (Hg.) (1981): Adoleszenz. Bern (Huber), S. 84–97.

Das Angebot des Psychoanalytikers, die pathologische Verarbeitung der Eltern und die Übertragung des Kindes

Einige Überlegungen zur psychotherapeutischen Beziehung in der Kinderanalyse

Jutta Kahl-Popp

Im Folgenden möchte ich meine Überlegungen anhand von fünf Thesen und einer Fallvignette vorstellen. Die fünf Thesen sind:

1. Der Psychoanalytiker bietet eine *gute psychotherapeutische Beziehung* an.
2. Patienten haben gleichzeitig Sehnsucht nach und Angst vor einer *guten psychotherapeutischen Beziehung*.
3. Psychoanalytiker und Patienten können das Angebot bzw. Versprechen einer *guten psychotherapeutischen Beziehung* annullieren, indem sie es nicht erfüllen, zurückweisen oder angreifen.
4. Übertragung ist eine pathologische Antwort des Patienten auf das Angebot einer guten psychotherapeutischen Beziehung des Psychoanalytikers. Gleichzeitig ist Übertragung eine pathologische Antwort des Patienten auf seinen eigenen Wunsch, eine gute psychotherapeutische Beziehung zu verwirklichen.
5. In der Antwort der Eltern auf das Angebot des Psychoanalytikers für ihr Kind können Hinweise auf ihre unbewussten pathologischen Überzeugungen und auf ihre unbewussten Wünsche nach Entwicklung oder Therapie bei gleichzeitig fehlender bewusster Therapiemotivation enthalten sein.

These l: Der Psychoanalytiker bietet eine *gute psychotherapeutische Beziehung* an

Viele Ergebnisse der Psychotherapieforschung (vgl. Grawe et al. 1994, Leuzinger-Bohleber et al. 1997, 2001, Fäh 2001, Rad, v. et al. 2001, Hartmann & Zepf 2002), insbesondere die Resultate der Untersuchung von Mikro-Austauschprozessen zwischen Psychotherapeut und Patient von Merten (2001), belegen die große Bedeutung der psychotherapeutischen Beziehung für den Behandlungserfolg und die Notwendigkeit, die psychotherapeutische Beziehung ins Zentrum behandlungstechnischer Überlegungen zu stellen.

Aus der psychoanalytischen Methode lässt sich das Konzept einer psychotherapeutischen Beziehung ableiten, in der die Souveränität des Patienten und des Psychoanalytikers gewährleistet und gefördert wird. Zur Regulation und zur Erhaltung einer guten psychotherapeutischen Beziehung bedarf es der Zuverlässigkeit, Vertraulichkeit, Neutralität, Austauschgerechtigkeit, freien Assoziation und freien Aufmerksamkeit, um wesentliche Charakteristika zu nennen. Seit Freud haben sich viele Kliniker Gedanken um die Gestaltung ihrer Beziehung zum Patienten gemacht; es wurden Konzepte, Prinzipien und mehr oder minder feste Regeln entwickelt und in der Praxis erprobt (vgl. u. a. Freud, Ferenczi, Winnicott, Balint, Bion). Langs hat aus der Fülle psychoanalytischer Empfehlungen zum Umgang mit Patienten diejenigen herausgefiltert, die anhand seiner »empirischen Untersuchung der unbewussten therapeutischen Interaktion« von Patienten als ideal, sicher und überwiegend gut verifiziert wurden. Aus den Ergebnissen hat Langs das Konzept vom »idealen« bzw.»sicheren Rahmen« entwickelt (vgl. u. a. Langs 1978).

Rahmenbedingungen haben eine beziehungsregulierende Funktion. Der Psychoanalytiker kann sie einseitig verordnen, durchsetzen oder anbieten. M. E. konstituiert der Psychoanalytiker mit sicheren Rahmenbedingungen nur dann eine *gute psychotherapeutische Beziehung*, wenn er sie *anbietet*. Berns weist darauf hin, dass Patienten nur *die* Interventionen unbewusst als gut und hilfreich verarbeiten, die der Psychoanalytiker als selbstbezügliche oder selbstverpflichtende und der Sicherstellung dienende Angebote formuliert hat. Interventionen, mit denen der Therapeut »das Gute« zu verordnen, zu fordern oder durchzusetzen versucht, also konfrontierende, bevormundende oder mit besserem Wissen begründete Interventionen, werden vom Patienten unbewusst als Ausdruck der Übertragung des Therapeuten wahrgenommen und kommentiert (vgl. Berns 2001).

These 2 : Patienten haben gleichzeitig Sehnsucht nach *und* Angst vor einer *guten psychotherapeutischen Beziehung*

Ergebnisse der Säuglingsforschung über die Entwicklung von generalisierten Beziehungsmustern sowie zur Verarbeitung pathologischer elterlicher Beziehungserwartungen sichern die Erkenntnis ab, dass Patienten ihre Pathologie dadurch ausdrücken, dass sie das *gute psychotherapeutische Beziehungs-Angebot* teilweise nicht oder kaum ertragen können und stattdessen ihre maladaptiven Beziehungsmuster in Wirkung setzen. Dem liegt zugrunde, dass das von den Eltern oder anderen Bezugspersonen in seiner Genese pathogenisierte und traumatisierte Kind in einen Konflikt geraten ist zwischen seinen eigenen Entwicklungszielen und den damit *nicht* übereinstimmenden Ansichten der

Eltern. Um die Verbindung zu ihnen zu erhalten, fügt sich das Kind den Überzeugungen seiner Eltern. Aus den elterlichen Reaktionen auf die Ziele und Verhaltensweisen des Kindes leitet das Kind bedrohliche unbewusste maladaptive Überzeugungen ab (vgl. Weiss 1993). Diese Überzeugungen sind grausam, zwingend und nicht geeignet, die Wirklichkeit zu adaptieren. Aus ihnen entwickeln sich psychopathologische Symptome, neurotisches Verhalten und maladaptive Beziehungsmuster. Wesentlicher Inhalt der unbewussten pathologischen Überzeugung ist, dass die »gute Beziehung« bedrohlich, erniedrigend oder schuldbehaftet für einen selbst oder für andere ist (vgl. Berns 1998, S. 57–58). M. E. wird die Bildung einer unbewussten pathologischen Überzeugung dadurch begünstigt, dass

a) Kinder dazu neigen, neben der Aggression und der Schuld auch die pathologischen Begründungen der Eltern zu introjizieren, und dass

b) aus der traumatisierenden Erfahrung ein allgemeingültiges Schema abgeleitet wird. D. h. die traumatisierende Handlung wird als eine im Prinzip von allen Menschen, auch vom Patienten selbst zu erwartende Handlungsmöglichkeit angesehen. Der Patient fühlt sich dadurch entlastet und sein Verhältnis zu seinen Eltern erscheint weniger gefährdet, weil das traumatisierende Verhalten nicht spezifisch für die Bezugsperson gilt, sondern für alle Menschen (vgl. Merten 2001, S. 53).

Mit Berns nehme ich an, dass die weiterhin bestehende unbewusste Sehnsucht nach einer *guten Beziehung* Kinder und Erwachsene dazu bringt, psychotherapeutische Hilfe zu suchen (vgl. Berns 1998). Gleichzeitig besteht große Angst vor einer *guten Beziehung*, die sie mit psychotherapeutischer Hilfe bewältigen wollen. Diese Angst bewegt Patienten dazu, den Psychoanalytiker immer wieder auf die Probe zu stellen in der Hoffnung, er werde ihre pathologischen Überzeugungen widerlegen (vgl. Weiss 1993).

These 3 : Psychoanalytiker und Patienten können das Angebot bzw. Versprechen einer *guten psychotherapeutischen Beziehung* annullieren, indem sie es nicht erfüllen, zurückweisen oder angreifen

Erfüllt der Psychoanalytiker sein Versprechen einer guten Beziehung nicht oder versucht er, dieses Versprechen durchzusetzen, ist er möglicherweise Opfer seiner eigenen unbewussten pathologischen Überzeugungen, die er auf den Patienten überträgt oder mit ihm ausagiert. Patienten antworten darauf mit verschlüsselten Mitteilungen ihrer unbewussten Wahrnehmung des Psychoanalytikers und mit verschlüsselten Verbesserungsvorschlägen.Werden diese vom Psychotherapeuten als solche interpretiert und kehrt er gleichzeitig zum guten Beziehungsangebot zurück, macht der Patient eine heilsame, korrigierende emotionale Erfahrung dergestalt, dass er im Gegensatz zu früher korrekt wahrgenommen worden ist. Übergeht der Psychoanalytiker die Wahrnehmungen und Verbesserungsvorschläge des Patienten oder interpretiert er sie fälschlicherweise als Übertragung, introjiziert der Patient wahrscheinlich einen »malignen Therapeuten«. Er findet dann seine unbewusste pathologische Überzeugung bestätigt. In dieser Situation ist eine Symptomverschlimmerung des Patienten nicht Ausdruck einer pathologischen inneren Verarbeitung, sondern eine Reaktion auf die äußere Realität. Der Patient antwortet nun auf den Therapeuten. Meistens falsifiziert er abkömmlingshaft das ungute Verhalten des Psychoanalytikers (Langs a. a.O., Bonac 1993, 2000, Kahl-Popp 2000).

Gelingt es dem Psychoanalytiker, das Angebot aufrechtzuerhalten, indem er ausschließlich selbstbezüglich und sicherstellend interveniert und im Mertenschen Sinn emotional abstinent (emotional separiert) bleibt, werden sowohl die Sehnsucht des Patienten nach einer guten psychotherapeutischen Beziehung als auch seine Angst davor gleichermaßen aktiviert. Erwartungen, die seinen maladaptiven Beziehungsmustern entstammen, werden nicht erfüllt. Der Patient kann deshalb in Konfliktspannung und unter Projektionsdruck geraten. Daraus können sich u. U. realitätsverzerrende Vorstellungen, verbale Angriffe oder ausagierende Handlungen und Affektdurchbrüche entwickeln, mit denen die *gute psychotherapeutische Beziehung* vom Patienten annulliert wird.

These 4: Übertragung ist eine pathologische Antwort des Patienten auf das Angebot einer guten Beziehung des Psychoanalytikers. Gleichzeitig ist Übertragung eine pathologische Antwort auf seinen eigenen Wunsch, eine gute therapeutische Beziehung zu verwirklichen

Die Mitteilungen des Patienten können nur dann als Übertragung identifiziert werden, wenn zweifelsfrei gegeben ist, dass der Psychoanalytiker das gute psychotherapeutische Beziehungsangebot aufrechterhält und der Patient dieses Angebot unbewusst verifiziert.

Konstituierende Elemente der guten psychotherapeutischen Beziehung sind ein gutes psychotherapeutisches Angebot des Psychoanalytikers und der Wunsch des Patienten nach einer solchen Beziehung. Unbewusste pathologische Überzeugungen und ihre Beziehungsmuster werden vom Patienten erst dann dargestellt, wenn sich der Patient in der Beziehung mit dem Psychoanalytiker ausreichend sicher und aufgehoben fühlt (Weiss 1993, S. 16). Das, was der Psychoanalytiker subjektiv als »Angriff« des Patienten auf sein gutes Angebot erleben kann, ist nach Weiss die Prüfung, die ihm der Patient auferlegt in der Hoffnung, dass der Psychoanalytiker die in der Prüfungsaufgabe enthaltene unbewusste pathologische Überzeugung widerlegt. Diese Prüfung besteht darin, dass der Patient ein maladaptives Beziehungsmuster, das bisher für ihn eine selbst- und beziehungsregulierende Funktion hatte, mit dem Psychoanalytiker in Wirkung zu setzen versucht. Dies tut er überwiegend auf zwei Arten:

1. Der Patient behandelt den Psychoanalytiker so, wie er als Kind von den (traumatisierenden) Eltern behandelt wurde.
2. Der Patient wiederholt sein Verhalten als Kind, mit dem er seiner Meinung nach die Reaktionen seiner Eltern hervorgerufen hat, von denen seine pathologischen Überzeugungen abgeleitet sind (vgl. Weiss 1993, S. 14).

Die Erfahrung des Patienten, dass der Psychoanalytiker seine maladaptiven Beziehungserwartungen nicht realisiert, kann ihm dazu verhelfen, sich seiner unbewussten pathologischen Überzeugung bewusst zu werden. Die maladaptiven Beziehungserwartungen des Patienten halte ich für seine Übertragungs-Antwort auf das gute Beziehungsangebot des Psychoanalytikers *und* auf seinen eigenen Wunsch, eine gute psychotherapeutische Beziehung zu verwirklichen. Der Unterschied zwischen dem guten Beziehungsangebot des Psychoanalytikers und den maladaptiven Beziehungserwartungen des Patienten kann beim Patienten eine zunehmende affektive Spannung bewirken. Diese Spannung kann begünstigen, dass der Patient das gute Angebot des Analytikers mit seinen Einfällen oder Handlungen manifest verwirft, aber derivativ verifiziert (vgl. Berns 2001, S. 19).

Wie kann man klinisch relativ sicher sein, dass es sich bei den Einfällen des Patienten um eine derivative Darstellung seiner unbewussten pathologischen Überzeugung und seiner daraus resultierenden paranoiden Angst handelt? Bonac regt an, nur die Derivate des Patienten als Ausdruck einer möglichen Übertragung zu verstehen, die er mitteilt, nachdem er unmittelbar vorher einen Aspekt pathologischer Beziehungsgestaltung aufgegeben und den Rahmen der guten Beziehung selbst gesichert hat. So sei weitgehend ausgeschlossen, dass der Patient mit seinen Einfällen nicht doch auf eine Intervention des Psychoanalytikers antwortet (vgl. Bonac 1998, 1999, 2000, Bonac & Berns 2000). Letztlich kann der Psychoanalytiker die Gültigkeit seiner Hypothesen nur daran prüfen, wie der Patient unmittelbar nach einer Intervention oder einer Deutung reagiert, ob er sie mit seinen Einfällen oder Handlungen unbewusst falsifiziert oder verifiziert (vgl. Langs a. a.O., Berns 1994, Weiss 1993).

These 5: In der Antwort der Eltern auf das Angebot des Psychoanalytikers für ihr Kind können Hinweise auf ihre unbewussten pathologischen Überzeugungen und auf ihre unbewussten Wünsche nach Entwicklung oder Therapie bei gleichzeitig fehlender bewusster Therapiemotivation enthalten sein

In meinen weiteren Betrachtungen beziehe ich mich auf *die* Kinder, die den Psychoanalytiker nicht aus eigener Initiative aufsuchen können, sondern die ihm von den Eltern oder Bezugspersonen *vorgestellt* werden (vgl. Berns 2001). Die Symptomatik des Kindes verstehe ich als Ausdruck einer Störung der Entwicklungsbeziehung der Eltern zu ihrem Kind (vgl. Bonac 1994). Eltern reproduzieren die Verletzungen, die sie in ihrer Kindheit selbst erlitten haben, mit ihren eigenen Kindern, indem sie unbewusst mit ihnen maladaptive Beziehungsmuster in Wirkung setzen. Symptome, neurotisches Verhalten und maladaptive Beziehungsmuster lassen sich in einer Familie oft über mehrere Generationen zurückverfolgen. Deshalb haben Eltern, die ihr Kind einem Psychoanalytiker *vorstellen*, trotz fehlender manifester Therapiemotivation meistens auch einen unbewussten Wunsch nach Psychotherapie oder nach Entwic–klungshilfe für sich selbst. In einer früheren Arbeit habe ich dargelegt, wie das Angebot einer guten Beziehung und ihre Regulation ohne Deutung des Geschehens psychotherapeutische Wirkung entfalten kann (vgl. Kahl-Popp 2001). Eltern können für sich und ihre Entwicklung therapeutisch davon profitieren, wie der Psychoanalytiker die Beziehung zu ihnen und ihrem Kind gestaltet und reguliert, ohne dass eine explizite psychotherapeutische Verabredung zwischen den Eltern und dem Psychoanalytiker getroffen wurde. Das ist ein *sekundärer Gesundheitsgewinn* der Eltern.

Die unbewusste pathologische Überzeugung der Eltern kann sich im Gegensatz zu ihren manifesten Absichten in Impulsen darstellen, es zu keiner guten psychotherapeutischen Beziehung zwischen dem Kind und dem Psychoanalytiker kommen zu lassen. Dann richten sie z. B. druckvolle Beziehungserwartungen an den Psychoanalytiker, die *verfolgenden* (das Kind wird zum Psychoanalytiker geschleppt, der Psychoanalytiker soll das Kind ohne dessen Willen anrufen, usw.), *spaltenden* (Ausschluss von Elternteilen, Ausschluss des Kindes) und *entlastenden* (von Angst, Schuld, Scham, Verantwortung; der Psychoanalytiker soll Über-Ich-Funktion übernehmen und Vorwürfe bestätigen, Rat geben und die Schweigepflicht brechen) Charakter haben. Oder sie versuchen, den Psychoanalytiker zum *Mitwisser* zu machen, indem sie ihr Kind oder das andere Elternteil mit beschämenden oder intimen Schilderungen von Symptomen und lebensgeschichtlichen Ereignissen preisgeben. M. E. ist es wesentlich für die weitere psychotherapeutische Arbeit mit Kind und Eltern, dass der Psychoanalytiker die pathogenen elterlichen Erwartungen an ihn nicht erfüllt und bei einem ausschließlich sicherstellenden und selbstverpflichtenden Interventionsstil bleibt. Das stellt gewiss hohe Anforderungen an die beziehungsregulierenden Fähigkeiten des Psychoanalytikers.

Ohne Einverständnis der Eltern bzw. anderer Sorgeberechtigter kann eine Kinderanalyse nicht stattfinden. Deshalb richtet sich ein psychotherapeutisches Angebot für das Kind zuerst an seine Eltern. Eine Behandlung des Kindes kann m. E. nur dann zustande kommen, wenn die Eltern dem Psychoanalytiker emotional einen Platz geben können, wenn der Psychoanalytiker quasi im Beisein der Eltern mit dem Kind auf ungewisse Zeit allein sein darf. Deshalb stehen für mich im Erstkontakt mit den Eltern ihre Einfälle, Vorstellungen und Fragen zu einer potenziellen psychotherapeutischen Beziehung für ihr Kind, ihre manifesten und latenten Wünsche und ihre Befürchtungen im Mittelpunkt. Ohne hier ausführlich darauf eingehen zu können, wie Eltern mein psychotherapeutisches Beziehungsangebot vor Beginn der Behandlung verarbeiten, möchte ich hervorheben, dass ich mich dabei überwiegend von der Prämisse leiten lasse, Eltern zu helfen, ihrem Kind so viel Selbstbestimmung und Eigenverantwortung einzuräumen, wie ihnen möglich ist. Das bedeutet z. B. Folgendes:

– Das Kind kann den Kontakt zum Psychotherapeuten selbst bestimmen und einleiten und die psychotherapeutische Beziehung selbst beenden.
– Der Psychotherapeut wahrt die Intimität des Kindes gegenüber Dritten, auch gegenüber den Eltern.
– Das Kind ist so weit wie möglich für die Wahrnehmung seiner Termine selbst verantwortlich.
– Der Therapeut teilt mit anderen möglichst kein Wissen über das Kind hinter dessen Rücken.

Eltern teilen in ihren freien Einfällen abkömmlingshaft mit, wie sie das Angebot einer psychotherapeutischen Beziehung für ihr Kind verarbeiten. Sie vermitteln, was sie daran emotional sichernd empfinden und welche Wünsche, Ängste und Befürchtungen dieses Angebot bei ihnen auslöst. Die Antwort der Eltern auf das psychotherapeutische Beziehungsangebot kann diagnostische Erkenntnisse über ihre unbewussten pathologischen Überzeugungen vermitteln. Möglicherweise werden durch einen oder mehrere Aspekte des guten psychotherapeutischen Angebots elterliche Ängste und maladaptive Beziehungserwartungen aktiviert. Gerade bei Eltern kann die Spannung zwischen der bewussten Einsicht in die Therapiebedürftigkeit ihres Kindes und dem unbewussten Druck, das Kind für die Verwirklichung eigener maladaptiver Beziehungsmuster zu benötigen, groß sein.

Sofern es dem Psychoanalytiker gelingt, den Eltern eine gute Entwicklungsbeziehung und dem Kind ein gute psychotherapeutische Beziehung anzubieten und sofern das Angebot angenommen und aufrechterhalten wird, haben wir Kinderanalytiker m. E. eine einzigartige Chance: Wir können die unbewussten pathologischen Einstellungen der Eltern und ihre daraus resultierenden Beziehungserwartungen an ihr Kind und an den Psychoanalytiker verstehen. Und wir können die vermutlich daraus entwickelten pathologischen Überzeugungen des Kindes untersuchen, die sich in seiner Übertragung maladaptiver Beziehungserwartungen auf den Psychoanalytiker manifestieren können.

Beispiel

Die Mutter rief mich auf Empfehlung einer Lehrerin ihres knapp siebenjährigen Sohnes an, den ich hier Paul nenne. Sie sagte, sie wünsche einen Termin bei mir, die Lehrerin klage, mit Paul gehe nichts mehr, der höre nicht, habe immer Widerworte und mache sie böse. Ihr, der Mutter, gehe es ähnlich. Ich sagte, das reiche mir als Vorabinformation am Telefon, alles weitere könne persönlich besprochen werden. Wir verabredeten einen Termin. Die Mutter fragte, ob sie Paul gleich mitbringen solle. Ich antwortete, dass das möglich sei und dass ich es ihrer Entscheidung überlasse, in welcher Konstellation sie kommen möchte.

Der Erstkontakt: Ich öffnete die Tür zum Warteflur. Zuerst kam die Mutter auf mich zu, begrüßte mich und nannte ihren Namen. Dann trat Paul ein und gab mir die Hand. Ich nahm seine Hand und nannte dabei meinen Namen. Er schwieg. Darauf sagte ich: »Soll ich deinen Namen nicht wissen?« Paul nickte und lächelte ein wenig. Nachdem wir uns gesetzt hatten, nannte ich die Zeit, die uns zur Verfügung stehe, erwähnte, dass dieser Termin aufgrund eines Anrufs der Mutter zustande gekommen sei, und sagte an beide gerichtet, aber überwiegend Paul ansprechend: »Ich bin Psychotherapeutin. Ich frage mich, ob du wohl weißt, wofür ich da bin und was ich anzubieten habe.« Paul schüttelte stumm den Kopf. Ich: »Wenn Kinder Bauchschmerzen oder Zahnschmerzen haben, dann kommen sie zum Kinderarzt. Wenn Kinder ängstlich, traurig oder einsam sind, wenn ihnen etwas auf der Seele lastet, sie Alpträume haben oder nicht spielen oder lernen können, dann können sie zu mir kommen.« Paul wirkte nun nachdenklich und in sich gekehrt. Ich: »Möglicherweise bist du jetzt gar nicht auf eigenen Wunsch hier und hast mir deshalb bei unserer Begrüßung deinen Namen nicht gesagt.« Paul lehnte sich entspannt zurück. Er schwieg. Nach einer Pause fragte ich Paul: »Soll die Mama reden?« Paul nickte. Nun berichtete sie von den Klagen der Lehrerin und schloss mit der Bemerkung: »Die Lehrerin hat ihn so beschrieben, wie ich ihn seit sieben Jahren kenne.« Ich antwortete an beide gerichtet: »Hier ist er jetzt nicht so.« Die Mutter sagte überrascht: »Ja, hier bin ich mit einem ganz anderen Paul zusammen.« Sie lachte, legte die Hand auf ihren Mund und sagte zu ihrem Sohn: »Oh, jetzt habe ich deinen Namen verraten.« Pause. Ich sprach nun Paul an: »Ich frage mich: Wer braucht wohl Hilfe? Braucht die Lehrerin Hilfe, brauchst du Hilfe oder deine Mutter, oder beide oder alle drei?« Paul lächelte und deutete provozierend mit dem Zeigefinger auf seine Mutter. Die Mutter begann nun mit Paul einen liebevollen Austausch ohne Worte. Dabei fühlte ich mich weder ausgeschlossen noch hineingezogen. Angenehm überrascht folgte ich dem kurzen Hin und Her. Danach sagte Paul: »Ich«. Daraufhin sagte ich zu Paul: »Ich habe hier einen zweiten Raum, den würde ich dir gerne zeigen. Du könntest dann entscheiden, ob wir drei hier bleiben, ob wir beide in den anderen Raum gehen und deine Mutter in der Zeit hier bleibt oder ob wir sie ganz wegschicken.« Paul nickte und sagte: »Ganz wegschicken«. Ich klärte mit der Mutter ohne Worte, nur mit Blicken, ob das für sie ging. Sie signalisierte Zustimmung, und ich bot ihr an, zehn Minuten vor dem Ende wiederzukommen.

Paul und ich hatten jetzt 20 Minuten Zeit. Ich zeigte ihm das Spieltherapiezimmer, und er entschied sich, dort zu bleiben. Paul setzte sich und schaute mich fragend an. Ich sagte: »Bei mir ist es so: Du kannst alles erzählen, was dir gerade einfällt und wie es dir in den Sinn kommt. Hier kannst du deine Einfälle auch spielen oder malen. Ich schweige über das, was du mir erzählst.« Nun wirkte Paul erschöpft und traurig. Nach einer Weile erzählte er: »Ich habe mal geträumt, ich sitze mit Mama im Auto, auf der Hochbrücke entdecke ich ein Loch im Sitz, ich falle durch das Loch und durch die Brücke.« Er begann zu weinen und war unglücklich. Nach einer Weile sagte ich: »Dir ist der Traum vielleicht deshalb gerade eingefallen, weil wir deine Mutter weggeschickt haben, nun bist du von ihr getrennt und hast Angst, sie zu verlieren.« Paul weinte noch einmal auf, wie zur Bestätigung, aber etwas getröstet. Ich fuhr fort: »Vielleicht ist das der Grund für die Klagen deiner Mutter und deiner Lehrerin. Wenn du Angst hast, deine Mutter zu verlieren, könnte dich das ganz unruhig machen, wenn du getrennt von ihr bist wie z. B. in der Schule.« Den Rest der Zeit war Paul still, getröstet, in sich gekehrt, schaute sich um.

Die Mutter kam pünktlich zehn Minuten vor Stundenende. Beim Anblick ihres Sohnes war sie betroffen, sagte aber nichts. Ich sagte beiden, wie es hier sei, wenn Paul von meinem Angebot, regelmäßig zu mir zu kommen, Gebrauch machen möchte: dass wir gemeinsam herausfinden würden, wie häufig er in der Woche kommen möchte, dass ich über das, was er mir erzähle, schweigen würde, und dass er selbst signalisieren werde, wenn er fertig sei. Beide hörten aufmerksam zu. Dann fragte die Mutter mich, ob sie mir noch Informationen über ihren Sohn geben solle. Ich antwortete an Paul gerichtet: »Ich denke, alles, was dich betrifft, sollte ich, wenn möglich, von dir erfahren und nichts hinter deinem Rücken.« Paul schwieg. Die Mutter sagte zu ihm: »Dann können wir ja zuhause drüber reden.« Ich sagte zu Paul: »Vielleicht möchtest du auch ganz für dich über mein Angebot nachdenken. Wenn das so wäre, könntest du deine Entscheidung dann deiner Mutter mitteilen.« Die Mutter stand auf und ich mit ihr. Paul blieb sitzen und sagte: »Ich will noch bleiben.« Nun sah auch ich, dass noch zwei Minuten Zeit waren. Ich sagte: »Es ist ja auch noch Zeit« und setzte mich wieder, die Mutter ebenfalls. Paul drehte sich auf dem Sessel wie im Karussell, erst in die eine Richtung, und sagte dabei: »Ich drehe mich jetzt ein.« Dann drehte er sich in die andere Richtung und sagte : »Jetzt drehe ich mich wieder aus, oh, eine Drehung zu viel.« Er korrigierte die Drehung und war auf die Sekunde fertig. Er stand auf, ging zur Mutter und deutete mit seinem Körper zart einen Schoßwunsch an. Dann standen wir alle drei auf. Beide verabschiedeten sich von mir.

Diskussion

Ich möchte jetzt Pauls erste Stunde anhand meiner Thesen auswerten. M. E. habe ich der Mutter für Paul und Paul selbst eine *gute psychotherapeutische Beziehung* angeboten. Am Telefon war ich bemüht, das gute psychotherapeutische Beziehungsangebot durch eine selbstbezügliche Intervention zu sichern, indem ich der Mutter signalisierte, dass ich keine weiteren Einzelheiten über Paul hinter seinem Rücken erfahren wollte. Dadurch kam die Mutter auf die Idee, Paul zum ersten Gespräch mitzubringen. Das betrachtete ich als Ausdruck ihres Wunsches nach einer guten psychotherapeutischen Beziehung. Dieser Wunsch äußerte sich auch darin, dass sie Paul in unserem Zusammensein ganz verändert wahrnahm und vertrauensvoll seinen Namen *verriet*.

Die Bemerkung der Mutter, Paul sei schon seit sieben Jahren (also von Geburt an) so, wie die Lehrerin ihn beschrieben habe, dass er nicht höre, immer gegen sie angehe und sie böse mache, habe ich als Hinweis auf ihre unbewusste pathologische Einstellung verstanden. Mit dieser Äußerung zeigte sie ein maladaptives, weil grenzverletzendes Beziehungsmuster, das sie möglicherweise aus ihrer eigenen Geschichte kannte und nun reproduzierte in der Hoffnung, damit Hilfe für eine andere Lösung zu finden. Gleichzeitig könnte mich die Mutter auch geprüft haben, ob ich sie nicht doch für die Abwertung und Beschämung ihres Sohnes tadele.

Pauls Wunsch nach einer guten Beziehung entnahm ich erstmals seinem Handschlag, den er mir anbot, später seiner nachdenklichen Aufmerksamkeit und seiner Entscheidung, dass er Hilfe wünschte. Die Deutung der Zurückhaltung, seinen Namen zu nennen, verifizierte Paul, indem er sich entspannt zurücklehnte und bereitwillig zuhörte. Ich denke, Pauls provozierender Fingerzeig auf die Mutter war seine »Retourkutsche« dafür, dass er nicht ganz freiwillig mitgekommen war, und für den Impuls seiner Mutter, ihn schlecht zu machen und ihn vorzuführen. Nachdem ich, unsere gute Dreier-Beziehung sicherstellend, interveniert hatte, äußerten Mutter und Sohn ihre Sehnsucht nach einer guten Eltern-Kind-Beziehung in Form ihres intimen, averbalen Austauschs, in den ich nicht hineingezogen, von dem ich aber auch nicht ausgeschlossen wurde.

Als gegenübertragungsverdächtige Intervention empfand ich die Worte, die ich zur Formulierung meines Angebots wählte, wie Paul nun mit mir zusammen sein wollte, als ich davon sprach, wir könnten die Mutter »ganz wegschicken«, statt sie z. B. »gehen zu lassen«. M. E. war das ein forcierter Versuch, die *gute psychotherapeutische Beziehung* mit Paul zu sichern – auf Kosten der Mutter. Diese Wortwahl enthielt eine Annullierungstendenz meines guten psychotherapeutischen Angebots. Mit meiner gewalttätigen Bemerkung hatte ich die Mutter ausgeschlossen und vermutlich dadurch bei ihr Trennungs- und Verlustangst ausgelöst. Wie sie diese Intervention unbewusst wahrgenommen und verarbeitet hatte, spiegelte sich m. E. in ihren Impulsen, eine Informations-Koalition erst mit mir und dann mit Paul eingehen zu wollen, mit der das eine Mal Paul und das andere Mal ich ausgeschlossen worden wären und in ihrem Wunsch, die Stunde vorzeitig zu beenden.

Im Erstkontakt vermutete ich, mit dem Vorschlag, wir könnten seine Mutter ganz wegschicken, bei Paul Trennungs- und Verlustangst ausgelöst zu haben. In diesem Sinn verstand ich seinen Traum: als unbewusste Wahrnehmung meiner vorangegangenen Intervention: dass er mit der auf die Mutter verschobenen Therapeutin in einem an sich sicheren Raum unterwegs ist, dieser Raum, das Auto, und die Verbindung, die Brücke, aber Löcher aufweisen, durch die er herausfällt. So deutete ich seinen Traum. Die Art, in der ich meine Deutung fortsetzte, scheint auf mein schlechtes Gewissen wegen der Wortwahl hinzuweisen, denn ich entfernte mich darin aus der gegenwärtigen Beziehung in Richtung Schule.

Im Nachhinein betrachtet, finde ich in Pauls Traumerzählung meinen gewalttätigen verbalen Akt gegen die Mutter nicht wieder. Ich denke, die Mutter, aber nicht Paul, hat mein an ihn gerichtetes, sie ausschließendes Angebot entsprechend gespiegelt. Als Paul und ich allein waren, zeigte mir Paul, nachdem ich ihm die analytische Grundregel und mein Schweigen angeboten hatte, seine Erschöpfung und seine Traurigkeit. Anscheinend fühlte er sich so sicher und aufgehoben, dass er mir gleich einen Traum erzählte. Diesen Alptraum könnte ich als Übertragung verstehen. Pauls Traumerzählung wäre dann eine pathologische Antwort auf mein im Wesentlichen sicheres psychotherapeutisches Beziehungsangebot. Es handelte sich dann um Pauls paranoide Angst, in einem geschützten Raum (dem Auto) und in einer an sich stabilen

Verbindung, (der Brücke) dennoch verloren zu gehen. Allerdings könnte Paul auch unsicher gewesen sein, ob seine Mutter, deren emotionale Reaktion auf meine sie ausschließende Intervention ihm vermutlich nicht entgangen war, das psychotherapeutische Beziehungsangebot für ihn annehmen würde. Insofern hätte dann Paul mit der Traumerzählung verschlüsselt darauf angespielt, wie die Mutter meine Intervention unbewusst verarbeitet hatte.

Als wir wieder zu dritt waren, schien sich die aus meiner Wegschick-Intervention entstandene Beziehungsdynamik zwischen der Mutter und mir fortzusetzen. Schließlich agierten wir beide, wenn auch milde, die vorzeitige Beendigung unseres Austauschs. Hier griff Paul ein, er wolle noch bleiben, und verhalf mir so dazu, die gute psychotherapeutische Beziehung zu sichern. Die Mutter zog sofort nach. Paul verifizierte meine korrigierende Intervention mit seinem abschließenden Sessel-dreh-Spiel und einem Stimmungswechsel, er war jetzt fröhlich. Mit seiner Zärtlichkeitsgeste spielte er auf eine gute Beziehung zu seiner Mutter an.

Literatur

Berns, I. (2001): Social Reality And A Child's Wish for Psychotherapy. In: The International Journal of Communicative Psychoanalysis and Psychotherapy 16 (1–2), S. 3–10.

Berns, U. (1994): Die Übereinstimmungsdeutung. In: Forum der Psychoanalyse 10 (3), S. 226–244.

Berns, U. (1998): Some Notes on a Motivational Theory Implied in Communicative Psychoanalysis. In: The International Journal of Communicative Psychoanalysis and Psychotherapy 13 (3–4), S. 48–60.

Berns, U. (2001): Frame Corrections and the Autonomy of Patient and Therapist. Vortrag anlässlich der Jahrestagung der International Society of Communicative Psychoanalysis and Psychotherapy am 27.10.2001 in New York .

Bettighofer, S. (1994): Die latente Ebene der Übertragung. Interaktionelle und systemische Aspekte der therapeutischen Situation. In: Forum der Psychoanalyse 10 (2), S. 116–129.

Bonac, V. (1993): Clinical Issues in Communicative Psychoanalysis: Premature Securing the Frame as Expression of Therapist's Countertransference Difficulty with Containing Patient's Projective Identifications. In: The International Journal of Communicative Psychoanalysis and Psychotherapy 8 (4), S. 115–121.

Bonac, V. (1994): A Communicative Psychoanalytic Theory of Human Development. In: The International Journal of Communicative Psychoanalysis and Psychotherapy, 9 (4) S. 99–105.

Bonac, V. (1998): Wahrnehmung oder Übertragung? Eine neue klinische Theorie der Übertragung. In: Psychoanalytische Orientierungen. Hannoversche Werkstattberichte 10, S. 19–28.

Bonac, V. (1999): Moments of Mystery and Confusion: Transference Interpretation of Acting-Out. In: Sullivan E. M. (Hg.) (1999): Unconscious Communication in Practice, Open University Press. Buckingham, Philadelphia, S. 70–90.

Bonac, V. (Hg.) (2000): Communicative Psychoanalysis with Children. London (Whurr).

Bonac, V. & Berns, U. (2000): The Communicative Theory and Technique of Psychoanalysis. In: Bonac, V. (Hg.) (2000): Communicative Psychoanalysis with Children. London (Whurr).

Dornes, M. (2000): Die emotionale Welt des Kindes. Frankfurt a. M. (Fischer).

Fäh, M. (2001): Die Wirksamkeit verschiedener Psychotherapiemethoden: Welche Forschungsmethoden, welche Befunde, welche Konsequenzen für die Praxis. Vortrag anlässlich der Konferenz der European Association for Psychotherapy am 19.10.2001 in Frankfurt a. M.

Freud, S. (1912): Zur Dynamik der Übertragung. GW VIII.

Freud, S. (1912): Ratschläge für den Arzt bei der psychoanalytischen Behandlung. GW VIII.

Freud, S. (1937): Konstruktionen in der Analyse. GW XVI.

Grawe, K.; Donati, R. & Bernauer, F. (1994): Psychotherapie im Wandel. Von der Konfession zur Profession. Göttingen (Hogrefe).

Hampe, M. (2001): Theorie, Erfahrung, Therapie. Anmerkung zur philosophischen Beurteilung psychoanalytischer Prozesse. In: Psyche 55 (3), S. 328–336.

Hartmann, S. & Zepf, S. (2002): Effektivität von Psychotherapie. Ein Vergleich verschiedener psychotherapeutischer Verfahren. In: Forum der Psychoanalyse 18, S. 176–196.

Kahl-Popp, J. (2000): »Das Galgenmännchen«. Übertragung und Wahrnehmung in einer Analysestunde des siebenjährigen Sam bei Peter Fonagy. In: Analytische Kinder- und Jugendlichen-Psychotherapie 106 (2), S. 202–227.

Kahl-Popp, J. (2001): Familienbeobachtung in der psychoanalytischen Ausbildung. Das Kieler Modell. In: Forum der Psychoanalyse 17, S. 175–193.

Langs, R. (1978): The Listening Process. New York (Aronson).

Langs, R. (1981): Modes of ›Cure‹ in Psychoanalysis and Psychoanalytic Psychotherapy. In: Int. J. Psychoanal 62, S. 199–214.

Langs, R. (1988): A Primer of Psychotherapy. New York (Gardener Press).

Langs, R. (1989): Die Angst vor validen Deutungen und vor einem festen Rahmen. In: Forum der Psychoanalyse 5, S. 1–18.

Langs, R. (1992): A Clinical Workbook for Psychotherapists. London, New York (Karnac).

Langs, R. (1992): Science, Systems and Psychoanalysis. London, New York (Karnac).

Langs, R. (1995): Clinical Practice and the Architecture of the Mind. London, New York (Karnac).

Langs, R. (1996): Modalitäten des »Heilens« in der Psychoanalyse. In: Forum der Psychoanalyse 12, S. 204–225.

Leuzinger-Bohleber, M. & Stuhr, U. (Hg.) (1997): Psychoanalysen im Rückblick. Methoden, Ergebnisse und Perspektiven der neueren Katamneseforschung. Gießen (Psychosozial).

Leuzinger-Bohleber, M.; Stuhr, U.; Rüger, B. & Beutel, M. E. (2001): Langzeitwirkungen von Psychoanalysen und Psychotherapien: Eine multiperspektivische, repräsentative Katamnesestudie. In: Psyche 55 (3), S. 193–276.

Merten, J. (2001): Beziehungsregulation in Psychotherapien: Maladaptive Beziehungsmuster und der therapeutische Prozess. Stuttgart (Kohlhammer).

Rad, M. v.; Klug, G. & Huber, D. (2001): Unterwegs zum Wirksamkeitsnachweis von Psychoanalysen und Psychotherapien – Sisyphos zwischen therapeutischer Scylla und methodischer Charybdis. Ein Kommentar aus der Sicht der empirischen Psychotherapieforschung. In: Psyche 55 (3), S. 311–319.

Stern, D. (1992): Die Lebenserfahrung des Säuglings. Stuttgart (Klett-Cotta).

Stern, D. (1995): The Motherhood Constellation. New York (Basic Books).

Weiss, J. (1993): How Psychotherapy works: Process and Technique. New York (Guilford Press).

Gespräch mit einem Analytiker

Prof. Dr. Clemens de Boor im Gespräch mit Regine Lockot

Alf Gerlach: Liebe Kolleginnen und Kollegen, ich freue mich, dass Sie so zahlreich gekommen sind und darf Herrn de Boor begrüßen, der sich bereit erklärt hat, heute hier zu uns zu kommen. Er ist ehemaliger Vorsitzender der DGPT und Mitglied des Ehrenpräsidiums der DGPT. Auch Frau Lockot darf ich herzlich begrüßen, die Ihnen ja sicher bekannt ist über ihre Studien zur Geschichte der Psychoanalyse in Deutschland. Das ist auch der Grund, warum wir gerade Sie gebeten haben, hier mit Herrn de Boor ins Gespräch zu kommen. Dass wir Ihnen das so anbieten, steht in einem größeren Zusammenhang mit einem Projekt, das wir ursprünglich zum 50. Jahrestag der DGPT 1999 geplant hatten. Wir sind inzwischen an Herrn Prof. Siefert vom Institut für Geschichte der Medizin in Frankfurt herangetreten, und in Zusammenarbeit mit ihm wollen wir die Geschichte der DGPT wissenschaftlich erforschen und aufarbeiten lassen. In diesem Zusammenhang wollen wir jeweils ein Gespräch mit einem der Analytiker der älteren Generation in unsere Tagungen einbinden. Wir haben diesmal Herrn de Boor als ersten gebeten, uns dafür zur Verfügung zu stehen. Dazwischen wird natürlich auch die Arbeit im Sinne der »oral history« beginnen; es werden Interviews gemacht werden, vor allen Dingen mit den Mitgliedern der älteren Generation. Natürlich ist auch viel Arbeit an den Akten der DGPT notwendig und wir hoffen, dass das im Laufe der Zeit zu einer Vervollständigung des Blicks auf die Geschichte der DGPT und zur Ermöglichung einer Selbstreflexion der DGPT als Institution führen wird.

Regine Lockot: Es ist mir eine ganz große Freude und eine sehr große Ehre, Sie, lieber Herr Professor de Boor, hier befragen zu dürfen. Wir haben uns schon kurz kennen gelernt und uns ein bisschen auf diese Veranstaltung eingestimmt.

Nun werden viele von Ihnen Herrn Professor de Boor vor allem über seine Publikationen zur Psychosomatik kennen. Hier möchte ich seine beiden Monographien hervorheben: *Zur Psychosomatik der Allergie, insbesondere des Asthma bronchiale*, erschienen 1965 und die *Psychosomatische Klinik und ihre Patienten*, zusammen mit Künzle 1963. Zudem haben Sie viele Aufsätze publiziert (1). Vor allem ist es Ihre klinische Ausrichtung, die hier in den Publikationen ihren Niederschlag gefunden hat. Als ich die Liste durchging, dachte ich, dass Sie in den 20er Jahren sicher nach Berlin zur psychoanalytischen Ausbildung gekommen wären. Das Berliner Psychoanalytische Institut galt damals als eine besonders klinisch orientierte Einrichtung. Sándor Radó ist zum Beispiel extra aus Budapest nach Berlin gekommen, weil es ihm in Budapest, neben der politischen Situation, allzu kultur-psychoanalytisch zuging. Ich würde das Wort jetzt gern an Sie übergeben.

Clemens de Boor: Danke schön. Liebe Kolleginnen und Kollegen, liebe alte Freunde – und ich sehe auch eine ganze Reihe junge Freunde. Ich bin ein bisschen nervös. Das ist heute zum ersten Mal, dass ich in der Öffentlichkeit über mich rede. Ich habe immer meine Aufgabe darin gesehen, zuzuhören und fand mich dabei nicht so furchtbar wichtig, aber jetzt habe ich doch den Eindruck, ich habe ein elendig interessantes Jahrhundert erlebt – ich bin 1920 geboren, bin also jetzt 82 Jahre alt – mit riesen Höhepunkten, Schönheiten, mit entsetzlichen Niederungspunkten und vielleicht ist es ja doch ganz interessant, wenn wir darüber im Laufe der Zeit ein bisschen ins Gespräch kommen. Insbesondere war ich in meinem Leben immer ganz stolz, dass ich nicht nur wie es heißt im vorigen Jahrhundert geboren worden bin, sondern dass ich auch durch ein 30 Jahre langes Erleben meiner Großmutter, die im Jahre 1856 geboren worden ist, eine lange Kenntniserfahrung auch noch in das Zeitalter des 19. Jahrhunderts hinein miterlebt habe. So dass in meinem Kopf also unendlich viele Sachen herumschwirren und wir müssen nun mal sehen, was davon Sie interessiert. Ich will Ihnen nur ganz kurz etwas über mein Leben erzählen:

Ich bin das dritte Kind einer bürgerlichen Familie. Mein Vater war vor dem Ersten Weltkrieg Garde-Offizier in Potsdam, ist dann demissioniert worden und war nach dem Krieg, wo es uns allen elendig schlecht ging, weil das Geld plötzlich alle war, in Marburg in der Finanzverwaltung untergekommen, hat dort seine Berufskarriere angefangen, die dann 1933 sehr plötzlich gestoppt wurde, weil er sich geweigert hat, in die Partei einzutreten und niemals seit diesem Tag auch nur einen Schritt vorwärts gemacht hat, sondern sein Leben lang Steuersekretär geblieben ist. Meine Mutter kommt aus einer ganz anderen Ecke, sie war eine Nachfahrin einer hessischen Müllersfamilie und mein Großvater mütterlicherseits war so was wie ein früher Öko-Freak, sie lebten vegetarisch und er hatte in Kirchhain, wo er Fotograf war, »der erste Fotograf am Orte«, ein Freiluftbad eingerichtet, wo wir in den Sommerferien immer hinfuhren. Das war eingezäunt und da waren die berühmten Löcher drin, durch die die Buben von außen guckten, was die Leute dahinter machen. Er war ein begeisterter Imker und er war ein phantastischer Mann. So richtig – mit rotem Bart – ein saftiger Großvater, den man gut anfassen konnte. Dann bin ich – das habe ich einem Reisegefährten heute erzählt –1926 einer der ersten Waldorfschüler in Marburg geworden. Zwei ältere Damen machten eine Privatschule auf und in diese Privatschule bin ich gegangen. Weil das irgendwie natürlich etwas Anrüchiges war, musste ich, als ich auf das Gymnasium kam, eine Aufnahmeprüfung machen; das brauchte man sonst nicht zu machen. Aber Lesen, Schreiben und Rechnen konnte ich und wurde dann auch aufgenommen. Gemütlich und in Ruhe habe ich meine Schulzeit begonnen. Marburg ist eine phantastisch schöne Stadt, in der man wirklich gut leben kann. 1933 brach dann das Chaos über uns herein. Ich sage das alles nur in Stichworten, das mag sich heute ein bisschen seltsam anhören. Ich erinnere mich an den Morgen nach dem 30. Januar auf meinem Schulweg, da wurde die Welt für mein Empfinden dunkler. Ich wusste gar nicht so genau, worum es im Einzelnen ging – aber ich hatte das Gefühl, jetzt ist irgendwas anders und nicht mehr so schön wie vorher. Dann kam 1934, da wurde ich im Frühjahr zum Direktor befohlen, der sagte zu mir: »Clemens, entweder du trittst jetzt in die Hitler-Jugend ein oder du wirst nicht mehr versetzt.« Natürlich bin ich da ins Jungvolk eingetreten, das waren die kleinen Pimpfe. Die Unterstufe der richtigen Hitler-Jugend. Ich war noch 13 Jahre alt und mit 14 musste man in die Hitler-Jugend überwechseln und da habe ich mich durchgemogelt. Die im Jungvolk dachten, ich wäre in der Hitler-Jugend und die in der Hitler-Jugend dachten, ich wäre noch im Jungvolk, und ich war nirgendwo. Weil ich das dort so furchtbar langweilig fand und keine Lust mehr hatte, weiter dahin zu gehen. Dann kam das Abitur. Wir machten es ein Jahr früher als es eigentlich notwendig war. Meine Kameraden haben sich fast alle freiwillig zum Militär gemeldet. Ich hatte nicht den richtigen Antrieb dazu, ich wollte gern Apotheker werden, Pharmazie studieren und bin als Elève nach Bochum gegangen – das musste man vor dem Studium machen. Dann brach 1939 der Krieg aus. Ich wurde sofort eingezogen und bin bis 1945 Soldat gewesen. Ich habe ihn lebend überstanden und will mich hier nicht näher darüber auslassen, wie das zustande kam – es ist mir gelungen. Ein Physiologieprofessor in Greifswald sagte damals zu mir: »Du bist wie ein Hase, du denkst, du kannst durch die Furche durchlaufen und es sieht dich keiner und du wirst doch gesehen.« Ich habe gesagt: »Ich werde nicht gesehen, ich komme nach Hause.« Und ich bin dann auch nach Hause gekommen.

Dann ging das Theater mit dem Studium los. »Medizin wollen Sie studieren? Sie werden nie Arbeit kriegen. Es gibt so viele Ärzte.« Ich habe es trotzdem gemacht. In Marburg habe ich 1949 mein Staatsexamen gemacht, ging dann zu Professor Jores nach Hamburg. Dort habe ich natürlich unbezahlt gearbeitet – man musste ja froh sein, dass man was lernen durfte. Dann bin ich übergewechselt nach Heidelberg und habe an der Ludolf-Krehl-Klinik Innere Medizin weitergemacht. Ich war dann bei Viktor von Weizsäcker auf der Station. Und der sagte mir eines Tages: »Wenn Sie wirklich das machen wollen, von dem Sie mir jetzt sagen, dass es Sie interessiert, dann müssen sie Psychoanalyse studieren.« Und wie das so ist, manchmal trifft einen auch das Glück. In Heidelberg war der damalige Privatdozent Alexander Mitscherlich, der von der Rockefeller-Foundation eine für unsere damaligen Verhältnisse riesige Stiftung zur Verfügung gestellt bekam, um ein Institut für Psychoanalyse und psychosomatische Medizin einzurichten. Da bin ich hin, habe mit ihm gesprochen und er hat mich, oh Wunder, genommen und ich bekam ein Rockefeller-Stipendium. 180 Mark im Monat. Davon haben meine Frau, ich und unsere Tochter, Miete inbegriffen, gelebt. Es war nicht viel, wir haben uns durchgewurstelt. Als ich 34 Jahre alt war bekam ich von der Heidelberger Klinik die Verwaltung einer wissenschaftlichen Assistentenstelle übertragen. Und damit fing sozusagen meine Karriere an. Ein paar Jahre später sagte Herr Mitscherlich: »Also jetzt müssen wir mal überlegen, was eigentlich aus ihnen werden soll.« Da habe ich zu ihm gesagt: »Herr Mitscherlich, Sie wissen ja, wer ich bin und wie ich bin und was mich interessiert.« Er hatte mich ganz gut kennen gelernt – ich habe die Station versorgt, es kam auch vor, dass er morgens um 10.00 Uhr kam und sagte: »Herr de Boor, ich kann heute die Vorlesung nicht halten, das müssen Sie machen.« Na, dann bin ich in den Hörsaal und habe die Vorlesung gehalten. Klinisches Material hatte ich immer und die Studenten waren fasziniert davon, was sie da gehört haben. Aber dann wurde es ernst, und ich musste mich um die Habilitation kümmern. Das Buch über die Allergie ist ein Ergebnis davon: Wir waren ja in Heidelberg eine anrüchige Gruppe, insbesondere wenn man von Berlin aus roch. Ich habe dann mal in Berlin einen Vortrag gehalten, um vorzutasten, ob man unter Umständen als Mitglied in die DPV aufgenommen wurde – in der DGPT war ich damals schon lange. Und dann sagten die »Ja, hm, das ist ja alles ganz schön und interessant, aber irgendwie genügt uns das noch nicht und Sie müssen noch mal irgendwie ein Stück internationale psychoanalytische Erfahrung machen.« Das war nicht schwer. Herr Mitscherlich kannte die ganze Welt. Mit ihm war ich in Amerika, und wir haben A. Mirsky besucht und H. Kohut und Sidney Margolin und G. Engels – alle Leute, die überhaupt Rang und Namen hatten – Heinz Hartmann und Kurt Eissler, alle haben wir besucht. Amerika war mir aber, um Analyse zu machen, ein bisschen weit, Herr Mitscherlich sagte zu mir: »Ach, besuchen Sie mal in Amsterdam Jeanne Lampl.« Ich fuhr nach Amsterdam, besuchte sie und hab' sie gefragt, ob sie bereit wäre, mit mir Analyse zu machen. Da hat sie gesagt: »Herr de Boor, waren Sie Nazi?« Ich sagte: »Nein, ich war kein Nazi« und hab ihr ein bisschen von mir und meiner Familie erzählt. Dann habe ich bei ihr Analyse gemacht. Ich bin ein ganzes Jahr lang, jeden Freitag Nachmittag von Amsterdam nach Heidelberg gefahren, habe am Samstag morgen die Psycheredaktion gemacht, war am Sonntag mit der Familie zusammen und bin montags wieder nach Amsterdam gefahren. Dann hatte ich sozusagen die Weihen, die internationalen Weihen und wurde akzeptiert – auch in der DPV. Diese Gelegenheit in Amsterdam habe ich auch benutzt, um meine Habilitationsarbeit zu schreiben. Jeden Montag fuhr ich mit einem Koffer voll Bücher, die meine Sekretärin mir in der UB in Heidelberg geholt hatte, nach Amsterdam und habe dann da gelesen und geschrieben bis die Sache fertig war. Es gab damals noch nicht viele Habilitierte in der Psychoanalyse. Herr Thomä war, glaube ich, vor mir. Und ich weiß nicht, ob Herr Loch auch schon habilitiert war. Auf jeden Fall war es ein Novum. Meine Arbeit ging durch das ganze Fakultätskollegium – und es gab natürlich Widerstände. Der schlimmste war der Pathologe. Ich will den Namen hier nicht nennen. Ich weiß jetzt auch warum – ich hatte eine Arbeit über Ekzeme an den Händen geschrieben, das hatte aber mit ihm nichts zu tun. Man musste jeden Professor besuchen. Habe ich dann auch getan. Und wir haben uns über das Buch unterhalten. Also ich finde nicht, dass da viele Schweinereien drinstehen, aber er hat mich gefragt, ob das denn nötig wäre, dass man da so die ganzen Schweinereien reinschreibt. Was sollte ich dazu sagen? Schließlich haben wir uns auf der Ebene geeinigt, dass eigentlich im Grunde nur der liebe Gott weiß, wie es wirklich ist. Gut. Im Übrigen hat Herr Mitscherlich ihm ein bisschen gedroht. Hat gesagt: »Hören sie zu, wenn sie meinem Habilitanden ein Bein stellen, dann schicke ich das Gutachten für ihren Habilitanden nach Amerika und da können sie sicher sein, da bleibt es drei Jahre liegen.« Also es ging rau zu in den akademischen Kreisen. Manche von Ihnen werden ja wissen, dass Herr Mitscherlich hat dieses Buch geschrieben hat, *Medizin ohne Menschlichkeit* – die Reportage über den Nürnberger Ärzteprozess. Damit hat er in ein Wespennest gestochen. Na ja, und das färbte auf uns alle natürlich irgendwie ab.

Dann war ich irgendwann habilitiert. Habe schön brav meine Vorlesungen gehalten, meinen Unterricht im Institut gemacht. Und dann ging Herr Mitscherlich 1967 nach Frankfurt, wo er Ende der 50er Jahre in Frankfurt das jetzige Sigmund-Freud-Institut gegründet hat (2). Er hat mich gefragt, ob ich mitgehen wollte und da habe ich mir gedacht: »Den Nachfolger für diese Klinik kennst du ja, mit dem würdest du nicht gerne arbeiten.« Mich in Heidelberg in der Praxis niederlassen, mit einem neu gebauten Haus und einen Haufen Schulden und zwei halbwüchsigen Kindern und einer Frau, die ernährt werden wollen, das habe ich mir nicht zugetraut. Damals gab es noch keine Kassenregelung und nichts. Da haben die reichen Leute Analyse machen können – aber sonst war nicht viel. Und dann bin ich mitgegangen nach Frankfurt und habe dann in Frankfurt meine Arbeit gemacht.

Wenn ich mich selber betrachte, ich war immer ein guter zweiter Mann. Ja. Ich konnte gut zuarbeiten. Das habe ich da zur Genüge tun müssen. Aber ich habe auch schon meine eigenen Sachen gemacht. Und ich will mal von der psychosomatischen Klinik ein bisschen ablenken: Ich habe mit dem Frankfurter Gynäkologen zusammen eine Veröffentlichung gemacht über kinderlose Ehepaare. Ich habe mit Juristen zusammen an einem mehrjährigen Projekt über die Behandlung auf Bewährung entlassener Strafgefangener gearbeitet, die wohnten gemeinsam in einem Haus, wurden da betreut, wurden da behandelt, wurden auch rein real im Leben betreut. Das war eine ganz großartige Sache. Dafür bin ich dann noch mal nach Holland gegangen, war dort in einer Anstalt für extrem schwer gestörte Strafgefangene, die Mesdag-Klinik in Groningen. Da habe ich viel gelernt, zum Beispiel rührt eine Arbeit von mir daher über »Unterschiede und Ähnlichkeiten bei psychosomatisch Kranken und Delinquenten« mit der Hypothese, die ich damals hatte, dass die psychosomatisch Kranken das Objekt ihrer unbewussten Aggressivität in ihrem eigenen Körper gesucht und gefunden haben und dass die Delinquenten das Objekt ihrer aggressiven Impulse in der Gesellschaft gefunden haben – aber dass im Grunde die Dynamik sehr ähnlich ist. Also der Feind war immer der andere, der musste bekämpft werden. Dann haben wir in den späten 50er Jahren, Anfang der 60er Jahre viel Arbeit gehabt mit der Herstellung von Wiedergutmachungsgutachten. Dabei waren wir mit Herrn Niederland und mit Kurt Eissler, mit Eddi de Wind und mit vielen anderen rund um die Welt in Kontakt. Kurt Eissler hat eine unwahrscheinlich gute Arbeit geschrieben, die ist auch in der *Psyche* publiziert. Ich will den Titel mal versuchen zu rekapitulieren: »Die Ermordung wievieler seiner Kinder muss ein Mensch symptomfrei ertragen können, um eine normale Konstitution zu haben?« (3). Wir hatten also wirklich gegen eine Wand von Juristen und juristisch tätigen Ärzten anzukämpfen und ich glaube, wir haben manches Gute dabei in Bewegung bringen können. Die Leute mussten ja bis zu einem bestimmten Prozentsatz arbeitsunfähig sein, mussten krank sein und das gab manchmal Probleme. Man konnte ja nicht schreiben: »Liebe Leute, denen habt ihr so entsetzlich zugesetzt, die können einfach nicht mehr gesund leben«, das ging nicht; sondern man musste das umschreiben – so und so und so und so und deswegen 54 Prozent arbeitsunfähig. Ich habe jetzt mal versucht, ob man an unsere Gutachten kommt. Man kommt nicht daran. Meine älteste Enkelin ist Juristin, die ist jetzt mit dem Studium fertig und macht alle möglichen Sachen, promoviert auch und der habe ich gesagt: »Guck doch mal, ob man nicht bei irgendwelchen Wiedergutmachungskammern irgendwelche Gutachten noch finden kann.« Es ist tabula rasa. Es gibt nichts. Ist alles weg. Also wenn Sie mich jetzt weiterreden lassen, mir fällt noch viel ein, was ich gemacht habe, aber ich will das jetzt mal lassen. Und jetzt müssen Sie mir helfen, wie machen wir jetzt weiter?

Regine Lockot: Mir fällt zum letzten Punkt Werner Kempers: »Die Doppelgesichtigkeit der Tatbestände« (4) ein, wo er genau das über diese Gutachterpraxen schreibt, wie Sie es jetzt auch angedeutet haben. Bei seiner Patientin entwickelte sich eine Symptomatik, die scheinbar überhaupt nichts mit ihrem Lageraufenthalt zu tun hatte. Ich hatte den Eindruck, dass Sie auf diese »Übersetzungsarbeit« anspielen, die notwendig war um den Zusammenhang aufzuzeigen.

Jetzt bei Ihrer Darstellung musste ich immer an unsere Anfangsbegegnung denken, als ich Sie im Sommer besuchte und Sie mir genau gesagt hatten, wie ich fahren muss, um zu Ihnen zu kommen. Nun war eine Straße gesperrt und ich konnte nicht Ihrem Weg folgen. Da stand ich nun zu unserer vereinbarten Zeit am Ortsrand und rief Sie an und fragte: »Wie komme ich denn jetzt am besten zu Ihnen?«, weil ich woanders reingekommen war. Und Sie haben mich dann abgeholt. Daran musste ich eben denken, weil das Fragen hier gar nicht nötig war. Sie haben alles erzählt und das ist natürlich viel schöner, wenn aus einem Gespräch nicht ein Abfragen werden muss – es ist wie Abgeholtwerden.

Clemens de Boor: Eines habe ich natürlich komplett vergessen, ich bin ja auch mal DGPT-Vorsitzender gewesen. Und ich bin ja auch mal DPV-Vorsitzender gewesen. Also wissen Sie, wie das damals zuging? Also wenn es um eine Vorstandssitzung ging, in der eigentlich Herr Mitscherlich hätte sein müssen, dann hat er immer gesagt: »Herr de Boor machen Sie das doch, Sie können das doch viel besser als ich.« Das habe ich auch eingesehen, der konnte andere Sachen besser als ich. Was soll der in so Funktionärsgeschichten rumsitzen. Und dann saß man so in dem Vorstand – ich weiß nicht mehr genau, wie das war, ich glaube, rechts von mir saß Herr Loch, links von mir saß der Herr Baumeyer. Also zwei ziemliche Kontrahenten, was Psychoanalyse angeht. Und die beugten sich beide zu mir, der eine von links, der andere von rechts und sagten: »Also Herr de Boor, eigentlich sind Sie jetzt mal dran!« Und dann hat man mich zum Vorsitzenden gewählt.

Publikum: Zwischenruf: In vereinter Feindschaft.

Clemens de Boor: In vereinter Feindschaft wurde der Antrag gestellt, dann wurde abgestimmt und dann war ich Vorsitzender. Das war, muss ich sagen, eine interessante Zeit, die Arbeit in der DGPT. Die meisten von Ihnen werden sich wahrscheinlich nicht mehr daran erinnern, dass die Psychotherapie, ich nehme jetzt mal nur die Zeit nach dem Zweiten Weltkrieg, eine in dem Katalog der ärztlichen Leistungen nicht vorhandene Leistung war. Es gab die Psychotherapie nicht. Und Herr Mitscherlich hat gegen den erbitterten Widerstand von Seiten der Psychiatrie, z. B. Prof. Kretschmer in Tübingen, mit dem damaligen Präsidenten des Bundesärztetages Prof. Neuffer durchgesetzt, dass auf einem Ärztetag, ich glaube 1956, Psychotherapie als ärztliche Leistung anerkannt wurde. Das war schon ein enormer Schritt. Jeder Pinkel konnte Psychotherapie machen ohne irgendwas. Nachdem das nun erreicht war, kamen natürlich diese ganzen Geschichten wie: »Da muss man doch aber jetzt Weiterbildung machen und da muss es doch Einrichtungen geben, wo die Leute das lernen können« etc. Da waren die einzelnen Institute der Fachgesellschaften gefragt. Wer aber da eine wirklich lebenslange unvergessliche Karrenarbeit gemacht hat, war eines unserer Mitglieder in der DGPT, Herr Haarstrick. Er lebt leider nicht mehr. Also der und ich – und da waren noch ein paar andere mit dabei – wir hockten immer in Köln in der Ärztekammer und haben mit denen rumgetackert wie man das macht, wie man das richtig in die Gleise führt. Und das war sehr interessant. Und irgendwann war das dann auch akzeptiert, dann gab es die Zusatzbezeichnung »Psychoanalyse« und die Zusatzbezeichnung »Psychotherapie«. Und an den Instituten, das war geregelt, was die machen mussten, was sie anbieten mussten, wie viele Stunden und welche Fächer etc. Das war dann Ende der 60er, Anfang der 70er Jahre (5). Da hat aber noch niemand bezahlt für die Patienten. Darum kümmerte sich eine andere Gruppierung, dass die Psychoanalyse Kassenleistung wurde. Wir in Heidelberg haben das sehr begrüßt, weil wir mit Freud der Meinung waren, dass irgendwann die Zeit kommen würde, wo auch die Nicht-Begüterten Kranken das Elend ihres Krankseins mit Hilfe der Psychoanalyse vielleicht loswerden konnten. So haben wir also enorm darum gekämpft. Und wenn ich mich nicht sehr irre, war das in der Zeit, als ich in der DPV Vorsitzender war. Da sind aber Leute da, die das vielleicht besser wissen. Ich habe vorhin Herrn Nedelmann irgendwo gesehen. Aber Sie entsinnen sich sicher noch, wie wir in dieser Mitgliederversammlung gerungen und gekämpft und gefochten haben, ob die DPV diesen Vorschlägen zustimmen soll.

Publikum: Ina Weigeldt (Bremen): Darf ich unterbrechen? Es war eine so lebhafte Diskussion im DGPT-Vorstand, dass es beinahe passiert wäre, dass Herr Loch gerügt worden wäre, weil er gegen die Bezahlung war… es war sehr spannend.

Clemens de Boor: Und da entsinne ich mich nur daran – ich habe von mir aus lauthals zu Protokoll gegeben:»Ich könnte es nicht verantworten, dass sowohl unsere Kandidaten keine Analyse machen können als auch unsere Patienten die Behandlung nicht bezahlt bekommen, wenn die DPV dieser Regelung nicht zustimmt.« Herr Loch hat 900 Stunden Analyse verlangt, unbegrenzte Zeitdauer und was alles. Und er allein darf bestimmen, wer Analyse machen darf und wer nicht. Es waren zeitlich völlig unangemessene Argumente. Aber es ist dann schließlich durchgekommen. Und dass diese ganze Geschichte jetzt in diese ausufernde bürokratisierte und reglementierte und unerfreuliche Situation gekommen ist, das konnte man damals so nicht voraussehen. Also wir waren froh.

Regine Lockot: Man hat ja immer die Vorstellung, dass die Studentenbewegung von der Patientenseite her so einen gewissen Druck ausgeübt hat und der Wunsch nach Aufklärung mit Hilfe der Psychoanalyse auch aus dieser politischen Ecke gekommen sei. Wie haben Sie das erlebt?

Clemens de Boor: Ich habe die Situation als sehr ambivalent erlebt. Ich war in der Zeit ja in Frankfurt. Herrn Adorno hatten sie mit Tomaten beworfen, als er auf dem Podium war – Herr Mitscherlich hatte Angst, Vorlesung zu halten, wusste auch nicht, was ihm da passiert. Ich war relativ unbefangen, weil ich meine Studenten einfach klinisch interessiert habe. Die waren so fasziniert, das zu hören, was Psychoanalyse ist und was man mit Psychoanalyse machen kann, ich habe nie irgend etwas Unangenehmes bemerkt mit einer Ausnahme.

Eines Tages hatten wir an dem Eingangspfosten unseres Institutes in Frankfurt einen David-Stern. Da wollten manche, dass der sofort weggemacht wurde. Ich habe gesagt: »Lasst den doch, ist doch ein Ehrenzeichen für uns.« Also mein Eindruck war, dass die Stimmung sehr ambivalent war. Dass es einen Teil in der Studentenbewegung gab, dem auch ich sehr zugestimmt habe, dass dieser ganze Mief aus den jahrhundertealten Talaren rauskam und da ein bisschen frische Luft wehte und die Leute ihre Meinung sagen konnten und so.

Was mich gestört hat war dieser etwas ins Fanatische reingehende fundamentalistische Zug, wo man das Kind gleich mit dem Bad ausschütten wollte. Ich glaube schon, es war für viele Studenten eine große Erleichterung: jetzt können wir offen sagen, dass wir mit der Psychoanalyse sympathisieren und dass wir in Analyse sind. Es wurde dann ja auch schick, dass man Analyse machte. Aber es gab auch eine andere Fraktion, die der Meinung war, das sei der Untergang der deutschen Kultur. Ich dachte: »Ich habe schon so viel überlebt, ich werde das auch überleben.«

Publikum: Mohammad Ebrahim Ardjomandi (Göttingen): Ich habe damals in der ärztlich psychologischen Beratungsstelle für Studenten gearbeitet. Also ich saß da, wo die Studenten waren. Und es war nicht so, dass die Studenten einseitig rebellierten, man muss die Aufsätze in der *Psyche* lesen, in der damaligen *Psyche*. Auch die Psychoanalytiker haben gegen die Studenten sehr schlimm gewettert. Bis sie einige Jahre später erkannt haben, was diese studentische Bewegung für Vorteile hatte. Dann haben sie das, was sie damals geschrieben haben, revidiert. Wenn ich mich nicht täusche, hat Eugen Mahler eine Arbeit darüber geschrieben.

Aber der studentischen Protestbewegung zum Beispiel verdanken wir die Tatsache, dass die Schriften von Wilhelm Reich entdeckt wurden, was damals sehr viel zählte – und der studentischen Protestbewegung verdanken wir, dass es viele Raubdrucke gab und sich auch die Kandidaten die Raubdrucke aneignen konnten und damit finanziell etwas besser dran waren – und die Gruppenanalyse, die verdanken wir auch der Studentenbewegung.

Clemens de Boor: Sie haben vorhin Radó erwähnt. Ich bin mal gefragt worden: »Wie sind sie denn eigentlich zur Psychoanalyse gekommen, so innerlich?« Und das war etwas ganz Seltsames. Ich habe eine Schwester, die ist fünf Jahre älter, die hatte damals schon Medizin studiert und war Kinderärztin in Hamburg. Und als die bei uns ausgezogen war, bin ich in deren Zimmer eingezogen, unter dem Dachboden bei uns im Haus. Und da lagen ihre ganzen Bücher noch. Und was finde ich da? Ein Büchlein von Sándor Radó über Pubertät. Da war ich 15. Das hat mich natürlich brennend interessiert. Und ich habe gedacht: »Gott sei Dank, so etwas gibt es auch.« Also das war so ein bisschen eine atmosphärische, gefühlsbetonte Geschichte – da ist etwas, was interessant ist. Freud lesen konnte man nicht. Meine Eltern hatten keinen, in den Bibliotheken war er nicht. Aber nach dem Krieg stand ja alles offen. Und das war mit das Faszinierendste am Studium von Psychoanalyse, die Lektüre von Freud.

Regine Lockot: Ich denke, wir können jetzt das Wort an Sie (das Publikum) übergeben, damit Sie (Herr de Boor) sich erholen können. Wenn ich das richtig sehe, gehören viele von Ihnen zu der Generation der Studentenbewegung. Vielleicht gibt es hier auch so etwas wie ein Generationenthema und es sind Ihnen jetzt noch Fragen im Zusammenhang mit dem, was Herr de Boor vorgetragen hat, gekommen.

Publikum: Christa Marahrens-Schürg (Hannover): Nicht direkt dazu. Sie sind Vorsitzender der DGPT gewesen und haben wahrscheinlich auch die Anfänge der DGPT miterlebt. Wie ist das gemeinsame Zusammenkommen von DPV und DGP aus Ihrer Wahrnehmung gewesen?

Clemens de Boor: Das jetzige Zusammenkommen?

Publikum: Christa Marahrens-Schürg: Das damalige Zusammenkommen dieser beiden Fachgesellschaften in der DGPT?

Regine Lockot: Das war ja kurz vor dem Internationalen Psychoanalytischen Kongress in Zürich 1949.

Clemens de Boor: Ich war damals ein ganz junger Kerl. Ich hatte von nichts eine Ahnung. Also Vereinspolitik und Interessenpolitik und so was, darüber habe ich wenig gewusst. Mein Eindruck ist, dass ein paar Menschen, die sich in Deutschland für die Organisierung der Psychotherapie interessierten, unter dem Druck der Not der Situation gesagt haben: »Wir müssen uns verbünden. Und unsere wissenschaftlichen Differenzen existieren, die dürfen aber nicht schuld daran sein, dass wir unter berufspolitischen Gründen nicht zusammen operieren.« Ich bin immer gut damit zurechtgekommen, ich habe mich hervorragend mit der Frau Dührssen verstanden, ich habe mich hervorragend mit dem Herrn Baumeyer verstanden, mit Herrn Schwidder ging es auch noch, mit Herrn Schepank war es schwierig. Also es gab alles. Und wenn wir gemeinsame Tagungen hatten, haben wir uns bei den wissenschaftlichen Diskussionen Sachen um die Ohren gefetzt, das war ein Ding. Aber hinterher saß man dann auch wieder zusammen und hat sich unterhalten und zwar ganz schön.

Regine Lockot: Darf ich noch mal kurz auf Ihre Deutung, Herr Nedelmann, hinweisen. Ich fand es sehr spannend, was Sie über die DGPT-Gründung gesagt haben, die ja gerade in einer Zeit stattfand, als DPV und DGP sich auseinander dividierten, dass sie auch als Gegenbewegung zu interpretieren ist. Das war ja auch in einer Zeit, die Sie noch als junger Mann und noch nicht als Funktionär erlebt haben.

Publikum: Christiane Ludwig-Körner (Berlin): Noch mal zurück zu den 68ern. Und da konnte ich Sie in Frankfurt ersatzweise einspringend in der Vorlesung von Herrn Mitscherlich erleben und es ging um Atmosphären – dass es Ihnen damals so gut gelungen war, eine andere Atmosphäre – es waren ja große Vorlesungen damals – zu vermitteln. Und ich denke, deswegen war es für Sie auch möglich, so ohne Angst den Studierenden zu begegnen, die ja auch sehr ambivalent waren. Und dass es da sehr große Unterschiede gab. Ich habe Sie – soweit ich das erinnern kann – nie als jemand erlebt, der gegen die Psychologie sehr angekämpft hat.

Clemens de Boor: Ich habe sogar geprüft in Heidelberg in Psychologie.

Publikum: Christiane Ludwig-Körner: Und ich denke, das war etwas, woran wir Psychoanalytiker uns jetzt erinnern müssen: dass es damals nicht ermöglicht wurde, die Psychoanalyse in die Psychologie gut einzufügen.

Publikum: Brigitte Mittelsten Scheid (München): Ich habe eine Frage zur DPG und DPV im Anschluss. Sie haben berichtet, dass Sie sich sehr wohl entschieden haben, in die DPV einzutreten und nicht, nehme ich an, in die DGP – und vielleicht gab es ja dann doch Gründe und Unterschiede, die Sie auch schon da wahrgenommen haben.

Clemens de Boor: In die DPG konnte ich nicht eintreten, weil ich nicht innerhalb der DPG ausgebildet worden bin. Und dass ich in der DPV ausgebildet wurde, will ich mal sagen, ist für mich insofern ein glücklicher Zufall gewesen, als Herr Mitscherlich durch seine ganzen internationalen Verbindungen mit all den berühmten Leuten in der IPA bekannt gewesen ist, befreundet gewesen ist, die kamen alle zu uns ans Institut und haben uns unterrichtet. Ich wollte IPA-Mitglied werden. Das hängt auch jetzt sehr stolz am Eingang meiner Praxis – ich arbeite immer noch – am Eingang meines Praxiszimmers – Member of the IPA!

Alf Gerlach: Ich habe mich immer gefragt, ob das, was jetzt gerade diskutiert wurde, nicht doch nur ein Mythos ist, also der Zusammenhang der Gründung der DGPT 1949 mit der Spaltung der psychoanalytischen Gesellschaft und der Neugründung der DPV. Da würde ich gern noch mal nachhaken und es ergänzen um einen anderen Aspekt. Als ich vor kurzem im Archiv der DGPT war, fand ich handschriftliche Notizen, die sich auf die Kollegen im Osten bezogen in der damaligen sowjetischen Besatzungszone. Also Dokumente von 49/50. Und da ist aufgeführt, die sollten gar nicht angesprochen werden, Mitglied der DGPT zu werden. Nun gab es noch relativ lange, sagen wir bis 1963, Austauschmöglichkeiten. Hat das in Ihrer Zeit eine Rolle gespielt, der Gedanke an die Kollegen im Osten?

Clemens de Boor: Wenn Sie mich fragen – überhaupt keine. Das hat keine Rolle

gespielt. Ich habe diese Gründung der DGPT 1949 als eine Art Notgemeinschaft erlebt. Jeder, der mit Psychotherapie was zu tun hatte, hat in dieser Zeit
ökonomisch ein Hundeleben geführt.

Publikum: Zwischenruf: Das wiederholt sich.

Publikum: Zwischenruf: Nein.

Clemens de Boor: Und es bestand einfach ein Impuls, zusammenzuhalten als
ein funktionierendes Sprachrohr in der politischen Öffentlichkeit, insbesondere auch in der ärztlichen Öffentlichkeit – die waren ja auch wie die Wilden dagegen. Also das war eine Art Notgemeinschaft und hatte mit der Spaltung in
Zürich meine ich nichts zu tun gehabt.

Publikum: Holger Schildt (Hamburg, Geschäftsstelle): Herr de Boor, die DGPT
hieß damals ja interessanterweise *Deutsche Gesellschaft für Psychotherapie und
Tiefenpsychologie*. Alle, die mit Psychotherapie zu tun hatten, wollten sich
unter diesem Dach wieder finden können. War es denn damals auch schon so,
dass diese Gesellschaft nur für Psychoanalytiker offen stand?

Clemens de Boor: Nein.

Publikum: Holger Schildt: Wir sind ja, soweit ich zurückdenken kann, eine reine
psychoanalytische Fachgesellschaft, obwohl wir das Wort »Tiefenpsychologie«
immer noch im Namen tragen. Und kümmern uns ja auch um den Bereich der
Psychotherapie. Aber soweit ich zurückdenken kann, haben wir immer nur
Psychoanalytiker als Mitglieder gehabt und das wollte ich Sie fragen, ob das
damals vielleicht auch schon so war.

Clemens de Boor: Nein, das war damals nicht so. Wen bezeichnen wir als
Psychoanalytiker? Es waren die Freudianer, es waren die Jungianer, es waren
die Adlerianer und es waren auch die, die keine »Ianer« waren, sondern die
Psychotherapie machten, die konnten in die DGPT eintreten. Also beispielsweise – an dem Stuttgarter Institut, da gab es doch zum Beispiel die Freudianische Abteilung und die Jungianische Abteilung und eine ungebundene Abteilung. Die Leute in dem Stuttgarter Institut konnten alle in die DGPT eintreten.
Es musste nur – ja, was musste man eigentlich beibringen? Man musste eine
Ausbildung beibringen. Dass man eine Ausbildung gemacht hat. Nicht jeder,
der sagte: »Ich bin Psychotherapeut«, wurde in die DGPT aufgenommen. Da
gab es ja komische Gesellen, die diesen Beruf hatten.

Publikum: Ulrich Ehebald (Hamburg): Nach meiner Erinnerung war es schon
so, dass man eine Ausbildung an einem Institut vorweisen musste. Ich erinnere mich noch, da saß ich auf dem Bänkel in Stuttgart und wir warteten, ob das
in Ordnung ist, dann wurde man reingerufen und dann wurde man Mitglied.
Also die guckten schon auf eine Lehranalyse, und habt ihr 'ne Ausbildung...
wohl nicht institutsgebundene, aber die mussten auch was nachweisen. So
einfach hinein kam man nicht.

Regine Lockot: Ich würde jetzt gerne noch mal einen anderen Bereich ansprechen... Noch als letzte Frage dazu...

Publikum: Mohammad Ebrahim Ardjomandi: Man darf auch nicht vergessen, dass es auch eine *Allgemeine ärztliche Gesellschaft für Psychotherapie* gab, wo die anderen Psychotherapeuten waren; da wurde autogenes Training und solche Sachen gemacht und Kretschmer war auch dort Mitglied.

Regine Lockot: Genau. Er war ja der ehemalige Vorsitzende vor 1933 der *Allgemeinen ärztlichen Gesellschaft für Psychotherapie* gewesen.

Clemens de Boor: Ich habe I. H. Schultz auch noch kennen gelernt in Hamburg. Bei dem habe ich autogenes Training gelernt und die Hypnose. Also das war ein Schauspieler par excellence. Der hätte genauso gut im Zirkus auftreten können.

Regine Lockot: Ich würde jetzt gerne noch zu einem anderen Bereich kommen, der eine wirklich sehr sensible Phase betrifft, eine politisch sehr sensible Phase betrifft. Und zwar sind ja gerade das Besondere der DPV ihre internationalen Verbindungen und die internationalen Kontakte. Sie sagten vorhin auch, dass das auch das Spannende für Sie war. Nun wurden ja diese internationalen Verbindungen einer schweren Prüfung unterworfen, 1977 in Jerusalem, als die DPV das Angebot machte und die Einladung aussprach, in Berlin einen internationalen psychoanalytischen Kongress stattfinden zu lassen und Sie waren damals DPV-Vorsitzender.

Clemens de Boor: Ja, ja. Also – ich hatte damals den Auftrag des Vorstandes der DPV, in Jerusalem die »Psychoanalytic Community« zu einer gemeinsamen Tagung nach Berlin einzuladen. Lassen wir mal ganz beiseite, wie gut oder schlecht ich das gemacht habe. Ich habe es gemacht, wissend, und zwar wirklich wissend, dass ein großer Teil der ausländischen Psychoanalytiker nicht nach Berlin kommen wird, wegen der ganzen gegenwärtigen politischen Situation in Berlin, diese Insel-Konstellation, wo man nur reinfliegen konnte und wieder rausfliegen konnte. Nicht nur deshalb, sondern auch noch in der Erinnerung daran, was nach 1933 in Berlin passiert war und was überhaupt mit den jüdischen Kollegen in Europa passiert war. Ich wusste es ganz genau, wie groß der Prozentsatz ist, der nicht nach Berlin kommen würde, weil wir ja überall, in London und New York und Chicago, unsere Kontaktpersonen hatten. Es hat eine Fraktion gegeben im Vorstand, die hat dafür plädiert, dass die Tagung in Hamburg gemacht wird. (An Herrn Ehebald gerichtet:) Du wirst dich erinnern daran – oder nicht? Also Hamburg. Hamburg war die Alternative. Hamburg war eine Hafenstadt, Hamburg war eine weltoffene Stadt. Hamburg hatte das Flair, dass man da rein und raus kann und dass es auch eine kulturell akzeptable Stadt ist, dass es nicht diese Isolierung hatte wie Berlin, dass es völlig unbelastet gewesen ist von der psychoanalytischen Vergangenheit in Deutschland.

Ich will da jetzt gar keine Namen nennen. Ich hatte keine andere Wahl. Es wurde im Vorstand abgestimmt, wir sollten in Jerusalem Berlin empfehlen. Also einladen. Ich kann Ihnen sagen, mich hat das weder empört noch beleidigt noch gekränkt noch sonst irgendwie in unangenehme Emotionen gebracht. Ich wusste es, dass es so kommt. Und im Stillen fand ich es auch gut, dass es so kam. Denn Berlin war nicht der Nabel der psychoanalytischen Welt. Das waren nicht die Gralshüter, die nun der Öffentlichkeit mal zeigen mussten, wo die Psychoanalyse zu Hause ist. Und es hat sich ja auch erwiesen, ein paar Jahre später war der Kongress in Hamburg und hat doch hervorragend funktioniert, fand ich. Der Bürgermeister hat 'ne prima Rede gehalten, die ausländischen Kollegen haben sich hervorragend da zurechtgefunden, es gab wenig – gut, ja, es gab natürlich auch Erinnerungen und Diskussionen darüber. Aber solche Diskussionen kann man nicht in der Öffentlichkeit machen. Solche emotional bewegenden Diskussionen. Ich habe Herrn Hillel Klein aus Jerusalem kennen gelernt, weil wir gemeinsam eine Arbeit machen wollten, Hillel Klein und Dori Laub aus Amerika und ich. Wir wollten eine psychoanalytische Arbeit darüber machen, wie man so was, was unsere jüdischen Bewohner hier überall erlebt haben, in den Lagern und das Davonkommen mit dem Leben, aushalten kann. Welche seelischen Kräfte muss ich haben, um überhaupt wieder normal anfangen zu können, zu leben. Und ich hatte Hillel überhaupt nicht gekannt. Der kam eines Tages ins Institut und hat sich vorgestellt, hat diese Arbeit annonciert, die er vorgehabt hat, hat gefragt, ob ich mitmachen würde. Wir haben da gesessen und haben das Schicksal aufgearbeitet und wir haben beide geheult und es hat uns gut getan. Und wir sind jahrelang die besten Freunde gewesen. Aber das in Jerusalem, das konnte nicht funktionieren. Und deswegen ist es mir nicht unter die Haut gegangen. Ich weiß, es waren viele furchtbar enttäuscht und furchtbar empört, dass es abgelehnt worden war. Ich habe gedacht, gut so, es ist nicht der richtige Zeitpunkt und es ist nicht der richtige Ort. Aber Sie wollten jetzt, glaube ich, auf etwas anderes hinaus. Auf die gegenwärtige Annäherung von DPV und DPG. Ich begrüße das sehr. Es hat lang genug gedauert, bis es endlich so weit war. Aber es müssen ja manchmal erst die Probleme mehrerer Generationen abgearbeitet sein, ehe man dann was Neues wieder anfangen kann. Ich finde die Entscheidung der IPA eine sehr weise Entscheidung, der DPG diese Vorbereitungsphase zu geben, wo sie sich darauf einrichten kann, wieder in die IPA aufgenommen zu werden. Ich habe überhaupt keine Probleme damit. Ich kenne die Defizite der DPG-Ausbildung, weil ich die Bücher vom Schultz-Hencke gelesen habe und weiß, worum es ihm ging. Aber das ist ja alles längst überwachsen. Es gibt Leute aus der DPG, die da ihre Ausbildung gemacht haben, mit denen kann ich über Psychoanalyse diskutieren, das ist große Klasse. So, dass ich glaube, in einiger Zeit wird das ein Stück überlebte deutsche Geschichte sein. Und das finde ich gut so. Ich habe Schultz-Hencke natürlich auch kennen gelernt. Herr Mitscherlich hat Schultz-Hencke eingeladen und Karen Horney und Franz Alexander und... wie sie alle hießen. Und das war schon interessant, mit dem Mann zu diskutieren. Manches war mir ein bisschen merkwürdig – so, aber na gut, es gibt halt Unterschiede. Aber seine Schüler, die sind ja längst darüber rausgewachsen, die verstehen mindestens zum großen Teil Psychoanalyse genauso wie wir und die hatten ja schon ewig dieses Elend mit den Stundenzahlen. Ich weiß nicht, ob Sie wissen, wie das mit den Stundenzahlen eigentlich ist. Also Freud hat ja Sechs-Stunden-Analyse gemacht. Als dann die Psychoanalyse in den angloamerikanischen Raum vordrang, wurde die Analyse fünfstündig gemacht, weil ja das Weekend ist und man kann ja am Weekend nicht arbeiten. Samstags kann man als guter Engländer nicht arbeiten. Da waren es nur noch fünf Stunden. Dann kam eines Tages die Neuerung in der deutschen Ärzteschaft, Mittwoch-Nachmittag nicht mehr zu arbeiten. Dann haben die Mittwoch-Vormittag ihre Büroarbeit und Restpraxis gemacht. Aber da waren es dann auf einmal nur noch vier Stunden. Nämlich Montag, Dienstag, Donnerstag und Freitag. Ich habe noch fünf Stunden gemacht, das ist eine Klasse Sache. Und jetzt geht es darum, jetzt soll es nur noch drei Stunden geben. Warum eigentlich nicht? Ich kann in drei Stunden, zeigt mir meine Erfahrung, zeigt mir meine Praxis, ich kann mit drei Stunden Psychoanalyse machen, das kommt auf den Patienten und auf mich an, wie wir uns arrangieren und ich fühle mich in gar nicht schlechter Gesellschaft, wenn ich ein Zitat von dem Joe Sandler bringe, der häufig bei uns im Institut war und uns Seminare und Vorträge gehalten hat, der sagte, er sei der Meinung, dass alles, was ein Psychoanalytiker therapeutisch macht Psychoanalyse ist, egal ob eine Stunde oder zwei Stunden oder im Sitzen oder im Liegen – er macht Psychoanalyse mit dem Patienten. Ich will das jetzt nicht als Musterbeispiel deklarieren. Aber ich frage mich schon auch: »Wie lange wird es wohl dauern, bis die DPV sagt: ›Na ja, wir können ja auch unsere Lehranalysen mal auf drei Stunden reduzieren‹?« Geht ja vielleicht auch. Die Frage, ob das ein guter Psychoanalytiker wird, hängt nicht davon ab, ob er drei oder vier oder fünf Stunden Analyse in der Woche macht.

Publikum Kurt Höhfeld (Berlin): Es ist eine etwas andere Thematik, die ich anschneiden wollte und zwar, Sie als Psychosomatiker anzusprechen: Sie hatten ja darauf hingewiesen und Weizsäcker hat Ihnen gesagt, Sie müssten Psychoanalyse machen. Und Weizsäcker hat ja zum Beispiel auch Ferenczis Werke mit herausgegeben, aber später hat er, soweit ich das sehe, doch eine etwas distanziertere Haltung zur Psychoanalyse eingenommen. Das ist ein Punkt. Der andere Punkt ist, er hat ja ein bestimmtes Konzept einer fachübergreifenden Psychosomatik vertreten und dieses Konzept ist 1992, wie wir wissen, verändert worden, indem ein Gebiet geschaffen wurde, wo jetzt letztlich zur Debatte steht, wie weit diese Idee der fachübergreifenden Psychosomatik faktisch noch vorhanden oder haltbar ist. Mich würde interessieren, wie Sie aus dem Abstand ihres Alters, der ja nun wirklich in dieser Entwicklung sehr drin gewesen ist und sie mitbestimmt hat, wie Sie die Perspektive beurteilen für die Psychosomatik als gebietsübergreifende Idee?

Clemens de Boor: Mal erst ein Wort zum Weizsäcker: Weizsäcker hat etwas gemacht, was er »biographische Medizin« nannte. Er hatte eine normale internistische Station in der Ludolf-Krehl-Klinik bei Professor Siebeck. Er hat mit den Patienten gesprochen und hat dabei die Frage im Kopf gehabt, warum gerade dieser Mensch zu dem jetzigen Zeitpunkt mit dieser Krankheit krank wird. Und wir als junge Assistenten bei ihm oder Hilfsassistenten wie ich, wir haben mit den Patienten die biographischen Anamnesen gemacht. In den normalen Krankenblättern ist ja biographische Anamnese immer so ein Absätzchen: stammt aus guter Familie, keine besonderen Vorkommnisse und so. Und wir haben also seitenlange detaillierte Biographien mit den Patienten gemacht, wobei man schon merkte: »Donnerwetter, das ist kein Zufall, dass der Betreffende gerade jetzt so krank geworden ist.« Weizsäcker hat dann in seinen Vorlesungen auf dieses Material immer zurückgegriffen und hat das so auch mit seinen philosophischen Ambitionen in Beziehung gebracht. Er wurde dann ja sehr krank. Er bekam eine Altersdemenz. Er war kein gesunder Mensch mehr und ist dann auch ganz zurückgetreten. Freud hat ihn fasziniert. Den fand er einen genialen Mann, so wie sich auch. Aber er konnte sich mit manchen Dingen nicht abfinden. Die Libidotheorie, die ganze Geschichte mit den Trieben, das hat ihm alles nicht so sehr gepasst, der stammte aus dem noch-vorigen Jahrhundert und Sexualität war etwas sehr Schwieriges für ihn. So dass er sich also nie intensiv mit Psychoanalyse im engeren Sinne beschäftigt hat, er hat sie gelesen, er hat sie verfolgt, er hat auch Freud gekannt, aber er wusste genau, wenn man psychosomatische Medizin betreiben will, dann muss man mehr über die unbewusste psychische Dynamik kennen. Und ich fand das eine angemessene und zielgerichtete Geste von ihm, dass er mir gesagt hat: »Wenn sie das wirklich interessiert, müssen sie das und das machen.« Wie das mit der Aussicht des Faches psychosomatische Medizin – es ist ja eigentlich gar kein Fach – ist, das ist etwas anderes. Ich habe mit Chirurgen über psychosomatische Medizin geredet. Ein sehr bekannter Heidelberger Neurologe, Prof. Vogel, hat eine faszinierend hübsche Arbeit über die Psychodynamik einer akuten Angina, einer Angina tonsillaris geschrieben; unter welchem Druck, in welcher Situation jemand von heut auf morgen so einen Hals kriegte und eine eitrige Angina, weil der Patientin ein Rendezvous am Abend bevorstand, sie hatte Angst vor einem ersten Sexualkontakt, und sagte: »Besser so was als ein Kind kriegen.« Ich kenne den Publikationsort nicht, aber Mitscherlich, der ja auch ein Schüler Vogels war, hat über diese Beobachtung wiederholt berichtet. Ich habe mit Gynäkologen über psychosomatische Medizin gesprochen, mit Hautärzten, ich hatte einen Zahnarzt, mit dem habe ich stundenlang über psychosomatische Medizin geredet. Ich bin der Meinung, so lange es Kranke gibt, so lange gibt es psychosomatische Medizin. Es sei denn, wir sind eines Tages irgendwann so weit, dass man aus einem Chromosom eine Scheibe rausnimmt und setzt eine andere Scheibe rein, und dann ist der Mensch anders als vorher und nicht mehr krank. Aber so lange es Ärzte gibt und so lange es Kranke gibt… Die Medizin als solche neigt sehr dazu, alles, was am Kranksein menschlich ist, möglichst außen vor zu lassen. Das geht von oben bis unten hin. Wenn Sie einem Doktor irgendwo erzählen, seit dem habe ich das und das und da und da, das interessiert den überhaupt nicht, der hängt Sie an seine Maschine und will seine Untersuchung machen. Mehr interessiert nicht – nicht alle – viele. Aber an Arbeit wird es uns – wenn ich uns mal als Psychosomatiker bezeichne, an Arbeit wird es uns nicht fehlen. Ganz anders ist die Frage, wie ist die allgemeine soziale und akademische Reputation der psychosomatischen Medizin. Ich kann mir gut vorstellen, dass diejenigen Professoren, die jetzt Professoren in psychosomatischer Medizin an den Kliniken und Universitäten sind, wenn die ausgestorben sind, es eine ganz große Frage ist, ob es dann eine neue Generation geben wird. Ich bin sehr skeptisch.

Regine Lockot: Ich denke, wir haben Sie jetzt ganz schön viel strapaziert. Trotzdem möchte ich gerne noch zum Abschluss fragen: Gab es eine Zeit in Ihrem Leben, wo Sie sagen, das war eine ganz schwierige, eine ganz krisenhafte Zeit und gab es auch so eine Zeit, an die Sie so richtig gerne zurückdenken?

Clemens de Boor: Da gab es unendlich viel. Meine beste Zeit in meiner Karriere, in meiner Laufbahn, würde ich sagen, waren meine beinahe 20 Jahre in Heidelberg. Das war eine wunderschöne Zeit, sowohl beruflich als auch familiär als auch – alles in allem war schön. Ich habe wunderschöne Augenblicke erlebt, wo ich dachte: »Mensch, das erlebt nicht jeder.« Ich wurde eingeladen von der Pariser Gesellschaft zu deren 60-jährigem Jubiläum. Ich kann kein Wort französisch. Ich war auf dem humanistischen Gymnasium, und in der Quarta sollten wir Französisch kriegen, und da kam morgens unser Lehrer in SA-Uniform in das Klassenzimmer und sagte:»Hört mal zu, Kinder, wir hessischen Kastenmenschen, wir brauchen kein Französisch lernen, wir lesen den *Völkischen Beobachter*.« Und dann haben wir den *Völkischen Beobachter* gelesen und ich habe kein Wort französisch gelernt. Ich liebe französisch wie sonst was, finde es eine wunderbare Sprache. Die Franzosen sind mir manchmal ein bisschen zu narzisstisch mit ihrer Sprache, aber okay. Gut. Ich war eingeladen. Es war mir völlig klar, ich muss da was sagen. Habe ich gedacht, also deutsch kannst du in Paris nicht reden. Das geht nicht. Dann habe ich gedacht: »Soll ich englisch reden? « Das finden die vielleicht auch komisch. Also. Ich hatte eine Kollegin im Institut, die aus dem Elsass stammt, viele von Ihnen werden sie kennen, Frau Moersch, sehr hilfsbereit, sie war meine Vertreterin im Institut, als ich selber die Leitung hatte. Ich habe ein kleine Ansprache geschrieben – so ungefähr 20 Minuten – die hat sie mir in französisch übersetzt, ich habe mit ihr das gepaukt, mit Intonierung und mit Akzentuierung; ich habe das Wort für Wort auswendig gepaukt; ich konnte natürlich nicht diese ganzen 20 Minuten auf einmal können, sondern habe nur die Hälfte ungefähr gemacht. Und die andere Hälfte habe ich dann englisch weitergemacht. Und dann bin ich da auf das Podium gegangen und habe sehr schön meinen Diener gemacht mit »Mesdames – Messieurs« und habe angefangen, in Französisch meine Grußadresse zu sagen und mittendrin, plötzlich, habe ich angefangen, englisch zu reden. Dann habe ich mich wieder hingesetzt. Und da sagte Herr Smirnoff neben mir, ein russischer Emigrant, der in Paris Analytiker war: »Herr de Boor, warum haben sie eigentlich mittendrin aufgehört französisch zu sprechen, das haben sie doch so gut gemacht?« Da habe ich gesagt: »Ja, aber ich konnte kein einziges Wort mehr.« Das war ein schönes Erlebnis. Hatte ein bisschen Herzklopfen, als ich da so auftrat. Mehr als hier jetzt heute. Schöne Augenblicke hat es viele gegeben. Wenn ich mir vorstelle, in New York in diesem Central Park, wo diese beiden Analytikertürme stehen, wo die sich alle etabliert hatten, waren wir eingeladen vom Heinz Hartmann und Doris Hartmann und Kurt Eissler war auch dabei mit seiner Frau – mit diesen vier Leuten, die seit Jahrzehnten als Emigranten in New York lebten, denen man anmerkte, wie die das genossen haben, mit uns zusammen am Tisch zu sitzen und zu sehen, wie uns ihre österreichische Küche so gut schmeckt. Und wir uns über Psychoanalyse unterhalten haben. Es war einfach fabelhaft. Das waren einfach große, menschliche Erlebnisse.

Eine ganz schwierige Zeit, das muss ich gestehen, das war auch eine für mich sehr traurige Zeit, die dann auch mit dazu beigetragen hat, dass ich 1984 in Pension gegangen bin, als Herr Mitscherlich gestorben war – nein – ich muss ein Stück vorher anfangen: Als Herr Mitscherlich nicht mehr arbeiten konnte, sondern sich zurückzog, aber noch nicht entlassen war, hat er gesagt: »Herr de Boor, Sie müssen jetzt in mein Zimmer. Der Direktor dieses Hauses muss in dieses Zimmer.« Ich war vorher in der Dependance, in einer anderen Straße und ich geh in sein Zimmer. Das wurde mir leider Gottes so ausgelegt, dass ich den armen kranken Herrn Mitscherlich nun auch noch aus seinem Zimmer vertrieben habe. Und ich will darüber nicht mehr reden, das hat mich viel Kraft und viel Kummer gekostet und ich war dann froh, als ich den Vorsitz in diesem Institut aufgeben konnte. Es war keine gute Atmosphäre mehr. Er ist dann ja auch gestorben. Das war auch schlimm. Ich durfte ihn dann noch nicht mal mehr besuchen. Lassen wir das beiseite. Es war eine so unerfreuliche Atmosphäre an dem Institut, dass ich das Gefühl hatte, das ist nicht mehr der Ort, an den ich jeden Morgen mit Freude gehe. Und dann habe ich gesagt: »Schluss. Ich habe meine 35 Dienstjahre absolviert, ich habe einen Anspruch auf meine Pension.« Habe an das Ministerium geschrieben: »Im Herbst nächsten Jahres möchte ich aus dem Dienst ausscheiden.« Und dann fing der Zirkus über den Nachfolger an. Also davon rede ich jetzt nicht mehr. Sondern bin jetzt still.

Regine Lockot: Haben Sie herzlichen Dank. Auch dass Sie von dieser letzten Zeit erzählt haben, ich denke, das gehört eben doch auch dazu.

Clemens de Boor: Ja, das gehört auch dazu.

Regine Lockot: Gibt es noch Fragen?

Clemens de Boor: Alle wissen alles.

Regine Lockot: Sonst würde ich vorschlagen, dass wir jetzt die Veranstaltung beenden und haben Sie noch mal ganz ganz herzlichen Dank.

Publikum: langer Beifall

Clemens de Boor: Ich bedanke mich sehr herzlich, ich spüre, ich habe Sie nicht gelangweilt und ich hoffe, Sie haben auch was gelernt. Ich habe von einem Kollegen, der vor ein paar Jahren bei mir die Supervision aufgehört hat, der gehört hat, dass ich heute Abend hier bin, er ist nicht hier, deswegen erzähle ich es, einen Brief bekommen, in dem er schrieb: »Herr de Boor, ich habe viel bei Ihnen gelernt und ich kann gut damit arbeiten.« Und das finde ich schön am Ende eines arbeitsreichen und auch mit viel Freude und Dankbarkeit erfüllten Lebens. Ich danke Ihnen, dass Sie mir zugehört haben.

Anmerkungen

1 Diese Passage ist zugunsten der Publikationsliste am Ende des Textes etwas gekürzt.

2 Das Sigmund-Freud-Institut wurde am 27.04.1960 feierlich eröffnet. Dazu: Berger, Falk (1996): Zur »Biographie« einer Institution. Alexander Mitscherlich gründet das Sigmund-Freud-Institut. In: Plänkers, T., Laier, M., Otto, H.-H., Rothe, H.-J., u. Siefert, H. (1996): Psychoanalyse in Frankfurt a.M. (edition diskord) Gießen, S. 349-372.

3 Eissler, Kurt R. (1963): Die Ermordung wievieler seiner Kinder muß ein Mensch symptomfrei ertragen können, um eine normale Konstitution zu haben. In: Psyche 17, S. 241–291.

4 Kemper, Werner (1964/65): Die Doppelgesichtigkeit der Tatbestände. In: Psyche 9, S. 546–562.

5 Mit dem 01.10.1967 traten die »Richtlinien zur Einführung der tiefenpsychologisch fundierten und analytischen Psychotherapie« in Kraft. Dazu Haarstick, R.

(1974): Die Psychoanalyse in der Berufs- und Gesundheitspolitik der letzten 25 Jahre. In: DGPPT Geschäftsstelle (Hg.): Das Selbstverständnis des Psychoanalytikers. Vorträge auf dem Kongreß der DGPPT e.V. 1974 in München aus Anlaß des 25 jährigen Bestehens der Gesellschaft (Privatdruck, Geschäftsstelle der DGP(P)T), S. 59-76.

Publikationen von Clemens de Boor

Dialektisches Denken in der Medizin. Über die mögliche und die gegenwärtige Rolle der Psychotherapie. In: Ärztl. Mitteilungen 41 (1956), 662.

Ekzem der Hände. Ein Beitrag zur psychoanalytischen Behandlung Ekzemkranker. In: Psyche 10 (1956/57), 630.

Zur psychotherapeutischen Behandlung körperlich Kranker. In: Med. Klinik 52 (1957), 1764.

Widerstände gegen die psychosomatische Behandlung. In: Psyche 12 (1958/59), 51.

Über den Widerstand gegen die psychosomatische Therapie. In: Ärztl. Praxis (1959), 1677.

Zur Frage der psychosomatischen Spezifität unter besonderer Berücksichtigung des Asthma bronchiale. In: Psyche 15 (1961/62), 801.

Bemerkungen zum Verständnis der emotionellen Widerstandsmotive gegen die psychoanalytische Interpretation psychosomatischer Symptome. In: Ärztliche Mitteilungen 59 (1962), 301.

Psychosomatische Medizin. Einführung für Krankenpflegeschulen in Krankheitslehre und Krankenbehandlung auf psychoanalytischer Grundlage. Kulmbach (E. C. Baumann) (1962).

Die Psychosomatische Klinik und ihre Patienten. Bern, Stuttgart (Huber- Klett) (1963) (zusammen mit E. Künzler).

Psychothérapie de l'Asthme bronchique. In: Europa Medica 2 (1963), 162.

Psychotherapie des Asthma bronchiale. In: Z. f. prakt. Med. 12 (1963).

Psicoterapie dell'asma bronchiale. In: Minerva Medica 55 (1964), 1250.

Strukturunterschiede unbewußter Phantasien bei Neurosen und psychosomatischen Krankheiten. In: Psyche 18 (1964/65), 664.

Die Colitis ulcerosa als psychosomatisches Syndrom. In: Psyche 18 (1964/65).

Erscheinungswandel im klinischen Bild der Hysterie. In: Ärztl. Mitteilungen 6 (1965), 2189.

Zur Psychosomatik der Allergie, insbesondere des Asthma bronchiale. Bern, Stuttgart (Huber-Klett), 1965.

Über psychosomatische Aspekte der Allergie. In: Psyche 19 (1965/66), 365.

Hysterie: Konversionsneurotisches Symptom oder Charakterstruktur. In: Psyche (1966), 588.

Psychosomatische Medizin. In: Weise, H. (1966): Grundlagen der psychiatrischen Krankenpflege. Kulmbach (E. C. Baumann).

Katamnestische Untersuchungen zur Spontanprognose neurotischer Erkrankungen. In: Psyche 22 (1968), 340 (mit A. Weisker).

Der Einfluß der Entwicklung der psychoanalytischen Theorie auf die Behandlungstechnik. In: Psyche 22 (1968), 738.

Psychoanalytische Untersuchungen von Patientinnen mit funktioneller Amenorrhoe. In: Psyche 22 (1968), 838 (m. L. Rosenkötter u. a.).

Comment on Dr. Musaph's Paper: Psychodynamics in Itching States. In: Intern. J. Psa. 49 (1968), 339.

Psychoanalyse und soziale Verantwortung (Hg.). Stuttgart (Klett) (1968).

Übersetzung aus dem Holländischen: Kuiper, P. C. (1968): Die seelischen Krankheiten des Menschen. Psychoanalytische Neurosenlehre. Stuttgart (Huber-Klett).

Psychosomatische und psychotherapeutische Aspekte bei Sterilität. In: Taubert, H. D. (1972): Ärztlicher Rat für kinderlose Ehepaare. Stuttgart (Thieme).

Zum Problem der emotionalen Beziehungen in der Krankenpflege. In: Pinding, M. (1972): Krankenpflege in unserer Gesellschaft. Stuttgart (F. Enke).

Verstehende Psychosomatik: Ein Stiefkind der Medizin. In: Psyche 27 (1973), 1 (m. A. Mitscherlich).

Psychoanalytische Behandlung eines Asthmakranken. In: Brede, K. (1974): Einführung in die psychosomatische Medizin. Klinische und theoretische Beiträge. Frankfurt (Fischer-Athenäum).

Depression. In: Schultz, H. J. (1974): Psychologie für Nichtpsychologen. Stuttgart (Kreuz Verlag).

Vorschläge für die Entwicklung einer Soziotherapie im Strafvollzug. In: Psyche 30 (1976), S. 615–617.

Psychosomatische Symptome und delinquentes. Verhalten. In: Psyche 30 (1976), S. 625–641.

Zur Psychoanalyse der funktionellen Sterilität. In: Psyche 30 (1976), S. 899–923 (m. O. Goldschmidt).

Soziotherapie als angewandte Psychoanalyse in einer Sondereinrichtung der holländischen Justiz In: Lüdersse, K. & Sack, F. (Hg.) (1977): Seminar: Abweichendes Verhalten III. Frankfurt (Suhrkamp),

Stellungnahme zu P. Parins »kritischer Glosse«. In: Psyche 32 (1978), S. 400–402 (m. E. Moersch).

Vorwort in Festschrift für A. Mitscherlichs 70. Geburtstag: Alexander Mitscherlich zu Ehren. Frankfurt (Suhrkamp) (1978).

Diskussionsbeitrag: Holocaust. Eine Nation ist betroffen. In: Märthesheim, P. & Frenzel, I. (Hg.) (1979): Frankfurt (Fischer)

Möglichkeiten psychoanalytischer Therapie im Strafvollzug. In: Eschweiler, P. (Hg.) (1979): Psychoanalyse und Strafrechtspraxis. Frankfurt (Athenäum), S. 113–122.

Emmy von N. – eine Hysterie? Versuch einer Re-Evaluierung. In: Psyche 34 (1980), S. 265–279 (m. E. Moersch).

Denkübung zu aktuellen Fragen des Berufes eines Psychoanalytikers. In: Frijling-Schreuder, B. et al. (Hg.) (1980): Psychoanalytici aan het woord. Deventer (van Loghum Slaterus). (Festschrift zu Dr. J. P. van der Leeuw' 70. Geburtstag).

Aspekte der psychoanalytischen Begutachtung im Strafverfahren. Zusammen mit

Becker-Toussaint, H.; Goldschmidt, O.; Lüderssen, K. & Muck, M. Baden-Baden (Nomos Verlag) (1981).

Aggression und psychosomatische Erkrankung. In: Z. f. psychoan. Theorie und Praxis I, 2 (1986), S. 190–200.

Anmerkung zu BGH Urteil v. 05.02.1986 2 StR 653/85 betr. St. P. O. §§ 24, 338 Nr. 3, Strafverteidiger Jhg. 7 (1987) Heft 1, S. 1–2.

Einleitung zu: Sigmund Freud. Schriften zur Krankheitslehre der Psychoanalyse. Frankfurt a. M. (Fischer) (1991).

Autorenverzeichnis

Albrecht-Gasparovic, Waltraud, Dr. med., geb. 1939 in Dresden, Fachärztin für Neurologie und Psychiatrie sowie Kinder- und Jugendpsychiatrie in Berlin, Zusatzbezeichnung Psychoanalyse und Psychotherapie, Fachärztin für psychotherapeutische Medizin, nach Tätigkeiten in Klinik und Institutionen jetzt Psychoanalytikerin in freier Praxis. Lehranalytikerin und Dozentin am Institut für Psychotherapie Berlin e. V. Besondere Interessengebiete sind psychoanalytische Säuglingsbeobachtung und Säuglings-Eltern-Therapie.

Arnold, Marie-Agnes, Dr. phil., Dipl.-Psych., Psychoanalytikerin in eigener Praxis, Lehranalytikerin (DPG), Dozentin und Leiterin des Lehranalytikergremiums am Institut für Psychoanalyse und Psychotherapie Hannover.

Auchter, Thomas, Dipl. Psych., geb. 1948 in Berlin, Psychologischer Psychotherapeut und Psychoanalytiker (DPV/DGPT), Gruppenpsychoanalytiker (DAGG), niedergelassen in freier Praxis in Aachen, Dozent und Lehrtherapeut am Institut der Psychoanalytischen Arbeitsgemeinschaft Köln-Düsseldorf, zahlreiche Fachpublikationen, in den letzten Jahren intensive Auseinandersetzung mit dem Werk von D. W. Winnicott, zusammen mit L. V. Strauss: *Kleines Wörterbuch der Psychoanalyse* (Göttingen 1999).

Böhle, Alexander, Dr. med., geb. 1951 in Berlin, Arzt für Psychiatrie und Neurologie, Arzt für Psychotherapeutische Medizin, Psychoanalytiker (DPG/DGPT) Gruppenpsychoanalytiker (DAGG), niedergelassen in freier psychoanalytischer Praxis und Tätigkeit als forensisch-psychiatrischer Sachverständiger. Dozent und Lehranalytiker am Institut für Psychotherapie Berlin und am Institut für Psychoanalyse und Psychotherapie Magdeburg. Publikationen in den Bereichen »Theorie und Praxis forensisch-psychiatrischer Begutachtung«, »Psychoanalyse und Sucht«, »Psychoanalytische Wissenschaftstheorie« und »psychoanalytische Deutung«.

Bolch, Eduard, Dipl. Soz., Dipl. Psych., Psychoanalytiker DPV, IPA, DGPT Psychologischer Psychotherapeut, 1946 geboren; Niederlassung in eigener Praxis als Psychoanalytiker. Mitglied im Vorstand des Frankfurter Psychoanalytischen Instituts; langjähriges Mitglied der Sigmund-Freud-Stiftung; Mitglied im Beirat der DGPT.

Bolk-Weischedel, Doris, Dr. med., geb. 1935, Nervenärztin u. Psychoanalytikerin. Psychiatrisch-klinische Tätigkeit und psychoanalytische Praxis, KBV- und BVO-Gutachterin Veröffentlichungen über analytische Kindertherapie, zur Wirkung analytischer Verfahren auf die Partnerschaft, über Psychotherapie in der Neurologie, zu Fragen der psychiatrisch-psychotherapeutischen Weiterbildung, zu Reifungskrisen und der frühen Mutter-Kind-Beziehung. In letzter Zeit Beschäftigung mit Problemen der Behandlung von frühgestörten und traumatisierten Patienten.

Bovensiepen, Gustav, Dr. med., niedergelassener Psychoanalytiker in Köln; Lehr- und Kontrollanalytiker der DGAP/DGPT und am Institut für Psychoanalyse und Psychotherapie im Rheinland, Köln. Klinische Publikationen zur Kinder- und Jugendlichenpsychotherapie, zu narzisstischen Störungen und zu unbewussten Gruppenphantasien politischer Gruppen und Institutionen.

Brockhaus, Gudrun, Dr. phil., Dipl. Psych., Dipl. Soz., geb. 1947, Psychoanalytikerin in freier Praxis, wissenschaftliche Angestellte im Department Psychologie (Bereich Sozialpsychologie) der Ludwig-Maximilians-Universität München. Forschungsschwerpunkte und Veröffentlichungen: Sozialpsychologie des Nationalsozialismus und der Nachkriegszeit, aktuelle Themen der Politischen Psychologie (Terrorismus, Zwangsarbeiterdebatte).

Brockmann, Josef, Dr. phil., Dipl. Psych., geb. 1949, Psychoanalytiker (DGPT/DGIP), Lehranalytiker, tätig in freier Praxis in Frankfurt; Mitgliedschaft in der San Francisco Psychotherapy Research Group, Veröffentlichungen zur Übertragung und Therapieforschung.

Buchholz, Michael B., Dipl.-Psych., Dr. phil., ist apl. Prof. am Fachbereich Sozialwissenschaften der Universität Göttingen; von 1990-1999 Leiter der Forschungsabteilung am Krankenhaus für Psychotherapie und Psychosomatik »Tiefenbrunn«, seitdem als Psychoanalytiker in privater Praxis. Arbeitsschwerpunkte: Qualitative Forschung, insbesondere Metaphern- und Konversationsanalyse; Familientherapie; Supervisionsforschung. Letzte Veröffentlichungen: »Metaphern der Kur« und »Psychotherapie als Profession« (beide im Psychosozial-Verlag, Gießen).

Dreyer, Karl-Albrecht, geb. 1952, Studium der Medizin in Hohenheim, Tübingen und Marburg, Facharztweiterbildung zum Psychiater, Weiterbildung in Psychotherapie und Psychoanalyse in Ulm, Tätigkeit in eigener Praxis seit 1988, wissenschaftliche Tätigkeit zur Zeitgeschichte in Psychoanalysen und zu Themen der Psychosomatik; berufspolitische Arbeit in der DGPT; Lehranalytiker DGPT und DPV, Vorsitzender der Psychoanalytischen Arbeitsgemeinschaft Ulm (DPV).

Ermann, Michael, Prof. Dr. med., Vorstand der Abt. für Psychotherapie und Psychosomatik der Psychiatrischen Universitätsklinik in München, Facharzt für Psychotherapeutische Medizin und Psychoanalytiker (DPG/IPV). Arbeitsgebiete: analytische Psychosomatik, Traumtheorie und Traumforschung und psychoanalytische Technik.

Sein Lehrbuch »Psychosomatische und psychotherapeutische Medizin« erscheint demnächst in vierten Auflage.

Gerlach, Alf, Dr. med., Diplom-Soziologe und Arzt. Psychoanalytiker in eigener Praxis in Saarbrücken. Dozent und Lehranalytiker am Mainzer Psychoanalytischen Institut (DPV) sowie am Saarländischen Institut für Psychoanalyse und Psychotherapie. Seit 2001 Vorsitzender der DGPT. Alf Gerlach im Psychosozial-Verlag: Die Tigerkuh. Ethnopsychoanalytische Erkundungen (2000).

Gfäller, Georg R., Dipl. sc. pol., Psychoanalytiker (DGPT, DGIP), Gruppenanalytiker (DAGG, G.A.S. London), Supervisor und Berater in Wirtschaft und Politik in privater Praxis. Mitbegründer des Instituts für Gruppenanalyse Heidelberg. Veröffentlichungen zu gesellschaftspolitischen Fragen, zur Theorie und Praxis der Psychoanalyse, Gruppenanalyse und Supervision, zur interdisziplinären Verflechtung.

Heisterkamp, Günter, Univ.-Prof. im Ruhestand, Dr. phil., Dipl. Psych., geb. 1937, zuletzt an der Universität Essen (Fachgebiete: Pädagogische und Klinische Psychologie); Kontroll- und Lehranalytiker am Alfred Adler Institut in Düsseldorf (DGPT, DAGG, DGIP); Gruppenanalytischer Teamsupervisor und Organisationsberater (DAGG); Ausbildung in Bioenergetischer Analyse (CBT). Zahlreiche Veröffentlichungen zur Analytischen Körperpsychotherapie, insbesondere zur leiblichen Dimension des psychotherapeutischen Dialoges sowie zur Freude in Psychotherapie und Psychoanalyse.

Hirsch, Mathias, geb. 1942, Arzt für Psychiatrie und psychotherapeutische Medizin, Psychoanalytiker (DGPT), in Düsseldorf in eigener psychoanalytischer Praxis niedergelassen.

Höhfeld, Kurt, Dr. med., geb. 1938, Nervenarzt und Arzt für Psychotherapeutische Medizin, Psychoanalytiker in eigener Praxis, Dozent und Lehranalytiker am Institut für Psychotherapie Berlin, von 1987 bis 1992 Vorsitzender des C. G. Jung-Instituts Berlin; Vorsitzender des Berufsverbandes Berliner Ärztlicher Psychoanalytiker und Psychotherapeuten, 1995–97 Vorsitzender, seit 1997 Stellvertretender Vorsitzender der DGPT.

Hoven-Buchholz, Karla, Dipl. Psych., Dipl. Päd., Psychoanalytikerin in freier Praxis und Dozentin am Lou-Andreas-Salome-Institut in Göttingen. 1995 DPG-Förderpreis für: »Zu dumm zum Leiden?« – Psychoanalytische Überlegungen zur geistigen Behinderung. Aktueller Themenschwerpunkt: Psychoanalyse und Literatur. Letzte Veröffentlichung: Ungetürkte Wilde? Zu Feridun Zaimoglus Kanaksprak.

Israel, Agathe, Dr. med., Psychoanalytikerin (DGPT), Kinderanalytikerin (VAKJP) in freier Praxis für Erwachsene, Jugendliche und Kinder. Fachärztin für Psychotherapeutische Medizin, für Kinder- und Jugendpsychiatrie und -psychotherapie, Leiterin des Instituts für analytische Kinder- und Jugendlichenpsychotherapie in der APB e. V. (Arbeitsgemeinschaft für Psychoanalyse und Psychotherapie Berlin e.), kooptiertes Mitglied im Geschäftsführenden Vorstand der VAKJP. Dozentin, Lehr- und Kontrollanalytikerin seit 1992.
Weiterbildungsbefugte für Psychotherapie in der Kinder- und Jugendpsychiatrie und für Kinder -und Jugendpsychiatrie der Ärztekammern Berlin und Brandenburg.
Wissenschaftliche Schwerpunkte und Arbeiten zu: Sozialisationsbedingungen in der DDR, Kinderanalyse nach der englischen Schule der Objektbeziehungspsychologie (M. Klein und Nachfolger), Psychoanalyse und Psychotherapie im multiprofessionellen Setting – Struktur und Rahmen der Behandlungsbedingungen.

Klotter, Christoph, Prof. Dr. habil, geb. 1956 in Kehl, Psychoanalytiker (DGPT), lehrt an der FH Fulda für Ernährungspsychologie, Veröffentlichungen zu Evaluation, Gesundheitsförderung, Essstörungen, Persönlichkeitspsychologie, Historische Psychologie.

Kahl-Popp, Jutta, Dipl. Päd., Psychoanalytikerin und -therapeutin für Kinder, Jugendliche, junge Erwachsene und Eltern in freier Praxis, Dozentin und Supervisorin am John-Rittmeister-Institut, Kiel; spezielle Interessen: psychoanalytische Behandlungstechnik, psychoanalytische Ausbildung; Veröffentlichungen: 1998 Bildnerisches Gestalten als unbewußte Bedeutungsanalyse. Ein Beitrag zur Psychoanalyse mit Kindern, 2000 »Seeing, Touching, Destroying« und »Das Galgenmännchen«. 2001 Familienbeobachtung in der psychoanalytischen Ausbildung. Das Kieler Modell.

Knott, Heribert, Dr. med., geb. 1950, Psychoanalytiker und Gruppenanalytiker in eigener Praxis. Lehranalytiker und Ausbildungsleiter des Psychoanalytischen Instituts »Stuttgarter Gruppe« und der Weiterbildung in analytischer Gruppenpsychotherapie. Sein besonderes wissenschaftliches Interesse gilt dem Thema Nachträglichkeit sowie den neurophysiologischen Zusammenhängen psychoanalytischer Befunde.

König, Hans-Dieter, Prof. Dr. phil., lehrt Soziologie und Sozialpsychologie an der Johann Wolfgang Goethe-Universität Frankfurt a. M. und arbeitet als niedergelassener Psychoanalytiker in Dortmund. Zahlreiche Veröffentlichungen vor allem zur psychoanalytisch-tiefenhermeneutischen Methode qualitativer Forschung.

Kohte-Meyer, Irmhild, Dr. med., Psychoanalytikerin (DPG, DGPT) in freier Praxis für Erwachsene, Jugendliche und Kinder. Gebietsbezeichnungen: Psychotherapie,

Psychoanalyse. Fachärztin für Psychotherapeutische Medizin, für Kinder- und Jugendpsychiatrie und -psychotherapie, für Kinderheilkunde. Mitglied am Institut für Psychotherapie Berlin e. V. und im Geschäftsführenden Vorstand. Dozentin, Lehr- und Kontrollanalyikerin, Leiterin des Ausschusses für Fortbildung und Forschung seit 1992. Weiterbildungsbefugte für Psychotherapie in der Kinder- und Jugendpsychiatrie an der Humboldt-Universität Berlin seit 1993. Wissenschaftliche Schwerpunkte und Arbeiten zu: Transkulturelle Psychoanalyse und Migration, Theorien und Konzepte der psychoanalytischen Entwicklungspsychologie und deren praktischer Anwendung, Psychohistorische und kulturkritische Fragestellungen.

Kreische, Reinhard, Priv.-Doz., Dr. med., Vorsitzender des Lou Andreas-Salomé-Instituts für Psychoanalyse und Psychotherapie (DPG) Göttingen, Psychoanalytiker in eigener Praxis, Privatdozent an der Universität Göttingen. Hauptarbeitsgebiete: Paarbeziehungen, Paartherapie, Gruppenpsychotherapie, Suchtkrankentherapie, Teamsupervision.

Lachauer, Rudolf, Dr. med., Facharzt für Psychiatrie, Facharzt für psychotherapeutische Medizin, Psychotherapie – Psychoanalyse (DPG/IPV), Seit 1988 Tätigkeit in freier analytischer Praxis in Prien/Chiemsee. Lehr- und Kontrollanalytiker (LÄK Bayern, DGPT) Supervision von psychotherapeutischen Einrichtungen, Beratungsstellen und Kliniken. Überregional Vorträge und Seminare zu den Themen »Fokaltherapie« und »Übungen im Fokussieren«.

Lehmkuhl, Ulrike, Uni Prof., Dr. med., Dipl. Psych., geb. 1949, Ärztin für Neurologie und Psychiatrie, Kinder- und Jugendpsychiatrie und Psychotherapie sowie Psychotherapeutische Medizin, Psychotherapie/Psychoanalyse. Seit 1991 Direktorin der Klinik für Psychiatrie, Psychosomatik und Psychotherapie des Kindes- und Jugendalters der Charité der Humboldt-Universität zu Berlin. Lehranalytikerin DGIP und DGPT. Seit 1987 Erste Vorsitzende der DGIP und Mitglied im Vorstand der DGKJP seit 1998. Arbeitsschwerpunkte: Psychotherapie-Forschung, Scheidungsfolgen, Langzeitverläufe von Patienten mit hyperkinetischem Syndrom und Essstörungen. Herausgeberin der *Beiträge zur Individualpsychologie* und gemeinsam mit Dr. Anette Streeck-Fischer »Praxis der Kinderpsychologie und Kinderpsychiatrie«.

Lehmkuhl, Gerd, Univ.-Prof., Dr. med., Dipl.-Psych., Psychotherapie/Psychoanalyse. Seit Oktober 1988 Direktor der Klinik und Poliklinik für Psychiatrie und Psychotherapie des Kindes- und jugendalters der Univeristät zu Köln. Lehranalytiker DGIP/DGPT. Dozent am Alfred-Adler-Institut Achen. Habilitation 1987 mit einem Thema über die neuropsychologischen und psychopathologischen Folgezustände nach Schädel-Hirn--Traumen im Kindesalter. Forschungsschwerpunkte: Neuropsychologie des Kindes- und jugendalter, Psychotherapieforschung, Persönlichkeitsstörungen

Lockot, Regine, Dr. phil., arbeitet in Berlin als Psychoanalytikerin in freier Praxis. Publikationen der Autorin im Psychosozial-Verlag: »Trauma und Konflikt« Schlösser/ Höhfeld (Hg.), (2000); »Mit ohne Freud. Zur Geschichte der Psychoanalyse in Ostdeutschland« (2000).

Loewenberg, Peter, Ph. D., geb. in Deutschland, Studium an der Freien Universität Berlin und in Berkley. Loewenberg unterrichtet europäische Kulturgeschichte, Psychohistorie und politische Psychologie. Er ist Dekan und Vorsitzender des *Education Commitee* und Direktor der Ausbildungsabteilung des *Southern California Psychoanalytic Institute.* Peter Loewenberg lebt und arbeitet in Los Angeles.

Ludwig-Körner, Christiane, Dr. phil. habil., Dipl.-Psych., geb. 1944, Psychoanalytikerin (DPG, DGPT, IPA), Lehranalytikerin; Gestalt-, Verhaltens-, Gesprächs- und Familienpsychotherapeutin; Professorin an der Fachhochschule Potsdam, Fachbereich Sozialwesen, Arbeits- und Forschungsschwerpunkte: Eltern-Säuglingstherapien (seit 1997 Aufbau und Leitung der Eltern-Säuglingsberatungsstelle »Vom Säugling zum Kleinkind« in Potsdam), Psychotherapiemethoden, Biographieforschung (Leben und Wirken von Psychoanalytikerinnen).

Meador, Margarete, Dr. med., geb. 1940, Fachärztin für Neurologie und Psychiatrie, Kinder- und Jugendpsychiatrie, Psychoanalytikerin in eigener Praxis. Lehranalytikerin (DGPT) der Arbeitsgemeinschaft für Psychoanalyse und Psychotherapie Berlin (APB) Arbeit in der Leitung des Instituts für Analytische Kinder- und Jugendlichenpsychotherapie der APB. Veröffentlichungen zur Atomkriegsangst von Kindern, zur Geschichte der Psychotherapie in der DDR und zu Anpassungsstrukturen in der DDR.

Moser, Tilmann, Dr. phil., geb. 1938, seit 1978 in privater Praxis in Freiburg. Arbeitsschwerpunkt: Verbindung von Psychoanalyse und Körperpsychotherapie; seelische Spätfolgen von NS-Zeit und Krieg. Veröffentlichungen hierzu: Dämonische Figuren, Die Wiederkehr des Dritten Reiches in der Psychotherapie.

Neumann, Eckhart, Dipl. Psych., geb. 1951, Psychoanalytiker DGPT. Kliniktätigkeit als Musiktherapeut und Psychotherapeut. Niedergelassen in Bonn seit 1980. Dozent am IPR Köln mit Interessenschwerpunkten: Behandlungstechnik, Traumdeutung, Psychoanalyse und Kunst, Musik, Film.

Nunnendorf, Wilhelm Jakob, Dipl. Psych., geb. 1953, Psychologischer Psychotherapeut und Psychoanalytiker (DGPT/DPG), KIP-Therapeut, Supervisor (BDP). Nach langjähriger klinischer Tätigkeit in der forensischen Psychiatrie jetzt niedergelassen in eigener Praxis in Göttingen.

Pollack, Gabriele, Dipl. Päd., Analytische Kinder- und Jugendlichenpsychotherapeutin, niedergelassen in freier Praxis in Berlin.

Reinert, Thomas, Dr. med., geb. 1951 in Neuss; Facharzt für Neurologie und Psychiatrie (heute: Facharzt für Nervenheilkunde) und Facharzt für Psychotherapeutische Medizin; Psychoanalytiker (DGIP/DGPT), Gruppenanalytiker (DAGG) und Lehranalytiker (DGIP/DGPT). 1. Vorsitzender des Alfred-Adler-Instituts Düsseldorf; Ltd. Arzt der Fachklinik Langenberg (Fachkrankenhaus für Suchtkrankheiten). Zahlreiche Veröffentlichungen; Beschäftigungsschwerpunkte: Psychotherapie mit Suchtkranken; modifiziert-analytische Langzeitbehandlung von schwer struktur-gestörten Patienten; Kurzzeittherapie.

Rodewig, Klaus, Dr. med., Arzt für Psychotherapeutische Medizin, Internist, Psychoanalytiker (DGIP, DGPT), nach 10 Jahren Chefarzttätigkeit jetzt in eigener Praxis tätig, Lehrbeauftragter an der Universität Witten/Herdecke, wissenschaftliche Arbeiten auf dem Gebiet der Psychosomatik und transkulturellen Psychotherapie. Herausgeber von *Der kranke Körper in der Psychotherapie* und *Identität, Integration und psychosoziale Gesundheit. Aspekte transkultureller Psychosomatik und Psychotherapie.*

Rüth-Behr, Birgitta, Dr. med., geb. 1954, niedergelassen als Fachärztin für Psychotherapeutische Medizin, Psychoanalytikerin (DPV, DGPT), Dozentin und Supervisorin am Michael-Balint-Institut Hamburg, Lehrtherapeutin beim Arbeitskreis für Psychotherapie.

Sammet, Isa, Dr. med., Dipl. Psych., geb. 1958, Fachärztin für Psychiatrie und Psychotherapie, Wissenschaftliche Assistentin an der Klinik für Psychosomatik und Psychotherapie der Universität Göttingen; Mitgliedschaft in der San Francisco Psychotherapy Research Group.

Schäfer, Hildegard, Dipl. Psych., Dipl. Soz. Päd., geb. 1943, Psychoanalytikerin (DGPT) und Familientherapeutin (BvPPF). Dozentin bei der Münchner Arbeitsgemeinschaft für Psychoanalyse (MAP) e. V. und beim Arbeitskreis Psychoanalytische Paar- und Familientherapie Göttingen-Heidelberg. Tätigkeit in eigener Praxis und in der Klinik für Psychiatrie und Psychotherapie am Klinikum Nürnberg. Interessenschwerpunkt u. a.: Psychische Auswirkungen des Nationalsozialismus.

Schlösser, Anne-Marie, Diplompsychologin, Psychoanalytikerin in eigener Praxis in Göttingen. Dozentin und Lehranalytikerin am Lou-Andreas-Salomé-Institut Göttingen sowie am Institut für Psychoanalyse und Psychotherapie (DPG) Kassel, hier Stellvertretende Vorsitzende von 1994–99. 1997–2001 Vorsitzende der DGPT (Deutsche Gesellschaft für Psychoanalyse, Psychotherapie, Psychosomatik und Tiefenpsychologie).

Manfred G. Schmidt, Dr.rer.soc., Dipl.Psych., Psychoanalytiker DPV, Lehr- und Kontrollanalytiker. Mitglied der Psychoanalytischen Arbeitsgemeinschaft Köln-Düsseldorf. Seit 2002 stellvertretender Vorsitzender der DPV. Veröffentlichungen u. a. über Theorie der Technik der Psychoanalyse, Schizoide Verfassungen, Pathologische, Supervision und Kurzpsychotherapie.

Schmidt, Petra, Dipl. Soz. Arb., Kinder- und Jugendlichenpsychotherapeutin, Psychoanalyse und tiefenpsychologisch fundierte Psychotherapie, DGAP, VAKJP, niedergelassen in freier Praxis.

Springer, Anne A., Dipl. Psych., Psychoanalytikerin, niedergelassen in freier Praxis in Berlin, Lehranalytikerin und Dozentin am Institut für Psychotherapie Berlin. Veröffentlichungen zur Theorie und Behandlungstechnik der Psychoanalyse und Analytischen Psychologie sowie zu Fragen psychoanalytischer Berufsethik und zur Theorieentwicklung in der Psychoanalyse und der Analytischen Psychologie im Zusammenhang mit Politik und Zeitgeschichte. Stellvertretende Vorsitzende der DGPT.

Venner, Margit, Dr. med., geb. 1937, Fachärztin für Innere Medizin, Fachärztin für Psychotherapeutische Medizin, Psychoanalyse (Lehranalytikerin, DGPT), Abteilungsleiterin der Abteilung Internistische Psychotherapie der Klinik Innere Medizin I der Friedrich-Schiller-Universität Jena. Forschungsschwerpunkte und Veröffentlichungen: Psychosomatik in der Inneren Medizin, Analytisch orientierte Gruppenpsychotherapie psychosomatisch Kranker mit Organdestruktionen, »Wende«-Problematik, Essstörungen, Lebendorganspende, Lebendnierenspende.

Waitzmann-Samulowski, Eva, Dipl. Päd., Dipl. Pol., geb. 1951, Analytische Kinder- und Jugendlichenpsychotherapeutin, EMDR-Therapeutin, Kooperationstherapeutin des Behandlungszentrums für Folteropfer Berlin. Veröffentlichungen im Rahmen der therapeutischen Arbeit mit Flüchtlingskindern und -jugendlichen. Arbeitsschwerpunkte: Arbeit mit traumatisierten Kindern und deren Eltern, psychoanalytische Arbeit mit Säuglingen, Kleinkindern und ihren Eltern. Forschungsschwerpunkte: Psychoanalyse der Migration und des Exils, Auswirkungen mütterlicher Traumatisierungen auf Kommunikation und Beziehung in der frühen Kindheit.

Wruck, Peter, Dr. med., geb. 1943, Facharzt für Psychotherapeutische Medizin, Psychoanalyse (DGPT, DPV), Facharzt für Neurologie und Psychiatrie in eigener

Niederlassung in Gemeinschaftspraxis mit Dr. med. Hannelore Wruck, Lehr- und Kontrollanalytiker am Institut für Psychotherapie und Psychoanalyse Mecklenburg-Vorpommern (IPPMV) e. V.

Wutzler, Uwe, Dr. med., geb. 1968, Psychotherapeutische Medizin, Wissenschaftlicher Mitarbeiter der Abteilung für Internistische Psychotherapie der Klinik für Innere Medizin I der Friedrich-Schiller-Universität Jena, Dissertation über: Therapieeffekte monoklonaler Antikörper auf Autoimmunprozesse bei der rheumatoiden Arthritis, Forschungsschwerpunkte und Veröffentlichungen: Psychologische Aspekte der Lebendnierenspende und der Lebendorgantransplantation.

Zwiebel, Ralf, Prof. Dr. med., Arzt für Psychotherapeutische Medizin, Psychoanalytiker (DPV, DGPT), Lehranalytiker am Alexander Mitscherlich Institut. Professur für Psychoanalytische Psychologie an der Universität Kassel. Arbeitsschwerpunkte: Klinische Theorie, Didaktik der Psychoanalyse, Film und Psychoanalyse, Psychoanalyse und östliche Philosophie.